SCRIPTORVM CLASSICORVM

BIBLIOTHECA OXONIENSIS

OXONII

E TYPOGRAPHEO CLARENDONIANO

DEMOSTHENIS

ORATIONES

TOMUS III

RECOGNOVIT

BREVIQVE ADNOTATIONE CRITICA INSTRVXIT

W. RENNIE

IN VNIVERSITATE GLASGVENSI LITTERARVM HVMANIORVM
PROFESSOR

COLLEGII TRINITATIS APVD CANTABRIGIENSES OLIM SOCIVS

OXONII

E TYPOGRAPHEO CLARENDONIANO

Oxford University Press, Walton Street, Oxford OX2 6DP

OXFORD LONDON GLASGOW

NEW YORK TORONTO MELBOURNE WELLINGTON

IBADAN NAIROBI DAR ES SALAAM LUSAKA CAPE TOWN

KUALA LUMPUR SINGAPORE JAKARTA HONG KONG TOKYO

DELHI BOMBAY CALCUTTA MADRAS KARACHI

ISBN 0 19 814521 7

First Published 1931
Reprinted 1953, 1960, 1967, 1978

Printed in Great Britain
at the University Press, Oxford
by Vivian Ridler
Printer to the University

PRAEFATIO

Textum Demosthenicum constituenti latam praemunivit viam Engelbertus Drerup, rerum ad Demosthenem Demosthenisque codices pertinentium ingeniosus idem ac strenuus indagator. etenim bibliothecas Galliae, Italiae, Germaniae diligentissime perscrutatus permulta eruit quae multimodis auctiorem adcuratioremque reddiderunt nostram codicum notitiam; quanti sint aestimandi codices et quaenam inter eos intercedat necessitudo, pro virili parte patefecit; ad historiam[1] denique textus inlustrandam permulta, ut decuit Lipsii discipulum, et perinsignia contulit.

Quibus subsidiis innisus huius voluminis textum recensuerim, restat ut breviter disseram; namque supervacaneum mihi, credo, de Demosthenis orationibus Alexandriae ibique primum, ut videtur, in unum corpus redactis, de gliscente iam Alexandrinis temporibus interpolatione, de archetypo codicum optimae notae serioribus Romani imperii temporibus exarato, quae egregie disputavit Butcher totidem fere verbis disputare. de Atticianis vero est quod miseremur humani ingenii sortem. evicit Lipsius in una litterula eaque procul dubio depravata rem totam verti, itaque corruit speciosa illa Useneri[2] disputatio.

---

[1] *Antike Demosthenesausgaben*, pp. 544–51, Leipzig, 1899.
[2] Usener, *Kleine Schriften* III. 143 sqq.

Codicum Demosthenicorum quotquot exstant omnium principatum tenere codicem Parisinum S vix est quod te, lector, commoneam. Parisini indolem et quantopere ceteris antecellat bonitate, post dilucidam Butcheri expositionem exponere si conarer, quid nisi acta agerem? huius unius testimonium contra ceterorum consensum praevalet sescenties. testi tamen vel locupletissimo non utique fides habenda: neque codex ille Parisinus ita longe optimus ut Cobeto auctore ceteros omnes abiciamus. Cobetum redarguunt vel papyri quae velut novi quidam ex inferis excitati testes ut plerumque cum Parisino, ita nonnunquam contra eum facientes, non uni cuiquam familiae, nedum singulis codicibus temere confidendum esse demonstrant. in universum sane spectanti sinceriorem textum exhibet Parisinus; eiusmodi interpolationibus additamentisque quibus languida et elumbis fiat oratio, paene liber est; ad ἀρχαίαν illam ἔκδοσιν (cf. Schol. ad Meid. 133, 147), recensionem scilicet a grammatico docto et diligenti antiquitus factam, propius accedit. hoc etiam habet insigne ut cum ceterorum codicum alia sit in aliis partibus aestimatio, unius S paene in omnibus eadem sit praestantia. unde fit ut quotquot hic praebet singulares lectiones diligentissime sint perpendendae. audienda tamen et altera pars. itaque unamquamque lectionem aestimanti ex Graeci sermonis cognitione atque Oratoris usu loquendi diiudicandum est. ubi res non liquet, tutius ubique Parisinum sequi.

Proximus huic sed longo intervallo alterius familiae princeps, codex Augustanus A. plurimis in locis sinceram et antiquam lectionem hic liber unice tuetur;

vulgatam[1] tamen memoriam fidelius repraesentat, multifariam antiquitus corruptam, interpolatam, amplificatam. huius textum scholarum in usum castigatum esse vel inde patet quod sermonis exaequandi et levigandi studium passim deprehendas. nec non deprehendi potest illa quoque interpolandi ratio[2] ut ordine verborum immutato, verbis vel omissis vel inculcatis, concursus vocalium evitetur. orationis primae et quinquagesimae duas hic liber exhibet recensiones, quarum altera (A^b) ut quae inter ceteras Apollodori orationes suum locum habeat, ex Augustani archetypo procul dubio derivata est, altera (A^a) inter orr. XVII et XLIII interiecta, quae nescio an ex quodam huius oratiunculae seorsum editae exemplari fluxerit, licet plerumque cum A^b consentiat, complures tamen proprias ac minime spernendas lectiones habet.

Codicis Parisini r mirifica est condicio. quod ad privatas orationes attinet quas eodem quo A ordine exhibet, ex A descriptum esse vel inde colligitur quod orationis septimae et quadragesimae in A dimidia tantum pagina superest, in r nec vola nec vestigium. adde quod Augustani correctiones recentissimae in Parisini textum receptae sunt e.g. xxxix. 8 καὶ δὴ καλεῖ] κᾶν δὴ καλῇ A rec., r; quod scholia quoque manuum recentium indidem recepta. quocirca si illam partem orationis xxxix exceperis ubi duobus foliis deperditis obmutescit iam nobis Augustanus, nihil est quod ex r lucremur. quod tamen ad orationes lix, lxi, lx attinet quae desunt in A, in Y r orationem

[1] *Antike Demosthenesausgaben*, pp. 550-1.
[2] Friedrich Schiller, *Zu dem Hiat bei Demosthenes*, Progr. Hirschberg, 1912.

xxvi excipiunt, res aliter se habet. hic, nisi fallor, sicut in orationibus publicis plerumque, artiorem quandam cum codicis Y memoria deprehendas adfinitatem. maioris tamen momenti est quod eximia suppetit in r Prooemiorum recensio, quae unde traxerit originem, adhuc in incerto est. ex A nondum mutilato derivatam esse Drerupius opinatur; infitiatur Carolus Fuhr, et ipse de Demosthene insignite meritus ; scilicet si integer Prooemia Augustanus habuisset, librarium codicis r cum Prooemiis etiam orationem xlvii scripturum fuisse. equidem sicut orationum lix–lxi, ita Prooemiorum recensionem eidem familiae cui codicem Y adsignaverim. verum undecunque fluxerit, nescio an I. May,[1] cuius praesto mihi fuit collatio, nimium illi tribuerit. aliquot sane bonas lectiones aut solus r aut Ambrosiano vel Vindobonensi vel utroque suffragante conservavit e. g. Pr. xiv. 2, Pr. xv. 2 οἶμαι δεῖν, Pr. xvi, Pr. xviii, Pr. xxiii, Pr. xxiv. 1 εἰπεῖν r D Vindob. 4 : om. cett., Pr. xliii. 1. illud quoque notabile triginta fere locos esse ubi lectiones quas recentiorum philologorum acumini acceptas referimus, iam tandem in hoc libro compareant. nihilominus eiusmodi corruptelis additamentisque scatet codex r quibus ex exquisitiore facilior intellectu fiat sententia ; non fidelitatem recensionis sed pravam interpolandi sedulitatem haec et talia testificantur :— xvii. 2 ⟨περὶ αὐτῶν⟩ ἃ παραινῶ, xxxvi. 2 ⟨περὶ ὧν ἴστε⟩ λέγων, lvi. ad fin. ἅ φημί μοι δοκεῖν, xii. 1, xvi οὐ γὰρ ἐνδείᾳ μοι δοκεῖ (δοκεῖτε cett.) λόγων οὐδὲ δι' ἄγνοιαν (οὐδὲ νῦν ὁρᾶν cett.) τὰ πράγματ' ἀπολωλεκέναι (πάντα λελυμασμένα cett.). inlustre aliquod documentum proferre iuvat ubi gliscentem tenemus interpolandi audaciam :—

---

[1] *Zur Kritik der Prooemien des Demosthenes*, Progr. Durlach 1905.

Pr. xxvi. 3 ἀκοῦσαι S F Q : ἀκοῦσαι συν] Pap. : ἀκοῦσαι
συνειπεῖν Y¹ (συνειπεῖν expunxit corr. 4 teste Drerup)
D : ἀκοῦσαι συνειπεῖν ἀντειπεῖν r Vindob 4.

Tertiam familiam ducit codex Marcianus F, quem
primitus[1] eiusdem fuisse stirpis ac Parisinum S testatur
orationum ordo licet in Parisino aliquatenus pertur-
betur, testantur notae stichometricae, testantur deni-
que quae ad ipsum utriusque textum pertinent. ex
archetypo autem descriptus qui contaminationem cum
codice quodam vulgatae memoriae perpessus erat, in
contionibus artiorem quandam cum Augustano neces-
situdinem exhibet; in privatis certe orationibus plerum-
que cum Parisino plane consentit. cum tamen in
oratione xxxv litis instrumenta quibus caret S, ex
codice ab eadem stirpe unde A derivato desumpta
praebeat, alia quoque indidem sumpsisse iure colligas.

[Codicem Bavaricum B vel ex F descriptum vel ita
ab eo derivatum ut non nisi unus codex intercesserit,
luculente demonstraverunt Buermann,[2] Lipsius,[3] Dre-
rup.[4] quocirca non iam in censum vocandus.]

Marciani F quasi gemellum esse Marcianum Q inter
viros doctos satis constat. praeterquam quod deperi-
erunt iam Orr. i–xvii, xx–xxxi, paene ad verbum
cum illo consentit. non tamen inde derivatum tam
certis argumentis Drerupius comprobavit ut nullus iam
locus dubitandi sit. immo suas sibi habet bonas le-
ctiones e.g. xlv. 8, xlvi. 22 ; notulas quoque marginales
modo cum F communes, modo privas ac proprias,

---

[1] *Antike Demosthenesausgaben*, pp. 537–8.
[2] *Hermes*, xxi, pp. 34 sqq.
[3] *Zur Textgeschichte des Demosthenes*, Berichte über die Verhand-
lungen der Königlichen Sächsischen Gesellschaft der Wissenschaften
zu Leipzig, 1893.
[4] *Antike Demosthenesausgaben*, p. 565.

quas ad exemplar optimae notae redire manifestum est ; numeros denique stichometricos aliquanto quam in F copiosiores.

Codex Ambrosianus D antehac parum innotuit. nisi quod i–xxviii et lx in Ambrosiano desunt, easdem quas F orationes eodemque ordine dispositas habet. cum F Q plerumque conspirat : ex neutro tamen pendere videtur ; hic illic adfinitatem cum A, saepius cum S deprehendas. neque illud praetermittendum notularum quas F Q in margine exhibent, magnam partem in textu Ambrosiani exhiberi. iam vero in posteriore parte (lix, lxi, Prooemia dico) adeo desciscentem videas a fraterna memoria ut alienam recensionem illic sequi argueris. velut in lix interdum cum Y r, interdum cum SY r intime congruit ; necnon in Erotico frequentius conspirant SY r D, iure nonnumquam repugnantibus Marcianis. non uno loco veritatem hic liber unice servat e.g. Φιλέου Arg. xxxvii ; μὴ ὀμόσας Arg. lii ubi ὀμόσας cett. οὐκ ὀμόσας Wolf ; λύσειν xl. 17 ; τῶν lxi. 37 ; ὧν ἂν Pr. liii ; ὅ τισιν Pr. lvi. codicis lectiones publici iuris fecit I. May,[1] qui, ut iam aliquem numerum obtineat Ambrosianus nescio an pluris iusto eum aestimaverit.

Quartae familiae signifer codex Parisinus Y, cuius ratio multiplex multoque incertior quam ut Marciani familiae cum Fuhrio protinus attribuas. quamvis enim eodem fonte F et Y primitus derivati sint, quamvis artiore olim vinculo cum S coniuncti, diverse tamen contaminatus uterque, valde diversa alterius recensionis tuentur vestigia. interdum cum F congruit Y—

---

[1] *Neue Philologische Rundschau*, 1899-1902.

Philippi Epistolam hi codices soli conservant—interdum (sicut in xix. 86, lix. 87–8, lx. 17, Prooem. xxix. 1) ita cum S ut paene descriptus ex eo videatur; contra in insigni loco xxi. 133 Y P ab utroque dissentiunt.

[Codicem Bruxellensem O ex codice Y eoque iam mutilato descriptum esse demonstravit Drerup.[1]]

Eiusdem familiae est codex Laurentianus lix. 9 (P). sedecim orationum quas olim continebat, perierunt octo et nonae initium. supersunt adhuc xix, lx, xx, xxi, xxiii, xxii, xxiv, xxv, sane quam doleo Laurentianum phototypice expressum non prius inter manus mihi fuisse quam plagulas prelo mandavissem. velim igitur conferas ad Epitaphium lectiones hic exscriptas.

§ 1 τᾷδε τῷ γεγονότας § 2 ἀγαθοῖς § 3 λόγων § 5 τὸ habet P § 7 καλὰ § 8 πολλῶν P contra S Y κωλῦσαι P contra S Y § 9 ὑπογυώτερα τάξιν § 11 οὐ μόνον om. P¹ cum S¹ § 12 τί P πολλὰ P cum Y cetera cum S Y consentiens παρὰ τοῖς προγόνοις om. P cum S § 13 ἀν om. P ἀφειδέστερον ταῦτα τούτους § 14 μὲν ταύτης κἂν P contra S Y¹ πρόσεστι P¹ cum S¹ § 15 προσιστάμενα § 16 οἷς χρὴ non om. P αὐτοῖς οἰκείων τί . . . σώζεται non om. P § 18 ἀπόδειξις om. P¹ cum Y¹ οὐ § 19 ἐν τάξει § 20 τοῖς . . . οἰκείοις τοῦ ἐκείνων habet P § 21 τοὺς habet P περὶ . . . εἰκότως om. P § 22 ἐκείνων οὔθ' ἡμῶν § 23 ἡ πάσης § 24 ἐξέλοιτο ἄν . . . γένοιτο contra FQ § 26 ἀποτρέψαι δηλοῦν § 28 προδοῦναι τὴν ἐκ. συγγενεῖς . . . φανήσονται contra FQ § 29 οἰκείους γονέας ἕνεκα τοῦ σῶσαι habet P ὑπὲρ τοῦ σῶσαι om. P § 31 ὃν P ἡγήσατο P solus sicut coni. Wolf § 32 τὰς μόνοι νομίζεσθαι cum F γρ Q γρ Y γρ: om. SFQ Y r § 34 ἤγγελκεν

Quartae familiae adfines etiam Codex Vindobonensis 4 saec. xiv med., cuius duas Prooemiorum recensiones contulit Swoboda, et Codex Ambrosianus C saec. xiv, a Maio conlatus. hic nullius est pretii ut pigeat me eius lectiones toties rettulisse. quod si lectionum

[1] *Vorläufiger Bericht über eine Studienreise zur Erforschung der Demosthenesüberlieferung*, p. 299.

diversitatem et ad Pr. xxvi. 3 respexeris et ad Pr. liii. 4
ἀρρωστίας S F Q : ὀρρωδίας Yr D Vindob. 4 C, Harpocr.,
artius et inter se conexos esse hos codices et cum
vulgata memoria statuas.

Ad hoc volumen hae papyri pertinent :

li. 7–10. Papiri Greci e Latini (Pubblicazioni della
Società Italiana) vi. 721, saec. ii P.C.

Prooem. xxvi–xxix. Oxy. Pap. i. 26, saec. i vel ii
P.C.

His e laciniis quater corrigitur codicum memoria,
ita tamen ut in promptu sit corrigendi ratio a re-
centioribusque philologis iamdiu praeoccupata. illud
dignius memoratu. in eo conspirant vetustiores hi
testes ut cum modo huic modo illi familiae suffragentur
modo pariter ab omnibus dissentiant, textum tamen
praebeant vix a nostro diversum. unde absolvamus
necesse est Byzantinum illum magistellum toties a
Cobeto sugillatum. quicquid corruptelae codices in-
vaserit, non Byzantinorum temporibus id accidisse
credendum est sed multis ante saeculis. si epistolas
exceperis, papyris auctoribus non est quod codicum
auctoritati nimium diffidamus.

Epist. III, §§ 1–38. *Classical Texts from Papyri in
the British Museum, CXXXIII.* saec. i. A.C.

Novas lectiones centum et viginti papyrus praebet.
recentiorum ' quos aequus amavit ', coniecturas novus
hic testis confirmat §§ 9, 13, 15, 17, 21 (bis), 25, 27, 28,
30 (bis), 31, 32 (bis), 38 ; veritatem haud dubie praestat
ubi codices satis gravibus laborant corruptelis e.g. § 4
εἵλετο Pap. : εἴχετο τούτων codd. ; § 13 ἐν παρρησίᾳ ζῶντες
Pap. : (Ἀθηναῖοι ὄντες καὶ) παιδείας μετέχοντες codd. ;
§ 30 ἀνέδειξεν Pap. : ἀνέχεσθαι codd. ; § 31 ἃ λυσιτελεῖ

προελέσθαι Pap. : ἀλυσιτελὲς προελέσθαι τὰ τοῦ δήμου codd.; (erunt fortasse qui οὐδὲ νῦν § 17 adripiant utpote concinnius responsum ; mihi sententiae parum satisfacere visum). contra est ubi convincatur codicum testimonio hic mille annis vetustior testis. nam aut exciderunt verba quibus aegre caremus, aut praepostere collocantur ut plerumque fit ubi sententiis non litterulis animus intenditur. plures etiam et graviores corruptelas deprehendas vel per incuriam inlatas vel per interpolandi audaciam, e.g. § 6 παρὰ πάντας ἡγεῖσθε codd. : κατὰ πάντ' ἐνομίζετε Pap., § 30 φθόης codd. Harpocr. : Φυλῆς Pap. liquet profecto saeculo ante Christum natum exstitisse Epistolarum recensionem a nostris libris satis diversam, nostris libris hic illic valde praecellentem. nec tamen ideo libris ubique continuo deroganda fides. verum vidit Lipsius. epistolas si reputaveris minus in se hominum studia convertisse, fieri potuisse conicias ut redactori vix suppeteret epistolarum bonum exemplar. adde quod orationes grammaticorum curae tutatae sunt, epistolis defuit eiusmodi tutela.

De Prooemiis Demosthenis nomine traditis utrum genuina sint an Demostheni falso supposita summa fuit inter viros doctos dissensio. Demosthenem, oratorum principem, per otium elucubrasse et tanquam in seposito habuisse quibus in tempore uteretur, vix adducar ut credam. nec tamen Swobodae[1] rationibus adsentior qui non Demostheni attribuenda censuit sed rhetori nesciocui non ita longe a Demosthenis aetate seiuncto. immo veram aliquam rerum coniunctionem identidem

---

[1] Swoboda, *De Demosthenis quae feruntur prooemiis*, 1887.

referunt: ad res vel actas vel agendas pertinent. rudia[1]
et incohata potius agnoscas (silvam fortasse dixeris),
in scriniis Demosthenis casu quodam relicta postque
eius obitum nullo discrimine divulgata. gravem sane
suspicionem movet liv quo solemnibus[2] fere verbis
dis litatum esse nuntiatur; gravem etiam lv de quo
disseruit Wilamowitz (*Aristoteles und Athen*, ii. 400).
nec tamen si unum alterumve inrepsisse suspiceris,
totum simul corpus iure abiudicandum.

Quod ad Epistolas attinet, pari dissensione ac con-
certatione disceptatum. iv, v, vi fortasse debebam
cancellis includere. de prima nihil aut refelli potest
aut probari. secundam et tertiam[3] quae artius inter
se cohaerent, tuetur Blass, acrius impugnant Wilamo-
witz, Körte, alii. equidem hanc rationem secutus sum
ut dubias Demostheni reliquerim.

W. R.

Scribebam Glasguae
  Kal. Mart. M DCCCC XXXI.

---

[1] Cf. A. Rupprecht, *Die demosthenische Prooemiensammlung,
Philologus* lxxxii, pp. 365–432.
[2] Cf. Theophr. *Char.* xxi.
[3] Cf. *Attische Beredsamkeit*, iii, 2ª, p. 375. 'Unechte Briefe'
Wilamowitz, *Hermes*, xxxiii, 495, Blass, *Rhein Mus.*, 1899, pp. 37 sqq.
Drerup, *Aus einer alten Advokatenrepublik*, pp. 179–80.

SIGLA

S = cod. Parisinus 2934	saec. x (fortasse ix)
A = cod. Augustanus primus, nunc	
Monacensis 485	saec. xi (fortasse x)
r = cod. Parisinus 2936	saec. xiv
F = cod. Marcianus 416	saec. xi (fortasse x)
B = cod. Bavaricus, nunc Monacensis 85	saec. xiii
Q = cod. Marcianus 418	saec. xi (fortasse x)
D = cod. Ambrosianus 112	saec. xi (fortasse x)
Y = cod. Parisinus 2935	saec. xi (fortasse x)
P = cod. Laurentianus plut. lix 9	saec. xi (fortasse x)
C = cod. Ambrosianus 235	saec. xiv

ΠΡΟΣ ΣΠΟΥΔΙΑΝ ΥΠΕΡ ΠΡΟΙΚΟΣ

ΥΠΟΘΕΣΙΣ.

Πολύευκτος, ἀνὴρ Ἀθηναῖος, δύο θυγατέρων πατὴρ γίνεται, ὧν [1027]
τὴν μὲν νεωτέραν Λεωκράτει πρότερον δίδωσιν, εἶτα Σπουδίᾳ, τὴν
πρεσβυτέραν ⟨δὲ⟩ τῷ πρὸς τὸν Σπουδίαν δικαζομένῳ. ὁ μὲν οὖν
Πολύευκτος ἐτελεύτησε ταῖς θυγατράσι καταλιπὼν τὸν κλῆρον ἐξ
5 ἴσου, ὁ δὲ τὴν πρεσβυτέραν γήμας φησὶ τετταράκοντα μνᾶς ὁμο-
λογηθῆναι τὴν προῖκα, οὐ μὴν ὅλην εὐθὺς δοθῆναι, ἀλλὰ δέκα
μνῶν ὑπολειφθεισῶν ζῶντά θ᾽ ὁμολογεῖν τὸν Πολύευκτον ὀφείλειν
αὐτάς, καὶ ὡς ἤμελλε τελευτᾶν, τὴν οἰκίαν τῆς ἄλλης οὐσίας ἐξ-
ελεῖν, καὶ ταύτην εἰς τὸ χρέος δοῦναι. ὁ δὲ Σπουδίας ἀξιοῖ καὶ
10 ταύτην εἶναι κοινὴν ὥσπερ καὶ τὰ ἄλλα πάντα. καὶ τὸ μὲν μέγι-
στον τῶν ἀμφισβητημάτων τῶν ἐν τῷ λόγῳ τοῦτ᾽ ἔστι. προσ- 2
εγκαλεῖ δὲ τῷ Σπουδίᾳ καὶ ἕτερα· φησὶ γὰρ αὐτὸν καὶ τοῦ
Πολυεύκτου καὶ τῆς πρεσβυτέρας ὀφείλοντα χρήματα μὴ κατα-
βαλεῖν εἰς τὸ μέσον, δέον τοῦτο ποιεῖν. τοῦ δὲ Σπουδίου κἀκεῖνο
15 λέγοντος, ὡς αὐτὸς τριάκοντα μνᾶς προῖκ᾽ εἴληφε, μάλιστα μὲν
ἐξεῖναι τῷ Πολυεύκτῳ φησίν, εἰ τῇ ἑτέρᾳ τῶν θυγατέρων ἠβούλετο
πλείω προῖκα δοῦναι καὶ μὴ τὴν ἴσην ἀμφοτέραις, ἔπειτα δ᾽ ἐπι-
δείκνυσιν ὡς καὶ τοῦτο Σπουδίας ψεύδεται· τὰς μὲν γὰρ τριάκοντα
μνᾶς αὐτὸν ἐν ἀργύρῳ φησὶ λαβεῖν, τὰς δὲ δέκ᾽ ἐν ἱματίοις καὶ
20 χρυσίοις, ἃ καὶ πλείονος ἢ δέκα μνῶν εἶναι ἄξια.

Ἀδελφὰς ἔχομεν, ὦ ἄνδρες δικασταί, γυναῖκας ἐγὼ καὶ [1028]
Σπουδίας οὑτοσί, Πολυεύκτου θυγατέρας. ἄπαιδος δ᾽ ἐκεί-
νου τελευτήσαντος ἀρρένων παίδων, ἀναγκάζομαι πρὸς του-
τονὶ περὶ τῶν καταλειφθέντων δικάζεσθαι. καὶ εἰ μέν, ὦ
25 ἄνδρες δικασταί, μὴ πᾶσαν σπουδὴν καὶ προθυμίαν ἐποιη-
σάμην βουλόμενος διαλύεσθαι καὶ τοῖς φίλοις ἐπιτρέπειν,
ἐμαυτὸν ἂν ᾐτιώμην, εἰ μᾶλλον ᾑρούμην δίκας καὶ πράγματ᾽

TITULUS: Πρὸς Σπουδίαν codd. et identidem Harpocr.: Κατὰ Σπου-
δίου Harpocr. s. v. νεμέσεια   ὑπὲρ προικός iure suspectum. βλάβης actio-
nem fuisse censuit Thalheim; ea tamen actio Κατὰ Σπουδίου requireret.

1 γίνεται F D: λέγεται S   3 δὲ add. Reiske   9 Σπουδίας
Voemel: Λεωκράτης codd.: secl. Blass   10 τὸ μὲν S D (coniecerat
Blass): τὸ F   14 Σπουδίου Reiske: Σπουδία F (una litt. post α erasa)
D S   21 ἐγώ τε καὶ Hermog. 227. 14 (Rabe)   23 τοῦτον A   26
διαλύσασθαι A   27 ἂν om. A   ᾑρούμην] ἡγούμην S[1]

2 ἔχειν ἢ μίκρ' ἐλαττωθεὶς ἀνέχεσθαι· νῦν δ' ὅσῳ πραότερον
ἐγὼ καὶ φιλανθρωπότερον τούτῳ διελεγόμην, τοσούτῳ μᾶλ-
λόν μου κατεφρόνει. καὶ νῦν κινδυνεύω μὲν οὐδὲν ὁμοίως
τούτῳ πρὸς τουτονὶ τὸν ἀγῶν' ἔχειν, ἀλλ' οὗτος μὲν
ῥᾳδίως φέρει πολλάκις εἰθισμένος ἐνταῦθ' εἰς ὑμᾶς παριέναι, 5
ἐγὼ δ' αὐτὸ τοῦτο φοβοῦμαι, μὴ διὰ τὴν ἀπειρίαν οὐ
δυνηθῶ δηλῶσαι περὶ τῶν πραγμάτων ὑμῖν· ὅμως δ', ὦ
ἄνδρες δικασταί, προσέχετε τὸν νοῦν.

3 Πολύευκτος γὰρ ἦν τις Θριάσιος, ὃν ἴσως οὐδ' ὑμῶν
τινες ἀγνοοῦσιν. οὗτος ὁ Πολύευκτος, ἐπειδὴ οὐκ ἦσαν 10
αὐτῷ παῖδες ἄρρενες, ποιεῖται Λεωκράτη τὸν ἀδελφὸν τῆς
ἑαυτοῦ γυναικός. οὐσῶν δ' αὐτῷ δύο θυγατέρων ἐκ τῆς
τοῦ Λεωκράτους ἀδελφῆς, τὴν μὲν πρεσβυτέραν ἐμοὶ δίδω-
σιν καὶ τετταράκοντα μνᾶς προῖκα, τὴν δὲ νεωτέραν τῷ
4 Λεωκράτει. τούτων δ' οὕτως ἐχόντων, διαφορᾶς γενο- 15
[1029] μένης τῷ Πολυεύκτῳ πρὸς τὸν Λεωκράτη, περὶ ἧς οὐκ οἶδ'
ὅ τι δεῖ λέγειν, ἀφελόμενος ὁ Πολύευκτος τὴν θυγατέρα
δίδωσι Σπουδίᾳ τουτῳί. μετὰ δὲ ταῦτ' ἠγανάκτει ⟨θ'⟩ ὁ
Λεωκράτης, καὶ δίκας ἐλάγχανε Πολυεύκτῳ καὶ τουτῳὶ
Σπουδίᾳ, καὶ περὶ πάντων ἠναγκάζοντ' εἰς λόγον καθίστα- 20
σθαι. καὶ τὸ τελευταῖον διελύθησαν, ἐφ' ᾧτε κομισάμενον τὸν
Λεωκράτην ἅπερ ἦν εἰς τὴν οὐσίαν εἰσενηνεγμένος, μήτε
κακόνουν εἶναι τῷ Πολυεύκτῳ, τῶν τε πρὸς ἀλλήλους ἐγκλη-
5 μάτων ἀπηλλάχθαι πάντων. τίνος οὖν ἕνεχ' ὑμῖν, ὦ
ἄνδρες δικασταί, ταῦτ' εἶπον; ὅτι τὴν προῖκ' οὐ κομισά- 25
μενος ἅπασαν, ἀλλ' ὑπολειφθεισῶν χιλίων δραχμῶν καὶ
ὁμολογηθεισῶν ἀπολαβεῖν ὅταν Πολύευκτος ἀποθάνῃ, ἕως
μὲν ὁ Λεωκράτης ἦν κληρονόμος τῶν Πολυεύκτου, πρὸς

---

3 κινδυνεύω μὲν Wolf : κινδυνεύομεν codd., Reiske τούτῳ mox secluso.
adstipulatur Blass coll. Isae. i 6 οὐδὲν] οὐχ A 5 παριέναι A :
παρεῖναι S : εἰσιέναι F Q D 11 et 16 Λεωκράτη S F¹ D : Λεωκράτην
A F corr. 12 ἐμαυτοῦ A¹ 14 τῷ om. F Q 17 ὅ τι] εἴ τι
Naber 18 et 19 τούτῳ codd., corr. Blass 18 ⟨θ'⟩ add. Blass, cf.
xliv 19 20 ἠναγκάζοντο S A : ἠνάγκαζεν F Q D 22 Λεωκράτη S D
23 τῷ om. A 24 ἕνεκεν S Q D 26 post ὑπολειφθεισῶν add.
μοι A : om. cett.

ἐκεῖνον ἦν μοι τὸ συμβόλαιον· ἐπειδὴ δ' ὅ τε Λεωκράτης
ἐξεκεχωρήκει ὅ τε Πολύευκτος μοχθηρῶς εἶχεν, τηνικαῦτ',
ὦ ἄνδρες δικασταί, τὴν οἰκίαν ταύτην ἀποτιμῶμαι πρὸς τὰς
δέκα μνᾶς, ἐξ ἧς διακωλύει με τὰς μισθώσεις κομίζεσθαι
5 Σπουδίας.   πρῶτον μὲν οὖν ὑμῖν μάρτυρας παρέξομαι τοὺς 6
παραγενομένους ὅτ' ἠγγύα μοι Πολύευκτος τὴν θυγατέρ'
ἐπὶ τετταράκοντα μναῖς· ἔπειθ' ὡς ἔλαττον ταῖς χιλίαις
ἐκομισάμην· ἔτι δ' ὡς ἅπαντα τὸν χρόνον ὀφείλειν ὡμο-
λόγει μοι Πολύευκτος, καὶ τὸν Λεωκράτην συνέστησε, καὶ
10 ὡς τελευτῶν διέθεθ' ὅρους ἐπιστῆσαι χιλίων δραχμῶν ἐμοὶ
τῆς προικὸς ἐπὶ τὴν οἰκίαν.   καί μοι κάλει τοὺς μάρτυρας.

ΜΑΡΤΥΡΕΣ.
[1030]

Ἓν μὲν τοίνυν, ὦ ἄνδρες δικασταί, τοῦτ' ἔστιν ὧν 7
ἐγκαλῶ Σπουδίᾳ.   καὶ περὶ τούτου τί ἂν ἔτι μεῖζον ἢ
15 ἰσχυρότερον ἔχων εἰς ὑμᾶς κατέστην ἢ τὸν νόμον, ὃς οὐκ
ἐᾷ διαρρήδην, ὅσα τις ἀπετίμησεν, εἶναι δίκας, οὔτ' αὐτοῖς
οὔτε τοῖς κληρονόμοις; ἀλλ' ὅμως πρὸς τοῦτο τὸ δίκαιον
ἥκει Σπουδίας ἀμφισβητήσων.   ἕτερον δ', ὦ ἄνδρες δικασταί, 8
δύο μὲν μνᾶς, ⟨ἃς⟩ ἐμαρτύρησεν Ἀριστογένης ἐγκαλεῖν ἀπο-
20 θνήσκοντα Πολύευκτον ὀφειλομένας αὐτῷ παρὰ Σπουδίᾳ
καὶ τὸν τόκον (τοῦτο δ' ἐστὶν οἰκέτου τιμή, ὃν ἐωνημένος
οὗτος παρὰ τοῦ Πολυεύκτου, τὴν τιμὴν οὔτ' ἐκείνῳ διέλυσεν
οὔτε νῦν εἰς τὸ κοινὸν ἀνενήνοχεν), ὀκτακοσίας δὲ καὶ
χιλίας, περὶ ὧν οὐδ' ἔγωγ' οἶδα τί ποθ' ἕξει δίκαιον λέγειν.
25 ἦν μὲν γὰρ τὸ ἀργύριον παρὰ τῆς Πολυεύκτου δεδανει- 9
σμένος γυναικός, γράμματα δ' ἔστιν ἃ κατέλιπεν ἀποθνή-
σκουσ' ἐκείνη, μάρτυρες δ' οἱ τῆς γυναικὸς ἀδελφοὶ παρόντες
ἅπασιν καὶ καθ' ἕκαστον ἐπερωτῶντες, ἵνα μηδὲν δυσχερὲς

1 τε om. A   2 ἐξεκεχωρήκειν Blass, cf. Bekk. Anecd. p. 422
5 μάρτυρας ὑμῖν F Q D   6 ἐνηγγύα F : ἐνεγύα cett.   7 ταῖς
χιλίαις A F Q, Priscian. xviii 205 : τὰς χιλίας S F γρ. Q γρ.   10 ὡς
om. F Q   11 μοι κάλει μοι S   14 τούτου vulg. : τούτων S
16 ὅσα S A : εἰς ἃ F Q D   ἀπετίμωσεν S   19 ἃς inseruit Lipsius
21 τόκον S A : add. αὐτῷ F Q, αὐτῶν D   22 τοῦ om. F Q D   ἐκείνῳ
om. A   23–24 καὶ χιλίας om. S A   25 ἦν] η S

3

ἡμῖν εἴη πρὸς ἀλλήλους. οὔκουν δεινόν, ὦ ἄνδρες δικασταί,
καὶ σχέτλιον ἐμὲ μὲν ἁπάντων, ὧν ἢ παρὰ Πολυεύκτου
ζῶντος ἦν ἐωνημένος ἢ παρὰ τῆς γυναικὸς εἶχον αὐτοῦ, καὶ
τόκον τιθέναι καὶ τὴν τιμὴν ἀποδεδωκέναι, καὶ νῦν ἅπερ
10 ὤφειλον πάντ᾽ εἰς τὸ κοινὸν φέρειν, τοῦτον δὲ μήτε τῶν 5
νόμων τῶν ὑμετέρων φροντίζειν μήθ᾽ ὧν διέθετο Πολύευ-
κτος μήτε τῶν καταλειφθέντων γραμμάτων μήτε τῶν συνει-
δότων, ἀλλὰ πρὸς ἅπαντα ταῦθ᾽ ἥκειν ἀντιδικήσοντα;

Λαβὲ δή μοι πρῶτον μὲν τὸν νόμον, ὃς οὐκ ἐᾷ τῶν ἀπο-
[1031] τιμηθέντων ἔτι δίκην εἶναι πρὸς τοὺς ἔχοντας, ἔπειτα τὰ 10
γράμματα τὰ καταλειφθέντα καὶ τὴν μαρτυρίαν τὴν Ἀριστο-
γένους.

ΝΟΜΟΣ. ΓΡΑΜΜΑΤΑ. ΜΑΡΤΥΡΙΑ.

11 Βούλομαι τοίνυν, ὦ ἄνδρες δικασταί, καὶ περὶ τῶν ἄλλων
ὧν ἐγκαλῶ καθ᾽ ἕκαστον ὑμᾶς διδάξαι. φιάλην μὲν γὰρ 15
λαβόντες παρὰ τῆς Πολυεύκτου γυναικὸς καὶ θέντες ἐνέχυρα
μετὰ χρυσίων, οὐκ ἀνενηνόχασιν κεκομισμένοι ταύτην, ὡς
ὑμῖν Δημόφιλος ὁ θέμενος μαρτυρήσει· σκηνὴν δ᾽ ἦν
ἔχουσιν, οὐδέ γε ταύτην λαβόντες ἀναφέρουσιν· ἄλλα δὲ
πόσα τοιαῦτα; τὸ δὲ τελευταῖον εἰσενεγκούσης τῆς ἐμῆς 20
γυναικὸς εἰς τὰ Νεμέσεια τῷ πατρὶ μνᾶν ἀργυρίου καὶ
προαναλωσάσης, οὐδὲ ταύτης ἀξιοῖ συμβαλέσθαι τὸ μέρος,
ἀλλὰ τὰ μὲν ἔχει προλαβών, τῶν δὲ τὰ μέρη κομίζεται, τὰ
δ᾽ οὕτω φανερῶς οὐκ ἀποδίδωσιν. ἵνα τοίνυν μηδὲ ταῦτ᾽ ᾖ
παραλελειμμένα, λαβέ μοι πάντων αὐτῶν τὰς μαρτυρίας. 25

3 ἢ ante παρὰ τῆς om. S in fine versus, signo tamen supra ἐωνημέ-
νος addito cui nihil respondet in margine   εἶχον om. D : del. May,
ἢ priore cum F Q D omisso   5 μήτε] μηδὲ S   9 μὲν om. F Q
12 λέγε post Ἀριστογένους vulg. : om. S   13 ΝΟΜΟΣ ΓΡΑΜΜΑΤΑ
om. A F   15 γὰρ] ἦν Dobree   16 καταθέντες F Q   18
σκηνὴν codd., Harpocr. s. v., Photius s. v. : σκεύην Naber, Richards,
§ 27 et Arg. § 2 locis qui huc non quadrant collatis   19 οὐδέ γε
Schaefer, cf. Isocr. xvi 36 : οὐδὲ γὰρ codd., Harpocr., Photius   21
νεμέσεια S : νεμέσια vulg., Bekk. Anecd. 282. 33   23 ἀλλὰ τὰ A :
ἀλλ᾽ ἃ cett., vitium tralaticium quod inridet Lucianus, Soloec. § 1   25
πάντων τῶν αὐτῶν S

ΜΑΡΤΥΡΙΑΙ.

Ἴσως τοίνυν, ὦ ἄνδρες δικασταί, πρὸς μὲν ταῦτ' οὐδὲν 12
ἀντερεῖ Σπουδίας (οὐδὲ γὰρ ἕξει, καίπερ δεινὸς ὤν)· αἰτιά-
σεται δὲ Πολύευκτον καὶ τὴν γυναῖκ' αὐτοῦ, καὶ φήσει
5 πάντα ταῦθ' ὑπ' ἐμοῦ πεισθέντας καταχαρίσασθαι, καὶ νὴ
Δί' ἕτερα πολλὰ καὶ μεγάλα βλάπτεσθαι, καὶ δίκην εἰλη-
χέναι μοι· ταῦτα γὰρ καὶ πρὸς τῷ διαιτητῇ λέγειν ἐπε-
χείρει. ἐγὼ δ', ὦ ἄνδρες δικασταί, πρῶτον μὲν οὐχ 13
ἡγοῦμαι δικαίαν εἶναι τὴν ἀπολογίαν τὴν τοιαύτην, οὐδὲ
10 προσήκειν, ὅταν τις φανερῶς ἐξελέγχηται, μεταστρέψαντα [1032]
τὰς αἰτίας ἐγκαλεῖν καὶ διαβάλλειν· ἀλλ' ἐκείνων μέν, εἴπερ
ἀδικεῖται, δῆλον ὅτι δίκην λήψεται, τούτων δὲ δώσει· πῶς
γὰρ ἂν ἐγὼ νῦν ταῖς τούτων διαβολαῖς ἀντιδικοίην, ἀφεὶς
ὑπὲρ ὧν ὑμεῖς μέλλετε τὴν ψῆφον οἴσειν; ἔπειτα θαυμάζω 14
15 τί δήποτε, εἴπερ ἀληθῆ καὶ δίκαι' εἶχεν ἐγκαλεῖν, βουλο-
μένων ἡμᾶς τῶν φίλων διαλύειν καὶ πολλῶν λόγων γενο-
μένων οὐχ οἷος ἦν ἐμμένειν οἷς ἐκεῖνοι γνοῖεν. καίτοι
τίνες ἂν ἄμεινον καὶ τῶν τούτου καὶ τῶν ἐμῶν ἐγκλημάτων
τὰ μηδὲν ὄντ' ἐξήλεγξαν τῶν παραγεγενημένων ἅπασι τού-
20 τοις, τῶν εἰδότων οὐδὲν ἧττον ἡμῶν τὰ γενόμενα, τῶν
κοινῶν ἀμφοτέροις καὶ φίλων ὄντων; ἀλλὰ δῆλον ὅτι 15
τούτῳ ταῦτ' οὐκ ἐλυσιτέλει, φανερῶς ὑπ' αὐτῶν ἐξελεγχο-
μένῳ τοῦτον τὸν τρόπον λαβεῖν διάλυσιν· μὴ γὰρ οἴεσθ',
ὦ ἄνδρες δικασταί, τοὺς εἰδότας ἅπαντα ταῦτα νυνὶ μὲν
25 ὑποκινδύνους αὐτοὺς καθιστάντας ἐμοὶ μαρτυρεῖν, τότε δ'
⟨ἂν⟩ ὀμόσαντας ἄλλο τι γνῶναι περὶ αὐτῶν. οὐ μὴν ἀλλ'
εἰ καὶ μηδὲν τούτων ὑπῆρχεν ὑμῖν, οὐδ' ὡς χαλεπόν ἐστιν
γνῶναι περὶ αὐτῶν, ὁπότεροι τἀληθῆ λέγουσιν. περὶ μὲν γὰρ 16
τῆς οἰκίας, εἰ φησὶν ὑπ' ἐμοῦ πεισθέντα Πολύευκτον προσ-
30 τάξαι τοὺς ὅρους στῆσαι τῶν χιλιῶν, ἀλλ' οὐ δήπου καὶ

---

1 ΜΑΡΤΥΡΕΣ S   3 οὐδὲ] οὐ A   5 ταῦτα πάνθ' A F   6
ἕτερ' ἄλλα π. A   15 εἶχεν S A : ἔχειν F Q : ἔχει D   17 οἷος
ἦν Schaefer : οἷός τ' ἦν codd., cf. xliv 35   21 καὶ om. F Q D
22–23 ἐξελεγχομένων S F A   23 λαβεῖν λαβεῖν S¹   26 ἂν add.
Blass   ὁμολογήσαντας S F γρ. Q γρ.   27 ὑμῖν S : ἡμῖν cett.

τοὺς μάρτυρας ἔπεισα, ὦ Σπουδία, ψευδῆ μοι μαρτυρεῖν,
τοὺς παραγενομένους ὅτ᾽ ἠγγύα μοι, τοὺς εἰδότας ἔλαττόν
με κομισάμενον, τοὺς ἀκούοντας ὁμολογοῦντος ὀφείλειν
ἐμοὶ συστήσαντος ἀποδοῦναι, τοὺς τὸ τελευταῖον ταῖς
διαθήκαις παραγενομένους· τούτοις γὰρ ἅπασιν οὐκέτι κατα- 5
[1033] χαρίσασθαι ταῦθ᾽ ὑπῆρχεν, ἀλλὰ κινδυνεύειν τῶν ψευδο-
μαρτυρίων, εἰ μηδὲν τῶν γενομένων μαρτυροῖεν. ἀφῶμεν
17 τοίνυν τοῦτ᾽ ἤδη. πρὸς ἐκεῖνο δὲ τί ἂν λέγοις; ἀκριβῶς
γὰρ ὅπως τούτους διδάξεις· εἰ δὲ μή, πάντες ὑμεῖς ἀπαι-
τεῖτ᾽ αὐτόν. ὅτε γὰρ Πολύευκτος διετίθετο ταῦτα, παρῆν 10
μὲν ἡ τούτου γυνή, καὶ δῆλον ὅτι τὰς τοῦ πατρὸς διαθήκας
ἀνήγγειλεν, ἄλλως τ᾽ εἰ καὶ μηδὲν ἴσον εἶχεν ἀλλ᾽ ἐν
ἅπασιν ἠλαττοῦτο, παρεκλήθη δ᾽ αὐτὸς οὗτος, ὥστε μηδὲ
τοῦτ᾽ εἶναι λέγειν, ὡς λάθρᾳ καὶ διακρυψάμενοι τούτους
ἐπράττομεν ταῦτα· παρακαλούμενος γὰρ ἔφησεν αὐτὸς μὲν 15
ἀσχολίαν ἄγειν, τὴν δὲ γυναῖκ᾽ ἐξαρκεῖν τὴν αὑτοῦ παροῦσαν.
18 τί ἔτι λοιπόν; ἀπαγγείλαντος Ἀριστογένους αὐτῷ περὶ
ἁπάντων τούτων ἀκριβῶς, οὐδ᾽ ἐνταῦθ᾽ οὐδένα φαίνεται
λόγον ποιησάμενος, ἀλλ᾽ ἐπιβιόντος μετὰ ταῦτα τοῦ Πολυ-
εύκτου πλέον ἢ πένθ᾽ ἡμέρας, οὔτ᾽ ἠγανάκτησεν εἰσελθὼν 20
οὔτ᾽ ἀντεῖπεν οὐδέν, οὐδ᾽ ἡ γυνή, παροῦσ᾽ ἐξ ἀρχῆς ἅπασιν
τούτοις. ὥστ᾽ οὐκέτι Πολύευκτος αὐτὰ πεισθεὶς ἐμοὶ κατε-
χαρίζετο, ὡς ἔοικεν, ἀλλ᾽ ὑμεῖς αὐτοί. ταῦτα τοίνυν, ὦ ἄνδρες
δικασταί, μεμνημένοι σαφῶς, ἐὰν ἄρα τι περὶ αὐτῶν ἐγχειρῇ
νυνὶ διαβάλλειν, ἀντίθετε. πρῶτον δ᾽ ἵν᾽ εἰδῆτ᾽ ἀκριβῶς 25
ὅτι τοῦτον τὸν τρόπον ἔχει, τῶν μαρτύρων ἀκούσατε.
λέγε.

2 ἐνηγγύα F : ἐνεγύα SAQDF γρ.   3 τοὺς ἀκούοντας post ὀφεί-
λειν iterat S   4 ἐμοὶ secl. Blass   6 ταῦθ᾽] τοῦθ᾽ S   τῶν ψευδο-
μαρτυριῶν Blass : τὴν ψ. Reiske : τὴν ψευδομαρτυρίαν codd.   9 τού-
τους S : τουτουσὶ cett.   διδάξῃς AFD   10 διέθετο A   12
ἀνήγγειλεν SA : ἀπ. FQD   14 διακρυψάμενοι SA : ἰδίᾳ κρ. FQD
16 ἄγειν] λέγειν S¹   17 δ᾽ Ἀριστογένους S vulg. : δ᾽ om. A   19
ἐπιβιοῦντος codd., corr. Cobet   20 πλέον FQ : πλεῖον SA : πλεῖν
Dindorf   20-21 οὔτε . . . οὔτε SA : οὐκ . . . οὐδ᾽ FQ : οὔτ᾽ . . .
οὐδ᾽ D

ΜΑΡΤΥΡΕΣ.

Οὐκοῦν, ὦ ἄνδρες δικασταί, τῶν μὲν χιλίων δραχμῶν 19
ὡς δικαίως καὶ προσοφειλομένων ἀπετίμησέ μοι τὴν οἰκίαν
ὁ Πολύευκτος, αὐτὸς οὗτός μοι μαρτυρεῖ καὶ ἡ τούτου γυνὴ [1034]
5 πρὸς τοῖς ἄλλοις τούτοις τοῖς μεμαρτυρηκόσι, συγχωροῦντες
τότε καὶ οὔτε πρὸς τὸν Πολύευκτον ἀντειπόντες ἐπιβιόντα
τοσαύτας ἡμέρας, οὔτε πρὸς τὸν Ἀριστογένη, ἐπεὶ τάχιστ᾽
ἤκουσαν. ἀλλὰ μὴν εἴ γε δικαίως ἀπετιμήθη, μεμνημένοις
τοῦ νόμου κατὰ μὲν τοῦθ᾽ ὑμῖν οὐκ ἔστιν ἀποψηφίσασθαι
10 Σπουδίου. σκέψασθε δὲ καὶ περὶ τῶν εἴκοσι μνῶν, ἃς οὐκ 20
ἐπαναφέρει· καὶ γὰρ ἐνταυθοῖ πάλιν αὐτὸς οὗτός μοι
μέγιστος ἔσται μάρτυς, οὐ λόγῳ μὰ Δί᾽ ὥσπερ νῦν ἀντι-
δικῶν (τουτὶ μὲν γὰρ οὐδὲν τεκμήριόν ἐστιν), ἀλλ᾽ ἔργῳ
περιφανεῖ. τί ποιῶν, ὦ ἄνδρες δικασταί; τούτῳ γὰρ ἤδη
15 προσέχετε τὸν νοῦν, ἵν᾽ ἐὰν ἄρα τολμᾷ τι καὶ περὶ τῆς
μητρὸς τῶν γυναικῶν βλασφημεῖν ἢ περὶ τῶν γραμμάτων,
εἰδότας ὑμᾶς μὴ δύνηται λέγων ἐξαπατᾶν. ταυτὶ γὰρ τὰ 21
γράμματα κατέλιπεν μὲν ἡ Πολυεύκτου γυνή, καθάπερ εἶπον
ὀλίγῳ πρότερον· ὁμολογουμένων δὲ τῶν σημείων καὶ παρὰ
20 τῆς τούτου γυναικὸς καὶ παρὰ τῆς ἐμῆς, ἀμφότεροι παρόντες
ἀνοίξαντες ἀντίγραφά τ᾽ ἐλάβομεν, κἀκεῖνα πάλιν κατα-
σημηνάμενοι παρ᾽ Ἀριστογένει κατεθέμεθα. τοῦτο δή, 22
τοῦτ᾽, ὦ ἄνδρες δικασταί, μάθετε πρὸς θεῶν. ἐνῆσαν μὲν
γὰρ αἱ δύο μναῖ, ἡ τιμὴ τοῦ οἰκέτου, καὶ οὐ μόνον ὁ
25 Πολύευκτος ἀποθνήσκων ταύτας ἐνεκεκλήκει, ἐνῆσαν δ᾽ αἱ
χίλιαι καὶ ὀκτακόσιαι δραχμαί. ταῦτα δ᾽ ἀναγνούς, εἰ μὲν
αὐτῷ μηδὲν προσῆκεν μηδ᾽ ἀληθῆ τὰ γεγραμμέν᾽ ἦν, τί δὴ

3 ὡς] ὡς καὶ FQD   4 ὁ A: ἀρχὴν ὁ S: ἃ vulg.   6 καὶ ser-
vat A solus   ἐπιβιοῦντα codd.   7 Ἀριστογένην A F corr. Q   9
ἔνεστιν A   ἀποψ. vulg.: καὶ τὸ ψ. S unde δικαίως ψ. Sauppe   10
Σπουδίου (ου in ras. S) codd.: Σπουδίᾳ Sauppe   δὲ A: δὴ S F Q
11 οὗτος om. F Q   11–12 μοι μέγιστος ἔσται S: ἐμοὶ μ. ἔ. FQ: μ. ἔ.
μοι A   14 ἤδη vulg.: δὴ S   18 κατέλιπεν μὲν] καταλέλοιπεν
A   21 τ᾽ om. A   ἔλαβον S   22 τοῦτο δή] του δή S[1]   25
ἀπ. ταύτας F γρ.: ἀπ. ταῦτα S Q γρ.: αὐτὰ ἀπ. A F Q D   ἐνεκεκλήκει
Dindorf: ἐγκεκλήκει S vulg.: ἐγκέκληκεν A   δ᾽ αἱ] δε S
26 δραχμαί om. A D   27 αὐτῷ μ. S: μ. αὐτῷ cett.

7

ποτ' οὐκ εὐθὺς ἠγανάκτει περὶ αὐτῶν; τί δὲ συνεσημαίνετο
[1035] πάλιν τὰ μηδὲν ὑγιὲς ὄντα μηδ' ἀληθῆ γράμματα; τουτὶ
γὰρ οὐδ' ἂν εἷς δήπου μὴ πᾶσιν ὁμολογῶν τοῖς γεγραμ-
23 μένοις ποιήσειεν. ἀλλὰ μήν, ὦ ἄνδρες δικασταί, τοῦτό γε
δεινὸν δήπου, εἰ πρὸς τὰ συγκεχωρημέν' ὑπ' αὐτῶν τούτων 5
ἐξέσται νῦν ἀντιλέγειν, καὶ μηδὲν σημεῖον ὑμῖν ἔσται, διότι
πάντες ἄνθρωποι πρὸς τὰ μήτ' ἀληθῆ μήτε δίκαια τῶν
ἐγκλημάτων οὐ κατασιωπᾶν, ἀλλὰ παραχρῆμ' ἀμφισβητεῖν
εἰώθαμεν, μὴ ποιήσαντες δὲ ταῦτα, ἂν ὕστερον ἀντιδικῶσιν,
24 πονηροὶ καὶ συκοφάνται δοκοῦσιν εἶναι. ταῦτα μὲν τοίνυν 10
Σπουδίας οὐδὲν ἧττον ἐμοῦ γιγνώσκων, ἀλλ' οἶμαι μὲν καὶ
ἀκριβέστερον, ὅσῳ καὶ πυκνότερον ἐνταυθοῖ παρέρχεται,
πᾶσιν ἐναντία τοῖς πεπραγμένοις αὐτῷ λέγων οὐκ αἰσχύ-
νεται. καίτοι πολλάκις ὑμεῖς ἓν μόνον σκευώρημα συνι-
δόντες, τούτῳ κατὰ τῶν ἄλλων τῶν ἐγκαλουμένων ἐχρήσασθε 15
τεκμηρίῳ· τούτῳ δ' ἅπανθ' ὑφ' αὑτοῦ συμβέβηκεν ἐξελέγ-
χεσθαι. καί μοι λαβὲ τὴν μαρτυρίαν ὡς ὡμολογεῖτο τότε
τὰ σημεῖα τῶν γραμμάτων ὑπὸ τῆς τούτου γυναικός, καὶ νῦν
ὑπὸ Σπουδίου κατασημανθέντα κεῖται.

ΜΑΡΤΥΡΙΑ.   20

25   Τούτων τοίνυν οὕτως σαφῶς ἀποδεδειγμένων, ἡγοῦμαι
μὲν οὐδὲν ἔτι δεῖν πλείω λέγειν· ὁπότε γὰρ καὶ νόμους ἔχω
παρέχεσθαι καὶ μάρτυρας ἁπάντων τῶν εἰρημένων, καὶ τὸν
ἀντίδικον αὐτὸν ὁμολογοῦντά μοι, τί δεῖ μακρῶν ἔτι λόγων;
ὅμως δ' ἂν ἄρα περὶ τῆς προικὸς ἀγανακτῇ καὶ φάσκῃ 25
πλεονεκτεῖσθαι ταῖς χιλίαις δραχμαῖς, ψεύσεται· οὐδὲν γὰρ
ἔχων ἔλαττον ἀμφισβητεῖ πρὸς αὐτάς, ἀλλὰ πλέον, ὡς
[1036] αὐτίχ' ὑμῖν ἔσται φανερόν. οὐ μὴν ἀλλ' εἰ πάντα ταῦθ'
26

1 οὐκ om. S   2 ὄντα] ἔχοντα F Q   5 τούτων ⟨τούτοις⟩
Bockmeijer   6 ὑμῖν A : ἡμῖν cett., sed cf. ἐχρήσασθε τεκμηρίῳ § 24
10 δόξουσιν S   μὲν del. Blass   11 μὲν καὶ Blass : μὲν S A :
καὶ vulg.   14 συνειδότες A   17 ὡμολογεῖτο τότε S : ὡμολόγει
τότε A F Q (hic ὁμ.) : ὡμολόγητό τε D   20 ΜΑΡΤΥΡΕΣ S   21
σαφῶς οὕτως A   22 ἔχων S   23 παρασχέσθαι καὶ μαρτυρίας A
24 τί] οτι S   25 ὅμως] ὁμοίως Stahl   αγανακτει . . . φασκει S
26 χιλ.] τρισχιλίαις S   27 ἀμφισβητεῖν S

8

ὡς ἀληθῶς συνέβη, οὐ δήπου δίκαιον ἐμὲ τὴν ὁμολογη-
θεῖσαν προῖκα μὴ λαβεῖν, εἴπερ ὄφελός τι τῶν νόμων ἐστίν,
οὐδέ γε τὸν Πολύευκτον, εἰ τῶν θυγατέρων ἐβούλετο τῇ
μὲν ἐλάττω, τῇ δὲ πλείω προῖκ᾽ ἐπιδοῦναι, διακωλυθῆναι
5 νῦν· σοὶ γὰρ αὐτῷ μὴ λαμβάνειν ἐξῆν, ὦ Σπουδία, μὴ
προστιθεμένων ὥσπερ ἐμοὶ τῶν χιλιῶν. ἀλλ᾽ οὐδὲν ἔλατ-
τον εἶχες, ὡς ἐγὼ διδάξω. πρῶτον δ᾽ ἐφ᾽ οἷς ἐξέδοτο τούτῳ,
λαβέ μοι τὴν μαρτυρίαν.

ΜΑΡΤΥΡΙΑ.

10   Πῶς οὖν οὐδὲν ἔλαττον ἔχει, φήσει τις, εἰ τούτῳ μὲν ἐν 27
ταῖς τετταράκοντα μναῖς ἐνετιμᾶτο τὰ χρυσία καὶ τὰ ἱμάτια
τῶν χιλιῶν, ἐμοὶ δ᾽ αἱ δέκα μναῖ χωρὶς προσαπεδίδοντο;
τοῦτο δὴ καὶ μέλλω λέγειν. ὁ μὲν γὰρ Σπουδίας, ὦ
ἄνδρες δικασταί, παρὰ τοῦ Λεωκράτους ἔχουσαν τὰ χρυσία
15 καὶ τὰ ἱμάτια τὴν γυναῖκ᾽ ἔλαβεν, ὧν ὁ Πολύευκτος προσ-
απέτεισεν τῷ Λεωκράτει πλεῖν ἢ χιλίας· ἐγὼ δ᾽, ἅπερ
ἔπεμψέ μοι χωρὶς τῆς προικός, ὅσ᾽ ἔχω μόνον, πρὸς τὰ
τούτῳ δοθέντ᾽ ἐὰν ἀντιθῇ τις, εὑρήσει παραπλήσια, χωρὶς
τῶν εἰς τὰς χιλίας ἀποτιμηθέντων. ὥστ᾽ εἰκότως ἐν ταῖς 28
20 τετταράκοντα μναῖς ἐνετιμᾶτο ταῦτα, ἅπερ ἀπετετείκει τῷ
Λεωκράτει καὶ πλείω τῶν ἐμοὶ δοθέντων ἦν. καί μοι λαβὲ
πρῶτον μὲν τὴν ἀπογραφὴν ταύτην καὶ λέγ᾽ αὐτοῖς ἅπερ
ἑκάτερος ἡμῶν ἔχει, μετὰ δὲ ταῦτα τὴν τῶν διαιτητῶν
μαρτυρίαν, ἵν᾽ ἴδωσιν ὅτι καὶ πολλῷ πλείω χρήματ᾽ ἔχει,
25 καὶ περὶ τούτων ὁ Λεωκράτης ἐνεκάλει, καὶ κατὰ ταῦτ᾽
ἔγνωσαν οἱ διαιτηταί. λέγε.

7 τούτῳ A : τούτων cett.   8 μοι om. A   10 οὐδὲν] ουονδεν S
11 ταῖς om. S   ἐνετιμᾶτο S : ἐπετ. FQD : ἐτίματο A   15 δ
om. FD   15–16 προσαπέτισε AFQ : προσαπετίμησε SF γρ. Q γρ.
16 πλεῖν Dindorf : πλεῖον codd.   17 δσ᾽ ἔχω μόνον codd. : ἔχω μόνον
& Blass Att. Ber. iii 1. 252   18 ἀντιθῇ A : τιθῇ cett.   20
ἀπετιμᾶτο FQ   ἀπετετίκει vulg. ; ἀποτετείκει S   21 ἐμοὶ δοθέν-
των om. S   22 ταυτηνὶ A   αὐτοῖς νῦν A   23 δὲ om. A
24 ἴδωσιν S : εἰδῶσιν vulg.   25 κατὰ ταῦτα vulg. : μετὰ ταῦτα S :
ταῦτα A

ΑΠΟΓΡΑΦΗ. ΜΑΡΤΥΡΙΑ.

29 Ἆρ' οὖν οὐ φανερῶς οὗτος μὲν ἔχει τετταράκοντα μνᾶς
πάλαι τὴν προῖκα, ἐγὼ δὲ τὰς μὲν τριάκοντα καθάπερ
οὗτος, τὰς δὲ χιλίας οὐ μόνον ὕστερον οὐκ ἐκομισάμην,
ἀλλὰ καὶ νυνὶ κινδυνεύω περὶ αὐτῶν ὡς ἀδίκως ἔχων; διὰ 5
ταῦτα μέντοι Σπουδίας, ὦ ἄνδρες δικασταί, τοῖς φίλοις οὐκ
ἐβούλετ' ἐπιτρέψας ἀπαλλαγῆναι τῶν πρὸς ἔμ' ἐγκλημάτων,
ὅτι συνέβαινεν αὐτῷ πάντα ταῦτ' ἐξελέγχεσθαι· πᾶσιν γὰρ
τούτοις παραγεγενημένοι καὶ σαφῶς εἰδότες οὐκ ἐπέτρεπον
αὐτῷ λέγειν ὅ τι τύχοι· παρ' ὑμῖν δ' οἴεται ψευδόμενος 10
30 ἐμοῦ τἀληθῆ λέγοντος περιγενήσεσθαι. καίτοι περὶ ὧν
ἐγκαλῶ, πάνθ' ὑμῖν ἀπέδειξα σαφῶς, ὡς οἷός τ' ἦν αὐτός.
τοὺς δ' εἰδότας οὗτος ἔφευγεν, οὐχ ἡγούμενος εἶναι παρα-
λογίσασθαι. μὴ τοίνυν, ὦ ἄνδρες δικασταί, μηδ' ὑμεῖς
ἐπιτρέπετ' αὐτῷ ψεύδεσθαι καὶ διαβάλλειν, μεμνημένοι τῶν 15
εἰρημένων· ἴστε γὰρ πάνθ' ὡς ἐγένετο, πλὴν εἴ τι παρέλιπον
ἐγὼ πρὸς ὀλίγον ὕδωρ ἀναγκαζόμενος λέγειν.

3 τὴν προῖκα πάλαι F Q D   post τριάκοντα add. μνᾶς vulg. : om. S
4 οὗτος vulg. : οὑτοσί S   8 ταῦτα πάντ' ἐλέγχεσθαι A   9 ἐπέτρε-
πον ἂν vulg. : ἂν om. S, cf. συνέβαινεν supra   13 οὗτος S : οὑτοσὶ
vulg.   ἔφυγεν A   εἶναι S : ἐνεῖναι vulg.
In S subscriptum

ΠΡΟΣ ΣΠΟΥΔΙΑΝ
ΥΠΕΡ ΠΡΟΙΚΟΣ
Δ

XLII

ΠΡΟΣ ΦΑΙΝΙΠΠΟΝ ΠΕΡΙ ΑΝΤΙΔΟΣΕΩΣ

ΥΠΟΘΕΣΙΣ.

Ὁ μὲν λόγος οὐκ ἀναφέρεται παρά τινων εἰς τὸν Δημοσθένην,
ὑπόθεσιν δ' ἔχει ταύτην. ἦν σύνταγμα παρὰ τοῖς Ἀθηναίοις
τριακοσίων ἀνδρῶν κατὰ τὸν πλοῦτον ἐξειλεγμένων, οἷς ἀνέκειντο
τῶν λειτουργιῶν αἱ μείζονες. νόμος δ' ἐδίδου τῷ πεπονηκότι [1038]
5 τούτων ὑπεξελθεῖν ἐκ τοῦ συντάγματος, εἴ τιν' ἑαυτοῦ πλουσιώ-
τερον σχολάζοντ' ἐπεδείκνυε. καὶ εἰ μὲν ὁ προβληθεὶς ὡμολόγει
πλουσιώτερος εἶναι, εἰς τοὺς τριακοσίους ἀντικαθίστατο· εἰ δ'
ἠρνεῖτο, τὴν οὐσίαν ἀντεδίδοσαν. νῦν τοίνυν εἷς τῶν τριακοσίων 2
πεπονηκέναι λέγων καὶ εἶναι πένης ἐπὶ Φαίνιππον ἐλήλυθε, καὶ
10 τῆς οὐσίας εἰς ἀντίδοσιν ἥκουσι. περὶ δὲ τούτων ἐγκαλεῖ τῷ
Φαινίππῳ, ὡς οὔτε τὴν ἀπογραφὴν τῆς οὐσίας δεδωκότι κατὰ τὸν
προσήκοντα χρόνον ἀλλ' ὕστερον πολλῷ, τά τε σημεῖα τῶν
οἰκημάτων ἀφῃρηκότι ὑπὲρ τοῦ ἐκφορῆσαι τῶν ἔνδον τινά, καὶ
ψευδῶς ὀφείλειν πολλὰ πλαττομένῳ.

15 Πολλὰ κἀγαθὰ γένοιτο, ὦ ἄνδρες δικασταί, πρῶτον μὲν
ὑμῖν ἅπασιν, ἔπειτα δὲ καὶ Σόλωνι τῷ νομοθετήσαντι τὸν
περὶ τῶν ἀντιδόσεων νόμον. εἰ μὴ γὰρ οὗτος ἡμῖν σαφῶς
διώρισεν, τί πρῶτον δεῖ ποιεῖν τοὺς ἀντιδεδωκότας καὶ τί
δεύτερον καὶ τἄλλα δ' ἐφεξῆς, οὐκ οἶδ' ὅποι προῆλθεν ἂν ἡ
20 τουτουὶ Φαινίππου τόλμα, ὅπου γε καὶ νῦν ἅπαντα ταῦτα
προλέγοντος ἡμῖν τοῦ νόμου, ὅμως οὐδὲν φροντίσας τῶν ἐν [1039]
αὐτῷ γεγραμμένων δικαίων, ἀντὶ μὲν τοῦ τριῶν ἡμερῶν ἀφ'
ἧς ὤμοσε τὴν ἀπόφασιν δοῦναί μοι τῆς οὐσίας τῆς αὑτοῦ
κατὰ τὸν νόμον, ἢ εἰ μὴ τότ' ἐβούλετο, τῇ γ' ἕκτῃ ⟨φθίνον-
25 τος⟩ δοῦναι τοῦ βοηδρομιῶνος μηνός, ἣν δεηθείς μου ἔθετο

TITULUS : περὶ ἀντιδόσεως om. S

11 οὔτε Sauppe : οὐδὲ codd.   12 χρόνον] νόμον S   13 ὑπὲρ]
καὶ περὶ S   διαφορῆσαι F   τινα τῶν ἔνδον S D   16 τὸν om. A
17 ἀντιδωσεων S¹   20 τουτουὶ] τοῦ S   γε Dindorf : γὰρ codd.
24 γ' om. A   φθίνοντος post ἕκτῃ add. Thalheim ; post μηνός Reiske,
Münscher

11

2 καὶ ἐν ᾗ ὡμολόγησε δώσειν τὴν ἀπόφασιν, οὐδέτερα τούτων
ἐποίησεν, ἀλλὰ καταφρονήσας ἀμφοτέρων, καὶ ἡμῶν καὶ
τοῦ νόμου, δευτέρῳ μηνὶ ἔδωκεν, δυοῖν ἢ τρισὶν ἡμέραις
πρότερον τῆς εἰς τὸ δικαστήριον εἰσόδου, τὸν δ' ἄλλον
ἅπαντ' ἐκποδὼν ἦν χρόνον· ἀντὶ δὲ τοῦ τὰ σημεῖα ἐᾶν τῶν 5
οἰκημάτων ἃ παρεσημηνάμην, ἐλθὼν εἰς ἀγρὸν ἀνέῳξε καὶ
τὰς κριθὰς ἐξεφόρησεν καὶ τἆλλα, ὥσπερ ἐξουσίαν δεδω-
κότος αὐτῷ τοῦ νόμου ποιεῖν ὅ τι ἂν βούληται καὶ μὴ ὡς
3 δίκαιόν ἐστιν. ἐγὼ δ', ὦ ἄνδρες δικασταί, ἥδιστα μὲν ἂν
ἐμαυτὸν εἶδον εὐτυχοῦντα ὥσπερ πρότερον τῇ οὐσίᾳ καὶ 10
μένοντα ἐν τοῖς τριακοσίοις· ἐπειδὴ δὲ τὰ μὲν τῆς κοινῆς
ἀτυχίας μετασχὼν τοῖς ἄλλοις τοῖς ἐργαζομένοις ἐν τοῖς
ἔργοις, τὰ δ' ἰδίᾳ μεγάλαις περιπεπτωκὼς ζημίαις ἀπολώ-
λεκα τὴν οὐσίαν, καὶ τὸ τελευταῖον νυνί με δεῖ τῇ πόλει
τρία τάλαντα καταθεῖναι, τάλαντον κατὰ τὴν μερίδα (μετέσχον 15
γάρ, ὡς μή ποτ' ὤφελον, κἀγὼ τοῦ δημευθέντος μετάλλου),
ἀναγκαῖόν ἐστιν εἰς τὴν ἐμὴν τάξιν πειρᾶσθαι καθιστάναι
τὸν οὐ μόνον ἐμοῦ νῦν ὄντα πλουσιώτερον, ἀλλὰ καὶ πρό-
τερον, καὶ οὐδεπώποτ' οὐδὲν λελῃτουργηκότα ὑμῖν οὐδ'
4 εἰσενηνοχότα τῇ πόλει. δέομαι οὖν ὑμῶν ἁπάντων, ὦ 20
ἄνδρες δικασταί, ἐὰν ἐπιδεικνύω Φαίνιππον τουτονὶ καὶ
παραβεβηκότα τὰ ἐν τοῖς νόμοις δίκαια καὶ πλουσιώτερον
[1040] ὄντα ἐμαυτοῦ, βοηθῆσαί μοι καὶ τοῦτον εἰς τοὺς τρια-
κοσίους ἀντ' ἐμοῦ καταστῆσαι· διὰ τοῦτο γὰρ οἱ νόμοι καθ'
ἕκαστον ἔτος ποιοῦσιν τὰς ἀντιδόσεις, ὅτι τὸ διευτυχεῖν 25
συνεχῶς τῇ οὐσίᾳ οὐ πολλοῖς τῶν πολιτῶν διαμένειν
εἴθισται. ἐξ ἀρχῆς δ' ὑμῖν τὰ γενόμενα περὶ τὴν ἀντίδοσιν
διηγήσομαι.

2–3 καὶ τοῦ A F Q : καὶ τὰ τοῦ S unde κᾆτα τοῦ Sauppe coll. § 10
3 μηνὶ ἔδωκεν A F Q : μηδενι εδωκεν S : μηνὶ δέδωκε Blass   6 ἅπερ
ἐσημηνάμην S A   9 μὲν ἂν Bekker : ἂν S A : μὲν F Q, cf. v. l. Lys.
i 37   10 ειδων S   14 νῦν ἐμὲ F Q   18 ἐμοῦ secl.
Blass ; at cf. xx 70 αὐτῷ   23 ἐμαυτοῦ] ἐμοῦ F Q   25 ἀντιδο-
σεις S hic et infra   26 παραμένειν Reiske, nescio an recte, cf.
Isocr. iv 22, x 44   27 ὑμῖν S : add. πάντα A : ἅπαντα F Q

Τοῦ γὰρ μεταγειτνιῶνος, ὦ ἄνδρες δικασταί, τῇ δευτέρᾳ 5
ἱσταμένου ἐποίουν οἱ στρατηγοὶ τοῖς τριακοσίοις τὰς ἀντι-
δόσεις. ἐν ταύταις ἐκάλεσα κατὰ τὸν νόμον Φαίνιππον
τουτονί. καλέσας δὲ καὶ παραλαβὼν τῶν οἰκείων τινὰς
καὶ φίλων, ἐπορευόμην Κυθηρόνδε εἰς τὴν ἐσχατιὰν αὐτοῦ. 5
καὶ πρῶτον μὲν περιαγαγὼν τὴν ἐσχατιὰν πλέον ἢ σταδίων
οὖσαν τετταράκοντα κύκλῳ, ἔδειξα καὶ διεμαρτυράμην ἐναν-
τίον Φαινίππου, ὅτι οὐδεὶς ὅρος ἔπεστιν ἐπὶ τῇ ἐσχατιᾷ· εἰ
δέ φησιν, εἰπεῖν ἐκέλευον αὐτὸν ἤδη καὶ δεῖξαι, ὅπως μὴ
ὕστερον ἐνταῦθα χρέως γενόμενον [ἐπὶ τῷ χωρίῳ] ἀναφανή- 10
σεται. ἔπειτα παρεσημηνάμην τὰ οἰκήματα, καὶ τοῦτον 6
ἐκέλευον εἰς τἀμὰ βαδίζειν. μετὰ δὲ ταῦτα ἠρόμην ὅπου ὁ
σῖτος εἴη ὁ ἀπηλοημένος· ἦσαν γὰρ νὴ τοὺς θεοὺς καὶ τὰς
θεάς, ἄνδρες δικασταί, δύο ἅλως αὐτόθι, μικροῦ πλέθρου
ἑκατέρα. ὁ δὲ ἀπεκρίνατό μοι, ὅτι ὁ μὲν πεπραμένος εἴη 15
τοῦ σίτου, ὁ δ᾽ ἔνδον ἀποκείμενος. τέλος δέ, ἵνα μὴ 7
μακρολογῶ, καταστήσας φυλάττειν ἔνδον τινάς, καὶ νὴ Δί᾽
ἀπειπὼν καὶ κωλύσας τοὺς ὀνηλάτας μὴ ἐξάγειν τὴν ὕλην
ἐκ τῆς ἐσχατιᾶς (πρὸς γὰρ τῇ ἄλλῃ οὐσίᾳ τῇ Φαινίππου, ὦ [1041
ἄνδρες δικασταί, καὶ αὕτη πρόσοδος μεγάλη ἐστὶν αὐτῷ ἐξ 20
ὄνοι δι᾽ ἐνιαυτοῦ ὑλαγωγοῦσιν, καὶ λαμβάνει οὗτος πλέον ἢ
δώδεκα δραχμὰς τῆς ἡμέρας) τούτοις ἀπειπών, ὥσπερ λέγω,
τῆς ὕλης μὴ ἅπτεσθαι, καὶ ἐπαγγείλας ἐπὶ τὰ ἱερὰ Φαι-
νίππῳ κατὰ τὸν νόμον ἀπαντᾶν, ᾠχόμην ἀπιὼν εἰς ἄστυ.
πρῶτον μὲν οὖν τῶν εἰρημένων τὰς μαρτυρίας ὑμῖν παρέ- 8 25
ξομαι, ἔπειτα καὶ περὶ τῶν ἄλλων ἀκούσεσθε πάσας τὰς
ἀληθείας· τουτονὶ γάρ, ὦ ἄνδρες δικασταί, Φαίνιππον
εὑρήσετ᾽ εὐθὺς ἀπὸ τῆς πρώτης ἡμέρας ἀρξάμενον τοῦ

1 μεταγειτνιῶντος S   post μεταγειτνιῶνος add. μηνός vulg. : om.
S A, cf xix 57, 58, Aeschin. ii 92, iii 73   5 φίλους A Κυθηρόνδε
Dindorf : Κυθηράδε vel Κυθήραδε codd.   6 ἐσχατίαν A : ἐσχατίαν
αὐτοῦ S F Q D   7 διεμαρτυρόμην Q D   10 ἐπὶ (ἐν A) τῷ χωρίῳ ἀνα-
φανήσεται S A : ἀναφανήσοιτο ἐπὶ τῷ χ. F Q D : ἐπὶ τῷ χωρίῳ secl. Blass
14 ἄνδρες S : ὦ ἄ. vulg.   αὐτόθι] θι in ras. S   μικρω S   18 καὶ
κωλύσας A, cf. § 9 : κωλύσαι cett. : del. Sauppe   ὀνητὰς S   20 αὕτη]
αὕτη ἡ A   20–21 εξωνοι S   21 δουλαγωγουσιν S

μηδὲν δίκαιον ποιεῖν. παρεσημηνάμην τὰ οἰκήματα, τοῦ
νόμου μοι δεδωκότος· οὗτος ἀνέῳξεν. καὶ τὸ μὲν ἀφελεῖν τὸ
σημεῖον ὁμολογεῖ, τὸ δ' ἀνοῖξαι τὴν θύραν οὐχ ὁμολογεῖ,
ὥσπερ ἄλλου τινὸς ἕνεκα τὰ σημεῖα ἀφαιροῦντας ἢ τοῦ τὰς
θύρας ἀνοῖξαι. ἔπειτ' ἀπεῖπον τὴν ὕλην μὴ ἐξάγειν· 5
ἐξῆγεν οὗτος ἁπάσας τὰς ἡμέρας, πλὴν ἐκείνης ἐν ᾗ ἐγὼ
ἀπεῖπον. χρέως οὐδ' ὁτιοῦν ὠφείλετ' ἐπὶ τῇ ἐσχατιᾷ·
νῦν οὗτος ἀποφαίνει πολλά. ἁπλῶς ποιεῖ ὅ τι ἂν βούληται,
οὐχ ὅ τι οἱ νόμοι κελεύουσιν. λέγε τὰς μαρτυρίας, πρῶτον
μὲν τὰς περὶ τοῦ μετάλλου, ἔπειτα καὶ τὰς ἄλλας. 10

ΜΑΡΤΥΡΙΑΙ.

10 ᾺΑ μὲν τοίνυν εὐθὺς τῇ πρώτῃ ἡμέρᾳ μετὰ τὰς ἀντιδόσεις
ἤρξατό με Φαίνιππος ἀδικεῖν, ἀκηκόατε, ὦ ἄνδρες Ἀθηναῖοι,
καὶ ἐμοῦ καὶ τῶν μαρτύρων. τὰ δὲ μετὰ ταῦτα γεγενημένα
οὐκέτι εἰς ἐμὲ μόνον αὐτῷ ἡμάρτηται, ἀλλὰ καὶ εἰς τοὺς 15
[1042] νόμους, ὑπὲρ ὧν ὑμῖν ἅπασι σπουδαστέον ἐστίν. ὀμόσας
11 γὰρ τῇ ἑνδεκάτῃ τοῦ βοηδρομιῶνος μηνὸς ἀποφανεῖν ὀρθῶς
καὶ δικαίως τὴν οὐσίαν, καὶ τοῦ νόμου διαρρήδην λέγοντος
τριῶν ἡμερῶν ἀφ' ἧς ἂν ὀμόσῃ διδόναι τὴν ἀπόφασιν,
ἐδεῖτό μου προσελθὼν πρόσθε τῶν δικαστηρίων μετὰ 20
Πολυεύκτου τοῦ Κριωέως καὶ ἑτέρων τινῶν, πρῶτον μὲν
περὶ διαλύσεως συνελθεῖν αὐτῷ· πάντα γάρ μοι τὰ δίκαια
ποιήσειν· ἔπειτα τὴν ἀπόφασιν τῆς οὐσίας ἀναβαλέσθαι μὴ
12 πολλὰς ἡμέρας· οὐ γὰρ ἀγνοεῖν μου τὰ πράγματα. ἡγησά-
μενος δ' ἐγὼ καὶ μετρίου καὶ ἀπράγμονος εἶναι πολίτου μὴ 25

---

2 οὗτος] οὗτος δὲ A   3 ὁμολογεῖ bis A : ὡμολόγει cett.   4 ἀφαι-
ροῦντας Reiske : ἀφαιροῦντος codd.   5 απειπων S   μὴ om. A
ἐξαγάγειν S   6 ἐξῆγαγεν A   6–7 ἀπεῖπον ἐγώ D : ἐγώ secl. Blass
8 βούλοιτο F Q D   9 ὅ τι . . . κελεύουσιν Cobet : ὅ τι ἂν . . . κελεύ-
ουσιν SA : ὅ τι ἂν . . . κελεύωσιν F Q D   10 περὶ] ὑπὲρ A F¹
ἔπειτα δὲ καὶ A   13 Ἀθηναῖοι S : δικασταί vulg.   17 γὰρ om. S
ἀποφανεῖν Reiske : ἀποφαίνειν codd.   18 τὴν] ἅπασαν τὴν A   καὶ
τοῦ SA, cf. xliii 5 : τοῦ FQD   20 πρόσθε (πρὸ Blass) τῶν δικαστη-
ρίων scripsi : ἐπὶ (ἐν A) τῷ δικαστηρίῳ SA : πρὸ τοῦ δικαστηρίου FQ,
fuit, opinor, πρόσθε in archetypo. Cf. Dein. ii. 13   21 κρισεως
S Q γρ. D : κριωπέως A   22 συνελθων S

14

εὐθὺς ἐπὶ κεφαλὴν εἰς τὸ δικαστήριον βαδίζειν, ἐπείσθην
(τί γὰρ δεῖ μακρολογεῖν;) τὴν μὲν σύνοδον τὴν περὶ τῶν
διαλύσεων τῇ ὀγδόῃ φθίνοντος τοῦ βοηδρομιῶνος μηνὸς
ὁμολογῆσαι ποιήσασθαι, τὴν δὲ ἀπόφασιν τῆς οὐσίας τῇ
5 ἕκτῃ φθίνοντος. τυχὼν δὲ τούτων ἀμφοτέρων παρ' ἐμοῦ
Φαίνιππος οὐδ' εἰς ἑτέραν τῶν ἡμερῶν ἀπήντησεν· ἀλλ'
ἀνθ' ἑνὸς δύο νόμους ἥκει πρὸς ὑμᾶς παραβεβηκώς, ἕνα
μὲν τὸν κελεύοντα τριῶν ἡμερῶν ἀφ' ἧς ἂν ὁμόσῃ τὴν
οὐσίαν ἀποφαίνειν, ἕτερον δὲ τὸν κελεύοντα κυρίας εἶναι
10 τὰς πρὸς ἀλλήλους ὁμολογίας, ἃς ἂν ἐναντίον ποιήσωνται
μαρτύρων. καίτοι, ὦ ἄνδρες δικασταί, τίς οὐκ οἶδεν ὑμῶν, 13
ὅτι ὁμοίως ἥ τε ἐν τῷ νόμῳ γεγραμμένη κυρία ἐστὶν ἡμέρα
καὶ ἡ ὑπὸ τῶν ἀντιδίκων συγχωρηθεῖσα; πολλάκις γὰρ ἔν
τε τοῖς νόμοις γεγραμμένης τριακοστῆς ἡμέρας ἑτέραν ἡμῖν
15 αὐτοῖς συγχωρήσαντες ἐθέμεθα, παρά τε ταῖς ἀρχαῖς ἁπά-
σαις καὶ δίκας καὶ κρίσεις ἀναβάλλονται τοῖς ἀντιδίκοις οἱ [1043]
ἄρχοντες συγχωρησάντων ἐκείνων ἀλλήλοις· ὧν εἴ τις
ἄκυρον ἡγήσαιτο δεῖν εἶναι τὴν πρὸς ἀλλήλους ὁμολογίαν,
μισήσαιτ' ἂν αὐτὸν ὡς ὑπερβάλλοντα συκοφαντίᾳ. Φαί- 14
20 νιππος τοίνυν, ὥσπερ τοῦ νόμου προστάττοντος μηδὲν
ποιεῖν ὧν ἂν ὁμολογήσῃ τις, ἀπ' ἐκείνης τῆς ἡμέρας, ἀφ'
ἧς ὡμολόγησεν ἐπί τε τὰς διαλύσεις ἀπαντήσεσθαι καὶ τὴν
ἀπόφασίν μοι τὴν αὑτοῦ δώσειν καὶ τὴν παρ' ἐμοῦ λήψεσθαι,
οὐδεπώποτ' ἀπήντησεν· ἀλλ' ἐγὼ μὲν ἐπειδὴ τοῦτον ἑώρων
25 οὐ προσέχοντά μοι τὸν νοῦν οὐδὲ τοῖς νόμοις, εἰς τὸ στρα-
τήγιον ἔδωκα τὴν ἀπόφασιν, οὗτος δέ, ὅπερ καὶ μικρῷ
πρότερον εἶπον, πρῴην ἔδωκέ μοι βιβλίον, οὐδὲν ἄλλο
βουλόμενος ἢ δοκεῖν μὲν δεδωκέναι τὴν ἀπόφασιν, μὴ ἔχειν

---

4 ὁμολογῆσαι ποιήσασθαι] ὁμ. ποιήσεσθαι Seager : ὁμολογήσασθαι S
5 ἀμφοτέρων om. FQ   10 ἃς non om. S, immo verbi ὁμολογίας
syll. ult. per compend. sscr.   ἂν om. FQ   10–11 ποιήσωνται μ. S :
μ. ποιήσωνται (ονται FQ) vulg.   12 κυρία ἐστὶν ἡμέρα S : κ. ἡμ. ἐστὶ
A : ἡμ. κ. ἐστὶ FQ   13–14 ἔν τε S : παρά γε A : παρά τε FQ   15 τε
om. FQ   20–21 μηδὲν ποιεῖν FQ : ποιεῖν ἃ μηδὲν S : ποιεῖν μη-
δὲν A   22 τε om. A   27–28 ἄλλο βουλόμενος ἢ SA : ἀλλ' ἢ
βουλόμενος vulg.

15 δέ με τοῖς ἐν αὐτῷ γεγραμμένοις ὅ τι χρήσομαι. χρὴ δ',
ὦ ἄνδρες δικασταί, μὴ τοῖς ἰσχυροτέραν νομίζουσι τῶν
νόμων τὴν αὑτῶν βδελυρίαν εἶναι, πλέον τούτοις τοῦ δικαίου
νέμειν (εἰ δὲ μή, πολλοὺς ποιήσετε τοὺς καταγελῶντας τῶν
ἐν τοῖς νόμοις δικαίων γεγραμμένων), ἀλλ' ἐκείνοις βοηθεῖν, 5
οἵτινες ἂν τὴν τῶν νόμων φωνὴν ὑμετέραν εἶναι νομίζωσι,
καὶ τὴν ἡμέραν ταύτην, τὴν εἰς τὸ δικαστήριον, ὑπὲρ τῶν
16 ἠδικημένων εἶναι [νομίζωσιν], μὴ τῶν ἠδικηκότων. λέγε
τῶν ἀρτίως εἰρημένων τὰς μαρτυρίας καὶ τοὺς νόμους.

ΜΑΡΤΥΡΙΑΙ. ΝΟΜΟΙ.   10

Τοιαῦτα τοίνυν, ὦ ἄνδρες δικασταί, πεπονθὼς ἐγὼ ὑπὸ
Φαινίππου ἀπεγραψάμην πρὸς τοὺς στρατηγοὺς ταύτην τὴν
[ἀπο]γραφήν. λέγε.

[ΑΠΟ]ΓΡΑΦΗ.

17 Πῶς οὖν ἄλλως πρὸς τῶν θεῶν καὶ δαιμόνων, ὦ ἄνδρες 15
δικασταί, ἐπιδεικνύειν ὑμῖν δεῖ Φαίνιππον ἔνοχον ὄντα τοῖς
ἀνεγνωσμένοις ἢ ὅνπερ τρόπον ἐγὼ νῦν ἐπιδεικνύω; ἀλλ'
ὅμως ἐμὲ ἀντεγράψατο Φαίνιππος μὴ δικαίως ἀποφαίνειν
τὴν οὐσίαν· οὕτω τὸ πρὸς ὑμᾶς ψεύδεσθαι τοῖς τοιούτοις
ῥᾴδιόν ἐστιν· καὶ κατηγορεῖ τοῦ ὅρκου ὃν ὤμοσα πρὸ τῆς 20
ἀποφάσεως, λέγων ὅτι πλὴν τῶν ἐν τοῖς ἔργοις ὑπεσχόμην
ἀποφαίνειν τὴν ἄλλην οὐσίαν, ὥσπερ τὸ κατὰ τοὺς νόμους
18 ὀμνύειν, τοῦτ' ἄξιον κατηγορίας ὄν. ὑμεῖς δ' ἴστε, ὦ ἄν-
δρες δικασταί (ὑμεῖς γὰρ ἔθεσθε) τὸν νόμον, ὃς διαρρήδην
οὕτω λέγει, 'τοὺς δ' ἀντιδιδόντας ἀλλήλοις, ὅταν ὀμόσαντες 25
ἀποφαίνωσι τὴν οὐσίαν, προσομνύειν τόνδε τὸν ὅρκον " ἀπο-

1 αὑτῷ S F Q : αὐτῇ A   4 νέμειν] ναιμην S   5 δικαίων γε-
γράμμενων S : γεγ. δικαίων vulg.   6 νομίζουσι S F¹   7 ἡμέραν
S Q : ὑμετέραν A F D   τὴν εἰς τὸ δικαστήριον del. Schaefer   8 νομί-
ζωσιν secl. Blass   12 πρὸς τοὺς στρατηγοὺς om. S   ταυτηνὶ A
13-14 γραφήν . . . ΓΡΑΦΗ Lipsius, recte puto, licet Harpocr. (s. v.
ἀπόφασις) cum codicibus nostris consentiat   16 ἐπιδεικνύειν . . . δεῖ]
ἔχει τις ἐπιδεικνύειν ὑμῖν A   18 δικαιος S   20 ὤμοσα A :
ὤμοσε S F Q D   22 ἀποφανεῖν Dindorf   25 δ' servat S solus
26 τόνδε] καὶ τόνδε F Q   ἀποφανῶ Dindorf perperam

φαίνω τὴν οὐσίαν τὴν ἐμαυτοῦ ὀρθῶς καὶ δικαίως, πλὴν τῶν
ἐν τοῖς ἔργοις τοῖς ἀργυρείοις, ὅσα οἱ νόμοι ἀτελῆ πεποιή-
κασι".' μᾶλλον δὲ λέγε τὸν νόμον αὐτόν. μικρὸν μὲν 19
οὖν ἱκετεύω ἐπίσχες. ἐγὼ γὰρ καὶ πρότερον προὐκαλεσάμην
5 Φαίνιππον, καὶ νῦν, ὦ ἄνδρες δικασταί, δίδωμι αὐτῷ δωρεὰν
καὶ ἀφίσταμαι μετὰ τῆς ἄλλης οὐσίας καὶ τῶν ἐν τοῖς ἔργοις,
ἐάν μοι τὴν ἐσχατιὰν μόνην ἐλευθέραν παραδῷ, ὥσπερ ἦν
ὅτ' ἐγὼ τὸ πρῶτον ἦλθον εἰς αὐτὴν μετὰ μαρτύρων, καὶ ἐάν,
ὃν ἐξῆχεν ἐκ τῶν οἰκημάτων σῖτον καὶ οἶνον καὶ τἄλλα,
10 ἀφελὼν ἀπὸ τῶν θυρῶν τὰ σημεῖα, ταῦτα πάλιν εἰς ταὐτὸ
καταστήσῃ. καὶ τί λέγεις ἔτι καὶ βοᾷς; πόλλ' ἐκ τῶν ἔργων 20
τῶν ἀργυρείων ἐγώ, Φαίνιππε, πρότερον αὐτὸς τῷ ἐμαυτοῦ [1045]
σώματι πονῶν καὶ ἐργαζόμενος συνελεξάμην· ὁμολογῶ.
νυνὶ δὲ πλὴν ὀλίγων ἅπαντ' ἀπολώλεκα. σὺ δ' ἐκ τῆς
15 ἐσχατιᾶς νῦν πωλῶν τὰς κριθὰς ὀκτωκαιδεκαδράχμους καὶ
τὸν οἶνον δωδεκάδραχμον πλουτεῖς εἰκότως, ἐπειδὰν ποιῇς
σίτου μὲν μεδίμνους πλέον ἢ χιλίους, οἴνου δὲ μετρητὰς
ὑπὲρ ὀκτακοσίους. ἔτ' οὖν τὴν αὐτὴν ἡμᾶς τάξιν ἔχειν 21
δεῖ, μὴ τῆς αὐτῆς τύχης ἡμῖν παρακολουθούσης νῦν τε καὶ
20 πρότερον; μηδαμῶς· οὐ γὰρ δίκαιον. ἀλλὰ διάδεξαι καὶ
σὺ καὶ μετάλαβε μικρὸν χρόνον τῆς τοῦ λῃτουργοῦντος
τάξεως, ἐπειδὴ οἱ μὲν ἐν τοῖς ἔργοις ἠτυχήκασιν, ὑμεῖς δ' οἱ
γεωργοῦντες εὐπορεῖτε μᾶλλον ἢ προσῆκεν. ἱκανὸν γὰρ χρό-
νον δύ' οὐσίας καρπούμενος διατελεῖς, τὴν μὲν τοῦ φύσει
25 πατρὸς Καλλίππου, τὴν δὲ τοῦ ποιησαμένου σε, Φιλοστράτου
τοῦ ῥήτορος, καὶ οὐδὲν πώποτε τουτοισὶ πεποίηκας. καίτοι 22
ὁ μὲν ἐμὸς πατὴρ πέντε καὶ τετταράκοντα μνῶν μόνων ἑκα-
τέρῳ, ἐμοὶ καὶ τῷ ἀδελφῷ, τὴν οὐσίαν κατέλιπεν, ἀφ' ἧς
ζῆν οὐ ῥᾴδιόν ἐστιν· οἱ δὲ σοὶ πατέρες τοσούτων ἦσαν

1 τῶν om. S   2 ἀργυρίοις SA   8–9 ἐὰν δν] ὅσον FQ   9 ἐξῆχεν
SF¹ : ἐξῆγεν F corr. Q : ἐξήνεγκεν A   12 ἀργυρίων SA   15 νῦν
om. S¹, add. in mg. ead. m. sed atramento alio   17 πλέον A : πλεῖον
cett.   19 παρακολουθησάσης F corr. male   25 σε SAF γρ. Q γρ. D :
om. F¹Q¹   26 τοῦ post Φιλοστράτου om. S   τουτοισὶ vulg. et § 23
omnes : τούτοις S quod nimis hic ambiguum

κύριοι χρημάτων, ὥσθ᾽ ἑκατέρου τρίπους ἀνάκειται, νικησάν-
των αὐτῶν Διονύσια χορηγούντων. καὶ οὐ φθονῶ· δεῖ γὰρ
τοὺς εὐπόρους χρησίμους αὐτοὺς παρέχειν τοῖς πολίταις. σὺ
τοίνυν δεῖξον χαλκοῦν ἕνα μόνον εἰς τὴν πόλιν ἀνηλωκώς, ὁ
23 τὰς δύο λῃτουργούσας οὐσίας παρειληφώς. ἀλλ᾽ οὐ δείξεις· 5
ἀποκρύπτεσθαι γὰρ καὶ διαδύεσθαι καὶ πάντα ποιεῖν ἐξ ὧν
μὴ λῃτουργήσεις τουτοισὶ μεμάθηκας. ἀλλ᾽ ἐγὼ δείξω πόλλ᾽
ἀνηλωκώς, ὁ τὴν μικρὰν οὐσίαν παραλαβὼν παρὰ τοῦ πατρος.
[1046] πρῶτον δέ μοι τὸν νόμον ἐκεῖνον ἀνάγνωθι τὸν οὐκ ἐῶντα
τῶν ἐν τοῖς ἔργοις οὐδὲν ἀποφαίνειν καὶ τὴν πρόκλησιν, 10
ἔπειτα τὰς μαρτυρίας ὡς δύ᾽ οἴκων λῃτουργούντων οὑτοσὶ
Φαίνιππος κεκληρονόμηκεν.

ΝΟΜΟΣ. ΠΡΟΚΛΗΣΙΣ. ΜΑΡΤΥΡΙΑΙ.

24 Ἓν μόνον ἄν τις ἔχοι δεῖξαι τουτονὶ Φαίνιππον πεφι-
λοτιμημένον εἰς ὑμᾶς, ἄνδρες δικασταί· ἱπποτρόφος ἀγαθός 15
ἐστιν καὶ φιλότιμος, ἅτε νέος καὶ πλούσιος καὶ ἰσχυρὸς ὤν.
τί τούτου μέγα σημεῖον; ἀποδόμενος τὸν πολεμιστήριον
ἵππον καταβέβηκεν ἀπὸ τῶν ἵππων, καὶ ἀντ᾽ ἐκείνου ὄχημ᾽
αὑτῷ τηλικοῦτος ὢν ἐώνηται, ἵνα μὴ πεζῇ πορεύηται· το-
σαύτης οὗτος τρυφῆς ἐστι μεστός. καὶ τοῦτ᾽ ἀπογέγραφέν 20
μοι, τῶν δὲ κριθῶν καὶ τοῦ οἴνου καὶ τῶν ἄλλων τῶν ἐκ τῆς
25 ἐσχατιᾶς γιγνομένων οὐδὲ τὸ δέκατον μέρος. ἄξιον ἀφεῖναι
νῦν αὐτόν ἐστιν, ἐπειδὴ χρήσιμος καὶ φιλότιμος καὶ τῇ
οὐσίᾳ καὶ τῷ σώματι; πολλοῦ γε καὶ δεῖ. καλῶν γὰρ κἀ-
γαθῶν ἐστι δικαστῶν τοὺς μὲν τῶν πολιτῶν ἐθελοντάς, ὅταν 25
εὐπορῶσι, λῃτουργοῦντας καὶ ἐν τοῖς τριακοσίοις ὄντας ἀνα-
παύειν, ὅταν τούτου δεόμενοι τυγχάνωσιν, τοὺς δὲ νομίζοντας
ἀπολλύειν, ὅταν εἰς τὸ κοινόν τι δαπανήσωσιν, ἄγειν εἰς

---

4 ἕνα] ἐν S   7 μεμαθηκώς D, May (γὰρ ante secluso)   15 ἄν-
δρες S D : ὦ ἄ. vulg.   16 καὶ φιλότιμος secl. Rosenberg   18 ἱπ-
πέων A   20 οὗτος τρυφῆς (τροφῆς S) ἐστι μεστός S A : τρ. μ. οὗτός
ἐστιν F Q   22 ἄξιον S : ἄξιόν γε vulg.   23 χρήσιμος γε καὶ F Q
24 σώματι S : σώματι γέγονεν vulg.   25 ἐθελοντὰς S (me teste) D,
cf. xviii 99, Lys. xxix 4 : ἐθέλοντας vulg.   28 ὅταν εἰς τὸ κοινόν τι
codd. : ὅ τι ἂν εἰς τὸ κοινὸν Cobet

τοὺς προεισφέροντας καὶ μὴ ἐπιτρέπειν δραπετεύειν. λέγε
πρῶτον μὲν τὴν μαρτυρίαν, ἔπειτα τὴν ἀπόφασιν αὐτοῦ.

ΜΑΡΤΥΡΙΑ. ΑΠΟΦΑΣΙΣ.

Ἔα ταῦτα. καίτοι πολλὰ τῶν ἔνδοθεν ἐκφορήσας, ὦ 26
5 ἄνδρες δικασταί, Φαίνιππος, ἀνοίξας τὰ παρασεσημασμένα
τῶν οἰκημάτων, ὡς ὑμῖν μεμαρτύρηται, καὶ καταλιπὼν ὅσα [1047]
ἔδοξεν αὐτῷ, δευτέρῳ μηνὶ τὴν ἀπόφασιν ἔδωκέ μοι τῆς
οὐσίας. ἀλλ' ὅμως ἔα ταῦτα. λέγε δ' ἐντευθενί· 'ἐπὶ τού-
τοις τάδε ὀφείλω'.

ΑΠΟΦΑΣΙΣ.

10

Ἐπίσχες. αὕτη ἐστίν, ὦ ἄνδρες δικασταί, ἡ Ἀριστονόη 27
τοῦ Φιλοστράτου θυγάτηρ, μήτηρ δὲ τουτουί. ταύτῃ χρέως
φησὶν ὀφείλεσθαι Φαίνιππος τὴν προῖκα, ἧς οἱ νόμοι κύριον
τοῦτον ποιοῦσιν, ψευδόμενος καὶ οὐ δικαίως χρώμενος τῇ
15 ἀποφάσει. διὰ τί γὰρ ἐγώ, Φαίνιππε, μενούσης μοι τῆς
μητρὸς ἐν τῷ οἴκῳ καὶ ζώσης καὶ προῖκα ἐπενεγκαμένης, οὐκ
ἀπογράφω τὴν προῖκα χρέως αὐτῇ, οὐδὲ παρακρούομαι τοὺς
δικαστάς, ἀλλ' ἐῶ μετέχειν τῶν ἐμαυτοῦ τὴν μητέρα, ἄν τε
τὴν Φαινίππου ἄν τε τὴν ἐμαυτοῦ ἔχω οὐσίαν; ὅτι οἱ νό-
20 μοι ταῦτα κελεύουσιν, ὦ βέλτιστε· σὺ δὲ πάντα ποιεῖς παρὰ
τοὺς νόμους. λέγ' ἕτερον.

ΑΠΟΦΑΣΙΣ.

Ἀκούετε, ὦ ἄνδρες δικασταί· Παμφίλῳ φησὶν καὶ Φειδό- 28
λεῳ Ῥαμνουσίοις κοινῇ τάλαντον ὀφείλειν καὶ Αἰαντίδῃ
25 Φλυεῖ τετρακισχιλίας καὶ Ἀριστομένει Ἀναγυρασίῳ τέτταρας
καὶ δέκα μνᾶς. διὰ τί οὖν, Φαίνιππε, ὅτε μὲν ἐγὼ μάρ-
τυρας ἔχων ἠρώτων σε, εἴ τι ὀφείλεις ἐπὶ τῇ ἐσχατιᾷ, καὶ
ἐκέλευον δεῖξαι ὅρον εἴ που ἔπεστι, καὶ διεμαρτυρόμην ὅπως
μή μοι ὕστερον κατεσκευασμένοι δανεισταὶ φανήσονται, τότε

---

8 ἐντεῦθεν AD   12 τοῦ SA: ἡ τοῦ FQD   14 δικαίᾳ FQD
17 αὐτὴν S   21 λέγε δ' ἕτερον A   23 Φειδόλεῳ AD: Φιδ.
cett.   24 ἐνοφείλειν Bekker: ἐν ὀφ. S (me teste) F γρ. Q γρ.: ὀφ. vulg.
25 post Φλυεῖ excidisse Theotelis nomen adnotat Schaefer coll. § 29
26 τι οὖν vulg.: τί S   27 ὀφείλοις A   28 ὅρον δεῖξαι A

μὲν οὐδὲν ἀπέφηνας τῶν χρεῶν, ἐπειδὴ δὲ δευτέρῳ μηνὶ τὴν
ἀπόφασιν ἔδωκάς μοι, τοῦ νόμου κελεύοντος τριῶν ἡμερῶν,
νῦν ἥκουσι δανεισταὶ καὶ ὀφειλήματα πλέον ἢ τριῶν τα-
29 λάντων; ὅτι, ὦ βέλτιστε, οὐδὲν ἄλλο κατασκευάζεις ἢ
[1048] ὅσονπερ κοινῇ γέγονέ μοι πρὸς τὴν πόλιν ὄφλημα, τοσοῦτο 5
καὶ σοὶ ἰδίᾳ νῦν εἶναι. ὅτι δ', ὦ Φαίνιππε, ψεύδει καὶ
ἐπιωρκηκὼς ἥκεις πρὸς τούτους, ἤδη φανερῶς ἐλέγξω. λαβέ
μοι, γραμματεῦ, τὴν τοῦ Αἰαντίδου καὶ Θεοτέλους μαρτυρίαν,
οἷς οὗτος ἀπογέγραφεν ὀφείλονθ' αὐτὸν τετρακισχιλίας
δραχμὰς ψευδόμενος καὶ πάλαι ἀποδεδωκώς, οὐχ ἑκών, ἀλλὰ 10
δίκην ὀφλών. λέγε.

ΜΑΡΤΥΡΙΑ.

30   Ἔπειτ', ἄνδρες δικασταί, τὸν οὕτω καταφανῶς ἐν ἅπασιν
ἀδίκως πεποιημένον τὴν ἀπόφασιν, καὶ μήτε τῶν νόμων
φροντίσαντα μηδέν, οἳ διωρίκασιν ἐν οἷς δεῖ τὴν ἀπόφασιν 15
ποιεῖσθαι χρόνοις, μήτε τῶν ἰδίων ὁμολογιῶν, ἃς ὁμοίως
ὑπολαμβάνομεν ἰσχυράς, χωρὶς δὲ τούτων ἀνεῳχότα τὰ
σημεῖα τῶν οἰκημάτων καὶ ἐκπεφορηκότα τὸν σῖτον καὶ τὸν
οἶνον ἔνδοθεν, πρὸς δὲ τούτοις τὴν ὕλην τὴν τετμημένην
πεπρακότα μετὰ τὴν ἀντίδοσιν, πλέον ἢ τριάκοντα μνῶν 20
οὖσαν ἀξίαν, καὶ τὸ πάντων μέγιστον, χρέα ψευδῆ κατε-
σκευακότα τῆς ἀντιδόσεως ἕνεκα, τοῦτον δικαίως ψηφιεῖσθε
πεποιῆσθαι τὴν ἀπόφασιν; μηδαμῶς, ὦ ἄνδρες δικασταί.
31 ποῖ γὰρ τραπέσθαι δεήσει διαμαρτόντα τῆς ὑμετέρας γνώμης,
ὅταν οἱ πλούσιοι καὶ μηδὲν ὑμῖν πώποτε χρήσιμοι γεγενη- 25
μένοι, πολὺν καὶ σῖτον καὶ οἶνον ποιοῦντες καὶ τοῦτον τρι-
πλασίας τιμῆς ἢ πρότερον διατιθέμενοι, πλεονεκτῶσιν παρ'
ὑμῖν; ὃ μηδαμῶς νυνὶ γενέσθω, ἀλλ' ὥσπερ καὶ κοινῇ πᾶσιν
βεβοηθήκατε τοῖς ἐν τοῖς ἔργοις ἐργαζομένοις, οὕτω καὶ ἰδίᾳ
[1049] βοηθήσατέ μοι νῦν. καὶ γὰρ εἰ οἰκέτης ὑμῶν, μὴ πολίτης 30
32

3 ὀφλήματα A   6 ψεύδει Dindorf: ψεύδη vel ψευδῇ codd.
7 ἐπιωρκηκὼς S   ἐλέγξω] γ' ἐξελέγξω A   9 ὀφείλονθ' αὐτὸν S :
ὀφείλοντα αὐτὸν vulg.   17 ἀπολαμβάνομεν S   ἀνεῳχότα A (γ in
ras.)   21 καὶ τὸ] καίτοι S

ἦν, ὁρῶντες ἄν μου τὴν φιλεργίαν καὶ τὴν εἰς ὑμᾶς εὔνοιαν,
ἀνεπαύσατ᾽ ἄν με τῶν ἀναλωμάτων καὶ ἐπὶ τὸν δραπετεύοντα
τῶν ἄλλων ἤλθετε.   τὸν αὐτὸν τρόπον καὶ νῦν, ἐπειδὰν
ἀποτείσω τὰ τρία τάλανθ᾽ ἃ ὦφλον καὶ ἀναλάβω ἐμαυτόν,
5 πάλιν ἀναπαύσαντες τῶν τεταλαιπωρηκότων ἕτερον ἐπ᾽ ἔμ᾽
ἥξετε· νῦν δ᾽ ἄφετε, ἱκετεύω πάντας ὑμᾶς, ἄνδρες δικασταί,
καὶ τὰ δίκαι᾽ εἰρηκὼς δέομαι βοηθῆσαί μοι καὶ μή με περιε-
λαθέντα περιιδεῖν ὑπὸ τούτων.

2 ἐπαύσατ᾽ F Q   3 καὶ νῦν secl. Blass cum Wolfio   4 ἀπο-
τείσω S : ἀποτίσω vulg.   post τάλανθ᾽ add. ὑμῖν A D F γρ. Q γρ. : om.
S F Q   6 ἄνδρες S D : ὦ ἄ. vulg.   7 με om. A, recte fort.,
cf. Isocr. xvi 48, xvii 52, Lys. iii 47, xix 64
   In S subscriptum
                           ΠΡΟΣ ΦΑΙΝΙΠΠΟΝ

ΠΡΟΣ ΜΑΚΑΡΤΑΤΟΝ ΠΕΡΙ ΑΓΝΙΟΥ ΚΛΗΡΟΥ

ΥΠΟΘΕΣΙΣ.

Ἀγνίας καὶ Εὐβουλίδης ἦσαν ἀνεψιοί. τούτων δ' Ἀγνίας ἐτελεύτησεν ἄπαις· ὁ δ' Εὐβουλίδης θυγατέρα κατέλιπε Φυλομά- χην, ἥτις ἐπεδικάζετο τοῦ κλήρου τοῦ Ἀγνίου, ὡς οὖσα ἐγγύτατα τῷ γένει. ἠμφισβήτουν δ' αὐτῇ Γλαῦκός τις καὶ Γλαύκων, οὐκ ἀγχιστείᾳ γένους, ἀλλὰ διαθήκαις ἰσχυριζόμενοι. ὧν ἐν τῷ 5 δικαστηρίῳ ψευδῶν ἐλεγχθεισῶν, παραλαμβάνει τὸν κλῆρον ἡ Φυλομάχη. εἰσιὼν δ' ὁ Θεόπομπος, αὐτούς τε τούτους τοὺς ἡττωμένους παραλαβὼν καὶ πρὸς τούτοις Εὐπόλεμον, προσεκαλέ- σατ' εἰς διαδικασίαν τοῦ κλήρου τὴν Φυλομάχην· ἐδίδου γὰρ ὁ νόμος τῷ βουλομένῳ προσκαλεῖσθαι τὸν νενικηκότα καὶ ἔχοντα 10 τὸν κλῆρον. κατασκευασθείσης δὲ πρὸς ἀπάτην τῆς δίκης, ὥς φησι Σωσίθεος, ἐνίκησεν ὁ Θεόπομπος. κἀκεῖνος μὲν ἐτελεύτησεν υἱὸν καταλιπὼν Μακάρτατον· τῇ δὲ Φυλομάχῃ γίνεται παῖς, ὃν ὠνόμασεν Εὐβουλίδην καὶ εἰσεποίησεν υἱὸν Εὐβουλίδῃ τῷ ἑαυτῆς μὲν πατρί, ἀνεψιῷ δὲ Ἀγνίου τοῦ τὸν κλῆρον καταλελοιπότος. 15 εἰσποιήσασα δ' εἰσήγαγεν εἰς τοὺς φράτερας τοῦ Εὐβουλίδου καὶ Ἀγνίου, καὶ οἱ φράτερες ἐδέξανθ' ὡς δικαίως εἰσαγόμενον. τούτων δὲ πραχθέντων ὁ παῖς εἰς διαδικασίαν τοῦ κλήρου προσκέκληται Μακάρτατον τὸν υἱὸν τοῦ Θεοπόμπου. καὶ λέγει τὸν λόγον Σωσίθεος ὁ φύσει πατὴρ τοῦ παιδός. 20

[1050]
2

Ἐπειδὴ καὶ πρότερον ἀγῶνες ἐγένοντο ἡμῖν, ὦ ἄνδρες δικασταί, πρὸς τοὺς αὐτοὺς τούτους περὶ τοῦ κλήρου τοῦ Ἀγνίου, καὶ οὐδὲν παύονται παρανομοῦντες καὶ βιαζόμενοι ὥστε ἐκ παντὸς τρόπου τὰ μὴ προσήκονθ' ἑαυτοῖς ἔχειν,

Titulus: περὶ Ἀγνίου κλήρου (Ἀγνίου om. A) codd. : περὶ τοῦ Ἀγνίου κλήρου Harpocr. : διαδικασία Dion. Hal. Demos. 13

7 εἰσιὼν δὲ Wolf : εἰσον γὰρ F : εἰς ὃν γὰρ D : εἰς ὢν γὰρ S 8 ἡττη- μένους Blass perperam 9 δικασίαν codd., corr. Reiske τῆς Φυλο^μχ S 16 φράτερας FD : φρα^τρ S : φράτορας Ald.

ἀνάγκη ἴσως ἐστὶν τὰ πραχθέντα ἐξ ἀρχῆς διηγήσασθαι·
ὑμεῖς τε γάρ, ὦ ἄνδρες δικασταί, ῥᾷον παρακολουθήσετε 2
ἅπασι τοῖς λεγομένοις, καὶ οὗτοι ἐπιδειχθήσονται οἷοί εἰσιν
ἄνθρωποι, καὶ ὅτι πάλαι ἤδη ἀρξάμενοι οὐδὲν παύονται κακο-
5 τεχνοῦντες καὶ οἰόμενοι δεῖν διαπράττεσθαι ὅ τι ἂν ἐπέλθῃ
τούτοις. δεόμεθα οὖν ὑμῶν, ὦ ἄνδρες δικασταί, εὐνοϊκῶς
ἀκροάσασθαι τῶν λεγομένων καὶ παρακολουθεῖν προσέχοντας [1051]
τὸν νοῦν. πειράσομαι δὲ κἀγὼ διδάσκειν ὡς ἂν οἷός τε ὦ
σαφέστατα περὶ τῶν πεπραγμένων.

10 Τουτουὶ γὰρ τοῦ παιδὸς ἡ μήτηρ, ὦ ἄνδρες δικασταί, γένει 3
οὖσα ἐγγυτάτω Ἁγνίᾳ τῷ ἐξ Οἴου, ἐπεδικάσατο τοῦ κλήρου
τοῦ Ἁγνίου κατὰ τοὺς νόμους τοὺς ὑμετέρους· καὶ τῶν τότε
ἀμφισβητησάντων αὐτῇ τοῦ κλήρου τουτουί, γένει μὲν ὡς
ἐγγυτέρω τις εἴη αὐτῶν τῆς γυναικός, οὐδ' ἐπεχείρησεν οὐ-
15 δεὶς ἀντομόσαι (ὡμολογεῖτο γὰρ παρὰ πάντων τῆς γυναικὸς
εἶναι ἡ κληρονομία κατὰ τὴν ἀγχιστείαν), διαθήκας δὲ ψευ- 4
δεῖς ἧκον κατασκευάσαντες Γλαῦκός τε ὁ ἐξ Οἴου καὶ Γλαύκων
ὁ ἀδελφὸς αὐτοῦ. καὶ Θεόπομπος ὁ τουτουὶ πατὴρ Μακαρ-
τάτου ἐκείνοις συγκατεσκεύαζεν ἅπαντα ταῦτα καὶ ἐμαρτύρει
20 τὰς πλείστας μαρτυρίας. αἱ δὲ διαθῆκαι, ἃς τότε παρέ-
σχοντο, ἐξηλέγχθησαν ψευδεῖς οὖσαι· καὶ οὐ μόνον ἡττή-
θησαν, ἀλλὰ καὶ πονηρότατοι δόξαντες εἶναι ἀπηλλάττοντο
ἀπὸ τοῦ δικαστηρίου. καὶ ἐπιδημῶν τότε Θεόπομπος ὁ 5
τουτουὶ πατὴρ Μακαρτάτου, καὶ τοῦ κήρυκος κηρύττοντος, εἴ
25 τις ἀμφισβητεῖν ἢ παρακαταβάλλειν βούλεται τοῦ κλήρου
τοῦ Ἁγνίου ἢ κατὰ γένος ἢ κατὰ διαθήκας, οὐκ ἐτόλμησεν
παρακαταβαλεῖν, ἀλλ' αὐτὸς ἑαυτῷ ἐδίκασεν ὅτι οὐδαμόθεν
αὐτῷ προσῆκεν οὐδὲν τοῦ κλήρου τοῦ Ἁγνίου. ἐχούσης δὲ 6
τῆς μητρὸς τοῦ παιδὸς τουτουὶ τὸν κλῆρον, ἐπειδὴ ἐνίκησεν

8 post διδάσκειν add. ὑμᾶς vulg. : om. S   9 περὶ τῶν π. σαφέ-
στατα A   10 τούτου A   11 οἴου S hic et infra   15 ὡμο-
λόγητο A   18 τουτουί A : τούτου S F Q D   19 ἐκείνοις S A :
add. ᾖς vulg.   24 καὶ om. A, del. Schaefer ; sed cf. xlii 11, Lys.
xix 11, Isocr. ix 55   27 παρακαταβάλλειν F¹   28 προσῆκεν οὐδὲν]
προσῆκον A   29 τούτου A

ἐν τῷ δικαστηρίῳ ἅπαντας τοὺς ἀμφισβητήσαντας ἑαυτῇ,
οὕτως εἰσὶν μιαροὶ οὗτοι, καὶ οὐκ οἴονται δεῖν οὔτε τοῖς
[1052] νόμοις τοῖς ὑμετέροις πείθεσθαι οὔτε τοῖς γνωσθεῖσιν ἐν τῷ
δικαστηρίῳ, ἀλλὰ πάντα τρόπον ἐπιχειροῦντες ἀφελέσθαι
πάλιν τὴν γυναῖκα τὸν κλῆρον ὃν ὑμεῖς αὐτῇ ἐψηφίσασθε, 5
7 συνομόσαντες καὶ συνθήκας γράψαντες πρὸς ἀλλήλους καὶ
καταθέμενοι παρὰ Μηδείῳ Ἁγνουσίῳ, Θεόπομπος ὁ τουτουὶ
πατὴρ Μακαρτάτου καὶ Γλαύκων καὶ Γλαῦκος ὁ ἡττηθεὶς τὸ
πρότερον, καὶ ἕτερόν τινα τῶν ἐπιτηδείων τέταρτον προσ-
λαβόντες (Εὐπόλεμος ἦν αὐτῷ ὄνομα), οὗτοι ἅπαντες κοινῇ 10
ἐπιβουλεύσαντες προσεκαλέσαντο τὴν γυναῖκα πρὸς τὸν
ἄρχοντα εἰς διαδικασίαν τοῦ κλήρου τοῦ Ἁγνίου, φάσκοντες
τὸν νόμον κελεύειν παρὰ τοῦ ἐπιδεδικασμένου καὶ ἔχοντος
τὸν κλῆρον προσκαλεῖσθαι, ἐάν τις βούληται ἀμφισβητεῖν.
8 καὶ ἐπειδὴ ἦγεν ὁ ἄρχων εἰς τὸ δικαστήριον καὶ ἔδει ἀγωνί- 15
ζεσθαι, τά τε ἄλλα ἦν αὐτοῖς ἅπαντα κατεσκευασμένα εἰς τὸν
ἀγῶνα, καὶ τὸ ὕδωρ, πρὸς ὃ ἔδει ἀγωνίζεσθαι, τετραπλάσιον
ἡμῶν ἔλαβον. ἐξ ἀνάγκης γὰρ ἦν, ὦ ἄνδρες δικασταί, τῷ
ἄρχοντι ἀμφορέα ἑκάστῳ ἐγχέαι τῶν ἀμφισβητούντων, καὶ
9 τρεῖς χοᾶς τῷ ὑστέρῳ λόγῳ. ὥστε συνέβαινεν ἐμοὶ τῷ 20
ὑπὲρ τῆς γυναικὸς ἀγωνιζομένῳ, μὴ ὅτι περὶ τοῦ γένους καὶ
τῶν ἄλλων ὧν μοι προσῆκεν διηγήσασθαι τοῖς δικασταῖς ὡς
ἐγὼ ἐβουλόμην, ἀλλ' οὐδ' ἀπολογήσασθαί μοι ἐξεγένετο οὐδὲ
(πρὸς) πολλοστὸν μέρος ὧν κατεψεύδοντο ἡμῶν· πέμπτον
γὰρ μέρος εἶχον τοῦ ὕδατος. καὶ τὸ σόφισμα ἦν τοῦτο, 25
αὐτοὺς μὲν ἑαυτοῖς συναγωνίζεσθαι καὶ ὁμολογεῖν ἅπαντα,
[1053] περὶ ἡμῶν δὲ λέγειν τὰ οὐδεπώποτε γενόμενα. καὶ τοῦτον
10 τὸν τρόπον ἐπιβουλευσάντων καὶ συναγωνιζομένων ἀλλήλοις
ἐφ' ἡμᾶς, καδίσκων τεττάρων τεθέντων κατὰ τὸν νόμον,

2 καὶ codd. : ὥστε Schaefer   6 ante συνομόσαντες add. ὥστε A :
post συν. add. γὰρ D   7 Μηδείῳ] ειλίῳ A : Μειδίᾳ D (Dobree)
8 τε post Μακαρτάτου add. A   9 τέταρτον om. A   12 περὶ τοῦ
κλ. A   14 προκαλεῖσθαι S F Q D   15 ἦγεν codd. : εἰσῆγεν Jobst.
hoc sane verbum sollemne   15 et 17 ἀγωνίσασθαι A   16 κατε-
σκευασμένα S A F¹: παρεσκ. F corr. Q D   22 ὥς om. S¹   24 πρὸς
post Cobetum addidi   29 καδίσκων S corr. A D : καὶ δίσκων S¹ F Q

εἰκότως οἶμαι οἱ δικασταὶ ἐξηπατήθησαν καὶ ἐστασίασαν
ἀλλήλοις καὶ παρακρουσθέντες ὑπὸ τῆς παρασκευῆς ἐψηφί-
ζοντο ὅ τι ἔτυχεν ἕκαστος. καὶ αἱ ψῆφοι ὀλίγαις πάνυ
ἐγένοντο πλείους, ἢ τρισὶν ἢ τέτταρσιν, ἐν τῷ Θεοπόμπου
5 καδίσκῳ ἢ ἐν τῷ τῆς γυναικός.

Καὶ τότε μὲν ταῦτα, ὦ ἄνδρες δικασταί, ἦν τὰ πραχθέντα. 11
ἐπειδὴ δ' οὑτοσὶ ὁ παῖς ἐγένετο καὶ ἐδόκει καιρὸς εἶναι, οὐκ
ὀργισθεὶς ἐγὼ τοῖς γενομένοις, ἀλλ' ἡγούμενος εἰκός τι παθεῖν
τοὺς τότε δικάζοντας, εἰσήγαγον εἰς τοὺς φράτερας τοὺς τοῦ
10 Ἁγνίου Εὐβουλίδῃ τὸν παῖδα τουτονί, ἐκ τῆς θυγατρὸς ὄντα
τῆς ἐκείνου, ἵνα μὴ ἐξερημωθῇ ὁ οἶκος. ἐκεῖνος γάρ, ὦ 12
ἄνδρες δικασταί, ὁ Εὐβουλίδης, ὁ τῷ Ἁγνίᾳ γένει ὢν ἐγγυ-
τάτω, μάλιστα μὲν ηὔχετο τοῖς θεοῖς υἱὸν αὐτῷ γενέσθαι,
ὥσπερ καὶ ἡ θυγάτηρ ἡ τουτουὶ μήτηρ· τοῦ παιδὸς αὐτῷ
15 ἐγένετο· ἐπειδὴ δὲ τούτου ἀπέτυχεν καὶ οὐκ ἐγένετο παῖς
ἄρρην αὐτῷ οὐδὲ εἷς, μετὰ ταῦτ' ἤδη ἐσπούδαζεν ὅπως ἐκ τῆς
θυγατρὸς εἰσποιηθῇ αὐτῷ υἱὸς εἰς τὸν οἶκον τὸν ἑαυτοῦ καὶ
τὸν Ἁγνίου, καὶ εἰς τοὺς φράτερας εἰσαχθῇ τοὺς ἐκείνου,
ἡγούμενος, ὦ ἄνδρες δικασταί, ἐκ τῶν ὑπολοίπων τοῦτον
20 εἶναι ἑαυτῷ οἰκειότατον, καὶ οὕτως ἂν μάλιστα τὸν οἶκον τὸν
ἑαυτῶν διασῴζεσθαι καὶ οὐκ ἂν ἐξερημωθῆναι. καὶ ἐγὼ 13
ταῦτα ὑπηρέτησα αὐτῷ, ὁ τὴν Εὐβουλίδου θυγατέρα ἔχων
ἐπιδικασάμενος ὡς γένει ὢν ἐγγυτάτω, καὶ εἰσήγαγον τὸν
παῖδα τουτονὶ εἰς τοὺς Ἁγνίου καὶ Εὐβουλίδου φράτερας, [1054]
25 μεθ' ὧν καὶ Θεόπομπος ὁ τουτουὶ πατὴρ Μακαρτάτου, ἕως
ἔζη, ἐφράτριζε καὶ αὐτὸς οὗτος. καὶ οἱ φράτερες, ὦ ἄνδρες 14
δικασταί, οἱ τουτουὶ Μακαρτάτου, οἱ ἄριστα εἰδότες περὶ τοῦ
γένους, ὁρῶντες αὐτὸν μὲν τοῦτον οὐ 'θέλοντα κινδυνεύειν

2 ἐν ἀλλήλοις A   3 ὅ τι τύχοι A   ὀλίγαις S¹ vulg.: ὀλίγαι S
corr. A   4 ἢ ante τρίσιν om. A, del. Naber; sed cf. Ar. Ran. 50,
Lys. 360   9 et 23 εἰσῆγον A   10 Εὐβουλίδῃ Dobree: Εὐβου-
λίδην codd.   ὄντα A Q γρ.: om. S F Q¹   13 εὔχεται S F¹ Q
15–16 ἄρρην παῖς A   18 τὸν Ἁγ.] τοῦ Ἁγ. F   19 τοῦτον A: τοῦτο
cett.   22 ὑπηρέτησα S   23 ὡς γένει S F Q D: γένει A   26 ἐφρά-
τριζε A: ἐφατρίαζε cett.   27 οἱ ante τουτουὶ om. A   28 οὐκ ἐθέ-
λοντα A

οὐδὲ ἀπάγοντα τὸ ἱερεῖον ἀπὸ τοῦ βωμοῦ, εἰ μὴ προσηκόντως
εἰσήγετο ὁ παῖς οὑτοσί, αὐτοὺς δ᾽ ἀξιοῦντα ἐπιορκεῖν, λα-
βόντες τὴν ψῆφον καομένων τῶν ἱερείων, ἀπὸ τοῦ βωμοῦ
φέροντες τοῦ Διὸς τοῦ φρατρίου, παρόντος τουτουὶ Μακαρ-
τάτου, ἐψηφίσαντο τὰ δίκαια, ὦ ἄνδρες δικασταί, ὀρθῶς καὶ 5
προσηκόντως τὸν παῖδα τουτονὶ εἰσάγεσθαι Εὐβουλίδῃ υἱὸν
15 εἰς τὸν οἶκον τὸν Ἁγνίου. ψηφισαμένων δὲ ταῦτα τῶν
φρατέρων τῶν τουτουὶ Μακαρτάτου, υἱὸς ὢν Εὐβουλίδου ὁ
παῖς οὑτοσὶ προσεκαλέσατο Μακάρτατον τοῦ κλήρου τοῦ
Ἁγνίου εἰς διαδικασίαν, καὶ ἔλαχε πρὸς τὸν ἄρχοντα, κύριον 10
ἐπιγραψάμενος τὸν ἀδελφὸν τὸν ἑαυτοῦ· ἐμοὶ γὰρ οὐκέτι
οἷόν τ᾽ ἦν, ὦ ἄνδρες δικασταί, κυρίῳ ἐπιγεγράφθαι, εἰσπε-
ποιηκότι τὸν παῖδα εἰς τὸν οἶκον τὸν Εὐβουλίδου. καὶ ἡ
πρόσκλησις ἐγένετο τῷ παιδὶ τουτῳὶ κατὰ τὸν νόμον, καθ᾽
ὅνπερ καὶ οὗτοι προσεκαλέσαντο τὴν τουτουὶ μητέρα, τὴν 15
νενικηκυῖαν πρότερον ἐν τῷ δικαστηρίῳ καὶ ἔχουσαν τὸν
16 κλῆρον τὸν Ἁγνίου. καί μοι ἀνάγνωθι τὸν νόμον, καθ᾽ ὃν
ἡ πρόσκλησίς ἐστιν παρὰ τοῦ ἔχοντος τὸν κλῆρον.

ΝΟΜΟΣ.

Ἐὰν δ᾽ ἐπιδεδικασμένου ἀμφισβητῇ τοῦ κλήρου ἢ τῆς ἐπικλή- 20
ρου, προσκαλείσθω τὸν ἐπιδεδικασμένον πρὸς τὸν ἄρχοντα, καθά-
περ ἐπὶ τῶν ἄλλων δικῶν· παρακαταβολὰς δ᾽ εἶναι τῷ ἀμφισβη-
[1055] τοῦντι. ἐὰν δὲ μὴ προσκαλεσάμενος ἐπιδικάσηται, ἀτελὴς ἔσται
ἡ ἐπιδικασία τοῦ κλήρου. ἐὰν δὲ μὴ ζῇ ὁ ἐπιδικασάμενος τοῦ
κλήρου, προσκαλείσθω κατὰ ταὐτά, ᾧ (ἂν) ἡ προθεσμία μήπω 25
ἐξήκῃ. τὴν δ᾽ ἀμφισβήτησιν εἶναι τῷ ἔχοντι, καθότι ἐπεδικάσατο
οὗ ἂν ἔχῃ τὰ χρήματα.

Τοῦ μὲν νόμου ἀκηκόατε, δέομαι δ᾽ ὑμῶν δικαίαν δέησιν,
17 ὦ ἄνδρες δικασταί. ἐὰν γὰρ ἐπιδείξω Θεοπόμπου τοῦ πα-

---

2 προσήγετο ... οὗτος A   4 φατρίου A Q D, cf. Meisterhans³ p. 82
7 τὸν Ἁ.] τοῦ Ἁ. A   8 τῶν τουτουὶ A : τουτουὶ S F Q D   13 Εὐ-
βουλίδου S   14 πρόσκλησις A : πρόκ. cett.   τουτῳὶ S (me teste) :
τούτῳ vulg.   18 πρόσκλησις Reiske : πρόκ. codd.   20 sqq. legem
om. S F Q D   23 προκαλεσάμενος A   25 ἂν add. Dindorf
26 ἔχοντι Bunsen : ἄρχοντι A   29 γὰρ om. A

τρὸς τοῦ Μακαρτάτου γένει ὄντας Ἁγνίᾳ ἐγγυτέρω Εὐβου-
λίδην τε τὸν παῖδα τουτονὶ καὶ Φυλομάχην, ἥ ἐστιν μήτηρ τῷ
παιδί, Εὐβουλίδου δὲ θυγάτηρ, καὶ οὐ μόνον γένει ἐγγυτάτω
ὄντας, ἀλλὰ τὸ παράπαν οὐδὲ ὄντα οὐδένα ἀνθρώπων ἐν τῷ
5 οἴκῳ τῷ Ἁγνίου ἄλλον ἢ τὴν μητέρα τοῦ παιδὸς τουτουὶ καὶ
αὐτὸν τοῦτον τὸν παῖδα, ταῦτ᾽ ἐὰν ἐπιδείξω, δέομαι ὑμῶν, ὦ
ἄνδρες δικασταί, βοηθεῖν ἡμῖν.

Τὸ μὲν οὖν πρῶτον διενοήθην, ὦ ἄνδρες δικασταί, γράψας 18
ἐν πίνακι ἅπαντας τοὺς συγγενεῖς τοὺς Ἁγνίου, οὕτως ἐπι-
10 δεικνύειν ὑμῖν καθ᾽ ἕκαστον· ἐπειδὴ δὲ ἐδόκει οὐκ ⟨ἂν⟩ εἶναι
ἐξ ἴσου ἡ θεωρία ἅπασι τοῖς δικασταῖς, ἀλλ᾽ οἱ πόρρω καθή-
μενοι ἀπολείπεσθαι, ἀναγκαῖον ἴσως ἐστὶν τῷ λόγῳ διδάσκειν
ὑμᾶς· τοῦτο γὰρ ἅπασι κοινόν ἐστιν. πειρατόμεθα δὲ καὶ
ἡμεῖς ὡς ἂν μάλιστα δυνώμεθα διὰ βραχυτάτων ἐπιδεῖξαι
15 περὶ τοῦ γένους τοῦ Ἁγνίου.

Βούσελος γὰρ ἦν ἐξ Οἴου, ὦ ἄνδρες δικασταί, καὶ τούτῳ 19
ἐγένοντο πέντε υἱεῖς, Ἁγνίας καὶ Εὐβουλίδης καὶ Στρατίος
καὶ Ἅβρων καὶ Κλεόκριτος. καὶ οὗτοι ἅπαντες οἱ τοῦ Βου-
σέλου υἱεῖς ἄνδρες ἐγένοντο, καὶ διένειμεν αὐτοῖς τὴν οὐσίαν
20 ὁ πατὴρ Βούσελος ἅπασιν καλῶς καὶ δικαίως, ὥσπερ προσ-
ῆκεν. νειμάμενοι δὲ τὴν οὐσίαν, γυναῖκα αὐτῶν ἕκαστος
ἔγημεν κατὰ τοὺς νόμους τοὺς ὑμετέρους, καὶ παῖδες ἐγένοντο [1056]
αὐτοῖς ἅπασιν καὶ παίδων παῖδες, καὶ ἐγένοντο πέντε οἶκοι
ἐκ τοῦ Βουσέλου οἴκου ἑνὸς ὄντος, καὶ χωρὶς ἕκαστος ᾤκει
25 τὸν ἑαυτοῦ ἔχων καὶ ἐγγόνους ἑαυτοῦ ποιούμενος. περὶ μὲν 20
οὖν τῶν τριῶν ἀδελφῶν τῶν τοῦ Βουσέλου υἱέων, καὶ τῶν
ἐγγόνων τῶν τούτοις γενομένων, τί ἂν ἐγὼ ⟨ἢ⟩ ὑμῖν, ὦ ἄνδρες
δικασταί, πράγματα παρέχοιμι ἢ ἐμαυτῷ, ἐξηγούμενος περὶ

---

1 ἐγγυτέρω Ἁγνίᾳ A   2 τε τὸν Turr. : δὲ τὸν S A F¹ Q : τὸν F
corr.   3–4 ὄντας ἐγγυτάτω A   4 ἄνθρωπον F   6 τούτου codd.
(post παῖδα A¹) : τουτονὶ Blass 'ex constanti Oratoris more', et sic
deinceps.   10 ἂν add. Blass   12 ἐστὶν om. A, sed cf. xlviii
1, xliv 16   20 Βούσελος S F Q D : ὁ B. A : del. Herwerden
21 ἕκαστος αὐτῶν A   22–23 αὐτοῖς ἐγένοντο A   25 ἔχων] οἶκον
ἔχων A   25 et 27 ἐκγόν. A   27 τῶν τούτοις A : τῶν om. S F Q D
τί ἂν] παν S   ⟨ἢ⟩ add. Blass ex xlviii 7

ἑκάστου; ὄντες γὰρ ἐν τῷ αὐτῷ γένει Θεοπόμπῳ καὶ προσή-
κοντες ὁμοίως τῷ Ἁγνίᾳ, οὗ ἐστιν ὁ κλῆρος, οὐδεὶς αὐτῶν
οὔτε πρότερον πώποτε οὔτε νῦν ἠνώχλησεν ἡμῖν, οὐδ' ἠμφε-
σβήτησεν οὔτε τοῦ κλήρου τοῦ Ἁγνίου οὔτε τῆς γυναικὸς τῆς
ἐπικλήρου, ἣν ἐγὼ ἔχω ἐπιδικασάμενος, ἡγούμενοι οὐδ' ὁτιοῦν 5
21 προσήκειν ἑαυτοῖς οὐδενὸς τῶν Ἁγνίου. περίεργον δή μοι
δοκεῖ εἶναι λέγειν τι περὶ τούτων, πλὴν ὅσα ἐξ ἀνάγκης ἐστὶν
ἐπιμνησθῆναι. περὶ δὲ Θεοπόμπου τοῦ πατρὸς τοῦ Μακαρ-
τάτου καὶ αὐτοῦ τουτουὶ Μακαρτάτου, περὶ τούτων μοί ἐστιν
ἐξ ἀνάγκης λέγειν. ἔστιν δὲ βραχὺς ὁ λόγος, ὦ ἄνδρες 10
δικασταί. ὥσπερ γὰρ ὀλίγον τι πρότερον ἀκηκόατε ὅτι τῷ
Βουσέλῳ πέντε υἱεῖς ἐγένοντο, τούτων εἷς ἦν Στρατίος ὁ
τουτουὶ πρόγονος Μακαρτάτου, καὶ ἕτερος Ἁγνίας ὁ τουτουὶ
22 πρόγονος τοῦ παιδός. ἐγένετο δὴ υἱὸς τῷ Ἁγνίᾳ Πολέμων
καὶ θυγάτηρ Φυλομάχη, ἀδελφὴ τοῦ Πολέμωνος ὁμοπατρία 15
καὶ ὁμομητρία· τοῦ δὲ Στρατίου ἐγένοντο τοῦ ἀδελφοῦ τοῦ
Ἁγνίου Φανόστρατος καὶ Χαρίδημος ὁ τουτουὶ πάππος Μα-
καρτάτου. ἐρωτῶ δὴ ὑμᾶς, ὦ ἄνδρες δικασταί, πότερος
[1057] οἰκειότερός ἐστιν καὶ προσήκει μᾶλλον τῷ Ἁγνίᾳ, ὁ υἱὸς ὁ
Πολέμων καὶ ἡ θυγάτηρ ἡ Φυλομάχη, ἢ Χαρίδημος ὁ υἱὸς 20
Στρατίου, ἀδελφιδοῦς δ' Ἁγνίου; ἐγὼ μὲν γὰρ ἡγοῦμαι τὸν
υἱὸν καὶ τὴν θυγατέρα οἰκειότερον εἶναι ἑκάστῳ ἡμῶν μᾶλλον
ἢ τὸν ἀδελφιδοῦν· καὶ οὐ μόνον παρ' ἡμῖν τοῦτο νενόμισται,
ἀλλὰ καὶ παρὰ τοῖς ἄλλοις ἅπασι καὶ Ἕλλησι καὶ βαρ-
23 βάροις. ἐπειδὴ τοίνυν τοῦτο ὁμολογεῖται, ῥᾳδίως ἤδη τοῖς 25
ἄλλοις, ὦ ἄνδρες δικασταί, παρακολουθήσετε, καὶ αἰσθήσεσθε
τούτους ὅτι εἰσὶ βίαιοι καὶ ἀσελγεῖς ἄνθρωποι. τοῦ Πολέ-
μωνος γὰρ τοῦ υἱέος τοῦ Ἁγνίου ἐγένετο υἱὸς Ἁγνίας, τὸ τοῦ

3 οὐδ'] οὔτε S A F D   ἠμφεσβ. S: ἠμφισβ. cett.   7 τι περὶ
S F Q D, cf. Isae. iii 11 : περὶ Α   9 τουτουὶ om. A   11 ὀλίγον]
ὀλίγῳ A, Schaefer τι deleto   16 τῷ δὲ Στρατίῳ ... τῷ ἀδελφῷ D   17
Φανόστρατος A, cf. § 42 : Φανόστρατη cett.   τούτου codd.   18 δὴ]
δ' Α   19 οἰκειότερος om. S   ὁ υἱὸς ὁ A : οὗτος S F Q D   20 ἡ
ante Φυλομάχη om. A   21 Στρατίου S F Q D : ὁ Στρ.   22 οἰκει-
ότερον A : οἰκειότατον cett.   28 τὸ servat A solus

πάππου τοῦ ἑαυτοῦ ὄνομ᾽ ἔχων, τοῦ Ἀγνίου. καὶ οὗτος μὲν
ἄπαις ἐτελεύτησεν ὁ Ἀγνίας ὁ ὕστερος. τῆς Φιλομάχης δὲ 24
τῆς ἀδελφῆς τῆς Πολέμωνος, καὶ Φιλάγρου, ᾧ ἔδωκεν αὐτὴν
ὁ ἀδελφὸς Πολέμων ἀνεψιῷ ὄντι ἑαυτοῦ (ὁ γὰρ Φίλαγρος υἱὸς
5 ἦν Εὐβουλίδου τοῦ ἀδελφοῦ τοῦ Ἀγνίου), τοῦ δὴ Φιλάγρου
τοῦ ἀνεψιοῦ τοῦ Πολέμωνος καὶ τῆς Φιλομάχης τῆς ἀδελφῆς
τῆς Πολέμωνος ἐγένετο υἱὸς Εὐβουλίδης, ὁ πατὴρ ὁ τῆς
μητρὸς τοῦ παιδὸς τουτουί. καὶ οὗτοι μὲν υἱεῖς ἐγένοντο
Πολέμωνι καὶ τῇ ἀδελφῇ τῇ Πολέμωνος Φιλομάχῃ. τοῦ δὲ
10 Χαριδήμου ἐγένετο, τοῦ υἱέος τοῦ Στρατίου, Θεόπομπος ὁ
τουτουὶ πατὴρ Μακαρτάτου. πάλιν δὴ ἐρωτῶ, ὦ ἄνδρες 25
δικασταί, πότερος οἰκειότερός ἐστιν καὶ προσήκει μᾶλλον
Ἀγνίᾳ τῷ πρώτῳ ἐκείνῳ, ὁ Πολέμωνος υἱὸς Ἀγνίας καὶ
Εὐβουλίδης ὁ Φιλομάχης υἱὸς καὶ Φιλάγρου, ἢ Θεόπομπος
15 ὁ Χαριδήμου υἱός, Στρατίου δὲ ὑιδοῦς; ἐγὼ μὲν γὰρ οἶμαι,
ὦ ἄνδρες δικασταί, εἴπερ καὶ ὁ υἱός οἰκειότατός ἐστιν καὶ ἡ
θυγάτηρ, πάλιν ὁ ὑιδοῦς καὶ ὁ ἐκ τῆς θυγατρὸς υἱός, οὗτοι [1058]
οἰκειότεροί εἰσι μᾶλλον ἢ ὁ τοῦ ἀδελφιδοῦ υἱὸς καὶ ὁ ἐξ
ἑτέρου ὢν οἴκου. τῷ μὲν οὖν Θεοπόμπῳ ἐγένετο υἱός Μα- 26
20 κάρτατος οὑτοσί, τῷ δὲ Εὐβουλίδῃ τῷ τῆς Φιλομάχης υἱεῖ,
ἀνεψιῷ δὲ Ἀγνίου ὄντι πρὸς πατρός, οὑτοσὶ ὁ παῖς, ἀνεψιοῦ
παῖς ὢν Ἀγνίᾳ πρὸς πατρός, ἐπειδὴ ἡ Φιλομάχη ἡ μήτηρ ἡ
Εὐβουλίδου καὶ ὁ Πολέμων ὁ πατὴρ ὁ Ἀγνίου ἀδελφοὶ ἦσαν
ὁμοπάτριοι καὶ ὁμομήτριοι. τῷ δέ γε Μακαρτάτῳ τῳδί, τῷ
25 υἱεῖ τῷ Θεοπόμπου, οὐδὲν ἐγένετο ἔκγονον ὅ τι ἐστὶν ἐν τῷ
οἴκῳ τῷ τούτου καὶ τῷ Στρατίου. τούτων δ᾽ οὕτως ἐχόντων, 27

4 υἱὸς A F γρ. : ἀδελφὸς S F Q D : del. Baiter   6 τῆς ἀδελφῆς
om. S¹   7 post πατὴρ add. ὁ πππ S ; corr. ead.   ὁ τῆς S F Q D :
τῆς A   10 ἐγένετο A : ἐγένοντο S F Q D : del. Herwerden
12 πότερον S A   οἰκιότερον S F¹   13 τῷ . . . ἐκείνῳ del. Her-
werden   16 οἰκειότατος A : οἰκειόταταν S F Q D   18 οἰκειό-
τατοι A   18–19 ἐξ ἑτέρου S F Q D : ἑτέρου A   19 μὲν οὖν] τοίνυν A
20 οὑτοσί om. A   21–22 οὑτοσὶ . . . πατρός om. S : οὑτοσὶ ὁ παῖς om.
F Q   post παῖς add. υἱὸς Εὐβουλίδου A, post πατρός add. Εὐβουλίδου
F Q : del. Dobree   22 ἐπειδὴ δὲ ἡ S   24 τῳδί τῷ A : τῷ τρίτῳ
S F Q D   25 ἔγγονον F corr. Q D

τῷ μὲν παιδὶ τουτῳί ἐστιν ὄνομα τῶν ἐν τῷ νόμῳ εἰρημένων,
καὶ μέχρι ὧν ὁ νόμος κελεύει τὴν ἀγχιστείαν εἶναι· ἀνεψιοῦ
γὰρ Ἁγνίου παῖς ἐστιν· ὁ γὰρ πατὴρ αὐτοῦ Εὐβουλίδης
ἀνεψιὸς ἦν Ἁγνίᾳ, οὗ ἐστιν ὁ κλῆρος. ὁ δέ γε Θεόπομπος
ὁ τουτουὶ πατὴρ Μακαρτάτου οὐκ ἂν εἶχεν ὄνομα θέσθαι 5
αὐτῷ τῶν ἐν τῷ νόμῳ εἰρημένων οὐδέν· ἐξ ἑτέρου γὰρ οἴκου
28 ἦν, τοῦ Στρατίου. οὐ προσήκει δέ, ὦ ἄνδρες δικασταί, οὐδένα
ἀνθρώπων ἔχειν τὸν κλῆρον τὸν Ἁγνίου ἐξ ἑτέρου οἴκου
ὄντα, ἕως ἄν τις λείπηται τῶν γενομένων ἐν τῷ οἴκῳ τῷ
Ἁγνίου, οὐδ' ἐκβάλλειν βίᾳ, ὅπερ οὗτοι διαπράττονται, γένει 10
τε ἀπωτέρω ὄντες καὶ οὐκ ἐν τῷ αὐτῷ οἴκῳ. τοῦτο γάρ
ἐστιν, ὦ ἄνδρες δικασταί, ᾧ παρεκρούσατο Θεόπομπος ὁ
29 τουτουὶ πατὴρ Μακαρτάτου. τίνες οὖν οἱ λοιποί; οἱ ἔτι
νῦν ὄντες ἐν τῷ οἴκῳ τῷ Ἁγνίου, Φυλομάχη τε ἡ ἐμὴ γυνή,
Εὐβουλίδου δὲ θυγάτηρ οὖσα τοῦ ἀνεψιοῦ τοῦ Ἁγνίου, καὶ 15
οὑτοσὶ ὁ παῖς ὁ εἰσηγμένος εἰς τὸν οἶκον τὸν Εὐβουλίδου
[1059] καὶ Ἁγνίου. Θεόπομπος δὲ ὁ τουτουὶ πατὴρ Μακαρτάτου,
οὐκ ὢν τοῦ οἴκου τοῦ Ἁγνίου, ἐψεύσατο πρὸς τοὺς δικαστὰς
ὑπερμέγεθες ψεῦδος περί τε τῆς Φυλομάχης τῆς τοῦ Πολέ-
μωνος ἀδελφῆς, τηθίδος δὲ Ἁγνίου, ὅτι οὐκ ἦν τῷ Πολέ- 20
μωνι τῷ τοῦ Ἁγνίου υἱεῖ ὁμοπατρία καὶ ὁμομητρία ἀδελφή,
καὶ πάλιν προσποιούμενος τοῦ αὐτοῦ οἴκου εἶναι Ἁγνίᾳ, ὁ
30 οὐδεπώποτε γενόμενος. ταῦτα δὲ πάντα ἀδεῶς ἔλεγεν ὁ
Θεόπομπος, μάρτυρα μὲν οὐδένα παρασχόμενος, ὅστις ἔμελ-
λεν ὑπεύθυνος ἡμῖν ἔσεσθαι, συνομολογοῦντας δ' ἑαυτῷ ἔχων 25
τοὺς κοινωνούς, οἳ ἦσαν ἀλλήλοις συναγωνισταὶ καὶ ἅπαντα
ἔπραττον κοινῇ, ὅπως ἀφέλωνται τὴν γυναῖκα τὴν τουτουὶ
μητέρα τοῦ παιδὸς τὸν κλῆρον, ὃν αὐτῇ ὑμεῖς ἐψηφίσασθε.

1 τουτῳί D : τούτῳ cett.   2 ἀγχιστίαν S¹   4 Ἁγνίου F corr.
Q D   6 αὑτῷ S F Q D : ἑαυτῷ A : αὐτῷ Sauppe.   7 δὴ A   8 τὸν
κλῆρον ἔχειν A   12 ᾧ πρότερον παρ. Naber   13 οἱ λ. S : εἰσὶ λ.
vulg.   οἱ ἔτι] οἵ ἔτι S. interrogationis signum post λοιποί vulg. : post
Ἁγνίου (14) Turr.   14 τῷ ante Ἁγνίου om. A   15 δὲ om. A   16 post
εἰσηγμένος add. υἱὸς S F Q, παῖς D : om. A   19 τε om. A   20 ἦν
S F Q D : εἴη A   22 ὁ om. A F corr.   24 παρεχόμενος A
26 καὶ ἅπαντα F corr. (Dobree) : καὶ πάντα A : καὶ διὰ πάντα S : καὶ δι'
ἃ πάντα F¹ Q D   28 ὑμεῖς αὐτῇ A

βούλομαι οὖν, ὦ ἄνδρες δικασταί, περὶ ὧν εἴρηκα πρὸς ὑμᾶς, 31
μαρτυρίας παρασχέσθαι, πρῶτον μὲν ὡς ἐνίκησεν τοῦ κλήρου
τοῦ Ἁγνίου ἡ Εὐβουλίδου θυγάτηρ Φυλομάχη, γένει οὖσα
ἐγγυτάτω, ἔπειτα περὶ τῶν ἄλλων ἁπάντων. ἀναγίγνωσκε
5 τὴν μαρτυρίαν.

ΜΑΡΤΥΡΙΑ.

Μαρτυροῦσι παρεῖναι πρὸς τῷ διαιτητῇ ἐπὶ Νικοφήμου ἄρχον-
τος, ὅτε ἐνίκησε Φυλομάχη ἡ Εὐβουλίδου θυγάτηρ τοῦ κλήρου
τοῦ Ἁγνίου τοὺς ἀμφισβητοῦντας αὐτῇ πάντας.

10 Ὅτι μὲν ἐνίκησεν ἡ Εὐβουλίδου θυγάτηρ τοῦ κλήρου τοῦ 32
Ἁγνίου, ἀκηκόατε, ὦ ἄνδρες δικασταί. καὶ αὕτη ἐνίκησεν
οὐδεμιᾷ παρασκευῇ ἀδίκῳ οὐδὲ συνωμοσίᾳ, ἀλλ᾽ ὡς οἷόν τε
δικαιότατα, ἐπιδειξάντων ἡμῶν ὅτι γένει ἐγγυτάτω ἦν Ἁγνίᾳ,
οὗ ἐστιν ὁ κλῆρος, ἀνεψιοῦ παῖς οὖσα πρὸς πατρὸς καὶ ἐκ
15 τοῦ οἴκου οὖσα τοῦ Ἁγνίου. ἐπειδὰν οὖν λέγῃ Μακάρτατος, [1060]
ὅτι ἐνίκησεν ὁ πατὴρ αὐτοῦ Θεόπομπος τοῦ κλήρου τούτου, 33
ὑπολαμβάνετε αὐτῷ ὑμεῖς, ὦ ἄνδρες δικασταί, ὅτι καὶ ἡ γυνὴ
ἐνίκησεν πρότερον ἢ Θεόπομπος ὁ τουτουὶ πατήρ, καὶ ὅτι
δικαίως ἐνίκησεν ἡ γυνὴ ἐκ τοῦ οἴκου οὖσα τοῦ Ἁγνίου,
20 Εὐβουλίδου θυγάτηρ οὖσα, τοῦ ἀνεψιοῦ τοῦ Ἁγνίου, ὁ δὲ
Θεόπομπος ὅτι οὐκ ἐνίκησεν, ἀλλὰ παρεκρούσατο, οὐκ ὢν ἐκ
τοῦ οἴκου τὸ παράπαν τοῦ Ἁγνίου. ταῦτα αὐτῷ ὑμεῖς, ὦ 34
ἄνδρες δικασταί, ὑπολαμβάνετε, καὶ ὅτι τὸν παῖδα τουτονὶ
Εὐβουλίδην, τὸν Εὐβουλίδου υἱόν, Ἁγνίου δέ, οὗ ἐστιν ὁ
25 κλῆρος, ἀνεψιοῦ παῖδα πρὸς πατρός, οὔτε Θεόπομπος ὁ
Μακαρτάτου πατὴρ οὔτε ἄλλος οὐδεὶς πώποτε ἀνθρώπων
ἐνίκησεν. νυνὶ δ᾽ ἐστὶν ὁ ἀγὼν καὶ ἡ διαδικασία περὶ τοῦ

7-9 testim. om. S F Q D   7 διαιτητῇ in δικαστηρίῳ mutat Blass.
sed si conferas ἐπὶ Νικοφήμου (361 Β. c.) et Hell. Oxy. ii 1, temporum
ratio non constat. testimonio uncos addiderim   10 post ἐνίκησεν add.
Φυλομάχη A : om. S F Q D, cf. Isae. xi 9   15 καὶ ἐπ. S sed καὶ
punctis notatum   16 αὐτοῦ ὁ π. A   17 et 23 ὑπολαμβάνετε S :
ὑποβάλλετε cett.   18 τουτουὶ S F Q D : τούτου A   19 ἐκ] ἢ ἐκ S
21 prius οὐκ om. A   οὐκ] οὐδ᾽ Blass   26 ἄλλων οὐδεὶς ἀνθ. πώποτε A
27 νῦν F Q D

κλήρου τοῦ Ἁγνίου τῷ Εὐβουλίδου υἱεῖ τούτῳ καὶ Μακαρ-
τάτῳ τουτῳὶ τῷ Θεοπόμπου υἱεῖ· καὶ ὁπότερος τούτων
δικαιότερα λέγειν δόξει καὶ κατὰ τοὺς νόμους μᾶλλον, δῆλον
35 ὅτι τούτῳ ὑμεῖς οἱ δικασταὶ προσθήσεσθε. Ἀναγίγνωσκε
τὰς μαρτυρίας τὰς ὑπολοίπους, πρῶτον μὲν ὅτι ἡ Φυλομάχη 5
ἡ τοῦ Ἁγνίου τηθὶς ἀδελφὴ ἦν ὁμοπατρία καὶ ὁμομητρία τῷ
Πολέμωνι τῷ Ἁγνίου πατρί· ἔπειτα τὰς ἄλλας ἁπάσας
ἀναγνώσεται ⟨τὰς⟩ περὶ τοῦ γένους.

ΜΑΡΤΥΡΙΑΙ.

Μαρτυροῦσι δημόται εἶναι Φιλάγρῳ τῷ Εὐβουλίδου πατρὶ καὶ 10
Πολέμωνι τῷ πατρὶ τῷ Ἁγνίου, καὶ εἰδέναι Φυλομάχην τὴν
μητέρα τὴν Εὐβουλίδου νομιζομένην ἀδελφὴν εἶναι Πολέμωνος
[1061] τοῦ πατρὸς τοῦ Ἁγνίου ὁμοπατρίαν καὶ ὁμομητρίαν, καὶ μηδενὸς
πώποτ' ἀκοῦσαι ὡς γένοιτο ἀδελφὸς Πολέμωνι τῷ Ἁγνίου.

ΑΛΛΗ.

15

36 Μαρτυροῦσιν Οἰνάνθην, τὴν μητέρα τοῦ πάππου τοῦ ἑαυτῶν
Στρατωνίδου, ἀνεψιὰν εἶναι ἐκ πατραδέλφων Πολέμωνι τῷ πατρὶ
τῷ Ἁγνίου, καὶ ἀκούειν τοῦ πατρὸς τοῦ ἑαυτῶν, ὅτι Πολέμωνι
ἀδελφὸς οὐδεὶς γένοιτο πώποτε, τῷ πατρὶ τῷ Ἁγνίου, ἀδελφὴ δὲ
Φυλομάχη ὁμοπατρία καὶ ὁμομητρία, ἡ μήτηρ ἡ Εὐβουλίδου τοῦ 20
πατρὸς τοῦ Φυλομάχης τῆς Σωσιθέου γυναικός.

ΑΛΛΗ.

Μαρτυρεῖ συγγενὴς εἶναι καὶ φράτηρ καὶ δημότης Ἁγνίᾳ καὶ
Εὐβουλίδῃ, καὶ ἀκούειν τοῦ πατρὸς τοῦ ἑαυτοῦ καὶ τῶν ἄλλων
συγγενῶν, ὅτι ἀδελφὸς οὐδεὶς ἐγένετο Πολέμωνι τῷ πατρὶ ⟨τῷ⟩ 25
Ἁγνίου, ἀδελφὴ δ' ὁμοπατρία καὶ ὁμομητρία Φυλομάχη ἡ μήτηρ
ἡ Εὐβουλίδου τοῦ πατρὸς ⟨τοῦ⟩ Φυλομάχης τῆς Σωσιθέου γυναικός.

ΑΛΛΗ.

37 Μαρτυρεῖ πάππον εἶναι ἑαυτοῦ Ἀρχίμαχον καὶ ποιήσασθαι
ἑαυτὸν υἱόν, καὶ εἶναι αὐτὸν συγγενῆ Πολέμωνι τῷ πατρὶ τῷ 30
Ἁγνίου, καὶ ἀκούειν Ἀρχιμάχου καὶ τῶν ἄλλων συγγενῶν, ὅτι

1-2 τούτῳ bis codd. : τουτῳὶ Blass   3 λέγειν δόξει A : λέγει
cett.   καὶ om. S   τοὺς habet A solus   4 προσθῆσθε S   8 ⟨τὰς⟩
add. Blass   10 sqq. testimm. om. S F Q D   11 τῷ alterum r : τοῦ A
18 τοῦ Ἁγνίου codd., corr. Dindorf   21 τοῦ Blass : τῆς codd.   25 τῷ
Πολέμωνι codd. : τῷ del. Blass   ⟨τῷ⟩ add. Dindorf   27 τοῦ add. Blass
29-31 Ἀρχίλοχον . . . Ἀρχιλόχου codd., corr. Dobree coll. § 45

ἀδελφὸς οὐδεὶς πώποτ᾽ ἐγένετο Πολέμωνι τῷ πατρὶ τῷ ῾Αγνίου,
ἀδελφὴ δ᾽ ὁμοπατρία καὶ ὁμομητρία Φυλομάχη ἡ μήτηρ ἡ
Εὐβουλίδου τοῦ πατρὸς τοῦ Φυλομάχης τῆς Σωσιθέου γυναικός.

ΑΛΛΗ.

5   Μαρτυρεῖ τὸν πατέρα τῆς ἑαυτοῦ γυναικὸς Καλλίστρατον
ἀνεψιὸν εἶναι ἐκ πατραδέλφων Πολέμωνι τῷ πατρὶ τῷ ῾Αγνίου
καὶ Χαριδήμῳ τῷ πατρὶ τῷ Θεοπόμπου, τὴν δὲ μητέρα τὴν
ἑαυτοῦ ἀνεψιοῦ παῖδα εἶναι Πολέμωνι, καὶ λέγειν τὴν μητέρα τὴν
αὑτῶν πρὸς αὑτοὺς πολλάκις, ὅτι Φυλομάχη ἡ μήτηρ ἡ Εὐβουλίδου [1062]
10 ἀδελφὴ ἦν Πολέμωνος τοῦ πατρὸς τοῦ ῾Αγνίου ὁμοπατρία καὶ
ὁμομητρία, καὶ ὅτι ἀδελφὸς οὐδεὶς πώποτε γένοιτο Πολέμωνι
τῷ πατρὶ τῷ ῾Αγνίου.

  Τὸ πρότερον, ὦ ἄνδρες δικασταί, ὅτε συνώμοσαν ἀλλή- 38
λοις οὗτοι καὶ συστάντες ἠγωνίζοντο πολλοὶ ὄντες πρὸς τὴν
15 γυναῖκα, ἡμεῖς μέν, ὦ ἄνδρες δικασταί, οὔτε μαρτυρίας
ἐγράψαμεν περὶ τῶν ὁμολογουμένων, οὔτε μάρτυρας προσε-
καλεσάμεθα, ἀλλ᾽ ᾠόμεθα ταῦτά γε ἀδεῶς ὑπάρχειν ἡμῖν·
οὗτοι δὲ τά τε ἄλλα πολλὰ καὶ ἀναίσχυντα παρεσκευάσαντο
εἰς τὸν ἀγῶνα, καὶ ἔμελεν αὐτοῖς οὐδὲν πλὴν τοῦ ἐξαπατῆσαι
20 ἐν τῷ παρόντι τότε καιρῷ τοὺς δικαστάς, οἵτινες κατεχρῶντο 39
ὡς τῷ Πολέμωνι τῷ πατρὶ τῷ ῾Αγνίου τὸ παράπαν οὐδεμία
γένοιτο ἀδελφὴ ὁμοπατρία καὶ ὁμομητρία· οὕτως ἦσαν
ἀναίσχυντοι καὶ βδελυροί, τηλικουτονὶ πρᾶγμα παρακρουό-
μενοι τοὺς δικαστὰς καὶ οὑτωσὶ περιφανές, καὶ ἐσπούδαζον
25 καὶ ἠγωνίζοντο περὶ τούτου μάλιστα. ἡμεῖς δέ γε νυνὶ
μάρτυρας ὑμῖν τοσουτουσὶ παρεσχήμεθα περὶ τῆς Πολέμωνος
ἀδελφῆς, τηθίδος δὲ ῾Αγνίου. τούτῳ δ᾽ ὁ βουλόμενος μαρ- 40
τυρησάτω, ἢ ὡς οὐκ ἦσαν ἀδελφοὶ ὁμοπάτριοι καὶ ὁμομήτριοι
Πολέμων καὶ Φυλομάχη, ἢ ὅτι οὐκ ἦν ὁ μὲν Πολέμων υἱός,
30 ἡ δὲ Φυλομάχη θυγάτηρ ῾Αγνίου τοῦ Βουσέλου υἱέος, ἢ ὅτι

---

6 τῷ alterum r: τοῦ A   14 συνστάντες S   19 οὐδὲν
S F Q D cf. §§ 67, 68 : οὐδενὸς S   21 οὐδὲ μία S D   22 γένοιτο
om. S   23–24 τηλικοῦτον . . . οὕτω S   24 περιφανὲς καὶ A :
περιφανῶς S F Q D   26 τοσουτουσὶ A : τοσούτους S F Q D   παρε-
σχόμεθα A   30 θυγάτηρ] ἀδελφὴ A

ὁ Πολέμων οὐκ ἦν πατὴρ Ἁγνίου, οὗ ἐστιν ὁ κλῆρος, οὐδ'
41 ἡ ἀδελφὴ ἡ Πολέμωνος Φυλομάχη τηθίς, ἢ ὡς Εὐβουλίδης
οὐκ ἦν Φυλομάχης υἱὸς οὐδὲ Φιλάγρου τοῦ ἀνεψιοῦ τοῦ
[1063] Ἁγνίου, ἢ ἐκεῖνο ὅτι Εὐβουλίδου τοῦ ἀνεψιοῦ τοῦ Ἁγνίου
οὐκ ἔστι Φυλομάχη θυγάτηρ ἡ νῦν ἔτι οὖσα, οὐδ' υἱὸς οὑτοσὶ 5
ὁ παῖς, εἰσπεποιημένος κατὰ τοὺς νόμους τοὺς ὑμετέρους εἰς
τὸν Εὐβουλίδου οἶκον, ἢ ὡς ὁ Θεόπομπος ὁ τουτουὶ πατὴρ
Μακαρτάτου ἐκ τοῦ οἴκου ἦν τοῦ Ἁγνίου. τούτων ὅ τι
βούλεταί τις μαρτυρησάτω αὐτῷ. ἀλλ' εὖ οἶδ' ὅτι οὐδεὶς
42 οὕτω τολμηρὸς ἔσται οὐδὲ ἀπονενοημένος ἄνθρωπος. ὡς δὲ 10
καταφανὲς ὑμῖν ἔσται, ὦ ἄνδρες δικασταί, ὅτι τὸ πρότερον
ἀναισχυντοῦντες περιεγένοντο, δίκαιον δὲ οὐδὲν ἔλεγον,
ἀναγίγνωσκε τὰς μαρτυρίας, ὅσαι εἰσὶν ἔτι ὑπόλοιποι.

ΜΑΡΤΥΡΙΑΙ.

Μαρτυρεῖ συγγενὴς εἶναι Πολέμωνι τῷ Ἁγνίου πατρί, καὶ 15
ἀκούειν τοῦ πατρὸς τοῦ ἑαυτοῦ ἀνεψιοὺς εἶναι ἐκ πατραδέλφων
Πολέμωνι Φίλαγρόν τε τὸν Εὐβουλίδου πατέρα καὶ Φανόστρατον
τὸν Στρατίου πατέρα καὶ Καλλίστρατον τὸν πατέρα τῆς Σωσίου
γυναικὸς καὶ Εὐκτήμονα τὸν βασιλεύσαντα καὶ Χαρίδημον τὸν
πατέρα τὸν Θεοπόμπου καὶ Στρατοκλέους, καὶ εἶναι τοῖς τούτων 20
υἱέσι καὶ Ἁγνίᾳ ἐν τῷ αὐτῷ γένει Εὐβουλίδην κατὰ τὸν πατέρα
τὸν ἑαυτοῦ Φίλαγρον, κατὰ δὲ τὴν μητέρα τὴν ἑαυτοῦ Φυλομάχην
νομιζόμενον ἀνεψιὸν εἶναι Εὐβουλίδην Ἁγνίᾳ πρὸς πατρός, ἐκ
τηθίδος γεγονότα Ἁγνίᾳ τῆς πρὸς πατρός.

ΑΛΛΗ.
25
43 Μαρτυροῦσι συγγενεῖς εἶναι Πολέμωνι τῷ πατρὶ τῷ Ἁγνίου
καὶ Φιλάγρῳ τῷ πατρὶ τῷ Εὐβουλίδου καὶ Εὐκτήμονι τῷ βασι-

1 ὁ μὲν Π. A   2 Εὐβ. S¹ F : ὁ Εὐβ. S corr. vulg.   3–4 οὐδὲ Φιλ.
τοῦ ἀν. τοῦ Ἁ. del. Sauppe : οὐδὲ Φιλ. οὐδ' ἀνεψιός τοῦ Ἁ. malit Thalheim.
scilicet non Hagniae fuit consobrinus, sed Hagniae patris Philagros ;
sed cf. § 49 : vereor ne hic quoque ut Isae. xi 10 tenebras offundat
orator   5 θυγάτηρ Φυλ. A   οὐδ' υἱὸς A : οὐδὲ ὁ υἱὸς S : ὁ δ' υἱὸς F Q
7 ὁ ante Θεοπ. om. F   10 ὡς δὲ A F Q : ὥστε S : ὡς δὲ μᾶλλον
F γρ. Q γρ.   testimonia om. S F Q D   17–18 Φανόστρατον τὸν Σ.
πατέρα Turr., cf. § 22 : Φανοστράτην τὴν Σ. θυγατέρα vulg. quod tueri
conatur Thalheim (Hermes 1903)   18 Σωσίου Reiske : Σωσιθέου codd.
20 τούτων Wolf : τούτου codd.

λεύσαντι, καὶ εἰδέναι Εὐκτήμονα ἀδελφὸν ὄντα ὁμοπάτριον
Φιλάγρῳ τῷ πατρὶ τῷ Εὐβουλίδου· καὶ ὁπότε ἡ ἐπιδικασία ἦν [1064]
τοῦ κλήρου τοῦ Ἁγνίου Εὐβουλίδη πρὸς Γλαύκωνα, ἔτι ζῆν
Εὐκτήμονα, ἐκ πατραδελφῶν ἀνεψιὸν ὄντα Πολέμωνι τῷ πατρὶ
5 ⟨τῷ⟩ Ἁγνίου, καὶ μὴ ἀμφισβητῆσαι Εὐκτήμονα Εὐβουλίδη τοῦ
κλήρου τοῦ Ἁγνίου, μηδ' ἄλλον μηδένα κατὰ γένος τότε.

ΑΛΛΗ.

Μαρτυροῦσι τὸν πατέρα τὸν ἑαυτῶν Στράτωνα συγγενῆ εἶναι 44
Πολέμωνι τῷ πατρὶ τῷ Ἁγνίου καὶ Χαριδήμῳ τῷ πατρὶ τῷ
10 Θεοπόμπου καὶ Φιλάγρῳ τῷ πατρὶ τῷ Εὐβουλίδου, καὶ ἀκούειν
τοῦ ἑαυτῶν πατρός, ὅτι Φίλαγρος λάβοι γυναῖκα πρώτην μὲν
Φυλομάχην ἀδελφὴν Πολέμωνος τοῦ πατρὸς τοῦ Ἁγνίου ὁμο-
πατρίαν καὶ ὁμομητρίαν, καὶ γενέσθαι Φιλάγρῳ ἐκ μὲν τῆς Φυλο-
μάχης Εὐβουλίδην, ἀποθανούσης δὲ Φυλομάχης ἑτέραν λαβεῖν
15 γυναῖκα Φίλαγρον Τελεσίππην, καὶ γενέσθαι ὁμοπάτριον μὲν
ἀδελφὸν Εὐβουλίδη Μενεσθέα, ὁμομήτριον δὲ μή· καὶ Εὐβουλί-
δου ἀμφισβητήσαντος τοῦ κλήρου τοῦ Ἁγνίου κατὰ γένος,
Μενεσθέα μὴ ἀμφισβητῆσαι τοῦ κλήρου τοῦ Ἁγνίου, μηδ'
Εὐκτήμονα τὸν ἀδελφὸν τὸν Φιλάγρου, μηδ' ἄλλον μηδένα κατὰ
20 γένος πρὸς Εὐβουλίδην τότε.

ΑΛΛΗ.

Μαρτυρεῖ τὸν πατέρα τὸν ἑαυτοῦ Ἀρχίμαχον συγγενῆ εἶναι 45
Πολέμωνι τῷ πατρὶ τῷ Ἁγνίου καὶ Χαριδήμῳ τῷ πατρὶ τῷ
Θεοπόμπου καὶ Φιλάγρῳ τῷ πατρὶ τῷ Εὐβουλίδου, καὶ ἀκούειν
25 τοῦ πατρὸς τοῦ ἑαυτῶν, ὅτι Φίλαγρος λάβοι γυναῖκα πρώτην μὲν
Φυλομάχην ἀδελφὴν Πολέμωνος τοῦ πατρὸς τοῦ Ἁγνίου ὁμοπα-
τρίαν καὶ ὁμομητρίαν, καὶ γενέσθαι ἐκ μὲν Φυλομάχης Εὐβουλίδην,
ἀποθανούσης δὲ Φυλομάχης ἑτέραν λαβεῖν γυναῖκα Φίλαγρον [1065]
Τελεσίππην, καὶ γενέσθαι Φιλάγρῳ ἐκ Τελεσίππης Μενεσθέα,
30 ὁμοπάτριον μὲν ἀδελφὸν Εὐβουλίδη, ὁμομήτριον δὲ μή· ἀμφι-
σβητήσαντος δὲ ⟨Εὐβουλίδου τοῦ κλήρου⟩ τοῦ Ἁγνίου κατὰ γένος,
Μενεσθέα μὴ ἀμφισβητῆσαι τοῦ κλήρου, μηδ' Εὐκτήμονα τὸν
ἀδελφὸν ⟨τὸν⟩ Φιλάγρου, μηδ' ἄλλον μηδένα κατὰ γένος πρὸς
Εὐβουλίδην τότε.

---

2 ὁπότε] ὅτε Wyse		3 πρὸς Γλαύκωνα Schoemann : προσκλαί-
ουσα codd.		4 ἀνεψιὸν Wolf : ἀδελφὸν codd.		5 ⟨τῷ⟩ add. Blass
16 Εὐβουλίδην A		31 Εὐβ. τοῦ κλήρου add. Reiske ex § 44		33 τὸν
add. Blass

35

ΑΛΛΗ.

46 Μαρτυρεῖ τὸν πατέρα τῆς ἑαυτοῦ μητρὸς Καλλίστρατον ἀδελφὸν
εἶναι Εὐκτήμονι τῷ βασιλεύσαντι καὶ Φιλάγρῳ τῷ πατρὶ τῷ
Εὐβουλίδου, ἀνεψιοὺς δ' εἶναι τούτους Πολέμωνι τῷ πατρὶ τῷ
Ἁγνίου καὶ Χαριδήμῳ τῷ πατρὶ τῷ Θεοπόμπου, καὶ ἀκούειν τῆς
μητρὸς τῆς ἑαυτοῦ, ὅτι ἀδελφὸς οὐ γένοιτο Πολέμωνι τῷ πατρὶ 5
⟨τῷ⟩ Ἁγνίου, ἀδελφὴ δὲ γένοιτο ὁμοπατρία καὶ ὁμομητρία Φυλο-
μάχη, καὶ ταύτην λάβοι τὴν Φυλομάχην Φίλαγρος, καὶ γένοιτο
ἐξ αὐτῶν Εὐβουλίδης ὁ πατὴρ ὁ Φυλομάχης τῆς Σωσιθέου
γυναικός.   10

47 Ἀναγνῶναι μὲν τὰς μαρτυρίας ταύτας ἐξ ἀνάγκης ἦν, ὦ
ἄνδρες δικασταί, ἵνα μὴ τὸ αὐτὸ πάθοιμεν ὅπερ τὸ πρότερον,
ἀπαράσκευοι ληφθέντες ὑπὸ τούτων.   πολὺ δὲ σαφέστερον
ἔτι αὐτὸς ἑαυτοῦ Μακάρτατος οὑτοσὶ καταμαρτυρήσει, ὅτι
οὔτε Θεοπόμπῳ τῷ πατρὶ τῷ αὑτοῦ οὔτε αὐτῷ τούτῳ προσή- 15
κει οὐδενὸς κληρονομεῖν τῶν Ἁγνίου, γένει ἀπωτέρω ὄντος
48 τοῦ Θεοπόμπου καὶ οὐδ' ἐκ τοῦ αὐτοῦ οἴκου τὸ παράπαν.   εἰ
γάρ τις ἀνακρίνοι, ὦ ἄνδρες δικασταί, οὑτοσὶ τίς ἐστιν ὁ
ἀμφισβητῶν τῷ παιδὶ τούτῳ τοῦ κλήρου τοῦ Ἁγνίου; εὖ
οἶδ' ὅτι ἀποκρίναιτ' ἄν, Μακάρτατος.   τίνος ὢν πατρός; 20
[1066] Θεοπόμπου.   μητρὸς δὲ τίνος; Ἀποληξιδος θυγατρὸς
Προσπαλτίου, ἀδελφῆς δὲ Μακαρτάτου Προσπαλτίου. ὁ δὲ
Θεόπομπος τίνος ἦν πατρός; Χαριδήμου. ὁ δὲ Χαρίδημος
τίνος; Στρατίου. ὁ δὲ Στρατίος τίνος; Βουσέλου. οὑτοσί,
ὦ ἄνδρες δικασταί, ἐστιν ὁ Στρατίου οἶκος, ἑνὸς τῶν Βουσέλου 25
υἱέων, καὶ ἔκγονοι οὗτοί εἰσιν Στρατίου, οὓς ὑμεῖς ἀκηκόατε·
καὶ ἐνταῦθα οὐδαμοῦ ἐστιν οὐδὲν ὄνομα τῶν ἐκ τοῦ οἴκου
49 τοῦ Ἁγνίου, ἀλλ' οὐδὲ παραπλήσιον.   πάλιν δὴ ἀνακρίνω
τὸν παῖδα τουτονί, τίς ὢν ἀμφισβητεῖ Μακαρτάτῳ τοῦ
κλήρου τοῦ Ἁγνίου.   οὐκ ἂν ἔχοι, ὦ ἄνδρες δικασταί, ἀλλ' 30
οὐδ' ὁτιοῦν ἀποκρίνασθαι ὁ παῖς, ἢ ὅτι Εὐβουλίδης.   τίνος

  7 τῷ add. Dindorf   8 καὶ ante ταύτην om. A   9 ὁ alterum non
om. A   12 τὸ om. A   15 οὔτε αὐτῷ τούτῳ om. A   17 οὐδ']
οὐκ A D   post οἴκου add. ὄντος A   20 ἀποκρίνετ' S F¹   post ἂν add.
ὅτι A solus   22 prius Προσπαλτίου A: παλτίου cett.   ἀδελφῆς . . .
Προσπαλτίου om. A   prius δὲ] μὴ S   28 ἀνακρινῶ Blass

ὧν πατρός; Εὐβουλίδου τοῦ Ἁγνίου ἀνεψιοῦ. μητρὸς δὲ
τίνος; Φυλομάχης, ἣ ἦν Ἁγνίᾳ ἀνεψιοῦ παῖς πρὸς πατρός.
ὁ Εὐβουλίδης δὲ τίνος ἦν πατρός; Φιλάγρου τοῦ ἀνεψιοῦ
τοῦ Ἁγνίου. μητρὸς δὲ τίνος; Φυλομάχης τῆς τηθίδος τῆς
5 Ἁγνίου. ὁ δ' Ἁγνίας τίνος ἦν υἱός; Πολέμωνος. ὁ δὲ
Πολέμων τίνος ; Ἁγνίου. ὁ δ' Ἁγνίας τίνος; Βουσέλου.
οὑτοσὶ ἕτερος οἶκός ἐστιν ὁ Ἁγνίου, ἑνὸς τῶν Βουσέλου 50
υἱέων, καὶ ἐνταῦθ' οὐδ' ὁτιοῦν ἔνεστι τὸ αὐτὸ ὄνομα τῶν ἐν
τῷ Στρατίου οἴκῳ ὄντων ἐκγόνων, ἀλλ' οὐδὲ παραπλήσιον·
10 ἀλλ' αὐτοὶ δι' αὐτῶν πορεύονται ἐν τῷ οἴκῳ τῷ Ἁγνίου, τὰ
ὀνόματα παρ' ἀλλήλων παραλαμβάνοντες. πανταχῇ δὴ
καὶ πάντα τρόπον ἐξελέγχονται ἐξ ἑτέρου οἴκου καὶ γένει
ἀπωτέρω ὄντες, καὶ οὐ προσῆκον αὐτοῖς κληρονομεῖν οὐδενὸς
τῶν Ἁγνίου. οἷς γὰρ δίδωσιν ὁ νομοθέτης τὴν ἀγχιστείαν
15 καὶ τὴν κληρονομίαν, τούτους ἀναγνώσεται ὑμῖν τοὺς νόμους.

ΝΟΜΟΣ. [1067]

Ὅστις ἂν μὴ διαθέμενος ἀποθάνῃ, ἐὰν μὲν παῖδας καταλίπῃ 51
θηλείας, σὺν ταύτῃσιν, ἐὰν δὲ μή, τούσδε κυρίους εἶναι τῶν χρημά-
των. ἐὰν μὲν ἀδελφοὶ ὦσιν ὁμοπάτορες· καὶ ἐὰν παῖδες ἐξ
20 ἀδελφῶν γνήσιοι, τὴν τοῦ πατρὸς μοῖραν λαγχάνειν· ἐὰν δὲ μὴ
ἀδελφοὶ ὦσιν ἢ ἀδελφῶν παῖδες, * * * ἐξ αὐτῶν κατὰ ταὐτὰ
λαγχάνειν· κρατεῖν δὲ τοὺς ἄρρενας καὶ τοὺς ἐκ τῶν ἀρρένων, ἐὰν
ἐκ τῶν αὐτῶν ὦσι, καὶ ἐὰν γένει ἀπωτέρω. ἐὰν δὲ μὴ ὦσι πρὸς
πατρὸς μέχρι ἀνεψιῶν παίδων, τοὺς πρὸς μητρὸς τοῦ ἀνδρὸς κατὰ
25 ταὐτὰ κυρίους εἶναι. ἐὰν δὲ μηδετέρωθεν ᾖ ἐντὸς τούτων, τὸν
πρὸς πατρὸς ἐγγυτάτω κύριον εἶναι. νόθῳ δὲ μηδὲ νόθῃ μὴ εἶναι
ἀγχιστείαν μήθ' ἱερῶν μήθ' ὁσίων ἀπ' Εὐκλείδου ἄρχοντος.

3 δ om. A   3-4 τοῦ ἀνεψιοῦ τοῦ Ἁγνίου del. Sauppe, cf. § 41
7 οἶκός ἐστιν ὁ S : οἶκός ἐστιν F Q D : ἐστιν οἶκος A   8 τὸ αὐτὸ
fort. delendum   10 τῷ alt. A : τοῦ cett.   12-13 ἀπωτέρω γένει
A   17 sqq. legem om. S F Q D   καταλείπῃ A   18 ταύτῃ-
σιν Γ : ταύτῃσι A   19 μὲν Reiske : δὲ codd. : del. Dobree   21 (ἀδελ-
φὰς ὁμοπατρίας καὶ παῖδας) suppl. Meier-Buermann. (ἀδελφὰς ὁμοπατρίας
καὶ παῖδας ἐξ αὐτῶν λαγχάνειν· ἐὰν δὲ μὴ ἀδελφοὶ ὦσιν ἢ παῖδες ἐξ αὐτῶν,
ἀδελφοὺς τοῦ πατρὸς καὶ ἀδελφὰς καὶ παῖδας) suppl. Lipsius   22 ἐὰν)
οἳ ἂν Isae. vii 20   24 ἀνεψιῶν Wesseling : ἀνεψιαδῶν codd.
τοῦ ἀνδρὸς] τοῦ τελευτήσαντος Isae. xi 2, 12. iniuria secl. Blass
25 ᾖ Reiske : ἦν codd.

52 Διαρρήδην λέγει ὁ νόμος, ὦ ἄνδρες δικασταί, οἷς δεῖ τὴν
κληρονομίαν εἶναι· οὐ μὰ Δί' οὐ Θεοπόμπῳ οὐδὲ Μακαρτάτῳ
τῷ Θεοπόμπου υἱεῖ, τοῖς μηδὲ τὸ παράπαν ἐν τῷ οἴκῳ οὖσι
τῷ Ἁγνίου. ἀλλὰ τίνι καὶ δίδωσιν; τοῖς ἐκγόνοις τοῖς
Ἁγνίου, τοῖς οὖσιν ἐν τῷ οἴκῳ τῷ ἐκείνου. ταῦτα καὶ ὁ 5
νόμος λέγει, καὶ τὸ δίκαιον οὕτως ἔχει.

53 Οὐ τοίνυν, ὦ ἄνδρες δικασταί, ταῦτα μὲν ἔδωκεν ὁ νομο-
θέτης τοῖς προσήκουσιν, ἕτερα δὲ οὐ προσέταξεν πολλὰ
πάνυ ἐν τῷ νόμῳ, ἃ δεῖ ποιεῖν τοὺς προσήκοντας ἐπάναγκες·
ἀλλὰ πολλὰ πάνυ ἐστὶν ἃ προστάττει ποιεῖν τοῖς προσή- 10
κουσιν, καὶ πρόφασιν οὐδεμίαν δίδωσιν, ἀλλ' ἐξ ἀνάγκης
δεῖ ποιεῖν. μᾶλλον δὲ λέγε αὐτὸν τὸν νόμον τὸν πρῶτον.

ΝΟΜΟΣ.

54 Τῶν ἐπικλήρων ὅσαι θητικὸν τελοῦσιν, ἐὰν μὴ βούληται ἔχειν
ὁ ἐγγύτατα γένους, ἐκδιδότω ἐπιδοὺς ὁ μὲν πεντακοσιομέδιμνος 15
[1068] πεντακοσίας δραχμάς, ὁ δ' ἱππεὺς τριακοσίας, ὁ δὲ ζευγίτης
ἑκατὸν πεντήκοντα, πρὸς οἷς αὐτῆς. ἐὰν δὲ πλείους ὦσιν ἐν τῷ
αὐτῷ γένει, τῇ ἐπικλήρῳ πρὸς μέρος ἐπιδιδόναι ἕκαστον. ἐὰν
δ' αἱ γυναῖκες πλείους ὦσι, μὴ ἐπάναγκες εἶναι πλέον ἢ μίαν
ἐκδοῦναι τῷ γ' ἑνί, ἀλλὰ τὸν ἐγγύτατα ἀεὶ ἐκδιδόναι ἢ αὐτὸν ἔχειν. 20
ἐὰν δὲ μὴ ἔχῃ ὁ ἐγγυτάτω γένους ἢ μὴ ἐκδῷ, ὁ ἄρχων ἐπαναγκα-
ζέτω ἢ αὐτὸν ἔχειν ἢ ἐκδοῦναι. ἐὰν δὲ μὴ ἐπαναγκάσῃ ὁ ἄρχων,
ὀφειλέτω χιλίας δραχμὰς ἱερὰς τῇ Ἥρα. ἀπογραφέτω δὲ τὸν
μὴ ποιοῦντα ταῦτα ὁ βουλόμενος πρὸς τὸν ἄρχοντα.

55 Ἃ μὲν λέγει ὁ νόμος, ὦ ἄνδρες δικασταί, ἀκούετε. ὅτε 25
δὲ τῆς ἐπικλήρου ἔδει ἐπιδικάζεσθαι Φυλομάχης τῆς τουτουὶ
μητρὸς τοῦ παιδός, Ἁγνίου δὲ ἀνεψιοῦ παιδὸς οὔσης πρὸς
πατρός, ἐγὼ μὲν ἦκον φοβούμενος τὸν νόμον καὶ ἐπεδικα-
ζόμην γένει ὢν ἐγγυτάτω, Θεόπομπος δὲ ὁ Μακαρτάτου

3–4 οὖσιν ἐν τῷ A   4 καὶ om. A   8–9 πολλὰ . . . ἐπάναγκες del.
Reiske   10 πάνυ πολλὰ A   14 sqq. legem om. S F Q D   16 ζυ-
γίτης codd., corr. Wolf   17 οἷς codd. : τοῖς Wolf   δὲ Wolf :
δὲ μὴ codd.   20 τῷ γ' ἑνί K. F. Herrmann : τῷ γένει codd. : τῷ
ἑνί (τοι ἑενι) Drerup, cf. § 57   ἀεὶ Blass : δεῖ codd. : del. Dobree
28 νόμον] νόμον ὃν S F Q D

38

πατὴρ οὐδὲ προσῆλθεν τὸ παράπαν οὐδὲ ἠμφεσβήτησεν
διὰ τὸ μηδ᾽ ὁτιοῦν αὐτῷ προσήκειν, καὶ ταῦτα ἐν τῇ ἡλικίᾳ
ὢν τῇ αὐτῇ. καίτοι πῶς οἴεσθε, ὦ ἄνδρες δικασταί, ἄτοπον 56
εἶναι, τῆς μὲν ἐπικλήρου, ἣ ἦν Ἀγνίᾳ ἀνεψιοῦ παῖς πρὸς
5 πατρός, ταύτης μὲν μηδεπώποτε ἀμφισβητῆσαι Θεόπομπον,
τὸν δὲ κλῆρον τὸν Ἀγνίου ἀξιοῦν ἔχειν παρὰ τοὺς νόμους;
τούτων γένοιντ᾽ ἂν ἄνθρωποι ἀναισχυντότεροι ἢ μιαρώτεροι;
ἀναγίγνωσκε καὶ τοὺς ἑτέρους νόμους.

NOMOI.

10 Προειπεῖν τῷ κτείναντι ἐν ἀγορᾷ ἐντὸς ἀνεψιότητος καὶ ἀνεψιοῦ, 57
συνδιώκειν δὲ καὶ ἀνεψιοὺς καὶ ἀνεψιῶν παῖδας καὶ γαμβροὺς καὶ [1069]
πενθεροὺς καὶ φράτερας. αἰδέσασθαι δέ, ἐὰν μὲν πατὴρ ᾖ ἢ
ἀδελφὸς ἢ υἱεῖς, ἅπαντας, ἢ τὸν κωλύοντα κρατεῖν. ἐὰν δὲ
τούτων μηδεὶς ᾖ, κτείνῃ δὲ ἄκων, γνῶσι δὲ οἱ πεντήκοντα καὶ εἷς,
15 οἱ ἐφέται, ἄκοντα κτεῖναι, ἐσέσθων οἱ φράτερες, ἐὰν ἐθέλωσι,
δέκα· τούτους δὲ οἱ πεντήκοντα καὶ εἷς ἀριστίνδην αἱρείσθων.
καὶ οἱ πρότερον κτείναντες ἐν τῷδε τῷ θεσμῷ ἐνεχέσθων.—Τοὺς
δ᾽ ἀπογιγνομένους ἐν τοῖς δήμοις, οὓς ἂν μηδεὶς ἀναιρῆται, ἐπαγ-
γελλέτω ὁ δήμαρχος τοῖς προσήκουσιν ἀναιρεῖν καὶ θάπτειν καὶ
20 καθαίρειν τὸν δῆμον, τῇ ἡμέρᾳ ᾗ ἂν ἀπογένηται ἕκαστος αὐτῶν.
ἐπαγγέλλειν δὲ περὶ μὲν τῶν δούλων τῷ δεσπότῃ, περὶ δὲ τῶν 58
ἐλευθέρων τοῖς τὰ χρήματ᾽ ἔχουσιν· ἐὰν δὲ μὴ ᾖ χρήματα τῷ
ἀποθανόντι, τοῖς προσήκουσι τοῦ ἀποθανόντος ἐπαγγέλλειν. ἐὰν
δὲ τοῦ δημάρχου ἐπαγγείλαντος μὴ ἀναιρῶνται οἱ προσήκοντες, ὁ
25 μὲν δήμαρχος ἀπομισθωσάτω ἀνελεῖν καὶ καταθάψαι καὶ καθῆραι
τὸν δῆμον αὐθημερόν, ὅπως ἂν δύνηται ὀλιγίστου· ἐὰν δὲ μὴ
ἀπομισθώσῃ, ὀφειλέτω χιλίας δραχμὰς τῷ δημοσίῳ. ὅ τι δ᾽ ἂν

---

3 πῶς ⟨οὐκ⟩ Rohrmann, cf. lix 28 ; contra εἶναι del. Halbertsma. nil
mutandum puto   5 μηδενὶ πώποτε A   6 τὸν Ἀγνίου S (me
teste) D : τοῦ Ἀ. vulg.   νόμους ἅπαντας A   7 ἢ μιαρώτεροι in
mg. S a pr. m.   9 ΝΟΜΟΣ AF   10 sqq. leges om. S F Q D
προσειπεῖν codd., corr. Reiske   καὶ ἀνεψιοῦ del. Reiske, exstat
tamen I.G.i² 115   11–12 καὶ ἀνεψιοὺς . . . πενθερους Voemel lapidis
vestigia secutus : καὶ ἀνεψιῶν παῖδας καὶ γαμβροὺς καὶ ἀνεψιοὺς καὶ
πενθεροὺς καὶ ἀνεψιαδοῦς codd.   12–15 φράτερας . . . φράτερες lapis :
φράτορας . . . φράτορες codd.   12 αἰδέσασθαι δὲ lapis : ἐὰν αἰδέσασθαι
δεῖ codd.   13 ἅπαντας lapis : πάντας codd.   14 μηδ᾽ εἷς lapis
14–15 ἡοι (i. e. οἱ) lapis : ἢ οἱ codd.   15 ἐσέσθων codd., lapis : αἰδε-
σάσθων Reiske   οἱ φρ. ἐὰν θέλωσι δέκα codd. : δέκα οἱ φρ. ἐὰν ἐθέλοσι
lapis   16 τούτος lapis : τούτοις codd.   25 καθῆραι Cobet :
καθᾶραι codd.   26 δύνηται Reiske : δύνωνται codd.

39

ἀναλώσῃ, διπλάσιον πραξάσθω παρὰ τῶν ὀφειλόντων· ἐὰν δὲ μὴ
πράξῃ, αὐτὸς ὀφειλέτω τοῖς δημόταις. — Τοὺς δὲ μὴ ἀποδιδόντας
τὰς μισθώσεις τῶν τεμενῶν τῶν τῆς θεοῦ καὶ τῶν ἄλλων θεῶν
καὶ τῶν ἐπωνύμων ἀτίμους εἶναι καὶ αὐτοὺς καὶ γένος καὶ κληρο-
νόμους τοὺς τούτων, ἕως ἂν ἀποδῶσιν. 5

[1070]
59 Ταῦτα πάντα, ὅσα οἱ νόμοι προστάττουσιν τοὺς προσή-
κοντας ποιεῖν, ἡμῖν προστάττουσιν καὶ ἀναγκάζουσιν ποιεῖν,
ὦ ἄνδρες δικασταί. Μακαρτάτῳ δὲ τουτῳὶ οὐδὲν διαλέγον-
ται οὐδὲ Θεοπόμπῳ τῷ πατρὶ τῷ τούτου· οὐδὲ γάρ εἰσιν ἐκ 10
τοῦ οἴκου τοῦ Ἁγνίου τὸ παράπαν· πῶς ἂν οὖν τούτοις τι
προστάττοιεν;

60 Ἀλλ' οὗτος, ὦ ἄνδρες δικασταί, πρὸς μὲν τοὺς νόμους
καὶ τὰς μαρτυρίας, ἃς ἡμεῖς παρεχόμεθα, δίκαιον οὐδ' ὁτιοῦν
ἔχει λέγειν, ἀγανακτεῖ δὲ καὶ δεινά φησι πάσχειν, ὅτι τοῦ 15
πατρὸς τετελευτηκότος ἀγωνίζεται. ἐκεῖνο δ' οὐκ ἐνθυμεῖται
Μακάρτατος, ὦ ἄνδρες δικασταί, ὅτι ὁ πατὴρ αὐτοῦ ἄνθρωπος
ἦν θνητός, καὶ τετελεύτηκεν μετ' ἄλλων πολλῶν καὶ νεωτέ-
ρων καὶ πρεσβυτέρων. ἀλλ' εἰ Θεόπομπος τετελεύτηκεν ὁ
τουτουὶ πατήρ, οἱ νόμοι οὐ τετελευτήκασιν, οὐδὲ τὸ δίκαιον
[τετελεύτηκεν], οὐδ' οἱ δικασταὶ οἱ τὴν ψῆφον ἔχοντες. 20
61 ἔστιν δ' ὁ νῦν ἀγὼν καὶ ἡ διαδικασία οὐκ εἴ τις ἕτερος
ἑτέρου πρότερος ἢ ὕστερος τετελεύτηκεν, ἀλλ' εἰ μὴ προσήκει
ἐξελαθῆναι ἐκ τοῦ οἴκου τοῦ Ἁγνίου τοὺς οἰκείους τοὺς
Ἁγνίου, ἀνεψιοὺς ὄντας καὶ ἀνεψιῶν παῖδας Ἁγνίᾳ πρὸς
πατρός, ὑπὸ τῶν ἐκ τοῦ Στρατίου οἴκου καὶ μηδὲν προσηκόν- 25
των ὥστε κληρονομεῖν τῶν Ἁγνίου, ἀλλὰ γένει ἀπωτέρω
ὄντων. περὶ τούτου νῦν ἐσθ' ὁ ἀγών.

62 Ἔτι δὲ σαφέστερον γνώσεσθε, ὦ ἄνδρες δικασταί, καὶ ἐκ

4 ἀτίμους] καὶ ἀτίμους A   καὶ κλ. τοὺς τούτων del. Partsch   6–7
ποιεῖν ante τοὺς A   8 τούτῳ codd.   οὐδὲν codd. : οὐδὲ Cobet   13 οὐδ']
μὲν οὐδ' A   14 φήσει A   16 Μακάρατος hic F Q D : in mg.
S¹ signo ·/· post ἐνθυμεῖται addito : post δικασταί A   20 post
δίκαιον add. οὐ τετελεύτηκεν S F Q, cf. Aeschin. iii 73 : τετελεύτηκεν A D :
del. Herwerden   23 τοὺς 'A. S : τοῦ 'A. cett.   27 περὶ A :
καὶ περὶ S F Q D   νῦν τοίνυν A   ἐσθ' ὁ F : ἐστ' ὁ S : ἐστὶν ὁ
vulg.   28 καὶ om. A

τοῦδε τοῦ νόμου, ὅτι Σόλων ὁ νομοθέτης σπουδάζει περὶ
τοὺς οἰκείους, καὶ οὐ μόνον δίδωσιν τὰ καταλειφθέντα, ἀλλὰ
καὶ προστάγματα ποιεῖται τὰ δυσχερῆ ἅπαντα τοῖς προσή-
κουσι. λέγε τὸν νόμον.

5   ΝΟΜΟΣ.   [1071]

Τὸν ἀποθανόντα προτίθεσθαι ἔνδον, ὅπως ἂν βούληται. ἐκφέ-
ρειν δὲ τὸν ἀποθανόντα τῇ ὑστεραίᾳ ᾗ ἂν προθῶνται, πρὶν ἥλιον
ἐξέχειν. βαδίζειν δὲ τοὺς ἄνδρας πρόσθεν, ὅταν ἐκφέρωνται, τὰς
δὲ γυναῖκας ὄπισθεν. γυναῖκα δὲ μὴ ἐξεῖναι εἰσιέναι εἰς τὰ τοῦ
10 ἀποθανόντος μηδ' ἀκολουθεῖν ἀποθανόντι, ὅταν εἰς τὰ σήματα
ἄγηται, ἐντὸς ἑξήκοντ' ἐτῶν γεγονυῖαν, πλὴν ὅσαι ἐντὸς ἀνεψια-
δῶν εἰσι· μηδ' εἰς τὰ τοῦ ἀποθανόντος εἰσιέναι, ἐπειδὰν ἐξενεχθῇ
ὁ νέκυς, γυναῖκα μηδεμίαν πλὴν ὅσαι ἐντὸς ἀνεψιαδῶν εἰσίν.

Οὐκ ἐᾷ εἰσιέναι οὗ ἂν ᾖ ὁ τετελευτηκώς, οὐδεμίαν γυναῖκα 63
15 ἄλλην ἢ τὰς προσηκούσας μέχρι ἀνεψιότητος, καὶ πρὸς τὸ
μνῆμα ἀκολουθεῖν τὰς αὐτὰς ταύτας. Φυλομάχη τοίνυν ἡ
Πολέμωνος ἀδελφὴ τοῦ πατρὸς τοῦ Ἁγνίου οὐκ ἀνεψιὰ ἦν
Ἁγνίᾳ, ἀλλὰ τηθίς· ἀδελφὴ γὰρ ἦν Πολέμωνος τοῦ πατρὸς
τοῦ Ἁγνίου. Εὐβουλίδης δὲ ὁ υἱὸς ταύτης τῆς γυναικὸς
20 ἀνεψιὸς ἦν πρὸς πατρὸς Ἁγνίᾳ, οὗ ἐστιν ὁ κλῆρος. τοῦ δ'
Εὐβουλίδου ἦν θυγάτηρ ἡ τούτου τοῦ παιδὸς μήτηρ. ταύτας 64
κελεύει τὰς προσηκούσας καὶ παρεῖναι τῇ προθέσει τοῦ
τετελευτηκότος καὶ ἐπὶ τὸ μνῆμα ἀκολουθεῖν, οὐ τὴν Μακαρ-
τάτου μητέρα οὐδὲ τὴν Θεοπόμπου γυναῖκα· οὐδὲν γὰρ
25 προσήκουσα Ἁγνίᾳ αὕτη, ἀλλ' ἐξ ἑτέρας φυλῆς, Ἀκαμαντί-
δος, καὶ ἐξ ἑτέρου δήμου, Προσπαλτόθεν, ὥστε τὸ παράπαν
οὐδ' ᾔσθετο, ὅτε ἦν τετελευτηκὼς Ἁγνίας. ὑπεραναίσχυντον 65
δὴ οὗτοι κατασκευάζουσι πρᾶγμα, ὡς ἄρα δεῖ ἡμᾶς καὶ τὰς
γυναῖκας τὰς ἡμετέρας τοῦ μὲν σώματος τοῦ Ἁγνίου, ὅτε [1072]
30 ἐτετελευτήκει, κληρονόμους εἶναι καὶ ποιεῖν ἅπαντα τὰ

1 ὁ Σόλων A, sed cf. xlviii 56   3 ⟨τὰ⟩ προστάγματα Blass   5 sqq.
legem om. S F Q D   19 ὁ υἱὸς A : οὗτος cett.   21 τουτουὶ A
24 οὐδὲν] οὐδὲ A¹   25 προσήκουσα . . . αὕτη, ἀλλ' scripsi : προσή-
κουσιν . . . αὗται, ἀλλ' ἦσαν codd. : προσήκεν . . . αὕτη, ἀλλ' ἦν Blass
27 ᾔσθετο S F Q D : ᾔσθοντο A   ὁ Ἁγνίας A

νομιζόμενα, ὡς προσήκοντας καὶ γένει ὄντας ἐγγυτάτω, τὸν
δὲ κλῆρον οἴεσθαι δεῖν ἔχειν τὸν Ἁγνίου τοῦ τετελευτηκότος
Μακάρτατον, ἐκ τοῦ Στρατίου οἴκου ὄντα καὶ ἐκ τῆς Ἀπολή-
ξιδος τοῦ Προσπαλτίου θυγατρός, Μακαρτάτου δὲ ἀδελφῆς.
ἀλλ᾽ οὔτε δίκαιον οὔθ᾽ ὅσιον τοῦτ᾽ ἔστιν, ὦ ἄνδρες δικασταί. 5
66   Ἀνάγνωθι δέ μοι τὰ ἐκ τῆς μαντείας τῆς ἐκ Δελφῶν
κομισθείσης παρὰ τοῦ θεοῦ, ἵνα αἴσθησθε ὅτι ταὐτὰ λέγει
περὶ τῶν προσηκόντων τοῖς νόμοις τοῖς τοῦ Σόλωνος.

MANTEIA.

Ἀγαθῇ τύχῃ. ἐπερωτᾷ ὁ δῆμος ὁ Ἀθηναίων περὶ τοῦ σημείου 10
τοῦ ἐν τῷ οὐρανῷ γενομένου, ὅ τι ἂν δρῶσιν Ἀθηναίοις ἢ ὅτῳ
θεῷ θύουσιν ἢ εὐχομένοις εἴη ἐπὶ τὸ ἄμεινον ἀπὸ τοῦ σημείου.
συμφέρει Ἀθηναίοις περὶ τοῦ σημείου τοῦ ἐν τῷ οὐρανῷ γενομέ-
νου θύοντας καλλιερεῖν Διὶ ὑπάτῳ, Ἀθηνᾷ ὑπάτῃ, Ἡρακλεῖ,
Ἀπόλλωνι σωτῆρι, καὶ ἀποπέμπειν Ἀμφιόνεσσι περὶ τύχας 15
ἀγαθᾶς Ἀπόλλωνι ἀγυιεῖ, Λατοῖ, Ἀρτέμιδι, καὶ τὰς ἀγυιὰς κνισῆν,
καὶ κρατῆρας ἱστάμεν καὶ χορούς, καὶ στεφαναφορεῖν καττὰ πά-
τρια· θεοῖς Ὀλυμπίοις καὶ Ὀλυμπίαις πάντεσσι καὶ πάσαις,
δεξιὰς καὶ ἀριστερὰς ἀνίσχοντας, μνασιδωρεῖν καττὰ πάτρια·
ἥρω ἀρχαγέτᾳ, οὗ ἐπώνυμοί ἐστε, θύειν καὶ δωροτελεῖν καττὰ 20
πάτρια· τοῖς ἀποφθιμένοις ἐν ἱκνουμένᾳ ἁμέρᾳ τελεῖν τοὺς ποθί-
κοντας καττὰ ἀγημένα.

67   Ἀκούετε, ἄνδρες δικασταί, ὅτι ταὐτὰ λέγει ὅ τε Σόλων
[1073] ἐν τοῖς νόμοις καὶ ὁ θεὸς ἐν τῇ μαντείᾳ, κελεύων τοῖς
κατοιχομένοις ποιεῖν τοὺς προσήκοντας ἐν ταῖς καθηκούσαις 25
ἡμέραις. ἀλλὰ τούτων οὐδὲν ἔμελεν Θεοπόμπῳ οὐδὲ
Μακαρτάτῳ τουτῳί, ἀλλὰ τοῦτο μόνον, τὰ μὴ προσήκοντα
ἑαυτοῖς ἔχειν, καὶ ἐγκαλεῖν ὅτι πολὺν χρόνον ἐχόντων

2 οἴεσθε F¹ Q   3 ὄντα οἴκου A   6 δὲ] δὴ A F   7 ἵνα] ἵνα
δὲ S   7 et 23 ταῦτα S D   10—22 om. S F Q D   15 Ἀμφιό-
νεσσι] an Amphioni et Zetho? cf. Paus. ix 17, 4 : ἀμφὶ ὀνήσει Boor
16 Λατοῖ Dindorf : Λητοῖ codd.   17 στεφαναφορεῖν Blass : στεφανη-
φορεῖν codd., cf. xxi 52   καττὰ Bekker : κατὰ τὰ codd.   πάτρια Wolf :
πατρῷα codd.   19 καὶ μνασιδωρεῖν xxi 52   καττὰ] καὶ τὰ A   20 ἀρ-
χηγέτῳ codd., corr. Blass   καττὰ Reiske : κατὰ τὰ A   21 ενικνου-
μεναμεραι A, corr. Valckenaer   23 ἄνδρες S : ὦ ἄ. cett.   26 ἔμελλε A F
corr. D   27 τουτῳί] τούτῳ codd.   τοῦτο codd. : τούτου Blass

ἑαυτῶν τὸν κλῆρον νυνὶ ἀγωνίζονται. ἐγὼ δὲ ᾤμην, ὦ
ἄνδρες δικασταί, προσήκειν τὸν τἀλλότρια ἀδίκως ἔχοντα
οὐκ ἐγκαλεῖν, εἰ πλείω χρόνον εἶχεν, ἀλλὰ χάριν εἰδέναι,
μὴ ἡμῖν, ἀλλὰ τῇ τύχῃ, ὅτι πολλαὶ καὶ ἀναγκαῖαι διατριβαὶ
5 ἐγένοντο ἐν τῷ μεταξὺ χρόνῳ, ὥστε νῦν περὶ τούτων ἀγωνί-
ζεσθαι.

  Οὗτοι μὲν οὖν τοιοῦτοί εἰσιν ἄνθρωποι, ὦ ἄνδρες δικασταί, 68
καὶ μέλει αὐτοῖς οὐδὲν οὔτε τοῦ οἴκου ἐξερημουμένου τοῦ
Ἁγνίου οὔτε τῶν ἄλλων ὅσα παρανομοῦσιν· οἵτινές γε, ὦ
10 Ζεῦ καὶ θεοί, τὰ μὲν ἄλλα τί ἄν τις λέγοι περὶ τούτων;
πολλὰ γὰρ ἂν εἴη λέγειν· ἐν δὲ ὃ παρανομώτατον καὶ μιαρώ-
τατον διαπεπραγμένοι εἰσίν, καὶ μάλιστα ἐνδεικνύμενοι ὅτι
οὐδὲν αὐτοῖς μέλει πλὴν τοῦ πλεονεκτεῖν· οὐ γὰρ ἔφθη 69
Θεόπομπος τὴν ἐπιδικασίαν ποιησάμενος τοῦ κλήρου τοῦ
15 Ἁγνίου τὸν τρόπον τοῦτον ὃν ὑμεῖς ἀκηκόατε, καὶ εὐθὺς
ἐνεδείξατο ὅτι τὰ οὐδὲν προσήκοντα ἑαυτῷ ἔχειν ἐνόμιζεν.
ὃ γὰρ ἦν πλείστου ἄξιον ἐν τοῖς χωρίοις τοῖς Ἁγνίου καὶ
ἐθαυμάζετο μάλιστα ὑπὸ τῶν προσχώρων καὶ ὑπὸ τῶν ἄλλων
ἀνθρώπων, αἱ ἐλᾶαι, ταύτας ἐξώρυττον καὶ ἐξεπρέμνιζον,
20 πλέον ἢ χίλια στελέχη, ὅθεν ἔλαιον πολὺ ἐγίγνετο. ταύτας
οὗτοι ἀπέδοντο ἐκπρεμνίσαντες, καὶ ἀργύριον ὑπέρπολυ
ἔλαβον. καὶ ταῦτ' ἐποίουν οὗτοι ἐπιδίκου ὄντος τοῦ κλήρου [1074]
τοῦ Ἁγνίου κατὰ τὸν νόμον, καθ' ὅνπερ οὗτοι τὴν τουτουὶ
μητέρα προσεκαλέσαντο. ὅτι δὲ ταῦτ' ἀληθῆ λέγω, καὶ 70
25 ἐξεπρέμνισαν οὗτοι τὰς ἐλάας ἐκ τῶν χωρίων ὧν Ἁγνίας
κατέλιπεν, μάρτυρας ὑμῖν τούτων παρεξόμεθα τούς τε προσ-
χώρους καὶ τῶν ἄλλων οὓς παρεκαλέσαμεν, ὅτ' ἐπεμαρτυρό-
μεθα περὶ τούτων. λέγε τὴν μαρτυρίαν.

5 νυνὶ περὶ τούτων ἡμῖν A   9 γε om. A   11 ὃ codd., etiam
F : iniuria del. Dindorf   13 οὐδὲν codd. : οὐδενὸς Reiske   14 ἡμῖν
ante ποιησάμενος add. A   15 ἀκούετε A   18 ὑπὸ S F Q : καὶ
ὑπὸ A   19 ἐλαῖαι codd. hic et infra   20 πλέον A : πλεῖον cett. :
πλεῖν Dindorf   πολὺ A : ὑπερπολὺ cett.   ταύτας A : καὶ ταύτας
cett.   23 τουτουὶ S A : τούτου vulg.   25 οὗτοι om. A   27 ἐμαρ-
τυρόμεθα A (περὶ τούτων omisso)

ΜΑΡΤΥΡΙΑΙ.

Μαρτυροῦσιν ἀκολουθῆσαι Ἀραφῆνάδε παρακληθέντες ὑπὸ
Σωσιθέου εἰς τοὺς Ἁγνίου ἀγρούς, ἐπειδὴ Θεόπομπος ἐπεδικάσατο
τοῦ κλήρου τοῦ Ἁγνίου, καὶ ἐπιδεικνύναι αὐτοῖς Σωσίθεον τὰς
ἐλάας πρεμνιζομένας ἐκ τοῦ Ἁγνίου ἀγροῦ.   5

71   Εἰ μὲν τοίνυν, ὦ ἄνδρες δικασταί, τὸν τετελευτηκότα
μόνον ὕβριζον ταῦτα διαπραξάμενοι, δεινὰ μὲν ⟨ἂν⟩ ἐποίουν,
ἧττον δέ· νῦν δὲ καὶ εἰς ὅλην τὴν πόλιν ταυτὶ ὑβρίκασι καὶ
παρανενομήκασιν. γνώσεσθε δέ, ἐπειδὰν τοῦ νόμου ἀκού-
σητε. ἀναγίγνωσκε τὸν νόμον.   10

ΝΟΜΟΣ.

Ἐάν τις ἐλάαν Ἀθήνησιν ἐξορύττῃ, ἐὰν μὴ εἰς ἱερὸν Ἀθηναίων
δημόσιον ἢ δημοτικόν, ἢ ἑαυτῷ χρῆσθαι μέχρι δυοῖν ἐλάαιν τοῦ
ἐνιαυτοῦ ἑκάστου, ἢ ἐπὶ ἀποθανόντα δέῃ χρήσασθαι, ὀφείλειν
ἑκατὸν δραχμὰς τῷ δημοσίῳ τῆς ἐλάας ἑκάστης, τὸ δὲ ἐπιδέκατον 15
τούτου τῆς θεοῦ εἶναι. ὀφειλέτω δὲ καὶ τῷ ἰδιώτῃ τῷ ἐπεξιόντι
ἑκατὸν δραχμὰς καθ' ἑκάστην ἐλάαν. τὰς δὲ δίκας εἶναι περὶ
τούτων πρὸς τοὺς ἄρχοντας, ὧν ἕκαστοι δικασταί εἰσι. πρυτανεῖα
δὲ τιθέτω ὁ διώκων τοῦ αὑτοῦ μέρους. ὅτου δ' ἂν καταγνωσθῇ,
[1075] ἐγγραφόντων οἱ ἄρχοντες, πρὸς οὓς ἂν ᾖ ἡ δίκη, τοῖς πράκτορσιν, 20
ὃ τῷ δημοσίῳ γίγνεται· (ὃ δὲ τῇ θεῷ γίγνεται), τοῖς ταμίαις τῶν
τῆς θεοῦ. ἐὰν δὲ μὴ ἐγγράφωσιν, αὐτοὶ ὀφειλόντων.

72   Ὁ μὲν νόμος οὗτος οὕτως ἰσχυρός. ἐκεῖνο δ' ἐνθυμεῖσθε
πρὸς ὑμᾶς αὐτούς, ὦ ἄνδρες δικασταί, τί ποτ' οἴεσθ' ἡμᾶς
πάσχειν ἐν τῷ παρεληλυθότι χρόνῳ ὑπὸ τούτων καὶ ὑπὸ τῆς 25
ὕβρεως τῆς τούτων, ὅπου ὑμῶν, πόλεως τηλικαυτησί, κατε-
φρόνησαν καὶ τῶν νόμων τῶν ὑμετέρων, καὶ ἃ διαρρήδην
ἀπαγορεύουσιν οἱ νόμοι μὴ ποιεῖν, οὑτωσὶ καταφρονητικῶς
ᾐκίσαντο τὰ χωρία ἃ κατέλιπεν Ἁγνίας. ὁ δὲ νόμος ἀπαγο-
ρεύει μηδ' ἐκ τοῦ αὑτοῦ χωρίου τοῦ πατρῴου μηδὲν τούτων 30

2 sqq. testim. om. S F Q D   7 μὲν ⟨ἂν⟩ Blass   8 ταυτὶ A :
ταύτην S F Q : ταυτηνὶ Blass   8–9 καὶ παρανενομήκασιν om. S, in γρ hab.
F Q   12 sqq. legem om. S F Q D   21 ὃ . . . γίγνεται add.
Reiske   23 οὗτος οὕτως S A, cf. Isae. ii 21 : οὗτος F D : οὕτως Q
26 ⟨οὑτωσὶ⟩ κατεφρ. Naber   29 κατέλειπεν S   30 μηδὲν τού-
των] ταῦτα A

ποιεῖν.   πολύ γε αὐτοῖς μέλει ἢ τοῖς νόμοις τοῖς ὑμετέροις
πείθεσθαι, ἢ ὅπως μὴ ἐξερημωθήσεται ὁ οἶκος ὁ Ἁγνίου.
ἐγὼ δέ, ὦ ἄνδρες δικασταί, βούλομαι περὶ ἐμαυτοῦ πρὸς 73
ὑμᾶς εἰπεῖν διὰ βραχέων, καὶ ἐπιδεῖξαι ὅτι οὐχ ὁμοίως
5 τούτοις ἐπιμέλειαν ἐποιησάμην τοῦ οἴκου τοῦ Ἁγνίου, ὅπως
μὴ ἐξερημωθήσεται.   καὶ αὐτὸς γάρ εἰμι τοῦ γένους τοῦ
Βουσέλου.   Ἅβρωνος γὰρ τοῦ Βουσέλου υἱέος ἔλαβεν τὴν
θυγατριδῆν Καλλίστρατος, Εὐβουλίδου μὲν υἱὸς ὤν, Βουσέ-
λου δ᾽ ὑϊδοῦς· καὶ ἐκ τῆς Ἅβρωνος θυγατριδῆς καὶ ἐκ
10 Καλλιστράτου τοῦ ἀδελφιδοῦ τοῦ Ἅβρωνος ἐγένετο ἡ μήτηρ
ἡ ἡμετέρα.   ἐγὼ δὲ ἐπειδὴ ἐπεδικασάμην τῆς τούτου μητρὸς 74
καὶ ἐγένοντό μοι υἱεῖς μὲν τέτταρες, θυγάτηρ δὲ μία, τὰ
ὀνόματα ἐθέμην τούτοις, ὦ ἄνδρες δικασταί, τῷ μὲν πρεσβυ-
τάτῳ τὸ τοῦ πατρὸς τοῦ ἐμαυτοῦ ὄνομα, Σωσίαν, ὥσπερ καὶ
15 δίκαιόν ἐστιν, καὶ ἀπέδωκα τῷ πρεσβυτάτῳ τοῦτο τὸ ὄνομα·
τῷ δὲ μετ᾽ αὐτὸν γενομένῳ τούτῳ ἐθέμην Εὐβουλίδην, ὅπερ [1076]
ἦν ὄνομα τῷ πατρὶ τῷ τῆς μητρὸς τοῦ παιδὸς τουτουΐ· τῷ
δὲ μετὰ τοῦτον Μενεσθέα ἐθέμην (καὶ γὰρ ὁ Μενεσθεὺς οἰ-
κεῖος ἦν τῆς ἐμῆς γυναικός)· τῷ δὲ νεωτάτῳ ἐθέμην ὄνομα
20 Καλλίστρατον, ὃ ἦν ὄνομα τῷ πατρὶ τῆς ἐμῆς μητρός.   ἔτι
δὲ πρὸς τούτοις καὶ τὴν θυγατέρα ἔδωκα οὐδαμόσε ἔξω, ἀλλὰ
τῷ ἀδελφιδῷ τῷ ἐμαυτοῦ, ὅπως, ἐὰν ὑγιαίνωσιν, καὶ οἱ ἐκ
τούτων ἐκ τοῦ αὐτοῦ γένους ὦσιν Ἁγνίᾳ.   ἐγὼ μὲν οὖν 75
τοῦτον τὸν τρόπον διῴκησα, ὅπως ἂν διασῴζωνται ὅτι μάλιστα
25 οἱ οἶκοι οἱ ἀπὸ τοῦ Βουσέλου· τούτους δὲ ἐξετάσωμεν πάλιν.
καὶ πρώτιστον μὲν τὸν νόμον τουτονὶ ἀνάγνωθι.

ΝΟΜΟΣ.

Ὁ ἄρχων ἐπιμελείσθω τῶν ὀρφανῶν καὶ τῶν ἐπικλήρων καὶ
τῶν οἴκων τῶν ἐξερημουμένων καὶ τῶν γυναικῶν, ὅσαι μένουσιν

2 ἐξερημώθη A   ὁ alterum om. F D   4 δεῖξαι A   11 ἐπειδὴ
om. A   τουτουΐ Blass   16 μετ᾽ αὐτὸν F Q D : μετα τον S¹ (υ s. v.
ead. m.) : μετὰ τὸν πρεσβύτατον A   τουτῳὶ Blass   17 ⟨τῆς⟩ τοῦ
Blass   τουτονί S F Q D : τούτου A   18-19 ἐθέμην et ἐθέμην
ὄνομα del. Herwerden   20 ⟨τῷ⟩ τῆς Dindorf   21 ἔδωκα A :
δέδωκα cett. (ex δεδήλωκα S)   23 τούτου A   24 ὅπως ἂν μαλ.
διασῴζωνται A   25 τουτουσὶ A   26 πρώτιστον] πρῶτον A, sed cf.
xlviii 33   28 sqq. legem om. S F Q D

ἐν τοῖς οἴκοις τῶν ἀνδρῶν τῶν τεθνηκότων φάσκουσαι κυεῖν.
τούτων ἐπιμελείσθω καὶ μὴ ἐάτω ὑβρίζειν μηδένα περὶ τούτους.
ἐὰν δέ τις ὑβρίζῃ ἢ ποιῇ τι παράνομον, κύριος ἔστω ἐπιβάλλειν
κατὰ τὸ τέλος. ἐὰν δὲ μείζονος ζημίας δοκῇ ἄξιος εἶναι, προσ-
καλεσάμενος πρόπεμπτα καὶ τίμημα ἐπιγραψάμενος, ὅ τι ἂν 5
δοκῇ αὐτῷ, εἰσαγέτω εἰς τὴν ἡλιαίαν. ἐὰν δ' ἁλῷ, τιμάτω ἡ
ἡλιαία περὶ τοῦ ἁλόντος, ὅ τι χρὴ αὐτὸν παθεῖν ἢ ἀποτεῖσαι.

76   Πῶς ἂν μᾶλλον ἐξερημώσαιεν ἄνθρωποι οἶκον, ἢ εἴ τινες
τούς τε γένει ὄντας ἐγγυτάτω Ἁγνίᾳ, τούτους ἐξελαύνοιεν
ἐξ ἑτέρου οἴκου ὄντες, τοῦ Στρατίου, καὶ πάλιν εἰ τὸν μὲν 10
κλῆρον ἀξιοῖ ἔχειν τὸν Ἁγνίου ὡς γένει προσήκων, τὸ δ'
[1077] ὄνομα, ὅ ἐστιν αὐτῷ, μὴ ὅτι ἐκ τοῦ Ἁγνίου οἴκου, ἀλλ' οὐδ'
ἐκ τοῦ Στρατίου ἐστὶν τοῦ ἑαυτοῦ προγόνου, οὐδὲ τῶν ἄλλων
ἀπογόνων τῶν Βουσέλου, τοσούτων γενομένων, οὐδενὸς ἔχει
77   τὸ ὄνομα; ἀλλὰ πόθεν δή ἐστι τὸ ὄνομα ὁ Μακάρτατος; ἐκ 15
τῶν πρὸς μητρός. εἰσεποιήθη γὰρ οὗτος εἰς τὸν οἶκον τὸν
Μακαρτάτου τοῦ Προσπαλτίου, ἀδελφοῦ ὄντος τῆς μητρὸς
τῆς τούτου, καὶ ἔχει καὶ ἐκεῖνον τὸν οἶκον. καὶ οὕτως
ἐστὶν ὑβριστής, ὥστε γενομένου αὐτῷ υἱέος τοῦ μὲν εἰσα-
γαγεῖν εἰς τὸν οἶκον τὸν Ἁγνίου υἱὸν τῷ Ἁγνίᾳ ἐπελάθετο, 20
καὶ ταῦτα ἔχων τὸν κλῆρον τὸν Ἁγνίου καὶ φάσκων πρὸς
78   ἀνδρῶν αὐτῷ προσήκειν· τοῦτον δὲ τὸν υἱὸν τὸν γενόμενον
τῷ Μακαρτάτῳ εἰσπεποίηκεν τῷ πρὸς μητρὸς εἰς τοὺς Προσ-
παλτίους, τὸν δὲ Ἁγνίου οἶκον εἴακεν ἔρημον εἶναι τὸ τούτου
μέρος· φησὶ δὲ τὸν πατέρα τὸν ἑαυτοῦ Θεόπομπον προσήκειν 25
Ἁγνίᾳ. ὁ δὲ νόμος κελεύει ὁ τοῦ Σόλωνος κρατεῖν τοὺς
ἄρρενας καὶ τοὺς ἐκ τῶν ἀρρένων· οὗτος δὲ οὑτωσὶ ῥᾳδίως
κατεφρόνησεν καὶ τῶν νόμων καὶ τοῦ Ἁγνίου, καὶ εἰσεποίησεν
τὸν υἱὸν εἰς τὸν οἶκον τὸν πρὸς μητρός. πῶς ἂν γένοιντο
τούτων ἄνθρωποι παρανομώτεροι ἢ βιαιότεροι;   30

1 τῶν post ἀνδρῶν fort. delendum, cf. Ath. Pol. lvi 7   8 ἂν
S F Q D : ἂν οὖν A   9 τε om. A   11 τον Ἁγ.] τοῦ Ἁγ. hic et
bis infra A   12 δ om. A   13 post προγόνου add. ἀλλ' A : om.
cett.   οὐδὲ Blass : οὐδ' ἐκ codd.   14 τῶν B.] τοῦ B. A D   το-
σούτων] τουτωνὶ A   15 δὴ A : δὲ vulg. : om. D   τὸ habet A
solus   19 τοῦ μὲν A : τοῦτον μὲν cett.   24 εἴασεν A

Οὐ τοίνυν ταῦτα μόνον, ὦ ἄνδρες δικασταί, ἀλλὰ καὶ 79
μνήματος ὄντος κοινοῦ ἅπασιν τοῖς ἀπὸ τοῦ Βουσέλου γενο-
μένοις (καὶ καλεῖται τὸ μνῆμα Βουσελιδῶν, πολὺς τόπος
περιβεβλημένος, ὥσπερ οἱ ἀρχαῖοι ἐνόμιζον), ἐν τούτῳ τῷ
5 μνήματι οἱ μὲν ἄλλοι ἅπαντες οἱ ἀπὸ τοῦ Βουσέλου κεῖνται,
καὶ ὁ Ἁγνίας καὶ ὁ Εὐβουλίδης καὶ ὁ Πολέμων καὶ οἱ ἄλλοι
ἅπαντες τοσοῦτοι ὄντες συγγενεῖς, οἱ ἀπὸ τοῦ Βουσέλου,
ἅπαντες οὗτοι κοινωνοῦσιν τοῦ μνήματος τούτου· ὁ δὲ του- [1078]
τουὶ πατὴρ Μακαρτάτου καὶ ὁ πάππος οὐ κεκοινωνήκασιν 80
10 τούτου, ἀλλ' αὐτοῖς ἰδίᾳ ἐποιήσαντο μνῆμα ἄπωθεν τοῦ
Βουσελιδῶν μνήματος. δοκοῦσιν ὑμῖν, ὦ ἄνδρες δικασταί,
προσήκειν τι τῷ οἴκῳ τῷ Ἁγνίου, πλὴν τοῦ ἔχειν ἁρπάσαντες
τὰ μὴ προσήκοντα; εἰ δ' ἐξερημωθήσεται ἢ ἀνώνυμος ἔσται
ὁ οἶκος ὁ Ἁγνίου καὶ ὁ Εὐβουλίδου τοῦ ἀνεψιοῦ τοῦ Ἁγνίου,
15 οὐδὲ κατὰ τοὐλάχιστον πώποτ' αὐτοῖς ἐμέλησεν.

Ἐγὼ δ', ὦ ἄνδρες δικασταί, βοηθῶ μὲν ὡς οἷός τ' εἰμὶ 81
μάλιστα τοῖς τετελευτηκόσιν ἐκείνοις· οὐ πάνυ δ' ἐστὶ ῥᾴδιον
ταῖς τούτων παρασκευαῖς ἀνταγωνίζεσθαι. παραδίδωμι οὖν
ὑμῖν τὸν παῖδα τουτονί, ὦ ἄνδρες δικασταί, ἐπιμεληθῆναι,
20 ὅπως ὑμῖν δοκεῖ δικαιότατον εἶναι. οὗτος εἰσπεποίηται εἰς
τὸν οἶκον τὸν Εὐβουλίδου, καὶ εἰσῆκται εἰς τοὺς φράτερας,
οὐκ εἰς τοὺς ἐμούς, ἀλλ' εἰς τοὺς Εὐβουλίδου καὶ Ἁγνίου
καὶ Μακαρτάτου τουτουί. καὶ ὅτε εἰσήγετο, οἱ μὲν ἄλλοι 82
φράτερες κρύβδην ἔφερον τὴν ψῆφον, οὑτοσὶ δὲ Μακάρτατος
25 φανερᾷ τῇ ψήφῳ ἐψηφίσατο ὀρθῶς εἰσάγεσθαι Εὐβουλίδῃ
υἱὸν τὸν παῖδα τουτονί, οὐκ ἐθελήσας ἅψασθαι τοῦ ἱερείου

5 et 7 πάντες A　　5 post Βουσέλου add. γενόμενοι vulg.: om. S
6 ὁ ante Ἁγνίας om. F　　9 ὁ τούτου πάππος A　　10 τούτου] τοῦ
μνήματος τούτου A　　12 τῷ alt. S A F¹: τοῦ F corr. Q D　　13 ἢ]
καὶ A　　14 ὁ et ante Ἁγνίου et ante Εὐβ. om. A　　17 post μάλιστα
add. μὲν S F Q (coll. xlix 60, lii 12, defendit Sauppe Ausgew. Schr.
97–98): om. A　　18 τούτου A　　19 ὦ ἄνδρες δ. post ὑμῖν ponit A
20 δοκεῖ δικ. S Q D: δοκῇ δικ. F: δικ. δοκῇ A: ἂν . . . δοκῇ δικ. Blass
22 εἰς τοὺς ἐμοὺς ἀλλ' om. S　　23 Μακαρτάτου τουτουί A: Μακαρτά-
τουί S: Μακαρτάτου vulg.　　25 τῇ ψήφῳ A, cf. Lyc. § 145, Gorgias-
Palam. § 1: ψήφῳ S F Q D

οὐδὲ ἀπαγαγεῖν ἀπὸ τοῦ βωμοῦ ὑπεύθυνον αὐτὸν ποιήσας,
ἀλλὰ καὶ τὴν μερίδα τῶν κρεῶν ᾤχετο λαβὼν παρὰ τοῦ
83 παιδὸς τουτουί, ὥσπερ καὶ οἱ ἄλλοι φράτερες. νομίζετε δὴ
τὸν παῖδα τοῦτον, ὦ ἄνδρες δικασταί, ἱκετηρίαν ὑμῖν προκεῖ-
σθαι ὑπὲρ τῶν τετελευτηκότων Ἁγνίου καὶ Εὐβουλίδου καὶ 5
τῶν ἄλλων τῶν ἀπὸ τοῦ Ἁγνίου, καὶ ἱκετεύειν αὐτοὺς ὑμᾶς
τοὺς δικαστάς, ὅπως μὴ ἐξερημωθήσεται αὐτῶν ὁ οἶκος ὑπὸ
[1079] τῶν μιαρῶν τούτων θηρίων, οἵ εἰσιν ἐκ τοῦ Στρατίου οἴκου,
ἐν δὲ τῷ Ἁγνίου οὐδεπώποτ᾽ ἐγένοντο· μηδ᾽ ἐπιτρέψητε
τούτοις ἔχειν τὰ μὴ προσήκοντα, ἀλλ᾽ ἀποδοῦναι ἀναγκάσατε 10
84 εἰς τὸν Ἁγνίου οἶκον τοῖς προσήκουσιν τοῖς Ἁγνίου. ἐγὼ
μὲν οὖν ἐκείνοις τε βοηθῶ τοῖς τετελευτηκόσιν καὶ τοῖς
νόμοις τοῖς περὶ τούτων κειμένοις, δέομαι δὲ καὶ ὑμῶν, ὦ
ἄνδρες δικασταί, καὶ ἱκετεύω καὶ ἀντιβολῶ, μὴ περιίδητε
μήτε τὸν παῖδα τουτονὶ ὑβρισθέντα ὑπὸ τούτων, μήτε τοὺς 15
προγόνους τοὺς τούτου ἔτι μᾶλλον καταφρονουμένους ἢ νῦν
καταπεφρόνηνται, ἐὰν διαπράξωνται οὗτοι ἃ βούλονται· ἀλλὰ
τοῖς τε νόμοις βοηθεῖτε καὶ τῶν τετελευτηκότων ἐπιμελεῖσθε,
ὅπως μὴ ἐξερημωθῇ αὐτῶν ὁ οἶκος. καὶ ταῦτα ποιοῦντες τά
τε δίκαια ψηφιεῖσθε καὶ τὰ εὔορκα καὶ τὰ ὑμῖν αὐτοῖς 20
συμφέροντα.

4 τουτονί Blass   5 καὶ Εὐβουλίδου om. A   9 ἐν δὲ τῷ Blass :
ἐκ δὲ τοῦ codd.   11 εἰς del. Madvig   13 καὶ ὑμῶν S F Q : ὑμῶν
A D   16 τοὺς om. A   τουτονὶ Blass   20 ὑμῖν αὐτοῖς τὰ A
In S subscriptum

ΠΡΟΣ ΜΑΚΑΡΤΑΤΟΝ
ΓΗ Η ΔΙ Δ Δ

XLIV

ΠΡΟΣ ΛΕΩΧΑΡΗ ΠΕΡΙ ΤΟΥ ΑΡΧΙΑΔΟΥ ΚΛΗΡΟΥ

ΥΠΟΘΕΣΙΣ.

Ἀρχιάδου τελευτήσαντος ἄπαιδος Λεωκράτης κατέσχε τὸν
κλῆρον, συγγενής τ' ὢν αὐτοῦ καὶ εἰσπεποιῆσθαι λέγων ὑπ'
Ἀρχιάδου. καὶ μέχρι μέν τινος αὐτὸς κατεῖχεν, ἔπειτα τὸν υἱὸν
τὸν ἑαυτοῦ Λεώστρατον εἰσποιήσας ἀνθ' αὑτοῦ τῷ Ἀρχιάδῃ ἐξί-
5 σταται τοῦ οἴκου καὶ εἰς τὸν οἰκεῖον ἀνεχώρησεν, ὡς ἄδειαν δεδω-
κότος τούτων τοῦ νόμου. ἐποίησε δὲ ταὐτὸ ὁ Λεώστρατος,
καὶ ἀνθ' αὑτοῦ καταλιπὼν ἐν τῷ οἴκῳ τοῦ Ἀρχιάδου παῖδα Λεω-
κράτην καλούμενον ἐπανῆλθεν αὐτὸς εἰς τὴν οἰκίαν τὴν τοῦ φύσει [1080]
πατρός. ὁ μὲν δὴ Λεωκράτης, ὁ τελευταῖος εἰσποιηθεὶς τῷ 2
10 Ἀρχιάδῃ, τέθνηκεν ἄπαις, προσελήλυθε δὲ τῷ κλήρῳ Ἀριστόδη-
μος, λέγων ἐγγύτατα τοῦ γένους εἶναι τῷ Ἀρχιάδῃ, οὗπερ ἦν ὁ
κλῆρος ἐξ ἀρχῆς, καὶ δι' ἐκεῖνον τῷ Λεωκράτει τῷ τελευταίῳ τῶν
εἰσποιηθέντων. Λεωχάρης δ' ὁ ἀδελφὸς τοῦ τεθνηκότος ἀμφι-
σβητεῖ τοῦ κλήρου, τὸ μὲν ὅλον ἰσχυριζόμενος ποιήσει, ὡς υἱὸς
15 ποιητὸς ὢν τοῦ Λεωκράτους, φάσκων δ' εἶναι καὶ συγγενὴς
Ἀρχιάδου. ὁ δ' ὑπὲρ Ἀριστοδήμου λέγων ἐπιδείκνυσι τὴν μὲν 3
τοῦ γένους ἀγχιστείαν Ἀριστοδήμῳ διδοῦσαν τὸν κλῆρον, τὴν δὲ
ποίησιν παραπλησίαν οὖσαν· οὐ γὰρ ζῶν, φησίν, ὁ Λεωκράτης
ἐποιήσατο παῖδα τὸν Λεωχάρη, καθάπερ οἱ νόμοι κελεύουσιν,
20 ἀλλὰ μετὰ τὴν ἐκείνου τελευτὴν ἐπ' ἀποστερήσει τῆς οὐσίας παρὰ
τοὺς νόμους ἡ εἰσποίησις γίνεται. λέγει δὲ τὸν λόγον τοῦ
Ἀριστοδήμου ὁ υἱός.

Αἴτιος μέν ἐστι Λεωχάρης οὑτοσί, ὦ ἄνδρες δικασταί,

TITULUS : Πρὸς Λεωχάρη S : Πρὸς Λεωχάρην περὶ τοῦ κλήρου vulg.
(τοῦ om. A) : Ἀρχιάδου inseruit Blass. debebat esse Κατὰ Λεωχάρους
ψευδομαρτυριῶν

4 ἀντ' αὑτοῦ F D S hic et infra   6 τούτων Reiske : τουτω D :
τοῦτο F S   14 μὲν Wolf : δὲ F D S   ποιήσει Ald. : ποιῆσαι F D S
18 παραπλησίαν codd. : παρ' ἀπληστίαν Voemel : παράπλαστον Ste-
phanus   21 γίνεται codd. : γεγένηται Foerster

τοῦ καὶ αὐτὸς κρίνεσθαι καὶ ἐμὲ νεώτερον ὄντα λέγειν ἐν
ὑμῖν, ἀξιῶν κληρονομεῖν ὧν οὐ προσῆκεν αὐτῷ, καὶ ὑπὲρ
τούτων ψευδῆ διαμαρτυρίαν πρὸς τῷ ἄρχοντι ποιησάμενος.
[1081] ἡμῖν μὲν γὰρ ἀναγκαῖον ἦν, τοῦ νόμου τὰς ἀγχιστείας τοῖς
ἐγγυτάτω γένους ἀποδιδόντος, οὖσιν οἰκείοις Ἀρχιάδου τοῦ 5
ἐξ ἀρχῆς καταλιπόντος τὸν κλῆρον, μήτε τὸν οἶκον ἐξερημω-
θέντα τὸν ἐκείνου περιιδεῖν μήτε τῆς οὐσίας ἑτέρους κληρο-
νομήσαντας, οἷς οὐδ' ὁτιοῦν προσήκει· οὑτοσὶ δὲ οὔτε γόνῳ
τοῦ τετελευτηκότος υἱὸς ὢν οὔτ' εἰσποιηθεὶς κατὰ τοὺς
νόμους, ὡς ἐγὼ δείξω, διαμεμαρτύρηκεν οὕτως τὰ ψευδῆ 10
3 προπετῶς, ἀφαιρούμενος ἡμῶν τὴν κληρονομίαν. δέομαι
δ' ὑμῶν, ὦ ἄνδρες δικασταί, βοηθῆσαι τῷ τε πατρὶ τούτῳ
καὶ ἐμοί, ἐὰν λέγωμεν τὰ δίκαια, καὶ μὴ περιιδεῖν πένητας
ἀνθρώπους καὶ ἀσθενεῖς καταστασιασθέντας ὑπὸ παρα-
τάξεως ἀδίκου. ἡμεῖς μὲν γὰρ ταῖς ἀληθείαις πιστεύοντες 15
εἰσεληλύθαμεν, καὶ ἀγαπῶντες, ἄν τις ἡμᾶς ἐᾷ τῶν νόμων
τυγχάνειν· οὗτοι δὲ τῇ παρασκευῇ καὶ τοῖς ἀναλώμασιν
ἰσχυριζόμενοι διατετελέκασιν, εἰκότως οἶμαι· ἐκ γὰρ τῶν
ἀλλοτρίων ῥᾳδίως ἀναλίσκουσιν, ὥστε καὶ τοὺς συνεροῦντας
ὑπὲρ αὐτῶν καὶ τοὺς μαρτυρήσοντας τὰ ψευδῆ πολλοὺς 20
4 πεπορίσθαι. ὁ δὲ πατὴρ οὗτος (εἰρήσεται γάρ) ἅμα τῆς
πενίας ἧς ὑμεῖς ἅπαντες ἴστε, καὶ τοῦ ἰδιώτης εἶναι φανερὰς
ἔχων τὰς μαρτυρίας ἀγωνίζεται· διατελεῖ γὰρ ἐν Πειραιεῖ
κηρύττων· τοῦτο δ' ἐστὶν οὐ μόνον ἀπορίας ἀνθρωπίνης
τεκμήριον, ἀλλὰ καὶ ἀσχολίας τῆς ἐπὶ τὸ πραγματεύεσθαι· 25
ἀνάγκη γὰρ ἡμερεύειν ἐν τῇ ἀγορᾷ τὸν τοιοῦτον. ἃ δεῖ

1 αὐτὸς Dobree : αὐτὸν codd. (sine spiritu S)   5 γένει A
6 καταλείποντος S   7 τὸν ante ἐκείνου om. A   8 οὑτοσὶ codd. :
οὗτος Blass   γόνῳ scripsi, cf. § 34 : γένει codd.   11 ἡμῶν ἀφαι-
ρούμενος A   12 τε A : γε cett.   13 ἐὰν δὲ λέγωμεν S   ὑπεριδεῖν S
cf. xlv 85   16 νομίμων Taylor, sed cf. § 28, Lyc. § 93   20 μαρ-
τυρήσοντας A : μαρτυροῦντας cett.   21 ἅμα om. A   22 ἧς Reiske :
ὡς codd.   25 ἐπὶ codd. : εἰς Blass   26 ἡμερεύειν S F Q D, cf. Isocr.
xv 286, Xen. Oecon. iv 2 : καὶ ἡμερεύειν A : διημερεύειν Wolf, Naber
quos refutat vel Pollux i 64

λογιζομένους ἐνθυμεῖσθαι ὅτι, εἰ μὴ τῷ δικαίῳ ἐπιστεύομεν,
οὐκ ἄν ποτ᾽ εἰσήλθομεν εἰς ὑμᾶς.

Περὶ μὲν οὖν τῶν τοιούτων καὶ προϊόντος τοῦ λόγου [1082]
σαφέστερον ἀκούσεσθε· ὑπὲρ αὐτῆς δὲ τῆς διαμαρτυρίας 5
5 καὶ τοῦ ἀγῶνος ἤδη νομίζω δεῖν διδάσκειν. εἰ μὲν οὖν, ὦ
ἄνδρες δικασταί, ἐκ τῆς διαμαρτυρίας αὐτῆς Λεωχάρης
ἔμελλεν ἀπολογούμενος δείξειν ὡς ἔστιν υἱὸς γνήσιος
᾽Αρχιάδου, οὐδὲν ἂν ἔδει πολλῶν λόγων, οὐδ᾽ ἄνωθεν ὑμᾶς
ἐξετάζειν τὸ γένος τὸ ἡμέτερον· ἐπειδὴ δὲ τὰ μὲν διαμε- 6
10 μαρτυρημένα ἕτερον τρόπον ἔχει, ὁ δὲ πολὺς τοῦ λόγου
τουτοισὶ ἔσται ὡς εἰσεποιήθησαν, καὶ κατὰ τὴν ἀγχιστείαν
γνήσιοι ὄντες δικαίως ἂν τῆς οὐσίας κληρονομοῖεν, ἀναγ-
καῖον, ὦ ἄνδρες δικασταί, διὰ ταῦτα μικρῷ ἄνωθεν τὰ περὶ
τοῦ γένους ὑμῖν διεξελθεῖν· ἐὰν γὰρ τοῦτο σαφῶς μάθητε,
15 οὐ μὴ παρακρουσθῆτε ὑπ᾽ αὐτῶν τῷ λόγῳ. ἔστιν γὰρ ὁ 7
μὲν ἀγὼν οὑτοσὶ κλήρου διαδικασία, ἀμφισβητεῖται δὲ
παρὰ μὲν ἡμῶν κατὰ γένος ἡ ἀγχιστεία, παρὰ δὲ τούτων
κατὰ ποίησιν· ὁμολογοῦμεν δ᾽ ἐναντίον ὑμῶν δεῖν τὰς
ποιήσεις κυρίας εἶναι, ὅσαι ἂν κατὰ τοὺς νόμους δικαίως
20 γένωνται. ὥστε ταύτας τὰς ὑποθέσεις μεμνημένοι, ἂν
δείξωσιν ὑμῖν διδόντας τοὺς νόμους αὐτοῖς ἃ διαμεμαρτυρή-
κασιν, ψηφίσασθε αὐτοῖς τὸν κλῆρον. καὶ ἐὰν ἐκ μὲν 8
τῶν νόμων μὴ ὑπάρχῃ, δίκαια δὲ καὶ φιλάνθρωπα φαίνων-
ται λέγοντες, καὶ ὡς συγχωροῦμεν. ἵνα δὲ εἰδῆτε ὅτι κατὰ
25 γένος ἐγγύτατα ὄντες οὐ μόνον τούτῳ ἐνισχυριζόμεθα, ἀλλὰ
καὶ τοῖς ἄλλοις ἅπασιν, πρῶτον μὲν ὑπὲρ αὐτοῦ τοῦ γένους
ὑμᾶς διδάξομεν, ὅθεν ἐστὶν ὁ κλῆρος· νομίζω γάρ, ἂν τούτῳ [1083]

4 διαμαρτυρίας S A : μαρτυρίας vulg.   6 μαρτυρίας S D   9 μὲν
om. A D   μεμαρτυρημένα A   11 τουτοισὶ codd. : τούτοις Blass
ἐποιήθησαν A   12 ἀναγκαῖόν ἐστιν A : ἐστιν om. cett.   16 δια-
δικασία vulg. : διαδικασίας S A   18 δεῖν om. S¹, add. s. v. m. ant.
19 ποιήσεις S¹. hanc per o formam frequentius infra exhibet S vel S¹; cf.
Crönert Mem. Herc. p. 116 sq.   22 ἐκ μὲν Schaefer : μὲν ἐκ codd.
24 καὶ ὡς Herwerden : καὶ οὕτως Wolf : καὶ ὅμως codd. : ὅμως Schaefer
27 ὑμᾶς ante διδάξομεν S A : ante ὑπὲρ F Q D

τῷ μέρει τοῦ ἀγῶνος σαφῶς παρακολουθήσητε, καὶ τῶν
ἄλλων ὑμᾶς οὐδενὸς ἀπολειφθήσεσθαι.

9 Τὸ γὰρ ἐξ ἀρχῆς, ὦ ἄνδρες δικασταί, γίγνονται Εὐθυ-
μάχῳ τῷ Ὀτρυνεῖ υἱεῖς τρεῖς, Μειδυλίδης καὶ Ἄρχιππος
καὶ Ἀρχιάδης, καὶ θυγάτηρ ᾗ ὄνομα ἦν Ἀρχιδίκη. τελευ- 5
τήσαντος δὲ τοῦ πατρὸς αὐτοῖς, τὴν μὲν Ἀρχιδίκην ἐκδι-
δόασιν Λεωστράτῳ Ἐλευσινίῳ, αὐτῶν δὲ τριῶν ὄντων ὁ
μὲν Ἄρχιππος τριηραρχῶν ἐτελεύτησεν τὸν βίον ἐν Μηθύ-
μνῃ, ὁ δὲ Μειδυλίδης οὐ πολλῷ χρόνῳ γαμεῖ ὕστερον
10 Μνησιμάχην Λυσίππου τοῦ Κριωέως θυγατέρα. καὶ γί- 10
γνεται αὐτῷ θυγάτηρ ὄνομα Κλειτομάχη, ἣν ἐβουλήθη μὲν
ἐκεῖνος ἀγάμῳ τῷ ἀδελφῷ ὄντι τῷ ἑαυτοῦ ἐκδοῦναι· ἐπειδὴ
δὲ ὁ Ἀρχιάδης οὐκ ἔφη προαιρεῖσθαι γαμεῖν, ἀλλὰ καὶ τὴν
οὐσίαν ἀνέμητον διὰ ταῦτα συγχωρήσας εἶναι ᾤκει καθ᾽
αὐτὸν ἐν τῇ Σαλαμῖνι, οὕτως ἤδη ὁ Μειδυλίδης ἐκδίδωσι 15
τὴν αὑτοῦ θυγατέρα Ἀριστοτέλει Παλληνεῖ, τῷ πάππῳ τῷ
ἐμῷ. καὶ γίγνονται ἐξ αὐτοῦ υἱεῖς τρεῖς, Ἀριστόδημός τε
οὑτοσὶ ὁ πατὴρ ὁ ἐμὸς καὶ Ἁβρώνιχος ὁ θεῖος καὶ Μειδυ-
11 λίδης, ὃς νῦν τετελευτηκὼς τυγχάνει. καὶ ἡ μὲν τοῦ
γένους ἀγχιστεία τοῦ ἡμετέρου, ἐν ᾧ ἐστιν ὁ κλῆρος, 20
σχεδὸν οὕτως ἔχει, ὦ ἄνδρες δικασταί. Ἀρχιάδῃ γὰρ
πρὸς ἀνδρῶν ἡμεῖς μὲν γένει ἐγγυτάτω, καὶ κατὰ τοῦτον
τὸν νόμον ἀξιοῦντες τῆς ἐκείνου οὐσίας κληρονομεῖν καὶ τὸ
γένος μὴ περιιδεῖν ἐξερημωθέν, ἐλάχομεν πρὸς τὸν ἄρχοντα
τοῦ κλήρου· οὗτοι δὲ ἔχοντες οὐ δικαίως τὰ χρήματα δια- 25
[1084] μεμαρτυρήκασι νυνί, τὸ μὲν ὅλον ἰσχυριζόμενοι ποιήσει,
12 φάσκοντες δὲ καὶ συγγενεῖς εἶναι. περὶ μὲν οὖν ταύτης
τῆς ποιήσεως, ὃν τρόπον ἔχει, σαφῶς ὑμᾶς ὕστερον διδά-

2 οὐδενὸς ὑμᾶς A   ἀπολειφθήσεσθαι A F¹: ὑπολ. S F corr. Q
4 Μιδυλίδης S A Q hic et infra   9 γαμεῖ ὕστερον S A: ὕστερον γαμεῖ
F Q   10 Κριώεως S (ω a m. ant.): Κρισίέως F D: Κριωσέως A
11 ὄνομα] ᾗ ὄνομα F Q   15 σαλαμεινη S¹   17 ἐξ om. A: ἐξ αὐτῶν
Reiske, sed cf. xlv 4   υἱοὶ Γ   22 μὲν S: ἦμεν A F Q D   26 ποιή-
σει Γ corr.: ποιήσειν cett.   28 ὕστερον om. A   διδάξωμεν S

ξομεν· περὶ δὲ τοῦ γένους, ὡς οὐκ εἰσὶν ἡμῶν ἐγγυτέρω,
τοῦτο δεῖ μαθεῖν ὑμᾶς. ἐν μὲν οὖν ὁμολογεῖται, τὸ κρατεῖν
τῶν κληρονόμων τοὺς ἄρρενας καὶ τοὺς ἐκ τῶν ἀρρένων·
ἁπλῶς γὰρ τοῖς ἐγγυτάτω πρὸς ἀνδρῶν, ὅταν μὴ παῖδες
5 ὦσιν, ὁ νόμος τὰς κληρονομίας ἀποδίδωσιν. οὗτοι δ'
ἐσμὲν ἡμεῖς· ἄπαις μὲν γὰρ ὁ Ἀρχιάδης ὁμολογεῖται τετε-
λευτηκέναι, τούτῳ δὲ πρὸς ἀνδρῶν ἡμεῖς ἐσμεν ἐγγυτάτω.
[πρὸς δὲ καὶ ἐκ γυναικῶν οἱ αὐτοὶ οὗτοι·] ὁ γὰρ Μειδυλίδης 13
ἀδελφὸς ἦν τοῦ Ἀρχιάδου, τοῦ δὲ Μειδυλίδου θυγάτηρ ἡ τοῦ
10 ἐμοῦ πατρὸς μήτηρ, ὥστε γίγνεται Ἀρχιάδης, ὑπὲρ οὗ τοῦ
κλήρου τὴν ἐπιδικασίαν ποιούμεθα νυνί, θεῖος τῇ τοῦ πατρὸς
τοῦ ἐμοῦ μητρὶ ἐκ πατραδέλφων, πρὸς ἀνδρῶν ἔχων τὴν
συγγένειαν ταύτην καὶ οὐ πρὸς γυναικῶν. Λεώστρατος δ'
οὑτοσὶ γένει τε ἀπωτέρω ἐστὶν καὶ πρὸς γυναικῶν οἰκεῖος
15 Ἀρχιάδῃ· ἡ γὰρ [τοῦ] Λεωκράτους μήτηρ τοῦ τούτου πατρὸς
ἀδελφιδῆ ἦν τῷ Ἀρχιάδῃ ἐκείνῳ καὶ τῷ Μειδυλίδῃ, ἀφ' ὧν
ἡμεῖς ὄντες ἀξιοῦμεν τῆς κληρονομίας τυχεῖν.

Πρῶτον μὲν οὖν, ὦ ἄνδρες δικασταί, τὸ γένος ἡμῶν ὅτι 14
οὕτως ἔχει ὥσπερ καὶ λέγομεν, ἀναγνώσεται ὑμῖν τὰς
20 μαρτυρίας, ἔπειτα μετὰ ταῦτα τὸν νόμον αὐτὸν ⟨τὸν⟩ τοῖς τε
γένεσι καὶ τοῖς ἐγγυτάτω πρὸς ἀνδρῶν τὰς κληρονομίας
ἀποδιδόντα· τὰ γὰρ κεφάλαια τοῦ ἀγῶνος, καὶ ὑπὲρ ὧν
ὀμωμοκότες οἴσετε τὴν ψῆφον, σχεδόν τι ταῦτ' ἐστιν. καί [1085]
μοι κάλει τούς τε μάρτυρας δευρὶ καὶ τὸν νόμον ἀνα-
25 γίγνωσκε.

ΜΑΡΤΥΡΕΣ. ΝΟΜΟΣ.

Τὰ μὲν τοίνυν περὶ τὸ γένος τό τε τούτων καὶ τὸ 15
ἡμέτερον οὕτως ἔχει, ὦ ἄνδρες δικασταί, ὥστε τοὺς ἐπιδε-

---

2 ὡμολόγηται A   3 κληρονόμων S F Q D : κληρονομιῶν A   4 μὴ]
μὲν S   7 post ἐγγυτάτω lacunam statuit Münscher, verbis ⟨ἀλλ'
οὗτοι γένει ἀπωτέρω⟩ suppletis ita ut αὐτοὶ οὗτοι de adversariis usurpe-
tur : debebat saltem ὁ ⟨μὲν⟩ γὰρ scribere. malui πρὸς δὲ . . . αὐτοὶ οὗτοι
cum Dobraeo secludere   11–12 πατρὸς τοῦ ἐμοῦ S A : ἐμοῦ πατρὸς
F Q D   12 ἐκ πατραδέλφων damnat Schwebsch   14 τε om. A   15
τοῦ secl. Blass   τοῦ τούτου A : τούτου τοῦ S F Q D   20 μετὰ ταῦτα
om. A   ⟨τὸν⟩ τοῖς Reiske   21 γένεσει S[1]

53

δειχότας ἐξ αὐτῶν τῶν μαρτυριῶν ὡς εἰσὶν γένει ἐγγυτέρω
προσήκει κληρονομεῖν, καὶ μὴ τὴν τοῦ διαμαρτυρήσαντος
ἀπόνοιαν κρείττω τῶν ὑμετέρων νόμων γενέσθαι. καὶ γὰρ
εἰ τῇ ποιήσει ἰσχυρίζονται, ἣν ὡς ἐγένετο ἡμεῖς δείξομεν,
τετελευτηκότος γε τοῦ εἰσποιηθέντος δήπου ἄπαιδος καὶ τοῦ 5
οἴκου μέχρι τῆς ἡμετέρας λήξεως ἐξηρημωμένου, πῶς οὐ
προσήκει τοὺς ἐγγυτάτω γένει ὄντας, τούτους τὴν κληρονο-
μίαν κομίσασθαι, καὶ ὑμᾶς μὴ τοῖς δυναμένοις ἄριστα παρα-
σκευάσασθαι, ἀλλὰ τοῖς ἀδικουμένοις τῶν πολιτῶν βοηθεῖν;
16 εἰ μὲν γὰρ ἐφ' ἡμῖν ἦν ὥστε δεῖξασιν τὰ περὶ τοῦ γένους 10
καὶ τῆς διαμαρτυρίας αὐτῆς καταβῆναι καὶ μηδενὸς ἔτι
πλείονος λόγου προσδεῖσθαι, σχεδόν τι τῶν μεγίστων
εἰρημένων οὐκ ἂν ἠνωχλοῦμεν τὰ πλείω. ἐπειδὴ δὲ οὗτοι
τοῖς μὲν νόμοις οὐκ ἐνισχυριοῦνται, τῷ δὲ προειληφέναι τι
τῶν πραγμάτων ἐκ τοῦ ἄνωθεν χρόνου καὶ τῷ ἐμβεβατευ- 15
κέναι εἰς τὴν οὐσίαν, τούτοις τεκμηρίοις χρώμενοι φήσουσι
κληρονομεῖν, ἀναγκαῖον ἴσως καὶ περὶ τούτων ἐστὶν εἰπεῖν
καὶ δεῖξαι τούτους πάντων ἀνθρώπων βιαιοτάτους ὄντας.
17   Τὸ γὰρ ἐξ ἀρχῆς, ὦ ἄνδρες δικασταί, ἐκδιδόασιν τὴν
ἀδελφὴν τὴν ἑαυτῶν ὁ Μειδυλίδης καὶ ὁ Ἀρχιάδης Λεω- 20
στράτῳ Ἐλευσινίῳ· μετὰ δὲ ταῦτα ἐκ θυγατρὸς τῆς ἐκδο-
θείσης ἀδελφῆς ταύτης αὐτῶν γίγνεται Λεωκράτης ὁ πατὴρ
Λεωστράτου τουτουί, σκέψασθε ὡς πολλοστὸς εἰς τὴν τοῦ
Ἀρχιάδου συγγένειαν προσήκων, ὑπὲρ οὗ τὴν διαμαρτυρίαν
πεποίηται. τούτων δ' οὕτως ἐχόντων ὁ μὲν Ἀρχιάδης οὐκ 25
ἐγάμει, ὁ δὲ Μειδυλίδης ὁ ἀδελφὸς αὐτοῦ, πάππος δὲ

---

3 νόμων S[1]: νομίμων S corr. vulg.   5 γε Schaefer: γὰρ A: δὲ
S vulg. del. Wolf   ἄπαιδος Wolf: παιδὸς codd.   6 λήξεως]
λήξεως δήπου A, Schaefer δήπου supra deleto   9 τοῖ βοηθεῖν S   10
γὰρ codd.; tuetur Stahl (Rhein. Mus. 1902): οὖν Bekker   11 μαρ-
τυρίας A   12 μεγίστων SA: πλείστων Q γρ.: om. vulg.   13 ἠνω-
χλουμην S[1]   καὶ ante οὗτοι add. SA   14 ἐνισχυριοῦνται SQ γρ.:
ἰσχυριοῦνται A: ἰσχυρίζονται FQ   15 τοῦ ἐμβ. A   17 δεῖν post
κληρονομεῖν add. Bockmeijer   ἐστὶν post τούτων SA: post ἴσως FQD,
fort. delendum   21 ἐλευσεινίῳ S hic et infra   22 ταύτης SFQD:
τῆς A: ταύτης τῆς Dindorf   23 πολλοστῶς Richards   24 num
ὑπὲρ οὗ ⟨τοῦ κλήρου⟩? cf. § 13   25 πεποίηται codd.: πεποίηνται Blass

τουτουὶ ἔγημε. καὶ οὐδέπω τὴν οὐσίαν ἐνέμοντο, ἀλλ' 18
ἑκάτερος ἔχων τὰ ἱκανὰ ὁ μὲν Μειδυλίδης ἐν τῷ ἄστει διέ-
μενεν, ὁ δὲ Ἀρχιάδης ἐν Σαλαμῖνι ᾤκει. οὐ πολλῷ δὲ
χρόνῳ ὕστερον ἀποδημίας τινὸς εἰς τὴν ὑπερορίαν συμβάσης
5 τῷ Μειδυλίδῃ τῷ πάππῳ τῷ τοῦ πατρός, ἠρρώστησεν ὁ
Ἀρχιάδης, καὶ τελευτᾷ τὸν βίον ἀπόντος τοῦ Μειδυλίδου
ἄγαμος ὤν. τί τούτου σημεῖον; λουτροφόρος ἐφέστηκεν
ἐπὶ τῷ τοῦ Ἀρχιάδου τάφῳ. ἐν δὲ τούτῳ τῷ καιρῷ ἔχων 19
τὴν τῆς συγγενείας τῆς πρὸς γυναικῶν πρόφασιν Λεωκρά-
10 της ὁ τουτουὶ πατὴρ Λεωστράτου εἰσποιεῖ αὐτὸν υἱὸν τῷ
Ἀρχιάδῃ, καὶ ἐνεβάτευσεν οὕτως εἰς τὴν οὐσίαν ὡς ὑπ'
ἐκείνου ζῶντος ἔτι εἰσποιηθείς. ἀφικόμενος δὲ ὁ Μειδυ-
λίδης ἠγανάκτει τε τῷ γεγενημένῳ καὶ οἷος ἦν ἐπεξιέναι
τῷ Λεωκράτει· πειθόντων δὲ τῶν οἰκείων καὶ δεομένων ἐᾶν
15 ἐν τῷ οἴκῳ εἶναι τὸν Λεωκράτην υἱὸν εἰσποιητὸν τῷ
Ἀρχιάδῃ, συνεχώρησεν ὁ Μειδυλίδης, οὐχ ἡττηθεὶς ἐν
δικαστηρίῳ, ἀλλὰ τὸ μὲν ὅλον ὑπὸ τούτων ἀπατηθείς, ἔπειτα
μέντοι καὶ τοῖς οἰκείοις πειθόμενος. καὶ ὁ μὲν Μειδυλίδης 20
ταῦτα πράξας τελευτᾷ τὸν βίον, ὁ δὲ Λεωκράτης εἶχεν τὴν
20 τοῦ Ἀρχιάδου οὐσίαν καὶ ἐκληρονόμει πολλὰ ἔτη ὡς ἂν [1087]
ἐκείνου υἱὸς ποιητός· ἡμεῖς δὲ παρὰ τὸ τὸν Μειδυλίδην
ταῦτα συγχωρῆσαι ἡσυχίαν εἴχομεν. χρόνῳ δ' ὕστερον οὐ
πολλῷ—τοῖς γὰρ μετὰ ταῦτα λόγοις ἤδη σφόδρα τὸν νοῦν
προσέχετε, ὦ ἄνδρες δικασταί· ὁ γὰρ Λεωκράτης ὁ εἰσποιη- 21
25 τὸς γενόμενος τῷ Ἀρχιάδῃ, ἐγκαταλιπὼν τουτονὶ Λεώστρα-
τον ἐν τῷ οἴκῳ υἱὸν γνήσιον, ἐπανῆλθεν αὐτὸς εἰς τοὺς
Ἐλευσινίους, ὅθεν ἦν τὸ ἐξ ἀρχῆς. καὶ οὐδ' ἐνταῦθα
οὐδέπω ἡμεῖς οὐδὲν τῶν πραγμάτων ⟨τῶν⟩ περὶ τὸν κλῆρον

1 ἐνείματο A   2 διέμενεν F corr. : διέμεινεν F¹ vulg.   3 σαλα-
μεινι S   7 ⟨ἄπαις τε καὶ⟩ ἄγαμος Dobree   10 τούτου A   11 οὕτως
εἰς S vulg. : εἰς A   13 οἷος] ος S   18 πιθόμενος Blass   καὶ
ante ὁ om. A   ὁ μὲν A : ὁ S F Q D   20 ὡς ἂν codd. : ὡς ὢν
Blass coll. § 42   28 οὐδέπω] οὐδέν πω S quo recepto insequens οὐδὲν
delere possis   τῶν πραγμάτων codd. : τῶν add. Reiske : contra
πραγμάτων secl. Blass ; sed cf. § 45

22 ἐκινοῦμεν, ἀλλ᾽ ἐμένομεν ἐπὶ τῶν αὐτῶν. πάλιν τοίνυν
Λεώστρατος αὐτὸς οὑτοσί, εἰσποιητὸς ὢν υἱὸς καὶ ἐγκατα-
λειφθεὶς ἐν τῷ τοῦ Ἀρχιάδου οἴκῳ, ἐπανέρχεται, ὥσπερ ὁ
πατὴρ αὐτοῦ, ἐπὶ τοὺς Ἐλευσινίους, ἐγκαταλιπὼν υἱὸν
γνήσιον καὶ διὰ τριῶν σωμάτων κυρίαν τὴν ἐξ ἀρχῆς 5
23 ποίησιν παρὰ τοὺς νόμους καταστήσας. πῶς γὰρ οὐ παρὰ
τοὺς νόμους, ὁπότ᾽ εἰσποιητὸς αὐτὸς ὢν εἰσποιητοὺς υἱοὺς
ἐγκαταλείπων ἐπανῄει; καὶ τοῦτο διατετέλεκε ποιῶν μέχρι
ταύτης τῆς ἡμέρας, καὶ διὰ τούτου τοῦ τρόπου τὴν κληρο-
νομίαν ἡμῶν ἀποστερήσειν οἴονται, ἐνεργαζόμενοι μὲν καὶ 10
ἐμπαιδοτροφούμενοι τῇ τοῦ Ἀρχιάδου οὐσίᾳ, ἐπανιόντες δὲ
ἐπὶ τὴν πατρῴαν οὐσίαν ἐκεῖθεν ἀεί, κἀκείνην μὲν ἀκέραιον
24 φυλάττοντες, ταύτην δ᾽ ἀναλίσκοντες. ἀλλ᾽ ὅμως τούτων
τοιούτων ὄντων, ὅπερ εἶπον, ἡμεῖς ὑπεμένομεν ἅπαντα.
μέχρι τίνος; ἕως ὁ Λεωκράτης ὁ ὑπὸ Λεωστράτου ἐν τῷ 15
οἴκῳ τῷ Ἀρχιάδου ἐγκαταλειφθεὶς υἱὸς τετελεύτηκεν ἄπαις.
[1088] τούτου δὲ ἄπαιδος τετελευτηκότος, ἀξιοῦμεν ἡμεῖς οἱ γένει
ἐγγυτάτω ὄντες Ἀρχιάδῃ κληρονομεῖν τῆς οὐσίας, καὶ μὴ
τῷ τετελευτηκότι τῷ αὐτῷ εἰσποιητῷ ὄντι υἱὸν εἰσποιεῖν ἐπ᾽
25 ἀποστερήσει τῶν ἡμετέρων. εἰ μὲν γὰρ αὐτὸς ζῶν ἐποιήσατο, 20
καίπερ ὄντος παρὰ τὸν νόμον τοῦ ἔργου, οὐκ ἀντιλέγομεν·
ἐπειδὴ δὲ οὔτε γόνῳ ἦν αὐτῷ υἱὸς οὐδεὶς οὔτ᾽ ἐποιήσατο
ζῶν, ὁ δὲ νόμος τοῖς ἐγγύτατα γένους τὰς κληρονομίας
ἀποδίδωσι, πῶς οὐ δίκαιοί ἐσμεν ἡμεῖς τούτων μὴ ἀπο-
26 στερηθῆναι κατ᾽ ἀμφότερα; καὶ γὰρ τῷ Ἀρχιάδῃ, οὗ ἦν ἡ 25
οὐσία τὸ ἐξ ἀρχῆς, ἐγγυτάτω γένει ἐσμὲν καὶ τῷ εἰσποιητῷ
Λεωκράτει· τοῦ μὲν γὰρ ὁ πατὴρ ἐπανεληλυθὼς εἰς τοὺς

1 ἐκείνουμεν S (ι α m. rec.)   τοίνυν om. A   2 αὐτὸς om. A
υἱὸς ὢν A   4 ἐγκαταλειτων S   5 γνήσιον] εἰσποιητὸν A   κυ-
ρίαν] οκυριαν S   7 αὐτὸς εἰσποιητὸς A   8 ἐγκαταλείπων (de re
iterata) S : ἐγκαταλιπὼν vulg.   12 ἀεὶ vulg. : αἰεὶ A : δει S
14 εἴπομεν A   15 δ] οι S¹   Λεωκράτης ὁ ὑπὸ Λεωστράτου Blass :
Λεωστράτου S A Q : Λεωστράτης F : Λεωκράτης Reiske   18 μὴ codd. :
μὴ τοῦτον Schwebsch   19 εἰσποιεῖν υἱὸν A   20 ἀποστερησειν S   21
ἀντιλέγομεν codd., cf. Stahl Gr. Verb. p. 409 : ἂν ἀντελέγομεν Wolf
recte fort. cf. § 65   22 γόνῳ Reiske : γένει codd.   23 ἐγγυτάτω A

Ἐλευσινίους οὐκέτι τὴν κατὰ τὸν νόμον οἰκειότητα ἔλιπεν
αὐτῷ, ἡμεῖς δέ, παρ' οἷς ἦν ἐν τῷ γένει, τὴν ἀναγκαιοτάτην
συγγένειαν εἴχομεν, ὄντες ἀνεψιαδοῖ ἐκείνῳ. ὥστ' εἰ μὲν
βούλει, τοῦ Ἀρχιάδου συγγενεῖς ὄντες ἀξιοῦμεν κληρονο-
5 μεῖν, εἰ δὲ βούλει, τοῦ Λεωκράτους· τετελευτηκότος γὰρ
ἄπαιδος αὐτοῦ, οὐδεὶς ἡμῶν γένει ἐγγυτέρω ἐστί. καὶ διὰ 27
μὲν σέ, ὦ Λεώστρατε, ὁ οἶκος ἐξηρήμωται· τῆς γὰρ οὐσίας
τὴν οἰκειότητα, οὐ τῶν ἀνδρῶν τῶν ποιησαμένων διετήρεις.
ἕως μέν γε τελευτήσαντος τούτου οὐδεὶς ἠμφεσβήτει τοῦ
10 κλήρου, οὐδένα εἰσεποίεις τῷ Ἀρχιάδῃ υἱόν· ἐπειδὴ δὲ
ἡμεῖς συγγενεῖς ὄντες ἥκομεν εἰς τὸ μέσον, τηνικαῦτα
εἰσποιεῖς, ἵνα τὴν οὐσίαν κατάσχῃς. καὶ φῂς μὲν οὐδὲν
εἶναι τῷ Ἀρχιάδῃ, πρὸς ὃν εἰσεποιήθης, διαμαρτυρεῖς δὲ
πρὸς ἡμᾶς, τὸ ὁμολογούμενον γένος ἐξελαύνων· εἰ γὰρ [1089]
15 μηδέν ἐστιν ἐν τῷ οἴκῳ, τί σὺ ἐλαττοῖ τοῦ μηδενὸς ἡμῶν
κληρονομησάντων; ἀλλὰ γὰρ ἡ ἀναίδεια καὶ ἡ πλεονεξία 28
τοιαύτη ἐστὶν αὐτοῦ, ὦ ἄνδρες δικασταί, ὥσθ' ἡγεῖσθαι
δεῖν ἐν Ἐλευσινίοις τε τὴν πατρῴαν οὐσίαν ἐπανελθὼν
ἔχειν, ἐφ' ἅ τ' εἰσεποιήθη μὴ ὄντος ἐν τῷ οἴκῳ υἱοῦ, καὶ
20 τούτων κύριος γενέσθαι. καὶ ταῦτα πάντα ῥᾳδίως διοικεῖται·
πρὸς γὰρ ἀνθρώπους ἡμᾶς πένητας καὶ ἀδυνάτους ἔχων
ἀναλίσκειν ἐκ τῶν ἀλλοτρίων πολὺ περίεστιν. διόπερ
οἶμαι ὑμᾶς δεῖν βοηθεῖν τοῖς μὴ πλεονεκτῆσαί τι βουλο-
μένοις, ἀλλ' ἀγαπῶσιν ἐάν τις ἡμᾶς τῶν νόμων ἐᾷ τυγχά-
25 νειν. τί γὰρ δεῖ ποιεῖν ἡμᾶς, ὦ ἄνδρες δικασταί; διὰ 29
τριῶν τῆς ποιήσεως ἐμμενούσης, καὶ τοῦ τελευταίου ἐγκα-
ταλειφθέντος, τούτου ἄπαιδος τετελευτηκότος, μὴ κομίσασθαι
τὰ ἡμέτερ' αὐτῶν χρόνῳ ποτέ; τοῦτο τοίνυν ἔχοντες τὸ

---

1 τοὺς νόμους A   ἔλειπεν A   2 αὐτῷ S: sine spiritu A: αὐτῷ
F D   3 ἐκείνου A   7 post οὐσίας add. ἕνεκα S F Q D: om. A
8 οὐ τῶν A: τῶν S F Q D   εἰσποιησαμένων A   9 ἠμφεσβ. S:
ἠμφισβ. vulg.   11 τὸ om. A   12 οὐδὲν μὲν A   14 γένος]
γένος ἡμῶν A   15 σὺ A D: σοι S F Q   16 κληρονομησόντων Naber
alterum ἢ om. A   18 τε S corr. vulg.: τα S¹   ἐπανελθὼν ante
τὴν A   22 ἀναλίσκων S A   23 βοηθῆσαι A

δίκαιον ἐλάχομεν τοῦ κλήρου πρὸς τὸν ἄρχοντα. οὑτοσὶ δὲ
Λεωχάρης προπετῶς διαμαρτυρήσας τὰ ψευδῆ, οἴεται δεῖν
παρὰ πάντας τοὺς νόμους ἀποστερῆσαι ἡμᾶς τῆς κληρο-
νομίας.

30 Πρῶτον μὲν οὖν, ὅτι τά τε περὶ τὰς ποιήσεις καὶ τὸ γένος 5
τὸ τούτων ἀληθῆ εἰρήκαμεν, καὶ ἡ λουτροφόρος ἐφέστηκεν
ἐπὶ τῷ τοῦ Ἀρχιάδου μνήματι, ταύτας ὑμῖν τὰς μαρτυρίας
βουλόμεθ᾽ ἀναγνῶναι· ἔπειτ᾽ ἤδη καὶ τὰ λοιπὰ σαφῶς διδά-
ξομεν ὑμᾶς, ὥστ᾽ ἐξελέγξαι τούτους τὰ ψευδῆ διαμεμαρτυρη-
κότας. καί μοι λαβὲ τὰς μαρτυρίας ἃς λέγω. 10

МАРТΥΡΙΑΙ.

31 Ὁ μὲν τοίνυν τοῦ πράγματος λόγος καὶ τὸ ἁπλοῦν
δίκαιον περὶ τῆς κληρονομίας οὕτως ἔχει, ὦ ἄνδρες δικασταί,
[1090] τῶν τε πεπραγμένων ἐξ ἀρχῆς αὐτὰ τὰ κεφάλαια σχεδόν τι
ἀκηκόατε. ἃ δὲ μετὰ τὴν τοῦ κλήρου λῆξιν πεποιήκασι 15
καὶ ὃν τρόπον ἡμῖν κεχρημένοι εἰσίν, ἀναγκαῖον νομίζω
εἰπεῖν· οἴομαι γὰρ περὶ κλήρου ἀγῶνα μηδένας ἄλλους
32 παρανενομῆσθαι τοιαῦτα οἷα ἡμᾶς. ἐπειδὴ γὰρ ἐτελεύτησεν
ὁ Λεωκράτης καὶ ἡ ταφὴ ἐγένετο αὐτῷ, πορευομένων ἡμῶν
εἰς τὰ κτήματα διὰ τὸ ἄπαιδά τε τὸν ἄνδρα καὶ ἄγαμον 20
τετελευτηκέναι, ἐξήγαγε Λεώστρατος οὑτοσὶ φάσκων αὑτοῦ
εἶναι. καὶ ὅτι μὲν ποιεῖν τι τῶν νομιζομένων ἐκώλυσεν ἡμᾶς
τῷ τετελευτηκότι, πατὴρ ὢν αὐτὸς ἐκείνου, ἴσως ἔχει λόγον,
καίπερ ὄντος παρανόμου τοῦ ἔργου· τῷ γὰρ φύσει ὄντι
πατρὶ τῆς ταφῆς τὴν ἐπιμέλειαν παραδίδοσθαι εἰκός ἐστιν, 25
ἔπειτα μέντοι καὶ τοῖς οἰκείοις ἡμῖν, ὧν ἦν συγγενὴς κατὰ
33 τὴν ποίησιν ὁ τετελευτηκώς. ἐπεὶ δὲ τὰ νομιζόμενα

---

1 οὗτος codd., corr. Blass   5 τε om. A   12 ἁπλοῦν καὶ
δίκαιον mg. edit. Paris., Naber   14 τε A : δὲ S F Q D   17 περὶ]
περὶ τοῦ A   ἀγῶνα A : ἀγῶνας S F Q : ἀγῶνος D   18 τοιαῦτα
om. A   ἡμᾶς codd. : ἡμεῖς mg. edit. Paris., Dobree   21 ἐξήγαγε
ἐξῆγεν ὁ cett.   22 ὅτι dubitanter scripsi cf. xix 303 : τὸ codd.   ἐκώ-
λυσεν S F Q : ὡς ἐκώλυσεν A : κωλῦσαι post Wolfium Blass (τὸ servato)
23 τῷ] τῷ τε S (me teste)   ἴσως post Wolfium scripsi : ὡς S F Q :
om. A (Blass)   24 ὄντι om. A

58

ἐγένετο, κατὰ ποῖον νόμον φανεῖται ἐρήμου ὄντος τοῦ οἴκου
τοὺς ἐγγυτάτω γένους ἡμᾶς ἐξαγαγὼν ἐκ τῆς οὐσίας; ὅτι νὴ
Δία πατὴρ ἦν τοῦ τετελευτηκότος. ἀπεληλυθώς γ' εἰς τὸν
πατρῷον οἶκον καὶ οὐκέτι τῆς οὐσίας ἐφ' ᾗ ἐγκατέλιπεν τὸν
5 υἱόν, κύριος ὤν· εἰ δὲ μή, τί τῶν νόμων ὄφελος; γενομένης 34
οὖν τῆς ἐξαγωγῆς, ἵνα τὰ πλεῖστα παραλίπω, ἐλάχομεν
πρὸς τὸν ἄρχοντα τοῦ κλήρου, οὔτε γόνῳ, ὥσπερ εἶπον,
⟨υἱέος⟩ οὐδενὸς ὄντος τῷ τετελευτηκότι, οὔτ' εἰσποιητοῦ
γεγενημένου κατὰ τοὺς νόμους. μετὰ δὲ ταῦτα Λεώστρατος
10 οὑτοσὶ παρακαταβάλλει ὡς υἱὸς Ἀρχιάδου ἐκείνου, οὐκ ἐπι-
λογισάμενος οὔθ' ὅτι ἐπανεληλύθει εἰς τοὺς Ἐλευσινίους, [1091]
οὔθ' ὅτι οἱ εἰσποιητοὶ οὐκ αὐτοὶ ὑφ' αὑτῶν, ἀλλ' ὑπὸ τῶν
εἰσποιουμένων καθίστανται· ἀλλὰ γὰρ οἶμαι ἁπλοῦν τι 35
διελογίσατο, δεῖν αὐτὸν καὶ δικαίως καὶ ἀδίκως ἀμφισβητεῖν
15 τῶν ἀλλοτρίων. καὶ πρῶτον μὲν ἐλθὼν οἷος ἦν εἰς τὸν
Ὀτρυνέων πίνακα τὸν ἐκκλησιαστικὸν ἐγγράφειν αὑτὸν
Ἐλευσίνιος ὤν, καὶ τοῦτο διῳκεῖτο, ἔπειτα, πρὶν ἐγγραφῆναι
καὶ ἐν τῷ ληξιαρχικῷ γραμματείῳ τῷ τῶν Ὀτρυνέων, μετέ-
χειν τῶν κοινῶν, τηλικαύτην παρανομίαν προαιρούμενος
20 παρανομεῖν ἕνεκα πλεονεξίας. αἰσθόμενοι δ' ἡμεῖς μαρτύρων 36
ἐναντίον ἐκωλύσαμεν τὸ γιγνόμενον, καὶ ᾠόμεθα δεῖν κριθῆ-
ναι πρῶτον τὴν κληρονομίαν παρ' ὑμῖν, πρὶν ἐπὶ τὸ ὄνομά
τινα τὸ τοῦ Ἀρχιάδου εἰσποιηθῆναι. κωλυθεὶς δὲ καὶ
ἐξελεγχθεὶς πρὸς τῷ πίνακι καὶ ἐν τῇ τῶν ἀρχόντων ἀγορᾷ
25 ὅτι ἠδίκει πολλῶν ἐναντίον, ᾤετο δεῖν μηδὲν ἧττον βιάζεσθαι
καὶ κρείττων ταῖς παρασκευαῖς τῶν ὑμετέρων νόμων γενέ-
σθαι. τί τούτου τεκμήριον; συναγαγών τινας τῶν Ὀτρυνέων 37

4 ἐγκατέλιπε A : ἐγκατέλειπεν S : ἐγκαταλέλοιπεν F Q   6 παρα-
λίπω F corr. D : παραλείπω cett.   8 υἱέος add. Blass   οὐδενὸς]
οὐδὲ τ͂ος S signo adnotationis adposito cui nihil respondet in margine
9 γενομένου A   Λεώστρατος] ωλεωστρατος S   10–11 οὐκέτι λογιζό-
μενος A   12 οὐκ om. S F Q D   15 οἷος ἦν Dobree : οἷός τ' ἦν
S F Q : om. A   16 ἐγγράφει ἑαυτὸν A   21 δεῖν μὴ κ. A
22 πρῶτον A : πρῶτον μὲν cett.   παρ' ὑμῖν τὴν κ. A   24 ἐξελεγ-
χθεὶς S A : ἐξελεγχόμενος vulg.   27 συναγαγὼν vulg. : συνάγων S

ὀλίγους καὶ τὸν δήμαρχον πείθει, ἐπειδὰν ἀνοιχθῇ τὸ γραμ-
ματεῖον, ἐγγράψαι αὐτόν. καὶ μετὰ ταῦτα ἦκε Παναθη-
ναίων ὄντων τῶν μεγάλων τῇ διαδόσει πρὸς τὸ θεωρικόν,
καὶ ἐπειδὴ οἱ ἄλλοι δημόται ἐλάμβανον, ἠξίου καὶ αὑτῷ
δίδοσθαι καὶ ἐγγραφῆναι εἰς τὸ γραμματεῖον ἐπὶ τὸ τοῦ 5
Ἀρχιάδου ὄνομα. διαμαρτυρομένων δὲ ἡμῶν, καὶ τῶν
ἄλλων δεινὸν φασκόντων εἶναι τὸ γιγνόμενον, ἀπῆλθεν οὔτ᾽
ἐγγραφεὶς οὔτε τὸ θεωρικὸν λαβών. τὸν δὲ παρὰ τὸ
ψήφισμα τὸ ὑμέτερον ἀξιοῦντα τὸ θεωρικὸν λαμβάνειν πρὶν
ἐγγραφῆναι εἰς τοὺς Ὀτρυνέας, ὄντα ἐξ ἑτέρου δήμου, τοῦ- 10
τον οὐκ οἴεσθε τοῦ κλήρου παρὰ τοὺς νόμους ἀμφισβητεῖν;
ἢ τὸν πρὸ τῆς τοῦ δικαστηρίου γνώσεως οὕτως ἀδίκους
πλεονεξίας διοικούμενον, τοῦτον πῶς εἰκὸς τῷ πράγματι
πιστεύειν; ὁ γὰρ τὸ θεωρικὸν ἀδίκως ἀξιώσας λαμβάνειν
καὶ περὶ τοῦ κλήρου τῇ αὐτῇ διανοίᾳ δῆλον ὅτι κέχρηται 15
39 νυνί. ἀλλὰ μὴν καὶ τὸν ἄρχοντά γε ἐξηπάτησεν παρα-
καταβάλλων καὶ ἡμᾶς, καὶ ἀντεγράψατο Ὀτρυνεὺς εἶναι ἐν
Ἐλευσινίοις δημοτευόμενος. ἐπειδὴ τοίνυν τούτων πάντων
ἀπετύγχανεν, ταῖς παρελθούσαις ἀρχαιρεσίαις ταύταις παρα-
σκευασάμενός τινας τῶν δημοτῶν ἠξίου οὗτος ἐγγράφεσθαι 20
40 ποιητὸς υἱὸς τῷ Ἀρχιάδῃ. ἀντιλεγόντων δ᾽ ἡμῶν καὶ
ἀξιούντων, ἐπειδὰν τοῦ κλήρου ἡ διαδικασία γένηται, τηνι-
καῦτα τοὺς δημότας τὴν ψῆφον φέρειν, πρότερον δὲ μή,
τοῦτο μὲν ἐπείσθησαν οὐ δι᾽ αὑτούς, ἀλλὰ διὰ τοὺς νόμους·
δεινὸν γὰρ ἐδόκει εἶναι τὸν παρακαταβεβληκότα τοῦ κλήρου 25
εἰσποιεῖν αὑτὸν ἔτι τῶν πραγμάτων ἀκρίτων ὄντων· ὃ δὲ
μετὰ ταῦτα διοικεῖται Λεώστρατος οὑτοσί, τοῦτο πάντων
41 δεινότατόν ἐστιν. ἐπειδὴ γὰρ αὐτὸς ἀπετύγχανεν τοῦ

1 καὶ del. Schaefer　　3 ⟨ἐν⟩ τῇ Hemsterhuis　　5 γραμματιον
S　ἐπὶ om. S　　10 Ὀτρυνέας Dindorf : Ὀτρυνεῖς codd.　　11 οὐκ
⟨ἂν⟩ Naber coll. xlv 13　　12 ἀδίκως S¹　　14 τὸ] τὸν S　　15 κέχρη-
ται δηλονότι Α　　16 παρακαταλαβὼν Α Q γρ.　　17 καὶ ἡμᾶς καὶ
Dobree : καὶ ἡμᾶς codd. : πρὸς ἡμᾶς καὶ Wolf　　18 τούτων Α cf. § 41 :
ἐπὶ τούτων cett.　　20 οὕτως Α　　24 αὑτούς Sauppe : αὐτούς vulg.
(sine spiritu S) : τούτους Α　　25 τὸν] τὸν πρᾶ Α　　28 τοῦ om. Α

ἐγγραφῆναι, εἰσποιεῖ Λεωχάρην τὸν αὑτοῦ υἱὸν Ἀρχιάδῃ
παρὰ πάντας τοὺς νόμους, πρὶν τοῦ δήμου τὴν δοκιμασίαν
γενέσθαι· οὐκ εἰσηγμένου δ᾽ εἰς τοὺς φράτεράς πω τοὺς
Ἀρχιάδου, ἀλλ᾽ ἐπειδὴ ἐνεγράφη, τηνικαῦτα πείσας ἕνα
5 τινὰ τῶν φρατέρων ἐνέγραψεν εἰς τὸ φρατερικὸν γραμμα-
τεῖον. καὶ μετὰ ταῦτα τῇ διαμαρτυρίᾳ πρὸς τῷ ἄρχοντι
τοῦτον ἐπιγράφεται ὡς υἱὸν ὄντα γνήσιον τοῦ τετελευτη-
κότος ἔτη πολλά, τὸν πρώην καὶ χθὲς ἐγγραφέντα. καὶ
συμβαίνει ἀμφοτέρους αὐτοὺς τῆς κληρονομίας ἀμφισβητεῖν·
10 ὅ τε γὰρ Λεώστρατος οὑτοσὶ παρακατέβαλε τοῦ κλήρου ὡς
υἱὸς γνήσιος Ἀρχιάδῃ, ὅ τε Λεωχάρης οὑτοσὶ διαμεμαρτύρη-
κεν ὡς υἱὸς ὢν γνήσιος τοῦ αὐτοῦ πατρός, οὐδέτερος δ᾽ 43
αὐτῶν ζῶντι, ἀλλὰ τετελευτηκότι εἰσποιεῖ αὐτόν. ἡμεῖς
δὲ οἰόμεθα δεῖν, ὦ ἄνδρες δικασταί, ἐπειδὰν περὶ τούτου
15 τοῦ ἀγῶνος ὑμεῖς τὴν ψῆφον ἐνέγκητε, τηνικαῦτα ἐκ τῶν
κατὰ γένος ἐγγυτάτω ἡμῶν εἰσποιεῖν υἱὸν τῷ τετελευτηκότι,
ὅπως ἂν ὁ οἶκος μὴ ἐξερημωθῇ.

Πρῶτον μὲν οὖν, ὦ ἄνδρες δικασταί, ὡς ἐπανῆλθεν εἰς 44
τοὺς Ἐλευσινίους ἐκ τῶν Ὀτρυνέων Λεώστρατος οὑτοσὶ
20 καταλιπὼν υἱὸν τῷ Ἀρχιάδῃ γνήσιον, καὶ ὅτι ὁ πατὴρ
αὐτοῦ ἔτι πρότερον τὸ αὐτὸ τοῦτ᾽ ἐπεποιήκει, καὶ ὡς ὁ
καταλειφθεὶς ἄπαις τετελεύτηκεν, καὶ ὡς ὁ νῦν διαμεμαρ-
τυρηκὼς πρότερον εἰς τοὺς δημότας ἢ εἰς τοὺς φράτερας
ἐνεγράφη, τούτων ὑμῖν τὰς τῶν φρατέρων καὶ τὰς τῶν
25 δημοτῶν μαρτυρίας ἀναγνώσεται, καὶ τῶν ἄλλων δὲ τῶν
εἰρημένων, ὧν οὗτοι πεποιήκασιν, ἁπάντων ὑμῖν τὰς μαρτυ-
ρίας καθ᾽ ἓν ἕκαστον παρέξομαι. καί μοι κάλει τοὺς
μάρτυρας δευρί.

3-4 τοὺς Ἀ. Blass : τοῦ Ἀ. codd.   5 τινὰ om. FQ   6 (τῇ)
πρὸς Blass   7 ἐπιγράφεται Lipsius : ἀπογ. codd.   10 παρα-
κατέβαλε Α : παρακατεβάλετο SFQ   12 ὡς om. Α   14 οἰόμεθα
Dobree : ᾠόμεθα codd.   14–15 ἐπειδὰν . . . ἐνέγκητε Α : ἐπειδὴ . . .
ἠνέγκατε SFQD   15 ὑμεῖς om. Α   16 ἡμῶν Seager, cf. § 66 :
ἡμῖν vulg. : ὑμᾶς Α   20 καταλιπὼν codd. : ἐγκαταλιπὼν Reiske
ὁ om. S   21 ὁ om. Α   22 ἐγκαταλειφθεὶς Reiske   24 ἡμῖν Α
25 δὲ τῶν Α : τῶν cett.

ΜΑΡΤΥΡΕΣ.

45　　Τῶν μὲν τοίνυν πραγμάτων ἁπάντων ἀκηκόατε, ὦ ἄνδρες
δικασταί, καὶ τῶν ἐξ ἀρχῆς γεγενημένων περὶ τὸν κλῆρον
τοῦτον καὶ τῶν ὕστερον συμβάντων, ἐπειδὴ τάχιστα τὴν
[1094] λῆξιν ἡμεῖς ἐποιησάμεθα. λοιπὸν δ' ἐστὶ περί τε τῆς 5
διαμαρτυρίας αὐτῆς εἰπεῖν καὶ περὶ τῶν νόμων καθ' οὓς
ἀξιοῦμεν κληρονομεῖν· ἔτι δέ, ἂν ἐγχωρῇ τὸ ὕδωρ καὶ μὴ
μέλλωμεν ὑμῖν ἐνοχλεῖν, ἐξελέγξαι τὰ ὑπὸ τούτων ῥηθησό-
μενα, ὅτι οὔτε δίκαια οὔθ' ὑγιῆ ἐστι. καὶ πρῶτον μὲν τὴν
διαμαρτυρίαν ἀναγνώτω, καὶ σφόδρα τὸν νοῦν αὐτῇ προσέ- 10
χετε· περὶ γὰρ ταύτης ἡ ψῆφος οἰσθήσεται νυνί.

ΔΙΑΜΑΡΤΥΡΙΑ.

46　　Οὐκοῦν δήπου διαμεμαρτύρηκεν οὑτοσί, ὡς ἀκηκόατε,
'μὴ ἐπίδικον εἶναι τὸν κλῆρον τὸν Ἀρχιάδου, ὄντων αὐτῷ
παίδων γνησίων κυρίως κατὰ τὸν θεσμόν.' ἐξετάσωμεν 15
τοίνυν, εἰ εἰσὶν ἢ τὰ ψευδῆ διαμεμαρτύρηκεν οὑτοσί. ὁ
γὰρ Ἀρχιάδης ἐκεῖνος, οὗ ἐστιν ὁ κλῆρος, ἐποιήσατο υἱὸν
τὸν τοῦ διαμεμαρτυρηκότος νυνὶ πάππον· ἐκεῖνος δ' ἐγκατα-
λιπὼν υἱὸν γνήσιον τὸν τούτου πατέρα Λεώστρατον ἐπανῆλ-
47 θεν εἰς τοὺς Ἐλευσινίους. μετὰ δὲ ταῦτα αὐτὸς οὑτοσί 20
Λεώστρατος πάλιν ἐγκαταλιπὼν υἱὸν ᾤχετο ἀπιὼν εἰς τὸν
πατρῷον οἶκον· ὁ δ' ἐγκαταλειφθεὶς ὑπὸ τούτου τελευταῖος
ἁπάντων τῶν εἰσποιηθέντων τετελεύτηκεν ἄπαις, ὥστε
γίγνεται ἔρημος ὁ οἶκος, καὶ ἐπανελήλυθεν ἡ κληρονομία
48 πάλιν εἰς τοὺς ἐξ ἀρχῆς ἐγγύτατα γένους ὄντας. πῶς ἂν 25
οὖν εἴησαν κατὰ τὴν διαμαρτυρίαν υἱεῖς ἔτι τινὲς τῷ
Ἀρχιάδῃ, ᾧ οἱ μὲν εἰσποιηθέντες ὁμολογοῦνται ἐπανελη-
λυθέναι, ὁ δ' ἐγκαταλειφθεὶς τελευταῖος ἅπαις τετελεύτη-

---

5 ἡμεῖς τὴν λ. A　τε om. A　　7 ἠξιοῦμεν S F Q D　　9 οὔθ' ὑγιῆ A:
οὔτε ἀληθῆ cett.　　10 post διαμαρτυρίαν add. αὐτὴν A　　11 ταύτης
vulg.: αὐτῆς S　　12 ΔΙΑΜΑΡΤΥΡΙΑ om. A　　15 κυρίως] καὶ κυρίως A,
Blass coll. § 49, cuius loci alia est ratio　　16 οὗτος A　　18 et 21
δ' ἐγκαταλιπὼν A: δὲ καταλιπὼν S F Q D　　19 τουτουὶ A　　21
ἀπιὼν A cf. xlii 7: ἀπελθὼν cett.　　24–25 πάλιν ἡ κλ. A　　ἐξ ἀρχῆς
om. A　　26 διαμαρτυρίαν A: μαρτυρίαν S F Q D, cf. § 5

κεν; οὐκοῦν ἀνάγκη τὸν οἶκον ἔρημον εἶναι. ὁπότε δὲ
ἔρημος ὁ οἶκος, οὐκ ἂν εἴησαν υἱεῖς ἔτι ἐκείνῳ γνήσιοι.
οὑτοσὶ τοίνυν διαμεμαρτύρηκεν τοὺς οὐκ ὄντας εἶναι, καὶ [1095]
γέγραφεν ἐν τῇ διαμαρτυρίᾳ 'ὄντων παίδων', ἕνα φάσκων
5 αὐτὸν εἶναι. ἀλλὰ μὴν 'γνησίων' γ' ὅταν λέγῃ καὶ 49
'κυρίως κατὰ τὸν θεσμόν', παρακρούεται παρὰ τοὺς νόμους.
τὸ μὲν γὰρ γνήσιόν ἐστιν, ὅταν ᾖ γόνῳ γεγονός· καὶ ὁ
νόμος ταῦτα μαρτυρεῖ λέγων, 'ἣν ἂν ἐγγυήσῃ πατὴρ ἢ
ἀδελφὸς ἢ πάππος, ἐκ ταύτης εἶναι παῖδας γνησίους.' τὸ
10 δὲ 'κυρίως' κατὰ τῶν ποιήσεων ὁ νομοθέτης ἔλαβεν, ὑπο-
λαμβάνων δεῖν, ὅταν τις ὢν ἄπαις καὶ κύριος τῶν ἑαυτοῦ
ποιήσηται υἱόν, ταῦτα κύρια εἶναι. οὗτος τοίνυν γόνῳ μὲν
οὐδένα φησὶν Ἀρχιάδῃ γενέσθαι υἱόν, διαμεμαρτύρηται δὲ
'γνησίων ὄντων', ἐναντίαν τῷ πράγματι τὴν διαμαρτυρίαν
15 ποιησάμενος. ποιητὸς δὲ ὁμολογῶν εἶναι, φαίνεται οὐκ 50
εἰσποιηθεὶς ὑπὸ τοῦ τετελευτηκότος αὐτοῦ, ὥστε πῶς ἔτι
σοι κύρια ταῦτ' ἂν εἴη κατὰ τὸν θεσμόν; ὅτι νὴ Δία ἐγγέ-
γραπται Ἀρχιάδῃ υἱός. ὑπό γε τουτωνὶ πρῴην βιασα-
μένων, ἤδη τῆς τοῦ κλήρου διαδικασίας ἐνεστηκυίας· οὐ
20 δὴ δίκαιον ἐν τεκμηρίῳ ποιεῖσθαι τἀδίκημα. καὶ γὰρ ἐκεῖνο 51
πῶς οὐ δεινόν ἐστιν, ὦ ἄνδρες δικασταί, ἐπὶ μὲν τοῦ λόγου
αὐτίκα μάλα φήσειν ποιητὸν εἶναι, ἐν δὲ τῇ διαμαρτυρίᾳ
τοῦτο μὴ τολμῆσαι γράψαι, ἀλλὰ τὰ μὲν ἐν ταύτῃ διαμε-
μαρτυρημένα εἶναι ὡς ὑπὲρ υἱοῦ γόνῳ γεγονότος, τὰ δ'
25 αὐτίκα μάλα ῥηθησόμενα ὡς εἰσποιητοῦ; εἰ δὲ τὴν ἀπο-
λογίαν ἐναντίαν τῇ διαμαρτυρίᾳ ποιήσονται, πῶς οὐκ ἢ τὸν

1 ἔρημον εἶναι SA : ἐρημωθῆναι FQD   2 ἔρημος ὁ οἶκος FQD :
ἔρημός ἐστιν ὁ οἶκος S : ἐστὶν ὁ οἶκος ἔρημος A   3 οὗτος Blass
7 γεγονός SQD : γεγονώς AF   11 ὅταν] ἂν A   13 οὐδένα
post Ἀρχιάδῃ ponit A   γενέσθαι] εἶναι A   διαμεμαρτύρηται codd.,
cf. Lipsii Att. Recht p. 842 : διαμεμαρτύρηκε Blass   17 ταῦτ' ἂν]
ταῦτα S   18 τούτων A   20 ἐστιν post δίκαιον F Q : post ἐν
SQ gr. : post ποιεῖσθαι A : del. Blass   ἐν τεκμηρίῳ scripsi cum SAQ gr.,
cf. ii 14, Andoc. i 4 : ἐν τεκμηρίῳ μέρει vulg.   21 πως S   21–23 ἐπὶ
... φήσειν (φάσκειν F¹Q) ... τολμῆσαι F Q : εἰ ἐπὶ ... φήσει ...
τολμήσει SA   25 ποιητοῦ A   26 οὐκ ἢ S : οὐχὶ A : οὖν
ἢ FQ : οὐ D

λόγον ἀνάγκη ἢ τὴν διαμαρτυρίαν ψευδῆ εἶναι; εἰκότως δ᾽
οὐ προσέγραψαν τὴν ποίησιν τῇ διαμαρτυρίᾳ. ἔδει γὰρ
[1096] ἐγγράψαι αὐτοὺς ʼεἰσποιησαμένου τοῦ δεῖνοςʼ· ὁ δ᾽ οὐκ
εἰσεποιήσατο, ἀλλ᾽ ἑαυτοὺς εἰσποιοῦντες ἀποστεροῦσιν ἡμᾶς
52 τῆς κληρονομίας. τὸ μετὰ ταῦτα τοίνυν πῶς οὐκ ἄτοπον 5
καὶ δεινόν ἐστιν, ἅμα παρακαταβεβληκέναι τοῦ κλήρου
πρὸς τῷ ἄρχοντι ὡς ὄντα αὐτὸν Ἀρχιάδου Λεώστρατον του-
τονί, τὸν Ἐλευσίνιον τοῦ Ὀτρυνέως, διαμεμαρτυρηκέναι δ᾽
ἕτερον, ὡς αὐτοὶ ὁρᾶτε, φάσκοντα καὶ τοῦτον Ἀρχιάδου
υἱὸν εἶναι; καὶ ποτέρῳ δεῖ προσέχειν ὑμῶν ὡς ἀληθῆ 10
53 λέγοντι; αὐτὸ γὰρ τοῦτο τεκμήριον οὐκ ἐλάχιστόν ἐστι τοῦ
ψευδῆ τὴν διαμαρτυρίαν γεγενῆσθαι, τὸ περὶ τοῦ αὐτοῦ
πράγματος μὴ τὸν αὐτὸν ἀμφισβητεῖν. εἰκότως· ὅτε γὰρ
οἶμαι Λεώστρατος οὑτοσὶ παρακατέβαλλε τοῦ κλήρου πρὸς
ἡμᾶς, οὔπω (ὁ) διαμεμαρτυρηκὼς νῦν ἐνεγέγραπτο δημότης 15
εἶναι. ὥστε πάντων ἂν δεινότατα πάθοιμεν, εἰ τῇ ὕστερον
τῶν πραγμάτων γεγενημένῃ διαμαρτυρίᾳ πιστεύσετε ὑμεῖς.
54 Ἀλλὰ μὴν καὶ πρεσβύτερά γε αὐτοῦ διαμεμαρτύρηκεν.
ὁ γὰρ μήπω ἐν τῷ οἴκῳ τῷ Ἀρχιάδου ὤν, ὅθ᾽ ἡ λῆξις αὕτη
τοῦ κλήρου ἐγένετο, πῶς ἂν εἰδείη τι τούτων; ἔπειτ᾽ εἰ μὲν 20
αὐτὸν διεμεμαρτυρήκει, εἶχεν ἂν λόγον αὐτῷ τὸ πρᾶγμα·
ἀδίκως μὲν ἂν ἔγραφεν, οὐδὲν δ᾽ ἧττον ὑπὲρ τοῦ κατὰ τὴν
ἡλικίαν γ᾽ ὄντος. νῦν δὲ γνησίους υἱοὺς γέγραφεν τῷ
Ἀρχιάδῃ ἐκείνῳ εἶναι, τόν τε αὐτοῦ πατέρα δῆλον ὅτι καὶ
τὸν κατὰ τὴν ἐξ ἀρχῆς ποίησιν, οὐκ ἐπιλογισάμενος ὅτι 25
ἐπανεληλυθότες ἦσαν. οὐκοῦν ἀνάγκη πρεσβυτέρας πράξεις
αὐτὸν καὶ μὴ τὰς ἐφ᾽ ἑαυτοῦ γεγενημένας διαμεμαρτυρηκέ-

2 προσέγραψαν A : προσεγράψαντο S : προσενεγράψαντο vulg.   7 αὐ-
τὸν (υἱὸν) Dobree   10 δεῖ] δὲ S D   ὑμῶν S A F¹ : ὑμᾶς F corr.
Q D   13 post αὐτὸν add. περὶ τοῦ αὐτοῦ codd. : del. Wolf   14 παρα-
κατέβαλε A   15 ὁ add. Dobree   ἐνεγέγραπτο Dobree : ἐγγέ-
γραπται codd.   15–16 ὡς δημότης εἶναι A D : ὡς del. Wolf : ὡς δημότας
εἶναι S F Q   16 εἰ] επι S   17 πιστεύσετε S vulg., cf. Isocr.
xvii 1 : πιστεύετε A : πιστεύσαιτε Reiske   18 πρεσβύτερά γε]
πρεσβύτερον S   22 ἔγραφεν S A : ἔγραψεν vulg.   23 γ᾽ ὄντος
Blass : λέγοντος codd.   25 τὸν Schaefer : αὐτὸν codd. : αὐτὸν
τὸν Voemel

ναι. εἶθ' ὑμεῖς τῷ τοῦτο τετολμηκότι πιστεύσετε ὡς [1097]
ἀληθῆ λέγοντι; νὴ Δί', ἀλλ' ἀκηκοὼς τοῦ αὐτοῦ πατρὸς 55
διαμεμαρτύρηκεν. ὁ δέ γε νόμος ἀκοὴν τῶν τετελευτηκότων
κελεύει διαμαρτυρεῖν, ⟨οὐ⟩ ζῶντος τοῦ πατρὸς τὰ ὑπ'
5 ἐκείνου πραχθέντα. ἐπεὶ κἀκεῖνο· διὰ τί ποτε Λεώστρατος
οὑτοσὶ οὐχ αὑτόν, ἀλλὰ τοῦτον ἐπεγράψατο τῇ διαμαρτυρίᾳ;
τὰ γὰρ πρεσβύτερα τῶν πραγμάτων τὸν πρεσβύτερον ἔδει
διαμαρτυρεῖν. ὅτι νὴ Δί', ἂν εἴποι, τοῦτον [γὰρ] εἰσπεποίηκα
υἱὸν τῷ Ἀρχιάδῃ. οὐκοῦν σὲ τὸν εἰσποιοῦντα καὶ κατα- 56
10 σκευάζοντα τὰ πράγματα καὶ λόγον ἔδει διδόναι, γενόμενον
ὑπεύθυνον ὧν πεποίηκας· πολλή γε ἀνάγκη. ἀλλὰ τοῦτο
μὲν ἔφυγες, τῇ διαμαρτυρίᾳ δὲ τοῦτον οὐδὲν εἰδότ' ἐπεγράψω.
ὥστε φανερὸν ὑμῖν ἐστιν, ὦ ἄνδρες δικασταί, τὰ διαμαρτυ-
ρούμενα μὴ εἶναι ἀληθῆ, καὶ παρ' αὐτοῖς γε τούτοις ὁμο-
15 λογεῖται. καὶ μὴν κἀκεῖνο δίκαιόν ἐστιν, μὴ λέγοντος
αὐτίκα μάλ' ἀκούειν Λεωστράτου τουτουί, ὑπὲρ ὧν γε δια-
μαρτυρῆσαι οὐκ ἐτόλμησεν.

Ὡς δὲ καὶ τῶν ἀγώνων ἀδικώτατοι καὶ πλείστης ὀργῆς 57
ἄξιοι τοῖς ἀγωνιζομένοις αἱ διαμαρτυρίαι εἰσίν, μάλιστ' ἄν
20 τις ἐκεῖθεν καταμάθοι. πρῶτον μὲν γὰρ οὐκ ἀναγκαίως
ἔχουσιν, ὥσπερ οἱ ἄλλοι, ἀλλ' ἐκ προαιρέσεως καὶ βουλή-
σεως τῆς τοῦ διαμαρτυροῦντος γίγνονται. εἰ μὲν γὰρ ὑπὲρ
τῶν διαμφισβητουμένων μὴ ἔστιν ἄλλον τρόπον δίκην
λαβεῖν ἢ διαμαρτυρήσαντα, ἴσως ἀναγκαῖον τὸ διαμαρτυρεῖν·
25 εἰ δὲ καὶ ἄνευ διαμαρτυρίας πρὸς ἅπασι τοῖς συνεδρίοις 58
ἔνεστι λόγου μὴ ἀποστερηθῆναι, πῶς οὐ προπετείας καὶ τῆς
μεγίστης ἀπονοίας σημεῖον τὸ διαμαρτυρεῖν ἐστιν; οὐδὲ

---

4 κελεύει Sauppe : κωλύει codd.   οὐ add. Sauppe.   contra κωλύει
servato, πλὴν ante τῶν τετελ. et μαρτυρεῖν· οὗτος δὲ τετόλμηκε ante
διαμαρτυρεῖν add. Blass   τὰ ὑπ'] ὑπ' S   6 ἐπεγράψατο A : ἐνεγρ.
Q D : ἐγγεγράψατο S   8 Δί' ἂν A : Δι' κἂν S : Δία κἂν F Q D   τοῦ-
τον γὰρ codd. : τοῦτον mg. edit. Paris. : ὅτι τοῦτον Q γρ.   10 καὶ
om. A   12 τοῦτον ⟨τὸν⟩ Blass, cf. § 42   17 οὐκ A D : διων S :
δι' ὧν F Q   21 καὶ βουλήσεως om. A   23 δι' ἀμφ. A (ὑπὲρ
τῶν omisso)   26 ἔνεστι S vulg. : ἔστι A   27 σημεῖον om. D

γὰρ ὁ νομοθέτης ἀναγκαῖον αὐτὸ ἐποίησεν τοῖς ἀντιδίκοις,
[1098] ἀλλ' ἂν βούλωνται διαμαρτυρεῖν, ἔδωκεν, ὥσπερ διάπειραν
ποιούμενος τῶν τρόπων ἑνὸς ἑκάστου ἡμῶν, πῶς ποτ'
59 ἔχοιμεν πρὸς τὸ προπετῶς τι πράττειν. ἔτι τοίνυν ἐπὶ τὸ
τῶν διαμαρτυρούντων μέρος οὔτε δικαστήρια ἦν ἂν οὔτε 5
ἀγῶνες ἐγίγνοντο· κωλύει γὰρ πάντα ταῦτα τὸ τῶν δια-
μαρτυριῶν γένος καὶ ἀποκλείει εἰσαγωγῆς ἕκαστα τῆς εἰς τὸ
δικαστήριον, κατά γε τὴν τοῦ διαμαρτυροῦντος βούλησιν.
διόπερ οἶμαι δεῖν κοινοὺς ἐχθροὺς τοὺς τοιούτους ἀνθρώπους
ὑπολαμβάνειν πᾶσιν εἶναι, καὶ μηδέποτε τυγχάνειν αὐτοὺς 10
συγγνώμης ἀγωνιζομένους παρ' ὑμῖν· προελόμενος γὰρ
ἕκαστος αὐτῶν τὸν ἐκ τοῦ διαμαρτυρῆσαι κίνδυνον, οὐκ
ἀναγκασθεὶς εἰσέρχεται.

60   Ὅτι μὲν οὖν ἡ διαμαρτυρία ψευδής ἐστιν, καὶ ἐκ τῶν
γεγραμμένων καὶ ἐκ τῶν εἰρημένων λόγων σχεδὸν ἀκριβῶς 15
μεμαθήκατε. ὅτι δὲ καὶ οἱ νόμοι, ὦ ἄνδρες δικασταί, ἡμῖν
τὴν κληρονομίαν ἀποδιδόασι, τοῦθ' ὑμᾶς διὰ βραχέων
βούλομαι διδάξαι, οὐχ ὡς οὐ μεμαθηκότας καὶ ἐν τοῖς ἐν
ἀρχῇ εἰρημένοις, ἀλλ' ἵνα μᾶλλον πρὸς τὴν τούτων ψευδο-
61 λογίαν τὰ δίκαια μνημονεύητε. τὸ μὲν γὰρ σύνολον, ὄντες 20
Ἀρχιάδῃ, οὗ ἐστιν ὁ κλῆρος οὑτοσί, πρὸς ἀνδρῶν κατὰ
γένος ἐγγυτάτω, καὶ τῆς ποιήσεως, ἣν ἐκεῖνος ἐποιήσατο,
τῶν μὲν ἐπανεληλυθότων εἰς τὸν πατρῷον οἶκον, τοῦ δ'
ἐγκαταλειφθέντος ἄπαιδος τετελευτηκότος, τούτων δ' οὕτως
62 ἐχόντων ἀξιοῦμεν κληρονομεῖν, οὐδεμίαν οὐσίαν Λεωστράτου 25
ἀφελόμενοι (οὗτοι μὲν γὰρ τὰς ἑαυτῶν ἔχουσιν), τῆς ὑπ'
Ἀρχιάδου δὲ καταλειφθείσης [καὶ] οὔσης ἐκ τῶν νόμων
ἡμετέρας. ὁ γὰρ νόμος, ὦ ἄνδρες δικασταί, κελεύει κρατεῖν
[1099] τοὺς ἄρρενας καὶ τοὺς ἐκ τῶν ἀρρένων· οὗτοι δ' ἡμεῖς ἐσμεν.

4 ἔχομεν A   ἐπὶ del. Cobet, sed cf. Isocr. xx 8   10 ὑπολαμβά-
νειν vulg. : λαμβάνειν S   πᾶσιν S : πᾶσι τοῖς πράγμασιν cett.   11
συγγνώμης servat A solus   20 μὲν om. A   22 τῆς] ἐκ τῆς
Schwebsch   ἣν] ἧς A   26 οὗτοι] οὐ τοίνυν S   27 καὶ del. Dobree

οὐκ ἦσαν τοίνυν παῖδες ἐκείνῳ· οἱ δ᾽ * * ὄντες ἡμεῖς ἐσμεν.
ἔπειτα οὐ δίκαιον δήπου τὸν ποιητὸν υἱὸν ποιητοὺς ἑτέρους 63
εἰσάγειν, ἀλλ᾽ ἐγκαταλείπειν μὲν γιγνομένους, ὅταν δὲ τοῦτ᾽
ἐπιλίπῃ, τοῖς γένεσιν ἀποδιδόναι τὰς κληρονομίας· ταῦτα
5 γὰρ οἱ νόμοι κελεύουσιν. ἐπεὶ πῶς οὐκ ἐκκλείεται εἰς ἕκα-
στος ὑμῶν τῆς κατὰ γένος ἀγχιστείας, ὅταν τοῖς ποιητοῖς ἡ
ἄδεια αὕτη δοθῇ; ὁρᾶτε γὰρ ὅτι ταῖς κολακείαις οἱ πλεῖστοι
ψυχαγωγούμενοι καὶ ταῖς πρὸς τοὺς οἰκείους διαφοραῖς πολ-
λάκις φιλονικοῦντες ποιητοὺς υἱεῖς ποιοῦνται· εἰ δ᾽ ἔσται
10 τῷ εἰσποιηθέντι παρὰ τὸν νόμον εἰσποιεῖν ὃν ἂν βούληται,
οὐδέποτε τοῖς γένεσιν αἱ κληρονομίαι δοθήσονται. ἃ καὶ 64
προνοηθεὶς ὁ νομοθέτης ἀπεῖπεν τῷ ποιητῷ αὐτῷ ὄντι
ποιητὸν υἱὸν μὴ ποιεῖσθαι, τίνα τρόπον διορίσας περὶ τού-
των; ὅταν εἴπῃ 'υἱὸν γνήσιον ἐγκαταλιπόντα ἐπανιέναι',
15 δηλοῖ δήπου φανερῶς ὅτι οὐ δεῖ ποιεῖσθαι· ἀδύνατον γάρ
ἐστιν υἱὸν γνήσιον ἐγκαταλιπεῖν, ἐὰν μὴ γόνῳ γεγονὼς ᾖ
τινι. σὺ τοίνυν, ὦ Λεώστρατε, ἀξιοῖς τῷ τετελευτηκότι
εἰσποιητῷ εἰς τὸ ἡμέτερον γένος ὄντι ποιητὸν ἐπὶ τὸν
κλῆρον εἰσαγαγεῖν, ὥσπερ ἐπὶ τὰ σαυτοῦ κτήματα καὶ οὐκ
20 εἰς τὰ κατὰ νόμον τῷ προσήκοντι δοθησόμενα βαδίζων.
ἡμεῖς δέ, ὦ ἄνδρες δικασταί, εἰ μὲν ὁ τετελευτηκὼς ἐποιή- 65
σατό τινα, καίπερ οὐ διδόντος τοῦ νόμου συνεχωροῦμεν ἂν
αὐτῷ, ἢ εἰ διαθήκας κατελελοίπει, καὶ ταύταις ἂν ἐνεμείνα-
μεν, ἐπεὶ καὶ τὸ ἐξ ἀρχῆς τοιοῦτοι ὄντες διετελοῦμεν, οὐκ
25 ἐναντιούμενοι τούτοις ἔχουσι τὴν οὐσίαν καὶ ἐπανιοῦσιν ἄνω,
καθ᾽ ὃν δήποτε τρόπον ἐβούλοντο. ἐπεὶ δὲ νυνί ποτε ὑπὸ [1100]
τούτων αὐτῶν καὶ ὑπὸ τῶν νόμων τὸ πρᾶγμ᾽ ἐξελήλεγκται, 66

1 οἱ δ᾽ ὄντες codd. : οἱ δ᾽ ἀγχιστεύοντες Dindorf. num οἱ δ᾽ (οἰκειότα-
τοι) ὄντες ? cf. xliii 25   2 τὸν] τοῦτον S Q γρ.   ποιητοὺς] πολλοὺς
S F γρ. Q γρ.   3 τοῦτ᾽ om. A   4 ἐπιλείπῃ S A   5 εἰς
om. A   9 ἔστι A   12 ποιητῷ] εἰσπ. A   13 ποιητὸν del.
Reiske   14 ἐγκαταλείποντα S   18–19 ἐπὶ τὸν κλ. S Q γρ. : εἰς
τὸν κλ. F Q : ἐπίκληρον A   20 κατὰ τὸν ν. A   23 κατα-
λελοιπει S F Q : καταλέλοιπε A   ταύταις ἂν ἐνεμείναμεν] ταύταις ἐνε-
μένομεν A : ταύτας ἀνεμένομεν Q γρ.   26 δήποτε] δὴ A

οἰόμεθα δεῖν κληρονομεῖν τῶν Ἀρχιάδου, καὶ παρ' ἡμῶν
εἶναι τὸν υἱὸν τὸν εἰσποιούμενον τῶν μὴ πεποιημένων
πρότερον, μὴ παρὰ τούτων. δικαίως γὰρ ὁ νομοθέτης,
οἶμαι, ὥσπερ καὶ τὰς ἀτυχίας τῶν οἰκείων καὶ τὰς ἐκδόσεις
τῶν γυναικῶν τοῖς ἐγγύτατα γένους προσέταττε [ποιεῖσθαι], 5
οὕτως καὶ τὰς κληρονομίας καὶ τὴν τῶν ἀγαθῶν μετουσίαν
67 τοῖς αὐτοῖς ἀποδέδωκεν. τὸ δὲ πάντων μέγιστον καὶ
γνωριμώτατον ὑμῖν· ὁ γὰρ τοῦ Σόλωνος νόμος οὐδὲ διαθέ-
σθαι τὸν ποιητὸν ἐᾷ τὰ ἐν τῷ οἴκῳ, οἷ ἂν ποιηθῇ. εἰκότως,
οἶμαι· τῷ γὰρ κατὰ νόμον εἰσποιηθέντι ἐπὶ τὰ ἑτέρου οὐχ 10
οὕτως ὡς περὶ τῶν ἰδίων κτημάτων βουλευτέον ἐστίν, ἀλλὰ
τοῖς νόμοις ἀκολούθως, περὶ ἑκάστου τῶν γεγραμμένων ὡς
68 ὁ νόμος λέγει. 'ὅσοι μὴ ἐπεποίηντο' φησίν 'ὅτε Σόλων
εἰσῄει εἰς τὴν ἀρχήν, ἐξεῖναι αὐτοῖς διαθέσθαι ὅπως ἂν
ἐθέλωσιν', ὡς τοῖς γε ποιηθεῖσιν οὐκ ἐξὸν διαθέσθαι, ἀλλὰ 15
ζῶντας ἐγκαταλιπόντας υἱὸν γνήσιον ἐπανιέναι, ἢ τελευτή-
σαντας ἀποδιδόναι τὴν κληρονομίαν τοῖς ἐξ ἀρχῆς οἰκείοις
οὖσι τοῦ ποιησαμένου.

1 καὶ οἰόμεθα codd. : καὶ del. Schaefer   2 τῷ μὴ πεποιημένῳ
Reiske   4 prius καὶ in πρὸς mutat Naber. malui ποιεῖσθαι seclu-
dere, cf. Isocr. x 36   5 ἐγγυτάτω A   7 ἀποδέδωκεν S A Q :
ἀπέδωκεν vulg.   9 οἷ ἂν Blass : ὅταν codd. : ὅτῳ ἂν Reiske   10
ἐπὶ τὰ] επει τα S : εἰς τὰ A   11 ως περὶ A : ὥσπερ S F Q : ὥσπερ
περὶ D   15 ὡς τοῖς γε Q γρ., Schaefer, cf. xxiii 50 : τοῖς δὲ S F Q :
τοῖς δέ γε A   16 τελευτήσαντας S F Q D : τελευτήσαντος A : τελευτή-
σαντας ⟨ἀπαιδας⟩ Hirschig
In S subscriptum
ΠΡΟΣ ΛΕΩΧΑΡΗ
ΓΗ Η̄ Δ̄ Δ̄ Δ̄

ΚΑΤΑ ΣΤΕΦΑΝΟΥ ΨΕΥΔΟΜΑΡΤΥΡΙΩΝ Α

ΥΠΟΘΕΣΙΣ.

Ὅτ᾿ Ἀπολλόδωρος ἔκρινε Φορμίωνα τῆς τραπέζης ἀφορμὴν ἐγκαλῶν, ὁ δὲ τὴν δίκην παρεγράψατο, Στέφανος μετ᾿ ἄλλων τινῶν ἐμαρτύρησε Φορμίωνι, ὡς ἄρ᾿ ὁ μὲν Φορμίων προὐκαλεῖτ᾿ Ἀπολλόδωρον, εἰ μή φησιν ἀντίγραφ᾿ εἶναι τῶν διαθηκῶν τῶν [1101]
5 τοῦ πατρὸς Πασίωνος ἃ Φορμίων παρέσχεν, ἀνοῖξαι τὰς διαθήκας αὐτάς, ἃς ἔχει καὶ παρέχεται Ἀμφίας, Ἀπολλόδωρος δ᾿ ἀνοίγειν οὐκ ἠθέλησεν, ἔστι δ᾿ ἀντίγραφα τάδε τῶν διαθηκῶν τῶν Πασίωνος. ταύτην ἐμαρτύρησαν τὴν μαρτυρίαν οἱ περὶ Στέφανον, τοῦ Ἀπολλοδώρου λέγοντος κατὰ τοῦ Φορμίωνος, ὡς ἄρα τὰς διαθήκας
10 πέπλακε καὶ τὸ ὅλον πρᾶγμα σκευώρημ᾿ ἐστίν. ἡττηθεὶς τοίνυν τὴν δίκην Ἀπολλόδωρος ὑπὲρ τῆς μαρτυρίας ὡς ψευδοῦς οὔσης τῷ Στεφάνῳ δικάζεται.

Καταψευδομαρτυρηθείς, ὦ ἄνδρες Ἀθηναῖοι, καὶ παθὼν ὑπὸ Φορμίωνος ὑβριστικὰ καὶ δεινά, δίκην παρὰ τῶν αἰτίων
15 ἥκω ληψόμενος παρ᾿ ὑμῖν. δέομαι δὲ πάντων ὑμῶν καὶ ἱκετεύω καὶ ἀντιβολῶ πρῶτον μὲν εὐνοϊκῶς ἀκοῦσαί μου (μέγα γὰρ τοῖς ἠτυχηκόσιν, ὥσπερ ἐγώ, δυνηθῆναι περὶ ὧν πεπόνθασιν εἰπεῖν καὶ εὐμενῶς ἐχόντων ὑμῶν ἀκροατῶν τυχεῖν), εἶτ᾿ ἐὰν ἀδικεῖσθαι δοκῶ, βοηθῆσαί μοι τὰ δίκαια.
20 ἐπιδείξω δ᾿ ὑμῖν τουτονὶ Στέφανον καὶ μεμαρτυρηκότα ⟨τὰ⟩ 2
ψευδῆ, καὶ δι᾿ αἰσχροκερδίαν τοῦτο πεποιηκότα, καὶ κατή- [1102]
γορον αὐτὸν αὑτοῦ γιγνόμενον· τοσαύτη περιφάνεια τοῦ

Oratio deest in A r   Titulus: A om. F S

2 ὁ Στ. S   5 Πασίωνος ἃ Φορμίων παρέσχεν Blass: Φορμίωνος
                                        β   γ
Πασίωνος παρασχεῖν vulg.: Φορμίωνι Πασίωνος παρασχεῖν S   8 καὶ
ante τοῦ add. F S (sed in S deletum)   13 Ἀθηναῖοι S: δικασταί
cett.   20 τὰ add. Reiske   21 αἰσχροκερδίαν S D: αἰσχροκέρ-
δειαν vulg.   22 περιφάνεια] ν et α a corr. S, erasis post α litt.
duabus

πράγματός ἐστιν. ἐξ ἀρχῆς δ' ὡς ἂν οἷός τ' ὦ διὰ βρα-
χυτάτων εἰπεῖν πειράσομαι τὰ πεπραγμένα μοι πρὸς Φορ-
μίωνα, ἐξ ὧν ἀκούσαντες τήν τ' ἐκείνου πονηρίαν καὶ
τούτους, ὅτι τὰ ψευδῆ μεμαρτυρήκασιν, γνώσεσθε.

3　Ἐγὼ γάρ, ὦ ἄνδρες δικασταί, πολλῶν χρημάτων ὑπὸ τοῦ 5
πατρὸς καταλειφθέντων μοι, καὶ ταῦτα Φορμίωνος ἔχοντος,
καὶ ἔτι πρὸς τούτοις τὴν μητέρα γήμαντος τὴν ἐμὴν ἀποδη-
μοῦντος ἐμοῦ δημοσίᾳ τριηραρχοῦντος ὑμῖν (ὃν τρόπον δέ,
οὐκ ἴσως καλὸν υἱεῖ περὶ μητρὸς ἀκριβῶς εἰπεῖν), ἐπειδὴ
καταπλεύσας ᾐσθόμην καὶ τὰ πεπραγμέν' εἶδον, πόλλ' 10
4 ἀγανακτήσας καὶ χαλεπῶς ἐνεγκὼν δίκην μὲν οὐχ οἷός τ'
ἦν ἰδίαν λαχεῖν (οὐ γὰρ ἦσαν ἐν τῷ τότε καιρῷ δίκαι, ἀλλ'
ἀνεβάλλεσθ' ὑμεῖς διὰ τὸν πόλεμον), γραφὴν δ' ὕβρεως
γράφομαι πρὸς τοὺς θεσμοθέτας αὐτόν. χρόνου δὲ γιγνο-
μένου, καὶ τῆς μὲν γραφῆς ἐκκρουομένης, δικῶν δ' οὐκ οὐ- 15
σῶν, γίγνονται παῖδες ἐκ τούτου τῇ μητρί. καὶ μετὰ ταῦτα
(εἰρήσεται γὰρ ἅπασα πρὸς ὑμᾶς ἡ ἀλήθει', ὦ ἄνδρες δικα-
σταί) πολλοὶ μὲν καὶ φιλάνθρωποι λόγοι παρὰ τῆς μητρὸς
ἐγίγνοντο καὶ δεήσεις ὑπὲρ Φορμίωνος τουτουί, πολλοὶ δὲ
5 καὶ μέτριοι καὶ ταπεινοὶ παρ' αὐτοῦ τούτου. ἵνα δ', ὦ ἄνδρες 20
Ἀθηναῖοι, συντέμω ταῦτα, ἐπειδὴ ποιεῖν τ' οὐδὲν ᾤετο δεῖν
ὧν τόθ' ὡμολόγησεν, καὶ τὰ χρήματ' ἀποστερεῖν ἐνεχείρησεν
ἃ τῆς τραπέζης εἶχεν ἀφορμήν, δίκην ἠναγκάσθην αὐτῷ λα-
[1103]χεῖν, ἐπειδὴ τάχιστ' ἐξουσία ἐγένετο. γνοὺς δ' οὗτος ὅτι
πάντ' ἐξελεγχθήσεται καὶ κάκιστος ἀνθρώπων περὶ ἡμᾶς 25
γεγονὼς ἐπιδειχθήσεται, μηχανᾶται καὶ κατασκευάζει ταῦτα,
ἐφ' οἷς Στέφανος οὑτοσὶ τὰ ψευδῆ μου κατεμαρτύρησε. καὶ
πρῶτον μὲν παρεγράψατο τὴν δίκην [ἣν ἔφευγεν Φορμίων] μὴ
εἰσαγώγιμον εἶναι· ἔπειτα μάρτυρας, ὡς ἀφῆκ' αὐτὸν τῶν
ἐγκλημάτων, παρέσχετο ψευδεῖς, καὶ μισθώσεώς τινος 30

3 ἐκείνου F γρ. Q γρ., cf. § 40 : τούτου S F Q D　　　8 τρόπον δὲ
　　　　　　　　　　　　　　　　　　　　　　　　　　　　　　　τ
S : δὲ τρόπον F Q D sicut xix 139, xlvii 18, lvii 35, 40　　12 ποτε S
(τ a m. ant.)　　　14 δ' ἐγιγνομένου Reiske, sed cf. xix 163, Lyc.
§ 21　　18 παρὰ] περὶ S　　27 οὑτοσὶ Στ. Blass　　28 ἣν ... Φορ-
μίων del. Huettner. Φορμίων secluserat Blass

ἐσκευωρημένης καὶ διαθήκης οὐδεπώποτε γενομένης. προ- 6
λαβὼν δέ μου ὥστε πρότερος λέγειν διὰ τὸ παραγραφὴν
εἶναι καὶ μὴ εὐθυδικίᾳ εἰσιέναι, καὶ ταῦτ᾽ ἀναγνοὺς καὶ
τἄλλ᾽ ὡς αὑτῷ συμφέρειν ἡγεῖτο ψευσάμενος, οὕτω διέθηκε
5 τοὺς δικαστάς, ὥστε φωνὴν μηδ᾽ ἡντινοῦν ἐθέλειν ἀκούειν
ἡμῶν· προσοφλὼν δὲ τὴν ἐπωβελίαν καὶ οὐδὲ λόγου τυχεῖν
ἀξιωθείς, ἀλλ᾽ ὑβρισθεὶς ὡς οὐκ οἶδ᾽ εἴ τις πώποτ᾽ ἄλλος
ἀνθρώπων, ἀπήειν βαρέως, ὦ ἄνδρες Ἀθηναῖοι, καὶ χαλεπῶς
φέρων. λόγον δ᾽ ἐμαυτῷ διδοὺς εὑρίσκω τοῖς δικάσασι μὲν 7
10 τότε πολλὴν συγγνώμην οὖσαν (ἐγὼ γὰρ αὐτὸς οὐκ ἂν οἶδ᾽
ὅ τι ἄλλ᾽ εἶχον ψηφίσασθαι, τῶν πεπραγμένων μὲν μηδὲν
εἰδώς, τὰ δὲ μαρτυρούμεν᾽ ἀκούων), τούτους δ᾽ ἀξίους ὄντας
ὀργῆς, οἳ τῷ τὰ ψευδῆ μαρτυρεῖν αἴτιοι τούτων ἐγένοντο.
περὶ μὲν δὴ τῶν ἄλλων τῶν μεμαρτυρηκότων, ὅταν πρὸς
15 ἐκείνους εἰσίω, τότ᾽ ἐρῶ· περὶ ὧν δ᾽ οὑτοσὶ Στέφανος μεμαρ-
τύρηκεν, ἤδη πειράσομαι διδάσκειν ὑμᾶς. λαβὲ δ᾽ αὐτὴν τὴν 8
μαρτυρίαν καὶ ἀνάγνωθί μοι, ἵν᾽ ἐξ αὐτῆς ἐπιδεικνύω. λέγε·
σὺ δ᾽ ἐπίλαβε τὸ ὕδωρ.

20 Στέφανος Μενεκλέους Ἀχαρνεύς, Ἔνδιος Ἐπιγένους Λαμπτρεύς,
Σκύθης Ἁρματέως Κυδαθηναιεὺς μαρτυροῦσι παρεῖναι πρὸς τῷ
διαιτητῇ Τεισίᾳ Ἀχαρνεῖ, ὅτε προὐκαλεῖτο Φορμίων Ἀπολλόδω-
ρον, εἰ μή φησιν ἀντίγραφα εἶναι τῶν διαθηκῶν τῶν Πασίωνος
τὸ γραμματεῖον ὃ ἐνεβάλετο Φορμίων εἰς τὸν ἐχῖνον, ἀνοίγειν τὰς
25 διαθήκας τὰς Πασίωνος, ἃς παρεῖχε πρὸς τὸν διαιτητὴν Ἀμφίας
ὁ Κηφισοφῶντος κηδεστής· Ἀπολλόδωρον δὲ οὐκ ἐθέλειν ἀνοί-
γειν· εἶναι δὲ τάδε ἀντίγραφα τῶν διαθηκῶν τῶν Πασίωνος.

2 μου ὥστε codd. : μου τὸ Rhett. Graeci. iv 291, v 112 (Waltz) : μου
Blass   πρότερος Rh. Gr. (Dobree) : πρότερον codd.   3 εἶναι]
ἀγωνίζεσθαι Rh. Gr.   εὐθυδικίᾳ FQS mg., cf. Isae. vi 3 : εὐθυδι-
κίαν D cf. xxxiv 4 : εὐθυδικαιαι S¹   7 ἀλλ᾽ ὑβρισθεὶς Q γρ. (Schaefer)
cf. xxi 6 : om. cett.   10–11 οὐκ οἶδ᾽ ἂν ὅ τι Cobet, οὐκ ἄν, οἶδ᾽ ὅτι
Dobree ; sed cf. Isae. xi 44, Plat. Tim. 26 B   16 δ᾽ αὐτὴν vulg.
S corr. : δὲ ταύτην S¹   20 sqq. testim. om. S   Ἔνδιος . . . Λαμ-
πτρεύς additum ex Q nisi quod Λαμπρεύς exhibet   25 παρεῖχε
Reiske coll. § 10, xlvi 5 : παρείχετο codd. : παρέχεται Arg.   Ἀμφίας
Q D Arg. : Ἀμφίων F   27 τάδε Sauppe (sequebatur enim quod hic
deest testamentum), cf. § 10 et Libanii Arg. : τὰ codd. : ταῦτα Dobree

9 Ἠκούσατε μὲν τῆς μαρτυρίας, ὦ ἄνδρες δικασταί, νομίζω
δ᾽ ὑμᾶς, εἰ καὶ μηδὲν τῶν ἄλλων αἰσθάνεσθέ πω, τοῦτό γ᾽
αὐτὸ θαυμάζειν, τὸ τὴν μὲν ἀρχὴν τῆς μαρτυρίας εἶναι πρό-
κλησιν, τὴν δὲ τελευτὴν διαθήκην. οὐ μὴν ἀλλ᾽ ἔγωγ᾽ οἶμαι
δεῖν, ἐπειδάν, ὃ τῶν μεμαρτυρημένων ὡσπερεὶ κεφάλαιόν 5
ἐστιν, ἐπιδείξω ψεῦδος ὄν, τηνικαῦτ᾽ ἤδη καὶ περὶ τῶν τοιού-
10 των ποιεῖσθαι τοὺς λόγους. ἔστι δὴ μεμαρτυρημένον αὐτοῖς
προκαλεῖσθαι Φορμίων᾽ ἀνοίγειν τὰς διαθήκας, ἃς παρέχειν
πρὸς τὸν διαιτητὴν Τεισίαν Ἀμφίαν τὸν Κηφισοφῶντος
κηδεστήν· ἐμὲ δ᾽ οὐκ ἐθέλειν ἀνοίγειν· εἶναι δ᾽ ἃς αὐτοὶ 10
μεμαρτυρήκασιν διαθήκας ἀντιγράφους ἐκείνων. εἶθ᾽ ἡ δια-
11 θήκη γέγραπται. ἐγὼ τοίνυν περὶ μὲν τοῦ προκαλεῖσθαί με
ἢ μὴ ταῦτα Φορμίωνα, οὐδέν πω λέγω, οὐδ᾽ ὑπὲρ τοῦ τὰς
διαθήκας ἀληθεῖς ἢ ψευδεῖς εἶναι, ἀλλ᾽ αὐτίχ᾽ ὑμᾶς περὶ
τούτων διδάξω· ἀλλ᾽ ἃ μεμαρτυρήκασι, μή μ᾽ ἐθέλειν τὸ γραμ- 15
ματεῖον ἀνοίγειν, ὡδὶ δὴ σκοπεῖτε. τοῦ τις ἂν εἵνεκ᾽ ἔφευγεν
ἀνοίγειν τὸ γραμματεῖον; ἵν᾽ ἡ διαθήκη νὴ Δία μὴ φανερὰ
12 γένοιτο τοῖς δικασταῖς. εἰ μὲν τοίνυν μὴ προσεμαρτύρουν τῇ
προκλήσει τὴν διαθήκην οὗτοι, λόγον εἶχέ τιν᾽ ἂν τὸ φεύγειν
ἔμ᾽ ἀνοίγειν τὸ γραμματεῖον· προσμαρτυρούντων δὲ τούτων 20
καὶ τῶν δικαστῶν ὁμοίως ἀκουσομένων, τί ἦν μοι κέρδος τὸ
μὴ 'θέλειν; οὐδὲ ἓν δήπου. αὐτὸ γὰρ τοὐναντίον, ὦ ἄνδρες
Ἀθηναῖοι, κἂν εἰ μηδὲν προὐκαλοῦνθ᾽ οὗτοι, λόγῳ δ᾽ ἐχρῶντο
μόνον, καὶ παρεῖχέν τις αὐτοῖς γραμματεῖον ὡς διαθήκην,
13 ἐμὸν ἦν τὸ προκαλεῖσθαι καὶ κελεύειν ἀνοίγειν ταύτην, ἵν᾽ εἰ 25
μὲν ἄλλ᾽ ἄττα τῶν ὑπὸ τούτων μεμαρτυρημένων ἦν τἀκεῖ
γεγραμμένα, μάρτυρας εὐθὺς τῶν περιεστηκότων πολλοὺς
ποιησάμενος τεκμηρίῳ τούτῳ καὶ περὶ τῶν ἄλλων, ὡς κατα-
σκευάζουσιν, ἐχρώμην· εἰ δὲ ταῦτ᾽ ἐνῆν, τὸν παρασχόντ᾽

---

2 αἰσθάνεσθε S D : αἰσθάνεσθαι vulg.   16 τοῦ τίς ἂν S F Q D γρ. :
τίνος ἂν D   εἵνεκεν codd.   ⟨καὶ⟩ ἔφευγεν Dobree, cf. xxxvii 27
22 οὐδὲν F nescio an recte, cf. xxxvi 30, Isae. ii 39   24 καὶ
παρεῖχεν codd. : ὅτι π. Rüger   25 κελεύειν Q γρ. : om. cett.   29
ταῦτ᾽ Reiske : ταῦτ᾽ codd. (sine accentu S)

αὐτὸν ἠξίουν μαρτυρεῖν. ἐθελήσαντος μέν γ' ὑπεύθυνον ἐλάμ-
βανον, εἰ δ' ἔφευγε, πάλιν αὐτὸ τοῦθ' ἱκανὸν τεκμήριον ἦν
μοι τοῦ πεπλάσθαι τὸ πρᾶγμα. καὶ δὴ καὶ συνέβαινεν ἐκεί-
νως μὲν ἕν' εἶναι πρὸς ὃν τὰ πράγματ' ἐγίγνετό μοι, ὡς δ'
5 οὗτοι μεμαρτυρήκασι, πρὸς πολλούς. ἔστιν οὖν ὅστις (ἂν)
ὑμῶν ταῦθ' εἵλετο; ἐγὼ μὲν οὐδέν' ἡγοῦμαι. οὐ τοίνυν οὐδὲ 14
κατ' ἄλλου πιστεύειν ἐστὲ δίκαιοι. καὶ γάρ, ὦ ἄνδρες
Ἀθηναῖοι, ὅσοις μὲν πρόσεστιν ὀργὴ τῶν πραττομένων ἢ
λῆμμά τι κέρδους ἢ παροξυσμὸς ἢ φιλονικία, ταῦτα μὲν
10 ἄλλος ἂν ἄλλως πράξειε πρὸς τὸν αὑτοῦ τρόπον· ὅσοις δὲ
τούτων μὲν μηδέν, λογισμὸς δ' ἐφ' ἡσυχίας τοῦ συμφέρον-
τος, τίς οὕτως ἄφρων ὅστις ἂν τὰ συνοίσοντ' ἀφείς, ἐξ ὧν
κάκιον ἔμελλεν ἀγωνιεῖσθαι, ταῦτ' ἔπραξεν; ἃ γὰρ οὔτ' εἰκότ' [1106]
οὔτ' εὔλογ' οὔτ' ἂν ἔπραξεν οὐδείς, ταῦθ' οὗτοι μεμαρτυρή-
15 κασιν περὶ ἡμῶν.

Οὐ τοίνυν μόνον ἐξ ὧν ἐμὲ μὴ 'θέλειν τὸ γραμματεῖον 15
ἀνοίγειν μεμαρτυρήκασι, γνοίη τις ἂν αὐτοὺς ὅτι ψεύδονται,
ἀλλὰ καὶ ἐκ τοῦ πρόκλησιν ὁμοῦ διαθήκῃ μαρτυρεῖν. οἶμαι
γὰρ ἅπαντας ὑμᾶς εἰδέναι, ὅτι ὅσα μὴ δυνατὸν πρὸς ὑμᾶς
20 ἀγαγεῖν ἐστι τῶν πεπραγμένων, τούτων προκλήσεις ηὑρέθη-
σαν. οἷον βασανίζειν οὐκ ἔστιν ἐναντίον ὑμῶν· ἀνάγκη 16
τούτου πρόκλησιν εἶναι. οἷον εἴ τι πέπρακται καὶ γέγονεν
ἔξω που τῆς χώρας, ἀνάγκη καὶ τούτου πρόκλησιν εἶναι,
πλεῖν ἢ βαδίζειν οὗ τὸ πρᾶγμ' ἐπράχθη· καὶ τῶν ἄλλων
25 τῶν τοιούτων. ὅπου δ' αὐτὰ τὰ πράγματ' ἐφ' αὑτῶν ἔστιν
ὑμῖν ἐμφανῆ ποιῆσαι, τί ἦν ἁπλούστερον ἢ ταῦτ' ἄγειν εἰς
μέσον; Ἀθήνησιν μὲν τοίνυν ὁ πατὴρ ἐτελεύτησεν οὑμός, 17
ἐγίγνετο δ' ἡ δίαιτ' ἐν τῇ ποικίλῃ στοᾷ, μεμαρτυρήκασι δ'
οὗτοι παρέχειν τὸ γραμματεῖον Ἀμφίαν πρὸς τὸν διαιτητήν.
30 οὐκοῦν εἴπερ ἀληθὲς ἦν, ἐχρῆν αὐτὸ τὸ γραμματεῖον εἰς τὸν
ἐχῖνον ἐμβαλεῖν καὶ τὸν παρέχοντα μαρτυρεῖν, ἵν' ἐκ τῆς

1 μέν γε] μὲν γὰρ Baiter   4 τὸ πρᾶγμα D   5 ἂν add. Dobree
9 φιλονεικία codd.   14 οὐδὲ εἷς Blass sicut xxxvii 56; sed cf. xv 15,
xix 68, xx 130 al.   21 οὐκ ἔνεστιν D   26 ἢ] εἰ S[1]   31
εχεινον S

ἀληθείας καὶ τοῦ τὰ σημεῖ ἰδεῖν οἱ μὲν δικασταὶ τὸ πρᾶγμ'
18 ἔγνωσαν, ἐγὼ δ' εἴ τις ἠδίκει με, ἐπὶ τοῦτον ᾖα. νῦν δ' εἷς
μὲν οὐδεὶς ὅλον τὸ πρᾶγμ' ἀνεδέξατο, οὐδὲ μεμαρτύρηκεν
ἁπλῶς, ὡς ἄν τις τἀληθῆ μαρτυρήσειεν, μέρος δ' ἕκαστος,
ὡς δὴ σοφὸς καὶ διὰ τοῦτ' οὐ δώσων δίκην, ὁ μὲν γραμμα-   5
τεῖον ἔχειν ἐφ' ᾧ γεγράφθαι 'διαθήκη Πασίωνος', ὁ δὲ
πεμφθεὶς ὑπὸ τούτου παρέχειν τοῦτο, εἰ δ' ἀληθὲς ἢ ψεῦδος,
[1107] οὐδὲν εἰδέναι. οἰδὶ δὲ τῇ προκλήσει χρησάμενοι παρα-
19 πετάσματι διαθήκας ἐμαρτύρησαν, ὡς ἂν μάλισθ' οἱ (μὲν)
δικασταὶ ταύτην τὴν διαθήκην ἐπίστευσαν τοῦ πατρὸς εἶναι, 10
ἐγὼ δ' ἀπεκλείσθην τοῦ λόγου τυχεῖν ὑπὲρ ὧν ἀδικοῦμαι,
οὗτοι δὲ φωραθεῖεν τὰ ψευδῆ μεμαρτυρηκότες. καίτοι τό γ'
ἐναντίον ᾤοντο τούτου. ἵνα δ' εἰδῆτε ταῦθ' ὅτι ἀληθῆ λέγω,
λαβὲ τὴν τοῦ Κηφισοφῶντος μαρτυρίαν.

ΜΑΡΤΥΡΙΑ.

15

Κηφισοφῶν Κεφαλίωνος Ἀφιδναῖος μαρτυρεῖ καταλειφθῆναι
αὑτῷ ὑπὸ τοῦ πατρὸς γραμματεῖον, ἐφ' ᾧ ἐπιγεγράφθαι 'διαθήκη
Πασίωνος'.

20 Οὐκοῦν ἦν ἁπλοῦν, ὦ ἄνδρες δικασταί, τὸν ταῦτα μαρτυ-
ροῦντα προσμαρτυρῆσαι 'εἶναι δὲ τὸ γραμματεῖον, ὃ αὐτὸς 20
παρέχει, τοῦτο', καὶ τὸ γραμματεῖον ἐμβαλεῖν. ἀλλὰ τοῦτο
μὲν οἶμαι τὸ ψεῦδος ἡγεῖτ' ὀργῆς ἄξιον, καὶ δίκην ἂν ὑμᾶς
παρ' αὐτοῦ λαβεῖν, γραμματεῖον δ' αὑτῷ καταλειφθῆναι
μαρτυρῆσαι φαῦλον καὶ οὐδέν. ἔστι δὲ τοῦτ' αὐτὸ τὸ δηλοῦν
21 καὶ κατηγοροῦν ὅτι πᾶν τὸ πρᾶγμα κατεσκευάκασιν. εἰ μὲν 25
γὰρ ἐπῆν ἐπὶ τῆς διαθήκης 'Πασίωνος καὶ Φορμίωνος', ἢ
'πρὸς Φορμίωνα', ἢ τοιοῦτό τι, εἰκότως ἂν αὐτὴν ἐτήρει
τούτῳ· εἰ δέ, ὥσπερ μεμαρτύρηκεν, ἐπῆν 'διαθήκη Πασίω-
νος', πῶς οὐκ ἂν ἀνηρήμην αὐτὴν ἐγώ, συνειδὼς μὲν ἐμαυτῷ

---

1 τὸ πρᾶγμα] τὰ δίκαια F γρ. Q γρ.   2 ᾖα S¹ Q D : εια S corr. F
8 οἰδὶ S : οἱ cett.   9 μὲν add. Blass coll. xlvi 9   13 ὅτι ταῦτ'
Blass ; sed cf. xix 176   14 λαβέ μοι τὴν F D   16 sqq. testim. om. S
Κεφαλίωνος Kirchner coll. C. I. A. iv 2. 1054 : Κεφάλωνος codd.

μέλλοντι δικάζεσθαι, συνειδὼς δ' ὑπεναντίαν οὖσαν, εἴπερ
ἦν τοιαύτη, τοῖς ἐμαυτῷ συμφέρουσιν, κληρονόμος δ' ὢν καὶ
ταύτης, εἴπερ ἦν τοὐμοῦ πατρός, καὶ τῶν ἄλλων ⟨τῶν⟩
πατρῴων ὁμοίως; οὐκοῦν τῷ παρέχεσθαι μὲν Φορμίωνι, 22
5 γεγράφθαι δὲ Πασίωνος, εἰᾶσθαι δ' ὑφ' ἡμῶν, ἐξελέγχεται
κατεσκευασμένη μὲν ἡ διαθήκη, ψευδὴς δ' ἡ τοῦ Κηφισο- [1108]
φῶντος μαρτυρία. ἀλλ' ἐῶ Κηφισοφῶντα· οὔτε γὰρ νῦν
μοι πρὸς ἐκεῖνόν ἐστιν οὔτ' ἐμαρτύρησεν ἐκεῖνος περὶ τῶν
ἐν ταῖς διαθήκαις ἐνόντων οὐδέν. καίτοι καὶ τοῦτο σκοπεῖτε, 23
10 ὅσον ἐστὶ τεκμήριον, ὦ ἄνδρες Ἀθηναῖοι, τοῦ τούτους τὰ
ψευδῆ μεμαρτυρηκέναι. εἰ γὰρ ὁ μὲν αὐτὸς ἔχειν τὸ γραμ-
ματεῖον μαρτυρῶν οὐκ ἐτόλμησεν ἀντίγραφ' εἶναι ἃ παρεί-
χετο Φορμίων τῶν παρ' αὑτῷ μαρτυρῆσαι, οὗτοι δ' οὔτ' ἐξ
ἀρχῆς ὡς παρῆσαν ἔχοιεν ἂν εἰπεῖν, οὔτ' ἀνοιχθὲν εἶδον
15 πρὸς τῷ διαιτητῇ τὸ γραμματεῖον, ἀλλὰ καὶ μεμαρτυρήκασιν
αὐτοὶ μὴ 'θέλειν ἔμ' ἀνοίγειν, ταῦθ' ὡς ἀντίγραφ' ἐστὶν
ἐκείνων μεμαρτυρηκότες τί ἄλλ' ἢ σφῶν αὐτῶν κατήγοροι
γεγόνασιν ὅτι ψεύδονται;

Ἔτι τοίνυν, ὦ ἄνδρες Ἀθηναῖοι, ὡς γέγραπταί τις ἂν 24
20 ἐξετάσας τὴν μαρτυρίαν γνοίη παντελῶς τοῦτο μεμηχανη-
μένους αὐτούς, ὅπως δικαίως καὶ ἀδίκως δόξει ταῦθ' ὁ πατὴρ
οὑμὸς διαθέσθαι. λαβὲ δ' αὐτὴν τὴν μαρτυρίαν, καὶ λέγ'
ἐπισχὼν οὗ ἄν σε κελεύω, ἵν' ἐξ αὐτῆς δεικνύω.

ΜΑΡΤΥΡΙΑ.

25 Μαρτυροῦσι παρεῖναι πρὸς τῷ διαιτητῇ Τεισίᾳ, ὅτε προὐκα-
λεῖτο Φορμίων Ἀπολλόδωρον, εἰ μή φησιν ἀντίγραφα εἶναι τῶν
διαθηκῶν τῶν Πασίωνος—

Ἐπίσχες. ἐνθυμεῖσθ' ὅτι 'τῶν διαθηκῶν' γέγραπται 25
'τῶν Πασίωνος'. καίτοι χρῆν τοὺς βουλομένους τἀληθῆ

---

1 δ' ὑπεναντίαν ο] in ras. S   3 τῶν add. Blass   17 τί ἄλλο
Q γρ. : τί ἄλλον S¹ : τίνων ἄλλων S corr. vulg.   21 δικαίως codd. :
καὶ δικαίως Blass coll. xliv 35, Andoc. i 135 recte fort. καὶ facile ex-
ciderit post s ; cf. tamen xvi 9 (S), Plat. Legg. 743 B, Ar. Eq. 800 al.
δόξῃ F D S corr.   23 ἂν om. Q γρ.   25 Τισίᾳ codd. hic et infra
26 εἰ μὴ S¹ : ἦ μὴν S corr. s. v. F Q D   28-29 ἐπίσχες . . . Πασίωνος
om. S

μαρτυρεῖν, εἰ τὰ μάλιστ' ἐγίγνεθ' ἡ πρόκλησις, ὡς οὐκ ἐγί-
γνετο, ἐκείνως μαρτυρεῖν. λέγε τὴν μαρτυρίαν ἀπ' ἀρχῆς
πάλιν.

ΜΑΡΤΥΡΙΑ.

Μαρτυροῦσι παρεῖναι πρὸς τῷ διαιτητῇ Τεισίᾳ— 5

Μαρτυροῦμεν· παρῆμεν γὰρ δή· λέγε.

ὅτε προὐκαλεῖτο Φορμίων Ἀπολλόδωρον—

Καὶ τοῦτο, εἴπερ προὐκαλεῖτο, ὀρθῶς ἂν ἐμαρτύρουν.

εἰ μή φησιν ἀντίγραφα εἶναι τῶν διαθηκῶν τῶν Πασίωνος—

26 Ἔχ' αὐτοῦ. οὐδ' ἂν εἷς ἔτι δήπου τοῦτ' ἐμαρτύρησεν, εἰ 10
μή τις καὶ παρῆν διατιθεμένῳ τῷ πατρὶ τῷ ἐμῷ· ἀλλ' εὐθὺς
ἂν εἶπε 'τί δ' ἡμεῖς ἴσμεν εἴ τινές εἰσι διαθῆκαι Πασίω-
νος;' καὶ γράφειν ἂν αὐτὸν ἠξίωσεν, ὥσπερ ἐν ἀρχῇ τῆς
προκλήσεως 'εἰ μή φημ' ἐγὼ ἀντίγραφα εἶναι τῶν διαθη-
κῶν', οὕτως 'ὧν φησι Φορμίων Πασίωνα καταλιπεῖν', οὐ 15
'τῶν Πασίωνος'. τοῦτο μὲν γὰρ ἦν εἶναι διαθήκας μαρτυ-
ρεῖν, ὅπερ ἦν τούτοις βούλημα, ἐκεῖνο δὲ φάσκειν Φορμίωνα·
πλεῖστον δὲ δήπου κεχώρισται τό τ' εἶναι καὶ τὸ τοῦτον
φάσκειν.

27 Ἵνα τοίνυν εἰδῆθ' ὑπὲρ ἡλίκων καὶ ὅσων ἦν τὸ κατα- 20
σκεύασμα τὸ τῆς διαθήκης, μίκρ' ἀκούσατέ μου. ἦν γάρ, ὦ
ἄνδρες Ἀθηναῖοι, τοῦτο πρῶτον μὲν ὑπὲρ τοῦ μὴ δοῦναι
δίκην ὧν διεφθάρκει, ἣν ἐμοὶ μὲν οὐ καλὸν λέγειν, ὑμεῖς δ'
ἴστε, κἂν ἐγὼ μὴ λέγω, ἔπειθ' ὑπὲρ τοῦ κατασχεῖν ὅσ' ἦν
τῷ ἡμετέρῳ πατρὶ χρήματα παρὰ τῇ μητρί, πρὸς δὲ τούτοις 25
ὑπὲρ τοῦ καὶ τῶν ἄλλων τῶν ἡμετέρων ἀπάντων κυρίῳ γε-
νέσθαι. ὅτι δ' οὕτω ταῦτ' ἔχει, τῆς διαθήκης αὐτῆς ἀκού-
σαντες γνώσεσθε· φανήσεται γὰρ οὐ πατρὸς ὡς ὑπὲρ υἱέων

1 πρὸσ́μαρτυρειν S   5 παρεῖναι] γὰρ εἶναι S   9 εἰ μὴ SQ:
ἦ μὴν F D   15 οὕτως ἂν Blass : οὕτως ὡς Q γρ. : ἂν cett.   Πα-
σίωνα om. S   21 τὸ τῆς S : τῆς cett.   26 κύριον Lambinus, sed cf.
xx 107   28 ὡς ὑπὲρ Wolf : ὥσπερ codd. : ὡς περὶ mg. edit. Paris.
ὑέων S

γράφοντος ἐοικυῖα διαθήκη, ἀλλὰ δούλου λελυμασμένου τὰ
τῶν δεσποτῶν, ὅπως μὴ δώσει δίκην σκοποῦντος. λέγε δ' 28
αὐτοῖς τὴν διαθήκην αὐτήν, ἣν οὗτοι μετὰ τῆς προκλήσεως [1110]
μεμαρτυρήκασιν· ὑμεῖς δ' ἐνθυμεῖσθ' ἃ λέγω.

5 ΔΙΑΘΗΚΗ.

Τάδε διέθετο Πασίων Ἀχαρνεύς· δίδωμι τὴν ἐμαυτοῦ γυναῖκα
Ἀρχίππην Φορμίωνι, καὶ προῖκα ἐπιδίδωμι Ἀρχίππῃ τάλαντον
μὲν τὸ ἐκ Πεπαρήθου, τάλαντον δὲ τὸ αὐτόθεν, συνοικίαν ἑκατὸν
μνῶν, θεραπαίνας καὶ τὰ χρυσία, καὶ τἄλλα ὅσα ἐστὶν αὐτῇ
10 ἔνδον, ἅπαντα ταῦτα Ἀρχίππῃ δίδωμι.

Ἠκούσατ', ὦ ἄνδρες Ἀθηναῖοι, τὸ πλῆθος τῆς προικός,
τάλαντον ἐκ Πεπαρήθου, τάλαντον αὐτόθεν, συνοικίαν ἑκατὸν
μνῶν, θεραπαίνας καὶ χρυσία, καὶ τἄλλα, φησίν, ὅσ' ἔστιν
αὐτῇ δίδωμι, τούτῳ τῷ γράμματι καὶ τοῦ ζητῆσαί τι τῶν
15 καταλειφθέντων ἀποκλείων ἡμᾶς.

Φέρε δὴ δείξω τὴν μίσθωσιν ὑμῖν, καθ' ἣν ἐμεμίσθωτο 29
τὴν τράπεζαν παρὰ τοῦ πατρὸς οὗτος. καὶ γὰρ ἐκ ταύτης
καίπερ ἐσκευωρημένης ὄψεσθ' ὅτι πλάσμ' ὅλον ἐστὶν ἡ δια-
θήκη. δείξω δ' ἣν οὗτος παρέσχετο μίσθωσιν, οὐκ ἄλλην
20 τινά, ἐν ᾗ προσγέγραπται ἕνδεκα τάλανθ' ὁ πατὴρ ὀφείλων
εἰς τὰς παρακαταθήκας τούτῳ. ἔστι δ' οἶμαι ταῦτα τοιαῦτα.
τῶν μὲν οἴκοι χρημάτων ὡς ἐπὶ τῇ μητρὶ δοθέντων διὰ τῆς 30
διαθήκης αὐτὸν ἐποίησε κύριον, ὥσπερ ἀκηκόατ' ἄρτι, τῶν δ'
ἐπὶ τῆς τραπέζης ὄντων, ἃ πάντες ᾔδεσαν καὶ λαθεῖν οὐκ ἦν,
25 διὰ τοῦ προσοφείλοντ' ἀποφῆναι τὸν πατέρ' ἡμῶν, ἵνα, ὅσ'
ἐξελέγχοιτ' ἔχων, κεκομίσθαι φαίη. ὑμεῖς δ' ἴσως αὐτὸν
ὑπειλήφατε, ὅτι σολοικίζει τῇ φωνῇ, βάρβαρον καὶ εὐκατα-
φρόνητον εἶναι. ἔστι δὲ βάρβαρος οὗτος τῷ μισεῖν οὓς αὐτῷ [1111]
προσῆκε τιμᾶν· τῷ δὲ κακουργῆσαι καὶ διορύξαι πράγματ'

1 διαθήκη secl. Blass   3 μετὰ Reiske : διὰ Dobree coll. § 31 :
πρὸ codd.   προκλήσεως S : κλήσεως vulg.   6 sqq. testamentum om. S
8 τὸ ... τὸ] τῶν ... τῶν Dobree   9 τὰ χρυσία F D : χρυσία Q
19 δ' ἣν δ' S   24 ἐπὶ τῇ τραπέζῃ scripserim cf. xxvii 11, xlvii 57,
xlviii 12, Isocr. xvii 44.   26 κεκομεισθαι S¹   29 προσήκει Q

31 οὐδενὸς λείπεται. λαβὲ δὴ τὴν μίσθωσιν καὶ λέγε, ἣν τὸν
αὐτὸν τρόπον διὰ προκλήσεως ἐνεβάλοντο.

ΜΙΣΘΩΣΙΣ ΤΡΑΠΕΖΗΣ.

Κατὰ τάδε ἐμίσθωσε Πασίων τὴν τράπεζαν Φορμίωνι· μίσθω-
σιν φέρειν Φορμίωνα τῆς τραπέζης τοῖς παισὶ τοῖς Πασίωνος δύο 5
τάλαντα καὶ τετταράκοντα μνᾶς τοῦ ἐνιαυτοῦ ἑκάστου, χωρὶς τῆς
καθ᾽ ἡμέραν διοικήσεως· μὴ ἐξεῖναι δὲ τραπεζιτεῦσαι χωρὶς Φορμίω-
νι, ἐὰν μὴ πείσῃ τοὺς παῖδας τοὺς Πασίωνος. ὀφείλει δὲ Πασίων
ἐπὶ τὴν τράπεζαν ἕνδεκα τάλαντα εἰς τὰς παρακαταθήκας.

32 Ἃς μὲν τοίνυν παρέσχετο συνθήκας ὡς κατὰ ταύτας 10
μισθωσάμενος τὴν τράπεζαν, αὗταί εἰσιν, ὦ ἄνδρες δικασταί.
ἀκούετε δ᾽ ἐν ταύταις ἀναγιγνωσκομέναις μίσθωσιν μὲν
φέρειν τοῦτον, ἄνευ τῆς καθ᾽ ἡμέραν διοικήσεως, δύο τά-
λαντα καὶ τετταράκοντα μνᾶς τοῦ ἐνιαυτοῦ ἑκάστου, μὴ
ἐξεῖναι δὲ τραπεζιτεύειν αὐτῷ, ἐὰν μὴ ἡμᾶς πείσῃ. προσγέ- 15
γραπται δὲ τελευταῖον 'ὀφείλει δὲ Πασίων ἕνδεκα τάλαντα
33 εἰς τὰς παρακαταθήκας'. ἔστιν οὖν ὅστις ἂν τοῦ ξύλου καὶ
τοῦ χωρίου καὶ τῶν γραμματείων τοσαύτην ὑπέμεινε φέρειν
μίσθωσιν; ἔστι δ᾽ ὅστις ἄν, δι᾽ ὃν ὠφειλήκει τοσαῦτα χρή-
μαθ᾽ ἡ τράπεζα, τούτῳ τὰ λοίπ᾽ ἐπέτρεψεν; εἰ γὰρ ἐνεδέησεν 20
τοσούτων χρημάτων, τούτου διοικοῦντος ἐνεδέησεν. ἴστε γὰρ
πάντες, καὶ ὅτ᾽ ἦν ὁ πατὴρ ἐπὶ τοῦ τραπεζιτεύειν, τοῦτον
καθήμενον καὶ διοικοῦντ᾽ ἐπὶ τῇ τραπέζῃ, ὥστ᾽ ἐν τῷ μυλῶνι
[IIII2] προσῆκεν αὐτὸν εἶναι μᾶλλον ἢ τῶν λοιπῶν κύριον γενέσθαι.
ἀλλ᾽ ἐῶ ταῦτα καὶ τἄλλ᾽ ὅσ᾽ ἂν περὶ τῶν ἕνδεκα ταλάντων 25
ἔχοιμ᾽ εἰπεῖν, ὡς οὐκ ὤφειλεν ὁ πατήρ, ἀλλ᾽ οὗτος ὑφῄρηται.
34 ἀλλ᾽ οὗ ἀνέγνων εἵνεκα, τοῦ τὴν διαθήκην ψευδῆ δεῖξαι,
τοῦθ᾽ ὑμᾶς ἀναμνήσω. γέγραπται γὰρ αὐτόθι, 'μὴ ἐξεῖναι
δὲ τραπεζιτεύειν Φορμίωνι, ἐὰν μὴ ἡμᾶς πείσῃ'. τοῦτο τοί-
νυν τὸ γράμμα παντελῶς δηλοῖ ψευδῆ τὴν διαθήκην οὖσαν. 30

---

1 δὴ] δή μοι F D   3 sqq. ΤΡΑΠΕΖΗΣ et locationis formulam om. S
18 τῶν γραμματείων S F¹: τοῦ γραμματείου F corr. vulg.   23 καὶ
διοικοῦντα secl. Herwerden   24 μᾶλλον εἶναι D   27 εἵνεκα S in
ras. : ἕνεκα vulg.   29 δὲ S D : om. F Q   30 δήλοῖ παντελῶς S

τίς γὰρ ⟨ἂν⟩ ἀνθρώπων, ἃ μὲν ἔμελλεν τραπεζιτεύων οὗτος
ἐργάζεσθαι, ταῦθ' ὅπως ἡμῖν τοῖς αὑτοῦ παισίν, ἀλλὰ μὴ
τούτῳ γενήσεται προὐνοήθη, καὶ διὰ τοῦτο μὴ ἐξεῖναι τούτῳ
τραπεζιτεύειν ἔγραψεν, ἵνα μὴ ἀφιστῆται ἀφ' ἡμῶν· ἃ δ'
5 αὐτὸς εἰργασμένος ἔνδον κατέλειπε, ταῦθ' ὅπως οὗτος λήψε-
ται παρεσκεύασε; καὶ τῆς μὲν ἐργασίας ἐφθόνησεν, ἧς οὐδὲν 35
αἰσχρὸν ἦν μεταδοῦναι· τὴν δὲ γυναῖκ' ἔδωκεν, οὗ μεῖζον
οὐδὲν ἂν κατέλιπεν ὄνειδος, τυχών γε τῆς παρ' ὑμῶν δωρεᾶς,
εἶθ' ὥσπερ ἂν δοῦλος δεσπότῃ διδούς, ἀλλ' οὐ τοὐναντίον,
10 εἴπερ ἐδίδου, δεσπότης οἰκέτῃ, προστιθεὶς προῖκα ὅσην οὐ-
δεὶς τῶν ἐν τῇ πόλει φαίνεται; καίτοι τούτῳ μὲν αὐτὸ τοῦτ' 36
ἀγαπητὸν ἦν, τὸ τῆς δεσποίνης ἀξιωθῆναι· τῷ πατρὶ δ' οὐδὲ
λαμβάνοντι τοσαῦτα χρήματα, ὅσα φασὶ διδόνθ' οὗτοι,
εὔλογον ἦν πρᾶξαι ταῦτα. ἀλλ' ὅμως ἃ τοῖς εἰκόσι, τοῖς
15 χρόνοις, τοῖς πεπραγμένοις ἐξελέγχεται ψευδῆ, ταῦτα μαρ-
τυρεῖν οὐκ ὤκνησεν οὑτοσὶ Στέφανος.

Εἶτα λέγει περιιών, ὡς ἐμαρτύρησε μὲν Νικοκλῆς ἐπι- 37
τροπεῦσαι κατὰ τὴν διαθήκην, ἐμαρτύρησε δὲ Πασικλῆς
ἐπιτροπευθῆναι κατὰ τὴν διαθήκην. ἐγὼ δ' αὐτὰ ταῦτ' οἶμαι
20 τεκμήρι' εἶναι τοῦ μήτ' ἐκείνους τἀληθῆ μήτε τούσδε μεμαρ-
τυρηκέναι. ὁ γὰρ ἐπιτροπεῦσαι κατὰ διαθήκας μαρτυρῶν [1113]
δῆλον ὅτι καθ' ὁποίας ἂν εἰδείη, καὶ ὁ ἐπιτροπευθῆναι κατὰ
διαθήκας μαρτυρῶν δῆλον ὅτι καθ' ὁποίας ἂν εἰδείη. τί οὖν 38
μαθόντες ἐμαρτυρεῖθ' ὑμεῖς ἐν προκλήσει διαθήκας, ἀλλ' οὐκ
25 ἐκείνους εἴατε; εἰ γὰρ αὖ μὴ φήσουσιν εἰδέναι τὰ γεγραμμέν'
ἐν αὐταῖς, πῶς ὑμᾶς οἷόν τ' εἰδέναι τοὺς μηδαμῇ μηδαμῶς
τοῦ πράγματος ἐγγύς; τί ποτ' οὖν οἱ μὲν ἐκεῖνα, οἱ δὲ ταῦτ'
ἐμαρτύρησαν; ὅπερ εἴρηκα καὶ πρότερον, διείλοντο τἀδική-
ματα, καὶ ἐπιτροπεῦσαι μὲν κατὰ διαθήκην οὐδὲν δεινὸν

---

1 ἂν add. Schaefer   2 ἐργάζεσθαι om. S   5 κατέλειπε S¹:
κατέλιπε S corr. vulg.   8 κατέλιπεν S corr. vulg. : κατέλειπεν S¹
8–11 interrogationis signum post ὄνειδος editores, post φαίνεται collocat
Moss   12 τὸ om. F   13 λαμβάνοντα S   διδοντα· οὗτοι S
22–23 καὶ . . . εἰδείη om. S   24 παθόντες Wolf

79

ἡγεῖτο μαρτυρεῖν ὁ μαρτυρῶν, οὐδ' ἐπιτροπευθῆναι κατὰ
39 διαθήκην, ἀφαιρῶν ἑκάτερος τὸ μαρτυρεῖν τὰ ἐν ταῖς διαθή-
καις ὑπὸ τούτου γεγραμμένα, οὐδὲ καταλιπεῖν τὸν πατέρ'
αὑτῷ ἐπιγεγραμμένον γραμματεῖον διαθήκην, οὐδὲ τὰ τοι-
αῦτα· διαθήκας δὲ μαρτυρεῖν, ἐν αἷς χρημάτων τοσούτων 5
κλοπή, γυναικὸς διαφθορά, γάμοι δεσποίνης, πράγματ'
αἰσχύνην καὶ ὕβριν τοσαύτην ἔχοντα, οὐδεὶς ἤθελε πλὴν
οὗτοι, πρόκλησιν κατασκευάσαντες, παρ' ὧν δίκαιον τῆς
ὅλης τέχνης καὶ κακουργίας δίκην λαβεῖν.

40 Ἵνα τοίνυν, ὦ ἄνδρες Ἀθηναῖοι, μὴ μόνον ἐξ ὧν ἐγὼ 10
κατηγορῶ καὶ ἐλέγχω, δῆλος ὑμῖν γένηται τὰ ψευδῆ μεμαρ-
τυρηκὼς οὑτοσὶ Στέφανος, ἀλλὰ καὶ ἐξ ὧν πεποίηκεν ὁ
παρασχόμενος αὐτόν, τὰ πεπραγμέν' ἐκείνῳ βούλομαι πρὸς
ὑμᾶς εἰπεῖν. ὅπερ δ' εἶπον ἀρχόμενος τοῦ λόγου, δείξω
κατηγόρους γιγνομένους αὐτοὺς ἑαυτῶν. τὴν γὰρ δίκην, ἐν 15
ᾗ ταῦτ' ἐμαρτυρήθη, παρεγράψατο Φορμίων πρὸς ἐμὲ μὴ
[1114] εἰσαγώγιμον εἶναι, ὡς ἀφέντος ἐμοῦ τῶν ἐγκλημάτων αὐτόν.
41 τοῦτο τοίνυν ἐγὼ μὲν οἶδα ψεῦδος ὄν, καὶ ἐλέγξω δέ, ὅταν
εἰσίω πρὸς τοὺς ταῦτα μεμαρτυρηκότας· τούτῳ δ' οὐχ οἷόν
τε τοῦτ' εἰπεῖν. εἰ τοίνυν ἀληθῆ πιστεύσαιτ' εἶναι τὴν 20
ἄφεσιν, οὕτω καὶ μάλιστ' ἂν οὗτος φανείη ψευδῆ μεμαρ-
τυρηκὼς καὶ κατεσκευασμένης διαθήκης μάρτυς γεγονώς.
τίς γὰρ οὕτως ἄφρων ὥστ' ἄφεσιν μὲν ἐναντίον μαρτύρων
ποιήσασθαι τοῦ βεβαίαν αὐτῷ τὴν ἀπαλλαγὴν εἶναι, τὰς δὲ
συνθήκας καὶ τὰς διαθήκας καὶ τἆλλα, ὑπὲρ ὧν ἐποιεῖτο τὴν 25
42 ἄφεσιν, σεσημασμέν' ἐᾶσαι καθ' αὑτοῦ κεῖσθαι; οὐκοῦν ἐναν-
τία μὲν ἡ παραγραφὴ πᾶσι τοῖς μεμαρτυρημένοις, ἐναντία
δ' ἣν ἀνέγνων ὑμῖν ἄρτι μίσθωσιν, τῇδε τῇ διαθήκῃ· οὐδὲν
δὲ τῶν πεπραγμένων οὔτ' εὔλογον οὔθ' ἁπλοῦν οὔθ' ὁμολο-
γούμενον αὐτὸ ἑαυτῷ φαίνεται. ἐκ δὲ τούτου τοῦ τρόπου 30
πάντα πεπλασμένα καὶ κατεσκευασμέν' ἐλέγχεται.

---

2 ἑκάτερος τὸ Wolf : ἑκάτερος τῷ vulg. : ἑκατέροις τῷ F   7 τοσαύ-
την post αἰσχύνην collocat D   16 πρός με Blass   18 δέ servat
S solus   20 πιστεύσαιτ' S : πιστεύσετ' cett.   28 μίσθωσιν F,
cf. xlvii 28 : μίσθωσις S Q D sed articulum nominativus postulat

Ὡς μὲν τοίνυν ἐστὶν ἀληθῆ τὰ μεμαρτυρημένα, οὔτ᾽ 43
αὐτὸν τοῦτον οὔτ᾽ ἄλλον ὑπὲρ τούτου δεῖξαι δυνήσεσθαι
νομίζω. ἀκούω δ᾽ αὐτὸν τοιοῦτόν τι παρεσκευάσθαι λέγειν,
ὡς προκλήσεώς ἐστιν ὑπεύθυνος, οὐχὶ μαρτυρίας, καὶ δυοῖν
5 αὐτῷ προσήκει δοῦναι λόγον, οὐ πάντων τῶν γεγραμμένων,
εἴ τε προὐκαλεῖτό με ταῦτα Φορμίων ἢ μή, καὶ εἰ μὴ ἐδε-
χόμην ἐγώ· ταῦτα μὲν γὰρ ἁπλῶς αὐτὸς μεμαρτυρηκέναι
φήσει, τὰ δ᾽ ἄλλ᾽ ἐκεῖνον προκαλεῖσθαι, εἰ δ᾽ ἐστὶν ἢ μὴ
ταῦτα, οὐδὲν προσήκειν αὐτῷ σκοπεῖν. πρὸς δὴ τὸν λόγον 44
10 τοῦτον καὶ τὴν ἀναίδειαν βέλτιόν ἐστι μικρὰ προειπεῖν ὑμῖν,
ἵνα μὴ λάθητ᾽ ἐξαπατηθέντες. πρῶτον μέν, ὅταν ἐγχειρῇ [1115]
λέγειν τοῦτο, ὡς ἄρ᾽ οὐ πάντων ὑπεύθυνός ἐστιν, ἐνθυμεῖσθ᾽
ὅτι διὰ ταῦθ᾽ ὁ νόμος μαρτυρεῖν ἐν γραμματείῳ κελεύει, ἵνα
μήτ᾽ ἀφελεῖν ἐξῇ μήτε προσθεῖναι τοῖς γεγραμμένοις μηδέν.
15 τότ᾽ οὖν αὐτὸν ἔδει ταῦτ᾽ ἀπαλείφειν κελεύειν ἃ νῦν οὐ
φήσει μεμαρτυρηκέναι, οὐ νῦν ἐνόντων ἀναισχυντεῖν. ἔπειτα 45
καὶ τόδε σκοπεῖτε, εἰ ἐάσαιτ᾽ ἂν ἐναντίον ὑμῶν ἐμὲ προσ-
γράψαι τι λαβόντα τὸ γραμματεῖον. οὐ δήπου. οὔκουν
οὐδὲ τοῦτον ἀφαιρεῖν τῶν γεγραμμένων ἐᾶν προσήκει. τίς
20 γὰρ ἁλώσεταί ποτε ψευδομαρτυρίων, εἰ μαρτυρήσει θ᾽ ἃ
βούλεται, καὶ λόγον ὧν βούλεται δώσει; ἀλλ᾽ οὐχ οὕτω
ταῦτ᾽ οὔθ᾽ ὁ νόμος διεῖλεν οὔθ᾽ ὑμῖν ἀκούειν προσήκει· ἀλλ᾽
ἐκεῖν᾽ ἁπλοῦν καὶ δίκαιον. τί γέγραπται; τί μεμαρτύρηκας;
ταῦθ᾽ ὡς ἀληθῆ δείκνυε. καὶ γὰρ ἀντιγέγραψαι ταῦτα
25 ῾ἀληθῆ μεμαρτύρηκα, μαρτυρήσας τὰ ἐν τῷ γραμματείῳ
γεγραμμένα᾽, οὐ τὸ καὶ τὸ τῶν ἐν τῷ γραμματείῳ. ὅτι δ᾽ 46
οὕτω ταῦτ᾽ ἔχει, λαβὲ τὴν ἀντιγραφὴν αὐτήν μοι. λέγε.

---

7 αὐτὸς Wolf: αὐτὸ vulg.: αὐτῷ D   9 προσήκειν αυτω S (αυτον
fort. S¹): αὐτῷ προσήκει F Q D   10 βέλτιον S: βέλτιστον F Q D
16 φήσει S¹: φησι S corr. vulg.   17 ἐάσαιτ᾽] ε om. S¹   20 ποτε
Blass: πώποτε codd.

ΑΝΤΙΓΡΑΦΗ.

Ἀπολλόδωρος Πασίωνος Ἀχαρνεὺς Στεφάνῳ Μενεκλέους Ἀχαρνεῖ ψευδομαρτυρίων, τίμημα τάλαντον. τὰ ψευδῆ μου κατεμαρτύρησε Στέφανος μαρτυρήσας τὰ ἐν τῷ γραμματείῳ γεγραμμένα.

(Στέφανος Μενεκλέους Ἀχαρνεὺς) τἀληθῆ ἐμαρτύρησα μαρτυρήσας τὰ ἐν τῷ γραμματείῳ γεγραμμένα. 5

[1116] Ταῦθ' οὗτος ἀντεγράψατο, ἃ χρὴ μνημονεύειν ὑμᾶς, καὶ μὴ τοὺς ἐπ' ἐξαπάτῃ νῦν λόγους ὑπὸ τούτου ῥηθησομένους 10 πιστοτέρους ποιεῖσθαι τῶν νόμων καὶ τῶν ὑπὸ τούτου γραφέντων εἰς τὴν ἀντιγραφήν.

47 Πυνθάνομαι τοίνυν αὐτοὺς καὶ περὶ ὧν ἔλαχον τὴν ἐξ ἀρχῆς δίκην, ἐρεῖν καὶ κατηγορήσειν, ὡς συκοφαντήματ' ἦν. ἐγὼ δ' ὃν μὲν τρόπον ἐσκευωρήσατο τὴν μίσθωσιν, ὅπως 15 τὴν ἀφορμὴν τῆς τραπέζης κατάσχοι, εἶπον καὶ διεξῆλθον ὑμῖν, ὑπὲρ δὲ τῶν ἄλλων οὐκ ἂν οἷός τ' εἴην λέγειν ἅμα καὶ τούτους ἐλέγχειν περὶ τῆς μαρτυρίας· οὐ γὰρ ἱκανόν μοι τὸ 48 ὕδωρ ἐστίν. ὅτι δ' οὐδ' ὑμεῖς ἐθέλοιτ' ἂν εἰκότως ἀκούειν περὶ τούτων αὐτῶν, ἐκεῖθεν εἴσεσθε, ἂν λογίσησθε πρὸς 20 ὑμᾶς αὐτούς, ὅτι οὔτε νῦν ἐστιν χαλεπὸν περὶ ὧν μὴ κατηγόρηται λέγειν, οὔτε (τότε) ψευδεῖς ἀναγνόντα μαρτυρίας ἀποφεύγειν. ἀλλ' οὐδέτερόν γε δίκαιον τούτων οὐδ' ἂν εἷς φήσειεν εἶναι, ἀλλ' ὃ ἐγὼ προκαλοῦμαι νῦν. σκοπεῖτε δ' 49 ἀκούσαντες. ἐγὼ γὰρ ἀξιῶ, οὓς μὲν ἀφείλοντό μ' ἐλέγχους 25 περὶ τῶν ἐγκλημάτων, οὓς προσῆκον ἦν ῥηθῆναι, μὴ ζητεῖν αὐτοὺς νῦν, αἷς δ' ἀφείλοντο μαρτυρίαις, ὡς εἰσὶν ἀληθεῖς, δεικνύναι. εἰ δ' ὅταν μὲν τὴν δίκην εἰσίω, τὰς μαρτυρίας

2-8 formulam om. S   2 (Στέφανος Μενεκλέους Ἀχαρνεὺς) add. Reiske   3 Στεφάνῳ Μενεκλέους Wolf : Στέφανος Μενεκλεὺς codd. 7 μαρτυρήσας (post Στέφανος) codd. : γράψας Pollux viii 58 γεγραμμένα mox omisso   in codd. haec omnia continuo scripta, columnatim digessit Reiskius   9 οὗτος S : οὗτος αὐτὸς cett.   10 τοὺς ἐπ' om. S[1], add. in mg. ead. m. : ἐπ' om. cett.   τούτου in ras. S, ὑπὸ τούτου secl. Blass   14 συκοφαντήματα SQ : συκοφάντημα vulg. 16 κατάσχοι SD : κατασχῇ FQ   22 τότε add. Dobree

μ' ἐλέγχειν ἀξιώσουσιν, ὅταν δὲ ταύταις ἐπεξίω, περὶ τῶν
ἐξ ἀρχῆς ἐγκλημάτων λέγειν με κελεύσουσιν, οὔτε δίκαι'
οὔθ' ὑμῖν συμφέροντ' ἐροῦσιν. δικάσειν γὰρ ὀμωμόκαθ' 50
ὑμεῖς οὐ περὶ ὧν ἂν ὁ φεύγων ἀξιοῖ, ἀλλ' ὑπὲρ αὐτῶν ὧν
5 ἂν ἡ δίωξις ᾖ. ταύτην δ' ἀνάγκη τῇ τοῦ διώκοντος λήξει
δηλοῦσθαι, ἣν ἐγὼ τούτῳ ψευδομαρτυρίων εἴληχα. μὴ δὴ
τοῦτ' ἀφεὶς περὶ ὧν οὐκ ἀγωνίζεται λεγέτω· μηδ' ὑμεῖς ἐᾶτε, [1117]
ἂν ἄρ' οὗτος ἀναισχυντῇ.

Οἶμαι τοίνυν αὐτὸν οὐδὲν οὐδαμῇ δίκαιον ἔχοντα λέγειν 51
10 ἥξειν καὶ ἐπὶ τοῦτο, ὡς ἄτοπον ποιῶ, παραγραφὴν ἡττημένος,
τοὺς διαθήκην μαρτυρήσαντας διώκων, καὶ τοὺς δικαστὰς
τοὺς τότε φήσειν διὰ τοὺς ἀφεῖναι μεμαρτυρηκότας ἀπο-
ψηφίσασθαι μᾶλλον ἢ διὰ τοὺς διαθήκην μαρτυρήσαντας.
ἐγὼ δ', ὦ ἄνδρες Ἀθηναῖοι, νομίζω πάντας ὑμᾶς εἰδέναι,
15 ὅτι οὐχ ἧττον τὰ πεπραγμέν' εἰώθατε σκοπεῖν ἢ τὰς ὑπὲρ
τούτων παραγραφάς· περὶ δὴ τῶν πραγμάτων αὐτῶν τὰ
ψευδῆ καταμαρτυρήσαντες οὗτοί μου, ἀσθενεῖς τοὺς περὶ τῆς
παραγραφῆς ἐποίησαν λόγους. χωρὶς δὲ τούτων ἄτοπον, 52
πάντων τὰ ψευδῆ μαρτυρησάντων, τίς μάλιστ' ἔβλαψεν
20 ἀποφαίνειν, ἀλλ' οὐχ ὡς αὐτὸς ἕκαστος ἀληθῆ μεμαρτύρηκε
δεικνύναι. οὐ γάρ, ἂν ἕτερον δείξῃ δεινότερ' εἰργασμένον,
ἀποφεύγειν αὐτῷ προσήκει, ἀλλ' ἂν αὐτὸς ὡς ἀληθῆ μεμαρ-
τύρηκεν ἀποφήνῃ.

Ἐφ' ᾧ τοίνυν, ὦ ἄνδρες Ἀθηναῖοι, μάλιστ' ἀπολωλέναι 53
25 δίκαιός ἐστιν οὑτοσὶ Στέφανος, τοῦτ' ἀκούσατέ μου. δεινὸν
μὲν γάρ ἐστιν εἰ καὶ καθ' ὅτου τις οὖν τὰ ψευδῆ μαρτυρεῖ,
πολλῷ δὲ δεινότερον καὶ πλείονος ὀργῆς ἄξιον εἰ κατὰ τῶν
συγγενῶν· οὐ γὰρ τοὺς γεγραμμένους νόμους ὁ τοιοῦτος
ἄνθρωπος μόνον, ἀλλὰ καὶ τὰ τῆς φύσεως οἰκεῖ' ἀναιρεῖ.
30 τοῦτο τοίνυν ἐπιδειχθήσεται πεποιηκὼς οὗτος. ἔστι γὰρ ἡ 54

3 ὑμῖν] ἡμῖν S¹   7 post ἀφεὶς add. ψευδομαρτυριων S sed punctis
notatum   10 ἡττημένους S¹   12 φήσειν Reiske: φήσει codd.
29 μόνον codd. (μόνος fort. S¹) : μόνους Herwerden   νόμους post
μόνον ponit D   οἰκεῖα] δίκαια Cobet, Richards. at cf. Lyc. § 131
30 οὗτος S: οὑτοσί cett.

τούτου μήτηρ καὶ ὁ τῆς ἐμῆς γυναικὸς πατὴρ ἀδελφοί, ὥστε
τὴν μὲν γυναῖκα τὴν ἐμὴν ἀνεψιὰν εἶναι τούτῳ, τοὺς δὲ
[1118] παῖδας τοὺς ἐκείνης καὶ τοὺς ἐμοὺς ἀνεψιαδοῦς. ἆρ' οὖν
δοκεῖ ποτ' ἂν ὑμῖν οὗτος, εἴ τι δι' ἔνδειαν εἶδε ποιούσας ὧν
οὐ χρὴ τὰς αὐτοῦ συγγενεῖς, ὅπερ ἤδη πολλοὶ πεποιήκασι, 5
παρ' αὐτοῦ προῖκ' ἐπιδοὺς ἐκδοῦναι, ὃς ὑπὲρ τοῦ μηδ' ἃ
προσήκει κομίσασθαι ταύτας τὰ ψευδῆ μαρτυρεῖν ἠθέλησεν,
καὶ περὶ πλείονος ἐποιήσατο τὸν Φορμίωνος πλοῦτον ἢ τὰ
τῆς συγγενείας ἀναγκαῖα; ἀλλὰ μὴν ὅτι ταῦτ' ἀληθῆ λέγω,
55 λαβὲ τὴν μαρτυρίαν τὴν Δεινίου καὶ ἀναγίγνωσκε, καὶ κάλει 10
Δεινίαν.

ΜΑΡΤΥΡΙΑ.

Δεινίας Θεομνήστου Ἀθμονεὺς μαρτυρεῖ τὴν θυγατέρα ⟨τὴν⟩
αὑτοῦ ἐκδοῦναι Ἀπολλοδώρῳ κατὰ τοὺς νόμους γυναῖκα ἔχειν, καὶ
μηδεπώποτε παραγενέσθαι μηδὲ αἰσθέσθαι ὅτι Ἀπολλόδωρος 15
ἀφῆκε τῶν ἐγκλημάτων ἁπάντων Φορμίωνα.

56 Ὅμοιός γ' ὁ Δεινίας, ὦ ἄνδρες δικασταί, τούτῳ, ὃς ὑπὲρ
τῆς θυγατρὸς καὶ τῶν θυγατριδῶν καὶ ἐμοῦ τοῦ κηδεστοῦ
διὰ τὴν συγγένειαν οὐδὲ τἀληθῆ μαρτυρεῖν ἐθέλει κατὰ τού-
του. ἀλλ' οὐχ οὑτοσὶ Στέφανος, οὐκ ὤκνησε καθ' ἡμῶν τὰ 20
ψευδῆ μαρτυρεῖν, οὐδ', εἰ μηδένα τῶν ἄλλων, τὴν αὑτοῦ
μητέρα ᾐσχύνθη τοῖς ἀπ' ἐκείνης οἰκείοις τῆς ἐσχάτης
ἐνδείας αἴτιος γενόμενος.

57 Ὃ τοίνυν ἔπαθον δεινότατον καὶ ἐφ' ᾧ μάλιστ' ἐξεπλάγην
ὅτ' ἠγωνιζόμην, ὦ ἄνδρες δικασταί, τοῦθ' ὑμῖν εἰπεῖν βού- 25
λομαι· τήν τε γὰρ τούτου πονηρίαν ἔτι μᾶλλον ὑμεῖς ὄψεσθε,
καὶ ἐγὼ τῶν γεγενημένων ἀποδυράμενος τὰ πλεῖστα πρὸς
ὑμᾶς ὡσπερεὶ ῥᾴων ἔσομαι. τὴν γὰρ μαρτυρίαν ἣν ᾤμην
[1119] εἶναι καὶ δι' ἧς ἦν ὁ πλεῖστος ἔλεγχός μοι, ταύτην οὐχ
58 ηὗρον ἐνοῦσαν ἐν τῷ ἐχίνῳ. τότε μὲν δὴ τῷ κακῷ πληγεὶς 30

3 ἐκείνης S¹ Q : ἐκείνου S corr. vulg.   τοὺς ἐμοὺς] cf. xliii 26,
xlviii 38, 40   10 λαβὲ S : λαβέ μοι vulg.   13–16 testim. om.
S   13 Θεομνήστου Q D : Θεομνήτου F   τὴν add. Blass   28 ὡσπερεὶ]
ὥσπερ F   ῥᾴων S corr. Q D : ῥᾷον S¹ F   29 εἶναι codd. : ἐνεῖναι
Herwerden

οὐδὲν ἀλλ᾽ εἶχον ποιῆσαι πλὴν ὑπολαμβάνειν τὴν ἀρχὴν
ἠδικηκέναι με καὶ τὸν ἐχῖνον κεκινηκέναι. νῦν δ᾽ ἀφ᾽ ὧν
ὕστερον πέπυσμαι, πρὸς αὐτῷ τῷ διαιτητῇ Στέφανον τουτονὶ
αὐτὴν ὑφῃρημένον εὑρίσκω, πρὸς μαρτυρίαν τιν᾽ ἵν᾽ ἐξορκώ-
5 σαιμι, ἀναστάντος ἐμοῦ. καὶ ὅτι ταῦτ᾽ ἀληθῆ λέγω, πρῶτον
μὲν ὑμῖν μαρτυρήσουσιν τῶν τούτοις παρόντων οἱ ἰδόντες.
οὐ γὰρ ἐξομνύναι ᾽θελήσειν αὐτοὺς οἴομαι. ἐὰν δ᾽ ἄρα τοῦτο 59
ποιήσωσιν ὑπ᾽ ἀναιδείας, πρόκλησιν ὑμῖν ἀναγνώσεται, ἐξ
ἧς τούτους τ᾽ ἐπιορκοῦντας ἐπ᾽ αὐτοφώρῳ λήψεσθε, καὶ τοῦ-
10 τον ὁμοίως ὑφῃρημένον τὴν μαρτυρίαν εἴσεσθε. καίτοι ὅστις,
ὦ ἄνδρες Ἀθηναῖοι, κακῶν ἀλλοτρίων κλέπτης ὑπέμεινεν
ὀνομασθῆναι, τί ἂν ἡγεῖσθε ποιῆσαι τοῦτον ὑπὲρ αὐτοῦ;
λέγε τὴν μαρτυρίαν [εἶτα τὴν πρόκλησιν ταύτην]. 60

MΑΡΤΥΡΙΑ.

15 Μαρτυροῦσι φίλοι εἶναι καὶ ἐπιτήδειοι Φορμίωνι, καὶ παρεῖναι
πρὸς τῷ διαιτητῇ Τεισίᾳ, ὅτε ἦν ἀπόφασις τῆς διαίτης Ἀπολλο-
δώρῳ πρὸς Φορμίωνα, καὶ εἰδέναι τὴν μαρτυρίαν ὑφῃρημένον
Στέφανον, ἣν αἰτιᾶται αὐτὸν Ἀπολλόδωρος ὑφελέσθαι.

Ἢ μαρτυρεῖτε, ἢ ἐξομόσασθε.

20 ΕΞΩΜΟΣΙΑ.

Οὐκ ἄδηλον ἦν, ὦ ἄνδρες δικασταί, ὅτι τοῦτ᾽ ἔμελλον 61
ποιήσειν, προθύμως ἐξομεῖσθαι. ἵνα τοίνυν παραχρῆμ᾽
ἐξελεγχθῶσιν ἐπιωρκηκότες, λαβέ μοι ταύτην τὴν μαρτυρίαν
καὶ τὴν πρόκλησιν. ἀναγίγνωσκε.

25 ΜΑΡΤΥΡΙΑ. ΠΡΟΚΛΗΣΙΣ. [1120]

Μαρτυροῦσι παρεῖναι ὅτε Ἀπολλόδωρος προὐκαλεῖτο Στέφανον
παραδοῦναι τὸν παῖδα τὸν ἀκόλουθον εἰς βάσανον περὶ τῆς

---

1 ποιῆσαι secl. Blass   4 αὐτὴν] ταύτην Blass   11 κακῶν
vix sanum. καὶ τῶν coni. Sandys ; ἑκὼν Sandys, Gebauer ; ἕνεκα τῶν
Richards. ego coll. Isocr. xviii 56 loco vel simillimo, κἀπὶ (vel κἀκ) τῶν
scripserim   12 ποιῆσαι τοῦτον iniuria secl. Blass   ὑπὲρ αὐτοῦ
F γρ. Q γρ. : ἄλλου του S F Q D 'sensui satisfaceret δεομένου του vel
αἰτοῦντός του, cf. § 62' Sauppe   13 εἶτα . . . ταύτην del. Rüger
15-18 testim. om. S   19 ἢ prius] ἢ μὲν S, ει ab alia manu super
η scripto : ἦμεν F γρ.   21 ἔμελλον] ἔμελλον οὗτοι Q γρ.   22 προ-
θύμως ἐξομεῖσθαι del. Naber   26 sqq. testim. om. S

ὑφαιρέσεως τοῦ γραμματείου, καὶ γράμματα ἦν ἕτοιμος γράφειν
Ἀπολλόδορος καθ' ὅ τι ἔσται ἡ βάσανος. ταῦτα δὲ προκαλου-
μένου Ἀπολλοδώρου οὐκ ἐθελῆσαι παραδοῦναι Στέφανον, ἀλλ'
ἀποκρίνασθαι Ἀπολλοδώρῳ δικάζεσθαι, εἰ βούλοιτο, εἴ τί φησιν
ἀδικεῖσθαι ὑφ' ἑαυτοῦ.   5

62 Τίς ἂν οὖν ὑπὲρ τοιαύτης αἰτίας, ὦ ἄνδρες δικασταί, εἴπερ
ἐπίστευεν αὐτῷ, οὐκ ἐδέξατο τὴν βάσανον; οὐκοῦν τῷ φεύ-
γειν τὴν βάσανον ὑφῃρημένος ἐξελέγχεται. ἆρ' οὖν ἂν
ὑμῖν αἰσχυνθῆναι δοκεῖ τὴν τοῦ τὰ ψευδῆ μαρτυρεῖν δόξαν ὁ
τὴν τοῦ κλέπτης φανῆναι μὴ φυγών; ἢ δεηθέντος ὀκνῆ-   10
σαι τὰ ψευδῆ μαρτυρεῖν, ὃς ἃ μηδεὶς ἐκέλευεν ἐθελοντὴς
πονηρὸς ἦν;

63 Δικαίως τοίνυν, ὦ ἄνδρες Ἀθηναῖοι, τούτων ἁπάντων δοὺς
ἂν δίκην, πολὺ μᾶλλον ἂν εἰκότως διὰ τἆλλα κολασθείη παρ'
ὑμῖν. σκοπεῖτε δέ, τὸν βίον ὃν βεβίωκεν ἐξετάζοντες. 15
οὗτος γάρ, ἡνίκα μὲν συνέβαινεν εὐτυχεῖν Ἀριστολόχῳ τῷ
τραπεζίτῃ, ἴσα βαίνων ἐβάδιζεν ὑποπεπτωκὼς ἐκείνῳ, καὶ
64 ταῦτ' ἴσασι πολλοὶ τῶν ἐνθάδ' ὄντων ὑμῶν. ἐπειδὴ δ'
ἀπώλετ' ἐκεῖνος καὶ τῶν ὄντων ἐξέστη, οὐχ ἥκισθ' ὑπὸ τού-
του καὶ τῶν τοιούτων διαφορηθείς, τῷ μὲν υἱεῖ τῷ τούτου   20
πολλῶν πραγμάτων ὄντων οὐ παρέστη πώποτε, οὐδ' ἐβοή-
θησεν, ἀλλ' Ἀπόληξις καὶ Σόλων καὶ πάντες ἄνθρωποι μᾶλ-
λον βοηθοῦσι· Φορμίωνα δὲ πάλιν ἑόρακεν καὶ τούτῳ γέγονεν
[1121] οἰκεῖος, ἐξ Ἀθηναίων ἁπάντων τοῦτον ἐκλεξάμενος, καὶ ὑπὲρ
τούτου πρεσβευτὴς μὲν ᾤχετ' εἰς Βυζάντιον πλέων, ἡνίκ'   25
ἐκεῖνοι τὰ πλοῖα τὰ τούτου κατέσχον, τὴν δὲ δίκην ἔλεγεν
τὴν πρὸς τοὺς Καλχηδονίους, τὰ ψευδῆ δ' ἐμοῦ φανερῶς
65 οὕτως καταμεμαρτύρηκεν. εἶθ' ὃς εὐτυχούντων ἐστὶ κόλαξ,
κἂν ἀτυχῶσι, τῶν αὐτῶν τούτων προδότης, καὶ τῶν μὲν ἄλλων
πολιτῶν πολλῶν καὶ καλῶν κἀγαθῶν ὄντων μηδενὶ μηδ' ἐξ   30

7 οὐκ S : οὐκ ἂν F Q D   10 δεηθέντος S : δεηθέντος τοῦ F Q D
ὀκνῆσαι S : ὀκνῆσαι ἂν F Q D   11 ἐκέλευσεν S   12 ἦν] εἶναι S¹
14 ἂν post δοὺς servat S solus   16 μὲν om. F D   23 ἑόρ.
codd.   26 τὰ τούτου S D : τούτου F Q   ἔλεγεν] ἔλεγον S   27 τοὺς
S (me teste) : om. vulg.; sed ad certos quosdam homines respicit, cf.
xvi 1, Lys. xix 43

ἴσου χρῆται, τοῖς δὲ τοιούτοις ἐθελοντὴς ὑποπίπτει, καὶ μήτ'
εἴ τινα τῶν οἰκείων ἀδικήσει μήτ' εἰ παρὰ τοῖς ἄλλοις φαύλην
δόξαν ἕξει ταῦτα ποιῶν μήτ' ἄλλο μηδὲν σκοπεῖ, πλὴν ὅπως
τι πλέον ἕξει, τοῦτον οὐ μισεῖν ὡς κοινὸν ἐχθρὸν τῆς φύσεως
5 ὅλης τῆς ἀνθρωπίνης προσήκει; ἔγωγ' ἂν φαίην.　ταῦτα 66
μέντοι τὰ τοσαύτην ἔχοντ' αἰσχύνην, ὦ ἄνδρες Ἀθηναῖοι,
ἐπὶ τῷ τὴν πόλιν φεύγειν καὶ τὰ ὄντ' ἀποκρύπτεσθαι προῄ-
ρηται πράττειν, ἵν' ἐργασίας ἀφανεῖς διὰ τῆς τραπέζης
ποιῆται, καὶ μήτε χορηγῇ μήτε τριηραρχῇ μήτ' ἄλλο μηδὲν
10 ὧν προσήκει ποιῇ.　καὶ κατείργασται τοῦτο.　τεκμήριον δέ·
ἔχων γὰρ οὐσίαν τοσαύτην ὥσθ' ἑκατὸν μνᾶς ἐπιδοῦναι τῇ
θυγατρί, οὐδ' ἡντινοῦν ἑώραται λῃτουργίαν ὑφ' ὑμῶν λῃ-
τουργῶν, οὐδὲ τὴν ἐλαχίστην.　καίτοι πόσῳ κάλλιον φιλοτι-
μούμενον ἐξετάζεσθαι καὶ προθυμούμενον εἰς ἃ δεῖ τῇ πόλει,
15 ἢ κολακεύοντα καὶ τὰ ψευδῆ μαρτυροῦντα; ἀλλ' ἐπὶ τῷ
κερδαίνειν πᾶν ἂν οὗτος ποιήσειε.　καὶ μήν, ὦ ἄνδρες Ἀθη- 67
ναῖοι, μᾶλλον ἄξιον ὀργίλως ἔχειν τοῖς μετ' εὐπορίας πονη-
ροῖς ἢ τοῖς μετ' ἐνδείας.　τοῖς μὲν γὰρ ἡ τῆς χρείας ἀνάγκη [1122]
φέρει τινὰ συγγνώμην παρὰ τοῖς ἀνθρωπίνως λογιζομένοις·
20 οἱ δ' ἐκ περιουσίας, ὥσπερ οὗτος, πονηροὶ οὐδεμίαν πρόφασιν
δικαίαν ἔχοιεν ἂν εἰπεῖν, ἀλλ' αἰσχροκερδίᾳ καὶ πλεονεξίᾳ
καὶ ὕβρει καὶ τῷ τὰς αὑτῶν συστάσεις κυριωτέρας τῶν νόμων
ἀξιοῦν εἶναι ταῦτα φανήσονται πράττοντες.　ὑμῖν δ' οὐδὲν
τούτων συμφέρει, ἀλλὰ τὸν ἀσθενῆ παρὰ τοῦ πλουσίου δίκην,
25 ἂν ἀδικῆται, δύνασθαι λαβεῖν.　ἔσται δὲ τοῦτο, ἐὰν κολά-
ζητε τοὺς φανερῶς οὕτως ἐξ εὐπορίας πονηρούς.

Οὐ τοίνυν οὐδ' ἃ πέπλασται οὗτος καὶ βαδίζει παρὰ τοὺς 68
τοίχους ἐσκυθρωπακώς, σωφροσύνης ἄν τις ἡγήσαιτ' εἰκότως

1-2 μήτ' εἴ τινα] μὴ τινα (sic) S　　3 σκοπεῖν Q D　ὅπως] post o
duae litt. in S erasae　　4 τι πλέον S : πλέον vulg.　　7 φυγεῖν S¹
ὄντα F Q D : χρήματα S　　12 λειτουργίαν ἑώραται F D　ἡμῶν S
18 χρείας ἀνάγκη vulg. : ἀνάγκης χρεία S, Stobaeus Flor. 46. 72
20-21 οὐδεμίαν δικαίαν pr. ἔχουσι Stob.　21 αἰσχροκερδία S¹ : αἰσχρο-
κερδεία S corr. vulg.　25 κολαζηται S¹　27 οὗτος post
βαδίζει codd. : post τοίχους Blass., quidni post πέπλασται?　28 ἂν
post εἰκότως collocant F Q D

87

εἶναι σημεῖα, ἀλλὰ μισανθρωπίας. ἐγὼ γάρ, ὅστις αὑτῷ
μηδενὸς συμβεβηκότος δεινοῦ, μηδὲ τῶν ἀναγκαίων σπανίζων,
ἐν ταύτῃ τῇ σχέσει διάγει τὸν βίον, τοῦτον ἡγοῦμαι συνεο-
ρακέναι καὶ λελογίσθαι παρ' αὑτῷ, ὅτι τοῖς μὲν ἁπλῶς, ὡς
πεφύκασι, βαδίζουσι καὶ φαιδροῖς καὶ προσέλθοι τις ἂν καὶ 5
δεηθείη καὶ ἐπαγγείλειεν οὐδὲν ὀκνῶν, τοῖς δὲ πεπλασμένοις
69 καὶ σκυθρωποῖς ὀκνήσειέ τις ἂν προσελθεῖν πρῶτον. οὐδὲν
οὖν ἄλλ' ἢ πρόβλημα τοῦ τρόπου τὸ σχῆμα τοῦτ' ἔστι, καὶ
τὸ τῆς διανοίας ἄγριον καὶ πικρὸν ἐνταῦθα δηλοῖ. σημεῖον
δέ· τοσούτων γὰρ ὄντων τὸ πλῆθος Ἀθηναίων, πράττων πολὺ 10
βέλτιον ἢ σὲ προσῆκον ἦν, τῷ πώποτ' εἰσήνεγκας, ἢ τίνι
70 συμβέβλησαί πω, ἢ τίν' εὖ πεποίηκας; οὐδέν' ἂν εἰπεῖν
ἔχοις· ἀλλὰ τοκίζων καὶ τὰς τῶν ἄλλων συμφορὰς καὶ χρείας
εὐτυχήματα σαυτοῦ νομίζων, ἐξέβαλες μὲν τὸν σαυτοῦ θεῖον
[1123] Νικίαν ἐκ τῆς πατρῴας οἰκίας, ἀφῄρησαι δὲ τὴν σαυτοῦ πεν- 15
θερὰν ταῦτ' ἀφ' ὧν ἔζη, ἀοίκητον δὲ τὸν Ἀρχεδήμου παῖδα
τὸ σαυτοῦ μέρος πεποίηκας. οὐδεὶς δὲ πώποθ' οὕτω πικρῶς
οὐδ' ὑπερήμερον εἰσέπραξεν ὡς σὺ τοὺς ὀφείλοντας τοὺς
τόκους. εἶθ' ὃν ὁρᾶτ' ἐπὶ πάντων οὕτως ἄγριον καὶ μιαρόν,
τοῦτον ὑμεῖς ἠδικηκότ' ἐπ' αὐτοφώρῳ λαβόντες οὐ τιμωρή- 20
σεσθε; δεῖν' ἄρ', ὦ ἄνδρες δικασταί, ποιήσετε καὶ οὐχὶ δίκαια.

71 Ἄξιον τοίνυν, ὦ ἄνδρες Ἀθηναῖοι, καὶ Φορμίωνι τῷ
παρασχομένῳ τουτονὶ νεμεσῆσαι τοῖς πεπραγμένοις, τὴν
ἀναίδειαν τοῦ τρόπου καὶ τὴν ἀχαριστίαν ἰδόντας. οἶμαι
γὰρ ἅπαντας ὑμᾶς εἰδέναι, ὅτι τοῦτον, ἡνίκ' ὤνιος ἦν, εἰ 25
συνέβη μάγειρον ἤ τινος ἄλλης τέχνης δημιουργὸν πρίασθαι,
τὴν τοῦ δεσπότου τέχνην ἂν μαθὼν πόρρω τῶν νῦν πα-
72 ρόντων ἦν ἀγαθῶν. ἐπειδὴ δ' ὁ πατὴρ ὁ ἡμέτερος τραπε-
ζίτης ὢν ἐκτήσατ' αὐτὸν καὶ γράμματ' ἐπαίδευσεν καὶ τὴν

---

3 συνεωρ. codd.   4 ὡς codd. : καὶ ὡς Huettner, cf. xxxvii 43
6 ἐπαγγείλειεν Wolf : ἀπαγγείλειεν codd.   7 ὀκνήσειέ τις ἂν Din-
dorf : ὀκνήσει τις ἂν S : ὀκνήσειεν ἄν τις vulg.   πρῶτον] πρότερος
Richards   12 ἢ τίν' εὖ πεποίηκας ; om. S   14 σεαυτοῦ τοῦ S
16 ἀοίκητον] ἄοικον Schaefer   24 αχαριστειαν S¹

τέχνην ἐδίδαξεν καὶ χρημάτων ἐποίησε κύριον πολλῶν,
εὐδαίμων γέγονεν, τὴν τύχην, ᾗ πρὸς ἡμᾶς ἀφίκετο, ἀρχὴν
λαβὼν πάσης τῆς νῦν παρούσης εὐδαιμονίας. οὐκοῦν δεινόν, 73
ὦ γῆ καὶ θεοί, καὶ πέρα δεινοῦ, τοὺς Ἕλληνα μὲν ἀντὶ βαρ-
5 βάρου ποιήσαντας, γνώριμον δ' ἀντ' ἀνδραπόδου, τοσούτων
δ' ἀγαθῶν ἡγεμόνας, τούτους περιορᾶν ἐν ταῖς ἐσχάταις
ἀπορίαις ὄντας ἔχοντα καὶ πλουτοῦντα, καὶ εἰς τοῦθ' ἥκειν
ἀναιδείας ὥστε, ἧς παρ' ἡμῶν τύχης μετέσχε, ταύτης ἡμῖν
μὴ τολμᾶν μεταδοῦναι. ἀλλ' αὐτὸς μὲν οὐκ ὤκνησε τὴν 74
10 δέσποιναν γῆμαι καὶ ᾗ τὰ καταχύσματ' αὐτοῦ κατέχεε τόθ' [1124]
ἡνίκ' ἐωνήθη, ταύτῃ συνοικεῖν, οὐδὲ προῖκα πέντε τάλανθ'
αὐτῷ γράψαι, χωρὶς ὧν οὔσης τῆς μητρὸς κυρίας οὗτος
ἐγκρατὴς γέγονεν πολλῶν χρημάτων (τί γὰρ αὐτὸν οἴεσθ' εἰς
τὰς διαθήκας ἐγγράψαι 'καὶ τἆλλα, ὅσα ἐστίν, Ἀρχίππῃ
15 δίδωμι';) τὰς δ' ἡμετέρας θυγατέρας μελλούσας δι' ἔνδειαν
ἀνεκδότους ἔνδον γηράσκειν περιορᾷ. καὶ εἰ μὲν πένης 75
οὗτος ἦν, ἡμεῖς δ' εὐποροῦντες ἐτυγχάνομεν, καὶ συνέβη τι
παθεῖν, οἷα πολλά, ἐμοί, οἱ παῖδες ἂν οἱ τούτου τῶν ἐμῶν
θυγατέρων ἐπεδικάζοντο, οἱ τοῦ δούλου τῶν τοῦ δεσπότου·
20 θεῖοι γάρ εἰσιν αὐταῖς διὰ τὸ τὴν μητέρα τὴν ἐμὴν τοῦτον
λαβεῖν· ἐπειδὴ δ' ἀπόρως ἡμεῖς ἔχομεν, τηνικαῦτ' οὐ συνεκ-
δώσει ταύτας, ἀλλὰ λέγει καὶ λογίζεται τὸ πλῆθος ὧν ἐγὼ
χρημάτων ἔχω. καὶ γὰρ τοῦτ' ἀτοπώτατον πάντων. ὧν 76
μὲν ἀπεστέρηκεν ἡμᾶς χρημάτων, οὐδέπω καὶ τήμερον ἠθέ-
25 λησεν ὑποσχεῖν τὸν λόγον, ἀλλὰ μὴ εἰσαγωγίμους εἶναι τὰς
δίκας παραγράφεται· ἃ δὲ τῶν πατρῴων ἐνειμάμην ἐγώ,
ταῦτα λογίζεται. καὶ τοὺς μὲν ἄλλους ἄν τις ἴδοι τοὺς
οἰκέτας ὑπὸ τῶν δεσποτῶν ἐξεταζομένους· οὗτος δ' αὖ τοῦ-

6 δ' ante ἀγαθῶν om. S in fine versus   ἡγέμονας Reiske : ἡγέμονα
codd.   10 αὐτοῦ om. Hermog. p. 324 (Rabe)   11 συνοικεῖν S
corr. (me teste), vulg. : συνοικεῖ S¹ Blass ; Archippe tamen iampridem
e vita excesserat, cf. xxxvi 14   16 εἰ] ᾗ S¹   19 ἐπεδικάζοντο
S (πε in mg. a pr. m.) : ἐδικάζοντο F Q D   20-21 θεῖοι . . . λαβεῖν
del. Wolf, Herwerden   25 τὸν λόγον om. S   μὴ S : μηδ' F Q D
28 αὖ codd. : αὐτὸ Blass

ναντίον τὸν δεσπότην ὁ δοῦλος ἐξετάζει, ὡς δῆτα πονηρὸν
77 καὶ ἄσωτον ἐκ τούτων ἐπιδείξων. ἐγὼ δ᾽, ὦ ἄνδρες ᾽Αθη-
ναῖοι, τῆς μὲν ὄψεως τῇ φύσει καὶ τῷ ταχέως βαδίζειν καὶ
λαλεῖν μέγα, οὐ τῶν εὐτυχῶς πεφυκότων ἐμαυτὸν κρίνω·
ἐφ᾽ οἷς γὰρ οὐδὲν ὠφελούμενος λυπῶ τινας, ἔλαττον ἔχω 5
πολλαχοῦ· τῷ μέντοι μέτριος κατὰ πάσας τὰς εἰς ἐμαυτὸν
[1125] δαπάνας εἶναι πολὺ τούτου καὶ τοιούτων ἑτέρων εὐτακτό-
78 τερον ζῶν ἂν φανείην. τὰ δ᾽ εἰς τὴν πόλιν καὶ ὅσ᾽ εἰς ὑμᾶς,
ὡς δύναμαι λαμπρότατα, ὡς ὑμεῖς σύνιστε, ποιῶ· οὐ γὰρ
ἀγνοῶ τοῦθ᾽ ὅτι τοῖς μὲν γένει πολίταις ὑμῖν ἱκανόν ἐστι 10
λῃτουργεῖν ὡς οἱ νόμοι προστάττουσι, τοὺς δὲ ποιητοὺς ἡμᾶς
ὡς ἀποδιδόντας χάριν, οὕτω προσήκει φαίνεσθαι λῃτουρ-
γοῦντας. μὴ οὖν μοι ταῦτ᾽ ὀνείδιζε, ἐφ᾽ οἷς ἐπαίνου τύχοιμ᾽
79 ἂν δικαίως. ἀλλὰ τίν᾽, ὦ Φορμίων, τῶν πολιτῶν ἑταιρεῖν,
ὥσπερ σύ, μεμίσθωμαι; δεῖξον. τίνα τῆς πόλεως, ἧς αὐτὸς 15
ἠξιώθην, καὶ τῆς ἐν αὐτῇ παρρησίας ἀπεστέρηκα, ὥσπερ σὺ
τοῦτον ὃν κατῄσχυνας; τίνος γυναῖκα διέφθαρκα, ὥσπερ σὺ
πρὸς πολλαῖς ἄλλαις ταύτην, ᾗ τὸ μνῆμ᾽ ᾠκοδόμησεν ὁ θεοῖς
ἐχθρὸς οὗτος πλησίον τοῦ τῆς δεσποίνης, ἀνηλωκὼς πλέον
ἢ τάλεντα δύο; καὶ οὐκ ᾐσθάνετο, ὅτι οὐχὶ τοῦ τάφου 20
μνημεῖον ἔσται τὸ οἰκοδόμημα τοιοῦτον ὄν, ἀλλὰ τῆς ἀδικίας
80 ἧς τὸν ἄνδρ᾽ ἠδίκηκεν ἐκείνη διὰ τοῦτον. εἶτα τοιαῦτα ποιῶν
καὶ τηλικαύτας μαρτυρίας ἐξενηνοχὼς τῆς ὕβρεως τῆς σαυτοῦ
σύ, τὸν ἄλλου τοῦ βίου ἐξετάζειν τολμᾷς; μεθ᾽ ἡμέραν εἶ
σὺ σώφρων, τὴν δὲ νύκτ᾽ ἐφ᾽ οἷς θάνατος ἢ ζημία, ταῦτα 25
ποιεῖς. πονηρός, ὦ ἄνδρες ᾽Αθηναῖοι, πονηρὸς οὗτος ἄνωθεν
ἐκ τοῦ ᾽Ανακείου καὶ ἄδικος. σημεῖον δέ· εἰ γὰρ ἦν δίκαιος,
πένης ἂν ἦν τὰ τοῦ δεσπότου διοικήσας. νῦν δὲ τοσούτων
χρημάτων τὸ πλῆθος κύριος καταστὰς ὥστε τοσαῦτα λαθεῖν
ἀπ᾽ αὐτῶν κλέψας ὅσα νῦν κέκτηται, οὐκ ὀφείλειν ταῦτα, 30

8 τὰς δ᾽ D   9 ὡς alterum S: καὶ ὡς FQD   10 ἐστι secl. Blass.
raro tamen post ὅτι deest copula   11 ὡς] ὅσ᾽ Naber   24 τοῦ SQ
γρ.: om. FQ¹D   27 ᾽Ανακείου codd.; cf. Bekk. Anecd. 212. 12:
᾽Ανάκιον I. G. ii 660   καὶ ἄδικος S corr. vulg.: καὶ δικος S¹

ἀλλὰ πατρῷ᾽ ἔχειν ἡγεῖται. καίτοι πρὸς θεῶν, εἰ κλέπτην 81
σ᾽ ἀπῆγον ὡς ἐπ᾽ αὐτοφώρῳ εἰληφώς, τὴν οὐσίαν ἣν ἔχεις, [1126]
εἰ πως οἷόν τ᾽ ἦν, ἐπιθείς σοι, εἶτά σ᾽ ἠξίουν, εἰ μὴ φῂς
ὑφῃρημένος ταῦτ᾽ ἔχειν, ἀνάγειν ὅθεν εἴληφας, εἰς τίν᾽ ἂν
5 αὖτ᾽ ἀνήγαγες; οὔτε γάρ σοι πατὴρ παρέδωκεν, οὔθ᾽ ηὗρες,
οὔτε λαβών ποθεν ἄλλοθεν ἦλθες ὡς ἡμᾶς· βάρβαρος γὰρ
ἐωνήθης. εἶθ᾽ ᾧ δημοσίᾳ προσῆκεν ἐπὶ τοῖς εἰργασμένοις
τεθνάναι, σύ, τὸ σῶμα σεσῳκὼς καὶ πόλιν ἐκ τῶν ἡμετέρων
σαυτῷ κτησάμενος καὶ παῖδας ἀδελφοὺς τοῖς σεαυτοῦ δεσπό-
10 ταις ἀξιωθεὶς ποιήσασθαι, παρεγράψω μὴ εἰσαγώγιμον εἶναι
τὴν δίκην τῶν ἐγκαλουμένων χρημάτων ὑφ᾽ ἡμῶν; εἶτα 82
κακῶς ἡμᾶς ἔλεγες καὶ τὸν ἡμέτερον πατέρ᾽ ἐξήταζες ὅστις
ἦν; ἐφ᾽ οἷς τίς οὐκ ἄν, ὦ ἄνδρες Ἀθηναῖοι, χαλεπῶς
ἤνεγκεν; ἐγὼ γάρ, εἰ πάντων τῶν ἄλλων ὑμῶν ἔλαττον προσ-
15 ήκει μοι φρονεῖν, τούτου γε μεῖζον οἶμαι, καὶ τούτῳ γ᾽ εἰ
μηδενὸς τῶν ἄλλων ἔλαττον, ἐμοῦ γ᾽ ἔλαττον· ὄντων γὰρ
ἡμῶν τοιούτων ὁποίους τινὰς ἂν [καὶ] σὺ κατασκευάσῃς τῷ
λόγῳ, σὺ δοῦλος ἦσθα.

Τάχα τοίνυν ἂν ἴσως καὶ τοῦτό τις αὐτῶν εἴποι, ὡς 83
20 ἀδελφὸς ὢν ἐμὸς Πασικλῆς οὐδὲν ἐγκαλεῖ τῶν αὐτῶν τούτῳ
πραγμάτων. ἐγὼ δ᾽, ὦ ἄνδρες Ἀθηναῖοι, καὶ περὶ Πασι-
κλέους, παραιτησάμενος καὶ δεηθεὶς ὑμῶν συγγνώμην ἔχειν,
εἰ προεληλυθὼς εἰς τοῦθ᾽ ὥσθ᾽ ὑπὸ τῶν ἐμαυτοῦ δούλων
ὑβρισθεὶς οὐ δύναμαι κατασχεῖν, ἃ τέως οὐδὲ τῶν ἄλλων
25 λεγόντων ἀκούειν ἐδόκουν, ἐρῶ καὶ οὐ σιωπήσομαι. ἐγὼ 84
γὰρ ὁμομήτριον μὲν ἀδελφὸν ἐμαυτοῦ Πασικλέα νομίζω,
ὁμοπάτριον δ᾽ οὐκ οἶδα, δέδοικα μέντοι μὴ τῶν Φορμίωνος
ἁμαρτημάτων εἰς ἡμᾶς ἀρχὴ Πασικλῆς ᾖ. ὅταν γὰρ τῷ [1127]
δούλῳ συνδικῇ τὸν ἀδελφὸν ἀτιμῶν, καὶ παραπεπτωκὼς
30 θαυμάζῃ τούτους ὑφ᾽ ὧν αὐτῷ θαυμάζεσθαι προσῆκεν, τίν᾽

2 εἰληφώς secl. Blass   4 ἐς S   17 καὶ secl. Blass   24 ὑβρι-
σθεὶς codd., cf. iii 1, vi 40, xxvi 22, lxi 3 : ὑβρίσθαι Reiske   28 ἁμαρ-
τημάτων] ἀδικημάτων Q γρ.   29 παραπεπτωκὼς codd., Harpocr.
hoc loco laudato : ὑποπεπτωκὼς Dobree   30 αὐτὸν D

ἔχει δικαίαν ταῦθ᾽ ὑποψίαν· ἄνελ᾽ οὖν ἐκ μέσου μοι Πασι-
κλέα, καὶ σὸς μὲν υἱὸς ἀντὶ δεσπότου καλείσθω, ἐμὸς δ᾽
ἀντίδικος (βούλεται γὰρ) ἀντ᾽ ἀδελφοῦ.

85   Ἐγὼ δὲ τούτῳ μὲν χαίρειν λέγω, οὓς δ᾽ ὁ πατήρ μοι
παρέδωκε βοηθοὺς καὶ φίλους, εἰς τούτους ἥκω, εἰς ὑμᾶς, ὦ 5
ἄνδρες δικασταί.   καὶ δέομαι καὶ ἀντιβολῶ καὶ ἱκετεύω, μὴ
ὑπερίδητέ με καὶ τὰς θυγατέρας δι᾽ ἔνδειαν τοῖς ἐμαυτοῦ δού-
λοις καὶ τοῖς τούτου κόλαξιν ἐπίχαρτον γενόμενον.   οὑμὸς
ὑμῖν πατὴρ χιλίας ἔδωκεν ἀσπίδας, καὶ πολλὰ χρήσιμον
αὐτὸν παρέσχε, καὶ πέντε τριήρεις ἐθελοντὴς ἐπιδοὺς καὶ παρ᾽ 10
αὑτοῦ πληρώσας ἐτριηράρχησε τριηραρχίας.   καὶ ταῦτα, οὐκ
ὀφείλειν ὑμᾶς νομίζων χάριν ἡμῖν, ὑπομιμνήσκω (ἡμεῖς γὰρ
ὀφείλομεν ὑμῖν), ἀλλ᾽ ἵνα μὴ λάθω τι παθὼν τούτων ἀνάξιον·
οὐδὲ γὰρ ὑμῖν ἂν γένοιτο καλόν.

86   Πολλὰ δ᾽ ἔχων εἰπεῖν περὶ ὧν ὕβρισμαι, οὐχ ἱκανὸν τὸ 15
ὕδωρ ὁρῶ μοι.   ὡς οὖν μάλιστ᾽ ἂν ἅπαντας ὑμᾶς ἡγοῦμαι
γνῶναι τὴν ὑπερβολὴν ὧν ἠδικήμεθ᾽ ἡμεῖς, φράσω·   εἰ σκέ-
ψαιτο πρὸς ἑαυτὸν ἕκαστος ὑμῶν τίν᾽ οἴκοι κατέλιπεν οἰκέτην,
εἶθ᾽ ὑπὸ τούτου πεπονθόθ᾽ ἑαυτὸν θείη ταῦθ᾽ ἅπερ ἡμεῖς ὑπὸ
τούτου.   μὴ γὰρ εἰ Σύρος ἢ Μάνης ἢ τίς ἕκαστος ἐκείνων, 20
οὗτος δὲ Φορμίων·   ἀλλὰ τὸ πρᾶγμα ταὐτό·   δοῦλοι μὲν ἐκεῖ-
νοι, δοῦλος δ᾽ οὗτος ἦν, δεσπόται δ᾽ ὑμεῖς, δεσπότης δ᾽ ἦν
87 ἐγώ.   ἣν τοίνυν ὑμῶν ἂν ἕκαστος δίκην ἀξιώσειε λαβεῖν,
ταύτην νομίζετε κἀμοὶ προσήκειν νῦν·   καὶ τὸν ἀφῃρημένον
τῷ μαρτυρῆσαι τὰ ψευδῆ καὶ ὑπὲρ τῶν νόμων καὶ ὑπὲρ τῶν 25
ὅρκων οὓς ὀμωμοκότες δικάζετε, τιμωρήσασθε καὶ παράδειγμα
ποιήσατε τοῖς ἄλλοις, μνημονεύοντες πάνθ᾽ ὅσ᾽ ἀκηκόαθ᾽
ἡμῶν, καὶ φυλάττοντες, ἐὰν παράγειν ἐπιχειρῶσιν ὑμᾶς, πρὸς
ἕκαστον ἀπαντῶντες·   ἐὰν μὴ φῶσιν ἅπαντα μεμαρτυρηκέναι,

---

7 ὑπερίδητέ] περιίδητέ Huettner, recte opinor   9 πολλὰ ἄλλα
χρήσιμον Q γρ.   10 τριήρεις secl. Blass   11 ε΄ (i.e. πέντε) ante
ἐτριηράρχησε inserit Reiske speciose ; sed cf. Antiph. v 77   15 ὃν
post ἱκανὸν add. S vulg. : secl. Blass : om. D   19 ταῦθ᾽ Richards :
ταῦθ᾽ codd.   23 post τοίνυν duae tresve litt. in S erasae   24 καὶ
μοι S   28 πρὸς S F Q D : καὶ πρὸς Huettner coll. xxi 24

'τί οὖν ἐν τῷ γραμματείῳ γέγραπται; τί οὖν οὐ τότ' ἀπη-
λείφου; τίς ἡ παρὰ τοῖς ἄρχουσιν ἀντιγραφή;' ἐὰν μεμαρ- 88
τυρηκέναι τὸν μὲν ἐπιτροπευθῆναι κατὰ διαθήκας, τὸν δ'
ἐπιτροπεῦσαι, τὸν δ' ἔχειν, 'ποίας; ἐν αἷς τί γέγραπται;'
5 ταῦτ' ἐρωτᾶτε· ἃ γὰρ οὗτοι μεμαρτυρήκασιν, οὐδεὶς ἐκείνων
προσμεμαρτύρηκεν. ἐὰν δ' ὀδύρωνται, τὸν πεπονθότ' ἐλεινό-
τερον τῶν δωσόντων δίκην ἡγεῖσθε. ταῦτα γὰρ ἂν ποιῆτε,
ἐμοί τε βοηθήσετε, καὶ τούτους τῆς ἄγαν κολακείας ἐπισχή-
σετε, καὶ αὐτοὶ τὰ εὔορκ' ἔσεσθ' ἐψηφισμένοι.

1 τί οὖν οὐ] καὶ τί οὐ Q γρ.   2 τίς] τίς οὖν F D   ἐὰν] ἐὰν φῶσι
Q γρ.   5 ἃ] ἃς Blass coll. § 12, loco tamen hinc alieno   6 ἐλει-
νότερον Paulina : ἐλεεινότερον codd.   8 τούτους τῆς D, Felicianus :
τούτους τὰς S F Q.   num τούτοις τὰς scribendum?
   In S subscriptum
   ΚΑΤΑ ΣΤΕΦΑΝΟΥ ΨΕΥΔΟΜΑΡΤΥΡΙΩΝ προτ

          ά
   ΓΗΙ Η Η ΙΖΙ Δ Δ Δ Δ Ι Ι Ι

ΚΑΤΑ ΣΤΕΦΑΝΟΥ ΨΕΥΔΟΜΑΡΤΥΡΙΩΝ Β

ΥΠΟΘΕΣΙΣ.

Ἐν τούτῳ τῷ λόγῳ καὶ τῶν φθασάντων τιν' ἐπικατασκευάζεται
καὶ ἕτερα προσεισάγεται, ὡς καὶ παράνομοι ⟨αἱ⟩ διαθῆκαι.

[1129] Ὅτι μὲν οὐκ ἀπορήσειν ἔμελλε Στέφανος οὑτοσὶ ὅ τι
ἀπολογήσεται περὶ τῆς μαρτυρίας, παράγων τῷ λόγῳ ὡς οὐ
πάντα μεμαρτύρηκε τὰ ἐν τῷ γραμματείῳ γεγραμμένα, καὶ 5
ἐξαπατῶν ὑμᾶς, καὶ αὐτὸς σχεδόν τι ὑπενόουν, ὦ ἄνδρες
δικασταί. πανοῦργός τε γάρ ἐστιν, καὶ οἱ γράφοντες καὶ οἱ
συμβουλεύοντες ὑπὲρ Φορμίωνος πολλοί· ἅμα τ' εἰκός ἐστι
τοὺς ἐγχειροῦντας τὰ ψευδῆ μαρτυρεῖν καὶ τὴν ἀπολογίαν
2 εὐθέως ὑπὲρ αὐτῶν μελετᾶν. ὅτι δ' ἐν τοσούτῳ λόγῳ οὐδαμοῦ 10
μάρτυρας παρέσχετο ὑμῖν, ὡς ἢ διατιθεμένῳ τῷ πατρὶ τῷ
ἐμῷ παρεγένετό που αὐτὸς ταύτην τὴν διαθήκην, ὥστ' εἰδέναι
ταῦτα ὅτι ἀντίγραφά ἐστιν ὧν ὁ πατήρ μου διέθετο, ἢ
ἀνοιχθὲν εἶδε τὸ γραμματεῖον ὅ φασι διαθέμενον ἐκεῖνον
3 καταλιπεῖν, ταῦτα συμμέμνησθέ μοι. ἀλλὰ μὴν ὁπότε 15
μεμαρτύρηκεν ἀντίγραφα εἶναι τῶν διαθηκῶν τῶν Πασίωνος
τὰ ἐν τῷ γραμματείῳ γεγραμμένα, τὰς δὲ διαθήκας μὴ ἔχει
ἐπιδεῖξαι μήθ' ὡς ὁ πατὴρ διέθετο ἡμῶν μήθ' ὡς αὐτὸς εἶδεν
παραγενόμενος αὐτὰς διατιθεμένου τοῦ πατρός, πῶς οὐ περι-
φανῶς οὗτος ἐξελέγχεται τὰ ψευδῆ μεμαρτυρηκώς; 20
4 Εἰ τοίνυν πρόκλησίν φησιν εἶναι καὶ μὴ μαρτυρίαν,
οὐκ ἀληθῆ λέγει. ἅπαντα γὰρ ὅσα παρέχονται εἰς τὸ δικα-
[1130] στήριον προκαλούμενοι ἀλλήλους οἱ ἀντίδικοι, διὰ μαρτυρίας

Oratio deest in A r

2 προσεισάγεται D (Wolf): προεισ. F S   ὡς Turr.: εἰ codd.   αἱ
add. Bekker   17 ἔχει Schaefer: ἔχειν codd.   18 εἶδε F Q:
οἶδεν S D   19 αὐτὰς Baiter: αὐταῖς codd.

94

παρέχονται. οὐ γὰρ ἂν εἰδείηθ᾽ ὑμεῖς εἴτ᾽ ἐστὶν ἀληθῆ εἴτε
ψευδῆ ἅ φασιν ἑκάτεροι, εἰ μή τις καὶ τοὺς μάρτυρας παρέ-
χοιτο. ὅταν δὲ παράσχηται, τούτοις πιστεύοντες ὑποδίκοις
οὖσιν ψηφίζεσθε ἐκ τῶν λεγομένων καὶ μαρτυρουμένων ἃ ἂν
5 ὑμῖν δοκῇ δίκαια εἶναι. βούλομαι τοίνυν καὶ τὴν μαρτυρίαν
ἐξελέγξαι, ὅτι οὐ πρόκλησίς ἐστιν, καὶ ὡς ἔδει μαρτυρεῖν
αὐτούς, εἴπερ ἐγίγνετο ἡ πρόκλησις, ὡς οὐκ ἐγίγνετο.
‘ μαρτυροῦσι παρεῖναι πρὸς τῷ διαιτητῇ Τεισίᾳ, ὅτε προὐ-
καλεῖτο Φορμίων Ἀπολλόδωρον ἀνοίγειν τὸ γραμματεῖον, ὃ
10 παρεῖχεν Ἀμφίας ὁ Κηφισοφῶντος κηδεστής, Ἀπολλόδωρον
δ᾽ οὐκ ἐθέλειν ἀνοίγειν.’ οὕτω μὲν ἂν μαρτυροῦντες ἐδό-
κουν ἀληθῆ μαρτυρεῖν· ἀντίγραφα δὲ τῶν διαθηκῶν τῶν
Πασίωνος μαρτυρεῖν εἶναι τὰ ἐν τῷ γραμματείῳ ὃ παρείχετο
Φορμίων, μήτε παραγενομένους ἐκείνῳ διατιθεμένῳ μήτ᾽
15 εἰδότας εἰ διέθετο, πῶς οὐ περιφανῶς ἀναισχυντία δοκεῖ
ὑμῖν εἶναι;

Ἀλλὰ μὴν εἰ φησὶ Φορμίωνος λέγοντος πιστεύειν ταῦτ᾽ 6
ἀληθῆ εἶναι, τοῦ αὐτοῦ ἀνδρός ἐστιν πιστεύειν τε λέγοντι
τούτῳ ταῦτα καὶ κελεύοντι μαρτυρεῖν. οἱ δέ γε νόμοι οὐ
20 ταῦτα λέγουσιν, ἀλλ᾽ ἃ ἂν εἰδῇ τις καὶ οἷς ἂν παραγένηται
πραττομένοις, ταῦτα μαρτυρεῖν κελεύουσιν ἐν γραμματείῳ
γεγραμμένα, ἵνα μήτ᾽ ἀφελεῖν ἐξῇ μηδὲν μήτε προσθεῖναι
τοῖς γεγραμμένοις. ἀκοὴν δ᾽ οὐκ ἐῶσι ζῶντος μαρτυρεῖν, 7
ἀλλὰ τεθνεῶτος, τῶν δὲ ἀδυνάτων καὶ ὑπερορίων ἐκμαρτυρίαν
25 γεγραμμένην ἐν τῷ γραμματείῳ· καὶ ἀπὸ τῆς αὐτῆς ἐπι- [1131]
σκήψεως τήν τε μαρτυρίαν καὶ ἐκμαρτυρίαν ἀγωνίζεσθαι ἅμα,
ἵν᾽ ἐὰν μὲν ἀναδέχηται ὁ ἐκμαρτυρήσας, ἐκεῖνος ὑπόδικος ᾖ
τῶν ψευδομαρτυρίων, ἐὰν δὲ μὴ ἀναδέχηται, οἱ μαρτυρή-
σαντες τὴν ἐκμαρτυρίαν. Στέφανος τοίνυν οὑτοσί, οὔτ᾽ 8
30 εἰδὼς διαθήκας καταλιπόντα τὸν πατέρα ἡμῶν, οὔτε παρα-

---

6 καὶ (δεῖξαι) ὡς tentat Blass   8 Τισίᾳ codd.   10 Ἀμφίας
Q mg., cf. xlv 8 : Ἀμφίων cett.   13 ὃ Reiske : ἃ codd.   15 οὐ]
ουν S sed ν eraso   20 ἃ ἂν] ἃ om. S¹ D¹ : ἂν Bekker   21 κελεύου-
σιν del. Naber   25 τῷ del. Reiske   28 μαρτυρήσαντες Reiske :
ἐκμαρτυρήσαντες codd.

γενόμενος πώποτε διατιθεμένῳ τῷ πατρὶ ἡμῶν, ἀκούσας δὲ
Φορμίωνος, μεμαρτύρηκεν ἀκοὴν τὰ ψευδῆ τε καὶ παρὰ τὸν
νόμον. καὶ ταῦθ᾽ ὅτι ἀληθῆ λέγω, αὐτὸν ὑμῖν τὸν νόμον
ἀναγνώσεται.

ΝΟΜΟΣ.

'Ακοὴν εἶναι μαρτυρεῖν τεθνεῶτος, ἐκμαρτυρίαν δὲ ὑπερορίου
καὶ ἀδυνάτου.

9 'Ως τοίνυν καὶ παρ᾽ ἕτερον νόμον μεμαρτύρηκεν, ἐπιδεῖξαι
ὑμῖν βούλομαι, ἵνα εἰδῆτε ὅτι μεγάλων ἀδικημάτων οὐκ ἔχων
καταφυγὴν ὁ Φορμίων, πρόφασιν λαβὼν λόγῳ τὴν πρό-
κλησιν, ἔργῳ αὐτὸς αὑτῷ μεμαρτύρηκε προστησάμενος τού-
τους, δι᾽ ὧν οἱ μὲν δικασταὶ ἐξηπατήθησαν ὡς ἀληθῆ τούτων
μαρτυρούντων, ἐγὼ δὲ ἀπεστερήθην ὧν ὁ πατήρ μοι κατέλιπεν
χρημάτων καὶ τοῦ δίκην λαβεῖν περὶ ὧν ἀδικοῦμαι. μαρ-
τυρεῖν γὰρ οἱ νόμοι οὐκ ἐῶσιν αὐτὸν αὑτῷ οὔτ᾽ ἐπὶ ταῖς
γραφαῖς οὔτ᾽ ἐπὶ ταῖς δίκαις οὔτ᾽ ἐν ταῖς εὐθύναις. ὁ τοίνυν
Φορμίων αὐτὸς αὑτῷ μεμαρτύρηκεν, ὁπότε φασὶν οὗτοι
10 ἀκούσαντες ἐκείνου ταῦτα μεμαρτυρηκέναι. ἵνα δὲ εἰδῆτε
ἀκριβῶς, αὐτὸν τὸν νόμον μοι ἀνάγνωθι.

ΝΟΜΟΣ.

Τοῖν ἀντιδίκοιν ἐπάναγκες εἶναι ἀποκρίνασθαι ἀλλήλοις τὸ
ἐρωτώμενον, μαρτυρεῖν δὲ μή.

Σκέψασθε τοίνυν τουτονὶ τὸν νόμον, ὃς κελεύει ὑποδίκους
[1132] εἶναι τῶν ψευδομαρτυρίων καὶ κατ᾽ αὐτὸ τοῦτο, ὅτι μαρτυρεῖ
παρὰ τὸν νόμον.

ΝΟΜΟΣ.

Ἔστω δὲ καὶ ὑπόδικος τῶν ψευδομαρτυρίων ὁ μαρτυρήσας
αὐτοῦ τούτου, ὅτι μαρτυρεῖ παρὰ τὸν νόμον· καὶ ὁ προβαλόμενος
κατὰ ταὐτά.

---

1 τῷ πατρὶ ἡμῶν delere malit Blass   5 leges et testimonia in
hac oratione om. S   13 θ᾽ ante ὁ add. Dobree   24 αὐτὸ om. D
28 προβαλόμενος Reiske : προβαλλόμενος codd.

Ἔτι τοίνυν κἂν ἀπὸ τοῦ γραμματείου γνοίη τις, ἐν ᾧ ἡ 11
μαρτυρία γέγραπται, ὅτι τὰ ψευδῆ μεμαρτύρηκεν. λελευκω-
μένον τε γάρ ἐστιν καὶ οἴκοθεν κατεσκευασμένον. καίτοι
τοὺς μὲν τὰ πεπραγμένα μαρτυροῦντας προσήκει οἴκοθεν τὰς
5 μαρτυρίας κατεσκευασμένας μαρτυρεῖν, τοὺς δὲ τὰς προ-
κλήσεις μαρτυροῦντας, τοὺς ἀπὸ ταὐτομάτου προσστάντας,
ἐν μάλθῃ γεγραμμένην τὴν μαρτυρίαν, ἵνα, ἐάν τι προσ-
γράψαι ἢ ἀπαλείψαι βουληθῇ, ῥᾴδιον ᾖ.

Οὐκοῦν κατὰ μὲν ταῦτα πάντα ἐξελέγχεται τὰ ψευδῆ 12
10 μεμαρτυρηκὼς καὶ παρὰ τὸν νόμον· βούλομαι δ᾽ ὑμῖν καὶ
αὐτὸ τοῦτο ἐπιδεῖξαι, ὡς οὔτε διέθετο ὁ πατὴρ ἡμῶν δια-
θήκην οὐδεμίαν οὔθ᾽ οἱ νόμοι ἐῶσιν. εἰ γάρ τις ἔροιτο ὑμᾶς,
καθ᾽ ὁποίους νόμους δεῖ πολιτεύεσθαι ἡμᾶς, δῆλον ὅτι ἀπο-
κρίναισθ᾽ ἂν κατὰ τοὺς κειμένους. ἀλλὰ μὴν οἵ γε νόμοι
15 ἀπαγορεύουσι ‘μηδὲ νόμον ἐξεῖναι ἐπ᾽ ἀνδρὶ θεῖναι, ἂν μὴ
τὸν αὐτὸν ἐφ᾽ ἅπασιν Ἀθηναίοις’. οὐκοῦν ὁ μὲν νόμος 13
οὑτοσὶ τοῖς αὐτοῖς νόμοις πολιτεύεσθαι ἡμᾶς κελεύει καὶ οὐκ
⟨ἄλλους⟩ ἄλλοις. ὁ δὲ πατὴρ ἐτελεύτησεν ἐπὶ Δυσνικήτου
ἄρχοντος, ὁ δὲ Φορμίων Ἀθηναῖος ἐγένετο ἐπὶ Νικοφήμου
20 ἄρχοντος, δεκάτῳ ἔτει ὕστερον ἢ ὁ πατὴρ ἡμῶν ἀπέθανεν.
πῶς ἂν οὖν μὴ εἰδὼς ὁ πατὴρ αὐτὸν Ἀθηναῖον ἐσόμενον,
ἔδωκεν ἂν τὴν ἑαυτοῦ γυναῖκα, καὶ προὐπηλάκισε μὲν ἂν
ἡμᾶς, κατεφρόνησε δ᾽ ἂν τῆς δωρεᾶς ἧς παρ᾽ ὑμῶν ἔλαβεν, [1133]
παρεῖδε δ᾽ ἂν τοὺς νόμους; πότερα δὲ κάλλιον ἦν αὐτῷ
25 ζῶντι πρᾶξαι ταῦτα, εἴπερ ἐβούλετο, ἢ ἀποθανόντα διαθήκας
καταλιπεῖν, ἃς οὐ κύριος ἦν; ἀλλὰ μὴν αὐτῶν τῶν νόμων 14
ἀκούσαντες γνώσεσθε, ὡς οὐ κύριος ἦν διαθέσθαι. λέγε τὸν
νόμον.

---

6 προσστάντας scripsi, cf. xlvii 12, Aeschin. i 117 : προστάντας codd.
7 ἐν Reiske : καὶ ἐν codd.   γεγραμμένην SF¹ : γεγραμμένους
F corr. Q D   7–8 ἐάν τι ... βουληθῇ ... ᾖ Schaefer : εἴ τι ... βουληθῇ
(sine accentu S) ... ἦν codd. : εἴ τι ... ἐβουλήθη ... ἦν Voemel, quasi
per anacoluthiam quandam ex generali sententia ad Stephanum et
Phormionem transeat orator.   15 ἐξεῖναι ἐπ᾽ ἀνδρὶ S : ἐπ᾽ ἀνδρὶ ἐξεῖναι
F Q D   18 ἄλλους add. Reiske   24 τοὺς S : καὶ τοὺς F Q D

ΝΟΜΟΣ.

Ὅσοι μὴ ἐπεποίηντο, ὥστε μήτε ἀπειπεῖν μήτ᾽ ἐπιδικάσασθαι,
ὅτε Σόλων εἰσῄει τὴν ἀρχήν, τὰ ἑαυτοῦ διαθέσθαι εἶναι ὅπως ἂν
ἐθέλῃ, ἂν μὴ παῖδες ὦσι γνήσιοι ἄρρενες, ἂν μὴ μανιῶν ἢ γήρως
ἢ φαρμάκων ἢ νόσου ἕνεκα, ἢ γυναικὶ πειθόμενος, ὑπὸ τούτων 5
τοῦ παρανοῶν, ἢ ὑπ᾽ ἀνάγκης ἢ ὑπὸ δεσμοῦ καταληφθείς.

15   Τοῦ μὲν νόμου τοίνυν ἀκηκόατε, ὃς οὐκ ἐᾷ διαθήκας δια-
θέσθαι, ἐὰν παῖδες ὦσι γνήσιοι. οὗτοι δέ φασι ταῦτα
διαθέσθαι τὸν πατέρα, ὡς δὲ παρεγένοντο οὐκ ἔχουσιν ἐπι-
δεῖξαι. ἄξιον δὲ καὶ τόδε ἐνθυμηθῆναι, ὅτι ὅσοι μὴ ἐπε- 10
ποίηντο ἀλλ᾽ ἦσαν πεφυκότες γνήσιοι, τούτοις ὁ νόμος
δίδωσιν, ἐὰν ἄπαιδες ὦσιν, διαθέσθαι τὰ ἑαυτῶν. ὁ τοίνυν
πατὴρ ἡμῶν ἐπεποίητο ὑπὸ τοῦ δήμου πολίτης, ὥστε οὐδὲ
κατὰ τοῦτο ἐξῆν αὐτῷ διαθέσθαι διαθήκην, ἄλλως τε καὶ περὶ
τῆς γυναικός, ἧς οὐδὲ κύριος ἐκ τῶν νόμων ἦν, παῖδές τε 15
16   ἦσαν αὐτῷ. σκέψασθε δὲ καὶ διότι οὐδ᾽ ἂν ἄπαις τις ᾖ,
κύριός ἐστι τὰ αὐτοῦ διαθέσθαι, ἐὰν μὴ εὖ φρονῇ· νοσοῦντα
δὲ ἢ φαρμακῶντα ἢ γυναικὶ πειθόμενον ἢ ὑπὸ γήρως ἢ ὑπὸ
μανιῶν ἢ ὑπὸ ἀνάγκης τινὸς καταληφθέντα ἄκυρον κε-
λεύουσιν εἶναι οἱ νόμοι. σκοπεῖτε δή, εἰ δοκοῦσιν ὑμῖν εὖ 20
[1134]   φρονοῦντος ἀνδρὸς εἶναι αἱ διαθῆκαι, ἅς φασι διαθέσθαι
17   οὗτοι τὸν πατέρα. μὴ πρὸς ἄλλο δέ τι παράδειγμα σκέ-
ψησθε ἢ πρὸς τὴν μίσθωσιν, εἰ δοκεῖ ὑμῖν ἀκόλουθον εἶναι
τῷ τὴν τέχνην μὴ ἐξουσίαν δοῦναι εἰ μὴ ἐν τῷ αὐτῷ ἡμῖν
ἐργάζεσθαι, τούτῳ τὴν γυναῖκα δοῦναι τὴν αὐτοῦ καὶ τῶν 25
παίδων ἐᾶσαι κοινωνὸν αὐτῷ γενέσθαι. καὶ μὴ θαυμάζετε,
εἰ τἆλλα σκευωρουμένους αὐτοὺς τὰ ἐν τῇ μισθώσει τοῦτο
παρέλαθεν. ἴσως μὲν γὰρ οὐδὲ προσεῖχον ἄλλῳ οὐδενὶ ἢ

4 γηρῶν Kaibel   5 ἕνεκεν codd.   6 τοῦ παρανοῶν Wesseling, cf.
Isae. vi 9 : τοῦ παρανόμων codd.   9 ὡς δὲ παρεγένοντο Wolf : ὡς δὲ
παρεγένετο codd. : ὃς δὲ παρεγένετο Seager   οὐχ εκουσιν S (litt. κ et χ
a pr. m.)   ὑποδεῖξαι S¹   12 ἐὰν . . . ῶσιν om. S   20 δὴ S corr. :
δὲ S¹ vulg.   21 αἱ διαθῆκαι SQ γρ. : διαθήκας F Q D   22 τι om.
F Q D   24 δοῦναι εἰ μὴ Blass coll. xlv 31, 34 : δόντι codd.

τῷ τὰ χρήματα ἀποστερῆσαι καὶ τῷ προσοφείλοντα τὸν
πατέρα ἐγγράψαι· εἶτα δὲ οὐδὲ ἐδόκουν ἐμὲ οὕτω δεινὸν
ἔσεσθαι ὥστε ταῦτα ἀκριβῶς ἐξετάσαι.

Σκέψασθε τοίνυν καὶ τοὺς νόμους, παρ᾽ ὧν κελεύουσι τὰς 18
5 ἐγγύας ποιεῖσθαι, ἵν᾽ εἰδῆτε καὶ ἐκ τούτων ὡς κατεσκευα-
σμένης διαθήκης ψευδὴς μάρτυς γέγονε Στέφανος οὑτοσί.

ΝΟΜΟΣ.

Ἥν ἂν ἐγγυήσῃ ἐπὶ δικαίοις δάμαρτα εἶναι ἢ πατὴρ ἢ ἀδελφὸς
ὁμοπάτωρ ἢ πάππος ὁ πρὸς πατρός, ἐκ ταύτης εἶναι παῖδας
10 γνησίους. ἐὰν δὲ μηδεὶς ᾖ τούτων, ἐὰν μὲν ἐπίκληρός τις ᾖ, τὸν
κύριον ἔχειν, ἐὰν δὲ μὴ ᾖ, ὅτῳ ἂν ἐπιτρέψῃ, τοῦτον κύριον εἶναι.

Οὗτος μὲν τοίνυν ὁ νόμος οὓς ἐποίησεν κυρίους εἶναι, 19
ἀκηκόατε· ὅτι δ᾽ οὐδεὶς ἦν τούτων τῇ μητρί, οἱ ἀντίδικοί μοι
αὐτοὶ μεμαρτυρήκασιν. εἰ γὰρ ἦν, παρείχοντ᾽ ἄν. ἢ μάρ-
15 τυρας μὲν ψευδεῖς οἴεσθ᾽ ἂν παρασχέσθαι καὶ διαθήκας οὐκ
οὔσας, ἀδελφὸν δὲ ἢ πάππον ἢ πατέρα οὐκ ἄν, εἴπερ ἦν
δυνατὸν ἕνεκα χρημάτων; ὁπότε τοίνυν μηδεὶς φαίνεται ζῶν
τούτων, τότε ἀνάγκη ἐπίκληρον τὴν μητέρα ἡμῶν εἶναι. τῆς
τοίνυν ἐπικλήρου σκοπεῖτε τίνας κελεύουσιν οἱ νόμοι κυρίους [1135]
20 εἶναι. λέγε τὸν νόμον.   20

ΝΟΜΟΣ.

Καὶ ἐὰν ἐξ ἐπικλήρου τις γένηται καὶ ἅμα ἡβήσῃ ἐπὶ δίετες,
κρατεῖν τῶν χρημάτων, τὸν δὲ σῖτον μετρεῖν τῇ μητρί.

Οὐκοῦν ὁ μὲν νόμος κελεύει τοὺς παῖδας ἡβήσαντας
25 κυρίους τῆς μητρὸς εἶναι, τὸν δὲ σῖτον μετρεῖν τῇ μητρί.
ἐγὼ δὲ φαίνομαι στρατευόμενος καὶ τριηραρχῶν ὑμῖν, ὅτε
οὗτος συνῴκησεν τῇ μητρί. ἀλλὰ μὴν ὅτι ἐγὼ μὲν ἀπεδή- 21
μουν τριηραρχῶν, ἐτετελευτήκει δὲ ὁ πατὴρ πάλαι, ὅτε

---

2 εἶτα δὲ S Q γρ.: εἶτα F Q D   6 οὑτοσί S: οὑτοσί· λέγε F Q D
11 ᾖ del. Turr.   15 μὲν ψευδεῖς μὲν S   οἴεσθ᾽ ἂν codd.: οἴεσθ᾽ αὐτοὺς
Gebauer-Arg. ex contr. p. 207, cf. Dein. i 45   23 post χρημάτων
addi καὶ κύριον εἶναι τῆς μητρὸς voluit Blass   28 τετελευτήκει codd.

οὗτος ἔγημε, τὰς δὲ θεραπαίνας αὐτὸν ἐξῄτουν καὶ ἠξίουν
περὶ αὐτοῦ τούτου βασανίζεσθαι αὐτάς, εἰ ταῦτ' ἀληθῆ ἐστι,
καὶ ὡς προὐκαλούμην, λαβέ μοι τὴν μαρτυρίαν.

ΜΑΡΤΥΡΙΑ.

Μαρτυροῦσι παρεῖναι ὅτε προὐκαλεῖτο Ἀπολλόδωρος Φορμίωνα, 5
ὅτε ἠξίου παραδοῦναι Ἀπολλόδωρος Φορμίωνα τὰς θεραπαίνας
εἰς βάσανον, εἰ μή φησι Φορμίων καὶ πρότερον διεφθαρκέναι τὴν
μητέρα τὴν ἐμήν, πρὶν οὗ ἀποφαίνει Φορμίων γῆμαι ἐγγυησάμενος
αὐτὴν παρὰ Πασίωνος. ταῦτα δὲ προκαλουμένου Ἀπολλοδώρου
οὐκ ἠθέλησε Φορμίων παραδοῦναι τὰς θεραπαίνας. 10

22 Τὸν τοίνυν νόμον ἐπὶ τούτοις ἀνάγνωθι, ὃς κελεύει ἐπιδι-
κασίαν εἶναι τῶν ἐπικλήρων ἁπασῶν, καὶ ξένων καὶ ἀστῶν,
καὶ περὶ μὲν τῶν πολιτῶν τὸν ἄρχοντα εἰσάγειν καὶ ἐπιμε-
λεῖσθαι, περὶ δὲ τῶν μετοίκων τὸν πολέμαρχον, καὶ ἀνεπί-
δικον μὴ ἐξεῖναι ἔχειν μήτε κλῆρον μήτε ἐπίκληρον. 15

ΝΟΜΟΣ.

Κληροῦν δὲ τὸν ἄρχοντα κλήρων καὶ ἐπικλήρων, ὅσοι εἰσὶ
μῆνες, πλὴν τοῦ σκιροφοριῶνος. ἀνεπίδικον δὲ κλῆρον μὴ ἔχειν.

23 Οὐκοῦν αὐτόν, εἴπερ ἐβούλετο ὀρθῶς διαπράττεσθαι,
λαχεῖν ἔδει τῆς ἐπικλήρου, εἴτε κατὰ δόσιν αὐτῷ προσῆκεν 20
εἴτε κατὰ γένος, εἰ μὲν ὡς ὑπὲρ ἀστῆς, πρὸς τὸν ἄρχοντα, εἰ
δὲ ὡς ὑπὲρ ξένης, πρὸς τὸν πολέμαρχον, καὶ τότε, εἴπερ τι
λέγειν εἶχε δίκαιον, πείσαντα ὑμῶν τοὺς λαχόντας μετὰ τῶν
νόμων καὶ τῆς ψήφου κύριον εἶναι, καὶ μὴ αὐτὸν αὑτῷ νόμους
ἰδίους θέμενον διαπράξασθαι ἃ ἐβούλετο. 25

24 Σκέψασθε δὴ καὶ τονδὶ τὸν νόμον, ὃς κελεύει τὴν δια-
θήκην, ἣν ἂν παίδων ὄντων γνησίων ὁ πατὴρ διαθῆται ἐὰν
ἀποθάνωσιν οἱ παῖδες πρὶν ἡβῆσαι, κυρίαν εἶναι.

---

6 παραδοῦναι Reiske : ἀποδοῦναι codd.   13 πολιτίδων Wolf   15
κλῆρον μήτε ἐπίκληρον] καιρον μήτε κλῆρον S   17 τὸν ἄρχοντα habet
Q solus   κλήρων Bekker : κλῆρον Q : τὸν κλῆρον F : τῶν κλήρων
Reiske   18 ἀνεπίδικον Wolf : ἐπίδικον codd.   20 προσῆκεν
Schaefer : προσήκειν codd.   22 δὲ ὡς Q γρ. : δὲ cett.   26 post
κελεύει iterat τὸν νόμον S sed punctis notatum

ΝΟΜΟΣ.

Ὅ τι ἂν γνησίων ὄντων υἱέων ὁ πατὴρ διαθῆται ἐὰν ἀποθάνω-
σιν οἱ υἱεῖς πρὶν ἐπὶ δίετες ἡβᾶν, τὴν τοῦ πατρὸς διαθήκην κυρίαν
εἶναι.

5   Οὐκοῦν ὁπότε ζῶσιν, ἄκυρος μὲν ἡ διαθήκη ἐστίν, ἥν 25
φασιν οὗτοι τὸν πατέρα καταλιπεῖν, παρὰ πάντας δὲ τοὺς
νόμους μεμαρτύρηκε Στέφανος οὑτοσὶ τὰ ψευδῆ, ὡς ἀντί-
γραφά ἐστι τῆς διαθήκης τῆς Πασίωνος· πῶς γὰρ σὺ οἶσθα,
καὶ ποῦ παραγενόμενος διατιθεμένῳ τῷ πατρί; κακοτεχνῶν
10 δὲ φαίνει περὶ τὰς δίκας, τὰ ψευδῆ μὲν αὐτὸς μαρτυρῶν
ἑτοίμως, κλέπτων δὲ τὰς ἀληθεῖς μαρτυρίας, ἐξαπατῶν δὲ
τοὺς δικαστάς, συνιστάμενος δ' ἐπὶ ταῖς δίκαις. οἱ δὲ νόμοι
καὶ περὶ τῶν τοιούτων γραφὴν πεποιήκασιν. καί μοι 26
ἀνάγνωθι τὸν νόμον.

15   ΝΟΜΟΣ.   [1137]

  Ἐάν τις συνιστῆται, ἢ συνδεκάζῃ τὴν ἡλιαίαν ἢ τῶν δικαστη-
ρίων τι τῶν Ἀθήνησιν ἢ τὴν βουλὴν ἐπὶ δωροδοκίᾳ χρήματα
διδοὺς ἢ δεχόμενος, ἢ ἑταιρείαν συνιστῇ ἐπὶ καταλύσει τοῦ δήμου,
ἢ συνήγορος ὢν λαμβάνῃ χρήματα ἐπὶ ταῖς δίκαις ταῖς ἰδίαις ἢ
20 δημοσίαις, τούτων εἶναι τὰς γραφὰς πρὸς τοὺς θεσμοθέτας.

  Ἡδέως ἂν τοίνυν ὑμᾶς ἐροίμην ἐπὶ τούτοις ἅπασι, κατὰ 27
ποίους νόμους ὀμωμοκότες δικάζετε, πότερα κατὰ τοὺς τῆς
πόλεως ἢ καθ' οὓς Φορμίων αὐτῷ νομοθετεῖ. ἐγὼ μὲν
τοίνυν τούτους παρέχομαι ὑμῖν, καὶ ἐξελέγχω αὐτοὺς ἀμφο-
25 τέρους παραβεβηκότας, Φορμίωνα μὲν ἐξ ἀρχῆς ἀδικήσαντα
ἡμᾶς καὶ ἀποστερήσαντα τὰ χρήματα, ἃ ὁ πατὴρ ἡμῖν κατέ-
λιπεν καὶ ἐμίσθωσε τούτῳ μετὰ τῆς τραπέζης καὶ τοῦ

2 υἱέων Blass : υἱῶν codd.   10 δίκας S : διαθήκας F Q D   11
ἀληθεῖς] ἀληθείας S¹   12 δίκαις F Q D : διαθήκαις S Q γρ. deinde
tres litt. in S erasae ; καὶ fuisse videtur   16 συνιστῆται ἢ deleto,
ἢ συνιστῆται ante ἢ ἑταιρείαν infra inseri vult Thalheim   συνδεκάζῃ
Wolf : συνδικάζῃ codd.   18 διδοὺς ἢ Wolf : διδούσῃ codd.   ἐπὶ
καταλύσει τοῦ δήμου del. Thalheim   19 τὰ χρήματα F D   23 ⟨αὐτὸς⟩
αὐτῷ Bockmeijer coll. § 23, xxiv 65, lvi 12

ἐργαστηρίου, Στέφανον δὲ τουτονὶ τὰ ψευδῆ μεμαρτυρηκότα
καὶ παρὰ τὸν νόμον.

28 Ἄξιον τοίνυν, ὦ ἄνδρες δικασταί, καὶ τόδε ἐνθυμηθῆναι,
ὅτι διαθήκης οὐδεὶς πώποτε ἀντίγραφα ἐποιήσατο, ἀλλὰ
συγγραφῶν μέν, ἵνα εἰδῶσι καὶ μὴ παραβαίνωσι, διαθηκῶν 5
δὲ οὔ. τούτου γὰρ ἕνεκα (κατασεσημασμένας) καταλείπου-
σιν οἱ διατιθέμενοι, ἵνα μηδεὶς εἰδῇ ἃ διατίθενται. πῶς οὖν
ὑμεῖς ἴστε ὅτι ἀντίγραφά ἐστιν τῶν διαθηκῶν τῶν Πασίωνος
τὰ ἐν τῷ γραμματείῳ γεγραμμένα;

Δέομαι οὖν ὑμῶν ἁπάντων, ὦ ἄνδρες δικασταί, καὶ ἱκετεύω 10
βοηθῆσαι μὲν ἐμοί, τιμωρήσασθαι δὲ τοὺς ἑτοίμως οὕτως τὰ
ψευδῆ μαρτυροῦντας, ὑπέρ τε ὑμῶν αὐτῶν καὶ ἐμοῦ καὶ τοῦ
δικαίου καὶ τῶν νόμων.

4 διαθήκης S Q D : διαθήκας F : διαθηκῶν mg. edit. Paris.   6 κατα-
σεσημασμένας post Reiskium addidi   10 οὖν Q γρ. : δὲ cett.
In S subscriptum
ΚΑΤΑ ΣΤΕΦα ΨΕΥΔΟΜΑΡΤΥΡΙΩΝ Β̄

ΚΑΤΑ ΕΥΕΡΓΟΥ ΚΑΙ ΜΝΗΣΙΒΟΥΛΟΥ
ΨΕΥΔΟΜΑΡΤΥΡΙΩΝ [1138]

ΥΠΟΘΕΣΙΣ.

Ἐπειγομένων Ἀθηναίων εἰς στρατείαν ναυτικὴν ἐνέδει σκεύη
τριηρικά. καὶ γράφεται ψήφισμα κατὰ τάχος εἰσπράττειν τοὺς
ὀφείλοντας σκεύη τριηρικὰ τῇ πόλει· οὗτοι δ' ἦσαν τῶν τετριη-
ραρχηκότων τινές. ἄλλος μὲν οὖν ἄλλους εἰσπράττειν ἐτάχθη,
5 ὁ δὲ νῦν τὸν λόγον λέγων Θεόφημον καὶ Δημοχάρην. ἀγνωμο-
νοῦσι δ' αὐτοῖς δίκην ἔλαχε καὶ εἷλε. καὶ ὁ μὲν Δημοχάρης
ἀποδέδωκεν, ὁ δὲ Θεόφημος ἔτι μεθοδευόμενος ἦν. ψηφισαμένης 2
δὲ τῆς βουλῆς ὅτῳ τις ἂν δύνηται τρόπῳ τοὺς ὀφείλοντας εἰσπράτ-
τειν, ἧκεν ἐπὶ τὴν οἰκίαν τοῦ Θεοφήμου οὗτος ὁ νῦν δικαζόμενος.
10 ἐκ δ' ἀψιμαχίας πληγὰς ἀλλήλοις ἐνέτειναν, καὶ αἰκίας κατ' ἀλ-
λήλων δίκας ἀπήνεγκαν, ἑκάτερος φάσκων τὸν ἕτερον ἄρξαι
τῶν πληγῶν· τοῦτο γὰρ ἦν ἡ αἰκία. πρότερος οὖν εἰσελθὼν ὁ
Θεόφημος παρέσχετο μάρτυρας Εὔεργον καὶ Μνησίβουλον,
τὸν μὲν ἀδελφὸν ὄνθ' ἑαυτοῦ, τὸν δὲ κηδεστήν. οἱ δ' ἐμαρ- 3
15 τύρησαν ὅτι Θεόφημος μὲν ἐβούλετο παραδοῦναι τὴν ἄνθρωπον
εἰς βάσανον τὴν παροῦσαν τῇ μάχῃ, ἵν' εἴπῃ βασανιζομένη πότε-
ρος ἦρξατο τῶν πληγῶν, ταῦτα δὲ προκαλουμένου τοῦ Θεοφήμου
καὶ παραδιδόντος τὴν θεράπαιναν οὐκ ἐδέξατο. τέλος οἱ μὲν
δικασταὶ τῇ μαρτυρίᾳ πεισθέντες ὑπὲρ Θεοφήμου τὴν ψῆφον
20 ἔθεντο, ὁ δ' ἡττηθεὶς τοῖς μάρτυσιν ὡς ψευσαμένοις δικάζεται. [1139]

Καλῶς μοι δοκοῦσιν οἱ νόμοι ἔχειν, ὦ ἄνδρες δικασταί,
οἱ ὑπόλοιπον ἀγῶνα ἀποδόντες ταῖς δίκαις ⟨τὸν⟩ τῶν ψευδο-
μαρτυρίων, ἵνα, εἴ τις μάρτυρας τὰ ψευδῆ μαρτυροῦντας
παρασχόμενος ἢ προκλήσεις μὴ γενομένας ἢ μαρτυρίας παρὰ

1–2 ἐνέδει . . . καὶ om. D   2, 3 τριηρικά Dindorf : τριηραρχικά
codd.   2 καὶ γράφεται F D : γρ. οὖν S   5 Δημοχάρη F D   10
κατ' Reiske : καὶ κατ' codd.   13 μάρτυρας Ald. : μαρτυρίας codd.
18 ἐδέξαντο codd., corr. Wolf   22 οἱ S A : om. F Q D   ἀπο-
δόντες S A : ἀποδιδόντες F Q D   τὸν add. Dobree

τὸν νόμον μαρτυρηθείσας ἐξηπάτησεν τοὺς δικαστάς, μηδὲν
αὐτῷ πλέον γένηται, ἀλλ᾽ ἐπισκηψάμενος ταῖς μαρτυρίαις ὁ
ἀδικηθεὶς καὶ εἰσελθὼν ὡς ὑμᾶς καὶ ἐπιδείξας περὶ τοῦ
πράγματος τοὺς μάρτυρας τὰ ψευδῆ μεμαρτυρηκότας, παρά
τε τούτων δίκην λάβῃ καὶ τὸν προβαλόμενον ὑπόδικον ἔχῃ 5
2 τῶν κακοτεχνιῶν. καὶ διὰ τοῦτο τῷ μὲν διώκοντι ἐλάττω
ἐποίησαν τὰ ἐπιτίμια, ἐὰν ἡττηθῇ, ἵνα μὴ διὰ τὸ πλῆθος
ἀποτρέπωνται διώκειν τοὺς μάρτυρας τῶν ψευδομαρτυρίων
οἱ ἀδικούμενοι, τῷ δὲ φεύγοντι μεγάλας ἐπέθηκαν τιμωρίας,
ἐὰν ἁλῶσιν καὶ δόξωσιν ὑμῖν τὰ ψευδῆ μεμαρτυρηκέναι. 10
3 δικαίως, ὦ ἄνδρες δικασταί. ὑμεῖς γὰρ εἰς τοὺς μάρτυρας
βλέψαντες, καὶ πιστεύσαντες οἷς ἂν οὗτοι μαρτυρήσωσιν,
ψηφίζεσθε· ἵνα οὖν μήθ᾽ ὑμεῖς ἐξαπατᾶσθε μήθ᾽ οἱ εἰσιόντες
εἰς ὑμᾶς ἀδικῶνται, διὰ ταῦτα αὐτοὺς ὑποδίκους ἐποίησεν ὁ
[1140] νομοθέτης. δέομαι δὲ ὑμῶν καὶ ἐγὼ μετ᾽ εὐνοίας μου 15
ἀκροάσασθαι περὶ τοῦ πράγματος ἐξ ἀρχῆς ἅπαντα, ἵνα ἐκ
τούτων εἰδῆτε ὅσα ἐγώ τε ἠδικήθην καὶ ἐξηπατήθησαν οἱ
δικασταὶ καὶ οὗτοι τὰ ψευδῆ ἐμαρτύρησαν.

4 Μάλιστα μὲν οὖν ἂν ἐβουλόμην μὴ ἔχειν πράγματα· εἰ
δ᾽ οὖν ἀναγκάζοι τις, πρὸς τοιούτους ἡδύ ἐστιν εἰσιέναι οἳ 20
μὴ ἀγνῶτές εἰσιν ὑμῖν. νῦν δὲ πλείων μοι λόγος ἔσται
ἐξελέγχοντι τὸν τρόπον αὐτῶν ἢ τὴν μαρτυρίαν ψευδῆ οὖσαν.
περὶ μὲν γὰρ τῆς μαρτυρίας, ὅτι ψευδῆ μεμαρτυρήκασιν,
αὐτοί μοι δοκοῦσιν ἔργῳ ἐξελέγχειν αὐτήν, καὶ οὐκ ἄλλους
5 με δεῖ μάρτυρας παρασχέσθαι ἢ αὐτοὺς τούτους· ἐξὸν γὰρ 25
αὐτοῖς ἀπηλλάχθαι πραγμάτων καὶ μὴ κινδυνεύειν εἰσιόντας
εἰς ὑμᾶς, ἔργῳ βεβαιώσαντας ὡς ἀληθής ἐστιν ἡ μαρτυρία,

3 ὡς S A F¹, cf. xxi 112, 218, xxxvii 8, Isae. i 3, Lys. xxxi 1 : εἰς
F corr. Q   8 ἀποτράπωνται A : ἀποτρέποιτο F   9 ὁ ἀδικούμενος F
sed οἱ s.v.   ἐπέθηκαν] ἔθηκε A   10 ἁλῶσιν καὶ δόξωσιν S Q γρ. : ἁλῷ
καὶ δοκῇ vulg.   τὰ] hic desinit codex A, in quo haec oratio nunc qui-
dem extrema exstat   11 δικαίως S : καὶ δικαίως F Q D   13 ἐξαπα-
τᾶσθε S   19 ἠβουλόμην S   20 δ᾽ οὖν] δ᾽ ἄρ᾽ Naber   ἀναγ-
κάζει Richards   οἳ Wolf : εἰ codd.   24 αὐτήν S F Q D : αὐτούς
F γρ. Q γρ. : αὐτούς Voemel   25 γὰρ S : γὰρ ἦν cett.   26 αὐ-
τοῖς S F corr. D : αὐτοὺς vulg.   27 βεβαιώσοντας S F¹

οὐκ ἠθελήκασιν παραδοῦναι τὴν ἄνθρωπον, ἣν μεμαρτυρήκασιν
προκαλέσασθαι πρὸς τῷ διαιτητῇ Πυθοδώρῳ ἐκ Κηδῶν
παραδιδόναι ἕτοιμον εἶναι Θεόφημον, ἠξίουν δ' ἐγὼ παραλαμ-
βάνειν, ὡς οἱ μάρτυρες ὑμῖν οἱ τότε παραγενόμενοι ἐμαρτύ-
5 ρησαν ἐν τῷ δικαστηρίῳ, καὶ νῦν δὲ μαρτυρήσουσιν. καὶ
Θεόφημος αὐτοῖς ὡς ἀληθῆ μεμαρτυρηκόσιν οὐκ ἐπεσκήψατο,
οὐδ' ἐπεξέρχεται τῶν ψευδομαρτυρίων. σχεδὸν μὲν οὖν μοι 6
καὶ αὐτοὶ ὁμολογοῦσιν ἐν τῇ μαρτυρίᾳ ἐθέλειν με παραλαμ-
βάνειν τὴν ἄνθρωπον, Θεόφημον δὲ ἀναβάλλεσθαι κελεύειν,
10 ἐμὲ δὲ οὐκ ἐθέλειν. ἣν δ' ἐγὼ μὲν ἠξίωσα παραλαμβάνειν,
Θεόφημος δὲ προὐκαλέσατο παραδοῦναι, ὡς οὗτοί φασιν, τὸ [1141]
δὲ σῶμα οὐδεὶς εἶδε παρόν, οὔτε τότε πρὸς τῷ διαιτητῇ οὔτε
ὕστερον πρὸς τῷ δικαστηρίῳ οὔτε ἄλλοθι οὐδαμοῦ παραδιδό-
μενον, ἐμαρτύρησαν δὲ οἱ μάρτυρες οὗτοι ὡς ἐθέλοι παρα-
15 δοῦναι Θεόφημος καὶ πρόκλησιν προκαλοῖτο, ᾠήθησαν δὲ οἱ 7
δικασταὶ ἀληθῆ εἶναι τὴν μαρτυρίαν, φεύγειν δ' ἐμὲ τὸν
ἔλεγχον ⟨τὸν⟩ ἐκ τῆς ἀνθρώπου περὶ τῆς αἰκείας, ὁπότερος
ἡμῶν ἦρξεν χειρῶν ἀδίκων (τοῦτο γάρ ἐστιν ἡ αἴκεια), πῶς
οὐκ ἀναγκαῖόν ἐστι τούτους τοὺς μάρτυρας τὰ ψευδῆ μεμαρ-
20 τυρηκέναι, οἵ γε οὐδὲ νῦν πω τολμῶσι τὸ σῶμα τῆς ἀνθρώ-
που παραδοῦναι, καθὰ ἔφασαν προκαλέσασθαι τὸν Θεόφημον
καὶ ἐμαρτύρησαν αὐτῷ, καὶ τὴν μὲν μαρτυρίαν ἔργῳ βε-
βαιῶσαι ὡς ἀληθής ἐστιν, καὶ τοὺς μάρτυρας ἀπηλλάχθαι
τοῦ ἀγῶνος παραδόντας τὸ σῶμα τῆς ἀνθρώπου, τὴν δὲ 8
25 ἄνθρωπον περὶ τῆς αἰκείας βασανίζεσθαι, ἐφ' ᾗ ἐγὼ διώκω
δίκῃ τὸν Θεόφημον, ἐπειδὴ τότε οὐ παρέσχεν, καὶ τὸν ἔλεγχον
ἐξ ὧν ὁ Θεόφημος ἔλεγεν τότε ἐξαπατῶν τοὺς δικαστάς, ἐκ

---

3 ἕτοιμον εἶναι del. Naber   5 καὶ ante νῦν om. S Q   νῦν S D :
νυνὶ F Q   6 ⟨οὐκ⟩ ἀληθῆ Bockmeijer coll. Isae. ii 15   7 μὲν
servat S solus   7–8 μοι καὶ αὐτοὶ S, cf. xlix 21 : τι καὶ αὐτοί μοι
vulg.   10 παραλαμβάνειν codd. : παραλαβεῖν Blass   13 ὕστε-
ρον hic S : post δικαστηρίῳ F Q D   14 δὲ servat S solus   16
δ' ἐμὲ] δὲ S   17 ⟨τὸν⟩ add. Blass, cf. § 79   18 πῶς S : πῶς
οὖν cett.   20 τολμῶσι om. S, in verbis sqq. (τὸ σῶμα) littera σ in
ras. litt. duarum quae λμ. fuisse videntur   22 βεβαιῶσαι S : βε-
βαιοῦσθαι F Q D   24 παραδόντας S, cf. §§ 5, 7 : παραδόντος F Q D

τούτων γίγνεσθαι; ἔφη γὰρ ἐν τῇ δίκῃ τῆς αἰκείας τοὺς
μὲν μάρτυρας τοὺς παραγενομένους καὶ μαρτυροῦντας τὰ
γενόμενα ἐν γραμματείῳ κατὰ τὸν νόμον ψευδεῖς εἶναι καὶ
ὑπ’ ἐμοῦ παρεσκευασμένους, τὴν δ’ ἄνθρωπον τὴν παραγενο-
μένην ἐρεῖν τἀληθῆ, οὐκ ἐκ γραμματείου μαρτυροῦσαν, ἀλλ’ 5
ἐκ τῆς ἰσχυροτάτης μαρτυρίας, βασανιζομένην, ὁπότερος
9 ἦρξε χειρῶν ἀδίκων. ἃ δή, λόγῳ τότε καταχρώμενος καὶ
μάρτυρας παρεχόμενος τούτων, ἠπάτα τοὺς δικαστάς, νῦν
[1142] ἐξελέγχεται ψευδῆ ὄντα· τὸ γὰρ σῶμα τῆς ἀνθρώπου οὐ
τολμᾷ παραδοῦναι, ὃ μεμαρτυρήκασιν αὐτὸν ἐθέλειν παρα- 10
δοῦναι, ἀλλὰ μᾶλλον προῄρηται τὸν ἀδελφὸν καὶ τὸν κηδεστὴν
ψευδομαρτυρίων ἀγωνίζεσθαι ἢ παραδοῦναι τὸ σῶμα τῆς
ἀνθρώπου καὶ δικαίως ἀπηλλάχθαι, καὶ μὴ διὰ λόγων καὶ
δεήσεως, ἐὰν δύνωνται ἐξαπατήσαντες ὑμᾶς ἀποφεύγειν,
10 πολλάκις ἐμοῦ προκαλεσαμένου καὶ ἐξαιτήσαντος τὴν ἄνθρω- 15
πον καὶ τότε ἀξιοῦντος παραλαμβάνειν καὶ μετὰ τὴν δίκην,
καὶ ὅτε ἐξέτινον αὐτοῖς, καὶ ἐφ’ ᾗ ἐγὼ δίκη τὸν Θεόφημον
διώκω τῆς αἰκείας, καὶ ἐν τῇ ἀνακρίσει τῶν ψευδομαρτυρίων,
καὶ τούτων οὐ προσποιουμένων, ἀλλὰ λόγῳ μὲν μαρτυρούντων
τὰ ψευδῆ, ἔργῳ δὲ οὐ παραδιδόντων τὴν ἄνθρωπον· εὖ γὰρ 20
ᾔδεσαν ὅτι βασανιζομένης αὐτῆς ἐξελεγχθήσονται ἀδικοῦντες,
οὐκ ἀδικούμενοι. ὡς δὲ ταῦτα ἀληθῆ λέγω, τούτων ὑμῖν
ἀναγνώσεται τὰς μαρτυρίας.

MΑΡΤΥΡΙΑΙ.

11   Ὅτι μὲν τοίνυν πολλάκις προκαλεσαμένῳ καὶ ἀξιοῦντι 25
παραλαβεῖν τὴν ἄνθρωπον οὐδεὶς παρεδίδου, μεμαρτύρηται
ὑμῖν. ἵνα δὲ καὶ ἐκ τεκμηρίων εἰδῆτε ὅτι ψευδῆ μεμαρτυρή-
κασιν, δηλώσω ὑμῖν. οὗτοι γάρ, εἴπερ ἀληθῆ ἦν ἃ φασιν

---

4 ὑπ’] ὑπὲρ SF γρ. Q γρ.   7 λόγῳ S, cf. xlix 45 : τῷ λόγῳ
F Q D   8 τούτων codd. : τούτους Dobree   ἠπάτα S : ἐξηπάτα
F Q D   11 προῄρηται S Q D   13 μὴ del. Rüger   16 τότε (τ’)
Blass   17 ἐξέτεινον codd., corr. Wolf   18 ἐν S : ἐπὶ F Q D
19 προσποιουμένων] προσιεμένων (cum Wolfio) vel προσομολογουμένων
Rüger; sed προσομολογεῖν active tantum usurpatur. nescio an aliquid
hic exciderit

προκαλέσασθαι τὸν Θεόφημον καὶ παραδιδόναι τὸ σῶμα τῆς
ἀνθρώπου, οὐκ ἂν δήπου δύο μόνους μάρτυρας ἐποιήσαντο
κηδεστὴν καὶ ἀδελφόν, τἀληθῆ μαρτυροῦντας, ἀλλὰ καὶ
ἄλλους ἂν πολλούς. ἡ μὲν γὰρ δίαιτα ἐν τῇ ἡλιαίᾳ ἦν (οἱ 12
5 γὰρ τὴν Οἰνῇδα καὶ τὴν Ἐρεχθῇδα διαιτῶντες ἐνταῦθα
κάθηνται)· τῶν δὲ τοιούτων προκλήσεων, ὅταν τις τὸ σῶμα
παραδιδῷ κομίσας, πολλοὶ προσίστανται ἐπακούοντες τῶν
λεγομένων, ὥστε οὐκ ἂν ἠπόρησαν μαρτύρων, εἴπερ καὶ [1143]
ὁπωστιοῦν ἀληθὴς ἦν ἡ μαρτυρία.

10 Μεμαρτυρήκασι τοίνυν, ὦ ἄνδρες δικασταί, ἐν τῇ αὐτῇ 13
μαρτυρίᾳ, ὡς ἐγὼ οὐκ ἐθέλοιμι ἀναβαλέσθαι, ὁ δὲ Θεόφημος
κελεύοι, ἵνα μοι παραδοίη τὴν ἄνθρωπον. ὡς δὲ οὐκ ἀληθὲς
τοῦτ᾽ ἔστιν, ἐγὼ ὑμᾶς διδάξω. εἰ μὲν γὰρ ἐγὼ τὸν Θεόφημον
ταύτην τὴν πρόκλησιν προὐκαλούμην ἣν μεμαρτυρήκασιν
15 αὐτῷ, ἀξιῶν αὐτὸν τὴν ἄνθρωπον παραδοῦναι, εἰκότως ἄν 14
μοι τούτους τοὺς λόγους ἀπεκρίνατο, ἀναβαλέσθαι κελεύων
τὴν δίαιταν εἰς τὴν ὑστέραν σύνοδον, ἵνα κομίσῃ τὴν ἄνθρω-
πον καὶ παραδῷ μοι· νῦν δὲ σὲ αὐτὸν μεμαρτυρήκασιν, ὦ
Θεόφημε, ἐθέλειν παραδιδόναι τὴν ἄνθρωπον, καὶ ἐμὲ μὴ
20 ᾽θέλειν παραλαβεῖν. πῶς οὖν σὺ κύριος μὲν ὢν τῆς ἀνθρώ-
που, μέλλων δὲ προκαλεῖσθαι ταύτην τὴν πρόκλησιν ἣν
μεμαρτυρήκασί σοι, καταφεύγων δὲ εἰς τὴν ἄνθρωπον περὶ
τοῦ δικαίου, ἄλλου δέ σοι οὐδενὸς ὄντος μάρτυρος ὡς ἐπλήγης 15
ὑπ᾽ ἐμοῦ ἄρχοντος χειρῶν ἀδίκων, οὐχ ἧκες ἔχων τὴν ἄνθρω-
25 πον πρὸς τὸν διαιτητὴν καὶ παρεδίδους τὸ σῶμα παρούσης
τῆς ἀνθρώπου, κύριός γε ὢν αὐτῆς; ἀλλὰ τὴν μὲν πρόκλησιν
φῂς προκαλέσασθαι, τὴν δὲ ἄνθρωπον οὐδεὶς εἶδεν, δι᾽ ἧς

1 προκαλεσθαι S   1–2 καὶ ... ἀνθρώπου del. Herwerden   2 μόνους
om. S   7 προσίστανται Q corr., cf. xlvi 11 : προΐστανται cett.
8 ἠπόρησε S   11 ἐγὼ (μὲν) Herwerden   14 προὐκαλούμην
hic S : ante ταύτην F Q D   18 σὲ αὐτὸν Bekker : σεαυτὸν codd.
μεμαρτυρήκασιν S : μεμαρτύρηκας F Q D (hic μὲν μ.)   19 θέλειν S :
ἐθέλειν F Q D   20 σὺ κύριος μὲν ὢν S : κύριος μὲν ὢν σὺ F Q D
22 περὶ S : μέλλων δὲ προκαλεῖσθαι περὶ F Q D   26 γε] τε S   27
εἶδεν] ιδεναι S

ἐξηπάτησας τοὺς δικαστάς, ψευδεῖς μάρτυρας παρασχόμενος
ὡς ἐθέλων παραδοῦναι.

16   Ἐπειδὴ τοίνυν σοι τότε οὐ παρῆν ἡ ἄνθρωπος, ἀλλὰ
πρότερον ἐσημάνθησαν οἱ ἐχῖνοι, ὕστερον ἔστιν ὅπου ἤγαγες
τὴν ἄνθρωπον εἰς τὴν ἀγορὰν ἢ εἰς τὸ δικαστήριον; εἰ γὰρ 5
μὴ τότε σοι παρεγένετο, ὕστερον δήπου ἔδει παραδιδόναι,
καὶ μάρτυρας ποιεῖσθαι ὡς ἐθέλεις ἐν τῇ ἀνθρώπῳ τὸν
[1144] ἔλεγχον γίγνεσθαι, καθάπερ προὐκαλέσω, προκλήσεώς τε
ἐμβεβλημένης σοι καὶ μαρτυρίας ὡς ἤθελες παραδιδόναι τὴν
ἄνθρωπον.   μέλλων τοίνυν εἰσιέναι τὴν δίκην ἔστιν ὅπου 10
17 τὴν ἄνθρωπον εἰσήγαγες πρὸς τὸ δικαστήριον; καίτοι ἔδει
αὐτόν, εἴπερ ἀληθῆ ἦν ἅ φασιν αὐτὸν προκαλεῖσθαι, κληρου-
μένων τῶν δικαστηρίων κομίσαντα τὴν ἄνθρωπον, λαβόντα
τὸν κήρυκα, κελεύειν ἐμέ, εἰ βουλοίμην, βασανίζειν, καὶ
μάρτυρας τοὺς δικαστὰς εἰσιόντας ποιεῖσθαι ὡς ἕτοιμός ἐστι 15
παραδοῦναι.   νυνὶ δὲ λόγῳ ἐξαπατήσας, ψευδεῖς μαρτυρίας
παρασχόμενος, οὐδέπω καὶ νῦν τολμᾷ τὴν ἄνθρωπον παρα-
δοῦναι, πολλάκις ἐμοῦ προκαλεσαμένου καὶ ἐξαιτήσαντος, ὡς
οἱ μάρτυρες ὑμῖν οἱ παραγενόμενοι μεμαρτυρήκασιν.   καί
μοι ἀνάγνωθι πάλιν τὰς μαρτυρίας.   20

ΜΑΡΤΥΡΙΑΙ.

18   Βούλομαι δ᾽ ὑμῖν, ὦ ἄνδρες δικασταί, καὶ τὴν δίκην διηγή-
σασθαι, ὅθεν ἐγένετό μοι πρὸς Θεόφημον, ἵνα εἰδῆτε ὅτι οὐ
μόνον ἐμοῦ ἀδίκως κατεδικάσατο, ἐξαπατήσας τοὺς δικαστάς,
ἀλλὰ καὶ τῆς βουλῆς ἅμα τῶν πεντακοσίων τῇ αὐτῇ ψήφῳ, 25
καὶ ἄκυρα μὲν ἐποίησεν τὰ δικαστήρια τὰ ὑμέτερα, ἄκυρα δὲ
τὰ ψηφίσματα καὶ τοὺς νόμους, ἀπίστους δὲ τὰς ἀρχὰς
κατέστησεν ὑμῖν καὶ τὰ γράμματα τὰ ἐν ταῖς στήλαις.   ὃν
19 δὲ τρόπον, ἐγὼ ὑμᾶς περὶ ἑνὸς ἑκάστου διδάξω.   ἐμοὶ γὰρ

---

1 παρεχόμενος F Q D   4–5 εἰσήγαγες τὴν ἄνον πρὸς τὸ δικαστήριον
D   7 (ὑμᾶς) μάρτυρας Herwerden   12 πληρουμένων F¹   17
παραδοῦναι τὴν ἄνθρωπον F Q D   20 πάλιν om. S   22 καὶ
servat S solus   24 ἐξαπατήσας hic S D : ante τῆς βουλῆς F Q

πρὸς Θεόφημον συμβόλαιον μὲν οὐδὲν πώποτε πρότερον ἐν
τῷ βίῳ ἐγένετο, οὐδ᾽ αὖ κῶμος ἢ ἔρως ἢ πότος, ὥστε διαφερό-
μενον περί τινος πλεονεκτήματος ἢ παροξυνόμενον ὑπὸ
ἡδονῆς τινὸς ἐλθεῖν ἐπὶ τὴν οἰκίαν τὴν τούτου. ψηφισμάτων
5 δὲ ὑμετέρων δήμου καὶ βουλῆς καὶ νόμου ἐπιτάξαντος, εἰσέ- [1145]
πραξα τοῦτον ὀφείλοντα τῇ πόλει σκεύη τριηρικά. δι᾽ ὅτι
δέ, ἐγὼ ὑμῖν διηγήσομαι. ἔτυχεν ἔκπλους ὢν τριήρων καὶ 20
βοήθεια ἀποστελλομένη διὰ τάχους. σκεύη οὖν ἐν τῷ
νεωρίῳ οὐχ ὑπῆρχεν ταῖς ναυσίν, ἀλλ᾽ ἔχοντες οἱ ὀφείλοντες
10 οὐκ ἀπεδίδοσαν· πρὸς δὲ τούτοις οὐδ᾽ ἐν τῷ Πειραιεῖ ὄντα
ἄφθονα ὀθόνια καὶ στυππεῖον καὶ σχοινία, οἷς κατασκευάζεται
τριήρης, ὥστε πρίασθαι. γράφει οὖν Χαιρέδημος τὸ ψήφισμα
τουτί, ἵνα εἰσπραχθῇ τὰ σκεύη ταῖς ναυσὶ καὶ σᾶ γένηται
τῇ πόλει. καί μοι ἀνάγνωθι τὸ ψήφισμα.

15   ΨΗΦΙΣΜΑ.

Τούτου τοίνυν τοῦ ψηφίσματος γεγενημένου, ἡ μὲν ἀρχὴ 21
ἐπεκλήρωσεν καὶ παρέδωκε τοὺς ὀφείλοντας τὰ σκεύη τῇ
πόλει[, οἱ δὲ τῶν νεωρίων ἐπιμεληταὶ] τοῖς τριηράρχοις τοῖς
ἐκπλέουσιν τότε καὶ τοῖς ἐπιμεληταῖς τοῖς ἐν ταῖς συμ-
20 μορίαις. ὁ δὲ νόμος ὁ τοῦ Περιάνδρου ἠνάγκαζεν καὶ
προσέταττεν παραλαβεῖν τοὺς ὀφείλοντας τὰ σκεύη, καθ᾽ ὃν
αἱ συμμορίαι συνετάχθησαν. πρὸς δὲ τούτοις ἕτερον ψή-
φισμα δήμου ἠνάγκαζε τὸ πρὸς μέρος ἡμῖν διδόναι τῶν
ὀφειλόντων ἕκαστον εἰσπράξασθαι. ἔτυχον δὴ ἐγὼ μὲν 22
25 τριηραρχῶν καὶ ἐπιμελητὴς ὢν τῆς συμμορίας, Δημοχάρης

2 οὐδ᾽ Sauppe : οὔτ᾽ codd.   6 καὶ τοῦτον S¹ sed καὶ puncto dele-
tum   τριηρικά codd., cf. Bekk. Anecd. 236. 11 : τριηριτικά Dindorf,
quae forma solemnis in titulis navalibus   7 ἔκπλους ὢν Madvig :
ἐκπλουσῶν D : εκπλευσων S : ἐκπλεουσῶν F Q   10–12 ὄντα ἄφθονα . . .
τριήρης] ἦν ἀφθονία Cobet   11 στυππεῖον F γρ., cf. Meisterhans³ 52.
422 : στυππια (vario accentu) codd.   num τοπεῖα scribendum ? Cf.
I. G. ii 790   13 σᾶ scripsi : σφα codd.   16 τούτου τοίνυν vulg. :
τούτου S   18 οἱ δὲ τῶν S F Q : δὲ secl. Baiter, om. D.   οἱ . . . ἐπι-
μεληταὶ del. Lipsius   τριηράρχαις S¹ Q D   21 τὰ σκεύη del. Dobree
21–22 καθ᾽ ὃν . . . συνετάχθησαν post Περιάνδρου transp. Reiske, del.
Dobree   24 εἰσπράξασθαι S, cf. § 48 : εἰσπράξαι vulg.   δὴ vulg. : δὲ S

δὲ ὁ Παιανιεὺς ἐν τῇ συμμορίᾳ ὢν καὶ ὀφείλων τῇ πόλει
σκεύη μετὰ Θεοφήμου τουτουί, συντριήραρχος γενόμενος.
γεγραμμένους οὖν αὐτοὺς ἀμφοτέρους ἐν τῇ στήλῃ ὀφείλοντας
τὰ σκεύη τῇ πόλει ἡ ἀρχὴ παραλαβοῦσα παρὰ τῆς προτέρας
ἀρχῆς, ἡμῖν παρέδωκεν κατά τε τὸν νόμον καὶ τὰ ψηφί- 5
23 σματα. ἐξ ἀνάγκης οὖν ἦν μοι παραλαβεῖν, ἐπεὶ ἐν τῷ
[1146] πρόσθε χρόνῳ πολλὰς τριηραρχίας τετριηραρχηκὼς ὑμῖν
οὐδεπώποτε ἔλαβον σκεύη ἐκ τοῦ νεωρίου, ἀλλ᾽ αὐτὸς ἰδίᾳ
παρεσκεύαζον, ὁπότε δέοι, ἵνα ὡς ἐλάχιστα πράγματα ἔχοιμι
πρὸς τὴν πόλιν· τότε δὲ κατά τε τὰ ψηφίσματα καὶ τὸν 10
24 νόμον ἠναγκαζόμην παραλαμβάνειν. ὡς δὲ ταῦτα ἀληθῆ
λέγω, τούτων ὑμῖν μάρτυρας παρέξομαι τό τε ψήφισμα καὶ
τὸν νόμον, ἔπειτα τὴν ἀρχὴν αὐτὴν τὴν παραδοῦσαν καὶ
εἰσαγαγοῦσαν εἰς τὸ δικαστήριον, εἶτα τοὺς ἐκ τῆς συμμορίας,
ἧς ἦν ἐπιμελητὴς καὶ τριήραρχος. καί μοι ἀνάγνωθι. 15

NOMOΣ. ΨΗΦΙΣΜΑ. ΜΑΡΤΥΡΙΑΙ.

25 Ὡς μὲν τοίνυν πολλή μοι ἀνάγκη ἦν παραλαβεῖν τοὺς
ὀφείλοντας τῇ πόλει, τοῦ τε νόμου ἀκούετε καὶ τῶν ψηφι-
σμάτων· ὡς δὲ καὶ παρέλαβον παρὰ τῆς ἀρχῆς, ὁ παραδοὺς
ὑμῖν μεμαρτύρηκεν. σκέψασθαι οὖν ὑμᾶς εἰκός ἐστιν ἐξ 20
ἀρχῆς, ὦ ἄνδρες δικασταί, τοῦτο πρῶτον, πότερον ἐγὼ ἠδίκουν
ὁ ἀναγκαζόμενος εἰσπρᾶξαι τὸν Θεόφημον, ἢ Θεόφημος, ὃς
26 ὀφείλων τῇ πόλει τὰ σκεύη πολὺν χρόνον οὐκ ἀπεδίδου. ἐὰν
γὰρ καθ᾽ ἕκαστον σκοπῆτε, εὑρήσετε τὸν Θεόφημον ἅπαντα
ἀδικοῦντα, καὶ ταῦτα οὐχ ὑπ᾽ ἐμοῦ μόνον λόγῳ εἰρημένα, 25
ἀλλὰ καὶ ὑπὸ τῆς βουλῆς καὶ τοῦ δικαστηρίου ψήφῳ κεκρι-
μένα. ἐπειδὴ γὰρ παρέλαβον αὐτὸν παρὰ τῆς ἀρχῆς,
προσελθὼν αὐτῷ πρῶτον μὲν ἀπῄτουν τὰ σκεύη· ὡς δὲ τοῦτό

---

1 ὢν vulg., cf. § 30: ἡμῶν S   2 τούτου S   6 οὖν ἦν vulg.:
ἦν οὖν S   παραλαβεῖν S: παραλαμβάνειν FQD   7 πρόσθε S:
ἔμπροσθε(ν) FQD   8 ἰδίᾳ vulg.: ιδια S: ἴδια Dobree, cf. § 44
10 κατά τε τὰ Wolf: καὶ τὰ codd.: καὶ κατὰ τὰ mg. ed. Paris.   11 παρα-
λαβεῖν Blass   12 μάρτυρας S: τοὺς μ. vulg.   20 σκέψασθε S
οὖν SQ γρ.: δὴ vulg.   27 παρὰ S: ἐκ vulg.

μου εἰπόντος οὐκ ἀπεδίδου, ὕστερον αὐτῷ περιτυχὼν περὶ
τὸν Ἑρμῆν τὸν πρὸς τῇ πυλίδι προσεκαλεσάμην πρός τε
τοὺς ἀποστολέας καὶ πρὸς τοὺς τῶν νεωρίων ἐπιμελητάς· [1147]
οὗτοι γὰρ εἰσῆγον τότε τὰς διαδικασίας εἰς τὸ δικαστήριον
5 περὶ τῶν σκευῶν. ὡς δὲ ἀληθῆ λέγω, τούτων ὑμῖν μάρτυρας 27
τοὺς κλητεύσαντας παρέξομαι.

ΜΑΡΤΥΡΕΣ.

Ὅτι μὲν τοίνυν προσεκλήθη ὑπ᾽ ἐμοῦ, οἱ κλητῆρές μοι
μεμαρτυρήκασιν· ὡς δὲ εἰσήχθη εἰς τὸ δικαστήριον, λαβέ
10 μοι τὴν μαρτυρίαν τῶν ἀποστολέων καὶ τῆς ἀρχῆς.

ΜΑΡΤΥΡΙΑ.

Ὃν μὲν τοίνυν ᾤμην πράγματα παρέξειν μοι Δημοχάρην 28
τὸν Παιανιέα, πρὶν μὲν εἰσαχθῆναι εἰς τὸ δικαστήριον ἦν
ἀηδής, ἐπειδὴ δὲ εἰσήχθη καὶ ἑάλω, ἀπέδωκεν τὸ καθ᾽ ἑαυτὸν
15 μέρος τῶν σκευῶν. ὃν δ᾽ οὐκ ἂν ᾠήθην εἰς τοσοῦτον πονη-
ρίας ἐλθεῖν ὥστε τολμῆσαι ἄν ποτε τὴν πόλιν ἀποστερῆσαι
τὰ σκεύη, εἰς τοσοῦτο δικῶν καὶ πραγμάτων προβέβηκεν.
καὶ παρὼν μὲν πρὸς τῷ δικαστηρίῳ, ὅτε εἰσήγετο, οὐδαμοῦ
ἠντεδίκησεν, οὐδὲ ἀπεγράψατο διαδικασίαν πρὸς οὐδένα, εἴ
20 τινά φησιν ἕτερον ἔχειν τὰ σκεύη καὶ μὴ προσήκειν αὐτῷ
ἀποδοῦναι, ἀλλ᾽ εἴασεν καθ᾽ αὑτοῦ ψῆφον ἐπαχθῆναι· ἐπειδὴ 29
δὲ ἀπῆλθεν ἐκ τοῦ δικαστηρίου, οὐδὲν μᾶλλον ἀπεδίδου, ἀλλ᾽
ᾤετο ἐν μὲν τῷ παρόντι αὐτὸς ἐκποδὼν γενόμενος ἡσυχίαν
ἕξειν, ἕως ⟨ἂν⟩ ἐγώ τε ἐκπλεύσω καὶ αἱ νῆες καὶ χρόνος
25 ἐγγένηται, καὶ ἐμέ, ἃ οὗτος ὤφειλεν σκεύη τῇ πόλει, ἀναγ-
κασθήσεσθαι ἀποδοῦναι ἥκοντα ἐνθάδε ἢ τῷ διαδόχῳ, ὃς ἂν
ἔλθῃ ἐκ τῆς συμμορίας ἐπὶ τὴν ναῦν. τί γὰρ ἂν καὶ ἀντέ-
λεγον αὐτῷ ψηφίσματα καὶ νόμους παρεχομένῳ, ὡς προσῆκεν

8 κλητῆρες S : κλήτορες vulg.   μοι servat S solus   12 Δημο-
χαριν S   16 ἄν S : δή vulg.   19 ἠντεδίκησεν S : ἠντιδ. FD
19-20 εἴ τινα Reiske : ἤ τινα codd. : εἰ . . . ἀποδοῦναι (21) del. Her-
werden   24 ἂν add. Dindorf   28 προσῆκεν S : προσῆκον FQD

[1148]
30 ἐμὲ εἰσπρᾶξαι τὰ σκεύη; ὁ δὲ Θεόφημος χρόνου ἐγγεγενη-
μένου, ὁπότε αὐτὸν ἥκων ἀπαιτοίην, ἔμελλε φήσειν ἀποδεδω-
κέναι, καὶ τούτοις τεκμηρίοις καταχρήσεσθαι ὡς ἀποδέδωκεν,
τῷ καιρῷ, τῇ χρείᾳ, ὡς οὐκ ἠλίθιος ἦν οὐδ' αὖ φίλος αὐτῷ
γενόμενος οὐδεπώποτε ὥστ' ἐπισχεῖν· ὥστε τί ἄν ποτε 5
βουλόμενος ἐγώ, τριηραρχῶν μὲν τῇ πόλει, ἐπιμελητὴς δὲ
ὢν τῆς συμμορίας, ψηφισμάτων δὲ τοιούτων καὶ νόμου ὄντος,
31 περὶ τὴν εἴσπραξιν ἐπέσχον ἂν τούτῳ; ταύτην τὴν διάνοιαν
ἔχων ὁ Θεόφημος τότε μὲν οὐκ ἀπεδίδου τὰ σκεύη, ἀλλ'
ἐκποδὼν ἦν, ὕστερον δὲ ᾤετό με ἀποστερήσειν, πρὸς δὲ 10
τούτοις εἰς ὅρκον καταφυγὼν ῥᾳδίως ἐπιορκήσειν, ὅπερ καὶ
ἄλλοις πεποίηκεν. δεινὴ γὰρ ἡ πλεονεξία τοῦ τρόπου περὶ
τὰ διάφορα, ὡς ἐγὼ ἔργῳ ὑμῖν ἐπιδείξω. ταῦτα γὰρ τὰ
σκεύη ὀφείλων ὁ Θεόφημος τῇ πόλει εἰς Ἀφαρέα ἀνέφερεν
λόγῳ, ἔργῳ δὲ οὐκ ἀπεγράψατο πρὸς αὐτὸν διαδικασίαν, εὖ 15
εἰδὼς ὅτι ἐλεγχθήσεται ψευδόμενος, ἐὰν εἰσέλθῃ εἰς δικαστή-
32 ριον. ὁ γὰρ Ἀφαρεὺς ἐξήλεγχεν αὐτὸν τιμὴν λογισάμενον
αὐτῷ τῶν σκευῶν καὶ λαβόντα παρ' αὐτοῦ, ὅτε παρελάμβανεν
τὴν τριηραρχίαν. νῦν δέ φησι Δημοχάρει παραδοῦναι, καὶ
δικάζεται τοῖς παιδίοις τοῖς Δημοχάρους τετελευτηκότος τοῦ 20
Δημοχάρους. ὅτε δ' ἔζη ὁ Δημοχάρης, οὐκ ἀπεγράψατο
πρὸς αὐτὸν διαδικασίαν ὁ Θεόφημος, εἰσπραττόμενος ὑπ'
ἐμοῦ τὰ σκεύη, ἀλλ' ἐβούλετο ἐπὶ προφάσει χρόνου ἐγγενο-
μένου ἀποστερῆσαι τὴν πόλιν τὰ σκεύη. ὡς δ' ἀληθῆ λέγω,
ἀναγνώσεται τὰς μαρτυρίας.   25

ΜΑΡΤΥΡΙΑΙ.

33   Ταῦτα τοίνυν ἐγὼ πάντα ἐνθυμούμενος, καὶ ἀκούων τὸν
Θεόφημον τῶν πεπλησιακότων οἷος εἴη περὶ τὰ διάφορα,

2 απετοιην S   φήσειν Wolf : φησὶν codd.   3 καποταχρησε-
σθαι S   4 τῇ S : καὶ τῇ F Q D   5 ὥστε τί Q mg., Schaefer,
cf. xlix 47 : τί S F Q¹ D   12 τρόπου ⟨αὐτοῦ⟩ Naber, sed cf. xxi 137
20–21 τετελευτηκότος τοῦ Δημοχάρους om. S¹, in mg. add. ead. m.   22
διαδικασίαν πρὸς αὐτὸν F Q D   25 ἀναγνώσεται] ἀναγνῶθί μοι
F γρ. Q γρ.   28 πεπλησιακότων ⟨αὐτῷ⟩ Naber

καὶ οὐκ ἀπολαμβάνων τὰ σκεύη παρ' αὐτοῦ, προσῄειν πρός
τε τοὺς ἀποστολέας καὶ τὴν βουλήν [καὶ τὸν δῆμον], λέγων
ὅτι οὐκ ἀποδίδωσί μοι τὰ σκεύη ὁ Θεόφημος, ἃ ὦφλεν ἐν
τῷ δικαστηρίῳ. προσῆσαν δὲ καὶ οἱ ἄλλοι τριήραρχοι τῇ
5 βουλῇ, ὅσοι μὴ παρελάμβανον παρὰ τῶν ὀφειλόντων τὰ
σκεύη. καὶ πολλῶν λόγων γενομένων ἀποκρίνεται ἡμῖν ἡ
βουλὴ ψηφίσματι, ὃ ἀναγνώσεται ὑμῖν, εἰσπράττεσθαι τρόπῳ
ᾧ ἂν δυνώμεθα.

ΨΗΦΙΣΜΑ.

10 Γενομένου τοίνυν τοῦ ψηφίσματος τούτου ἐν τῇ βουλῇ, 34
καὶ οὐδενὸς γραφομένου παρανόμων, ἀλλὰ κυρίου ὄντος,
προσελθὼν Εὐέργῳ τουτῳὶ τῷ ἀδελφῷ τοῦ Θεοφήμου, ἐπειδὴ
τὸν Θεόφημον οὐχ οἷός τε ἦν ἰδεῖν, ἔχων τὸ ψήφισμα
πρῶτον μὲν ἀπῄτησα τὰ σκεύη καὶ ἐκέλευσα αὐτὸν φράσαι
15 τῷ Θεοφήμῳ, ἔπειτα διαλιπὼν ἡμέρας τινάς, ὡς οὐκ ἀπεδίδου
τὰ σκεύη, ἀλλ' ἐχλεύαζέ με, παραλαβὼν μάρτυρας ἠρόμην
αὐτὸν πότερα νενεμημένος εἴη πρὸς τὸν ἀδελφὸν ἢ κοινὴ ἡ
οὐσία εἴη αὐτοῖς. ἀποκριναμένου δέ μοι Εὐέργου ὅτι νενεμη- 35
μένος εἴη καὶ χωρὶς οἰκοίη ὁ Θεόφημος, αὐτὸς δὲ παρὰ τῷ
20 πατρί, πυθόμενος οὗ ᾤκει ὁ Θεόφημος, λαβὼν παρὰ τῆς
ἀρχῆς ὑπηρέτην ἦλθον ἐπὶ τὴν οἰκίαν τοῦ Θεοφήμου. κατα-
λαβὼν δὲ αὐτὸν οὐκ ἔνδον ὄντα, ἐκέλευσα τὴν ἄνθρωπον τὴν
ὑπακούσασαν μετελθεῖν αὐτὸν ὅπου εἴη, ταύτην ἣν μεμαρτυρή-
κασιν οὗτοι προκαλέσασθαι τὸν Θεόφημον παραδοῦναι, ἐγὼ
25 δὲ ἐξαιτῶν οὐ δύναμαι παραλαβεῖν, ἵν' ὑμεῖς τὴν ἀλήθειαν [1150]
πύθησθε, ὁπότερος ἦρξεν χειρῶν ἀδίκων. ὡς δὲ ἀφικνεῖται 36
ὁ Θεόφημος μετελθούσης αὐτὸν τῆς ἀνθρώπου, ἀπῄτουν
αὐτὸν τὸ διάγραμμα τῶν σκευῶν, λέγων ὅτι ἤδη περὶ ἀνα-
γωγὴν εἴην, καὶ ἐδείκνυον τὸ ψήφισμα τῆς βουλῆς. ὡς δὲ
30 ταῦτά μου λέγοντος οὐκ ἀπεδίδου, ἀλλὰ ἠπείλει καὶ ἐλοιδο-

2 καὶ τὸν δῆμον del. Sauppe coll. § 37   12 τούτῳ codd., corr.
Blass   17 νενεμημένος Q γρ. D : μεμερισμένος S F Q, cf. Hesych.
νέμει· μερίζει   ἢ servat S solus   18 νενεμημένος] μεμερισμένος F

113

ρεῖτο, ἐκέλευσα τὸν παῖδα καλέσαι εἴ τινας ἴδοι τῶν πολιτῶν
παριόντας ἐκ τῆς ὁδοῦ, ἵνα μάρτυρές μοι εἴησαν τῶν λεγο-
37 μένων, καὶ ἠξίουν πάλιν τὸν Θεόφημον ἢ αὐτὸν ἀκολουθεῖν
πρὸς τοὺς ἀποστολέας καὶ τὴν βουλήν, καὶ εἰ μή φησιν
ὀφείλειν, ἐκείνους πείθειν τοὺς παραδόντας καὶ ἀναγκάζοντας 5
εἰσπράττειν, ἢ ἀποδιδόναι τὰ σκεύη· εἰ δὲ μή, ἐνέχυρα ἔφην
λήψεσθαι κατά τε τοὺς νόμους καὶ τὰ ψηφίσματα. οὐδὲν δ'
ἐθέλοντος αὐτοῦ τῶν δικαίων ποιεῖν, ἦγον τὴν ἄνθρωπον
38 ἑστηκυῖαν ἐπὶ τῇ θύρᾳ, τὴν μετελθοῦσαν αὐτόν. καὶ ὁ
Θεόφημός με ἀφηρεῖτο, καὶ ἐγὼ τὴν μὲν ἄνθρωπον ἀφῆκα, 10
εἰς δὲ τὴν οἰκίαν εἰσῄειν, ἵνα ἐνέχυρόν τι λάβοιμι τῶν
σκευῶν· ἔτυχεν γὰρ ἡ θύρα ἀνεῳγμένη, ὡς ἦλθεν ὁ Θεόφη-
μος, καὶ ἔτι ἔμελλεν εἰσιέναι· καὶ ἐπεπύσμην αὐτὸν ὅτι οὐκ
εἴη γεγαμηκώς. εἰσιόντος δέ μου παίει πὺξ ὁ Θεόφημος
τὸ στόμα, καὶ ἐγὼ ἐπιμαρτυράμενος τοὺς παρόντας ἠμυνάμην. 15
39 ὡς οὖν ἀληθῆ λέγω, καὶ ἦρξεν χειρῶν ἀδίκων ὁ Θεόφημος,
οὐκ ἄλλοθεν δεῖν οἶμαι τὸν ἔλεγχον γενέσθαι ἢ ἐκ τῆς
ἀνθρώπου, ἣν μεμαρτυρήκασιν οὗτοι οἱ μάρτυρες ὡς ἤθελεν
[1151] ὁ Θεόφημος παραδιδόναι. ταύτῃ δὲ τῇ μαρτυρίᾳ πρότερος
εἰσελθὼν εἰς τὸ δικαστήριον, οὐ παραγραφομένου ἐμοῦ οὐδ' 20
ὑπομνυμένου διὰ τὸ καὶ πρότερόν ποτε ἐφ' ἑτέρας δίκης ταῦτά
με βλάψαι, ἐξηπάτησεν τοὺς δικαστὰς λέγων, οὓς μὲν ἐγὼ
παρειχόμην μάρτυρας, τὰ ψευδῆ μαρτυρεῖν, τὴν δὲ ἄνθρωπον
40 ἐρεῖν τὰς ἀληθείας βασανιζομένην. οἷς δὲ τότε κατεχρῶντο
λόγοις, νῦν αὐτοῖς ἐξελέγχονται ὑπεναντία ποιοῦντες· τὴν 25
γὰρ ἄνθρωπον οὐ δύναμαι παραλαβεῖν πολλάκις ἐξαιτήσας,
ὡς μεμαρτύρηται ὑμῖν. ἐπειδὴ τοίνυν τὴν ἄνθρωπον οὐ
παραδιδόασιν, ἣν αὐτοὶ ἔφασαν προκαλέσασθαι, βούλομαι

5 παραδόντας S: παραδιδόντας καὶ ὀφείλοντας vulg.   6 ἢ ἀποδι-
δόναι] παραδιδόναι S   7 δ' om. S   12 ἦλθεν S: ἐξῆλθεν F Q D
17 δεῖν οἶμαι S: οἶμαι δεῖν F Q D, ordo sane usitatior   γενέσθαι S:
γίγνεσθαι F Q D   18 οὗτοι οἱ vulg.: οἱ S quod nimis hic ambiguum.
possis οὗτοι sicut § 35, οἱ μάρτυρες deleto   19 ὁ servat S solus   21
ὑπομνυμένου S: ὑπομνυομένου vulg.   ἑτέρας δίκης S (me teste) D¹:
ἑτέρας δίκας vulg.: ἑτέραις δίκαις Blass   23 παρειχόμην S: παρε-
σχόμην F Q D   τὰ servat S solus   25 αὐτοὶ Schaefer

ὑμῖν καὶ τοὺς μάρτυρας παρασχέσθαι, οἳ εἶδόν με πρότερον
πληγέντα ὑπὸ τοῦ Θεοφήμου (ἡ δὲ αἴκεια τοῦτ' ἔστιν, ὃς ἂν
ἄρξῃ χειρῶν ἀδίκων πρότερος) ἄλλως τε καὶ κατὰ τὸν νόμον
καὶ κατὰ τὰ ψηφίσματα τὰ ὑμέτερα εἰσπράττοντα. καί μοι
5 ἀνάγνωθι τὰ ψηφίσματα καὶ τὴν μαρτυρίαν.

ΨΗΦΙΣΜΑΤΑ. ΜΑΡΤΥΡΙΑ.

Ἐπειδὴ τοίνυν ἀφῃρέθην τὰ ἐνέχυρα ὑπὸ τοῦ Θεοφήμου 41
καὶ συνεκόπην, ἐλθὼν εἰς τὴν βουλὴν τάς τε πληγὰς ἔδειξα
καὶ ἃ πεπονθὼς ἦν εἶπον, καὶ ὅτι εἰσπράττων τῇ πόλει τὰ
10 σκεύη. ἀγανακτήσασα δ' ἡ βουλὴ ἐφ' οἷς ἐγὼ ἐπεπόνθειν,
καὶ ἰδοῦσά με ὡς διεκείμην, καὶ ἡγησαμένη ὑβρίσθαι οὐκ
ἐμέ, ἀλλ' ἑαυτὴν καὶ τὸν δῆμον τὸν ψηφισάμενον καὶ τὸν
νόμον τὸν ἀναγκάσαντα εἰσπράττειν τὰ σκεύη, ἐκέλευεν 42
εἰσαγγέλλειν με, καὶ τοὺς πρυτάνεις προγράφειν αὐτῷ τὴν
15 κρίσιν ἐπὶ δύο ἡμέρας ὡς ἀδικοῦντι καὶ διακωλύοντι τὸν [1152]
ἀπόστολον, διότι τὰ σκεύη οὐκ ἀπεδίδου καὶ τὰ ἐνέχυρα
ἀφείλετο καὶ ἐμὲ συνέκοψεν τὸν εἰσπράττοντα καὶ ὑπηρε-
τοῦντα τῇ πόλει. γενομένης τοίνυν τῆς κρίσεως τῷ Θεο-
φήμῳ ἐν τῇ βουλῇ κατὰ τὴν εἰσαγγελίαν ἣν ἐγὼ εἰσήγγειλα,
20 καὶ ἀποδοθέντος λόγου ἑκατέρῳ, καὶ κρύβδην διαψηφισα-
μένων τῶν βουλευτῶν, ἑάλω ἐν τῷ βουλευτηρίῳ καὶ ἔδοξεν
ἀδικεῖν· καὶ ἐπειδὴ ἐν τῷ διαχειροτονεῖν ἦν ἡ βουλὴ πότερα 43
δικαστηρίῳ παραδοίη ἢ ζημιώσειε ταῖς πεντακοσίαις, ὅσου
ἦν κυρία κατὰ τὸν νόμον, δεομένων τούτων ἁπάντων καὶ
25 ἱκετευόντων καὶ τίνα οὐ προσπεμπόντων; καὶ τὸ διάγραμμα
τῶν σκευῶν ἀποδιδόντων εὐθὺς ἐν τῇ βουλῇ, καὶ περὶ τῶν
πληγῶν φασκόντων ἐπιτρέψειν ᾧ ἂν κελεύσω Ἀθηναίων,

1 ἶδον S   2–3 parenthesin statuit Rüger   2 τοῦτ' ἔστιν post
ἄρξῃ (3) S sed cum notis transponendi   3 πρότερος post ἀδικῶν S D
(hic πρότερα): ante χειρῶν vulg.: secl. Blass, sed cf. lix 1, Antiph.
Γα 1, al.   5 τὴν μαρτυρίαν S: τὰς μαρτυρίας vulg.   6 ΜΑΡ-
ΤΥΡΙΑ S D corr.: ΜΑΡΤΥΡΙΑΙ vulg.   9 εἶπα S, cf. l 60, liii 24,
lix 5, 27, 70   10 δ' servat S solus   19 κατά] καὶ S[1]   20 διαψ.
Reiske: ἰδίᾳ ψ. codd.   27 ἐπιστρέψειν S: ἐπιτρέπειν vulg.   ᾆ.ν
Bekker: ἐὰν codd.

συνεχώρησα ὥστε τῷ Θεοφήμῳ πέντε καὶ εἴκοσι δραχμῶν
44 προστιμηθῆναι. καὶ ταῦτα ὡς ἀληθῆ λέγω, ὑμῶν τε δέομαι
ὅσοι ἐβούλευον ἐπ᾽ Ἀγαθοκλέους ἄρχοντος φράζειν τοῖς
παρακαθημένοις, καὶ ὅσους ἐδυνάμην ἐγὼ ἐξευρεῖν τῶν τότε
βουλευόντων, μάρτυρας ὑμῖν παρέξομαι.   5

MΑΡΤΥΡΕΣ.

Ἐγὼ μὲν τοίνυν οὕτως, ὦ ἄνδρες δικασταί, ἐπιεικὴς
ἐγενόμην πρὸς τούτους. καίτοι τό γε ψήφισμα δημοσίαν
τὴν οὐσίαν ἐκέλευσεν εἶναι, οὐ μόνον ὃς ἂν ἔχων σκεύη μὴ
ἀποδιδῷ τῇ πόλει, ἀλλὰ καὶ ὃς ἂν ἰδίᾳ κτησάμενος μὴ πωλῇ· 10
τοιαύτη γὰρ ἡ ἀπορία οὖσα συνέβαινεν τότε ἐν τῇ πόλει
σκευῶν. καί μοι ἀνάγνωθι τὸ ψήφισμα.

ΨΗΦΙΣΜΑ.

45   Καταπλεύσας τοίνυν, ὦ ἄνδρες δικασταί, ὡς οὐδενὶ ἤθελεν
[1153] ἐπιτρέπειν ὁ Θεόφημος περὶ τῶν πληγῶν ὧν τότε ἔλαβον 15
ὑπ᾽ αὐτοῦ, προσεκαλεσάμην αὐτὸν καὶ ἔλαχον αὐτῷ δίκην
τῆς αἰκείας. ἀντιπροσκαλεσαμένου δὲ κἀκείνου ἐμὲ καὶ
διαιτητῶν ἐχόντων τὰς δίκας, ἐπειδὴ ἡ ἀπόφασις ἦν τῆς
δίκης, ὁ μὲν Θεόφημος παρεγράφετο καὶ ὑπώμνυτο, ἐγὼ δὲ
46 πιστεύων ἐμαυτῷ μηδὲν ἀδικεῖν εἰσῄειν εἰς ὑμᾶς. παρασχό- 20
μενος δὲ ἐκεῖνος ταύτην τὴν μαρτυρίαν, ἣν ἄλλος μὲν οὐδεὶς
μεμαρτύρηκεν, ὁ δὲ ἀδελφὸς καὶ ὁ κηδεστής, ὡς ἐθέλοι τὴν
ἄνθρωπον παραδοῦναι, καὶ προσποιούμενος ἄκακος εἶναι,
ἐξηπάτησεν τοὺς δικαστάς. δέομαι δὲ ὑμῶν νυνὶ δικαίαν
δέησιν, ἅμα μὲν δικάσαι περὶ τῆς μαρτυρίας, πότερα ψευδὴς 25
ἐστιν ἢ ἀληθής, ἅμα δὲ περὶ τοῦ πράγματος ἐξ ἀρχῆς σκέ-
47 ψασθαι. ἐγὼ μὲν τοίνυν, εἰς ἃ οὗτος κατέφυγεν τότε
δίκαια, ἐκ τούτων οἴομαι δεῖν τὸν ἔλεγχον γενέσθαι, ἐκ τῆς

2 προτιμηθῆναι S   6 ΜΑΡΤΥΡΕΣ scripsi cum D: ΜΑΡΤΥΡΙΑΙ
vulg.   7 οὕτως post τοίνυν S: post δικασταί vulg.   9 ἐκέλευ-
σεν SQD: ἐκέλευεν vulg.   10 ἰδίᾳ codd.: ἴδια Cobet   11 ἢ secl.
Blass   15 ἔλαβον τότε FQD   16 προεκαλεσάμην S   17 τῆς
servat S solus   ἀντιπροκαλεσαμένου SD   19 δίκης] διαίτης Blass

ἀνθρώπου βασανιζομένης, ὁπότερος ἦρξεν χειρῶν ἀδίκων·
τοῦτο γάρ ἐστιν ἡ αἴκεια. καὶ τοὺς μάρτυρας διὰ τοῦτο
διώκω τῶν ψευδομαρτυρίων, ὅτι ἐμαρτύρησαν ἐθέλειν παρα-
διδόναι τὸν Θεόφημον τὴν ἄνθρωπον, οὐδαμοῦ τὸ σῶμα
5 παραδιδόντος οὔτε τότε πρὸς τῷ διαιτητῇ οὔτε ὕστερον,
πολλάκις ἐμοῦ ἐξαιτήσαντος.   διπλῆν οὖν αὐτοὺς δεῖ δίκην 48
δοῦναι, ὅτι τε ἐξηπάτησαν τοὺς δικαστὰς ψευδεῖς μαρτυρίας
παρασχόμενοι, κηδεστοῦ καὶ ἀδελφοῦ, καὶ ὅτι ἐμὲ ἠδίκησαν,
λῃτουργοῦντα μὲν ὑμῖν προθύμως, ποιοῦντα δὲ τὰ προστατ-
10 τόμενα, ὑπηρετοῦντα δὲ τοῖς νόμοις καὶ τοῖς ψηφίσμασιν
τοῖς ὑμετέροις.   ὡς δὲ οὐκ ἐγὼ μόνος παρέλαβον παρὰ τῆς
ἀρχῆς τοῦτον εἰσπράξασθαι σκεύη ὀφείλοντα τῇ πόλει, ἀλλὰ [1154]
καὶ ἄλλοι τῶν τριηράρχων ἑτέρους εἰσεπράξαντο οὓς παρέ-
λαβον, ἀνάγνωθί μοι αὐτῶν τὰς μαρτυρίας.

15   ΜΑΡΤΥΡΙΑΙ.

Βούλομαι τοίνυν, ὦ ἄνδρες δικασταί, καὶ ἃ πέπονθα ὑπ᾽ 49
αὐτῶν διηγήσασθαι ὑμῖν.   ἐπειδὴ γὰρ ὦφλον αὐτοῖς τὴν
δίκην ἐφ᾽ ᾗ τοὺς μάρτυρας τούτους διώκω τὰ ψευδῆ μεμαρ-
τυρηκότας, προσελθὼν τῷ Θεοφήμῳ μελλούσης μοι ἤδη
20 ἐξήκειν τῆς ὑπερημερίας, ἐδεήθην αὐτοῦ ἐπισχεῖν μοι ὀλίγον
χρόνον, λέγων τὰς ἀληθείας, ὅτι πεπορισμένου τοῦ ἀργυρίου
ὃ ἔμελλον αὐτῷ ἐκτίνειν συμβέβηκέ μοι τριηραρχία, καὶ 50
ἀποστέλλειν διὰ τάχους δεῖ τὴν τριήρη, καὶ ὁ στρατηγὸς
Ἀλκίμαχος αὐτῷ παρασκευάζειν κελεύοι ταύτην τὴν ναῦν·
25 τὸ οὖν ἀργύριον τὸ πεπορισμένον τῷ Θεοφήμῳ ἀποδοῦναι
ἐνταῦθα κατεχρησάμην.   ἐδεόμην δ᾽ αὐτοῦ ἀναβαλέσθαι τὴν
ὑπερημερίαν, ἕως ἂν τὴν ναῦν ἀποστείλω.   ὁ δὲ ῥᾳδίως

5 οὔτε τότε Reiske, cf. § 6 : οὔτε S : οὔτε ὅτε F Q D   6 δεῖ S :
ἔδει F Q D   δίκην δοῦναι S : δοῦναι (διδόναι D) δίκην vulg.   8 κη-
δεστοῦ καὶ ἀδελφοῦ del. Herwerden   20 αὐτοῦ S : αὐτοὺς F Q D
22 ἐκτείνειν S¹   23 δεῖ] δεῖν S¹ sed ν eraso   24 Ἀλκίμαχος
S D, Harpocr. s.v. : Ἄλκιμος vulg.   αὐτῷ παρασκευάζειν S F γρ.
Q γρ. : ἀνάγεσθαι F Q D   κελεύοι S D B γρ., cf. l 37, Procemium
xxxiv 1 : κελεύει vulg.   ταύτην S B γρ. : om. cett.

μοι καὶ ἀκάκως ἀποκρίνεται· 'οὐδὲν κωλύει', ἔφη· 'ἀλλ'
51 ἐπειδὰν τὴν ναῦν ἀποστείλῃς, πόριζε καὶ ἐμοί.' ἀποκρινα-
μένου δέ μοι ταῦτα τοῦ Θεοφήμου καὶ ἀναβαλομένου τὴν
ὑπερημερίαν, καὶ μάλιστά μου πιστεύσαντος τῇ τε ἐπισκήψει
τῶν ψευδομαρτυρίων καὶ τῷ μὴ ἐθέλειν αὐτὸν παραδοῦναι 5
τὴν ἄνθρωπον, ὡς οὐδὲν ἂν νεωτερίσαντος περὶ τἀμά, ἐγὼ
μὲν τὴν τριήρη ἀποστείλας, οὐ πολλαῖς ἡμέραις ὕστερον
πορίσας τὸ ἀργύριον, προσελθὼν αὐτῷ ἐκέλευον ἐπὶ τὴν
τράπεζαν ἀκολουθοῦντα κομίζεσθαι τὴν καταδίκην. ὡς δὲ
ταῦτα ἀληθῆ λέγω, τούτων ὑμῖν ἀναγνώσεται τὰς μαρτυρίας. 10

ΜΑΡΤΥΡΙΑΙ.

52   Ὁ δὲ Θεόφημος ἀντὶ τοῦ τὴν καταδίκην ἀπολαβεῖν
ἀκολουθήσας ἐπὶ τὴν τράπεζαν, ἐλθών μου τὰ πρόβατα
λαμβάνει ποιμαινόμενα πεντήκοντα μαλακὰ καὶ τὸν ποιμένα
μετ' αὐτῶν καὶ πάντα τὰ ἀκόλουθα τῇ ποίμνῃ, ἔπειτα παῖδα 15
διάκονον ὑδρίαν χαλκῆν ἀποφέροντα ἀλλοτρίαν ᾐτημένην,
πολλοῦ ἀξίαν. καὶ ταῦτα ἔχουσιν οὐκ ἐξήρκεσεν αὐτοῖς·
53 ἀλλ' ἐπεισελθόντες εἰς τὸ χωρίον (γεωργῶ δὲ πρὸς τῷ
ἱπποδρόμῳ, καὶ οἰκῶ ἐνταῦθα ἐκ μειρακίου) πρῶτον μὲν ἐπὶ
τοὺς οἰκέτας ᾖξαν, ὡς δὲ οὗτοι διαφεύγουσιν αὐτοὺς καὶ 20
ἄλλος ἄλλῃ ἀπεχώρησαν, ἐλθόντες πρὸς τὴν οἰκίαν καὶ
ἐκβαλόντες τὴν θύραν τὴν εἰς τὸν κῆπον φέρουσαν Εὐεργός
τε οὑτοσὶ ὁ ἀδελφὸς ὁ Θεοφήμου καὶ Μνησίβουλος ὁ κηδε-
στὴς αὐτοῦ, οἷς οὐδεμίαν δίκην ὠφλήκειν οὐδὲ προσῆκεν
αὐτοὺς ἅπτεσθαι τῶν ἐμῶν οὐδενός, εἰσελθόντες ἐπὶ τὴν 25
γυναῖκά μου καὶ τὰ παιδία ἐξεφορήσαντο ὅσα ἔτι ὑπόλοιπά
54 μοι ἦν σκεύη ἐν τῇ οἰκίᾳ. ᾤοντο μὲν γὰρ οὐ τοσαῦτα
μόνον λήψεσθαι, ἀλλὰ πολλῷ πλείω· τὴν γὰρ οὖσάν μοι

7 οὐ] οὔτε S   16 ὑδρείαν S   21 ἀπεχώρησεν F Q¹ D   πρὸς
S : εἰς F Q D   22 ἐκβαλόντες F Q, cf. § 63, Lys. iii 23 : καταβα-
λόντες S D   25 αὐτοὺς S : αὐτοῖς F Q D   27 σκεύη ἦν S sed
cum notis transponendi   28 λήψεσθαι del. Herwerden   γὰρ
οὖσάν F gr. Q gr. D : παροῦσάν S F Q

118

ποτὲ κατασκευὴν τῆς οἰκίας καταλήψεσθαι· ἀλλ' ὑπὸ τῶν
λῃτουργιῶν καὶ τῶν εἰσφορῶν καὶ τῆς πρὸς ὑμᾶς φιλοτιμίας
τὰ μὲν ἐνέχυρα κεῖται αὐτῶν, τὰ δὲ πέπραται. ὅσα δ' ἦν
ἔτι ὑπόλοιπα, πάντα λαβόντες ᾤχοντο. πρὸς δὲ τούτοις, 55
5 ὦ ἄνδρες δικασταί, ἔτυχεν ἡ γυνή μου μετὰ τῶν παιδίων
ἀριστῶσα ἐν τῇ αὐλῇ, καὶ μετ' αὐτῆς τιτθή τις ἐμὴ γενομένη
πρεσβυτέρα, ἄνθρωπος εὔνους καὶ πιστὴ καὶ ἀφειμένη ἐλευ-
θέρα ὑπὸ τοῦ πατρὸς τοῦ ἐμοῦ. συνῴκησεν δὲ ἀνδρί, ἐπειδὴ [1156]
ἀφείθη ἐλευθέρα· ὡς δὲ οὗτος ἀπέθανεν καὶ αὐτὴ γραῦς
10 ἦν καὶ οὐκ ἦν αὐτὴν ὁ θρέψων, ἐπανῆκεν ὡς ἐμέ. ἀναγκαῖον 56
οὖν ἦν μὴ περιιδεῖν ἐνδεεῖς ὄντας μήτε τιτθὴν γενομένην
μήτε παιδαγωγόν· ἅμα δὲ καὶ τριηραρχῶν ἐξέπλεον, ὥστε
καὶ τῇ γυναικὶ βουλομένῃ ἦν τοιαύτην οἰκουρὸν μετ' αὐτῆς
με καταλιπεῖν. ἀριστώντων δὲ ἐν τῇ αὐλῇ, ὡς ἐπεισπηδῶ-
15 σιν οὗτοι καὶ καταλαμβάνουσιν αὐτὰς καὶ ἥρπαζον τὰ σκεύη,
αἱ μὲν ἄλλαι θεράπαιναι (ἐν τῷ πύργῳ γὰρ ἦσαν, οὗπερ
διαιτῶνται) ὡς ἤκουσαν κραυγῆς, κλείουσι τὸν πύργον, καὶ
ἐνταῦθα μὲν οὐκ εἰσῆλθον, τὰ δ' ἐκ τῆς ἄλλης οἰκίας ἐξέ-
φερον σκεύη, ἀπαγορευούσης τῆς γυναικὸς μὴ ἅπτεσθαι 57
20 αὐτοῖς, καὶ λεγούσης ὅτι αὐτῆς εἴη ἐν τῇ προικὶ τετιμημένα
καὶ ὅτι 'τὰ πρόβατα ἔχετε πεντήκοντα καὶ τὸν παῖδα καὶ
τὸν ποιμένα, πλείονος ἄξια ἢ κατεδικάσασθε·' ἀπήγγειλε
γάρ τις αὐτοῖς τῶν γειτόνων κόψας τὴν θύραν. ἔτι δὲ
ἔφη τὸ ἀργύριον αὐτοῖς κείμενον εἶναι ἐπὶ τῇ τραπέζῃ·
25 ἠκηκόει γὰρ ἐμοῦ· 'κἂν περιμείνητε', ἔφη, 'ἢ μετέλθῃ τις
ὑμῶν αὐτόν, ἔχοντες ἄπιτε τὸ ἀργύριον ἤδη· τὰ δὲ σκεύη
ἐᾶτε, καὶ μηδὲν τῶν ἐμῶν φέρετε, ἄλλως τε καὶ ἔχοντες
ἄξια τῆς καταδίκης.' ταῦτα δὲ λεγούσης τῆς γυναικὸς οὐχ 58
ὅπως ἐπέσχον, ἀλλὰ καὶ τῆς τιτθῆς τὸ κυμβίον λαβούσης

1 ποτε F γρ. Q γρ. : τότε S F Q D   6 γενομένη S : γεγενημένη
vulg.   11 ἐνδεῆ οὖσαν D (Wolf)   11–12 μήτε ... μήτε S Q γρ. :
μηδὲ ... καὶ F Q D   11 post τιτθὴν add. ἐμὴν vulg. : om. S   14
με om. S   δὲ codd. : δὴ Dobree   15 καὶ ante καταλαμβάνουσιν
om. S Q D   19 απαγορευγευσης S   21 καὶ τὸν παῖδα om. F Q D
23 αὐτοῖς S, cf. ἀριστώντων § 56 : αὐταῖς vulg.

παρακείμενον αὐτῇ, ἐξ οὗ ἔπινεν, καὶ ἐνθεμένης εἰς τὸν
κόλπον, ἵνα μὴ οὗτοι λάβοιεν, ἐπειδὴ εἶδεν ἔνδον ὄντας
[1157] αὐτούς, κατιδόντες αὐτὴν οὕτω διέθεσαν ἀφαιρούμενοι τὸ
κυμβίον Θεόφημος καὶ Εὔεργος ἀδελφὸς αὐτοῦ οὑτοσί,
59 ὥστε ὕφαιμοι μὲν οἱ βραχίονες καὶ οἱ καρποὶ τῶν χειρῶν 5
αὐτῆς ἐγένοντο ἀποστρεφομένης τὼ χεῖρε καὶ ἑλκομένης
ὑπὸ τούτων ἀφαιρουμένων τὸ κυμβίον, ἀμυχὰς δ' ἐν τῷ
τραχήλῳ εἶχεν ἀγχομένη, πελιὸν δὲ τὸ στῆθος. εἰς τοῦτο
δ' ἦλθον πονηρίας ὥστε, ἕως ἀφείλοντο τὸ κυμβίον ἐκ τοῦ
κόλπου αὐτῆς, οὐκ ἐπαύσαντο ἄγχοντες καὶ τύπτοντες τὴν 10
60 γραῦν. ἀκούοντες δὲ οἱ θεράποντες τῶν γειτόνων τῆς
κραυγῆς καὶ ὁρῶντες τὴν οἰκίαν πορθουμένην τὴν ἐμήν, οἱ
μὲν ἀπὸ τῶν τεγῶν τῶν ἑαυτῶν ἐκαλίστρουν τοὺς παριόντας,
οἱ δὲ καὶ εἰς τὴν ἑτέραν ὁδὸν ἐλθόντες καὶ ἰδόντες Ἁγνόφι-
λον παριόντα ἐκέλευσαν παραγενέσθαι. προσελθὼν δὲ ὁ 15
Ἁγνόφιλος προσκληθεὶς ὑπὸ τοῦ θεράποντος τοῦ Ἀνθεμίω-
νος, ὅς ἐστί μοι γείτων, εἰς μὲν τὴν οἰκίαν οὐκ εἰσῆλθεν
(οὐ γὰρ ἡγεῖτο δίκαιον εἶναι μὴ παρόντος γε τοῦ κυρίου), ἐν
δὲ τῷ τοῦ Ἀνθεμίωνος χωρίῳ ὢν ἑώρα τά τε σκεύη ἐκφερό-
μενα καὶ Εὔεργον καὶ Θεόφημον ἐξιόντας ἐκ τῆς ἐμῆς οἰκίας. 20
61 οὐ μόνον τοίνυν, ὦ ἄνδρες δικασταί, λαβόντες μου τὰ σκεύη
ᾤχοντο, ἀλλὰ καὶ τὸν υἱὸν ἦγον ὡς οἰκέτην, ἕως τῶν γειτόνων
ἀπαντήσας αὐτοῖς Ἑρμογένης εἶπεν ὅτι υἱός μου εἴη. ὡς
δὲ ταῦτα ἀληθῆ λέγω, ἀναγνώσεται ὑμῖν τὰς μαρτυρίας.

ΜΑΡΤΥΡΙΑΙ.   25

62 Ἐπειδὴ τοίνυν μοι ἀπηγγέλθη εἰς Πειραιᾶ τὰ γεγενημένα
ὑπὸ τῶν γειτόνων, ἐλθὼν εἰς ἀγρὸν τούτους μὲν οὐκέτι
καταλαμβάνω, ἰδὼν δὲ τὰ ἐκ τῆς οἰκίας ἐκπεφορημένα καὶ
τὴν γραῦν ὡς διέκειτο, καὶ ἀκούων τῆς γυναικὸς τὰ γενόμενα,

---

2 εἶδεν] ἴδεν S   4 ἀδελφὸς Dindorf : ἀδ. S (sine spiritu) Q D :
ὁ ἀδ. vulg.   11 ἀκούσαντες F   13 ἐκαλίστρουν Harpocr. s. v. :
ἐκάλουν codd.   25 ΜΑΡΤΥΡΙΑΙ S D : ΜΑΡΤΥΡΙΑ vulg.   27 οὐκ-
έτι] ετι in ras. S   29 ἀκούων S F¹ : ἀκούσας F corr. vulg.

120

προσελθὼν τῷ Θεοφήμῳ τῇ ὑστεραίᾳ ἕωθεν ἐν τῇ πόλει [1158]
μάρτυρας ἔχων ἐκέλευον αὐτὸν πρῶτον μὲν τὴν καταδίκην
ἀπολαμβάνειν καὶ ἀκολουθεῖν ἐπὶ τὴν τράπεζαν, ἔπειτα τὴν
ἄνθρωπον θεραπεύειν ἣν συνέκοψαν, καὶ ἰατρὸν εἰσάγειν ὃν
5 αὐτοὶ βούλοιντο. ταῦτα δέ μου λέγοντος καὶ διαμαρτυρο- 63
μένου, κακά με πολλὰ εἰπόντες ὁ μὲν Θεόφημος ἠκολούθει
μόλις, διατριβὰς ἐμποιῶν καὶ φάσκων βούλεσθαι καὶ αὐτός
τινας παραλαβεῖν μάρτυρας (ταῦτα δ' ἔλεγεν τεχνάζων τοῦ
χρόνον ἐγγενέσθαι), ὁ δ' Εὔεργος οὑτοσὶ εὐθὺς ἐκ τῆς πόλεως
10 μεθ' ἑτέρων ὁμοίων αὐτῷ ἐλθὼν εἰς ἀγρόν, τὰ ὑπόλοιπα
σκεύη, εἴ τινα τῇ προτεραίᾳ ἐν τῷ πύργῳ ἦν καὶ οὐκ ἔτυχεν
ἔξω ὄντα, ἐπειδὴ δ' ἐγὼ ἦλθον, διὰ τὴν χρείαν κατηνέχθη,
ἐκβαλὼν τὴν θύραν ἥνπερ καὶ τῇ προτεραίᾳ ἐξέβαλον κακῶς
ἐνεστηκυῖαν, ᾤχετό μου λαβὼν τὰ σκεύη· ᾧ οὔτε δίκην
15 ὠφλήκειν, οὔτε συμβόλαιον ἦν μοι πρὸς αὐτὸν οὐδέν. ἐκτί- 64
νοντος δέ μου τῷ Θεοφήμῳ, ᾧ ὠφλήκειν τὴν δίκην, ἐπειδὴ
ἐξέτινον πολλῶν παρόντων μαρτύρων χιλίας μὲν καὶ ἑκατὸν
δραχμὰς (τὴν καταδίκην, ὀγδοήκοντα δὲ καὶ ἑκατὸν δραχμὰς)
καὶ τρεῖς καὶ δύ' ὀβολοὺς τὴν ἐπωβελίαν, τριάκοντα δὲ τὰ
20 πρυτανεῖα (τῶν γὰρ ἄλλων οὐδὲν αὐτῷ ἐπιτιμίων ὦφλον),
λαβὼν τοίνυν παρ' ἐμοῦ ἐπὶ τῇ τραπέζῃ χιλίας τριακοσίας
δέκα τρεῖς δύ' ὀβολὼ τὸ σύμπαν κεφάλαιον, ἀπαιτοῦντος
ἐμοῦ τά τε πρόβατα καὶ τὰ ἀνδράποδα καὶ τὰ σκεύη ἃ
ἡρπάκει μου, οὐκ ἔφη ἀποδώσειν μοι, εἰ μή τις αὐτὸν ἀφήσει
25 καὶ τοὺς μετ' αὐτοῦ τῶν ἐγκλημάτων καὶ τοὺς μάρτυρας τῶν
ψευδομαρτυριῶν. ταῦτα δὲ ἀποκριναμένου αὐτοῦ μάρτυρας $\begin{matrix} 65 \\ [1159] \end{matrix}$

5 βούλοιντο S corr. m. ant. : βούλονται S¹ F Q D   8 τοῦ servat S
solus   9 ὁ δ' Εὔεργος codd. : Εὔεργος δ' Blass ; valde offendit
articulus sed cf. xliv 42   11 εἴ τινα vulg. : εἴ τι S Q γρ. quo ser-
vato mox ὄν, ἃ ἐπειδὴ ἐγὼ Rüger   τῇ S Q γρ. : ἐν τῇ vulg.   προ-
τέρᾳ Q D   12 δ' post ἐπειδὴ add. Felicianus   13 ἐξέβαλον S,
cf. § 53 : ἐξέβαλεν vulg.   14 ἐνεστηκυῖαν S : ἑστηκυῖαν vulg.   τὰ
σκεύη del. Dobree   15-17 ἐκτείνοντος . . . ἐξέτεινον S   15-16 ,
ἐκτίνοντός μου τῷ . . . δίκην. ἐπειδὴ (δὲ) Rüger   18 (τὴν . . . δρα-
χμὰς) add. Boeckh   21-22 τριακοσίας δέκα τρεῖς] τετρακοσίας τρεῖς
hic et § 77 Q γρ.   23 ἐμοῦ] μου F Q D

μὲν ἐποιησάμην τῆς ἀποκρίσεως τοὺς παρόντας, τὴν δὲ
δίκην ἐξέτεισα, ὑπερήμερον γὰρ οὐκ ᾤμην δεῖν ἐμαυτὸν εἶναι.
τὸν δ᾽ Εὔεργον οὐδ᾽ ᾔδειν εἰσεληλυθότα μου εἰς τὴν οἰκίαν
ταύτῃ τῇ ἡμέρᾳ, ἀλλ᾽ αὐτίκα ἡ δίκη ἐξετέτειστο, καὶ εἶχεν
ὁ Θεόφημος τά τε πρόβατα καὶ τὰ ἀνδράποδα καὶ τὰ σκεύη 5
τὰ τῇ προτεραίᾳ περιγενόμενα, καὶ ἄγγελος ἦλθέ μοι λιθο-
κόπος τις, τὸ πλησίον μνῆμα ἐργαζόμενος, ὅτι πάλιν οἴχεται
Εὔεργος τὰ ὑπόλοιπα σκεύη ἐκφορήσας ἐκ τῆς οἰκίας· πρὸς
66 ὃν οὐδέν μοι πρᾶγμα ἦν. ὡς οὖν ἀληθῆ λέγω, καὶ ὅτι τῇ
μὲν προτεραίᾳ εἰλήφεσάν μου τὰ ἐνέχυρα, τῇ δ᾽ ὑστεραίᾳ 10
ἐκομίσαντο τὸ ἀργύριον παρ᾽ ἐμοῦ (καίτοι πῶς ἄν, εἰ μὴ
πεπορισμένον τε ἦν καὶ ἐπηγγέλκειν αὐτοῖς, εὐθὺς ἂν ἀπέ-
λαβον;) καὶ πάλιν αὐθημερὸν εἰσεληλύθεσαν εἰς τὴν οἰκίαν
ἐκτίνοντος τὴν δίκην, τούτων ὑμῖν ἀναγνώσεται τὰς μαρ-
τυρίας. 15

MAPTYPIAI.

67 Ἐπειδὴ τοίνυν, ὦ ἄνδρες δικασταί, ἐπαγγείλαντός μου
αὐτῷ θεραπεύειν τὴν ἄνθρωπον ἣν συνέκοψαν καὶ ἰατρὸν
εἰσάγειν οὐκ ἐφρόντιζον, ἐγὼ αὐτὸς εἰσήγαγον ἰατρὸν ᾧ
πολλὰ ἔτη ἐχρώμην, ὃς ἐθεράπευεν αὐτὴν ἀρρωστοῦσαν, καὶ 20
ἐπέδειξα ὡς εἶχεν, εἰσαγαγὼν μάρτυρας. ἀκούσας δὲ τοῦ
ἰατροῦ ὅτι οὐδὲν ἔτι εἴη ἡ ἄνθρωπος, πάλιν ἑτέρους μάρτυρας
παραλαβὼν τήν τε ἄνθρωπον ἐπέδειξα ὡς εἶχεν, καὶ ἐπήγ-
[1160] γειλα τούτοις θεραπεύειν. ἕκτῃ τοίνυν ἡμέρᾳ ὕστερον ἢ
οὗτοι εἰσῆλθον εἰς τὴν οἰκίαν, ἐτελεύτησεν ἡ τιτθή. ὡς δὲ 25
ἀληθῆ ταῦτα λέγω, τούτων ὑμῖν ἀναγνώσεται τὰς μαρτυρίας.

2 γὰρ Sauppe : δὲ codd.   3 τὸν δ᾽ Εὔεργον vulg. : τὸν δ᾽ Εὔεργον
δ᾽ S : Εὔεργον δ᾽ Blass   5 post σκεύη (5) τὰ τῇ προτεραίᾳ περι-
γενόμενα codd. : post σκεύη (8) transp. Schaefer   7 τις hic S :
ante λιθοκόπος vulg.   ἐξεργαζόμενος F Q D   8 σκεύη S : μου
σκεύη vulg. : μοι σκεύη Voemel   13–14 καὶ πάλιν . . . δίκην huc
transtulit Reiske : post ἐνέχυρα (10) codd.   13 εἰσεληλύθεισαν codd.
18 αὐτοῖς Schaefer   ἰατροὺς F D   19 ἐφρόντιζον codd. : ἐφρόν-
τιζεν Reiske, sed cf. § 62 ad fin.   22 οὐδὲν ἔτι S : ἀσθενοίη καὶ οὐδὲν
οὐκέτι (οὐκέτι οὐδὲν D) vulg.   26 ταῦτα servat S solus

ΜΑΡΤΥΡΙΑΙ.

Ἐπειδὴ τοίνυν ἐτελεύτησεν, ἦλθον ὡς τοὺς ἐξηγητάς, 68
ἵνα εἰδείην ὅ τι με χρὴ ποιεῖν περὶ τούτων, καὶ διηγησάμην
αὐτοῖς ἅπαντα τὰ γενόμενα, τήν τε ἄφιξιν τὴν τούτων καὶ
5 τὴν εὔνοιαν τῆς ἀνθρώπου, καὶ ὡς εἶχον αὐτὴν ἐν τῇ οἰκίᾳ,
καὶ ὡς διὰ τὸ κυμβίον, οὐκ ἀφιεῖσα, τελευτήσειεν. ἀκού-
σαντες δέ μου οἱ ἐξηγηταὶ ταῦτα, ἤροντό με πότερον ἐξηγή-
σωνταί μοι μόνον ἢ καὶ συμβουλεύσωσιν· ἀποκριναμένου 69
δέ μου αὐτοῖς ἀμφότερα, εἶπόν μοι ' ἡμεῖς τοίνυν σοι τὰ μὲν
10 νόμιμα ἐξηγησόμεθα, τὰ δὲ σύμφορα παραινέσομεν· πρῶτον
μὲν ἐπενεγκεῖν δόρυ ἐπὶ τῇ ἐκφορᾷ, καὶ προαγορεύειν ἐπὶ
τῷ μνήματι, εἴ τις προσήκων ἐστὶν τῆς ἀνθρώπου, ἔπειτα τὸ
μνῆμα φυλάττειν ἐπὶ τρεῖς ἡμέρας. τάδε δὲ συμβουλευόμέν
σοι, ἐπειδὴ αὐτὸς μὲν οὐ παρεγένου, ἡ δὲ γυνὴ καὶ τὰ παιδία,
15 ἄλλοι δέ σοι μάρτυρες οὐκ εἰσίν, ὀνομαστὶ μὲν μηδενὶ προ-
αγορεύειν, τοῖς δεδρακόσι δὲ καὶ κτείνασιν, εἶτα πρὸς τὸν
βασιλέα μὴ λαγχάνειν. οὐδὲ γὰρ ἐν τῷ νόμῳ ἔστι σοι· 70
οὐ γάρ ἐστιν ἐν γένει σοι ἡ ἄνθρωπος, οὐδὲ θεράπαινα, ἐξ
ὧν σὺ λέγεις· οἱ δὲ νόμοι τούτων κελεύουσιν τὴν δίωξιν
20 εἶναι· ὥστ' εἰ διομεῖ ἐπὶ Παλλαδίῳ αὐτὸς καὶ ἡ γυνὴ καὶ
τὰ παιδία καὶ καταράσεσθε αὐτοῖς καὶ τῇ οἰκίᾳ, χείρων τε
δόξεις πολλοῖς εἶναι, καὶ ἐὰν μὲν ἀποφύγῃ σε, ἐπιωρκηκέναι,
ἐὰν δὲ ἕλῃς, φθονήσει. ἀλλ' ὑπὲρ σεαυτοῦ καὶ τῆς οἰκίας
ἀφοσιωσάμενος ὡς ῥᾷστα τὴν συμφορὰν φέρειν, ἄλλῃ δὲ εἴ [1161]
25 πῃ βούλει, τιμωροῦ.' ταῦτα ἀκούσας ἐγὼ τῶν ἐξηγητῶν, 71
καὶ τοὺς νόμους ἐπισκεψάμενος τοὺς τοῦ Δράκοντος ἐκ τῆς
στήλης, ἐβουλευόμην μετὰ τῶν φίλων ὅ τι χρή με ποιεῖν.

6 ἀφιεῖσα FQD: ἀφεῖσα S   7 ἐξηγήσονται SQD   8 συμ-
βουλεύσουσιν D   9 μοι S: μοι ὅτι FQD   11 ἐπὶ τῆς ἐκφορᾶς
Harpocr. s.v. ἐπενεγκεῖν   11–12 ἐπὶ τῶν μνημάτων Harpocr.   13 τάδε
δὲ Schaefer: τὰ δὲ codd.   15 ὀνομαστὶ Valckenaer: ὀνόματι
codd.   μηδενὶ Schaefer: μὴ Turr., Rüger: οὐδενὶ μὴ codd.   16 δὲ]
τε Rüger, commate ante τοῖς deleto; sed cf. Ath. Pol. lvii, Plat.
Legg. 874 Α   22 ἀποφύγῃ σε Wolf: αποφυγης S: ἀποφύγῃς FQD
23 φθονηθήσει F γρ. Q γρ. D

συμβουλευόντων δέ μοι ταῦτά, ἃ μὲν ὑπὲρ τῆς οἰκίας προσ-
ῆκέν μοι πρᾶξαι καὶ ἃ ἐξηγήσαντό μοι οἱ ἐξηγηταί, ἐποίησα,
ἃ δ' ἐκ τῶν νόμων οὐκέτι μοι προσῆκεν, ἡσυχίαν εἶχον.
72 κελεύει γὰρ ὁ νόμος, ὦ ἄνδρες δικασταί, τοὺς προσήκοντας
ἐπεξιέναι μέχρι ἀνεψιαδῶν (καὶ ἐν τῷ ὅρκῳ διορίζεται ὅ τι 5
προσήκων ἐστίν), κἂν οἰκέτης ᾖ, τούτων τὰς ἐπισκήψεις
εἶναι. ἐμοὶ δὲ οὔτε γένει προσῆκεν ἡ ἄνθρωπος οὐδέν, εἰ
μὴ ὅσον τιτθὴ γενομένη, οὐδ' αὖ θεράπαινά γε· ἀφεῖτο γὰρ
ὑπὸ τοῦ πατρὸς τοῦ ἐμοῦ ἐλευθέρα καὶ χωρὶς ᾤκει καὶ ἄνδρα
73 ἔσχεν. ψεύσασθαι δὲ πρὸς ὑμᾶς καὶ διομόσασθαι αὐτὸς 10
καὶ τὸν υἱὸν καὶ τὴν γυναῖκα οὐκ ἂν ἐτόλμησα, οὐδ' ἂν εἰ
εὖ ᾔδειν ὅτι αἱρήσοιμι αὐτούς· οὐ γὰρ οὕτως τούτους μισῶ,
ὡς ἐμαυτὸν φιλῶ. ἵνα δὲ μὴ λόγῳ μόνον ἀκούσητέ μου,
αὐτὸν ὑμῖν τὸν νόμον ἀναγνώσομαι.

ΝΟΜΟΣ. 15

74 Πολλαχόθεν μὲν οὖν οἶμαι, ὦ ἄνδρες δικασταί, καταφανῆ
ὑμῖν τὴν μαρτυρίαν εἶναι ὡς ψευδής ἐστιν, οὐχ ἥκιστα δ' ἐκ
τῶν πεπραγμένων αὐτοῖς ῥᾴδιον γνῶναι. οὗτοι γὰρ ᾤοντο,
ὦ ἄνδρες δικασταί, ἐμέ, εἰ πολλά μου λάβοιεν ἐνέχυρα,
ἄσμενον ἀφήσειν με τοὺς μάρτυρας τῶν ψευδομαρτυρίων, 20
75 ὥστε ἀπολαβεῖν με τὰ ἐνέχυρα. καὶ ἐπειδὴ ἐδεήθην αὐτοῦ
ἀναβαλέσθαι μοι τὴν ὑπερημερίαν, ἄσμενος ἤκουσεν, ἵνα
[1162] ὑπερήμερος αὐτῷ γενοίμην καὶ ἐκφορήσαιτό μου ὡς πλεῖστα.
καὶ διὰ τοῦτο ἀκάκως καὶ ταχύ μοι ὡμολόγησεν, ἵνα πιθανὸς

1 ταῦτά Schaefer : ταῦτα vulg. : ποιεῖν ταῦτά S (me teste) 5
ἀνεψιαδῶν] ἀνεψιῶν F γρ. Q γρ., Pollux viii 118 : ἀνεψιῶν παίδων Koehler,
Beauchet   διορίζεται] ἐπερωτᾶν F γρ. Q γρ., Pollux   ὅ τι D : ὅτι
vulg. : τί Q γρ. : τίς Pollux : om. F γρ.   6 προσῆκον F γρ. Q γρ.
ᾖ codd., Pollux : ⟨τις⟩ ᾖ Cobet   τούτων] τῶν κυρίων Rüger : τῶν δε-
σποτῶν Philippi   8 ἀφείθη Q γρ.   12 αἱρήσοιμι Reiske : αἱρήσομαι
codd. : αἱρήσω Sjoestrand   14 ἀναγνώσομαι SF¹ : ἀναγνώσεται F
corr. Q D.   praeter Isae. xi 1, Demos. xix 187, 297, cf. § 82 βού-
λομαι . . . ἀναγνῶναι   19 aut ἐμέ aut με insequens del. Reiske,
cf. tamen Ar. Ach. 384 al.   20 ασμένων S   21 ante ὥστε add. ἢ
διὰ τοῦ ἐξαπατῆσαι S sed punctis deletum   με del. Blass : adsentior

γένηται καὶ μὴ καταφανὴς ἐπιβουλεύων, ἡγούμενος οὐκ εἶναι
αὐτῷ δι' ἄλλου τρόπου τοὺς μάρτυρας ἀφεθῆναι τῶν ψευδο-
μαρτυρίων ἢ διὰ τοῦ ἐξαπατῆσαι καὶ λαβεῖν με ὑπερήμερον
καὶ ἐκφορήσασθαι ὡς πλεῖστα· οὐ γὰρ ὅσα ἔχουσί μου ᾤετο
5 λήψεσθαι, ἀλλὰ πολλῷ πλείω.   καὶ τὸν μὲν ἄλλον χρόνον 76
ἀνέμενεν ὡς οὐ διὰ ταχέων με ποριοῦντα αὐτῷ τὸ ἀργύριον,
βουλόμενος ὑπ' αὐτοὺς τοὺς ἀγῶνας τῶν ψευδομαρτυρίων
τὴν ἐνεχυρασίαν μου ποιήσασθαι· ἐπειδὴ δὲ ἐπήγγειλα
αὐτῷ κομίσασθαι τὴν δίκην, ἐλθών μου τά τε σκεύη καὶ
10 τοὺς οἰκέτας καὶ τὰ πρόβατα ἔλαβεν ἀντὶ τοῦ ἀπολαβεῖν.
γεωργῶ δὲ πρὸς τῷ ἱπποδρόμῳ, ὥστε οὐ πόρρω ἔδει αὐτὸν
ἐλθεῖν.   ὅτι δ' ἀληθῆ λέγω, μέγα τεκμήριον ὑμῖν ἔστω· τῇ 77
ὑστεραίᾳ γὰρ ἐκομίσατο τὸ ἀργύριον τῆς δίκης ἢ τὰ ἐνέχυρα
ἔλαβεν.   καίτοι πῶς ἄν, εἰ μὴ πεπορισμένον ἦν, εὐθὺς
15 ἀπέλαβε τὸ ἀργύριον χιλίας τριακοσίας δέκα τρεῖς δύ' ὀβολώ;
καὶ τὰ ἐνέχυρά μοι οὐκ ἀπεδίδου, ἀλλ' ἔτι καὶ νῦν ἔχει ὡς
ὑπερημέρου ὄντος.   ὅτι δ' οὐκ ἦν αὐτῷ ὑπερήμερος, ἀνάγνωθί
μοι τὸν νόμον καὶ τὴν μαρτυρίαν, ὃς κελεύει κύρια εἶναι ὅ τι ἂν
ἕτερος ἑτέρῳ ὁμολογήσῃ, ὥστε οὐκέτι ἦν αὐτῷ δήπου ὑπερή-
20 μερος.

NOMOΣ. ΜΑΡΤΥΡΙΑ.

    Ὡς μὲν τοίνυν ὡμολόγησε καὶ ἀνεβάλετό μοι τὴν 78
ὑπερημερίαν, μεμαρτύρηται ὑμῖν· ὡς δὲ ἐτριηράρχουν, ὁ
συντριήραρχός μοι μεμαρτύρηκεν, καὶ ὡς ἡ ναῦς στρατηγὶς [1163]
25 κατεσκευάσθη Ἀλκιμάχῳ.   ὥστ' οὐκ ἦν αὐτῷ δήπου ὑπερή-
μερος ἀναβαλομένῳ μοι, ἔτι δὲ καὶ ἐκτίνων.   ἀλλὰ δεινὴ ἡ
πλεονεξία τοῦ τρόπου, ὦ ἄνδρες δικασταί, περὶ τὸ πλέον
καὶ τὸ ἔλαττον.   καὶ εὖ ᾔδεσαν ὅτι, εἰ μὲν τὴν ἄνθρωπον

---

8 ἐπήγγειλα F γρ. Q γρ. D, cf. §§ 66, 81 : ἐπείσθην S F Q   12 ἔστω]
ἐρῶ Seager coll. xlix 45, 48   14 πεπορισμένον Wolf : πεπορισμένος
codd.   15 χιλίας . . . ὀβολώ del. Herwerden   18 τὴν μαρτυρίαν
καὶ τὸν νόμον Dobree, sed cf. lemma et Aeschin. ii 184   ὅ τι codd. :
ὅσα Blass, sed cf. xlviii 56   22 μοι hic S : post ὡμολόγησε vulg.
24 στρατηγὶς Schaefer : ἢ στρ. codd.   25 οὐκ S : οὐκέτι vulg., cf.
§ 77   26 ἀναβαλλομένῳ F Q D   27 πλέον Dindorf : πλεῖον codd.

παραδώσουσιν, ἐξελεγχθήσονται ψευδῆ ἐγκαλέσαντες, εἰ δὲ
μὴ παραδώσουσιν ἣν ἐμαρτύρησαν ὡς οὗτος ἤθελε παραδι-
79 δόναι, ψευδομαρτυρίων ἁλώσονται. δέομαι δ᾽ ὑμῶν, ὦ
ἄνδρες δικασταί, εἴ τις ἄρα τῶν τότε δικαζόντων τυγχάνει
ὢν ἐν τῷ δικαστηρίῳ, τοῖς αὐτοῖς χρήσασθαι ἤθεσιν οἷσπερ 5
καὶ τότε, καὶ εἰ μὲν ἡ μαρτυρία πιστὴ ὑμῖν ἔδοξεν εἶναι καὶ
ἐγὼ φεύγειν τὸν ἔλεγχον τὸν ἐκ τῆς ἀνθρώπου, νῦν ἐξελεγχο-
μένων αὐτῶν ψευδῆ μεμαρτυρηκότων καὶ οὐ παραδιδόντων
τὴν ἄνθρωπον βοηθῆσαί μοι, εἰ δ᾽ ἐμοὶ ὠργίσθητε ὅτι
ἐνεχυράσων ἦλθον ἐπὶ τὴν οἰκίαν τὴν τοῦ Θεοφήμου, καὶ 10
80 τούτοις νῦν ὀργισθῆναι ὅτι ἐπὶ τὴν ἐμὴν ἦλθον. καὶ ἐγὼ
μὲν ὑπὸ νόμων καὶ ψηφισμάτων ἀναγκαζόμενος, πρόνοιαν
ἐποιησάμην τοῦ μήτε ἐπὶ τὸν πατέρα τὸν τούτου εἰσελθεῖν
μήτε ἐπὶ τὴν μητέρα, μήτε τῶν τοῦ ἀδελφοῦ λαβεῖν μηδέν,
ἀλλ᾽ οὗ αὐτὸς ᾤκει ὁ Θεόφημος· καὶ ἐπειδὴ οὐ κατέλαβον 15
αὐτὸν ἔνδον, οὐχ ἁρπάσας ᾠχόμην οὐδέν, ἀλλὰ μετελθεῖν
ἐκέλευσα αὐτόν, καὶ παρόντος, οὐκ ἀπόντος, τὴν ἐνεχυρασίαν
ἐποιησάμην, καὶ ἀφαιρούμενος ἀφῆκα, καὶ ἀνῆλθον ἐπὶ τὴν
βουλὴν τοὺς κυρίους, καὶ εἰσαγγείλας καὶ ἑλὼν ἐν τῇ βουλῇ,
ἀποχρῆν ἡγησάμην τὰ μὲν σκεύη ἀπολαβεῖν ἁπλᾶ, περὶ δὲ 20
[1164]
81 τῶν πληγῶν ἐπιτρέψαι, τῷ δὲ τιμήματι συγχωρῆσαι· ὥστε
ἐγὼ μὲν οὕτω πρᾶος περὶ τούτους ἦν, οὗτοι δὲ οὕτως ἀσελγεῖς
καὶ βδελυροὶ ὥστ᾽ ἐπὶ τὴν γυναῖκα καὶ τὰ παιδία εἰσελθεῖν,
ἔχοντες μὲν τὰ πρόβατα καὶ τοὺς οἰκέτας, πλείονος ἄξια ἢ
κατεδικάσαντο, ἀναβαλόμενοι δὲ τὴν ὑπερημερίαν, ἐπαγγεί- 25
λαντος δ᾽ ἐμοῦ κομίζεσθαι αὐτοῖς τὴν δίκην, ὡς μεμαρτύρηται
ὑμῖν, καὶ εἰσελθόντες εἰς τὴν οἰκίαν τά τε σκεύη ἐκφορῆσαι
τήν τε τιτθὴν συγκόψαι, γραῦν γυναῖκα, ἕνεκα κυμβίου, καὶ
ταῦτα πάντα ἔτι ἔχειν καὶ μὴ ἀποδιδόναι ἐκτετεικότος ἐμοῦ

2 ἣν ἐμαρτύρησαν S F Q : οἱ μαρτυρήσοντες F γρ. Q γρ. et (-αντες) D
οὗτος Wolf : οὐκ S F Q : om. F γρ. Q γρ. D   3 ante ψευδομαρτυρίων
add. ὅτι F γρ. Q γρ. D   5 ἤθεσιν Blass : ἔθεσιν codd.   18
ἀπῆλθον S D   22 πρᾶος] μέτριος F γρ. Q γρ.   23 εἰσελθεῖν Blass :
ἐλθεῖν codd.   25 ἀναβαλλόμενοι F Q D   26 αὐτοὺς S vulg. :
αὐτοῖς Dindorf ex cod. B, cf. § 67

τὴν δίκην, χιλίας τριακοσίας δέκα τρεῖς δυ᾿ ὀβολώ. εἰ δέ 82
τις ἀγνοήσας αὐτοὺς τότε ἀκάκους ἡγήσατο καὶ ἀπράγμονας
εἶναι, βούλομαι ὑμῖν περὶ αὐτῶν τὰς μαρτυρίας ἀναγνῶναι,
ἃς μεμαρτυρήκασί μοι οἱ ὑπὸ τούτων ἠδικημένοι (λόγῳ μὲν
5 γὰρ διηγήσασθαι οὐκ ἂν ἱκανόν μοι γένοιτο τὸ ὕδωρ), ἵν᾿ ἐκ
τούτων ἁπάντων σκεψάμενοι, τῶν τε λεχθέντων καὶ τῶν
μαρτυρουμένων, ὁσίαν καὶ δικαίαν ὑπὲρ ὑμῶν αὐτῶν τιθῆσθε
τὴν ψῆφον.   λέγε τὰς μαρτυρίας.

MARTYRIAI.

6 λεγχθέντων S   9 MARTYRIAI om. S
In S subscriptum
              ΚΑΤΑ ΕΥΕΡΓΟΥ
              ΚΑΙ ΜΝΗΣΙΒΟΥΛΟΥ

ΚΑΤΑ ΟΛΥΜΠΙΟΔΩΡΟΥ ΒΛΑΒΗΣ

ΥΠΟΘΕΣΙΣ.

Ποικίλην ἔχει περιπέτειαν πραγμάτων ὁ λόγος. Κόνων γάρ
τις ἀνὴρ Ἀθηναῖος ἄπαις τελευτᾷ, ὡς ἐπίδικον τοῖς οἰκείοις
[1165] γενέσθαι τὸν κλῆρον. Καλλίστρατος μὲν οὖν ὁ τὸν λόγον
τουτονὶ λέγων ὅλον τὸν κλῆρον τοῦτον ἑαυτῷ προσήκειν φησίν·
ἐγγυτάτω γὰρ κατὰ γένος αὐτὸς εἶναι τῷ Κόνωνι. ἀλλὰ τοῦτο 5
μὲν τάχ᾽ ἂν καὶ ψεύδοιτο καὶ λόγῳ καταχρῷτο ψιλῷ. Ὀλυμπιό-
δωρος δέ, πρὸς ὃν ἡ δίκη, καὶ αὐτὸς ἠμφισβήτησεν ἐξ ἀρχῆς τοῦ
2 κλήρου. ἤστην δ᾽ οἰκείω ὅ τ᾽ Ὀλυμπιόδωρος καὶ ὁ Καλλίστρα-
τος· ἀδελφὴν γὰρ Ὀλυμπιοδώρου Καλλίστρατος εἶχε γυναῖκα.
ἔδοξεν οὖν αὐτοῖς μὴ διαφέρεσθαι πρὸς ἀλλήλους, ἀλλὰ νείμασθαι 10
μὲν ἐξ ἴσης τὴν οὐσίαν τοῦ τελευτήσαντος, ὅση φανερά τ᾽ ἦν καὶ
ὡμολογημένη, κοινῇ δὲ ζητεῖν τὰ ἀφανῆ καὶ κοινῇ πράττειν περὶ
τούτων πάντα· προσεδόκων γὰρ ἥξειν τινὰς ἀμφισβητοῦντας
αὐτοῖς τοῦ κλήρου. περὶ τούτου καὶ συνθήκας ἔγραψαν καὶ
3 κατέθεντο παρ᾽ Ἀνδροκλείδῃ, φίλῳ τινὶ κοινῷ. οἰκέτης δ᾽ ἦν 15
Κόνωνος Μοσχίων, πάνυ πιστὸς ἐκείνῳ νομισθείς. τοῦτον
Ὀλυμπιόδωρος λαμβάνει, καὶ διαβληθέντα χιλίας ὑφῃρῆσθαι
τοῦ Κόνωνος δραχμὰς βασανίζει μετὰ Καλλιστράτου. καὶ ὡς
ὡμολόγησεν ὁ οἰκέτης τὸ ἀργύριον, νέμεται καὶ τοῦτο πρὸς τὸν
Καλλίστρατον κατὰ τὰς συνθήκας ἐξ ἴσης. ὑπονοήσας δὲ καὶ 20
πλείονος κατέχειν ἀργυρίου τὸν ἄνθρωπον, οὐκέτι παραλαβὼν
τὸν Καλλίστρατον αὐτὸς βασανίζει, καὶ μνᾶς ἑβδομήκοντα λαμβά-
4 νει μόνος. περὶ δὲ τοῦτον τὸν καιρὸν ἀμφισβητοῦσι τοῦ κλήρου
Κόνωνος καὶ ἄλλοι καὶ ὁ ἀδελφὸς ὁ Καλλιστράτου Κάλλιππος,
ὁμοπάτριος ὤν. βουλευόμενοι ⟨δὲ⟩ κοινῇ περὶ τῶν ἀγώνων 25
Ὀλυμπιόδωρος καὶ Καλλίστρατος συντίθενται τὸν μὲν Ὀλυμπιό-
δωρον ἀμφισβητεῖν ὅλου τοῦ κλήρου, τὸν δὲ Καλλίστρατον τοῦ
[1166] ἡμικληρίου. στρατευομένων δ᾽ Ἀθηναίων εἰς Ἀκαρνανίαν ᾤχετο
καὶ Ὀλυμπιόδωρος· ἦν γὰρ τῶν ἐκ καταλόγου. τῆς δὲ κυρίας

21 πλείονος κατέχειν scripsi coll. xxxvii Arg. § 3 : πλείονας ἔχειν
codd. : πλείονας ἔχειν μνᾶς Blass : πλεῖον ἔχειν Wolf   25 βουλευό-
μενοι Ald. : βουλόμενοι codd.   δὲ add. Voemel

ἐνστάσης οἱ δικασταί, πρόφασιν τὴν στρατείαν εἶναι πεισθέντες,
ἀνεῖλον αὐτοῦ τὴν διαδικασίαν· διὸ φησι Καλλίστρατος καὶ αὐτὸς
ἐκλιπεῖν τὴν τοῦ ἡμικληρίου δίκην, ταῖς συνθήκαις ἐμμένων,
ἐπειδὴ κοινῇ πάντα πράττειν ἐκέλευον. ὡς δ᾽ ἐπανῆλθεν ἀπὸ τῆς 5
5 στρατείας Ὀλυμπιόδωρος, παλινδικίᾳ χρῆται πρὸς τοὺς νενικηκό-
τας καὶ αὐτὸς καὶ ὁ Καλλίστρατος, δεδωκότος τοῦτο τοῦ νόμου.
καὶ ἀμφισβητοῦσι τοῦ κλήρου καθάπερ ἐξ ἀρχῆς, ὁ μὲν τοῦ
ἡμίσους, ὁ δὲ καὶ τοῦ ὅλου. πρότερος δὲ λέγων Ὀλυμπιόδωρος
νικᾷ τοῦ κλήρου. νικήσας δὲ καὶ λαβὼν ὅλον, οὐκ ἐμμένει ταῖς
10 συνθήκαις αἷς ἐξ ἀρχῆς ἐποιήσατο, οὐδὲ δίδωσι τὰ ἡμίση τῷ
Καλλιστράτῳ. ὁ δ᾽ αὐτὸν ἀπαιτεῖ καὶ τῶν ἑβδομήκοντα μνῶν 6
τῶν παρὰ τοῦ Μοσχίωνος τὸ ἥμισυ καὶ τῆς ὅλης οὐσίας, ταῖς
συνθήκαις ἰσχυριζόμενος, καὶ λέγων καὶ ἐν τῇ τελευταίᾳ δίκῃ
συναγωνίσασθαι τῷ Ὀλυμπιοδώρῳ, καὶ συγκεχωρηκέναι καὶ τοὺς
15 λόγους εἰπεῖν οὓς ἐβούλετο καὶ μάρτυρας παρασχέσθαι ψευδεῖς,
οὕς, εἰ μὴ κοινῇ καὶ συντεθειμένοι πρὸς ἀλλήλους ἠγωνίζοντο,
ῥᾳδίως ἂν ἐξελέγξαι, καὶ οὐκ ἐᾶσαι τὸν Ὀλυμπιόδωρον νικῆσαι
τὴν δίκην.

Ἀναγκαῖον ἴσως ἐστίν, ὦ ἄνδρες δικασταί, καὶ τοὺς μὴ [1167]
20 εἰωθότας μηδὲ δυναμένους ⟨εἰπεῖν⟩ εἰσιέναι εἰς δικαστήριον,
ἐπειδὰν ὑπό τινος ἀδικῶνται, ἄλλως τε καὶ ὑφ᾽ ὧν ἥκιστα
προσῆκεν [ἀδικεῖσθαι], οἷον καὶ ἐμοὶ νυνὶ συμβαίνει. οὐ
βουλόμενος γάρ, ὦ ἄνδρες δικασταί, ἀγωνίζεσθαι πρὸς
Ὀλυμπιόδωρον οἰκεῖον ὄντα καὶ ἀδελφὴν τούτου ἔχων,
25 ἠνάγκασμαι διὰ τὸ μεγάλ᾽ ἀδικεῖσθαι ὑπὸ τούτου. εἰ μὲν 2
οὖν μὴ ἀδικούμενος, ὦ ἄνδρες δικασταί, ἀλλὰ ψεῦδός τι
ἐγκαλῶν Ὀλυμπιοδώρῳ τούτων τι ἐποίουν, ἢ τοῖς ἐπιτη-
δείοις τοῖς ἐμοῖς καὶ Ὀλυμπιοδώρου μὴ ἐθέλων ἐπιτρέπειν,
ἢ ἄλλου τινὸς τῶν δικαίων ἀφιστάμενος, εὖ ἴστε ὅτι πάνυ
30 ἂν ᾐσχυνόμην καὶ ἐνόμιζον ἂν ἐμαυτὸν φαῦλον εἶναι ἄνθρω-
πον· νῦν δ᾽ οὔτε μικρὰ ἐλαττούμενος ὑπὸ Ὀλυμπιοδώρου,

2 αὐτοῦ Wolf : αὐτῶν codd.   3 ἐκλιπεῖν Reiske : ἐκλείπειν codd.
5 παλινδικίᾳ Wolf : πάλιν δι᾽ ἐκεῖνα codd.   8 ἡμίσεος S   9 τοῦ
κλήρου scripsi, cf. xliii 34 : τὸν κλήρον codd.   10 &s S   14 ἐγκε-
χωρηκέναι S   16 οὕς Bekker : ὡς codd.   συντιθέμενοι S
17 ἐξελέγξαι F D : ἐλέγξαι S   20 εἰπεῖν add. Spengel   22 προσ-
ῆκεν Cobet : προσήκει codd.   ἀδικεῖσθαι post προσ. S A : ante προσ.
F Q D : del. Cobet   25 μεγάλα A : μέγα S F Q D   30 prius ἂν om. A

οὔτε διαλλακτὴν οὐδένα φεύγων, οὔτ᾽ αὖ μὰ τὸν Δία τὸν
μέγιστον ἑκών, ἀλλ᾽ ὡς οἷόν τε μάλιστα ἄκων, ἠνάγκασμαι
3 ὑπὸ τούτου ἀγωνίζεσθαι ταύτην τὴν δίκην. δέομαι οὖν
ὑμῶν, ὦ ἄνδρες δικασταί, ἀκούσαντας ἀμφοτέρων ἡμῶν καὶ
αὐτοὺς δοκιμαστὰς τοῦ πράγματος γενομένους μάλιστα μὲν 5
διαλλάξαντας ἀποπέμψαι καὶ εὐεργέτας ἡμῶν ἀμφοτέρων
[1168] ὑμᾶς γενέσθαι, ἐὰν δ᾽ ἄρα μὴ ἐπιτυγχάνητε τούτου, ἐκ τῶν
ὑπολοίπων τῷ τὰ δίκαια λέγοντι, τούτῳ τὴν ψῆφον ὑμᾶς
προσθέσθαι. πρῶτον μὲν οὖν μαρτυρίας ἀναγνώσεται ὅτι
οὐκ ἐγὼ αἴτιός εἰμι τοῦ εἰς τὸ δικαστήριον εἰσιέναι, ἀλλ᾽ 10
οὗτος αὐτός. λέγε τὰς μαρτυρίας.

MAΡΤΥΡΙΑΙ.

4 Ὅτι μὲν οὖν, ὦ ἄνδρες δικασταί, καὶ μέτρια καὶ προσή-
κοντα προὐκαλούμην Ὀλυμπιόδωρον, μεμαρτύρηται ὑπὸ τῶν
παραγενομένων. οὐκ ἐθέλοντος δὲ τούτου οὐδ᾽ ὁτιοῦν ποιεῖν 15
τῶν δικαίων, ἀναγκαῖόν ἐστιν πρὸς ὑμᾶς λέγειν περὶ ὧν
ἀδικοῦμαι ὑπὸ Ὀλυμπιοδώρου. ἔστιν δὲ βραχὺς ὁ λόγος.
5 ἦν γάρ, ὦ ἄνδρες δικασταί, Κόμων Ἁλαιεύς, οἰκεῖος ἡμέτερος.
οὗτος ὁ Κόμων ἐτελεύτησεν ἄπαις ὀλίγον πάνυ χρόνον ἀρρω-
στήσας, ἐβίω δὲ πολλὰ ἔτη, καὶ ἦν πρεσβύτερος ὅτε ἐτε- 20
λεύτα. καὶ ἐγὼ ἐπειδὴ ᾐσθόμην ὅτι οὐχ οἷός τέ ἐστιν περι-
γενέσθαι, μετεπεμψάμην τουτονὶ Ὀλυμπιόδωρον, ὅπως ἂν
παρῇ καὶ συνεπιμελῆται μεθ᾽ ἡμῶν ἁπάντων ὧν προσῆκεν.
καὶ Ὀλυμπιόδωρος οὑτοσί, ὦ ἄνδρες δικασταί, ἐπειδὴ ἦλθεν
ὡς ἐμὲ καὶ τὴν ἀδελφὴν τὴν ἑαυτοῦ, ἐμὴν δὲ γυναῖκα, μεθ᾽ 25
6 ἡμῶν ἅπαντα διῴκει. ὄντων δ᾽ ἡμῶν περὶ ταύτην τὴν
πραγματείαν, ἐξαίφνης λόγον μοι προσφέρει Ὀλυμπιόδωρος

1 οὔτ᾽ αὖ A : οὔτε S F Q D   7 ἐπιτυγχάνηται S   9 ἀναγνώ-
σομαι A   11 αὐτὸς οὗτος A F   17 ἔσται Herwerden, sed cf.
xliii 21   δὲ S : γὰρ vulg.   18 Κόμων S¹ A D hic et infra : Κόνων
vulg., Libanii Arg., Maximus v 584 (Waltz)   comma post Ἁλαιεὺς
del. Schaefer   20 ἐβίωσε S   πρεσβύτερος] πρεσβύτης A :
πρεσβύτατος Herwerden ; sed cf. Isocr. xv 195   21 ἐπειδὴ] ὡς A
ἐστιν S¹ : ἔσται S corr. vulg.   περιγενέσθαι om. S¹, add. in mg.
ead. m.   23 ὧν] ὡς A   προσήκει F Q D   27 φέρει A   Ὀλυμ-
πιόδωρος om. S¹, add. in mg. ead. m.

οὑτοσί, ὅτι καὶ ἡ μήτηρ αὐτοῦ προσήκουσα εἴη τῷ Κόμωνι
τῷ τετελευτηκότι, καὶ ὅτι δίκαιον εἴη καὶ αὐτὸν τὸ μέρος
λαβεῖν ἁπάντων ὧν ὁ Κόμων κατέλιπεν. καὶ ἐγώ, ὦ ἄνδρες
δικασταί, συνειδὼς ὅτι ἐψεύδετο καὶ ἀναισχυντεῖν ἐπεχείρει,
5 καὶ ὅτι οὐδεὶς ἦν ἄλλος τῷ Κόμωνι γένει ἐγγυτέρω ἐμοῦ, τὸ
μὲν πρῶτον ὡς οἷόν τε μάλιστα ὠργίσθην καὶ ἠγανάκτησα
ἐπὶ τῇ ἀναισχυντίᾳ τοῦ λόγου, ἔπειτα δὲ ἐλογισάμην πρὸς [1169]
ἐμαυτὸν ὅτι οὐκ ἐν καιρῷ ὀργιζοίμην, καὶ τούτῳ ἀπεκρινάμην
ὅτι ἐν μὲν τῷ παρόντι προσήκει θάπτειν τὸν τετελευτηκότα
10 καὶ τἆλλα ποιεῖν τὰ νομιζόμενα, ἐπειδὰν δὲ τούτων ἁπάντων
ἐπιμεληθῶμεν, τόθ' ἡμῖν αὐτοῖς διαλεξόμεθα. καὶ οὗτος, 7
ὦ ἄνδρες δικασταί, προσωμολόγησεν ταῦτα καὶ καλῶς μ'
ἔφη λέγειν. ἐπειδὴ δὲ ἀπηλλάγημεν καὶ ἐποιήσαμεν ἅπαντα
τὰ νομιζόμενα, καθ' ἡσυχίαν ἤδη παρακαλέσαντες τοὺς
15 οἰκείους ἅπαντας διελεγόμεθα ἡμῖν αὐτοῖς περὶ ὧν οὗτος
ἠξίου ἑαυτῷ εἶναι. ὅσα μὲν οὖν, ὦ ἄνδρες δικασταί, ἡμεῖς
πρὸς ἡμᾶς αὐτοὺς διηνέχθημεν περὶ τούτων διαλεγόμενοι, τι
ἂν ἐγὼ ταῦτα διηγούμενος ἢ ὑμῖν πράγματα παρέχοιμι ἢ
ἐμαυτῷ [ἐνοχλοίην]; τὸ δὲ τέλος ὃ ἐγένετο, τοῦθ' ὑμᾶς 8
20 ἀναγκαίως ἔχει ἀκοῦσαι. αὐτὸς γὰρ ἐγὼ ἐδίκασα τούτῳ καὶ
οὗτος ἐμοὶ τὰ ἡμίσεα ἑκάτερον ἡμῶν λαβεῖν ὧν κατέλιπε
Κόμων, καὶ μηδεμίαν ἀηδίαν εἶναι περαιτέρω. καὶ προει-
λόμην, ὦ ἄνδρες δικασταί, ἑκὼν μεταδοῦναι τούτῳ μᾶλλον ἢ
εἰς δικαστήριον εἰσιὼν κινδυνεύειν πρὸς οἰκεῖον ὄντα τοῦτον
25 καὶ εἰπεῖν τι ἀηδές, ἀδελφὸν ὄντα τῆς ἐμῆς γυναικὸς καὶ
θεῖον τῶν ἐμῶν παίδων, καὶ ὑπὸ τούτου ἀκοῦσαί τι ἀνεπιτή-
δειον. ταῦτα πάντα ἐνθυμούμενος συνεχώρησα αὐτῷ. καὶ 9
μετὰ ταῦτα συνθήκας ἐγράψαμεν πρὸς ἡμᾶς αὐτοὺς περὶ
ἁπάντων, καὶ ὅρκους ἰσχυροὺς ὠμόσαμεν ἀλλήλοις, ἦ μὴν τά

---

1 οὗτος A　2 αὐτὸν D S¹ (sine spiritu) : ἑαυτὸν S corr. Q γρ. : αὐτὸν
vulg. 3 κατέλειπε S　4 ψεύδεται ... ἐπιχειρεῖ F Q D　14–15 ἅπαν-
τας τοὺς οἰκείους A　16 ἑαυτοῦ Richards　19 ἐνοχλοίην secl.
Huettner coll. xliii 20. verbum ἐνοχλεῖν non usurpatur de eo qui sibi
ipse negotia facessit 21 ὧν servat A solus　22 ὁ Κόμων A
περετερω S　23 μᾶλλον om. A　25 ἀειδες S¹, corr. m. rec.

τε ὑπάρχοντα φανερὰ ὄντα καλῶς καὶ δικαίως διαιρήσεσθαι
καὶ μηδ' ὁτιοῦν πλεονεκτήσειν τὸν ἕτερον τοῦ ἑτέρου ὧν κατέ-
λιπεν Κόμων, καὶ τἆλλα πάντα κοινῇ ζητήσειν, καὶ πράξειν
10 μετ' ἀλλήλων βουλευόμενοι ὅ τι ἂν ἀεὶ δέῃ. ὑπενοοῦμεν
[1170] γάρ, ὦ ἄνδρες δικασταί, ἥξειν τινὰς ἀμφισβητήσοντας τῶν 5
τοῦ Κόμωνος καὶ ἑτέρους· οἷον καὶ ὁ ἐμὸς ἀδελφὸς (ὁ)
ὁμοπάτριος, ὁμομήτριος δ' οὔ, ὃς ἀπεδήμει, καὶ εἰ δή τις
ἄλλος ἐβούλετ' ἀμφισβητεῖν, οὐκ ἦν ἡμῖν κωλύειν· οἱ γὰρ
νόμοι κελεύουσι τὸν βουλόμενον ἀμφισβητεῖν. ταῦτα δὴ
πάντα προνοούμενοι ἐγράψαμεν τὰς συνθήκας καὶ ὅρκους 10
ὠμόσαμεν, ὅπως ἂν μήτε ἑκόντι μήτε ἄκοντι μηδετέρῳ ἐξουσία
ἡμῶν γένηται μηδ' ὁτιοῦν ἰδίᾳ πρᾶξαι, ἀλλὰ κοινῇ βουλευό-
11 μενοι μεθ' ἡμῶν αὐτῶν ἅπαντα πράττωμεν. καὶ μάρτυρας
ἐποιησάμεθα περὶ τούτων πρῶτον μὲν τοὺς θεοὺς οὓς ὠμό-
σαμεν ἀλλήλοις, καὶ τοὺς οἰκείους τοὺς ἡμετέρους αὐτῶν, 15
ἔπειτ' Ἀνδροκλείδην Ἀχαρνέα, παρ' ᾧ κατεθέμεθα τὰς
συνθήκας. βούλομαι οὖν, ὦ ἄνδρες δικασταί, τόν τε νόμον
ἀναγνῶναι, καθ' ὃν τὰς συνθήκας ἐγράψαμεν πρὸς ἡμᾶς
αὐτούς, καὶ μαρτυρίαν τοῦ ἔχοντος τὰς συνθήκας. λέγε τὸν
νόμον πρῶτον.   20

ΝΟΜΟΣ.

Ἀναγίγνωσκε δὴ καὶ τὴν μαρτυρίαν τὴν Ἀνδροκλείδου.

ΜΑΡΤΥΡΙΑ.

12   Ἐπειδὴ δὲ ὠμόσαμεν ἀλλήλοις καὶ αἱ συνθῆκαι ἦσαν
κείμεναι παρὰ τῷ Ἀνδροκλείδῃ, διεῖλον ἐγὼ δύο μερίδας, ὦ 25
ἄνδρες δικασταί. καὶ ἡ μὲν ἑτέρα ἦν μερὶς ἡ οἰκία ἐν ᾗ

---

1 φανερά] καὶ φανερά A   δικαίως] ὁσίως Q γρ. F mg.   4 ἀεὶ om. A
ὑπενοοῦμεν A : ὑπενοοῦν μὲν cett.   5 γάρ] δ' ἂν S   ἀμφισβητοῦν-
τας Q   6 (ὁ) add. Blass, cf. §§ 20, 54   7 post ὁμοπάτριος add.
μέν A : om. S F Q D   ὃς ἀπεδήμει om. S Q D, sed cf. § 20   8 (ὃν)
οὐκ Naber   ἦν S : ἐνῆν cett.   κωλύειν ὑμῖν F Q D   11 ὅπως ἂν A,
Bekk. Anecd. 159. 33, cf. §§ 5, 48 : ὅπως S F Q D   12 κοινῇ A,
Bekk. Anecd. : καὶ κοινῇ S F Q D   14 ὠμόσαμεν] ὡμολογήσαμεν S
hic et § 12   22 δὴ] δέ A   24 καὶ αἱ A : καὶ cett.

ᾤκει αὐτὸς ὁ Κόμων, καὶ τἀνδράποδα οἱ σακχυφάνται, ἡ δ'
ἑτέρα ἦν μερὶς οἰκία ἑτέρα καὶ τἀνδράποδα οἱ φαρμακοτρίβαι.
ἀργύριον δὲ εἴ τι κατέλιπεν ὁ Κόμων φανερὸν ἐπὶ τῇ τρα- [1171]
πέζῃ τῇ Ἡρακλείδου, τοῦθ' ἅπαν σχεδόν τι ἀνηλώθη εἴς τε
5 τὴν ταφὴν καὶ τἆλλα τὰ νομιζόμενα καὶ εἰς τὴν οἰκοδομίαν
τοῦ μνήματος. διελὼν δ' ἐγὼ τὰς δύο ταύτας μερίδας, 13
ἔδωκα αἵρεσιν τουτῳὶ Ὀλυμπιοδώρῳ ὁποτέραν βούλεται τῶν
μερίδων λαβεῖν, καὶ οὗτος εἵλετο τοὺς φαρμακοτρίβας καὶ
τὴν οἰκίσκην· ἐγὼ δ' ἔλαβον τοὺς σακχυφάντας καὶ τὴν
10 οἰκίαν τὴν ἑτέραν. καὶ ταῦτ' ἔστιν ἃ ἑκάτερος ἡμῶν εἶχεν.
ἐν δὲ τῇ μερίδι τῇ τουτουὶ Ὀλυμπιοδώρου ἦν εἷς τῶν φαρ- 14
μακοτριβῶν, ὃν μάλιστα ἐνόμιζεν πιστὸν ἑαυτῷ εἶναι ὁ
Κόμων· ὄνομα δὲ τῷ ἀνθρώπῳ ἐστὶν Μοσχίων. οὗτος ὁ
οἰκέτης σχεδόν τι ᾔδει τά τε ἄλλα τὰ τοῦ Κόμωνος ἅπαντα,
15 καὶ δὴ τὸ ἀργύριον οὗ ἦν, τὸ ἔνδον κείμενον τῷ Κόμωνι.
καὶ δὴ καὶ ἔλαθεν τὸν Κόμωνα, πρεσβύτερόν τε ὄντα καὶ 15
πεπιστευκότα αὐτῷ, ὑφαιρούμενος τὸ ἀργύριον οὗτος ὁ οἰκέτης
ὁ Μοσχίων. καὶ πρῶτον μὲν ὑφαιρεῖται αὐτοῦ χιλίας δρα-
χμὰς χωρίς που κειμένας τοῦ ἄλλου ἀργυρίου, ἔπειτα ἑτέρας
20 ἑβδομήκοντα μνᾶς. καὶ ταῦτα ποιῶν ἐλάνθανεν τὸν Κόμωνα.
καὶ τὸ ἀργύριον τοῦτο ἅπαν εἶχεν αὐτὸς δι' ἑαυτοῦ ὁ ἄνθρω-
πος. οὐ πολλῷ δὲ χρόνῳ ὕστερον, ὦ ἄνδρες δικασταί, ἢ 16
ἡμεῖς διειλόμεθα τὰς μερίδας, ὑποψία τις ἐγένετο καὶ αἴσθη-
σις περὶ τἀνθρώπου τούτου· ἐκ δὲ ταύτης τῆς ὑποψίας ἐδόκει
25 ἐμοὶ καὶ τουτῳὶ Ὀλυμπιοδώρῳ βασανίζειν τὸν ἄνθρωπον.
καὶ ὁ ἄνθρωπος, ὦ ἄνδρες δικασταί, αὐτὸς αὑτοῦ κατεῖπε,
πρὶν βασανίζεσθαι, ὅτι χιλίας δραχμὰς ὑφείλετο τοῦ Κό-
μωνος, καὶ ἔφη εἶναι παρ' ἑαυτῷ ὅσον μὴ ἦν ἀνηλωμένον· [1172]

1 σακχυφάνται codd. : σακυφ. Photius : σαχυφ. Rutherford   3 κατέ-
λειπεν S   6 μερίδας ταύτας A   7 et 25 τούτῳ codd.   9 οἰκί-
σκην Pollux ix 39 : οἰκίαν codd.   δ' ἔλαβον S corr. vulg. : δὲ λαβὼν
S¹   10 τὴν ἑτέραν om. Pollux   11 δὲ om. S   ἐνῆν A
14 τὰ τοῦ A : τοῦ cett.   15 καὶ δὴ S (me teste) D : καὶ δὴ καὶ
vulg.   16 δὴ καὶ] δὴ A   17–18 οὗτος . . . Μοσχίων om. D, del.
Herwerden   24 τἀνθρώπου codd. : τἀργυρίου Blass coll. § 18   ἐκ δὴ A
25 τούτῳ codd., corr. Blass   27 ὑφείλετο S F Q D : ὑφέλοιτο A B γρ.

περὶ δὲ τοῦ πλείονος ἀργυρίου οὐδ' ὁτιοῦν εἶπεν ἐν τῷ τότε
17 χρόνῳ· καὶ ἀποδίδωσιν περὶ ἑξακοσίας τινὰς δραχμάς.
καὶ τούτου τοῦ ἀργυρίου, οὗ ἀπέδωκεν ὁ ἄνθρωπος, καλῶς
καὶ δικαίως κατὰ τοὺς ὅρκους οὓς ὠμόσαμεν ἡμεῖς καὶ κατὰ
τὰς συνθήκας τὰς κειμένας παρὰ τῷ Ἀνδροκλείδῃ τὸ μὲν 5
ἥμισυ ἐγὼ ἔλαβον, τὸ δ' ἥμισυ οὑτοσὶ Ὀλυμπιόδωρος.
18 μετὰ δὲ ταῦτα οὐ πολλῷ χρόνῳ ὕστερον ἐκ ταύτης τῆς
ὑποψίας τῆς πρὸς τὸν οἰκέτην περὶ τοῦ ἀργυρίου οὗ ἀπέδωκεν,
ἔδησεν τὸν ἄνθρωπον καὶ ἐβασάνισεν αὐτὸς ἐφ' ἑαυτοῦ,
ἡμᾶς δὲ οὐ παρεκάλεσεν, ὀμωμοκὼς κοινῇ ζητήσειν καὶ πρά- 10
ξειν μετ' ἐμοῦ πάντα. καὶ ὁ ἄνθρωπος, ὦ ἄνδρες δικασταί,
κατατεινόμενος ὑπὸ τῆς βασάνου προσωμολόγησε καὶ τὰς
ἑβδομήκοντα μνᾶς εἰληφέναι ὑφελόμενος Κόμωνος, καὶ
ἀποδίδωσιν ἅπαν τὸ ἀργύριον τοῦτο Ὀλυμπιοδώρῳ τουτῳί.
19 ἐγὼ δ', ὦ ἄνδρες δικασταί, ἐπειδὴ ἐπυθόμην περὶ τῆς βασάνου 15
τοῦ ἀνθρώπου καὶ ὅτι ἀποδεδωκὼς εἴη τὸ ἀργύριον, ἐνόμιζόν
μοι ἀποδώσειν τοῦτον τὸ ἥμισυ τοῦ ἀργυρίου, ὥσπερ καὶ τὸ
πρότερον ἀπὸ τῶν χιλίων δραχμῶν ἀπέδωκε. καὶ εὐθὺς
μὲν οὐ πάνυ τι ἠνώχλουν τούτῳ, ἡγούμενος αὐτὸν τοῦτο
γνώσεσθαι καὶ διοικήσειν καὶ ἐμοὶ καὶ ἑαυτῷ, ὅπως ἑκάτερος 20
ἡμῶν ἕξει τὰ δίκαια κατὰ τοὺς ὅρκους καὶ τὰς συνθήκας τὰς
πρὸς ἡμᾶς αὐτοὺς περὶ τοῦ ἰσομοιρεῖν ἁπάντων ὧν Κόμων
20 ἦν καταλελοιπώς· ἐπειδὴ δὲ ἐνδιέτριβεν καὶ οὐδὲν ἐποίει,
διελεγόμην τουτῳὶ Ὀλυμπιοδώρῳ, καὶ ἠξίουν ἀπολαμβάνειν
[1173] τὸ ἐμαυτοῦ μέρος τοῦ ἀργυρίου. οὑτοσὶ δὲ Ὀλυμπιόδωρος 25
ἀεί τι προυφασίζετο καὶ ἀναβολὰς ἐποιεῖτο. καὶ ἐν τούτῳ
τῷ καιρῷ ἕτεροί τινες ἔλαχον τοῦ κλήρου τοῦ Κόμωνος, καὶ
ὁ Κάλλιππος ἐπεδήμησεν ἐκ τῆς ἀποδημίας, ὁ ἐμὸς ἀδελφὸς
21 ὁ ὁμοπάτριος· καὶ οὗτος ἔλαχεν εὐθὺς τοῦ ἡμικληρίου. καὶ
τουτῳὶ Ὀλυμπιοδώρῳ πρόφασις καὶ αὕτη ἐγένετο πρὸς τὸ 30

8 οὗ ἀπέδωκεν secl. Blass   9 ἐφ'] ἀφ' A   10 ⟨δ⟩ ὀμωμοκὼς
Hertlein, sed cf. §§ 32, 38   13 ὑπὸ Κόμωνος ὑφελόμενος A   14 et
24 et 30 τούτῳ codd.   18 ἀπέδωκε A : ἀπεδεδώκει Reiske : ἀποδέ-
δωκε vulg.   19 τοῦτο A : τοῦτον cett.   30 καὶ om. F Q D

μὴ ἀποδιδόναι μοι τὸ ἀργύριον, ἐπειδὴ πολλοὶ ἦσαν οἱ ἀμ-
φισβητοῦντες, καὶ ἔφη χρῆναί με περιμεῖναι, ἕως ἂν οἱ
ἀγῶνες γένωνται. καὶ ἐμοὶ ἀνάγκη ἦν ταῦτα συγχωρεῖν,
καὶ συνεχώρησα. μετὰ δὲ ταῦτα ἐβουλευόμεθα καὶ ἐγὼ καὶ 22
5 οὑτοσὶ Ὀλυμπιόδωρος κοινῇ, ὥσπερ καὶ ὠμόσαμεν, ὅντινα
τρόπον ἄριστα καὶ ἀσφαλέστατα προσοισόμεθα πρὸς τοὺς
ἀμφισβητοῦντας. καὶ ἔδοξεν ἡμῖν, ὦ ἄνδρες δικασταί, του-
τονὶ μὲν Ὀλυμπιόδωρον τοῦ κλήρου ὅλου ἀμφισβητεῖν, ἐμὲ
δὲ τοῦ ἡμικληρίου, ἐπειδὴ καὶ Κάλλιππος ὁ ἀδελφὸς ὁ ἐμὸς
10 τοῦ ἡμικληρίου μόνον ἠμφεσβήτει. καὶ ἐπειδὴ ἀνεκρίθησαν 23
πρὸς τῷ ἄρχοντι ἅπασαι αἱ ἀμφισβητήσεις καὶ ἔδει ἀγωνί-
ζεσθαι ἐν τῷ δικαστηρίῳ, ἀπαράσκευοι ἦμεν τὸ παράπαν
πρὸς τὸ ἤδη ἀγωνίζεσθαι ἐγὼ καὶ Ὀλυμπιόδωρος οὑτοσὶ διὰ
τὸ ἐξαίφνης ἐπιπεπτωκέναι ἡμῖν πολλοὺς τοὺς ἀμφισβη-
15 τοῦντας· ἐκ δὲ τῶν ὑπαρχόντων ἐσκοποῦμεν κοινῇ, εἴ πως
ἀναβολή τις γένοιτο ἐν τῷ παρόντι, ὥστε παρασκευάσασθαι
ἡμᾶς καθ᾽ ἡσυχίαν πρὸς τὸν ἀγῶνα. καὶ κατὰ τύχην τινὰ 24
καὶ δαίμονα ὑμεῖς ἐπείσθητε ὑπὸ τῶν ῥητόρων εἰς Ἀκαρ-
νανίαν στρατιώτας ἐκπέμπειν, καὶ ἔδει καὶ τουτονὶ Ὀλυμ- [1174]
20 πιόδωρον στρατεύεσθαι, καὶ ᾤχετο μετὰ τῶν ἄλλων στρατευό-
μενος. καὶ συνεβεβήκει, ὡς ᾠόμεθα ἡμεῖς, αὕτη καλλίστη
ἀναβολή, δημοσίᾳ τούτου ἀποδημοῦντος στρατευομένου.
ἐπειδὴ δὲ ἐκάλει ὁ ἄρχων εἰς τὸ δικαστήριον ἅπαντας τοὺς 25
ἀμφισβητοῦντας κατὰ τὸν νόμον, ὑπωμοσάμεθα ἡμεῖς του-
25 τονὶ Ὀλυμπιόδωρον δημοσίᾳ ἀπεῖναι στρατευόμενον. ὑπο-
μοθέντος δὲ τούτου ἀνθυπωμόσαντο οἱ ἀντίδικοι, καὶ δια-
βάλλοντες Ὀλυμπιόδωρον τουτονί, ὕστεροι ἡμῶν λέγοντες,
ἔπεισαν τοὺς δικαστὰς ψηφίσασθαι τῆς δίκης ἕνεκα ἀπεῖναι
τουτονὶ καὶ οὐ δημοσίᾳ. ψηφισαμένων δὲ ταῦτα τῶν 26

2 περιμένειν Α   4 καὶ ἐγὼ S : ἐγὼ cett.   8 ὅλου om. A
9 ὁ ἐμὸς] μου Α   13 καὶ om. S¹   19 alterum καὶ om Α   21 συνβε-
βήκει S et (συμβ.) A : συμβέβηκεν al.   αὕτη Α : αὕτη ἡ S (sine
accentu) F Q D   22 στρατευομένου S : καὶ στρ. cett.   25 ἀπιέναι Α
27 ὕστεροι S A : ὕστερον vulg.   28–29 ἀπεῖναι τουτονὶ S F Q D :
ἀπιέναι τοῦτον Α

δικαστῶν διέγραψεν ὁ ἄρχων Πυθόδοτος κατὰ τὸν νόμον τὴν
τουτουὶ Ὀλυμπιοδώρου ἀμφισβήτησιν. διαγραφείσης δὲ
ταύτης, ἐξ ἀνάγκης καὶ ἐμοὶ ἦν ἐκλιπεῖν τὴν τοῦ ἡμικληρίου
ἀμφισβήτησιν. γενομένων δὲ τούτων ἐπεδίκασεν ὁ ἄρχων
τοῖς ἀντιδίκοις τοῖς ἡμετέροις τὸν κλῆρον τὸν Κόμωνος· 5
27 ταῦτα γὰρ οἱ νόμοι αὐτὸν ἠνάγκαζον ποιεῖν. ἐπειδὴ δὲ
ἐπεδικάσαντο, εὐθὺς εἰς Πειραιᾶ ἐλθόντες παρελάμβανον
πάντα ὅσα ἡμῶν εἶχεν ἑκάτερος νειμάμενος ἐν τῇ μερίδι.
κἀγὼ μὲν ἐπιδημῶν αὐτὸς παρέδωκα (ἀνάγκη γὰρ ἦν πεί-
θεσθαι τοῖς νόμοις), τὰ δὲ Ὀλυμπιοδώρου, ἀποδημοῦντος 10
τούτου, ἅπαντα ᾤχοντο λαβόντες, πλὴν τοῦ ἀργυρίου οὗ
εἶχεν αὐτὸς παρὰ τοῦ ἀνθρώπου τοῦ οἰκέτου, ὃν ἐβασάνισεν·
28 οὐ γὰρ εἶχον ὅπου ἐπιλάβοιντο τοῦ ἀργυρίου. καὶ τὰ μὲν
πραχθέντα ταῦτ᾽ ἦν ἐν τῇ ἀποδημίᾳ τῇ Ὀλυμπιοδώρου, καὶ
τῆς κοινωνίας τῆς πρὸς τοῦτον ταῦτα ἐγὼ ἀπέλαυσα. ἐπειδὴ 15
δὲ ἐπεδήμησεν οὗτος καὶ οἱ ἄλλοι στρατιῶται, ἠγανάκτει
Ὀλυμπιόδωρος οὑτοσί, ὦ ἄνδρες δικασταί, ἐπὶ τοῖς συμ-
βεβηκόσι, καὶ ἡγεῖτο δεινὰ πεπονθέναι. ἐπειδὴ δὲ μεστὸς
ἐγένετο ἀγανακτῶν, ἐσκοποῦμεν πάλιν καὶ ἐβουλευόμεθα
κοινῇ ἐγὼ καὶ Ὀλυμπιόδωρος οὑτοσί, ὅντινα τρόπον τούτων 20
29 τι πάλιν κομιούμεθα. καὶ ἐδόκει ἡμῖν βουλευομένοις προσ-
καλεῖσθαι τοὺς ἐπιδεδικασμένους κατὰ τὸν νόμον, καὶ ἐκ
τῶν ὑπαρχόντων ἀσφαλέστατον εἶναι μὴ ἐν τῷ αὐτῷ ἡμᾶς
ἀμφοτέρους τὸν κίνδυνον ποιεῖσθαι πρὸς τοὺς ἀμφισβη-
τοῦντας, ἀλλὰ χωρὶς ἑκάτερον, καὶ τουτουὶ μὲν Ὀλυμπιόδωρον 25
ὅλου τοῦ κλήρου λαχεῖν, ὥσπερ τὸ πρότερον, καὶ ἀγωνίζεσθαι
καθ᾽ αὑτόν, ἐμὲ δὲ τοῦ ἡμικληρίου, ἐπειδὴ καὶ Κάλλιππος
30 ὁ ἀδελφὸς ὁ ἐμὸς τοῦ ἡμικληρίου μόνον ἠμφεσβήτει, ὅπως,
ἐὰν μὲν Ὀλυμπιόδωρος οὑτοσὶ ἐπιτύχῃ τοῦ ἀγῶνος, ἐγὼ

1 Πυθόδορος A   τὴν s. v. a pr. m. S   3 ἐκλίπειν S: ἐλλείπειν A
10 δ᾽ ἀπ᾽ ᾽Ο. A   ἀποδημοῦντος τούτου om. F¹   13 ποῦ A   ἐπι-
λάβοιντο A : λαμβάνοιντο S F Q D   15 ἐπεὶ S   25 καὶ om. A
(me teste)   τοῦτον codd.   27 καὶ] δὲ καὶ A   28 ὁ ἐμὸς
ἀδελφὸς F Q D   ἠμφεσβήτει S : ἠμφισβ. vulg.   29 οὑτοσὶ
Ὀλυμπιόδωρος A

κατὰ τὰς συνθήκας καὶ τοὺς ὅρκους πάλιν τὸ μέρος λάβοιμι
παρὰ τούτου, ἐὰν δ' ἄρα ἀποτύχῃ καὶ τὰ ἕτερα ψηφίσωνται
οἱ δικασταί, οὗτος παρ' ἐμοῦ [τὰ μέρη] καλῶς καὶ δικαίως
ἀπολαμβάνοι, ὥσπερ ὠμόσαμεν ἀλλήλοις καὶ συνεθέμεθα.
5 ἐπειδὴ δὲ ταῦτ' ἐβουλευσάμεθα καὶ ἐδόκει ἀσφαλέστατ' εἶναι
καὶ ἐμοὶ καὶ Ὀλυμπιοδώρῳ, προσεκλήθησαν ἅπαντες οἱ
ἔχοντες τὰ τοῦ Κόμωνος κατὰ τὸν νόμον. καί μοι ἀνάγνωθι
τὸν νόμον, καθ' ὃν ἡ πρόσκλησις ἐγένετο.

NOMOΣ.

10   Κατὰ τὸν νόμον τοῦτον, ὦ ἄνδρες δικασταί, ἡ πρόσκλησις 31
ἐγένετο, καὶ τὰς ἀμφισβητήσεις ἀντεγραψάμεθα, ὃν τρόπον
τουτῳὶ ἐδόκει Ὀλυμπιοδώρῳ. καὶ μετὰ ταῦτα ὁ ἄρχων
ἀνέκρινε πᾶσιν ἡμῖν τοῖς ἀμφισβητοῦσιν, καὶ ἀνακρίνας
εἰσήγαγεν εἰς τὸ δικαστήριον. καὶ οὑτοσὶ Ὀλυμπιόδωρος
15 ἠγωνίζετο πρῶτος, καὶ ἔλεγεν ὅ τι ἐβούλετο, καὶ μαρτυρίας [1176]
παρείχετο ἃς ἐδόκει τούτῳ· κἀγώ, ὦ ἄνδρες δικασταί, σιωπῇ
ἐκαθήμην ἐπὶ τοῦ ἑτέρου βήματος. τοῦτον δὲ τὸν τρόπον
κατασκευασθέντος τοῦ ἀγῶνος ἐνίκησεν ῥᾳδίως. νικήσας δὲ 32
καὶ διαπραξαμένων ἅπαντα ὅσα ἐβουλήθημεν ἐν τῷ δικα-
20 στηρίῳ, καὶ ἀπολαβὼν παρὰ τῶν πρότερον ἐπιδικασαμένων
ὅσα ἦσαν ἐκεῖνοι παρ' ἡμῶν εἰληφότες, ταῦτα δὴ πάντα
ἔχων καὶ τὸ ἀργύριον ὃ ἔλαβεν παρὰ τοῦ ἀνθρώπου τοῦ
βασανισθέντος, οὐδ' ὁτιοῦν ἠθέληκεν τῶν δικαίων πρός με
ποιῆσαι, ἀλλ' ἔχει αὐτὸς ἅπαντα, ὀμωμοκὼς καὶ συνθήκας
25 πρός με ποιησάμενος ἦ μὴν ἰσομοιρήσειν. καὶ αἱ συνθῆκαι
αὗται ἔτι καὶ νῦν κεῖνται παρὰ τῷ Ἀνδροκλείδῃ, καὶ μεμαρ-

2 παρά] τὸ A   3 τὰ μέρη del. Herwerden   8 et 10 πρόσ-
κλησις r corr. : πρόκ. cett.   11 ἀπεγραψάμεθα A   12 τούτῳ codd.
18 ἐνίκησεν S : add. οὗτος A, οὑτοσὶ vulg.   19 διαπραξαμένων Blass,
recte puto, cf. lv 26 : διαπραξαμένων ἡμῶν A F γρ. Q γρ. : διαπραξάμενοι
S F Q : διαπραξάμενος D   ἀπάντων F γρ.   20 πρότερον post τῶν
F Q D : post ἀπολαβὼν S F γρ. Q γρ. : post ἐπιδικασαμένων A : del.
Turr.   23 ἠθέληκε A, cf. xlvii 5 : ἠθέλησεν S vulg.   26 νυνὶ A
καὶ μεμαρτύρηκεν codd. : ὡς μεμαρτύρηκεν Herwerden

33 τύρηκεν αὐτὸς πρὸς ὑμᾶς. βούλομαι δὲ καὶ περὶ τῶν ἄλλων
ἁπάντων ὧν εἴρηκα μαρτυρίας ὑμῖν παρασχέσθαι, πρώτιστον
μὲν τὸ ἐξ ἀρχῆς ὅτι ἐγὼ καὶ οὗτος ἡμῖν αὐτοῖς δικάσαντες
ἐνειμάμεθα τὸ ἴσον ἑκάτερος τῆς φανερᾶς οὐσίας ἧς Κόμων
κατέλιπεν. καί μοι λαβὲ ταύτην τὴν μαρτυρίαν πρῶτον, 5
ἔπειτα τὰς ἄλλας ἁπάσας ἀναγίγνωσκε.

MAPTYPIA.

34 Λαβὲ δή μοι καὶ τὴν πρόκλησιν, ἣν προὐκαλεσάμην αὐτὸν
περὶ τοῦ ἀργυρίου οὗ ἔλαβεν παρὰ τοῦ ἀνθρώπου τοῦ βασα-
νισθέντος. 10

ΠΡΟΚΛΗΣΙΣ.

Ἀναγίγνωσκε δὲ καὶ τὴν ἑτέραν μαρτυρίαν, ὅτι, ἐπειδὴ
ἐπεδικάσαντο οἱ ἀντίδικοι ἡμῶν, ἅπαντα παρέλαβον ὅσα
[1177] ἡμεῖς εἴχομεν, πλὴν τῶν χρημάτων ὧν εἶχεν Ὀλυμπιόδωρος
παρὰ τοῦ βασανισθέντος ἀνθρώπου. 15

MAPTYPIA.

35 Ὃν μὲν τρόπον, ὦ ἄνδρες δικασταί, ἐξ ἀρχῆς διενειμά-
μεθα τὴν Κόμωνος οὐσίαν τὴν φανερὰν ἐγὼ καὶ Ὀλυμπιό-
δωρος, καὶ λόγῳ ἀκηκόατε καὶ μεμαρτύρηται ὑμῖν, καὶ ὡς
οὗτος τὸ ἀργύριον ἔλαβεν παρὰ τοῦ ἀνθρώπου τοῦ οἰκέτου, 20
καὶ ὅτι οἱ ἐπιδικασάμενοι ἔλαβον ὅσα ἡμεῖς εἴχομεν, ἕως
36 οὑτοσὶ πάλιν ἐνίκησεν ἐν τῷ δικαστηρίῳ. ἃ δὲ λέγων οὐκ
ἀποδίδωσίν μοι οὐδ' ἐθέλει τῶν δικαίων οὐδ' ὁτιοῦν ποιεῖν,
τούτοις ἤδη προσέχετε τὸν νοῦν, ὦ ἄνδρες δικασταί, ἵνα μὴ
αὐτίκα ἐξαπατήσωσιν ὑμᾶς οἱ ῥήτορες, οὓς οὑτοσὶ παρε- 25
σκεύασται ἐπ' ἐμέ. λέγει μὲν οὗτος οὐδέποτε ταὐτά, ἀλλ'
ὅ τι ἂν τύχῃ ἀεί, καὶ περιιὼν προφάσεις ἀτόπους τινὰς καὶ

2 πρώτιστον S, cf. xliii 75 : πρῶτον vulg.   8 δή om. A   12 δὲ
SFQ : δὴ AD   20 ἔλαβε τὸ ἀργύριον A   21 ἔχοιμεν F mg. Q γρ.
22 πάλιν οὗτος A   24 ἤδη om. A   25 παρεσκεύασεν FQD
26 ἐπ' ἐμέ] ἐπιμε S   μὲν S : μὲν οὖν cett.   27 περιιὼν om. S

ὑπονοίας καὶ αἰτίας ψευδεῖς ἐπιφέρει, καὶ περὶ τὸ πρᾶγμα
ὅλον ἄδικός ἐστιν ἄνθρωπος. πλεῖστοι δὲ αὐτοῦ ἀκηκόασιν 37
λέγοντος, οἱ μὲν ὅτι τὸ παράπαν οὐκ ἔλαβε τὸ ἀργύριον
παρὰ τοῦ ἀνθρώπου· ἐπειδὰν δὲ τοῦτο ἐξελέγχηται, πάλιν
5 λέγει ὅτι παρὰ τοῦ αὐτοῦ ἀνθρώπου ἔχει τὸ ἀργύριον, καὶ οὐ
μεταδώσει ἐμοὶ οὔτε τοῦ ἀργυρίου οὔτε τῶν ἄλλων οὐδενὸς
ὧν κατέλιπε Κόμων. ἐπειδὰν δέ τις αὐτὸν τῶν ἐπιτηδείων 38
τῶν τούτου καὶ τῶν ἐμῶν ἐρωτᾷ, διὰ τί οὐκ ἀποδώσει ὁμω-
μοκὼς ἰσομοιρήσειν καὶ τῶν συνθηκῶν ἔτι νυνὶ κειμένων,
10 φησί με παραβεβηκέναι τὰς συνθήκας, καὶ δεινὰ πεπονθέναι
ὑπ᾽ ἐμοῦ, καὶ διατελέσαι μέ φησιν ὑπεναντία καὶ λέγοντα καὶ
πράττοντα ἑαυτῷ. καὶ ἃ μὲν προφασίζεται, ταῦτ᾽ ἔστιν. [1178]
ἃ μὲν οὖν, ὦ ἄνδρες δικασταί, οὗτος λέγει, ὑπόνοιαι πλασταί 39
εἰσιν καὶ προφάσεις ἄδικοι καὶ πονηρίαι ἐπὶ τῷ ἀποστερῆ-
15 σαι ἃ προσήκει αὐτὸν ἀποδοῦναι ἐμοί. ἃ δὲ ἐγὼ ἐρῶ πρὸς
ὑμᾶς, ὅτι οὗτος ψεύδεται, ταῦτα δὲ ὑπόνοια οὐδεμία ἔσται,
φανερῶς δὲ ἐπιδείξω τὴν τούτου ἀναισχυντίαν, τεκμήρια
λέγων ἀληθινὰ καὶ πᾶσι γνώριμα, καὶ μάρτυρας παρεχόμενος
περὶ ἁπάντων. πρῶτον μὲν οὖν, ὦ ἄνδρες δικασταί, λέγω 40
20 ὅτι οὗτος διὰ τοῦτο τοῖς οἰκείοις καὶ τοῖς ἐπιτηδείοις τοῖς
ἑαυτοῦ καὶ τοῖς ἐμοῖς, τοῖς εἰδόσιν ἀκριβῶς ἅπαντα ταῦτα
τὰ πράγματα ὡς ἔχει καὶ παρηκολουθηκόσιν ἐξ ἀρχῆς, οὐκ
ἠθέλησεν ἐπιτρέψαι· ἀκριβῶς [γὰρ] ᾔδει ὅτι εὐθὺς παραχρῆμα
ὑπ᾽ αὐτῶν ἐξελεγχθήσεται, ἐάν τι ψεύδηται· νυνὶ δ᾽ ἴσως
25 ἡγεῖται ψευδόμενος ἐν ὑμῖν λήσειν. πάλιν λέγω ὅτι οὐκ 41
ἀκόλουθόν ἐστιν ὑπεναντία μὲν πράττειν σοι, ὦ Ὀλυμπιό-
δωρε, ἐμέ, κοινῇ δὲ ἀναλίσκειν μετὰ σοῦ εἰς ὅ τι ἀεὶ δέοι,

1 περὶ om. S¹, add. in mg. ead. m.   5 αὐτοῦ S : ἑαυτοῦ A : αὐ-
τοῦ D et (sine spiritu) FQ   ἀνθρώπου] ἀνδραπόδου Wolf, Dobree
7 κατέλειπε S   9 νυνὶ S F Q D : καὶ νῦν A ut § 32   10 παραβεβηκέναι
με A   13 οὖν] τοίνυν Q γρ. F mg.   15 ἃ δὲ] οἷα δὲ F γρ. Q γρ.
16 δὲ om. A D Q¹   πάνθ᾽ ante ὑπόνοια add. A   post ὑπόνοια add.
μὲν A   21 ἐμοῖς] ἐμοῦ Q γρ.   ἅπαντα] ἕκαστα Q γρ. recte fort.
21–22 τὰ πρ. ταῦτα S cum signis transponendi   23 γὰρ om. S solus
24 δισσῶς S   26 πράττειν] πλάττειν A   27 ἀεὶ δέοι Blass :
ἀεὶ δέῃ S F Q D : ἂν ἀεὶ δέοι A

οὐδὲ ἐκλιπεῖν τὴν ἀμφισβήτησιν αὐτὸν ἑκόντα, ὅτε ἀπεδήμεις
σύ, ἐπειδὴ καὶ ἡ σὴ διεγράφη δόξαντός σου ἕνεκα τῆς δίκης
ἀπεῖναι καὶ οὐ δημοσίᾳ. ἐξῆν γὰρ ἔμοιγε τοῦ ἡμικληρίου
ἐπιδικάσασθαι ἐμαυτῷ· οὐδεὶς γάρ μοι ἀνθρώπων ἀντέλεγεν,
42 ἀλλὰ συνεχώρουν αὐτοὶ οἱ ἀντίδικοι. ἀλλὰ ταῦτα ποιήσας 5
εὐθὺς ἂν ἦν ἐπιωρκηκώς· ὤμοσα γὰρ καὶ συνεθέμην πρὸς σὲ
κοινῇ πράξειν ἅπαντα, ὅ τι ἂν δοκῇ ἐμοὶ καὶ σοὶ βουλευο-
μένοις βέλτιστον εἶναι. ὥστε ὑπεραβέλτεροί εἰσιν αἱ προ-
φάσεις καὶ αἰτίαι, δι' ἃς οὐδέν μοι φῂς ποιήσειν τῶν δικαίων.
43 ἔτι πρὸς τούτοις ἡγεῖ ἄν μ' ἐπιτρέπειν σοι, Ὀλυμπιόδωρε, 10
[1179] ἐν τῷ τελευταίῳ ἀγῶνι τῷ περὶ τοῦ κλήρου, ἢ ἃ ἔλεγες πρὸς
τοὺς δικαστάς, εἰκῇ οὑτωσὶ λέγειν, ἢ περὶ ὧν τὰς μαρτυρίας
παρέσχου, οὕτως ἂν παρασχέσθαι, εἰ μὴ μετὰ σοῦ κοινῇ
44 συνηγωνιζόμην; οὗτος γάρ, ὦ ἄνδρες δικασταί, τά τε ἄλλα
ἔλεγεν ὅ τι ἐβούλετο ἐν τῷ δικαστηρίῳ, καὶ κατεχρήσατο 15
πρὸς τοὺς δικαστὰς ὅτι ἐγὼ τὴν οἰκίαν, ἣν ἔλαβον ἐν τῇ
μερίδι τῇ ἐμαυτοῦ, μεμισθωμένος εἴην παρ' αὐτοῦ, καὶ τὸ
ἀργύριον ὃ ἔλαβον, τὸ ἥμισυ τὸ ἀπὸ τῶν χιλίων δραχμῶν
τῶν παρὰ τοῦ οἰκέτου, ὅτι ἐδανεισάμην παρὰ τούτου. καὶ
οὐ μόνον ἔλεγεν ταῦτα, ἀλλὰ καὶ μαρτυρίας παρείχετο περὶ 20
τούτων. κἀγὼ οὐδ' ὁτιοῦν ἀντέλεγον τούτοις, οὐδ' ἤκουσέ
μου φωνὴν οὐδεὶς ἀνθρώπων, ὅτε οὗτος ἠγωνίζετο, οὔτε
μικρὰν οὔτε μεγάλην, ἀλλὰ προσωμολόγουν ἀληθῆ εἶναι
πάντα ὅσα οὗτος ἐβούλετο λέγειν. κοινῇ γὰρ ἠγωνιζόμην
45 μετὰ σοῦ, ὥσπερ ἔδοξεν ἐμοὶ καὶ σοί. ἐπεὶ εἰ μή ἐστιν 25
ταῦτα ἀληθῆ ἃ λέγω, διὰ τί οὐκ ἐπεσκηψάμην ἐγὼ τότε
τοῖς μάρτυσιν τοῖς ταῦτα μαρτυροῦσιν, ἀλλ' ἡσυχίαν εἶχον
πολλήν; ἢ διὰ τί σύ, Ὀλυμπιόδωρε, οὐδεπώποτέ μοι ἔλαχες
ἐνοικίου δίκην τῆς οἰκίας ἧς ἔφασκες μισθῶσαί μοι ὡς σαυτοῦ

3 ἀπιέναι A   4 ἐμαυτῷ] αὐτῷ A   6 σὲ] σεηι S   7 ἅπαν
A, Cobet, sed cf. Thuc. vii 29, Ar. Nub. 1381, Ran. 702   9 αἰτίαι
S F Q D : αἱ αἰτίαι A   10 ὃ 'Ολ. A   11 τῷ post ἀγῶνι om.
F Q D   13 οὕτως] εἰκῇ οὕτως A   15 ὅ τι A F γρ. Q γρ. : ἃ
S F Q D   18 ημισοι S¹   τὸ ἀπὸ A : ἀπὸ cett.   19 τούτου]
αὐτοῦ A, sed cf. xliii 2   20 μαρτυρίαν A   21 τούτων Schaefer :
τούτου codd.   26 ἃ] ἃ ἐγὼ A

οὖσαν, οὐδὲ τοῦ ἀργυρίου οὗ ἔλεγες πρὸς τοὺς δικαστὰς ὅτι
ἐδάνεισάς μοι, τούτων οὐδὲν ἐποίησας; ὥστε πῶς ἂν μᾶλλον
ἄνθρωπος ἐξελέγχοιτο ψευδόμενος καὶ ὑπεναντία λέγων
αὐτὸς αὑτῷ καὶ αἰτιώμενος τὰ οὐδεπώποτε γενόμενα; ὃ δὲ 46
5 πάντων μέγιστόν ἐστιν, ὦ ἄνδρες δικασταί, ᾧ καὶ γνώσεσθε [1180]
τουτονὶ ὅτι ἄδικός ἐστιν καὶ πλεονέκτης ἄνθρωπος· ἐχρῆν
γὰρ αὐτόν, εἴ τι ἀληθὲς ἦν ὧν λέγει, πρότερον ταῦτα λέγειν
καὶ ἐπιδεικνύειν, πρὶν τὸν ἀγῶνα γενέσθαι καὶ διαπειραθῆναι
τῶν δικαστῶν ὅ τι γνώσονται, καὶ παραλαβόντα πολλοὺς
10 μάρτυρας ἀξιοῦν ἀναιρεῖσθαι τὰς συνθήκας παρὰ τοῦ Ἀνδρο-
κλείδου ὡς παραβαίνοντος ἐμοῦ καὶ τἀναντία πράττοντος
ἑαυτῷ καὶ οὐκέτι κυρίων οὐσῶν τῶν συνθηκῶν ἐμοὶ καὶ
τούτῳ, καὶ τῷ Ἀνδροκλείδῃ τῷ ἔχοντι τὰς συνθηκας δια-
μαρτύρασθαι, ὅτι αὐτῷ οὐδέν ἐστιν ἔτι πρᾶγμα πρὸς τὰς
15 συνθήκας ταύτας. ταῦτα ἐχρῆν αὐτόν, ὦ ἄνδρες δικασταί, 47
εἴπερ τι ἦν ἀληθὲς ὧν λέγει, καὶ μόνον προσιόντα τῷ Ἀνδρο-
κλείδῃ διαμαρτύρεσθαι καὶ μετὰ μαρτύρων πολλῶν, ἵν᾽
αὐτῷ πολλοὶ ἦσαν οἱ συνειδότες. ὅτι δὲ τούτων οὐδὲν
πώποτε ἐποίησεν, αὐτοῦ ὑμῖν τοῦ Ἀνδροκλείδου, παρ᾽ ᾧ εἰσιν
20 αἱ συνθῆκαι κείμεναι μαρτυρίαν ἀναγνώσεται. λέγε τὴν
μαρτυρίαν.

ΜΑΡΤΥΡΙΑ.

Ἕτερον δ᾽, ὦ ἄνδρες δικασταί, σκέψασθε ὃ διαπέπρακται. 48
ἐγὼ γὰρ τοῦτον προὐκαλεσάμην καὶ ἠξίωσα ἀκολουθῆσαι ὡς
25 Ἀνδροκλείδην, παρ᾽ ᾧ κεῖνται αἱ συνθῆκαι, καὶ κοινῇ ἐκγρα-
ψαμένους ἡμᾶς τὰς συνθήκας πάλιν σημήνασθαι, τὰ δὲ
ἀντίγραφα ἐμβαλέσθαι εἰς τὸν ἐχῖνον, ὅπως ἂν μηδεμία
ὑποψία ᾖ, ἀλλ᾽ ὑμεῖς ἅπαντα καλῶς καὶ δικαίως ἀκούσαντες
γνῶτε ὅ τι ἂν ὑμῖν δικαιότατον δοκῇ εἶναι. ταῦτα ἐμοῦ 49

---

3 ἄνθρωπος Schaefer hic et § 55, sed cf. xx 43, xliii 78   4 οὐδέ-
ποτε A   5 ᾧ καὶ Reiske : ὡς S F Q D : ᾧ A   8 διαπειρᾶσθαι A
14 ἔτι om. A   16 ἂν] ὡς F γρ. Q γρ. D γρ.   17 διαμαρτύρε-
σθαι S : διαμαρτύρασθαι vulg.   20 ἀναγνώσετε S   23 ἕτερον
A : τὸ ἕτερον cett.   25 ἐκγραψαμένους S : ἐγγραψαμένους vulg.   29
ταῦτα S D : ταῦτα δὲ A F Q

προκαλουμένου οὐκ ἠθέλησεν τούτων οὐδὲν ποιῆσαι, ἀλλ'
[1181] οὕτω πεφιλοσόφηκεν ὥστε μὴ εἶναι ὑμᾶς ἀκοῦσαι τῶν συνθη-
κῶν ἐκ τῶν κοινῶν γραμμάτων. καὶ ὅτι ταῦτα προὐκαλούμην,
τούτων ὑμῖν μαρτυρίαν ἀναγνώσεται ὧν ἐναντίον προὐκα-
λούμην. λέγε τὴν μαρτυρίαν.   5

ΜΑΡΤΥΡΙΑ.

50   Πῶς ἂν οὖν μᾶλλον καταφανὴς γένοιτο ἄνθρωπος, ὅτι
δικαίως μὲν οὐδὲν βούλεται πρός με πράττειν, ἀποστερήσειν
δ' οἴεται ἃ προσήκει ἐμοὶ λαβεῖν, προφάσεις λέγων καὶ
ἐγκλήματα ἐγκαλῶν, τὰς δὲ συνθήκας, ἅς φησί με παραβε- 10
βηκέναι, οὐκ ᾤήθη δεῖν ὑμᾶς ἀκοῦσαι; ἐγὼ δὲ τότε μὲν
ἐναντίον τῶν μαρτύρων τῶν παραγενομένων προὐκαλεσάμην,
νυνὶ δὲ καὶ ὑμῶν ἐναντίον τῶν δικαστῶν πάλιν προκαλοῦμαι,
καὶ ἀξιῶ συγχωρεῖν αὐτὸν καὶ ἐγὼ συγχωρῶ ἀνοιχθῆναι τὰς
συνθήκας ἐνταυθὶ ἐπὶ τοῦ δικαστηρίου, καὶ ἀκοῦσαι ὑμᾶς, 15
51 καὶ πάλιν σημανθῆναι ἐναντίον ὑμῶν. Ἀνδροκλείδης δὲ
οὑτοσὶ πάρεστιν. ἐγὼ γὰρ αὐτῷ ἐπήγγειλα ἥκειν ἔχοντι
τὰς συνθήκας. καὶ συγχωρῶ, ὦ ἄνδρες δικασταί, ἐν τῷ
τούτου λόγῳ ἢ ἐν τῷ προτέρῳ ἢ ἐν τῷ ὑστέρῳ ἀνοιχθῆναι·
οὐδὲν γάρ μοι διαφέρει. ὑμᾶς δὲ βούλομαι ἀκοῦσαι τὰς 20
συνθήκας καὶ τοὺς ὅρκους, οὓς ὠμόσαμεν ἀλλήλοις ἐγὼ καὶ
Ὀλυμπιόδωρος οὑτοσί. καὶ εἰ μὲν συγχωρεῖ, ἔστω ταῦτα,
καὶ ὑμεῖς ἀκούετε, ἐπειδὰν τούτῳ δοκῇ· ἐὰν δὲ μὴ 'θέλῃ
ταῦτα ποιεῖν, οὐκ ἤδη καταφανὴς ἔσται, ὦ ἄνδρες δικασταί,
ὅτι ἀναισχυντότατός ἐστιν ἀνθρώπων ἁπάντων, καὶ δικαίως 25
οὐδ' ἂν ὁτιοῦν ἀποδέχοισθε τούτου ὡς ὑγιές τι λέγοντος;
52 Ἀλλὰ τί ταῦτα σπουδάζω; οὐδὲ γὰρ αὐτὸς ἀγνοεῖ ταῦτα
[1182] οὗτος, ὅτι ἀδικεῖ μὲν ἐμέ, ἀδικεῖ δὲ τοὺς θεοὺς οὓς ὤμοσεν,

---

4 τούτων ὑμῖν μαρτυρίαν S (me teste) F Q D : τοῦτον, μαρτυρίαν ὑμῖν
A   7 ἄνθρωπος Schaefer, sed cf. § 45   16 σημῆνασθαι A
17 ἐπήγγειλα S A : ἐπηγγειλάμην F Q D   23 ἀκούσατε A   ἐθέλῃ
vulg. : εθεληται S sed ται lineolis deleto : θέλῃ A   24 οὐκ] τότ' A
26 ἀποδέχοισθε A : ἀνέχοισθε S F Q D   τι om. A   28 οὑτοσί A

καὶ ἐπιορκεῖ. ἀλλὰ διέφθαρται, ὦ ἄνδρες δικασταί, καὶ
παραφρονεῖ. ἀνιῶμαι μὲν οὖν καὶ αἰσχύνομαι, ὦ ἄνδρες
δικασταί, οἷς μέλλω λέγειν πρὸς ὑμᾶς, ἐξ ἀνάγκης δέ μοί
ἐστιν εἰπεῖν, ὅπως ἂν ὑμεῖς οἱ τὴν ψῆφον ἔχοντες ἀκούσαν-
5 τες ἅπαντα, βουλεύσησθε ὅ τι ἂν ὑμῖν δοκῇ βέλτιστον
εἶναι περὶ ἡμῶν. ὧν δὲ μέλλω λέγειν, οὗτος αἴτιός ἐστιν 53
οὐκ ἐθέλων ἐν τοῖς οἰκείοις περὶ τούτων πρός με διαλύσασθαι,
ἀλλ' ἀναισχυντῶν. Ὀλυμπιόδωρος γὰρ οὑτοσί, ὦ ἄνδρες
δικασταί, γυναῖκα μὲν ἀστὴν κατὰ τοὺς νόμους τοὺς
10 ὑμετέρους οὐδεπώποτε ἔγημεν, οὐδ' εἰσὶν αὐτῷ παῖδες οὐδὲ
ἐγένοντο, ἑταίραν δὲ λυσάμενος ἔνδον ἔχει, καὶ αὕτη ἐστὶν
ἡ λυμαινομένη ἅπαντας ἡμᾶς καὶ ποιοῦσα τουτονὶ περαιτέρω
μαίνεσθαι. πῶς γὰρ οὐ μαίνεται ὅστις οἴεται δεῖν, ἃ μὲν 54
ὡμολόγησεν καὶ συνέθετο ἑκὼν πρὸς ἑκόντα καὶ ὤμοσεν,
15 τούτων μὲν μηδ' ὁτιοῦν ποιεῖν, καὶ ταῦτα ἐμοῦ σπουδάζοντος
οὐχ ὑπὲρ ἐμαυτοῦ μόνον, ἀλλὰ καὶ ὑπὲρ τῆς τούτου ἀδελφῆς
⟨τῆς⟩ ὁμοπατρίας καὶ ὁμομητρίας, ἢ ἐμοὶ συνοικεῖ, καὶ ὑπὲρ
τῆς τούτου ἀδελφιδῆς, θυγατρὸς δὲ ἐμῆς· αὗται γάρ εἰσιν αἱ
ἀδικούμεναι οὐχ ἧττον ἐμοῦ, ἀλλὰ καὶ μᾶλλον. πῶς γὰρ οὐκ 55
20 ἀδικοῦνται ἢ πῶς οὐ δεινὰ πάσχουσιν, ἐπειδὰν ὁρῶσι τὴν μὲν
τούτου ἑταίραν περαιτέρω τοῦ καλῶς ἔχοντος καὶ χρυσία
πολλὰ ἔχουσαν καὶ ἱμάτια καλά, καὶ ἐξόδους λαμπρὰς ἐξιοῦσαν,
καὶ ὑβρίζουσαν ἐκ τῶν ἡμετέρων, αὐταὶ δὲ καταδεεστέρως περὶ
ταῦτα ἔχωσιν ἅπαντα, πῶς οὐκ ἐκεῖναι μᾶλλον ἔτι ἀδικοῦνται [1183]
25 ἢ ἐγώ; οὗτος δὲ πῶς οὐ καταφανῶς μαίνεται καὶ παραφρονεῖ,
τοιαῦτα περὶ αὑτοῦ βουλευόμενος; ἵνα δὲ μὴ φάσκῃ, ὦ
ἄνδρες δικασταί, ἐπὶ διαβολῇ ταῦτα λέγειν με τοῦ ἀγῶνος
ἕνεκα τουτουί, μαρτυρίαν ὑμῖν ἀναγνώσεται τῶν τούτου
οἰκείων καὶ ἐμῶν.

---

5 βέλτιον A   15 μὲν om. A   17 ⟨τῆς⟩ add. Blass   22 καλά]
λαμπρά A, cf. v. l. lx 7   23 περὶ om. F¹ Q¹   24 ἔτι om. A   29 ἐμῶν
F Q D : ἐμοῦ S A

ΜΑΡΤΥΡΙΑ.

56 Ὀλυμπιόδωρος μὲν οὑτοσὶ τοιοῦτός ἐστιν ἄνθρωπος, οὐ
μόνον ἄδικος, ἀλλὰ καὶ μελαγχολᾶν δοκῶν ἅπασιν τοῖς
οἰκείοις καὶ τοῖς γνωρίμοις τῇ προαιρέσει τοῦ βίου, καὶ
ὅπερ Σόλων ὁ νομοθέτης λέγει, παραφρονῶν ὡς οὐδεὶς 5
πώποτε παρεφρόνησεν ἀνθρώπων, γυναικὶ πειθόμενος πόρνῃ.
καὶ ἄκυρά γε ταῦτα πάντα ἐνομοθέτησεν εἶναι ὁ Σόλων, ὅ τι
ἄν τις γυναικὶ πειθόμενος πράττῃ, ἄλλως τε καὶ τοιαύτῃ.
57 περὶ μὲν οὖν τούτων καλῶς ὁ νομοθέτης ἐπεμελήθη, ἐγὼ δὲ
ὑμῶν δέομαι, καὶ οὐ μόνον ἐγώ, ἀλλὰ καὶ ἡ ἐμὴ γυνή, 10
Ὀλυμπιοδώρου δὲ τουτουὶ ἀδελφή, καὶ ἡ θυγάτηρ ἡ ἐμή,
Ὀλυμπιοδώρου δὲ τουτουὶ ἀδελφιδῆ, ἱκετεύομεν ὑμᾶς καὶ
ἀντιβολοῦμεν, ὦ ἄνδρες δικασταί, ἅπαντες ἡμεῖς (νομίσατε
58 γὰρ ἐκείνας ἐνθάδε παρεῖναι) μάλιστα μὲν τουτονὶ Ὀλυμπιό-
δωρον πεῖσαι μὴ ἀδικεῖν ἡμᾶς, ἐὰν δ' ἄρα μὴ 'θέλῃ πείθεσθαι, 15
ὑμᾶς μεμνημένους ἁπάντων τῶν εἰρημένων ψηφίζεσθαι ὅ τι
ἂν ὑμῖν δοκῇ βέλτιστον καὶ δικαιότατον εἶναι.   καὶ ταῦτα
ποιοῦντες τά τε δίκαια γνώσεσθε καὶ τὰ συμφέροντα ἡμῖν
ἅπασιν, οὐχ ἥκιστα δὲ Ὀλυμπιοδώρῳ αὐτῷ τουτῳί.

2 οὑτοσὶ τοιοῦτός Blass coll. xxxv 5 : τοιουτοσί S F Q D : τοιοῦτός
A : τοίνυν F γρ. Q γρ. : τοίνυν τοιουτοσί editt. plerique   3 δοκῶν
om. S¹, in mg. add. ead. m.   7 δ om. F D   ὅ τι ἂν vulg., cf.
xlvii 77 : ὅταν S : ὅσ' ἂν Blass   8 ἄλλως ... τοιαύτῃ om. S
15 πεῖσαι Reiske : πείσατε codd.   θέλῃ vulg. : θελήσῃ F γρ. Q γρ.
19 τούτῳ codd., corr. Blass
In S subscriptum

ΚΑΤΑ ΟΛΥΜΠΙΟΔΩΡΟΥ
ΒΛΑΒΗΣ
Ⳏ

ΠΡΟΣ ΤΙΜΟΘΕΟΝ ΥΠΕΡ ΧΡΕΩΣ

ΥΠΟΘΕΣΙΣ.

Τιμόθεον τὸν Ἀθηναῖον, ἄνδρα ἔνδοξον καὶ στρατηγήσαντα τῆς [1184] πόλεως, Ἀπολλόδωρος ἀπαιτεῖ χρέα, λέγων ὅτι Πασίωνι φίλῳ χρώμενος ὁ Τιμόθεος ἔλαβε παρ᾽ αὑτοῦ χρήματα καὶ ὀφείλων ἐν τοῖς τραπεζιτικοῖς λόγοις ἐγγέγραπται. τὰ μὲν δὴ πάντ᾽ ὀφλή-
5 ματα τέτταρα καταριθμεῖται, ἐφ᾽ ἑκάστου δὲ καὶ τοὺς χρόνους καὶ τὰς αἰτίας δι᾽ ἃς ἐδανείσατο Τιμόθεος, ἀκριβῶς εἴρηκε. καὶ τὰς μὲν πλείστας ἀποδείξεις ἐκ τῶν καλουμένων ἀτέχνων πίστεων παρέσχηται, μαρτυριῶν καὶ προκλήσεων, τινὰς δὲ καὶ ἐντέχνους ἀπὸ τῶν εἰκότων. καὶ ὁ μὲν Ἀπολλόδωρος Τιμόθεον εἶναί φησι
10 τὸν δανεισάμενον, καὶ τοῖς ὑπὸ Τιμοθέου συσταθεῖσι δοθῆναι τὸ ἀργύριον ἀπὸ τῆς τραπέζης· ὁ δ᾽ οὐχ ἑαυτόν, ἀλλ᾽ ἐκείνους ὀφεί- λειν λέγει.

Μηδενὶ ὑμῶν ἄπιστον γενέσθω, ὦ ἄνδρες δικασταί, εἰ Τιμόθεος ὀφείλων ἀργύριον τῷ πατρὶ τῷ ἐμῷ φεύγει νῦν
15 ὑπ᾽ ἐμοῦ ταύτην τὴν δίκην. ἀλλ᾽ ἐπειδὰν ὑμᾶς ἀναμνήσω τόν τε καιρὸν ἐν ᾧ τὸ συμβόλαιον ἐγένετο, καὶ τὰ συμβάντα [1185] τούτῳ ἐν ἐκείνῳ τῷ χρόνῳ, καὶ εἰς ὅσην ἀπορίαν κατέστη οὗτος, τότε ἡγήσεσθε τὸν μὲν πατέρα τὸν ἐμὸν βέλτιστον γενέσθαι περὶ Τιμόθεον, τοῦτον δὲ οὐ μόνον ἀχάριστον
20 εἶναι, ἀλλὰ καὶ ἀδικώτατον πάντων ἀνθρώπων, ὅς γε τυχὼν 2 παρὰ τοῦ πατρὸς τοῦ ἐμοῦ ὅσων ἐδεήθη καὶ λαβὼν ἀργύριον ἀπὸ τῆς τραπέζης, ἐν πολλῇ ἀπορίᾳ ὢν κἂν κινδύνοις τοῖς μεγίστοις καθεστηκὼς περὶ τῆς ψυχῆς, οὐ μόνον οὐκ ἀπέδωκε χάριν, ἀλλὰ καὶ τὸ δοθὲν ἀποστερεῖ με. καίτοι σφαλέντος
25 μὲν τούτου ἀπώλλυτο καὶ τῷ πατρὶ τῷ ἐμῷ τὸ συμβόλαιον·

---

4 ἐγγεγράφθαι codd., corr. Wolf   ὀφειλήματα Schaefer ; sed cf. Plut., Demos. 15, Sull. 8   8 τινὰς Ald. : τινὲς codd.   12 λέγει Ald. : λέγειν codd.   13 γινέσθω A   17–18 οὗτος κατέστη A   22 ὢν κἂν Schaefer, cf. §§ 13, 54 : ὢν καὶ S vulg. : καὶ A   23 ἀποδέδωκε A

οὔτε γὰρ ἐπ᾽ ἐνεχύρῳ οὔτε μετὰ μαρτύρων ἔδωκεν· σωθέντος
δὲ ἐπὶ τούτῳ ἐγίγνετο, ὁπότε βούλοιτο εὐπορήσας ἡμῖν
3 ἀποδοῦναι. ἀλλ᾽ ὅμως, ὦ ἄνδρες δικασταί, οὐ περὶ πλείονος
ἐποιήσατο ὁ πατὴρ περιουσίαν χρημάτων μᾶλλον ἢ οὐ
Τιμοθέῳ ὑπηρετῆσαι ὧν ἐδεήθη αὐτοῦ, ἐν ἀπορίᾳ ὄντι. 5
ᾤετο μὲν οὖν, ὦ ἄνδρες δικασταί, ὁ πατήρ, εἰ σωθείη
Τιμόθεος τότε ἐξ ἐκείνων τῶν κινδύνων καὶ ἀφίκοιτο οἴκαδε
παρὰ βασιλέως, εὐπορωτέρου γενομένου τούτου ἢ ὡς τότε
διέκειτο, οὐ μόνον τὰ ἑαυτοῦ κομιεῖσθαι, ἀλλὰ καὶ ἄλλου
4 εἴ του δέοιτο πρὸς Τιμόθεον πρᾶξαι ὑπάρξειν αὐτῷ. ἐπειδὴ 10
δὲ οὐχ ὡς ἐκεῖνος ᾤήθη συμβέβηκεν, ἀλλ᾽ ἃ μετὰ χάριτος
ἔλαβεν Τιμόθεος ἀπὸ τῆς τραπέζης δεηθεὶς τοῦ πατρὸς τοῦ
ἐμοῦ, ταῦτα δι᾽ ἔχθρας καὶ δίκης τετελευτηκότος ἐκείνου
ἐξελεγχθεὶς μὲν ὡς ὀφείλει οἴεται δεῖν ἀποδοῦναι, ἐὰν δὲ
[1186] δύνηται ὑμᾶς πεῖσαι ὡς οὐκ ὀφείλει, ἐξαπατήσας τῷ λόγῳ, 15
ἀποστερῆσαι ἡμᾶς τῶν χρημάτων, ἀναγκαῖόν μοι δοκεῖ
εἶναι ἐξ ἀρχῆς ἅπαντα διηγήσασθαι ὑμῖν, τά τε ὀφειλόμενα,
καὶ εἰς ὅ τι ἕκαστον αὐτῶν κατεχρήσατο, καὶ τοὺς χρόνους
5 ἐν οἷς τὸ συμβόλαιον ἐγένετο. θαυμάσῃ δὲ μηδεὶς ὑμῶν εἰ
ἀκριβῶς ἴσμεν· οἱ γὰρ τραπεζῖται εἰώθασιν ὑπομνήματα 20
γράφεσθαι ὧν τε διδόασιν χρημάτων καὶ εἰς ὅ τι καὶ ὧν ἂν
τις τιθῆται, ἵνα ᾖ αὐτοῖς γνώριμα τά τε ληφθέντα καὶ
τὰ τεθέντα πρὸς τοὺς λογισμούς.
6   Ἐπὶ Σωκρατίδου γὰρ ἄρχοντος μουνιχιῶνος μηνὸς μέλλων
ἐκπλεῖν τὸν ὕστερον ἔκπλουν Τιμόθεος οὑτοσί, περὶ ἀναγω- 25
γὴν ἤδη ὢν ἐν τῷ Πειραιεῖ, προσδεηθεὶς ἀργυρίου, προσελθὼν
τῷ πατρὶ τῷ ἐμῷ ἐν τῷ λιμένι, ἐκέλευσεν αὐτὸν χρῆσαι
χιλίας τριακοσίας πεντήκοντα μίαν δυ᾽ ὀβολώ· τοσούτου
γὰρ ἔφη προσδεῖσθαι· καὶ δοῦναι ἐκέλευσεν Ἀντιμάχῳ τῷ

2 ὅτε S¹.   πο add. s.v. m. ant.   βούλοιτο S: ἔβουλετο vulg.
4 ὁ πατὴρ om. D   οὐ om. A, cf. § 47   9 κομιεῖσθαι A: κομί-
σασθαι S vulg.   9–10 εἴ του ἄλλου A   18 ἐχρήσατο A   22 ᾖ
S (me teste) vulg. : εἴη A   ληφθέντα S D: ἀναλωθέντα A (me teste)
F Q   24 γὰρ om. A   μουννυχιῶνος codd. hic et infra   26 καὶ
ante προσελθὼν add. A   29 ἔφη] ἐδόκει A   ἐκέλευσεν A: ἐκέ-
λευεν S vulg.

146

ταμίᾳ τῷ ἑαυτοῦ, ὃς τούτῳ διῴκει τότε πάντα. καὶ ὁ μὲν 7
δανεισάμενος τὸ ἀργύριον παρὰ τοῦ πατρὸς τοῦ ἐμοῦ Τιμόθεος
ἦν καὶ κελεύσας δοῦναι Ἀντιμάχῳ τῷ ταμίᾳ τῷ ἑαυτοῦ, ὁ
δὲ λαβὼν τὸ ἀργύριον ἀπὸ τῆς τραπέζης παρὰ Φορμίωνος
5 Αὐτόνομος, ὅσπερ Ἀντιμάχῳ διετέλει γραμματεύων τὸν
ἅπαντα χρόνον. δοθέντος τοίνυν τοῦ ἀργυρίου τούτου 8
ἐγράψατο μὲν ὀφείλοντα τὸν κελεύσαντα χρῆσαι Τιμόθεον,
ὑπόμνημα δὲ ἐγράψατο, ᾧ τε οὗτος ἐκέλευσε δοῦναι, Ἀντι-
μάχῳ, καὶ ὃν ὁ Ἀντίμαχος συνέπεμψεν ἐπὶ τὴν τράπεζαν
10 ληψόμενον τὸ ἀργύριον, τὸν Αὐτόνομον, τὰς χιλίας τριακο-
σίας δραχμὰς καὶ πεντήκοντα καὶ μίαν καὶ δύ᾽ ὀβολώ. τὸ [1187]
μὲν τοίνυν πρῶτον χρέως, ὃ ἐκπλέων ἔλαβεν στρατηγῶν τὸ
ὕστερον, τοσοῦτον ὀφείλει.

Ἐπειδὴ δὲ ἀπεχειροτονήθη μὲν ὑφ᾽ ὑμῶν στρατηγὸς διὰ 9
15 τὸ μὴ περιπλεῦσαι Πελοπόννησον, ἐπὶ κρίσει δὲ παρεδέδοτο
εἰς τὸν δῆμον αἰτίας τῆς μεγίστης τυχών, ἐφειστήκει δὲ
αὐτῷ Καλλίστρατος καὶ Ἰφικράτης, τῷ τε πράττειν καὶ
εἰπεῖν δυνάμενοι, οὕτω δὲ διέθεσαν ὑμᾶς κατηγοροῦντες
τούτου αὐτοί τε καὶ οἱ συναγορεύοντες αὐτοῖς, ὥστε Ἀντί- 10
20 μαχον μὲν ταμίαν ὄντα καὶ πιστότατα διακείμενον τούτῳ
κρίναντες ἐν τῷ δήμῳ ἀπεκτείνατε καὶ τὴν οὐσίαν αὐτοῦ
ἐδημεύσατε, αὐτὸν δὲ τοῦτον ἐξαιτουμένων τῶν ἐπιτηδείων
καὶ οἰκείων αὐτοῦ ἁπάντων, ἔτι δὲ καὶ Ἀλκέτου καὶ Ἰάσονος,
συμμάχων ὄντων ὑμῖν, μόλις μὲν ἐπείσθητε ἀφεῖναι,
25 στρατηγοῦντα δὲ αὐτὸν ἐπαύσατε,—ἐν τοιαύταις δὲ ὢν 11
διαβολαῖς καὶ ἀπορίᾳ χρημάτων πολλῇ (ἡ μὲν γὰρ οὐσία
ὑπόχρεως ἦν ἅπασα, καὶ ὅροι αὐτῆς ἔστασαν, καὶ ἄλλοι
ἐκράτουν· ὁ μὲν ἐν πεδίῳ ἀγρὸς ἀποτίμημα τῷ παιδὶ τῷ

3 καὶ om. D   τῷ ταμίᾳ om. S   4 ἀπὸ A : ἐκ S vulg. sed cf.
§§ 2, 4, 33, 37, 38, 41   6 τούτου om. A   8 παρεγράψατο Naber,
cf. § 30   9 ὁ om. A   11 καὶ δύ᾽ A, cf. § 44, xlvii 64 : δύ᾽ S vulg.
13 ὀφείλει Blass : ὤφειλεν codd. ; sed cf. § 21   16–17 ἐφιστήκει...
ηφικρατης S   18 εἰπεῖν] τῷ εἰπεῖν A   20 πιστότατ᾽ ἂν S F Q D : πιστό-
τατον A   22 μὲν ante τῶν add. S vulg. : om. A   23 καὶ ante
Ἀλκέτου om. A   24 μὲν om. S F Q D   28 μὲν S F Q D : μὲν
γὰρ A   τῷ πατρὶ τῷ Εὐβουλίδου A

147

Εὐμηλίδου καθειστήκει, ἑξήκοντα δὲ τριηράρχοις τοῖς
συνεκπλεύσασιν αὐτῷ ἑπτὰ μνῶν ἑκάστῳ ἡ ἄλλη οὐσία
ὑπέκειτο, ἃς οὗτος αὐτοὺς στρατηγῶν ἠνάγκασε τοῖς ναύταις
12 τροφὴν διαδοῦναι· ἐπειδὴ δὲ ἀποχειροτονηθεὶς ἐν τῷ λόγῳ
ἀπήνεγκεν ἐκ τῶν στρατιωτικῶν χρημάτων αὐτὸς δεδωκὼς 5
εἰς τὰς ναῦς τὰς ἑπτὰ μνᾶς ταύτας τότε, φοβούμενος μὴ
καταμαρτυρήσωσιν αὐτοῦ οἱ τριήραρχοι καὶ ἐξελέγχηται
[1188] ψευδόμενος, δάνεισμα ποιεῖται ἰδίᾳ παρ' ἑκάστου αὐτῶν τὰς
ἑπτὰ μνᾶς καὶ ὑποτίθησιν αὐτοῖς τὴν οὐσίαν, ἃς νῦν αὐτοὺς
13 ἀποστερεῖ καὶ τοὺς ὅρους ἀνέσπακεν), πανταχόθεν δὲ ἀπο- 10
ρούμενος, καὶ ἐν ἀγῶνι τῷ μεγίστῳ καθεστηκὼς περὶ τοῦ
σώματος διὰ τὸ συμβεβηκέναι τῇ πόλει τοιαῦτα πράγματα,
ἄμισθον μὲν τὸ στράτευμα καταλελύσθαι ἐν Καλαυρείᾳ,
πολιορκεῖσθαι δὲ τοὺς περὶ Πελοπόννησον συμμάχους ὑπὸ
Λακεδαιμονίων, κατηγορούντων δὲ τούτον αἴτιον εἶναι τῆς 15
παρούσης ἀτυχίας Ἰφικράτους καὶ Καλλιστράτου, ἔτι δὲ
τῶν ἀφικνουμένων ἀπὸ στρατεύματος ἀπαγγελλόντων ἐν τῷ
δήμῳ τὴν παροῦσαν ἔνδειαν καὶ ἀπορίαν, τὰ δὲ καὶ δι'
ἐπιστολῶν ἑκάστου πυνθανομένου παρὰ τῶν οἰκείων καὶ
ἐπιτηδείων ὡς διέκειντο (ὧν ἀκούοντες ὑμεῖς ἐν τῷ δήμῳ 20
τότε ἀναμνήσθητε πῶς ἕκαστος περὶ αὐτοῦ τὴν γνώμην
14 εἶχεν· οὐ γὰρ ἀγνοεῖτε τὰ λεγόμενα), μέλλων τοίνυν κατα-
πλεῖν ἐπὶ τὴν κρίσιν, ἐν Καλαυρείᾳ δανείζεται χιλίας
δραχμὰς παρὰ Ἀντιφάνους τοῦ Λαμπτρέως, ὃς ἐπέπλει
ταμίας Φιλίππῳ τῷ ναυκλήρῳ, ἵνα διαδοίη τοῖς Βοιωτίοις 25
τριηράρχοις, καὶ παραμένωσιν ἕως ἂν αὐτῷ ἡ κρίσις γένηται,
καὶ μὴ καταλυθεισῶν πρότερον τῶν Βοιωτίων τριήρων καὶ
διαπελθόντων τῶν στρατιωτῶν μᾶλλον αὐτῷ ὀργίζησθε
15 ὑμεῖς. οἱ μὲν γὰρ πολῖται ἠνείχοντο κακοπαθοῦντες καὶ

3 αὐτοὺς στρ. S : στρ. αὐτοὺς A¹ (transp. A corr.) : αὐτὸς στρ. F Q D
4 τῷ Schaefer : ᾧ codd.   4–5 λόγῳ ἀπήνεγκεν S vulg. : ἀπ. λόγῳ ἐλο-
γίσατο A   8 τὰς om. A   13 Καλευρείᾳ S : Καλαυρίᾳ vulg., corr.
Dindorf hic et infra   22 λεγόμενα] γενόμενα Naber   24 Λαμ-
πτρέως codd., corr. Turr.   26 παραμένωσιν Reiske : περιμένωσιν
codd.   28 πρότερον post διαπελθόντων vulgo iteratum omisi cum D

παρέμενον· οἱ δὲ Βοιωτοὶ οὐκ ἔφασαν παραμενεῖν, εἰ μή τις
αὑτοῖς τὴν καθ' ἡμέραν τροφὴν δώσει.   τότε οὖν ἀναγκαζό-
μενος δανείζεται τὰς χιλίας δραχμὰς παρὰ τοῦ Ἀντιφάνους, [1189]
ὃς ἐπέπλει ταμιεύων Φιλίππῳ τῷ ναυκλήρῳ, καὶ δίδωσι τῷ
5 Βοιωτίῳ ἄρχοντι τῶν νεῶν. ἐπειδὴ δὲ ἀφίκετο δεῦρο, ἀπῄτουν 16
αὐτὸν ὅ τε Φίλιππος καὶ Ἀντιφάνης τὰς χιλίας δραχμὰς ἃς
ἐδανείσατο ἐν Καλαυρείᾳ, καὶ ἠγανάκτουν ὅτι οὐ ταχὺ
ἀπελάμβανον. φοβούμενος δὲ οὗτος τοὺς ἐχθροὺς τοὺς
ἑαυτοῦ, μὴ πύθοιντο ὅτι, ἃς ἐν τῷ λόγῳ ἀπήνεγκεν χιλίας
10 δραχμὰς δεδωκὼς εἰς τὰς Βοιωτίας ναῦς ἐκ τῶν στρατιωτικῶν
χρημάτων, ταύτας Φίλιππος δανείσας ἀποστερεῖται, καὶ ἅμα 17
δεδιὼς τὸν Φίλιππον, μὴ καταμαρτυροίη αὐτοῦ ἐν τῷ ἀγῶνι,
προσελθὼν τῷ πατρὶ τῷ ἐμῷ ἐδεήθη ἀπαλλάξαι τὸν Φίλιπ-
πον καὶ χρῆσαι αὐτῷ τὰς χιλίας δραχμάς, ἵνα ἀποδοίη
15 Φιλίππῳ. ὁρῶν δὲ ὁ πατὴρ ὁ ἐμὸς τό τε μέγεθος τοῦ
ἀγῶνος ἡλίκον ἦν τούτῳ, καὶ ὡς ἠπορεῖτο οὗτος, καὶ ἐλεῶν
αὐτόν, προσαγαγὼν πρὸς τὴν τράπεζαν ἐκέλευσεν ἀποδοῦναι
Φιλίππῳ χιλίας δραχμὰς τὸν Φορμίωνα τὸν ἐπικαθήμενον
ἐπὶ τῇ τραπέζῃ, καὶ γράψαι ὀφείλοντα Τιμόθεον. καὶ ταῦτα 18
20 ὅτι ἀληθῆ ἐστιν, τὸν δόντα τὸ ἀργύριον Φορμίωνα ὑμῖν
μάρτυρα παρέξομαι, ἐπειδὰν καὶ περὶ τοῦ ἄλλου συμβολαίου
διηγήσωμαι ὑμῖν, ἵνα τῇ αὐτῇ μαρτυρίᾳ περὶ ὅλου τοῦ χρέως
ἀκούσαντες εἰδῆτε ὅτι ἀληθῆ λέγω. καλῶ δ' ὑμῖν καὶ τὸν
Ἀντιφάνην τὸν δανείσαντα τὸ ἀργύριον τούτῳ, τὰς χιλίας
25 δραχμάς, ἐν Καλαυρείᾳ, καὶ παρόντα ὅτε ἀπέλαβε Φίλιππος
τὸ ἀργύριον παρὰ τοῦ πατρὸς τοῦ ἐμοῦ ἐνθάδε. τοῦ μὲν 19
γὰρ μαρτυρίαν με ἐμβαλέσθαι πρὸς τὸν διαιτητὴν παρεκρού-
σατο, φάσκων ἀεί μοι μαρτυρήσειν εἰς τὴν κυρίαν· ἐπειδὴ [1190]

---

1 παραμένειν SAD   2 δώσει S, cf. Andoc. i 53 : δώσοι vulg.
4 Φιλίππῳ S : τῷ Φ. vulg.   6 καὶ ὁ Ἀντιφάνης A, sed cf. xlvi 7,
lix 30, 31   9 πύθωνται A   14 ἀποδιδοίη Blass : ἀποδῷ A : ἀποδιδοίη
S vulg.   15 τε om. A   17 προσαγαγὼν A : προσάγων S F Q D
18 Φιλίππῳ post δραχμὰς A   19 τῇ τραπέζῃ A, cf. § 42, Isocr.
xvii 2, 12 : τῆς τραπέζης cett.   γράψασθαι A   23 εἰδῆτε A D :
ἴδειτε S¹ : ἴδητε S corr. F Q   27 με] μὴ A : με μὴ Schaefer   28
μαρτυρήσειν μοι A   ἀπόφασιν post κυρίαν add. codd. : del. Herwerden,
recte puto, cf. xxi 24, Pollux viii 60

149

δὲ ἡ δίαιτα ἦν, προσκληθεὶς ἀπὸ τῆς οἰκίας (οὐ γὰρ ἦν
φανερός), ἔλιπε τὴν μαρτυρίαν πεισθεὶς ὑπὸ τούτου. τιθέντος
δέ μου αὐτῷ τὴν δραχμὴν τοῦ λιπομαρτυρίου κατὰ τὸν
νόμον, ὁ διαιτητὴς οὐ κατεδιῄτα, ἀλλ᾽ ἀπιὼν ᾤχετο ἀποδιαι-
20 τήσας τούτου τὴν δίαιταν, ἑσπέρας ἤδη οὔσης.   νυνὶ δὲ τῷ 5
Ἀντιφάνει εἴληχα βλάβης ἰδίαν δίκην, ὅτι μοι οὔτ᾽ ἐμαρτύ-
ρησεν οὔτ᾽ ἐξωμόσατο κατὰ τὸν νόμον.   καὶ ἀξιῶ αὐτὸν
ἀναβάντα εἰπεῖν ἐναντίον ὑμῶν διομοσάμενον, πρῶτον μὲν
εἰ ἐδάνεισε Τιμοθέῳ ἐν Καλαυρείᾳ χιλίας δραχμάς, δεύτερον
δ᾽ εἰ παρὰ τοῦ πατρὸς Φίλιππος ἀπέλαβεν ἐνθάδε τοῦτο τὸ 10
21 ἀργύριον.   σχεδὸν μὲν οὖν καὶ αὐτὸς οὗτος ὡμολόγει πρὸς
τῷ διαιτητῇ ἀποδοῦναι τῷ Φιλίππῳ τὸν πατέρα τὸν ἐμὸν
τὰς χιλίας δραχμάς, οὐ μέντοι αὐτῷ γέ φησιν δανεῖσαι,
ἀλλὰ τῷ Βοιωτίῳ ναυάρχῳ, καὶ ὑποθεῖναί φησιν αὐτὸν
τούτου τοῦ ἀργυρίου χαλκόν.   ὡς δὲ οὐκ ἀληθῆ ἔλεγεν, 15
ἀλλ᾽ αὐτὸς δανεισάμενος ἀποστερεῖ, ἐγὼ ὑμᾶς διδάξω,
ἐπειδὰν καὶ περὶ τῶν ἄλλων ὧν ὀφείλει καθ᾽ ἕκαστον
ὑμῖν διηγήσωμαι.

22   Ἀφικομένου γὰρ Ἀλκέτου καὶ Ἰάσονος ὡς τοῦτον ἐν τῷ
μαιμακτηριῶνι μηνὶ τῷ ἐπ᾽ Ἀστείου ἄρχοντος ἐπὶ τὸν ἀγῶνα 20
τὸν τούτου, βοηθησόντων αὐτῷ, καὶ καταγομένων εἰς τὴν
οἰκίαν τὴν ἐν Πειραιεῖ τὴν ἐν τῇ Ἱπποδαμείᾳ ἑσπέρας ἤδη
οὔσης, ἀπορούμενος ὑποδέξασθαι αὐτούς, πέμψας ὡς τὸν
πατέρα τὸν ἐμὸν Αἰσχρίωνα τὸν ἀκόλουθον τὸν αὑτοῦ,
[1191] ἐκέλευσεν αἰτήσασθαι στρώματα καὶ ἱμάτια καὶ φιάλας 25
23 ἀργυρᾶς δύο, καὶ μνᾶν ἀργυρίου δανείσασθαι.   ἀκούσας δὲ
ὁ πατὴρ ὁ ἐμὸς τοῦ Αἰσχρίωνος τοῦ ἀκολούθου τοῦ τούτου
τούς τε ἀφιγμένους καὶ τὴν χρείαν εἰς ἣν ᾐτεῖτο, ἐφ᾽ ἅ τε

2 τουτουί A   3 μου αὐτῷ D (Wolf) : μου αὐτῶν S F Q : μου A
4 κατεδιῄτα A : κατεδιῄτηται S Q : κατεδεδιῄτηται F D   9 ἐν K.
Τιμοθέῳ A   13 γε αὐτῷ A   14 αὐτὸν φησι A, φησι utrobique
del. Blass   16 ἀποστερεῖ A : ἀπεστέρει S F Q D   22 Ἱπποδαμίᾳ
S A. Ἱπποδαμείᾳ ἀγορᾷ desiderat Cobet, sicut Harpocr. s.v. legisse vide-
tur   24 Αἰσχρωνα A constanter   τὸν αὑτοῦ] αὐτοῦ A   27-28 τοῦ
ἀκολούθου τούτου τοὺς S F Q D (τοῦ inseruit Reiske) : τούτους A : τού-
του τοὺς Bekker   28 ἣν ᾐτεῖτο A, cf. § 30 : ᾐτει S F Q D

150

ἦλθεν ἔχρησεν, καὶ τὴν μνᾶν τοῦ ἀργυρίου, ἣν ἐδανείζετο,
ἐδάνεισεν. ἀπολελυμένῳ τοίνυν τῆς αἰτίας πολλὴ συνέβαινεν
αὐτῷ μετὰ ταῦτα χρημάτων ἀπορία εἴς τε τὰς ἰδίας χρείας
καὶ εἰς τὰς δημοσίας εἰσφοράς, ἃ ὁρῶν ὁ πατὴρ ὁ ἐμὸς οὐκ
5 ἐτόλμα τοῦτον εὐθὺς ἀπαιτεῖν τὸ ἀργύριον· οὔτε γὰρ ἂν 24
τοῦτον εὐπορήσανθ' ἡγεῖτο ἀδικῆσαι αὐτόν, οὔτ' ἂν αὐτὸς
ἀποροῦντα τοῦτον ἔχειν ὁπόθεν εἰσπράξειεν. ἐπειδὴ τοίνυν
ἀπῆλθον ὅ τε Ἀλκέτας καὶ ὁ Ἰάσων, τὰ μὲν στρώματα καὶ
τὰ ἱμάτια πάλιν ἀπήνεγκεν ὁ Αἰσχρίων ὁ ἀκόλουθος ὁ τούτου,
10 τὰς δὲ φιάλας τὰς δύο οὐκ ἀπήνεγκεν, ἃς ᾐτήσατο ὅτεπερ
καὶ τὰ στρώματα καὶ τὴν μνᾶν τοῦ ἀργυρίου ἐδανείσατο,
ἀφικομένων ὡς τοῦτον Ἀλκέτου καὶ Ἰάσονος.

Μέλλων τοίνυν ἀποδημεῖν ὡς βασιλέα, καὶ διαπραξάμενος 25
ἐκπλεῦσαι ὡς βασιλεῖ στρατηγήσων τὸν ἐπ' Αἴγυπτον
15 πόλεμον, ἵνα μὴ δῷ ἐνθάδε λόγον καὶ εὐθύνας τῆς
στρατηγίας, μεταπεμψάμενος τὸν πατέρα τὸν ἐμὸν εἰς τὸ
Παράλιον τῶν τε προϋπηργμένων εἰς αὐτὸν ἐπῄνει, καὶ 26
ἐδεῖτο αὐτοῦ συστήσας Φιλώνδαν, ἄνδρα τὸ μὲν γένος
Μεγαρέα, μετοικοῦντα δ' Ἀθήνησιν, πιστῶς δὲ τούτῳ
20 διακείμενον καὶ ὑπηρετοῦντα ἐν ἐκείνῳ τῷ χρόνῳ, ἐπειδὰν
ἀφίκηται ἐκ Μακεδονίας ὁ Φιλώνδας, ὃν συνίστη οὗτος τῷ [1192]
πατρὶ τῷ ἐμῷ, ἄγων ξύλα τὰ δοθέντα τούτῳ ὑπὸ Ἀμύντου,
τὸ ναῦλον τῶν ξύλων παρασχεῖν καὶ ἐᾶσαι ἀνακομίσαι τὰ
ξύλα εἰς τὴν οἰκίαν τὴν ἑαυτοῦ τὴν ἐν Πειραιεῖ· αὐτοῦ γὰρ
25 εἶναι τὰ ξύλα. ἅμα τε τῇ δεήσει εἶπε λόγον, ᾧ οὐκ 27
ἀκόλουθα ποιεῖ τὰ ἔργα νυνί· ἔφη γάρ, κἂν μὴ τύχῃ ὧν
ἐδεῖτο τοῦ πατρός, οὐκ ὀργισθήσεσθαι ὥσπερ ἂν ἄλλος τις
ἀποτυχών, ἀλλ' ὧν αὐτῷ δεηθέντι ὑπηρέτηκεν, τούτων, ἄν
ποτε δύνηται, χάριν ἀποδώσειν. ἀκούσας δὲ ὁ πατὴρ ὁ

1 ἦλθεν Sauppe : ἦλθον codd.   ἐδανείσατο A   3 αὐτῷ om. A
9 ὁ ante Αἰσχρίων servat S solus   ὁ ante τούτου om. A   12 τού-
των S   13 διαπραξάμενον S F¹   15 λόγον ἐνθάδε A : ἐνθάδε del.
Reiske   τῆς A : τῆς ἐνθάδε cett.   22 ἀγαγὼν A   ξύλα τὰ codd. :
ξύλ' ἄττα Dobree   23 παρέχειν A   23-24 τὰ ξύλα ἀνακομίσαι A
25 τε] δὲ F Q D   26 νῦν A

ἐμὸς ταῦτα ἥσθη τε τοῖς λόγοις, καὶ ἐπήνει τοῦτον ὅτι
μέμνηται εὖ παθών, καὶ ὅσα αὐτοῦ ἐδεῖτο ὑπέσχετο ποιήσειν.
28 καὶ οὗτος μὲν μετὰ ταῦτα τὴν ἀναγωγὴν ἐποιεῖτο ὡς τοὺς
στρατηγοὺς τοὺς βασιλέως, ὁ δὲ Φιλώνδας, ᾧ συνέστησεν
τὸν πατέρα τὸν ἐμόν, ἐπειδὰν ἀφίκηται ἄγων τὰ ξύλα, τὸ 5
ναῦλον παρασχεῖν, εἰς τὴν Μακεδονίαν τὴν πορείαν ἐποιεῖτο.
καὶ οὗτοι οἱ χρόνοι ἦσαν περὶ θαργηλιῶνα μῆνα ἐπ᾽ Ἀστείου
29 ἄρχοντος.　τῷ δ᾽ ὑστέρῳ ἔτει ἀφικομένου τοῦ Φιλώνδου ἐκ
τῆς Μακεδονίας ἄγοντος τὰ ξύλα, ἀποδημοῦντος τούτου
παρὰ βασιλεῖ, καὶ προσελθόντος τῷ πατρὶ τῷ ἐμῷ καὶ 10
κελεύοντος τὸ ναῦλον τῶν ξύλων παρασχεῖν, ἵνα διαλύσῃ
τὸν ναύκληρον, καθάπερ οὗτος ἐδεήθη ὅτε ἐξέπλει τοῦ
πατρὸς καὶ συνέστησε τὸν Φιλώνδαν, προσαγαγὼν πρὸς
τὴν τράπεζαν ὁ πατὴρ ἐκέλευσε δοῦναι Φορμίωνα τὸ ναῦλον
30 τῶν ξύλων, χιλίας ἑπτακοσίας πεντήκοντα.　καὶ ἠρίθμησε 15
[1193] τὸ ἀργύριον Φορμίων· καὶ ἐγράψατο μὲν ὀφείλοντα Τιμό-
θεον (οὗτος γὰρ ἦν ὁ δεηθεὶς τοῦ πατρὸς παρασχεῖν τὸ
ναῦλον τῶν ξύλων, καὶ τούτου ἦν), ὑπόμνημα δ᾽ ἐγράψατο
τήν τε χρείαν εἰς ἣν ἐλήφθη τὸ ἀργύριον καὶ τὸ ὄνομα τοῦ
λαβόντος.　καὶ οὗτος ὁ χρόνος ἦν Ἀλκισθένους ἄρχοντος, 20
31 ὁ ὕστερος ἐνιαυτὸς ἢ οὗτος ἀνήγετο ὡς βασιλέα.　ὑπὸ δὲ
τὸν αὐτὸν χρόνον τοῦτον καὶ Τιμοσθένης ὁ Αἰγιλιεὺς
ἀφικνεῖται κατ᾽ ἐμπορίαν ἰδίαν ἀποδημῶν. ἐπιτήδειος δὲ
ὢν Φορμίωνι καὶ κοινωνὸς ὁ Τιμοσθένης, ὅτ᾽ ἐξέπλει,
δίδωσιν ἀποθεῖναι τῷ Φορμίωνι μετ᾽ ἄλλων χρημάτων καὶ 25
φιάλας λυκιουργεῖς δύο.　ἀπὸ τύχης δὲ ὁ παῖς ταύτας τὰς
φιάλας, οὐκ εἰδὼς ὅτι ἀλλότριαι ἦσαν, δίδωσι τῷ Αἰσχρίωνι

3 μὲν om. A　　4 τοὺς] τοὺς τοῦ A　　συνέστησεν οὗτος A F γρ. Q γρ.
10 βασιλέα S¹　καὶ ante προσελθόντος om. S D　　10–11 καὶ κελεύ-
οντος S A : κελεύοντος vulg.　　12 οὗτος om. A　　13 τὸν] πρὸς A
14 ὁ πατὴρ om. A　　　τὸν Φ. δοῦναι A　　16 ὁ Φορμίων A　　18 ὑπό-
μνημα A : ὑπομνήματα cett.　　δ᾽ ἐγράψατο Schaefer coll. § 8 : δὲ
παρεγρ. Naber recte fort., cf. lii 4 : δ᾽ ἀπεγρ. A : ἀπεγράψατο δὲ S vulg.
19 τε om. A　　20 Ἀλκισθένης ἄρχων A　　22 Αἰγιλιεὺς A : Αἰγια-
λεὺς cett.　　26 λυκιουργεῖς A, Harpocr. ex Athenaeo p. 486 : λυκιουρ-
γεῖς S F Q D

τῷ ἀκολούθῳ τῷ τούτου, ὅτ᾽ ἐπέμφθη ὡς τὸν πατέρα τὸν
ἐμὸν ὑπὸ τούτου, καὶ ᾐτεῖτο τὰ στρώματα καὶ τὰ ἱμάτια καὶ
τὰς φιάλας, καὶ τὴν μνᾶν τοῦ ἀργυρίου ἐδανείσατο, ἀφικο-
μένων ὡς τοῦτον Ἀλκέτου καὶ Ἰάσονος. ἀπαιτοῦντος δὲ 32
5 τοῦ Τιμοσθένους τὰς φιάλας τὸν Φορμίωνα, ἐπειδὴ ἧκεν,
ἀποδημοῦντος Τιμοθέου παρὰ βασιλεῖ, πείθει αὐτὸν ὁ πατὴρ
ὁ ἐμὸς τιμὴν ἀπολαβεῖν τῶν φιαλῶν, ὅσον ἦγον αἱ φιάλαι,
διακοσίας τριάκοντα ἑπτά. καὶ τῷ μὲν Τιμοσθένει τιμὴν
ἀπέδωκεν τῶν φιαλῶν, τοῦτον δὲ ἐγράψατο αὐτῷ ὀφείλοντα,
10 πρὸς τὸ ἄλλο χρέως ὃ οὗτος αὐτῷ ὤφειλεν, ὃ ἀπέτεισεν τῷ
Τιμοσθένει τῶν φιαλῶν. καὶ ταῦτα πάντα ὅτι ἀληθῆ λέγω, 33
τούτων ὑμῖν ἀναγνώσεται τὰς μαρτυρίας, πρῶτον μὲν τῶν
δόντων τὸ ἀργύριον οἷς οὗτος ἐκέλευσεν ἀπὸ τῆς τραπέζης
καὶ ἐπικαθημένων τότε, ἔπειτα τοῦ ἀπολαβόντος τὴν τιμὴν
15 τῶν φιαλῶν.

ΜΑΡΤΥΡΙΑΙ.

Ὅτι μὲν τοίνυν οὐ ψεύδομαι πρὸς ὑμᾶς περὶ ὧν εἶπον,
τῶν μαρτυριῶν ἀναγιγνωσκομένων ἀκηκόατε. ὅτι δέ μοι καὶ
αὐτὸς οὗτος ὡμολόγει τὰ ξύλα τὰ κομισθέντα ὑπὸ Φιλώνδου
20 εἰς τὴν οἰκίαν τὴν ἑαυτοῦ ἀνακομισθῆναι τὴν ἐν Πειραιεῖ,
τούτων ὑμῖν ἀναγνώσεται τὴν μαρτυρίαν.

ΜΑΡΤΥΡΙΑ.

Ὡς μὲν τοίνυν τούτου ἦν τὰ ξύλα ἃ ἤγαγεν ὁ Φιλώνδας, 34
αὐτός μοι μεμαρτύρηκεν· ὡμολόγει γὰρ αὐτὰ πρὸς τῷ
25 διαιτητῇ ἀνακομισθῆναι εἰς τὴν οἰκίαν τὴν ἑαυτοῦ τὴν ἐν
Πειραιεῖ, ὡς μεμαρτύρηται ὑμῖν ὑπὸ τῶν ἀκουόντων. ἔτι
δὲ καὶ ἐκ τεκμηρίων πειράσομαι ἐγὼ ὑμᾶς διδάξαι ὅτι ἀληθῆ
λέγω. οἴεσθε γάρ, ὦ ἄνδρες δικασταί, τὸν πατέρα τὸν 35

---

3 ὃ ἐδανείσατο codd.: ὃ del. Reiske   ἀφικομένου A   6 τοῦ
Τιμοθέου A   7 τίμην S vulg., cf. §§ 35, 62, Isae. v 21 : τὴν τίμην A
10 αὐτῷ A : αὐτὸς cett.   ἀπέτεισεν S : ἀπέτισεν A : ἀπήτησεν F
11 πάντα om. FQD   12 τὰς μ. ἀναγν. S sed cum notis transponendi
18 μοι om. A   19 ὁμολογεῖ A   23 ἤγεν A   27 ὑμᾶς ἐγὼ A

ἐμόν, εἰ μὴ Τιμοθέου ἦν τὰ ξύλα καὶ ἐδεήθη οὗτος αὐτοῦ
συστήσας τὸν Φιλώνδαν, ὅτε ἀνήγετο ὡς τοὺς στρατηγοὺς
τοὺς βασιλέως, παρασχεῖν τὸ ναῦλον, ἐᾶσαι ἄν ποτε
ὑποκειμένων αὐτῷ τῶν ξύλων τοῦ ναύλου ἀνακομίσαι τὸν
Φιλώνδαν τὰ ξύλα ἐκ τοῦ λιμένος, ἀλλ᾽ οὐκ ἂν παρακατα- 5
στήσαντά τινα τῶν οἰκετῶν φυλάττειν καὶ τιμὴν λαμβάνειν
τῶν πωλουμένων ξύλων, ἕως ἐκομίσατο τὰ ἑαυτοῦ, εἴπερ
36 Φιλώνδου ἦν τὰ ξύλα καὶ ἐμπορίας ἕνεκα ἤχθη; ἔπειτα
πρὸς τούτοις τίνι ὑμῶν εἰκὸς δοκεῖ εἶναι, μὴ κελεύσαντος
τούτου τὸ ναῦλον παρασχεῖν τῶν ξύλων τῶν δοθέντων 10
τούτῳ ὑπὸ Ἀμύντου, πιστεῦσαι τὸν πατέρα τὸν ἐμὸν Φι-
λώνδᾳ καὶ ἐᾶσαι ἀνακομίσαι τὰ ξύλα ἐκ τοῦ λιμένος εἰς τὴν
οἰκίαν τὴν τούτου; ἢ πῶς οἷόν τ᾽ ἐστὶν τὸν μὲν Φιλώνδαν
ἐμπορίας ἕνεκα ἀγαγεῖν τὰ ξύλα, ὡς οὗτός φησιν, καταχρή-
[1195] σασθαι δὲ τοῦτον ἥκοντα εἰς τὴν οἰκοδομίαν τὴν αὐτοῦ τοῖς 15
37 ξύλοις τούτοις; σκέψασθε δὲ κἀκεῖνο, ὅτι πολλοὶ καὶ
χρηστοὶ τῶν πολιτῶν οἰκεῖοι ὄντες τούτῳ ἐπεμελοῦντο τῶν
τούτου, ἀποδημοῦντος παρὰ βασιλεῖ Τιμοθέου· ὧν οὐδεὶς
τετόλμηκεν μαρτυρῆσαι τούτῳ ἢ ὡς οὐκ ἔλαβεν ὁ Φιλώνδας
τὸ ναῦλον τῶν ξύλων ἀπὸ τῆς τραπέζης ἢ ὡς λαβὼν 20
ἀπέδωκεν, οὐδ᾽ αὖ ὡς αὐτῶν τις διέλυσε τὸ ναῦλον ὑπὲρ
τῶν ξύλων ὧν ἤγαγεν ὁ Φιλώνδας, δοθέντων τούτῳ παρ᾽
Ἀμύντου· ἡγοῦνται γὰρ περὶ πλείονος αὐτοῖς εἶναι καλοὶ
κἀγαθοὶ δοκεῖν εἶναι μᾶλλον ἢ Τιμοθέῳ χαρίσασθαι τὰ
38 ψευδῆ μαρτυροῦντες. οὐ μέντοι οὐδὲ τούτου γ᾽ ἔφασαν 25
καταμαρτυρῆσαι ἂν τἀληθῆ· οἰκεῖον γὰρ αὐτοῖς εἶναι. ὅπου
τοίνυν μηδεὶς τετόλμηκε τῶν οἰκείων τούτῳ μαρτυρῆσαι καὶ
ἐπιμελομένων τῶν τούτου, ὅτε ἀπεδήμει οὗτος παρὰ βασιλεῖ,

---

3 ἐᾶσαι A : ἢ ἐᾶσαι cett.   5 παραστήσαντα A   6 τίμην S F Q D :
τὴν τίμην A   7 τῶν πωλουμένων (τῶν πολουμένων S) codd., cf. xxvii
13 : πωλουμένων τῶν Blass   10 παρασχεῖν τὸ ναῦλον A   12
ἐκ τοῦ λιμένος om. A oculo aberrante ex ἐκ ad εἰς   14 οὕνεκα S
16 δὲ κἀκεῖνο A : δὴ cett.   17 ἐπεμέλοντο A   18 Τιμοθέου
del. Dobree   21 οὐδ᾽ αὖ] ἢ A   24 ἢ] ἢ οὐ Schaefer coll. §§ 3,
47, 53, 1 66   25 μέντοι] μέντοι γ᾽ A   26 ἂν om. A

ἢ ὡς οὐκ ἔλαβεν ὁ Φιλώνδας τὸ ναῦλον τῶν ξύλων ἀπὸ τῆς
τραπέζης ἢ ὡς αὐτῶν τις διέλυσεν, πῶς οὐκ εἰκός ἐστιν
ὑμᾶς ἡγεῖσθαί με τἀληθῆ λέγειν; καὶ μὴν οὐδ᾽ ἐκεῖνό γε 39
τολμήσει ⟨λέγειν⟩, ὡς ἄλλος τις διέλυσε τὸ ναῦλον ὑπὲρ
5 τῶν ξύλων ὧν ἤγαγεν ὁ Φιλώνδας, ἢ ὁ πατὴρ ὁ ἐμός. ἐὰν
δὲ καταχρῆται τῷ λόγῳ, ἀξιοῦτε αὐτὸν καὶ τὴν μαρτυρίαν
παρασχέσθαι ὑμῖν τοῦ ἀποδόντος τὸ ναῦλον ὑπὲρ τῶν ξύλων.
αὐτὸς μὲν γὰρ ὁμολογεῖται ἀποδημεῖν παρὰ βασιλεῖ, τὸν δὲ
Φιλώνδαν, ὃν ἔπεμψεν ἐπὶ τὰ ξύλα καὶ συνέστησε τῷ πατρὶ
10 τῷ ἐμῷ, τεθνηκότα κατέλαβες ἥκων παρὰ βασιλέως.
ἀναγκαῖον δὴ τῶν ἄλλων οἰκείων καὶ ἐπιτηδείων, οὓς 40
κατέλιπες ἀποδημεῖν μέλλων συνεπιμελεῖσθαι τῶν σαυτοῦ, [1196]
εἰδέναι τινὰ ὅθεν τὸ ναῦλον τῶν ξύλων πορίσας ὁ Φιλώνδας
τῷ ναυκλήρῳ διέλυσεν, εἰ μὴ φῇς τὸν πατέρα τὸν ἐμὸν
15 συστῆσαι αὐτῷ, μηδὲ λαβεῖν τὸν Φιλώνδαν παρὰ τοῦ
πατρὸς τοῦ ἐμοῦ τὸ ναῦλον τῶν ξύλων. μαρτυρίαν τοίνυν 41
οὐδενὸς ἔχεις παρασχέσθαι τῶν οἰκείων τῶν σαυτοῦ, ὡς
οὐκ ἐλήφθη σοῦ ἀποδημοῦντος τὸ ναῦλον τῶν ξύλων ἀπὸ
τῆς τραπέζης, ἀλλὰ δυοῖν θάτερον, ἢ οὐδενὶ χρῇ τῶν
20 οἰκείων οὐδὲ πιστεύεις τῶν σαυτοῦ οὐδενί, ἢ εἰδὼς ἀκριβῶς
τὸν Φιλώνδαν λαβόντα τὸ ναῦλον τῶν ξύλων παρὰ τοῦ
πατρὸς τοῦ ἐμοῦ, ᾧπερ αὐτὸν συνέστησας ὅτε ἐξέπλεις, οἴει
δεῖν ἀποστερήσας ἡμᾶς, ἐὰν δύνῃ, πλεονεκτεῖν. ἐγὼ τοίνυν, 42
ὦ ἄνδρες δικασταί, πρὸς τῇ μαρτυρίᾳ, ἣν παρέσχημαι ὑμῖν
25 μαρτυροῦντας τοὺς δόντας τὸ ἀργύριον οἷς οὗτος ἐκέλευσεν
καὶ καθημένους ἐπὶ τῇ τραπέζῃ τότε, καὶ πίστιν ἠθέλησα
ἐπιθεῖναι, ἣν ἀναγνώσεται ὑμῖν.

2 πῶς] ἢ ὡς S F Q D   3–4 καὶ μὴν . . . τολμήσει om. A solus
3 γε] τε S F Q D   4 ante τολμήσει add. εἰπεῖν Hirschig, Blass ; λέγειν
Reiske : ego λέγειν addidi post τολμήσει.   inde enim causa omittendi
in A satis evidens   τις οὐ διέλυσε A   10 κατέλαβες Blass : κατε-
λάμβανες S vulg. : κατελάβεν A   12 κατέλιπες F Q : κατέλειπες S :
κατέλιπεν A   ἑαυτοῦ A   13 ὅθεν] ὡς A   14 φησι A   18 ἐλείφθη
S Q   ἀπὸ] ἐκ A, cf. § 8   22 τοῦ ἐμοῦ om. A   ᾧπερ Wolf :
ὥσπερ codd.   αὐτὸν om. A   23 δεῖν] ἰδεῖν S Q   24 ἣν S vulg. :
ᾗ A   26 τῆς τραπέζης A   prius καὶ om. A   27 ἐπιθεῖναι S :
Τιμοθέῳ ἐπιθεῖναι cett.

ΟΡΚΟΣ.

Οὐ τοίνυν, ὦ ἄνδρες δικασταί, γράψας μοι ὁ πατὴρ
κατέλιπεν τὰ χρέα μόνον, ἀλλὰ καὶ ἔλεγεν ἀρρωστῶν ὅ τι
ὀφείλοιτο αὐτῷ ἕκαστον, καὶ παρ' ᾧ, καὶ εἰς ὅ τι ἐλήφθη τὸ
ἀργύριον, καὶ τῷ ἀδελφῷ τῷ ἐμῷ. καὶ ὡς ταῦτ' ἀληθῆ 5
λέγω, ἀνάγνωθί μοι τὴν μαρτυρίαν τοῦ ἀδελφοῦ.

ΜΑΡΤΥΡΙΑ.

43 Ὡς μὲν τοίνυν κατελείφθη ὀφείλων Τιμόθεος ἡμῖν τὸ
ἀργύριον ὑπὸ τοῦ πατρός, οὗ δικάζομαι αὐτῷ, καὶ γίγνεται
ἐμὸν τὸ μέρος, ὅ τε ἀδελφός μοι μεμαρτύρηκεν καὶ ὁ Φορ- 10
μίων ὁ δοὺς τὸ ἀργύριον, κἀγὼ τούτων πίστιν ἠθέλησα
[1197] ἐπιθεῖναι. προκαλεσαμένου δὲ τούτου πρὸς τῷ διαιτητῇ
καὶ κελεύοντος ἐνεγκεῖν τὰ γράμματα ἀπὸ τῆς τραπέζης καὶ
ἀντίγραφα αἰτοῦντος, πέμψαντος Φρασιηρίδην ἐπὶ τὴν
τράπεζαν, τῷ τε Φρασιηρίδῃ ἐξενέγκας ἔδωκα ζητεῖν τὰ 15
γράμματα καὶ ἐκγράφεσθαι ὅσα οὗτος ὤφειλε, καὶ ὡς
ὡμολόγει λαβεῖν οὗτος τὰ ἀντίγραφα, ἀνάγνωθί μοι τὴν
μαρτυρίαν.

ΜΑΡΤΥΡΙΑ.

44 Πρὸς τοίνυν τὸν διαιτητὴν κομίσαντός μου τὰ γράμματα, 20
παρὼν ὁ Φορμίων καὶ ὁ Εὔφραιος, οἱ δόντες τὸ ἀργύριον οἷς
ἐκέλευσεν οὗτος, ἐξήλεγχον αὐτὸν ἐν οἷς τε χρόνοις ἕκαστον
ἐδανείσατο, καὶ ὅστις ἔλαβε τὸ ἀργύριον, καὶ εἰς ἃ
κατεχρήσατο. ὁ δὲ τὰς μὲν χιλίας καὶ τριακοσίας καὶ
πεντήκοντα καὶ μίαν καὶ δύ' ὀβολώ, ἃς πρώτας ἐδανείσατο 25
τοῦ μουνιχιῶνος μηνὸς μέλλων ἐκπλεῖν ἐπὶ Σωκρατίδου

1 ΟΡΚΟΣ S : ΟΡΚΟΙ vulg.   3 ὅ τι] ὧν A : ἅ τε Blass   4
ὀφείλετο A   ἐλείφθη S   10 τὸ μέρος A : μέρος cett.   11 κἀγὼ]
ἐγὼ S : ἐγώ τε Sauppe   13 ⟨τὰ⟩ ἀπὸ Blass   14 πέμψαντος] καὶ
πέμψαντος A   15 τῷ τε A : τῷ δὲ vulg. (sine accentu S)   16
ἐγγράφεσθαι S F Q   ὅσα] ἃ A   17 ὁμολογεῖ S   20 κομισα-
μένου A   22–23 ἐδανείσατο ἕκαστον A   23 καὶ... ἀργύριον om. A
ὅστις Blass coll. §§ 8, 30 : εἰς ὅ τι codd.   25 καὶ ante μίαν om. A

ἄρχοντος, ἃς καὶ ἐκέλευσε δοῦναι Ἀντιμάχῳ τῷ ταμίᾳ τῷ
ἑαυτοῦ, ἰδίᾳ ἔφη δανεῖσαι τὸν πατέρα Ἀντιμάχῳ καὶ οὐκ
αὐτὸς λαβεῖν.   καὶ ὡς μὲν ἀληθῆ λέγει, οὐδένα μάρτυρα 45
παρέσχηται, λόγῳ δὲ καταχρῆται, ἵνα μὴ αὐτὸς δοκῇ
5 ἀποστερεῖν ἀλλ᾽ Ἀντίμαχος δανείσασθαι.   καίτοι, ὦ ἄνδρες
δικασταί, μέγα ὑμῖν ἐρῶ τεκμήριον ὅτι οὐκ Ἀντιμάχῳ
ἐδάνεισεν ὁ πατὴρ τοῦτο τὸ ἀργύριον, ἀλλὰ Τιμοθέῳ περὶ
ἀναγωγὴν ὄντι.   πότερα γὰρ ἂν οἴεσθε ῥᾷον εἶναι τῷ πατρὶ
δημευθέντων τῶν Ἀντιμάχου ἐνεπισκήψασθαι ἐν τῇ οὐσίᾳ
10 τῇ ἐκείνου ἐνοφειλόμενον αὑτῷ τοῦτο τὸ ἀργύριον, εἴπερ
Ἀντιμάχῳ ἐδάνεισεν, ἢ ἀναμένειν ὁπότε παρὰ τούτου [1198]
κομιεῖσθαι ἔμελλεν εὐπορήσαντος, ὃς οὐ πολλὰς ἐλπίδας 46
σωτηρίας περὶ αὑτοῦ εἶχεν ἐν ἐκείνῳ τῷ χρόνῳ; καὶ μὴν
ἐνεπισκηψάμενός γε οὔτ᾽ ἂν παρακαταβολῆς ἠπόρησεν οὔτ᾽
15 ἂν ἠπιστήθη ὑφ᾽ ὑμῶν (πάντες γὰρ ἴστε τὸν πατέρα τὸν
ἐμὸν οὐ τῶν δημοσίων ἀδίκως ἐπιθυμοῦντα, ἀλλὰ τῶν
αὑτοῦ ὑμῖν, ὅ τι κελεύσαιτε, προθύμως ἀναλίσκοντα), εἶτα 47
καὶ ἐπιτηδείου ὄντος αὐτῷ Καλλιστράτου, ὅσπερ ἐδήμευσεν
τὰ Ἀντιμάχου, ὥστε μηδὲν ἐναντιοῦσθαι.   ὥστε τί ἄν ποτε
20 βουλόμενος ὁ πατὴρ ἐβούλετο Τιμόθεον χρήστην ἐγγράψας
ἡμῖν καταλιπεῖν, εἴπερ μὴ ὤφειλεν τοῦτο τὸ ἀργύριον,
μᾶλλον ἢ οὐκ ἐκ τῶν Ἀντιμάχου δημευθέντων ἐνεπισκηψά-
μενος κομίσασθαι;

Περὶ δὲ τῶν χιλίων δραχμῶν, ἃς ἐδανείσατο παρὰ τοῦ 48
25 Ἀντιφάνους ἐν Καλαυρείᾳ, ἵνα διαδοίη τοῖς Βοιωτίοις
τριηράρχοις, μέλλων καταπλεῖν ἐπὶ τὴν κρίσιν, ἃς καὶ
ἀπέδωκεν Φιλίππῳ τῷ ναυκλήρῳ ἐνθάδε λαβὼν παρὰ τοῦ
πατρὸς τοῦ ἐμοῦ, τὸν Βοιώτιον ναύαρχόν φησι δανείσασθαι,
καὶ ὑποθεῖναι τούτου τοῦ ἀργυρίου τῷ πατρὶ τῷ ἐμῷ χαλκόν.

---

1 ἃς καὶ S vulg., cf. § 48 : καὶ A   3 λέγει] λέγει καὶ S¹   7
τοῦτο om. A   15 ἴστε codd. : ἦστε Bekker   17 ὅ τι] ὅτε A
κελεύσαιτε F corr. Q : κελεύσετε S F¹ D : ἐκελεύσατε A   19 μηδὲν
A : μὴ δ᾽ FQ : μηδ S : μηδὲν ἂν Blass   19–20 ποτε ante βουλό-
μενος A F γρ., cf. xlvii 30 : post βουλόμενος SQ : om. F   21 κατα-
λείπειν S   22 ἢ οὐκ] πουκ S   26 ἃς καὶ S vulg. : καὶ A   27
τῷ Φ. A

49 ὡς δ' οὐκ ἀληθῆ λέγει, μέγα ὑμῖν ἐρῶ τεκμήριον. πρῶτον
μὲν γὰρ ἐν Καλαυρείᾳ οὗτος φαίνεται δανεισάμενος τὰς
χιλίας δραχμὰς καὶ οὐχ ὁ Βοιώτιος ναύαρχος, ἔπειτα
ἀπαιτῶν ὁ Φίλιππος ἐνθάδε τοῦτον τὰς χιλίας δραχμὰς καὶ
οὐ τὸν Βοιώτιον ναύαρχον, καὶ ἀποδοὺς οὗτος, ἀλλ' οὐχ ὁ 5
[1199] Βοιώτιος ναύαρχος· προσῆκεν γὰρ τῷ μὲν Βοιωτίῳ ἄρχοντι
παρὰ τούτου τὴν τροφὴν τοῖς ἐν ταῖς ναυσὶν λαμβάνειν· ἐκ
γὰρ τῶν κοινῶν συντάξεων ἡ μισθοφορία ἦν τῷ στρατεύματι·
τὰ δὲ χρήματα σὺ ἅπαντα ἐξέλεξας ἐκ τῶν συμμάχων, καὶ
50 σὲ ἔδει αὐτῶν λόγον ἀποδοῦναι. εἶτα καταλυθεισῶν τῶν 10
Βοιωτίων νεῶν καὶ διαπελθόντων τῶν στρατιωτῶν τῷ μὲν
Βοιωτίῳ ναυάρχῳ οὐδεὶς κίνδυνος ὑπ' Ἀθηναίων ἦν, οὐδ' ἐν
ἀγῶνι καθειστήκει οὐδενί· σὺ δ' ἐν τῷ μεγίστῳ· περίφοβος
δὲ ὢν ἡγοῦ σοι μεγάλην ἐπικουρίαν ἀπολογίας ἔσεσθαι, ἐὰν
παραμείνωσιν αἱ Βοιώτιαι τριήρεις, ἕως ἄν σοι ἡ κρίσις 15
γένηται. ἔπειτα καὶ ἐκ τίνος ἂν φιλίας ποτὲ ἐδάνεισεν ὁ
πατὴρ ὁ ἐμὸς τῷ Βοιωτίῳ ναυάρχῳ τὰς χιλίας δραχμάς, ὃν
51 οὐκ ἐγίγνωσκεν; ἀλλὰ γὰρ ὑποθέσθαι φησὶν αὐτὸν χαλκόν.
πόσον τινὰ καὶ ποδαπόν; καὶ πόθεν γενόμενον τὸν χαλκὸν
τοῦτον τῷ Βοιωτίῳ ναυάρχῳ; πότερα κατ' ἐμπορίαν ἀχθέντα 20
ἢ ἀπ' αἰχμαλώτων γενόμενον; εἶτα τίνες ἦσαν οἱ ἐνέγκαντες
τὸν χαλκὸν ὡς τὸν πατέρα τὸν ἐμόν; μισθωτοὶ ἢ οἰκέται;
52 ἢ τίς ὁ παραλαβὼν τῶν οἰκετῶν τῶν ἡμετέρων; χρῆν γὰρ
αὐτόν, εἰ μὲν οἰκέται ἤνεγκαν, τοὺς κομίσαντας παραδιδόναι,
εἰ δὲ μισθωτοί, τὸν ὑποδεξάμενον καὶ ἀποστησάμενον τὸν 25
χαλκὸν τῶν οἰκετῶν τῶν ἡμετέρων, τοῦτον ἐξαιτεῖν· οὐ γὰρ
δήπου ἄνευ γε σταθμοῦ ἔμελλεν οὔτε ὁ ὑποτιθέμενος

---

7 παραλαμβάνειν A   9 σὺ ἅπαντα A : σύμπαντα S F Q D   14
ἐπικουρίαν ἀπολογίας] ἀπολογίαν A   15 παραμείνωσιν A : περιμένωσιν
S F Q D   16 φιλίας ἂν A   18 οὐκ codd. : οὐδ' Blass
φησὶν αὐτὸν S : αὐτὸν φησιν cett.   19 πόσον Dobree : ὁπόσον
codd.   καὶ ante πόθεν om. A   20 πότερον A   21 ἐνέγκοντες A F
22 μισθωτοὶ S : πότερα μισθωτοὶ cett.   23 ἡμετέρων A : ἐμῶν S vulg.
25 ἀποδεξάμενον S Q   27 δήπου] δὴ A, γε omisso   ἤμελλεν
S F¹ : ἤμελλον F corr. Q : ἔμελλον A

⟨παραλήψεσθαι⟩ οὔθ᾽ ὁ ὑποτιθεὶς τὸν χαλκὸν παραδώσειν,
οὐδ᾽ αὖ ὁ πατὴρ ἔμελλεν αὐτὸς οὔτε οἴσειν τὸν χαλκὸν οὔτε [1200]
στήσεσθαι, ἀλλ᾽ οἰκέται ἦσαν αὐτῷ, οἳ τὰ ἐνέχυρα τῶν
δανεισμάτων παρελάμβανον. θαυμάζω δ᾽ ἔγωγε καὶ τίνος 53
5 ἕνεκ᾽ ἄν ποτε ὑπετίθει τὸν χαλκὸν τῷ πατρὶ τῷ ἐμῷ ὁ
Βοιώτιος ναύαρχος, Φιλίππῳ ὀφείλων χιλίας δραχμάς.
πότερον ὡς Φίλιππος οὐκ ἂν ἡδέως τόκον ἐλάμβανεν, εἴπερ
ἀσφαλῶς ἦν αὐτῷ τὸ ἀργύριον δεδανεισμένον καὶ ἐπ᾽
ἐνεχύρῳ; ἢ ὡς οὐκ ἦν τῷ Φιλίππῳ ἀργύριον; ὥστε τί
10 ἔδει τοῦ πατρὸς τοῦ ἐμοῦ δεηθῆναι δανεῖσαι τὰς χιλίας
δραχμὰς τὸν Βοιώτιον ναύαρχον καὶ ἀποδοῦναι Φιλίππῳ
μᾶλλον ἢ οὐ τὸν χαλκὸν ὑποθεῖναι τῷ Φιλίππῳ; ἀλλ᾽ οὔτε 54
ὁ χαλκὸς ὑπετέθη, ὦ ἄνδρες δικασταί, οὔτε ὁ Βοιώτιος
ναύαρχος ἐδανείσατο τὰς χιλίας δραχμὰς παρὰ τοῦ πατρὸς
15 τοῦ ἐμοῦ, ἀλλὰ Τιμόθεος οὑτοσὶ ἐν ἀπορίᾳ ὢν πολλῇ· τὴν
δὲ χρείαν, εἰς ἣν κατεχρήσατο τῷ ἀργυρίῳ, εἴρηκα ὑμῖν.
ἀντὶ δὲ τοῦ χάριν ἀποδοῦναι ὧν ἐπιστεύθη καὶ ἔλαβεν παρὰ
τοῦ πατρὸς τοῦ ἐμοῦ, οἴεται δεῖν καὶ τὰ ἀρχαῖα, ἂν δύνηται,
ἀποστερῆσαι.

20   Περὶ μὲν τοίνυν τῶν φιαλῶν καὶ τῆς μνᾶς τοῦ ἀργυρίου, 55
ἣν ἐδανείσατο παρὰ τοῦ πατρὸς πέμψας τὸν ἀκόλουθον
τὸν ἑαυτοῦ Αἰσχρίωνα τῆς νυκτὸς ὡς τὸν πατέρα τὸν ἐμόν,
ἠρόμην αὐτὸν πρὸς τῷ διαιτητῇ εἰ ἔτι δοῦλος εἴη ὁ
Αἰσχρίων, καὶ ἠξίουν αὐτὸν ἐν τῷ δέρματι τὸν ἔλεγχον
25 διδόναι. ἀποκριναμένου δέ μοι τούτου ὅτι ἐλεύθερος εἴη,
τῆς μὲν ἐξαιτήσεως ἐπέσχον, μαρτυρίαν δ᾽ αὐτὸν ἠξίουν
ἐμβαλέσθαι τοῦ Αἰσχρίωνος ὡς ἐλευθέρου ὄντος. ὁ δὲ   56
οὔτε ὡς ἐλευθέρου ὄντος τοῦ Αἰσχρίωνος μαρτυρίαν παρέ- [1201]

---

1 παραλήψεσθαι add. Reiske, ὑποδέξεσθαι malit Lortzing ; cf. Stahl
Gr. Verb. p. 649   3–4 τὰ . . . δανεισμάτων om. S   5 ἕνεκ᾽ ἄν ποτε
D : οὔνεκ᾽ ἄν ποτε SFQ : ἄν ποτε εἵνεκα A   7 ὡς] ὡς ὁ A   8 ἦν ἀσφα-
λῶς A   11 καὶ om. S   20 μὲν om. A   24 post Αἰσχρίων add.
αὐτοῦ S vulg. : om. A   ante δέρματι add. αὐτοῦ vel αὐτοῦ S vulg. :
om. A   26 ἐπέσχον A : ἐπέσχον αὐτὸν cett.   27 ὡς ἐλευθέρου
ὄντος om. F D   27–28 ὁ δὲ οὔτε om. F¹ D : ὅ γε οὔτε hab. D γρ.   28 ὡς
. . . Αἰσχρίωνος S Q D γρ. : om. A F D   παρέσχετο A : παρέχεται cett.

σχετο, οὔθ᾽ ὡς δοῦλον τὸν Αἰσχρίωνα παραδοὺς ἐκ τοῦ σώ-
ματος τὸν ἔλεγχον ἠξίου γενέσθαι, φοβούμενος, ἐὰν μὲν
μαρτυρίαν παράσχηται ὡς ἐλευθέρου ὄντος, μὴ ἐπισκηψά-
μενος ἐγὼ τῶν ψευδομαρτυρίων καὶ ἐξελέγξας τὰ ψευδῆ
μεμαρτυρηκότα τὸν Αἰσχρίωνα ἐπὶ τόνδε τῶν κακοτεχνιῶν 5
ἔλθοιμι κατὰ τὸν νόμον, εἰ δ᾽ αὖ βασανίζειν παραδώσει,
57 μὴ τὰς ἀληθείας κατείποι ὁ Αἰσχρίων. καίτοι καλὸν ἦν
αὐτῷ, εἰ τῶν ἄλλων λημμάτων τοῦ ἀργυρίου μάρτυρας μὴ
εἶχεν παρασχέσθαι, τοῦτό γε ἐξελέγξαι ἐκ τοῦ Αἰσχρίωνος,
ὡς οὐκ ἐλήφθησαν αἱ φιάλαι οὐδ᾽ ἡ μνᾶ τοῦ ἀργυρίου, οὐδὲ 10
ἐπέμφθη ὁ Αἰσχρίων ὑπὸ τούτου ὡς τὸν πατέρα τὸν ἐμόν,
καὶ τεκμηρίῳ τούτῳ καταχρήσασθαι πρὸς ὑμᾶς ὅτι ἐγὼ καὶ
τἆλλα ψεύδομαι περὶ ὧν ἐγκαλῶ αὐτῷ, ὅπου γε ὄν φημι
λαβεῖν οἰκέτην ὄντα τούτου τὰς φιάλας καὶ τὴν μνᾶν τοῦ
58 ἀργυρίου, οὗτος βασανιζόμενος οὐ φαίνεται λαβών. εἰ 15
τοίνυν τοῦτο ἰσχυρὸν ἦν ἂν τούτῳ πρὸς ὑμᾶς τεκμήριον ὅτι
ἐξεδίδου τὸν Αἰσχρίωνα, ὃν πεμφθῆναί φημι ὑπὸ τούτου
καὶ λαβεῖν τὰς φιάλας παρὰ τοῦ πατρὸς τοῦ ἐμοῦ καὶ τὴν
μνᾶν τοῦ ἀργυρίου δανείσασθαι, κἀμοὶ γενέσθω τεκμήριον
πρὸς ὑμᾶς ὅτι συνειδὼς με ἀληθῆ ἐγκαλοῦντα οὐ τολμᾷ τὸν 20
Αἰσχρίωνα παραδοῦναι.

59   Ἀπολογίαν τοίνυν ποιήσεται ὅτι ἐν τοῖς γράμμασιν τοῖς
τραπεζιτικοῖς ἐπὶ Ἀλκισθένους ἄρχοντος ἦν ἐγγεγραμμένος
τό τε ναῦλον τῶν ξύλων εἰληφὼς καὶ τὴν τιμὴν τῶν φιαλῶν,
ὃ ἀπέτεισεν Τιμοσθένει ὑπὲρ τούτου ὁ πατήρ, καὶ ὅτι αὐτὸς 25
[1202] ἐν τούτῳ τῷ χρόνῳ οὐκ ἐπεδήμει, ἀλλὰ παρὰ βασιλεῖ ἦν.
περὶ δὴ τούτου σαφῶς ὑμᾶς βούλομαι διδάξαι, ἵν᾽ ἀκριβῶς
εἰδῆτε ὃν τρόπον ἔχει τὰ γράμματα τὰ ἀπὸ τῆς τραπέζης.

3 παρέχηται A   4 ἐγὼ A : ἐγὼ αὐτῷ SFQD   5 τὸν om. A
6 παραδώσει SFQD : παραδοίη A   7 ὁ om. A   12 τεκμηρίῳ A :
τεκμήριον cett.   πρὸς om. S¹, add. in mg. ead. m.   12–13 ἐγὼ
καταψεύδομαι A   13 γε ὄν] ὄν γε A, Dobree   16 ἂν ἦν A
19 καί μοι SD   23 ἐγγεγραμμένος S vulg. : γεγραμμένος A ut passim
25 ὃ Blass coll. §§ 32, 63 : ὧν codd. : ἦν Seager   ἀπέτισε AD : ἀπαι-
τησεν S : ἀπήτησε FQ   27 δὴ] δὲ A   28 ἔχει A : ἔχῃ SQ :
εἶχε F   ἀπὸ] ἐπὶ A

οὗτος γὰρ ἐν μὲν τῷ θαργηλιῶνι μηνὶ ἐπ᾽ Ἀστείου ἄρχον- 60
τος, μέλλων ἀνάγεσθαι ὡς βασιλέα, συνέστησεν τὸν Φι-
λώνδαν τῷ πατρὶ τῷ ἐμῷ· τοῦ δὲ ὑστέρου ἐνιαυτοῦ, ἐπὶ
Ἀλκισθένους ἄρχοντος, ἀφικνεῖται ὁ Φιλώνδας ἄγων τὰ
5 ξύλα ἐκ τῆς Μακεδονίας, καὶ ἔλαβεν τὸ ναῦλον τῶν ξύλων
παρὰ τοῦ πατρὸς τοῦ ἐμοῦ, ἀποδημοῦντος τούτου παρὰ
βασιλεῖ. ἐγράψαντο οὖν, ὅτε ἐδίδοσαν τὸ ἀργύριον,
ὀφείλοντα τοῦτον, οὐχ ὅτε συνέστησε τὸν Φιλώνδαν τῷ
πατρὶ τῷ ἐμῷ ἐπιδημῶν. ὅτε μὲν γὰρ συνέστησεν, οὐδέπω 61
10 τὰ ξύλα ἧκεν, ἀλλ᾽ ἔμελλεν ἐπ᾽ αὐτὰ ὁ Φιλώνδας τὴν
πορείαν ποιεῖσθαι· ὅτε δὲ ἦλθεν τὰ ξύλα ἄγων, οὗτος μὲν
ἀπεδήμει, ὁ δὲ Φιλώνδας ἔλαβεν τὸ ναῦλον τῶν ξύλων
καθάπερ οὗτος ἐκέλευσε, καὶ ἀνεκομίσθη εἰς τὴν οἰκίαν τὴν
ἐν Πειραιεῖ τὴν τούτου τὰ ξύλα. ὅτι δὲ οὐκ εὐπορῶν
15 οὗτος ἐξέπλει ἐνθένδε, ἴστε μὲν καὶ αὐτοὶ ὅσοις αὐτοῦ ἡ
οὐσία ὡρισμένη ἦν, οὓς νῦν ἀποστερεῖ· ἵνα δὲ εἰδῆτε ὅτι
καὶ ἄνευ ἐνεχύρων ὤφειλέ τισι τῶν πολιτῶν, οὐκ ἔχων
ὑποθεῖναι τὰ ἄξια, ἀνάγνωθί μοι τὴν μαρτυρίαν.

ΜΑΡΤΥΡΙΑ.

20 Περὶ δὲ τῶν φιαλῶν, ἃς ᾐτήσατο μὲν ἐν τῷ μαιμακτη- 62
ριῶνι μηνὶ ὁ Αἰσχρίων ὁ ἀκόλουθος ⟨ὁ⟩ τούτου ἐπ᾽ Ἀστείου
ἄρχοντος, ἐπιδημοῦντος τούτου, ὅτε ὑπεδέξατο Ἀλκέτην καὶ
Ἰάσονα, γεγραμμένου δὲ τὴν τιμὴν ὀφείλοντος τούτου ἐπὶ
Ἀλκισθένους ἄρχοντος, τέως μὲν ᾤετο αὐτὸν ἀποίσειν τὰς [1203]
25 φιάλας, ἃς ᾐτήσατο, ὁ πατήρ· ἐπειδὴ δὲ οὗτος μὲν ἀπῆλθε,
τὰς δὲ φιάλας οὐκ ἀπενηνόχει, οὐδ᾽ ἦσαν αἱ φιάλαι τοῦ
Τιμοσθένους κείμεναι παρὰ τῷ Φορμίωνι, ἥκων δ᾽ ἀπῄτει

---

1 οὗτος μὲν codd., cf. xliii 81 : μὲν del. Schaefer   μὲν om. A   ἀργηη-
λιωνι S   5 τῆς om. A   τῶν ξ. τὸ ναῦλον A   7 ἀργύριον
S F Q : add. ἀπὸ τῆς τραπέζης A F γρ. Q γρ.   11 ἦλθεν] ἧκεν A
15 οὗτος om. A   16 ὡρισμένη A, cf. xxxi 5 : ἀφωρισμένη S vulg.
20 μὲν servat S solus   21 ὁ ante Αἰσχρίων om. A   ⟨ὁ⟩ add. Din-
dorf   22 ὑπεδέξατο A : ἀπεδέξατο S vulg.   25 ἀπῆλθε] ἀπεδήμει A
27 δ᾽ ἀπῄτει] αποτε S

τὰς φιάλας ὁ θέμενος, ἀπέτεισε τιμὴν τῶν φιαλῶν τῷ Τι-
μοσθένει, ἐγράψατο δὲ ὁ πατὴρ αὐτῷ τοῦτον ὀφείλοντα
63 πρὸς τὸ ἄλλο χρέως. ὥστ' ἐὰν ταύτῃ ἀπολογίᾳ καταχρῆται,
ὅτι οὐκ ἐπεδήμει ἐν τοῖς χρόνοις ἐν οἷς γέγραπται τὴν τιμὴν
τῶν φιαλῶν ὀφείλων, ὑποβάλλετε αὐτῷ ὅτι 'ἔλαβες μὲν 5
ἐπιδημῶν· ἐπειδὴ δὲ οὐκ ἀπέφερες, ἀπεδήμεις δέ, οὐκ
ἦσαν δὲ αἱ φιάλαι ἃς ὁ θέμενος ἀπῄτει, ἐγράφης τὴν τιμὴν
64 αὐτῶν ὀφείλων, ὃ ἀπετείσθη τῶν φιαλῶν.' ἀλλὰ νὴ Δία,
φήσει ἴσως, ἔδει τὸν πατέρα τὸν ἐμὸν ἀπαιτεῖν αὐτὸν τὰς
φιάλας. ἀλλ' ἑώρα σε ὡς ἠποροῦ. κᾆτα περὶ μὲν τοῦ 10
ἄλλου χρέως σοι ἐπίστευεν, καὶ ἡγεῖτο, ἐπειδὰν ἔλθῃς,
ἀπολήψεσθαι παρὰ σοῦ εὐπορήσαντος, περὶ δὲ τῶν φιαλῶν
σοι ἀπιστήσειν ἔμελλεν; καὶ ὑπέσχετο μὲν δεομένου σου
τὸ ναῦλον τῶν ξύλων παρασχήσειν, ὅτε ἀνήγου πρὸς βασι-
λέα· ἕνεκα δὲ τῶν φιαλῶν, δυοῖν οὐσῶν, ἀπιστήσειν σοι 15
ἔμελλε; καὶ τὸ μὲν ἄλλο χρέως σε οὐκ ἀπῄτει, ἀπορούμενον
ὁρῶν, τὰς δὲ φιάλας ἔμελλεν;

65 Βούλομαι τοίνυν ὑμῖν καὶ περὶ τῆς προκλήσεως τοῦ
ὅρκου εἰπεῖν, ἣν ἐγὼ τοῦτον προὐκαλεσάμην καὶ οὗτος ἐμέ.
ἐμβαλομένου γὰρ ἐμοῦ ὅρκον εἰς τὸν ἐχῖνον, ἠξίου οὗτος καὶ 20
αὐτὸς ὀμόσας ἀπηλλάχθαι. ἐγὼ δ' εἰ μὲν μὴ περιφανῶς
αὐτὸν ἤδη πολλοὺς καὶ μεγάλους ὅρκους ἐπιωρκηκότα καὶ
[1204] πόλεσι καὶ ἰδιώταις, ἔδωκα ἂν αὐτῷ τόνδε τὸν ὅρκον· νῦν
δέ μοι ἐδόκει, μαρτύρων μὲν ὄντων ἐμοὶ ὡς ἔλαβον τὸ
ἀργύριον ἀπὸ τῆς τραπέζης οἷς οὗτος ἐκέλευσεν δοῦναι, 25

1 ὁ θέμενος Blass coll. § 63 : τότε μὲν codd.   ἀπέτεισε] ἀπαιτησε S
τὴν τιμὴν A   3 ταύτῃ τῇ ἀπ. A   4 ἐν οἷς vulg. : ἐκείνοις S : ἐκείνοις
οἷς Schaefer   5 ὑποβάλλετε vulg. : ὑπολάβετε S   8 δ A : ὅτε cett.
ἀπετείσθη S : ἀπετίσθη vulg.   9 φήσει ἴσως] φησὶν A   10 κᾆτα
Schaefer : κατα S : καὶ vulg.   11 σοι χρέως A, cf. liii 12   13 ἀπι-
στήσειν σοι A   14 πρὸς S Q D : ὡς F : ὡς τὸν A   18 ὑμῖν om. S
19 ἐγὼ S Q D, cf. liii 23 : ἐγώ τε A   οὗτος A : αὐτὸς cett.   20 μου
S Q   ἀγχεινον S   20-21 οὗτος καὶ αὐτὸς S : καὶ αὐτὸς οὗτος F Q :
καὶ αὐτὸς A   21 μὴ] μηιδειν S, sed ιδειν punctis deleto   22 ηδη S :
ἤδειν vulg.   23 τόνδε τὸν S Q gr. : τὸν A F Q   24 ἐδόκει Blass :
δοκεῖ codd.   μὲν om. S Q D   ἐμοῦ S Q D

162

περιφανῶν δὲ τεκμηρίων, δεινὸν εἶναι τὸν ὅρκον δοῦναι
τούτῳ, ὃς οὐχ ὅπως εὐορκήσει πρόνοιαν ποιήσεται, ἀλλ᾽
οὐδὲ τῶν ἱερῶν αὐτῶν ἕνεκα τοῦ πλεονεκτήματος ἀπέσχηται.
τὰ μὲν οὖν καθ᾽ ἕκαστα πόλλ᾽ ἂν εἴη λέγειν, ὧν ἐπιώρκηκεν 66
5 οὗτος ῥᾳδίως· οὓς δὲ περιφανέστατα καὶ ὑμεῖς αὐτῷ πάντες
σύνιστε ὅρκους ἐπιωρκηκότι, τούτους ἀναμνήσω ὑμᾶς. ἴστε
γὰρ τοῦτον ἐν τῷ δήμῳ ὀμόσαντα καὶ ἐπαρασάμενον αὐτῷ
ἐξώλειαν, εἰ μὴ γράψοιτο Ἰφικράτην ξενίας, καὶ καθιερώ-
σαντα τὴν οὐσίαν τὴν ἑαυτοῦ. ὀμόσας δὲ ταῦτα καὶ
10 ὑποσχόμενος ἐν τῷ δήμῳ, οὐ πολλῷ χρόνῳ ὕστερον ἕνεκα
τοῦ συμφέροντος αὐτῷ ἔδωκεν τῷ υἱεῖ τῷ ἐκείνου τὴν
θυγατέρα. ὃς οὖν οὔτε ὑμᾶς ᾐσχύνθη ἐξαπατῆσαι ὑπο- 67
σχόμενος, νόμων ὄντων, ἐάν τις τὸν δῆμον ὑποσχόμενος
ἐξαπατήσῃ, εἰσαγγελίαν εἶναι περὶ αὐτοῦ, οὔτε τοὺς θεοὺς
15 ὀμόσας καὶ ἐπαρασάμενος ἑαυτῷ ἔδεισεν, οὓς ἐπιώρκησεν,
πῶς οὐκ εἰκὸς ἐμὲ τούτῳ μὴ ἐθέλειν ὅρκον δοῦναι; οὔπω
τοίνυν πολὺς χρόνος ἐστὶν ἐξ ὅτου ἐν τῷ δήμῳ πάλιν διωμό-
σατο μὴ εἶναι αὐτῷ ἐφόδια τῷ γήρᾳ ἱκανά, τοσαύτην οὐσίαν
κεκτημένος· οὕτως ἄπληστος καὶ αἰσχροκερδὴς ὁ τρόπος αὐτοῦ
20 ἐστιν. ἡδέως δ᾽ ἂν ἔγωγε πυθοίμην ὑμῶν εἰ ὀργίζεσθε τοῖς 68
ἀνεσκευασμένοις τῶν τραπεζιτῶν. εἰ γὰρ ἐκείνοις ὀργίζεσθε
δικαίως ὅτι ἀδικοῦσιν ὑμᾶς, πῶς οὐκ εἰκός ἐστιν βοηθεῖν [1205]
τοῖς μηδὲν ἀδικοῦσιν; καὶ μὴν διὰ τούτους τοὺς ἄνδρας αἱ
τράπεζαι ἀνασκευάζονται, ὅταν ἀπορούμενοι μὲν δανείζωνται
25 καὶ οἴωνται διὰ τὴν δόξαν πιστεύεσθαι δεῖν, εὐπορήσαντες
δὲ μὴ ἀποδιδῶσιν, ἀλλ᾽ ἀποστερῶσιν.

Ὅσων μὲν τοίνυν, ὦ ἄνδρες δικασταί, ἐδυνάμην ὑμῖν 69
μάρτυρας παρασχέσθαι, μεμαρτυρήκασί μοι· ἔτι δὲ καὶ ἐκ

---

1 περιφανῶν δὲ S F Q : καὶ π. A Q γρ.   τὸν ὅρκον S vulg. : ὅρκον A :
τὸ ὅρκον Reiske   2 πεποίηται Dobree   8 γράψοιτο Cobet :
γράψαιτο codd.   11 αὐτῷ om. A   υἱῷ S D   15 ἐπιώρκηκε
Naber   16 εἰκὸς A : εἰκός ἐστι S vulg.   17 ἐστὶν del. Schwidop,
sed cf. xxxiii 4   ἐξ οὗ A sicut iv 3   18 αὐτῷ om. A   21 ἐκεί-
νοις ὀργίζεσθε A, cf. 167 : ὀργίζοισθε S F Q D   22 διότι A   ὑμᾶς post
ἀδικοῦσιν om. A (me teste)   βοηθεῖν S : ὑμᾶς βοηθεῖν vulg., etiam A
24 ὅταν] οἳ ἂν Blass

τεκμηρίων δεδήλωκα ὑμῖν ὡς ὀφείλει Τιμόθεος τὸ ἀργύριον τῷ πατρὶ τῷ ἐμῷ.   δέομαι οὖν ὑμῶν συνεισπρᾶξαί μοι τοὺς ὀφείλοντας, ἅ μοι ὁ πατὴρ κατέλιπεν.

In S subscriptum

ΠΡΟΣ ΤΙΜΟΘΕΟΝ

L

ΠΡΟΣ ΠΟΛΥΚΛΕΑ ΠΕΡΙ ΤΟΥ ΕΠΙΤΡΙΗΡΑΡΧΗΜΑΤΟΣ

ΥΠΟΘΕΣΙΣ.

Ἀπολλόδωρος ὁ Πασίωνος τριηραρχήσας φιλοτίμως τὸν ὡρισμένον χρόνον, ἐπετριηράρχησεν ἕτερον οὐκ ὀλίγον, τοῦ διαδόχου αὐτοῦ Πολυκλέους μὴ ἐλθόντος παραχρῆμ᾽ ἐπὶ τὴν ναῦν, τοῦτο δέ, ὅτ᾽ ἦλθεν, οὐ παραλαβόντος εὐθέως, ἀλλὰ σκηψαμένου περι-
5 μένειν τὸν συντριήραρχον. τοσούτου δὲ χρόνου τοῦ ἐπιτριηραρχήματος ἀξιοῖ κομίσασθαι τὸ ἀνάλωμα παρὰ Πολυκλέους Ἀπολλόδωρος.

Τοῖς τοιούτοις τῶν ἀγώνων, ὦ ἄνδρες δικασταί, καὶ τοὺς [1206]
διαγνωσομένους προσήκει μάλιστα προσέχειν τὸν νοῦν. οὐ
10 γὰρ ἐμὸς καὶ Πολυκλέους ἴδιός ἐστιν ὁ ἀγὼν μόνον, ἀλλὰ
καὶ τῆς πόλεως κοινός. ὧν γὰρ τὰ μὲν ἐγκλήματα ἴδιά
ἐστιν, αἱ δὲ βλάβαι κοιναί, πῶς οὐχ ὑπὲρ τούτων εἰκός
ἐστιν ἀκούσαντας ὑμᾶς ὀρθῶς διαγνῶναι; εἰ μὲν γὰρ περὶ
ἄλλου τινὸς συμβολαίου ἐγὼ διαφερόμενος πρὸς Πολυκλέα
15 εἰσῄειν εἰς ὑμᾶς, ἐμὸς ἂν ἦν καὶ Πολυκλέους ὁ ἀγών· νῦν
δὲ περί τε διαδοχῆς νεὼς ἐστιν ὁ λόγος καὶ ἐπιτριηραρχή-
ματος πέντε μηνῶν καὶ ἓξ ἡμερῶν ἀνηλωμένου, καὶ περὶ τῶν
νόμων, πότερα κύριοί εἰσιν ἢ οὔ. ἀναγκαῖον δή μοι δοκεῖ 2
εἶναι ἅπαντα ἐξ ἀρχῆς διηγήσασθαι πρὸς ὑμᾶς. καὶ πρὸς
20 θεῶν, ἄνδρες δικασταί, δέομαι ὑμῶν, μή με ἡγήσησθε

TITULUS: ἐπιτριηραρχήματος vulg., Harpocr. s. v. ἐπόγδοον : τριηραρχήματος S A Harpocr. s. v., Pollux i 123

2 τοῦ Ald. : om. codd.   3 αὐτοῦ] τοῦ Ald. : del. Blass   τοῦτο Baiter : τούτου codd.   4 περιμένειν Reiske : παραμ. codd.   5–6 τοῦ ἐπι-τριηραρχήματος Blass : ἐπιτριηραρχοῦντος codd. : τοῦ ἐπιτριηραρχήματος ὄντος Foerster   8 καὶ del. Cobet, sed cf. Antiph. vi 3   10 μόνων Bake   15 ἐμός] ἐμός γε A unde ἐμός τε Reiske   16 τε om. F Q D   19 ἐξ ἀρχῆς ἅπαντα A sicut xlvii 3, xlix 4   20 ἄνδρες S : ὦ ἄνδρες vulg.

ἀδολεσχεῖν, ἐὰν διὰ μακροτέρων διηγῶμαι τά τε ἀναλώματα
καὶ τὰς πράξεις, ὡς ἐν καιρῷ τε ἕκασται καὶ χρήσιμοι τῇ
πόλει ἐδιακονήθησαν. εἰ μὲν γάρ τις ἔχει με ἐπιδεῖξαι ὡς
ψεύδομαι, ἀναστὰς ἐν τῷ ἐμῷ ὕδατι ἐξελεγξάτω, ὅ τι ἂν
μὴ φῇ με ἀληθῆ λέγειν πρὸς ὑμᾶς· εἰ δ' ἐστὶν ἀληθῆ καὶ 5
3 μηδεὶς ἂν μοι ἀντείποι ἄλλος ἢ οὗτος, δέομαι ὑμῶν ἁπάντων
δικαίαν δέησιν· ὅσοι μὲν τῶν στρατιωτῶν ἐστε καὶ παρῆτε
ἐκεῖ, αὐτοί τε ἀναμνήσθητε καὶ τοῖς παρακαθημένοις φράζετε
τήν τ' ἐμὴν προθυμίαν καὶ τὰ συμβάντα ἐν τῷ τότε καιρῷ
τῇ πόλει πράγματα καὶ τὰς ἀπορίας, ἵνα ἐκ τούτων εἰδῆτε 10
ὁποῖός τίς εἰμι περὶ ἃ ἂν προστάξητε ὑμεῖς· ὅσοι δὲ αὐτοῦ
ἐπεδημεῖτε, σιγῇ μου ἀκοῦσαι διηγουμένου ἅπαντα πρὸς
ὑμᾶς, καὶ ἐπὶ τούτων ἑκάστῳ, οἷς ἂν λέγω, τούς τε νόμους
παρεχομένου καὶ τὰ ψηφίσματα, τά τε τῆς βουλῆς καὶ
τὰ τοῦ δήμου, καὶ τὰς μαρτυρίας. 15

4 Ἑβδόμῃ γὰρ φθίνοντος μεταγειτνιῶνος μηνὸς ἐπὶ Μόλω-
νος ἄρχοντος, ἐκκλησίας γενομένης καὶ εἰσαγγελθέντων
ὑμῖν πολλῶν καὶ μεγάλων πραγμάτων, ἐψηφίσασθε τὰς
ναῦς καθέλκειν τοὺς τριηράρχους· ὧν καὶ ἐγὼ ἦν. καὶ τὸν
μὲν καιρὸν τὸν συμβεβηκότα τῇ πόλει τότε οὐκ ἐμὲ δεῖ 20
διεξελθεῖν, ἀλλ' ὑμᾶς αὐτοὺς ἀναμνησθῆναι, ὅτι Τῆνος μὲν
5 καταληφθεῖσα ὑπ' Ἀλεξάνδρου ἐξηνδραποδίσθη, Μιλτοκύθης
δὲ ἀφειστήκει ἀπὸ Κότυος καὶ πρέσβεις ἐπεπόμφει περὶ
συμμαχίας, βοηθεῖν κελεύων καὶ τὴν Χερρόνησον ἀποδιδούς,
Προκοννήσιοι δὲ σύμμαχοι ὄντες ἱκέτευον ὑμᾶς ἐν τῷ δήμῳ 25
βοηθῆσαι αὐτοῖς, λέγοντες ὅτι ὑπὸ Κυζικηνῶν κατέχονται
τῷ πολέμῳ καὶ κατὰ γῆν καὶ κατὰ θάλατταν, καὶ μὴ περι·

1 μικροτέρων S¹   2 ἕκασται A : ἕκαστα cett.   χρήσιμοι S·.
χρήσιμαι A : χρήσιμα vulg.   3 ἐδιακονήθησαν] δ' εδιακονήθησαν S :
διεκονήθησαν A   5 ἀληθῆ λέγειν S, cf. vii 43, Isae. xi 17 : ἀληθὲς
λέγειν cett.   6 οὗτος ἢ ἄλλος S   7 ἐστε codd. : ἦστε Cobet. immo
ἦτε   8 παρακαθημένοις vulg. : παρακαθεζομένοις S   12 μου] τέ μου
A   15 τὰ τοῦ S : τοῦ cett.   τὰς μαρτυρίας S : τοὺς μάρτυρας cett.
16 μεταγιτνιωντος A   Μωλονος S¹   18 πολλῶν καὶ μεγάλων] καὶ
πολλῶν καὶ δεινῶν A   21 ὑμᾶς αὐτοὺς S : αὐτοὺς ὑμᾶς cett.   26 post
βοηθῆσαι add. αὐτοῖς vel αὑτοῖς S vulg. : om. A

ἰδεῖν ἀπολομένους· ὧν ἀκούοντες τότε ὑμεῖς ἐν τῷ δήμῳ 6
αὐτῶν τε λεγόντων καὶ τῶν συναγορευόντων αὐτοῖς, ἔτι δὲ
τῶν ἐμπόρων καὶ τῶν ναυκλήρων περὶ ἔκπλουν ὄντων ἐκ
τοῦ Πόντου, καὶ Βυζαντίων καὶ Καλχηδονίων καὶ Κυζικη-
5 νῶν καταγόντων τὰ πλοῖα ἕνεκα τῆς ἰδίας χρείας τοῦ σίτου,
καὶ ὁρῶντες ἐν τῷ Πειραιεῖ τὸν σῖτον ἐπιτιμώμενον καὶ οὐκ [1208]
ὄντα ἄφθονον ὠνεῖσθαι, ἐψηφίσασθε τάς τε ναῦς καθέλκειν
τοὺς τριηράρχους καὶ παρακομίζειν ἐπὶ τὸ χῶμα, καὶ τοὺς
βουλευτὰς καὶ τοὺς δημάρχους καταλόγους ποιεῖσθαι τῶν
10 δημοτῶν καὶ ἀποφέρειν ναύτας, καὶ διὰ τάχους τὸν ἀπό-
στολον ποιεῖσθαι καὶ βοηθεῖν ἑκασταχοῖ.   καὶ ἐνίκησε τὸ
Ἀριστοφῶντος ψήφισμα τουτί.

ΨΗΦΙΣΜΑ.

Τοῦ μὲν ψηφίσματος τοίνυν ἀκηκόατε, ὦ ἄνδρες δικα- 7
15 σταί.   ἐγὼ δ᾽ ἐπειδή μοι οὐκ ἦλθον οἱ ναῦται οἱ καταλε-
γέντες ὑπὸ τῶν δημοτῶν, ἀλλ᾽ ἢ ὀλίγοι καὶ οὗτοι ἀδύνατοι,
τούτους μὲν ἀφῆκα, ὑποθεὶς δὲ τὴν οὐσίαν τὴν ἐμαυτοῦ καὶ
δανεισάμενος ἀργύριον πρῶτος ἐπληρωσάμην τὴν ναῦν,
μισθωσάμενος ναύτας ὡς οἷόν τ᾽ ἦν ἀρίστους, δωρεὰς καὶ
20 προδόσεις δοὺς ἑκάστῳ αὐτῶν μεγάλας.   ἔτι δὲ σκεύεσιν
ἰδίοις τὴν ναῦν ἅπασι κατεσκεύασα, καὶ τῶν δημοσίων
ἔλαβον οὐδέν, καὶ κόσμῳ ὡς οἷόν τ᾽ ἦν κάλλιστα καὶ δια-
πρεπέστατα τῶν τριηράρχων.   ὑπηρεσίαν τοίνυν ἣν ἐδυνά-
μην κρατίστην ἐμισθωσάμην.   οὐ μόνον τοίνυν, ὦ ἄνδρες 8
25 δικασταί, τὰ κατὰ τὴν τριηραρχίαν ἀνήλισκον τότε οὕτω
πολυτελῆ ὄντα, ἀλλὰ καὶ τῶν χρημάτων ὧν εἰς τὸν ἔκπλουν
ἐψηφίσασθε εἰσενεχθῆναι μέρος οὐκ ἐλάχιστον ἐγὼ ὑμῖν
προεισήνεγκα.   δόξαν γὰρ ὑμῖν ὑπὲρ τῶν δημοτῶν τοὺς
βουλευτὰς ἀπενεγκεῖν τοὺς προεισοίσοντας τῶν τε δημοτῶν

1–2 ὧν . . . αὐτοῖς huc transp. Sauppe : post ὠνεῖσθαι (7) codd.
1 τότε ὑμεῖς S : ὑμεις τότε cett.   4 Καλχηδονίων S corr. a pr. m.,
F Q D : καλκηδ. S¹ : Χαλκηδ. A   8 περιορμίζειν περὶ τὸ Cobet
14 τοίνυν om. A   21 ἅπασι A : ἅπασαν cett.   22 καὶ κόσμῳ S vulg. :
καὶ κόσμον A : κατακοσμῶν Naber   24 οὐ μ. τοίνυν] καὶ οὐ μόνον A
27 ἐγὼ om. A   28–29 ⟨τοὺς δημάρχους καὶ⟩ τοὺς βουλευτὰς Meier coll. § 6

καὶ τῶν ἐγκεκτημένων, προσαπηνέχθη μου τοὔνομα ἐν τριτ-
9 τοῖς δήμοις διὰ τὸ φανερὰν εἶναί μου τὴν οὐσίαν.   καὶ
[1209] τούτων ἐγώ, οὐδεμίαν πρόφασιν ποιησάμενος, ὅτι τριηραρχῶ
καὶ οὐκ ἂν δυναίμην δύο λητουργίας λητουργεῖν οὐδὲ οἱ
νόμοι ἐῶσιν, ἔθηκα τὰς προεισφορὰς πρῶτος.   καὶ οὐκ 5
εἰσεπραξάμην διὰ τὸ τότε μὲν ἀποδημεῖν ὑπὲρ ὑμῶν τριη-
ραρχῶν, ὕστερον δὲ καταπλεύσας καταλαβεῖν τὰ μὲν
εὔπορα ὑφ' ἑτέρων προεξειλεγμένα, τὰ δ' ἄπορα ὑπόλοιπα.
10 καὶ ταῦτα ὅτι ἀληθῆ λέγω πρὸς ὑμᾶς, τούτων ὑμῖν ἀναγνώ-
σεται τὰς μαρτυρίας τῶν τε τὰ στρατιωτικὰ τότε εἰσπρατ- 10
τόντων καὶ τῶν ἀποστολέων, καὶ τοὺς μισθοὺς οὓς ταῖς
ὑπηρεσίαις καὶ τοῖς ἐπιβάταις κατὰ μῆνα ἐδίδουν, παρὰ
τῶν στρατηγῶν σιτηρέσιον μόνον λαμβάνων, πλὴν δυοῖν
μηνοῖν μόνον μισθὸν ἐν πέντε μησὶν καὶ ἐνιαυτῷ, καὶ τοὺς
ναύτας τοὺς μισθωθέντας, [καὶ] ὅσον ἕκαστος ἔλαβεν ἀργύ- 15
ριον, ἵν' ἐκ τούτων εἰδῆτε τὴν ἐμὴν προθυμίαν, καὶ οὗτος
δι' ὅ τι παραλαβεῖν παρ' ἐμοῦ τὴν ναῦν οὐκ ἤθελεν, ἐπειδή
μοι ὁ χρόνος ἐξῆλθεν τῆς τριηραρχίας.

ΜΑΡΤΥΡΙΑΙ.

11 Ὅτι μὲν τοίνυν οὐ ψεύδομαι πρὸς ὑμᾶς περὶ ὧν εἶπον, 20
ὦ ἄνδρες δικασταί, τῶν μαρτυριῶν ἀναγιγνωσκομένων ἀκη-
κόατε.   ἔτι δὲ περὶ ὧν μέλλω λέγειν, ἅπαντές μοι ὁμο-
λογήσετε ὅτι ἀληθῆ ἐστιν.   τριήρους γὰρ ὁμολογεῖται
κατάλυσις εἶναι, πρῶτον μέν, ἐὰν μὴ μισθόν τις διδῷ,
δεύτερον δέ, ἐὰν εἰς τὸν Πειραιᾶ μεταξὺ καταπλεύσῃ· 25
ἀπόλειψίς τε γὰρ πλείστη γίγνεται, οἵ τε παραμένοντες
τῶν ναυτῶν οὐκ ἐθέλουσιν πάλιν ἐμβαίνειν, ἐὰν μή τις
αὐτοῖς ἕτερον ἀργύριον διδῷ ὥστε τὰ οἰκεῖα διοικήσασθαι.
[1210] ἃ ἐμοὶ ἀμφότερα συνέβη, ὦ ἄνδρες δικασταί, ὥστε πολυτε-
12 λεστέραν μοι γενέσθαι τὴν τριηραρχίαν.   καὶ γὰρ μισθὸν 30

---

1 προαπηνέχθη Naber   2 μου SA : μοι FQD   3 ὅτι Dobree :
οὔτε ὅτι codd. : οὐδ' ὅτι Blass   4 (ἅμα) δύο Herwerden   6 τριήραρχος A
8 ἐξειλεγμένα A   15 καὶ del. Bockmeijer, cf. § 65   16 τὴν τ' ἐμὴν
Blass   17 ἠθέλησεν S   23 ὁμολογεῖτε S   24 πρῶτον A : πρώτη
cett.   25 δεύτερον SA : δευτέρα FQD   29 πολυτελεστάτην Naber

οὐδένα λαβὼν παρὰ τοῦ στρατηγοῦ ὀκτὼ μηνῶν, κατέπλευσα
τοὺς πρέσβεις ἄγων διὰ τὸ ἄριστά μοι πλεῖν τὴν ναῦν, καὶ
ἐνθένδε πάλιν, προσταχθέν μοι ὑπὸ τοῦ δήμου Μένωνα τὸν
στρατηγὸν ἄγειν εἰς Ἑλλήσποντον ἀντὶ Αὐτοκλέους ἀπο-
5 χειροτονηθέντος, ᾠχόμην ἀναγόμενος διὰ τάχους. καὶ ἀντὶ
τῶν ἀπολιπόντων μὲν ναυτῶν ἑτέρους ἐμισθωσάμην ναύτας,
δωρεὰς καὶ προδόσεις αὐτοῖς διδοὺς μεγάλας, τοῖς δὲ παρα-
μείνασι τῶν ἀρχαίων ναυτῶν ἔδωκά τι εἰς διοίκησιν τῶν
οἰκείων καταλιπεῖν πρὸς ᾧ πρότερον εἶχον, οὐκ ἀγνοῶν τὴν
10 παροῦσαν χρείαν, ὡς ἀναγκαία ἦν ἑκάστῳ, ἀπορῶν δὲ αὐτὸς 13
ὡς μὰ τὸν Δία καὶ τὸν Ἀπόλλω οὐδεὶς ἄν μοι πιστεύσειεν,
ὅστις μὴ ἀληθῶς παρηκολούθηκε τοῖς ἐμοῖς πράγμασιν.
ὑποθεὶς δὲ τὸ χωρίον Θρασυλόχῳ καὶ Ἀρχένεῳ, καὶ δανει-
σάμενος τριάκοντα μνᾶς παρ' αὐτῶν καὶ διαδοὺς τοῖς ναύταις,
15 ᾠχόμην ἀναγόμενος, ἵνα μηδὲν ἐλλείποι τῷ δήμῳ ὧν προσ-
έταξε τὸ κατ' ἐμέ. καὶ ὁ δῆμος ἀκούσας ταῦτα ἐπῄνεσέν
τέ με, καὶ ἐπὶ δεῖπνον εἰς τὸ πρυτανεῖον ἐκάλεσεν. καὶ
ὡς ταῦτ' ἀληθῆ λέγω, τούτων ὑμῖν ἀναγνώσεται τὴν μαρ-
τυρίαν καὶ τὸ ψήφισμα τὸ τοῦ δήμου.

20   ΜΑΡΤΥΡΙΑ. ΨΗΦΙΣΜΑ.

Ἐπειδὴ τοίνυν εἰς Ἑλλήσποντον ἤλθομεν, καὶ ὅ τε 14
χρόνος ἐξεληλύθει μοι τῆς τριηραρχίας, καὶ μισθὸς οὐκ
ἀπεδόθη τοῖς στρατιώταις ἀλλ' ἢ δυοῖν μηνοῖν, ἕτερός τε
στρατηγὸς ἧκεν Τιμόμαχος, καὶ οὗτος διαδόχους οὐκ ἄγων
25 ἐπὶ τὰς ναῦς, ἀθυμήσαντές μοι πολλοὶ τοῦ πληρώματος [1211]
ᾤχοντο ἀπολιπόντες τὴν ναῦν, οἱ μὲν εἰς τὴν ἤπειρον
στρατευσόμενοι, οἱ δὲ εἰς τὰς Θασίων καὶ Μαρωνιτῶν

1 λαβὼν . . . κατέπλευσα codd.: ἔλαβον . . . καὶ κατέπλευσα Blass
5 ἀντὶ S F Q D : ἀντὶ μὲν A   6 ἀπολειπόντων S   μὲν ναυτῶν
F corr. D : με ναυτῶν A: με αυτῶν S : μὲν αὐτῶν F¹ Q   ναύτας del.
Cobet   7 διδοὺς codd. : δοὺς Blass coll. § 7   9 ᾧ] τω S
11 ante πιστεύσειεν add. μοι S Q γρ. : ὑμῶν A F Q : del. Blass
12 ἀληθῶς] ἀκριβῶς Herwerden   13 δὲ om. A   15 ἐλλίποι Q
15-16 προσέταξε τὸ A, cf. xx 43 : προσετάξατε S F Q D   19 τὸ
ante τοῦ om. A D   21 τε om. F Q D   24 Τιμόμαχος ἧκε F Q D
25 μοι] οἱ A   26 ἀπολείποντες S

ναῦς, μισθῷ μεγάλῳ πεισθέντες καὶ ἀργύριον πολὺ προλα-
15 βόντες καὶ ὑπὸ πολλῶν αὖ τῷ λόγῳ ἐξηπατημένοι, καὶ τὰ
μὲν παρ' ἐμοῦ ἐξανηλωμένα ἤδη ὁρῶντες, τὰ δὲ τῆς πόλεως
ἀμελῆ, τὰ δὲ τῶν συμμάχων ἄπορα, τὰ δὲ τῶν στρατηγῶν
ἄπιστα, καὶ τὸν χρόνον ἐξήκοντα τῆς τριηραρχίας καὶ τὸν 5
πλοῦν οὐκέτ' ὄντα οἴκαδε, οὐδὲ διάδοχον ἥκοντα ἐπὶ τὴν
ναῦν, παρ' οὗ ἄν τις ἠξίωσεν ὠφεληθῆναι. ὅσῳ γὰρ φιλο-
τιμούμενος ἄμεινον ἐπληρωσάμην τὴν ναῦν ἐρετῶν ἀγαθῶν,
τοσούτῳ μοι πλείστη ἀπόλειψις ἐγένετο τῶν ἄλλων τριη-
16 ράρχων. τοῖς μὲν γὰρ ἄλλοις, εἰ μή τι ἄλλο, οἵ γε ἐκ 10
καταλόγου ἐλθόντες ἐπὶ τὴν ναῦν παρέμενον τηροῦντες τὴν
οἴκαδε σωτηρίαν, ὁπότε αὐτοὺς ἀφήσει ὁ στρατηγός· οἱ δ'
ἐμοὶ ναῦται πιστεύοντες αὐτοῖς ἐπὶ τῷ δύνασθαι ἐλαύνειν,
ὅπου ἔμελλον ἀργύριον πάλιν πλεῖστον λήψεσθαι, ἐνταῦθ'
ἀπῇσαν, ἡγούμενοι τὴν ἐν τῷ παρόντι εὐπορίαν κρείττω 15
εἶναι αὑτοῖς τοῦ μέλλοντος φόβου, εἴ ποτε ληφθείησαν ὑπ'
17 ἐμοῦ. τοιούτων τοίνυν μοι τῶν πραγμάτων συμβεβηκότων,
καὶ τοῦ στρατηγοῦ ἅμα Τιμομάχου προστάξαντος πλεῖν
ἐφ' Ἱερὸν ἐπὶ τὴν παραπομπὴν τοῦ σίτου καὶ μισθὸν οὐ
διδόντος, εἰσαγγελθέντων δὲ ὅτι Βυζάντιοι καὶ Καλχηδόνιοι 20
πάλιν κατάγουσι τὰ πλοῖα καὶ ἀναγκάζουσι τὸν σῖτον
ἐξαιρεῖσθαι, δανεισάμενος ἐγὼ ἀργύριον παρ' Ἀρχεδήμου
[1212] μὲν τοῦ Ἀναφλυστίου πεντεκαίδεκα μνᾶς ἐπίτοκον, ὀκτα-
κοσίας δὲ δραχμὰς παρὰ Νικίππου τοῦ ναυκλήρου ναυτικὸν
ἀνειλόμην, ὃς ἔτυχεν ὢν ἐν Σηστῷ, ἐπόγδοον, σωθέντος δὲ 25
18 τοῦ πλοίου Ἀθήναζε ἀποδοῦναι αὐτὸ καὶ τοὺς τόκους, καὶ
πέμψας Εὐκτήμονα τὸν πεντηκόνταρχον εἰς Λάμψακον,

2 καὶ ὑπὸ ... ἐξηπατημένοι huc cum Dobraeo transtuli: post ἄπιστα(5)
codd. αὖ τῷ] αὐτῶν A   6 οὐκέτ' S Q γρ.: οὐκ vulg.   8 ἀρετῶν S
14 πάλιν πλεῖστον S: πλεῖστον πάλιν vulg.: παμπλεῖστον Cobet
15 κρείττω S A: κρείττον' D: κρείττων F Q   16 ληφθείησαν S
19 ἀφιερον S hic et § 18   20 δὲ secl. Blass   Χαλκηδόνιοι codd.
22 παρ' Ἀρχεδήμου S F γρ. Q γρ.: παρὰ Χαιρεδήμου vulg.   23 ἐπίτοκον
Schaefer: ἐπὶ τόκον codd.: ἐπιτόκους Billeter: ἐγγείων τόκων Reiske:
ἐπιδεκάτων τόκων Sauppe   ἐπτακοσίας F D   25 ἀνειλόμην del.
Dobree   ὃς ... Σηστῷ post Ἀναφλυστίου transp. Boeckh

δοὺς αὐτῷ ἀργύριον καὶ γράμματα πρὸς τοὺς ξένους τοῦ
πατρὸς τοῦ ἐμοῦ, ἐκέλευσά μοι αὐτὸν ναύτας μισθώσασθαι
ὡς ἂν δύνηται ἀρίστους· αὐτὸς δ' ὑπομείνας ἐν Σηστῷ τοῖς
τε παραμείνασι τῶν ἀρχαίων ναυτῶν ἔδωκά τι, ὅσον εἶχον,
5 ἐπειδή μοι ὁ χρόνος ἐξῆκεν τῆς τριηραρχίας, καὶ ἑτέρους
ναύτας ἐντελομίσθους προσέλαβον, ἐν ὅσῳ ὁ στρατηγὸς τὸν
ἀνάπλουν τὸν ἐφ' Ἱερὸν παρεσκευάζετο. ἐπειδὴ δ' ὅ τε 19
Εὐκτήμων ἧκεν ἐκ τῆς Λαμψάκου ἄγων τοὺς ναύτας οὓς
ἐμισθώσατο, καὶ ὁ στρατηγὸς παρήγγειλεν ἀνάγεσθαι, τῷ
10 μὲν Εὐκτήμονι ἀσθενῆσαι ἐξαίφνης συνέβη, καὶ πάνυ
πονήρως διετέθη· τούτῳ μὲν οὖν ἀποδοὺς τὸν μισθὸν καὶ
ἐφόδια προσθεὶς ἀπέπεμψα οἴκαδε· αὐτὸς δὲ πεντηκόνταρχον
ἕτερον λαβὼν ἀνηγόμην ἐπὶ τὴν παραπομπὴν τοῦ σίτου,
καὶ ἐκεῖ περιέμεινα πέντε καὶ τετταράκοντα ἡμέρας, ἕως ὁ
15 ἔκπλους τῶν πλοίων τῶν μετ' ἀρκτοῦρον ἐκ τοῦ Πόντου
ἐγένετο. ἀφικόμενος δὲ εἰς Σηστὸν ἐγὼ μὲν ᾤμην οἴκαδε 20
καταπλεύσεσθαι, τοῦ τε χρόνου μοι ἐξήκοντος καὶ ἐπιτε-
τριηραρχημένων ἤδη μοι δυοῖν μηνοῖν καὶ διαδόχου οὐχ
ἥκοντος ἐπὶ τὴν ναῦν· ὁ δὲ στρατηγὸς Τιμόμαχος, ἀφικο-
20 μένων ὡς αὐτὸν πρέσβεων Μαρωνιτῶν καὶ δεομένων αὐτοῖς [1213]
τὰ πλοῖα παραπέμψαι τὰ σιτηγά, προσέταξεν ἡμῖν τοῖς
τριηράρχοις ἀναδησαμένοις τὰ πλοῖα ἕλκειν εἰς Μαρώνειαν,
πλοῦν καὶ πολὺν καὶ πελάγιον. καὶ ταῦθ' ὑμῖν διὰ τοῦτο 21
ἅπαντα διηγησάμην ἐξ ἀρχῆς, ἵνα εἰδῆτε ὅσα ἀνηλωκὼς
25 αὐτὸς καὶ ἡλίκης μοι γεγενημένης τῆς λῃτουργίας ὕστερον
ὅσα ἀναλώματα ὑπὲρ τούτου ἀνήλωσα ἐπιτριηραρχῶν, οὐχ
ἥκοντος τούτου ἐπὶ τὴν ναῦν, καὶ κινδύνους ὅσους ἐκινδύ-
νευσα αὐτὸς πρός τε χειμῶνα καὶ πρὸς πολεμίους. μετὰ
γὰρ τὴν παραπομπὴν τῶν πλοίων τὴν εἰς Μαρώνειαν καὶ

2 αὐτὸν] αὐτόθεν vel αὐτοῦ Herwerden, at cf. § 29   4 τε servat
S solus   τι ὅσον S A: ὁπόσον F Q D   5 μοι] δέ μοι A   7 ἀπό-
πλουν A   9 ἀνήγγειλεν S   12 οἰκάδε] ὧδε A   13 λαβὼν S
17 καταπλεύσεσθαι A: καταπλευσεῖσθαι cett.   18 μοι ἤδη A
22 μαρωνιαν S hic et infra   23-24 διὰ ταῦτα ἅπαντα vulg.: om. S:
τοῦτο pro ταῦτα scripsi   26 ἀνήλωσα] ἐποίησα A   28 χειμῶνα S:
χειμῶνας vulg.   alterum πρὸς om. A]   29 τὴν εἰς Reiske: τῶν εἰς codd.

τὴν ἄφιξιν τὴν εἰς Θάσον, ἀφικόμενος παρέπεμπε πάλιν ὁ
Τιμόμαχος μετὰ τῶν Θασίων εἰς [τὴν] Στρύμην σῖτον καὶ
22 πελταστάς, ὡς παραληψόμενος αὐτὸς τὸ χωρίον. παρα-
ταξαμένων δὲ Μαρωνιτῶν ἡμῖν ταῖς ναυσὶν ὑπὲρ τοῦ χωρίου
τούτου καὶ μελλόντων ναυμαχήσειν, καὶ τῶν στρατιωτῶν 5
ἀπειρηκότων, πλοῦν πολὺν πεπλευκότων καὶ πλοῖα ἑλκόντων
ἐκ Θάσου εἰς Στρύμην, ἔτι δὲ χειμῶνος ὄντος καὶ τοῦ
χωρίου ἀλιμένου, καὶ ἐκβῆναι οὐκ ὂν οὐδὲ δειπνοποιήσα-
σθαι πολεμίας τῆς χώρας οὔσης καὶ περικαθημένων κύκλῳ
τὸ τεῖχος καὶ ξένων μισθοφόρων καὶ βαρβάρων προσοίκων, 10
ἀναγκαῖον ἦν ἐπ' ἀγκύρας ἀποσαλεύειν τὴν νύκτα μετεώρους,
ἀσίτους καὶ ἀγρύπνους, φυλαττομένους μὴ τῆς νυκτὸς ἡμῖν
23 ἐπιθῶνται αἱ Μαρωνιτῶν τριήρεις. ἔτι δὲ συνέβη τῆς
νυκτὸς ὥρᾳ ἔτους ὕδωρ καὶ βροντὰς καὶ ἄνεμον μέγαν
γενέσθαι (ὑπ' αὐτὰς γὰρ Πλειάδων δύσεις οἱ χρόνοι οὗτοι 15
[1214] ἦσαν), ἐξ ὧν τίνα οὐκ οἴεσθε, ὦ ἄνδρες δικασταί, τοῖς
στρατιώταις ἀθυμίαν ἐμπεσεῖν; πόσην δέ μοι μετὰ ταῦτα
ἀπόλειψιν γενέσθαι πάλιν, τῶν ἀρχαίων ναυτῶν ταλαιπω-
ρουμένων μὲν πολλά, ὠφελουμένων δὲ βραχέα, ὅσα ἐγὼ
δυναίμην ἑκάστῳ δανειζόμενος ἐπαρκέσαι πρὸς ᾧ πρότερον 20
εἶχον παρ' ἐμοῦ, ἐπεὶ ὅ γε στρατηγὸς οὐδὲ τὸ ἐφ' ἡμέραν
αὐτοῖς τροφὴν διαρκῆ ἐδίδου. καὶ ἤδη τρεῖς μῆνες ἐπετε-
τριηράρχηντό μοι, καὶ οὐδέπω οὗτος ἧκεν ἐπὶ τὴν ναῦν,
ἀλλ' ἐμισθούμην ναύτας ἀντὶ τῶν ἀπολιπόντων, δανειζό-
μενος ἀργύριον.   25

24   Μόνῳ τοίνυν τούτῳ τῶν ἄλλων διαδόχων οὐκ ἔστι πρό-
φασις ὑπολειπομένη, δι' ὅ τι οὐ πάλαι ἧκεν ἐπὶ τὴν ναῦν.
ὁ γὰρ Εὐκτήμων ὁ πεντηκόνταρχος, ὡς ἐκ τοῦ Ἑλλησ-
πόντου ἀπεστάλη οἴκαδε ἀσθενήσας, ἐπειδὴ κατέπλευσε
καὶ ἤκουσε τοῦτον ἐμοὶ διάδοχον καθεστηκότα, εἰδὼς τόν 30

2 τὴν secl. Blass, cf. § 32   Στρύμνην A D   6 καὶ πλοῖα ἑλκόν-
των om. S   8 ὃν] ἦν A   10 prius καὶ om. A   μισθο-
φόρων del. Cobet   13 ἔτι A : ἐπεὶ S F Q   15 γὰρ] γὰρ τὰς A
19 ὠφελουμένων S   21 τὸ ἐφ'] τὴν ἐφ' Q D   24 ἀλλ' (ἀεὶ) ἐμισθού-
μην Naber   ἀπολειπόντων S   30 καθεστηκότα om. A

τε χρόνον ἑξήκοντά μοι τῆς τριηραρχίας καὶ ἤδη ἐπιτριη-
ραρχοῦντά με, παραλαβὼν Δεινίαν τὸν κηδεστὴν τὸν ἐμὸν
προσέρχεται αὐτῷ ἐν τῷ δείγματι, καὶ ἐκέλευεν αὐτὸν ὡς
τάχιστα ἐπὶ τὴν ναῦν ἀποπλεῖν, ὡς τῶν ἀναλωμάτων
5 πολλῶν ὄντων ἃ καθ' ἡμέραν ἑκάστην πρὸς τῷ παρὰ τοῦ
στρατηγοῦ σιτηρεσίῳ εἰς τὴν ναῦν διδομένῳ ἀνηλίσκετο,
καθ' ἕκαστον αὐτῷ διεξιὼν τούς τε μισθοὺς τοὺς τῇ ὑπη- 25
ρεσίᾳ καὶ τοῖς ἐπιβάταις κατὰ μῆνα διδομένους, τοῖς τε
ναύταις οὓς αὐτὸς ἐκ τῆς Λαμψάκου ἐμισθώσατο, καὶ τοῖς
10 ὕστερον ἐπεμβᾶσιν ἀντὶ τῶν ἀπολιπόντων, ἔτι δὲ ὃ τῶν
ἀρχαίων ναυτῶν ἑκάστῳ προσέθηκα δεηθέντι, ἐπειδή μοι ὁ
χρόνος ἐξῆκε τῆς τριηραρχίας, καὶ τἆλλα ὅσα ἦν τὰ καθ'
ἡμέραν ἑκάστην ἀναλισκόμενα εἰς τὴν ναῦν, οὐκ ἀπείρως
ἔχων· διὰ γὰρ ἐκείνου πεντηκονταρχοῦντος καὶ ἠγοράζετο [1215]
15 καὶ ἀνηλίσκετο. καὶ περὶ τῶν σκευῶν ἔφραζεν αὐτῷ ὅτι 26
ἴδια ἔχοιμι καὶ δημόσιον οὐδέν· 'ὡς οὖν', ἔφη, '[ἢ] πείσων
ἐκεῖνον διανοοῦ, ἢ σκεύη ἔχων σαυτῷ ἀνάπλει. οἶμαι δέ
σοι', ἔφη, 'αὐτὸν οὐδὲν διοίσεσθαι· ὀφείλει γὰρ ἀργύριον
ἐκεῖ, ὃ διαλῦσαι βουλήσεται ἐκ τῆς τιμῆς τῶν σκευῶν.'
20 ἀκούσας δὲ οὗτος ταῦτα τοῦ τ' Εὐκτήμονος καὶ τοῦ Δεινίου
τοῦ κηδεστοῦ τοῦ ἐμοῦ, περὶ μὲν ὧν ἔλεγον αὐτῷ οὐδὲν
αὐτοῖς ἀποκρίνεται, γελάσαντα δὲ ἔφασαν αὐτὸν εἰπεῖν
'ἄρτι μῦς πίττης γεύεται· ἐβούλετο γὰρ Ἀθηναῖος εἶναι'.
ἐπειδὴ τοίνυν τοῦ Εὐκτήμονος καὶ τοῦ Δεινίου ἀκούσας 27
25 οὐδὲν ἐφρόντιζεν, πάλιν αὐτῷ προσέρχονται ὕστερον Πυθό-
δωρός τε ὁ Ἀχαρνεὺς καὶ Ἀπολλόδωρος ὁ Λευκονοεύς, ἐπι-
τήδειοι ὄντες ἐμοὶ καὶ φίλοι, καὶ ἐκέλευον αὐτὸν ἐπί τε τὴν
ναῦν ἀπιέναι ὡς διάδοχον ὄντα, καὶ περὶ τῶν σκευῶν
ἔφραζον αὐτῷ, ὅτι ἴδια ἔχοιμι ἅπαντα καὶ δημόσιον οὐδέν· 'εἰ 28
30 μὲν οὖν ἐκείνοις ἐθέλεις χρῆσθαι, κατάλιπε' ἔφασαν 'ἀργύριον

3 ἐκέλευσεν S¹ (σ lineola deleto)   5 ἑκάστην ἡμέραν F D hic et
§ 25   6 διδομένου S   10 ἀπολειπόντων S   11 μοι vulg., cf.
§ 36: μου S   16 ἢ seclusi   25 ἐφρόντισε A   26 τε ὁ S Q D:
ὁ τε F: τε A   ὁ ante Λευκονοεύς S D: om. cett.   30 ἐθέλεις S corr.
A D: θέλεις S¹: θέλει F Q   χρήσασθαι A   κατάλειπε A

αὐτοῦ, καὶ μὴ διακινδύνευε ἐκεῖσε ἄγων', ἵνα λύσωνταί
μοι τὸ χωρίον, ἀποδόντες Ἀρχένεῳ καὶ Θρασυλόχῳ ⟨τὰς⟩
τριάκοντα μνᾶς. περὶ δὲ ἀποτριβῆς τῶν σκευῶν, ἤθελον
αὐτῷ γράμματα γράφειν, καὶ ἐγγυηταὶ αὐτοὶ γίγνεσθαι
ὑπὲρ ἐμοῦ ἦ μὴν ἔσεσθαι αὐτῷ ὅ τι ἂν καὶ τοῖς ἄλλοις 5
τριηράρχοις πρὸς τοὺς διαδόχους ἦ. ὡς οὖν πάντα ταῦτ'
ἀληθῆ λέγω, τούτων ὑμῖν ἀναγνώσεται τὰς μαρτυρίας.

ΜΑΡΤΥΡΙΑΙ.

29 Ἐκ πολλῶν μὲν τοίνυν τεκμηρίων οἶμαι ὑμῖν ἐπιδείξειν
Πολυκλέα ὅτι οὔτε αὐτόθεν διενοεῖτο παραλαμβάνειν παρ' 10
[1216] ἐμοῦ τὴν ναῦν, οὔτε, ἐπειδὴ ὑφ' ὑμῶν καὶ τοῦ ψηφίσματος
τοῦ ὑμετέρου ἠναγκάσθη ἐπὶ τὴν ναῦν ἀπιέναι, ἐλθὼν
ἠθέλησέ μοι διαδέξασθαι αὐτήν. οὗτος γὰρ ἐπειδὴ ἀφίκετο
εἰς Θάσον ἤδη μου τέταρτον μῆνα ἐπιτριηραρχοῦντος, παρα-
λαβὼν ἐγὼ μάρτυρας τῶν τε πολιτῶν ὡς ἐδυνάμην πλεί- 15
στους καὶ τοὺς ἐπιβάτας καὶ τὴν ὑπηρεσίαν προσέρχομαι
αὐτῷ ἐν Θάσῳ ἐν τῇ ἀγορᾷ, καὶ ἐκέλευον αὐτὸν τήν τε
ναῦν παραλαμβάνειν παρ' ἐμοῦ ὡς διάδοχον ὄντα, καὶ τοῦ
ἐπιτετριηραρχημένου χρόνου ἀποδιδόναι μοι τἀναλώματα.
30 λογίσασθαι δ' ἤθελον αὐτῷ καθ' ἕκαστον, ἕως μοι μάρτυρες 20
παρῆσαν τῶν ἀνηλωμένων οἵ τε ναῦται καὶ οἱ ἐπιβάται καὶ
ἡ ὑπηρεσία, ἵν' εἴ τι ἀντιλέγοι εὐθὺς ἐξελέγχοιμι. οὕτω
γάρ μοι ἀκριβῶς ἐγέγραπτο, ὥστ' οὐ μόνον αὐτά μοι τἀναλώ-
ματα ἐγέγραπτο, ἀλλὰ καὶ ὅποι ἀνηλώθη καὶ ὅ τι ποιούντων,
καὶ ἡ τιμὴ τίς ἦν καὶ νόμισμα ποδαπόν, καὶ ὁπόσου ἡ καταλ- 25
λαγὴ ἦν τῷ ἀργυρίῳ, ἵν' εἴη ἀκριβῶς ἐξελέγξαι με τῷ δια-
31 δόχῳ, εἴ τι ἡγοῖτο ψεῦδος αὐτῷ λογίζεσθαι. ἔτι δὲ καὶ
πίστιν αὐτῷ ἐπιθεὶς ἠθέλησα λογίσασθαι τὰ ἀνηλωμένα.
προκαλουμένου δέ μου ταῦτα, ἀπεκρίνατό μοι ὅτι οὐδὲν

1–2 λύσωναί μοι S A D: μοι λ. vulg.   2 αρχεννεω S   2 ⟨τὰς⟩ add.
Bockmeijer   6 post διαδόχους add. ἦ S vulg.: om. A   πάντα ταῦτα
A: πάντα S: ταῦτα F Q D   9 μὲν τοίνυν codd.: μὲν del. Blass
20 μοι οἱ μάρτυρες A   24 ἐγέγραπτο] ἐλελόγιστο Naber   ὅ τι]
τί A   25 ὁποδαπόν A   ὁπόσου] ἐκ πόσου A   27 ψεῦδος codd.:
ψευδῶς vulg. ante Reiskium   28 ἐπιτιθεὶς A   τὰ ἀνηλ.] τἀναλώ-
ματα A   29 προσκαλουμένου S   ταῦτα] αὐτόν A

αὐτῷ μέλοι ὧν λέγοιμι. ἐν δὲ τούτῳ ὑπηρέτης ἥκων παρὰ
τοῦ στρατηγοῦ ἐμοὶ παρήγγελλεν ἀνάγεσθαι, οὐ τούτῳ τῷ
διαδόχῳ, οὗ ἡ λῃτουργία ἤδη ἐγίγνετο· τούτου δὲ τὸ αἴτιον
ἐγὼ ὑμᾶς προϊόντος τοῦ λόγου διδάξω. τότε μὲν οὖν μοι
5 ἐδόκει ἀνάγεσθαι καὶ πλεῖν οἷ ἐκέλευεν· ἐπειδὴ δὲ κατέ- 32
πλευσα πάλιν εἰς Θάσον, ἑλκύσας τὰ πλοῖα εἰς Στρύμην, [1217]
οἷ προσέταξεν ὁ στρατηγός, κελεύσας τοὺς ναύτας ἐν τῇ
νηὶ μένειν καὶ τοὺς ἐπιβάτας καὶ τὴν ὑπηρεσίαν, ἐκβὰς
αὐτὸς πορεύομαι ἐπὶ τὴν οἰκίαν οὗ κατήγετο Τιμόμαχος ὁ
10 στρατηγός, βουλόμενος κἀκείνου ἐναντίον παραδιδόναι τὴν
ναῦν Πολυκλεῖ τουτῳὶ πλήρη. καταλαμβάνω οὖν καὶ τοῦτον 33
ἐκεῖ καὶ τοὺς τριηράρχους καὶ τοὺς διαδόχους καὶ ἄλλους
τινὰς τῶν πολιτῶν, καὶ εἰσελθὼν εὐθὺς ἐναντίον τοῦ στρατη-
γοῦ λόγους πρὸς αὐτὸν ἐποιούμην, καὶ ἠξίουν αὐτὸν τήν τε
15 ναῦν μοι παραλαμβάνειν καὶ τοῦ ἐπιτετριηραρχημένου
χρόνου ἀποδιδόναι μοι τὰ ἀναλώματα, καὶ περὶ τῶν σκευῶν
ἠρώτων αὐτόν, πότερα παραλήψεται ἢ ἴδια σκεύη ἔχων ἥκοι
ἐπὶ τὴν ναῦν. ταῦτα δέ μου προκαλουμένου αὐτόν, ἠρώτα 34
με δι᾽ ὅ τι σκεύη τε ἴδια μόνος ἔχοιμι τῶν τριηράρχων,
20 καὶ πότερα ἡ πόλις οὐκ εἰδείη τινὰς δυναμένους σκεύη
παρασχεῖν ταῖς ναυσίν, ὥστε αὐτὴ μὴ παρέχειν. 'ἢ σὺ
τοσοῦτον' ἔφη 'ὑπερπέπαικας πλούτῳ τοὺς ἄλλους, ὥστε
καὶ σκεύη ἴδια ἔχειν καὶ κόσμον χρυσόπαστον μόνος τῶν
τριηράρχων; τίς ἂν οὖν δύναιτ᾽' ἔφη 'τὴν σὴν μανίαν 35
25 καὶ πολυτέλειαν ὑπομεῖναι, διεφθαρμένον μὲν πλήρωμα καὶ
εἰωθὸς ἀργύριον πολὺ προλαμβάνειν καὶ ἀτελείας ἄγειν τῶν
νομιζομένων ἐν τῇ νηὶ λῃτουργιῶν καὶ λοῦσθαι ἐν βαλανείῳ,
τρυφῶντας δ᾽ ἐπιβάτας καὶ ὑπηρεσίαν ὑπὸ μισθοῦ πολλοῦ
καὶ ἐντελοῦς; κακῶν δ᾽,' ἔφη, 'διδάσκαλος γέγονας ἐν τῷ

1 μέλοι S A: μέλει F Q D   2–3 τῷ διαδόχῳ del. Herwerden   11 τῷ
Π. A   τούτῳ codd., corr. Cobet   12 τοὺς ante διαδόχους om. A
13 εὐθὺς om. S¹, add. in mg. ead. m.   16 ἀποδοῦναι A   18 προ-
καλεσαμένου A   19 ἔχοιμι μόνος A   20 οὐκ del. Dobree   22 ἔφη
om. S   24 οὖν δύναιτ᾽ vulg.: δύναιτ᾽ οὖν S   25 μὲν om. F Q D
26 λαμβάνειν A   27 λελουσθαι S sed λε lineola deleto   28 δ᾽] τ᾽ A

στρατεύματι, καὶ αἴτιος εἶ μέρος τι καὶ τοῖς ἄλλοις τριη-
ράρχοις πονηροτέρους εἶναι τοὺς στρατιώτας, ζητοῦντας
[1218] ταὐτὰ τοῖς παρὰ σοί· ἔδει γὰρ σὲ ταὐτὰ ποιεῖν τοῖς ἄλλοις
36 τριηράρχοις.’ λέγοντος δὲ αὐτοῦ ταῦτα, ἀπεκρινάμην αὐτῷ
ὅτι σκεύη μὲν διὰ τοῦτο οὐ λάβοιμι ἐκ τοῦ νεωρίου, ‘ὅτι 5
σὺ ἀδόκιμα ἐποίησας αὐτά. ἀλλ’ εἰ μὲν βούλει, ταῦτα
παράλαβε· εἰ δὲ μή, σκεύη σαυτῷ παρασκεύαζε. περὶ δὲ
τῶν ναυτῶν καὶ τῶν ἐπιβατῶν καὶ τῆς ὑπηρεσίας, εἰ φῂς
ὑπ’ ἐμοῦ αὐτοὺς διεφθάρθαι, παραλαβὼν τὴν τριήρη αὐτὸς
σαυτῷ κατασκεύασαι καὶ ναύτας καὶ ἐπιβάτας καὶ ὑπηρε- 10
σίαν, οἵτινές σοι μηδὲν λαβόντες συμπλεύσονται. τὴν δὲ
ναῦν παράλαβε· οὐ γὰρ ἔτι μοι προσήκει τριηραρχεῖν· ὅ τε
γὰρ χρόνος ἐξήκει μοι τῆς τριηραρχίας, καὶ ἐπιτετριηράρ-
37 χηκα τέτταρας μῆνας.’ λέγοντος δέ μου ταῦτα, ἀποκρίνεταί
μοι ὅτι ὁ συντριήραρχος αὐτῷ οὐχ ἥκοι ἐπὶ τὴν ναῦν· 15
‘οὔκουν παραλήψομαι μόνος τὴν τριήρη.’ ὡς οὖν ἀληθῆ
ταῦτα λέγω πρὸς ὑμᾶς, καὶ ἐν μὲν τῇ ἀγορᾷ ἀπεκρίνατό μοι
τὰ πρότερον, ὅτι οὐδὲν αὐτῷ μέλοι ὧν λέγοιμι, ἐν δὲ τῇ
οἰκίᾳ οὗ ὁ Τιμόμαχος κατήγετο, ὅτι μόνος οὐ παραλήψεται
τὴν ναῦν, τούτων ὑμῖν ἀναγνώσεται τὰς μαρτυρίας. 20

ΜΑΡΤΥΡΙΑΙ.

38   Μετὰ ταῦτα τοίνυν, ὦ ἄνδρες δικασταί, ὡς οὔτε οὗτος
ἤθελέ μοι τὴν ναῦν διαδέχεσθαι, οὔτε τὰ ἀναλώματα ἀπε-
δίδου τοῦ ἐπιτετριηραρχημένου χρόνου, ὅ τε στρατηγὸς προσ-
έταττέ μοι ἀνάγεσθαι, προσελθὼν αὐτῷ ἐν Θάσῳ ἐν τῷ 25
λιμένι ἐναντίον τοῦ στρατηγοῦ, πλήρους οὔσης τῆς τριήρους,
ἔλεγον ἃ δίκαια μὲν οὐκ ἦν, ἀλλὰ πλεονεκτήματα τούτου,
[1219] ἀναγκαῖα δέ μοι ἐκ τῶν παρόντων εἰπεῖν, ‘ἐπειδή σοι φῄς,
39   ὦ Πολύκλεις, τὸν συντριήραρχον οὐχ ἥκειν, τοῦ μὲν ἐπιτε-

2 ante πονηροτέρους add. τοῦ A : om. cett.   6 ἀδόκιμα ⟨ἂν⟩
Robertson   9 αὐτοὺς] αὐτὸς S   11 σοι S D : ποι A : om. F Q
14 τέσσαρας S   17 ταῦτα λέγω S A : λέγω ταῦτα F Q D   19 οὔ]
ἐν ᾗ A   24 προσέταττε A : ἐπέταττε S F Q D   28 post παρόν-
των add. εἰπεῖν S F Q D : ποιεῖν A : del. Blass   σοι S Q D : σὺ A

176

τριηραρχημένου χρόνου ἐκεῖνον ἐγὼ πράξομαι τὰ ἀναλώ-
ματα, ἂν δύνωμαι, τῶν τεττάρων μηνῶν· σὺ δὲ παραλαβὼν
τὴν ναῦν πρῶτον μὲν τὸν ὑπὲρ σεαυτοῦ χρόνον τριηράρχη-
σον, τοὺς ἓξ μῆνας· ἔπειτ' ἐὰν μέν σοι ἔλθῃ ἐν τούτῳ ὁ
5 συντριήραρχος, ἐκείνῳ παραδώσεις λῃτουργήσας, ἐὰν δὲ μή,
οὐδὲν δεινὸν πείσει δύο μῆνας ἐπιτριηραρχήσας. ἢ ἐγὼ 40
μὲν ὁ τόν τε ὑπὲρ ἐμαυτοῦ χρόνον καὶ τοῦ συντριηράρχου
λελῃτουργηκὼς ἐπετριηράρχησα ὑπὲρ ὑμῶν, σὺ δ' οὐδὲν
ἀνηλωκὼς οὐκ ἀξιοῖς οὐδὲ τὸν ὑπὲρ σεαυτοῦ χρόνον, παρα-
10 λαβὼν τὴν ναῦν, λῃτουργῆσαι, οὐδὲ τὰ ἀναλώματ' ἀπο-
δοῦναι;' λέγοντος δέ μου ταῦτα, ἀπεκρίνατό μοι ὅτι μύθους
λέγοιμι. ὁ δὲ στρατηγὸς ἐμβαίνειν με ἐκέλευεν εἰς τὴν
ναῦν καὶ ἀνάγεσθαι μεθ' ἑαυτοῦ. ὡς οὖν ταῦτ' ἀπεκρίνατο,
ἀνάγνωθί μοι τὴν μαρτυρίαν.

15   ΜΑΡΤΥΡΙΑ.

Βούλομαι δ' ὑμῖν καὶ τεκμήριόν τι εἰπεῖν, ἵν' εἰδῆτε ὅτι 41
περιφανῶς ἠδίκημαι. Ἁγνίᾳ γὰρ καὶ Πραξικλεῖ ὑπὸ τὸν
αὐτὸν χρόνον κατέστησαν διάδοχοι Μνησίλοχός τε ὁ Περι-
θοίδης καὶ Φρασιηρίδης ὁ Ἀναφλύστιος. οὐκ ἀφικομένου
20 δὲ τοῦ Φρασιηρίδου ἐπὶ τὴν ναῦν, ὁ Μνησίλοχος ἐλθὼν εἰς
τὴν Θάσον παρέλαβέ τε παρὰ τοῦ Ἁγνίου τὴν τριήρη, καὶ 42
τὸ ἐπιτριηράρχημα ἀπέδωκεν τῷ Ἁγνίᾳ τοῦ χρόνου οὗ
ἐπανήλωσεν ὑπὲρ αὐτῶν, ὅσον ἔπεισεν, καὶ τὰ σκεύη παρὰ
τοῦ Ἁγνίου ἐμισθώσατο, καὶ αὐτὸς ἐτριηράρχει. ὕστερον
25 δ' οἱ παρὰ τοῦ Φρασιηρίδου ἐλθόντες τῶν τε ἀνηλωμένων
τὸ μέρος ἀπέδοσαν τῷ Μνησιλόχῳ, καὶ τοῦ λοιποῦ χρόνου [1220]
ὅσα ἐδεῖτο εἰς τὴν ναῦν συνανήλισκον. καί μοι τούτων
ἀνάγνωθι τὴν μαρτυρίαν.

1 ἐκεῖνον ἐγὼ S A D : ἐγὼ ἐκεῖνον F Q   9 οὐκ ἀξιοῖς vulg. : οὐδ'
ἀξιοῖς S (tuetur Gebauer coll. Isocr. ix 43)   10 λειτουργήσας S
18 τε om. A   19 Αναφαυστιος S   ἀφικομένου S vulg. : ἀφικνου-
μένου A   22 τὸ om. S   25 οἱ παρὰ . . . ἐλθόντες A : παρὰ . . .
ἐλθόντος S F Q D   27 συνανήλισκον] νη s. v. in S

ΜΑΡΤΥΡΙΑ.

43 Ἴσως οὖν, ὦ ἄνδρες δικασταί, ποθεῖτε ἀκοῦσαι, διὰ τί
ποτε ὁ στρατηγὸς οὐκ ἠνάγκαζε τοῦτον παραλαμβάνειν τὴν
ναῦν, διάδοχον ἥκοντα ἐπ' αὐτήν, τῶν νόμων οὕτως ἰσχυρῶν
ὄντων. περὶ δὴ τούτων βούλομαι ὑμᾶς σαφῶς διδάξαι τὸ 5
αἴτιον. Τιμόμαχος γάρ, ὦ ἄνδρες δικασταί, πρῶτον μὲν
ἐβούλετο εὖ κατεσκευασμένῃ τῇ τριήρει πρὸς ἅπαντα χρῆ-
44 σθαι. ᾔδειν οὖν ὅτι οὗτος μὲν παραλαβὼν αὐτὴν κακῶς
ἔμελλε τριηραρχήσειν· οὔτε γὰρ τῷ τριηραρχήματι οὔτε τοῖς
ἐπιβάταις καὶ τῇ ὑπηρεσίᾳ χρήσοιτο· οὐδεὶς γὰρ αὐτῷ 10
παραμενεῖ. ἔτι δὲ πρὸς τούτοις, ὁπότε μὴ διδοὺς ἀργύριον
προστάττοι πλεῖν, οὐκ ἔμελλεν αὐτῷ ἀνάξεσθαι ὥσπερ ἐγώ,
ἀλλὰ πράγματα παρέξειν. πρὸς δὲ τούτῳ δανείζεται παρ'
αὐτοῦ τριάκοντα μνᾶς, ὥστε μὴ ἀναγκάσαι παραλαβεῖν τὴν
45 ναῦν. ἐξ ὧν δὲ μάλιστά μοι ὀργισθεὶς ἐπηρέαζε καὶ οὐδὲ 15
λόγον ἑκάστοτε ἐδίδου οὐδὲ περὶ ἑνός, βούλομαι ὑμῖν σαφῶς
διηγήσασθαι, ἵν' εἰδῆτε ὅτι οὐ περὶ πλείονος ἐποιούμην οὔτε
τὴν ἐμαυτοῦ ῥᾳστώνην ἐν ἐκείνῳ τῷ χρόνῳ οὔτε τὴν ἐκείνου
ῥώμην τοῦ δήμου τοῦ Ἀθηναίων καὶ τῶν νόμων, ἀλλ' ἠνει-
χόμην καὶ ἔργῳ ἀδικούμενος καὶ λόγῳ προπηλακιζόμενος, ἃ 20
46 πολλῷ μοι βαρύτερα ἦν τῶν ἀναλωμάτων. ὡς γὰρ ἐν
Θάσῳ διατριβαὶ τοῦ ναυτικοῦ ἐγίγνοντο, ἀφικνεῖται ἐκ
Μεθώνης τῆς Μακεδονίας ὑπηρετικὸν εἰς Θάσον ἄγον ἄνδρα
[1221] καὶ ἐπιστολὰς παρὰ Καλλιστράτου ὡς Τιμόμαχον, ἐν αἷς
ἦν, ὡς ὕστερον ἐγὼ ταῦτ' ἐπυθόμην, ἀποπέμψαι αὐτῷ 25
τριήρη τὴν ἄριστα πλέουσαν, ἵν' ἀφίκηται ὡς αὐτόν. εὐθὺς
οὖν τῇ ὑστεραίᾳ ἅμα τῇ ἡμέρᾳ ὁ ὑπηρέτης ἐλθὼν ἐκέλευέ με
47 καλεῖν εἰς τὴν ναῦν τοὺς ναύτας. ἐπεὶ δὲ πλήρης ἦν,

---

3 τότε F Q D   7 εὖ κατεσκευασμένῃ] ἔγκατ. A   8 ᾔδει A F D
9 τριηραρχήματι S vulg., Harpocr. s.v.: ἐπιτριηραρχήματι A : πληρώματι
Reiske   11 παραμενεῖ S D, cf. Isocr. xvii 21 : παραμένει vulg. :
παραμενοῖ Bekker   15 δὲ om. S F Q D   μάλιστά μοι S : μοι
μάλιστα cett.   19 τοῦ 'Α. Dindorf: τῶν 'Α. codd.   24 τειμό-
μαχον S¹   25 ἦν] ἐνῆν A   ταῦτ'] τούτων Dobree   26 εὐθὺς
vulg.: ὅτι δ' S : ἔτι δ' A : τότε δ' Sauppe   27 ἐκέλευσε Blass

ἀναβαίνει Κάλλιππος ὁ Φίλωνος ὁ Αἰξωνεύς, καὶ φράζει
πρὸς τὸν κυβερνήτην τὸν ἐπὶ Μακεδονίας πλοῦν πλεῖν.
ἐπειδὴ δὲ ἀφικόμεθα εἰς χωρίον τι ἐν τῇ ἀπαντικρὺ ἠπείρῳ,
Θασίων ἐμπόριον, καὶ ἐκβάντες ἠριστοποιούμεθα, προσ-
5 έρχεταί μοι τῶν ναυτῶν Καλλικλῆς Ἐπιτρέφους Θριάσιος,
λέγων ὅτι βούλοιτό μοι διαλεχθῆναι ἐμόν τι πρᾶγμα.
κελεύσαντος δέ μου, λέγει ὅτι βούλοιτό μοι χάριν ἀπο-
δοῦναι καθ' ὅ τι δύναται ὧν αὐτῷ ἀπορηθέντι ἔδωκα· 'σὺ 48
οὖν', ἔφη, 'τὸν πλοῦν τοῦτον οἶσθα ἐφ' ὅ τι πλεῖς ἢ ποῖ;'
10 ἀποκριναμένου δέ μου ὅτι οὐκ εἰδείην, 'ἀλλ' ἐγώ σοι',
ἔφη, 'ἐρῶ· δεῖ γάρ σε ἀκούσαντα ὀρθῶς βουλεύσασθαι.
μέλλεις γάρ', ἔφη, 'ἄγειν ἄνδρα φυγάδα, οὗ Ἀθηναῖοι
θάνατον δὶς κατεψηφίσαντο, Καλλίστρατον ἐκ Μεθώνης εἰς
Θάσον ὡς Τιμόμαχον τὸν κηδεστήν, ὡς ἐγώ', ἔφη, 'πέπυ-
15 σμαι τῶν παίδων τῶν Καλλίππου. σὺ οὖν, ἐὰν σωφρονῇς,
οὐδένα τῶν φευγόντων ἐάσεις ἐπὶ τὴν ναῦν ἀναβαίνειν· οὐ
γὰρ ἐῶσιν οἱ νόμοι.' ἀκούσας δ' ἐγὼ ταῦτα τοῦ Καλ- 49
λικλέους προσέρχομαι τῷ Καλλίππῳ, καὶ ἐρωτῶ αὐτὸν ὅποι
τε τὸν πλοῦν ποιεῖται καὶ ἐπὶ τίνα. διαχλευάσαντος δ'
20 αὐτοῦ με καὶ ἀπειλήσαντος ἃ οὐδ' ἂν ὑμεῖς ἀγνοήσαιτε
(τοῦ γὰρ τρόπου τοῦ Καλλίππου οὐκ ἀπείρως ἔχετε), λέγω
αὐτῷ ὅτι 'ἀκούω σε πλεῖν ἐπὶ Καλλίστρατον. ἐγὼ οὖν τῶν [1222]
φευγόντων οὐδένα ἄξω, οὐδὲ πλεύσομαι ἐπ' αὐτόν· οἱ γὰρ
νόμοι οὐκ ἐῶσιν ὑποδέχεσθαι τῶν φευγόντων οὐδένα, ἢ ἐν
25 τοῖς αὐτοῖς κελεύουσιν ἐνέχεσθαι τὸν ὑποδεχόμενον τοὺς
φεύγοντας. ἀποπλεύσομαι οὖν πάλιν ὡς τὸν στρατηγὸν
εἰς Θάσον.' καὶ ἐπειδὴ ἐνέβησαν οἱ ναῦται, λέγω τῷ κυ- 50
βερνήτῃ ἀποπλεῖν εἰς τὴν Θάσον. ἀντιλέγοντος δὲ τοῦ
Καλλίππου καὶ κελεύοντος πλεῖν εἰς τὴν Μακεδονίαν, οἷ
30 προσέταξεν ὁ στρατηγός, ἀποκρίνεται αὐτῷ Ποσείδιππος ὁ

1 εξωνεὺς S	3 καταντικρὺ F Q D	4 εμπορειον S	5 Καλλικλῆς
SA: δ Κ. vulg.	9 ὅποι A	10 μου A : μου αὐτῷ S : μου
αὐτοῦ D : αὐτῷ ἐμοῦ F Q	16 ἐπὶ S A D : εἰς F Q	20 ἀγνοήσητε S
22 αὐτῷ vulg. : δ' αὐτῷ S	25 κελεύουσιν del. Naber, recte puto
⟨καὶ⟩ τοὺς Wolf	26 ἀποπλευσοῦμαι codd., corr. Dindorf
179

κυβερνήτης ὅτι τριήραρχός τε ἐγὼ τῆς νεὼς εἴην καὶ ὑπεύ-
θυνος, καὶ τὸν μισθὸν παρ' ἐμοῦ λαμβάνοι· πλεύσοιτο οὖν
51 οἷ ἐγὼ κελεύω, εἰς Θάσον ὡς τὸν στρατηγόν. ἀφικομένων
δ' ἡμῶν τῇ ὑστεραίᾳ εἰς τὴν Θάσον, μεταπέμπεταί με ὁ
Τιμόμαχος, οὗ κατήγετο ἔξω τείχους. φοβούμενος δ' ἐγὼ 5
μὴ δεθείην διαβληθεὶς ὑπὸ τοῦ Καλλίππου, αὐτὸς μὲν οὐχ
ὑπακούω, ἀλλὰ λέγω τῷ ὑπηρέτῃ ὅτι εἴ τι βούλοιτό μοι
διαλέγεσθαι, ἐν τῇ ἀγορᾷ ἔσομαι, τὸν δὲ παῖδα συμπέμπω
αὐτῷ, ἵν' εἴ τί μοι προστάττοι, ἀκούσας ἀπαγγείλαι μοι.
52 διὰ μὲν ταύτας τὰς αἰτίας, ὦ ἄνδρες δικασταί, ἃς εὕρηκα 10
πρὸς ὑμᾶς, ὁ Τιμόμαχος οὐκ ἠνάγκαζε παραλαμβάνειν τοῦ-
τον τὴν ναῦν, ἔτι δὲ καὶ βουλόμενος αὐτὸς χρῆσθαι τῇ νηὶ
ὡς ἄριστα πλεούσῃ. τὴν μὲν γὰρ [τοῦ] Θρασυλόχου τοῦ
Ἀναγυρασίου τριήρη, ἐφ' ἧς αὐτὸς ἔπλει, τὸν Θρασύλοχον
τῷ Καλλίππῳ μισθῶσαι τὴν τριηραρχίαν ἔπεισεν, ἵν' αὐτο- 15
κράτωρ ὢν ὁ Κάλλιππος τῆς νεὼς ἄγοι τὸν Καλλίστρατον·
αὐτὸς δ' ἀναβὰς ἐπὶ τὴν ἐμὴν ναῦν περιέπλει πανταχοῖ, ἕως
ἀφίκετο εἰς Ἑλλήσποντον.

53 Ἐπειδὴ δ' οὐκέτι χρεία ἦν αὐτῷ τριήρων, ἐμβιβάσας
μοι Λυκῖνον τὸν Παλληνέα ἄρχοντα εἰς τὴν ναῦν, καὶ 20
προστάξας αὐτῷ καθ' ἡμέραν ἀργύριον διδόναι τοῖς ναύταις,
ἀποπλεῖν οἴκαδέ με ἐκέλευεν. ἐπειδὴ τοίνυν καταπλέοντες
οἴκαδε ἦμεν ἐν Τενέδῳ, καὶ οὔτε ὁ Λυκῖνος, ᾧ προσέταξεν
ὁ Τιμόμαχος, ἐδίδου τοῖς ναύταις σιτηρέσιον (οὐ γὰρ ἔφη
ἔχειν, ἀλλ' ἐκ Μυτιλήνης λήψεσθαι), οἵ τε στρατιῶται εἶχον 25
οὐδὲν ὅτου ἂν ἐπεσιτίσαντο, ἄσιτοι δὲ οὐκ ἂν ἐδύναντο ἐλαύ-

---

1 τε om. S in fine versus   2 λαμβάνει A   3 οἷ om. S¹, add.
s. v. ead. m.   εἰς (ὡς A) . . . στρατηγὸν del. Herwerden ut solet
7 βούλοιτο S D : βούλεται vulg.   9 ἀπαγγείλῃ A F corr.   11 ὁ
om. A   13 τοῦ Θρασυλόχου codd. : τοῦ del. Blass   14–15 τὸν Θρασ.
πείθει τῷ F Q omisso mox ἔπεισεν   15 τὴν τριηραρχίαν del. Dobree
16 ἄγοι Herwerden : περιάγοι codd., ob insequens περιέπλει, puto, cf.
§§ 48, 49   17 ἐμὴν om. A   21 ἀργύριον] μισθὸν A   22 ἐκέ-
λευσεν Blass   23 λυκεινος S   24 οὐ γὰρ ἔφη . . . σιτηρέσιον (§ 56)
om. A spatio xvii versuum vacuo relicto ; om. igitur r, in A suppl. m.
rec.   26 ἂν ἐπεσιτίσαντο Blass : ἂν ἐπισιτίσαιντο codd.: ἐπισιτίσαιντο
Naber   ἂν ante ἐδύναντο del. Naber

νειν, πάλιν παραλαβὼν ἐγὼ μάρτυρας τῶν πολιτῶν, προσ-   54
ελθὼν Πολυκλεῖ τουτῳὶ ἐν Τενέδῳ, ἐκέλευον αὐτὸν τήν τε
ναῦν παραλαμβάνειν ὡς διάδοχον ὄντα, καὶ τὸ ἐπιτριηράρ-
χημα ἀποδιδόναι τοῦ χρόνου οὗ ἐπανήλωσα ὑπὲρ τούτου
5 ἐπιτριηραρχῶν, ἵνα μὴ πρόφασις αὐτῷ γένοιτο ἀπολογίας
πρὸς ὑμᾶς, ὡς ἐγὼ διὰ τοῦτο οὐκ ἤθελον αὐτῷ παραδοῦναι
τὴν ναῦν φιλοτιμούμενος, ἵνα καταπλεύσαιμι οἴκαδε ἐπὶ νεὼς
εὖ πλεούσης καὶ ἐνδειξαίμην ὑμῖν τὰ ἀναλώματα. οὐκ ἐθέ-   55
λοντος δ᾽ αὐτοῦ παραλαμβάνειν, τῶν δὲ ναυτῶν ἀργύριον
10 αἰτούντων ἵνα ἀγοράσωνται τὰ ἐπιτήδεια, πάλιν αὐτῷ προσ-
έρχομαι μάρτυρας ἔχων, καὶ ἠρώτων αὐτὸν εἰ ἀναπλεύσειεν
ἔχων ἀργύριον ὡς διαδεξόμενός μοι τὴν ναῦν, ἢ οὔ. ἀπο-
κριναμένου δ᾽ αὐτοῦ ὅτι ἔχων ἀργύριον ἥκοι, ἐκέλευον αὐτόν
μοι δανεῖσαι ὑποθέμενον τὰ σκεύη τῆς νεώς, ἵν᾽ ἔχοιμι δια-
15 δοῦναι τοῖς ναύταις καὶ κατακομίσαι τὴν ναῦν, ἐπειδὴ οὐ
βούλεται παραλαβεῖν διάδοχος ὤν. δεομένου δέ μου ταῦτα,   56
ἀπεκρίνατό μοι ὅτι οὐδ᾽ ἀκαρῆ δανείσοι. ἐγὼ μὲν οὖν παρὰ
ξένων Τενεδίων τοῦ πατρός, Κλεάνακτος καὶ Ἐπηράτου,
ἐδανεισάμην καὶ ἔδωκα τοῖς ναύταις τὸ σιτηρέσιον· διὰ γὰρ [1224]
20 τὸ Πασίωνος εἶναι καὶ ἐκεῖνον ἐπεξενῶσθαι πολλοῖς καὶ
πιστευθῆναι ἐν τῇ Ἑλλάδι οὐκ ἠπόρουν, ὅπου δεηθείην,
δανείσασθαι. ὡς οὖν ταῦτα ἀληθῆ πρὸς ὑμᾶς λέγω, τούτων
ὑμῖν τὰς μαρτυρίας παρέξομαι.

ΜΑΡΤΥΡΙΑΙ.

25 Ὅσων μὲν τοίνυν ὑμῖν ἐδυνάμην τὰς μαρτυρίας παρα-   57
σχέσθαι τῶν παραγενομένων, ὡς παρεδίδουν τὴν ναῦν Πολυ-
κλεῖ πολλάκις, οὗτος δὲ οὐκ ἤθελεν παραλαβεῖν, ἀνέγνωκεν
ὑμῖν· ἔτι δὲ καὶ ἐκ τεκμηρίων ἱκανῶν δεδήλωκα ὑμῖν, δι᾽ ὅ τι
οὐκ ἤθελεν παραλαβεῖν τὴν ναῦν. βούλομαι δ᾽ ὑμῖν καὶ
30 τὸν νόμον ἀναγνωσθῆναι τὸν περὶ τῶν διαδόχων, ἵν᾽ εἰδῆτε

2 τούτῳ codd. 15 κατακομίσαιμι S D corr. 17 ὅτι om. S¹,
add. in mg. ead. m. 20 ἐπεξενῶσθαι vulg. A corr. : ἐξενῶσθαι A¹
23 τὰς μ. ὑμῖν F Q D 26 τῶν] τούτων S D γρ. 27 ἤθελεν
S vulg. : ἠθέλησε A ἀνέγνωκεν A : ἀνέγνωμεν cett.

ἡλίκων τῶν ἐπιτιμίων ὄντων, ἐάν τις μὴ διαδέξηται τὴν ναῦν·
ἐν τῷ χρόνῳ τῷ εἰρημένῳ, κατεφρόνησεν οὐκ ἐμοῦ μόνον,
58 ἀλλὰ καὶ ὑμῶν καὶ τῶν νόμων.   καὶ διὰ μὲν τοῦτον πάντα
τῇ πόλει ἄπρακτα γέγονεν καὶ τοῖς συμμάχοις· οὔτε γὰρ
ἀφίκετο ἐπὶ τὴν ναῦν κατὰ τὸν νόμον, οὔτ' ἐπειδὴ ἦλθεν 5
ἠθέλησε διαδέξασθαι· ἐγὼ δὲ καὶ τὸν ὑπὲρ ἐμαυτοῦ ὑμῖν
χρόνον καὶ τὸν ὑπὲρ τοῦ συντριηράρχου ἐλῃτούργησα, καὶ
ἐπειδὴ ἐξῆλθέ μοι ὁ χρόνος τῆς τριηραρχίας, προστάττοντός
μοι τοῦ στρατηγοῦ πλεῖν ἐφ' Ἱερὸν παρέπεμψα τῷ δήμῳ τὸν
59 σῖτον, ἵνα ἔχητε ἄφθονον ὠνεῖσθαι καὶ μηδὲν ὑμῖν ⟨τὸ⟩ κατ' 10
ἐμὲ ἐλλείπηται, καὶ ἄλλα ὅσα ἢ ἐμοὶ ἢ τῇ τριήρει ἐβου-
λήθη ὁ στρατηγὸς χρῆσθαι, παρέσχον αὐτῷ, οὐ μόνον τὴν
οὐσίαν ἀναλίσκων, ἀλλὰ καὶ τῷ σώματι κινδυνεύων συν-
επιπλέων, τῶν οἰκείων μοι πραγμάτων τοιούτων συμβεβη-
κότων ἐν τῷ τότε καιρῷ, ὥστε ὑμᾶς ἂν ἀκούσαντας ἐλεῆσαι. 15
60 ἡ μέν γε μήτηρ ἔκαμνε καὶ ἐπιθάνατος ἦν ἐμοῦ ἀποδημοῦντος,
[1225] ὥστε μὴ δύνασθαι [ἂν] ἔτι αὐτὴν βοηθῆσαι τοῖς ἐμοῖς πράγ-
μασιν ἀνηλωμένοις ἀλλ' ἢ βραχέα.   ἑκταῖος γὰρ ἥκων
ἐτύγχανον, καὶ ἐκείνη ἰδοῦσά με καὶ προσειποῦσα τὴν ψυχὴν
ἀφῆκεν, οὐκέτι τῶν ὄντων κυρία οὖσα ὥστε δοῦναι ὅσα ἐβού- 20
λετό μοι.   πολλάκις δὲ πρότερον μετεπέμπετό με, ἀφι-
61 κέσθαι δεομένη αὐτόν, εἰ μὴ τῇ τριήρει οἷόν τε εἴη.   ἡ δὲ
γυνή, ἣν ἐγὼ περὶ πλείστου ποιοῦμαι, ἀσθενῶς διέκειτο πολὺν
χρόνον ἐν τῇ ἐμῇ ἀποδημίᾳ· τὰ δὲ παιδία μικρά, ἡ δὲ οὐσία
ὑπόχρεως· ἡ δὲ γῆ οὐχ ὅπως τινὰ καρπὸν ἤνεγκεν, ἀλλὰ καὶ 25
τὸ ὕδωρ ἐν ἐκείνῳ τῷ ἐνιαυτῷ, ὡς πάντες ἴστε, ἐκ τῶν φρεά-
των ἐπέλιπεν, ὥστε μηδὲ λάχανον γενέσθαι ἐν τῷ κήπῳ·
οἱ δὲ δεδανεικότες ἧκον ἐπὶ τοὺς τόκους, ἐπειδὴ ὁ ἐνιαυτὸς
ἐξῆλθεν, εἰ μή τις ἀποδοίη αὐτοῖς κατὰ τὰς συγγραφάς.

3 πάντα S : ἅπαντα cett.   6 ὑπὲρ ante ἐμαυτοῦ om. A   10 ἔχητε]
ἔχῃ S (η in ras.), D : ἔχει A   τὸ add. Hertlein, cf. § 13, xxv 19, 22
15 ἐλεῆσαι S A D : ἡμᾶς ἐλεῆσαι F Q   17 ἂν del. Schaefer   19 προσ-
είπασα S A Q D   21 δὲ] δε καὶ F Q D   μετεπέμπετο Naber
27 ἐπέλειπεν A   28 οἱ δεδανεικότες δὲ F   29 ἐξῆλθεν] ἐξῄει D
ἀποδοίη vulg. : ἀποδιδοίη S D

ὧν ἀκούοντά με καὶ παρὰ τῶν ἀφικνουμένων λόγῳ, τὰ δὲ 62
καὶ δι᾽ ἐπιστολῶν παρὰ τῶν οἰκείων, τίνα με οἴεσθε ψυχὴν
ἔχειν ἢ πόσα δάκρυα ἀφιέναι, τὰ μὲν ἐκλογιζόμενον περὶ τῶν
παρόντων, τὰ δὲ καὶ ποθοῦντα ἰδεῖν παιδία καὶ γυναῖκα καὶ
5 μητέρα, ἣν ἐγὼ οὐ πολλὰς ἐλπίδας εἶχον ζῶσαν καταλή-
ψεσθαι; ὧν τί ἥδιόν ἐστιν ἀνθρώπῳ, ἢ τοῦ ἕνεκ᾽ ἄν τις
εὔξαιτο τούτων στερηθεὶς ζῆν;

    Τοιούτων τοίνυν μοι συμβεβηκότων τῶν πραγμάτων, οὐ 63
περὶ πλείονος ἐποιησάμην τὰ ἐμαυτοῦ ἴδια ἢ τὰ ὑμέτερα,
10 ἀλλ᾽ ἡγούμην δεῖν καὶ χρημάτων ἀναλισκομένων κρείττων
εἶναι καὶ τῶν οἴκοι ἀμελουμένων καὶ γυναικὸς καὶ μητρὸς
νοσούσης, ὥστε μήτε τὴν τάξιν αἰτιᾶσθαί μέ τινα λιπεῖν
μήτε τὴν τριήρη τῇ πόλει ἄχρηστον γενέσθαι. ἀνθ᾽ ὧν [1226]
ἁπάντων νῦν ὑμῶν δέομαι, ὥσπερ ἐγὼ ὑμῖν εὔτακτον καὶ χρή- 64
15 σιμον ἐμαυτὸν παρέσχον, οὕτω καὶ ὑμᾶς νυνὶ περὶ ἐμοῦ
πρόνοιαν ποιησαμένους, καὶ ἀναμνησθέντας ἁπάντων ὧν τε
διηγησάμην πρὸς ὑμᾶς, τῶν τε μαρτυριῶν ὧν παρεσχόμην
καὶ τῶν ψηφισμάτων, βοηθῆσαι μὲν ἐμοὶ ἀδικουμένῳ, τιμω-
ρήσασθαι δ᾽ ὑπὲρ ὑμῶν ⟨αὐτῶν⟩, εἰσπρᾶξαι δὲ τὰ ὑπὲρ τούτου
20 ἀνηλωμένα. ἢ τίς ἐθελήσει φιλοτιμεῖσθαι πρὸς ὑμᾶς, ὅταν
ὁρῶσι μήτε τοῖς χρηστοῖς καὶ εὐτάκτοις χάριν οὖσαν, μήτε
τοῖς πονηροῖς καὶ ἀκοσμοῦσιν τιμωρίαν παρ᾽ ὑμῶν; ἀναγνώ- 65
σεται δὲ καὶ τὸν νόμον ὑμῖν καὶ τὰ ἀναλώματα τοῦ χρόνου
οὗ ἐπετριηράρχησα ὑπὲρ τούτου, καθ᾽ ἕκαστον, καὶ τοὺς λι-
25 πόνεως, ὅσον ἕκαστος ἔχων ἀργύριον ἀπέδρα καὶ ὅπου, ἵνα
εἰδῆτε ὅτι οὔτε νῦν πρὸς ὑμᾶς ψεῦδος οὐδὲν λέγω οὔτε ἐν τῷ
πρόσθεν χρόνῳ, ἡγοῦμαί τε δεῖν τὸν μὲν ὑπὸ τῶν νόμων
χρόνον ὡρισμένον ἀμέμπτως ὑμῖν λῃτουργεῖν, τοὺς δὲ κατα-
φρονοῦντας καὶ ὑμῶν καὶ τῶν νόμων καὶ οὐκ ἐθέλοντας

    6 ηδειον S   7 εὔξαιτο] δέξαιτο Naber, cf. lii 33   8 συμβεβηκότων
μοι F Q D   τῶν om. S, sed cf. §§ 17, 59   9 ἢ codd., Priscian. ii 172 :
ἢ οὐ Schaefer   12 αἰτιᾶσθαι S : αἰτιάσασθαι cett.   14 νῦν om. A
15 νυνὶ S : νῦν cett.   17 διηγησάμην S   19 ὑμῶν codd., αὐτῶν add.
Blass coll. § 66   20 ἢ A : εἰ S F Q D   22 τοῖς πονηροῖς καὶ om. A
23 τὸ ἀνάλωμα A   24 λειπόνεως S A   25 ἀργύριον ἔχων A

πείθεσθαι τοῖς νόμοις ἐξελέγξας ἀδικοῦντας ἐν ὑμῖν τιμωρή-
66 σασθαι.   εὖ δ' ἴστε ὅτι οὐ περὶ τῶν ἐμῶν ἰδίων μᾶλλον τιμω-
ρήσεσθε Πολυκλέα ἢ οὐχ ὑπὲρ ὑμῶν αὐτῶν, οὐδὲ περὶ τῶν
παρεληλυθότων τριηράρχων ἐπιμέλειαν ποιήσεσθε μόνον,
ἀλλὰ καὶ περὶ τῶν μελλόντων πρόνοιαν, ὥστε μήτε τοὺς 5
λῃτουργοῦντας ἀθυμεῖν, μήτε τοὺς διαδόχους καταφρονεῖν
τῶν νόμων, ἀλλ' ἀπιέναι ἐπὶ τὰς ναῦς, ὅταν κατασταθῶσιν.
[1227] ἃ προσήκει ὑμᾶς ἐνθυμηθέντας ὀρθῶς καὶ δικαίως διαγνῶναι
περὶ ἁπάντων.

67   Ἡδέως δ' ἂν ὑμῶν πυθοίμην, ὦ ἄνδρες δικασταί, τίν' ἂν 10
ποτε γνώμην περὶ ἐμοῦ εἴχετε, εἰ τοῦ τε χρόνου ἐξήκοντος
καὶ τούτου μὴ ἥκοντος ἐπὶ τὴν ναῦν μὴ ἐπετριηράρχησα κε-
λεύοντος τοῦ στρατηγοῦ, ἀλλὰ πλέων ᾠχόμην. ἆρ' οὐκ ἂν
ὠργίζεσθέ μοι καὶ ἡγεῖσθε ἂν ἀδικεῖν; εἰ τοίνυν ἂν ἐμοὶ
τότε ὠργίζεσθε, ὅτι οὐκ ἐπετριηράρχησα, πῶς οὐχὶ νῦν 15
προσήκει ὑμᾶς τοῦτον εἰσπρᾶξαί μοι τὰ ἀναλώματα, ἃ ἐγὼ
ὑπὲρ τούτου ἀνήλωσα, τὸν οὐ διαδεξάμενον τὴν ναῦν;

68   Ὅτι δ' οὐκ ἐμοὶ μόνῳ οὐ διεδέξατο τὴν ναῦν, ἀλλὰ καὶ
πρότερον Εὐριπίδῃ συντριήραρχος ὢν καὶ συνθηκῶν οὐσῶν
αὐτοῖς τοὺς ἓξ μῆνας ἑκάτερον πλεῖν, ἐπειδὴ Εὐριπίδης ἐξέ- 20
πλευσεν καὶ ὁ χρόνος ἐξῆκεν, οὐ διεδέξατο τὴν ναῦν αὐτῷ,
ἀναγνώσεται τὴν μαρτυρίαν.

MAPTYPIA.

1 ἀδικοῦντας ἐν ὑμῖν S A : ἐν ὑμῖν ἀδικοῦντας vulg.   3 ἢ οὐχ codd.,
Priscian. ii 173   5–6 τοὺς διαδόχους λειτουργοῦντας A   6 τοὺς
διαδόχους] τούτους A   7 ὅταν] ἐπειδὰν A   14 ὠργίζεσθε S A : ὀργί-
ζοισθε vulg.   post ἀδικεῖν add. με S vulg. : om. A   16 συνεισπρᾶξαι
Blass ut xlix 69   17 ἀνήλωσα A : ἀνάλωσα S al.   20 ἑκάτερον]
ἕκαστον A   ἐπειδὴ δὲ Εὐριπίδης A   23 MAPTYPIA om. A. ante
MAPTYPIA add. Schaefer, post MAPTYPIA Blass NOMOΣ ANAΛΩMATA,
quae verba post χρόνῳ (§ 65) excidisse censuit Reiske
In S subscriptum

ΠΡΟΣ ΠΟΛΥΚΛΕΑ
ΠΕΡΙ ΤΟΥ ΤΡΙΗ
ΡΑΡΧΗΜΑ
ΤΟΣ

LI

ΠΕΡΙ ΤΟΥ ΣΤΕΦΑΝΟΥ ΤΗΣ ΤΡΙΗΡΑΡΧΙΑΣ

ΥΠΟΘΕΣΙΣ.

Πολλῶν καὶ μεγάλων πραγμάτων κατεπειγόντων τοὺς Ἀθηναίους τριήρεις πληρῶσαι καὶ τῆς κατὰ θάλατταν ἐπιμελεθῆναι δυνάμεως, γράφεται ψήφισμα τῶν τριηράρχων τὸν μὲν πρῶτον τῶν ἄλλων τὴν ναῦν παρέχοντα πεπληρωμένην [τὸν] στέφανον
5 λαβεῖν, τὸν δὲ μὴ πρὸ τῆς ἕνης καὶ νέας, ἥτις ἐστὶν ἡ τελευταία τοῦ μηνός, περιορμίσαντα τὴν ναῦν ἐπὶ χῶμα δεθῆναι. τὸ χῶμα [1228] δ' ἦν οἰκοδόμημ' ἐν τῷ λιμένι προβεβλημένον προσορμίσεως ἕνεκα καὶ ἀγορᾶς τῶν ναυτῶν. Ἀπολλόδωρος οὖν ὁ Πασίωνος πρῶτος τὴν ναῦν περιορμίσας ἔλαβε τὸν στέφανον. προτεθείσης
10 δὲ πάλιν δοκιμασίας ὅστις κάλλιστα παρεσκευάσατο τὴν τριήρη, στεφανῶσαι καὶ τοῦτον ἀντιποιεῖται ὁ Ἀπολλόδωρος.

Εἰ μὲν ὅτῳ πλεῖστοι συνείποιεν, ὦ βουλή, τὸ ψήφισμ' ἐκέλευε δοῦναι τὸν στέφανον, κἂν ἀνόητος ἦν εἰ λαβεῖν αὐτὸν ἠξίουν, Κηφισοδότου μόνου μοι συνειρηκότος, τούτοις δὲ
15 παμπόλλων. νῦν δὲ τῷ πρώτῳ παρασκευάσαντι τὴν τριήρη τὸν ταμίαν προσέταξεν ὁ δῆμος δοῦναι, πεποίηκα δὲ τοῦτ' ἐγώ· διὸ φημι δεῖν αὐτὸς στεφανοῦσθαι. θαυμάζω δὲ καὶ 2 τούτων, ὅτι τῆς τριήρους ἀμελήσαντες τοὺς ῥήτορας παρεσκεύασαν, καὶ δοκοῦσί μοι παντὸς διημαρτηκέναι τοῦ πράγ-
20 ματος, καὶ νομίζειν οὐχὶ τοῖς ποιοῦσιν ἃ δεῖ χάριν ὑμᾶς

hanc orationem bis exhibet A, et inter xvii et xliii (Aᵃ) et post l (Aᵇ)

4 παρέχοντα Wolf: κατέχοντα codd.: παρασχόντα Blass   πεπληρωμένην FS   τὸν ante στέφανον secl. Blass   6 περιορμίσαντα D, Felicianus: περιορμήσαντα vulg.   ἐπὶ τὸ χῶμα Ald., sed cf. § 4
9 προτεθείσης S: προστ. F: τεθείσης D   11 post ἀντιποιεῖται add. καὶ τοῦτον ἐστεφάνωσεν codd.: καὶ τοῦτον ἐστεφανῶσθαι Reiske: καὶ τούτου τοῦ στεφάνου Wolf: καὶ τόθ' Blass: ut dittographiam del. Schaefer
12 μὲν] μὲν οὖν A   τὸ ψήφισμ' om. S   13 ἐκέλευε SAD: ἐκέλευσε FQ   εἰ] ἢ S¹   17 αὐτὸν Aᵃ   19 πάντες Aᵇ

ἔχειν, ἀλλὰ τοῖς φάσκουσιν, οὐ τὸν αὐτὸν τρόπον ἐγνω-
κότες ὅνπερ ἐγὼ περὶ ὑμῶν. καὶ κατ' αὐτὸ δὴ τοῦτο δικαίως
ἂν ἔχοιτ' εὐνοϊκωτέρως ἐμοί· φαίνομαι γὰρ βελτίους ὑμᾶς
3 ὑπολαμβάνων ἢ οὗτοι. ἐχρῆν μὲν οὖν, ὦ ἄνδρες Ἀθηναῖοι,
[1229] καὶ δίκαιον ἦν τοὺς τὸν στέφανον οἰομένους δεῖν παρ' ὑμῶν 5
λαβεῖν αὐτοὺς ἀξίους ἐπιδεικνύναι τούτου, μὴ ἐμὲ κακῶς
λέγειν. ἐπειδὴ δὲ τοῦτο παρέντες ἐκεῖνο ποιοῦσιν, ἀμφό-
τερ' αὐτοὺς ἐπιδείξω ψευδομένους, ἅ θ' αὐτοὺς ἐνεκωμίασαν
καὶ ὅσ' εἰς ἡμᾶς ἐβλασφήμησαν, ἐξ αὐτῶν τῶν πεπραγμένων
ἑκατέροις.   10

4 Ψήφισμα γὰρ ὑμῶν ποιησαμένων, ὃς ἂν μὴ πρὸ τῆς ἕνης
καὶ νέας ἐπὶ χῶμα τὴν ναῦν περιορμίσῃ, δῆσαι καὶ δικα-
στηρίῳ παραδοῦναι, καὶ ταῦτα κυρωσάντων, ἐγὼ μὲν περιώρ-
μισα καὶ στέφανον διὰ ταῦτα παρ' ὑμῶν ἔλαβον, οὗτοι δ'
οὐδὲ καθείλκυσαν, ὥστ' ἔνοχοι δεσμῷ γεγόνασιν. πῶς οὖν 15
οὐκ ἀτοπώτατον ἂν διαπράξαισθ' ἔργον, εἰ τοὺς καθ' ἑαυτῶν
ἐάσαντας τίμημα τοιοῦτον ἐπαχθῆναι, τούτους στεφανώσαντες
5 ὑμεῖς φαίνοισθε; τὰ σκεύη τοίνυν, ὅσα δεῖ παρέχειν τὴν
πόλιν τοῖς τριηράρχοις, ἐγὼ μὲν ἐκ τῶν ἰδίων ἀνήλωσα καὶ
τῶν δημοσίων ἔλαβον οὐδέν, οὗτοι δ' ὑμετέροις κέχρηνται καὶ 20
τῶν σφετέρων οὐδὲν εἰς ταῦτα προεῖνται. καὶ μὴν οὐδ' ἂν
ἐκεῖνό γ' ἔχοιεν εἰπεῖν, ὡς ἀνεπειρῶντ' ἐμοῦ πρότεροι· πρὶν
γὰρ ἧφθαι μόνον τῆς τριήρους τούτους ἐπεπλήρωτό μοι, καὶ
6 πάντες ἑωρᾶθ' ὑμεῖς ἀναπειρωμένην τὴν ναῦν. ἔτι τοίνυν
ὑπηρεσίαν τὴν κρατίστην ἔλαβον, πολλῷ πλεῖστον ἀργύριον 25
δούς. οὗτοι δ' εἰ μὲν εἶχον χείρον' ἡμῶν, οὐδὲν ἂν ἦν δεινόν·
νῦν δ' οὐδ' ὁποιαντινοῦν μεμίσθωνται, περὶ τοῦ πλείονος
ἀντιλέγοντες. καίτοι πῶς εἰσιν δίκαιοι ταῦτα μὲν ὕστερον

2 καὶ ... δὴ] διὸ καὶ κατ' αὐτὸ Aᵃ   3 εὐνοϊκώτερον Aᵃ   4 χρὴ
Aᵇ: χρῆν Blass   12 ἐπὶ] περὶ Pollux i 123   περιορμήσῃ S Aᵃ Q
13 περιώρμησα S Aᵃ corr.   πρῶτος (α') post περιώρμισα add. Herwerden
15 οὐδὲ Aᵃ: οὐ cett.   δεσμῶν A, δεσμοῦ F corr.   19 ἐγὼ μὲν om. Aᵇ
20 δὲ τοῖς ὑμ. Aᵃ   22 εἰπεῖν ἔχοιεν (ἂν om.) Aᵃ   ἂν ἐπειρῶντο A F¹ Q
πρότερον Aᵇ   24 ἀναπειρωμένην codd. : ἀναπειρωμένην Naber
26 χείρον] χείρον ἂν Aᵃ : χείρονα δὲ Blass speciose   27 οὐδ'
ὁποιαντινοῦν S vulg. Aᵇ mg. ; add. πω Aᵃ : ὁποιαντινοῦν οὔπω A

ἐξαναπληροῦν, νῦν δ' ὡς πρῶτοι παρασκευασάμενοι τὸν
στέφανον λαβεῖν;

Ἡγοῦμαι τοίνυν, ὅτι μὲν δικαιότατ' ἂν στεφανώσαιτ' ἐμέ, 7
καὶ μηδὲν εἰπόντος ἐμοῦ γιγνώσκειν ὑμᾶς· ὅτι δ' οὐκ ἔνεστι [1230]
5 μόνοις τούτοις περὶ τοῦ στεφάνου λόγος, τοῦτ' ἐπιδεῖξαι
βούλομαι. πόθεν οὖν τοῦτο μάλιστ' ἔσται δῆλον; ἀφ' ὧν
αὐτοὶ πεποιήκασιν· σκεψάμενοι γὰρ τὸν ἐξ ἐλαχίστου τριη-
ραρχεῖν βουλόμενον, μεμισθώκασι τὴν λῃτουργίαν. καίτοι
πῶς οὐκ ἄδικον τῶν μὲν ἀναλωμάτων ἀφεστηκέναι, τῶν δὲ
10 γιγνομένων δι' ἐκεῖνα τιμῶν ἀξιοῦν αὑτοῖς μετεῖναι; καὶ τοῦ
μὲν μὴ περιορμίσαι τὴν ναῦν τότε τὸν μεμισθωμένον αἰτιᾶ-
σθαι, τῶν δὲ καλῶς δεδιακονημένων νῦν αὑτοῖς κελεύειν χάριν
ὑμᾶς ἔχειν; δεῖ τοίνυν ὑμᾶς, ὦ ἄνδρες Ἀθηναῖοι, μὴ μόνον 8
ἐκ τούτων σκοπεῖν τὸ δίκαιον, ἀλλὰ καὶ ἐξ ὧν αὐτοὶ πρότερον
15 πεποιήκατε ταὐτὰ τινῶν διαπραξαμένων τούτοις. ὅτε γὰρ
τῇ ναυμαχίᾳ τῇ πρὸς Ἀλέξανδρον ἐνικήθητε, τότε τῶν τριη-
ράρχων τοὺς μεμισθωκότας τὰς τριηραρχίας αἰτιωτάτους τοῦ
γεγενημένου νομίζοντες παρεδώκατ' εἰς τὸ δεσμωτήριον,
καταχειροτονήσαντες προδεδωκέναι τὰς ναῦς καὶ λελοιπέναι
20 τὴν τάξιν. καὶ κατηγόρει μὲν Ἀριστοφῶν, ἐδικάζετε δ' 9
ὑμεῖς· εἰ δὲ μὴ μετριωτέραν ἔσχετε τὴν ὀργὴν τῆς ἐκείνων
πονηρίας, οὐδὲν αὐτοὺς ἐκώλυε τεθνάναι. ταῦτα τοίνυν εἰ-
δότες οὗτοι πεπραγμέν' αὑτοῖς καὶ ἐκείνοις, οὐχὶ φρίττουσιν
ἐν ὑμῖν ὑπὲρ ὧν προσήκει παθεῖν αὐτούς, ἀλλὰ δημηγοροῦσι
25 κατ' ἄλλων καὶ στεφανοῦν κελεύουσιν αὐτούς. καίτοι σκέ-
ψασθε τίν' ἄν ποτε δόξαιτε βεβουλεῦσθαι τρόπον, εἰ διὰ τὴν
αὐτὴν πρόφασιν τοὺς μὲν θανάτου κρίναντες, τοὺς δὲ στε-

---

1 ἐξαναπληροῦν] ἐξ ἀνάγκης πληροῦν Aᵇ   4 καὶ] κἂν Blass, sed
cf. xxxvii 18   οὐκ ἔνεστι Huettner, οὐδ' ἕν. Rüger: οὐ μέτεστι codd.
5 τούτοις μόνοις Aᵃ   8 λῃτουργίαν] τριηραρχίαν Aᵃ   9 ἄδικον] ἄτο-
πον Aᵃ   10 δι' ἐκεῖνα] ερεκεῖνα Aᵇ unde παρ' ἐκεῖνα Rüger   11 περι-
ορμῆσαι S Aᵃ F   μισθωσαμένον Aᵇ   12 δεδιακονημένων Aᵃ: δεδιηκ. Aᵃ
corr.: διακεκ. Aᵇ   13 post ὑμᾶς add. ὦ ἄνδρες Ἀθηναῖοι Aᵃ:
om. cett.   18 δεσμωτήριον Aᵇ: δικαστήριον cett., Pap. P. S. I. 721
22 ἂν post οὐδὲν add. A F Q, post αὐτοὺς D: om. S. Cf. xxiii 130
23 οὗτοι om. S¹, add. in mg. ead. m.   25 ἄλλου Aᵃ: ἀλλήλων Aᵇ

10 φανώσαντες φανείητε.   καὶ μὴν οὐ μόνον εἰ τοῦτο ποιήσαιτε,
[1231] δοκεῖτ' ἂν ἁμαρτεῖν, ἀλλ' εἰ μὴ καὶ κολάσαιτε τοὺς τὰ τοιαῦτα
ποιοῦντας, ἔχοντες.   οὐ γὰρ ἐπειδὰν ἐάσητέ τι τῶν ὑμετέρων
ἀπολέσθαι, τότε χρὴ χαλεπαίνειν, ἀλλ' ἐν ᾧ τὰ μὲν ὑμέτερ'
ἐστὶν σᾶ, καθορᾶτε δὲ τοὺς ἐφεστηκότας δι' αἰσχροκερδίαν 5
οὐχὶ προσήκουσαν πρόνοιαν περὶ σωτηρίας αὐτῶν ποιου-
μένους.   καὶ μηδεὶς ὑμῶν ἐπιτιμήσῃ τῷ λόγῳ, πικρὸν εἶναι
νομίσας, ἀλλὰ τοῖς τὸ ἔργον αὐτὸ πεποιηκόσιν· διὰ γὰρ τού-
11 τους τοιοῦτός ἐστιν.   θαυμάζω δ' ἔγωγε, τί δή ποτε τῶν μὲν
ναυτῶν τοὺς ἀπολειπομένους, ὧν τριάκοντα δραχμὰς ἕκαστος 10
ἔχει μόνας, δοῦσι καὶ κολάζουσιν οὗτοι· τῶν δὲ τριηράρχων
τοὺς μὴ συμπλέοντας, ὧν τριάκοντα μνᾶς εἰς ἔκπλουν εἴληφεν
ἕκαστος, οὐ ταὐτὰ ποιεῖθ' ὑμεῖς· ἀλλ' ἐὰν μὲν πένης ὤν τις
δι' ἔνδειαν ἁμάρτῃ, τοῖς ἐσχάτοις ἐπιτιμίοις ἐνέξεται, ἐὰν δὲ
πλούσιος ὢν δι' αἰσχροκερδίαν ταῦτα ποιήσῃ, συγγνώμης 15
τεύξεται; καὶ ποῦ τὸ πάντας ἔχειν ἴσον καὶ δημοκρατεῖσθαι
12 φαίνεται, τοῦτον τὸν τρόπον ὑμῶν ταῦτα βραβευόντων; ἔτι
τοίνυν ἔμοιγε δοκεῖ κἀκεῖν' ἀλόγως ἔχειν, τὸν μὲν εἰπόντα
τι μὴ κατὰ τοὺς νόμους, ἐὰν ἁλῷ τὸ τρίτον, μέρος ἠτιμῶσθαι
τοῦ σώματος, τοὺς δὲ μὴ λόγον, ἀλλ' ἔργον παράνομον 20
πεποιηκότας μηδεμίαν δοῦναι δίκην.   καὶ μήν, ὦ ἄνδρες
Ἀθηναῖοι, πάντες ὑμεῖς φήσετε τὸ πρὸς τὰ τοιαῦτα πράως
ἔχειν προδιδάσκειν ἑτέρους ἀδικεῖν εἶναι.

13   Βούλομαι τοίνυν, ἐπειδήπερ παρῆλθον, καὶ τὰ συμβαίνοντ'
ἀπὸ τῶν τοιούτων ὑμῖν διεξελθεῖν.   ἐπειδὰν γάρ τις μισθω- 25

2 δοκεῖτ' scripsi cum Aᵃ : δοκοῖτ' cett.   μὴ καὶ S : καὶ μὴ cett.
κολάσετε S : κολάσητε Aᵇ   4 χρὴ vulg. Pap. : δὴ S : δεῖ Baiter   5 σᾶ
Dindorf : σῶα vel σωῖα codd.   αἰσχροκερδίαν hic et infra S Fᶦ Q D :
αἰσχροκέρδειαν A   6 αὐτῶν S   8–9 τούτους τοιοῦτος Aᵃ : τοὺς
τοιούτους τοῦτ' cett.   11 δέουσι codd.   12 ἔκπλουν Reiske cf. 18 : ἐπί-
πλουν codd.   13 ταῦτα] ταυτα S : ταὐτὰ A   14 ἐπιτιμίοις om. A
15 ταὐτὰ Aᵇ : ταυτα S : ταῦτα vulg.   17 φανεῖται Aᵇ   18 ἔμοιγε]
ἐμοὶ Aᵇ   19 τὸ τρίτον del. Rüger, sed cf. Hyper. ii 11, 12   22 πάντες
S : πάντες ἂν cett.   φήσετε S Aᵃ : φήσαιτε cett.   23 ἀδικεῖν
Cobet coll. xxiv 218 : ἀδίκους codd.   24 παρῆλθον vulg. : εἰς τού-
τους τοὺς λόγους παρῆλθον Aᵇ : εἰς τούτους τοὺς λόγους προήχθην Blass
coll. xix 29   25 ὑμῖν post συμβαίνοντα collocat Aᵇ

σάμενος τριηραρχίαν ἐκπλεύσῃ, πάντας ἀνθρώπους ἄγει καὶ [1232]
φέρει, καὶ τὰς μὲν ὠφελίας ἰδίᾳ καρποῦται, τὰς δὲ δίκας τού-
των ὁ τυχὼν δίδωσιν ὑμῶν, καὶ μόνοις ὑμῖν οὐδαμόσε ἔστιν
ἄνευ κηρυκείου βαδίσαι διὰ τὰς ὑπὸ τούτων ἀνδροληψίας καὶ
5 σύλας κατεσκευασμένας· ὥστε τῇ γ᾽ ἀληθείᾳ σκοπῶν ἄν τις 14
εὕροι τὰς τοιαύτας τριήρεις οὐχ ὑπὲρ ὑμῶν, ἀλλὰ καθ᾽ ὑμῶν
ἐκπεπλευκυίας.   τὸν γὰρ ὑπὲρ τῆς πόλεως τριήραρχον οὐκ
ἀπὸ τῶν κοινῶν προσδοκᾶν χρὴ πλουτήσειν, ἀλλ᾽ ἀπὸ τῶν
ἰδίων τὰ τῆς πόλεως ἐπανορθώσειν, εἴπερ ἔσται τι τῶν
10 δεόντων ὑμῖν.   τούτων δὲ τἀναντί᾽ ἕκαστος ἐγνωκὼς ἐκπλεῖ·
καὶ γάρ τοι τὰ τῶν αὐτῶν τρόπων ἁμαρτήματα ταῖς ὑμετέραις
βλάβαις ἐπανορθοῦνται.   καὶ τούτων οὐδέν ἐστιν ἄλογον. 15
δεδώκατε γὰρ τοῖς βουλομένοις ἀδικεῖν, ἂν μὲν λάθωσιν,
ἔχειν, ἐὰν δὲ ληφθῶσι, συγγνώμης τυχεῖν· τοῖς οὖν ἠμε-
15 ληκόσι δόξης ἄδεια ποιεῖν ὅ τι ἂν βούλωνται γέγονεν.   τῶν
μὲν τοίνυν ἰδιωτῶν τοὺς μετὰ τοῦ παθεῖν μανθάνοντας ἀπρο-
σκέπτους ὀνομάζομεν· ὑμᾶς δέ, οἵτινες οὐδὲ πεπονθότες
πολλάκις ἤδη φυλάττεσθε, τί τις καλέσειεν ἄν;
     Ἄξιον τοίνυν καὶ περὶ τῶν συνειρηκότων εἰπεῖν.   οὕτως 16
20 γὰρ ἡγοῦνταί τινες ἐξουσίαν εἶναι σφίσιν καὶ ποιεῖν ὅ τι
βούλονται καὶ λέγειν παρ᾽ ὑμῖν, ὥστε τῶν τότε συγκατη-
γορούντων μετ᾽ Ἀριστοφῶντος καὶ πικρῶν ὄντων τοῖς μεμι-
σθωκόσι τὰς τριηραρχίας νῦν κελεύουσί τινες τούτους στε-
φανῶσαι, καὶ δυοῖν θάτερον ἐξελέγχουσιν αὐτούς, ἢ τότ᾽
25 ἐκείνους ἀδίκως συκοφαντοῦντες, ἢ νῦν τοῖσδ᾽ ἐπὶ μισθῷ
συνηγοροῦντες.   καὶ χαρίσασθαι κελεύουσιν ὑμᾶς, ὥσπερ 17
περὶ δωρεᾶς, ἀλλ᾽ οὐ περὶ νικητηρίων τῶν λόγων ὄντων, ἢ [1233]
καὶ χάριν τιθεμένων διὰ τῶν τοιούτων τοῖς ἀμελοῦσιν ὑμῶν,
ἀλλ᾽ οὐ διὰ τῶν βελτιόνων τοῖς ὑπηρετοῦσιν ἃ δεῖ χαρίζεσθαι

---

2 ὠφελείας A   3 ἡμῖν οὐδαμοῦ Aᵇ   4 κηρυκίου S A   5 γ᾽ om.
A   8 χρὴ προσδοκᾶν Aᵇ, Rüger   12 ἐπανορθοῦται S Aᵇ F Q
13 ἐὰν μὲν A   λανθάνωσιν Aᵇ   15 ἄδειαν S F¹ Q   16 τοῦ] τὸ
Aᵃ F corr.   ἀπροσκέπτους] ἃ προσήκει ἀνοήτους Aᵃ   18 ἂν om. Aᵇ,
ante τις ponit Aᵃ   21 τότε A : ποτὲ cett.   25 ἐπὶ μισθῷ τοῖσδε Aᵇ
28 τοῖς] οἵ γ᾽ Aᵃ

προσῆκον. ἔπειθ᾽ οὕτως ὀλιγωροῦσιν τοῦ δοκεῖν ἐπιεικεῖς
εἶναι, καὶ παντελῶς τἄλλα πάρεργα πρὸς τὸ λαβεῖν νομί-
ζουσιν, ὥστ᾽ οὐ μόνον τοῖς πρότερον ῥηθεῖσιν ὑφ᾽ αὑτῶν
ἐναντία τολμῶσιν δημηγορεῖν, ἀλλὰ καὶ νῦν οὐ ταὐτὰ λέ-
γουσιν ἑαυτοῖς, οἵτινες τοὺς μὲν ναύτας φασὶ δεῖν οἰκείους 5
εἶναι τῆς τριήρους τῆς ληψομένης τὸν στέφανον, τῶν δὲ τριη-
ράρχων τοὺς ἠλλοτριωκότας αὑτοὺς ἀπὸ τῆς λῃτουργίας,
18 τούτους στεφανῶσαι κελεύουσι. καὶ φασὶ μὲν οὐδένα τού-
των πρότερον παρασκευάσασθαι, κελεύουσι δὲ κοινῇ στεφα-
νοῦν ἡμᾶς, τοῦ ψηφίσματος οὐ ταῦτα λέγοντος. ἐγὼ δὲ 10
τοσούτου δέω τοῦτο συγχωρεῖν ὅσουπερ καὶ μεμισθωκέναι
τὴν τριηραρχίαν· οὔτε γὰρ τοῦθ᾽ ὑπομείναιμ᾽ ἂν οὔτ᾽ ἐκεῖν᾽
ἐποίησα. προσποιοῦνται μὲν τοίνυν ὑπὲρ τοῦ δικαίου συνη-
γορεῖν, σπουδάζουσιν δὲ μᾶλλον ἢ προῖκ᾽ ἄν τις ὑμῶν
πράττων, ὥσπερ ἄξια τοῦ μισθοῦ ποιῆσαι προσῆκον ἑαυτοῖς, 15
19 ἀλλ᾽ οὐ γνώμην ἀποφήνασθαι. εἶθ᾽ ὥσπερ οὐχὶ πολιτείας
κοινῆς μετέχοντες καὶ διὰ ταῦτα τῷ βουλομένῳ λέγειν ἐξόν,
ἀλλ᾽ ἱερωσύνην ἰδίαν αὐτοί τινα ταύτην ἔχοντες, ἐὰν ὑπὲρ
τῶν δικαίων ἐν ὑμῖν τις εἴπῃ, δεινὰ πάσχουσιν καὶ θρασὺν
εἶναί φασιν. καὶ εἰς τοσοῦτον ἀναισθησίας προήκουσιν, 20
ὥστ᾽ οἴονται τὸν ἅπαξ εἰρηκότ᾽ ἂν καλέσωσιν ἀναιδῆ, σφᾶς
αὐτοὺς πάντ᾽ (ἂν) τὸν βίον καλοὺς κἀγαθοὺς νομίζεσθαι.
20 καίτοι διὰ μὲν τὰς τούτων δημηγορίας πολλὰ χεῖρον ἔχει,
[1234] διὰ τοὺς δ᾽ οἰομένους δεῖν τὰ δίκαι᾽ ἀντιλέγειν οὐ πάντ᾽
ἀπόλωλεν. τοιούτους τοίνυν τοὺς συνεροῦντας αὐτοῖς παρε- 25
σκευασμένοι, καὶ τοσαύτην βλασφημίαν εἰδότες οὖσαν καθ᾽
ἑαυτῶν τοῖς βουλομένοις τι λέγειν φλαῦρον, ὅμως εἰς λόγον
ἠξίωσαν καταστῆναι καὶ κακῶς τιν᾽ ἐτόλμησαν εἰπεῖν, οἷς
ἀγαπητὸν ἦν μὴ πάσχουσιν κακῶς αὐτοῖς.

2 πάρεργον Aᵃ: περίεργα F   5 μὲν om. S¹, add. in mg. ead. m.   δεῖν]
δοκεῖν Aᵇ   9 παρεσκευάσθαι Aᵃ   10 ὑμᾶς S¹   11 καὶ om. A
15 αὑτοῖς A   20 ἥκουσιν Aᵃ   21 ἀναιδῆ] ἀνάγκη δὴ F γρ. Q γρ.
22 πάντ᾽ ἂν Stahl : πάντα codd. : τοὺς πάντα Blass, εἰρηκότας subaudiens
24 τοὺς δ᾽] δὲ τοὺς A   25 συνεροῦντας Aᵃ, Cobet : συνηγοροῦντας S
vulg.   26 τοσαύτην] τοὺς αὑτὴν S¹   29 αὐτοί A

Τοῦ τοίνυν τούτους ἀδίκους εἶναι καὶ θρασεῖς οὐδένες 21
ὑμῶν εἰσιν αἰτιώτεροι· παρὰ γὰρ τῶν λεγόντων, οὓς ἴστ᾽ ἐπὶ
μισθῷ τοῦτο πράττοντας, πυνθάνεσθε ποῖόν τιν᾽ ἕκαστον δεῖ
νομίζειν, οὐκ αὐτοὶ θεωρεῖτε.   καίτοι πῶς οὐκ ἄτοπον τού-
5 τους μὲν αὐτοὺς πονηροτάτους τῶν πολιτῶν νομίζειν, τοὺς δ᾽
ὑπὸ τούτων ἐπαινουμένους χρηστοὺς ἡγεῖσθαι; καὶ γάρ τοι 22
πάντα δι᾽ αὐτῶν ποιοῦνται, καὶ μόνον οὐχ ὑπὸ κήρυκος
πωλοῦσι τὰ κοινά, καὶ στεφανοῦν, ὃν ἂν αὐτοῖς δοκῇ, καὶ μὴ
στεφανοῦν κελεύουσι, κυριωτέρους αὐτοὺς τῶν ὑμετέρων
10 δογμάτων καθιστάντες. ἐγὼ δ᾽ ὑμῖν, ὦ ἄνδρες Ἀθηναῖοι,
παραινῶ μὴ ποιεῖν τὴν τῶν ἀναλίσκειν ἐθελόντων φιλοτιμίαν
ἐπὶ τῇ τῶν λεγόντων πλεονεξίᾳ. εἰ δὲ μή, διδάξετε πάντας
τὰ μὲν ὑφ᾽ ὑμῶν προσταττόμεν᾽ ὡς εὐτελέστατα διοικεῖν,
τοὺς δ᾽ ὑπὲρ τούτων ἀναιδῶς εἰς ὑμᾶς ψευδομένους ὡς πλεί-
15 στου μισθοῦσθαι.

2 γὰρ om. S F¹ Q D   6 ἐπαινομένους S   7 δι᾽ αὐτῶν πάντα
ποιοῦντα Aᵃ   οὐχὶ Aᵇ F   8 καὶ ante πωλοῦσι add. Aᵇ   14 ψευδο-
μένους S Aᵃ F Q¹ D : ψευσομένους Aᵇ Q corr.   πλείστου] πλείστους
Aᵇ, Blass coll. § 1
In S subscriptum

ΠΕΡΙ ΤΟΥ ΣΤΕΦΑΝΟΥ
ΤΗΣ ΤΡΙΗΡΑΡΧΙΑΣ
Η̄ Η̄ Π̄ Η̄

ultimum Η̄ pro Ῑ Ῑ scriptum esse monuit Sauppe

LII

ΠΡΟΣ ΚΑΛΛΙΠΠΟΝ

ΥΠΟΘΕΣΙΣ.

Λύκων τις, τὸ γένος Ἡρακλεώτης, τῇ Πασίωνος ἐχρῆτο τρα-
πέζῃ. οὗτος μέλλων ἐκπλεῖν εἰς Λιβύην κατέλιπεν ἀργύριον
[1235] παρὰ Πασίωνι, ὡς μὲν Πασίων ζῶν ἔλεγε καὶ Ἀπολλόδωρος λέγει
νῦν, ἐντειλάμενος ἀποδοῦναι Κηφισιάδῃ, ὡς δὲ Κάλλιππός φησιν,
ἑαυτῷ χαρισάμενος φίλῳ τ᾽ ὄντι καὶ προξένῳ τῶν πάντων Ἡρα- 5
κλεωτῶν. ἀποθανόντος δὲ τοῦ Λύκωνος, τὸ ἀργύριον ἀπεδόθη
Κηφισιάδῃ. Κάλλιππος δέ, ὥς φησιν Ἀπολλόδωρος, ἐπειδὴ
πείθειν τὸν Πασίων᾽ οὐκ ἐδύνατο μεθ᾽ ἑαυτοῦ γενόμενον συνεπι-
θέσθαι τῷ ξένῳ, ἐπ᾽ αὐτὸν ἦλθε τὸν Πασίωνα βλάβης αὐτῷ
δικαζόμενος, καὶ Λυσιθείδῃ τὸ πρᾶγμ᾽ ἐπέτρεψεν, ὅστις Πα- 10
2 σίωνος ζῶντος οὐδὲν ἀπεφήνατο. ἀποθανόντος δ᾽ ἐκείνου, αὖθις
Ἀπολλοδώρῳ λαγχάνει δίκην τοῦ ἀργυρίου Κάλλιππος καὶ
ἠξίου πάλιν ἐπιτρέψαι τῷ Λυσιθείδῃ. ὁ δ᾽ Ἀπολλόδωρος τὸν
μὲν διαιτητὴν ἐδέξατο, πρὸς δὲ τὴν ἀρχὴν τοὔνομα τοῦ Λυσιθεί-
δου ἀπήνεγκεν, ἵνα, ὥς φησιν, ὀμόσας δικάσῃ, καὶ μὴ χωρὶς 15
ὅρκου διαιτῶν τῷ Καλλίππῳ χαρίσηται. ὁ δὲ Λυσιθείδης μὴ
ὀμόσας ἀπεφήνατο καὶ κατεδιῄτησε τὴν δίκην. διόπερ ἔφεσιν
δοὺς ὁ Ἀπολλόδωρος εἰς τὸ δικαστήριον εἰσέρχεται.

Οὐκ ἔστιν χαλεπώτερον οὐδέν, ὦ ἄνδρες δικασταί, ἢ
ὅταν ἄνθρωπος δόξαν ἔχων καὶ δυνάμενος εἰπεῖν τολμᾷ 20
ψεύδεσθαι καὶ μαρτύρων εὐπορῇ. ἀνάγκη γάρ ἐστιν τῷ
[1236] φεύγοντι μηκέτι περὶ τοῦ πράγματος μόνον λέγειν, ἀλλὰ
καὶ περὶ αὐτοῦ τοῦ λέγοντος, ὡς οὐκ εἰκὸς αὐτῷ διὰ τὴν
δόξαν πιστεύειν. εἰ γὰρ ἔθος καταστήσετε τοῖς δυναμένοις

Oratio deest in A r

Titulus : Πρὸς Κάλλιππον S : add. χρέως D, χρέος F

14 τοὔνομα τοῦ Λυσιθείδου Dobree : τοῦ νόμου τοῦ Λυσιθείδου codd. :
κατὰ τοὺς νόμους τὸν Λυσιθείδην Wolf coll. § 30   16–17 μὴ ὀμόσας D :
μὲν ὀμόσας F : ὀμόσας Ald. : οὐκ ὀμόσας Wolf   21 γάρ S : γὰρ ἤδη
vulg.

εἰπεῖν καὶ δόξαν ἔχουσι μᾶλλον πιστεύειν ἢ τοῖς ἀδυνατω-
τέροις, ἐφ᾽ ὑμῖν αὐτοῖς ἔσεσθε τὸ ἔθος τοῦτο κατεσκευακότες.
δέομαι οὖν ὑμῶν, εἴπερ τι καὶ ἄλλο πώποτε πρᾶγμα αὐτὸ
καθ᾽ αὑτὸ ἐδικάσατε, μηδὲ μεθ᾽ ἑτέρων τὴν γνώμην γενό-
5 μενοι, μήτε μετὰ τῶν διωκόντων μήτε μετὰ τῶν φευγόντων,
ἀλλὰ τὸ δίκαιον σκεψάμενοι, οὕτω καὶ νῦν διαγνῶναι. ἐξ
ἀρχῆς δ᾽ ὑμῖν διηγήσομαι.

Λύκων γὰρ ὁ Ἡρακλεώτης, ὦ ἄνδρες δικασταί, οὗτος ὃν 3
καὶ αὐτὸς λέγει, τῇ τραπέζῃ τῇ τοῦ πατρὸς ἐχρῆτο, ὥσπερ
10 καὶ οἱ ἄλλοι ἔμποροι, ξένος μὲν ὢν Ἀριστόνῳ τῷ Δεκελεῖ
καὶ Ἀρχεβιάδῃ τῷ Λαμπτρεῖ, ἄνθρωπος δέ τις σώφρων.
οὗτος ἐπειδὴ ἐκπλεῖν ἔμελλεν εἰς τὴν Λιβύην, διαλογισά-
μενος πρὸς τὸν πατέρα τὸν ἐμὸν ἐναντίον Ἀρχεβιάδου καὶ
Φρασίου προσέταξεν τὸ ἀργύριον ὃ κατέλειπεν (ἦν δὲ τοῦτο
15 ἑκκαίδεκα μναῖ καὶ τετταράκοντα δραχμαί, ὡς ἐγὼ ὑμῖν
πάνυ ἀκριβῶς ἐπιδείξω) Κηφισιάδῃ ἀποδοῦναι, λέγων ὅτι
κοινωνὸς εἴη αὐτοῦ ὁ Κηφισιάδης οὗτος, οἰκήτωρ μὲν ὢν ἐν
Σκίρῳ, ἐν δὲ τῷ παρόντι ἐφ᾽ ἑτέρᾳ ἀποδημῶν ἐμπορίᾳ.
δεῖξαι δ᾽ αὐτὸν τῷ πατρὶ τῷ ἐμῷ καὶ συστῆσαι τῷ Ἀρχε- 4
20 βιάδῃ καὶ τῷ Φρασίᾳ προσέταξεν, ἐπειδὴ ἥκοι ἐκ τῆς ἀπο-
δημίας. εἰώθασι δὲ πάντες οἱ τραπεζῖται, ὅταν τις ἀργύ-
ριον τιθεὶς ἰδιώτης ἀποδοῦναί τῳ προστάττῃ, πρῶτον τοῦ
θέντος τοὔνομα γράφειν καὶ τὸ κεφάλαιον τοῦ ἀργυρίου, [1237]
ἔπειτα παραγράφειν ʻτῷ δεῖνι ἀποδοῦναι δεῖʼ, καὶ ἐὰν μὲν
25 γιγνώσκωσι τὴν ὄψιν τοῦ ἀνθρώπου ᾧ ἂν δέῃ ἀποδοῦναι,
τοσοῦτο μόνον ποιεῖν, γράψαι ᾧ δεῖ ἀποδοῦναι, ἐὰν δὲ μὴ
γιγνώσκωσι, καὶ τούτου τοὔνομα προσπαραγράφειν ὃς ἂν

8 ηρακλωτης S　　8–9 οὗτος ὃν καὶ αὐτὸς codd. : ὃν καὶ οὗτος αὐτὸς
Reiske : ὃ καὶ αὐτὸς οὗτος Dobree, recte fort.　　10 οἱ del. Schaefer
ἀριστονεῳ S D¹　　11 αλκιβιαδη S.　inter ἀλχε-, ἀλχι-, ἀρχε- mira
infra inconstantia　Λαμπτρεῖ Turr. ex Harpocr.: Λαμπρεῖ codd. hic et
infra　14 κατέλειπεν Blass : κατέλιπεν codd.　17 εἴη αὑτοῦ S :
αὐτοῦ εἴη F Q D　18 Σκίρῳ Scherling (Leipz. Stud. 1898) : Σκύρῳ
codd.　19 δʼ Dobree : δʼ ἂν codd.　20 φρασιαδη S (δη lineolis
deleto)　22 πρῶτον ⟨μὲν⟩ Blass　24 δεῖ del. Dobree, nescio an
recte, cf. § 19　25 ἂν D : ἐὰν cett.　26 ποιεῖν del. Naber

μέλλῃ συστήσειν καὶ δείξειν τὸν ἄνθρωπον, ὃν ἂν δέῃ
5 κομίσασθαι τὸ ἀργύριον. τύχης δὲ συμβάσης τοιαύτης
τῷ Λύκωνι τούτῳ ὥστε εὐθὺς ἐκπλέοντα αὐτὸν περὶ τὸν
Ἀργολικὸν κόλπον ὑπὸ λῃστρίδων νεῶν τά τε χρήματα
καταχθῆναι εἰς Ἄργος καὶ αὐτὸν τοξευθέντα ἀποθανεῖν, 5
ἔρχεται ἐπὶ τὴν τράπεζαν Κάλλιππος οὑτοσὶ εὐθὺς ἐρωτῶν,
Λύκωνα Ἡρακλεώτην εἰ γιγνώσκοιεν. ἀποκριναμένου δὲ
Φορμίωνος τουτουὶ ὅτι γιγνώσκοιεν, 'ἆρα καὶ ἐχρῆτο ὑμῖν';
ἔφη ὁ Φορμίων· 'ἀλλὰ πρὸς τί ἐρωτᾷς'; 'πρὸς τί'; ἔφη·
'ἐγώ σοι ἐρῶ. ἐκεῖνος μὲν τετελεύτηκεν, ἐγὼ δὲ προξενῶν 10
τυγχάνω τῶν Ἡρακλεωτῶν. ἀξιῶ δή σε δεῖξαί μοι τὰ
γράμματα, ἵν' εἰδῶ εἴ τι καταλέλοιπεν ἀργύριον· ἐξ ἀνάγκης
6 γάρ μοί ἐστιν ἁπάντων Ἡρακλεωτῶν ἐπιμελεῖσθαι.' ἀκού-
σας δ' αὐτοῦ ὁ Φορμίων, ὦ ἄνδρες δικασταί, ἔδειξεν εὐθέως
παραχρῆμα. δείξαντος δὲ αὐτοῦ τὸ γραμματεῖον, ἀναγνοὺς 15
αὐτὸς καὶ ἄλλος οὐδείς, καὶ ἰδὼν γεγραμμένον ἐν αὐτῷ
'Λύκων Ἡρακλεώτης χιλίας ἑξακοσίας τετταράκοντα·
Κηφισιάδῃ ἀποδοῦναι δεῖ· Ἀρχεβιάδης Λαμπτρεὺς δείξει
τὸν Κηφισιάδην', ᾤχετο ἀπιὼν σιωπῇ, καὶ πλέον ἢ πέντε
7 μηνῶν οὐδένα λόγον ἐποιήσατο. ἐπιδημήσαντος δὲ τοῦ 20
Κηφισιάδου μετὰ ταῦτα καὶ προσελθόντος πρὸς τὴν τράπε-
[1238] ζαν καὶ ἀπαιτοῦντος τὰ χρήματα, παρόντος δέ, ὦ ἄνδρες
δικασταί, Ἀρχεβιάδου καὶ τοῦ Φρασίου, οὓς ὁ Λύκων τῷ
πατρὶ συνέστησεν καὶ ἐκέλευσε τὸν Κηφισιάδην δεῖξαι
ὃς εἴη, ἐπειδὴ ἔλθοι, παρόντων (δὲ) καὶ ἄλλων, ἐξαριθμή- 25
σας αὐτῷ τὰς ἑκκαίδεκα μνᾶς καὶ τετταράκοντα δραχμὰς
ἀπέδωκε Φορμίων οὑτοσί. ὡς δὲ ἀληθῆ λέγω, τούτων
ἁπάντων ὑμῖν τὰς μαρτυρίας ἀναγνώσεται.

7–8 γιγνώσκοιμεν . . . γιγνώσκομεν Naber   9 πρὸς ὅ τι; ἔφη
Blass ' notus est is usus pronominis ὅστις ex Aristophane'. vix tamen
constans usus, cf. Av. 1234–5, Ran. 1424, Eccl. 761   18 δεῖ del.
Dobree, cf. § 4   19 τὸν om. S¹, add. s. v. ead. m.   κηφισιαδη S
littera σ in fine erasa   20 ἐποιήσατο] εποιησα S   25 δὲ add.
Reiske

ΜΑΡΤΥΡΙΑΙ.

Ὅτι μὲν ἀληθῆ ἅπαντα εἶπον πρὸς ὑμᾶς, ὦ ἄνδρες 8
δικασταί, τῶν μαρτυριῶν ἀκηκόατε. προσελθὼν δὲ συχνῷ
χρόνῳ ὕστερον πρὸς τὸν πατέρα Κάλλιππος οὑτοσὶ ἐν ἄστει,
5 ἤρετο αὐτὸν εἰ ἤδη ἐπιδεδημηκὼς εἴη ὁ Κηφισιάδης, ὅτῳ
γεγραμμένον εἴη ἀποδοῦναι τὸ ἀργύριον τὸ ὑπὸ τοῦ Λύκωνος
τοῦ Ἡρακλεώτου καταλειφθέν. ἀποκριναμένου δὲ τοῦ πα-
τρὸς ὅτι οἴοιτο μέν, εἰ μέντοι βούλοιτο εἰς Πειραιᾶ κατα-
βῆναι, τὴν ἀκρίβειαν εἴσοιτο, ' οἶσθά τοι' ἔφη, ' ὅ τι ἔστιν,
10 ὦ Πασίων, ὅ σε ἐρωτῶ'; (καὶ μὰ τὸν Δία καὶ τὸν Ἀπόλλω 9
καὶ τὴν Δήμητρα, οὐ ψεύσομαι πρὸς ὑμᾶς, ὦ ἄνδρες δικα-
σταί, ἀλλ' ἃ τοῦ πατρὸς ἤκουον, διηγήσομαι ὑμῖν.) ' ἔξεστί
σοι' ἔφη ' ἐμέ τε εὖ ποιῆσαι καὶ αὐτὸν μηδὲν βλαβῆναι.
προξενῶν μὲν γὰρ τυγχάνω τῶν Ἡρακλεωτῶν, βούλοιο δ'
15 ἄν, ὡς οἶμαι ἐγώ, ἐμὲ μᾶλλον τὸ ἀργύριον λαβεῖν ἢ τὸν
μέτοικον ἄνθρωπον καὶ ἐν Σκίρῳ κατοικοῦντα καὶ οὐδενὸς
ἄξιον. συμβέβηκεν δὲ τοιοῦτόν τι· ὁ Λύκων τυγχάνει ὢν
καὶ ἄπαις καὶ κληρονόμον οὐδένα οἴκοι καταλιπών, ὡς ἐγὼ
πυνθάνομαι. πρὸς δὲ τούτῳ, ἐπειδὴ εἰς Ἄργος κατήχθη 10
20 τετρωμένος, τῷ προξένῳ τῶν Ἡρακλεωτῶν τῷ Ἀργείῳ
Στραμμένῳ τὰ χρήματα δέδωκεν ἃ κατήχθη μετ' αὐτοῦ. [1239]
οἷος οὖν εἰμι καὶ ἐγὼ τὰ ἐνθάδε αὐτὸς ἀξιοῦν λαμβάνειν·
ἡγοῦμαι γὰρ δίκαιος εἶναι ἔχειν. σὺ οὖν, εἰ ἄρα μὴ ἀπεί-
ληφεν, λέγε ὅτι ἐγὼ ἀμφισβητῶ, ἂν ἄρα ἔλθῃ ὁ Κηφισιάδης.
25 εἰ δ' ἄρα ἀπείληφεν, λέγε ὅτι ἐγὼ μάρτυρας ἔχων ἠξίουν
ἐμφανῆ καταστῆσαι τὰ χρήματα ἢ τὸν κεκομισμένον, καὶ εἴ
τίς με βούλεται ἀφελέσθαι, πρόξενον ὄντα ἀφαιρεθῆναι.'
ἐπειδὴ δὲ αὐτῷ εἴρητο, ' ἐγώ', ἔφη ὁ πατήρ, ' ὦ Κάλλιππε, 11
χαρίζεσθαι μέν σοι βούλομαι (καὶ γὰρ ἂν καὶ μαινοίμην, εἰ

6 γεγραμμένον Reiske : ἐπιγεγραμμένον codd., cf. § 19　10 ὦ] ὁ S
ὅ S : διὸ F Q D　11 δήμητραν S al.　13 αὐτὸν Blass : σεαυτὸν codd.:
αὑτῷ Herwerden　15 ὡς οἶμαι] ωσομαι S　τὸν del. Dobree
16 Σκίρῳ Scherling : Σκύρῳ codd.　20 τετρωμένος] προμεν S
21 Στραμμένῳ servant S D soli　26-27 εἴ τις S Q D : εἴ τι vulg.
29 καὶ alterum del. Cobet coll. xxi 208, Prooem. xlv　μεμοίμην S

μή), οὕτω μέντοι ὅπως αὐτός τε μὴ χείρων δόξω εἶναι καὶ
ἐκ τοῦ πράγματος μηδὲν ζημιώσομαι. εἰπεῖν μὲν οὖν μοι
ταῦτα πρὸς τὸν Ἀρχεβιάδην καὶ τὸν Ἀριστόνουν καὶ πρὸς
αὐτὸν δὲ τὸν Κηφισιάδην οὐδὲν διαφέρει· ἐὰν μέντοι μὴ
'θέλωσι ταῦτα ποιεῖν εἰπόντος ἐμοῦ, αὐτὸς ἤδη διαλέγου 5
αὐτοῖς.' 'ἀμέλει,' ἔφη οὗτος, 'ὦ Πασίων, ἐὰν βούλῃ σύ,
ἀναγκάσεις αὐτοὺς ταῦτα ποιῆσαι.'

12 ἃ μὲν διελέχθη, ὦ ἄνδρες δικασταί, οὗτος μὲν τῷ πατρί,
ἐκεῖνος δὲ τῷ Ἀρχεβιάδῃ καὶ τῷ Κηφισιάδῃ τούτου δεη-
θέντος καὶ τούτῳ χαριζόμενος, ταῦτ' ἔστιν, ἐξ ὧν κατὰ 10
μικρὸν ἡ δίκη αὕτη πέπλασται· ὧν ἐγὼ ἤθελον τούτῳ
ταύτην ἥτις εἴη μεγίστη πίστις δοῦναι, ἦ μὴν ἐγὼ τοῦ
13 πατρὸς ἀκούειν. οὗτος δὲ ὁ ἀξιῶν ὑφ' ὑμῶν πιστεύεσθαι
ὡς ἀληθῆ λέγων, τρία ἔτη διαλιπὼν ἐπειδὴ τὸ πρῶτον
διαλεχθέντος τοῦ πατρὸς τῷ Ἀρχεβιάδῃ καὶ τοῖς ἄλλοις 15
τοῖς Κηφισιάδου ἐπιτηδείοις οὐκ ἔφασαν Καλλίππῳ προσέ-
14 χειν τὸν νοῦν οὐδὲ οἷς λέγει, ἐπειδὴ ᾔσθετο ἀδυνάτως ἤδη
ἔχοντα τὸν πατέρα καὶ μόγις εἰς ἄστυ ἀναβαίνοντα καὶ τὸν
[1240] ὀφθαλμὸν αὐτὸν προδιδόντα, λαγχάνει αὐτῷ δίκην, οὐ μὰ
Δί' οὐχ ὥσπερ νῦν ἀργυρίου, ἀλλὰ βλάβης, ἐγκαλέσας 20
βλάπτειν ἑαυτὸν ἀποδιδόντα Κηφισιάδῃ τὸ ἀργύριον, ὃ
κατέλιπε Λύκων ὁ Ἡρακλεώτης παρ' αὐτῷ, ἄνευ αὐτοῦ ὁμο-
λογήσαντα μὴ ἀποδώσειν. λαχὼν δὲ παρὰ μὲν τοῦ διαιτη-
τοῦ ἀνείλετο τὸ γραμματεῖον, προὐκαλέσατο δ' αὐτὸν ἐπι-
τρέψαι Λυσιθείδῃ, αὐτοῦ μὲν καὶ Ἰσοκράτους καὶ Ἀφαρέως 25
15 ἑταίρῳ, γνωρίμῳ δὲ τοῦ πατρός. ἐπιτρέψαντος δὲ τοῦ
πατρός, ὃν μὲν χρόνον ἔζη ὁ πατήρ, ὅμως καίπερ οἰκείως
ἔχων τούτοις ὁ Λυσιθείδης οὐκ ἐτόλμα οὐδὲν εἰς ἡμᾶς ἐξα-
μαρτάνειν. καίτοι οὕτω τινὲς ἀναίσχυντοι τῶν οἰκείων τῶν
τουτουί, ὥστε ἐτόλμησαν μαρτυρῆσαι ὡς ὁ μὲν Κάλλιππος 30

1 ὅπως Schaefer : ὅπως ἂν codd.   6 αμελι S   ᾧ] ὃ S¹, cf. § 8
βούλει S al.   8 μὲν S : μὲν οὖν cett.   13 πατρὸς ⟨αὐτὸς⟩ Naber
14 διαλειπων S   17 οὐδὲ Dobree (praeeunte Wolfio) : οὐδὲν S : οὐδ' ἐν
F Q D   ἐπειδὴ S : ἐπειδὴ δὲ F Q D   21 ἀποδόντα Blass coll. lv 12
26 ἑταίρων S   29 post ἀναίσχυντοι add. εἰσι vulg. : om. S solus

ὅρκον τῷ πατρὶ δοίη, ὁ δὲ πατὴρ οὐκ ἐθέλοι ὀμόσαι παρὰ
τῷ Λυσιθείδῃ, καὶ οἴονται ὑμᾶς πείσειν ὡς ὁ Λυσιθείδης,
οἰκεῖος μὲν ὢν τῷ Καλλίππῳ διαιτῶν δὲ τὴν δίαιταν, ἀπέ-
σχετ᾽ ἂν μὴ οὐκ εὐθὺς τοῦ πατρὸς καταδιαιτῆσαι, αὐτοῦ γε
5 ἑαυτῷ μὴ ᾽θέλοντος δικαστοῦ γενέσθαι τοῦ πατρός. ὡς δὲ 16
ἐγὼ μὲν ἀληθῆ λέγω, οὗτοι δὲ ψεύδονται, πρῶτον μὲν αὐτὸ
ὑμῖν τοῦτο γενέσθω τεκμήριον, ὅτι κατεγνώκει ἂν αὐτοῦ
ὁ Λυσιθείδης, καὶ ὅτι ἐγὼ ἐξούλης ἂν ἔφευγον νῦν, ἀλλ᾽
οὐκ ἀργυρίου δίκην· πρὸς δὲ τούτῳ ἐγὼ ὑμῖν τοὺς παρόντας
10 ἑκάστοτε τῷ πατρὶ ἐν ταῖς συνόδοις ταῖς πρὸς τοῦτον, αἳ
παρὰ τῷ Λυσιθείδῃ ἐγίγνοντο, μάρτυρας παρέξομαι.

MΑΡΤΥΡΕΣ.

Ὅτι μὲν οὐ προκαλεσάμενος εἰς ὅρκον τὸν πατέρα τότε, 17
νυνὶ ἐκείνου τετελευτηκότος καταψεύδεται, καὶ κατ᾽ ἐμοῦ
15 ῥᾳδίως τὰ ψευδῆ μαρτυροῦντας τοὺς οἰκείους τοὺς ἑαυτοῦ [1241]
παρέχεται, ἔκ τε τῶν τεκμηρίων καὶ ἐκ τῆς μαρτυρίας ταύτης
ῥᾴδιον ὑμῖν εἰδέναι. ὅτι δὲ ἐγὼ ὑπὲρ τοῦ πατρὸς ἠθέλησα
αὐτῷ πίστιν δοῦναι ἥνπερ ὁ νόμος κελεύει, ἐάν τις τεθνεῶτι
ἐπικαλῶν δικάζηται τῷ κληρονόμῳ, μὴ δοκεῖν μοι μήτε 18
20 ὁμολογῆσαι τὸν πατέρα τούτῳ ἀποδώσειν τὸ ἀργύριον ὃ
κατέλιπε Λύκων, μήτε συσταθῆναι αὐτὸν τῷ πατρὶ ὑπὸ τοῦ
Λύκωνος, καὶ Φορμίων, ἦ μὴν διαλογίσασθαί τε ἐναντίον
Ἀρχεβιάδου τῷ Λύκωνι αὐτὸς καὶ προσταχθῆναι αὐτῷ
Κηφισιάδῃ ἀποδοῦναι τὸ ἀργύριον, τὸν δὲ Κηφισιάδην δεῖξαι
25 αὐτῷ τὸν Ἀρχεβιάδην, καὶ ὅτε Κάλλιππος προσῆλθεν τὸ 19
πρῶτον πρὸς τὴν τράπεζαν, λέγων ὅτι τετελευτηκὼς εἴη
ὁ Λύκων καὶ αὐτὸς ἀξιοίη τὰ γράμματα ἰδεῖν, εἴ τι καταλε-
λοιπὼς εἴη ὁ ξένος ἀργύριον, ἦ μὴν δείξαντος ἑαυτοῦ εὐθὺς
αὐτῷ τὰ γράμματα, ἰδόντα αὐτὸν τῷ Κηφισιάδῃ γεγραμμένον

4 αὐτοῦ Dobree : δι᾽ αὐτοῦ codd.   5 ἑαυτοῦ S¹ ut vid.   θέλοντος
D (Wolf), cf. xxix 53 : θέλων vulg.   8 ἔφυγον S   9 τούτῳ
mg. edit. Paris. : τοῦτο codd.   13 οὐ D (Bekker) : οὖν cett.   προ-
καλεσαμένου S Q D   27 εἴ τι D, mg. ed. Paris. : ἤ τι vulg.

ἀποδοῦναι, σιωπῇ οἴχεσθαι ἀπιόντα, οὐδὲν οὔτε ἀμφισβητή-
σαντα οὔτ᾽ ἀπειπόνθ᾽ αὑτῷ περὶ τοῦ ἀργυρίου, τούτων ὑμῖν
τάς τε μαρτυρίας ἀμφοτέρας καὶ τὸν νόμον ἀναγνώσεται.

ΜΑΡΤΥΡΙΑΙ. ΝΟΜΟΣ.

20 Φέρε δὴ ὑμῖν, ὦ ἄνδρες δικασταί, ὡς οὐδ᾽ ἐχρῆτο Λύκων 5
τῷ Καλλίππῳ ἐπιδείξω· οἶμαι γάρ τί μοι καὶ τοῦτο εἶναι
πρὸς τὴν ἀλαζονείαν τὴν τουτουὶ τοῦ φάσκοντος αὑτῷ δω-
ρεὰν δοθῆναι τὸ ἀργύριον τοῦτο παρὰ τοῦ Λύκωνος. ἐκεῖνος
γὰρ τετταράκοντα μνᾶς ἔκδοσιν ἐκδοὺς εἰς Ἄκην Μεγα-
κλείδῃ τῷ Ἐλευσινίῳ καὶ Θρασύλλῳ τῷ ἀδελφῷ αὐτοῦ, 10
μεταδόξαν αὐτῷ μὴ ἐκεῖσε πλεῖν μηδὲ κινδυνεύειν, ἐγκαλέσας
[1242] τι τῷ Μεγακλείδῃ περὶ τῶν τόκων ὡς ἐξηπατημένος διεφέ-
ρετο καὶ ἐδικάζετο, βουλόμενος τὴν ἔκδοσιν κομίσασθαι.
21 συχνῆς δὲ πάνυ πραγματείας περὶ τοσαῦτα χρήματα γενο-
μένης, τὸν μὲν Κάλλιππον ὁ Λύκων οὐδαμοῦ πώποτε παρε- 15
κάλεσεν, τὸν δὲ Ἀρχεβιάδην καὶ τοὺς τοῦ Ἀρχεβιάδου
φίλους· καὶ ὁ διαλλάξας αὐτοὺς Ἀρχεβιάδης ἦν. ὡς δὲ
ἀληθῆ λέγω, τούτων ὑμῖν αὐτὸν τὸν Μεγακλείδην μάρτυρα
παρέξομαι.

ΜΑΡΤΥΡΙΑ. 20

22 Οὑτωσὶ μὲν οἰκείως φαίνεται χρώμενος, ὦ ἄνδρες δικα-
σταί, ὁ Λύκων τῷ Καλλίππῳ, ὥστε μήτε παρακαλεῖν αὐτὸν
ἐπὶ τὰ αὑτοῦ πράγματα μήτε κατάγεσθαι ὡς τοῦτον μηδε-
πώποτε· καὶ αὐτό γε τοῦτο μόνον οὐ τετολμήκασιν οἱ
οἰκεῖοι ⟨οἱ⟩ τούτου μαρτυρῆσαι, ὡς κατήγετο παρὰ τούτῳ 25
ἐκεῖνος, εὖ εἰδότες ὅτι διὰ βασάνου ἐκ τῶν οἰκετῶν ὁ ἔλεγ-
23 χος ἤδη ἔσοιτο, εἴ τι τοιοῦτο ψεύσοιντο. βούλομαι δ᾽
ὑμῖν καὶ τεκμήριόν τι εἰπεῖν τηλικοῦτον, ᾧ δῆλον ὑμῖν ἔσται,

---

1 ἀμφισβητήσαντα mg. ed. Paris.: ἀμφισβητήσοντα vulg.   2 ἀπ-
ειπόνθ᾽ αὑτῷ Schaefer: ἀπειπόντ᾽ αὐτὸν codd.   7 ἀλαζονίαν S   9 Ἄκην
Valesius coll. Harpocr. s. v. Ἄκη (πόλις αὕτη ἐν Φοινίκῃ· Δημοσθένης ἐν
τῷ πρὸς Κάλλιππον): Θράκην codd.   11 αὑτῷ codd.: αὐτοῖς Wolf
15 οὐδαμοῦ F D   21 χρώμενος φαίνεται F Q D   25 ⟨οἱ⟩ add. Turr.
26 βασάνου S corr. vulg.: βασάνων S¹ ut vid.   27 ψεύσοιντο S:
ψεύσαιντο vulg.

ὡς ἐγὼ οἴομαι, ὅτι πάντα πρὸς ὑμᾶς ἔψευσται. τῷ γὰρ
Λύκωνι, ὦ ἄνδρες δικασταί, εἴπερ ἠσπάζετο μὲν τουτονὶ καὶ
οἰκείως εἶχεν, ὥσπερ οὗτός φησιν, ἐβούλετο δὲ δωρεὰν
δοῦναι αὐτῷ, εἴ τι πάθοι, τὸ ἀργύριον, πότερον κάλλιον ἦν 24
5 ἄντικρυς παρὰ τῷ Καλλίππῳ καταλιπεῖν τὸ ἀργύριον, ὃ
ἔμελλε σωθεὶς μὲν ὀρθῶς καὶ δικαίως ἀπολήψεσθαι παρὰ
φίλου γε ὄντος αὐτῷ καὶ προξένου, εἰ δέ τι πάθοι, ἄντικρυς
ἔσεσθαι δεδωκώς, ὥσπερ καὶ ἐβούλετο, ἢ ἐπὶ τῇ τραπέζῃ
καταλιπεῖν; ἐγὼ μὲν γὰρ οἶμαι ἐκεῖνο καὶ δικαιότερον καὶ
10 μεγαλοπρεπέστρον εἶναι. οὐ τοίνυν φαίνεται τούτων οὐδὲν
ποιήσας, ὥστε καὶ ταῦτα ὑμῖν τεκμήρια ἔστω, ἀλλὰ τῷ
Κηφισιάδῃ καὶ γράψας καὶ προστάξας ἀποδοῦναι. [1243]

Ἔτι τοίνυν καὶ τοδὶ σκέψασθε, ὦ ἄνδρες δικασταί, ὅτι 25
Κάλλιππος μὲν ἦν πολίτης ὑμέτερος καὶ οὐκ ἀδύνατος οὐδέ-
15 τερα ποιῆσαι, οὔτε κακῶς οὔτε εὖ, ὁ δὲ Κηφισιάδης καὶ
μέτοικος καὶ οὐδὲν δυνάμενος, ὥστε μὴ προσθέσθαι ἂν παρὰ
τὸ δίκαιον τῷ Κηφισιάδῃ μᾶλλον τὸν πατέρα ἢ τούτῳ τὰ
δίκαια ποιῆσαι. ἀλλὰ νὴ Δία, ἴσως ἂν εἴποι, κερδαίνων τι 26
ἰδίᾳ ὁ πατὴρ ἀπὸ τοῦ ἀργυρίου ἐκείνῳ μᾶλλον προσετίθετο
20 τὴν γνώμην ἢ τούτῳ. εἶτα πρῶτον μὲν τὸν δυνησόμενον
διπλάσιον τοῦ λήμματος κακὸν ποιῆσαι ἠδίκει, ἔπειτα
ἐνταῦθα μὲν αἰσχροκερδὴς ἦν, εἰς δὲ τὰς εἰσφορὰς καὶ
λῃτουργίας καὶ δωρεὰς τῇ πόλει οὔ; καὶ τῶν μὲν ξένων 27
οὐδένα ἠδίκει, Κάλλιππον δέ; καὶ οὗτος, ὡς χρηστῷ μὲν
25 αὐτῷ ὄντι καὶ οὐδὲν ἂν ψευσαμένῳ ὅρκον ἐδίδου, ὥς φησιν,
ὡς περὶ πονηροῦ δὲ καὶ ἀπαλείφοντος ἀπὸ τῶν παρακατα-
θηκῶν νυνὶ διαλέγεται; κἀκεῖνος οὔτ᾽ ὀμόσαι ᾽θέλων, ὡς
οὗτός φησιν, οὔτ᾽ ἀποδιδοὺς οὐκ εὐθὺς ἂν ὠφλήκει; τῷ

1 ἔγωγε FQD　　2 τουτονὶ SD: τοῦτον vulg. (καὶ τοῦτον F)　　4 πό-
τερον] πρότερον S　　9 μὲν om. S¹, add. s. v. ead. m.　　13 τοδὶ
σκέψασθε] τὸ διασκέψασθαι S¹　　14 ὑμέτερος Blass: ἡμέτερος codd.
16 προσθέσθαι codd.: προελέσθαι Herwerden　　18–19 τι ἰδίᾳ] τὰ
ἴδια ὅτι S　　19 ἐκείνῳ Reiske: διὸ ἐκείνῳ codd., quo servato κερδαίνων
supra in ἐκέρδαινε mutat Felicianus　　25 ψευσαμένῳ codd., ⟨ἂν⟩ add.
Wolf: ψευσομένῳ Turr.　　ὥς φησιν ante ὡς χρηστῷ codd.: post ἐδίδου
transp. Gebauer coll. §§ 15, 17; cf. Antiph. v 44　　26 ἀπαλίφοντος S

199

28 ταῦτα πιστά, ὦ ἄνδρες δικασταί; ἐγὼ μὲν γὰρ οὐδενὶ οἴομαι.
   καὶ ὁ Ἀρχεβιάδης εἰς τοῦτο φαυλότητος ἥκει, ὥστε τοῦ
   Καλλίππου δημότου ὄντος αὐτῷ καὶ πολιτευομένου καὶ οὐκ
   ἰδιώτου ὄντος καταμαρτυρεῖ, καὶ φησὶν ἡμᾶς μὲν ἀληθῆ
   λέγειν, τοῦτον δὲ ψεύδεσθαι, καὶ ταῦτα εἰδὼς ὅτι, ἂν οὗτος 5
   βούληται ἐπισκήψασθαι αὐτῷ τῶν ψευδομαρτυρίων καὶ ἄλλο
   μηδὲν ποιῆσαι ἢ ἐξορκῶσαι, ἀνάγκη αὐτῷ ἔσται πίστιν ἐπι-
29 θεῖναι ἣν ἂν κελεύῃ οὗτος. ἔπειτα ἵνα ὁ Κηφισιάδης ἔχῃ
   τὸ ἀργύριον, ἄνθρωπος μέτοικος, ἢ Φορμίων, ὅν φησιν
[1244] ἀπαληλιφέναι τι οὗτος τοῦ ἀργυρίου, πεισθήσεσθε ὑμεῖς ὡς 10
   ἐπιορκήσειεν ⟨ἂν⟩ ὁ Ἀρχεβιάδης; οὐκ ἔκ γε τῶν εἰκότων,
   ὦ ἄνδρες δικασταί. οὐ γὰρ ἄξιον οὔτε Ἀρχεβιάδου κακίαν
   οὐδεμίαν καταγνῶναι οὔτε τοῦ πατρὸς τοῦ ἡμετέρου· πολὺ
   γὰρ αὐτὸν φιλότιμον ἴστε μᾶλλον ὄντα ἢ κακόν τι ἢ αἰσχρὸν
   ἐπιτηδεύοντα, καὶ πρὸς Κάλλιππον οὐχ οὕτως ἔχοντα ὥστε 15
30 καταφρονήσαντα τούτου ἀδικῆσαι [ἂν] τι αὐτόν. οὐ γὰρ οὕτω
   μοι δοκεῖ δύνασθαι ὥστ' εὐκαταφρόνητος εἶναι, ὃς οὕτως
   ἐρρωμένος ἐστίν, ὥστε πέρυσί μοι λαχὼν τὴν δίκην ταυτηνὶ
   καὶ προκαλεσάμενος τῷ Λυσιθείδῃ ἐπιτρέψαι, ἐγὼ μὲν καί-
   περ καταπεφρονημένος ὑπ' αὐτοῦ τοῦτό γε ὀρθῶς ἐβουλευ- 20
   σάμην (κατὰ τοὺς νόμους γὰρ ἐπέτρεψα καὶ ἀπήνεγκα πρὸς
   τὴν ἀρχήν), οὗτος δὲ τὸν κατὰ τοὺς νόμους ἀπενηνεγμένον
   διαιτητὴν ἔπεισεν ἀνώμοτον διαιτῆσαι, ἐμοῦ διαμαρτυρομένου
   κατὰ τοὺς νόμους ὁμόσαντα διαιτᾶν, ἵνα αὐτῷ ᾖ πρὸς ὑμᾶς
   λέγειν ὅτι καὶ Λυσιθείδης, ἀνὴρ καλὸς κἀγαθός, ἔγνω περὶ 25
31 αὐτῶν. Λυσιθείδης γάρ, ὦ ἄνδρες δικασταί, ἕως μὲν ὁ
   πατὴρ ἔζη, καὶ ἄνευ ὅρκου καὶ μεθ' ὅρκου ἴσως ἂν οὐκ
   ἠδίκησεν ἐκεῖνον· ἔμελε γὰρ αὐτῷ ἐκείνου. ἐμοῦ δὲ ἄνευ

---

4 ἡμᾶς μὲν om. S¹   8 κελεύει S   10 ἀπαληλιφέναι D:
ἀπαληλειφέναι S: ἀπειληφέναι Q D γρ.   11 ἂν add. Reiske
13 πολὺ] πολλὰ F   14 ἢ iterat post αἰσχρὸν S   16 ἂν del.
Stahl] 16–17 οὕτω μοι] οὕτω μικρὸν Herwerden, τοσοῦτόν μοι Naber
19 προκαλεσάμενος Felicianus : προσκ. codd.   21 τοὺς om. S¹
23 διαμαρτυρομένου S : διαμαρτυραμένου cett.

μὲν ὅρκου οὐδὲν αὐτῷ ἔμελεν, μεθ᾽ ὅρκου δὲ ἴσως ἂν οὐκ
ἠδίκησεν διὰ τὸ αὐτοῦ ἴδιον· διόπερ ἀνώμοτος ἀπεφήνατο.
ὡς δὲ ἀληθῆ λέγω, καὶ τούτων ὑμῖν τοὺς παραγενομένους
μάρτυρας παρέξομαι.

5 ΜΑΡΤΥΡΕΣ.

Ὅ τι μὲν καὶ παρὰ τοὺς νόμους καὶ παρὰ τὸ δίκαιον 32
δύναται διαπράττεσθαι Κάλλιππος, ὦ ἄνδρες δικασταί, τῆς
μαρτυρίας ἀκηκόατε. δέομαι δὲ ὑμῶν αὐτός τε ὑπὲρ ἐμαυ- [1245]
τοῦ καὶ ὑπὲρ τοῦ πατρός, ἀναμνησθέντας ὅτι πάντων μὲν
10 ὑμῖν καὶ μάρτυρας καὶ τεκμήρια καὶ νόμους καὶ πίστεις
παρεσχόμην ὧν εἴρηκα, τούτῳ δὲ ἐπιδείκνυμι ὅτι ἐξόν,
εἴπερ τι αὐτῷ προσῆκεν τοῦ ἀργυρίου, ἐπὶ τὸν Κηφισιάδην
βαδίζειν τὸν ὁμολογοῦντα κεκομίσθαι καὶ ἔχειν τὸ ἀργύριον,
καὶ ταῦτα μηδὲν ἧττον τὰ πιστὰ παρ᾽ ἡμῶν λαβόντα, οὐκ 33
15 ἔρχεται, εἰδὼς ὅτι οὐκ ἔστιν παρ᾽ ἡμῖν τὸ ἀργύριον, δέομαι
ὑμῶν ἀποψηφίσασθαί μου. καὶ ταῦτα ποιοῦντες πρῶτον
μὲν τὰ δίκαια καὶ κατὰ τοὺς νόμους ἔσεσθε ἐψηφισμένοι,
ἔπειτα ἄξια μὲν αὐτῶν ὑμῶν, ἄξια δὲ τοῦ πατρὸς τοῦ ἐμοῦ·
ὡς ἐγὼ ὑμᾶς ἂν δεξαίμην ἅπαντα τὰ ἐμαυτοῦ λαβεῖν μᾶλλον
20 ἢ ἀδίκως τι συκοφαντούμενος ἀποτεῖσαι.

3-4 μάρτυρας παραγενομένους S   6 μὲν SD : μὲν οὖν vulg.
10 καὶ ante πίστεις del. Spengel   11 τούτῳ codd. : τοῦτον mg. edit.
Paris., Dobree   14 λαβόντα codd. : λαβεῖν Blass   17 num
καὶ ⟨τὰ⟩ κατὰ scribendum ?   18 αὐτῶν ὑμῶν S (x 19, xiv 36 citat
Dyroff) : ὑμῶν αὐτῶν vulg.   20 ἀποτῖσαι codd.
In S subscriptum
ΠΡΟΣ ΚΑΛΛΙΠΠΟΝ
Η̄ Η̄ Η̄ Δ̄ Ī Ī Ī

ΠΡΟΣ ΝΙΚΟΣΤΡΑΤΟΝ ΠΕΡΙ ΑΝΔΡΑΠΟΔΩΝ
ΑΠΟΓΡΑΦΗΣ ΑΡΕΘΟΥΣΙΟΥ

ΥΠΟΘΕΣΙΣ.

Ἀπολλόδωρος γραψάμενος ψευδοκλητείας Ἀρεθούσιον εἷλεν.
ὀφείλοντος δὲ τοῦ Ἀρεθουσίου τάλαντον τῇ πόλει καὶ ἀποδοῦναι
μὴ δυνηθέντος καὶ διὰ τοῦτ' εἰς τὰ δημόσι' ἀπογραφομένης αὐτοῦ
τῆς οὐσίας, ἀπογράφει ὁ Ἀπολλόδωρος οἰκέτας ὡς ὄντας Ἀρεθου-
σίου, (ὁ δὲ Νικόστρατος) μεταποιεῖται ὡς ἰδίων καὶ ἐκείνῳ προση- 5
κόντων οὐδέν. ἐπεὶ δὲ τὸ πρᾶγμα μοχθηρόν, διὰ τοῦθ' ὁ ῥήτωρ
[1246] διηγεῖται πηλίκα πέπονθεν Ἀπολλόδωρος ὑπ' Ἀρεθουσίου, ἵνα
δοκῇ μὴ φύσει πονηρὸς ὢν ταῦτα πράττειν, ἀλλ' ἀμυνόμενος τὸν
ἀδικοῦντα.

Ὅτι μὲν οὐ συκοφαντῶν, ἀλλ' ἀδικούμενος καὶ ὑβριζό- 10
μενος ὑπὸ τούτων καὶ οἰόμενος δεῖν τιμωρεῖσθαι τὴν ἀπο-
γραφὴν ἐποιησάμην, μέγιστον ὑμῖν ἔστω τεκμήριον, ὦ
ἄνδρες δικασταί, τό τε μέγεθος τῆς ἀπογραφῆς, καὶ ὅτι
αὐτὸς ἐγὼ ἀπέγραψα. οὐ γὰρ δήπου συκοφαντεῖν γε βου-
λόμενος ἀπέγραψα μὲν ἂν πένθ' ἡμιμναίων ἄξια ἀνδράποδα, 15
ὡς αὐτὸς ὁ ἀμφισβητῶν τετίμηται αὐτά, ἐκινδύνευον δ' ἂν
περί τε χιλίων δραχμῶν καὶ τοῦ μηδέποτε μηδένα αὖθις
2 ὑπὲρ ἐμαυτοῦ γράψασθαι· οὐδ' αὖ οὕτως ἄπορος ἦν οὐδ'
ἄφιλος ὥστε οὐκ ἂν ἐξευρεῖν τὸν ἀπογράψοντα· ἀλλὰ τῶν
ἐν ἀνθρώποις ἁπάντων ἡγησάμενος δεινότατον εἶναι ἀδι- 20

Titulus : περὶ ἀνδραπόδων ἀπογραφῆς Ἀρεθουσίου S : περὶ τῶν
Ἀρεθουσίου ἀνδραπόδων vulg. Harpocr. s. v. ἀπογραφή

1 ψευδοκλητείας F corr. : ψευδοκλητίας F¹ D S   2 ὀφείλοντος
codd. : ὀφλόντος Blass   δὲ Schaefer : γὰρ codd.   4 δ] καὶ ὁ Blass
ὡς D corr. : ὡς οὐκ vulg.   5 ὁ δὲ Νικόστρατος Wolf : καὶ S : nihil
prorsus cett.   μεταποιοῦνται F (ουν in ras. ii litt.)   6 μοχθηρόν
ἐστι S   12 ὑμῖν om. A   14 ἀπέγραψα S A : ἀπεγραψάμην vulg.
15 ἀπέγραψα μὲν Reiske, Dobree : ἀπέγραψα A : ἀπεγραψάμην S vulg.
16 αὐτὸς δ] ὁ αὐτὸς ὁ S   17 τοῦ A : τῷ S Q D · τὸ F   18 αὖ
om. A   18–19 οὐδ' ἄφιλος om. S

κεῖσθαι μὲν αὐτός, ἕτερον δ᾽ ὑπὲρ ἐμοῦ τοῦ ἀδικουμένου
τοὔνομα παρέχειν, καὶ εἶναι ἄν τι τούτοις τοῦτο τεκμήριον,
ὁπότε ἐγὼ λέγοιμι τὴν ἔχθραν πρὸς ὑμᾶς, ὡς ψεύδομαι (οὐ
γὰρ ἄν ποτε ἕτερον ἀπογράψαι, εἴπερ ἐγὼ αὐτὸς ἠδικούμην),
5 διὰ μὲν ταῦτα ἀπέγραψα.　ἀπογράψας δὲ ἐὰν ἀποδείξω τὰ
ἀνδράποδα Ἀρεθουσίου ὄντα, οὗπερ ἐγέγραπτο εἶναι, τὰ μὲν [1247]
τρία μέρη, ἃ ἐκ τῶν νόμων τῷ ἰδιώτῃ τῷ ἀπογράψαντι
γίγνεται, τῇ πόλει ἀφίημι, αὐτῷ δ᾽ ἐμοὶ τετιμωρῆσθαι ἀρκεῖ
μόνον. εἰ μὲν οὖν μοι ἦν ἱκανὸν τὸ ὕδωρ διηγήσασθαι 3
10 πρὸς ὑμᾶς τὰ ἐξ ἀρχῆς, ὅσ᾽ ἀγαθὰ πεπονθότες ὑπ᾽ ἐμοῦ οἷά
με εἰργασμένοι εἰσίν, εὖ οἶδ᾽ ὅτι ὑμεῖς τ᾽ ἄν μοι ἔτι μᾶλλον
συγγνώμην εἴχετε τοῦ ὀργίζεσθαι αὐτοῖς, τούτους τ᾽ ἀνοσιω-
τάτους ἀνθρώπων ἡγήσασθε εἶναι· νῦν δ᾽ οὐδὲ διπλάσιόν
μοι τούτου ὕδωρ ἱκανὸν ἂν γένοιτο.　τὰ μὲν οὖν μέγιστα
15 καὶ περιφανῆ τῶν ἀδικημάτων, καὶ ὁπόθεν ἡ ἀπογραφὴ αὕτη
γέγονεν, ἐρῶ πρὸς ὑμᾶς, τὰ δὲ πολλὰ ἐάσω.

Νικόστρατος γὰρ οὑτοσί, ὦ ἄνδρες δικασταί, γείτων μοι 4
ὢν ἐν ἀγρῷ καὶ ἡλικιώτης, γνωρίμως μέν μοι εἶχεν καὶ
πάλαι, ἐπειδὴ δὲ ἐτελεύτησεν ὁ πατὴρ καὶ ἐγὼ ἐν ἀγρῷ
20 κατῴκουν, οὗπερ καὶ νῦν οἰκῶ, καὶ μᾶλλον ἀλλήλοις ἤδη
ἐχρώμεθα διὰ τὸ γείτονές τε εἶναι καὶ ἡλικιῶται.　χρόνου
δὲ προβαίνοντος καὶ πάνυ οἰκείως διεκείμεθα, καὶ ἐγώ τε
οὕτως οἰκείως διεκείμην πρὸς τοῦτον, ὥστ᾽ οὐδενὸς πώποτε
ὧν ἐδεήθη οὗτος ἐμοῦ ἀπέτυχεν, οὗτός τε αὖ ἐμοὶ οὐκ
25 ἄχρηστος ἦν πρὸς τὸ ἐπιμεληθῆναι καὶ διοικῆσαι, καὶ ὁπότε
ἐγὼ ἀποδημοίην ἢ δημοσίᾳ τριηραρχῶν ἢ ἰδίᾳ κατ᾽ ἄλλο τι,
κύριον τῶν ἐν ἀγρῷ τοῦτον ἁπάντων κατέλειπον.　συμβαίνει 5
δή μοι τριηραρχία περὶ Πελοπόννησον, ἐκεῖθεν δὲ εἰς Σικε-
λίαν ἔδει τοὺς πρέσβεις ἄγειν, οὓς ὁ δῆμος ἐχειροτόνησεν.
30 ἡ οὖν ἀναγωγὴ διὰ ταχέων ἐγίγνετό μοι.　ἐπιστέλλω δὴ

1 ἐμοῦ τοῦ] ἐμαυτοῦ A　　2 τοῦτο om. A　　6 ἀπεγράπτο A
9 μοι ἦν SA: ἦν μοι vulg.　　10 τὰ om. A　　14 ἂν om. SFQD
17 οὑτοσί] οὗτος A: om. S　　20 νυνὶ FQD　　22 οἰκείως διεκεί-
μεθα del. Naber, post πάνυ plene interpungens　　23 οἰκείως del. Her-
werden　　24 μου οὗτος AD　　27 κατέλειπον S: κατέλιπον cett.
28 δὲ] τε A　　29 (οἳ) ἔδει Herwerden

αὐτῷ ὅτι αὐτὸς μὲν ἀνῆγμαι καὶ οὐχ οἷός τε ἦν οἴκαδε
[1248] ἀφικέσθαι, ἵνα μὴ κατακωλύοιμι τοὺς πρέσβεις· τούτῳ δὲ
προσέταξα ἐπιμελεῖσθαί τε τῶν οἴκοι καὶ διοικεῖν, ὥσπερ
6 καὶ ἐν τῷ ἔμπροσθεν χρόνῳ. ἐν δὲ τῇ ἐμῇ ἀποδημίᾳ ἀπο-
διδράσκουσιν αὐτὸν οἰκέται τρεῖς ἐξ ἀγροῦ παρὰ τούτου, οἱ 5
μὲν δύο ὧν ἐγὼ ἔδωκα αὐτῷ, ὁ δὲ εἷς ὧν αὐτὸς ἐκτήσατο.
διώκων οὖν ἁλίσκεται ὑπὸ τριήρους καὶ κατήχθη εἰς Αἴγιναν,
καὶ ἐκεῖ ἐπράθη. ἐπειδὴ δὲ κατέπλευσα ἐγὼ τριηραρχῶν,
προσέρχεταί μοι Δείνων ὁ ἀδελφὸς ὁ τούτου, λέγων τήν τε
τούτου συμφοράν, αὐτός τε ὅτι δι᾽ ἀπορίαν ἐφοδίων οὐ 10
πεπορευμένος εἴη ἐπὶ τοῦτον πέμποντος τούτου αὐτῷ ἐπι-
στολάς, καὶ ἅμα λέγων πρὸς ἐμὲ ὡς ἀκούοι αὐτὸν δεινῶς
7 διακεῖσθαι. ἀκούσας δ᾽ ἐγὼ ταῦτα καὶ συναχθεσθεὶς ἐπὶ
τῇ ἀτυχίᾳ τῇ τούτου, ἀποστέλλω τὸν Δείνωνα τὸν ἀδελφὸν
αὐτοῦ εὐθὺς ἐπὶ τοῦτον, δοὺς ἐφόδιον αὐτῷ τριακοσίας δρα- 15
χμάς. ἀφικόμενος δ᾽ οὗτος καὶ ἐλθὼν ὡς ἐμὲ πρῶτον μὲν
ἠσπάζετο καὶ ἐπῄνει ὅτι παρέσχον τὰ ἐφόδια τῷ ἀδελφῷ
αὐτοῦ, καὶ ὠδύρετο τὴν αὐτοῦ συμφοράν, καὶ κατηγορῶν
ἅμα τῶν ἑαυτοῦ οἰκείων ἐδεῖτό μου βοηθῆσαι αὐτῷ, ὥσπερ
καὶ ἐν τῷ ἔμπροσθεν χρόνῳ ἦν περὶ αὐτὸν ἀληθινὸς φίλος· 20
καὶ κλάων ἅμα, καὶ λέγων ὅτι ἐξ καὶ εἴκοσι μνῶν λελυμένος
8 εἴη, εἰσενεγκεῖν αὐτῷ τι ἐκέλευέ με εἰς τὰ λύτρα. ταῦτα
δὲ ἐγὼ ἀκούων καὶ ἐλεήσας τοῦτον, καὶ ἅμα ὁρῶν κακῶς
διακείμενον καὶ δεικνύοντα ἕλκη ἐν ταῖς κνήμαις ὑπὸ δεσμῶν,
ὧν ἔτι τὰς οὐλὰς ἔχει, καὶ ἐὰν κελεύσητε αὐτὸν δεῖξαι, οὐ 25
[1249] μὴ ᾽θελήσῃ, ἀπεκρινάμην αὐτῷ ὅτι καὶ ἐν τῷ ἔμπροσθεν
χρόνῳ εἴην αὐτῷ φίλος ἀληθινός, καὶ νῦν ἐν τῇ συμφορᾷ
βοηθήσοιμι αὐτῷ, καὶ τάς τε τριακοσίας, ἃς τῷ ἀδελφῷ

1 ἦν SAQ¹: εἴην vulg.   3 τε om. A   4 δὲ] οὖν A   5 ἐξ
. . . τούτου del. Herwerden   9 ὁ τούτου A: ὁ om. SFQD   τήν
τε] τήνδε SQ   10 ὅτι] ὡς A   12 ἐμὲ SD: με A: ὑμᾶς
vulg.   14 ἀποστέλλω A: πέμπω SFQD   14-15 τὸν ἀδελφὸν αὐτοῦ
del. Sauppe   15 αὐτοῦ A: τούτου cett.   16 ὥς με SD   πρῶτον
μὲν SFQD: πρῶτον A   18 prius καὶ] num κᾆτα?   διωδύρετο A
21 κλάων A: κλαίων cett.   22 τι ἐκέλευε] ἐκέλευσε A   24 δεικ-
νύοντα S: ἐπιδ. cett.   ὑπὸ SA: ὑπὸ τῶν FQD   25 κελεύητε Blass
27 νῦν ἐν] νυνὶ A   28 βοηθήσοιμι Schaefer: βοηθήσαιμι codd.

αὐτοῦ ἔδωκα ἐφόδιον ὅτε ἐπορεύετο ἐπὶ τοῦτον, ἀφιείην
αὐτῷ, χιλίας τε δραχμὰς ἔρανον αὐτῷ εἰς τὰ λύτρα εἰσοί-
σοιμι. καὶ τοῦτο οὐ λόγῳ μὲν ὑπεσχόμην, ἔργῳ δὲ οὐκ 9
ἐποίησα, ἀλλ' ἐπειδὴ οὐκ ηὐπόρουν ἀργυρίου διὰ τὸ δια-
5 φόρως ἔχειν τῷ Φορμίωνι καὶ ἀποστερεῖσθαι ὑπ' αὐτοῦ τὴν
οὐσίαν ἥν μοι ὁ πατὴρ κατέλιπεν, κομίσας ὡς Θεοκλέα τὸν
τότε τραπεζιτεύοντα ἐκπώματα καὶ στέφανον χρυσοῦν, ἃ
παρ' ἐμοὶ ἐκ τῶν πατρῴων ὄντα ἐτύγχανεν, ἐκέλευσα δοῦναι
τούτῳ χιλίας δραχμάς, καὶ τοῦτο ἔδωκα δωρεὰν αὐτῷ τὸ
10 ἀργύριον, καὶ ὁμολογῶ δεδωκέναι. ἡμέραις δὲ οὐ πολλαῖς 10
ὕστερον προσελθών μοι κλάων ἔλεγεν, ὅτι οἱ ξένοι ἀπαι-
τοῖεν αὐτόν, οἱ δανείσαντες τὰ λύτρα, τὸ λοιπὸν ἀργύριον,
καὶ ἐν ταῖς συγγραφαῖς εἴη τριάκονθ' ἡμερῶν αὐτὸν ἀπο-
δοῦναι ἢ διπλάσιον ὀφείλειν, καὶ ὅτι τὸ χωρίον τὸ ἐν
15 γειτόνων μοι τοῦτο οὐδεὶς ἐθέλοι οὔτε πρίασθαι οὔτε θέσθαι·
ὁ γὰρ ἀδελφὸς ὁ Ἀρεθούσιος, οὗ τἀνδράποδ' ἐστὶ ταῦτα ἃ
νῦν ἀπογέγραπται, οὐδένα ἔφη οὔτε ὠνεῖσθαι οὔτε τίθεσθαι,
ὡς ἐνοφειλομένου αὐτῷ ἀργυρίου. 'σὺ οὖν μοι,' ἔφη, 11
'πόρισον τὸ ἐλλεῖπον τοῦ ἀργυρίου, πρὶν τὰς τριάκονθ'
20 ἡμέρας παρελθεῖν, ἵνα μὴ ὅ τε ἀποδέδωκα,' ἔφη, 'τὰς
χιλίας δραχμάς, ἀπόληται, καὶ αὐτὸς ἀγώγιμος γένωμαι.
συλλέξας δ',' ἔφη, 'τὸν ἔρανον, ἐπειδὰν τοὺς ξένους ἀπαλ-
λάξω, σοὶ ἀποδώσω ὃ ἄν μοι χρήσῃς. οἶσθα δ',' ἔφη, [1250]
'ὅτι καὶ οἱ νόμοι κελεύουσιν τοῦ λυσαμένου ἐκ τῶν πολε-
25 μίων εἶναι τὸν λυθέντα, ἐὰν μὴ ἀποδιδῷ τὰ λύτρα.' ἀκούων 12
δὲ αὐτοῦ ταῦτα καὶ δοκῶν οὐ ψεύδεσθαι, ἀπεκρινάμην αὐτῷ
ἅπερ ἂν νέος τε ἄνθρωπος καὶ οἰκείως χρώμενος, οὐκ ἂν
νομίσας ἀδικηθῆναι, ὅτι 'ὦ Νικόστρατε, καὶ ἐν τῷ πρὸ τοῦ
σοι χρόνῳ φίλος ἦν ἀληθινός, καὶ νῦν ἐν ταῖς συμφοραῖς

1 αὐτοῦ om. A   ἐφόδια A   ἀφιείην Blass : ἀφίην S F Q D : ἀφείην
A   3 ὑπισχνούμην A   7–8 ἃ παρ'] ἅπερ A   11 κλάων A :
κλαίων S corr. vulg. : καλων S¹   14–15 ἐγγειτόνων S A D : ἐκ γειτόνων
Dobree, sed cf. Menand. Περικ. 27   15 μου οὐδεὶς ἐθέλει A   θέσθαι
Naber : τίθεσθαι codd.   21 ἀπόληται S (me teste) F Q D : ἀπό-
λωνται A   22 τὸν secl. Blass   28 τοῦ A : τούτου cett.   29 νῦν
om. F Q D

σου, καθ᾽ ὅσον ἐγὼ ἐδυνάμην, βεβοήθηκα. ἐπειδὴ δὲ ἐν
τῷ παρόντι οὐ δύνασαι πορίσαι ἅπαντα τὰ χρήματα, ἀρ-
γύριον μὲν ἐμοὶ οὐ πάρεστιν, οὐδ᾽ ἔχω οὐδ᾽ αὐτός, τῶν
δὲ κτημάτων σοι τῶν ἐμῶν κίχρημι ὅ τι βούλει, θέντα
τοῦ ἐπιλοίπου ἀργυρίου ὅσου ἐνδεῖ σοι, ἐνιαυτὸν ἀτόκῳ 5
χρῆσθαι τῷ ἀργυρίῳ καὶ ἀποδοῦναι τοῖς ξένοις. συλλέξας
13 δὲ ἔρανον, ὥσπερ αὐτὸς φής, λῦσαί μοι.᾽ ἀκούσας δ᾽
οὗτος ταῦτα καὶ ἐπαινέσας με, ἐκέλευσε τὴν ταχίστην
πρᾶξαι, πρὶν ἐξήκειν τὰς ἡμέρας ἐν αἷς ἔφη δεῖν τὰ λύτρα
καταθεῖναι. τίθημι οὖν τὴν συνοικίαν ἑκκαίδεκα μνῶν 10
Ἀρκέσαντι Παμβωτάδῃ, ὃν αὐτὸς οὗτος προὐξένησεν, ἐπὶ
ὀκτὼ ὀβολοῖς τὴν μνᾶν δανείσαντι τοῦ μηνὸς ἑκάστου.
λαβὼν δὲ τὸ ἀργύριον οὐχ ὅπως χάριν τινά μοι ἀποδίδωσιν
ὧν εὖ ἔπαθεν, ἀλλ᾽ εὐθέως ἐπεβούλευέ μοι, ἵνα ἀποστερή-
σειε τὸ ἀργύριον καὶ εἰς ἔχθραν κατασταίη, καὶ ἀπορού- 15
μενος ἐγὼ τοῖς πράγμασιν νέος ὢν ὅ τι χρησαίμην καὶ
ἄπειρος πραγμάτων, ὅπως μὴ εἰσπράττοιμι αὐτὸν τὸ ἀργύ-
14 ριον οὗ ἡ συνοικία ἐτέθη, ἀλλ᾽ ἀφείην αὐτῷ. πρῶτον μὲν
οὖν ἐπιβουλεύει μοι μετὰ τῶν ἀντιδίκων, καὶ πίστιν αὐτοῖς
[1251] δίδωσιν· ἔπειτ᾽ ἀγώνων μοι συνεστηκότων πρὸς αὐτούς, τούς 20
τε λόγους ἐκφέρει μου εἰδώς, καὶ ἐγγράφει τῷ δημοσίῳ
ἀπρόσκλητον ἐξ ἐμφανῶν καταστάσεως ἐπιβολὴν ἑξακοσίας
καὶ δέκα δραχμάς, διὰ Λυκίδου τοῦ μυλωθροῦ ποιησάμενος
τὴν δίκην. κλητῆρα δὲ κατ᾽ ἐμοῦ τόν τε ἀδελφὸν τὸν
αὐτοῦ τὸν Ἀρεθούσιον τοῦτον ἐπιγράφεται, οὗπέρ ἐστι τὰ 25
ἀνδράποδα ταῦτα, καὶ ἄλλον τινά· καὶ παρεσκευάζοντο, εἰ
ἀνακρινοίμην κατὰ τῶν οἰκείων τῶν ἀδικούντων με τὰς

---

1 σου F Q : ου S : σοι A   3 ἐμοὶ S vulg. : μοι A   4 κτη-
μάτων A F corr. : χρημάτων S F¹ Q   5 λοιποῦ A   ὅσου Blass
coll. lix 31 ; cf. I. G. ii². 1604 : ὅσον codd.   7 μοι] add. τὰ κτήματα A
10 ante συνοικίαν add. συνθήκην S sed punctis notatum   11 προσε-
ξένησε S¹ : προεξ. S corr. D   14 εὖ om. A   ἐπεβούλευε A : ἐπεβού-
λευσε S vulg.   18 ἀφείην A : ἀφείην ἂν S vulg.   21 καὶ ἐγγράφει
A : καὶ ἐκγράφει F Q D : om. S   22 ἀπρόσκλητον A : ἀπόκληρον
cett.   ἐπιβολὴν Valesius : ἐπιβουλὴν codd.   24 τε om. S¹, add.
in mg. ead. m.   25 τὸν ante Ἀρεθούσιον om. A

δίκας ἃς εἰλήχειν αὐτοῖς, ἐνδεικνύναι με ὡς ὀφείλοντα τῷ
δημοσίῳ καὶ ἐμβάλλειν εἰς τὸ δεσμωτήριον. ἔτι δὲ πρὸς 15
τούτοις ὁ ['Αρεθούσιος] ἀπρόσκλητόν μου ⟨ἑξακοσίων καὶ⟩
δέκα δραχμῶν δίκην καταδικασάμενος ⟨καὶ ψευδεῖς⟩ κλητῆρας
5 ἐπιγραψάμενος, [καὶ] εἰσελθὼν εἰς τὴν οἰκίαν βίᾳ τὰ σκεύη
πάντα ἐξεφόρησεν, πλέον ἢ εἴκοσι μνῶν ἄξια, καὶ οὐδ'
ὁτιοῦν κατέλιπεν. ὅτε δὲ τιμωρεῖσθαι ᾤμην δεῖν, καὶ
ἐκτείσας τῷ δημοσίῳ τὸ ὄφλημα, ἐπειδὴ ἐπυθόμην τὴν
ἐπιβουλήν, ἐβάδιζον ἐπὶ τὸν κλητῆρα τὸν ὁμολογοῦντα κε-
10 κλητευκέναι, τὸν 'Αρεθούσιον, τῆς ψευδοκλητείας κατὰ τὸν
νόμον, ἐλθὼν εἰς τὸ χωρίον τῆς νυκτός, ὅσα ἐνῆν φυτὰ
ἀκροδρύων γενναῖα ἐμβεβλημένα καὶ τὰς ἀναδενδράδας
ἐξέκοψε, καὶ φυτευτήρια ἐλαῶν περιστοίχων κατέκλασεν,
οὕτως δεινῶς ὡς οὐδ' ἂν οἱ πολέμιοι διαθεῖεν. πρὸς δὲ 16
15 τούτοις μεθ' ἡμέραν παιδάριον ἀστὸν εἰσπέμψαντες διὰ τὸ
γείτονες εἶναι καὶ ὅμορον τὸ χωρίον, ἐκέλευον τὴν ῥοδωνιὰν
βλαστάνουσαν ἐκτίλλειν, ἵνα, εἰ καταλαβὼν αὐτὸν ἐγὼ
δήσαιμι ἢ κατάξαιμι ὡς δοῦλον ὄντα, γραφήν με γράψαιντο [1252]
ὕβρεως. ὡς δὲ τούτου διήμαρτον, καὶ ἐγὼ μάρτυρας μὲν
20 ὧν ἔπασχον ἐποιούμην, αὐτὸς δὲ οὐδὲν ἐξημάρτανον εἰς
αὐτούς, ἐνταῦθα ἤδη μοι ἐπιβουλεύουσι τὴν μεγίστην ἐπι-
βουλήν· ἀνακεκριμένου γὰρ ἤδη μου κατ' αὐτοῦ τὴν τῆς 17
ψευδοκλητείας γραφὴν καὶ μέλλοντος εἰσιέναι εἰς τὸ δικα-
στήριον, τηρήσας με ἀνιόντα ἐκ Πειραιῶς ὀψὲ περὶ τὰς λιθο-
25 τομίας παίει τε πὺξ καὶ ἁρπάζει μέσον καὶ ἐώθει με εἰς τὰς
λιθοτομίας, εἰ μή τινες προσιόντες, βοῶντός μου ἀκούσαντες,

1 ὡς om. S   1–2 ὡς ... δημοσίῳ huc transp. Sauppe: post
καταδικασάμενος (4) codd.   3 ὁ 'Αρεθούσιος del. Sauppe: ὁ servat
Blass coll. xxvii 54   ἑξακοσίων καὶ add. Plattner   4 καὶ ψευδεῖς
add. Reiske   5 καὶ del. Lipsius   6 πλέον S: πλεῖον vulg.
8 ἐκτίσας S al.: ἐκτῖσαι A   9 ἐπιβολὴν Reiske, sed cf. § 16 ad fin.
καὶ ἐβάδιζον A   10 τὸν 'Α.] τόνδ' 'Α. SQ: τὸν δ' 'A D   11 ἐνῆν |
ἦν A   12 γενναίων A   13 ἐλαῶν A: ἐλαιῶν cett.   περιστοχων S
16 εἶναι SA: τε εἶναι vulg.   18 ante δήσαιμι add. πρὸς ὀργὴν A
19 τοῦτο S   21 ἤδη SFQD: δὴ A   24 ἀνιόντα A: ἀπιόντα
cett.   περὶ vulg.: καὶ περὶ S   25 τε] με A   με μέσον SD
καὶ ἐώθει Bekker: καὶ ὠθεῖ codd.: κἂν ἐώθει Hirschig

παρεγένοντο καὶ ἐβοήθησαν. ἡμέραις δὲ οὐ πολλαῖς ὕστε-
ρον εἰσελθὼν εἰς τὸ δικαστήριον πρὸς ἡμέραν διαμεμετρη-
μένην, καὶ ἐξελέγξας αὐτὸν τὰ ψευδῆ κεκλητευκότα καὶ τὰ
18 ἄλλα ὅσα εἴρηκα ἠδικηκότα, εἷλον. καὶ ἐν τῇ τιμήσει βου-
λομένων τῶν δικαστῶν θανάτου τιμῆσαι αὐτῷ, ἐδεήθην ἐγὼ 5
τῶν δικαστῶν μηδὲν δι' ἐμοῦ τοιοῦτον πρᾶξαι, ἀλλὰ συνε-
χώρησα ὅσουπερ αὐτοὶ ἐτιμῶντο, ταλάντου, οὐχ ἵνα μὴ
ἀποθάνῃ ὁ Ἀρεθούσιος (ἄξια γὰρ αὐτῷ θανάτου εἴργαστο
εἰς ἐμέ), ἀλλ' ἵνα ἐγὼ Πασίωνος ὢν καὶ κατὰ ψήφισμα
πολίτης μηδένα Ἀθηναίων ἀπεκτονὼς εἴην. ὡς δ' ἀληθῆ 10
εἴρηκα πρὸς ὑμᾶς, τούτων ὑμῖν πάντων τοὺς μάρτυρας
παρέξομαι.

ΜΑΡΤΥΡΕΣ.

19 Ἃ μὲν τοίνυν ἀδικούμενος, ὦ ἄνδρες δικασταί, ὑπ' αὐτῶν
τὴν ἀπογραφὴν ἐποιησάμην, δεδήλωκα ὑμῖν· ὡς δ' ἔστιν 15
Ἀρεθουσίου τὰ ἀνδράποδα ταῦτα καὶ ὄντα ἐν τῇ οὐσίᾳ τῇ
ἐκείνου ἀπέγραψα, ἐπιδείξω ὑμῖν. τὸν μὲν γὰρ Κέρδωνα
ἐκ μικροῦ παιδαρίου ἐξεθρέψατο· καὶ ὡς ἦν Ἀρεθουσίου,
τούτων ὑμῖν τοὺς εἰδότας μάρτυρας παρέξομαι.

ΜΑΡΤΥΡΕΣ. 20

20 Παρ' οἷς τοίνυν ἠργάσατο πώποτε, ὡς τοὺς μισθοὺς
Ἀρεθούσιος ἐκομίζετο ὑπὲρ αὐτοῦ, καὶ δίκας ἐλάμβανε καὶ
ἐδίδου, ὁπότε κακόν τι ἐργάσαιτο, ὡς δεσπότης ὤν, τούτων
ὑμῖν τοὺς εἰδότας μάρτυρας παρέξομαι.

ΜΑΡΤΥΡΕΣ. 25

Τὸν δὲ Μάνην, δανείσας ἀργύριον Ἀρχεπόλιδι τῷ Πει-
ραιεῖ, ἐπειδὴ οὐχ οἷός τ' ἦν αὐτῷ ἀποδοῦναι ὁ Ἀρχέπολις
οὔτε τὸν τόκον οὔτε τὸ ἀρχαῖον ἅπαν, ἐναπετίμησεν αὐτῷ.
καὶ ὅτι ἀληθῆ λέγω, τούτων ὑμῖν τοὺς μάρτυρας παρέξομαι.

---

3 ἐλέγξας A   5 ἐδεήθην A: add. μὲν SF: ἐδεήθημεν Q
6 συνεχώρησα Blass coll. § 26, xlvii 43, lix 6: συγχωρῆσαι codd.
8 ἀποθάνοι Schaefer   11 πάντων τοὺς μ. FQD: ἁπάντων μ. A: μ.
πάντων S   14 ὑπ' αὐτῶν hic S: ante ᾧ vulg.   17 ἃ ἀπέγραψα
SFQD: ἃ om. A   21 ἠργάσατο scripsi: εἰργ. codd.   22 ὑπὲρ]
τοὺς ὑπὲρ AF   ἐλάμβανε SFQD: καὶ ἐλάμβανε A   23 ἐργά-
σαιντο S   24 εἰδότας om. A

ΜΑΡΤΥΡΕΣ.

Ἔτι τοίνυν καὶ ἐκ τῶνδε γνώσεσθε, ὦ ἄνδρες δικασταί, 21
ὅτι εἰσὶν Ἀρεθουσίου οἱ ἄνθρωποι. ὁπότε γὰρ οἱ ἄνθρωποι
οὗτοι ἢ ὀπώραν πρίαιντο ἢ θέρος μισθοῖντο ἐκθερίσαι ἢ
5 ἄλλο τι τῶν περὶ γεωργίαν ἔργων ἀναιροῖντο, Ἀρεθούσιος
ἦν ὁ ὠνούμενος καὶ μισθούμενος ὑπὲρ αὐτῶν. ὡς δ' ἀληθῆ
λέγω, καὶ τούτων ὑμῖν τοὺς μάρτυρας παρέξομαι.

ΜΑΡΤΥΡΕΣ.

Ὅσας μὲν τοίνυν μαρτυρίας παρασχέσθαι εἶχον ὑμῖν, ὡς 22
10 ἔστιν Ἀρεθουσίου τὰ ἀνδράποδα, δεδήλωκα ὑμῖν. βούλομαι
δὲ καὶ περὶ τῆς προκλήσεως εἰπεῖν, ἣν οὗτοί με προὐκαλέ-
σαντο καὶ ἐγὼ τούτους. οὗτοι μὲν γάρ με προὐκαλέσαντο,
ὅτε ἡ πρώτη ἀνάκρισις ἦν, φάσκοντες ἕτοιμοι εἶναι παρα-
διδόναι ἐμοὶ αὐτῷ τὰ ἀνδράποδα βασανίσαι, βουλόμενοι
15 μαρτυρίαν τινὰ αὐτοῖς ταύτην γενέσθαι. ἐγὼ δὲ ἀπεκρινά- 23
μην αὐτοῖς ἐναντίον μαρτύρων, ὅτι ἕτοιμός εἰμι ἰέναι εἰς
τὴν βουλὴν μετ' αὐτῶν καὶ παραλαμβάνειν μετ' ἐκείνης ἢ [1254]
μετὰ τῶν ἕνδεκα, λέγων ὅτι, εἰ μὲν ἰδίαν δίκην ἐδικαζόμην
αὐτοῖς, εἰ ἐμοὶ ἐξεδίδοσαν, παρελάμβανον ἄν, νῦν δὲ τῆς
20 πόλεως εἴη τὰ ἀνδράποδα καὶ ἡ ἀπογραφή· δεῖν οὖν δημοσίᾳ
βασανίζεσθαι. ἡγούμην γὰρ οὐ προσήκειν ἐμοὶ ἰδιώτῃ 24
ὄντι τοὺς δημοσίους βασανίζειν· οὔτε γὰρ τῆς βασάνου
κύριος ἐγιγνόμην, οὔτε καλῶς ἔχειν τὰ λεγόμενα ὑπὸ τῶν
ἀνθρώπων ἐμὲ κρίνειν, ἡγούμην τε δεῖν τὴν ἀρχὴν ἢ τοὺς
25 ᾑρημένους ὑπὸ τῆς βουλῆς γράφεσθαι, καὶ κατασημηνα-
μένους τὰς βασάνους, ὅ τι εἴποιεν οἱ ἄνθρωποι, παρέχειν
εἰς τὸ δικαστήριον, ἵν' ἀκούσαντες ἐκ τούτων ἐψηφίσασθε
ὁποῖόν τι ὑμῖν ἐδόκει. ἰδίᾳ μὲν γὰρ βασανιζομένων τῶν 25

5 ανεροιντο S Q D : ἂν ἔροιντο F   9 ὅσα . . . μαρτύρια S F Q
11 εἰπεῖν om. S¹, add. in mg. ead. m.   12 γὰρ ἐμὲ A   14 αὐτῷ
ἐμοὶ A   19 νυνὶ F Q D   22 βασανίζεσθαι S   23 ἔχειν S F Q D :
ἔξοι A : εἶχεν Madvig   τὸ λεγόμενον F D   24 ἐμὲ κρίνειν om.
F Q (non D)   τε om. F Q (non D)   δεῖν τὴν ἀρχὴν S A D : μὴ οὐ
τὴν ἄλλην F Q   26 εἴποιεν A : εἶπεν S : εἴπαιεν vulg.

ἀνθρώπων ὑπ' ἐμοῦ ἀντελέγετ' ἂν ἅπαντα ὑπὸ τούτων, εἰ
δὲ δημοσίᾳ, ἡμεῖς μὲν ἂν ἐσιωπῶμεν, οἱ δ' ἄρχοντες ἢ οἱ
ᾑρημένοι ὑπὸ τῆς βουλῆς ἐβασάνιζον ἂν μέχρι οὗ αὐτοῖς
ἐδόκει. ταῦτα δ' ἐμοῦ ἐθέλοντος, οὐκ ἂν ἔφασαν τῇ ἀρχῇ
παραδοῦναι, οὐδ' εἰς τὴν βουλὴν ἤθελον ἀκολουθεῖν. ὡς 5
οὖν ἀληθῆ λέγω, κάλει μοι τούτων τοὺς μάρτυρας.

ΜΑΡΤΥΡΕΣ.

26   Κατὰ πολλὰ μὲν οὖν ἔμοιγε δοκοῦσιν εἶναι ἀναίσχυντοι
ἀμφισβητοῦντες τῶν ὑμετέρων, οὐχ ἥκιστα δὲ ὑμῖν αὐτοὺς
ἐπιδείξω ἐκ τῶν νόμων τῶν ὑμετέρων. οὗτοι γάρ, ὅτε οἱ 10
δικασταὶ ἐβούλοντο θανάτου τιμῆσαι τῷ Ἀρεθουσίῳ, ἐδέοντο
τῶν δικαστῶν χρημάτων τιμῆσαι καὶ ἐμοῦ συγχωρῆσαι, καὶ
27 ὡμολόγησαν αὐτοὶ συνεκτείσειν. τοσούτου δὴ δέουσιν ἐκ-
τίνειν καθ' ἃ ἠγγυήσαντο, ὥστε καὶ τῶν ὑμετέρων ἀμφι-
[1255] σβητοῦσι. καίτοι οἵ γε νόμοι κελεύουσι τὴν οὐσίαν εἶναι 15
δημοσίαν, ὃς ἂν ἐγγυησάμενός τι τῶν τῆς πόλεως μὴ ἀπο-
διδῷ τὴν ἐγγύην· ὥστε καὶ εἰ τούτων ἦν τὰ ἀνδράποδα,
προσῆκεν αὐτὰ δημόσια εἶναι, εἴπερ τι τῶν νόμων ὄφελος.
28 καὶ πρὶν μὲν ὀφείλειν τῷ δημοσίῳ, ὁ Ἀρεθούσιος ὡμολο-
γεῖτο τῶν ἀδελφῶν εὐπορώτατος εἶναι· ἐπειδὴ δὲ οἱ νόμοι 20
κελεύουσιν τἀκείνου ὑμέτερα εἶναι, τηνικαῦτα πένης ὢν
φαίνεται ὁ Ἀρεθούσιος, καὶ τῶν μὲν ἡ μήτηρ ἀμφισβητεῖ,
τῶν δὲ οἱ ἀδελφοί. χρῆν δ' αὐτούς, εἴπερ ἐβούλοντο
δικαίως προσφέρεσθαι πρὸς ὑμᾶς, ἀποδείξαντας ἅπασαν τὴν
οὐσίαν τὴν ἐκείνου, τὰ τούτων αὐτῶν εἴ τις ἀπέγραφεν, 25
29 ἀμφισβητεῖν. ἐὰν οὖν ἐνθυμηθῆτε, ὅτι οὐδέποτε ἔσται
ἀπορία τῶν ἀμφισβητησόντων ὑμῖν περὶ τῶν ὑμετέρων (ἢ
γὰρ ὀρφανοὺς ἢ ἐπικλήρους κατασκευάσαντες ἀξιώσουσιν
ἐλεεῖσθαι ὑφ' ὑμῶν, ἢ γῆρας καὶ ἀπορίας καὶ τροφὰς μητρὶ

2 ἢ servat S solus   4 δεμου S : δέ μου A D   6 τούτων τοὺς
A : τοὺς τούτων S F Q D   13 ἐκτείνειν] ἐκτίσειν A : συνεκτίνειν Blass
14 ἠγγυήσαντο S : ἐνεγυήσαντο vulg.   15–16 εἶναι δημοσίαν S :
δημοσίαν εἶναι vulg.   19–20 ὡμολόγητο . . . εὐπορώτερος A

λέγοντες, καὶ ὀδυρόμενοι δι' ὧν μάλιστα ἐλπίζουσιν ἐξαπα-
τήσειν ὑμᾶς, πειράσονται ἀποστερῆσαι τὴν πόλιν τοῦ
ὀφλήματος), ἐὰν οὖν ταῦτα παριδόντες πάντα καταψη-
φίσησθε, ὀρθῶς βουλεύσεσθε.

1 ἀποδυρόμενοι A   2 ἀποστερῆσαι A : καὶ ἀποστερῆσαι S : καὶ
ἀποστερήσειν F Q D   3 περιδόντες S
In S subscriptum

         ΠΡΟΣ ΝΙΚΟΣΤΡΑΤΟΝ
              H̄ H̄ Π̄ Ī
                Ϥ
     (H̄ addidit post Sauppium Burger)

ΚΑΤΑ ΚΟΝΩΝΟΣ ΑΙΚΕΙΑΣ

ΥΠΟΘΕΣΙΣ.

Ἀρίστων Ἀθηναῖος δικάζεται Κόνωνι αἰκίας, λέγων ὑπ' αὐτοῦ καὶ τοῦ παιδὸς αὐτοῦ τετυπτῆσθαι καὶ μάρτυρας τούτου παρεχό-[1256] μενος. ὁ δὲ Κόνων ἀρνεῖται τὸ πρᾶγμα καὶ μάρτυρας ἀντιπαρέχεται, οὓς ὁ Δημοσθένης οὔ φησι πιστούς· βεβιωκέναι γὰρ φαύλως καὶ εὐχερῶς ἔχειν πρὸς τὸ ψεύδεσθαι.   5

Ὑβρισθείς, ὦ ἄνδρες δικασταί, καὶ παθὼν ὑπὸ Κόνωνος τουτουὶ τοιαῦτα, ὥστε πολὺν χρόνον πάνυ μήτε τοὺς οἰκείους μήτε τῶν ἰατρῶν μηδένα προσδοκᾶν περιφεύξεσθαί με, ὑγιάνας καὶ σωθεὶς ἀπροσδοκήτως ἔλαχον αὐτῷ τὴν δίκην τῆς αἰκείας ταυτηνί. πάντων δὲ τῶν φίλων καὶ τῶν   10 οἰκείων, οἷς συνεβουλευόμην, ἔνοχον μὲν φασκόντων αὐτὸν ἐκ τῶν πεπραγμένων εἶναι καὶ τῇ τῶν λωποδυτῶν ἀπαγωγῇ καὶ ταῖς τῆς ὕβρεως γραφαῖς, συμβουλευόντων δέ μοι καὶ παραινούντων μὴ μείζω πράγματ' ἢ δυνήσομαι φέρειν ἐπάγεσθαι, μηδ' ὑπὲρ τὴν ἡλικίαν ⟨περὶ⟩ ὧν ἐπεπόνθειν ἐγκα-   15 λοῦντα φαίνεσθαι, οὕτως ἐποίησα καὶ δι' ἐκείνους ἰδίαν ἔλαχον δίκην, ἥδιστ' ἄν, ὦ ἄνδρες Ἀθηναῖοι, θανάτου 2 κρίνας τουτονί. καὶ τούτου συγγνώμην ἕξετε, εὖ οἶδ' ὅτι, πάντες, ἐπειδὰν ἃ πέπονθ' ἀκούσητε· δεινῆς γὰρ οὔσης τῆς τότε συμβάσης ὕβρεως οὐκ ἐλάττων ἢ μετὰ ταῦτ' ἀσέλγει'   20 ἐστὶ τουτουί. ἀξιῶ δὴ καὶ δέομαι πάντων ὁμοίως ὑμῶν πρῶτον μὲν εὐνοϊκῶς ἀκοῦσαί μου περὶ ὧν πέπονθα λέ-

Τιτυλυς : ΑΙΚΙΑΣ codd., corr. Blass
1 ὁ Ἀθ. Gregor. Cor. (vii 1331 Waltz)   4 πιστοὺς εἶναι Greg., sed cf. Plat. Rep. 538 A   6 ἄνδρες δικασταί] Ἀθηναῖοι A, Hermog. p. 228 (Rabe)   7 τουτουὶ codd., Hermog. : τούτου γε Aristeid. p. 369 πολυχρονον S   10 αἰκίας codd.   10–11 τῶν οἰκείων καὶ τῶν φίλων FQD   15 περὶ ὧν Rauchenstein, ἀνθ' ὧν Rosenberg: ἣν ἔχων FQD : ὧν SA ex usu Hellenistico; genitivi xxxvi 9 quem laudant editores, alia est ratio   19–21 ἃ . . . τουτουί om. S[1], suppl. m. rec.   20 ἔλαττον A (me teste) S rec.   21 τούτου A   δὴ SA : δὲ vulg.

γοντος, εἶτα, ἐὰν ἠδικῆσθαι καὶ παρανενομῆσθαι δοκῶ, [1257]
βοηθῆσαί μοι τὰ δίκαια. ἐξ ἀρχῆς δ᾽ ὡς ἕκαστα πέπρακται
διηγήσομαι πρὸς ὑμᾶς, ὡς ἂν οἷός τ᾽ ὦ διὰ βραχυτάτων.

Ἐξῆλθον ἔτος τουτὶ τρίτον εἰς Πάνακτον φρουρᾶς ἡμῖν 3
5 προγραφείσης. ἐσκήνωσαν οὖν οἱ υἱεῖς οἱ Κόνωνος τουτουὶ
ἐγγὺς ἡμῶν, ὡς οὐκ ἂν ἐβουλόμην· ἡ γὰρ ἐξ ἀρχῆς ἔχθρα
καὶ τὰ προσκρούματ᾽ ἐκεῖθεν ἡμῖν συνέβη· ἐξ ὧν δέ, ἀκού-
σεσθε. ἔπινον ἑκάστοθ᾽ οὗτοι τὴν ἡμέραν, ἐπειδὴ τάχιστ᾽
ἀριστήσαιεν, ὅλην, καὶ τοῦθ᾽, ἕως περ ἦμεν ἐν τῇ φρουρᾷ,
10 διετέλουν ποιοῦντες. ἡμεῖς δ᾽ ὥσπερ ἐνθάδ᾽ εἰώθειμεν,
οὕτω διήγομεν καὶ ἔξω. ἦν οὖν δειπνοποιεῖσθαι τοῖς 4
ἄλλοις ὥραν συμβαίνοι, ταύτην ἂν ἤδη ἐπαρῴνουν οὗτοι, τὰ
μὲν πόλλ᾽ εἰς τοὺς παῖδας ἡμῶν τοὺς ἀκολούθους, τελευ-
τῶντες δὲ καὶ εἰς ἡμᾶς αὐτούς. φήσαντες γὰρ καπνίζειν
15 αὐτοὺς ὀψοποιουμένους τοὺς παῖδας ἢ κακῶς λέγειν, ὅ τι
τύχοιεν, ἔτυπτον καὶ τὰς ἀμίδας κατεσκεδάννυον καὶ προσ-
εούρουν, καὶ ἀσελγείας καὶ ὕβρεως οὐδ᾽ ὁτιοῦν ἀπέλειπον.
ὁρῶντες δ᾽ ἡμεῖς ταῦτα καὶ λυπούμενοι τὸ μὲν πρῶτον ἀπε-
πεμψάμεθα, ὡς δ᾽ ἐχλεύαζον ἡμᾶς καὶ οὐκ ἐπαύοντο, τῷ
20 στρατηγῷ τὸ πρᾶγμ᾽ εἴπομεν κοινῇ πάντες οἱ σύσσιτοι προσ-
ελθόντες, οὐκ ἐγὼ τῶν ἄλλων ἔξω. λοιδορηθέντος δ᾽ 5
αὐτοῖς ἐκείνου καὶ κακίσαντος αὐτοὺς οὐ μόνον περὶ ὧν εἰς
ἡμᾶς ἠσέλγαινον, ἀλλὰ καὶ περὶ ὧν ὅλως ἐποίουν ἐν τῷ

1 ἀδικῆσθαι S, unde ἀδικεῖσθαι Rosenberg sicut xlv 1, lvi 4 §§ 3–9 citat
Dion. Hal., Demos. xii   4 ἐξῆλθον codd., Rh. Gr. vii 924 : ἐξήλθομεν
Dion., Hermog. 123. 13   5 alterum οἱ om. F Q D   Κόνωνος του-
τουὶ codd. et Dionysii cod. M corr. : τουτουὶ K. Dionysii vulgata
7 προσκρούματα Dion. : προσκρούσματα codd.   ἐξ ὧν] ἑξῆς Dion.
δέ S A, Dion. : om. F Q D   9 ἀριστήσειαν Dion.   ὅλην post
ἡμέραν Dion.   ἐν Dion. : ἐπὶ codd.   10 εἰώθειμεν A, cf. § 7 : εἰώθαμεν
cett. : εἰώθημεν Dion.   11 ἦν οὖν] καὶ ἦν Dion.   12 ἂν οὗτοι ἐπαρῴ-
νουν ἤδη Dion.   13 τοὺς π. τοὺς ἀκ. ἡμῶν Dion. (παῖδας om. eius cod. P)
15 αὐτοὺς om. Pollux vi 91   16 ἀμίδας D F γρ., Dion. : ἀμ. vulg. (spiritum
om. S A)   κατεσκεδάννυον codd. : κατεσκεδάννυσαν Dion. : κατερρήγνυον
F γρ. (qui προσεούρουν τε ἡμῖν καὶ τὰς ἀμ. κατερρήγνυον), Hermog. 123. 15
17 ἀπέλειπον A, Dion. : ἀπέλιπον S F Q   18 ἀπεπεμψάμεθα codd., Dion. :
ἐμεμψάμεθα Hirschig : κατεμ. Naber   19 οὐκ] οὐδὲ A F : οὐδὲν Dobree
21 οὐκ] οὐδὲν vel οὐδὲν Dion.   23 ἐποίουν ὅλως Dion.

στρατοπέδῳ, τοσούτου ἐδέησαν παύσασθαι ἢ αἰσχυνθῆναι,
ὥστ' ἐπειδὴ θᾶττον συνεσκότασεν, εὐθὺς ὡς ἡμᾶς εἰσεπή-
[1258] δησαν ταύτῃ τῇ ἑσπέρᾳ, καὶ τὸ μὲν πρῶτον κακῶς ἔλεγον,
τελευτῶντες δὲ καὶ πληγὰς ἐνέτειναν ἐμοί, καὶ τοσαύτην
κραυγὴν καὶ θόρυβον περὶ τὴν σκηνὴν ἐποίησαν ὥστε καὶ   5
τὸν στρατηγὸν καὶ τοὺς ταξιάρχους ἐλθεῖν καὶ τῶν ἄλλων
στρατιωτῶν τινάς, οἵπερ ἐκώλυσαν μηδὲν ἡμᾶς ἀνήκεστον
παθεῖν μηδ' αὐτοὺς ποιῆσαι παροινουμένους ὑπὸ τουτωνί.
6 τοῦ δὲ πράγματος εἰς τοῦτο προελθόντος, ὡς δεῦρ' ἐπανήλ-
θομεν, ἦν ἡμῖν, οἷον εἰκός, ἐκ τούτων ὀργὴ καὶ ἔχθρα πρὸς   10
ἀλλήλους. μὰ τοὺς θεοὺς οὐ μὴν ἔγωγ' ᾠόμην δεῖν οὔτε
δίκην λαχεῖν αὐτοῖς οὔτε λόγον ποιεῖσθαι τῶν συμβάντων
οὐδένα, ἀλλ' ἐκεῖν' ἁπλῶς ἐγνώκειν τὸ λοιπὸν εὐλαβεῖσθαι
καὶ φυλάττεσθαι μὴ πλησιάζειν τοῖς τοιούτοις. πρῶτον
μὲν οὖν τούτων ὧν εἴρηκα βούλομαι τὰς μαρτυρίας παρα-   15
σχόμενος, μετὰ ταῦθ' οἷ' ὑπ' αὐτοῦ τούτου πέπονθ' ἐπιδεῖξαι,
ἵν' εἰδῆθ' ὅτι ᾧ προσῆκεν τοῖς τὸ πρῶτον ἁμαρτηθεῖσιν
ἐπιτιμᾶν, οὗτος αὐτὸς πρότερος πολλῷ δεινότερ' εἴργασται.

ΜΑΡΤΥΡΙΑΙ.

7   Ὧν μὲν τοίνυν οὐδέν' ᾠόμην δεῖν λόγον ποιεῖσθαι, ταῦτ'   20
ἐστίν. χρόνῳ δ' ὕστερον οὐ πολλῷ περιπατοῦντος, ὥσπερ
εἰώθειν, ἑσπέρας ἐν ἀγορᾷ μου μετὰ Φανοστράτου τοῦ
Κηφισιέως, τῶν ἡλικιωτῶν τινός, παρέρχεται Κτησίας ὁ
υἱὸς ὁ τούτου, μεθύων, κατὰ τὸ Λεωκόριον, ἐγγὺς τῶν
Πυθοδώρου. κατιδὼν δ' ἡμᾶς καὶ κραυγάσας, καὶ διαλεχθεὶς   25

---

2 συνεσκόταζεν Dionysii B P v, non M   4 τελευτῶντες codd.,
Aristeid. p. 369 : ἔπειτα Dion.   7 τινὰς στρατιωτῶν Dion. recte fort.,
cf. vi 8, xiv 6   οἳ διεκώλυσαν Dion.   ἀνήκεστον ἡμᾶς A   8 του-
τωνί S : τούτων vulg., Dion.   11 μὰ τοὺς θεοὺς om. Dion., del. Dindorf :
post ἔγωγε transp. Reiske, sed cf. Ar. Vesp. 231, Xen. Symp. iv 33
ᾠόμην S D : ᾤμην A F Q, Dion.   13 οὐδένα om. Dion.   14 τοῖς τοιού-
τοις S F Q D : ὡς τοιούτοις A : ὡς τοὺς τοιούτους Dion. ('fuit fort. ὡς οὖσι
τοιούτοις' Radermacher)   15 ὧν εἴρηκα τούτων Dion.   16 ὅσα ὑπὸ
τούτου Dion.   18 πρότερος codd., cf. § 22 : πρὸς τούτοις Dion.   εἴργα-
σται] διαπέπρακται Dion.   19 ΜΑΡΤΥΡΙΑ A : Μάρτυρες Dion.   22
ἑσπέρας om. Dion.   τοῦ om. S   23 Κηφισέως codd., Dion. : corr.
Palmer   24 ὁ om. Dion.   τῶν] ἰὼν Dion.

τι πρὸς αὐτὸν οὕτως ὡς ἂν μεθύων, ὥστε μὴ μαθεῖν ὅ τι
λέγοι, παρῆλθε πρὸς Μελίτην ἄνω. ἔπινον δ' ἄρ' ἐνταῦθα
(ταῦτα γὰρ ὕστερον ἐπυθόμεθα) παρὰ Παμφίλῳ τῷ γναφεῖ [1259]
Κόνων οὑτοσί, Θεότιμός τις, 'Αρχεβιάδης, Σπίνθαρος ὁ
5 Εὐβούλου, Θεογένης ὁ 'Ανδρομένους, πολλοί τινες, οὓς
ἐξαναστήσας ὁ Κτησίας ἐπορεύετ' εἰς τὴν ἀγοράν. καὶ 8
ἡμῖν συμβαίνει ἀναστρέφουσιν ἀπὸ τοῦ Φερρεφαττίου καὶ
περιπατοῦσιν πάλιν κατ' αὐτό πως τὸ Λεωκόριον εἶναι, καὶ
τούτοις περιτυγχάνομεν. ὡς δ' ἀνεμείχθημεν, εἷς μὲν
10 αὐτῶν, ἀγνώς τις, Φανοστράτῳ προσπίπτει καὶ κατεῖχεν
ἐκεῖνον, Κόνων δ' οὑτοσὶ καὶ ὁ υἱὸς αὐτοῦ καὶ ὁ 'Ανδρο-
μένους υἱὸς ἐμοὶ προσπεσόντες τὸ μὲν πρῶτον ἐξέδυσαν,
εἶθ' ὑποσκελίσαντες καὶ ῥάξαντες εἰς τὸν βόρβορον οὕτω
διέθηκαν ἐναλλόμενοι καὶ ὑβρίζοντες, ὥστε τὸ μὲν χεῖλος
15 διακόψαι, τοὺς δ' ὀφθαλμοὺς συγκλεῖσαι· οὕτω δὲ κακῶς
ἔχοντα κατέλιπον, ὥστε μήτ' ἀναστῆναι μήτε φθέγξασθαι
δύνασθαι. κείμενος δ' αὐτῶν ἤκουον πολλὰ καὶ δεινὰ
λεγόντων. καὶ τὰ μὲν ἄλλα καὶ βλασφημίαν ἔχει τινὰ 9
καὶ ὀνομάζειν ὀκνήσαιμ' ἂν ἐν ὑμῖν ἔνια, ὃ δὲ τῆς ὕβρεώς
20 ἐστι τῆς τούτου σημεῖον καὶ τεκμήριον τοῦ πᾶν τὸ πρᾶγμ'
ὑπὸ τούτου γεγενῆσθαι, τοῦθ' ὑμῖν ἐρῶ· ᾖδε γὰρ τοὺς
ἀλεκτρυόνας μιμούμενος τοὺς νενικηκότας, οἱ δὲ κροτεῖν
τοῖς ἀγκῶσιν αὐτὸν ἠξίουν ἀντὶ πτερύγων τὰς πλευράς.
καὶ μετὰ ταῦτ' ἐγὼ μὲν ἀπεκομίσθην ὑπὸ τῶν παρατυχόν-

1 ⟨με⟩ μὴ Naber   2 δ' ἄρ' A D, Dion. : γὰρ S F Q   3 ταῦτα . . .
ἐπυθόμεθα om. A, Dion.   γναφεῖ Dion. : κναφεῖ codd.   4 Θεόδωρός
τις, 'Αλκιβιάδης Dion.   6 τὴν om. A   7 συμβαίνει S F Q D, Dion. :
συνεβαίνεν A   ἀπὸ] ἐκ Dion.   Φερρεφαττίου A D, Dion.   10 Φανο-
στράτῳ S : τῷ Φ. vulg., Dion.   καθεῖλκεν A   12 προσπεσόντες
Blass : περιπ. codd., Dion., cf. Ar. Thesm. 271   ἐξέδυον A, Dion.
13 ὑποσκελλίσαντες S   14 ὑβρίζοντες codd., Dion. : παίοντες Aristeid.
p. 380   15 συγκλεῖσαι codd., Dion., Pollux ii 67 : συγκλάσαι vel
συνθλάσαι Naber   16 κατέλιπον Dionysii cod. M (Bekker) : κατα-
λείπειν A : καταλιπεῖν S (sine accentu) F Q D   18 καὶ βλασφημίαν]
βλασφημίαν F Q D : βλασφημίας Dion.   18–19 καὶ τινὰ ἃ καὶ
A : τινὰς ἃς κἂν Dion.   19 ὀνομάζειν S F Q, Dion. : λέγειν A   ὀκνίσαιμι
S   ἂν . . . ἔνια om. Dion.   20–21 τοῦ . . : γεγενῆσθαι] ὡς . . . γενό-
μενον Dion.   21 τοὺς om. Dion.   23 αὐτὸν ἠξίουν τοῖς ἀγκῶσιν Dion.

των γυμνός, οὗτοι δ' ᾤχοντο θοἰμάτιον λαβόντες μου. ὡς
δ' ἐπὶ τὴν θύραν ἦλθον, κραυγὴ καὶ βοὴ τῆς μητρὸς καὶ
τῶν θεραπαινίδων ἦν, καὶ μόγις ποτ' εἰς βαλανεῖον ἐνεγ-
κόντες με καὶ περιπλύναντες ἔδειξαν τοῖς ἰατροῖς. ὡς
οὖν ταῦτ' ἀληθῆ λέγω, τούτων ὑμῖν τοὺς μάρτυρας παρέ- 5
ξομαι.

　　　　　　　　ΜΑΡΤΥΡΕΣ.

10　　Συνέβη τοίνυν, ὦ ἄνδρες δικασταί, καὶ Εὐξίθεον τουτονὶ
τὸν Χολλήδην, ὄνθ' ἡμῖν συγγενῆ, καὶ Μειδίαν μετὰ τούτου
ἀπὸ δείπνου ποθὲν ἀπιόντας περιτυχεῖν πλησίον ὄντι μοι 10
τῆς οἰκίας ἤδη, καὶ εἴς τε τὸ βαλανεῖον φερομένῳ παρα-
κολουθῆσαι, καὶ ἰατρόν ἄγουσιν παραγενέσθαι. οὕτω δ'
εἶχον ἀσθενῶς ὥστε, ἵνα μὴ μακρὰν φεροίμην οἴκαδ' ἐκ
τοῦ βαλανείου, ἐδόκει τοῖς παροῦσιν ὡς τὸν Μειδίαν ἐκείνην
τὴν ἑσπέραν κομίσαι, καὶ ἐποίησαν οὕτω. λάβ' οὖν καὶ 15
τὰς τούτων μαρτυρίας, ἵν' εἰδῆθ' ὅτι πολλοὶ συνίσασιν ὡς
ὑπὸ τούτων ὑβρίσθην.

ΜΑΡΤΥΡΙΑΙ.

Λαβὲ δὴ καὶ τὴν τοῦ ἰατροῦ μαρτυρίαν.

ΜΑΡΤΥΡΙΑ.　　　　　　　　　20

11　　Τότε μὲν τοίνυν παραχρῆμ' ὑπὸ τῶν πληγῶν ἃς ἔλαβον
καὶ τῆς ὕβρεως οὕτω διετέθην, ὡς ἀκούετε καὶ μεμαρτύρηται
παρὰ πάντων ὑμῖν τῶν εὐθὺς ἰδόντων. μετὰ δὲ ταῦτα τῶν
μὲν οἰδημάτων τῶν ἐν τῷ προσώπῳ καὶ τῶν ἑλκῶν οὐδὲν
ἔφη φοβεῖσθαι λίαν ὁ ἰατρός, πυρετοὶ δὲ παρηκολούθουν μοι 25
συνεχεῖς καὶ ἀλγήματα, ὅλου μὲν τοῦ σώματος πάνυ σφοδρὰ
καὶ δεινά, μάλιστα δὲ τῶν πλευρῶν καὶ τοῦ ἤτρου, καὶ τῶν

1 μου et hic et post ᾤχοντο D　　3 μόγις S : μόλις vulg.　　9 Χολ-
λήδην scripsi, cf. Meisterhans³ 37. 207 : Χολλίδην codd. : Χολλείδην
Sauppe　　11 εἴς τε τὸ S (me teste) : εἰς τὸ legebatur　　15 με
post κομίσαι add. vulg. : om. S　　οὕτω S A : οὕτως vulg.　　16 συνιασιν S
18 ΜΑΡΤΥΡΙΑ S A　　21 ἃς S A Q : ὧν vulg.　　23 ἰδόντων] εἰδότων S
27 prius τῶν] τῷ S signo ·/. adscripto cui nihil respondet in margine

σιτίων ἀπεκεκλείμην. καὶ ὡς μὲν ὁ ἰατρὸς ἔφη, εἰ μὴ 12
κάθαρσις αἵματος αὐτομάτη μοι πάνυ πολλὴ συνέβη περιω-
δύνῳ ὄντι καὶ ἀπορουμένῳ ἤδη, κἂν ἔμπυος γενόμενος
διεφθάρην· νῦν δὲ τοῦτ' ἔσωσεν τὸ αἷμ' ἀποχωρῆσαν. ὡς
5 οὖν καὶ ταῦτ' ἀληθῆ λέγω, καὶ παρηκολούθησέ μοι τοιαύτη
νόσος ἐξ ἧς εἰς τοὔσχατον ἦλθον, ἐξ ὧν ὑπὸ τούτων ἔλαβον [1261]
πληγῶν, λέγε τὴν τοῦ ἰατροῦ μαρτυρίαν καὶ τὴν τῶν ἐπι-
σκοπούντων.

ΜΑΡΤΥΡΙΑΙ.

10 Ὅτι μὲν τοίνυν οὐ μετρίας τινὰς καὶ φαύλας λαβὼν 13
πληγάς, ἀλλ' εἰς πᾶν ἐλθὼν διὰ τὴν ὕβριν καὶ τὴν ἀσέλ-
γειαν τὴν τούτων πολὺ τῆς προσηκούσης ἐλάττω δίκην
εἴληχα, πολλαχόθεν νομίζω δῆλον ὑμῖν γεγενῆσθαι. οἴομαι
δ' ὑμῶν ἐνίους θαυμάζειν, τί ποτ' ἐστὶν ἃ πρὸς ταῦτα τολ-
15 μήσει Κόνων λέγειν. βούλομαι δὴ προειπεῖν ὑμῖν ἁγὼ
πέπυσμαι λέγειν αὐτὸν παρεσκευάσθαι, ἀπὸ τῆς ὕβρεως καὶ
τῶν πεπραγμένων τὸ πρᾶγμ' ἄγοντ' εἰς γέλωτα καὶ σκώμματ'
ἐμβαλεῖν πειράσεσθαι, καὶ ἐρεῖν ὡς εἰσὶν ἐν τῇ πόλει 14
πολλοί, καλῶν κἀγαθῶν ἀνδρῶν υἱεῖς, οἳ παίζοντες οἷ'
20 ἄνθρωποι νέοι σφίσιν αὐτοῖς ἐπωνυμίας πεποίηνται, καὶ
καλοῦσι τοὺς μὲν ἰθυφάλλους, τοὺς δ' αὐτοληκύθους, ἐρῶσι
δ' ἐκ τούτων ἑταιρῶν τινές, καὶ δὴ καὶ τὸν υἱὸν τὸν ἑαυτοῦ
εἶναι τούτων ἕνα, καὶ πολλάκις περὶ ἑταίρας καὶ εἰληφέναι
καὶ δεδωκέναι πληγάς, καὶ ταῦτ' εἶναι νέων ἀνθρώπων.
25 ἡμᾶς δὲ πάντας τοὺς ἀδελφοὺς παροίνους μέν τινας καὶ
ὑβριστὰς κατασκευάσει, ἀγνώμονας δὲ καὶ πικρούς. ἐγὼ δ', 15

1 τῶν σιτίων ἀπεκ.] πνευστιῶν κατεκείμην Naber   ἀπεκεκλείμην Α :
ἀπεκλείσμην S : ἀπεκεκλείσμην F Q D   2 πάνυ πολλὴ om. Α   περιω-
δύνῳ SA   3 τ' ante ὄντι add. Blass   ἀπορουμένων Blass post
ἀπορουμένῳ add. ὄντι S sed cum signis delendi   ante ἤδη distinguunt
A D   4 νῦν S : νυνὶ cett.   5 prius καὶ om. F Q D   7 ἐπισκοπούντων
SA : ἐπισκοπουμένων vulg.   10 τινὰς om. A, habet Aristeid. p. 374
12 πολὺ] πολλῷ Aristeid.   13 πολλαχόθεν om. S D, habet Aristeid.
l. 12, om. l. 20   14 τί] τίνα Α   16–17 λεγειν et καὶ τῶν πεπραγμένων
secl. Rosenberg   17 ἀγοντα S : ἀπαγαγόντα vulg.   18 πειρᾶσθαι Α
23 περὶ vulg. : καὶ περὶ S   25 τινας om. Q D   26 κατασκευάσει Α :
παρασκευάσειν S : κατεσκευάκασι vulg.

ὦ ἄνδρες δικασταί, χαλεπῶς ἐφ᾽ οἷς πέπονθα ἐνηνοχώς, οὐχ
ἧττον τοῦτ᾽ ἀγανακτήσαιμ᾽ ἂν καὶ ὑβρίσθαι νομίσαιμι, εἰ
οἷόν τ᾽ εἰπεῖν, εἰ ταῦτ᾽ ἀληθῆ δόξει Κόνων οὑτοσὶ λέγειν
περὶ ἡμῶν, καὶ τοσαύτη τις ἄγνοια παρ᾽ ὑμῖν ἐστιν, ὥσθ᾽,
ὁποῖος ἄν τις ἕκαστος εἶναι φῇ ἢ ὁ πλησίον αὐτὸν αἰτιά- 5
[1262] σηται, τοιοῦτος νομισθήσεται, τοῦ δὲ καθ᾽ ἡμέραν βίου καὶ
τῶν ἐπιτηδευμάτων μηδ᾽ ὁτιοῦν ἔσται τοῖς μετρίοις ὄφελος.
16 ἡμεῖς γὰρ οὔτε παροινοῦντες οὔθ᾽ ὑβρίζοντες ὑπ᾽ οὐδενὸς
ἀνθρώπων ἑωράμεθα, οὐδ᾽ ἄγνωμον οὐδὲν ἡγούμεθα ποιεῖν,
εἰ περὶ ὧν ἠδικήμεθ᾽ ἀξιοῦμεν κατὰ τοὺς νόμους δίκην 10
λαβεῖν. ἰθυφάλλοις δὲ καὶ αὐτοληκύθοις συγχωροῦμεν
εἶναι τοῖς υἱέσι τοῖς τούτου, καὶ ἔγωγ᾽ εὔχομαι τοῖς θεοῖς εἰς
Κόνωνα καὶ τοὺς υἱεῖς τοὺς τούτου καὶ ταῦτα καὶ τὰ τοιαῦθ᾽
17 ἅπαντα τρέπεσθαι. οὗτοι γάρ εἰσιν οἱ τελοῦντες ἀλλήλους
τῷ ἰθυφάλλῳ, καὶ τοιαῦτα ποιοῦντες ἃ πολλὴν αἰσχύνην 15
ἔχει καὶ λέγειν, μή τί γε δὴ ποιεῖν ἀνθρώπους μετρίους.
ἀλλὰ τί ταῦτ᾽ ἐμοί; θαυμάζω γὰρ ἔγωγε, εἴ τίς ἐστιν πρό-
φασις παρ᾽ ὑμῖν ἢ σκῆψις ηὑρημένη δι᾽ ἥν, ἂν ὑβρίζων τις
ἐξελέγχηται καὶ τύπτων, δίκην οὐ δώσει. οἱ μὲν γὰρ νόμοι
πολὺ τἀναντία καὶ τὰς ἀναγκαίας προφάσεις, ὅπως μὴ μεί- 20
ζους γίγνωνται, προείδοντο, οἷον (ἀνάγκη γάρ μοι ταῦτα καὶ
ζητεῖν καὶ πυνθάνεσθαι διὰ τοῦτον γέγονεν) εἰσὶ κακηγορίας
18 δίκαι· φασὶ τοίνυν ταύτας διὰ τοῦτο γίγνεσθαι, ἵνα μὴ
λοιδορούμενοι τύπτειν ἀλλήλους προάγωνται. πάλιν αἰκείας
εἰσί· καὶ ταύτας ἀκούω διὰ τοῦτ᾽ εἶναι τὰς δίκας, ἵνα 25
μηδείς, ὅταν ἥττων ᾖ, λίθῳ μηδὲ τῶν τοιούτων ἀμύνηται
μηδενί, ἀλλὰ τὴν ἐκ τοῦ νόμου δίκην ἀναμένῃ. τραύματος
πάλιν εἰσὶν γραφαὶ τοῦ μὴ τιτρωσκομένων τινῶν φόνους
19 γίγνεσθαι. τὸ φαυλότατον, οἶμαι, τὸ τῆς λοιδορίας, πρὸ

1 χαλεποῖς S   2 τοῦτ᾽] τούτου A   ὑβρίσθαι S (me teste):
ὑβρισθῆναι legebatur   5 ἄν τις S : τις ἂν F Q : τις A   8 οὔθ᾽ ὑβ.]
οὐδ᾽ ὑβ. Baiter   9 οὐδ᾽ Bekker : οὔτ᾽ codd.   11 λαμβάνειν F Q D
15 τῷ φαλλῷ A   τοιαῦτα vulg. : τὰ τοιαῦτα S   16 μή τι Schaefer : μὴ
ὅτι codd.   21 γένωνται A   23 et 25 τοῦτο] ταῦτα A   25 ἀκούσω S¹
τὰς δίκας secl. Herwerden   26 μηδὲ] ἢ F Q D   27 ἀναμένῃ SA:
ἀναμείνη F Q D

τοῦ τελευταίου καὶ δεινοτάτου προεώραται, τοῦ μὴ φόνον
γίγνεσθαι, μηδὲ κατὰ μικρὸν ὑπάγεσθαι ἐκ μὲν λοιδορίας
εἰς πληγάς, ἐκ δὲ πληγῶν εἰς τραύματα, ἐκ δὲ τραυμάτων [1263]
εἰς θάνατον, ἀλλ' ἐν τοῖς νόμοις εἶναι τούτων ἑκάστου τὴν
5 δίκην, μὴ τῇ τοῦ προστυχόντος ὀργῇ μηδὲ βουλήσει ταῦτα
κρίνεσθαι. εἶτ' ἐν μὲν τοῖς νόμοις οὕτως· ἂν δ' εἴπῃ 20
Κόνων ' ἰθύφαλλοί τινές ἐσμεν ἡμεῖς συνειλεγμένοι, καὶ
ἐρῶντες οὓς ἂν ἡμῖν δόξῃ παίομεν καὶ ἄγχομεν ', εἶτα γελά-
σαντες ὑμεῖς ἀφήσετε; οὐκ οἴομαί γε. οὐ γὰρ ἂν γέλως
10 ὑμῶν ἔλαβεν οὐδένα, εἰ παρὼν ἐτύγχανεν ἡνίχ' εἱλκόμην
καὶ ἐξεδυόμην καὶ ὑβριζόμην, καὶ ὑγιὴς ἐξελθὼν φοράδην
ἦλθον οἴκαδε, ἐξεπεπηδήκει δὲ μετὰ ταῦθ' ἡ μήτηρ, καὶ
κραυγὴ καὶ βοὴ τῶν γυναικῶν τοσαύτη παρ' ἡμῖν ἦν ὥσπερ-
ανεὶ τεθνεῶτός τινος, ὥστε τῶν γειτόνων τινὰς πέμψαι
15 πρὸς ἡμᾶς ἐρησομένους ὅ τι ἐστὶν τὸ συμβεβηκός. ὅλως 21
δ', ὦ ἄνδρες δικασταί, δίκαιον μὲν οὐδενὶ δήπου σκῆψιν
οὐδεμίαν τοιαύτην οὐδ' ἄδειαν ὑπάρχειν παρ' ὑμῖν, δι' ἣν
ὑβρίζειν ἐξέσται· εἰ δ' ἄρ' ἐστίν τῳ, τοῖς δι' ἡλικίαν τούτων
τι πράττουσιν, τούτοις ἀποκεῖσθαι προσήκει τὰς τοιαύτας
20 καταφυγάς, κἀκείνοις οὐκ εἰς τὸ μὴ δοῦναι δίκην, ἀλλ' εἰς
τὸ τῆς προσηκούσης ἐλάττω. ὅστις δ' ἐτῶν μέν ἐστιν 22
πλειόνων ἢ πεντήκοντα, παρὼν δὲ νεωτέροις ἀνθρώποις καὶ
τούτοις υἱέσιν, οὐχ ὅπως ἀπέτρεψεν ἢ διεκώλυσεν, ἀλλ'
αὐτὸς ἡγεμὼν καὶ πρῶτος καὶ πάντων βδελυρώτατος γεγέ-
25 νηται, τίν' ἂν οὗτος ἀξίαν τῶν πεπραγμένων ὑπόσχοι δίκην;
ἐγὼ μὲν γὰρ οὐδ' ἀποθανόντ' οἴομαι. καὶ γὰρ εἰ μηδὲν
αὐτὸς εἴργαστο τῶν πεπραγμένων, ἀλλ' εἰ παρεστηκότος
τούτου Κτησίας ὁ υἱὸς ὁ τούτου ταῦθ' ἅπερ νυνὶ πεποιηκὼς [1264]
ἐφαίνετο, τοῦτον ἐμισεῖτ' ἂν δικαίως. εἰ γὰρ οὕτω τοὺς 23
30 αὑτοῦ προῆκται παῖδας ὥστ' ἐναντίον ἐξαμαρτάνοντας ἑαυτοῦ,

4 εἶναι om. S   7 συνειλεγμένοι S A D γρ. : συνηγμένοι F Q D
8 ερωτες S : (παιδιᾶς) ἐρῶντες Richards, sed cf. § 14   12 μετὰ ταῦθ'
secl. Blass coll. Aristeid. p. 387   17 ὑμῖν vulg., cf. § 17 : ὑμῶν S A D
18 post ἡλικίαν add. ἢ νεότητα codd. : del. Reiske   28 alterum ὁ
om. A   ταῦθ' scripsi : ταῦθ' codd. (ταυθ' S)   νυνὶ] οὗτος νυνὶ A

καὶ ταῦτ᾽ ἐφ᾽ ὧν ἐνίοις θάνατος ἡ ζημία κεῖται, μήτε φο-
βεῖσθαι μήτ᾽ αἰσχύνεσθαι, τί τοῦτον οὐκ ἂν εἰκότως παθεῖν
οἴεσθε; ἐγὼ μὲν γὰρ ἡγοῦμαι ταῦτ᾽ εἶναι σημεῖα τοῦ μηδὲ
τοῦτον τὸν ἑαυτοῦ πατέρ᾽ αἰσχύνεσθαι· εἰ γὰρ ἐκεῖνον αὐτὸς
ἐτίμα καὶ ἐδεδίει, κἂν τούτους αὐτὸν ἠξίου.   5

24   Λαβὲ δή μοι καὶ τοὺς νόμους, τόν τε τῆς ὕβρεως καὶ τὸν
περὶ τῶν λωποδυτῶν· καὶ γὰρ τούτοις ἀμφοτέροις ἐνόχους
τούτους ὄψεσθε.   λέγε.

NOMOI.

Τούτοις τοῖς νόμοις ἀμφοτέροις ἐκ τῶν πεπραγμένων 10
ἔνοχος Κόνων ἐστὶν οὑτοσί· καὶ γὰρ ὕβριζεν καὶ ἐλωποδύτει.
εἰ δὲ μὴ κατὰ τούτους προειλόμεθ᾽ ἡμεῖς δίκην λαμβάνειν,
ἡμεῖς μὲν ἀπράγμονες καὶ μέτριοι φαινοίμεθ᾽ ἂν εἰκότως,
25 οὗτος δ᾽ ὁμοίως πονηρός.   καὶ μὴν εἰ παθεῖν τί μοι συνέβη,
φόνου καὶ τῶν δεινοτάτων ἂν ἦν ὑπόδικος.   τὸν γοῦν τῆς 15
Βραυρωνόθεν ἱερείας πατέρ᾽ ὁμολογουμένως οὐχ ἁψάμενον
τοῦ τελευτήσαντος, ὅτι τῷ πατάξαντι τύπτειν παρεκελεύ-
σατο, ἐξέβαλεν ἡ βουλὴ ἡ ἐξ Ἀρείου πάγου, δικαίως· εἰ
γὰρ οἱ παρόντες ἀντὶ τοῦ κωλύειν τοὺς ἢ δι᾽ οἶνον ἢ δι᾽
ὀργὴν ἤ τιν᾽ ἄλλην αἰτίαν ἐξαμαρτάνειν ἐπιχειροῦντας αὐτοὶ 20
παροξυνοῦσιν, οὐδεμί᾽ ἐστὶν ἐλπὶς σωτηρίας τῷ περιπίπτοντι
τοῖς ἀσελγαίνουσιν, ἀλλ᾽ ἕως ἂν ἀπείπωσιν, ὑβρίζεσθαι
ὑπάρξει· ὅπερ ἐμοὶ συνέβη.

[1265]   Ἃ τοίνυν, ὅθ᾽ ἡ δίαιτα ἐγίγνετο, ἐποίουν, βούλομαι πρὸς
26   ὑμᾶς εἰπεῖν· καὶ γὰρ ἐκ τούτων τὴν ἀσέλγειαν θεάσεσθ᾽ 25
αὐτῶν.   ἐποίησαν μὲν γὰρ ἔξω μέσων νυκτῶν τὴν ὥραν,
οὔτε τὰς μαρτυρίας ἀναγιγνώσκειν ἐθέλοντες οὔτ᾽ ἀντίγραφα
διδόναι, τῶν τε παρόντων ἡμῖν καθ᾽ ἕν᾽ οὑτωσὶ πρὸς τὸν

5 τούτους] τούτοις D : τούτοις ἂν A   6 δὴ] δὲ A   τόν τε
Dindorf ; cf. xxi 35 : τοὺς A: om. SFQD   16 ἱερίας S   17 παρε-
κελεύσατο] ἐπέταξεν A   18 ἐξέβαλεν SA : add. αὐτὸν vulg., quod
tueri possis   21 παροξυνοῦσιν S: παροξύνουσιν cett. : προσπαροξυνοῦσιν
Naber   ἐλπίς ἐστιν A   25 θεάσεσθε F : θεάσασθε cett.   26 γὰρ om.
A   28 καθ᾽ ἕνα ἡμῖν οὑτωσὶ καὶ πρὸς Harpocr. s. v. λίθος

λίθον ἄγοντες καὶ ἐξορκοῦντες, καὶ γράφοντες μαρτυρίας
οὐδὲν πρὸς τὸ πρᾶγμα, ἀλλ᾽ ἐξ ἑταίρας εἶναι παιδίον αὐτῷ
καὶ τοῦτο πεπονθέναι τὰ καὶ τά, ἃ μὰ τοὺς θεούς, ἄνδρες
δικασταί, οὐδεὶς ὅστις οὐκ ἐπετίμα τῶν παρόντων καὶ ἐμίσει,
5 τελευτῶντες δὲ καὶ αὐτοὶ οὗτοι ἑαυτούς. ἐπειδὴ δ᾽ οὖν ποτ᾽ 27
ἀπεῖπον καὶ ἐνεπλήσθησαν ταῦτα ποιοῦντες, προκαλοῦνται
ἐπὶ διακρούσει καὶ τῷ μὴ σημανθῆναι τοὺς ἐχίνους ἐθέλειν
ἐκδοῦναι περὶ τῶν πληγῶν παῖδας, ὀνόματα γράψαντες.
καὶ νῦν οἶμαι περὶ τοῦτ᾽ ἔσεσθαι τοὺς πολλοὺς τῶν λόγων
10 αὐτοῖς. ἐγὼ δ᾽ οἶμαι δεῖν πάντας ὑμᾶς ἐκεῖνο σκοπεῖν, ὅτι
οὗτοι, εἰ τοῦ γενέσθαι τὴν βάσανον ἕνεκα προὐκαλοῦντο καὶ
ἐπίστευον τῷ δικαίῳ τούτῳ, οὐκ ἂν ἤδη τῆς διαίτης ἀποφαι-
νομένης, νυκτός, οὐδεμιᾶς ὑπολοίπου σκήψεως οὔσης, προὐ-
καλοῦντο, ἀλλὰ πρῶτον μὲν πρὸ τοῦ τὴν δίκην ληχθῆναι, 28
15 ἡνίκ᾽ ἀσθενῶν ἐγὼ κατεκείμην, καὶ οὐκ εἰδὼς εἰ περιφεύξο-
μαι, πρὸς ἅπαντας τοὺς εἰσιόντας τοῦτον ἀπέφαινον τὸν
πρῶτον πατάξαντα καὶ τὰ πλεῖσθ᾽ ὧν ὕβρισμην διαπεπραγμέ-
νον, τότ᾽ ἂν εὐθέως ἧκεν ἔχων μάρτυρας πολλοὺς ἐπὶ τὴν
οἰκίαν, τότ᾽ ἂν τοὺς οἰκέτας παρεδίδου καὶ τῶν ἐξ Ἀρείου
20 πάγου τινὰς παρεκάλει· εἰ γὰρ ἀπέθανον, παρ᾽ ἐκείνοις ἂν [1266]
ἦν ἡ δίκη. εἰ δ᾽ ἄρ᾽ ἠγνόησε ταῦτα, καὶ τοῦτο τὸ δίκαιον 29
ἔχων, ὡς νῦν φήσει, οὐ παρεσκευάσατ᾽ ὑπὲρ τηλικούτου
κινδύνου, ἐπειδή γ᾽ ἀνεστηκὼς ἤδη προσεκαλεσάμην αὐτόν,
ἐν τῇ πρώτῃ συνόδῳ πρὸς τῷ διαιτητῇ παραδιδοὺς ἐφαίνετ᾽
25 ἄν· ὧν οὐδὲν πέπρακται τούτῳ. ὅτι δ᾽ ἀληθῆ λέγω καὶ
διακρούσεως ἕνεχ᾽ ἡ πρόκλησις ἦν, λέγε ταύτην τὴν μαρ-
τυρίαν· ἔσται γὰρ ἐκ ταύτης φανερόν.

1 λίθον Harpocr., cf. Ath. Pol. lv, Plut. Solon § 25 : βωμὸν codd.
ἐξορκοῦντες Harpocr.: ἐξορκίζοντες codd.; susque deque est ; cf. xix 278
3 καὶ τοῦτο Robertson : τοῦτο καὶ codd. : τοῦτο δὲ Schaefer   ἄνδρες
S A: ὦ ἄ. vulg.   5 οὗτοι om. A, del. Voemel   δ᾽ οὖν] γοῦν A   9 οἶ-
μαι S D : οἴομαι vulg.   τοῦτ᾽] τούτων A   10 οἶμαι S : οἴομαι vulg.
12 ἤδη] ἔτι F γρ. Q γρ.   13 σκήψεως οὔσης ὑπολοίπου A   14 πρῶτον
μὲν] τοῦτο μὲν A, Blass ; sed cf. xix 227, xvi 18   ληχθῆναι A¹ : δει-
χθῆναι S F γρ. Q γρ. : λεχθῆναι A corr. F Q   22 φησίν A   οὐ
S F Q, cf. Andoc. i 33, Xen. Anab. i 7. 18 : μὴ A   23 προεκαλεσάμην
A   26 αὐτὴν τὴν D

ΜΑΡΤΥΡΙΑ.

30   Περὶ μὲν τοίνυν τῆς βασάνου ταῦτα μέμνησθε, τὴν ὥραν
ἡνίκα προὐκαλεῖτο, ὧν ἕνεκ' ἐκκρούων ταῦτ' ἐποίει, τοὺς
χρόνους τοὺς πρώτους, ἐν οἷς οὐδαμοῦ τοῦτο βουληθεὶς τὸ
δίκαιον αὐτῷ γενέσθαι φαίνεται, οὐδὲ προκαλεσάμενος, οὐδ'   5
ἀξιώσας. ἐπειδὴ τοίνυν ταῦτα πάντ' ἠλέγχεθ' ἅπερ καὶ νῦν,
πρὸς τῷ διαιτητῇ, καὶ φανερῶς ἐδείκνυτο πᾶσιν ὢν ἔνοχος
31 τοῖς ἐγκεκλημένοις, ἐμβάλλεται μαρτυρίαν ψευδῆ καὶ ἐπιγρά-
φεται μάρτυρας ἀνθρώπους οὓς οὐδ' ὑμᾶς ἀγνοήσειν οἴομαι,
ἐὰν ἀκούσητε, 'Διότιμος Διοτίμου Ἰκαριεύς, Ἀρχεβιάδης   10
Δημοτέλους Ἁλαιεύς, Χαιρήτιος Χαιριμένους Πιθεὺς μαρτυ-
ροῦσιν ἀπιέναι ἀπὸ δείπνου μετὰ Κόνωνος, καὶ προσελθεῖν
ἐν ἀγορᾷ μαχομένοις Ἀρίστωνι καὶ τῷ υἱεῖ τῷ Κόνωνος,
32 καὶ μὴ πατάξαι Κόνωνα Ἀρίστωνα', ὡς ὑμᾶς εὐθέως πιστεύ-
σοντας, τὸ δ' ἀληθὲς οὐ λογιουμένους, ὅτι πρῶτον μὲν   15
οὐδέποτ' ἂν οὔθ' ὁ Λυσίστρατος οὔθ' ὁ Πασέας οὔθ' ὁ Νική-
ρατος οὔθ' ὁ Διόδωρος, οἳ διαρρήδην μεμαρτυρήκασιν ὁρᾶν
ὑπὸ Κόνωνος τυπτόμενον ἐμὲ καὶ θοἰμάτιον ἐκδυόμενον καὶ
τἄλλ' ὅσ' ἔπασχον ὑβριζόμενος, ἀγνῶτες ὄντες κἀπὸ ταὐτο-
μάτου παραγενόμενοι τῷ πράγματι τὰ ψευδῆ μαρτυρεῖν   20
[1267] ἠθέλησαν, εἰ μὴ ταῦθ' ἑώρων πεπονθότα· ἔπειτ' αὐτὸς ἐγὼ
οὐδέποτ' ἄν, μὴ παθὼν ὑπὸ τούτου ταῦτα, ἀφεὶς τοὺς καὶ
παρ' αὐτῶν τούτων ὁμολογουμένους τύπτειν ἐμὲ πρὸς τὸν
33 οὐδ' ἁψάμενον πρῶτον εἰσιέναι προειλόμην. τί γὰρ ἄν;
ἀλλ' ὑφ' οὗ γε πρώτου ἐπλήγην καὶ μάλισθ' ὑβρίσθην,   25
τούτῳ καὶ δικάζομαι καὶ μισῶ καὶ ἐπεξέρχομαι. καὶ τὰ μὲν
παρ' ἐμοῦ πάνθ' οὕτως ἐστὶν ἀληθῆ καὶ φαίνεται· τούτῳ δὲ

1 ΜΑΡΤΥΡΙΑΙ S A D   2–3 ἡνίκα τὴν ὥραν S¹   3 ὧν] καὶ ὧν A
ἐκκρούων del. Herwerden; sed cf. xl 54   6 ταὐτὰ scripsi : ταῦτα
codd. (ταυτα S)   καὶ νῦν A : παρ' ὑμῖν S vulg.   9 ἀγνοεῖν A
10–11 ἀρχιβιάδης . . . αδαιευς S   11 Χαιρήτιος (-ίτιος Q) S F Q D, cf.
C. I. A. ii 1007 : Χαιρέτιμος A   Πιθεὺς S : Πιτθεὺς vulg.   15 ὅτι]
οὔθ' ὅτι   A   16 νικόρατος S   21 ἔπειτ'. . . ἐγὼ] οὔτ' . . . ἔγωγε
A   23 αὐτῶν SA : τῶν αὐτῶν F Q D   24 post τί ἂν add. ἢ διὰ τί
codd. : del. Schaefer   25 γε πρώτου S corr. : γε πρώτου S¹ : τε
πρώτου cett.   post πρώτου add. τε Blass   26 ὑπεξέρχομαι S F Q D

μὴ παρασχομένῳ τούτους μάρτυρας ἦν δήπου λόγος οὐδείς,
ἀλλ᾽ ἑαλωκέναι παραχρῆμ᾽ ὑπῆρχε σιωπῇ. συμπόται δ᾽
ὄντες τούτου καὶ πολλῶν τοιούτων ἔργων κοινωνοὶ εἰκότως
τὰ ψευδῆ μεμαρτυρήκασιν. εἰ δ᾽ ἔσται τὸ πρᾶγμα τοιοῦτον,
5 ἐὰν ἅπαξ ἀπαναισχυντήσωσίν τινες καὶ τὰ ψευδῆ φανερῶς
τολμήσωσι μαρτυρεῖν, οὐδὲν δὲ τῆς ἀληθείας ὄφελος, πάν-
δεινον ἔσται πρᾶγμα. ἀλλὰ νὴ Δί᾽ οὐκ εἰσὶ τοιοῦτοι. ἀλλ᾽ 34
ἴσασιν ὑμῶν, ὡς ἐγὼ νομίζω, πολλοὶ καὶ τὸν Διότιμον καὶ
τόν Ἀρχεβιάδην καὶ τὸν Χαιρήτιον τὸν ἐπιπόλιον τουτονί,
10 οἳ μεθ᾽ ἡμέραν μὲν ἐσκυθρωπάκασιν καὶ λακωνίζειν φασὶ
καὶ τρίβωνας ἔχουσιν καὶ ἁπλᾶς ὑποδέδενται, ἐπειδὰν δὲ
συλλεγῶσιν καὶ μετ᾽ ἀλλήλων γένωνται, κακῶν καὶ αἰσχρῶν
οὐδὲν ἐλλείπουσι. καὶ ταῦτα τὰ λαμπρὰ καὶ νεανικά ἐστιν 35
αὐτῶν ᾽ οὐ γὰρ ἡμεῖς μαρτυρήσομεν ἀλλήλοις; οὐ γὰρ ταῦθ᾽
15 ἑταίρων ἐστὶ καὶ φίλων; τί δὲ καὶ δεινόν ἐστιν ὧν παρέξεται
κατὰ σοῦ; τυπτόμενόν φασί τινες ὁρᾶν; ἡμεῖς δὲ μηδ᾽ ἧφθαι
τὸ παράπαν μαρτυρήσομεν. ἐκδεδύσθαι θοἰμάτιον· τοῦτ᾽ [1268]
ἐκείνους προτέρους πεποιηκέναι ἡμεῖς μαρτυρήσομεν. τὸ
χεῖλος ἐρράφθαι; τὴν κεφαλὴν δέ γ᾽ ἡμεῖς ἢ ἕτερόν τι
20 κατεαγέναι φήσομεν.᾽ ἀλλὰ καὶ μάρτυρας ἰατροὺς παρέ- 36
χομαι. τοῦτ᾽ οὐκ ἔστιν, ὦ ἄνδρες δικασταί, παρὰ τούτοις·
ὅσα γὰρ μὴ δι᾽ αὐτῶν, οὐδενὸς μάρτυρος καθ᾽ ἡμῶν εὐπορή-
σουσιν. ἡ δ᾽ ἀπ᾽ αὐτῶν ἑτοιμότης οὐδ᾽ ἂν εἰπεῖν μὰ τοὺς
θεοὺς δυναίμην ὅση καὶ οἷα πρὸς τὸ ποιεῖν ὁτιοῦν ὑπάρχει.
25 ἵνα δ᾽ εἰδῆθ᾽ οἷα καὶ διαπραττόμενοι περιέρχονται, λέγ᾽
αὐτοῖς ταυτασὶ τὰς μαρτυρίας, σὺ δ᾽ ἐπίλαβε τὸ ὕδωρ.

ΜΑΡΤΥΡΙΑΙ.

Τοίχους τοίνυν διορύττοντες καὶ παίοντες τοὺς ἀπαντῶν- 37
τας, ἆρ᾽ ἂν ὑμῖν ὀκνῆσαι δοκοῦσιν ἐν γραμματειδίῳ τὰ
30 ψευδῆ μαρτυρεῖν ἀλλήλοις οἱ κεκοινωνηκότες τοσαύτης καὶ

---

1 παρεχομένῳ A 5 φανερῶς τὰ ψ. FQD 9 Χαιρήτιον] eadem ut § 31
scripturae diversitas ὑποπόλιον Herwerden 13–14 αὐτῶν ἐστίν
FQD 15 ἑτέρων S 18 προτέρους Blass : προτέρον codd. 25 οἷα
καὶ] & A 30 ἀλλήλοις om. S¹ οἱ SA : οὐ vulg. : del. Rosenberg

τοιαύτης φιλαπεχθημοσύνης καὶ πονηρίας καὶ ἀναιδείας καὶ
ὕβρεως; πάντα γὰρ ταῦτ᾽ ἔμοιγ᾽ ἐν τοῖς ὑπὸ τούτων πραττο-
μένοις ἐνεῖναι δοκεῖ. καίτοι καὶ τούτων ἕτερ᾽ ἐστὶν πεπραγ-
μένα τούτοις δεινότερα, ἀλλ᾽ ἡμεῖς οὐχ οἷοί τε γενοίμεθ᾽ ἂν
πάντας ἐξευρεῖν τοὺς ἠδικημένους.   5

38   Ὁ τοίνυν πάντων ἀναιδέστατον μέλλειν αὐτὸν ἀκούω
ποιεῖν, βέλτιον νομίζω προειπεῖν ὑμῖν εἶναι. φασὶ γὰρ
παραστησάμενον τοὺς παῖδας αὐτὸν κατὰ τούτων ὀμεῖσθαι,
καὶ ἀράς τινας δεινὰς καὶ χαλεπὰς ἐπαράσεσθαι καὶ τοιαύ-
τας οἵας ἀκηκοώς γέ τις θαυμάσας ἀπήγγελλεν ἡμῖν. ἔστι   10
δ᾽, ὦ ἄνδρες δικασταί, ἀνυπόστατα μὲν τὰ τοιαῦτα τολμή-
ματα· οἱ γὰρ οἶμαι βέλτιστοι καὶ ἥκιστ᾽ ἂν αὐτοί τι ψευσά-
[1269] μενοι μάλισθ᾽ ὑπὸ τῶν τοιούτων ἐξαπατῶνται· οὐ μὴν ἀλλὰ
δεῖ πρὸς τὸν βίον καὶ τὸν τρόπον ἀποβλέποντας πιστεύειν.

39 τὴν δὲ τούτου πρὸς τὰ τοιαῦτ᾽ ὀλιγωρίαν ἐγὼ πρὸς ὑμᾶς ἐρῶ· 15
πέπυσμαι γὰρ ἐξ ἀνάγκης. ἀκούω γάρ, ὦ ἄνδρες δικασταί,
Βάκχιόν τέ τινα, ὃς παρ᾽ ὑμῖν ἀπέθανε, καὶ Ἀριστοκράτην
τὸν τοὺς ὀφθαλμοὺς διεφθαρμένον καὶ τοιούτους ἑτέρους καὶ
Κόνωνα τουτονὶ ἑταίρους εἶναι μειράκι᾽ ὄντας καὶ Τριβαλ-
λοὺς ἐπωνυμίαν ἔχειν· τούτους τά θ᾽ Ἑκαταῖα [κατεσθίειν,] 20
καὶ τοὺς ὄρχεις τοὺς ἐκ τῶν χοίρων, οἷς καθαίρουσιν ὅταν
εἰσιέναι μέλλωσιν, συλλέγοντας ἑκάστοτε συνδειπνεῖν ἀλ-

40 λήλοις, καὶ ῥᾷον ὀμνύναι καὶ ἐπιορκεῖν ἢ ὁτιοῦν. οὐ δὴ
Κόνων ὁ τοιοῦτος πιστός ἐστιν ὀμνύων, οὐδὲ πολλοῦ δεῖ,
ἀλλ᾽ ὁ μηδ᾽ εὔορκον ⟨ἐκὼν⟩ μηδὲν ἂν ὀμόσας, κατὰ δὲ δὴ 25
παίδων ὧν μὴ νομίζετε μηδ᾽ ἂν μελλήσας, ἀλλὰ κἂν ὁτιοῦν
παθὼν πρότερον, εἰ δ᾽ ἄρ᾽ ἀναγκαῖον, ὀμνύων ὡς νόμιμον,

---

3 καὶ om. Q D   4 γενοίμεθ᾽ ἂν] ἐγενόμεθα Α   9 ἐπαράσεσθαι S corr.:
ἐπαράσασθαι S¹ vulg.   10 ἀπήγγελλεν S Q, cf. xx 105, xxi 36: ἀπήγ-
γειλεν vulg.   14 ἀποβλέποντα Α   18 ἑτέρους τινὰς Α   20 κατε-
σθίειν Α, Maximus v 589 W.: κατακαίειν cett.: del. Baiter. aut del. aut
utrumque ex καταπαίειν ortum puto. multa in hac oratiuncula comoe-
diam sapiunt   21 τὰς ὄρνεις τὰς ἐκ τῶν χωρῶν (χο. Α) αἷς codd., corr.
Hemsterhuis   22 μέλλουσιν S   23 ἢ om F Q D   25 ἑκὼν addidi
26 ὧν μὴ νομίζετε (νομίζεται Α) post ὀμόσας transp. Dobree; cf. Dikaio-
mata 118–121   26 μηδ᾽ ἂν Α: μηδὲν S F Q D: μηδὲν μηδ᾽ ἂν Schaefer
κἂν] καὶ Α   27 δ᾽ ἄρ᾽ Α: δὲ cett.   ὀμνύων Α: ὁ ὀμνύων cett.

⟨κατ' ἐξωλείας αὑτοῦ καὶ γένους καὶ οἰκίας⟩, ἀξιοπιστότερος
τοῦ κατὰ τῶν παίδων ὀμνύοντος καὶ διὰ τοῦ πυρός. ἐγὼ
τοίνυν ὁ δικαιότερόν σου πιστευθεὶς ἂν κατὰ πάντ', ὦ Κόνων,
ἠθέλησ' ὀμόσαι ταυτί, οὐχ ὑπὲρ τοῦ μὴ δοῦναι δίκην ὧν
5 ἠδίκηκα, καὶ ὁτιοῦν ποιῶν, ὥσπερ σύ, ἀλλ' ὑπὲρ τῆς ἀλη-
θείας καὶ ὑπὲρ τοῦ μὴ προσυβρισθῆναι, ὡς οὐ κατεπιορκησό-
μενος τὸ πρᾶγμα. λέγε τὴν πρόκλησιν.

ΠΡΟΚΛΗΣΙΣ.

Ταῦτ' ἐγὼ καὶ τότ' ἠθέλησ' ὀμόσαι, καὶ νῦν ὀμνύω τοὺς 41
10 θεοὺς καὶ τὰς θεὰς ἅπαντας καὶ πάσας ὑμῶν ἕνεκ', ὦ ἄνδρες
δικασταί, καὶ τῶν περιεστηκότων, ἦ μὴν παθὼν ὑπὸ Κόνωνος
ταῦθ' ὧν δικάζομαι, καὶ λαβὼν πληγάς, καὶ τὸ χεῖλος [1270]
διακοπεὶς οὕτως ὥστε καὶ ῥαφῆναι, καὶ ὑβρισθεὶς τὴν δίκην
διώκειν. καὶ εἰ μὲν εὐορκῶ, πολλά μοι ἀγαθὰ γένοιτο καὶ
15 μηδέποτ' αὖθις τοιοῦτο μηδὲν πάθοιμι, εἰ δ' ἐπιορκῶ, ἐξώλης
ἀπολοίμην αὐτὸς καὶ εἴ τί μοι ἔστιν ἢ μέλλει ἔσεσθαι.
ἀλλ' οὐκ ἐπιορκῶ, οὐδ' ἂν Κόνων διαρραγῇ. ἀξιῶ τοίνυν 42
ὑμᾶς, ὦ ἄνδρες δικασταί, πάνθ' ὅσ' ἐστὶν δίκαι' ἐπιδείξαν-
τος ἐμοῦ καὶ πίστιν προσθέντος ὑμῖν, ὥσπερ ἂν αὐτὸς
20 ἕκαστος παθὼν τὸν πεποιηκότ' ἐμίσει, οὕτως ὑπὲρ ἐμοῦ πρὸς
Κόνωνα τουτονὶ τὴν ὀργὴν ἔχειν, καὶ μὴ νομίζειν ἴδιον τῶν
τοιούτων μηδὲν ὃ κἂν ἄλλῳ τυχὸν συμβαίη, ἀλλ' ἐφ' ὅτου
ποτ' ἂν συμβῇ, βοηθεῖν καὶ τὰ δίκαι' ἀποδιδόναι, καὶ μισεῖν
τοὺς πρὸ μὲν τῶν ἁμαρτημάτων θρασεῖς καὶ προπετεῖς, ἐν δὲ τῷ
25 δίκην ὑπέχειν ἀναισχύντους καὶ πονηροὺς καὶ μήτε δόξης μήτ'
ἔθους μήτ' ἄλλου μηδενὸς φροντίζοντας πρὸς τὸ μὴ δοῦναι δίκην.

---

1 κατ' . . . οἰκίας ex Maximo add. Blass coll. Antiph. v 11   2 ὀ-
μνύοντος A   3 ἂν om. A   5 καὶ om. A   6 κατεπιορκη-
θησόμενος Dobree   9 ὀμόσαι] ὁμολογῆσαι S   10 καὶ τὰς θεὰς
om. A ; sed cf. xliii 66, Ar. Av. 866   14 ἀγαθὰ γένοιτο S F Q D
cf. Prooem. xxxiii 2 : γένοιτ' ἀγαθὰ A, Aristeid. p. 377 vulg. : γένοιτο
καὶ ἀγαθὰ Aristeidis cod. Par. 1741.   propter hiatum κἀγαθὰ γένοιτο fort.
scribendum sicut xxiv 151, Andoc. i 98, Aeschin. ii 87, I. G.² 5. 496 ;
sed cf. lv 24, lvii 57, Ar. Eccl. 1067, Men. Epitr. 141, I. G.² 5. 546
16 αὐτὸς A : αὐτός τε Aristeid. : αὐτός γε S F Q D   17 διαρπαγηι S¹
ἀξιῶ] ἄξιον A   24 ἁμαρτημάτων] αἰτημάτων S : αἰτιαμάτων Voemel

43 ἀλλὰ δεήσεται Κόνων καὶ κλαήσει. σκοπεῖτε δὴ πότερός
ἐστιν ἐλεινότερος, ὁ πεπονθὼς οἷ᾽ ἐγὼ πέπονθ᾽ ὑπὸ τούτου,
εἰ προσυβρισθεὶς ἄπειμι καὶ δίκης μὴ τυχών, ἢ Κόνων, εἰ
δώσει δίκην; πότερον δ᾽ ὑμῶν ἑκάστῳ συμφέρει ἐξεῖναι
τύπτειν καὶ ὑβρίζειν ἢ μή; ἐγὼ μὲν οἴομαι μή. οὐκοῦν, ἂν 5
μὲν ἀφῆτε, ἔσονται πολλοί, ἐὰν δὲ κολάζητε, ἐλάττους.

44   Πόλλ᾽ ἂν εἰπεῖν ἔχοιμ᾽, ὦ ἄνδρες δικασταί, καὶ ὡς ἡμεῖς
χρήσιμοι, καὶ αὐτοὶ καὶ ὁ πατήρ, ἕως ἔζη, καὶ τριηραρχοῦν-
[1271] τες καὶ στρατευόμενοι καὶ τὸ προσταττόμενον ποιοῦντες, καὶ
ὡς οὐδὲν οὔθ᾽ οὗτος οὔτε τῶν τούτου οὐδείς· ἀλλ᾽ οὔτε τὸ 10
ὕδωρ ἱκανὸν οὔτε νῦν περὶ τούτων ὁ λόγος ἐστίν. εἰ γὰρ
δὴ ὁμολογουμένως ἔτι τούτων καὶ ἀχρηστοτέροις καὶ πονη-
ροτέροις ἡμῖν εἶναι συνέβαινεν, οὐ τυπτητέοι, οὐδ᾽ ὑβριστέοι
δήπου ἐσμέν.

Οὐκ οἶδ᾽ ὅ τι δεῖ πλείω λέγειν· οἶμαι γὰρ ὑμᾶς οὐδὲν 15
ἀγνοεῖν τῶν εἰρημένων.

2 ἐλεεινότερος codd., corr. Blass   6 ἀφιῆτε Bekker : ἀφίητε A :
ἀφῆτε S F Q D   8 καὶ αὐτοὶ καὶ A, cf. lvi 7, Isae. ii 18, 36, Aeschin.
ii 129 : καὶ cett.   10 οὔθ᾽ οὗτος A : οὗτος cett.   13 συμβαίνει εἶναι A
14 δήπουθεν A   15 οὐδὲν A : μηδὲν S F Q D recte fort., sed cf. xx,
xxxvi, xxxviii, Isae. vii, viii ad fin.
In S subscriptum
          ΚΑΤΑ ΚΟΝΩΝΟΣ
             ΑΙΚΙΑΣ
          Η̄ Η̄ Η̄ Η̄ Δ̄ Δ̄

ΠΡΟΣ ΚΑΛΛΙΚΛΕΑ ΠΕΡΙ ΧΩΡΙΟΥ ΒΛΑΒΗΣ

ΥΠΟΘΕΣΙΣ.

Καλλικλῆς, πρὸς ὃν ὁ λόγος, καὶ ὁ τὴν δίκην ὑπ' ἐκείνου
διωκόμενος γείτονες ἦσαν ἐν χωρίῳ, ὁδῷ μέσῃ διειργόμενοι.
δυσομβρίας δὲ συμβάσης, εἰς τὸ Καλλικλέους χωρίον ὕδωρ
ἐμπεσὸν ἐκ τῆς ὁδοῦ κατελυμήνατο. ἐπὶ τούτῳ διώκει βλάβης
5 τὸν γείτονα· εἶναι γάρ φησιν ἐν τῷ Τισίου χωρίῳ χαράδραν εἰς
ὑποδοχὴν τοῦ ὕδατος τοῦ ἐκ τῆς ὁδοῦ ποιηθεῖσαν, ἣν ἀποικοδο-
μηθεῖσαν νῦν αἰτίαν ἑαυτῷ βλάβης γενέσθαι. ὁ δὲ τοῦ Τισίου
παῖς πρῶτον μὲν παλαιὸν καὶ οὐ δι' ἑαυτοῦ τὸ ἔργον δείκνυσι·
ζῶντος γὰρ ἔτι καὶ τοῦ Καλλικλέους πατρὸς ἀποικοδομηθῆναι τὴν
10 χαράδραν φησὶν ὑπὸ τοῦ Τισίου· ἔπειτα συνίστησιν ὡς οὐδὲ
χαράδρα τις τὸ χωρίον ἐστί. διασύρει δὲ καὶ τὴν συμβᾶσαν τῷ
Καλλικλεῖ βλάβην ὡς μικρὰν καὶ οὐκ ἀξίαν τηλικαύτης δίκης,
καὶ τὸ ὅλον ἠδικῆσθαι μὲν οὐδέν φησι τὸν Καλλικλέα, ἐπιθυμεῖν
δὲ τῶν χωρίων τῶν ἑαυτοῦ καὶ διὰ τοῦτο συκοφαντίας μηχανᾶσθαι
15 πάσας.

Οὐκ ἦν ἄρ', ὦ ἄνδρες Ἀθηναῖοι, χαλεπώτερον οὐδὲν ἢ [1272]
γείτονος πονηροῦ καὶ πλεονέκτου τυχεῖν, ὅπερ ἐμοὶ νυνὶ
συμβέβηκεν. ἐπιθυμήσας γὰρ τῶν χωρίων μου Καλλικλῆς
οὕτω διατέθικέν με συκοφαντῶν, ὥστε πρῶτον μὲν τὸν
20 ἀνεψιὸν τὸν ἑαυτοῦ κατεσκεύασεν ἀμφισβητεῖν μοι τῶν
χωρίων, ἐξελεγχθεὶς δὲ φανερῶς καὶ περιγενομένου μου τῆς 2
τούτων σκευωρίας πάλιν δύο δίκας ἐρήμους μου κατεδιητή-
σατο, τὴν μὲν αὐτὸς χιλίων δραχμῶν, τὴν δὲ τὸν ἀδελφὸν

TITULUS: Πρὸς Καλλικλέα S: add. βλάβης χωρίου F D ; περὶ χωρίου
βλάβης Harpocr. s. v. χλῆδος, Priscian. xvii 126

2 διωκόμενος D (Sauppe): διώκων F S   3 δυσομβρίας mg. edit.
Paris.: δυο . βίας S: δηνβίας F: ἐπομβρίας γρ. in mg. edit. Paris., cf. § 11
6 ἀποικοδομηθεῖσαν Reiske: ἀποικοδομήσασα FS: ἀποικοδομήσαντα Sauppe
8 οὐ F: om. DS   ἔργον] στενὸν S   11 τις F: εἰς S: om. D
τὸ codd.: ἀλλὰ γρ. in mg. edit. Paris., cf. § 12   18 συνέβη A
20 τὸν om. A   22 τούτου A

τουτονὶ πείσας Καλλικράτην. δέομαι δὴ πάντων ὑμῶν
ἀκοῦσαί μου καὶ προσέχειν τὸν νοῦν, οὐχ ὡς αὐτὸς δυνησό-
μενος εἰπεῖν, ἀλλ᾽ ἵν᾽ ὑμεῖς ἐξ αὐτῶν τῶν πραγμάτων κατα-
μάθητε, ὅτι φανερῶς συκοφαντοῦμαι.

3   Ἐν μὲν οὖν, ὦ ἄνδρες Ἀθηναῖοι, πρὸς ἅπαντας τοὺς 5
τούτων λόγους ὑπάρχει μοι δίκαιον. τὸ γὰρ χωρίον τοῦτο
περιῳκοδόμησεν ὁ πατὴρ μικροῦ δεῖν πρὶν ἐμὲ γενέσθαι,
ζῶντος μὲν ἔτι Καλλιππίδου τοῦ τούτων πατρὸς καὶ γειτνιῶν-
τος, ὃς ἀκριβέστερον ᾔδει δήπου τούτων, ὄντος δὲ Καλλικλέους
4 ἀνδρὸς ἤδη καὶ ἐπιδημοῦντος Ἀθήνησιν. ἐν δὲ τούτοις τοῖς 10
ἔτεσιν ἅπασιν οὔτ᾽ ἐγκαλῶν οὐδεὶς πώποτ᾽ ἦλθεν οὔτε μεμφό-
μενος (καίτοι δῆλον ὅτι καὶ τόθ᾽ ὕδατα πολλάκις ἐγένετο), οὐδ᾽
[1273] ἐκώλυσεν ἐξ ἀρχῆς, εἴπερ ἠδίκει τινὰ περιοικοδομῶν ὁ πατὴρ
τὸ ἡμέτερον χωρίον, ἀλλ᾽ οὐδ᾽ ἀπηγόρευσεν οὐδὲ διεμαρτύ-
ρατο, πλέον μὲν ἢ πεντεκαιδέκ᾽ ἔτη τοῦ πατρὸς ἐπιβιόντος, 15
5 οὐκ ἐλάττω δὲ τοῦ τούτων πατρὸς Καλλιππίδου. καίτοι, ὦ
Καλλίκλεις, ἐξῆν δήπου τόθ᾽ ὑμῖν, ὁρῶσιν ἀποικοδομουμένην
τὴν χαράδραν, ἐλθοῦσιν εὐθὺς ἀγανακτεῖν καὶ λέγειν πρὸς
τὸν πατέρα ᾽Τεισία, τί ταῦτα ποιεῖς; ἀποικοδομεῖς τὴν
χαράδραν; εἶτ᾽ ἐμπεσεῖται τὸ ὕδωρ εἰς τὸ χωρίον τὸ ἡμέτε- 20
ρον᾽, ἵν᾽ εἰ μὲν ἐβούλετο παύσασθαι, μηδὲν ἡμῖν ἦν δυσ-
χερὲς πρὸς ἀλλήλους, εἰ δ᾽ ὠλιγώρησεν καὶ συνέβη τι
τοιοῦτον, μάρτυσιν εἶχες τοῖς τότε παραγενομένοις χρῆσθαι.
6 καὶ νὴ Δι᾽ ἐπιδεῖξαί γέ σ᾽ ἔδει πᾶσιν ἀνθρώποις χαράδραν
οὖσαν, ἵνα μὴ λόγῳ μόνον, ὥσπερ νῦν, ἀλλ᾽ ἔργῳ τὸν πατέρ᾽ 25
ἀδικοῦντ᾽ ἀπέφαινες. τούτων τοίνυν οὐδὲν πώποτ᾽ οὐδεὶς

1 Καλλικράτην A F γρ. Q γρ. : Καλλικρατίτην S F Q D   5 Ἀθη-
ναῖοι] δικασταί F γρ. Q γρ.   6 τούτων] τούτου A   ὑπάρχει μοι A
F γρ. Q γρ., cf. § 14 : παρέχομαι S F Q D   8 τοῦ τούτων] τούτου τοῦ S
9 δήπου] που A   11 μεμψόμενος Naber   12 ἐγίνετο A   οὐδ᾽ Blass :
οὔτ᾽ S F Q D : καὶ οὔτ᾽ A   14 ἡμέτερον om. A   15 ἐπιβιόντος codd.
15–16 πλέον . . . Καλλιππίδου post Ἀθήνησιν (10) transp. Blass, καὶ
ante πλέον addito, δὲ post ἐν deleto   16 Καλλιππίδου secl. Blass
17 τόθ᾽ S : καὶ τόθ᾽ A : τοῦτ᾽ vulg.   19 Τισεια S   21 ὑμῖν S D
ἦν Turr. : η S : ᾖ vulg. (post ἀλλήλους A)   22 καὶ] κᾆτα Naber
23 εἶχε A   χρήσασθαι A   24 γέ σε Dobree : σε S vulg. : σέ γε A

ποιεῖν ἠξίωσεν. οὐ γὰρ ἂν οὔτ' ἐρήμην, ὥσπερ ἐμοῦ νῦν,
κατεδιῃτήσασθε, οὔτε πλέον ἂν ἦν ὑμῖν συκοφαντοῦσιν 7
οὐδέν, ἀλλ' [εἰ ἠνέγκατε τότε μάρτυρα καὶ ἐπεμαρτύρασθε,
νῦν] ἀπέφαινεν ἂν ἐκεῖνος εἰδὼς ἀκριβῶς ὅπως εἶχεν ἕκαστα
5 τούτων, καὶ τοὺς ῥᾳδίως τούτους μαρτυροῦντας ἐξήλεγχεν.
ἀνθρώπου δ' οἶμαι τηλικούτου καὶ ἀπείρου [τῶν] πραγμάτων
ἅπαντες καταπεφρονήκατέ μου. ἀλλ' ἐγὼ πρὸς ἅπαντας
τούτους, ὦ ἄνδρες Ἀθηναῖοι, τὰς αὑτῶν πράξεις ἰσχυροτάτας
μαρτυρίας παρέχομαι. διὰ τί γὰρ οὐδεὶς οὔτ' ἐπεμαρτύρατ'
10 οὔτ' ἐνεκάλεσεν, ἀλλ' οὐδ' ἐμέμψατο πώποτε, ἀλλ' ἐξήρκει
ταῦτ' αὐτοῖς ἠδικημένοις περιορᾶν;

Ἐγὼ τοίνυν ἱκανὰ μὲν ἡγοῦμαι καὶ ταῦτ' εἶναι πρὸς τὴν 8
τούτων ἀναίδειαν· ἵνα δ' εἰδῆτ', ὦ ἄνδρες Ἀθηναῖοι, καὶ
περὶ τῶν ἄλλων, ὡς οὔθ' ὁ πατὴρ οὐδὲν ἠδίκει περιοικοδο-
15 μῶν τὸ χωρίον οὗτοί τε κατεψευσμένοι πάντ' εἰσὶν ἡμῶν,
ἔτι σαφέστερον ὑμᾶς πειράσομαι διδάσκειν. τὸ μὲν γὰρ
χωρίον ὁμολογεῖται καὶ παρ' αὐτῶν τούτων ἡμέτερον ἴδιον 9
εἶναι· τούτου δ' ὑπάρχοντος, ὦ ἄνδρες Ἀθηναῖοι, μάλιστα
μὲν ᾔδειτ' ἂν ἰδόντες τὸ χωρίον ὅτι συκοφαντοῦμαι. διὸ
20 καὶ τοῖς εἰδόσιν ἐπιτρέπειν ἐβουλόμην ἐγώ, τοῖς ἴσοις.
ἀλλ' οὐχ οὗτοι, καθάπερ νυνὶ λέγειν ἐπιχειροῦσιν· δῆλον δ'
ὑμῖν καὶ τοῦτ' αὐτίκ' ἔσται πᾶσιν. ἀλλὰ προσέχετ', ὦ ἄν-
δρες Ἀθηναῖοι, πρὸς Διὸς καὶ θεῶν τὸν νοῦν. τοῦ γὰρ 10
χωρίου τοῦ τ' ἐμοῦ καὶ τοῦ τούτων τὸ μέσον ὁδός ἐστιν,
25 ὅρους δὲ περιέχοντος κύκλῳ τοῖς χωρίοις τὸ καταρρέον ὕδωρ
τῇ μὲν εἰς τὴν ὁδόν, τῇ δ' εἰς τὰ χωρία συμβαίνει φέρεσθαι.
καὶ δὴ καὶ τούτου τὸ εἰσπῖπτον εἰς τὴν ὁδόν, ᾗ μὲν ἂν

1 ἐμοῦ νῦν S F Q : ἐμοῦ νυνὶ A : νῦν ἐμοῦ D   3–4 εἰ . . . νῦν
om. S A. seclusi   5 τούτους A : τούτοις S vulg. (τοὺς μισθοῦ μαρ-
τυροῦντας εὐχερῶς τούτοις exhibent F γρ. Q γρ.)   6 τῶν del. Her-
werden, recte nisi ad hanc potissimum causam referas   8 αὐτῶν
codd. (αὑτῶν S), cf. lix 44 : αὑτῶν Turr.   9 παρέξομαι A   11 ἀδι-
κουμένοις A   13 ἀναίδειαν A : κατηγορίαν cett.   19 ᾔδειτ' ἂν] εἰδεῖεν
οἱ A   20 ἴσοις ⟨καὶ κοινοῖς⟩ Naber   24 τὸ om. S¹, add. m. ant.
25 τοῖς χωρίοις fort. delendum   26 τῇ μὲν . . . τῇ δὲ A   27 τού-
του τὸ scripsi : τοῦτο codd. : τοῦτο τὸ Blass   εἰς] ἐνίοτ' εἰς A :
ᾗ μὲν A : εἰ μὲν S F Q D

εὐοδῇ, φέρεται κάτω κατὰ τὴν ὁδόν, ᾗ δ' ἂν ἐνστῇ τι, τηνι-
11 καῦτα τοῦτ' εἰς τὰ χωρί' ὑπεραίρειν ἀναγκαῖον ἤδη. καὶ δὴ
κατὰ τοῦτο τὸ χωρίον, ὦ ἄνδρες δικασταί, γενομένης ἐπομ-
βρίας συνέβη τὸ ὕδωρ ἐμβαλεῖν· ἀμεληθὲν δ' οὔπω τοῦ
πατρὸς ἔχοντος αὐτό, ἀλλ' ἀνθρώπου δυσχεραίνοντος ὅλως 5
τοῖς τόποις καὶ μᾶλλον ἀστικοῦ, δὶς καὶ τρὶς ἐμβαλὸν τὸ
ὕδωρ τά τε χωρί' ἐλυμήνατο καὶ μᾶλλον ὡδοποίει. διὸ δὴ
ταῦθ' ὁ πατὴρ ὁρῶν, ὡς ἐγὼ τῶν εἰδότων ἀκούω, καὶ τῶν
γειτόνων ἐπινεμόντων ἅμα καὶ βαδιζόντων διὰ τοῦ χωρίου,
12 τὴν αἱμασιὰν περιῳκοδόμησεν ταύτην. καὶ ὡς ταῦτ' ἀλη- 10
[1275] θῆ λέγω, παρέξομαι μὲν καὶ μάρτυρας ὑμῖν τοὺς εἰδότας,
πολὺ δ', ὦ ἄνδρες Ἀθηναῖοι, τῶν μαρτύρων ἰσχυρότερα τεκ-
μήρια. Καλλικλῆς μὲν γάρ φησιν τὴν χαράδραν ἀποικοδο-
μήσαντα βλάπτειν ἔμ' αὐτόν· ἐγὼ δ' ἀποδείξω χωρίον ὂν
13 τοῦτο, ἀλλ' οὐ χαράδραν. εἰ μὲν οὖν μὴ συνεχωρεῖθ' 15
ἡμέτερον ἴδιον εἶναι, τάχ' ἂν τοῦτ' ἠδικοῦμεν, εἴ τι τῶν
δημοσίων ᾠκοδομοῦμεν· νυνὶ δ' οὔτε τοῦτ' ἀμφισβητοῦσιν,
ἔστιν τ' ἐν τῷ χωρίῳ δένδρα πεφυτευμένα, ἄμπελοι καὶ
συκαῖ. καίτοι τίς ἂν ἐν χαράδρᾳ ταῦτα φυτεύειν ἀξιώσειεν;
οὐδείς γε. τίς δὲ πάλιν τοὺς αὑτοῦ προγόνους θάπτειν; 20
14 οὐδὲ τοῦτ' οἶμαι. ταῦτα τοίνυν ἀμφότερ', ὦ ἄνδρες δικα-
σταί, συμβέβηκεν· καὶ γὰρ τὰ δένδρα πεφύτευται πρότερον
ἢ τὸν πατέρα περιοικοδομῆσαι τὴν αἱμασιάν, καὶ τὰ μνήματα
παλαιὰ καὶ πρὶν ἡμᾶς κτήσασθαι τὸ χωρίον γεγενημέν'
ἐστίν. καίτοι τούτων ὑπαρχόντων τίς ἂν ἔτι λόγος ἰσχυρό- 25
τερος, ὦ ἄνδρες Ἀθηναῖοι, γένοιτο; τὰ γὰρ ἔργα φανερῶς
ἐξελέγχει. καί μοι λαβὲ πάσας νυνὶ τὰς μαρτυρίας, καὶ λέγε.

ΜΑΡΤΥΡΙΑΙ.

15 Ἀκούετ', ὦ ἄνδρες Ἀθηναῖοι, τῶν μαρτυριῶν. ἆρ' ὑμῖν
δοκοῦσι διαρρήδην μαρτυρεῖν, καὶ χωρίον εἶναι δένδρων 30

---

1 κάτω om. A   ᾗ δ' S A : εἰ δ' F Q D   τι om. A D   2 τοῦτ' om. A
καὶ δὴ S F Q D : καὶ δὴ καὶ A   3 κατά] εἰς Hirschig   17 ἀπῳκοδο-
μοῦμεν Herwerden   νῦν A   19 τίς ἂν . . . ταῦτα A : τίς . . . ταῦτ' ἂν
cett.   27 νυνὶ πάσας ἤδη τὰς A   29 ἆρ' (οὐχ) Beneke, sed cf. Lys.
x 27, xxxi 21, Soph. O. T. 822   30 χωρίον S vulg. : τὸ χωρίον A

μεστὸν καὶ μνήματ' ἔχειν τινὰ καὶ τἄλλ' ἅπερ καὶ τοῖς
ἄλλοις χωρίοις συμβέβηκεν, καὶ πάλιν ὅτι περιῳκοδομήθη
τὸ χωρίον ζῶντος μὲν ἔτι τοῦ τούτων πατρός, οὐκ ἀμ-
φισβητούντων δ' οὔτε τούτων οὔτ' ἄλλου τῶν γειτόνων
5 οὐδενός;

Ἄξιον δ', ὦ ἄνδρες δικασταί, καὶ περὶ τῶν ἄλλων ὧν 16
εἴρηκε Καλλικλῆς ἀκοῦσαι. καὶ σκέψασθε πρῶτον μέν, εἴ [1276]
τις ὑμῶν ἑόρακεν ἢ ἀκήκοεν πώποτε παρ' ὁδὸν χαράδραν
οὖσαν. οἶμαι γὰρ ἐν πάσῃ τῇ χώρᾳ μηδεμίαν εἶναι· τοῦ
10 γὰρ ἕνεκ' (ἂν), ὃ διὰ τῆς ὁδοῦ τῆς δημοσίας ἔμελλεν βα-
διεῖσθαι φερόμενον, τούτῳ διὰ τῶν ἰδίων χωρίων χαράδραν
ἐποίησέν τις; ἔπειτα τίς ἂν ὑμῶν εἴτ' ἐν ἀγρῷ νὴ Δί' εἴτ' 17
ἐν ἄστει τὸ διὰ τῆς ὁδοῦ ῥέον ὕδωρ εἰς τὸ χωρίον ἢ τὴν
οἰκίαν δέξαιτ' ἂν [αὑτοῦ]; ἀλλ' οὐκ αὐτὸ τοὐναντίον, κἂν
15 βιάσηταί ποτε, ἀποφράττειν ἅπαντες καὶ παροικοδομεῖν
εἰώθαμεν; οὗτος τοίνυν ἀξιοῖ μ' ἐκ τῆς ὁδοῦ τὸ ὕδωρ
εἰσδεξάμενον εἰς τὸ ἐμαυτοῦ χωρίον, ὅταν τὸ τούτου παραλ-
λάξῃ χωρίον, πάλιν εἰς τὴν ὁδὸν ἐξαγαγεῖν. οὐκοῦν πάλιν
ὁ μετὰ τοῦτόν μοι γεωργῶν τῶν γειτόνων ἐγκαλεῖ· τὸ γὰρ
20 ὑπὲρ τούτου δίκαιον δῆλον ὅτι κἀκείνοις ὑπάρξει πᾶσι
λέγειν. ἀλλὰ μὴν εἴ γ' εἰς τὴν ὁδὸν ὀκνήσω τὸ ὕδωρ 18
ἐξάγειν, ἦ που σφόδρα θαρρῶν εἰς τὸ τοῦ πλησίον χωρίον
ἀφιείην ἄν. ὅπου γὰρ δίκας ἀτιμήτους φεύγω διότι τὸ ἐκ
τῆς ὁδοῦ ῥέον ὕδωρ εἰς τὸ τούτου χωρίον διέπεσεν, τί
25 πείσομαι πρὸς Διὸς ὑπὸ τῶν ἐκ τοῦ χωρίου τοὐμοῦ τοῦ
ὕδατος εἰσπεσόντος βλαπτομένων; ὅπου δὲ μήτ' εἰς τὴν
ὁδὸν μήτ' εἰς τὰ χωρί' ἀφιέναι μοι τὸ ὕδωρ ἐξέσται δεξα-

---

1 ἔχον A   2 ἄλλοις S vulg.: πλείστοις A   3 τοῦ τούτων A:
τῶν τούτου S: τοῦ τούτου F Q D   4 οὔτε τούτων A: οὐδὲ τούτων cett.
7 σκέψασθε F: σκέψασθαι S A Q D   8 ἑόρ. codd.   10 ἂν add. Blass:
post χαράδραν (11) addiderat Zurborg   11 τοῦτο S A Q D   12 ἂν
et νὴ Δία om. A   13 ὕδωρ ῥέον A   14 post ἂν add. αὑτοῦ codd.:
τὴν αὑτοῦ Turr.: del. Blass   αὐτὸ A: ἂν cett. (neque αὐτὸ neque mox
ἐγκαλέσει habet S in mg.)   22 post θαρρῶν add. γ' Hirschig, sed cf.
Lys. xxx 17, Lyc. § 71   23 ἀφιείην Blass: ἀφείην codd.   γὰρ]
γὰρ νυνὶ A   ἀτιμήτους φεύγω δίκας A   24 εἰσέπεσε A   27 ἀφιέ-
ναι F Q D: αφειεναι S: ἀφεῖναι A   ἐξέσται A: ἔξεστι S F Q D

231

μένῳ, τί λοιπόν, ὦ ἄνδρες δικασταί, πρὸς θεῶν; οὐ γὰρ
19 ἐκπιεῖν γε δήπου με Καλλικλῆς αὐτὸ προσαναγκάσει. ταῦτα
τοίνυν ἐγὼ πάσχων ὑπὸ τούτων καὶ πόλλ' ἔτερα καὶ δεινά,
μὴ ὅτι δίκην λαβών, ἀλλὰ μὴ προσοφλὼν ἀγαπήσαιμ' ἄν.
[1277] εἰ μὲν γὰρ ἦν, ὦ ἄνδρες δικασταί, χαράδρα πάλιν ὑποδεχο- 5
μένη, τάχ' ἂν ἠδίκουν ἐγὼ μὴ δεχόμενος, ὥσπερ ἂν' ἔτερ'
ἄττα τῶν χωρίων εἰσὶν ὁμολογούμεναι χαράδραι· καὶ ταύταις
δέχονται μὲν οἱ πρῶτοι, καθάπερ τοὺς ἐκ τῶν οἰκιῶν χει-
μάρρους, παρὰ τούτων δ' ἔτεροι παραλαμβάνουσιν ὡσαύτως·
ταύτῃ δ' οὔτε παραδίδωσιν οὐδεὶς οὔτε παρ' ἐμοῦ παρα- 10
20 λαμβάνει. πῶς ἂν οὖν εἴη τοῦτο χαράδρα; τὸ δ' εἰσπεσὸν
ὕδωρ ἔβλαψεν οἶμαι πολλάκις ἤδη πολλοὺς μὴ φυλαξα-
μένους, ἔβλαψε δὲ καὶ νῦν τουτονί. ὃ καὶ πάντων ἐστὶν
δεινότατον, εἰ Καλλικλῆς μὲν εἰς τὸ χωρίον εἰσπεσόντος τοῦ
ὕδατος ἁμαξιαίους λίθους προσκομίσας ἀποικοδομεῖ, τοῦ δὲ 15
πατρός, ὅτι τοῦτο παθόντος τοῦ χωρίου περιῳκοδόμησεν, ὡς
ἀδικοῦντος ἐμοὶ βλάβης εἴληχε δίκην. καίτοι εἰ ὅσοι κακῶς
πεπόνθασιν ὑπὸ τῶν ὑδάτων τῶν ταύτῃ ῥεόντων ἐμοὶ λή-
ξονται δίκας, οὐδὲ πολλαπλάσια γενόμενα τὰ ὄντ' ἐξαρ-
21 κέσειεν ἄν μοι. τοσοῦτον τοίνυν διαφέρουσιν οὗτοι τῶν 20
ἄλλων, ὥστε πεπονθότες μὲν οὐδέν, ὡς αὐτίχ' ὑμῖν ἐγὼ
σαφῶς ἐπιδείξω, πολλῶν δὲ πολλὰ καὶ μεγάλα βεβλαμ-
μένων, μόνοι δικάζεσθαι τετολμήκασιν οὗτοί μοι. καίτοι
πᾶσι μᾶλλον ἐνεχώρει τοῦτο πράττειν. οὗτοι μὲν γάρ, εἰ
καί τι πεπόνθασιν, αὐτοὶ δι' αὐτοὺς βεβλαμμένοι συκοφαν- 25
τοῦσιν· ἐκεῖνοι δέ, εἰ καὶ μηδὲν ἄλλο, τοιαύτην γ' οὐδεμίαν
αἰτίαν ἔχουσιν. ἀλλ' ἵνα μὴ πάνθ' ἅμα συνταράξας λέγω,
λαβέ μοι τὰς τῶν γειτόνων μαρτυρίας.

---

2 με om. A   2–4 ταῦτα ... ἂν ut hic prorsus inepta notat
Blass. sicubi, ante μὴ οὖν § 35 voluit   4 λαβεῖν ... προσοφλεῖν
(-οφείλειν A) codd. ; correxi ego. idem vitium apud Isocr. xviii 50
deprehendas   6 ἂν' ἔτερα Wolf : ἀν θάτερα vel ἀνὰ θάτερα codd.: ἀνὰ
χἄτερα Dobree   7 ἄττα om. A   ταύταις Blass : ταύτας codd.
8 οἰκιῶν] χωρίων A   10 ταύτῃ Blass : ταύτην codd.   λαμβάνει A
12 ἔβλαψεν S vulg. : ἔβλαψε μὲν A   13 καὶ νῦν A : νῦν καὶ S vulg.
14 ἐμπεσόντος F Q D   16 ταὐτὸ Zurborg   24 ἐνεχώρει] ἐν in trium
litt. ras. S

ΜΑΡΤΥΡΙΑΙ.

Οὔκουν δεινόν, ὦ ἄνδρες δικασταί, τούτους μὲν μηδὲν 22
ἐγκαλεῖν μοι τοσαῦτα βεβλαμμένους, μηδ' ἄλλον μηδένα
τῶν ἠτυχηκότων, ἀλλὰ τὴν τύχην στέργειν, τουτονὶ δὲ [1278]
5 συκοφαντεῖν; ὃν ὅτι μὲν αὐτὸς ἐξημάρτηκεν πρῶτον μὲν
τὴν ὁδὸν στενοτέραν ποιήσας, ἐξαγαγὼν ἔξω τὴν αἱμασιάν,
ἵνα τὰ δένδρα τῆς ὁδοῦ ποιήσειεν εἴσω, ἔπειτα δὲ τὸν χλῆ-
δον ἐκβαλὼν εἰς τὴν ὁδόν, ἐξ ὧν ὑψηλοτέραν τὴν αὐτὴν
καὶ στενοτέραν πεποιῆσθαι συμβέβηκεν, ἐκ τῶν μαρτυριῶν
10 αὐτίκ' εἴσεσθε σαφέστερον, ὅτι δ' οὐδὲν ἀπολωλεκὼς οὐδὲ 23
καταβεβλαμμένος ἄξιον λόγου τηλικαύτην μοι δίκην εἴληχεν,
τοῦθ' ὑμᾶς ἤδη πειράσομαι διδάσκειν.   τῆς γὰρ μητρὸς τῆς
ἐμῆς χρωμένης τῇ τούτων μητρὶ πρὶν τούτους ἐπιχειρῆσαι
με συκοφαντεῖν, καὶ πρὸς ἀλλήλας ἀφικνουμένων, οἷον
15 εἰκὸς ἅμα μὲν ἀμφοτέρων οἰκουσῶν ἐν ἀγρῷ καὶ γειτνιωσῶν,
ἅμα δὲ τῶν ἀνδρῶν χρωμένων ἀλλήλοις ἕως ἔζων, ἐλθούσης 24
δὲ τῆς ἐμῆς μητρὸς ὡς τὴν τούτων καὶ ἀποδυραμένης ἐκείνης
τὰ συμβάντα καὶ δεικνυούσης, οὕτως ἐπυθόμεθα πάνθ' ἡμεῖς,
ὦ ἄνδρες δικασταί· καὶ λέγω μὲν ἅπερ ἤκουσα τῆς μητρός,
20 οὕτω μοι πόλλ' ἀγαθὰ γένοιτο, εἰ δὲ ψεύδομαι, τἀναντία
τούτων· ἦ μὴν ὁρᾶν καὶ τῆς τούτων μητρὸς ἀκούειν ἔφη,
κριθῶν μὲν βρεχθῆναι, καὶ ξηραινομένους ἰδεῖν αὐτήν, μηδὲ
τρεῖς μεδίμνους, ἀλεύρων δ' ὡς ἡμιμέδιμνον· ἐλαίου δ' ἀπο-
κλιθῆναι μὲν κεράμιον φάσκειν, οὐ μέντοι παθεῖν γ' οὐδέν.
25 τοσαῦτ', ὦ ἄνδρες δικασταί, τὰ συμβάντ' ἦν τούτοις, ἀνθ' 25
ὧν ἐγὼ χιλίων δραχμῶν δίκην ἀτίμητον φεύγω.   οὐ γὰρ δὴ

5 ὃν] ὃς A   6 στενωτέραν A hic et infra, Harpocr. s. v. χλῆδος
7 vel ⟨τὰ⟩ τῆς vel [τῆς ὁδοῦ] Dobree   8 ἐκβαλὼν D F γρ. Q γρ.,
Harpocr. (praeter cod. C qui ἐμβαλὼν): ἐμβάλλων S F Q : ἐμβαλὼν A
τὴν αὐτὴν Blass coll. Harpocr. (qui ὑψ. καὶ στ. τὴν αὐτὴν ὁδὸν π.):
τὴν ὁδὸν S F Q D : τ' εἶναι τὴν ὁδὸν A   15 οἰκούντων ἀμφοτέρων A
γειτνιουσων S¹   17 ἀποδυραμένης S vulg.: ἀποδυρομένης A   18 πάντες
S Q D   19 καὶ εἰ λέγω A corr.   20 οὕτως ἐμοὶ S F Q D   πολλὰ
κἀγαθὰ Blass, sed cf. liv 41, Prooem. xxxiii 2   22 βρεχηναι S   αὐτήν
Schaefer : αὐτήν codd., Aristeid. p. 452   23 ἀποκλιθῆναι F Q D : ἀπο-
κλῆναι S : ἀποκλινθῆναι A : ἀποβληθῆναι Naber   24 μέντοι vulg.
Aristeid. : μέντοι γε S   25 ἦν] ἐστὶ A   τούτοις A : τούτῳ cett.

τειχίον γ᾽ εἰ παλαιὸν ἐπῳκοδόμησεν, ἐμοὶ καὶ τοῦτο λογι-
στέον ἐστίν, ὃ μήτ᾽ ἔπεσεν μήτ᾽ ἄλλο δεινὸν μηδὲν ἔπαθεν.
[1279] ὥστ᾽ εἰ συνεχώρουν αὐτοῖς ἁπάντων αἴτιος εἶναι τῶν συμ-
26 βεβηκότων, τά γε βρεχθέντα ταῦτ᾽ ἦν. ὁπότε δὲ μήτ᾽ ἐξ
ἀρχῆς ὁ πατὴρ ἠδίκει τὸ χωρίον περιοικοδομῶν, μήθ᾽ οὗτοι 5
πώποτ᾽ ἐνεκάλεσαν τοσούτου χρόνου διελθόντος, οἵ τ᾽ ἄλλοι
πολλὰ καὶ δεινὰ πεπονθότες μηδὲν μᾶλλον ἐγκαλοῦσιν ἐμοί,
πάντες θ᾽ ὑμεῖς τὸ ἐκ τῶν οἰκιῶν καὶ τὸ ἐκ τῶν χωρίων
ὕδωρ εἰς τὴν ὁδὸν ἐξάγειν εἰώθατε, ἀλλ᾽ οὐ μὰ Δί᾽ εἴσω τὸ
ἐκ τῆς ὁδοῦ δέχεσθαι, τί δεῖ πλείω λέγειν; οὐδὲ γὰρ ἐκ 10
τούτων ἄδηλον ὅτι φανερῶς συκοφαντοῦμαι, οὔτ᾽ ἀδικῶν
27 οὐδὲν οὔτε βεβλαμμένων ἅ φασιν. ἵνα δ᾽ εἰδῆθ᾽ ὅτι καὶ
τὸν χλῆδον εἰς τὴν ὁδὸν ἐκβεβλήκασιν, καὶ τὴν αἱμασιὰν
προαγαγόντες στενοτέραν τὴν ὁδὸν πεποιήκασιν, ἔτι δ᾽ ὡς
ὅρκον ἐδίδουν ἐγὼ τῇ τούτων μητρί, καὶ τὴν ἐμαυτοῦ τὸν 15
αὐτὸν ὀμόσαι προὐκαλούμην, λαβέ μοι τάς τε μαρτυρίας καὶ
τὴν πρόκλησιν.

МАРТҮРІАІ. ПРОКЛНΣІΣ.

28   Εἶτα τούτων ἀναισχυντότεροι γένοιντ᾽ ἂν ἄνθρωποι ἢ
περιφανέστερον συκοφαντοῦντες, οἵτινες αὐτοὶ τὴν αἱμασιὰν 20
προαγαγόντες καὶ τὴν ὁδὸν ἀνακεχωκότες ἑτέροις βλάβης
δικάζονται, καὶ ταῦτα χιλίων δραχμῶν ἀτίμητον, οἵ γ᾽ οὐδὲ
πεντήκοντα δραχμῶν τὸ παράπαν ἅπαντ᾽ ἀπολωλέκασιν;
καίτοι σκοπεῖτ᾽, ὦ ἄνδρες δικασταί, πόσους ὑπὸ τῶν ὑδάτων
ἐν τοῖς ἀγροῖς βεβλάφθαι συμβέβηκεν, τὰ μὲν Ἐλευσῖνι, 25
τὰ δ᾽ ἐν τοῖς ἄλλοις τόποις. ἀλλ᾽ οὐ δήπου τούτων, ὦ γῆ
καὶ θεοί, παρὰ τῶν γειτόνων ἕκαστος ἀξιώσει τὰς βλάβας
29 κομίζεσθαι. καὶ ἐγὼ μέν, ὃν προσῆκεν ἀγανακτεῖν τῆς

---

1 τειχίον γ᾽ εἰ S (γ᾽ εἰ in mg. a pr. m.), Q : τειχίον εἰ F D : εἰ τειχίον
γε A   ἐποικοδόμησεν S   4 τά γε S corr. vulg. : τά τε S¹ : τὰ A
5 μήθ᾽] μηδ᾽ A   9 ante ἐξάγειν add. ἐκβεβλήκασιν S, del. ead. m.   13 εἰς
τὴν ὁδὸν τὸν χλ. ἐμβεβλήκασιν A   16 τάς τε] καὶ τὰς A   18 ΜΑΡΤΥΡΙΑ
SQ   22 καὶ ταύτην F   23 πεντήκοντα] πεντεκαίδεκα Colardeau
παράπαν ἅπαντα] παραπαντα S, add. in mg. παν S pr. m.   25 μὲν ἐν A

ὁδοῦ στενοτέρας καὶ μετεωροτέρας γεγενημένης, ἡσυχίαν
ἔχω· τούτοις δὲ τοσοῦτον περίεστιν ὡς ἔοικεν, ὥστε τοὺς [1280]
ἠδικημένους πρὸς συκοφαντοῦσιν. καίτοι, ὦ Καλλίκλεις,
εἰ καὶ ὑμῖν περιοικοδομεῖν ἔξεστι τὸ ὑμέτερον αὐτῶν χωρίον,
καὶ ἡμῖν δήπου τὸ ἡμέτερον ἐξῆν. εἰ δ' ὁ πατὴρ ὁ ἐμὸς
ἠδίκει περιοικοδομῶν ὑμᾶς, καὶ νῦν ὑμεῖς ἔμ' ἀδικεῖτε περι-
οικοδομοῦντες οὕτως· δῆλον γὰρ ὅτι μεγάλοις λίθοις 30
ἀποικοδομηθέντος πάλιν τὸ ὕδωρ εἰς τὸ ἐμὸν ἥξει χωρίον,
εἶθ' ὅταν τύχῃ καταβαλεῖ τὴν αἱμασιὰν ἀπροσδοκήτως.
ἀλλ' οὐδὲν μᾶλλον ἐγκαλῶ τούτοις ἐγὼ διὰ τοῦτο, ἀλλὰ
στέργω τὴν τύχην καὶ τἀμαυτοῦ φυλάττειν πειράσομαι.
καὶ γὰρ τοῦτον φράττοντα μὲν τὰ ἑαυτοῦ σωφρονεῖν ἡγοῦ-
μαι, δικαζόμενον δέ μοι πονηρότατόν τ' εἶναι καὶ διεφθαρ-
μένον ὑπὸ νόσου νομίζω.

Μὴ θαυμάζετε δ', ὦ ἄνδρες δικασταί, τὴν τούτου προθυ- 31
μίαν, μηδ' εἰ τὰ ψευδῆ κατηγορεῖν νῦν τετόλμηκεν. καὶ
γὰρ τὸ πρότερον πείσας τὸν ἀνεψιὸν ἀμφισβητεῖν μοι τοῦ
χωρίου, συνθήκας οὐ γενομένας ἀπήνεγκεν, καὶ νῦν αὐτὸς
ἐρήμην μου καταδεδιῄτηται τοιαύτην ἑτέραν δίκην, Κάλλαρον
ἐπιγραψάμενος τῶν ἐμῶν δούλων. πρὸς γὰρ τοῖς ἄλλοις
κακοῖς καὶ τοῦθ' ηὕρηνται σόφισμα· Καλλάρῳ τὴν αὐτὴν
δίκην δικάζονται. καίτοι τίς ἂν οἰκέτης τὸ τοῦ δεσπότου 32
χωρίον περιοικοδομήσειεν μὴ προστάξαντος τοῦ δεσπότου;
Καλλάρῳ δ' ἕτερον ἐγκαλεῖν οὐδὲν ἔχοντες, ὑπὲρ ὧν ὁ πατὴρ
πλέον ἢ πεντεκαίδεκ' ἔτη φράξας ἐπεβίω δικάζονται. κἂν
μὲν ἐγὼ τῶν χωρίων ἀποστῶ τούτοις ἀποδόμενος ἢ πρὸς
ἕτερα χωρία ἀλλαξάμενος, οὐδὲν ἀδικεῖ Κάλλαρος· ἂν δ'
ἐγὼ μὴ βούλωμαι τἀμαυτοῦ τούτοις προέσθαι, πάντα τὰ [1281]

1 καὶ μετεωροτέρας non om. S   γεγενημένης post στενοτέρας ponit A
6 ἀδικεῖτ' ἐμὲ A   8 ἀποικοδομηθέντος codd., Harpocr. ut vid. : ἀποικο-
δομηθὲν Dobree   9 εἶθ' ὅταν τύχῃ] ὅταν τύχῃ καὶ A   καταβαλεῖ]
καταβάλλει S Q D : καταβαλεῖται A   11 στέρξω Blass   14 ὑπὸ νόσου]
ὁπωσοῦν Naber   16 κατηγορεῖν νῦν A : μαρτυρεῖν S F Q D   17 τὸ vulg.:
τὸν S : καὶ Q γρ.   19 μου om. A   21 ⟨τὸ⟩ σόφισμα Sauppe   23 post
περιοικοδομήσειεν add. ἂν A   24 ἕτερον F Q D : add. τινα ἄλλο S,
τι ἄλλο A   25 πλέον ἢ om. A   ἔτη om. S   28 πάντα προέσθαι S

δεινόταθ' ὑπὸ Καλλάρου πάσχουσιν οὗτοι, καὶ ζητοῦσιν καὶ
διαιτητὴν ὅστις αὐτοῖς τὰ χωρία προσκαταγνώσεται, καὶ
33 διαλύσεις τοιαύτας ἐξ ὧν τὰ χωρί' ἔξουσιν. εἰ μὲν οὖν,
ὦ ἄνδρες δικασταί, τοὺς ἐπιβουλεύοντας καὶ συκοφαντοῦντας
δεῖ πλέον ἔχειν, οὐδὲν ἂν ὄφελος εἴη τῶν εἰρημένων· εἰ δ' 5
ὑμεῖς τοὺς μὲν τοιούτους μισεῖτε, τὰ δὲ δίκαια ψηφίζεσθε,
μήτ' ἀπολωλεκότος Καλλικλέους μηδὲν μήτ' ἠδικημένου
μήθ' ὑπὸ Καλλάρου μήθ' ὑπὸ τοῦ πατρός, οὐκ οἶδ' ὅ τι δεῖ
34 πλείω λέγειν. ἵνα δ' εἰδῆθ' ὅτι καὶ πρότερον ἐπιβουλεύων
μου τοῖς χωρίοις τὸν ἀνεψιὸν κατεσκεύασεν, καὶ νῦν τὴν 10
ἑτέραν αὐτὸς κατεδιῃτήσατο Καλλάρου ταύτην τὴν δίκην,
ἐπηρεάζων ἐμοὶ διότι τὸν ἄνθρωπον περὶ πολλοῦ ποιοῦμαι,
καὶ ⟨Καλλικράτης⟩ Καλλάρῳ πάλιν εἴληχεν ἑτέραν, ἁπάντων
ὑμῖν ἀναγνώσεται τὰς μαρτυρίας.

ΜΑΡΤΥΡΙΑΙ. 15

35 Μὴ οὖν πρὸς Διὸς καὶ θεῶν, ὦ ἄνδρες δικασταί, προῆσθέ
με τούτοις μηδὲν ἀδικοῦντα. οὐ γὰρ τῆς ζημίας τοσοῦτόν
τί μοι μέλει, χαλεπὸν ὂν πᾶσι τοῖς μικρὰν οὐσίαν ἔχουσιν·
ἀλλ' ἐκβάλλουσιν ὅλως ἐκ τοῦ δήμου μ' ἐλαύνοντες καὶ
συκοφαντοῦντες. ὅτι δ' οὐκ ἀδικοῦμεν οὐδέν, ἕτοιμοι μὲν 20
ἦμεν ἐπιτρέπειν τοῖς εἰδόσιν, ⟨τοῖς⟩ ἴσοις καὶ κοινοῖς, ἕτοιμοι
δ' ὀμνύναι τὸν νόμιμον ὅρκον· ταῦτα γὰρ ᾠόμεθ' ἰσχυρότατ'
⟨ἂν⟩ παρασχέσθαι τοῖς αὐτοῖς ὑμῖν ὀμωμοκόσιν. καί μοι
λαβὲ τήν τε πρόκλησιν καὶ τὰς ὑπολοίπους ἔτι μαρτυρίας.

ΠΡΟΚΛΗΣΙΣ. ΜΑΡΤΥΡΙΑΙ. 25

3 διαδύσεις A   10 μοι F D   10–11 τὴν ἑτέραν . . . ταύτην
(ταυτηνὶ A) τὴν codd. : ἑτέραν . . . τοιαύτην Blass coll. § 31   11 τὴν
post ταύτην fortasse delendum   13 ⟨Καλλικράτης⟩ Καλλάρῳ Lipsius :
Καλλάρῳ codd. : Καλλικράτης Beneke. longiorem quandam lacunam
post ποιοῦμαι statuerat Blass   21 τοῖς add. Blass coll. § 9, xli 14
22 ἰσχυρότερα A   23 ἂν add. Dobree   παρέχεσθαι A   24 τε om. A
25 ΠΡΟΚΛΗΣΙΣ ΜΑΡΤΥΡΙΑΙ om. A
In S subscriptum

Δ

ΚΑΤΑ ΔΙΟΝΥΣΟΔΩΡΟΥ ΒΛΑΒΗΣ [1282]

ΥΠΟΘΕΣΙΣ.

Δαρεῖος καὶ Πάμφιλος Διονυσοδώρῳ δανείζουσι τρισχιλίας δραχμὰς ἐπὶ τῷ πλεῦσαι αὐτὸν εἰς Αἴγυπτον κἀκεῖθεν αὖθις Ἀθήναζε, καὶ λαμβάνουσι μὲν ὑποθήκην τὴν ναῦν, διομολογοῦνται δὲ καὶ τόκους ὅσους ὤφειλον Ἀθήναζε καταπλεύσαντος Διονυσο-
5 δώρου κομίσασθαι. Διονυσόδωρος δ' ἀναπλέων ἐκ τῆς Αἰγύπτου, τῇ Ῥόδῳ προσσχών, ἐκεῖ τὸν γόμον ἐξέθετο, ὡς μὲν αὐτός φησι, διὰ τὸ ῥαγῆναι τὴν ναῦν καὶ εἶναι σαθράν, ὡς δὲ Δαρεῖος λέγει, διὰ τὸ πυθέσθαι τὸν σῖτον Ἀθήνησιν εὔωνον ὄντα· τὴν γὰρ ναῦν σῴαν ὑπάρχειν φησὶ καὶ πλεῖν ἔτι καὶ νῦν. οἱ μὲν οὖν δανείσαν- 2
10 τες καὶ κατηγοροῦσι τοῦ Διονυσοδώρου παραβεβηκέναι τὴν συγγραφήν, διότι τὴν ὑποθήκην, τουτέστι τὴν ναῦν, οὐ παρέσχεν ἐμφανῆ, καὶ ἀπαιτοῦσιν αὐτὸν τοὺς ὁμολογηθέντας τόκους τελείους· ὁ δ' οὐ πάντας ἀποδιδόναι βούλεται, ἀλλὰ πρὸς λόγον τοῦ πλοῦ τοῦ πλευσθέντος.

15 Κοινωνός εἰμι τοῦ δανείσματος τούτου, ἄνδρες δικασταί. συμβαίνει δ' ἡμῖν τοῖς τὴν κατὰ θάλατταν ἐργασίαν προῃ- ρημένοις καὶ τὰ ἡμέτερ' αὐτῶν ἐγχειρίζουσιν ἑτέροις ἐκεῖνο [1283] μὲν σαφῶς εἰδέναι, ὅτι ὁ δανειζόμενος ἐν παντὶ προέχει ἡμῶν. λαβὼν γὰρ ἀργύριον φανερὸν καὶ ὁμολογούμενον,
20 ἐν γραμματειδίῳ δυοῖν χαλκοῖν ἐωνημένῳ καὶ βυβλιδίῳ μικρῷ πάνυ τὴν ὁμολογίαν καταλέλοιπε τοῦ ποιήσειν τὰ δίκαια. ἡμεῖς δ' οὐ φαμὲν δώσειν, ἀλλ' εὐθὺς τῷ δανειζο-

---

TITULUS : βλάβης om. S A, Harpocr. s. v. ἀμφοτερόπλουν
1 et 7 Ἄρειος Schaefer, recte fort. ; cf. I. G. ii² 1631   4 οὓς D post καταπλεύσαντος add. δὲ F S : om. D : del. mg. edit. Paris.   10 καὶ ante κατηγοροῦσι del. Turr.   13 λόγον Reiske : ὀλίγον codd.   15 ὦ ante ἄνδρες omisi cum S F   ἄνδρες δικ.] ὦ Ἀθηναῖοι Hermog. 227. 16 (Rabe)   16 κατὰ θάλατταν τὴν codd. : τὴν κατὰ θάλατταν Schaefer coll. xxxiii 4   18 μὲν om. A   προέχει A D : προσέχει S F Q 20-21 καὶ . . . πάνυ del. Bockmeijer   20 βυβλιδίῳ S F, cf. Crönert. Mem. Herc. 21. 22, Moeris 192. 23 : βιβλιδίῳ vulg.

μένῳ δίδομεν τὸ ἀργύριον. τῷ οὖν ποτὲ πιστεύοντες καὶ τί
λαβόντες τὸ βέβαιον, προϊέμεθα; ὑμῖν, ὦ ἄνδρες δικασταί,
καὶ τοῖς νόμοις τοῖς ὑμετέροις, οἳ κελεύουσιν, ὅσα ἄν τις
ἑκὼν ἕτερος ἑτέρῳ ὁμολογήσῃ, κύρια εἶναι. ἀλλά μοι δοκεῖ
οὔτε τῶν νόμων οὔτε συγγραφῆς οὐδεμιᾶς ὄφελος εἶναι 5
οὐδέν, ἂν ὁ λαμβάνων τὰ χρήματα μὴ πάνυ δίκαιος ᾖ τὸν
τρόπον, καὶ δυοῖν θάτερον, ἢ ὑμᾶς δεδιὼς ἢ τὸν συμβαλόντα
3 αἰσχυνόμενος. ὧν οὐδέτερον πρόσεστι Διονυσοδώρῳ του-
τῳί, ἀλλ' εἰς τοσοῦτον ἥκει τόλμης, ὥστε δανεισάμενος παρ'
ἡμῶν ἐπὶ τῇ νηὶ τρισχιλίας δραχμὰς ἐφ' ᾧ τε τὴν ναῦν 10
καταπλεῖν Ἀθήναζε, καὶ δέον ἡμᾶς ἐν τῇ πέρυσιν ὥρᾳ
κεκομίσθαι τὰ χρήματα, τὴν μὲν ναῦν εἰς Ῥόδον κατεκόμισε
καὶ τὸν γόμον ἐκεῖσε ἐξελόμενος ἀπέδοτο παρὰ τὴν συγγρα-
φὴν καὶ τοὺς νόμους τοὺς ὑμετέρους, ἐκ δὲ τῆς Ῥόδου πάλιν
ἀπέστειλε τὴν ναῦν εἰς Αἴγυπτον κἀκεῖθεν εἰς Ῥόδον, ἡμῖν 15
δὲ τοῖς Ἀθήνησι δανείσασιν οὐδέπω καὶ νῦν οὔτε τὰ χρή-
ματα ἀποδίδωσιν οὔτε τὸ ἐνέχυρον καθίστησιν εἰς τὸ ἐμφα-
4 νές, ἀλλὰ δεύτερον ἔτος τουτὶ καρπούμενος τὰ ἡμέτερα, καὶ
ἔχων τό τε δάνειον καὶ τὴν ἐργασίαν καὶ τὴν ναῦν τὴν
[1284] ὑποκειμένην ἡμῖν, οὐδὲν ἧττον εἰσελήλυθεν πρὸς ὑμᾶς, 20
δῆλον ὡς ζημιώσων ἡμᾶς τῇ ἐπωβελίᾳ καὶ καταθησόμενος
εἰς τὸ οἴκημα πρὸς τῷ ἀποστερεῖν τὰ χρήματα. ὑμῶν οὖν,
ὦ ἄνδρες Ἀθηναῖοι, ὁμοίως ἁπάντων δεόμεθα καὶ ἱκετεύομεν
βοηθῆσαι ἡμῖν, ἂν δοκῶμεν ἀδικεῖσθαι. τὴν δὲ ἀρχὴν τοῦ
συμβολαίου διεξελθεῖν ὑμῖν πρῶτον βούλομαι· οὕτως γὰρ 25
καὶ ὑμεῖς ῥᾷστα παρακολουθήσετε.

5　　Διονυσόδωρος γὰρ οὑτοσί, ὦ ἄνδρες Ἀθηναῖοι, καὶ ὁ κοι-
νωνὸς αὐτοῦ Παρμενίσκος προσελθόντες ἡμῖν πέρυσιν τοῦ
μεταγειτνιῶνος μηνὸς ἔλεγον ὅτι βούλονται δανείσασθαι

---

1 τὸ om. S¹　　ποτὲ A : τότε S F Q D　　4 ἑκόντι post ἕτερος
add. Bockmeijer　　ταῦτα κύρια A　　7 καὶ del. Dobree　　8 τούτῳ
codd.　　12 μὲν om. A　　14 τοὺς νόμους A : νόμους S F Q D
πάλιν post κἀκεῖθεν transp. Herwerden　　16 τὰ om. A　　21 δῆλον
S¹ : δῆλον ὅτι S corr. vulg.　　25 οὕτως S D : οὕτω vulg.

ἐπὶ τῇ νηί, ἐφ᾽ ᾧ τε πλεῦσαι εἰς Αἴγυπτον καὶ ἐξ Αἰγύπτου
εἰς Ῥόδον ἢ εἰς Ἀθήνας, διομολογησάμενοι τοὺς τόκους
⟨τοὺς⟩ εἰς ἑκάτερον τῶν ἐμπορίων τούτων.　ἀποκριναμένων 6
δ᾽ ἡμῶν, ὦ ἄνδρες δικασταί, ὅτι οὐκ ἂν δανείσαιμεν εἰς
5 ἕτερον ἐμπόριον οὐδὲν ἀλλ᾽ ἢ εἰς Ἀθήνας, οὕτω προσομο-
λογοῦσι πλεύσεσθαι δεῦρο, καὶ ἐπὶ ταύταις ταῖς ὁμολογίαις
δανείζονται παρ᾽ ἡμῶν ἐπὶ τῇ νηὶ τρισχιλίας δραχμὰς ἀμ-
φοτερόπλουν, καὶ συγγραφὴν ἐγράψαντο ὑπὲρ τούτων.　ἐν
μὲν οὖν ταῖς συνθήκαις δανειστὴς ἐγράφη Πάμφιλος οὑτοσί·
10 ἐγὼ δ᾽ ἔξωθεν μετεῖχον αὐτῷ τοῦ δανείσματος.　καὶ πρῶτον
ὑμῖν ἀναγνώσεται αὐτὴν τὴν συγγραφήν.

ΣΥΓΓΡΑΦΗ.

Κατὰ ταύτην τὴν συγγραφήν, ὦ ἄνδρες δικασταί, λα- 7
βόντες παρ᾽ ἡμῶν τὰ χρήματα Διονυσόδωρός τε οὑτοσὶ καὶ
15 ὁ κοινωνὸς αὐτοῦ Παρμενίσκος ἀπέστελλον τὴν ναῦν εἰς
τὴν Αἴγυπτον ἐνθένδε.　καὶ ὁ μὲν Παρμενίσκος ἐπέπλει
ἐπὶ τῆς νεώς, οὑτοσὶ δὲ αὐτοῦ κατέμενεν. ἦσαν γάρ, ὦ [1285]
ἄνδρες δικασταί, ἵνα μηδὲ τοῦτο ἀγνοῆτε, ὑπηρέται καὶ
συνεργοὶ πάντες οὗτοι Κλεομένους τοῦ ἐν τῇ Αἰγύπτῳ
20 ἄρξαντος, ὃς ἐξ οὗ τὴν ἀρχὴν παρέλαβεν οὐκ ὀλίγα κακὰ
ἠργάσατο τὴν πόλιν τὴν ὑμετέραν, μᾶλλον δὲ καὶ τοὺς
ἄλλους Ἕλληνας, παλιγκαπηλεύων καὶ συνιστὰς τὰς τιμὰς
τοῦ σίτου καὶ αὐτὸς καὶ οὗτοι μετ᾽ αὐτοῦ. οἱ μὲν γὰρ 8
αὐτῶν ἀπέστελλον ἐκ τῆς Αἰγύπτου τὰ χρήματα, οἱ δ᾽ ἐπέ-
25 πλεον ταῖς ἐμπορίαις, οἱ δ᾽ ἐνθάδε μένοντες διετίθεντο τὰ
ἀποστελλόμενα· εἶτα πρὸς τὰς καθεστηκυίας τιμὰς ἔπεμπον
γράμματα οἱ ἐπιδημοῦντες τοῖς ἀποδημοῦσιν, ἵνα ἐὰν μὲν
παρ᾽ ὑμῖν τίμιος ᾖ ὁ σῖτος, δεῦρο αὐτὸν κομίσωσιν, ἐὰν δ᾽

---

2 τοὺς om. A　　　3 τοὺς post τόκους add. Blass coll. §§ 12, 22
5 ἐμπορειων S per diphthongum hic et infra　10–11 πρῶτον μὲν ὑμῖν A
14 τε om. S¹, add. in mg. ead. m.　　15–16 ἀπέστελλον . . . καὶ
om. A　　16 Παρμενίσκος om. A　　19 num πάντων scribendum?
cf. xxxii 16　　20 παρέλαβεν S F Q D : ἔλαβεν A　　21 ἠργάσατο
scripsi cum S : εἰργάσατο vulg.　　25 διετίθεντο S¹ : συνετίμων Suidas
s. v. συνετιμήθη

εὐωνότερος γένηται, εἰς ἄλλο τι καταπλεύσωσιν ἐμπόριον.
ὅθεν περ οὐχ ἥκιστα, ὦ ἄνδρες δικασταί, συνετιμήθη τὰ
περὶ τὸν σῖτον ἐκ τῶν τοιούτων ἐπιστολῶν καὶ συνεργιῶν.
9 ὅτε μὲν οὖν ἐνθένδε ἀπέστελλον οὗτοι τὴν ναῦν, ἐπιεικῶς
ἔντιμον κατέλιπον τὸν σῖτον διὸ καὶ ὑπέμειναν ἐν τῇ συγ- 5
γραφῇ γράψασθαι εἰς Ἀθήνας πλεῖν, εἰς δ᾽ ἄλλο μηδὲν
ἐμπόριον. μετὰ δὲ ταῦτα, ὦ ἄνδρες δικασταί, ἐπειδὴ ὁ
Σικελικὸς κατάπλους ἐγένετο καὶ αἱ τιμαὶ τοῦ σίτου ἐπ᾽
ἔλαττον ἐβάδιζον καὶ ἡ ναῦς ἡ τούτων ἀνῆκτο εἰς Αἴγυπτον,
εὐθέως οὗτος ἀποστέλλει τινὰ εἰς τὴν Ῥόδον ἀπαγγελοῦντα 10
τῷ Παρμενίσκῳ τῷ κοινωνῷ τὰ ἐνθένδε καθεστηκότα, ἀκρι-
βῶς εἰδὼς ὅτι ἀναγκαῖον εἴη τῇ νηὶ προσσχεῖν εἰς Ῥόδον.
10 πέρας δ᾽ οὖν, λαβὼν γὰρ ὁ Παρμενίσκος ὁ τουτουὶ κοινωνὸς
τὰ γράμματα τὰ παρὰ τούτου ἀποσταλέντα, καὶ πυθόμενος
[1286] τὰς τιμὰς τὰς ἐνθάδε [τοῦ σίτου] καθεστηκυίας, ἐξαιρεῖται τὸν 15
σῖτον ἐν τῇ Ῥόδῳ κἀκεῖ ἀποδίδοται, καταφρονήσαντες μὲν
τῆς συγγραφῆς, ὦ ἄνδρες δικασταί, καὶ τῶν ἐπιτιμίων, ἃ
συνεγράψαντο αὐτοὶ οὗτοι καθ᾽ αὑτῶν, ἐάν τι παραβαίνωσιν,
καταφρονήσαντες δὲ τῶν νόμων τῶν ὑμετέρων, οἳ κελεύουσι
τοὺς ναυκλήρους καὶ τοὺς ἐπιβάτας πλεῖν εἰς ὅ τι ἂν 20
συνθῶνται ἐμπόριον, εἰ δὲ μή, ταῖς μεγίσταις ζημίαις εἶναι
11 ἐνόχους. καὶ ἡμεῖς ἐπειδὴ τάχιστα ἐπυθόμεθα τὸ γεγονός,
ἐκπεπληγμένοι τῷ πράγματι προσῆμεν τούτῳ τῷ ἀρχιτέκτονι
τῆς ὅλης ἐπιβουλῆς, ἀγανακτοῦντες, οἷον εἰκός, καὶ ἐγκα-
λοῦντες ὅτι διαρρήδην ἡμῶν διορισαμένων ἐν ταῖς συνθή- 25
καις ὅπως ἡ ναῦς μηδαμόσε καταπλεύσεται ἀλλ᾽ ἢ εἰς Ἀθή-
νας, καὶ ἐπὶ ταύταις ταῖς ὁμολογίαις δανεισάντων τὸ

2 συνετιμήθη codd., Suid. : ἐπετιμήθη Wolf, cf. xxxiv 39   8 ἐπ᾽
vulg. : ἐπὶ τὸ A : om. S   9 τούτου A   11 τἀνθάδε A
καθεστηκότα secl. Blass   12 προσσχεῖν A, cf. § 21 : προσέχειν cett.
13 δ᾽ οὖν, λαβὼν γὰρ S F Q D : οὖν λαβὼν A ; sed cf. Aeschin. ii 46,
Hyper. iii 4   τούτου A   14 alterum τὰ om. A   15 τοῦ σίτου
del. Richards, cf. § 25   16 καταφρονήσας A   24 ὅλης om. D.
hab. Bekk. Anecd. p. 450. 19   ὡς εἰκός A   26 μηδαμόσε Dobree :
μηδαμοῦ codd.   καταπλευσεῖται codd., corr. Dindorf   27 ἐπὶ
Reiske : ὅτι ἐπὶ codd.

ἀργύριον, ἡμᾶς μὲν ἐν ὑποψίᾳ καταλέλοιπεν τοῖς βουλομέ-
νοις αἰτιᾶσθαι καὶ λέγειν, ὡς ἄρα καὶ ἡμεῖς κεκοινωνήκαμεν
τῆς σιτηγίας τῆς εἰς τὴν Ῥόδον, αὐτοὶ δὲ οὐδὲν μᾶλλον τὴν
ναῦν ἥκουσι κατακομίζοντες εἰς τὸ ὑμέτερον ἐμπόριον εἰς
5 ὃ συνεγράψαντο. ἐπειδὴ δὲ οὐδὲν ἐπεραίνομεν ὑπὲρ τῆς 12
συγγραφῆς καὶ τῶν δικαίων διαλεγόμενοι, ἀλλὰ τό γε
δάνειον καὶ τοὺς τόκους ἠξιοῦμεν ἀπολαβεῖν τοὺς ἐξ ἀρχῆς
ὁμολογηθέντας. οὗτος δὲ οὕτως ὑβριστικῶς ἐχρήσατο ἡμῖν,
ὥστε τοὺς μὲν τόκους τοὺς ἐν τῇ συγγραφῇ γεγραμμένους
10 οὐκ ἔφη δώσειν· ʻεἰ δὲ βούλεσθε,ʼ ἔφη, ʻκομίζεσθαι τὸ
πρὸς μέρος τοῦ πλοῦ τοῦ πεπλευσμένου, δώσω ὑμῖνʼ φησὶν
ʻτοὺς εἰς Ῥόδον τόκους· πλείους δʼ οὐκ ἂν δοίηνʼ, αὐτὸς
ἑαυτῷ νομοθετῶν καὶ οὐχὶ τοῖς ἐκ τῆς συγγραφῆς δικαίοις
πειθόμενος. ὡς δʼ ἡμεῖς οὐκ ἂν ἔφαμεν συγχωρῆσαι οὐδὲν [1287]
15 τούτων, λογιζόμενοι ὅτι, ὁπότε τοῦτο πράξομεν, ὁμολογοῦ- 13
μεν καὶ αὐτοὶ εἰς Ῥόδον σεσιτηγηκέναι, ἔτι μᾶλλον ἐπέτεινεν
οὗτος καὶ μάρτυρας πολλοὺς παραλαβὼν προσῄει, φάσκων
ἕτοιμος εἶναι ἀποδιδόναι τὸ δάνειον καὶ τοὺς τόκους τοὺς
εἰς Ῥόδον, οὐδὲν μᾶλλον, ὦ ἄνδρες δικασταί, ἀποδοῦναι
20 διανοούμενος, ἀλλʼ ἡμᾶς ὑπολαμβάνων οὐκ ἂν ἐθελῆσαι
λαβεῖν τὸ ἀργύριον διὰ τὰς ὑπούσας αἰτίας. ἐδήλωσε δὲ
αὐτὸ τὸ ἔργον. ἐπειδὴ γάρ, ὦ ἄνδρες Ἀθηναῖοι, τῶν ὑμετέ- 14
ρων πολιτῶν τινὲς παραγενόμενοι ἀπὸ ταὐτομάτου συνεβού-
λευον ἡμῖν τὸ μὲν διδόμενον λαμβάνειν, περὶ δὲ τῶν
25 ἀντιλεγομένων κρίνεσθαι, τοὺς δὲ εἰς Ῥόδον τόκους μὴ
καθομολογεῖν τέως ἂν κριθῶμεν, ἡμεῖς μὲν ταῦτα συνεχω-
ροῦμεν, οὐκ ἀγνοοῦντες, ὦ ἄνδρες δικασταί, τὸ ἐκ τῆς συγ-
γραφῆς δίκαιον, ἀλλʼ ἡγούμενοι δεῖν ἐλαττοῦσθαί τι καὶ
συγχωρεῖν ὥστε μὴ δοκεῖν φιλόδικοι εἶναι, οὗτος δʼ ὡς ἑώρα
30 ἡμᾶς ὁμόσε πορευομένους, ʻἀναιρεῖσθεʼ φησὶ ʻτοίνυν τὴν

---

5 ἐπεὶ A   11 πρὸς om. A, cf. τὸ πρὸς λόγον Arg. § 2   17 εἰσήει
A   21 λαβεῖν A cf. § 26: ἀπολαβεῖν cett. (ex ἀποδοῦναι puto)
22 ἡμετέρων A   26 τέως S F Q D, Suid. s. v.: ἕως A   διακριθῶμεν
Suid.   30 ὁμόσε A: ὁμόσαι S vulg.   φησὶ A F corr.: φήσει S F¹ Q D

15 συγγραφήν.' 'ἡμεῖς ἀναιρώμεθα; οὐδέν γε μᾶλλον ἢ ὁτιοῦν·
ἀλλὰ κατὰ μὲν τἀργύριον ὃ ἂν ἀποδῷς, ὁμολογήσομεν ἐναν-
τίον τοῦ τραπεζίτου ἄκυρον ποιεῖν τὴν συγγραφήν, τὸ μέντοι
σύνολον οὐκ ἂν ἀνελοίμεθα, ἕως ἂν περὶ τῶν ἀντιλεγο-
μένων κριθῶμεν. τί γὰρ ἔχοντες δίκαιον ἢ τί τὸ ἰσχυρὸν 5
ἀντιδικήσομεν, ἐάν τε πρὸς διαιτητὴν ἐάν τε εἰς δικαστήριον
δέῃ βαδίζειν, ἀνελόμενοι τὴν συγγραφήν, ἐν ᾗ τὴν ὑπὲρ
16 τῶν δικαίων βοήθειαν ἔχομεν'; ταῦτα δὲ ἡμῶν λεγόντων,
ὦ ἄνδρες δικασταί, καὶ ἀξιούντων Διονυσόδωρον τουτονὶ
[1288] τὴν μὲν συγγραφὴν μὴ κινεῖν μηδὲ ἄκυρον ποιεῖν τὴν ὁμο- 10
λογουμένην καὶ ὑπ' αὐτῶν τούτων κυρίαν εἶναι, τῶν δὲ
χρημάτων ὅσα μὲν αὐτὸς ὁμολογεῖ, ἀποδοῦναι ἡμῖν, περὶ
δὲ τῶν ἀντιλεγομένων [ὡς] ἑτοίμων ὄντων κριθῆναι, εἴτε
βούλοιντο ἐφ' ἑνὸς εἴτε κἂν πλείοσι τῶν ἐκ τοῦ ἐμπορίου,
οὐκ ἔφη προσέχειν Διονυσόδωρος τούτων οὐδενί, ἀλλ' ὅτι τὴν 15
συγγραφὴν ὅλως οὐκ ἀνηρούμεθα ἀπολαμβάνοντες ἃ οὗτος
ἐπέταττεν, ἔχει δεύτερον ἔτος τὰ ἡμέτερα καὶ χρῆται τοῖς
17 χρήμασιν· καὶ ὃ πάντων ἐστὶ δεινότατον, ὦ ἄνδρες δικασταί,
ὅτι αὐτὸς μὲν οὗτος παρ' ἑτέρων εἰσπράττει ναυτικοὺς τόκους
ἀπὸ τῶν ἡμετέρων χρημάτων, οὐκ Ἀθήνησι δανείσας οὐδ' 20
εἰς Ἀθήνας, ἀλλ' εἰς Ῥόδον καὶ Αἴγυπτον, ἡμῖν δὲ τοῖς
δανείσασιν εἰς τὸ ὑμέτερον ἐμπόριον οὐκ οἴεται δεῖν τῶν
δικαίων οὐδὲν ποιεῖν. ὅτι δ' ἀληθῆ λέγω, ἀναγνώσεται
ὑμῖν τὴν πρόκλησιν ἣν ὑπὲρ τούτων προὐκαλεσάμεθ' αὐτόν.

ΠΡΟΚΛΗΣΙΣ.   25

18   Ταῦτα τοίνυν, ὦ ἄνδρες δικασταί, προκαλεσαμένων ἡμῶν
Διονυσόδωρον τουτονὶ πολλάκις, καὶ ἐπὶ πολλὰς ἡμέρας
ἐκτιθέντων τὴν πρόκλησιν, εὐήθεις ἔφη παντελῶς ἡμᾶς

---

1 γραφήν A   ἀναιρούμεθα A   2 δ om. A   ἀποδῷς S F Q D:
ἀποδίδως (sic) A   4 prius ἂν om. A   11 τούτων addidi ex A coll.
§ 37, xxxiv 5: om. S F Q D   13 ὡς secl. Bekker, Richards
14 ἑνὸς S F Q D: ἑνὶ A   κἂν Schaefer: καὶ codd.   τῶν ἐμπορίων A
15 προσέξειν Richards, sed cf. lii 13, Hyper. iii 12   16 ἃ] ὅσα Naber
17 καὶ χρῆται A: κέχρηται cett.   22 ἡμέτερον A

εἶναι, εἰ ὑπολαμβάνομεν αὐτὸν οὕτως ἀλογίστως ἔχειν ὥστ᾽
ἐπὶ διαιτητὴν βαδίζειν, προδήλου ὄντος ὅτι καταγνώσεται
αὐτοῦ ἀποτεῖσαι τὰ χρήματα, ἐξὸν αὐτῷ ἐπὶ τὸ δικαστήριον
ἥκειν φέροντα τὸ ἀργύριον, εἶτ᾽ ἐὰν μὲν δύνηται ὑμᾶς παρα-
5 κρούσασθαι, ἀπιέναι τἀλλότρια ἔχοντα, εἰ δὲ μή, τηνικαῦτα
καταθεῖναι τὰ χρήματα, ὡς ⟨ἂν⟩ ἄνθρωπος οὐ τῷ δικαίῳ
πιστεύων, ἀλλὰ διάπειραν ὑμῶν λαμβάνειν βουλόμενος.

Τὰ μὲν τοίνυν πεπραγμένα Διονυσοδώρῳ ἀκηκόατε, ὦ [1289]
ἄνδρες δικασταί· οἶμαι δ᾽ ὑμᾶς θαυμάζειν ἀκούοντας πάλαι 19
10 τὴν τόλμαν αὐτοῦ, καὶ τῷ ποτε πιστεύων εἰσελήλυθεν δευρί.
πῶς γὰρ οὐ τολμηρόν, εἴ τις ἄνθρωπος δανεισάμενος χρή-
ματα ἐκ τοῦ ἐμπορίου τοῦ Ἀθηναίων, καὶ συγγραφὴν διαρρή- 20
δην γραψάμενος ἐφ᾽ ᾧ τε καταπλεῖν τὴν ναῦν εἰς τὸ ὑμέτε-
ρον ἐμπόριον, εἰ δὲ μή, ἀποτίνειν διπλάσια τὰ χρήματα,
15 μήτε τὴν ναῦν κατακεκόμικεν εἰς τὸν Πειραιᾶ μήτε τὰ χρή-
ματα ἀποδίδωσι τοῖς δανείσασιν, τόν τε σῖτον ἐξελόμενος ἐν
Ῥόδῳ ἀπέδοτο, καὶ ταῦτα διαπεπραγμένος μηδὲν ἧττον
τολμᾷ βλέπειν εἰς τὰ ὑμέτερα πρόσωπα; ἃ δὴ λέγει πρὸς 21
ταῦτα ἀκούσατε. φησὶ γὰρ τὴν ναῦν πλέουσαν ἐξ Αἰγύ-
20 πτου ῥαγῆναι, καὶ διὰ ταῦτα ἀναγκασθῆναι καὶ προσσχεῖν εἰς
τὴν Ῥόδον κἀκεῖ ἐξελέσθαι τὸν σῖτον. καὶ τούτου τεκμήριον
λέγει, ὡς ἄρα ἐκ τῆς Ῥόδου μισθώσαιτο πλοῖα καὶ δεῦρο
ἀποστείλειε τῶν χρημάτων ἔνια. ἐν μὲν τοῦτό ἐστιν αὐτῷ
μέρος τῆς ἀπολογίας, δεύτερον δ᾽ ἐκεῖνο· φησὶ γὰρ ἑτέρους 22
25 τινὰς δανειστὰς συγκεχωρηκέναι αὐτῷ τοὺς τόκους τοὺς εἰς
Ῥόδον· δεινὸν οὖν, εἰ ἡμεῖς μὴ συγχωρήσομεν ταὐτὰ
ἐκείνοις. τρίτον πρὸς τούτοις τὴν συγγραφὴν κελεύειν
φησὶν αὐτὸν σωθείσης τῆς νεὼς ἀποδοῦναι τὰ χρήματα, τὴν

---

1 οὕτως S F Q D : οὕτω παντελῶς A   6 ἂν add. Dobree   9 οἶμαι A
ἀκούοντας θαυμάζειν A   πάλαι post αὐτοῦ ponit A   10 αὐτοῦ om. S¹,
add. in mg. m. ant.   14 ἀποτείνειν S ut saepius infra   16-17 εἰς
Ῥόδον A   17 μηδὲν A : οὐδὲν S vulg.   20 καὶ ante προσσχεῖν om. A
προσσχεῖν A, cf. § 9 : προσχεῖν S : προσέχειν F Q D   23 ἔνια]
ἕνεκα A   26 ἡμεῖς μὴ] μὴ ἡμεῖς Bekk. Anecd. p. 144. 16   27 κε-
λεύειν om. S

δὲ ναῦν οὐ σεσῷσθαι εἰς τὸν Πειραιᾶ. πρὸς ἕκαστον δὴ
τούτων, ὦ ἄνδρες δικασταί, ἀκούσατε ἃ λέγομεν δίκαια.

23 Πρῶτον μὲν τὸ ῥαγῆναι τὴν ναῦν ὅταν λέγῃ, οἶμαι πᾶσιν
ὑμῖν φανερὸν εἶναι ὅτι ψεύδεται. εἰ γὰρ τοῦτο συνέβη
[1290] παθεῖν τῇ νηί, οὔτ' ἂν εἰς τὴν Ῥόδον ἐσώθη οὔτ' ἂν ὕστερον 5
πλόϊμος ἦν. νῦν δὲ φαίνεται εἰς τὴν Ῥόδον σωθεῖσα καὶ
πάλιν ἐκεῖθεν ἀποσταλεῖσα εἰς Αἴγυπτον καὶ ἔτι καὶ νῦν
πλέουσα πανταχόσε, πλὴν οὐκ εἰς Ἀθήνας. καίτοι πῶς οὐκ
ἄτοπον, ὅταν μὲν εἰς τὸ Ἀθηναίων ἐμπόριον δεήσῃ κατάγειν
τὴν ναῦν, ῥαγῆναι φάσκειν, ὅταν δὲ εἰς τὴν Ῥόδον τὸν 10
σῖτον ἐξελέσθαι, τηνικαῦτα δὲ πλόϊμον οὖσαν φαίνεσθαι τὴν
αὐτὴν ναῦν;

24 Διὰ τί οὖν, φησίν, ἐμισθωσάμην ἕτερα πλοῖα καὶ μετεξει-
λόμην τὸν γόμον καὶ δεῦρ' ἀπέστειλα; ὅτι, ὦ ἄνδρες Ἀθη-
ναῖοι, οὐ τῶν ἁπάντων ἀγωγίμων οὔθ' οὗτος ἦν κύριος οὔθ' 15
ὁ κοινωνὸς αὐτοῦ, ἀλλ' οἱ ἐπιβάται τὰ ἑαυτῶν χρήματα
ἀπέστελλον οἶμαι δεῦρο ἐν ἑτέροις πλοίοις ἐξ ἀνάγκης,
ἐπειδὴ προκατέλυσαν οὗτοι τὸν πλοῦν· ὧν μέντοι αὐτοὶ
ἦσαν κύριοι, οὐδὲ ταῦτα ἀπέστελλον πάντα δεῦρο, ἀλλ'
25 ἐκλεγόμενοι τίνων αἱ τιμαὶ ἐπετέταντο. ἐπεὶ τί δήποτε 20
μισθούμενοι ἕτερα πλοῖα, ὥς φατε, οὐχ ἅπαντα τὸν γόμον
τῆς νεὼς μετενέθεσθε, ἀλλὰ τὸν σῖτον αὐτοῦ ἐν τῇ Ῥόδῳ
κατελίπετε; ὅτι, ὦ ἄνδρες δικασταί, τοῦτον μὲν συνέφερεν
αὐτοῖς ἐκεῖσε πωλεῖν (τὰς γὰρ τιμὰς τὰς ἐνθάδε ἀνεικέναι
ἤκουον)· τὰ δ' ἄλλ' ἀγώγιμα ὡς ὑμᾶς ἀπέστελλον, ἀφ' ὧν 25
κερδανεῖν ἤλπιζον. ὥστε τὴν μίσθωσιν τῶν πλοίων ὅταν
λέγῃς, οὐ τοῦ ῥαγῆναι τὴν ναῦν τεκμήριον λέγεις, ἀλλὰ τοῦ
συμφέροντος ὑμῖν.

2 ἀκούσατε ante ὦ ponit A   3–4 οἶμαι πᾶσιν ὑμῖν] πᾶσιν οἶμαι A
6 πλόϊμος codd. hic et infra: πλώϊμος Reiske   10 τὴν om. A
18–19 αὐτοὶ ἦσαν κύριοι S F Q D : ἦσαν κύριοι αὐτοί A   19 οὐδὲ
ταῦτα A : αὐτοὶ δὲ οὐ ταῦτα S F Q D : ταῦτα δ' οὐκ Blass : οὐ ταῦτα
Dindorf   20 τίνων codd. : εἴ τινων Dobree : τιν' ἂν Madvig   ἐπετέταντο
S   ἐπεὶ τί δήποτε] ἐπειδή ποτε S   22 ἐν τῇ Ῥόδῳ secl. Naber
23 κατελείπετε S   24 τιμὰς τὰς A, cf. § 9: τιμὰς S F Q D
26 κερδαίνειν ἔμελλον A

Περὶ μὲν οὖν τούτων ἱκανά μοι τὰ εἰρημένα· περὶ δὲ τῶν 26
δανειστῶν, οὕς φασι συγκεχωρηκέναι λαβεῖν παρ' αὑτῶν
τοὺς εἰς Ῥόδον τόκους, ἔστι μὲν οὐδὲν πρὸς ἡμᾶς τοῦτο. εἰ
γάρ τις ὑμῖν ἀφῆκέν τι τῶν αὑτοῦ, οὐδὲν ἀδικεῖται οὔθ' ὁ [1291]
5 δοὺς οὔθ' ὁ πείσας· ἀλλ' ἡμεῖς οὔτ' ἀφείκαμέν σοι οὐδὲν
οὔτε συγκεχωρήκαμεν τῷ πλῷ τῷ εἰς Ῥόδον, οὐδ' ἐστὶν
ἡμῖν οὐδὲν κυριώτερον τῆς συγγραφῆς. αὕτη δὲ τί λέγει 27
καὶ ποῖ προστάττει τὸν πλοῦν ποιεῖσθαι; Ἀθήνηθεν εἰς
Αἴγυπτον καὶ ἐξ Αἰγύπτου εἰς Ἀθήνας· εἰ δὲ μή, ἀποτίνειν
10 κελεύει διπλάσια τὰ χρήματα. ταῦτα εἰ μὲν πεποίηκας,
οὐδὲν ἀδικεῖς, εἰ δὲ μὴ πεποίηκας μηδὲ κατακεκόμικας τὴν
ναῦν Ἀθήναζε, προσήκει σε ζημιοῦσθαι τῷ ἐπιτιμίῳ τῷ ἐκ
τῆς συγγραφῆς· τοῦτο γὰρ τὸ δίκαιον οὐκ ἄλλος οὐδείς,
ἀλλ' αὐτὸς σὺ σαυτῷ ὥρισας. δεῖξον οὖν τοῖς δικασταῖς
15 δυοῖν θάτερον, ἢ τὴν συγγραφήν, ὡς οὐκ ἔστιν ἡμῖν κυρία,
ἢ ὡς οὐ δίκαιος εἶ πάντα κατὰ ταύτην πράττειν. εἰ δέ τινες 28
ἀφείκασίν τί σοι καὶ συγκεχωρήκασιν τοὺς εἰς Ῥόδον τόκους
ὁτῳδήποτε τρόπῳ πεισθέντες, διὰ ταῦτα οὐδὲν ἀδικεῖς ἡμᾶς,
οὓς παρασυγγεγράφηκας εἰς Ῥόδον καταγαγὼν τὴν ναῦν;
20 οὐκ οἴμαί γε· οὐ γὰρ τὰ ὑφ' ἑτέρων συγκεχωρημένα δικά-
ζουσιν οὗτοι νῦν, ἀλλὰ τὰ ὑπ' αὐτοῦ σοῦ πρὸς ἡμᾶς συγγε-
γραμμένα. ἐπεὶ ὅτι γε καὶ τὸ περὶ τὴν ἄφεσιν τῶν τόκων,
εἰ ἄρα γέγονεν ὡς οὗτοι λέγουσιν, μετὰ τοῦ συμφέροντος τοῦ
τῶν δανειστῶν γέγονε, πᾶσιν ὑμῖν φανερόν ἐστιν. οἱ γὰρ 29
25 ἐκ τῆς Αἰγύπτου δανείσαντες τούτοις ἑτερόπλουν τἀργύριον
εἰς Ἀθήνας, ὡς ἀφίκοντο εἰς τὴν Ῥόδον καὶ τὴν ναῦν ἐκεῖσε
οὗτοι κατεκόμισαν, οὐδὲν οἶμαι διέφερεν αὐτοῖς ἀφεμένοις
τῶν τόκων καὶ κομισαμένοις τὸ δάνειον ἐν τῇ Ῥόδῳ πάλιν

2 σεσυγχωρηκέναι S   4–5 οὔθ' ὁ δοὺς οὔθ' ὁ πείσας F γρ. Q γρ. :
ὁ πεισθεὶς ἢ ὁ πείσας S vulg. : ὁ πεισθείς Bekker : οὔθ' ὁ δοὺς οὔθ' ὁ πεισθείς
Reiske   5 ἀφείκαμεν S : ἀφήκαμεν vulg.   7 κυριώτερον οὐδὲν A
14 σὺ om. A   16 οὐκ εἶ δίκαιος A   17 ἀφήκασι(ν) codd.   19 num
⟨εἰς⟩ οὓς scribendum ?   παρασυγγεγράφηκας S vulg. cf. Pollux viii
140, Tebt. Pap. 105. 34 : παραγεγράφηκας A   κατάγων A   22 τὸ
om. A D   23 οὗτοι om. A   27 ἀφεμένοις A : ἀφιμένοις S : ἀφειμένοις
F Q D   28 τοῦ τόκου A

[1292] ἐνεργὸν ποιεῖν εἰς τὴν Αἴγυπτον, ἀλλ' ἐλυσιτέλει πολλῷ
30 μᾶλλον τοῦτ' ἢ δεῦρ' ἐπαναπλεῖν. ἐκεῖσε μέν γε ἀεὶ ὡραῖος
ὁ πλοῦς, καὶ δὶς ἢ τρὶς ὑπῆρχεν αὐτοῖς ἐργάσασθαι τῷ αὐτῷ
ἀργυρίῳ· ἐνταῦθα δ' ἐπιδημήσαντας παραχειμάζειν ἔδει καὶ
περιμένειν τὴν ὡραίαν. ὥστ' ἐκεῖνοι μὲν οἱ δανεισταὶ 5
προσκεκερδήκασιν καὶ οὐκ ἀφείκασι τούτοις οὐδέν· ἡμῖν δ'
οὐχ ὅπως περὶ τοῦ τόκου ὁ λόγος ἐστίν, ἀλλ' οὐδὲ τἀρχαῖα
ἀπολαβεῖν δυνάμεθα.

31 Μὴ οὖν ἀποδέχεσθε τούτου φενακίζοντος ὑμᾶς καὶ τὰ
πρὸς τοὺς ἄλλους δανειστὰς πεπραγμένα παραβάλλοντος, 10
ἀλλ' ἐπὶ τὴν συγγραφὴν ἀνάγετ' αὐτὸν καὶ τὰ ἐκ τῆς
συγγραφῆς δίκαια. ἔστι γὰρ ἐμοί τε λοιπὸν διδάξαι ὑμᾶς
τοῦτο, καὶ οὗτος ἰσχυρίζεται τῷ αὐτῷ τούτῳ, φάσκων τὴν
συγγραφὴν κελεύειν σωθείσης τῆς νεὼς ἀποδιδόναι τὸ δά-
32 νειον. καὶ ἡμεῖς ταῦτα οὕτω φαμὲν δεῖν ἔχειν. ἡδέως δ' 15
ἂν πυθοίμην αὐτοῦ σοῦ, πότερον ὡς ὑπὲρ διεφθαρμένης τῆς
νεὼς διαλέγει, ἢ ὡς ὑπὲρ σεσῳσμένης. εἰ μὲν γὰρ διέ-
φθαρται ἡ ναῦς καὶ ἀπόλωλεν, τί περὶ τῶν τόκων διαφέρει
καὶ ἀξιοῖς ἡμᾶς κομίζεσθαι τοὺς εἰς Ῥόδον τόκους; οὔτε γὰρ
τοὺς τόκους οὔτε τἀρχαῖα προσήκει ἡμᾶς ἀπολαβεῖν. εἰ δ' 20
ἐστὶν ἡ ναῦς σῶς καὶ μὴ διέφθαρται, διὰ τί ἡμῖν οὐκ ἀποδί-
33 δως τὰ χρήματα ἃ συνεγράψω; πόθεν οὖν ἀκριβέστατα ἂν
μάθοιτε, ἄνδρες Ἀθηναῖοι, ὅτι σέσωσται ἡ ναῦς; μάλιστα
μὲν ἐξ αὐτοῦ τοῦ εἶναι τὴν ναῦν ἐν πλῷ, οὐχ ἧττον δὲ καὶ
ἐξ ὧν αὐτοὶ οὗτοι λέγουσιν. ἀξιοῦσιν γὰρ ἡμᾶς τά τε 25
ἀρχαῖα ἀπολαβεῖν καὶ μέρος τι τῶν τόκων, ὡς σεσῳσμένης
[1293] μὲν τῆς νεώς, οὐ πεπλευκυίας δὲ πάντα τὸν πλοῦν. σκο-
34 πεῖτε δέ, ὦ ἄνδρες Ἀθηναῖοι, πότερον ἡμεῖς τοῖς ἐκ τῆς

2 γε A : γὰρ S F Q D   ἀεὶ ὡραῖος Sandys : ἀκέραιος S F Q D :
ἀκαριαῖος A   5 παραμένειν A   6 προσκεκερδάγκασι A, Herwer-
den, formam non ante Aelianum (181 1) usurpatam   ἀφήκασι codd.
10 παρεμβάλλοντος Wolf, Dobree   11 ἀναγάγετε A   αὐτὸν
vulg. : αὐτὴν S   12 ἐμοί τε A : ἔμοιγε cett.   13 καὶ S A : καὶ
ᾧ F Q D   διισχυρίζεται A   16 ὑπὲρ] περὶ A   17 verius fort.
σεσωμένης et (23) σέσωται, cf. Phot. s. v.   21 σῶς Dindorf : σῶα vel
σῷα codd.   οὐκ ἀποδίδως A : οὐ δίδως S F Q D   24 ἐν τῷ πλῷ A

συγγραφῆς δικαίοις χρώμεθα ἢ οὗτοι, οἳ οὔτε εἰς τὸ συγκεί-
μενον ἐμπόριον πεπλεύκασιν, ἀλλ᾿ εἰς Ῥόδον καὶ Αἴγυπτον,
σωθείσης τε τῆς νεὼς καὶ οὐ διεφθαρμένης ἄφεσιν οἴονται
δεῖν εὑρίσκεσθαι τῶν τόκων παρασυγγεγραφηκότες, καὶ αὐτοὶ
5 μὲν πολλὰ χρήματα εἰργασμένοι παρὰ τὴν σιτηγίαν τὴν εἰς
Ῥόδον, τὰ δ᾿ ἡμέτερα χρήματα ἔχοντες καὶ καρπούμενοι
δεύτερον ἔτος τουτί. καινότατον δ᾿ ἐστὶ πάντων τὸ γιγνό- 35
μενον· τὸ μὲν γὰρ δάνειον τὸ ἀρχαῖον ἀποδιδόασιν ἡμῖν ὡς
σεσῳσμένης τῆς νεώς, τοὺς τόκους δ᾿ ἀποστερῆσαι οἴονται
10 δεῖν ὡς διεφθαρμένης. καίτοι ἡ συγγραφὴ οὐχ ἕτερα μὲν
λέγει περὶ τῶν τόκων, ἕτερα δὲ περὶ τοῦ ἀρχαίου δανείσμα-
τος, ἀλλὰ τὰ δίκαια ταὐτὰ περὶ ἀμφοῖν ἐστιν καὶ ἡ πρᾶξις 36
ἡ αὐτή. ἀνάγνωθι δέ μοι πάλιν τὴν συγγραφήν.

ΣΥΓΓΡΑΦΗ.

15 . . . Ἀθήνηθεν εἰς Αἴγυπτον καὶ ἐξ Αἰγύπτου Ἀθήναζε.

Ἀκούετε, ὦ ἄνδρες Ἀθηναῖοι· ᾽Ἀθήνηθεν,᾽ φησίν, ᾽εἰς
Αἴγυπτον καὶ ἐξ Αἰγύπτου Ἀθήναζε.᾽ λέγε τὰ λοιπά.

ΣΥΓΓΡΑΦΗ.

Σωθείσης δὲ τῆς νεὼς εἰς Πειραιᾶ . . .

20 Ἄνδρες Ἀθηναῖοι, πάνυ ἁπλοῦν ἐστιν διαγνῶναι ὑμῖν 37
ὑπὲρ ταύτης τῆς δίκης, καὶ οὐδὲν δεῖ λόγων πολλῶν. ἡ ναῦς
ὅτι μὲν σέσωσται καὶ ἔστιν σῶς, καὶ παρ᾽ αὐτῶν τούτων ὁμο-
λογεῖται (οὐ γὰρ ἂν ἀπεδίδοσαν τό τε ἀρχαῖον δάνειον καὶ
τῶν τόκων μέρος τι), οὐ κατακεκόμισται δ᾿ εἰς τὸν Πειραιᾶ.
25 διὰ τοῦτο ἡμεῖς μὲν οἱ δανείσαντες ἀδικεῖσθαί φαμεν, καὶ [1294]
ὑπὲρ τούτου δικαζόμεθα, ὅτι οὐ κατέπλευσεν εἰς τὸ συγκεί-
μενον ἐμπόριον. Διονυσόδωρος δὲ οὔ φησιν ἀδικεῖν δι᾿ 38
αὐτὸ τοῦτο· οὐ γὰρ δεῖν αὐτὸν ἀποδοῦναι πάντας τοὺς τόκους,

---

2 καὶ] καὶ εἰς A   3 οιοντε S F¹ D   8 τὸ ἀρχαῖον et ἀρχαίου
(11) del. Schaefer   12 τὰ] κοινὰ τὰ A   15–19 formulae
verba utrobique del. Dobree   16 ᾧ om. A   19 εἰς] εἰς τὸν A
20 Ἀθηναῖοι] δικασταί A   21 ταύτης S F Q D: ταυτησὶ A
ἢ] ἡ γὰρ A   22 σῶς Dindorf: σῴα vel σῴα codd.   23 ἀρχαῖον del.
Schaefer

ἐπειδὴ ἡ ναῦς οὐ κατέπλευσεν εἰς τὸν Πειραιᾶ. ἡ δὲ
συγγραφὴ τί λέγει; οὐ μὰ Δί᾽ οὐ ταῦτα ἃ σὺ λέγεις, ὦ Διο-
νυσόδωρε· ἀλλ᾽ ἐὰν μὴ ἀποδῷς τὸ δάνειον καὶ τοὺς τόκους
ἢ μὴ παράσχῃς τὰ ὑποκείμενα ἐμφανῆ καὶ ἀνέπαφα, ἢ
ἄλλο τι παρὰ τὴν συγγραφὴν ποιήσῃς, ἀποτίνειν κελεύει 5
σε διπλάσια τὰ χρήματα. καί μοι λέγε αὐτὸ τοῦτο τῆς
συγγραφῆς.

ΣΥΓΓΡΑΦΗ.

Ἐὰν δὲ . . . μὴ παράσχωσι τὰ ὑποκείμενα ἐμφανῆ καὶ ἀνέπαφα,
ἢ ποιήσωσίν τι παρὰ τὴν συγγραφήν, ἀποδιδότωσαν διπλάσια 10
τὰ χρήματα.

39 Ἔστιν οὖν ὅποι παρέσχηκας ἐμφανῆ τὴν ναῦν, ἀφ᾽ οὗ
τὰ χρήματα ἔλαβες παρ᾽ ἡμῶν, ὁμολογῶν σῶν εἶναι αὐτός; ἢ
καταπέπλευκας ἐξ ἐκείνου τοῦ χρόνου εἰς τὸ Ἀθηναίων ἐμπό-
ριον, τῆς συγγραφῆς διαρρήδην λεγούσης εἰς τὸν Πειραιᾶ κατά- 15
40 γειν τὴν ναῦν καὶ ἐμφανῆ παρέχειν τοῖς δανείσασιν; καὶ γὰρ
τοῦτο, ἄνδρες Ἀθηναῖοι. θεάσασθε τὴν ὑπερβολήν. ἐρράγη
ἡ ναῦς, ὥς φησιν οὗτος, καὶ διὰ τοῦτ᾽ εἰς Ῥόδον κατήγαγεν
αὐτήν. οὔκουν τὸ μετὰ τοῦτο ἐπεσκευάσθη καὶ πλόϊμος
ἐγένετο. διὰ τί οὖν, ὦ βέλτιστε, εἰς μὲν τὴν Αἴγυπτον καὶ 20
τἆλλα ἐμπόρια ἀπέστελλες αὐτήν, Ἀθήναζε δὲ οὐκ ἀπέ-
σταλκας οὐδέπω καὶ νῦν πρὸς ἡμᾶς τοὺς δανείσαντας, οἷς ἡ
συγγραφὴ κελεύει σε ἐμφανῆ καὶ ἀνέπαφον τὴν ναῦν παρέ-
[1295] χειν, καὶ ταῦτ᾽ ἀξιούντων ἡμῶν καὶ προκαλεσαμένων σε πολ-
41 λάκις; ἀλλ᾽ οὕτως ἀνδρεῖος εἶ, μᾶλλον δὲ ἀναίσχυντος, ὥστ᾽ ἐκ 25
τῆς συγγραφῆς ὀφείλων ἡμῖν διπλάσια τὰ χρήματα, οὐκ οἴει
δεῖν οὐδὲ τοὺς τόκους τοὺς γιγνομένους ἀποδοῦναι, ἀλλὰ τοὺς

2 alterum οὐ om. A   ταῦτα A: διὰ ταῦτα cett.   3–5 ἀποδῷς . . .
ποιήσῃς Blass : ἀποδίδως . . . ποιῇς (-εῖς A) codd.   5 ἀποτείνειν S A¹
6 τῆς A : τὸ τῆς cett.   9 formulae verba del. Dobree, manca esse
adnotat Blass   ἐμφανῆ τὰ ὑποκείμενα A   10 ἀποδιδότωσαν codd.
immo ἀποδιδόντων scribendum, cf. Meisterhans³ pp. 167–8   12 ὅπου A
13 σῷαν vel σφαν codd.   17 ὦ ἄνδρες δικασταί A   18 εἰς τὴν Ῥ. A
21 ἀπέσταλκας A : ἀπέστειλας S F Q D   22 νῦν A, Schaefer : νυνὶ
S F Q D   23 ἀνέπαφον καὶ ἐμφανῆ A   24 προκαλεσαμένων A :
προσκ. S F Q D   27 alterum τοὺς om. A

εἰς Ῥόδον προστάττεις ἀπολαβεῖν, ὥσπερ τὸ σὸν πρόσταγμα
τῆς συγγραφῆς δέον κυριώτερον γενέσθαι, καὶ τολμᾷς λέγειν
ὡς οὐκ ἐσώθη ἡ ναῦς εἰς τὸν Πειραιᾶ· ἐφ' ᾧ δικαίως ἂν ἀπο-
θάνοις ὑπὸ τῶν δικαστῶν.   διὰ τίνα γὰρ μᾶλλον, ὦ ἄνδρες 42
5 δικασταί, οὐ σέσῳσται ἡ ναῦς εἰς τὸν Πειραιᾶ; πότερον δι'
ἡμᾶς τοὺς διαρρήδην δανείσαντας εἰς Αἴγυπτον καὶ εἰς Ἀθή-
νας, ἢ διὰ τοῦτον καὶ τὸν κοινωνὸν αὐτοῦ, οἳ ἐπὶ ταύταις
ταῖς ὁμολογίαις δανεισάμενοι, ἐφ' ᾧ τε καταπλεῖν Ἀθήναζε,
εἰς Ῥόδον κατήγαγον τὴν ναῦν; ὅτι δὲ ἑκόντες καὶ οὐκ ἐξ
10 ἀνάγκης ταῦτ' ἔπραξαν, ἐκ πολλῶν δῆλον.   εἰ γὰρ ὡς ἀλη- 43
θῶς ἀκούσιον τὸ συμβὰν ἐγένετο καὶ ἡ ναῦς ἐρράγη, τὸ μετὰ
τοῦτ' ἐπειδὴ ἐπεσκεύασαν τὴν ναῦν, οὐκ ἂν εἰς ἕτερα δήπου
ἐμπόρια ἐμίσθωσαν αὐτήν, ἀλλ' ὡς ὑμᾶς ἀπέστελλον, ἐπαν-
ορθούμενοι τὸ ἀκούσιον σύμπτωμα.   νῦν δ' οὐχ ὅπως
15 ἐπηνωρθώσαντο, ἀλλὰ πρὸς τοῖς ἐξ ἀρχῆς ἀδικήμασι πολλῷ
μείζω προσεξημαρτήκασιν, καὶ ὥσπερ ἐπὶ καταγέλωτι ἀντι-
δικοῦντες εἰσεληλύθασιν, ὡς ἐπ' αὐτοῖς ἐσόμενον, ἐὰν καταψη-
φίσησθε αὐτῶν, τὰ ἀρχαῖα μόνον ἀποδοῦναι καὶ τοὺς τόκους.
ὑμεῖς οὖν, ὦ ἄνδρες Ἀθηναῖοι, μὴ ἐπιτρέπετε τούτοις οὕτως 44
20 ἔχουσιν, μηδ' ἐπὶ δυοῖν ἀγκύραιν ὁρμεῖν αὐτοὺς ἐᾶτε, ὡς, ἐὰν [1296]
μὲν κατορθώσωσι, τἀλλότρια ἕξοντας, ἐὰν δὲ μὴ δύνωνται
ἐξαπατῆσαι ὑμᾶς, αὐτὰ τὰ ὀφειλόμενα ἀποδώσοντας· ἀλλὰ
τοῖς ἐπιτιμίοις ζημιοῦτε τοῖς ἐκ τῆς συγγραφῆς.   καὶ γὰρ
ἂν δεινὸν εἴη, αὐτοὺς μὲν τούτους διπλασίαν καθ' αὑτῶν τὴν
25 ζημίαν γράψασθαι, ἐάν τι παραβαίνωσι τῶν ἐν τῇ συγγραφῇ,
ὑμᾶς δ' ἠπιωτέρως ἔχειν πρὸς αὐτούς, καὶ ταῦτα οὐχ ἧττον
ἡμῶν συνηδικημένους.

  Τὰ μὲν οὖν περὶ τοῦ πράγματος δίκαια βραχέα ἐστὶ καὶ 45
εὐμνημόνευτα.   ἐδανείσαμεν Διονυσοδώρῳ τουτῳὶ καὶ τῷ
30 κοινωνῷ αὐτοῦ τρισχιλίας δραχμὰς Ἀθήνηθεν εἰς Αἴγυπτον

---

4 μᾶλλον scripsi: ἄλλον codd.: del. Blass   5 δικασταί] Ἀθη-
ναῖοι A   10 δῆλον ἐκ πολλῶν A   13 ἐμίσθωσαν S F Q D: ἐμίσθουν A
19 τούτοις S F Q D: τοῖς A   21 κατορθώσωσι A, cf. Isae. iv 22:
κατορθῶσι S F Q D   25 τι om. A   29 τούτῳ codd.

καὶ ἐξ Αἰγύπτου Ἀθήναζε· οὐκ ἀπειλήφαμεν τὰ χρήματα
οὐδὲ τοὺς τόκους, ἀλλ' ἔχουσι τὰ ἡμέτερα καὶ χρῶνται δεύ-
τερον ἔτος· οὐ κατακεκομίκασιν τὴν ναῦν εἰς τὸ ὑμέτερον
ἐμπόριον οὐδέπω καὶ νῦν, οὐδ' ἡμῖν παρεσχήκασιν ἐμφανῆ·
ἡ δὲ συγγραφὴ κελεύει, ἐὰν μὴ παρέχωσιν ἐμφανῆ τὴν ναῦν, 5
ἀποτίνειν αὐτοὺς διπλάσια τὰ χρήματα, τὴν δὲ πρᾶξιν εἶναι
46 καὶ ἐξ ἑνὸς καὶ ἐξ ἀμφοῖν. ταῦτ' ἔχοντες τὰ δίκαια εἰσε-
ληλύθαμεν πρὸς ὑμᾶς, ἀξιοῦντες τὰ ἡμέτερα αὐτῶν ἀπολα-
βεῖν δι' ὑμῶν, ἐπειδὴ παρ' αὐτῶν τούτων οὐ δυνάμεθα. ὁ
μὲν παρ' ἡμῶν λόγος οὗτός ἐστιν. οὗτοι δὲ δανείσασθαι μὲν 10
ὁμολογοῦσιν καὶ μὴ ἀποδεδωκέναι, διαφέρονται δὲ ὡς οὐ δεῖ
τελεῖν αὐτοὺς τοὺς τόκους τοὺς ἐν τῇ συγγραφῇ, ἀλλὰ τοὺς εἰς
Ῥόδον, οὓς οὔτε συνεγράψαντο οὔτε ἔπεισαν ἡμᾶς. εἰ μὲν
47 οὖν, ὦ ἄνδρες Ἀθηναῖοι, ἐν τῷ Ῥοδίων δικαστηρίῳ ἐκρινό-
μεθα, ἴσως ἂν οὗτοι ἐπλεονέκτουν ἡμῶν, σεσιτηγηκότες πρὸς 15
[1297] αὐτοὺς καὶ καταπεπλευκότες τῇ νηὶ εἰς τὸ ἐκείνων ἐμπόριον·
νῦν δὲ εἰς Ἀθηναίους εἰσεληλυθότες καὶ συγγραψάμενοι εἰς
τὸ ὑμέτερον ἐμπόριον, οὐκ ἀξιοῦμεν ἐλαττωθῆναι ὑπὸ τῶν
καὶ ἡμᾶς καὶ ὑμᾶς ἠδικηκότων.
48 Χωρὶς δὲ τούτων, ἄνδρες Ἀθηναῖοι, μὴ ἀγνοεῖτε, ὅτι νυνὶ 20
μίαν δίκην δικάζοντες νομοθετεῖτε ὑπὲρ ὅλου τοῦ ἐμπορίου,
καὶ παρεστᾶσι πολλοὶ τῶν κατὰ θάλατταν ἐργάζεσθαι προαι-
ρουμένων ὑμᾶς θεωροῦντες, πῶς τὸ πρᾶγμα τουτὶ κρίνετε.
εἰ μὲν γὰρ ὑμεῖς τὰς συγγραφὰς καὶ τὰς ὁμολογίας τὰς πρὸς
ἀλλήλους γιγνομένας ἰσχυρὰς οἴεσθε δεῖν εἶναι καὶ τοῖς 25
παραβαίνουσιν αὐτὰς μηδεμίαν συγγνώμην ἕξετε, ἑτοιμότερον
προήσονται τὰ ἑαυτῶν οἱ ἐπὶ τοῦ δανείζειν ὄντες, ἐκ δὲ τού-
49 των αὐξηθήσεται ὑμῖν τὸ ἐμπόριον. εἰ μέντοι ἐξέσται τοῖς

---

3 ἡμέτερον A   5 ἡ . . . ἐμφανῆ om. A   παρέχωσιν codd. :
παράσχωσιν Blass   8 ὑμέτερα S   14 et 20 δικασταὶ Ἀθηναῖοι A
15 ἐπλεονέκτουν οὗτοι A   20 ὦ ante ἄνδρες omisi cum S F Q
Ἀθηναῖοι] δικασταὶ Ἀθ. A   23 κρινεῖτε mg. edit. Paris. a. 1570,
recte fort. cf. Dein. i 46   24 συγγραφὰς] συνθήκας A   25 οἴεσθε
S F Q D, cf. Lys. xxv 18 : οἴησεσθε A   27 οἱ . . . ὄντες ut scholion
del. Dobree   δανείζειν ὄντες] ἐμπορίου δανείζοντες A

ναυκλήροις, συγγραφὴν γραψαμένοις ἐφ᾽ ᾧ τε καταπλεῖν εἰς
᾿Αθήνας, ἔπειτα κατάγειν τὴν ναῦν εἰς ἕτερα ἐμπόρια, φά-
σκοντας ῥαγῆναι καὶ τοιαύτας προφάσεις ποριζομένους οἷασ-
περ καὶ Διονυσόδωρος οὑτοσὶ χρῆται, καὶ τοὺς τόκους
5 μερίζειν πρὸς τὸν πλοῦν ὃν ἂν φήσωσιν πεπλευκέναι, καὶ μὴ
πρὸς τὴν συγγραφήν, οὐδὲν κωλύσει ἅπαντα τὰ συμβόλαια
διαλύεσθαι. τίς γὰρ ἐθελήσει τὰ ἑαυτοῦ προέσθαι, ὅταν ὁρᾷ 50
τὰς μὲν συγγραφὰς ἀκύρους, ἰσχύοντας δὲ τοὺς τοιούτους
λόγους, καὶ τὰς αἰτίας τῶν ἠδικηκότων ἔμπροσθεν οὔσας τοῦ
10 δικαίου; μηδαμῶς, ὦ ἄνδρες δικασταί· οὔτε γὰρ τῷ πλήθει
τῷ ὑμετέρῳ συμφέρει τοῦτο οὔτε τοῖς ἐργάζεσθαι προῃρη
μένοις, οἵπερ χρησιμώτατοί εἰσιν καὶ κοινῇ πᾶσιν ὑμῖν καὶ [1298]
ἰδίᾳ τῷ ἐντυγχάνοντι. διόπερ δεῖ ὑμᾶς αὐτῶν ἐπιμέλειαν
ποιεῖσθαι.
15 ᾿Εγὼ μὲν οὖν ὅσαπερ οἷός τ᾽ ἦν, εἴρηκα· ἀξιῶ δὲ καὶ τῶν
φίλων μοί τινα συνειπεῖν. δεῦρο Δημόσθενες.

1 καταπλεῖν A, cf. §§ 3, 11 : πλεῖν S F Q D   4 καὶ post οἷασπερ om. A
5 μερίζεται A   6 κωλύει πάντα A   8 τὰς μὲν A, Gebauer : τὰς
S F Q D   11 ταῦτα A   12 ὑμῖν om. A   16 Δημόσθενες pro
ὁ δεῖνα subiectum censet Blass coll. lviii 70
In S subscriptum

ΔΑΡΕΙΩ ΚΑΙ ΠΑΜΦΙΛΩ
ΚΑΤΑ ΔΙΟΝΥΣΟΔΩΡΟΥ
Ϟ

ΕΦΕΣΙΣ ΠΡΟΣ ΕΥΒΟΥΛΙΔΗΝ

ΥΠΟΘΕΣΙΣ.

Γράφεται νόμος παρ' Ἀθηναίοις γενέσθαι ζήτησιν πάντων τῶν
ἐγγεγραμμένων τοῖς ληξιαρχικοῖς γραμματείοις, εἴτε γνήσιοι πολῖ-
ταί εἰσιν εἴτε μή, τοὺς δὲ μὴ γεγονότας ἐξ ἀστοῦ καὶ ἐξ ἀστῆς
ἐξαλείφεσθαι, διαψηφίζεσθαι δὲ περὶ πάντων τοὺς δημότας, καὶ
τοὺς μὲν ἀποψηφισθέντας καὶ ἐμμείναντας τῇ ψήφῳ τῶν δημοτῶν 5
ἐξαληλίφθαι καὶ εἶναι μετοίκους, τοῖς δὲ βουλομένοις ἔφεσιν εἰς
δικαστὰς δεδόσθαι, κἂν μὲν ἁλῶσι καὶ παρὰ τῷ δικαστηρίῳ,
2 πεπρᾶσθαι, ἐὰν δ' ἀποφύγωσιν, εἶναι πολίτας. κατὰ τοῦτον τὸν
νόμον τοῦ Ἁλιμουσίων δήμου διαψηφιζομένου ἀποψηφίζεται
Εὐξίθεός τις, φάσκων δ' ἑαυτὸν ὑπ' Εὐβουλίδου ἐχθροῦ ὄντος 10
κατεστασιάσθαι ἐφῆκεν εἰς τὸ δικαστήριον, καὶ ἐπιδεικνύει ἑαυτὸν
ἐξ ἀστοῦ καὶ ἐξ ἀστῆς. εἰ δὲ ἐτίτθευσεν ἡ μήτηρ μου, δι'
ἀπορίαν τοῦτ' ἐποίησεν. ὁ δὲ πατὴρ ἐξένιζε τῇ γλώττῃ, αἰχμά-
λωτος γενόμενος καὶ πραθείς. δεῖ δὲ μὴ τὰ ἀτυχήματα προφέρειν,
ἀλλὰ τὰ γένη ζητεῖν.   15

[1299]   Πολλὰ καὶ ψευδῆ κατηγορηκότος ἡμῶν Εὐβουλίδου, καὶ
βλασφημίας οὔτε προσηκούσας οὔτε δικαίας πεποιημένου,
πειράσομαι τἀληθῆ καὶ τὰ δίκαια λέγων, ὦ ἄνδρες δικασταί,
δεῖξαι καὶ μετὸν τῆς πόλεως ἡμῖν καὶ πεπονθότ' ἐμαυτὸν
οὐχὶ προσήκονθ' ὑπὸ τούτου. δέομαι δ' ἁπάντων ὑμῶν, ὦ 20
ἄνδρες δικασταί, καὶ ἱκετεύω καὶ ἀντιβολῶ, λογισαμένους τό
τε μέγεθος τοῦ παρόντος ἀγῶνος καὶ τὴν αἰσχύνην μεθ' ἧς
ὑπάρχει τοῖς ἁλισκομένοις ἀπολωλέναι, ἀκοῦσαι καὶ ἐμοῦ
σιωπῇ, μάλιστα μέν, εἰ δυνατόν, μετὰ πλείονος εὐνοίας ἢ
τούτου (τοῖς γὰρ ἐν κινδύνῳ καθεστηκόσιν εἰκὸς εὐνοϊκωτέ- 25
ρους ὑπάρχειν), εἰ δὲ μή, μετά γε τῆς ἴσης. συμβαίνει δέ

4 διαψηφίσασθαι S   7 ⟨τοὺς⟩ δικαστὰς Blass   10 Εὔξιος
codd., corr. Reiske   12 μου] οὐ S   26 ὑπάρχειν S: ὑμᾶς
ὑπάρχειν vulg.   μετὰ τῆς γ' Blass

μοι τὸ μὲν καθ᾽ ἡμᾶς, ὦ ἄνδρες δικασταί, καὶ τὸ προσήκειν 2
μοι τῆς πόλεως, θαρρεῖν καὶ πολλὰς ἔχειν ἐλπίδας καλῶς
ἀγωνιεῖσθαι, τὸν καιρὸν δὲ καὶ τὸ παρωξύνθαι τὴν πόλιν
πρὸς τὰς ἀποψηφίσεις φοβεῖσθαι· πολλῶν γὰρ ἐξεληλαμέ-
5 νων δικαίως ἐκ πάντων τῶν δήμων, συγκεκοινωνήκαμεν τῆς
δόξης ταύτης οἱ κατεστασιασμένοι, καὶ πρὸς τὴν κατ᾽ ἐκεί-
νων αἰτίαν, οὐ πρὸς τὸ καθ᾽ αὑτὸν ἕκαστος ἀγωνιζόμεθα,
ὥστ᾽ ἐξ ἀνάγκης μέγαν ἡμῖν εἶναι τὸν φόβον. οὐ μὴν ἀλλὰ 3
καίπερ τούτων οὕτως ἐχόντων, ἃ νομίζω περὶ τούτων αὐτῶν
10 πρῶτον εἶναι δίκαια, ἐρῶ πρὸς ὑμᾶς. ἐγὼ γὰρ οἴομαι δεῖν [1300]
ὑμᾶς τοῖς μὲν ἐξελεγχομένοις ξένοις οὖσιν χαλεπαίνειν, εἰ
μήτε πείσαντες μήτε δεηθέντες ὑμῶν λάθρᾳ καὶ βίᾳ τῶν
ὑμετέρων ἱερῶν καὶ κοινῶν μετεῖχον, τοῖς δ᾽ ἠτυχηκόσι καὶ
δεικνύουσι πολίτας ὄντας αὑτοὺς βοηθεῖν καὶ σῴζειν, ἐνθυ-
15 μουμένους ὅτι πάντων οἰκτρότατον πάθος ἡμῖν ἂν συμβαίη
τοῖς ἠδικημένοις, εἰ τῶν λαμβανόντων δίκην ὄντες ἂν δικαίως
μεθ᾽ ὑμῶν, ἐν τοῖς διδοῦσι γενοίμεθα καὶ συναδικηθεῖημεν
διὰ τὴν τοῦ πράγματος ὀργήν. ᾠμην μὲν οὖν ἔγωγ᾽, ὦ 4
ἄνδρες δικασταί, προσήκειν Εὐβουλίδῃ, καὶ πᾶσιν δ᾽ ὅσοι νῦν
20 ἐπὶ ταῖς ἀποψηφίσεσιν κατηγοροῦσιν, ὅσ᾽ ἴσασιν ἀκριβῶς
λέγειν καὶ μηδεμίαν προσάγειν ἀκοὴν πρὸς τὸν τοιοῦτον
ἀγῶνα. οὕτω γὰρ τοῦτ᾽ ἄδικον καὶ σφόδρα πάλαι κέκριται,
ὥστ᾽ οὐδὲ μαρτυρεῖν ἀκοὴν ἐῶσιν οἱ νόμοι, οὐδ᾽ ἐπὶ τοῖς πάνυ
φαύλοις ἐγκλήμασιν, εἰκότως· ὅπου γὰρ εἰδέναι τινὲς ἤδη
25 φήσαντες ψευδεῖς ἐφάνησαν, πῶς ἅ γε μηδ᾽ αὐτὸς οἶδεν ὁ
λέγων, προσήκει πιστεύεσθαι; ἀλλὰ μὴν ὅπου γε μηδ᾽ ὑπεύ- 5
θυνον καθιστάνθ᾽ ἑαυτὸν ἔξεστιν, δι᾽ ὧν ἂν ἀκοῦσαί τις φῇ,
βλάπτειν μηδένα, πῶς ἀνυπευθύνῳ γε λέγοντι προσήκει
πιστεύειν ὑμᾶς; ἐπειδὴ τοίνυν οὗτος εἰδὼς τοὺς νόμους καὶ
30 μᾶλλον ἢ προσῆκεν, ἀδίκως καὶ πλεονεκτικῶς τὴν κατηγο-

---

1 ἡμᾶς Schaefer : ὑμᾶς codd.   3 παροξυνθαι S   13 ἱερῶν]
ιε in ras. iv litt. S   16 τοῖς ἠδικημένοις secl. Rosenberg   ὄντες
A D, Bekk. Anecd. 128. 19 : ὅτε S F Q   δικαίως ἂν Bekk. Anecd.
20 ἐπὶ] ἐν A   ἀποψηφίσεσιν S   27 τι A   28 ἂν ὑπευθύνῳ
S A F   γε λέγοντι] γ᾽ ὄντι A   29 καὶ om. A

ρίαν πεποίηται, ἀναγκαῖον ἐμοὶ περὶ ὧν ἐν τοῖς δημόταις
6 ὑβρίσθην πρῶτον εἰπεῖν. ἀξιῶ δ', ὦ ἄνδρες Ἀθηναῖοι,
μηδέπω τὴν τῶν δημοτῶν ἀποψήφισιν ποιεῖσθαι τεκμήριον
[1301] ὑμᾶς, ὡς ἄρ' οὐχὶ προσήκει μοι τῆς πόλεως. εἰ γὰρ πάντ'
ἐνομίζετε τὰ δίκαια δυνήσεσθαι τοὺς δημότας διακρῖναι, οὐκ 5
ἂν ἐδώκατε τὴν εἰς ὑμᾶς ἔφεσιν· νῦν δὲ καὶ διὰ φιλονικίαν
καὶ διὰ φθόνον καὶ δι' ἔχθραν καὶ δι' ἄλλας προφάσεις
ἔσεσθαί τι τοιοῦτον ἡγούμενοι, τὴν εἰς ὑμᾶς τοῖς ἀδικηθεῖ-
σιν ἐποιήσατε καταφυγήν, δι' ἢν καλῶς ποιοῦντες, ὦ ἄνδρες
7 Ἀθηναῖοι, τοὺς ἠδικημένους ἅπαντας σεσώκατε. πρῶτον 10
μὲν οὖν ὃν τρόπον ἐν τοῖς δημόταις συνέβη τὴν διαψήφισιν
γενέσθαι, φράσω πρὸς ὑμᾶς· τὸ γὰρ εἰς αὐτὸ τὸ πρᾶγμα
πάντα λέγειν τοῦτ' ἐγὼ ὑπολαμβάνω, ὅσα τις παρὰ τὸ
ψήφισμα πέπονθεν ἀδίκως καταστασιασθείς, ἐπιδεῖξαι.
8 Εὐβουλίδης γὰρ οὑτοσί, ὦ ἄνδρες Ἀθηναῖοι, ὡς ὑμῶν 15
ἴσασι πολλοί, γραψάμενος ἀσεβείας τὴν ἀδελφὴν τὴν
Λακεδαιμονίου τὸ πέμπτον μέρος τῶν ψήφων οὐ μετέλαβεν.
ὅτι δὴ ἐν ἐκείνῳ τῷ ἀγῶνι τὰ δίκαια, τούτῳ δὲ τἀναντί'
ἐμαρτύρησα, διὰ ταύτην τὴν ἔχθραν ἐπιτίθεταί μοι. καὶ
βουλεύων, ὦ ἄνδρες δικασταί, καὶ κύριος ὢν τοῦ θ' ὅρκου 20
καὶ τῶν γραμμάτων ἐξ ὧν ἀνεκάλει τοὺς δημότας, τί ποιεῖ;
9 πρῶτον μέν, ἐπειδὴ συνελέγησαν οἱ δημόται, κατέτριψεν τὴν
ἡμέραν δημηγορῶν καὶ ψηφίσματα γράφων. τοῦτο δ' ἦν
οὐκ ἀπὸ τοῦ αὐτομάτου, ἀλλ' ἐπιβουλεύων ἐμοί, ὅπως ὡς
ὀψιαίταθ' ἡ διαψήφισις ἡ περὶ ἐμοῦ γένοιτο· καὶ διεπράξατο 25
τοῦτο. καὶ τῶν μὲν δημοτῶν οἱ ὀμόσαντες ἐγενόμεθα τρεῖς
καὶ ἑβδομήκοντα, ἠρξάμεθα δὲ τοῦ διαψηφίζεσθαι δείλης
ὀψίας, ὥστε συνέβη, ἡνίκα τοὐμὸν ὄνομ' ἐκαλεῖτο, σκότος
[1302]
10 εἶναι ἤδη· καὶ γὰρ ἦν περὶ ἑξηκοστόν, καὶ ἐκλήθην ὕστα-

6 φιλονεικίαν codd.   7 καὶ διὰ φθόνον S A : om. cett.   10 ἅπαν-
τες S   12 τὸ γὰρ codd.: τοῦ γὰρ Richards   13 ἐγὼ S vulg.:
ἔγωγε A   15 οὑτοσί scripsi: οὗτος codd.   18 δὴ] δὲ A
21 γραμμάτων A : γραμματείων S F Q D   ἀνεκάλει A F¹ : ἂν ἐκάλει
S : ἐνεκάλει F corr. Q D   23 ἦν codd.: ἦγεν Thalheim, ἔπραξεν
Münscher : del. Herwerden, cf. Wilamowitz, Hermes 1923 p. 69
24 ἐμοὶ] ὑμῖν D   ὡς om. A   29 περὶ ἑξηκοστόν] ὑπερεξηκοστός Naber

τος ἁπάντων τῶν ἐν ἐκείνῃ τῇ ἡμέρᾳ κληθέντων, ἡνίχ' οἱ
μὲν πρεσβύτεροι τῶν δημοτῶν ἀπεληλύθεσαν εἰς τοὺς
ἀγρούς· τοῦ γὰρ δήμου ἡμῖν, ὦ ἄνδρες δικασταί, πέντε καὶ
τριάκοντα στάδια τοῦ ἄστεως ἀπέχοντος καὶ τῶν πλείστων
5 ἐκεῖ οἰκούντων, ἀπεληλύθεσαν οἱ πολλοί· οἱ δὲ κατάλοιποι
ἦσαν οὐ πλείους ἢ τριάκοντα.   ἐν δὲ τούτοις ἦσαν ἅπαντες
οἱ τούτῳ παρεσκευασμένοι.   ἐπειδὴ δ' ἐκλήθη τοὐμὸν ὄνομα, 11
ἀναπηδήσας οὗτος ἐβλασφήμει κατ' ἐμοῦ ταχὺ καὶ πολλὰ
καὶ μεγάλῃ τῇ φωνῇ, ὥσπερ καὶ νῦν, μάρτυρα μὲν ὧν κατη-
10 γόρησεν οὐδένα παρασχόμενος οὔτε τῶν δημοτῶν οὔτε τῶν
ἄλλων πολιτῶν, παρεκελεύετο δὲ τοῖς δημόταις ἀποψηφί-
ζεσθαι.   ἀξιοῦντος δέ μου ἀναβαλέσθαι εἰς τὴν ὑστεραίαν 12
διά τε τὴν ὥραν καὶ τὸ μηδένα μοι παρεῖναι τό τε πρᾶγμ'
ἄφνω προσπεπτωκέναι, ἵνα τούτῳ τ' ἐξουσία γένοιθ' ὁπόσα
15 βούλοιτο κατηγορῆσαι καὶ μάρτυρας εἴ τινας ἔχοι παρα-
σχέσθαι, ἐμοί τ' ἐκγένοιτ' ἀπολογήσασθαι ἐν ἅπασι τοῖς
δημόταις καὶ τοὺς οἰκείους μάρτυρας παρασχέσθαι· καὶ ὅ τι
γνοίησαν περὶ ἐμοῦ, τούτοις ἤθελον ἐμμένειν· οὗτος ὧν μὲν 13
ἐγὼ προὐκαλούμην οὐδὲν ἐφρόντισεν, τὴν δὲ ψῆφον εὐθὺς
20 ἐδίδου τοῖς παροῦσι τῶν δημοτῶν, οὔτ' ἀπολογίαν οὐδεμίαν
ἐμοὶ δοὺς οὔτ' ἔλεγχον οὐδέν' ἀκριβῆ ποιήσας.   οἱ δὲ τούτῳ
συνεστῶτες ἀναπηδήσαντες ἐψηφίζοντο.   καὶ ἦν μὲν σκό-
τος, οἱ δὲ λαμβάνοντες δύο καὶ τρεῖς ψήφους ἕκαστος παρὰ
τούτου ἐνέβαλλον εἰς τὸν καδίσκον.   σημεῖον δέ· οἱ μὲν
25 γὰρ ψηφισάμενοι οὐ πλείους ἢ τριάκοντ' ἦσαν, αἱ δὲ ψῆφοι [1303]
ἠριθμήθησαν πλείους ἢ ἑξήκοντα, ὥστε πάντας ἡμᾶς ἐκπλα-
γῆναι.   καὶ ταῦθ' ὡς ἀληθῆ λέγω, καὶ ὅτι οὔτ' ἐδόθη ἡ 14
ψῆφος ἐν ἅπασιν πλείους τ' ἐγένοντο τῶν ψηφισαμένων,
μάρτυρας ὑμῖν παρέξομαι.   συμβαίνει δέ μοι περὶ τούτων τῶν
30 μὲν φίλων ἢ τῶν ἄλλων Ἀθηναίων μηδένα μάρτυρα παρεῖναι

2 ἀπελύθησαν A   5 ἐκεῖ οἰκούντων om. S   6 οὐ . . . ἦσαν
om. S¹ : οἱ . . . ἦσαν add. in mg. ead. m.   14 γένοιτο A : πρόσγε-
νοιτο S : προσγένοιτο vulg.   16 ἐκγένοιτ' del. Rosenberg   20–21 οὐ-
δεμίαν ἐμοὶ δοὺς S D : ἐμοὶ δοὺς οὐδεμίαν F Q : οὐδεμίαν ἄν μοι δοὺς A
24 ἐνέβαλον A   28 ψηφισαμένων S F Q D : ἐψηφισμένων A

διά τε τὴν ὥραν καὶ διὰ τὸ μηδένα παρακαλέσαι, αὐτοῖς δὲ
τοῖς ἠδικηκόσιν με χρῆσθαι μάρτυσιν. ἃ οὖν οὐ δυνήσονται
ἔξαρνοι γενέσθαι, ταῦτα γέγραφ' αὐτοῖς. λέγε.

MAPTYPIA.

15 Εἰ μὲν τοίνυν, ὦ ἄνδρες δικασταί, συνέβαινεν τοῖς 5
Ἁλιμουσίοις περὶ ἁπάντων τῶν δημοτῶν διαψηφίσασθαι ἐν
ἐκείνῃ τῇ ἡμέρᾳ, εἰκὸς ἦν καὶ εἰς ὀψὲ ψηφίζεσθαι, ἵν' ἀπηλ-
λαγμένοι ἦσαν ποιήσαντες τὰ ὑμῖν ἐψηφισμένα. εἰ δὲ
πλείους ἢ εἴκοσιν ὑπόλοιποι ἦσαν τῶν δημοτῶν, περὶ ὧν
ἔδει τῇ ὑστεραίᾳ διαψηφίσασθαι, καὶ ὁμοίως ἦν ἀνάγκη 10
συλλέγεσθαι τοὺς δημότας, τί ποτ' ἦν τὸ δυσχερὲς Εὐβου-
λίδῃ ἀναβαλέσθαι εἰς τὴν ὑστεραίαν καὶ περὶ ἐμοῦ πρώτου
16 τὴν ψῆφον διδόναι τοῖς δημόταις; διότι, ὦ ἄνδρες δικασταί,
οὐκ ἠγνόει Εὐβουλίδης ὅτι, εἰ λόγος ἀποδοθήσοιτο καὶ
παραγένοιντό μοι πάντες οἱ δημόται καὶ ἡ ψῆφος δικαίως 15
δοθείη, οὐδαμοῦ γενήσονται οἱ μετὰ τούτου συνεστηκότες.
ὅθεν δ' οὗτοι συνέστησαν, ταῦτα, ἐπειδὰν περὶ τοῦ γένους
17 εἴπω, τότε, ἂν βούλησθ' ἀκούειν, ἐρῶ. νῦν δὲ τί δίκαιον
νομίζω καὶ τί παρεσκεύασμαι ποιεῖν, ἄνδρες δικασταί; δεῖξαι
πρὸς ὑμᾶς ἐμαυτὸν Ἀθηναῖον ὄντα καὶ τὰ πρὸς πατρὸς καὶ 20
[1304] τὰ πρὸς μητρός, καὶ μάρτυρας τούτων, οὓς ὑμεῖς ἀληθεῖς φή-
σετ' εἶναι, παρασχέσθαι, τὰς δὲ λοιδορίας καὶ τὰς αἰτίας
ἀνελεῖν· ὑμᾶς δ' ἀκούσαντας τούτων, ἐὰν μὲν ὑμῖν πολίτης
ὢν κατεστασιάσθαι δοκῶ, σῴζειν, εἰ δὲ μή, πράττειν ὁποῖον
ἄν τι ὑμῖν εὐσεβὲς εἶναι δοκῇ. ἄρξομαι δ' ἐντεῦθεν. 25
18 Διαβεβλήκασι γάρ μου τὸν πατέρα, ὡς ἐξένιζεν· καὶ ὅτι
μὲν ἁλοὺς ὑπὸ τῶν πολεμίων ὑπὸ τὸν Δεκελεικὸν πόλεμον
καὶ πραθεὶς εἰς Λευκάδα, Κλεάνδρῳ περιτυχὼν τῷ ὑποκριτῇ
πρὸς τοὺς οἰκείους ἐσώθη δεῦρο πολλοστῷ χρόνῳ, παρα-

2 χρῆσθαι A : χρήσασθαι S F Q D   7 ὀψὲ] ψε om. S¹   8 ἦσαν
Westermann : εἴεσαν SQ : εἴησαν A : ἤίσαν D : ἤεσαν F   ὑμῖν
Wolf : ἡμῖν codd.   14 δ Εὐβ. A   15 ἤ om. A   16 γενήσοιντο
Cobet, sed cf. Plat. Apol. 29 c, Xenoph. Ages. ii 31   18 τί] τί καὶ S
sed καὶ (me teste) punctis deletum   26 ἐξένιζεν Harpocr. et Arg. § 2 :
ἐξένισεν codd.   27 δεκελικον S   29 διεσώθη A

λελοίπασιν, ὥσπερ δὲ δέον ἡμᾶς δι᾿ ἐκείνας τὰς ἀτυχίας
ἀπολέσθαι, τὸ ξενίζειν αὐτοῦ κατηγορήκασιν. ἐγὼ δ᾿ ἐξ 19
αὐτῶν τούτων μάλιστ᾿ οἶμαι ὑμῖν ἐμαυτὸν ᾿Αθηναῖον ὄντ᾿
ἐπιδείξειν. καὶ πρῶτον μὲν ὡς ἑάλω καὶ ἐσώθη, μάρτυρας
5 ὑμῖν παρέξομαι, ἔπειθ᾿ ὅτι ἀφικόμενος τῆς οὐσίας παρὰ τῶν
θείων τὸ μέρος μετέλαβεν, εἶθ᾿ ὅτι οὔτ᾿ ἐν τοῖς δημόταις
οὔτ᾿ ἐν τοῖς φράτερσιν οὔτ᾿ ἄλλοθι οὐδαμοῦ τὸν ξενίζοντ᾿
οὐδεὶς πώποτ᾿ ᾐτιάσαθ᾿ ὡς εἴη ξένος. καί μοι λαβὲ τὰς
μαρτυρίας.

10　　　　　　　　　ΜΑΡΤΥΡΙΑΙ.

Περὶ μὲν τῆς ἁλώσεως καὶ τῆς σωτηρίας, ἣν συνέβη 20
γενέσθαι τῷ πατρὶ δεῦρο, ἀκηκόατε. ὡς δ᾿ ὑμέτερος ἦν
πολίτης, ὦ ἄνδρες δικασταί (τὸ γὰρ ὂν καὶ ἀληθὲς οὕτως
ὑπάρχει), μάρτυρας καλῶ τοὺς ζῶντας ὑμῖν τῶν συγγενῶν
15 τῶν πρὸς πατρός. κάλει δή μοι πρῶτον μὲν Θουκριτίδην
καὶ Χαρισιάδην· ὁ γὰρ τούτων πατὴρ Χαρίσιος ἀδελφὸς ἦν
τοῦ πάππου τοῦ ἐμοῦ Θουκριτίδου καὶ Λυσαρέτης τῆς ἐμῆς
τήθης (ἀδελφὴν γὰρ ὁ πάππος οὑμὸς ἔγημεν οὐχ ὁμομητρίαν), [1305]
θεῖος δὲ τοῦ πατρὸς τοῦ ἐμοῦ· ἔπειτα Νικιάδην· καὶ γὰρ ὁ 21
20 τούτου πατὴρ Λυσανίας ἀδελφὸς ἦν τοῦ Θουκριτίδου καὶ
τῆς Λυσαρέτης, θεῖος δὲ τοῦ πατρὸς τοῦ ἐμοῦ· ἔπειτα Νικό-
στρατον· καὶ γὰρ ὁ τούτου πατὴρ Νικιάδης ἀδελφιδοῦς ἦν
τῷ πάππῳ τῷ ἐμῷ καὶ τῇ τήθῃ, ἀνεψιὸς δὲ τῷ πατρί. καί
μοι κάλει τούτους πάντας. σὺ δ᾿ ἐπίλαβε τὸ ὕδωρ.

3 post τούτων add. πραγμάτων S, del. ead. m.　　μάλιστα Madvig :
μάλιστ᾿ ἂν codd.　　11 μὲν S F Q D : μὲν τοίνυν A　　ἦν S F Q D :
ἦς A　　14 ὑμῖν F Q, cf. § 41 : ἡμῖν S A　　15 δή μοι A : δέ μοι
S F Q : δὲ D　　16 Χαρεισιάδην S vulg. : Χαρσιάδην A　　17 τῆς
ante Λυσαρέτης add. S vulg. : om. A　　18 τήθης S A Q D, add.
ΜΑΜΜΗΣ A mg. : τιτθῆς vulg., itidem infra　　ἀδελφὴν . . . ὁμομητρίαν
huc transtuli (cf. C. R. 1926, p. 192) : post πατρὸς τοῦ ἐμοῦ (19) codd.
19 πατρὸς] πατρὸς ἦν A　　Νικιάδην· καὶ γὰρ ὁ τούτου codd. :
Νικιάδην . . . καὶ γὰρ ὁ τούτων Wagner, nomen ἀνεψιοῦ excidisse
censens, cf. τέτταρες § 67　　22 ὁ Νικιάδης A　　23 post πατρί
lacunam statuit Westermann　　24 ἐπίλαβε mg. edit. Paris. :
ὑπόλαβε vulg. : ὑπολέβε S, puncto super ε a m. rec. posito

ΜΑΡΤΥΡΕΣ.

22 Τῶν μὲν τοίνυν πρὸς ἀνδρῶν τῷ πατρὶ συγγενῶν ἀκη-
κόατ᾽, ὦ ἄνδρες Ἀθηναῖοι, καὶ μαρτυρούντων καὶ διομνυ-
μένων (Ἀθηναῖον) εἶναι καὶ συγγενῆ τὸν ἐμὸν πατέρ᾽
αὐτοῖς· ὧν οὐδεὶς δήπου, παραστησάμενος τοὺς συνεισο- 5
μένους αὐτῷ τὰ ψευδῆ μαρτυροῦντι, κατ᾽ ἐξωλείας ἐπιορκεῖ.
λαβὲ δὴ καὶ τὰς τῶν πρὸς γυναικῶν τῷ πατρὶ συγγενῶν
μαρτυρίας.

ΜΑΡΤΥΡΙΑΙ.

23 Οἱ μὲν τοίνυν ζῶντες οὗτοι τῶν συγγενῶν τοῦ πατρὸς 10
καὶ πρὸς ἀνδρῶν καὶ πρὸς γυναικῶν μεμαρτυρήκασιν, ὡς ἦν
ἀμφοτέρωθεν Ἀθηναῖος καὶ μετῆν τῆς πόλεως αὐτῷ δικαίως.
κάλει δή μοι καὶ τοὺς φράτερας, ἔπειτα τοὺς γεννήτας.

ΜΑΡΤΥΡΕΣ.

Λαβὲ δὴ καὶ τὰς τῶν δημοτῶν μαρτυρίας, καὶ τὰς τῶν 15
συγγενῶν περὶ τῶν φρατέρων, ὡς εἵλοντό με φρατρίαρχον.

ΜΑΡΤΥΡΙΑΙ.

24 Τὰ μὲν τοίνυν ὑπὸ τῶν συγγενῶν καὶ φρατέρων καὶ δημο-
τῶν καὶ γεννητῶν, ὧν προσήκει, μαρτυρούμεν᾽ ἀκηκόατε. ἐξ
ὧν ἔστιν ὑμῖν εἰδέναι, πότερόν ποτ᾽ ἀστὸς ἢ ξένος ἦν ᾧ ταῦθ᾽ 20
ὑπῆρχεν. καὶ γὰρ εἰ μὲν εἰς ἕν᾽ ἢ δύ᾽ ἀνθρώπους κατε-
φεύγομεν, εἴχομεν ἄν τιν᾽ ὑποψίαν παρεσκευάσθαι τούτους·
[1306] εἰ δ᾽ ἐν ἅπασιν, ὅσοισπερ ἕκαστος ὑμῶν, ἐξητασμένος φαί-
νεται καὶ ζῶν ὁ πατὴρ καὶ νῦν ἐγώ, λέγω φράτερσι, συγ-
γενέσι, δημόταις, γεννήταις, πῶς ἔνεστιν ἢ πῶς δυνατὸν 25
τούτους ἅπαντας μὴ μετ᾽ ἀληθείας ὑπάρχοντας κατεσκευ-
25 άσθαι; εἰ μὲν τοίνυν εὔπορος ὢν ὁ πατὴρ χρήματα δοὺς
τούτοις ἐφαίνετο πείσας συγγενεῖς αὐτοὺς ἑαυτοῦ φάσκειν

4 Ἀθηναῖον add. Dobree καὶ om. A D 6 post ἐπιορκεῖ verba
τοῖς χρόνοις ... Εὐκλείδου (§ 30) transp. Koch 7 λαβὲ δὴ S vulg. :
λαβὲ δὲ A, Koch τῶν πρὸς A : πρὸς cett. 16 συγγενῶν] συγγε
in ras. S 18 τῶν ζώντων συγγενῶν A 20 ὑμῖν ἐστιν S¹, corr.
ead. m. 24-25 συγγενέσι φράτερσι Fuhr coll. l. 18, sed cf. ii 13, 14,
Isae. ii 16, 17 25 ἢ πῶς δυνατὸν secl. Reiske

258

εἶναι, λόγον εἶχεν ἂν ὑποψίαν τιν' ἔχειν ὡς οὐκ ἦν ἀστός·
εἰ δὲ πένης ὢν ἅμα συγγενεῖς τε παρέσχετο τοὺς αὐτοὺς καὶ
μεταδιδόντας τῶν ὄντων ἐπεδείκνυε, πῶς οὐκ εὔδηλον ὅτι
τῇ ἀληθείᾳ προσῆκε τούτοις; οὐ γὰρ ἂν δήπου, εἴ γε
5 μηδενὶ ἦν οἰκεῖος, χρήματ' αὐτῷ προστιθέντες οὗτοι τοῦ
γένους μετεδίδοσαν. ἀλλ' ἦν, ὡς τό τ' ἔργον ἐδήλωσεν
καὶ ὑμῖν μεμαρτύρηται. ἔτι τοίνυν ἀρχὰς ἔλαχεν καὶ ἦρξεν
δοκιμασθείς. καί μοι λαβὲ τὴν μαρτυρίαν.

ΜΑΡΤΥΡΙΑ.

10 Οἴεταί τις οὖν ὑμῶν ἐᾶσαί ποτ' ἂν τοὺς δημότας ἐκεῖνον 26
τὸν ξένον καὶ μὴ πολίτην ἄρχειν παρ' αὑτοῖς, ἀλλ' οὐκ ἂν
κατηγορεῖν; οὐ τοίνυν κατηγόρησεν οὐδὲ εἷς, οὐδ' ᾐτιάσατο.
ἀλλὰ μὴν καὶ διαψηφίσεις ἐξ ἀνάγκης ἐγένοντο τοῖς δημό-
ταις ὀμόσασιν καθ' ἱερῶν, ὅτ' ἀπώλετ' αὐτοῖς τὸ ληξιαρχικὸν
15 γραμματεῖον δημαρχοῦντος Ἀντιφίλου τοῦ πατρὸς τοῦ
Εὐβουλίδου, καί τινας ἀπήλασαν αὐτῶν· περὶ ἐκείνου δ'
οὐδεὶς οὔτ' εἶπεν οὔτ' ᾐτιάσατο τοιοῦτον οὐδέν. καίτοι 27
πᾶσίν ἐστιν ἀνθρώποις τέλος τοῦ βίου θάνατος, καὶ περὶ
ὧν μὲν ἄν τις ζῶν αἰτίαν σχῇ, δίκαιον τοὺς παῖδας τὴν
20 ἀειλογίαν παρέχειν· περὶ ὧν δ' ἂν μηδεὶς αὐτὸν ζῶντα
καταιτιάσηται, πῶς οὐ δεινὸν εἰ τοὺς παῖδας ὁ βουλόμενος
κρινεῖ; εἰ μὲν τοίνυν περὶ τούτων μηδεὶς λόγος ἐξητάσθη, [1307]
δῶμεν τοῦτο λεληθέναι· εἰ δ' ἐδόθη καὶ διεψηφίσαντο καὶ
μηδὲν ᾐτιάσατο πώποτε μηδείς, πῶς οὐ δικαίως ἂν ἐγὼ κατ'
25 ἐκεῖνον Ἀθηναῖος εἴην, τὸν τελευτήσαντα πρὶν ἀμφισβη-
τηθῆναι τοῦ γένους αὐτῷ; ὡς δὴ ταῦτ' ἀληθῆ λέγω, καλῶ
καὶ τούτων μάρτυρας.

1 ἂν post εἶχεν add. Schaefer, post ὑποψίαν Blass　　2 παρέσχετο
S vulg. : παρείχετο A　　4 προσῆκε Schaefer : προσήκει codd.　　εἴ
γε] εἰ δε S　　11 τὸν ξένον A, cf. § 48 : ξένον S vulg. : ξένον ὄντα
Wolf　　19 σχῇ Taylor ('loquitur generaliter') : σχῆ (ἔχῃ A) περὶ
τοῦ γένους codd.　　22 κρινεῖ Bekker : κρίνει codd. (sine accentu S)
λόγος (ἐδόθη μηδ' ὡς πολίτης) ἐξητάσθη Bockmeijer　　24 ἔγωγε A
26 δὴ] δὲ A　　καλῶ A : κάλει S vulg. quod τοὺς μάρτυρας requireret

ΜΑΡΤΥΡΕΣ.

28 Ἔτι τοίνυν παίδων αὐτῷ τεττάρων γενομένων ὁμομη-
τρίων ἐμοὶ καὶ τελευτησάντων, ἔθαψε τούτους εἰς τὰ πατρῷα
μνήματα, ὧν ὅσοιπέρ εἰσιν τοῦ γένους κοινωνοῦσιν· καὶ
τούτων οὐδεὶς οὐκ ἀπεῖπεν πώποτε, οὐκ ἐκώλυσεν, οὐ δίκην 5
ἔλαχεν. καίτοι τίς ἔστιν ὅστις ἂν εἰς τὰ πατρῷα μνήματα
τοὺς μηδὲν ἐν γένει τιθέναι ἐάσαι; ὡς τοίνυν καὶ ταῦτ᾽
ἀληθῆ λέγω, λαβὲ τὴν μαρτυρίαν.

ΜΑΡΤΥΡΙΑ.

29 Περὶ μὲν τοίνυν τοῦ πατρός, ὡς Ἀθηναῖος ἦν, ταῦτ᾽ ἔχω 10
λέγειν, καὶ μάρτυρας παρέσχημαι τοὺς ὑπ᾽ αὐτῶν τούτων
ἐψηφισμένους εἶναι πολίτας, μαρτυροῦντας ἐκεῖνον ἑαυτοῖς
ἀνεψιὸν εἶναι. φαίνεται δὲ βιοὺς ἔτη τόσα καὶ τόσ᾽ ἐνθάδε,
καὶ οὐδαμοῦ πώποθ᾽ ὡς ξένος ἐξετασθείς, ἀλλὰ πρὸς τούτους
ὄντας συγγενεῖς καταφεύγων, οὗτοι δὲ καὶ προσδεχόμενοι 15
30 καὶ τῆς οὐσίας μεταδιδόντες ὡς αὐτῶν ἑνί. τοῖς χρόνοις
τοίνυν οὕτω φαίνεται γεγονὼς ὥστε, εἰ καὶ κατὰ θάτερ᾽
ἀστὸς ἦν, εἶναι πολίτην προσήκειν αὐτόν· γέγονε γὰρ πρὸ
Εὐκλείδου. περὶ δὲ τῆς μητρὸς (καὶ γὰρ ταύτην διαβε-
βλήκασί μου) λέξω, καὶ μάρτυρας ὧν ἂν λέγω, καλῶ. 20
[1308] καίτοι, ὦ ἄνδρες Ἀθηναῖοι, οὐ μόνον παρὰ τὸ ψήφισμα τὰ
περὶ τὴν ἀγορὰν διέβαλλεν ἡμᾶς Εὐβουλίδης, ἀλλὰ καὶ
παρὰ τοὺς νόμους, οἳ κελεύουσιν ἔνοχον εἶναι τῇ κακηγορίᾳ
τὸν τὴν ἐργασίαν τὴν ἐν τῇ ἀγορᾷ ἢ τῶν πολιτῶν ἢ τῶν
31 πολιτίδων ὀνειδίζοντά τινι. ἡμεῖς δ᾽ ὁμολογοῦμεν καὶ 25
ταινίας πωλεῖν καὶ ζῆν οὐχ ὅντινα τρόπον βουλόμεθα. καὶ
εἴ σοί ἐστιν τοῦτο σημεῖον, ὦ Εὐβουλίδη, τοῦ μὴ Ἀθη-

6 post πατρῷα add. αυτων S, αὐτῶν A: om. cett.   7 τιθέναι
ἐάσαι Bekker: τιθέντας ἐάσαι S F Q D: προσήκοντας τιθέναι εἴασεν A
8 λαβὲ S F¹ Q¹: λέγε A F corr. Q corr.   14 καὶ del. Rosenberg
οὐδαμῶς A   16 τοῖς χρόνοις] cf. § 22 n.   18 προσήκειν] προσήκει
A: προσῆκε Schaefer   19 ταύτην] καὶ ταύτην A   20 μου vulg.: μοι D
21 τὸ ψήφισμα Blass coll. § 7: τὰ ψηφίσματα codd.   22 διέβαλεν D
23 κακηγορίᾳ Wolf: κατηγορίᾳ codd.   24 ἢ ante τῶν πολιτῶν om.
A¹   25 ὀνειδίζοντι S Q   27 τοῦ om. A, sed cf. § 33

ναίους εἶναι [ἡμᾶς], ἐγώ σοι τούτου ὅλως τοὐναντίον ἐπι-
δείξω, ὅτι οὐκ ἔξεστιν ξένῳ ἐν τῇ ἀγορᾷ ἐργάζεσθαι.   καί
μοι λαβὼν ἀνάγνωθι πρῶτον τὸν Σόλωνος νόμον.

ΝΟΜΟΣ.

5   Λαβὲ δὴ καὶ τὸν Ἀριστοφῶντος· οὕτω γάρ, ὦ ἄνδρες 32
Ἀθηναῖοι, τοῦτον ἔδοξεν ἐκεῖνος καλῶς καὶ δημοτικῶς νομο-
θετῆσαι, ὥστ᾽ ἐψηφίσασθε πάλιν ἀνανεώσασθαι.

ΝΟΜΟΣ.

Προσήκει τοίνυν ὑμῖν βοηθοῦσι τοῖς νόμοις μὴ τοὺς
10 ἐργαζομένους ξένους νομίζειν, ἀλλὰ τοὺς συκοφαντοῦντας
πονηρούς. ἐπεί, ὦ Εὐβουλίδη, ἔστι καὶ ἕτερος περὶ τῆς
ἀργίας νόμος, ᾧ αὐτὸς ἔνοχος ὢν ἡμᾶς τοὺς ἐργαζομένους
διαβάλλεις. ἀλλὰ γὰρ τοσαύτη τις ἀτυχία ἐστὶν περὶ 33
ἡμᾶς νῦν, ὥστε τούτῳ μὲν ἔξεστιν ἔξω τοῦ πράγματος
15 βλασφημεῖν καὶ πάντα ποιεῖν, ὅπως μηδενὸς τῶν δικαίων
ἐγὼ τύχω· ἐμοὶ δ᾽ ἐπιτιμήσετ᾽ ἴσως, ἐὰν λέγω ὃν τρόπον
οὗτος ἐργάζεται περιιὼν ἐν τῇ πόλει, καὶ εἰκότως· ἃ γὰρ
ὑμεῖς ἴστε, τί δεῖ λέγειν; σκοπεῖτε δή· νομίζω γὰρ ἔγωγε
τὸ ἐν τῇ ἀγορᾷ ἡμᾶς ἐργάζεσθαι μέγιστον εἶναι σημεῖον
20 τοῦ ψευδεῖς ἡμῖν αἰτίας τοῦτον ἐπιφέρειν.   ἢν γάρ φησιν [1309]
ταινιόπωλιν εἶναι καὶ φανερὰν πᾶσιν, προσῆκεν δήπουθεν 34
εἰδότας αὐτὴν πολλοὺς ἥτις ἐστὶ μαρτυρεῖν, καὶ μὴ μόνον
ἀκοήν, ἀλλ᾽ εἰ μὲν ξένη ἦν, τὰ τέλη ἐξετάσαντας τὰ ἐν τῇ
ἀγορᾷ, εἰ ξενικὰ ἐτέλει, καὶ ποδαπὴ ἦν ἐπιδεικνύντας· εἰ
25 δὲ δούλη, μάλιστα μὲν τὸν πριάμενον, εἰ δὲ μή, τὸν ἀπο-
δόμενον ἥκειν καταμαρτυροῦντα, εἰ δὲ μή, τῶν ἄλλων τινά,
ἢ ὡς ἐδούλευσεν ἢ ὡς ἀφείθη ἐλευθέρα.   νῦν δὲ τούτων
μὲν ἀπέδειξεν οὐδέν, λελοιδόρηκεν δέ, ὡς ἐμοὶ δοκεῖ, οὐδὲν

---

1 εἶναι ἡμᾶς vulg. : ἡμᾶς εἶναι A : ἡμᾶς del. Rosenberg   7 ψηφί-
σασθαι S F Q D   πάλιν S F Q : πάλιν τὸν αὐτὸν A F γρ. Q γρ. : πάλιν
αὐτὸν D   12 ἀργίας S   15-16 ἐγὼ post δικαίων S F Q D : post
μηδενὸς A   17 περιιὼν S F Q, cf. Crönert Archiv f. Pap. forsch. i
523   18 δὴ codd. : δὲ Blass   21 εἶναι ταινιόπωλιν A
προσῆκει A¹   23 μὲν om. A¹   ἐξετάσαντες S Q D   27 ἀφέθη
S Q   28 μὲν om. A¹   οὐδεναλελοιδορηκεν S

ὅ τι οὔ. τοῦτο γάρ ἐστιν ὁ συκοφάντης, αἰτιᾶσθαι μὲν
35 πάντα, ἐξελέγξαι δὲ μηδέν. ἐπεὶ κἀκεῖνο περὶ τῆς μητρὸς
εἴρηκεν, ὅτι ἐτίτθευσεν. ἡμεῖς δέ, ὅθ' ἡ πόλις ἠτύχει καὶ
πάντες κακῶς ἔπραττον, οὐκ ἀρνούμεθα τοῦτο γενέσθαι·
ὃν δὲ τρόπον καὶ ὧν ἕνεκ' ἐτίτθευσεν, ἐγὼ σαφῶς ὑμῖν ἐπι- 5
δείξω. μηδεὶς δ' ὑμῶν, ὦ ἄνδρες Ἀθηναῖοι, δυσχερῶς
ὑπολάβῃ· καὶ γὰρ νῦν ἀστὰς γυναῖκας πολλὰς εὑρήσετε
τιτθευούσας, ἃς ὑμῖν καὶ κατ' ὄνομα, ἐὰν βούλησθε, ἐροῦμεν.
εἰ δέ γε πλούσιοι ἦμεν, οὔτ' ἂν τὰς ταινίας ἐπωλοῦμεν οὔτ'
ἂν ὅλως ἦμεν ἄποροι. ἀλλὰ τί ταῦτα κοινωνεῖ τῷ γένει; 10
36 ἐγὼ μὲν οὐδὲν οἶμαι. μηδαμῶς, ὦ ἄνδρες δικασταί, τοὺς
πένητας ἀτιμάζετε (ἱκανὸν γὰρ αὐτοῖς τὸ πένεσθαι κακόν),
μηδέ γε τοὺς ἐργάζεσθαι καὶ ζῆν ἐκ τοῦ δικαίου προαιρου-
μένους· ἀλλ' ἀκούσαντες, ἐὰν ὑμῖν ἐπιδεικνύω τῆς μητρὸς
[1310] τοὺς οἰκείους οἵους προσήκει εἶναι ἀνθρώποις ἐλευθέροις, ἃ 15
καταιτιᾶται περὶ αὐτῆς, ταύτας τὰς διαβολὰς ἐξομνυμένους,
καὶ μαρτυροῦντας αὐτὴν ἀστὴν οὖσαν εἰδέναι, οὓς ὑμεῖς
φήσετε πιστοὺς εἶναι, δικαίαν ἡμῖν θέσθε τὴν ψῆφον.
37 ἐμοὶ γὰρ ἦν πάππος, ὦ ἄνδρες Ἀθηναῖοι, τῆς μητρὸς πατήρ,
Δαμόστρατος Μελιτεύς. τούτῳ γίγνονται τέτταρες παῖδες, 20
ἐκ μὲν ἧς τὸ πρῶτον ἔσχεν γυναικὸς θυγάτηρ καὶ υἱὸς ᾧ
ὄνομ' Ἀμυθέων, ἐκ δὲ τῆς ὑστέρον, Χαιρεστράτης, ἡ μήτηρ
ἡ ἐμὴ καὶ Τιμοκράτης. τούτοις δὲ γίγνονται παῖδες, τῷ
μὲν Ἀμυθέωνι Δαμόστρατος, τοῦ πάππου τοὔνομ' ἔχων, καὶ
Καλλίστρατος καὶ Δεξίθεος. καὶ ὁ μὲν Ἀμυθέων ὁ τῆς 25
μητρὸς ἀδελφὸς τῶν ἐν Σικελίᾳ στρατευσαμένων καὶ τελευ-
τησάντων ἐστίν, καὶ τέθαπται ἐν τοῖς δημοσίοις μνήμασιν·
38 καὶ ταῦτα μαρτυρήσεται. τῇ δ' ἀδελφῇ αὐτοῦ συνοικησάσῃ
Διοδώρῳ Ἁλαιεῖ υἱὸς γίγνεται Κτησίβιος. καὶ οὗτος μὲν

---

1 ὅ τι οὔ A : τι S F Q   αἰτιᾶσθαι A cf. xviii 289 : αἰτιάσασθαι vulg.
2 πάντας A¹   ἐπεὶ A : ἔπειτα vulg.   7 πολλὰς om. A   9 γε om. A¹
12 αὐτοῖς] αὐτοῖς ἐστι A   15 προσήκει A, cf. § 69 : προσῆκε(ν) vulg.
ἃ Reiske : ἂν A : ἐὰν S F Q D : ἂν Schaefer   16 ante καταιτιᾶται add.
οὗτος A : om. S F Q D, cf. § 40   ταύτας τὰς διαβολὰς del. Dobree
18 δικαίαν codd. : δικαίως Blass coll. § 69   θέσθαι S et codd. plerique
24 Ἀμυνθέωνι et sic deinceps S   26 εἰς Σικελίαν ἐστρατευμένων A

ἐτελεύτησεν ἐν Ἀβύδῳ μετὰ Θρασυβούλου στρατευόμενος,
ζῇ δὲ τούτων ὁ Δαμόστρατος ὁ τοῦ Ἀμυθέωνος, τῆς μητρὸς
ἀδελφιδοῦς τῆς ἐμῆς. τῆς δὲ Χαιρεστράτης τῆς ἐμῆς
τήθης τὴν ἀδελφὴν λαμβάνει Ἀπολλόδωρος Πλωθεύς· τού-
5 των γίγνεται Ὀλύμπιχος, τοῦ δ' Ὀλυμπίχου Ἀπολλόδωρος,
καὶ οὗτος ζῇ. καί μοι κάλει αὐτούς.

ΜΑΡΤΥΡΕΣ.

Τούτων μὲν τοίνυν ἀκηκόατε μαρτυρούντων καὶ διομνυ- 39
μένων· τὸν δὲ [καὶ ὁμομήτριον] καὶ κατ' ἀμφότερ' ἡμῖν συγ-
10 γενῆ καλῶ, καὶ τοὺς υἱεῖς αὐτοῦ. τῷ γὰρ Τιμοκράτει τῷ
τῆς μητρὸς ἀδελφῷ τῆς ἐμῆς τῷ ὁμοπατρίῳ καὶ ὁμομητρίῳ
γίγνεται Εὐξίθεος, τοῦ δ' Εὐξιθέου τρεῖς υἱεῖς· οὗτοι πάντες [1311]
ζῶσιν. καί μοι κάλει τοὺς ἐπιδημοῦντας αὐτῶν.

ΜΑΡΤΥΡΕΣ.

15 Λαβὲ δή μοι καὶ τὰς τῶν φρατέρων τῶν συγγενῶν τῶν 40
τῆς μητρὸς καὶ δημοτῶν μαρτυρίας, καὶ ὧν τὰ μνήματα
ταῦτά.

ΜΑΡΤΥΡΙΑΙ.

Τὰ μὲν τοίνυν τοῦ γένους τοῦ τῆς μητρὸς οὕτως ὑμῖν
20 ἐπιδεικνύω, καὶ πρὸς ἀνδρῶν καὶ πρὸς γυναικῶν ἀστήν. τῇ
δὲ μητρὶ τῇ ἐμῇ γίγνεται, ὦ ἄνδρες δικασταί, τὸ μὲν πρῶτον
ἐκ Πρωτομάχου, ᾧ αὐτὴν ὁ Τιμοκράτης ὁμομήτριος καὶ
ὁμοπάτριος ὢν ἀδελφὸς ἔδωκεν, θυγάτηρ, εἶτ' ἐκ τοῦ πατρὸς
τοῦ ἐμοῦ ἐγώ. ὃν δὲ τρόπον τῷ πατρὶ τῷ ἐμῷ συνῴκησεν,
25 ταῦθ' ὑμᾶς ἀκοῦσαι δεῖ· καὶ γὰρ ἃ περὶ τὸν Κλεινίαν
αἰτιᾶται καὶ τὸ τιτθεῦσαι τὴν μητέρα καὶ ταῦτα πάντ' ἐγὼ
σαφῶς ὑμῖν διηγήσομαι. ὁ Πρωτόμαχος πένης ἦν· ἐπι- 41
κλήρου δὲ κληρονομήσας εὐπόρου, τὴν μητέρα βουληθεὶς

1 στρατευσάμενος S¹   4 τήθης S A D : τιτθῆς vulg.   9 καὶ
ὁμομήτριον secl. Blass   11 τῷ ante ὁμοπατρίῳ add. Blass coll. xlviii 20
ὁμομητρίῳ καὶ ὁμοπατρίῳ A   15 φρατέρων τῶν Sauppe, cf. § 69 : φρα-
τόρων καὶ codd.   16 μαρτυρίας post δημοτῶν A : ante τῶν φρατέρων
F Q D : utrobique S   17 τὰ αὐτὰ S : ταῦτα vulg.   22–23 καὶ
ὁμοπάτριος om. A   25 Κλινίαν S itidem § 42 et Κλινίου § 44

263

ἐκδοῦναι πείθει λαβεῖν αὐτὴν Θούκριτον τὸν πατέρα τὸν
ἐμόν, ὄνθ' ἑαυτοῦ γνώριμον, καὶ ἐγγυᾶται ὁ πατὴρ τὴν
μητέρα τὴν ἐμὴν παρὰ τοῦ ἀδελφοῦ αὐτῆς Τιμοκράτους
Μελιτέως, παρόντων τῶν τε θείων ἀμφοτέρων τῶν ἑαυτοῦ
καὶ ἄλλων μαρτύρων· καὶ τούτων ὅσοι ζῶσι, μαρτυρήσουσιν 5
42 ὑμῖν. μετὰ δὲ ταῦτα χρόνῳ ὕστερον παιδίων αὐτῇ δυοῖν
ἤδη γεγενημένων, καὶ τοῦ μὲν πατρὸς στρατευομένου καὶ
ἀποδημοῦντος μετὰ Θρασυβούλου, αὐτὴ δ' οὖσ' ἐν ἀπορίαις
ἠναγκάσθη τὸν Κλεινίαν τὸν τοῦ Κλειδίκου τιτθεῦσαι, τῷ
μὲν εἰς ἔμ' ἥκοντι κινδύνῳ νῦν μὰ τὸν Δι' οὐχὶ συμφέρον 10
[1312] πρᾶγμα ποιήσασα (ἀπὸ γὰρ ταύτης τῆς τιτθείας ἅπασ' ἡ
περὶ ἡμᾶς γέγονεν βλασφημία), τῇ μέντοι ὑπαρχούσῃ πενίᾳ
43 ἴσως καὶ ἀναγκαῖα καὶ ἁρμόττοντα ποιοῦσα. φαίνεται
τοίνυν οὐχ ὁ ἐμὸς πατὴρ πρῶτος, ὦ ἄνδρες Ἀθηναῖοι,
λαβὼν τὴν ἐμὴν μητέρα, ἀλλ' ὁ Πρωτόμαχος, καὶ παῖδας 15
ποιησάμενος καὶ θυγατέρ' ἐκδούς· ὃς καὶ τετελευτηκὼς ὅμως
μαρτυρεῖ τοῖς ἔργοις ἀστήν τ' αὐτὴν καὶ πολῖτιν εἶναι. ὡς
οὖν ταῦτ' ἀληθῆ λέγω, κάλει μοι πρῶτον μὲν τοὺς τοῦ Πρω-
τομάχου υἱεῖς, ἔπειτα τοὺς ἐγγυωμένῳ παρόντας τῷ πατρὶ
καὶ τῶν φρατέρων τοὺς οἰκείους, οἷς τὴν γαμηλίαν εἰσή- 20
νεγκεν ὑπὲρ τῆς μητρὸς ὁ πατήρ, εἶτ' Εὔνικον Χολαργέα
τὸν τὴν ἀδελφὴν λαβόντα τὴν ἐμὴν παρὰ τοῦ Πρωτομάχου,
εἶτα τὸν υἱὸν τῆς ἀδελφῆς. κάλει τούτους.

ΜΑΡΤΥΡΕΣ.

44   Πῶς οὖν οὐκ ἂν οἰκτρότατ', ὦ ἄνδρες Ἀθηναῖοι, πάντων 25
ἐγὼ πεπονθὼς εἴην, εἰ τῶν συγγενῶν ὄντων τοσούτων του-
τωνὶ καὶ μαρτυρούντων καὶ διομνυμένων ἐμοὶ προσήκειν,
μηδεὶς μηδενὶ τούτων ἀμφισβητῶν ὡς οὐκ εἰσὶ πολῖται, ἐμὲ
ψηφίσαισθ' εἶναι ξένον; λαβὲ δή μοι καὶ τὴν τοῦ Κλεινίου

---

1 τὸν ante Θούκριτον add. SFQD: om. A   2 ἐγγυνᾶται S¹
6 ὑμῖν Blass: ἡμῖν codd.   παίδων A   8 αὐτὴ SFQ: αὕτη AD
10 νυνὶ A   σύμφορον A   11 τιτθίας S   12 μέντοι (τότε) Rosenberg
13 ποιοῦσα del. Rosenberg   17 τ' αὐτὴν Blass: ταύτην codd.
(sine accentu S)   26 τουτωνὶ A: τούτων S vulg.   29 ψηφί-
σαισθε Lambinus: ψηφίσαιτο A: ψηφίσαιντο SFQD

264

καὶ τὴν τῶν συγγενῶν αὐτοῦ μαρτυρίαν· οἳ ἴσασιν δήπου
τίς οὖσά ποθ᾽ ἡ ἐμὴ μήτηρ ἐτίτθευσεν αὐτόν. οὐ γὰρ
ἃ τήμερον ἡμεῖς φαμέν, εὔορκον αὐτοῖς μαρτυρεῖν, ἀλλ᾽ ἃ
πάντα τὸν χρόνον ᾔδεσαν τὴν ἡμετέραν μὲν μητέρα, τιτθὴν
5 δὲ τούτου νομιζομένην. καὶ γὰρ εἰ ταπεινὸν ἡ τιτθή, τὴν 45
ἀλήθειαν οὐ φεύγω· οὐ γὰρ εἰ πένητες ἦμεν, ἠδικήκαμεν,
ἀλλ᾽ εἰ μὴ πολῖται· οὐδὲ περὶ τύχης οὐδὲ περὶ χρημάτων [1313]
ἡμῖν ἐστιν ὁ παρὼν ἀγών, ἀλλ᾽ ὑπὲρ γένους. πολλὰ δου-
λικὰ καὶ ταπεινὰ πράγματα τοὺς ἐλευθέρους ἡ πενία βιά-
10 ζεται ποιεῖν, ἐφ᾽ οἷς ἐλεοῖντ᾽ ἄν, ὦ ἄνδρες Ἀθηναῖοι,
δικαιότερον ἢ προσαπολλύοιντο. ὡς γὰρ ἐγὼ ἀκούω, πολλαὶ
καὶ τιτθαὶ καὶ ἔριθοι καὶ τρυγήτριαι γεγόνασιν ὑπὸ τῶν
τῆς πόλεως κατ᾽ ἐκείνους τοὺς χρόνους συμφορῶν ἀσταὶ
γυναῖκες, πολλαὶ δ᾽ ἐκ πενήτων πλούσιαι νῦν. ἀλλ᾽ αὐτίχ᾽
15 ὑπὲρ τούτων. νῦν δὲ τοὺς μάρτυρας κάλει.

ΜΑΡΤΥΡΕΣ.

Οὐκοῦν ὅτι μὲν καὶ τὰ πρὸς μητρός εἰμ᾽ ἀστὸς καὶ τὰ 46
πρὸς πατρός, τὰ μὲν ἐξ ὧν ἄρτι μεμαρτύρηται μεμαθήκατε
πάντες, τὰ δ᾽ ἐξ ὧν πρότερον περὶ τοῦ πατρός. λοιπὸν δέ
20 μοι περὶ ἐμαυτοῦ πρὸς ὑμᾶς εἰπεῖν, τὸ μὲν ἁπλούστατον
οἶμαι καὶ δικαιότατον, ἐξ ἀμφοτέρων ἀστῶν ὄντα με, κε-
κληρονομηκότα καὶ τῆς οὐσίας καὶ τοῦ γένους, εἶναι πολίτην·
οὐ μὴν ἀλλὰ καὶ τὰ προσήκοντα πάντ᾽ ἐπιδείξω μάρτυρας
παρεχόμενος, ὡς εἰσήχθην εἰς τοὺς φράτερας, ὡς ἐνεγράφην
25 εἰς τοὺς δημότας, ὡς ὑπ᾽ αὐτῶν τούτων προὐκρίθην ἐν τοῖς
εὐγενεστάτοις κληροῦσθαι τῆς ἱερωσύνης τῷ Ἡρακλεῖ, ὡς
ἦρχον ἀρχὰς δοκιμασθείς. καί μοι κάλει αὐτούς.

ΜΑΡΤΥΡΕΣ.

Οὔκουν δεινόν, ὦ ἄνδρες δικασταί, εἰ μὲν ἔλαχον ἱερεύς, 47
30 ὥσπερ προὐκρίθην, δεῖν ἄν με καὶ αὐτὸν θύειν ὑπὲρ τούτων

---

1 αὐτοῦ iterat S¹   3 ἀλλ᾽ ἃ] ἀλλὰ A Q D   4 τὴν Dindorf:
αὐτὴν codd.   7 τύχης A F γρ. Q γρ. D: ψυχῆς S F Q   9 καὶ
ταπεινὰ secl. Blass coll. Stob. 46. 72   12 ιερειθοι S¹   21 ἐξ] τὸ ἐξ A
ἀστῶν D¹ (Dobree): ἀστὸν cett.   με] καὶ A   30 δεῖν Jurinus, cf.
xxxiv 43: ἔδει codd.

καὶ τοῦτον μετ' ἐμοῦ συνθύειν, νῦν δὲ τοὺς αὐτοὺς τούτους
ἐμὲ μεθ' αὑτῶν μηδὲ συνθύειν ἐᾶν; φαίνομαι τοίνυν, ὦ
ἄνδρες Ἀθηναῖοι, τὸν μὲν ἄλλον χρόνον ἅπαντα παρὰ πᾶσιν
48 τοῖς νῦν κατηγοροῦσι πολίτης ὡμολογημένος· οὐ γὰρ ἂν
[1314] δήπου τόν γε ξένον καὶ μέτοικον, ὡς νῦν φησιν Εὐβουλίδης, 5
οὔτ' ἀρχὰς ἄρχειν οὔθ' ἱερωσύνην κληροῦσθαι μεθ' ἑαυτοῦ
προκριθέντ' εἴασεν· καὶ γὰρ οὗτος ἦν τῶν κληρουμένων καὶ
προκριθέντων. οὐδέ γ' ἄν, ὦ ἄνδρες Ἀθηναῖοι, παλαιὸς ὢν
ἐχθρὸς ἐμοὶ τοῦτον τὸν καιρὸν περιέμενεν, ὃν οὐδεὶς ᾔδει
49 γενησόμενον, εἴπερ τι συνῄδει τοιοῦτον. ἀλλ' οὐ συνῄδει· 10
διόπερ τὸν μὲν ἄλλον ἅπαντα χρόνον δημοτευόμενος μετ'
ἐμοῦ καὶ κληρούμενος οὐδὲν ἑώρα τούτων, ἐπειδὴ δ' ἡ πόλις
πᾶσα τοῖς ἀσελγῶς εἰσπεπηδηκόσιν εἰς τοὺς δήμους ὀργιζο-
μένη παρωξύνθη, τηνικαῦτά μοι ἐπεβούλευσεν. ἦν δ' ἐκεῖ-
νος μὲν ὁ καιρὸς τοῦ συνειδότος αὑτῷ τἀληθῆ λέγειν, ὁ δὲ 15
50 νυνὶ παρὼν ἐχθροῦ καὶ συκοφαντεῖν βουλομένου. ἐγὼ δ',
ὦ ἄνδρες δικασταί (καί μοι πρὸς Διὸς καὶ θεῶν μηδεὶς θορυ-
βήσῃ, μηδ' ἐφ' ᾧ μέλλω λέγειν ἀχθεσθῇ), ἐμαυτὸν Ἀθηναῖον
ὑπείληφ' ὥσπερ ὑμῶν ἕκαστος ἑαυτόν, μητέρ' ἐξ ἀρχῆς
νομίζων ἥνπερ εἰς ὑμᾶς ἀποφαίνω, καὶ οὐχ ἑτέρας μὲν ὢν 20
ταύτης δὲ προσποιούμενος· πατέρα πάλιν, ὦ ἄνδρες Ἀθη-
51 ναῖοι, τὸν αὐτὸν τρόπον. καίτοι εἰ τοῖς ἐξελεγχομένοις ὧν
μέν εἰσιν ἀποκρυπτομένοις, ὧν δ' οὐκ εἰσὶν προσποιουμένοις,
δίκαιον ὑπάρχειν παρ' ὑμῖν τοῦτο σημεῖον ὡς εἰσὶ ξένοι,
ἐμοὶ δήπου τοὐναντίον ὡς εἰμὶ πολίτης. οὐ γὰρ ἂν ξένην 25
καὶ ξένον τοὺς ἐμαυτοῦ γονέας ἐπιγραψάμενος μετέχειν
ἠξίουν τῆς πόλεως· ἀλλ' εἴ τι τοιοῦτον συνῄδειν, ἐζήτησ'
ἂν ὧν φήσω γονέων εἶναι. ἀλλ' οὐ συνῄδειν, διόπερ μένων
ἐπὶ τοῖς οὖσιν δικαίως γονεῦσιν ἐμαυτῷ τῆς πόλεως μετ-
[1315] έχειν ἀξιῶ. 30

1 τούτους om. A   3 ἅπαντα χρόνον Blass, recte puto ; cf § 49   8 γ'
ἄν] γάρ A   9 οὐδεὶς codd. : οὐδ' Rosenberg   13 εἰσπεπηδη-
κόσιν A F Q D γρ. : εἰσπεπηδῶσιν S : εἰσπηδῶσιν D   14 παρωξύντο
A, cf. § 2 : παρωξύνετο S F Q D   18 ἐμαυτὸν A, Taylor : εἰ ἐμαυτὸν
S F Q D   25 et 28 ἂν om. S F Q D   25–26 ξένον καὶ ξένην S
sed cum notis transponendi : ξένον καὶ ξένον A

266

Ἔτι τοίνυν ὀρφανὸς κατελείφθην, καὶ φασίν μ' εὔπορον 52
εἶναι καὶ τῶν μαρτύρων ἐνίους ὠφελουμένους μοι μαρτυρεῖν
συγγενεῖς εἶναι.   καὶ ἅμα μὲν κατ' ἐμοῦ λέγουσιν τὰς ἐκ
τῆς πενίας ἀδοξίας καὶ περὶ τὸ γένος διαβάλλουσιν, ἅμα δὲ
5 δι' εὐπορίαν φασὶ πάντα μ' ὠνεῖσθαι. ὥστε πότερα χρὴ 53
αὐτοῖς πιστεύειν; ἐξῆν δὲ δήπου τούτοις, εἰ νόθος ἢ ξένος
ἦν ἐγώ, κληρονόμοις εἶναι τῶν ἐμῶν πάντων.   εἶθ' οὗτοι
μικρὰ λαμβάνειν καὶ κινδυνεύειν ἐν ψευδομαρτυρίοις καὶ
ἐπιορκεῖν μᾶλλον αἱροῦνται ἢ πάντ' ἔχειν, καὶ ταῦτ' ἀσφα-
10 λῶς, καὶ μηδεμιᾶς ἐξωλείας ὑπόχους ἑαυτοὺς ποιεῖν; οὐκ
ἔστι ταῦτα, ἀλλ' οἶμαι συγγενεῖς ὄντες τὰ δίκαια ποιοῦσι,
βοηθοῦντες αὑτῶν ἑνί.   καὶ ταῦτ' οὐχὶ νῦν πεπεισμένοι 54
ποιοῦσιν, ἀλλὰ παιδίον ὄντα μ' εὐθέως ἦγον εἰς τοὺς
φράτερας, εἰς Ἀπόλλωνος πατρῴου [ἦγον], εἰς τἆλλ' ἱερά.
15 καίτοι οὐ δήπου παῖς ὢν ἐγὼ ταῦτ' ἔπειθον αὐτοὺς ἀργύριον
διδούς.   ἀλλὰ μὴν ὁ πατὴρ αὐτὸς ζῶν ὀμόσας τὸν νόμιμον
τοῖς φράτερσιν ὅρκον εἰσήγαγέν με, ἀστὸν ἐξ ἀστῆς ἐγγυη-
τῆς αὑτῷ γεγενημένον εἰδώς, καὶ ταῦτα μεμαρτύρηται.   εἶτ' 55
ἐγὼ ξένος; ποῦ μετοίκιον καταθείς; ἢ τίς τῶν ἐμῶν πώ-
20 ποτε; ποῦ πρὸς ἄλλους δημότας ἐλθών, καὶ οὐ δυνηθεὶς
ἐκείνους πεῖσαι δεῦρ' ἐμαυτὸν ἐνέγραψα; ποῦ τί ποιήσας
ὧν ὅσοι μὴ καθαρῶς ἦσαν πολῖται πεποιηκότες φαίνονται;
οὐδαμοῦ, ἀλλ' ἁπλῶς, ἐν οἷς ὁ πάππος ὁ τοῦ πατρός, ὁ ἐμός,
⟨ὁ⟩ πατήρ, ἐνταῦθα καὶ αὐτὸς φαίνομαι δημοτευόμενος.   καὶ
25 νῦν πῶς ἄν τις ὑμῖν σαφέστερον ἐπιδείξειεν μετὸν τῆς [1316]
πόλεως αὐτῷ; ἐνθυμείσθω γὰρ ἕκαστος ὑμῶν, ὦ ἄνδρες 56
Ἀθηναῖοι, τοὺς ἑαυτῷ προσήκοντας τίν' ἄλλον ἂν δύναιτ'
ἐπιδεῖξαι τρόπον ἢ τὸν αὐτὸν ἐμοί, μαρτυροῦντας, ὀμνύοντας,
πάλαι τοὺς αὐτοὺς ἀπὸ τῆς ἀρχῆς ὄντας;

6 εἰ] ἢ SQD   7 κληρονόμους FD   8 ψευδομαρτυρίαις codd.,
corr. Cobet   14 με post πατρῴου add. Blass   malui ἦγον cum
Schaefero secludere   17 με ἀστὸν] ἐμὲ A   19 ποῦ] οὐ δήπου·
ποῖον A   21 ἐνέγραψα codd. : ἐγγράψας Blass speciose ; similis tamen
supra inconcinnitas (ἢ τίς . . . πώποτε ;)   ποῦ] ποῖ A   23 ἀλλ'
ἁπλῶς A : ἀλλὰ πῶς S vulg.   τοῦ] πρὸς Valckenaer   24 ⟨ὁ⟩ add.
Reiske   25 ὑμῶν A   27 τίν' ἂν ἄλλον A   28 ὀμνύντας A

Διὰ ταῦτα τοίνυν ἐγὼ πιστεύων ἐμαυτῷ κατέφυγον εἰς
ὑμᾶς. ὁρῶ γάρ, ὦ ἄνδρες Ἀθηναῖοι, οὐ μόνον τῶν ἀπο-
ψηφισαμένων Ἁλιμουσίων ἐμοῦ κυριώτερ᾽ ὄντα τὰ δικαστή-
ρια, ἀλλὰ καὶ τῆς βουλῆς καὶ τοῦ δήμου, δικαίως· κατὰ
γὰρ πάνθ᾽ αἱ παρ᾽ ὑμῖν εἰσι κρίσεις δικαιόταται. 5

57 Ἐνθυμεῖσθε τοίνυν κἀκεῖνο, ὅσοι τῶν μεγάλων δήμων
ἐστέ, ὡς οὐδέν᾽ ἀπεστερεῖτ᾽ οὔτε κατηγορίας οὔτ᾽ ἀπολογίας.
καὶ πόλλ᾽ ἀγαθὰ γένοιτο πᾶσιν ὑμῖν τοῖς δικαίως τούτῳ
τῷ πράγματι χρησαμένοις, ὅτι καὶ τῶν ἀναβαλέσθαι δεομέ-
νων οὐκ ἀφῄρησθε τὸ παρασκευάσασθαι· ᾧ καὶ τοὺς συκο- 10
φαντοῦντας καὶ δι᾽ ἔχθραν ἐπιβουλεύοντας ἐξηλέγχετε.

58 καὶ ὑμᾶς μὲν ἄξιον ἐπαινεῖν, ὦ ἄνδρες Ἀθηναῖοι, τοὺς δὲ
καλῷ καὶ δικαίῳ πράγματι μὴ καλῶς χρησαμένους ψέγειν.
ἐν οὐδενὶ τοίνυν εὑρήσετε τῶν δήμων δεινότερα γεγενημένα
τῶν παρ᾽ ἡμῖν. οὗτοι γὰρ ἀδελφῶν ὁμομητρίων καὶ ὁμο- 15
πατρίων τῶν μέν εἰσιν ἀπεψηφισμένοι, τῶν δ᾽ οὔ, καὶ
πρεσβυτέρων ἀνθρώπων ἀπόρων, ὧν τοὺς υἱεῖς ἐγκαταλελοί-
πασιν· καὶ τούτων ἂν βούλησθε, μάρτυρας παρέξομαι.

59 ὃ δὲ πάντων δεινότατον οἱ συνεστηκότες πεποιήκασιν (καί
μοι πρὸς Διὸς καὶ θεῶν μηδεὶς ὑπολάβῃ δυσκόλως, ἐὰν 20
[1317] τοὺς ἠδικηκότας ἐμαυτὸν πονηροὺς ὄντας ἐπιδεικνύω· νο-
μίζω γὰρ ὑμῖν τὴν τούτων πονηρίαν δεικνὺς εἰς αὐτὸ τὸ
πρᾶγμα λέγειν τὸ γενόμενόν μοι)· οὗτοι γάρ, ὦ ἄνδρες
Ἀθηναῖοι, βουλομένους τινὰς ἀνθρώπους ξένους πολίτας
γενέσθαι, Ἀναξιμένην καὶ Νικόστρατον, κοινῇ διανειμάμενοι 25
πέντε δραχμὰς ἕκαστος προσεδέξαντο. καὶ ταῦτ᾽ οὐκ ἂν
ἐξομόσαιτ᾽ Εὐβουλίδης οὐδ᾽ οἱ μετ᾽ αὐτοῦ μὴ οὐκ εἰδέναι.
καὶ νῦν τούτων οὐκ ἀπεψηφίσαντο. τί οὖν οὐκ ἂν οἴεσθε

60 τούτους ἰδίᾳ ποιῆσαι, οἳ κοινῇ ταῦτ᾽ ἐτόλμων; πολλούς, ὦ
ἄνδρες δικασταί, οἱ μετ᾽ Εὐβουλίδου συνεστῶτες καὶ ἀπ- 30

2-3 ἀποψηφισαμένων S F Q D : ἀπεψηφισμένων A   3 Ἁλιμουσίων del.
Naber   5 ὑμῖν A : ὑμῶν cett.   7 ἀποστερεῖτε A   9 ἀναβάλλεσθαι A
10 ἀφῄρησθε codd.: ἀφηρεῖσθε Blass   ᾧ codex Bodleianus apud Taylorum:
ὃ S F Q : om. A D   11 ἐξελέγχετε Ald.   12 ἐπαινεῖν ἄξιον F D
22 εἰς αὐτὸ Blass : δὶς αὐτὸ D : αὐτὸ cett.   28 τί] τίν᾽ A

ολωλέκασιν καὶ σεσῴκασιν ἕνεκ' ἀργυρίου. ἐπεὶ καὶ τὸ
πρότερον (ἐρῶ δ' εἰς αὐτὸ τὸ πρᾶγμ', ὦ ἄνδρες Ἀθηναῖοι)
δημαρχῶν ὁ Εὐβουλίδου πατήρ, ὥσπερ εἶπον, Ἀντίφιλος,
τεχνάζει βουλόμενος παρά τινων λαβεῖν ἀργύριον, καὶ ἔφη
5 τὸ κοινὸν γραμματεῖον ἀπολωλέναι, ὥστ' ἔπεισε διαψηφί-
σασθαι τοὺς Ἁλιμουσίους περὶ αὑτῶν, καὶ κατηγορῶν δέκα
τῶν δημοτῶν ἐξέβαλεν, οὓς ἅπαντας πλὴν ἑνὸς κατεδέξατο
τὸ δικαστήριον. καὶ ταῦτα πάντες ἴσασιν οἱ πρεσβύτεροι.
πολλοῦ γ' ἔδεόν τινας ἐγκαταλιπεῖν τῶν μὴ Ἀθηναίων, ὅπου 61
10 καὶ τοὺς ὄντας πολίτας συνιστάμενοι ἐξέβαλον, οὓς τὸ
δικαστήριον κατεδέξατο. καὶ ὧν ἐχθρὸς τῷ ἐμῷ πατρὶ
τότ' οὐ μόνον οὐ κατηγόρησεν, ἀλλ' οὐδὲ τὴν ψῆφον ἤνεγκεν
ὡς οὐκ ἦν Ἀθηναῖος. τῷ τοῦτο δῆλον; ὅτι ἁπάσαις ἔδοξεν
δημότης εἶναι. καὶ τί δεῖ περὶ τῶν πατέρων λέγειν; ἀλλ'
15 Εὐβουλίδης αὐτὸς οὑτοσί, ἡνίκ' ἐνεγράφην ἐγὼ καὶ ὀμό- [1318]
σαντες οἱ δημόται δικαίως πάντες περὶ ἐμοῦ τὴν ψῆφον
ἔφερον, οὔτε κατηγόρησεν οὔτ' ἐναντίαν τὴν ψῆφον ἤνεγκεν·
καὶ γὰρ ἐνταῦθα πάλιν ἐμὲ πάντες ἐψηφίσαντο δημότην.
καὶ εἰ φασίν με τοῦτο ψεύδεσθαι, ἐπὶ τοῦ ἐμοῦ ὕδατος ὅστις
20 βούλεται τούτων τἀναντία μαρτυρησάτω. εἰ τοίνυν, ὦ 62
ἄνδρες Ἀθηναῖοι, τοῦτο δοκοῦσιν οὗτοι λέγειν μάλιστ' ἰσχυ-
ρόν, ὡς ἀπεψηφίσαντό μου νῦν οἱ δημόται, ἐγὼ τετράκις
ἐπιδεικνύω πρότερον, ὅθ' ὁσίως ἄνευ συστάσεως ἐψηφί-
σαντο, καὶ ἐμὲ καὶ τὸν πατέρα δημότας αὑτῶν εἶναι ψηφισα-
25 μένους, πρῶτον μέν γε τοῦ πατρὸς δοκιμασθέντος, εἶτ' ἐμοῦ,
εἶτ' ἐν τῇ προτέρᾳ διαψηφίσει, ὅτ' ἠφάνισαν οὗτοι τὸ
γραμματεῖον· τὸ δὲ τελευταῖον προκρίναντες ἐμὲ ἐψηφίσαντ'
ἐν τοῖς εὐγενεστάτοις κληροῦσθαι τῆς ἱερωσύνης τῷ Ἡρα-
κλεῖ. καὶ ταῦτα πάντα μεμαρτύρηται.

30   Εἰ δὲ δεῖ τὴν δημαρχίαν λέγειν, δι' ἣν ὠργίζοντό μοί 63

---

5 διαψηφίσασθαι om. S   6 κατηγορῶν om. A   9 γ' ἔδεον
Reiske: γε δέον S F D: γε δέουσι A   τινας] τας S¹, corr. ead. m.
13 ἀπάσαις] ἅπασιν Taylor, immo ταῖς ψήφοις subaudiendum   23 στά-
σεως A   26 διαψηφίσει Wolf: δοκιμασίᾳ A: διαδικασίᾳ S vulg.; idem
usus verbi διαδικασία I. G.² 1237, nisi potius ad orationes hinc illinc
habitas referas

τινες, ἐν ᾗ διάφορος ἐγενόμην εἰσπράττων ὀφείλοντας πολ-
λοὺς αὐτῶν μισθώσεις τεμενῶν καὶ ἕτερ' ἃ τῶν κοινῶν
διηρπάκεσαν, ἐγὼ μὲν ἂν βουλοίμην ὑμᾶς ἀκούειν, ἀλλ'
ἴσως ἔξω τοῦ πράγματος ὑπολήψεσθε ταῦτ' εἶναι. ἐπεὶ
καὶ τοῦτ' ἔχω δεικνύναι τεκμήριον ὡς συνέστησαν· ἔκ τε 5
γὰρ τοῦ ὅρκου ἐξήλειψαν τὸ ψηφιεῖσθαι γνώμῃ τῇ δικαιο-
64 τάτῃ καὶ οὔτε χάριτος ἕνεκ' οὔτ' ἔχθρας· καὶ γὰρ τοῦτο
φανερὸν ἐγένετο καὶ ὅτι ἱεροσυλήσαντες τὰ ὅπλα (εἰρήσεται
γάρ), ἃ ἐγὼ ἀνέθηκα τῇ Ἀθηνᾷ, καὶ τὸ ψήφισμ' ἐκκολά-
[1319] ψαντες ὃ ἐμοὶ ἐψηφίσανθ' οἱ δημόται, συνώμνυον οὗτοι ἐπ' 10
ἐμὲ οἱ ὑπ' ἐμοῦ τὰ κοινὰ εἰσπραχθέντες. καὶ εἰς τοσοῦτ'
ἀναιδείας ἐληλύθασιν, ὥστ' ἔλεγον περιιόντες ἐμὲ τῆς ἀπο-
λογίας ἕνεκα ταῦτα ποιῆσαι. καὶ τίς ὑμῶν ἂν καταγνοίη
μου τοσαύτην μανίαν, ὦ ἄνδρες δικασταί, ὥστε τηλικούτων
ἕνεκα πρὸς τὸ πρᾶγμα τεκμηρίων ἄξια θανάτου διαπράξασθαι, 15
65 καὶ ἃ ἐμοὶ φιλοτιμίαν ἔφερεν, ταῦτ' ἀφανίζειν; τὸ δὲ
πάντων δεινότατον οὐ δήπου γε φήσαιεν ἂν ἐμὲ κατασκευά-
σαι. οὐ γὰρ ἔφθη μοι συμβᾶσ' ἡ ἀτυχία καὶ εὐθύς, ὥσπερ
φυγάδος ἤδη μου ὄντος καὶ ἀπολωλότος, τούτων τινὲς ἐπὶ
τὸ οἰκίδιον ἐλθόντες ⟨τὸ⟩ ἐν ἀγρῷ νύκτωρ ἐπεχείρησαν δια- 20
φορῆσαι τὰ ἔνδοθεν· οὕτω σφόδρ' ὑμῶν καὶ τῶν νόμων
κατεφρόνησαν. καὶ ταῦτα τοὺς εἰδότας, ἐὰν βούλησθε,
καλοῦμεν.
66 Πολλὰ δ' ἔχων καὶ ἄλλ' ἐπιδεῖξαι, ἃ τούτοις ἐστὶν δια-
πεπραγμένα καὶ ἃ εἰσιν ἐψευσμένοι, ἡδέως μὲν ἂν ὑμῖν 25
λέγοιμι, ἐπειδὴ δ' ἔξω τοῦ πράγματος νομίζετ' εἶναι, ἐάσω.
ἀναμνήσθητε δ' ἐκείνων καὶ θεάσασθε, ὡς πολλὰ καὶ δίκαι'
ἔχων πρὸς ὑμᾶς ἥκω. ὥσπερ γὰρ τοὺς θεσμοθέτας ἀνα-
κρίνετε, ἐγὼ τὸν αὐτὸν τρόπον ἐμαυτὸν ὑμῖν ἀνακρινῶ.

3 διηρπάκεισαν codd., corr. Dobree   5 συνέστασαν Naber coll.
§§ 59, 60   8 ὅτι S F Q D : ὅτι γ' A   9 ἐκκολάψαντες S F Q D,
Schol. : ἐκκόψαντες A, cf. lix 98   12 περιιόντες codd. plerique, cf. § 33
13 ἕνεκα A : ἕνεκεν cett.   15 ἕνεκεν codd.   17 φήσειεν Q
20 ⟨τὸ⟩ add. Blass   24 πεπραγμένα Aristeid. (Waltz, p. 371) qui mox
ἃ om.   26 νομίζετε] ὑπολαμβάνετε Aristeid.   ἐάσωμεν A   28 γὰρ
om. A   29 ἀνακρινῶ Dobree : ἀνακρίνω vulg. (sine accentu S)

'ὦ ἄνθρωπε, τίς ἦν σοι πατήρ;' ἐμοί; Θούκριτος. 'οἰκεῖοί 67
τινες εἶναι μαρτυροῦσιν αὐτῷ;' πάνυ γε, πρῶτον μέν γε
τέτταρες ἀνεψιοί, εἶτ' ἀνεψιαδοῦς, εἶθ' οἱ τὰς ἀνεψιὰς λα-
βόντες αὐτῷ, εἶτα φράτερες, εἶτ' Ἀπόλλωνος πατρῴου καὶ
5 Διὸς ἑρκείου γεννῆται, εἶθ' οἷς ἠρία ταῦτά, εἶθ' οἱ δημόται
πολλάκις αὐτὸν δεδοκιμάσθαι καὶ ἀρχὰς ἄρξαι, καὶ αὐτοὶ
διεψηφισμένοι φαίνονται. τὰ μὲν τοίνυν περὶ τοῦ πατρὸς [1320]
πῶς ἂν ὑμῖν δικαιότερον ἢ καθαρώτερον ἐπιδείξαιμι; καλῶ
δ' ὑμῖν τοὺς οἰκείους, εἰ βούλεσθε. τὰ δὲ περὶ τῆς μητρὸς
10 ἀκούσατε. ἐμοὶ γάρ ἐστιν μήτηρ Νικαρέτη Δαμοστράτου 68
θυγάτηρ Μελιτέως. ταύτης τίνες οἰκεῖοι μαρτυροῦσιν;
πρῶτον μὲν ἀδελφιδοῦς, εἶτα τοῦ ἑτέρου ἀδελφιδοῦ δύ'
υἱοί, εἶτ' ἀνεψιαδοῦς, εἶθ' οἱ Πρωτομάχου υἱεῖς τοῦ λα-
βόντος τὴν ἐμὴν μητέρα πρότερον, εἶθ' ὁ τὴν ἀδελφὴν τὴν
15 ἐμὴν τὴν ἐκ τοῦ Πρωτομάχου γήμας Εὔνικος Χολαργεύς, εἶθ'
υἱὸς τῆς ἀδελφῆς. ἀλλὰ μὴν καὶ φράτερες τῶν οἰκείων 69
αὐτῆς καὶ δημόται ταῦτα μεμαρτυρήκασι. τίνος οὖν ἂν
προσδέοισθε; καὶ γὰρ ὅτι κατὰ τοὺς νόμους ὁ πατὴρ ἔγημεν
καὶ γαμηλίαν τοῖς φράτερσιν εἰσήνεγκεν μεμαρτύρηται.
20 πρὸς δὲ τούτοις καὶ ἐμαυτὸν ἐπέδειξα πάντων μετειληφόθ'
ὅσων προσήκει τοὺς ἐλευθέρους. ὥστε πανταχῇ δικαίως
καὶ προσηκόντως ἡμῖν ἂν προσθέμενοι τὴν ψῆφον εὐορ-
κοίητε. ἔτι τοίνυν, ὦ ἄνδρες δικασταί, τοὺς ἐννέα ἄρχοντας 70
ἀνακρίνετε, εἰ γονέας εὖ ποιοῦσιν. ἐγὼ δὲ τοῦ μὲν πατρὸς
25 ὀρφανὸς κατελείφθην, τὴν δὲ μητέρ' ἱκετεύω ὑμᾶς καὶ ἀντι-
βολῶ διὰ τοῦτον τὸν ἀγῶν' ἀπόδοτέ μοι θάψαι εἰς τὰ πα-
τρῷα μνήματα καὶ μή με κωλύσητε, μηδ' ἄπολιν ποιή-
σητε, μηδὲ τῶν οἰκείων ἀποστερήσητε τοσούτων ὄντων τὸ

1 signum interrogandi post ἐμοί posuit Blass . 3 τέτταρες]
'Theocritides, Charisiades, Niciades; quartum adhuc quaero' Reiske.
in lacuna § 21 quaerendus   4 αὐτῷ A : αὐτῶν cett.   5 ταῦτά
D¹, mg. edit. Paris : ταυτα S : ταῦτα A F D corr.   10 Δημοστράτου
codd., corr. Dindorf   11 τινὲς F D   12–13 ἀδελφιδοῦς . . . υἱοί
Westermann : ἀδελφοὶ δύο, εἶτα τοῦ ἑτέρου ἀδελφιδοῦ δύο υἱοί A :
ἀδελφιδοῦ δύο υἱοί cett.   13 ἀνεψιαδοῦς Westermann : ἀνεψιοὶ αὐτῆς
codd.   27 μηδὲ . . . ποιήσητε om. A   28 ὄντων om. A

πλῆθος, καὶ ὅλως ἀπολέσητε.   πρότερον γὰρ ἢ προλιπεῖν
τούτους, εἰ μὴ δυνατὸν ὑπ' αὐτῶν εἴη σωθῆναι, ἀποκτείναιμ'
ἂν ἐμαυτόν, ὥστ' ἐν τῇ πατρίδι γ' ὑπὸ τούτων ταφῆναι.

1 *προλιπεῖν* A : *προλείπειν* cett. (sine accentu S)   3 *ταφῆναι*]
σωθῆναι S

In S subscriptum
ΕΦΕΣΙΣ ΠΡΟΣ ΕΥΒΟΥΛΙΔΗΝ
ΓH ΓXI Δ̄ Δ̄ Δ̄ Δ̄

LVIII

ΕΝΔΕΙΞΙΣ ΚΑΤΑ ΘΕΟΚΡΙΝΟΥ

ΥΠΟΘΕΣΙΣ. [1321]

Τοῦτον τὸν λόγον οὐκ οἶδ᾽ ὅπως ἐν τοῖς ἰδιωτικοῖς ἀναγράφου-
σιν οἱ πολλοὶ δημόσιον ὄντα φανερῶς· δῆλον δ᾽ ἔσται τοῦτ᾽ ἐξ
αὐτῆς τῆς ὑποθέσεως.

Κατὰ τῶν ἑτέρωσέ ποι καὶ μὴ Ἀθήναζε σεσιτηγηκότων ἐμπόρων
5 ἢ ναυκλήρων Ἀθηναίων φάσεις ἦσαν δεδομέναι. νόμος δ᾽ ἦν, ἐάν
τίς τινα φήνας μὴ ἐπεξίῃ, ἢ ἐπεξιὼν μὴ λάβῃ τὸ πέμπτον μέρος
τῶν ψήφων, χιλίας ἐκτίνειν τῷ δημοσίῳ, τοῖς δ᾽ ὀφείλουσι μὴ
ἐξεῖναι λέγειν . . . καὶ τρίτος, ἐὰν μή τις δόξῃ δικαίως εἰς ἐλευθε-
ρίαν ἀφελέσθαι τινά, τὸ ἥμισυ τοῦ τιμήματος ὀφείλειν τῷ δημο-
10 σίῳ. Ἐπιχάρης οὖν ἐνέδειξε Θεοκρίνην οὐκ ἐξὸν αὐτῷ λέγειν 2
ἐκ τριῶν τούτων νόμων. καὶ γὰρ Μίκων ὡς ἑτέρωσέ ποι σεσιτη-
γηκότα φῆναι μὲν αὐτὸν λέγει, μὴ ἐπεξελθεῖν δέ, καὶ ἐπιμελητὴν
ὑπὸ τῶν φυλετῶν ἀποδειχθέντ᾽ ἐν εὐθύναις ἁλῶναι κλοπῆς χρημά-
των ἃ ἦν ἱερὰ τῶν ἐπωνύμων, καὶ τρίτον Κηφισοδώρου θεράπαιναν
15 εἰς ἐλευθερίαν ἀδίκως ἀφελόμενον τὸν πατέρα τοῦ Θεοκρίνου προσ-
οφλῆσαι δραχμὰς πεντακοσίας. ἐπὶ τούτοις μὲν ἡ ἔνδειξις, καὶ
τὸ πρᾶγμα φανερῶς δημόσιον. τὸν δὲ λόγον οἱ πολλοὶ νομίζουσιν
εἶναι Δεινάρχου, καίτοι γ᾽ οὐκ ἀπεοικότα τῶν τοῦ Δημοσθένους.

Τοῦ πατρὸς ἡμῶν, ὦ ἄνδρες δικασταί, διὰ τουτονὶ Θεο- [1322]
20 κρίνην ἀτυχήσαντος πρὸς τὴν πόλιν καὶ ὀφλόντος δέκα
τάλαντα, καὶ τούτου διπλοῦ γεγενημένου ὥστε μηδ᾽ ἐλπίδα
ἡμῖν εἶναι σωτηρίας μηδεμίαν, ἡγησάμην δεῖν ἐπὶ τῷ τιμω-
ρεῖσθαι μεθ᾽ ὑμῶν τοῦτον μήτε ἡλικίαν μήτε ἄλλο μηδὲν

TITULUS Θεοκρίνου S F Q D, Dion. Hal., Deinarch. 10, Harpocr. s. v.
ἀγραφίου : Θεοκρίνους A

4 εἰσηγηκότων F¹ D S   8 lacunam statuit Wolf, καὶ δεύτερος
τὸν ἁλόντα κλοπῆς ἱερῶν χρημάτων ἄτιμον εἶναι videtur excidisse, cf. § 14
10 ἐπίχαρις S   ἐνέδειξε D (Wolf) : ἔδειξε F S   11 τούτων] τούτων
τῶν D Foerster perperam   Μίκωνα D corr. : Μήκωνα D¹ : νίκωνα F S
ἑτέρωθί D   15 τὸν Θεοκρίνου D : τὸν Θεοκρι" S   19 ἡμῶν om. A
20 ὀφείλοντος A   22 τιμωρήσασθαι A

273

2 ὑπολογισάμενος δοῦναι τὴν ἔνδειξιν ταύτην. καὶ γὰρ
ὁ πατήρ, ὦ ἄνδρες δικασταί, ᾧπερ πάντα πειθόμενος πε-
ποίηκα, πρὸς ἅπαντας ὠδύρετο τοὺς γνωρίμους, εἰ παραλιπὼν
ἐγὼ τὸν καιρὸν ἐν ᾧ διὰ τὸ τὸν πατέρα ͵ζῆν ἔξεστί μοι τοῦ-
τον ἀμύνασθαι, τὴν ἀπειρίαν καὶ τὴν ἡλικίαν προφασιζό- 5
μενος αὐτὸν μὲν περιόψομαι πάντων ἀπεστερημένον, Θεο-
κρίνην δὲ παρὰ τοὺς νόμους γραφὰς γραφόμενον καὶ
συκοφαντοῦντα πολλοὺς τῶν πολιτῶν, οὐκ ἐξὸν αὐτῷ.

3 δέομαι οὖν ὑμῶν ἁπάντων, ὦ ἄνδρες Ἀθηναῖοι, καὶ ἱκετεύω
μετ' εὐνοίας ἀκοῦσαί μου, πρῶτον μὲν ὅτι τῷ πατρὶ βοηθῶν 10
καὶ πειθόμενος ἀγωνίζομαι, ἔπειθ' ὅτι καὶ νέος ὢν καὶ
ἄπειρος, ὥστ' ἀγαπητὸν εἶναί μοι, ἐὰν ὑπάρξῃς τῆς παρ'

4 ὑμῶν εὐνοίας δυνηθῶ δηλῶσαι τὰ πεπραγμένα τούτῳ· πρὸς
δὲ τούτοις, ὅτι, ὦ ἄνδρες δικασταί, προδέδομαι (τὰ γὰρ
ἀληθῆ πρὸς ὑμᾶς εἰρήσεται) ὑπ' ἀνθρώπων, οἳ πιστευθέντες 15
ὑφ' ἡμῶν διὰ τὴν πρὸς τοῦτον ἔχθραν, καὶ πυθόμενοι τὰ
πράγματα καὶ φήσαντες ἐμοὶ συναγωνιεῖσθαι, ἐγκαταλε-
λοίπασι νυνί με καὶ διαλέλυνται πρὸς τοῦτον ἐν τοῖς ἐμοῖς
πράγμασιν, ὥστε μοι μηδὲ τὸν συνεροῦντ' εἶναι, ἐὰν μή τις
ἄρα τῶν οἰκείων βοηθήσῃ. 20

5 Πολλαῖς μὲν οὖν ἐνδείξεσιν ἦν ἔνοχος οὑτοσί, καὶ
ἅπαντας τοὺς περὶ ταῦτα νόμους ἐφαίνετο παραβεβηκώς·
καινότατον δὲ τῶν ἔργων τῶν τούτου τὴν περὶ τὸ πλοῖον
φάσιν ηὑρίσκομεν γεγονυῖαν, διόπερ ταῦτα γράψας εἰς
τὴν ἔνδειξιν ἔδωκεν ὁ πατήρ μοι. πρῶτον μὲν οὖν τὸν 25
νόμον ὑμῖν ἀναγνώσεται τὸν περὶ τῶν φαινόντων καὶ οὐκ
ἐπεξιόντων, ἀλλὰ διαλυομένων παρὰ τοὺς νόμους (ἐντεῦθεν
γὰρ οἶμαι προσήκειν μοι τὴν ἀρχὴν ποιήσασθαι τοῦ λόγου),
εἶτα τὴν φάσιν αὐτὴν ἣν οὗτος ἐποιήσατο κατὰ τοῦ Μίκω-
νος. λέγε. 30

9 Ἀθηναῖοι] δικασταί A D   12–13 τῆς παρ' ὑμῶν ὑπαρξάσης
(ὑπαρχούσης A) codd. ; transposuit Stahl   14 προσδέδομαι S[1]
20 ἄρα A : ἄρα μοι S F Q D   22 φαίνεται A   24 ταῦτα (πρῶτα) Blass
25 μου A   25–26 ὑμῖν τὸν νόμον A   28 τὴν ἀρχὴν ποιήσασθαι A :
ποιήσασθαι τὴν ἀρχὴν S vulg.   29 Μικίωνος et sic deinceps A

ΝΟΜΟΣ.

Ὁ *νόμος* οὑτοσί, ὦ ἄνδρες δικασταί, τοῖς προαιρουμένοις 6
ἢ γράφεσθαι γραφὰς ἢ φαίνειν ἢ ἄλλο τι ποιεῖν τῶν ἐν
τῷ νόμῳ τούτῳ γεγραμμένων προλέγει διαρρήδην, ἐφ᾽ οἷς
5 ἕκαστόν ἐστιν τούτων ποιητέον. ἔστι δὲ ταῦτα, ὥσπερ
ἠκούσατε ἐξ αὐτοῦ τοῦ νόμου, ἐὰν ἐπεξιών τις μὴ μεταλάβῃ
τὸ πέμπτον μέρος τῶν ψήφων, χιλίας ἀποτίνειν, κἂν μὴ
ἐπεξίῃ ⟨γ᾽⟩, ὦ Θεοκρίνη, χιλίας ἑτέρας, ἵνα μήτε συκοφαντῇ
μηδείς, μήτε ἄδειαν ἔχων ἐργολαβῇ καὶ καθυφιῇ τὰ τῆς
10 πόλεως. φημὶ δὴ κατὰ ταύτην τὴν ἔνδειξιν ἔνοχον εἶναι
Θεοκρίνην τῷ φήναντα Μίκωνα Χολλήδην μὴ ἐπεξελθεῖν,
ἀλλ᾽ ἀργύριον λαβόντα ἀποδόσθαι τὸ πρᾶγμα. καὶ τοῦτο 7
ἀποδείξω σαφῶς, ὡς ἐγὼ νομίζω. καίτοι Θεοκρίνης γε,
ὦ ἄνδρες δικασταί, καὶ οἱ μετὰ τούτου οὐδὲν ὅ τι οὐ πεποιή-
15 κασι προσιόντες τοῖς μάρτυσι καὶ τὰ μὲν ἀπειλοῦντες
αὐτοῖς, τὰ δὲ πείθοντες μὴ μαρτυρεῖν. ἀλλ᾽ ὅμως ἐὰν [1324
ὑμεῖς βούλησθε τὰ δίκαια βοηθεῖν μοι, καὶ κελεύητε αὐτούς,
μᾶλλον δὲ ἀναγκάζοντος ἐμοῦ συναναγκάζητε, ἤτοι μαρτυ-
ρεῖν ἢ ἐξόμνυσθαι, καὶ μὴ ἐᾶτε λόγους λέγειν, εὑρεθήσεται
20 τἀληθές. λέγε οὖν πρῶτον μὲν τὴν φάσιν, εἶτα τὰς
μαρτυρίας.

ΦΑΣΙΣ.

Ταύτην τὴν *φάσιν*, ὦ ἄνδρες δικασταί, ἔδωκεν μὲν 8
οὑτοσὶ προσκαλεσάμενος τὸν Μίκωνα, ἔλαβεν δὲ ὁ γραμ-
25 ματεὺς ὁ τῶν τοῦ ἐμπορίου ἐπιμελητῶν, Εὐθύφημος. ἐξέ-
κειτο δὲ πολὺν χρόνον ἔμπροσθεν τοῦ συνεδρίου ἡ φάσις,

1 ΝΟΜΟΣ Α : ΝΟΜΟΣ ΦΑΣΙΣ S F D   2 οὑτοσί S : οὗτος cett.
Ἀθηναῖοι, τοὺς προαιρουμένους Α   5 τούτων] τουτω S   7 κἂν : ἢ ἐὰν
Α   8 γ᾽ add. Blass   9 καθυφιῇ Dobree : καθυφείη codd. : καθυφι
in S scripserat librarius ; tum ι in ει mutato, η addidit   10 an κατὰ
ταυτί τῇ ἐνδείξει ?   11 φήναντα mg. edit. Paris. : φήναντι S F Q D :
φήσαντι Α   Χολλήδην scripsi : Χολλίδην codd.   14 μετ᾽ αὐτοῦ Α
15 καὶ om. Α   19 ἐξόμνυσθαι Α F corr. : ἐξομνύεσθαι S F (me teste)
Q   μὴ Α : μηδ᾽ S F Q D   λέγειν] αὐτοὺς λέγειν Α   19-20 εὑρήσετε
τἀληθῆ Α   24 οὗτος προκ. Α   25 εμπορειου S, itidem §§ 9, 26

ἕως λαβὼν ἀργύριον οὗτος εἴασε διαγραφῆναι καλούντων
αὐτὸν εἰς τὴν ἀνάκρισιν τῶν ἀρχόντων. ὅτι δὲ ταῦτ'
ἀληθῆ λέγω, πρῶτον μὲν κάλει ὃς ἐγραμμάτευε τῇ ἀρχῇ,
Εὐθύφημον.

MAPTYPIA.　　　　　　　　　　　5

9　Λέγε δὴ καὶ τὴν τῶν ἰδόντων ἐκκειμένην τὴν φάσιν
μαρτυρίαν. λέγε.

MAPTYPIA.

Κάλει δὲ καὶ τοὺς τοῦ ἐμπορίου ἐπιμελητάς, καὶ αὐτὸν
τὸν Μίκων' οὗ ἔφηνε τὸ πλοῖον· καὶ τὰς μαρτυρίας ἀνα- 10
γίγνωσκε.

MAPTYPIAI.

10　Ὡς μὲν τοίνυν, ὦ ἄνδρες δικασταί, ἔφηνε Θεοκρίνης τὸ
τοῦ Μίκωνος πλοῖον, καὶ ὡς ἐξέκειτο πολὺν χρόνον ἡ φάσις,
καὶ ὡς εἰς τὴν ἀνάκρισιν καλούμενος οὐχ ὑπήκουσεν οὐδ' 15
ἐπεξῆλθεν, ἀκηκόατε μαρτυρούντων [τούτων] οὓς εἰδέναι
μάλιστα προσήκει. ὅτι δ' οὐ ταῖς χιλίαις μόνον ἔνοχός
ἐστιν, ἀλλὰ καὶ ἀπαγωγῇ καὶ τοῖς ἄλλοις ὅσα κελεύει
[1325] πάσχειν ὁ νόμος οὑτοσὶ τὸν συκοφαντοῦντα τοὺς ἐμπόρους
καὶ τοὺς ναυκλήρους, ῥᾳδίως ἐξ αὐτοῦ τοῦ νόμου γνώσεσθε. 20

11　βουλόμενος γὰρ ὁ τὸν νόμον τιθεὶς μήτε τοὺς ἀδικοῦντας
τῶν ἐμπόρων ἀθῴους εἶναι, μήτε τοὺς ἄλλους πράγματ'
ἔχειν, ἁπλῶς ἀπεῖπε τοῖς τοιούτοις τῶν ἀνθρώπων μὴ
φαίνειν, εἰ μὴ πιστεύει τις αὐτῷ δείξειν ἐν ὑμῖν γεγε-
νημένα περὶ ὧν ποιεῖται τὴν φάσιν· ἐὰν δέ τις παρὰ ταῦτα 25
ποιῇ τῶν συκοφαντούντων, ἔνδειξιν αὐτῶν εἶναι καὶ ἀπα-
γωγήν. μᾶλλον δὲ λέγε τὸν νόμον αὐτόν· πολὺ γὰρ ἐμοῦ
σαφέστερον διδάξει.

5 MAPTYPIA om. A　6 δὴ] δὲ A　7 λέγε om. A　8 MAPTYPIAI
A　9 δὲ] δὴ A　14 τοῦ om. A　15 οὐχ . . . οὐδ'] οὔθ' . . . οὔτ' A
16 τούτων οὓς S F Q D : οὓς A, cf. xx 87　17 προσήκει D (coniecerat
Thalheim) : προσῆκεν cett.　18 ὅσα] ἃ A　23 τοὺς τοιούτους
Taylor　24 τὰ (ταῦτα A) ante γεγενημένα codd. : del. Dobree
25 ταῦτα A : αὐτὰ cett.　26 ποιεῖ S　εἶναι αὐτῶν A　27 σα-
φέστερον ἐμοῦ A

NOMOΣ.

Ἀκούετε τοῦ νόμου ἃ κελεύει πάσχειν, ὦ ἄνδρες δικασταί, 12
τὸν συκοφάντην. οὐκοῦν εἰ μέν τι πεποιηκότα τούτων ὧν
ἔγραψεν ἐν τῇ φάσει Θεοκρίνης πεποιηκέναι τὸν Μίκωνα,
5 καθυφεῖκε τὸ πρᾶγμα καὶ διαλέλυται πρὸς τὸν ἄνθρωπον,
ἀδικεῖ πάντας ὑμᾶς καὶ δικαίως ὀφείλει τὰς χιλίας. εἰ δὲ
πλεύσαντα αὐτὸν δικαίως οἷ προσῆκεν (ἔστω γὰρ ὁπότερον
οὗτος βούλεται) φαίνει καὶ προσκαλεῖται, συκοφαντεῖ τοὺς
ναυκλήρους, καὶ τὸν νόμον οὐ μόνον τὸν πρότερον, ἀλλὰ καὶ
10 τὸν ἀρτίως ἀναγνωσθέντα παραβέβηκεν, καὶ καταμεμαρτύ-
ρηκεν αὐτοῦ μηδὲν ὑγιὲς μήτε λέγειν μήτε πράττειν. τίς 13
γὰρ ἂν παρεὶς τὸ δικαίως πράττοντα λαβεῖν τὸ μέρος τῶν
χρημάτων κατὰ τὸν νόμον, διαλυσάμενος ἐβουλήθη μικρὰ
κερδᾶναι καὶ τούτοις ἔνοχον αὐτὸν καταστῆσαι τοῖς νόμοις,
15 ἐξόν, ὅπερ ἀρτίως εἶπον, τὰ ἡμίσεα τῶν φανθέντων λαβεῖν;
οὐδ' ἂν εἷς, ὦ ἄνδρες δικασταί, μὴ οὐ συνειδὼς ἑαυτῷ
συκοφαντοῦντι.   [1326]

Δύο μὲν τοίνυν οὗτοι νόμοι εἰσὶν οὓς παραβέβηκεν ὁ τοὺς 14
ἄλλους παρανόμων γραφόμενος· ἕτερον δὲ τρίτον, ὃς ὁμοίως
20 κελεύει κατά τε τῶν ὀφειλόντων τῷ δημοσίῳ τὰς ἐνδείξεις
τὸν βουλόμενον ποιεῖσθαι τῶν πολιτῶν, καὶ ἐάν τις ὀφείλῃ
τῇ Ἀθηνᾷ ἢ τῶν ἄλλων θεῶν ἢ τῶν ἐπωνύμων τῳ. ὃ φανή-
σεται οὗτος, ὀφείλων καὶ οὐκ ἐκτετεικὼς ἑπτακοσίας δραχμάς,
ἃς ὦφλεν ἐν ταῖς εὐθύναις τῷ ἐπωνύμῳ τῆς αὑτοῦ φυλῆς.
25 καί μοι λέγε τοῦτ' αὐτὸ τοῦ νόμου.

2 τῶν νόμων ἃ κελεύουσιν A   3 τι (τις A) πεποιηκότα codd.: τι
πεπεικὼς αὐτὸν Dobree: εἰδώς τι πεποιηκότα Hertlein. nil mutandum
opinor   6 ὀφείλει S F Q D: ἂν ὀφείλοι A   7 δικαίως αὐτὸν A:
αὐτὸν secl. Blass   οἷ] οὗ A   ὁπότερον A: τοῦθ' ὁπότερον S F Q D
8 συκοφαντεῖ A: καὶ συκοφαντεῖ S F Q D   11 (αὐτὸς) αὐτοῦ Bockmeijer
12 πράττοντα codd.: πράττων Wolf   14 τούτοις] τοῦτο S F Q
καταστήσας A   15 εξων S: ἐξ ὧν F Q   ἡμίσεα A F, cf. Bekk. Anecd.
41. 33: ἡμίση S Q D   19 τρίτον A, cf. xxiii 74: τὸν τρίτον S vulg.
20 τε om. A   22 post θεῶν add. τινὶ A   τῳ ex Aldina additum,
cf. § 15   22–23 ὃ et οὗτος om. A

ΝΟΜΟΣ.

15 Ἐπίσχες. ἀκούεις, οὑτοσί, τί λέγει; ‘ ἢ τῶν ἐπωνύμων
τῳ’. λέγε δὴ τὴν τῶν φυλετῶν μαρτυρίαν.

ΜΑΡΤΥΡΙΑ.

Ταχύ γ’ ἂν οὗτος, ὦ ἄνδρες δικασταί, ἀνθρώπων ὀλίγων 5
φροντίσειεν ἢ τῶν τὸν πλεῖστον τοῦ χρόνου πλεόντων, ὥσπερ
ὁ Μίκων, ὅστις τοὺς φυλέτας παρόντας οὔτ’ ἔδεισεν οὔτ’
ᾐσχύνθη, τοῦτο μὲν οὕτως αὐτῶν τὰ κοινὰ διοικήσας ὥστ’
ἐκείνους κλοπὴν αὐτοῦ καταγνῶναι, τοῦτο δὲ ὀφλὼν καὶ τοὺς
νόμους ἀκριβῶς εἰδὼς ὅτι κωλύουσιν αὐτὸν γράφεσθαι γρα- 10
φὰς ἕως ἂν ἐκτείσῃ, βιαζόμενος καὶ νομίζων δεῖν τοὺς μὲν
ἄλλους τοὺς ὀφείλοντας μηδενὸς μετέχειν τῶν κοινῶν, αὐτὸν
16 δὲ κρείττω τῶν νόμων εἶναι. φήσει τοίνυν τὸν πάππον, οὐχ
αὑτὸν εἶναι τὸν ἐν τῷ γραμματείῳ γεγραμμένον, καὶ περὶ
τούτου πολλοὺς ἐρεῖ λόγους, ὡς ἐκεῖνός ἐστιν. ἐγὼ δὲ τὸ 15
μὲν ἀκριβές, ὁπότερός ἐστιν, οὐκ ἔχω λέγειν· εἰ δ’ οὖν ἐστιν
ὡς οὗτος ἐρεῖ, πολὺ δικαιότερον εἶναι νομίζω καταψηφίσασθαι
17 ὑμᾶς αὐτοῦ, εἰ ταῦθ’ οὕτως ἐστίν. εἰ γὰρ ὀφείλοντος αὐτῷ
τοῦ πάππου πάλαι, καὶ τοῦ νόμου κελεύοντος κληρονομεῖν
[1327] τοῦτον τῶν ἐκείνου, προσῆκον αὐτῷ μηδὲ πάλαι γράφεσθαι 20
ἐγράφετο, καὶ διὰ τοῦτο οἰήσεται δεῖν ἀποφεύγειν ὅτι πονηρὸς
ἐκ τριγονίας ἐστίν, οὐ δίκαια ἐρεῖ, ὦ ἄνδρες δικασταί. ὡς
οὖν καὶ παρ’ αὐτοῦ Θεοκρίνου ὁμολογεῖται τοῦτ’ εἶναι τὸ
ὄφλημα καὶ κατετάξατο τοῖς φυλέταις ὑπὲρ αὐτοῦ καὶ τοῦ
ἀδελφοῦ, καὶ τοῖς βουλομένοις εὐορκεῖν οὐ καλῶς ἔχει ταύ- 25
την ἀπογιγνώσκειν τὴν ἔνδειξιν, λαβέ μοι τὸ ψήφισμα ὃ
18 εἶπεν ἐν τοῖς φυλέταις Σκιρωνίδης. προσελθὼν δὲ οὑτοσὶ

2 ἢ] ἦν S F Q D   3 τῷ om. A   5 οὗτος om. S¹, add. in mg.
ead. m.   ὀλίγων codd., ὀλίγον Schol. : ἀλλοτρίων Dobree : ὀθνείων
Herwerden, recte fort. ; sed cf. xxv 95   6 τὸν S A : τὸ F Q D
10 κωλύουσιν D, mg. ed. Paris. : κωλύσουσιν S A F Q   18 τοῦθ’ D
21 ἐγράφετο A : γράφεται mg. ed. Paris. : ἐγράφετε S F Q D   23 Θεο-
κρίνους A   τούτου A cf. xliii 2, Lys. xxiv 3   24 κατετάξατο
codd. : ἐτάξατο Herwerden, cf. Thuc. i 117   25 ἔχειν S   27 Κριτωνί-
δης A   post Σκιρωνίδης add. ΨΗΦΙΣΜΑ vulg. : om. S D   δὲ
codd. : γὰρ Blass   οὑτοσί] οὗτος ὁ A

Θεοκρίνης ὡμολόγησεν ὀφείλειν καὶ ἐκτείσειν ἐναντίον τῶν
φυλετῶν, ἐπειδὴ προσιόντας ἡμᾶς ᾔσθετο καὶ βουλομένους
ἀντίγραφα τῶν ἐν τῷ γραμματείῳ γεγραμμένων λαβεῖν.

ΨΗΦΙΣΜΑ.

5   Πολύ γ' ἄν, ὦ ἄνδρες Λεωντίδαι, τοὺς ἀναγκάσαντας
ἀποδοῦναι Θεοκρίνην τὰς ἑπτὰ μνᾶς ἐπῃνέσατ' ἂν μᾶλλον
ἢ τοῦτον.

Τέταρτος τοίνυν νόμος ἐστίν (ὁμολογῶ γὰρ τῶν τούτῳ   19
πεπραγμένων τὰ πλεῖστα ἐξητακέναι) καθ' ὃν ὀφείλει πεντα-
10 κοσίας δραχμὰς Θεοκρίνης οὑτοσί, οὐκ ἐκτετεικότος αὐτῷ τοῦ
πατρὸς ἃς προσῶφλεν ἀφελόμενος τὴν Κηφισοδώρου θερά-
παιναν εἰς ἐλευθερίαν, ἀλλὰ διοικησαμένου πρὸς Κτησικλέα
τὸν λογογράφον, ὃς ἦν ἐπὶ τοῖς τῶν ἀντιδίκων πράγμασιν,
ὥστε μήτ' ἐκτεῖσαι μήτ' εἰς ἀκρόπολιν ἀνενεχθῆναι. ἃς   20
15 οὐδὲν ἧττον οἶμαι Θεοκρίνης ὀφείλει νυνὶ κατὰ τὸν νόμον.
οὐ γὰρ ἐὰν Κτησικλῆς ὁ μέτοικος συγχωρήσῃ τούτῳ, πονηρὸς
πονηρῷ, μὴ παραδοθῆναι τοῖς πράκτορσιν τὸν προσοφλόντα
κατὰ τὸν νόμον, διὰ τοῦτο δεῖ τὴν πόλιν ἀπεστερῆσθαι τῶν   [1328]
ἐκ τῶν νόμων ἐπικειμένων ζημιῶν, ἀλλὰ προσήκει τοὺς ἀντι-
20 δίκους ὑπὲρ μὲν τῶν ἰδίων, ὅπως ἂν αὑτοὺς πείθωσιν, διοι-
κεῖσθαι πρὸς ἀλλήλους, ὑπὲρ δὲ τῶν πρὸς τὸ δημόσιον,
ὅπως ἂν οἱ νόμοι κελεύωσιν. καί μοι λέγε τόν τε νόμον,   21
ὃς κελεύει τὸ ἥμισυ τοῦ τιμήματος ὀφείλειν τῷ δημοσίῳ ὃς
ἂν δόξῃ μὴ δικαίως εἰς τὴν ἐλευθερίαν ἀφελέσθαι, καὶ τὴν
25 τοῦ Κηφισοδώρου μαρτυρίαν.

ΝΟΜΟΣ.   ΜΑΡΤΥΡΙΑ.

Λέγε δὴ κἀκεῖνον τὸν νόμον τὸν ἀπ' ἐκείνης κελεύοντα

---

1 ἐκτείσειν S : ἐκτίσειν vulg.   2 ἡμᾶς om. A   4 ΨΗΦΙΣΜΑ B̅ S
5 Λεωντίδαι scripsi : Ἀθηναῖοι Λεωντίδας codd.   manifestum est a
Leontidis Theocrinem esse collaudatum.   insolita sane eiusmodi apo-
strophe; sed cf. ἃ Μοιρόκλεις § 56 : Ἀθηναῖοι, Λεωντίδαι ἡμᾶς et mox
ἐπῄνεσαν Thalheim   8 νόμος S : ἕτερος νόμος vulg.   10 ἐκτετεικότος
S : ἐκτετικ. vulg.   11 Κηφισοδότου A   15 οὐδὲν Reiske : οὐδὲ
μὲν codd.   19 ἀλλὰ καὶ pr. A   22 τόν τε A : τὸν cett.

τῆς ἡμέρας ὀφείλειν ἀφ' ἧς ἂν ὄφλῃ, ἐάν τε ἐγγεγραμμένος
ᾖ, ἐάν τε μή.

ΝΟΜΟΣ.

22 Πῶς οὖν ἄλλως, ὦ ἄνδρες δικασταί, προσήκει τὸν δικαίως
κατηγοροῦντα ἀποφαίνειν ὀρθῶς ἐνδεδειγμένον Θεοκρίνην 5
τουτονί, καὶ μὴ μόνον ἔνοχον ὄντα τῇ ἐνδείξει κατὰ τὰς
χιλίας ἐφ' αἷς ἐνδέδεικται, ἀλλὰ καὶ πολλοῖς ἄλλοις ὀφλή-
μασιν; ἐγὼ μὲν οὐδαμῶς νομίζω. οὐ γὰρ δὴ προσδοκᾶν γε
δεῖ Θεοκρίνην αὐτὸν ὁμολογήσειν ὀφείλειν ὑμῖν τῷ δημοσίῳ
καὶ δικαίως ἐνδεδεῖχθαι φήσειν, ἀλλὰ τοὐναντίον πάντα λόγον 10
μᾶλλον ἐρεῖν καὶ πάσας αἰτίας οἴσειν, ὡς καταστασιάζεται,
23 ὡς διὰ τὰς τῶν παρανόμων γραφὰς εἰς ταῦθ' ἥκει. λοιπὸν
γάρ ἐστιν τοῦτο τοῖς ἐν αὐτοῖς τοῖς πράγμασιν ἐξελεγχο-
μένοις, αἰτίας καὶ προφάσεις εὑρίσκειν αἵτινες τοῦ παρόντος
ὑμᾶς ποιήσουσι πράγματος ἐπιλαθομένους τοῖς ἔξω τῆς κατη- 15
γορίας λόγοις προσέχειν. ἐγὼ δέ, ὦ ἄνδρες δικασταί, εἰ μὲν
ἑώρων ἐν τοῖς ἀνεγνωσμένοις νόμοις γεγραμμένον ʽταῦτα δ'
[1329] εἶναι κύρια περὶ τῶν συκοφαντούντων, ἂν μὴ Θεοκρίνης
ἐνδειχθεὶς αἰτιᾶσθαι βούληται Θουκυδίδην ἢ Δημοσθένην ἢ
καὶ τῶν πολιτευομένων ἄλλον τινά', ἡσυχίαν ἂν ἦγον. νῦν 20
δὲ τούτων οὐδεμίαν ὁρῶ τῶν σκήψεων ὑπόλογον οὖσαν ἐν
τοῖς νόμοις, οὐδὲ καινήν, ὥστε προσέχειν νῦν πρῶτον ἀκού-
σαντας, ἀλλὰ μυριάκις παρὰ τῶν κρινομένων εἰρημένην.
24 ἀκούω δὲ καὶ παρὰ τῶν πρεσβυτέρων, ὦ ἄνδρες δικασταί,
ὡς ἄρα προσῆκόν ἐστιν ὅλως μὲν μηδενὶ μηδεμίαν συγγνώ- 25
μην ὑπάρχειν παραβαίνοντι τοὺς νόμους, εἰ δ' ἄρα δεῖ, μὴ
τοῖς συνεχῶς οὖσι πονηροῖς μηδὲ τοῖς ἐπ' ἀργυρίῳ τοὺς
νόμους προϊεμένοις (οὐ γὰρ εἰκός), ἀλλ' οἵτινες ἂν διὰ τὴν
αὑτῶν ἀπραγμοσύνην ἄκοντές τι τῶν γεγραμμένων παραβῶ-

---

1 ὀφείλειν τῆς ἡμέρας A   5 ἐπιδεδειγμένον A   7 ἄλλοις om. A
8 προσδοκᾶν γε A : γε προσδοκᾶν S vulg.   9 ὑμῖν ὀφείλειν A
10 φήσειν del. Naber   ἀλλ'] ἀλλ' οὐ A   13 ἐν del. Taylor, sed
cf. Prooem. xxiv   19 αἰτιάσασθαι A   21 ὑπὸ λόγον S F :
ὑπόλοιπον A   24 παρὰ τῶν S vulg. : τῶν A ut § 62   26 δεῖ
codd. : δεῖν Naber : deleverim, cf. xxi 138   28 προϊεμένους S F A¹
29 παραβαίνωσιν A

σιν. ὧν οὐδεὶς ἂν δήπου Θεοκρίνην τουτονὶ φήσειεν εἶναι,
ἀλλὰ τοὐναντίον οὐδενὸς τῶν ἐν τοῖς νόμοις ἄπειρον. διὸ 25
καὶ δεῖ φυλάττειν αὐτόν, μὴ πρὸς τοὺς ἐμοὺς λόγους μηδὲ
τοὺς ὑπὸ τούτου ῥηθησομένους ἀποβλέποντας. οὐ γὰρ δίκαιον
5 τοὺς ὑπὲρ τῶν νόμων καθημένους μακροῖς λόγοις καὶ κατη-
γορίαις προσέχειν, ἀλλ᾽ οἷς ἂν ἅπαντες ῥᾳδίως ἐπακολουθή-
σαιτε, καὶ δι᾽ ὧν δόξετε πᾶσι τοῖς ἐν τῇ πόλει τῶν νόμων
ἀξίως ταύτην τὴν ἔνδειξιν δικάσαι, σαφῶς ἐρωτῶντας ῾τί
λέγεις, Θεοκρίνη καὶ πάντες οἱ τῶν αὐτῶν τούτῳ μετέχοντες;
10 ἀξιοῦθ᾽ ἡμᾶς, κατὰ τοὺς νόμους ὀμωμοκότας δικάσειν, παρὰ
τούτους διὰ τοὺς ὑμετέρους λόγους ψηφίζεσθαι; μεμαρτυρη- 26
κότος μὲν ἡμῖν τοῦ Μίκωνος, καθ᾽ οὗ δοὺς Θεοκρίνης οὑτοσὶ
τὴν φάσιν οὐκ ἐπεξῆλθε, καὶ πεποιηκότος αὐτὸν τούτοις ὑπό-
δικον, ὁμολογοῦντος δὲ τοῦ γραμματέως λαβεῖν τὴν φάσιν
15 παρὰ τούτου, καὶ πεποιηκυίας τῆς μαρτυρίας τῆς ὀλίγον τι [1330]
πρότερον ἀναγνωσθείσης αὐτὸν ὑπόδικον; ἔτι δὲ τῶν τοῦ
ἐμπορίου ἐπιμελητῶν μόλις μέν, ἀλλ᾽ οὖν ταὐτὰ τούτοις
μεμαρτυρηκότων; πρὸς δὲ τούτοις τῶν ἰδόντων ἐκκειμένην
τὴν φάσιν καὶ προσελθόντων τοῖς ἄρχουσι μαρτυρούντων,
20 ὥσπερ ὀλίγον πρότερον ἠκούσατε;᾽ ἀλλ᾽ οὐ δίκαιον, ὦ ἄνδρες
δικασταί.

Οὐ γὰρ δὴ διὰ τὸν τρόπον γε τὸν τοῦ φεύγοντος καὶ τὸν 27
βίον ψευδεῖς ὑπολήψεσθε τὰς μαρτυρίας τὰς ἀνεγνωσμένας
εἶναι. πολὺ γὰρ ἐκ τοῦ τρόπου σαφέστερον ἐπιδείκνυται
25 Θεοκρίνης τοιοῦτος ὢν ἢ διὰ τῶν εἰρημένων. τί γὰρ οὐ
πεποίηκεν οὗτος ὧν ἂν πονηρὸς καὶ συκοφάντης ἄνθρωπος
ποιήσειεν; οὐ διὰ μὲν τὴν τούτου πονηρίαν ἀδελφὸς αὐτοῦ
θεσμοθετῶν καὶ τούτῳ χρώμενος συμβούλῳ τοιοῦτος ἔδοξε
παρ᾽ ὑμῖν ἄνθρωπος εἶναι, ὥστε οὐ μόνον αὐτὸς ἀπεχειροτο-

4 τοὺς] τοῖς S   τούτου S vulg. : τούτων A, cf. § 48   5 λόγοις
μακροῖς A   6 ἂν om. A   ἐπακολουθήσετε codd., corr. Bekker
8 ἐρωτῶντες A   15 πεποιηκυίας] πεποιηκότος καὶ τούτου διὰ A (Taylor
αὐτὸν mox scripto)   19 καὶ μαρτυρούντων A, cf. § 7   20 ὀλίγον S F Q D,
cf. xvii 27 : ὀλίγον τι ut supra A   22 alterum τὸν om. A
24 εἶναι om. D   27 μὲν om. A   ἀδελφὸς Bekker : ἀδ. codd. (sine
spiritu S)   29 ἄνθρωπος παρ᾽ ὑμῖν A.   ἄνθρωπος secl. Blass

νήθη τῶν ἐπιχειροτονιῶν οὐσῶν, ἀλλὰ καὶ τὴν ἀρχὴν ἅπασαν
ἐποίησεν; καὶ εἰ μὴ δεομένων αὐτῶν καὶ ἱκετευόντων, καὶ
λεγόντων ὡς οὐκέτι πρόσεισι Θεοκρίνης πρὸς τὴν ἀρχήν,
ἐπείσθηθ᾽ ὑμεῖς καὶ πάλιν ἀπέδοτε τοὺς στεφάνους αὐτοῖς,

28 πάντων ἂν αἴσχιστα οἱ συνάρχοντες ἐπεπόνθεσαν; καὶ τού- 5
των οὐδέν με δεῖ μάρτυρας ὑμῖν παρασχέσθαι· πάντες γὰρ
ἴστε τοὺς ἐπὶ Λυκίσκου ἄρχοντος θεσμοθέτας ἀποχειροτονη-
θέντας ἐν τῷ δήμῳ διὰ τοῦτον. ὧν ἀναμιμνησκομένους ὑμᾶς
χρὴ τὸν αὐτὸν ὑπολαμβάνειν εἶναι τοῦτον καὶ πρότερον καὶ
νῦν. οὐ πολλῷ τοίνυν χρόνῳ ὕστερον τῆς ἀποχειροτονίας, 10

[1331] τελευτήσαντος αὐτῷ τοῦ ἀδελφοῦ βιαίῳ θανάτῳ, τοιοῦτος
ἐγένετο περὶ αὐτὸν οὗτος, ὥστε ζητήσας τοὺς δράσαντας καὶ

29 πυθόμενος οἵτινες ἦσαν, ἀργύριον λαβὼν ἀπηλλάγη. καὶ τὴν
μὲν ἀρχὴν ἣν ἐκεῖνος ἄρχων ἐτελεύτησεν, ἱεροποιὸς ὤν, παρὰ
τοὺς νόμους ἦρχεν οὗτος, οὔτε λαχὼν οὔτ᾽ ἐπιλαχών· ὑπὲρ 15
ὧν δ᾽ ἔπαθεν ἐκεῖνος, μέχρι τούτου σχετλιάζων περιῄει καὶ
φάσκων εἰς Ἄρειον πάγον Δημοχάρην προσκαλεῖσθαι, ἕως
διελύσατο πρὸς τοὺς τὴν αἰτίαν ἔχοντας. χρηστός γ᾽ ἐστὶ
καὶ πιστὸς καὶ κρείττων χρημάτων. οὐδ᾽ ἂν αὐτὸς φήσειεν.
οὐ γὰρ τοσούτων δεῖσθαί φασι δεῖν τὸν δικαίως καὶ μετρίως 20
τῶν κοινῶν ἐπιμελησόμενον, ἀλλὰ πάντων τούτων εἶναι
κρείττω δι᾽ ὧν ἀναλίσκουσιν εἰς ἑαυτοὺς ἃ λαμβάνουσιν.

30 καὶ τὰ μὲν πρὸς τὸν ἀδελφὸν αὐτῷ πεπραγμένα τοιαῦτά
ἐστιν· ἃ δὲ πρὸς τὴν πόλιν προσελθὼν διώκηται (δευτέρους
γὰρ ὑμᾶς φήσει φιλεῖν μετὰ τοὺς οἰκείους) ἄξιον ἀκοῦσαι. 25
ἄρξομαι δ᾽ ἀπὸ τῶν πρὸς ἡμᾶς αὐτῷ πεπραγμένων. τοῦ γὰρ
πατρὸς κατηγορῶν, ὦ ἄνδρες δικασταί, ὅτε τὴν τῶν παρα-
νόμων αὐτὸν ἐδίωκε γραφήν, ἔλεγεν ὡς ἐπιβεβουλευμένος ὁ
παῖς εἴη περὶ οὗ τὸ ψήφισμα γεγραμμένον ἦν, ἐν ᾧ τὴν

1 οὐσῶν om. S F Q   3 πρόσεισι A D¹ : πρόεισι(ν) cett.   4 αὐτοῖς
post πάλιν ponit A   6 δεῖ με A   8 ἀναμιμνησκομένους S   9 τοῦτον
εἶναι A   12 ζητήσας Turr.: ζητῆσαι S F Q D: ἀναζητήσας A
15 ἦρχεν om. S   16 ἐκεῖνος οὗτος A   17 προκ. S F Q D   18 γ᾽
om. A   19-22 οὐδ᾽ ... λαμβάνουσιν del. Thalheim   21-22 εἶναι
κρείττω τούτων A   25 φησι A   27 τῶν om. S D   28 γραφὴν
ἐδίωκεν αὐτόν A   ἐπιβεβουλευμένος A: ἐπιβουλευόμενος S F Q D

σίτησιν ἔγραψεν Χαριδήμῳ ὁ πατὴρ τῷ Ἰσχομάχου υἱῷ,
λέγων ὡς, ἐὰν ἐπανέλθῃ εἰς τὸν πατρῷον οἶκον ὁ παῖς, ἀπ- 31
ολωλεκὼς ἔσται τὴν οὐσίαν ἅπασαν ἣν Αἰσχύλος ὁ ποιη-
σάμενος αὐτὸν υἱὸν ἔδωκεν αὐτῷ, ψευδόμενος· οὐδενὶ γὰρ
5 πώποτε, ὦ ἄνδρες δικασταί, τοῦτο τῶν εἰσποιηθέντων συνέβη.
καὶ τούτων πάντων αἴτιον ἔφη Πολύευκτον γεγενῆσθαι τὸν
ἔχοντα τὴν μητέρα τοῦ παιδός, βουλόμενον ἔχειν αὐτὸν τὴν [1332]
τοῦ παιδὸς οὐσίαν. ὀργισθέντων δὲ τῶν δικαστῶν ἐπὶ τοῖς
λεγομένοις, καὶ νομισάντων αὐτὸ μὲν τὸ ψήφισμα καὶ τὴν
10 δωρεὰν κατὰ τοὺς νόμους εἶναι, τῷ δὲ ὄντι τὸν παῖδα μέλλειν
ἀποστερεῖσθαι τῶν χρημάτων, τῷ μὲν πατρὶ δέκα ταλάντων
ἐτίμησαν ὡς μετὰ Πολυεύκτου ταῦτα πράττοντι, τούτῳ δ'
ἐπίστευσαν ὡς δὴ βοηθήσαντι τῷ παιδί. καὶ τὰ μὲν ἐπὶ τοῦ 32
δικαστηρίου γενόμενα τοιαῦτα καὶ παραπλήσια τούτοις ἦν·
15 ὡς δ' ὁ χρηστὸς οὗτος ὠργισμένους ᾔσθετο τοὺς ἀνθρώπους
καὶ πεπιστευμένον αὐτὸν ὡς οὐ παντάπασιν ἀνόσιον ὄντα,
προσκαλεσάμενος τὸν Πολύευκτον ἀποφέρει γραφὴν κατ'
αὐτοῦ κακώσεως πρὸς τὸν ἄρχοντα καὶ δίδωσι τὴν λῆξιν
Μνησαρχίδῃ τῷ παρέδρῳ· λαβὼν δὲ διακοσίας δραχμὰς παρὰ
20 τοῦ Πολυεύκτου, καὶ τὰ δεινὰ ταῦτ' ἀποδόμενος μικροῦ λήμ-
ματος ἐφ' οἷς τῷ πατρὶ ἐτιμήσατο δέκα ταλάντων, ἀπηλλάγη
καὶ τὴν γραφὴν ἀνείλετο προδοὺς τὸν ὀρφανόν. καί μοι κάλει
τούτων τοὺς μάρτυρας.

ΜΑΡΤΥΡΕΣ.

25 Εἰ τοίνυν εὔπορος ἦν ὁ πατήρ, ὦ ἄνδρες δικασταί, καὶ 33
δυνατὸς πορίσαι χιλίας δραχμάς, ὅλως ἂν ἀπηλλάγη τῆς
γραφῆς τῆς τῶν παρανόμων· τοσοῦτον γὰρ αὐτὸν ᾔτει οὑτοσί.
καί μοι κάλει Φιλιππίδην τὸν Παιανιέα, πρὸς ὃν ἔλεγε ταῦτα
Θεοκρίνης οὑτοσί, καὶ τοὺς ἄλλους οἳ συνίσασιν τούτῳ ταῦτα
30 λέγοντι.

1 ὁ πατὴρ Χαριδήμῳ A   υἱῷ] υἱεῖ A : secl. Blass   4 υἱὸν αὐτὸν A
5 τῶν εἰσπ. τοῦτο A   12 τοῦ Π. A   13 βοηθήσοντι A   14 τοιαῦτα
codd. : ταῦτα Blass   18 τὴν A : πρὸς τὴν S vulg., πρὸς ex ante-
dentibus puto   19 διακοσίας A : τὰς τριακοσίας S F Q D : τινας τρ.
Thalheim   27 ᾔτει οὗτος αὐτόν A   28 τὸν om. A   Πεανιέα S
28-29 Θεοκρίνης οὑτοσὶ ταῦτα A   29 ταῦτα τούτῳ A

ΜΑΡΤΥΡΕΣ.

34   Ὅτι μὲν τοίνυν, ὦ ἄνδρες δικασταί, Θεοκρίνης, εἴ τις
αὐτῷ τὰς χιλίας δραχμὰς ἐδίδου, τὴν γραφὴν ⟨ἂν⟩ ἀνείλετο
[1333] τὴν κατὰ τοῦ πατρός, ἡγοῦμαι πάντας ὑμᾶς πιστεύειν, καὶ εἰ
μηδεὶς ἐμαρτύρησεν. ὅτι δὲ πολλὰς ἑτέρας προσκαλεσάμενος 5
καὶ γραψάμενος καθυφεῖκεν, καὶ μικρὸν ἀργύριον λαμβάνων
ἀπαλλάττεται, τοὺς δόντας ὑμῖν αὐτοὺς καλῶ, ἵνα μὴ πιστεύητε
αὐτῷ λέγοντι ὡς αὐτὸς φυλάττει τοὺς παράνομα γράφοντας,
καὶ ὡς, ὅταν αἱ τῶν παρανόμων γραφαὶ ἀναιρεθῶσιν, ὁ δῆμος
καταλύεται· ταῦτα γὰρ οἱ πάντα πωλοῦντες λέγειν εἰθισμένοι 10
35   εἰσίν.   κάλει μοι Ἀριστόμαχον Κριτοδήμου Ἀλωπεκῆθεν.
οὗτος γὰρ ἔδωκεν, μᾶλλον δ' ἐν τῇ τούτου οἰκίᾳ ἐδόθη τρῖ
ἡμίμναια τούτῳ τῷ ἀδωροδοκήτῳ ὑπὲρ τοῦ ψηφίσματος ὃ
Ἀντιμέδων ἔγραψε τοῖς Τενεδίοις.

ΜΑΡΤΥΡΙΑ.   15

Λέγε δὴ καὶ τὰς τῶν ἄλλων ἐφεξῆς τὰς τοιαύτας μαρ-
τυρίας, καὶ τὴν Ὑπερείδου καὶ Δημοσθένους. τοῦτο γάρ ἐστιν
ὑπερβολή, τὸ παρ' ὧν οὐδ' ἂν εἷς ἀξιώσαι λαβεῖν, τούτον
παρὰ τούτων ἥδιστα λαμβάνειν πωλοῦντα τὰς γραφάς.

ΜΑΡΤΥΡΙΑΙ.   20

36   Οὗτος τοίνυν αὐτίκα φήσει διὰ τοῦτο τὴν ἔνδειξιν καθ'
αὑτοῦ γεγονέναι, ἵνα Δημοσθένει μὴ ἐπεξέλθῃ τὴν γραφὴν
ἣν ἐγράψατ' αὐτόν, μηδὲ Θουκυδίδῃ· δεινὸς γάρ ἐστι ψεύ-
σασθαι καὶ μηδὲν ὑγιὲς εἰπεῖν. ἡμεῖς δέ, ὦ ἄνδρες δικασταί,
καὶ τοῦτ' ἐπεσκεψάμεθα, καὶ δείξομεν ὑμῖν οὐδὲν τὴν πόλιν 25
βλαπτομένην, οὔτε μὰ τὸν Δία ἐὰν κύριον γένηται τὸ ψή-
φισμα τὸ Θουκυδίδου οὔτ' ἂν ἄκυρον. καίτοι τάς γε τοιαύτας
ἀπολογίας οὐ δίκαιόν ἐστι προσφέρειν τοῖς κατὰ τοὺς νόμους

---

1 ΜΑΡΤΥΡΙΑΙ A   3 ἂν add. Taylor   4 εἰ] εἴ μοι A   8 ⟨τὰ⟩
παράνομα Reiske   11 εἰσίν S vulg. : πάντες εἰσίν A   μοι] σοι S
14 Ἀντιμέδων S : Αὐτομέδων vulg.   15 ΜΑΡΤΥΡΙΑΙ S F D   16 τῶν
ἄλλων S F Q D : ἄλλας A   17 τὴν Ὑπ.] τὰς Ὑπ. A   καὶ τὴν Δ. A
18 παρὸν οὐδ' ἂν ἀξιώσε λαβεῖν οὐδείς Q γρ.   23 μηδὲ in mg. S a pr. m.
25 ἐσκεψάμεθα A   27 οὔτ' ἐὰν A   τάς γε A : γε τὰς S F Q D, cf.
xxiv 113, Andoc. i 72   28 προσφέρειν A : προφ. S F Q D

ὀμωμοκόσιν δικάσειν· ἀλλ᾽ ὅμως ἐξ αὐτῆς τῆς γραφῆς αὐτίκα
γνώσεσθε διότι πρόφασίς ἐστιν τῆς ἐνδείξεως ἡ γραφή. [1334]
λέγε τὰς γραφὰς ταύτας.

ΓΡΑΦΑΙ.

5　　Τούτων τῶν ψηφισμάτων, ὦ ἄνδρες δικασταί, ἢ μενόντων 37
κατὰ χώραν ἢ ἀλόντων (οὐδὲν γὰρ ἔμοιγε διαφέρει) τί ἡ πόλις
κερδαίνει ἢ βλάπτεται; ἐγὼ μὲν γὰρ οὐδὲν οἶμαι.　τοὺς γὰρ
Αἰνίους φασὶν οὐδὲ προσέχειν τῇ πόλει, τοῦτο δὲ γεγονέναι
διὰ Θεοκρίνην τουτονί.　συκοφαντούμενοι γὰρ ἐν ἐκείνοις τοῖς
10　χρόνοις ὑπὸ τούτου, ἐν οἷς οἱ μὲν ἐφιλίππιζον, οἱ δ᾽ ἠττίκιζον
αὐτῶν, καὶ πυνθανόμενοι γεγράφθαι τὸ ψήφισμα παρανόμων
ὃ Χαρῖνος πρότερον ἐγράψατο, τοῦτο τὸ περὶ τῆς συντάξεως,
ὃ Θουκυδίδης εἶπε, καὶ πέρας τῶν πραγμάτων οὐδὲν γιγνό-
μενον, ἀλλὰ τὸν μὲν δῆμον συγχωροῦντα τὴν σύνταξιν διδόναι 38
15　τοὺς Αἰνίους ὅσην Χάρητι τῷ στρατηγῷ συνεχώρησαν, τοῦτον
δὲ τὸν μιαρὸν παραδεξάμενον Χαρίνῳ τῷ προδότῃ ταὐτὰ
πράττειν, ὅπερ ἦν ἀναγκαῖον αὐτοῖς, τοῦτ᾽ ἔπραξαν· εἵλοντο
γὰρ τῶν παρόντων κακῶν τὰ ἐλάχιστα.　καίτοι τί χρὴ νομί-
ζειν αὐτοὺς πάσχειν ὑπὸ τῶν ἐνθάδε γραφομένων, οἷς ἦν
20　αἱρετώτερον φρουρὰν ὑποδέχεσθαι καὶ βαρβάρων ἀκούειν,
ὑμῶν ἀποστάντας; ἀλλ᾽ οἶμαι τὴν τούτων πονηρίαν ὑμεῖς
μόνοι δύνασθε φέρειν, ἄλλος δ᾽ οὐδεὶς τῶν Ἑλλήνων.

Ὅτι μὲν οὖν οὔτε διὰ τὰς γραφὰς τὰς ἀνεγνωσμένας οὔτε 39
δι᾽ ἄλλην αἰτίαν οὐδεμίαν ἄξιόν ἐστιν παρὰ πάντας τοὺς
25　νόμους τοὺς περὶ τῶν ἐνδείξεων ἀφεῖναι Θεοκρίνην, σχεδὸν
καὶ διὰ τῶν εἰρημένων φανερόν ἐστιν. ἐγὼ δὲ τὰς μὲν τού-
των προφάσεις, ὦ ἄνδρες δικασταί, καὶ τὰς κατηγορίας καὶ
τὰς προσποιήτους ταύτας ἔχθρας οὐ λανθάνειν ὑμᾶς νομίζω. [1335]

3 λέγε δὴ τὰς A　　4 ΓΡΑΦΑΙ A : ΨΗΦΙΣΜΑ ΓΡΑΦΑΙ cett.　　7 ⟨ἢ⟩
κερδαίνει A　　8 Αἰνίους S : ἐνίους vulg.　　οὐδὲ Dobree : οὔτε
S F Q D : οὐ A　　τοῦτο δὲ] καὶ τοῦτο A　　10 οἱ μὲν om. Γ　　11 αὐτῶν
post ἐφιλίππιζον ponit A male　　12 τὸ περὶ A D : περὶ S F Q
15 ἐνίους hic etiam S　　16 ταὐτὰ Reiske : τὰ αὐτὰ A : ταῦτα cett.
(sine accentu S)　　20 φρουρὰς F　　21 τούτου F　　22 δ᾽ om.
S F Q D　　24 παρὰ πάντας A, Blass cf. § 5 : παραβάντας S F Q D
28 ταύτας S¹ A : ταυτασὶ S corr. vulg.

40 οὐ γὰρ ὀλιγάκις ἑοράκατ᾽ αὐτοὺς ἐπὶ μὲν τῶν δικαστηρίων
καὶ τοῦ βήματος ἐχθροὺς εἶναι φάσκοντας ἀλλήλοις, ἰδίᾳ δὲ
ταὐτὰ πράττοντας καὶ μετέχοντας τῶν λημμάτων, καὶ τοτὲ
μὲν λοιδορουμένους καὶ πλύνοντας αὐτοὺς τἀπόρρητα, μικρὸν
δὲ διαλιπόντας τοῖς αὐτοῖς τρύτοις συνδεκαδίζοντας καὶ τῶν 5
αὐτῶν ἱερῶν κοινωνοῦντας. καὶ τούτων οὐδὲν ἴσως θαυμάσαι
ἄξιόν ἐστιν· φύσει τε γάρ εἰσι πονηροί, καὶ τὰς τοιαύτας
προφάσεις ὁρῶσιν ὑμᾶς ἀποδεχομένους, ὥστε τί κωλύει ταύ-
41 ταις αὐτοὺς χρωμένους ἐξαπατᾶν ὑμᾶς πειρᾶσθαι; ὅλως δ᾽
ἔγωγε οἶμαι δεῖν ὑμᾶς, ὦ ἄνδρες δικασταί, ὑπὲρ αὐτοῦ τοῦ 10
πράγματος σκεψαμένους, εἰ μὲν δίκαια λέγω καὶ κατὰ τοὺς
νόμους, βοηθεῖν μοι, μηδὲν ὑπολογισαμένους εἰ μὴ Δημο-
σθένης ἐστὶν ὁ κατηγορῶν, ἀλλὰ μειράκιον, μηδὲ νομίζειν
κυριωτέρους δεῖν εἶναι τοὺς νόμους, ἂν εὖ τις τοῖς ὀνόμασι
συμπλέξας αὐτοὺς [τούτους] ὑμῖν παράσχηται, τῶν ὅπως 15
ἔτυχεν λεγόντων, ἀλλὰ τοὺς αὐτούς, καὶ τοσούτῳ μᾶλλον τοῖς
ἀπείροις καὶ τοῖς νέοις βοηθεῖν, ὅσῳπερ ἂν ἧττον ἐξαπατή-
42 σειαν ὑμᾶς. ἐπεὶ διότι τοὐναντίον ἐστίν, καὶ οὐχ οὗτος,
ἀλλ᾽ ἐγὼ κατεστασίασμαι, καὶ φησάντων τινῶν μοι συναγω-
νιεῖσθαι προδέδομαι διὰ τὰς τούτων ἑταιρείας, ἐκείνως δῆλον 20
ὑμῖν ἔσται. καλείτω ὁ κῆρυξ οὗτος τὸν Δημοσθένην· οὐκ
ἀναβήσεται. τὸ δ᾽ αἴτιόν ἐστιν, οὐ τὸ ἐμὲ ὑπό τινων πε-
πεισμένον ἐνδεῖξαι τουτονί, ἀλλὰ τοῦτον καὶ τὸν ἄρτι καλού-
μενον διαλελύσθαι. καὶ τοῦθ᾽ ὅτι ἐστὶν ἀληθές, ἀναγκάσω
μὲν μαρτυρεῖν καὶ Κλεινόμαχον τὸν συναγαγόντ᾽ αὐτοὺς καὶ 25
Εὐβουλίδην τὸν ἐν Κυνοσάργει παραγενόμενον· οὐ μὴν ἔλατ-

1 ἑοράκατε F¹ (me teste) : ἑώρ. F corr. vulg.   τῶν δικαστηρίων A : τοῦ
δικαστηρίου S F Q D   3 τότε S D   5 διαλιπόντας A F γρ. :
διαλείποντας S F¹ Q D   συνδεκαδίζοντας scripsi, cf. C. I. A. iv 2, 1139 :
συνδεκατίζοντας Taylor· ἐνδεκάζοντας· ἀντὶ τοῦ ἐνεορτάζοντας, ἐν τῷ
αὐτῷ τὴν δεκάτην ἄγοντας Harpocr. hac oratione laudata : συνενδεκατί-
ζοντας A : ἐνδικάζοντας S vulg.   6—7 ἄξιον θαυμάζειν A   10 αὐτοῦ]
τούτου A   12 ὑπολογιζομένους A   μὴ om. S   14 δεῖν del. Hirschig
15 συμπλέξας S   τούτους del. Schaefer   16 num ἔτυχον?   17 τοῖς
νέοις S vulg., cf. §§ 3, 60, xxv 38 al. : νέοις A   20 ἑταιρείας F : ἑταιρίας
cett.   20—21 ὑμῖν δῆλον A   21 οὑτοσὶ A   22 τὸ δ᾽ αἴτιόν ἐστι
Blass: τὸ δ᾽ αἴτιόν ἐστιν τούτου A: τούτου δ᾽ αἴτιόν ἐστιν S vulg.
23 τοῦτον S vulg. : τὸ τουτονὶ A   καὶ codd. : πρὸς Naber, cf. § 12

τόν γε τούτου σημεῖον ὑμῖν, ἀλλὰ μεῖζον παρασχήσομαι
διότι τοῦτ' ἔστιν ἀληθές, ὃ πάντες ἀκούσαντες ὁμολογήσετε.
Θεοκρίνης γὰρ οὑτοσὶ τοῦτον διώκων παρανόμων, τὸν μιαρόν,
ὡς αὐτίκα φήσει, καὶ τῶν νῦν αὐτῷ κακῶν αἴτιον, φανερῶς
5 ἀφῆκε τῆς γραφῆς, ἐφ' ᾗ δέκα τάλαντα ἐπεγράψατο τίμημα.
πῶς; οὐδὲν καινὸν διαπραξάμενος, ἀλλ' ὅπερ ἕτεροί τινες
τῶν ὁμοίων τούτῳ. τὸν μὲν Δημοσθένην τις ὑπωμόσατο
καλουμένης τῆς γραφῆς ὡς νοσοῦντα, τὸν περιόντα καὶ
λοιδορούμενον Αἰσχίνη· τοῦτον δ' οὗτος τὸν ἐχθρὸν εἴασεν,
10 καὶ οὔτε τότε ἀνθυπωμόσατο οὔθ' ὕστερον ἐπήγγελκεν. ἆρ'
οὐ περιφανῶς οὗτοι φενακίζουσιν ὑμᾶς τοὺς προσέχοντας
τούτοις ὡς ἐχθροῖς; λέγε τὰς μαρτυρίας.

MΑΡΤΥΡΙΑΙ.

Οὐκοῦν δίκαιόν ἐστιν, ὦ ἄνδρες δικασταί, μηδ' ὑμᾶς τῶν 44
15 φησόντων Θεοκρίνῃ διὰ τὴν πρὸς Δημοσθένην ἔχθραν συν-
ερεῖν ἐθέλειν ἀκούειν, ἀλλὰ κελεύειν αὐτούς, εἴπερ ὡς ἀληθῶς
ἐχθροί εἰσιν τοῦ Δημοσθένους, αὐτὸν ἐκεῖνον γράφεσθαι καὶ
μὴ ἐπιτρέπειν αὐτῷ παράνομα γράφειν. εἰσὶ δὲ δεινοὶ καὶ
οὗτοι, καὶ πιστεύονται μᾶλλον παρ' ὑμῖν. ἀλλ' οὐ ποιήσουσι
20 τοῦτο. διὰ τί; ὅτι φασὶ πολεμεῖν ἀλλήλοις οὐ πολεμοῦντες.

Περὶ μὲν οὖν τῆς τούτων ἔχθρας ὑμεῖς ἂν ἀκριβέστερον 45
ἐμοὶ διεξέλθοιτε ἢ ἐγὼ ὑμῖν. ἡδέως δ' ἂν ἠρόμην Θεοκρίνην
ἐναντίον ὑμῶν, εἴ μοι ἔμελλεν ἀποκρινεῖσθαι δικαίως, τί ποτ'
ἂν ἐποίησεν, ἐπειδή φησιν ἐπὶ τῷ κωλύειν τετάχθαι τοὺς
25 παράνομα γράφοντας, εἴ τις ἐν τῷ δήμῳ διαλεχθεὶς ἅπασι [1337]
τοῖς πολίταις καὶ πείσας ἔγραψεν ἐξεῖναι τοῖς ἀτίμοις καὶ
τοῖς ὀφείλουσιν τῷ δημοσίῳ γράφεσθαι, φαίνειν, ἐνδεικνύειν,
ἁπλῶς ποιεῖν ὅσαπερ νῦν ὁ νόμος κωλύει πράττειν, πότερον 46

---

1 ἄλλο S F Q D   5 ἐπεγράψαντο S D, sed cf. § 70   8 ὡς
F Q D : τιως S : om. A   τὸν hab. A solus   περιόντα S : περιόντα
cett.   9 εἴασεν S F Q D : εἴακε A   10 ἐπήγγειλεν A
11 ὑμᾶς om. A recte fort., cf. § 39   15 Θεοκρίνει A   17 αὐτὸν
ἐκεῖνον A : ἐκεῖνον αὐτοὺς S F Q D   18 δὲ S : δέ γε A F Q D   22 ἐμοὶ
F Q : ἐμοῦ S A D F γρ. Q γρ.   ἠρόμην A, cf. Isocr. xii 149 : ἐροίμην S
vulg., quod defendit Stahl, Gr. Verb. p. 409   23 ἀποκρίνεσθαι F Q D
25 παράνομα S A, cf. § 34 : τὰ π. vulg.   εἴ A : ἐπειδὰν εἴ (ᾖ D) cett.
27 ἐνδεικνύναι F corr. Q¹   28 πότερον] ὁπότερ' οὖν S Q γρ.

ἐγράψατο ἂν παρανόμων τὸν ταῦτ' εἰπόντα, ἢ οὔ; εἰ μὲν γὰρ
μή [φήσει ἂν γράψασθαι], πῶς χρὴ πιστεύειν αὐτῷ λέγοντι,
ὡς φυλάττει τοὺς παράνομα γράφοντας· εἰ δ' ἐγράψατ' ἄν,
πῶς οὐ δεινόν ἐστιν ἑτέρου μὲν γράψαντος κωλύειν ἂν τέλος
ἔχειν τὸ ψήφισμα, ἵνα μὴ πάντες τοῦτο ποιῶσι, καὶ γραφὴν 5
ἀπενεγκόντα παραγραψάμενον σαφῶς τοὺς νόμους κωλύειν
47 τὸ πρᾶγμα, νυνὶ δὲ αὐτὸν τοῦτον, μήτε πείσαντα τὸν δῆμον
μήτε κοινὸν καταστήσαντα τὸ πρᾶγμα, γράφεσθαι τῶν νόμων
αὐτῷ ἀπαγορευόντων (καὶ δεινὰ φήσει αὐτίκα δὴ μάλα πά-
σχειν, εἰ μὴ ταῦτ' ἐξέσται ποιεῖν αὐτῷ, καὶ διέξεισι τὰς ἐκ 10
τῶν νόμων ζημίας, αἷς ἔνοχος ἐὰν ἁλῷ γενήσεται) τῶν δὲ
νόμων μὴ φροντίζειν, ἀλλ' ἀξιοῦν αὐτῷ τηλικαύτην δωρεὰν
δεδόσθαι παρ' ὑμῶν, ὅσην οὐδ' αἰτῆσαι τετόλμηκεν οὐδείς;

48   Ὅτι μὲν οὖν περὶ τῆς ἐνδείξεως οὐδὲν ἕξει δίκαιον λέγειν
οὔτε Θεοκρίνης οὔτε τῶν ὑπὲρ τούτου λεγόντων οὐδείς, 15
σχεδὸν εἰδέναι πάντας ὑμᾶς νομίζω. οἶμαι δ' αὐτοὺς ἐπι-
χειρήσειν λέγειν, ὡς οὐδ' εἰσὶν ἐνδείξεις τούτων ὅσοι μὴ ἐν
ἀκροπόλει ἐγγεγραμμένοι εἰσίν, οὐδ' ἐστὶ δίκαιον τούτους
ὑπολαμβάνειν ὀφείλειν ὧν οὐδεὶς παρέδωκε τοῖς πράκτορσι
49 τὰ ὀνόματα, ὥσπερ ὑμᾶς ἀγνοήσοντας τὸν νόμον, ὃς ὀφείλειν 20
κελεύει ἀπ' ἐκείνης τῆς ἡμέρας, ἀφ' ἧς ἂν ὄφλῃ ἢ παραβῇ
[1338] τὸν νόμον ἢ τὸ ψήφισμα, ἢ οὐ πᾶσι δῆλον ⟨ὂν⟩ ὅτι πολλαχῶς
καὶ ὀφείλουσι τῷ δημοσίῳ καὶ ἐκτίνουσιν οἱ βουλόμενοι τοῖς
νόμοις πείθεσθαι, καὶ τοῦτο ἐξ αὐτοῦ τοῦ νόμου δῆλον. καί
μοι πάλιν λαβὲ τὸν νόμον τοῦτον.   25

2 μὴ Blass : μὴ φήσει ἂν γράψασθαι A : φήσει (φησὶ S) μὴ γράφεσθαι
cett.   3 τὰ παράνομα A   3–4 εἰ δ'... γράψαντος om. S   3 ἐγράψατ'
mg. edit. Paris. : γράψαιτ' codd.   4 κωλύειν ἂν A F Q : κωλύειν S D
6 (καὶ) παραγραψάμενον A, Madvig qui mox κωλύειν τὸ πρᾶγμα del.
8 μήτ' εἰς κοινὸν S D Q γρ.   καταστήσαντα τὸ πρᾶγμα S : τὸ πρᾶγμα κ.
cett.   γράφεσθαι F Q   10 αὐτῷ ποιεῖν S : ποιεῖν αὐτῷ cett.   11 ζημίας
S D γρ. : τιμωρίας cett.   13 δεδόσθαι S D Q corr. : δίδοσθαι cett.
14 δίκαιον λέγειν S D : λέγειν δ. cett.   17 εἰσὶν S (me teste) F Q :
ἔστιν A F γρ. Q γρ.   ἐνδείξεις F Q : ενδειξις S : ἔνδειξις A F γρ. Q γρ.
18 ἐγγεγραμμένοι F¹ : ἐπιγεγ. F corr. Q D : ἐπιγραμμένοι S : γεγραμ-
μένοι A   19 παρέδωκε S A : παραδέδ. vulg.   21 κελεύει ἀπ' ἐκ. S :
ἀπ' ἐκ. κελ. vulg.   21 ἐὰν S   22 δῆλον ⟨ὂν⟩ Bekker   24 ὂν
post δῆλον add. A   25 πάλιν hic S D : post τοῦτον vulg.

ΝΟΜΟΣ.

Ἀκούεις, ὦ μιαρὸν σὺ θηρίον, ὅ τι κελεύει; ʻἀφʼ ἧς ἂν
ὄφλῃ ἢ τὸν νόμον παραβῇ.ʼ

Ἀκούω τοίνυν αὐτοὺς κἀκεῖνον ὑμῖν μέλλειν δεικνύναι 50
5 τὸν νόμον, ὃς ἀπαλείφειν κελεύει τοῖς ἐγγεγραμμένοις ἀπὸ
τοῦ ὀφλήματος καθʼ ὅ τι ἂν ἐκτίνῃ, καὶ ἐρήσεσθαι πῶς ἀπὸ
τοῦ μηδʼ ἐγγεγραμμένου ἀπαλείψουσιν, ὥσπερ οὐ περὶ μὲν
τῶν ἐγγεγραμμένων τοῦτον κείμενον, περὶ δὲ τῶν μὴ ἐγγε-
γραμμένων ὀφειλόντων δʼ ἐκεῖνον, ὃς κελεύει ἀπʼ ἐκείνης
10 ὀφείλειν τῆς ἡμέρας, ἀφʼ ἧς ἂν ὄφλῃ ἢ παραβῇ τὸν νόμον
ἢ τὸ ψήφισμα. τί οὖν οὐκ ἀγραφίου με, φήσει, γράφει, 51
τὸν ὀφείλοντα καὶ μὴ ἐγγεγραμμένον; ὅτι ὁ νόμος οὐ κατὰ
τῶν ὀφειλόντων καὶ μὴ ἐγγραφέντων κελεύει τὰς γραφὰς
τοῦ ἀγραφίου εἶναι, ἀλλʼ οἵτινες ἂν ἐγγραφέντες καὶ μὴ
15 ἐκτείσαντες τῇ πόλει τὸ ὄφλημα ἐξαλειφθῶσι. καί μοι
λαβὲ τὸν νόμον καὶ ἀνάγνωθι.

ΝΟΜΟΣ.

Ἀκούετε τοῦ νόμου, ὦ ἄνδρες δικασταί, ὅτι διαρρήδην 52
λέγει, ἐάν τις τῶν ὀφειλόντων τῷ δημοσίῳ μὴ ἐκτείσας τὸ
20 ὄφλημα τῇ πόλει ἐξαλειφθῇ, εἶναι κατʼ αὐτοῦ τὰς γραφὰς
πρὸς τοὺς θεσμοθέτας τοῦ ἀγραφίου, καὶ οὐ κατὰ τοῦ ὀφεί-
λοντος καὶ μὴ ἐγγεγραμμένου, ἀλλʼ ἔνδειξιν κελεύει καὶ
ἄλλας τιμωρίας κατὰ τούτων εἶναι. ἀλλὰ σὺ τί διδάσκεις
με πάντας τοὺς τρόπους οἷς δεῖ με τιμωρήσασθαι τοὺς
25 ἐχθρούς, ἀλλʼ οὐ καθʼ ὃν εἰσελήλυθα, τοῦτον ἀπολογεῖ;

---

3 παραβῇ τὸν νόμον A hic et § 50 omnes ; citans tamen saepius sub-
mutat orator, cf. xxxvii 29　　5 τοῖς ἐγγεγραμμένοις Blass : τοὺς
ἐγγεγραμμένους codd. (γεγρ. A)　　7 τοῦ A : τούτου S F Q : τοῦ τοῦ
Bockmeijer, quod vix Graecum　　ἀπαλείψουσιν Dobree : ἀπαλείφουσιν
codd. : ἀπαλείψωσιν Cobet　　11 αγραφειου S A　　φήσει S Q γρ. D :
φησὶ vulg　　γράφει om. S Q γρ.　　14–15 καὶ μὴ ἐκτείσαντες om S
19–20 τῇ πόλει τὸ ὄφλημα A　　23 κατὰ τούτων S D F γρ. : κατʼ
αὐτοῦ vulg. D γρ.　　24 οἷς S D F γρ., cf. xxii 25 : οὓς cett.　　δεῖ με
τιμωρήσασθαι S D F γρ. Q γρ. : ἔξεστι τιμωρεῖσθαι A F Q　　25 εἰσελή-
λυθας A　　ἀπολογήσασθαι F Q D

53   Μοιροκλῆς τοίνυν, ὦ ἄνδρες δικασταί, ὁ τὸ ψήφισμα
γράψας κατὰ τῶν τοὺς ἐμπόρους ἀδικούντων, καὶ πείσας οὐ
μόνον ὑμᾶς ἀλλὰ καὶ τοὺς συμμάχους φυλακήν τινα τῶν
κακουργούντων ποιήσασθαι, οὐκ αἰσχυνεῖται αὐτίκα μάλα
λέγων ὑπὲρ Θεοκρίνου ἐναντία τοῖς ἑαυτοῦ ψηφίσμασιν, 5
54 ἀλλὰ τολμήσει πείθειν ὑμᾶς ὡς χρὴ τὸν οὕτως φανερῶς
ἐξεληλεγμένον φάσεις ποιούμενον ἀδίκους κατὰ τῶν ἐμπόρων
ἀφεῖναι καὶ μὴ τιμωρήσασθαι, ὥσπερ ἕνεκα τούτου γράψας
καθαρὰν εἶναι τὴν θάλατταν, ἵνα σωθέντες οἱ πλέοντες ἐκ
τοῦ πελάγους ἐν τῷ λιμένι χρήματα τούτοις ἀποτίνωσιν, 10
ἢ διαφέρον τι τοῖς ἐμπόροις, ἂν μακρὸν διαφυγόντες πλοῦν
55 Θεοκρίνῃ περιπέσωσιν. ἐγὼ δ' οἶμαι τῶν μὲν κατὰ πλοῦν
γιγνομένων οὐχ ὑμᾶς, ἀλλὰ τοὺς στρατηγοὺς καὶ τοὺς ἐπὶ
τοῖς μακροῖς πλοίοις αἰτίους εἶναι, τῶν δ' ἐν τῷ Πειραιεῖ
καὶ πρὸς ταῖς ἀρχαῖς ὑμᾶς, οἳ τούτων κύριοι ἁπάντων ἐστέ. 15
διὸ καὶ μᾶλλόν ἐστι τηρητέον τοὺς ἐνθάδε παραβαίνοντας
τοὺς νόμους τῶν ἔξω τοῖς ψηφίσμασιν οὐκ ἐμμενόντων, ἵνα
μὴ δοκῆτε αὐτοὶ πράως ἐπὶ τοῖς γιγνομένοις φέρειν καὶ
56 συνειδέναι τι τούτοις ὧν πράττουσιν. οὐ γὰρ δήπου Μηλίους
μέν, ὦ Μοιρόκλεις, κατὰ τὸ σὸν ψήφισμα δέκα τάλαντα 20
νῦν εἰσεπράξαμεν, ὅτι τοὺς λῃστὰς ὑπεδέξαντο, τουτονὶ δ'
ἀφήσομεν, ὃς καὶ τὸ σὸν ψήφισμα καὶ τοὺς νόμους, δι' οὓς
οἰκοῦμεν τὴν πόλιν, παραβέβηκεν· καὶ τοὺς μὲν τὰς νήσους
οἰκοῦντας κωλύσομεν ἀδικεῖν, ἐφ' οὓς τριήρεις δεῖ πληρώ-
σαντας ἀναγκάσαι τὰ δίκαια ποιεῖν, ὑμᾶς δὲ τοὺς μιαρούς, 25
[1340] οἷς αὐτοῦ δεῖ καθημένους τουτουσὶ κατὰ τοὺς νόμους ἐπι-
θεῖναι δίκην, ἐάσομεν; οὔκ, ἄν γε σωφρονῆτε. λέγε τὴν
στήλην.

1 δ om. A   1–2 τὸ ψήφισμα γράψας S: γράψας τὸ ψ. vulg.
4 κακουργούντων SD: κακούργων vulg.   αἰσχύνεται S F Q D
10 χρήματα τούτοις SD: τούτοις χρ. vulg.   15 πάντων A
16 τηρητέον ἐστὶ A   18 αὐτοὶ codd. : τῷ Blass   καὶ] μηδὲ A   19 τι
τούτοις A: τούτοις S vulg.   ὧν πράττουσιν om. A   δήπου Μηλίους]
που Τηνίους A: ποτ' ἐνίους Q γρ.   20 ὦ Μ.] ὁ Μύροκλεῖς S   21 εἰσ-
επράξαμεν S: εἰσπράξαμεν Q¹: εἰσπράξομεν vulg.   25 ποιεῖν τὰ
δίκαια ὑμεῖς A   27 ἐάσομεν Münscher: ἐᾶσαι S F Q D: ἐάσουσι(ν)
A F γρ. Q γρ.

ΣΤΗΛΗ

Περὶ μὲν οὖν τῶν νόμων καὶ τοῦ πράγματος οὐκ οἶδ' ὅ 57
τι δεῖ πλείω λέγειν· ἱκανῶς γάρ μοι δοκεῖτε μεμαθηκέναι.
βούλομαι δὲ δεηθεὶς ὑμῶν τὰ δίκαι' ὑπὲρ ἐμαυτοῦ καὶ τοῦ
5 πατρὸς καταβαίνειν καὶ μὴ ἐνοχλεῖν ὑμῖν. ἐγὼ γάρ, ὦ
ἄνδρες δικασταί, βοηθεῖν οἰόμενος δεῖν τῷ πατρὶ καὶ τοῦτο
δίκαιον εἶναι νομίζων, τὴν ἔνδειξιν ταύτην ἐποιησάμην, ὥσπερ 58
ἐξ ἀρχῆς εἶπον, οὐκ ἀγνοῶν οὔτε τοὺς βλασφημεῖν βουλο-
μένους, ὅτι λόγους εὑρήσουσι τοὺς διαβαλοῦντας τὴν ἐμὴν
10 ἡλικίαν, οὔτε τοὺς ἐπαινεσομένους καὶ σωφρονεῖν με νομιοῦν-
τας, εἰ τὸν ἐχθρὸν τοῦ πατρὸς τιμωρεῖσθαι προαιροῦμαι,
ἀλλ' ἡγούμενος ταῦτα μὲν οὕτως ὅπως ἂν τύχῃ παρὰ τοῖς
ἀκροωμένοις συμβήσεσθαι, ἐμοὶ δὲ τὸ προσταχθὲν ὑπὸ τοῦ
πατρός, ἄλλως τε καὶ δίκαιον ὄν, τοῦτ' εἶναι ποιητέον. πότε 59
15 γάρ με καὶ δεῖ βοηθεῖν αὐτῷ; οὐχ ὅταν ἡ μὲν τιμωρία κατὰ
τοὺς νόμους ᾖ, μετέχων δ' αὐτὸς τυγχάνω τῆς τοῦ πατρὸς
ἀτυχίας, μόνος δὲ καταλελειμμένος ὁ πατήρ; ὅπερ νῦν συμ-
βέβηκεν. πρὸς γὰρ τοῖς ἄλλοις ἀτυχήμασι καὶ τοῦθ' ἡμῖν,
ὦ ἄνδρες δικασταί, συμβέβηκεν· παροξύνουσι μὲν ἡμᾶς
20 ἅπαντες καὶ συνάχθεσθαί φασι τοῖς γεγενημένοις καὶ δεινὰ
πεπονθέναι λέγουσι καὶ τοῦτον εἶναι ἔνοχον τῇ ἐνδείξει,
συμπράττειν δ' οὐδεὶς ἐθέλει τῶν εἰπόντων, οὐδέ φησιν
ἀπεχθάνεσθαι βούλεσθαι φανερῶς· οὕτως ἔλαττον παρά
τισιν τὸ δίκαιον ἰσχύει τῆς παρρησίας. πολλῶν δ' ἡμῖν, ὦ 60
25 ἄνδρες δικασταί, διὰ τουτονὶ Θεοκρίνην ἀτυχημάτων ἐν οὐκ [1341]
ὀλίγῳ χρόνῳ συμβεβηκότων, οὐδενὸς ἔλαττόν ἐστι τὸ νῦν
συμβαῖνον, ὅτι τὰ δεινὰ καὶ τὰ παρὰ τοὺς νόμους πεπραγμένα
Θεοκρίνῃ τῷ μὲν πατρὶ τῷ πεπονθότι καὶ δυναμένῳ ἂν δηλῶ-
σαι πρὸς ὑμᾶς ἐξ ἀνάγκης ἡσυχίαν ἑκτέον ἐστίν (οἱ γὰρ

4–5 βούλομαι . . . ὑμῖν om. A   7 νομίζων εἶναι F Q D   8 post
βλασφημεῖν add. με vulg. : om. S   10 ἐπαινεσομένους S Q γρ. :
ἐπαινέσοντας vulg.   12 οὕτως om. A   13 προσταχθὲν A F Q D :
πραχθὲν S F γρ. Q γρ. D γρ.   15 δεῖ με καὶ A   17 δὲ S F Q D :
δ' ᾗ A   νῦν om. A   21 ἔνοχον εἶναι A   24 παρρησίας] ὀρρωδίας
Herwerden   25 οὐκ om. A   27 καὶ τὰ S vulg. : καὶ A, sed cf.
§ 41, xxiii 132, Isocr. viii 5   γεγραμμένα A

νόμοι ταῦτα κελεύουσιν), ἐμοὶ δὲ τῷ πάντων τούτων ὑστερί-
ζοντι λεκτέον, καὶ τοῖς μὲν ἄλλοις τοῖς τηλικούτοις οἱ πατέρες
61 βοηθοῦσιν, οὗτος δ' ἐν ἐμοὶ νῦν ἔχει τὰς ἐλπίδας. τοιοῦτον
οὖν ἀγωνιζόμενοι ἀγῶνα δεόμεθ' ὑμῶν ἐπικουρεῖν ἡμῖν, καὶ
δεῖξαι πᾶσιν ὅτι, κἂν παῖς κἂν γέρων κἂν ἡντινοῦν ἡλικίαν 5
ἔχων ἥκῃ πρὸς ὑμᾶς κατὰ τοὺς νόμους, οὗτος τεύξεται πάν-
των τῶν δικαίων. καλὸν γάρ, ὦ ἄνδρες δικασταί, μήτε τοὺς
νόμους μήθ' ὑμᾶς αὐτοὺς ἐπὶ τοῖς λέγουσι ποιεῖν, ἀλλ' ἐκεί-
νους ἐφ' ὑμῖν, καὶ χωρὶς κρίνειν τούς τ' εὖ καὶ σαφῶς καὶ
τοὺς τὰ δίκαια λέγοντας· περὶ γὰρ τούτου τὴν ψῆφον ὀμω- 10
62 μόκατ' οἴσειν. οὐ γὰρ δὴ πείσει γ' ὑμᾶς οὐδεὶς ὡς ἐπιλεί-
ψουσιν οἱ τοιοῦτοι ῥήτορες, οὐδ' ὡς διὰ τοῦτο χεῖρον ἡ πόλις
οἰκήσεται. τοὐναντίον γάρ ἐστιν, ὡς ἐγὼ τῶν πρεσβυτέρων
ἀκούω· τότε γάρ φασιν ἄριστα πρᾶξαι τὴν πόλιν, ὅτε
μέτριοι καὶ σώφρονες ἄνδρες ἐπολιτεύοντο. πότερον γὰρ 15
συμβούλους εὕροι τις ἂν τούτους ἀγαθούς; ἀλλ' οὐδὲν ἐν
τῷ δήμῳ λέγουσιν, ἀλλὰ τοὺς ἐκεῖθεν γραφόμενοι χρήματα
63 λαμβάνουσιν. ὃ καὶ θαυμάσιόν ἐστιν, ὅτι ζῶντες ἐκ τοῦ
συκοφαντεῖν οὔ φασι λαμβάνειν ἀπὸ τῆς πόλεως· καὶ πρὶν
προσελθεῖν πρὸς ὑμᾶς οὐδὲν ἔχοντες, νῦν εὐποροῦντες οὐδὲ 20
χάριν ὑμῖν ἔχουσιν, ἀλλὰ περιιόντες λέγουσιν ὡς ἀβέβαιός
[1342] ἐστιν ὁ δῆμος, ὡς δυσχερής, ὡς ἀχάριστος, ὥσπερ ὑμᾶς διὰ
τούτους εὐποροῦντας, οὐ τούτους διὰ τὸν δῆμον. ἀλλὰ γὰρ
εἰκότως ταῦθ' οὗτοι λέγουσιν, ὁρῶντες τὴν ὑμετέραν ῥᾳθυμίαν.
οὐδένα γὰρ ἀξίως αὐτῶν τῆς πονηρίας τετιμώρησθε, ἀλλ' 25
ὑπομένετε λεγόντων αὐτῶν ὡς ἡ τοῦ δήμου σωτηρία διὰ
τῶν γραφομένων καὶ συκοφαντούντων ἐστίν· ὧν γένος ἐξω-

5 κἂν tertium A : κἂν ἄλλην S vulg.   6 κατά S A D γρ. : καὶ F Q D
9 σαφῶς] σοφῶς Taylor, recte puto   11 post ἐπιλείψουσιν add.
ὑμᾶς S Q γρ., ἡμᾶς F γρ. : om. A F Q D   12 οἱ τοιοῦτοι S A : οὗτοι οἱ
F Q D   13–14 ἐστιν et γάρ habent S D soli   15 ἐμπολιτεύονται
A   πότερα A F¹   17–18 ἀλλὰ . . . λαμβάνουσιν in mg. S a pr. m.
17 ἐκεῖθεν A F Q : λέγοντας ἀεὶ S mg. F γρ. Q γρ. D   18 θαυμάσιόν S A,
cf. Isae. i 28 : θαυμαστόν vulg., cf. xxv 31   ἐκ S : ἀπὸ vulg.   21 ὡς
ἄρα ἀβέβαιός A   22 δυσχερής S : δύσχρηστος cett.   ὥσπερ Baiter :
ὡς codd., cf. Lys. xiv 16   23 οὐ S D : οὐχὶ vulg.   25 ἀξίως αὐτῶν
τῆς S D F γρ. Q γρ. : αὐτῶν ἀξίως (ἄξιον F Q) τῆς τούτων vulg.

λέστερον οὐδέν ἐστιν. τί γὰρ ἄν τις τούτους εὕροι χρησίμους 64
ὄντας τῇ πόλει; τοὺς ἀδικοῦντας νὴ Δί᾽ οὗτοι κολάζουσιν,
καὶ διὰ τούτους ἐλάττους εἰσὶν ἐκεῖνοι. οὐ δῆτα, ὦ ἄνδρες
δικασταί, ἀλλὰ καὶ πλείους· εἰδότες γὰρ οἱ κακόν τι βου-
5 λόμενοι πράττειν ὅτι τούτοις ἐστὶν ἀπὸ τῶν λημμάτων τὸ
μέρος δοτέον, ἐξ ἀνάγκης μείζω προαιροῦνται παρὰ τῶν
ἄλλων ἁρπάζειν, ἵνα μὴ μόνον αὐτοῖς, ἀλλὰ καὶ τούτοις
ἔχωσιν ἀναλίσκειν. καὶ τοὺς μὲν ἄλλους ὅσοι κακουργοῦν- 65
τες βλάπτουσί τι τοὺς ἐντυγχάνοντας, τοὺς μὲν τῶν οἴκοι
10 φυλακὴν καταστήσαντας [σῴζειν ἔστι], τοὺς δ᾽ ἔνδον μένον-
τας τῆς νυκτὸς [μηδὲν παθεῖν], τοὺς δ᾽ ἑνί γέ τῳ τρόπῳ
φυλαξαμένους ἔνεστι διώσασθαι τὴν τῶν κακόν τι ποιεῖν
βουλομένων ἐπιβουλήν· τοὺς δὲ τοιουτουσὶ συκοφάντας, ποῖ
χρὴ πορευθέντας ἀδείας παρὰ τούτων τυχεῖν; αἱ γὰρ τῶν
15 ἄλλων ἀδικημάτων καταφυγαὶ τούτοις εἰσὶν ἐργασίαι, νόμοι,
δικαστήρια, μάρτυρες, ἀγοραί· ἐν οἷς τὰς αὐτῶν ῥώμας ἐπι-
δείκνυνται, φίλους μὲν τοὺς διδόντας νομίζοντες, ἐχθροὺς δὲ
τοὺς ἀπράγμονας καὶ πλουσίους.

Ἀναμνησθέντες οὖν, ὦ ἄνδρες δικασταί, καὶ τῆς τούτων 66
20 πονηρίας καὶ τῶν προγόνων τῶν ἡμετέρων, ὧν Ἐπιχάρης
μὲν ὁ πάππος ὁ ἐμὸς Ὀλυμπίασι νικήσας παῖδας στάδιον [1343]
ἐστεφάνωσε τὴν πόλιν, καὶ παρὰ τοῖς ὑμετέροις προγόνοις
ἐπιεικῆ δόξαν ἔχων ἐτελεύτησεν· ἡμεῖς δὲ διὰ τοῦτον τὸν
θεοῖς ἐχθρὸν ἀπεστερήμεθα ταύτης τῆς πόλεως, ὑπὲρ ἧς 67
25 Ἀριστοκράτης ὁ Σκελίου, θεῖος ὢν Ἐπιχάρους τοῦ πάππου
τοῦ ἐμοῦ, οὗ ἔχει ἀδελφὸς οὑτοσὶ τοὔνομα, πολλὰ καὶ καλὰ
διαπραξάμενος ἔργα πολεμούσης τῆς πόλεως Λακεδαιμονίοις,

4 βουλόμενοι post τι A: post οἱ S vulg.　　10–11 σῴζειν ἔστι et
μηδὲν παθεῖν del. Sauppe　　11 δ᾽ ἑνί γέ τῳ A F Q: δεν γε S: δ᾽ ἑνί
γε D　　12 διώσασθαι Reiske: διασώσασθαι S F Q D: δ᾽ ἴσως ἰάσασθαι
A　　12–13 ποιεῖν β. S D: β. ποιεῖν vulg.　　13 τοιουτουσὶ συκοφάντας
S: τοιούτους συκοφαντοῦντας cett.　　16 ῥώμας A F¹: γνώμας S F corr.
Q D　　18 καὶ πλουσίους] καὶ πρᾴους A: secl. Blass　　21 Ὀλύμπια
A　　23 δὲ] δὲ δὴ A　　τουτονὶ A D　　25 ὁ A: μὲν ὁ cett.　　Σκελίου
Kirchner coll. C. I. A. i 418: Σκελλίου codd.　　θιος S F¹ Q
25–26 τοῦ ἐμοῦ πάππου A D　　26 ἀδελφὸς Bekker: ἀδ. codd.
27 Λακεδαιμονίοις] Λακεδαιμονίους S¹ D: καὶ A

κατασκάψας τὴν Ἠετιώνειαν, εἰς ἣν Λακεδαιμονίους ἔμελλον
οἱ περὶ Κριτίαν ὑποδέχεσθαι, καθεῖλε μὲν τὸ ἐπιτείχισμα,
κατήγαγε δὲ τὸν δῆμον κινδυνεύων αὐτὸς οὐ τοιούτους κιν-
δύνους, ἀλλ' ἐν οἷς καὶ παθεῖν τι καλόν ἐστιν, ἔπαυσε δὲ
68 τοὺς ἐπιβουλεύοντας ὑμῖν. δι' ὅν, εἰ Θεοκρίνῃ τουτῳὶ ὅμοιοι 5
ὄντες ἐτυγχάνομεν, εἰκότως ἐσῴζετ' ἂν ἡμᾶς, μὴ ὅτι βελτίους
ὄντας τούτου καὶ δίκαια λέγοντας. οὐ γὰρ πολλάκις ὑμᾶς
ταῦτα λέγοντες ἐνοχλήσομεν· οὕτως γὰρ ἡμᾶς οὗτος διατέ-
θηκεν ὥστε, ὅπερ ἐξ ἀρχῆς εἶπον, μηδ' ἐλπίδ' ἡμῖν εἶναι
μηδεμίαν τοῦ μετασχεῖν τῆς καὶ τοῖς ξένοις δεδομένης παρ- 10
69 ρησίας. ἵν' οὖν, εἰ καὶ μηδὲν ἄλλο, ταύτην γε ἔχωμεν παρα-
ψυχήν, τὸ καὶ τοῦτον ὁρᾶν ἡσυχίαν ἄγοντα, βοηθήσαθ'
ἡμῖν, ἐλεήσατε τοὺς ὑπὲρ τῆς πατρίδος ἡμῶν τετελευτηκότας,
ἀναγκάσατ' αὐτὸν ὑπὲρ αὐτῆς τῆς ἐνδείξεως ἀπολογεῖσθαι,
καὶ τοιοῦτοι γένεσθ' αὐτῷ δικασταὶ τῶν λεγομένων οἷος 15
70 ἡμῶν οὗτος ἐγένετο κατήγορος, ὃς ἐξαπατήσας τοὺς δικαστὰς
οὐκ ἠθέλησε τιμήσασθαι μετρίου τινὸς τιμήματος τῷ πατρὶ
τῷ ἐμῷ, πολλὰ ἐμοῦ δεηθέντος καὶ τούτου ἱκετεύσαντος πρὸς
[1344] τῶν γονάτων, ἀλλ' ὥσπερ τὴν πόλιν προδεδωκότι τῷ πατρὶ
δέκα ταλάντων ἐτιμήσατο. δεόμεθ' οὖν ὑμῶν, ἀντιβολοῦ- 20
μεν, τὰ δίκαια ψηφίζεσθε.

Βοήθησον ἡμῖν ὁ δεῖνα, εἴ τι ἔχεις, καὶ σύνειπε. ἀνάβηθι.

1 Λακεδαιμονίους S A : τοὺς Λ. vulg.   2 ὑποδέχεσθαι A : ἀποδ.
cett.   τὸ] τό τε γιγνόμενον A   4 δὲ om. A   5 δι' οὕς A F¹ ut
videtur, Q   εἰ] εἰ καὶ A   τούτῳ codd.   7 δικαιότερα Naber
ὑμᾶς S F Q D¹ : γε πρὸς ὑμᾶς A : τε πρὸς ὑμᾶς Q γρ. : ὑμῖν D corr.
8 ταῦτα] ταὐτὰ D, mg. edit. Paris.   λέγοντες A F corr. D corr. :
λέγοντας S F¹ Q D¹   10 δεδομένης A F Q : μεταδιδομένης S :
μεταδεδομένης D, cf. ix 3   11 εἰ καὶ] εἰ A   14 αὐτῆς om. A
15 γένεσθ' αὐτῷ] γενέσθαι S   16 ἡμῶν οὗτος ἐγένετο S : οὗτος ἐγένετο
ἡμῶν vulg.   17 τιμήματος om. A   18 τῷ ἐμῷ S D : om. A F Q
20 ὑμῶν om. F   post ὑμῶν add. ὧ καὶ Α : om. S F (me teste) D cf.
xxviii 20   21 ψηφίζεσθε S vulg. : ψηφίσασθαι A : ψηφίζεσθαι Wolf
In S subscriptum
ΕΝΔΕΙΞΙΣ ΚΑΤΑ ΘΕΟΚΡΙΝΟΥ
Δ

ΚΑΤΑ ΝΕΑΙΡΑΣ

ΥΠΟΘΕΣΙΣ.

Καὶ τοῦτον τὸν λόγον οὐκ οἴονται Δημοσθένους εἶναι, ὕπτιον
ὄντα καὶ πολλαχῇ τῆς τοῦ ῥήτορος δυνάμεως ἐνδεέστερον. ὑπό-
θεσιν δ' ἔχει τοιαύτην. νόμου κελεύοντος, ἐὰν ἀνδρὶ Ἀθηναίῳ
ξένη συνοικῇ, πεπρᾶσθαι ταύτην, κατὰ τοῦτον τὸν νόμον ἐπὶ
5 Νέαιραν ἥκει Θεόμνηστος, λέγων συνοικεῖν αὐτὴν Στεφάνῳ γεγο-
νυῖαν μὲν δούλην Νικαρέτης, ἑταιρήσασαν δὲ πρότερον, νῦν δὲ
Στεφάνῳ νόμῳ συνοικοῦσαν καὶ πεπαιδοποιημένην ἐξ αὐτοῦ.
ὃ δὲ Στέφανος οὐχ ὁμολογεῖ ταῦτα, ἀλλὰ συνεῖναι μὲν αὐτῇ
φησιν, ὡς ἑταίρᾳ δὲ καὶ οὐ γυναικί, καὶ τοὺς παῖδας οὐκ ἐκ 2
10 ταύτης ἔχειν. πρὸς ὅπερ ὁ κατήγορος ἀνθιστάμενος οὐκ ὀλίγα
τεκμήρια παρέχεται, ὡς γυναῖκα συνοικεῖν αὐτήν. γίνεται τοίνυν
ἡ στάσις τοῦ λόγου στοχαστικὴ· περὶ γὰρ οὐσίας τὸ ζήτημα,
καὶ οὔτε περὶ ἰδιότητος οὔτε περὶ ποιότητος. τὰ μὲν οὖν πρῶτα
τοῦ λόγου Θεόμνηστος λέγει, ἔπειτα συνήγορον Ἀπολλόδωρον
15 καλεῖ κηδεστὴν ὄνθ' ἑαυτοῦ, κἀκεῖνος τὸν ἀγῶνα ποιεῖται.

Πολλά με τὰ παρακαλοῦντα ἦν, ὦ ἄνδρες Ἀθηναῖοι, [1345]
γράψασθαι Νέαιραν τὴν γραφὴν ταυτηνὶ καὶ εἰσελθεῖν εἰς
ὑμᾶς. καὶ γὰρ ἠδικήμεθα ὑπὸ Στεφάνου μεγάλα, καὶ εἰς
κινδύνους τοὺς ἐσχάτους κατέστημεν ὑπ' αὐτοῦ, ὅ τε κηδε-
20 στὴς καὶ ἐγὼ καὶ ἡ ἀδελφὴ καὶ ἡ γυνὴ ἡ ἐμή, ὥστε οὐχ
ὑπάρχων ἀλλὰ τιμωρούμενος ἀγωνιοῦμαι τὸν ἀγῶνα τουτονί·
τῆς γὰρ ἔχθρας πρότερος οὗτος ὑπῆρξεν, οὐδὲν ὑφ' ἡμῶν
πώποτε οὔτε λόγῳ οὔτε ἔργῳ κακὸν παθών. βούλομαι δ'
ὑμῖν προδιηγήσασθαι πρῶτον ἃ πεπόνθαμεν ὑπ' αὐτοῦ, ἵνα
25 μᾶλλόν μοι συγγνώμην ἔχητε ἀμυνομένῳ, καὶ ὡς εἰς ⟨τοὺς⟩

desunt in A lix, lx, lxi, Prooemia, Epistulae. adhibendus igitur codex r
  1 καὶ τοῦτον] sequebatur nempe apud Libanium haec oratio orationes
xxv, xxvi   7 νόμῳ] παρανόμως Halbertsma coll. §§ 13, 16 : del.
Taylor   15 ποιεῖται Bekker : πεποίηται codd.   16 πολλὰ μὲν ἦν
τὰ π., ὦ Ἀθηναῖοι Rufus (Hammer i 402), μὲν etiam S¹ ut vid., una littera
post με erasa   17 ταύτην Y r D   25 τοὺς add. Frohberger

ἐσχάτους κινδύνους κατέστημεν περί τε τῆς πατρίδος καὶ
περὶ ἀτιμίας.

2 Ψηφισαμένου γὰρ τοῦ δήμου τοῦ Ἀθηναίων Ἀθηναῖον
εἶναι Πασίωνα καὶ ἐκγόνους τοὺς ἐκείνου διὰ τὰς εὐεργεσίας
τὰς εἰς τὴν πόλιν, ὁμογνώμων καὶ ὁ πατὴρ ἐγένετο ὁ ἐμὸς τῇ 5
τοῦ δήμου δωρεᾷ, καὶ ἔδωκεν Ἀπολλοδώρῳ τῷ υἱεῖ τῷ ἐκείνου
θυγατέρα μὲν αὑτοῦ, ἀδελφὴν δὲ ἐμήν, ἐξ ἧς Ἀπολλοδώρῳ
οἱ παῖδές εἰσιν. ὄντος δὲ χρηστοῦ τοῦ Ἀπολλοδώρου περί
τε τὴν ἀδελφὴν τὴν ἐμὴν καὶ περὶ ἡμᾶς ἅπαντας, καὶ ἡγου-
μένου τῇ ἀληθείᾳ οἰκείους ὄντας κοινωνεῖν πάντων τῶν 10
[1346] ὄντων, ἔλαβον καὶ ἐγὼ γυναῖκα Ἀπολλοδώρου μὲν θυγατέρα,
3 ἀδελφιδῆν δ' ἐμαυτοῦ. προεληλυθότος δὲ χρόνου λαγχάνει
βουλεύειν Ἀπολλόδωρος· δοκιμασθεὶς δὲ καὶ ὀμόσας τὸν
νόμιμον ὅρκον, συμβάντος τῇ πόλει καιροῦ τοιούτου καὶ
πολέμου, ἐν ᾧ ἦν ἢ κρατήσασιν ὑμῖν μεγίστοις τῶν Ἑλλήνων 15
εἶναι καὶ ἀναμφισβητήτως τά τε ὑμέτερα αὐτῶν κεκομίσθαι
καὶ καταπεπολεμηκέναι Φίλιππον, ἢ ὑστερίσασι τῇ βοηθείᾳ
καὶ προεμένοις τοὺς συμμάχους, δι' ἀπορίαν χρημάτων κατα-
λυθέντος τοῦ στρατοπέδου, τούτους τ' ἀπολέσαι καὶ τοῖς
ἄλλοις Ἕλλησιν ἀπίστους εἶναι δοκεῖν, καὶ κινδυνεύειν περὶ 20
τῶν ὑπολοίπων, περί τε Λήμνου καὶ Ἴμβρου καὶ Σκύρου καὶ
4 Χερρονήσου, καὶ μελλόντων στρατεύεσθαι ὑμῶν πανδημεὶ
εἴς τε Εὔβοιαν καὶ Ὄλυνθον, ἔγραψε ψήφισμα ἐν τῇ βουλῇ
Ἀπολλόδωρος βουλεύων καὶ ἐξήνεγκε προβούλευμα εἰς τὸν
δῆμον, λέγον διαχειροτονῆσαι τὸν δῆμον εἴτε δοκεῖ τὰ περι- 25
όντα χρήματα τῆς διοικήσεως στρατιωτικὰ εἶναι εἴτε θεωρικά,
κελευόντων μὲν τῶν νόμων, ὅταν πόλεμος ᾖ, τὰ περιόντα
χρήματα τῆς διοικήσεως στρατιωτικὰ εἶναι, κύριον δ' ἡγού-
μενος δεῖν τὸν δῆμον εἶναι περὶ τῶν αὑτοῦ ὅ τι ἂν βούληται

9 ἡγουμένου] ἡγούμενος Dobree coll. § 55   10 καὶ ante κοινωνεῖν
add. S F Q: om. Y r   κοινωνεῖν ⟨δεῖν⟩ Dindorf   14 καιροῦ
τοιούτου τῇ r   16 κεκομεῖσθαι S¹   17 ὑστερίσασι S¹ Y r, cf. xxiv 95:
ὑστερήσασι S corr. vulg.   18 προεμένοις F corr. Y: προεμένους F¹ cett.
22 πανδημῄ S   24 βουλεύων del. Herwerden, recte fort., sed cf.
Lys. xxx 10   25 λέγον Y r: λέγων cett.   26 θεωρητικά S
27 ὅταν S: ὅτ' ἂν D: ὁπόταν vulg.   28 στρατιωτικὰ] θεωρικὰ Naber
29 βούλωνται S Q¹, sed cf. τῶν αὑτοῦ

πρᾶξαι, ὀμωμοκὼς δὲ τὰ βέλτιστα βουλεύσειν τῷ δήμῳ τῷ
Ἀθηναίων, ὡς ὑμεῖς πάντες ἐμαρτυρήσατε ἐν ἐκείνῳ τῷ
καιρῷ. γενομένης γὰρ τῆς διαχειροτονίας, οὐδεὶς ἀντε- 5
χειροτόνησεν ὡς οὐ δεῖ τοῖς χρήμασι τούτοις στρατιωτικοῖς
5 χρῆσθαι, ἀλλὰ καὶ νῦν ἔτι, ἄν που λόγος γένηται, παρὰ
πάντων ὁμολογεῖται ὡς τὰ βέλτιστα εἰπὼν ἄδικα πάθοι.
τῷ οὖν ἐξαπατήσαντι τῷ λόγῳ τοὺς δικαστὰς δίκαιον ὀργί- [1347]
ζεσθαι, οὐ τοῖς ἐξαπατηθεῖσιν. γραψάμενος γὰρ παρανόμων
τὸ ψήφισμα Στέφανος οὑτοσὶ καὶ εἰσελθὼν εἰς τὸ δικα-
10 στήριον, ἐπὶ διαβολῇ ψευδεῖς μάρτυρας παρασχόμενος ὡς
ὤφλε τῷ δημοσίῳ ἐκ πέντε καὶ εἴκοσιν ἐτῶν, καὶ ἔξω τῆς
γραφῆς πολλὰ κατηγορῶν, εἷλε τὸ ψήφισμα. καὶ τοῦτο μὲν 6
εἰ αὑτῷ ἐδόκει διαπράξασθαι, οὐ χαλεπῶς φέρομεν· ἀλλ'
ἐπειδὴ περὶ τοῦ τιμήματος ἐλάμβανον τὴν ψῆφον οἱ δικασταί,
15 δεομένων ἡμῶν συγχωρῆσαι οὐκ ἤθελεν, ἀλλὰ πεντεκαίδεκα
ταλάντων ἐτιμᾶτο, ἵνα ἀτιμώσειεν αὐτὸν καὶ παῖδας τοὺς
ἐκείνου, καὶ τὴν ἀδελφὴν τὴν ἐμὴν καὶ ἡμᾶς ἅπαντας εἰς
τὴν ἐσχάτην ἀπορίαν καταστήσειεν καὶ ἔνδειαν ἁπάντων.
ἡ μὲν γὰρ οὐσία οὐδὲ τριῶν ταλάντων πάνυ τι ἦν, ὥστε 7
20 δυνηθῆναι ἐκτεῖσαι τοσοῦτον ὄφλημα· μὴ ἐκτεισθέντος δὲ
τοῦ ὀφλήματος ἐπὶ τῆς ἐνάτης πρυτανείας, διπλοῦν ἔμελλεν
ἔσεσθαι τὸ ὄφλημα καὶ ἐγγραφήσεσθαι Ἀπολλόδωρος τριά-
κοντα τάλαντα ὀφείλων τῷ δημοσίῳ· ἐγγεγραμμένου δὲ τῷ
δημοσίῳ, ἀπογραφήσεσθαι ἔμελλεν ἡ ὑπάρχουσα οὐσία
25 Ἀπολλοδώρῳ δημοσία εἶναι, πραθείσης δ' αὐτῆς εἰς τὴν
ἐσχάτην ἀπορίαν καταστήσεσθαι καὶ αὐτὸς καὶ παῖδες οἱ
ἐκείνου καὶ γυνὴ καὶ ἡμεῖς ἅπαντες. ἔτι δὲ καὶ ἡ ἑτέρα 8
θυγάτηρ ἀνέκδοτος ἔμελλεν ἔσεσθαι· τίς γὰρ ἄν ποτε παρ'
ὀφείλοντος τῷ δημοσίῳ καὶ ἀποροῦντος ἔλαβεν ἄπροικον;
30 οὐκοῦν τηλικούτων κακῶν αἴτιος ἡμῖν πᾶσιν ἐγίγνετο, οὐδὲν

4-5 ροτόνησεν . . . χρῆσθαι om. F   5 ἔτι καὶ νῦν Y r D   6 εἰπὼν
F Q γρ. : εἴπας S vulg. F γρ.   πάθοι] ἔπαθεν malit Stahl   7 τοὺς . . .
ὀργίζεσθαι om. S, lacuna totidem fere litt. relicta : τοὺς δημοκρατου-
μένους δεῖν ὀργίζεσθαι Y r D   10 μαρτυρίας Y r D   10-11 ὡς . . .
ἐτῶν huc transp. Sauppe : post ψευδῆ § 9 codd.   19 ὥστε ⟨μὴ ἂν⟩ Blass

πώποτε ὑφ᾽ ἡμῶν ἠδικημένος. τοῖς μὲν οὖν δικασταῖς τοῖς
τότε δικάσασι πολλὴν χάριν κατά γε τοῦτο ἔχω, ὅτι οὐ
[1348] περιεῖδον αὐτὸν ἀναρπασθέντα, ἀλλ᾽ ἐτίμησαν ταλάντου,
ὥστε δυνηθῆναι ἐκτεῖσαι μόλις· τούτῳ δὲ δικαίως τὸν αὐτὸν
9 ἔρανον ἐνεχειρήσαμεν ἀποδοῦναι. καὶ γὰρ οὐ μόνον ταύτῃ   5
ἐζήτησεν ἀνελεῖν ἡμᾶς, ἀλλὰ καὶ ἐκ τῆς πατρίδος αὐτὸν
ἐβουλήθη ἐκβαλεῖν. ἐπενέγκας γὰρ αὐτῷ αἰτίαν ψευδῆ ὡς
᾽Αφίδναζέ ποτε ἀφικόμενος ἐπὶ δραπέτην αὐτοῦ ζητῶν πατά-
ξειε γυναῖκα καὶ ἐκ τῆς πληγῆς τελευτήσειεν ἡ ἄνθρωπος,
παρασκευασάμενος ἀνθρώπους δούλους καὶ κατασκευάσας ὡς   10
10 Κυρηναῖοι εἶησαν, προεῖπεν αὐτῷ ἐπὶ Παλλαδίῳ φόνου. καὶ
ἔλεγεν τὴν δίκην Στέφανος οὑτοσί, διομοσάμενος ὡς ἔκτεινεν
᾽Απολλόδωρος τὴν γυναῖκα αὐτοχειρίᾳ, ἐξώλειαν αὑτῷ καὶ
γένει καὶ οἰκίᾳ ἐπαρασάμενος, ἃ οὔτ᾽ ἐγένετο οὔτ᾽ εἶδεν οὔτ᾽
ἤκουσεν οὐδενὸς πώποτε ἀνθρώπων. ἐξελεγχθεὶς δ᾽ ἐπιορκῶν   15
καὶ ψευδῆ αἰτίαν ἐπιφέρων, καὶ καταφανὴς γενόμενος μεμι-
σθωμένος ὑπὸ Κηφισοφῶντος καὶ ᾽Απολλοφάνους ὥστ᾽
ἐξελάσαι ᾽Απολλόδωρον ἢ ἀτιμῶσαι ἀργύριον εἰληφώς, ὀλίγας
ψήφους μεταλαβὼν ἐκ πεντακοσίων, ἀπῆλθεν ἐπιωρκηκὼς
καὶ δόξας πονηρὸς εἶναι.   20

11 Σκοπεῖτε δὴ αὐτοί, ὦ ἄνδρες δικασταί, ἐκ τῶν εἰκότων
λογιζόμενοι πρὸς ὑμᾶς αὐτούς, τί ἂν ἐχρησάμην ἐμαυτῷ καὶ
τῇ γυναικὶ καὶ τῇ ἀδελφῇ, εἴ τι ᾽Απολλοδώρῳ συνέβη παθεῖν
ὧν Στέφανος οὑτοσὶ ἐπεβούλευσεν αὐτῷ, ἢ ἐν τῷ προτέρῳ
ἢ ἐν τῷ ὑστέρῳ ἀγῶνι; ἢ ποίᾳ αἰσχύνῃ οὐκ ἂν καὶ συμφορᾷ   25

4 ὥστε] ὥστε καὶ Υ r D   δυνηθῆναι ἂν codd.: ἂν del. Schaefer
δίκαιον F corr. Q¹   7 post ψευδῆ add. ὡς ἄφλε τῷ δημοσίῳ ἐκ πέντε
καὶ εἴκοσιν ἐτῶν codd.: verba hinc alienissima notat Jurinus, transp.
Sauppe.   8 ζητῶν del. Dobree, Cobet, cf. Aeschin. ii 114
10 παρασκευασάμενοι Q γρ.: παρακελευσάμενος F D   κατασκευάσαντες
F γρ. Q γρ. D   10–11 ὡς Κυρηναῖοι εἶησαν F Q D: ησαν Υ: om.
S r spatio vacuo relicto: ὡς κύριοι εἶησαν Hude   11 προεῖπον F corr.
Q corr. D   φόνου FQ   12 ἀπέκτεινεν Υ r   13 αὐτῷ ἐξώλειαν
add. ἀρώμενος codd.: del. Reiske   εξωλειν S¹   14 εἶδεν] οἶδεν
S F Q   15 οὐδενὸς] οὐδεὶς codex Bodleianus apud Taylorum
19 post πεντακοσίων add. δραχμῶν vulg., δικαστῶν Q γρ. D, cf. Andoc. i
17 : del. Reiske   21 αὐτοί om. S¹, add. in mg. ead. m.

περιπεπτωκὼς ἦν; παρακαλούντων δή με ἁπάντων, ἰδίᾳ
προσιόντων μοι, ἐπὶ τιμωρίαν τρέπεσθαι ὧν ἐπάθομεν ὑπ'
αὐτοῦ, καὶ ὀνειδιζόντων μοι ἀνανδρότατον ἀνθρώπων εἶναι,
εἰ οὕτως οἰκείως ἔχων τὰ πρὸς τούτους μὴ λήψομαι δίκην
5 ὑπὲρ ἀδελφῆς καὶ κηδεστοῦ καὶ ἀδελφιδῶν καὶ γυναικὸς
ἐμαυτοῦ, μηδὲ τὴν περιφανῶς εἰς τοὺς θεοὺς ἀσεβοῦσαν καὶ
εἰς τὴν πόλιν ὑβρίζουσαν καὶ τῶν νόμων καταφρονοῦσαν τῶν
ὑμετέρων εἰσαγαγὼν εἰς ὑμᾶς καὶ ἐξελέγξας τῷ λόγῳ ὡς
ἀδικεῖ, κυρίους καταστήσω ὅ τι ἂν βούλησθε χρῆσθαι αὐτῇ,
10 ὥσπερ καὶ Στέφανος οὑτοσὶ ἐμὲ ἀφηρεῖτο τοὺς οἰκείους 13
παρὰ τοὺς νόμους καὶ τὰ ψηφίσματα τὰ ὑμέτερα, οὕτω καὶ
ἐγὼ τούτον ἥκω ἐπιδείξων εἰς ὑμᾶς ξένῃ μὲν γυναικὶ συνοι-
κοῦντα παρὰ τὸν νόμον, ἀλλοτρίους δὲ παῖδας εἰσαγαγόντα
εἴς τε τοὺς φράτερας καὶ εἰς τοὺς δημότας, ἐγγυῶντα δὲ τὰς
15 τῶν ἑταιρῶν θυγατέρας ὡς αὑτοῦ οὔσας, ἠσεβηκότα δ' εἰς
τοὺς θεούς, ἄκυρον δὲ ποιοῦντα τὸν δῆμον τῶν αὑτοῦ, ἄν
τινα βούληται πολίτην ποιήσασθαι· τίς γὰρ ἂν ἔτι παρὰ
τοῦ δήμου ζητήσειε λαβεῖν δωρεάν, μετὰ πολλῶν ἀναλωμά-
των καὶ πραγματείας πολίτης μέλλων ἔσεσθαι, ἐξὸν παρὰ
20 Στεφάνου ἀπ' ἐλάττονος ἀναλώματος, εἴ γε τὸ αὐτὸ τοῦτο
γενήσεται αὐτῷ;

Ἃ μὲν οὖν ἀδικηθεὶς ἐγὼ ὑπὸ Στεφάνου πρότερος ἐγρα- 14
ψάμην τὴν γραφὴν ταύτην, εἴρηκα πρὸς ὑμᾶς· ὡς δ' ἐστὶν
ξένη Νέαιρα αὑτηὶ καὶ συνοικεῖ Στεφάνῳ τουτῳὶ καὶ πολλὰ
25 παρανενόμηκεν εἰς τὴν πόλιν, ταῦτ' ἤδη δεῖ μαθεῖν ὑμᾶς.
δέομαι οὖν ὑμῶν, ὦ ἄνδρες δικασταί, ἅπερ ἡγοῦμαι προσή-
κειν δεηθῆναι νέον τε ὄντα καὶ ἀπείρως ἔχοντα τοῦ λέγειν,
συνήγορόν με κελεῦσαι καλέσαι τῷ ἀγῶνι τούτῳ Ἀπολλό-

1 ἦν] ἂν ἦν S Y r Frec.   2 μοι Taylor: τέ μοι F Q: τ' ἐμοί S Y r
τρέπεσθαι S F: τραπέσθαι Y r D   ὑπ' αὐτοῦ om. r D   4 τὰ del.
Lambinus   5 κηδεστοῦ Reiske: κηδεστῶν codd.   9 κυρίους
⟨ὑμᾶς⟩ Herwerden   10 ὥσπερ καὶ Hude ut anacoluthia tollatur:
καὶ ὥσπερ codd.: καὶ del Jurinus   ἀφηρεῖτο Y r D: ἀφῄρητο cett.
15 ἑταιρῶν vulg. F corr. Y r D, Bekk. Anecd. 140. 4: ἑτέρων S F¹
16 τὸν δῆμον ποιοῦντα Y r D   24 αὑτη . . . τούτῳ codd., corr. Blass

15 δωρον. καὶ γὰρ πρεσβύτερός ἐστιν ἢ ἐγώ, καὶ ἐμπειροτέρως
ἔχει τῶν νόμων, καὶ μεμέληκεν αὐτῷ περὶ τούτων ἁπάντων
ἀκριβῶς, καὶ ἠδίκηται ὑπὸ Στεφάνου τουτουί, ὥστε καὶ
ἀνεπίφθονον αὐτῷ τιμωρεῖσθαι τὸν ὑπάρξαντα. δεῖ δ᾽ ὑμᾶς
ἐξ αὐτῆς τῆς ἀληθείας, τὴν ἀκρίβειαν ἀκούσαντας τῆς τε 5
κατηγορίας καὶ τῆς ἀπολογίας, οὕτως ἤδη τὴν ψῆφον φέρειν
ὑπέρ τε τῶν θεῶν καὶ τῶν νόμων καὶ τοῦ δικαίου καὶ ὑμῶν
αὐτῶν.

ΣΥΝΗΓΟΡΙΑ.

16   Ἃ μὲν ἠδικημένος, ὦ ἄνδρες Ἀθηναῖοι, ὑπὸ Στεφάνου 10
ἀναβέβηκα κατηγορήσων Νεαίρας ταυτησί, Θεόμνηστος
εἴρηκεν πρὸς ὑμᾶς· ὡς δ᾽ ἐστὶ ξένη Νέαιρα καὶ παρὰ τοὺς
νόμους συνοικεῖ Στεφάνῳ, τοῦτο ὑμῖν βούλομαι σαφῶς
ἐπιδεῖξαι. πρῶτον μὲν οὖν τὸν νόμον ὑμῖν ἀναγνώσεται,
καθ᾽ ὃν τήν τε γραφὴν ταυτηνὶ Θεόμνηστος ἐγράψατο καὶ 15
ὁ ἀγὼν οὗτος εἰσέρχεται εἰς ὑμᾶς.

ΝΟΜΟΣ.

Ἐὰν δὲ ξένος ἀστῇ συνοικῇ τέχνῃ ἢ μηχανῇ ᾗτινιοῦν, γρα-
φέσθω πρὸς τοὺς θεσμοθέτας Ἀθηναίων ὁ βουλόμενος οἷς ἔξεστιν.
ἐὰν δὲ ἁλῷ, πεπράσθω καὶ αὐτὸς καὶ ἡ οὐσία αὐτοῦ, καὶ τὸ τρίτον 20
μέρος ἔστω τοῦ ἑλόντος. ἔστω δὲ καὶ ἐὰν ἡ ξένη τῷ ἀστῷ
συνοικῇ κατὰ ταὐτά, καὶ ὁ συνοικῶν τῇ ξένῃ τῇ ἁλούσῃ ὀφειλέτω
χιλίας δραχμάς.

17   Τοῦ μὲν νόμου τοίνυν ἀκηκόατε, ὦ ἄνδρες δικασταί, ὃς
οὐκ ἐᾷ τὴν ξένην τῷ ἀστῷ συνοικεῖν οὐδὲ τὴν ἀστὴν τῷ 25
ξένῳ, οὐδὲ παιδοποιεῖσθαι, τέχνῃ οὐδὲ μηχανῇ οὐδεμιᾷ· ἐὰν
δέ τις παρὰ ταῦτα ποιῇ, γραφὴν πεποίηκεν κατ᾽ αὐτῶν εἶναι
πρὸς τοὺς θεσμοθέτας, κατά τε τοῦ ξένου καὶ τῆς ξένης, κἂν

---

2 καὶ μεμέληκεν . . . ἀκριβῶς huc transp. Schaefer : ante ὥστε καὶ
exhibent codd.   3 τουτουί FQ : τούτου cett.   6 καὶ τῆς ἀπολογίας
om. S   φέρειν post θεῶν ponit r   11 ταυτησί] ταυτη om. S¹ :
pro σι, a quo versus incipit, ει scripsit pr. m., corr. m. ant.   13 τοῦτο
ὑμῖν] τούτῳ Y r D   18 et 22 συνοικει S   21 ἔστω] ὡσαύτως
FQ   22 οφειλετο S

ἀλῷ, πεπρᾶσθαι κελεύει. ὡς οὖν ἐστι ξένη Νέαιρα αὑτηί, [1351]
τοῦθ' ὑμῖν βούλομαι ἐξ ἀρχῆς ἀκριβῶς ἐπιδεῖξαι.

Ἑπτὰ γὰρ ταύτας παιδίσκας ἐκ μικρῶν παιδίων ἐκτήσατο 18
Νικαρέτη, Χαρισίου μὲν οὖσα τοῦ Ἠλείου ἀπελευθέρα,
5 Ἱππίου δὲ τοῦ μαγείρου τοῦ ἐκείνου γυνή, δεινὴ δὲ [καὶ
δυναμένη] φύσιν μικρῶν παιδίων συνιδεῖν εὐπρεπῆ, καὶ
ταῦτα ἐπισταμένη θρέψαι καὶ παιδεῦσαι ἐμπείρως, τέχνην
ταύτην κατεσκευασμένη καὶ ἀπὸ τούτων τὸν βίον συν-
ειλεγμένη. προσειποῦσα δ' αὐτὰς ὀνόματι θυγατέρας, ἵν' 19
10 ὡς μεγίστους μισθοὺς πράττοιτο τοὺς βουλομένους πλησιά-
ζειν αὐταῖς ὡς ἐλευθέραις οὔσαις, ἐπειδὴ τὴν ἡλικίαν ἐκαρπώ-
σατο αὐτῶν ἑκάστης, συλλήβδην καὶ τὰ σώματα ἀπέδοτο
ἁπασῶν ἑπτὰ οὐσῶν, Ἄντειαν καὶ Στρατόλαν καὶ Ἀριστό-
κλειαν καὶ Μετάνειραν καὶ Φίλαν καὶ Ἰσθμιάδα καὶ Νέαιραν
15 ταυτηνί. ἦν μὲν οὖν ἕκαστος αὐτῶν ἐκτήσατο καὶ ὡς 20
ἠλευθερώθησαν ἀπὸ τῶν πριαμένων αὐτὰς παρὰ τῆς Νικα-
ρέτης, προϊόντος τοῦ λόγου, ἂν βούλησθε ἀκούειν καί μοι
περιουσία ᾖ τοῦ ὕδατος, δηλώσω ὑμῖν· ὡς δὲ Νέαιρα αὑτηὶ
Νικαρέτης ἦν καὶ ἠργάζετο τῷ σώματι μισθαρνοῦσα τοῖς
20 βουλομένοις αὐτῇ πλησιάζειν, τοῦθ' ὑμῖν βούλομαι πάλιν
ἐπανελθεῖν. Λυσίας γὰρ ὁ σοφιστὴς Μετανείρας ὢν ἐραστής, 21
ἐβουλήθη πρὸς τοῖς ἄλλοις ἀναλώμασιν οἷς ἀνήλισκεν εἰς
αὐτὴν καὶ μυῆσαι, ἡγούμενος τὰ μὲν ἄλλα ἀναλώματα τὴν
κεκτημένην αὐτὴν λαμβάνειν, ἃ δ' ἂν εἰς τὴν ἑορτὴν καὶ τὰ
25 μυστήρια ὑπὲρ αὐτῆς ἀναλώσῃ, πρὸς αὐτὴν τὴν ἄνθρωπον
χάριν καταθήσεσθαι. ἐδεήθη οὖν τῆς Νικαρέτης ἐλθεῖν εἰς [1352]
τὰ μυστήρια ἄγουσαν τὴν Μετάνειραν, ἵνα μυηθῇ, καὶ αὐτὸς
ὑπέσχετο μυήσειν. ἀφικομένας δ' αὐτὰς ὁ Λυσίας εἰς μὲν 22
τὴν αὑτοῦ οἰκίαν οὐκ εἰσάγει, αἰσχυνόμενος τήν τε γυναῖκα
30 ἣν εἶχε, Βραχύλλου μὲν θυγατέρα, ἀδελφιδῆν δὲ αὑτοῦ, καὶ

---

1 et 18 αὕτη vel αυτη codd., corr. Blass   4 Ἠλίου S Q Y¹
5–6 καὶ δυναμένη secl. Reiske   13 Ἀντίαν S F, sed cf. Athen. 586 E
16 ἠλευθέρωσαν S Y D   ἀπὸ Blass, cf. Plat. Rep. 569 A: παρὰ
S Y r D: ὑπὸ F Q   18 ante δηλώσω iv vel v litt. in S erasae
ὡς οὐδε S   19 ἠργάζετο S: εἰργ. vulg.   22 ἠβουλήθη S

τὴν μητέρα τὴν αὑτοῦ πρεσβυτέραν τε οὖσαν καὶ ἐν τῷ
αὐτῷ διαιτωμένην· ὡς Φιλόστρατον δὲ τὸν Κολωνῆθεν,
ἠθεον ἔτι ὄντα καὶ φίλον αὐτῷ, καθίστησιν ὁ Λυσίας αὐτάς,
τήν τε Μετάνειραν καὶ τὴν Νικαρέτην. συνηκολούθει δὲ
καὶ Νέαιρα αὑτηί, ἐργαζομένη μὲν ἤδη τῷ σώματι, νεωτέρα 5
23 δὲ οὖσα διὰ τὸ μήπω τὴν ἡλικίαν αὐτῇ παρεῖναι. ὡς οὖν
ἀληθῆ λέγω, ὅτι Νικαρέτης ἦν καὶ ἠκολούθει ἐκείνῃ καὶ
ἐμισθάρνει τῷ βουλομένῳ ἀναλίσκειν, τούτων ὑμῖν αὐτὸν τὸν
Φιλόστρατον μάρτυρα καλῶ.

ΜΑΡΤΥΡΙΑ. 10

Φιλόστρατος Διονυσίου Κολωνῆθεν μαρτυρεῖ εἰδέναι Νέαιραν
Νικαρέτης οὖσαν, ἧσπερ καὶ Μετάνειρα ἐγένετο, καὶ κατάγεσθαι
παρ' αὑτῷ, ὅτε εἰς τὰ μυστήρια ἐπεδήμησαν ἐν Κορίνθῳ οἰκοῦσαι·
καταστῆσαι δὲ αὐτὰς ὡς αὑτὸν Λυσίαν τὸν Κεφάλου, φίλον ὄντα
ἑαυτῷ καὶ ἐπιτήδειον. 15

24 Πάλιν τοίνυν, ὦ ἄνδρες Ἀθηναῖοι, μετὰ ταῦτα Σῖμος ὁ
Θετταλὸς ἔχων Νέαιραν ταυτηνὶ ἀφικνεῖται δεῦρο εἰς τὰ
Παναθήναια τὰ μεγάλα. συνηκολούθει δὲ καὶ ἡ Νικαρέτη
αὐτῇ, κατήγοντο δὲ παρὰ Κτησίππῳ τῷ Γλαυκωνίδου τῷ
Κυδαντίδῃ, καὶ συνέπινεν καὶ συνεδείπνει ἐναντίον πολλῶν 20
Νέαιρα αὑτηί ὡς ἂν ἑταίρα οὖσα. καὶ ὅτι ἀληθῆ λέγω,
τούτων ὑμῖν τοὺς μάρτυρας καλῶ. καί μοι κάλει Εὐφί-
25 λητον Σίμωνος Αἰξωνέα καὶ Ἀριστόμαχον Κριτοδήμου Ἀλω-
πεκῆθεν.

ΜΑΡΤΥΡΕΣ. 25

Εὐφίλητος Σίμωνος Αἰξωνεύς, Ἀριστόμαχος Κριτοδήμου Ἀλω-
πεκῆθεν, μαρτυροῦσιν εἰδέναι Σῖμον τὸν Θετταλὸν ἀφικόμενον
Ἀθήναζε εἰς τὰ Παναθήναια τὰ μεγάλα, καὶ μετ' αὐτοῦ Νικαρέ-
την καὶ Νέαιραν τὴν νυνὶ ἀγωνιζομένην· καὶ κατάγεσθαι αὐτοὺς

2 κωλωνηθεν S   3 αὐτῷ (sine spiritu S) S F Q : ἑαυτῷ Y r D
5 αὕτη vulg. : αὐτῇ Y r, corr. Herwerden   νεωτέρα codd. : ἀφανεστέρα
Herwerden : ἀωροτέρα Thalheim : εὐωνοτέρα scripserim, cf. § 41
6 δὲ οὖσα] δ' ἔτ' οὖσα Herwerden   διὰ ... παρεῖναι del. Turr.
8 τούτων Y r D   13 ἐπεδημήσαμεν S F Q   19 αὐτῇ] αυτη S :
αὕτη F Q   21 αὕτη (αυτη S) codd., corr. Blass   ἑτέρα S¹
23 et 26 Σήμωνος S

παρὰ Κτησίππῳ τῷ Γλαυκωνίδου, καὶ συμπίνειν μετ᾽ αὐτῶν
Νέαιραν ὡς ἑταίραν οὖσαν καὶ ἄλλων πολλῶν παρόντων καὶ
συμπινόντων παρὰ Κτησίππῳ.

Μετὰ ταῦτα τοίνυν ἐν τῇ Κορίνθῳ αὐτῆς ἐπιφανῶς 26
5 ἐργαζομένης καὶ οὔσης λαμπρᾶς ἄλλοι τε ἐρασταὶ γίγνονται
καὶ Ξενοκλείδης ὁ ποιητὴς καὶ Ἵππαρχος ὁ ὑποκριτής, καὶ
εἶχον αὐτὴν μεμισθωμένοι. καὶ ὅτι ἀληθῆ λέγω, τοῦ μὲν
Ξενοκλείδου οὐκ ἂν δυναίμην ὑμῖν μαρτυρίαν παρασχέσθαι·
οὐ γὰρ ἐῶσιν αὐτὸν οἱ νόμοι μαρτυρεῖν· ὅτε γὰρ Λακεδαι- 27
10 μονίους ὑμεῖς ἐσῴζετε πεισθέντες ὑπὸ Καλλιστράτου, τότε
ἀντειπὼν ἐν τῷ δήμῳ τῇ βοηθείᾳ, ἐωνημένος τὴν πεντη-
κοστὴν τοῦ σίτου ἐν εἰρήνῃ καὶ δέον αὐτὸν καταβάλλειν τὰς
καταβολὰς εἰς τὸ βουλευτήριον κατὰ πρυτανείαν, καὶ οὔσης
αὐτῷ ἀτελείας ἐκ τῶν νόμων οὐκ ἐξελθὼν ἐκείνην τὴν
15 στρατείαν, γραφεὶς ὑπὸ Στεφάνου τουτουὶ ἀστρατείας καὶ
διαβληθεὶς τῷ λόγῳ ἐν τῷ δικαστηρίῳ ἑάλω καὶ ἠτιμώθη.
καίτοι πῶς οὐκ οἴεσθε δεινὸν εἶναι, εἰ τοὺς μὲν φύσει 28
πολίτας καὶ γνησίως μετέχοντας τῆς πόλεως ἀπεστέρηκε
τῆς παρρησίας Στέφανος οὑτοσί, τοὺς δὲ μηδὲν προσήκοντας [1354]
20 βιάζεται Ἀθηναίους εἶναι παρὰ πάντας τοὺς νόμους; τὸν δ᾽
Ἵππαρχον αὐτὸν ὑμῖν καλῶ, καὶ ἀναγκάσω μαρτυρεῖν ἢ
ἐξόμνυσθαι κατὰ τὸν νόμον, ἢ κλητεύσω αὐτόν. καί μοι
κάλει Ἵππαρχον.

ΜΑΡΤΥΡΙΑ.

25 Ἵππαρχος Ἀθμονεὺς μαρτυρεῖ Ξενοκλείδην καὶ αὐτὸν μισθώ-
σασθαι Νέαιραν ἐν Κορίνθῳ τὴν νῦν ἀγωνιζομένην, ὡς ἑταίραν
οὖσαν τῶν μισθαρνουσῶν, καὶ συμπίνειν ἐν Κορίνθῳ Νέαιραν
μεθ᾽ αὑτοῦ καὶ Ξενοκλείδου τοῦ ποιητοῦ.

Μετὰ ταῦτα τοίνυν αὐτῆς γίγνονται ἐρασταὶ δύο, Τιμανο- 29
30 ρίδας τε ὁ Κορίνθιος καὶ Εὐκράτης ὁ Λευκάδιος, οἳ ἐπειδήπερ
πολυτελὴς ἦν ἡ Νικαρέτη τοῖς ἐπιτάγμασιν, ἀξιοῦσα τὰ

---

2 et 26 ἑτέραν S¹   7 μεμισθωμένην Y r D   11 ἀντειπὼν F¹ Q¹ :
ἀντείπας vulg. F γρ. Q γρ.   τῇδε τῇ F Q   15 τουτουὶ D : τούτου
cett.   26 νῦν codd. : νυνὶ Blass coll. §§ 25, 34, 40, 47   28 μεθ᾽
αὑτοῦ Schaefer : μετ᾽ αὐτοῦ codd.   29 Τιμανορίδης F corr. Q¹ r

καθ᾽ ἡμέραν ἀναλώματα ἅπαντα τῇ οἰκίᾳ παρ᾽ αὐτῶν λαμ-
βάνειν, κατατιθέασιν αὐτῆς τιμὴν τριάκοντα μνᾶς τοῦ σώ-
ματος τῇ Νικαρέτῃ, καὶ ὠνοῦνται αὐτὴν παρ᾽ αὐτῆς νόμῳ
πόλεως καθάπαξ αὐτῶν δούλην εἶναι. καὶ εἶχον καὶ ἐχρῶντο
30 ὅσον ἐβούλοντο αὐτῇ χρόνον. μέλλοντες δὲ γαμεῖν, προ- 5
αγορεύουσιν αὐτῇ, ὅτι οὐ βούλονται αὐτὴν σφῶν αὐτῶν
ἑταίραν γεγενημένην ὁρᾶν ἐν Κορίνθῳ ἐργαζομένην οὐδ᾽
ὑπὸ πορνοβοσκῷ οὖσαν, ἀλλ᾽ ἡδέως ἂν αὐτοῖς εἴη ἔλαττόν
τε τἀργύριον κομίσασθαι παρ᾽ αὐτῆς ἢ κατέθεσαν, καὶ αὐτὴν
ταύτην ὁρᾶν τι ἀγαθὸν ἔχουσαν. ἀφιέναι οὖν αὐτῇ ἔφασαν 10
εἰς ἐλευθερίαν χιλίας δραχμάς, πεντακοσίας ἑκάτερος· τὰς
δ᾽ εἴκοσι μνᾶς ἐκέλευον αὐτὴν ἐξευροῦσαν αὐτοῖς ἀποδοῦναι.
ἀκούσασα δ᾽ αὕτη τοὺς λόγους τούτους τοῦ τε Εὐκράτους καὶ
[1355] Τιμανορίδου, μεταπέμπεται εἰς τὴν Κόρινθον ἄλλους τε τῶν
ἐραστῶν τῶν γεγενημένων αὐτῇ καὶ Φρυνίωνα τὸν Παιανιέα, 15
Δήμωνος μὲν ὄντα υἱόν, Δημοχάρους δὲ ἀδελφόν, ἀσελγῶς
δὲ καὶ πολυτελῶς διάγοντα τὸν βίον, ὡς ὑμῶν οἱ πρεσβύτεροι
31 μνημονεύουσιν. ἀφικομένου δ᾽ ὡς αὐτὴν τοῦ Φρυνίωνος,
λέγει πρὸς αὐτὸν τοὺς λόγους οὓς εἶπον πρὸς αὐτὴν ὅ τε
Εὐκράτης καὶ Τιμανορίδας, καὶ δίδωσιν αὐτῷ τὸ ἀργύριον ὃ 20
παρὰ τῶν ἄλλων ἐραστῶν ἐδασμολόγησεν ἔρανον εἰς τὴν
ἐλευθερίαν συλλέγουσα, καὶ εἴ τι ἄρα αὐτὴ περιεποιήσατο,
καὶ δεῖται αὐτοῦ προσθέντα τὸ ἐπίλοιπον, οὗ προσέδει εἰς
τὰς εἴκοσι μνᾶς, καταθεῖναι αὐτῆς τῷ τε Εὐκράτει καὶ τῷ
32 Τιμανορίδᾳ ὥστε ἐλευθέραν εἶναι. ἄσμενος δ᾽ ἀκούσας 25
ἐκεῖνος τοὺς λόγους τούτους αὐτῆς, καὶ λαβὼν τἀργύριον ὃ
παρὰ τῶν ἐραστῶν τῶν ἄλλων εἰσηνέχθη αὐτῇ, καὶ προσθεὶς
τὸ ἐπίλοιπον αὐτός, κατατίθησιν αὐτῆς τὰς εἴκοσι μνᾶς τῷ
Εὐκράτει καὶ τῷ Τιμανορίδᾳ ἐπ᾽ ἐλευθερίᾳ καὶ ἐφ᾽ ᾧ ἐν

8 ἡδέως] ἡδομένοις Hude   9 τε om. r, unde ἔλαττόν τ᾽
ἀργύριον coni. Schaefer   10 ταύτην del. Schaefer   13–14 καὶ
τοῦ Τ. r   καὶ μεταπέμπεται S   16 ἀδελφόν] ἀδελφιδοῦν
Athenaeus xiii 593 F, sed cf. §§ 32, 40   22 συλλέγουσα] συνάγουσα
Yr D   αὕτη SFQ   25 Τιμανορίδᾳ SF¹Q corr.: Τιμανορίδῃ
vulg. hic et omnes infra   26 ἐκεῖνος ἀκούσας F¹   28–29 τῷ
Εὐκράτει vulg., Bekk. Anecd. 151. 31: τῷ τε Εὐκράτει r

Κορίνθω μὴ ἐργάζεσθαι. καὶ ὅτι ταῦτ' ἀληθῆ λέγω, τούτων ὑμῖν τὸν παραγενόμενον μάρτυρα καλῶ. καί μοι κάλει Φίλαγρον Μελιτέα.

ΜΑΡΤΥΡΙΑ.

5 Φίλαγρος Μελιτεὺς μαρτυρεῖ παρεῖναι ἐν Κορίνθω, ὅτε Φρυνίων ὁ Δημοχάρους ἀδελφὸς κατετίθει εἴκοσι μνᾶς Νεαίρας τῆς νῦν ἀγωνιζομένης Τιμανορίδα τῷ Κορινθίῳ καὶ Εὐκράτει τῷ Λευκαδίῳ, καὶ καταθεὶς τὸ ἀργύριον ᾤχετο ἀπάγων Ἀθήναζε Νέαιραν.

Ἀφικόμενος τοίνυν δεῦρο ἔχων αὐτὴν ἀσελγῶς καὶ προ- 33
10 πετῶς ἐχρῆτο αὐτῇ, καὶ ἐπὶ τὰ δεῖπνα ἔχων αὐτὴν πανταχοῖ ἐπορεύετο ὅπου πίνοι, ἐκώμαζέ τ' ἀεὶ μετ' αὐτοῦ, συνῆν τ' [1356] ἐμφανῶς ὁπότε βουληθείη πανταχοῦ, φιλοτιμίαν τὴν ἐξουσίαν πρὸς τοὺς ὁρῶντας ποιούμενος. καὶ ὡς ἄλλους τε πολλοὺς ἐπὶ κῶμον ἔχων ἦλθεν αὐτὴν καὶ ὡς Χαβρίαν τὸν Αἰξωνέα,
15 ὅτε ἐνίκα ἐπὶ Σωκρατίδου ἄρχοντος τὰ Πύθια τῷ τεθρίππῳ ὃ ἐπρίατο παρὰ τῶν παίδων τῶν Μίτυος τοῦ Ἀργείου, καὶ ἥκων ἐκ Δελφῶν εἱστία τὰ ἐπινίκια ἐπὶ Κωλιάδι. καὶ ἐκεῖ ἄλλοι τε πολλοὶ συνεγίγνοντο αὐτῇ μεθυούσῃ καθεύδοντος τοῦ Φρυνίωνος, καὶ οἱ διάκονοι οἱ Χαβρίου τράπεζαν παρα-
20 θέμενοι. καὶ ὅτι ταῦτ' ἀληθῆ λέγω, τοὺς ὁρῶντας ὑμῖν καὶ 34 παρόντας μάρτυρας παρέξομαι. καί μοι κάλει Χιωνίδην Ξυπεταιόνα καὶ Εὐθετίωνα Κυδαθηναιᾶ.

ΜΑΡΤΥΡΙΑ.

Χιωνίδης Ξυπεταιῶν, Εὐθετίων Κυδαθηναιεὺς μαρτυροῦσι κλη-
25 θῆναι ὑπὸ Χαβρίου ἐπὶ δεῖπνον, ὅτε τὰ ἐπινίκια εἱστία Χαβρίας τῆς νίκης τοῦ ἄρματος, καὶ ἑστιᾶσθαι ἐπὶ Κωλιάδι, καὶ εἰδέναι Φρυνίωνα παρόντα ἐν τῷ δείπνῳ τούτῳ ἔχοντα Νέαιραν τὴν νυνὶ

1 τούτων F corr. Q corr., cf. § 23 : τοῦτον vulg. F¹   6 νυνὶ Y r D
10–11 πανταχοῦ . . . ὅποι codd., corr. Reiske   11 αὐτοῦ codd.
cf. § 35 : αὐτῆς Wolf   14 ἐξώνεα S F¹   16 Μιτυος S Q, sed cf.
Arist. Poet. 1452 a   17 ἱστία S¹, itidem bis infra   19 τράπεζαν
παραθέμενοι del. Blass   20–21 καὶ παρόντας om. Caecilius fr. 75 (Offen-
loch), Tiberius viii 576 (Waltz)   22 Ξυπεταιῶνα (vel ἐξυπ.) codd.
corr. Herwerden   Κυδαθηναια S¹ : Κυδαθηναιέα S rec. vulg.   24 Κυδαθη-
νεὺς S   26 ἑστιᾶσθαι Hude : εἱστιᾶσθαι (-θε F) vulg. : ἱστιᾶσθαι S

ἀγωνιζομένην, καὶ καθεύδειν σφᾶς αὐτοὺς καὶ Φρυνίωνα καὶ
Νέαιραν, καὶ αἰσθάνεσθαι αὐτοὶ ἀνισταμένους τῆς νυκτὸς πρὸς
Νέαιραν ἄλλους τε καὶ τῶν διακόνων τινάς, οἳ ἦσαν Χαβρίου
οἰκέται.

35   Ἐπειδὴ τοίνυν ἀσελγῶς προὐπηλακίζετο ὑπὸ τοῦ Φρυνί- 5
ωνος καὶ οὐχ ὡς ᾤετο ἠγαπᾶτο, οὐδ' ὑπηρέτει αὐτῇ ἃ ἐβού-
λετο, συσκευασαμένη αὐτοῦ τὰ ἐκ τῆς οἰκίας καὶ ὅσα ἦν αὐτῇ
ὑπ' ἐκείνου περὶ τὸ σῶμα κατεσκευασμένα ἱμάτια καὶ χρυσία,
[1357] καὶ θεραπαίνας δύο, Θρᾷτταν καὶ Κοκκαλίνην, ἀποδιδράσκει
εἰς Μέγαρα. ἦν δὲ ὁ χρόνος οὗτος ᾧ Ἀστεῖος μὲν ἦν ἄρχων 10
Ἀθήνησιν, ὁ καιρὸς δ' ἐν ᾧ ἐπολεμεῖθ' ὑμεῖς πρὸς Λακεδαιμο-
36 νίους τὸν ὕστερον πόλεμον. διατρίψασα δ' ἐν τοῖς Μεγά-
ροις δύ' ἔτη, τόν τ' ἐπ' Ἀστείου ἄρχοντος καὶ Ἀλκισθένους
ἐνιαυτόν, ὡς αὐτῇ ἡ ἀπὸ τοῦ σώματος ἐργασία οὐχ ἱκανὴν
εὐπορίαν παρεῖχεν ὥστε διοικεῖν τὴν οἰκίαν, (πολυτελὴς δ' 15
ἦν, οἱ Μεγαρεῖς δ' ἀνελεύθεροι καὶ μικρολόγοι, ξένων δὲ οὐ
πάνυ ἐπιδημία ἦν αὐτόθι διὰ τὸ πόλεμον εἶναι καὶ τοὺς ⟨μὲν⟩
Μεγαρέας λακωνίζειν, τῆς δὲ θαλάττης ὑμᾶς ἄρχειν· εἰς δὲ
τὴν Κόρινθον οὐκ ἐξῆν αὐτῇ ἐπανελθεῖν διὰ τὸ ἐπὶ τούτῳ
ἀπηλλάχθαι ἀπὸ τοῦ Εὐκράτους καὶ τοῦ Τιμανορίδου, ὥστ' 20
37 ἐν Κορίνθῳ μὴ ἐργάζεσθαι), ὡς οὖν γίγνεται ἡ εἰρήνη ἡ ἐπὶ
Φρασικλείδου ἄρχοντος καὶ ἡ μάχη ἡ ἐν Λεύκτροις Θηβαίων
καὶ Δακεδαιμονίων, τότε ἐπιδημήσαντα Στέφανον τουτονὶ εἰς
τὰ Μέγαρα καὶ καταγόμενον ὡς αὐτὴν ἑταίραν οὖσαν καὶ
πλησιάσαντα αὐτῇ, διηγησαμένη πάντα τὰ πεπραγμένα καὶ 25
τὴν ὕβριν τοῦ Φρυνίωνος, καὶ ἐπιδοῦσα ἃ ἐξῆλθεν ἔχουσα
παρ' αὐτοῦ, ἐπιθυμοῦσα μὲν τῆς ἐνθάδε οἰκήσεως, φοβου-
μένη δὲ τὸν Φρυνίωνα διὰ τὸ ἠδικηκέναι μὲν αὐτή, ἐκεῖνον
δὲ ὀργίλως ἔχειν αὐτῇ, σοβαρὸν δὲ καὶ ὀλίγωρον εἰδυῖα αὐτοῦ

2-3 πρὸς Νέαιραν codd. : παρὰ Νεαίρας Thalheim   11 Λακεδαι-
μονίους Y r D : τοὺς Λ. S F Q   13 καὶ ⟨τὸν ἐπ'⟩ Herwerden
16 Μεγαρεῖς δ' ἀνελεύθεροι edit. Paris. a. 1570 : μὲν γὰρ ἦσαν ἐλεύθεροι
S Q : μὲν γὰρ δ' ἀνελεύθεροι F (μεγαρεῖς in mg. addito) : μὲν γὰρ
Μεγαρεῖς ἀνελεύθεροι Y r D   17 μὲν add. Cobet   24 καταγαγόμενον
Hude   25 ταύτῃ Y r D   28 αὐτῇ (vel αὐτόν) Hude : αὐτήν codd.

τὸν τρόπον ὄντα, προΐσταται Στέφανον τουτονὶ αὐτῆς. ἐπάρας 38
δὲ αὐτὴν οὗτος ἐν τοῖς Μεγάροις τῷ λόγῳ καὶ φυσήσας, ὡς
κλαύσοιτο ὁ Φρυνίων εἰ ἅψοιτο αὐτῆς, αὐτὸς δὲ γυναῖκα αὐτὴν
ἕξων, τούς τε παῖδας τοὺς ὄντας αὐτῇ τότε εἰσάξων εἰς τοὺς [1358]
5 φράτερας ὡς αὑτοῦ ὄντας καὶ πολίτας ποιήσων, ἀδικήσει δὲ
οὐδεὶς ἀνθρώπων, ἀφικνεῖται αὐτὴν ἔχων δεῦρο ἐκ τῶν
Μεγάρων, καὶ παιδία μετ᾽ αὐτῆς τρία, Πρόξενον καὶ Ἀρί-
στωνα καὶ θυγατέρα, ἣν νυνὶ Φανὼ καλοῦσιν· καὶ εἰσάγει 39
αὐτὴν καὶ τὰ παιδία εἰς τὸ οἰκίδιον ὃ ἦν αὐτῷ παρὰ τὸν
10 ψιθυριστὴν Ἑρμῆν, μεταξὺ τῆς Δωροθέου τοῦ Ἐλευσινίου
οἰκίας καὶ τῆς Κλεινομάχου, ἣν νυνὶ Σπίνθαρος παρ᾽ αὐτοῦ
ἐώνηται ἑπτὰ μνῶν. ὥστε ἡ μὲν ὑπάρχουσα Στεφάνῳ οὐσία
αὕτη ἦν καὶ ἄλλο οὐδέν· δυοῖν δ᾽ ἕνεκα ἦλθεν ἔχων αὐτήν,
ὡς ἐξ ἀτελείας τε ἕξων καλὴν ἑταίραν, καὶ τὰ ἐπιτήδεια
15 ταύτην ἐργασομένην καὶ θρέψουσαν τὴν οἰκίαν· οὐ γὰρ ἦν
αὐτῷ ἄλλη πρόσοδος, ὅ τι μὴ συκοφαντήσας τι λάβοι.
πυθόμενος δὲ ὁ Φρυνίων ἐπιδημοῦσαν αὐτὴν καὶ οὖσαν παρὰ 40
τούτῳ, παραλαβὼν νεανίσκους μεθ᾽ ἑαυτοῦ καὶ ἐλθὼν ἐπὶ τὴν
οἰκίαν τὴν τοῦ Στεφάνου ἦγεν αὐτήν. ἀφαιρουμένου δὲ τοῦ
20 Στεφάνου κατὰ τὸν νόμον εἰς ἐλευθερίαν, κατηγγύησεν αὐ-
τὴν πρὸς τῷ πολεμάρχῳ. καὶ ὡς ἀληθῆ λέγω, τούτων
αὐτὸν μάρτυρα ὑμῖν τὸν τότε πολέμαρχον παρέξομαι. καί
μοι κάλει Αἰήτην Κειριάδην.

ΜΑΡΤΥΡΙΑ.

25 Αἰήτης Κειριάδης μαρτυρεῖ πολεμαρχοῦντος αὑτοῦ κατεγγυηθῆ-
ναι Νέαιραν τὴν νυνὶ ἀγωνιζομένην ὑπὸ Φρυνίωνος τοῦ Δημοχά-
ρους ἀδελφοῦ, καὶ ἐγγυητὰς γενέσθαι Νεαίρας Στέφανον Ἐροιάδην,
Γλαυκέτην Κηφισιέα, Ἀριστοκράτην Φαληρέα.

3 ἄψοιτο Cobet : ἅψαιτο codd.   5 ἀδικήσει S F¹ Q¹ : ἀδικήσοι vulg.
9 ὃ ἦν vulg. : ὃν S   13 ἕνεκα codex Coisl. 339 : οὕνεκα cett. :
οὖν ἕνεκα Hude   14 τὰ ἐπιτήδεια secl. Naber   16 ὅ τι μὴ . . . τι
codd. : ὅτε μὴ . . . τι Blass.   at τι alterum verbo συκοφαντήσας adhaeret
18 λαβὼν Υ ɼ D   23 Αἰήτην Reiske : διητην S al. : Ἀήτην F Q   Κιριά-
δην (25 -δης) codd., corr. Reiske   26 νῦν ɼ   27 Εὐροιάδην S F Q

41   Διεγγυηθεῖσα δ' ὑπὸ Στεφάνου καὶ οὖσα παρὰ τούτῳ τὴν
[1359] μὲν αὐτὴν ἐργασίαν οὐδὲν ἧττον ἢ πρότερον ἠργάζετο, τοὺς
δὲ μισθοὺς μείζους ἐπράττετο τοὺς βουλομένους αὐτῇ πλη-
σιάζειν, ὡς ἐπὶ προσχήματος ἤδη τινὸς οὖσα καὶ ἀνδρὶ συνοι-
κοῦσα. συνεσυκοφάντει δὲ καὶ οὗτος, εἴ τινα ξένον ἀγνῶτα 5
πλούσιον λάβοι ἐραστὴν αὐτῆς, ὡς μοιχὸν ἐπ' αὐτῇ ἔνδον
42 ἀποκλείων καὶ ἀργύριον πραττόμενος πολύ, εἰκότως· οὐσία
μὲν γὰρ οὐχ ὑπῆρχεν Στεφάνῳ οὐδὲ Νεαίρᾳ, ὥστε τὰ καθ'
ἡμέραν ἀναλώματα δύνασθαι ὑποφέρειν, ἡ δὲ διοίκησις συχνή,
ὁπότ' ἔδει τοῦτόν τε καὶ αὐτὴν τρέφειν καὶ παιδάρια τρία, 10
ἃ ἦλθεν ἔχουσα ὡς αὐτόν, καὶ θεραπαίνας δύο καὶ οἰκέτην
διάκονον, ἄλλως τε καὶ μεμαθηκυῖα μὴ κακῶς ἔχειν τὰ ἐπι-
43 τήδεια ἑτέρων ἀναλισκόντων αὐτῇ τὸ πρότερον. οὔτε γὰρ
ἀπὸ τῆς πολιτείας προσῄει Στεφάνῳ τουτῳὶ ἄξιον λόγου· οὐ
γάρ πω ἦν ῥήτωρ, ἀλλ' ἔτι συκοφάντης τῶν παραβοώντων 15
παρὰ τὸ βῆμα καὶ γραφομένων μισθοῦ καὶ φαινόντων καὶ
ἐπιγραφομένων ταῖς ἀλλοτρίαις γνώμαις, ἕως ὑπέπεσε Καλ-
λιστράτῳ τῷ Ἀφιδναίῳ· ἐξ ὅτου δὲ τρόπου καὶ δι' ἣν αἰτίαν,
ἐγὼ ὑμῖν καὶ περὶ τούτου διέξειμι, ἐπειδὰν περὶ ταυτησὶ
Νεαίρας ἐπιδείξω ὡς ἔστι ξένη καὶ ὡς μεγάλα ὑμᾶς ἠδίκηκεν 20
44 καὶ ὡς ἠσέβηκεν εἰς τοὺς θεούς, ἵν' εἰδῆτε ὅτι καὶ αὐτὸς
οὗτος ἄξιός ἐστιν οὐκ ἐλάττω δοῦναι δίκην ἢ καὶ Νέαιρα
αὐτηί, ἀλλὰ καὶ πολλῷ μείζω καὶ μᾶλλον, ὅσῳ Ἀθηναῖος
φάσκων εἶναι οὕτω πολὺ τῶν νόμων καταπεφρόνηκεν καὶ
ὑμῶν καὶ τῶν θεῶν, ὥστ' οὐδ' ὑπὲρ τῶν ἡμαρτημένων αὐτῷ 25
αἰσχυνόμενος τολμᾷ ἡσυχίαν ἄγειν, ἀλλὰ συκοφαντῶν ἄλλους
[1360] τε καὶ ἐμέ, τουτονὶ πεποίηκεν αὐτὸν καὶ ταύτην εἰς τηλικοῦ-

2 ἢ] ἢ τὸ FQ   ἠργάζετο S : εἰργ. vulg.   8 οὐδὲ Bekker :
οὔτε codd.   10 ὁπότ' ἔδει Lortzing : ὁπότε δέοι codd. ; an ὅπου
γ' ἔδει?   αὐτὴν Taylor : αὑτὴν codd. (sine spiritu S)   παιδία r D
12 μεμαθηκυῖαν D   13 αὑτῇ Q corr. D : αὐτὴν vulg.   οὔτε γὰρ]
οὐδὲ γὰρ Hude, sed cf. xxv 14   14 τούτῳ codd., corr. Blass
post ἄξιον λόγου add. οὐδέν r D   20 ὑμᾶς D (Schaefer) : ἡμᾶς vulg.
ἠδίκηκεν etiam F (me teste)   23 αὐτηὶ Blass : αὕτη vulg. (sine
spiritu S) : αὐτή r D   24–25 καὶ ὑμῶν om. F¹   27 αὐτὸν S Y

τὸν ἀγῶνα καταστῆσαι, ὥστ᾽ ἐξετασθῆναι μὲν ταύτην ἥτις
ἐστίν, ἐξελεγχθῆναι δὲ τὴν αὑτοῦ πονηρίαν.

Λαχόντος τοίνυν αὑτῷ τοῦ Φρυνίωνος δίκην, ὅτι αὐτοῦ 45
ἀφείλετο Νέαιραν ταυτηνὶ εἰς ἐλευθερίαν, καὶ ὅτι, ἃ ἐξῆλθεν
5 ἔχουσα παρ᾽ αὐτοῦ αὕτη, ὑπεδέξατο, συνῆγον αὐτοὺς οἱ ἐπι-
τήδειοι καὶ ἔπεισαν δίαιταν ἐπιτρέψαι αὑτοῖς. καὶ ὑπὲρ μὲν
τοῦ Φρυνίωνος διαιτητὴς ἐκαθέζετο Σάτυρος Ἀλωπεκῆθεν ὁ
Λακεδαιμονίου ἀδελφός, ὑπὲρ δὲ Στεφάνου τουτουὶ Σαυρίας
Λαμπρεύς· κοινὸν δὲ αὐτοῖς προσαιροῦνται Διογείτονα
10 Ἀχαρνέα. συνελθόντες δ᾽ οὗτοι ἐν τῷ ἱερῷ, ἀκούσαντες 46
ἀμφοτέρων καὶ αὐτῆς τῆς ἀνθρώπου τὰ πεπραγμένα, γνώ-
μην ἀπεφήναντο, καὶ οὗτοι ἐνέμειναν αὐτῇ, τὴν μὲν ἄνθρω-
πον ἐλευθέραν εἶναι καὶ αὐτὴν αὑτῆς κυρίαν, ἃ δ᾽ ἐξῆλθεν
ἔχουσα Νέαιρα παρὰ Φρυνίωνος χωρὶς ἱματίων καὶ χρυσίων
15 καὶ θεραπαινῶν, ἃ αὐτῇ τῇ ἀνθρώπῳ ἠγοράσθη, ἀποδοῦναι
Φρυνίωνι πάντα· συνεῖναι δ᾽ ἑκατέρῳ ἡμέραν παρ᾽ ἡμέραν·
ἐὰν δὲ καὶ ἄλλως πως ἀλλήλους πείθωσι, ταῦτα κύρια εἶναι·
τὰ δ᾽ ἐπιτήδεια τῇ ἀνθρώπῳ τὸν ἔχοντα ἀεὶ παρέχειν, καὶ ἐκ
τοῦ λοιποῦ χρόνου φίλους εἶναι ἀλλήλοις καὶ μὴ μνησικα-
20 κεῖν. ἡ μὲν οὖν γνωσθεῖσα διαλλαγὴ ὑπὸ τῶν διαιτητῶν 47
Φρυνίωνι καὶ Στεφάνῳ περὶ Νεαίρας ταυτησὶ αὕτη ἐστίν.
ὅτι δ᾽ ἀληθῆ λέγω ταῦτα, τούτων ὑμῖν τὴν μαρτυρίαν ἀνα-
γνώσεται. κάλει μοι Σάτυρον Ἀλωπεκῆθεν, Σαυρίαν Λαμ-
πτρέα, Διογείτονα Ἀχαρνέα.

25 ΜΑΡΤΥΡΙΑ. [1361]

Σάτυρος Ἀλωπεκῆθεν, Σαυρίας Λαμπρεύς, Διογείτων Ἀχαρ-
νεὺς μαρτυροῦσι διαλλάξαι διαιτηταὶ γενόμενοι περὶ Νεαίρας
τῆς νυνὶ ἀγωνιζομένης Στέφανον καὶ Φρυνίωνα· τὰς δὲ διαλλαγὰς
εἶναι, καθ᾽ ἃς διήλλαξαν, οἵας παρέχεται Ἀπολλόδωρος.

---

1 καταστῆσαι F Q : καταστῆναι S Y r D   2 αὐτοῦ] sine spiritu
S : αὑτοῦ Turr., sed αὐτοῦ est 'ipsius', cf. Isocr. xix 44, Thuc. i 50,
Plat. Phaedo 114 E   9 Λαμπρεύς S¹ : Λαμπρεύς S corr. vulg.
20 οὖν] δὴ F corr. Q¹   23 Λαμπρέα S¹ : Λαμπρέα vulg. hic et simi-
liter infra   29 post διήλλαξαν add. αὐτοὺς Y r

ΔΙΑΛΛΑΓΑΙ.

Κατὰ τάδε διήλλαξαν Φρυνίωνα καὶ Στέφανον, χρῆσθαι ἑκάτε-
ρον Νεαίρᾳ τὰς ἴσας ἡμέρας τοῦ μηνὸς παρ' ἑαυτοῖς ἔχοντας, ἂν
μή τι ἄλλο αὐτοὶ αὑτοῖς συγχωρήσωσιν.

48   ῾Ως δ' ἀπηλλαγμένοι ἦσαν, οἱ παρόντες ἑκατέρῳ ἐπὶ τῇ 5
διαίτῃ καὶ τοῖς πράγμασιν, οἷον οἶμαι φιλεῖ γίγνεσθαι
ἑκάστοτε, ἄλλως τε καὶ περὶ ἑταίρας οὔσης αὐτοῖς τῆς δια-
φορᾶς, ἐπὶ δεῖπνον ἦσαν ὡς ἑκάτερον αὐτῶν, ὁπότε καὶ
Νέαιραν ἔχοιεν, καὶ αὐτὴ συνεδείπνει καὶ συνέπινεν ὡς
ἑταίρα οὖσα. καὶ ὅτι ταῦτ' ἀληθῆ λέγω, κάλει μοι μάρτυρας 10
τοὺς συνόντας αὐτοῖς, Εὔβουλον Προβαλίσιον, Διοπείθην
Μελιτέα, Κτήσωνα ἐκ Κεραμέων.

ΜΑΡΤΥΡΕΣ.

Εὔβουλος Προβαλίσιος, Διοπείθης Μελιτεύς, Κτήσων ἐκ
Κεραμέων μαρτυροῦσιν, ἐπειδὴ αἱ διαλλαγαὶ ἐγένοντο αἱ περὶ 15
Νεαίρας Φρυνίωνι καὶ Στεφάνῳ, πολλάκις συνδειπνῆσαι αὐτοῖς
καὶ συμπίνειν μετὰ Νεαίρας τῆς νυνὶ ἀγωνιζομένης, καὶ ὁπότε
παρὰ Στεφάνῳ εἴη Νέαιρα καὶ ὁπότε παρὰ Φρυνίωνι.

49   ῞Οτι μὲν τοίνυν ἐξ ἀρχῆς δούλη ἦν καὶ ἐπράθη δὶς καὶ ἠργά-
ζετο τῷ σώματι ὡς ἑταίρα οὖσα, καὶ ἀπέδρα τὸν Φρυνίωνα εἰς 20
Μέγαρα, καὶ ἥκουσα κατηγγυήθη ὡς ξένη οὖσα πρὸς τῷ πολε-
[1362] μάρχῳ, τῷ τε λόγῳ ἀποφαίνω ὑμῖν καὶ μεμαρτύρηται. βού-
λομαι δ' ὑμῖν καὶ αὐτὸν Στέφανον τουτονὶ ἐπιδεῖξαι καταμεμαρ-
50   τυρηκότ' αὐτῆς ὡς ἔστι ξένη. τὴν γὰρ θυγατέρα τὴν ταυτησὶ
Νεαίρας, ἣν ἦλθεν ἔχουσα ὡς τουτονὶ παιδάριον μικρόν, ἣν 25
τότε μὲν Στρυβήλην ἐκάλουν, νυνὶ δὲ Φανώ, ἐκδίδωσι Στέφανος
οὑτοσὶ ὡς οὖσαν αὐτοῦ θυγατέρα ἀνδρὶ Ἀθηναίῳ Φράστορι
Αἰγιλιεῖ, καὶ προῖκα ἐπ' αὐτῇ δίδωσι τριάκοντα μνᾶς. ὡς δ'
ἦλθεν ὡς τὸν Φράστορα, ἄνδρα ἐργάτην καὶ ἀκριβῶς τὸν βίον

---

8 ἦσαν Dindorf: ἤεσαν codd.   9 αυτηι S: αὐτὴ vulg.   11 συν-
όντας] παρόντας F γρ. Q γρ.   11 et 14 Προβαλίσιον . . . Προβαλίσιος
Yr D: Προβαλείσιος . . . Προβαλείσιον cett.   13 ΜΑΡΤΥΡΕΣ
scripsi cum S D: ΜΑΡΤΥΡΙΑ legebatur   17 συμπίνειν codd.:
συμπιεῖν Westermann   19 ἠργάζετο S: εἰργ. vulg.   23 τουτονὶ
om. Y D   25 παιδάριον S F Q: παιδίον vulg.   26 Στρυμβήλην
Athen. 594 A   29 ὡς τὸν] εἰς τὸν F   Φράτορα S¹, littera σ s. v.
addita

συνειλεγμένον, οὐκ ἠπίστατο τοῖς τοῦ Φράστορος τρόποις
ἀρέσκειν, ἀλλ' ἐζήτει τὰ τῆς μητρὸς ἔθη καὶ τὴν παρ' αὐτῇ
ἀκολασίαν, ἐν τοιαύτῃ οἶμαι ἐξουσίᾳ τεθραμμένη. ὁρῶν δὲ 51
Φράστωρ αὐτὴν οὔτε κοσμίαν οὖσαν οὔτ' ἐθέλουσαν αὐτοῦ
5 ἀκροᾶσθαι, ἅμα δὲ καὶ πεπυσμένος σαφῶς ἤδη ὅτι Στεφάνου
μὲν οὐκ εἴη θυγάτηρ, Νεαίρας δέ, τὸ δὲ πρῶτον ἐξηπατήθη,
ὅτ' ἠγγυᾶτο ὡς Στεφάνου θυγατέρα λαμβάνων καὶ οὐ Νεαίρας,
ἀλλὰ τούτῳ ἐξ ἀστῆς αὐτὴν γυναικὸς οὖσαν πρότερον πρὶν
ταύτῃ συνοικῆσαι, ὀργισθεὶς δ' ἐπὶ τούτοις ἅπασιν, καὶ
10 ὑβρίσθαι ἡγούμενος καὶ ἐξηπατῆσθαι, ἐκβάλλει τὴν ἄνθρω-
πον ὡς ἐνιαυτὸν συνοικήσας αὐτῇ, κυοῦσαν, καὶ τὴν προῖκα
οὐκ ἀποδίδωσιν. λαχόντος δὲ τοῦ Στεφάνου αὐτῷ δίκην 52
σίτου εἰς Ὠιδεῖον κατὰ τὸν νόμον ὃς κελεύει, ἐὰν ἀποπέμπῃ
τὴν γυναῖκα, ἀποδιδόναι τὴν προῖκα, ἐὰν δὲ μή, ἐπ' ἐννέ'
15 ὀβολοῖς τοκοφορεῖν, καὶ σίτου εἰς Ὠιδεῖον εἶναι δικάσασθαι
ὑπὲρ τῆς γυναικὸς τῷ κυρίῳ, γράφεται ὁ Φράστωρ Στέφανον
τουτονὶ γραφὴν πρὸς τοὺς θεσμοθέτας, Ἀθηναίῳ ὄντι ξένης [1363]
θυγατέρα αὐτῷ ἐγγυῆσαι ὡς αὐτῷ προσήκουσαν, κατὰ τὸν
νόμον τουτονί. καί μοι ἀνέγνωθι αὐτόν.

20 ΝΟΜΟΣ.

Ἐὰν δέ τις ἐκδῷ ξένην γυναῖκα ἀνδρὶ Ἀθηναίῳ ὡς ἑαυτῷ
προσήκουσαν, ἄτιμος ἔστω, καὶ ἡ οὐσία αὐτοῦ δημοσία ἔστω, καὶ
τοῦ ἑλόντος τὸ τρίτον μέρος. γραφέσθων δὲ πρὸς τοὺς θεσμοθέ-
τας οἷς ἔξεστιν, καθάπερ τῆς ξενίας.

25 Τὸν μὲν τοίνυν νόμον ἀνέγνω ὑμῖν, καθ' ὃν ἐγράφη 53
Στέφανος οὑτοσὶ ὑπὸ τοῦ Φράστορος πρὸς τοὺς θεσμοθέτας.
γνοὺς δ' ὅτι κινδυνεύσει ἐξελεγχθεὶς ξένης θυγατέρα ἠγγυη-
κέναι καὶ ταῖς ἐσχάταις ζημίαις περιπεσεῖν, διαλλάττεται

---

1 Φράτορος S¹   2 ἐζήτει] ἐζήλου Wolf, Hartman, sed ἐζήτει est
'desiderabat', cf. xiv 30   αὐτῇ] ταύτῃ Y   3 δὲ S F Q : δ' ὁ vulg.
6 τὸ δὲ Schaefer : τὸ μὲν codd.   7 post θυγατέρα octo litt. in
S erasae   8 αὐτὴν del. Schaefer, recte puto   13 Ὠιδεῖον] ωδιον
S hic et infra   post Ὠιδεῖον add. τῆς προικὸς codd. : del. Salmasius
17 Ἀθηναίῳ ὄντι mg. edit. Paris. : Ἀθηναῖον ὄντα codd.   21 ἐκδῷ S Y r D :
ἐκδιδῷ F Q   27 ἐγγεγυηκέναι codd.   28 καὶ del. Reiske

πρὸς τὸν Φράστορα καὶ ἀφίσταται τῆς προικός, καὶ τὴν δίκην
τοῦ σίτου ἀνείλετο, καὶ ὁ Φράστωρ τὴν γραφὴν παρὰ τῶν
θεσμοθετῶν.   καὶ ὡς ἀληθῆ λέγω, τούτων ὑμῖν μάρτυρα
αὐτὸν τὸν Φράστορα καλῶ, καὶ ἀναγκάσω μαρτυρεῖν κατὰ
54 τὸν νόμον.   κάλει μοι Φράστορα Αἰγιλιέα.   5

MAPTYPIA.

Φράστωρ Αἰγιλιεὺς μαρτυρεῖ, ἐπειδὴ ἤσθετο Νεαίρας θυγατέρα
ἐγγυήσαντα αὐτῷ Στέφανον ὡς ἑαυτοῦ οὖσαν θυγατέρα, γράψα-
σθαι αὐτὸν γραφὴν πρὸς τοὺς θεσμοθέτας κατὰ τὸν νόμον, καὶ
τὴν ἄνθρωπον ἐκβαλεῖν ἐκ τῆς ἑαυτοῦ οἰκίας καὶ οὐκέτι συνοικεῖν 10
αὐτῇ, καὶ λαχόντος αὐτῷ Στεφάνου εἰς Ὠιδεῖον σίτου διαλύσα-
σθαι πρὸς αὐτὸν Στέφανον, ὥστε τὴν γραφὴν ἀναιρεθῆναι παρὰ
τῶν θεσμοθετῶν καὶ τὴν δίκην τοῦ σίτου ἣν ἔλαχεν ἐμοὶ Στέ-
φανος.

55   Φέρε δὴ ὑμῖν καὶ ἑτέραν μαρτυρίαν παράσχωμαι τοῦ τε 15
Φράστορος καὶ τῶν φρατέρων αὐτοῦ καὶ γεννητῶν, ὡς ἔστι
ξένη Νέαιρα αὐτηί.   οὐ πολλῷ χρόνῳ γὰρ ὕστερον ἢ ἐξέ-
πεμψεν ὁ Φράστωρ τὴν τῆς Νεαίρας θυγατέρα, ἠσθένησε
καὶ πάνυ πονήρως διετέθη καὶ εἰς πᾶσαν ἀπορίαν κατέστη.
διαφορᾶς δ' οὔσης αὐτῷ παλαιᾶς πρὸς τοὺς οἰκείους τοὺς 20
αὐτοῦ καὶ ὀργῆς καὶ μίσους, πρὸς δὲ καὶ ἄπαις ὤν, ψυχαγω-
γούμενος ἐν τῇ ἀσθενείᾳ τῇ θεραπείᾳ ⟨τῇ⟩ ὑπό τε τῆς Νεαίρας
56 καὶ τῆς θυγατρὸς αὐτῆς (ἐβάδιζον γὰρ πρὸς αὐτόν, ὡς
ἠσθένει καὶ ἔρημος ἦν τοῦ θεραπεύσοντος τὸ νόσημα, τὰ
πρόσφορα τῇ νόσῳ φέρουσαι καὶ ἐπισκοπούμεναι· ἴστε 25
δήπου καὶ αὐτοὶ ὅσου ἀξία ἐστὶν γυνὴ ἐν ταῖς νόσοις,
παροῦσα κάμνοντι ἀνθρώπῳ) ἐπείσθη δὴ τὸ παιδίον, ὃ ἔτεκεν
ἡ θυγάτηρ ἡ Νεαίρας ταυτησὶ ὅτ' ἐξεπέμφθη ὑπὸ τοῦ Φρά-
στορος κυοῦσα, πυθομένου ὅτι οὐ Στεφάνου εἴη θυγάτηρ ἀλλὰ
Νεαίρας, καὶ ὀργισθέντος ἐπὶ τῇ ἀπάτῃ, πάλιν λαβεῖν καὶ 30

3 τούτων] τοῦτον Υ r   12 αὐτὸν Turr. : αὐτὸν (αυτον S) vulg.,
Blass Στέφανον deleto   13 ἐμοὶ] αὐτῷ Westermann, sed cf.
Drerup-Urk. p. 311   16 φρατέρων SF¹Q : φρατόρων F corr. vulg.
17 γὰρ χρόνῳ r   19 πονήρως scripsi cum SD : πονηρῶς vulg.
22 τῇ add. Blass   24 θεραπεύσοντος Dobree : θεραπεύοντος codd.
25–26 ἴστε δὲ δήπου F γρ. Q γρ., Hude   27 ἐπείσθη δὴ Υ r : ἐπείσθη
F γρ. Q γρ. D : ἔπειθ' ἤδη SFQ   28 alterum ἡ om. ΥrD

ποιήσασθαι υἱὸν αὑτοῦ, λογισμὸν ἀνθρώπινον καὶ εἰκότα 57
λογιζόμενος, ὅτι πονήρως μὲν ἔχοι καὶ οὐ πολλὴ ἐλπὶς εἴη
αὐτὸν περιγενήσεσθαι, τοῦ δὲ μὴ λαβεῖν τοὺς συγγενεῖς τὰ
αὑτοῦ μηδ᾽ ἄπαις τετελευτηκέναι ἐποιήσατο τὸν παῖδα καὶ
5 ἀνέλαβεν ὡς αὑτόν· ἐπεὶ ὅτι γε ὑγιαίνων οὐκ ἄν ποτε
ἔπραξεν, μεγάλῳ τεκμηρίῳ καὶ περιφανεῖ ἐγὼ ὑμῖν ἐπιδείξω.
ὡς γὰρ ἀνέστη τάχιστα ἐξ ἐκείνης τῆς ἀσθενείας ὁ Φράστωρ 58
καὶ ἀνέλαβεν αὑτὸν καὶ ἔσχεν ἐπιεικῶς τὸ σῶμα, λαμβάνει
γυναῖκα ἀστὴν κατὰ τοὺς νόμους, Σατύρου μὲν τοῦ Μελιτέως
10 θυγατέρα γνησίαν, Διφίλου δὲ ἀδελφήν. ὥστε ὅτι μὲν οὐχ [1365]
ἑκὼν ἀνεδέξατο τὸν παῖδα, ἀλλὰ βιασθεὶς ὑπὸ τῆς νόσου καὶ
τῆς ἀπαιδίας καὶ τῆς ⟨ὑπ᾽⟩ αὐτῶν θεραπείας καὶ τῆς ἔχθρας τῆς
πρὸς τοὺς οἰκείους, ἵνα μὴ κληρονόμοι γένωνται τῶν αὑτοῦ,
ἄν τι πάθῃ, ταῦτ᾽ ἔστω ὑμῖν τεκμήρια· δηλώσει δὲ καὶ
15 τἀκόλουθ᾽ αὐτῶν ἔτι μᾶλλον. ὡς γὰρ εἰσῆγεν ὁ Φράστωρ 59
εἰς τοὺς φράτερας τὸν παῖδα ἐν τῇ ἀσθενείᾳ ὢν τὸν ἐκ τῆς
θυγατρὸς τῆς Νεαίρας, καὶ εἰς τοὺς Βρυτίδας ὢν καὶ αὐτός
ἐστιν ὁ Φράστωρ γεννήτης, εἰδότες οἶμαι οἱ γεννῆται τὴν
γυναῖκα ἥτις ἦν, ἣν ἔλαβεν ὁ Φράστωρ τὸ πρῶτον, τὴν
20 τῆς Νεαίρας θυγατέρα, καὶ τὴν ἀπόπεμψιν τῆς ἀνθρώπου,
καὶ διὰ τὴν ἀσθένειαν πεπεισμένον αὐτὸν πάλιν ἀναλαβεῖν
τὸν παῖδα, ἀποψηφίζονται τοῦ παιδὸς καὶ οὐκ ἐνέγραφον
αὐτὸν εἰς σφᾶς αὐτούς. λαχόντος δὲ τοῦ Φράστορος αὐτοῖς 60
δίκην, ὅτι οὐκ ἐνέγραφον αὐτοῦ υἱόν, προκαλοῦνται αὐτὸν οἱ
25 γεννῆται πρὸς τῷ διαιτητῇ ὀμόσαι καθ᾽ ἱερῶν τελείων ἦ
μὴν νομίζειν εἶναι αὐτοῦ υἱὸν ἐξ ἀστῆς γυναικὸς καὶ ἐγγυητῆς
κατὰ τὸν νόμον. προκαλουμένων δὲ ταῦτα τῶν γεννητῶν
τὸν Φράστορα πρὸς τῷ διαιτητῇ, ἔλιπεν ὁ Φράστωρ τὸν
ὅρκον καὶ οὐκ ὤμοσεν. καὶ ὅτι ἀληθῆ ταῦτα λέγω, τούτων 61
30 ὑμῖν μάρτυρας τοὺς παρόντας Βρυτιδῶν παρέξομαι.

3 δὲ codd. : δὴ Reiske   8 ἔσχεν] εἶχεν Hude   10 Διφίλου codd.,
corr. Schaefer   12 τῆς αὐτῶν θεραπείας codd. : ὑπ᾽ inseruit Blass :
contra αὐτῶν del. Turr.   14 δηλώσει Wolf : δηλώσω codd.   16 φρά-
τερας S F¹ : φράτορας vulg.   ὢν Y r D : ὡς S F Q   19–20 τὴν τῆς Ν.
θυγατέρα del. Naber   24 υἱόν] τὸν υἱόν F Q D   29 καὶ οὐκ
ὤμοσεν del. Herwerden   30 μάρτυρας τοὺς παρόντας F Q : τοὺς
μάρτυρας S Y r D

ΜΑΡΤΥΡΕΣ.

Τιμόστρατος Ἐκάληθεν, Ξάνθιππος Ἐροιάδης, Εὐάλκης Φαληρεύς, Ἄνυτος Λακιάδης, Εὐφράνωρ Αἰγιλιεύς, Νίκιππος Κεφαλῆθεν μαρτυροῦσιν εἶναι καὶ αὐτοὺς καὶ Φράστορα τὸν Αἰγιλιέα τῶν γεννητῶν οἳ καλοῦνται Βρυτίδαι, καὶ ἀξιοῦντος Φράστορος 5
[1366] εἰσάγειν τὸν υἱὸν ⟨τὸν⟩ αὑτοῦ εἰς τοὺς γεννήτας, εἰδότες αὐτοὶ ὅτι Φράστορος υἱὸς εἴη ἐκ τῆς θυγατρὸς τῆς Νεαίρας, κωλύειν εἰσάγειν Φράστορα τὸν υἱόν.

62 Οὐκοῦν περιφανῶς ἐπιδεικνύω ὑμῖν καὶ αὐτοὺς τοὺς οἰκειοτάτους Νεαίρας ταυτησὶ καταμεμαρτυρηκότας ὡς ἔστιν 10 ξένη, Στέφανόν τε τουτονὶ τὸν ἔχοντα ταύτην νυνὶ καὶ συνοικοῦντ᾿ αὐτῇ καὶ Φράστορα τὸν λαβόντα τὴν θυγατέρα, Στέφανον μὲν οὐκ ἐθελήσαντα ἀγωνίσασθαι ὑπὲρ τῆς θυγατρὸς τῆς ταύτης, γραφέντα ὑπὸ Φράστορος πρὸς τοὺς θεσμοθέτας ὡς Ἀθηναίῳ ὄντι ξένης θυγατέρα αὑτῷ ἠγγύη- 15 σεν, ἀλλ᾿ ἀποστάντα τῆς προικὸς καὶ οὐκ ἀπολαβόντα,
63 Φράστορα δ᾿ ἐκβαλόντα τε τὴν θυγατέρα τὴν Νεαίρας ταυτησὶ γήμαντα, ἐπειδὴ ἐπύθετο οὐ Στεφάνου οὖσαν, καὶ τὴν προῖκα οὐκ ἀποδόντα, ἐπειδή τε ἐπείσθη ὕστερον διὰ τὴν ἀσθένειαν τὴν αὑτοῦ καὶ τὴν ἀπαιδίαν καὶ τὴν ἔχθραν 20 τὴν πρὸς τοὺς οἰκείους ποιήσασθαι τὸν υἱόν, καὶ ἐπειδὴ εἰσῆγεν εἰς τοὺς γεννήτας, ἀποψηφισαμένων τῶν γεννητῶν καὶ διδόντων ὅρκον αὐτῷ οὐκ ἐθελήσαντα ὀμόσαι, ἀλλὰ μᾶλλον εὐορκεῖν προελόμενον, καὶ ἑτέραν ὕστερον γήμαντα γυναῖκα ἀστὴν κατὰ τὸν νόμον· αὗται γὰρ αἱ πράξεις περι- 25 φανεῖς οὖσαι μεγάλας μαρτυρίας δεδώκασι κατ᾿ αὐτῶν, ὅτι ἔστι ξένη Νέαιρα αὑτηί.

64 Σκέψασθε δὲ καὶ τὴν αἰσχροκερδίαν τὴν Στεφάνου τουτουὶ καὶ τὴν πονηρίαν, ἵνα καὶ ἐκ ταύτης εἰδῆτε ὅτι οὐκ ἔστιν Νέαιρα αὑτηὶ ἀστή. Ἐπαίνετον γὰρ τὸν Ἄνδριον, 30

6 ⟨τὸν⟩ add. Turr. : contra prius τὸν del. Blass coll. § 60   9 ὑποδεικνύω F Y   12 αὐτῇ] ταύτῃ Y Q γρ.   15 Ἀθηναίῳ ὄντι Blass, cf.
§ 52 : Ἀθηναῖος ὢν codd.   ἐνεγύησεν (S F) vel ἐνεγγύησεν codd.   17 τε
huc transp. Sauppe : post γήμαντα codd.   τὴν N.] τῆς N. F Q r
21 ἐπειδὴ r : ἐπεὶ cett.   28 αἰσχροκερδίαν S F¹ D : αἰσχροκέρδειαν vulg.
30 αὑτη codd. (sine spiritu S)   Ἀνδρεῖον F Q et (sine accentu) S

ἐραστὴν ὄντα Νεαίρας ταυτησὶ παλαιὸν καὶ πολλὰ ἀνηλω-
κότα εἰς αὐτὴν καὶ καταγόμενον παρὰ τούτοις ὁπότε ἐπιδη- [1367]
μήσειεν Ἀθήναζε διὰ τὴν φιλίαν τὴν Νεαίρας, ἐπιβουλεύσας 65
Στέφανος οὑτοσί, μεταπεμψάμενος εἰς ἀγρὸν ὡς θύων,
5 λαμβάνει μοιχὸν ἐπὶ τῇ θυγατρὶ τῇ Νεαίρας ταυτησί, καὶ
εἰς φόβον καταστήσας πράττεται μνᾶς τριάκοντα, καὶ λαβὼν
ἐγγυητὰς τούτων Ἀριστόμαχόν τε τὸν θεσμοθετήσαντα καὶ
Ναυσίφιλον τὸν Ναυσινίκου τοῦ ἄρξαντος υἱόν, ἀφίησιν ὡς
ἀποδώσοντα αὐτῷ τὸ ἀργύριον. ἐξελθὼν δὲ ὁ Ἐπαίνετος 66
10 καὶ αὐτὸς αὑτοῦ κύριος γενόμενος γράφεται πρὸς τοὺς
θεσμοθέτας γραφὴν Στέφανον τουτονί, ἀδίκως εἰρχθῆναι ὑπ'
αὐτοῦ, κατὰ τὸν νόμον ὃς κελεύει, ἐάν τις ἀδίκως εἵρξῃ ὡς
μοιχόν, γράψασθαι πρὸς τοὺς θεσμοθέτας ἀδίκως εἰρχθῆναι,
καὶ ἐὰν μὲν ἕλῃ τὸν εἵρξαντα καὶ δόξῃ ἀδίκως ἐπιβεβου-
15 λεῦσθαι, ἀθῷον εἶναι αὐτὸν καὶ τοὺς ἐγγυητὰς ἀπηλλάχθαι
τῆς ἐγγύης· ἐὰν δὲ δόξῃ μοιχὸς εἶναι, παραδοῦναι αὐτὸν
κελεύει τοὺς ἐγγυητὰς τῷ ἑλόντι, ἐπὶ δὲ τοῦ δικαστηρίου
ἄνευ ἐγχειριδίου χρῆσθαι ὅ τι ἂν βουληθῇ, ὡς μοιχῷ ὄντι.
κατὰ δὴ τοῦτον τὸν νόμον γράφεται αὐτὸν ὁ Ἐπαίνετος, 67
20 καὶ ὡμολόγει μὲν χρῆσθαι τῇ ἀνθρώπῳ, οὐ μέντοι μοιχός
γε εἶναι· οὔτε γὰρ Στεφάνου θυγατέρα αὐτὴν εἶναι ἀλλὰ
Νεαίρας, τήν τε μητέρα αὐτῆς συνειδέναι πλησιάζουσαν
αὐτῷ, ἀνηλωκέναι τε πολλὰ εἰς αὐτάς, τρέφειν τε ὁπότε
ἐπιδημήσειεν, τὴν οἰκίαν ὅλην· τόν τε νόμον ἐπὶ τούτοις
25 παρεχόμενος, ὃς οὐκ ἐᾷ ἐπὶ ταύτῃσι μοιχὸν λαβεῖν ὁπόσαι
ἂν ἐπ' ἐργαστηρίου καθῶνται ἢ πωλῶνται ἀποπεφασμένως,
ἐργαστήριον φάσκων καὶ τοῦτο εἶναι, τὴν Στεφάνου οἰκίαν,

4 Στέφανος Sauppe : ὁ Στ. codd.   θύσων Naber   5 τῇ
Νεαίρας Schaefer : τῆς Ν. codd.   7 θεσμοθέτην Υ r D   11 ερχθηναι
S et sic deinceps   14 ἀδίκως δόξῃ Υ r D   21 αὐτὴν om. Υ r D
24 ⟨τὸν⟩ ἐπὶ Hude   25 ταύτῃσι Blass : ταύτης S r Harpocr. : ταύταις
vulg.   λαβεῖν] ἑλεῖν D, sed λαβεῖν D γρ.   26 post καθῶνται ἢ add. ἐν
τῇ ἀγορᾷ codd. Harpocr. s. v. πωλῶσι : del. Francke   πωλῶνται
Heraldus : πωλοῦνται Harpocr. s. v. ἀποπεφασμένως, cf. Lys. x 19,
Plut. Solon 23 : πωλῶσί τι codd., Harpocr. s. v. πωλῶσι   ἀποπεφα-
σμένως codd., Harpocr. s. v. : πεφασμένως Lys., Plut.   27 ⟨καὶ⟩
ἐργαστήριον Schaefer

καὶ τὴν ἐργασίαν ταύτην εἶναι, καὶ ἀπὸ τούτων αὐτοὺς
68
[1368] εὐπορεῖν μάλιστα. τούτους δὲ τοὺς λόγους λέγοντος τοῦ
Ἐπαινέτου καὶ τὴν γραφὴν γεγραμμένου, γνοὺς Στέφανος
οὑτοσὶ ὅτι ἐξελεγχθήσεται πορνοβοσκῶν καὶ συκοφαντῶν,
δίαιταν ἐπιτρέπει πρὸς τὸν Ἐπαίνετον αὐτοῖς τοῖς ἐγγυη- 5
ταῖς, ὥστε τῆς μὲν ἐγγύης αὐτοὺς ἀφεῖσθαι, τὴν δὲ γραφὴν
69 ἀνελέσθαι τὸν Ἐπαίνετον. πεισθέντος δὲ τοῦ Ἐπαινέτου
ἐπὶ τούτοις καὶ ἀνελομένου τὴν γραφὴν ἣν ἐδίωκε Στέφανον,
γενομένης συνόδου αὐτοῖς καὶ καθεζομένων διαιτητῶν τῶν
ἐγγυητῶν, δίκαιον μὲν οὐδὲν εἶχε λέγειν Στέφανος, εἰς 10
ἔκδοσιν δ' ἠξίου τὸν Ἐπαίνετον τῇ τῆς Νεαίρας θυγατρὶ
συμβαλέσθαι, λέγων τὴν ἀπορίαν τὴν αὑτοῦ καὶ τὴν
ἀτυχίαν τὴν πρότερον γενομένην τῇ ἀνθρώπῳ πρὸς τὸν
Φράστορα, καὶ ὅτι ἀπολωλεκὼς εἴη τὴν προῖκα, καὶ οὐκ ἂν
70 δύναιτο πάλιν αὐτὴν ἐκδοῦναι· 'σὺ δὲ καὶ κέχρησαι' ἔφη 15
'τῇ ἀνθρώπῳ, καὶ δίκαιος εἶ ἀγαθόν τι ποιῆσαι αὐτήν',
καὶ ἄλλους ἐπαγωγοὺς λόγους, οὓς ἂν τις δεόμενος ἐκ
πονηρῶν πραγμάτων εἴποι ἄν. ἀκούσαντες δ' ἀμφοτέρων
αὐτῶν οἱ διαιτηταὶ διαλλάττουσιν αὐτούς, καὶ πείθουσι τὸν
Ἐπαίνετον χιλίας δραχμὰς εἰσενεγκεῖν εἰς τὴν ἔκδοσιν τῇ 20
θυγατρὶ τῇ Νεαίρας. καὶ ὅτι πάντα ταῦτα ἀληθῆ λέγω,
τούτων ὑμῖν μάρτυρας αὐτοὺς τοὺς ἐγγυητὰς καὶ διαιτητὰς
γενομένους καλῶ.

ΜΑΡΤΥΡΕΣ.

71 Ναυσίφιλος Κεφαλῆθεν, Ἀριστόμαχος Κεφαλῆθεν μαρτυροῦ- 25
σιν ἐγγυηταὶ γενέσθαι Ἐπαινέτου τοῦ Ἀνδρίου, ὅτ' ἔφη Στέφανος
μοιχὸν εἰληφέναι Ἐπαίνετον· καὶ ἐπειδὴ ἐξῆλθεν Ἐπαίνετος παρὰ
[1369] Στεφάνου καὶ κύριος ἐγένετο αὑτοῦ, γράψασθαι γραφὴν Στέφανον
πρὸς τοὺς θεσμοθέτας, ὅτι αὐτὸν ἀδίκως εἷρξεν· καὶ αὐτοὶ διαλ-
λακταὶ γενόμενοι διαλλάξαι Ἐπαίνετον καὶ Στέφανον· τὰς δὲ 30
διαλλαγὰς εἶναι ἃς παρέχεται Ἀπολλόδωρος.

---

1 τὴν ante ἐργασίαν del. Dobree   6 αὐτοὺς Reiske: αὐτὸν codd.
15 καὶ om. S¹, recte fort.   16 αὐτήν] αὐτὴν δυνάμενος D   18 εἴποι
codex Coisl. 339: εἴποιεν r D: εἶπεν F Q: εἴπειεν S   21 τῇ Bekker:
τῆς codd. (om. r)   26 ἀνδρείου S F   28 Στέφανον γραφὴν r

ΔΙΑΛΛΑΓΑΙ.

Ἐπὶ τοῖσδε διήλλαξαν Στέφανον καὶ Ἐπαίνετον οἱ διαλλακταί,
τῶν μὲν γεγενημένων περὶ τὸν εἰργμὸν μηδεμίαν μνείαν ἔχειν,
Ἐπαίνετον δὲ δοῦναι χιλίας δραχμὰς Φανοῖ εἰς ἔκδοσιν, ἐπειδὴ
5 κέχρηται αὐτῇ πολλάκις· Στέφανον δὲ παρέχειν Φανὼ Ἐπαινέτῳ,
ὁπόταν ἐπιδημῇ καὶ βούληται συνεῖναι αὐτῇ.

Τὴν τοίνυν περιφανῶς ἐγνωσμένην ξένην εἶναι καὶ ἐφ' 72
ᾗ μοιχὸν οὗτος ἐτόλμησε λαβεῖν, εἰς τοσοῦτον ὕβρεως καὶ
ἀναιδείας ἦλθεν Στέφανος οὑτοσὶ καὶ Νέαιρα αὑτηί, ὥστε
10 ἐτόλμησαν μὴ ἀγαπᾶν εἰ ἔφασκον αὐτὴν ἀστὴν εἶναι, ἀλλὰ
κατιδόντες Θεογένην Κοιρωνίδην λαχόντα βασιλέα, ἄνθρω-
πον εὐγενῆ μέν, πένητα δὲ καὶ ἄπειρον πραγμάτων,
συμπαραγενόμενος αὐτῷ δοκιμαζομένῳ καὶ συνευπορήσας
ἀναλωμάτων, ὅτε εἰσῄει εἰς τὴν ἀρχήν, Στέφανος οὑτοσί,
15 καὶ ὑπελθὼν καὶ τὴν ἀρχὴν παρ' αὐτοῦ πριάμενος, πάρεδρος
γενόμενος, δίδωσι τὴν ἄνθρωπον ταύτην γυναῖκα, τὴν τῆς
Νεαίρας θυγατέρα, καὶ ἐγγυᾷ Στέφανος οὑτοσὶ ὡς αὑτοῦ
θυγατέρα οὖσαν· οὕτω πολὺ τῶν νόμων καὶ ὑμῶν κατεφρό-
νησεν. καὶ αὕτη ἡ γυνὴ ὑμῖν ἔθυε τὰ ἄρρητα ἱερὰ ὑπὲρ 73
20 τῆς πόλεως, καὶ εἶδεν ἃ οὐ προσῆκεν αὐτὴν ὁρᾶν ξένην
οὖσαν, καὶ τοιαύτη οὖσα εἰσῆλθεν οἷ οὐδεὶς ἄλλος Ἀθη-
ναίων τοσούτων ὄντων εἰσέρχεται ἀλλ' ἢ ἡ τοῦ βασιλέως
γυνή, ἐξώρκωσέν τε τὰς γεραρὰς τὰς ὑπηρετούσας τοῖς
ἱεροῖς, ἐξεδόθη δὲ τῷ Διονύσῳ γυνή, ἔπραξε δὲ ὑπὲρ τῆς [1370]
25 πόλεως τὰ πάτρια τὰ πρὸς τοὺς θεούς, πολλὰ καὶ ἅγια καὶ
ἀπόρρητα. ἃ δὲ μηδ' ἀκοῦσαι πᾶσιν οἷόν τ' ἐστίν, πῶς
ποιῆσαί γε τῇ ἐπιτυχούσῃ εὐσεβῶς ἔχει, ἄλλως τε καὶ
τοιαύτῃ γυναικὶ καὶ τοιαῦτα ἔργα διαπεπραγμένῃ;

---

1 ΑΛΛΑΓΑΙ S   8 ἐτόλμησε] οὐκ ἐτόλμησε D (Reiske)   10 ἐτόλ-
μησαν secl. Reiske   εἰ] μόνον εἰ F γρ. Q γρ.   11 Κοιρωνίδην
Voemel, Kirchner: Κοθωκίδην codd., sed cf. § 84   15 αὐτοῦ]
τούτου αὐτοῦ F γρ. Q γρ.   16 γενάμενος S   22 ἀλλ' ἢ vel
ἀλλ' ἡ codd. (sine spiritu S): ἀλλ' ἢ ἡ Bekker   23 γεραρὰς Υ r D
Harpocrationis cod. N: γεραιρὰς S (sine accentu) Q, Bekk. Anecd. 231.
32: γεραίρας F. eadem infra (§ 78) scripturae diversitas   26 πᾶσιν
om. F

74 Βούλομαι δ' ὑμῖν ἀκριβέστερον περὶ αὐτῶν ἄνωθεν
διηγήσασθαι καθ᾽ ἕκαστον, ἵνα μᾶλλον ἐπιμέλειαν ποιήσησθε
τῆς τιμωρίας, καὶ εἰδῆτε ὅτι οὐ μόνον ὑπὲρ ὑμῶν αὐτῶν καὶ
τῶν νόμων τὴν ψῆφον οἴσετε, ἀλλὰ καὶ τῆς πρὸς τοὺς
θεοὺς εὐλαβείας, τιμωρίαν ὑπὲρ τῶν ἠσεβημένων ποιούμενοι 5
καὶ κολάζοντες τοὺς ἠδικηκότας. τὸ γὰρ ἀρχαῖον, ὦ ἄνδρες
Ἀθηναῖοι, δυναστεία ἐν τῇ πόλει ἦν καὶ ἡ βασιλεία τῶν
ἀεὶ ὑπερεχόντων διὰ τὸ αὐτόχθονας εἶναι, τὰς δὲ θυσίας
ἁπάσας ὁ βασιλεὺς ἔθυε, καὶ τὰς σεμνοτάτας καὶ ἀρρήτους
75 ἡ γυνὴ αὐτοῦ ἐποίει, εἰκότως, βασίλιννα οὖσα. ἐπειδὴ δὲ 10
Θησεὺς συνῴκισεν αὐτοὺς καὶ δημοκρατίαν ἐποίησεν καὶ
ἡ πόλις πολυάνθρωπος ἐγένετο, τὸν μὲν βασιλέα οὐδὲν
ἧττον ὁ δῆμος ᾑρεῖτο ἐκ προκρίτων κατ᾽ ἀνδραγαθίαν χειρο-
τονῶν, τὴν δὲ γυναῖκα αὐτοῦ νόμον ἔθεντο ἀστὴν εἶναι καὶ
μὴ ἐπιμεμειγμένην ἑτέρῳ ἀνδρὶ ἀλλὰ παρθένον γαμεῖν, ἵνα 15
κατὰ τὰ πάτρια θύηται τὰ ἄρρητα ἱερὰ ὑπὲρ τῆς πόλεως,
καὶ τὰ νομιζόμενα γίγνηται τοῖς θεοῖς εὐσεβῶς καὶ μηδὲν
76 καταλύηται μηδὲ καινοτομῆται. καὶ τοῦτον τὸν νόμον
γράψαντες ἐν στήλῃ λιθίνῃ ἔστησαν ἐν τῷ ἱερῷ τοῦ Διο-
νύσου παρὰ τὸν βωμὸν ἐν Λίμναις (καὶ αὕτη ἡ στήλη ἔτι 20
καὶ νῦν ἔστηκεν, ἀμυδροῖς γράμμασιν Ἀττικοῖς δηλοῦσα τὰ
γεγραμμένα), μαρτυρίαν ποιούμενος ὁ δῆμος ὑπὲρ τῆς αὑτοῦ
[1371] εὐσεβείας πρὸς τὸν θεὸν καὶ παρακαταθήκην καταλείπων
τοῖς ἐπιγιγνομένοις, ὅτι τήν γε θεῷ γυναῖκα δοθησομένην
καὶ ποιήσουσαν τὰ ἱερὰ τοιαύτην ἀξιοῦμεν εἶναι. καὶ διὰ 25
ταῦτα ἐν τῷ ἀρχαιοτάτῳ ἱερῷ τοῦ Διονύσου καὶ ἁγιωτάτῳ
ἐν Λίμναις ἔστησαν, ἵνα μὴ πολλοὶ εἰδῶσιν τὰ γεγραμμένα·
ἅπαξ γὰρ τοῦ ἐνιαυτοῦ ἑκάστου ἀνοίγεται, τῇ δωδεκάτῃ τοῦ
77 ἀνθεστηριῶνος μηνός. ὑπὲρ τοίνυν ἁγίων καὶ σεμνῶν ἱερῶν,
ὧν οἱ πρόγονοι ὑμῶν οὕτως καλῶς καὶ μεγαλοπρεπῶς ἐπε- 30

---

5 εὐλαβείας] εὐσεβείας D corr. (Taylor) sicut § 76, recte fortasse;
sed cf. Plat. Legg. 879 e   9 σεμνότητας S F Q corr.   10 βασίλιννα
S F¹ Q corr. : βασίλισσα F corr. Q¹ D Phrynichus, cf. Meisterhans³ p.
101. 5   11 συνῴκησεν S corr. r F   22 μαρτυρίαν Dindorf: ἣν
μαρτυρίαν codd.   24 γε θεῷ Schaefer: γε σοὶ codd. : Διονύσῳ
Taylor

μελήθησαν, ἄξιον καὶ ὑμᾶς σπουδάσαι, ὦ ἄνδρες Ἀθηναῖοι,
καὶ τοὺς ἀσελγῶς μὲν καταφρονοῦντας τῶν νόμων τῶν
ὑμετέρων, ἀναιδῶς δ' ἠσεβηκότας εἰς τοὺς θεοὺς ἄξιον
τιμωρήσασθαι δυοῖν ἕνεκα, ἵνα οὗτοί τε τῶν ἠδικημένων
5 δίκην δῶσιν, οἵ τ' ἄλλοι πρόνοιαν ποιῶνται καὶ φοβῶνται
μηδὲν εἰς τοὺς θεοὺς καὶ τὴν πόλιν ἁμαρτάνειν.

Βούλομαι δ' ὑμῖν καὶ τὸν ἱεροκήρυκα καλέσαι, ὃς ὑπηρετεῖ 78
τῇ τοῦ βασιλέως γυναικί, ὅταν ἐξορκοῖ τὰς γεραρὰς ⟨τὰς⟩ ἐν
κανοῖς πρὸς τῷ βωμῷ, πρὶν ἅπτεσθαι τῶν ἱερῶν, ἵνα καὶ
10 τοῦ ὅρκου καὶ τῶν λεγομένων ἀκούσητε, ὅσα οἷόν τ' ἐστὶν
ἀκούειν, καὶ εἰδῆτε ὡς σεμνὰ καὶ ἅγια καὶ ἀρχαῖα τὰ νόμιμά
ἐστιν.

ΟΡΚΟΣ ΓΕΡΑΡΩΝ.

Ἁγιστεύω καὶ εἰμὶ καθαρὰ καὶ ἁγνὴ ἀπό ⟨τε⟩ τῶν ἄλλων τῶν
15 οὐ καθαρευόντων καὶ ἀπ' ἀνδρὸς συνουσίας, καὶ τὰ θεοίνια καὶ τὰ
ἰοβάκχεια γεραρῶ τῷ Διονύσῳ κατὰ τὰ πάτρια καὶ ἐν τοῖς καθή-
κουσι χρόνοις.

Τοῦ μὲν ὅρκου τοίνυν καὶ τῶν νομιζομένων πατρίων, ὅσα 79
οἷόν τ' ἐστὶν εἰπεῖν, ἀκηκόατε, καὶ ὡς ἦν Στέφανος ἠγγύησεν
20 τῷ Θεογένει γυναῖκα βασιλεύοντι ὡς αὑτοῦ οὖσαν θυγατέρα,
αὕτη ἐποίει τὰ ἱερὰ ταῦτα καὶ ἐξώρκου τὰς γεραράς, καὶ ὅτι [1372]
οὐδ' αὐταῖς ταῖς ὁρώσαις τὰ ἱερὰ ταῦτα οἷόν τ' ἐστὶ λέγειν
πρὸς ἄλλον οὐδένα. φέρε δὴ καὶ μαρτυρίαν παράσχωμαι
ὑμῖν δι' ἀπορρήτου μὲν γεγενημένην, ὅμως δὲ αὐτοῖς τοῖς
25 πεπραγμένοις ἐπιδείξω φανερὰν οὖσαν αὐτὴν καὶ ἀληθῆ.
ὡς γὰρ ἐγένετο τὰ ἱερὰ ταῦτα καὶ ἀνέβησαν εἰς Ἄρειον 80
πάγον οἱ ἐννέα ἄρχοντες ταῖς καθηκούσαις ἡμέραις, εὐθὺς
ἡ βουλὴ ἡ ἐν Ἀρείῳ πάγῳ, ὥσπερ καὶ τἆλλα πολλοῦ ἀξία

---

4 δυοῖν codex Coisl. 339 : δυεῖν cett.   7 ἱεροκήρυκα vulg., cf. I. G.
vii 228. 8 ; 231. 38 : ἱερὸν κήρυκα S   8 γεραρὰς cf. ad § 73   ⟨τὰς⟩
addidi   13 ΓΕΡΑΙΡΩΝ codd.   14 τε add. Schaefer   15 Θεοίνια
Y r Harpocr., Bekk. Anecd. 264. 6 : Θεόγνια SFQ   16 γεραρῶ
Dobree : γεραίρω codd.   τὰ om. S   22 ὁρώσαις] ὁρώσαις Reiske
24 γεγενημένην vulg. S corr. : γεγενημένων S¹   25 καὶ οὐκ F
27 ταῖς] ἐν ταῖς FQ

ἐστὶν τῇ πόλει περὶ εὐσέβειαν, ἐζήτει τὴν γυναῖκα ταύτην
τοῦ Θεογένους ἥτις ἦν, καὶ ἐξήλεγχεν, καὶ περὶ τῶν ἱερῶν
πρόνοιαν ἐποιεῖτο, καὶ ἐζημίου τὸν Θεογένην ὅσα κυρία
ἐστίν, ἐν ἀπορρήτῳ δὲ καὶ διὰ κοσμιότητος· οὐ γὰρ αὐτο-
κράτορές εἰσιν, ὡς ἂν βούλωνται, Ἀθηναίων τινὰ κολάσαι. 5
81 γενομένων δὲ λόγων, καὶ χαλεπῶς φερούσης τῆς ἐν Ἀρείῳ
πάγῳ βουλῆς καὶ ζημιούσης τὸν Θεογένην ὅτι τοιαύτην
ἔλαβεν γυναῖκα καὶ ταύτην εἴασε ποιῆσαι τὰ ἱερὰ τὰ ἄρρητα
ὑπὲρ τῆς πόλεως, ἐδεῖτο ὁ Θεογένης ἱκετεύων καὶ ἀντιβολῶν,
λέγων ὅτι οὐκ ᾔδει Νεαίρας αὐτὴν οὖσαν θυγατέρα, ἀλλ' 10
ἐξαπατηθείη ὑπὸ Στεφάνου, ὡς αὐτοῦ θυγατέρα οὖσαν αὐτὴν
λαμβάνων γνησίαν κατὰ τὸν νόμον, καὶ διὰ τὴν ἀπειρίαν
τῶν πραγμάτων καὶ τὴν ἀκακίαν τὴν ἑαυτοῦ τοῦτον πάρε-
δρον ποιήσαιτο, ἵνα διοικήσῃ τὴν ἀρχήν, ὡς εὔνουν ὄντα,
82 καὶ διὰ τοῦτο κηδεύσειεν αὐτῷ. ' ὅτι δὲ ' ἔφη ' οὐ ψεύδομαι, 15
μεγάλῳ τεκμηρίῳ καὶ περιφανεῖ ἐπιδείξω ὑμῖν· τὴν γὰρ
ἄνθρωπον ἀποπέμψω ἐκ τῆς οἰκίας, ἐπειδὴ οὐκ ἔστιν Στε-
φάνου θυγάτηρ ἀλλὰ Νεαίρας. κἂν μὲν ταῦτα ποιήσω,
[1373] ἤδη πιστοὶ ὑμῖν ὄντων οἱ λόγοι οἱ παρ' ἐμοῦ λεγόμενοι,
ὅτι ἐξηπατήθην· ἐὰν δὲ μὴ ποιήσω, τότ' ἤδη με κολάζετε 20
83 ὡς πονηρὸν ὄντα καὶ εἰς τοὺς θεοὺς ἠσεβηκότα.' ὑποσχο-
μένου δὲ ταῦτα τοῦ Θεογένους καὶ δεομένου, ἅμα μὲν καὶ
ἐλεήσασα αὐτὸν ἡ ἐν Ἀρείῳ πάγῳ βουλὴ διὰ τὴν ἀκακίαν
τοῦ τρόπου, ἅμα δὲ καὶ ἐξηπατῆσθαι τῇ ἀληθείᾳ ἡγουμένη
ὑπὸ τοῦ Στεφάνου, ἐπέσχεν. ὡς δὲ κατέβη ἐξ Ἀρείου 25
πάγου ὁ Θεογένης, εὐθὺς τήν τε ἄνθρωπον τὴν ταυτησὶ
Νεαίρας θυγατέρα ἐκβάλλει ἐκ τῆς οἰκίας, τόν τε Στέφανον
τὸν ἐξαπατήσαντα αὐτὸν τουτονὶ ἀπελαύνει ἀπὸ τοῦ συνε-
δρίου. καὶ οὕτως ἐπαύσαντο οἱ Ἀρεοπαγῖται κρίνοντες τὸν
Θεογένην καὶ ὀργιζόμενοι αὐτῷ, καὶ συγγνώμην εἶχον ἐξα- 30

---

15 κηδεύσειεν] κελεύσειεν S   19 ἡμῖν F   ἔστωσαν codd.;
immo ὄντων, cf. Meisterhans³ 191. 14   27 τε om. S¹   29 post
ἐπαύσαντο duae litterae in S erasae et adscriptum a m. ant. signum σ,
cui respondet in mg. μετὰ δύο φύλλα ἔνθα τὸ σ. deinde βελτίους (§ 89)
usque ad ἀρίστους (§ 107) hic inserta   αρεοπαγειται S¹

πατηθέντι. καὶ ὅτι ταῦτ' ἀληθῆ λέγω, τούτων ὑμῖν 84
μάρτυρα αὐτὸν τὸν Θεογένην καλῶ καὶ ἀναγκάσω μαρτυρεῖν.
κάλει μοι Θεογένην Ἐρχιέα.

ΜΑΡΤΥΡΙΑ.

5   Θεογένης Ἐρχιεὺς μαρτυρεῖ, ὅτε αὐτὸς ἐβασίλευεν, γῆμαι Φανὼ
ὡς Στεφάνου οὖσαν θυγατέρα, ἐπεὶ δὲ ᾔσθετο ἐξηπατημένος, τήν
τε ἄνθρωπον ἐκβαλεῖν καὶ οὐκέτι συνοικεῖν αὐτῇ, καὶ Στέφανον
ἀπελάσαι ἀπὸ τῆς παρεδρίας καὶ οὐκ ἐᾶν ἔτι παρεδρεύειν αὐτῷ.

Λαβὲ δή μοι τὸν νόμον ⟨τὸν⟩ ἐπὶ τούτοις τουτονὶ καὶ 85
10 ἀνάγνωθι, ἵν' εἰδῆτε ὅτι οὐ μόνον προσῆκεν αὐτὴν ἀπέχεσθαι
τῶν ἱερῶν τούτων τοιαύτην οὖσαν καὶ τοιαῦτα διαπεπραγ-
μένην, τοῦ ὁρᾶν καὶ θύειν καὶ ποιεῖν τι τῶν νομιζομένων
ὑπὲρ τῆς πόλεως πατρίων, ἀλλὰ καὶ τῶν ἄλλων τῶν Ἀθή-
νησιν ἁπάντων. ἐφ' ᾗ γὰρ ἂν μοιχὸς ἁλῷ γυναικί, οὐκ
15 ἔξεστιν αὐτῇ ἐλθεῖν εἰς οὐδὲν τῶν ἱερῶν τῶν δημοτελῶν, [1374]
εἰς ἃ καὶ τὴν ξένην καὶ τὴν δούλην [ἐλθεῖν] ἐξουσίαν ἔδοσαν
οἱ νόμοι καὶ θεασομένην καὶ ἱκετεύσουσαν εἰσιέναι· ἀλλὰ 86
μόναις ταύταις ἀπαγορεύουσιν οἱ νόμοι ταῖς γυναιξὶ μὴ
εἰσιέναι εἰς τὰ ἱερὰ τὰ δημοτελῆ, ἐφ' ᾗ ἂν μοιχὸς ἁλῷ, ἐὰν
20 δ' εἰσίωσι καὶ παρανομῶσι, νηποινεὶ πάσχειν ὑπὸ τοῦ
βουλομένου ὅ τι ἂν πάσχῃ, πλὴν θανάτου, καὶ ἔδωκεν ὁ
νόμος τὴν τιμωρίαν ὑπὲρ αὐτῶν τῷ ἐντυχόντι, διὰ τοῦτο
δ' ἐποίησεν ὁ νόμος, πλὴν θανάτου, τἄλλα ὑβρισθεῖσαν αὐτὴν
μηδαμοῦ λαβεῖν δίκην, ἵνα μὴ μιάσματα μηδ' ἀσεβήματα
25 γίγνηται ἐν τοῖς ἱεροῖς, ἱκανὸν φόβον ταῖς γυναιξὶ παρα-
σκευάζων τοῦ σωφρονεῖν καὶ μηδὲν ἁμαρτάνειν, ἀλλὰ δικαίως
οἰκουρεῖν, διδάσκων ὡς, ἄν τι ἁμάρτῃ τοιοῦτον, ἅμα ἐκ τε
τῆς οἰκίας τοῦ ἀνδρὸς ἐκβεβλημένη ἔσται καὶ ἐκ τῶν ἱερῶν

---

6 ἐπεὶ δὲ vulg. : καὶ ἐπεὶ δὲ S : ἐπειδὴ δὲ r D recte fort.   ἐξαπατη-
μένος S   8 προεδρίας F γρ. Qγρ.   9 τὸν addidi   12 τι τῶν
νομιζομένων F Q D : τι τῶν νομιζομένων τι S : τῶν νομιζομένων. Υr
14 οὐκ S Υ r : οὐκέτ' vulg   16 ἃ Reiske : ἃ codd.   ἐλθεῖν del. Hude
19 ᾗ ἐὰν S F Q   20 νηποινὴ S   23 τἄλλα om. D S¹, add. in mg.
ead. m.   27 τοιοῦτον Q mg. : τούτων cett.

87 τῶν τῆς πόλεως. καὶ ὅτι ταῦτα οὕτως ἔχει, τοῦ νόμου
αὐτοῦ ἀκούσαντες ἀναγνωσθέντος εἴσεσθε. καί μοι λαβέ.

ΝΟΜΟΣ ΜΟΙΧΕΙΑΣ.

Ἐπειδὰν δὲ ἕλῃ τὸν μοιχόν, μὴ ἐξέστω τῷ ἑλόντι συνοικεῖν τῇ
γυναικί· ἐὰν δὲ συνοικῇ, ἄτιμος ἔστω. μηδὲ τῇ γυναικὶ ἐξέστω 5
εἰσιέναι εἰς τὰ ἱερὰ τὰ δημοτελῆ, ἐφ' ᾗ ἂν μοιχὸς ἁλῷ· ἐὰν δ'
εἰσίῃ, νηποινεὶ πασχέτω ὅ τι ἂν πάσχῃ, πλὴν θανάτου.

88 Βούλομαι τοίνυν ὑμῖν, ὦ ἄνδρες Ἀθηναῖοι, καὶ τοῦ δήμου
τοῦ Ἀθηναίων μαρτυρίαν παρασχέσθαι, ὡς σπουδάζει περὶ
τὰ ἱερὰ ταῦτα καὶ ὡς πολλὴν πρόνοιαν περὶ αὐτῶν πεποίη- 10
[¹375] ται. ὁ γὰρ δῆμος ὁ Ἀθηναίων κυριώτατος ὢν τῶν ἐν τῇ
πόλει ἁπάντων, καὶ ἐξὸν αὐτῷ ποιεῖν ὅ τι ἂν βούληται,
οὕτω καλὸν καὶ σεμνὸν ἡγήσατ' εἶναι δῶρον τὸ Ἀθηναῖον
γενέσθαι, ὥστε νόμους ἔθετο αὑτῷ καθ' οὓς ποιεῖσθαι δεῖ,
ἐάν τινα βούλωνται, πολίτην, οἳ νῦν προπεπηλακισμένοι 15
εἰσὶν ὑπὸ Στεφάνου τουτουὶ καὶ τῶν οὕτω γεγαμηκότων.
89 ὅμως δ' ἀκούοντες αὐτῶν βελτίους ἔσεσθε, καὶ τὰ κάλλιστα
καὶ τὰ σεμνότατα δῶρα τοῖς εὐεργετοῦσι τὴν πόλιν διδόμενα
γνώσεσθε ὡς λελυμασμένοι εἰσίν. πρῶτον μὲν γὰρ νόμος
ἐστὶ τῷ δήμῳ κείμενος μὴ ἐξεῖναι ποιήσασθαι Ἀθηναῖον, ὃν 20
ἂν μὴ δι' ἀνδραγαθίαν εἰς τὸν δῆμον τὸν Ἀθηναίων ἄξιον
ᾖ γενέσθαι πολίτην. ἔπειτ' ἐπειδὰν πεισθῇ ὁ δῆμος καὶ
δῷ τὴν δωρεάν, οὐκ ἐᾷ κυρίαν γενέσθαι τὴν ποίησιν, ἐὰν μὴ
τῇ ψήφῳ εἰς τὴν ἐπιοῦσαν ἐκκλησίαν ὑπερεξακισχίλιοι
90 Ἀθηναίων ψηφίσωνται κρύβδην ψηφιζόμενοι. τοὺς δὲ 25
πρυτάνεις κελεύει τιθέναι τοὺς καδίσκους ὁ νόμος καὶ τὴν
ψῆφον διδόναι προσιόντι τῷ δήμῳ πρὶν τοὺς ξένους εἰσιέναι,
καὶ τὰ γέρρα ἀναιρεῖν, ἵνα κύριος ὢν αὐτὸς αὑτοῦ ἕκαστος

---

1 τῶν om. r D   2 post λαβέ add. τὸν νόμον F Q: om. S Y r D
3 ΜΟΙΧΕΙΑ S litt. εια in ras.   6 ἱερὰ] ἱερὰ ταῦτα Bekk. Anecd. 140. 3
6–10 τὰ δημοτελῆ usque ad ἱερὰ om. S r Y¹; ad θανάτου om. D   7 εἰσίῃ
Y mg. : εἴη F Q   9 τοῦ' Ἀθ.] τῶν Ἀθ. F   11 alterum ὁ om. F
ἀθηναιος S   17 ante ὅμως lacunam statuit Herwerden   ἀκούσαντες
F corr.   20 τῷ δήμῳ om. Y¹ r D   21 τὸν Ἀθ.] τῶν Ἀθ. F r
25 Ἀθηναίων S Y D : Ἀθηναῖοι vulg.   28 γέρα S F D

σκοπῆται πρὸς αὐτὸν ὅντινα μέλλει πολίτην ποιήσεσθαι, εἰ
ἄξιός ἐστι τῆς δωρεᾶς ὁ μέλλων λήψεσθαι. ἔπειτα μετὰ
ταῦτα παρανόμων γραφὴν ἐποίησε κατ᾽ αὐτοῦ τῷ βουλομένῳ
Ἀθηναίων, καὶ ἔστιν εἰσελθόντα εἰς τὸ δικαστήριον ἐξε-
5 λέγξαι ὡς οὐκ ἄξιός ἐστι τῆς δωρεᾶς, ἀλλὰ παρὰ τοὺς
νόμους Ἀθηναῖος γέγονεν. καὶ ἤδη τισὶ τοῦ δήμου δόντος 91
τὴν δωρεάν, λόγῳ ἐξαπατηθέντος ὑπὸ τῶν αἰτούντων, παρα-
νόμων γραφῆς γενομένης καὶ εἰσελθούσης εἰς τὸ δικαστήριον, [1376]
ἐξελεγχθῆναι συνέβη τὸν εἰληφότα τὴν δωρεὰν μὴ ἄξιον
10 εἶναι αὐτῆς, καὶ ἀφείλετο τὸ δικαστήριον. καὶ τοὺς μὲν
πολλοὺς καὶ παλαιοὺς ἔργον διηγήσασθαι· ἃ δὲ πάντες
μνημονεύετε, Πειθόλαν τε τὸν Θετταλὸν καὶ Ἀπολλωνίδην
τὸν Ὀλύνθιον πολίτας ὑπὸ τοῦ δήμου γενομένους ἀφείλετο
τὸ δικαστήριον· ταῦτα γὰρ οὐ πάλαι ἐστὶ γεγενημένα ὥστε 92
15 ἀγνοεῖν ὑμᾶς. οὕτως τοίνυν καλῶς καὶ ἰσχυρῶς τῶν νόμων
κειμένων ὑπὲρ τῆς πολιτείας, δι᾽ ὧν δεῖ Ἀθηναῖον γενέσθαι,
ἕτερός ἐστιν ἐφ᾽ ἅπασι τούτοις κυριώτατος νόμος κείμενος·
οὕτω πολλὴν ὁ δῆμος πρόνοιαν ἐποιεῖτο ὑπὲρ αὑτοῦ καὶ τῶν
θεῶν ὥστε δι᾽ εὐσεβείας τὰ ἱερὰ θύεσθαι ὑπὲρ τῆς πόλεως.
20 ὅσους γὰρ ἂν ποιήσηται ὁ δῆμος ὁ Ἀθηναίων πολίτας, ὁ
νόμος ἀπαγορεύει διαρρήδην μὴ ἐξεῖναι αὐτοῖς τῶν ἐννέα
ἀρχόντων γενέσθαι, μηδὲ ἱερωσύνης μηδεμιᾶς μετασχεῖν·
τοῖς δ᾽ ἐκ τούτων μετέδωκεν ἤδη ὁ δῆμος ἁπάντων, καὶ
προσέθηκεν ᾽ἐὰν ὦσιν ἐκ γυναικὸς ἀστῆς καὶ ἐγγυητῆς κατὰ
25 τὸν νόμον.᾽ καὶ ὅτι ταῦτ᾽ ἀληθῆ λέγω, μεγάλη καὶ περι- 93
φανεῖ μαρτυρίᾳ ἐγὼ ὑμῖν δηλώσω. βούλομαι δ᾽ ὑμῖν τὸν
νόμον πόρρωθεν προδιηγήσασθαι, ὡς ἐτέθη καὶ πρὸς οὓς
διωρίσθη, ὡς ἄνδρας ἀγαθοὺς ὄντας καὶ βεβαίους φίλους
περὶ τὸν δῆμον γεγονότας. ἐκ τούτων γὰρ ἁπάντων εἴσεσθε
30 τήν τε τοῦ δήμου δωρεὰν τὴν ἀπόθετον τοῖς εὐεργέταις προ-

---

1 πολίτην om. D　　2 δ ... λήψεσθαι del. Hude　　4 ἐξελέγξαι
om. Yᴵ r : ἐξελεγχθῆναι Y mg.　　10 εἶναι] ᾽exspectes ὄντα᾽ Blass ;
sed cf. §§ 53, 116　　14 τὸ] εἰς τὸ S F Q : αδ τὸ Hude　　15–16 κει-
μένων τῶν νόμων r　　17 ἐστιν] τις F　　20 ὁ δῆμος ποιήσηται F
23 ἤδη om. r

πηλακιζομένην, καὶ ὅσων ὑμᾶς ἀγαθῶν κωλύουσι κυρίους
[1377] εἶναι Στέφανός τε οὑτοσὶ καὶ οἱ τὸν αὐτὸν τρόπον τούτῳ
γεγαμηκότες καὶ παιδοποιούμενοι.

94   Πλαταιῆς γάρ, ὦ ἄνδρες Ἀθηναῖοι, μόνοι τῶν Ἑλλήνων
ὑμῖν ἐβοήθησαν Μαραθῶνάδε, ὅτε Δᾶτις ὁ βασιλέως 5
Δαρείου στρατηγὸς ἀναχωρῶν ἐξ Ἐρετρίας Εὔβοιαν ὑφ'
ἑαυτῷ ποιησάμενος, ἀπέβη εἰς τὴν χώραν πολλῇ δυνάμει
καὶ ἐπόρθει. καὶ ἔτι καὶ νῦν τῆς ἀνδραγαθίας αὐτῶν ὑπο-
μνήματα ⟨ἡ⟩ ἐν τῇ ποικίλῃ στοᾷ γραφῇ δεδήλωκεν· ὡς
ἕκαστος γὰρ τάχους εἶχεν, εὐθὺς προσβοηθῶν γέγραπται, 10
95 οἱ τὰς κυνᾶς τὰς Βοιωτίας ἔχοντες. πάλιν δὲ Ξέρξου ἰόντος
ἐπὶ τὴν Ἑλλάδα, Θηβαίων μηδισάντων, οὐκ ἐτόλμησαν
ἀποστῆναι τῆς ὑμετέρας φιλίας, ἀλλὰ μόνοι τῶν ἄλλων
Βοιωτῶν οἱ μὲν ἡμίσεις αὐτῶν μετὰ Λακεδαιμονίων καὶ
Λεωνίδου ἐν Θερμοπύλαις παραταξάμενοι τῷ βαρβάρῳ 15
ἐπιόντι συναπώλοντο, οἱ δὲ λοιποὶ ἐμβάντες εἰς τὰς ὑμετέ-
ρας τριήρεις, ἐπειδὴ αὐτοῖς οἰκεῖα σκάφη οὐχ ὑπῆρχεν,
συνεναυμάχουν ὑμῖν ἐπί τε Ἀρτεμισίῳ καὶ ἐν Σαλαμῖνι.
96 καὶ τὴν τελευταίαν μάχην Πλαταιᾶσι Μαρδονίῳ τῷ βασι-
λέως στρατηγῷ μεθ' ὑμῶν καὶ τῶν συνελευθερούντων τὴν 20
Ἑλλάδα μαχεσάμενοι, εἰς κοινὸν τὴν ἐλευθερίαν τοῖς ἄλλοις
Ἕλλησι κατέθηκαν. ἐπεὶ δὲ Παυσανίας ὁ Λακεδαιμονίων
βασιλεὺς ὑβρίζειν ἐνεχείρει ὑμᾶς, καὶ οὐκ ἠγάπα ὅτι τῆς
ἡγεμονίας μόνοι ἠξιώθησαν Λακεδαιμόνιοι ὑπὸ τῶν Ἑλλή-
νων, καὶ ἡ πόλις τῇ μὲν ἀληθείᾳ ἡγεῖτο τῆς ἐλευθερίας τοῖς 25
Ἕλλησιν, τῇ δὲ φιλοτιμίᾳ οὐκ ἠναντιοῦτο τοῖς Λακεδαι-
97 μονίοις, ἵνα μὴ φθονηθῶσιν ὑπὸ τῶν συμμάχων—ἐφ' οἷς
[1378] φυσηθεὶς Παυσανίας ὁ τῶν Λακεδαιμονίων βασιλεὺς ἐπέ-
γραψεν ἐπὶ τὸν τρίποδα ⟨τὸν⟩ ἐν Δελφοῖς, ὃν οἱ Ἕλληνες οἱ

2 τε om. SYD   4 Πλαταιῆς S¹, cf. Meisterhans³ p. 141:
Πλαταιεῖς vulg.   ante μόνοι duae litt. in S erasae   5 Δάτης S F Q
6 ὑφ' etiam S (me teste) : ἐφ' F   8 καὶ ante νῦν om. F D   9 ἡ add.
Jurinus   11 κυνᾶς Taylor cf. Photius s. v. : κοινας S D : κύνας vulg.
13 ὑμετέρας Reiske : ἡμ. codd.   16 ὑμετέρας S : ἡμ. vulg.   18 αρτε-
μησιω . . . σαλαμῆνι S (ι a m. rec. s.scr.)   ἐν om. r   19 Πλαταιεσι
S F Q   24 μόνοι] μόνον F¹ Q¹ : secl. Blass   29 τὸν add. Blass,
cf. Thuc. i 132

συμμαχεσάμενοι τὴν Πλαταιᾶσι μάχην καὶ τὴν ἐν Σαλαμῖνι
ναυμαχίαν ναυμαχήσαντες κοινῇ ποιησάμενοι ἀνέθηκαν ἀρι-
στεῖον τῷ Ἀπόλλωνι ἀπὸ τῶν βαρβάρων,

     Ἑλλήνων ἀρχηγός, ἐπεὶ στρατὸν ὤλεσε Μήδων,
5   Παυσανίας Φοίβῳ μνῆμ' ἀνέθηκε τόδε,

ὡς αὐτοῦ τοῦ ἔργου ὄντος καὶ τοῦ ἀναθήματος, ἀλλ' οὐ
κοινοῦ τῶν συμμάχων· ὀργισθέντων δὲ τῶν Ἑλλήνων, οἱ 98
Πλαταιεῖς λαγχάνουσι δίκην τοῖς Λακεδαιμονίοις εἰς τοὺς
Ἀμφικτύονας χιλίων ταλάντων ὑπὲρ τῶν συμμάχων, καὶ
10 ἠνάγκασαν αὐτοὺς ἐκκολάψαντας τὰ ἐλεγεῖα ἐπιγράψαι τὰς
πόλεις τὰς κοινωνούσας τοῦ ἔργου. δι' ὅπερ αὐτοῖς οὐχ
ἥκιστα παρηκολούθει ἡ ἔχθρα ⟨ἡ⟩ παρὰ Λακεδαιμονίων καὶ ἐκ
τοῦ γένους τοῦ βασιλείου. καὶ ἐν μὲν τῷ παρόντι οὐκ
εἶχον αὐτοῖς ὅ τι χρήσωνται οἱ Λακεδαιμόνιοι, ὕστερον δὲ
15 ὡς πεντήκοντα ἔτεσιν Ἀρχίδαμος ὁ Ζευξιδάμου Λακεδαι-
μονίων βασιλεὺς εἰρήνης οὔσης ἐνεχείρησεν αὐτῶν κατα-
λαβεῖν τὴν πόλιν. ἔπραξε δὲ ταῦτ' ἐκ Θηβῶν δι' Εὐρυ- 99
μάχου τοῦ Λεοντιάδου βοιωταρχοῦντος, ἀνοιξάντων τὰς
πύλας τῆς νυκτὸς Ναυκλείδου καὶ ἄλλων τινῶν μετ' αὐτοῦ,
20 πεισθέντων χρήμασιν. αἰσθόμενοι δ' οἱ Πλαταιεῖς ἔνδον
ὄντας τοὺς Θηβαίους τῆς νυκτὸς καὶ ἐξαπίνης [αὐτῶν] τὴν
πόλιν ἐν εἰρήνῃ κατειλημμένην, προσεβοήθουν καὶ αὐτοὶ
καὶ συνετάττοντο. καὶ ἐπειδὴ ἡμέρα ἐγένετο καὶ εἶδον οὐ
πολλοὺς ὄντας τοὺς Θηβαίους, ἀλλὰ τοὺς πρώτους αὐτῶν
25 εἰσεληλυθότας (ὕδωρ γὰρ γενόμενον τῆς νυκτὸς πολὺ ἐκώ- [1379]
λυσεν αὐτοὺς πάντας εἰσελθεῖν· ὁ γὰρ Ἀσωπὸς ποταμὸς
μέγας ἐρρύη καὶ διαβῆναι οὐ ῥᾴδιον ἦν, ἄλλως τε καὶ
νυκτός), ὡς οὖν εἶδον οἱ Πλαταιεῖς τοὺς Θηβαίους ἐν τῇ 100

---

1 ἐν Πλαταιᾶσι (-εσι F corr.) FQ		σαλαμηνι S¹		6 αὐτῶν F
corr. Q¹		7 δὲ] δὴ Dobree		10 ἐκκολάψαντες F γρ. Q γρ., cf.
lvii 64, Thuc. i 132 : ἐκκόψαντες cett.		ἐγγράψαι F γρ. Q γρ.		12 ⟨ἡ⟩
παρὰ Blass		14 αὐτὸν S¹ : αυτοις S rec.		χρήσονται r D		οἱ om.
Y D		21 αὐτῶν seclusi coll. Thuc. ii 3. 1 : αὐτῶν τὴν codd. : τὴν
αὐτῶν Dyroff		23 ἐγίγνετο FQ recte fort., cf. Thuc. ii 3. 4
27 μέγας F γρ. D : μέγα S F¹ Q		ἐρρύη μέγας Thuc. ii 5. 2

πόλει καὶ ἔγνωσαν ὅτι οὐ πάντες πάρεισιν, ἐπιτίθενται καὶ
εἰς μάχην ἐλθόντες κρατοῦσι καὶ φθάνουσιν ἀπολέσαντες
αὐτοὺς πρὶν τοὺς ἄλλους προσβοηθῆσαι, καὶ ὡς ὑμᾶς πέμ-
πουσιν εὐθὺς ἄγγελον τήν τε πρᾶξιν φράσοντα καὶ τὴν
μάχην δηλώσοντα ὅτι νικῶσι, καὶ βοηθεῖν ἀξιοῦντες, ἂν οἱ   5
Θηβαῖοι τὴν χώραν αὐτῶν δῃῶσιν. ἀκούσαντες δὲ οἱ
Ἀθηναῖοι τὰ γεγονότα διὰ τάχους ἐβοήθουν εἰς τὰς Πλα-
ταιάς· καὶ οἱ Θηβαῖοι ὡς ἑώρων τοὺς Ἀθηναίους βεβοηθη-
101 κότας τοῖς Πλαταιεῦσιν, ἀνεχώρησαν ἐπ' οἴκου. ὡς οὖν
ἀπέτυχον οἱ Θηβαῖοι τῆς πείρας καὶ οἱ Πλαταιεῖς τοὺς   10
ἄνδρας οὓς ἔλαβον αὐτῶν ἐν τῇ μάχῃ ζῶντας, ἀπέκτειναν,
ὀργισθέντες οἱ Λακεδαιμόνιοι ἀπροφασίστως ἤδη στρατεύου-
σιν ἐπὶ τὰς Πλαταιάς, Πελοποννησίοις μὲν ἅπασι πλὴν
Ἀργείων τὰ δύο μέρη τῆς στρατιᾶς ἀπὸ τῶν πόλεων ἑκά-
στων πέμπειν ἐπιτάξαντες, Βοιωτοῖς δὲ τοῖς ἄλλοις ἅπασι   15
καὶ Λοκροῖς καὶ Φωκεῦσι καὶ Μαλιεῦσι καὶ Οἰταίοις καὶ
102 Αἰνιᾶσιν πανδημεὶ ἐπαγγείλαντες στρατεύειν. καὶ περι-
καθεζόμενοι αὐτῶν τὸ τεῖχος πολλῇ δυνάμει ἐπηγγέλλοντο,
εἰ βούλοιντο τὴν μὲν πόλιν αὐτοῖς παραδοῦναι, τὴν δὲ
χώραν ἔχειν καὶ καρποῦσθαι τὰ αὐτῶν, ἀφίστασθαι [δὲ] τῆς   20
Ἀθηναίων συμμαχίας. οὐκ ἐθελησάντων δὲ τῶν Πλαταιέων,
ἀλλ' ἀποκριναμένων ὅτι ἄνευ Ἀθηναίων οὐδὲν ἂν πράξειαν,
[1380] ἐπολιόρκουν αὐτοὺς διπλῷ τείχει περιτειχίσαντες δύο ἔτη,
103 πολλὰς καὶ παντοδαπὰς πείρας προσάγοντες. ἐπεὶ δ'
ἀπειρήκεσαν οἱ Πλαταιεῖς καὶ ἐνδεεῖς ἦσαν ἁπάντων καὶ   25
ἠποροῦντο τῆς σωτηρίας, διακληρωσάμενοι πρὸς σφᾶς αὐτοὺς
οἱ μὲν ὑπομείναντες ἐπολιορκοῦντο, οἱ δὲ τηρήσαντες νύκτα
καὶ ὕδωρ καὶ ἄνεμον πολύν, ἐξελθόντες ἐκ τῆς πόλεως καὶ
ὑπερβάντες τὸ περιτείχισμα τῶν πολεμίων λαθόντες τὴν
στρατιάν, ἀποσφάξαντες τοὺς φύλακας διασῴζονται δεῦρο,   30
δεινῶς διακείμενοι καὶ ἀπροσδοκήτως· οἱ δ' ὑπομείναντες

---

2 φθαννουσιν S   ἀπελάσαντες Hude, cf. Thuc. ii 5-6   16 Μα-
λιεῦσι S F al. : Μιλιεῦσι Y   20 δὲ abesse malim, cf. Hdt. iv 200
21 δὲ F corr. D : om. cett.   23 δύο Palmer : δέκα codd., quod
defendit Lortzing.   29 τείχισμα Γ

αὐτῶν ἁλούσης τῆς πόλεως κατὰ κράτος ἀπεσφάγησαν
πάντες οἱ ἡβῶντες, παῖδες δὲ καὶ γυναῖκες ἐξηνδραποδίσθη-
σαν, ὅσοι μὴ αἰσθόμενοι ἐπιόντας τοὺς Λακεδαιμονίους
ὑπεξῆλθον Ἀθήναζε. τοῖς οὖν οὕτω φανερῶς ἐνδεδειγ- 104
5 μένοις τὴν εὔνοιαν τῷ δήμῳ, καὶ προεμένοις ἅπαντα τὰ
αὑτῶν καὶ παῖδας καὶ γυναῖκας, πάλιν σκοπεῖτε πῶς μετέ-
δοτε τῆς πολιτείας. ἐκ γὰρ τῶν ψηφισμάτων τῶν ὑμετέρων
καταφανὴς πᾶσιν ἔσται ὁ νόμος, καὶ γνώσεσθ' ὅτι ἀληθῆ
λέγω. καί μοι λαβὲ τὸ ψήφισμα τοῦτο καὶ ἀνάγνωθι
10 αὐτοῖς.

ΨΗΦΙΣΜΑ ΠΕΡΙ ΠΛΑΤΑΙΕΩΝ.

Ἱπποκράτης εἶπεν, Πλαταιέας εἶναι Ἀθηναίους ἀπὸ τῆσδε τῆς
ἡμέρας, ἐπιτίμους καθάπερ οἱ ἄλλοι Ἀθηναῖοι, καὶ μετεῖναι
αὐτοῖς ὧνπερ Ἀθηναίοις μέτεστι πάντων, καὶ ἱερῶν καὶ ὁσίων,
15 πλὴν εἴ τις ἱερωσύνη ἢ τελετή ἐστιν ἐκ γένους, μηδὲ τῶν ἐννέα
ἀρχόντων, τοῖς δ' ἐκ τούτων. κατανεῖμαι δὲ τοὺς Πλαταιέας εἰς
τοὺς δήμους καὶ τὰς φυλάς. ἐπειδὰν δὲ νεμηθῶσι, μὴ ἐξέστω [1381]
ἔτι Ἀθηναίῳ μηδενὶ γίγνεσθαι Πλαταιέων, μὴ εὑρομένῳ παρὰ
τοῦ δήμου τοῦ Ἀθηναίων.

20 Ὁρᾶτε, ὦ ἄνδρες Ἀθηναῖοι, ὡς καλῶς καὶ δικαίως 105
ἔγραψεν ὁ ῥήτωρ ὑπὲρ τοῦ δήμου τοῦ Ἀθηναίων, καὶ ἠξίωσε
τοὺς Πλαταιέας λαμβάνοντας τὴν δωρεὰν πρῶτον μὲν δοκι-
μασθῆναι ἐν τῷ δικαστηρίῳ κατ' ἄνδρα ἕκαστον, εἰ ἔστιν
Πλαταιεὺς καὶ εἰ τῶν φίλων τῶν τῆς πόλεως, ἵνα μὴ ἐπὶ
25 ταύτῃ τῇ προφάσει πολλοὶ μεταλάβωσι τῆς πολιτείας·
ἔπειτα τοὺς δοκιμασθέντας ἀναγραφῆναι ἐν στήλῃ λιθίνῃ,
καὶ στῆσαι ἐν ἀκροπόλει παρὰ τῇ θεῷ, ἵνα σῴζηται ἡ δωρεὰ
τοῖς ἐπιγιγνομένοις καὶ ᾖ ἐξελέγξαι ὅτου ἂν ἕκαστος ᾖ συγ-
γενής. καὶ ὕστερον οὐκ ἐᾷ γίγνεσθαι Ἀθηναῖον ἐξεῖναι, 106

3 αἰσθόμενοι Blass: αἰσθανόμενοι S vulg.: προαισθόμενοι FQ
5 προεμένοις Cobet   8 ἔσται Hude: ἐστιν codd.   11 ΨΗΦΙΣΜΑ
om. S   13 ἐπιτίμους Cobet: ἐντίμους codd.   καὶ ante μετεῖναι
om. S¹   15 (ἀλλὰ μὴ τῶν ἱερωσυνῶν, τοῖς δ' ἐκ τούτων) ante πλὴν
insertum voluit Riehemann coll. §§ 92, 106   16 post τούτων
lacunam statuit Blass   20 ὁρᾶτε S r D: ὁρᾶτε δὴ vulg.   24 εἰ
τῶν S Q γρ. Y r D: εἰς τῶν F Q   26 ἀναγράφειν D   27 στῆσαι
Richards   παρὰ S Y r D: πρὸς F Q

ὃς ἂν μὴ νῦν γένηται καὶ δοκιμασθῇ ἐν τῷ δικαστηρίῳ, τοῦ
μὴ πολλοὺς φάσκοντας Πλαταιέας εἶναι κατασκευάζειν
αὑτοῖς πολιτείαν. ἔπειτα καὶ τὸν νόμον διωρίσατο ἐν τῷ
ψηφίσματι πρὸς αὐτοὺς εὐθέως ὑπέρ τε τῆς πόλεως καὶ τῶν
θεῶν, [καὶ] μὴ ἐξεῖναι αὐτῶν μηδενὶ τῶν ἐννέα ἀρχόντων 5
λαχεῖν μηδὲ ἱερωσύνης μηδεμιᾶς, τοῖς δ' ἐκ τούτων, ἂν
ὦσιν ἐξ ἀστῆς γυναικὸς καὶ ἐγγυητῆς κατὰ τὸν νόμον.

107   Οὔκουν δεινόν; πρὸς μὲν τοὺς ἀστυγείτονας καὶ ὁμολο-
γουμένως ἀρίστους τῶν Ἑλλήνων εἰς τὴν πόλιν γεγενη-
μένους οὕτω καλῶς καὶ ἀκριβῶς διωρίσασθε περὶ ἑκάστου, 10
ἐφ' οἷς δεῖ ἔχειν τὴν δωρεάν, τὴν δὲ περιφανῶς ἐν ἁπάσῃ
τῇ Ἑλλάδι πεπορνευμένην οὕτως αἰσχρῶς καὶ ὀλιγώρως
[1382] ἐάσετε ὑβρίζουσαν εἰς τὴν πόλιν καὶ ἀσεβοῦσαν εἰς τοὺς
θεοὺς ἀτιμώρητον, ἣν οὔτε οἱ πρόγονοι ἀστὴν κατέλιπον
108   οὔθ' ὁ δῆμος πολῖτιν ἐποιήσατο; ποῦ γὰρ αὕτη οὐκ εἴργα- 15
σται τῷ σώματι, ἢ ποῖ οὐκ ἐλήλυθεν ἐπὶ τῷ καθ' ἡμέραν
μισθῷ; οὐκ ἐν Πελοποννήσῳ μὲν πάσῃ, ἐν Θετταλίᾳ δὲ
καὶ Μαγνησίᾳ μετὰ Σίμου τοῦ Λαρισαίου καὶ Εὐρυδάμαντος
τοῦ Μηδείου, ἐν Χίῳ δὲ καὶ ἐν Ἰωνίᾳ τῇ πλείστῃ μετὰ
Σωτάδου τοῦ Κρητὸς ἀκολουθοῦσα, μισθωθεῖσα ὑπὸ τῆς 20
Νικαρέτης, ὅτε ἔτι ἐκείνης ἦν; τὴν δὴ ὑφ' ἑτέροις οὖσαν
καὶ ἀκολουθοῦσαν τῷ διδόντι τί οἴεσθε ποιεῖν; ἆρ' οὐχ
ὑπηρετεῖν τοῖς χρωμένοις εἰς ἁπάσας ἡδονάς; εἶτα τὴν
τοιαύτην καὶ περιφανῶς ἐγνωσμένην ὑπὸ πάντων γῆς περί-
109   οδον εἰργασμένην ψηφιεῖσθε ἀστὴν εἶναι; καὶ τί καλὸν 25
φήσετε πρὸς τοὺς ἐρωτῶντας διαπεπρᾶχθαι, ἢ ποίᾳ αἰσχύνῃ
καὶ ἀσεβείᾳ οὐκ ἔνοχοι αὐτοὶ εἶναι; πρὶν μὲν γὰρ γραφῆναι
ταύτην καὶ εἰς ἀγῶνα καταστῆναι καὶ πυθέσθαι πάντας ἥτις

5 καὶ del. Sauppe   8 ὁμολογουμένους F Q, cf. xxvi 22, Lys. iv 7,
Isae. vi 49   9 τῶν om. S, cf. ad. § 83   10 διωρίσασθε Reiske :
διωρίσασθαι S : διορίσασθαι vulg.   11 περιφανῶς καὶ ἀκριβῶς F Q, non D
13 ἐάσατε S (ε a pr. m.)   14 ἀτιμώρητον εἶναι F Q, non D   15 πολίτην
S F¹   16 ποῖ Reiske : ποῦ codd.   19 Μηδείου S corr. Q Y :
Μηδίου S¹ : Μειδίου F D   post Μηδείου add. υἱοῖ F Q D   alterum
ἐν om. r   21 δὴ] δὲ F corr. Q corr.   24 post πάντων fort. omissa
ἀπὸ τριῶν τρυπημάτων, cf. Hermog. p. 325 (Rabe)

ἦν καὶ οἷα ἠσέβηκεν, τὰ μὲν ἀδικήματα ταύτης ἦν, ἡ δ'
ἀμέλεια τῆς πόλεως· καὶ οἱ μὲν οὐκ ᾔδεσαν ὑμῶν, οἱ δὲ
πυθόμενοι τῷ μὲν λόγῳ ἠγανάκτουν, τῷ δ' ἔργῳ οὐκ εἶχον
ὅ τι χρήσαιντο αὐτῇ, οὐδενὸς εἰς ἀγῶνα καθιστάντος οὐδὲ
5 διδόντος περὶ αὐτῆς τὴν ψῆφον. ἐπειδὴ δὲ καὶ ἴστε
πάντες καὶ ἔχετε ἐφ' ὑμῖν αὐτοῖς καὶ κύριοί ἐστε κολάσαι,
ὑμέτερον ἤδη τὸ ἀσέβημα γίγνεται τὸ πρὸς τοὺς θεούς, ἐὰν
μὴ ταύτην κολάσητε. τί δὲ καὶ φήσειεν ἂν ὑμῶν ἕκαστος 110
εἰσιὼν πρὸς τὴν ἑαυτοῦ γυναῖκ' ἢ θυγατέρα ἢ μητέρα, ἀποψη-
10 φισάμενος ταύτης, ἐπειδὰν ἔρηται ὑμᾶς 'ποῦ ἦτε;' καὶ εἴπητε
ὅτι 'ἐδικάζομεν;' 'τῷ;' ἐρήσεται εὐθύς. 'Νεαίρᾳ' δῆλον [1383]
ὅτι φήσετε (οὐ γάρ;) 'ὅτι ξένη οὖσα ἀστῷ συνοικεῖ παρὰ
τὸν νόμον, καὶ ὅτι τὴν θυγατέρα μεμοιχευμένην ἐξέδωκεν
Θεογένει τῷ βασιλεύσαντι, καὶ αὕτη ἔθυσε τὰ ἱερὰ τὰ
15 ἄρρητα ὑπὲρ τῆς πόλεως καὶ τῷ Διονύσῳ γυνὴ ἐδόθη', καὶ
τἆλλα διηγούμενοι τὴν κατηγορίαν αὐτῆς, ὡς καὶ μνημονικῶς
καὶ ἐπιμελῶς περὶ ἑκάστου κατηγορήθη. αἱ δὲ ἀκούσασαι 111
ἐρήσονται 'τί οὖν ἐποιήσατε;' ὑμεῖς δὲ φήσετε 'ἀπεψηφί-
σμεθα.' οὐκοῦν ἤδη αἱ μὲν σωφρονέσταται τῶν γυναικῶν
20 ὀργισθήσονται ὑμῖν, διότι ὁμοίως αὐταῖς ταύτην κατηξιοῦτε
μετέχειν τῶν τῆς πόλεως καὶ τῶν ἱερῶν· ὅσαι δ' ἀνόητοι,
φανερῶς ἐπιδείκνυτε ποιεῖν ὅ τι ἂν βούλωνται, ὡς ἄδειαν
ὑμῶν καὶ τῶν νόμων δεδωκότων· δόξετε γὰρ ὀλιγώρως καὶ
ῥᾳθύμως φέροντες ὁμογνώμονες καὶ αὐτοὶ εἶναι τοῖς ταύτης
25 τρόποις. ὥστε πολὺ μᾶλλον ἐλυσιτέλει μὴ γενέσθαι τὸν 112
ἀγῶνα τουτονὶ ἢ γενομένου ἀποψηφίσασθαι ὑμᾶς. κομιδῇ
γὰρ ἤδη [παντελῶς] ἐξουσία ἔσται ταῖς πόρναις συνοικεῖν
οἷς ἂν βούλωνται, καὶ τοὺς παῖδας φάσκειν οὗ ἂν τύχωσιν

---

1 ἠσεβήκει Hude   ἦν Γ: ἦν ἂν cett.   3 post ἔργῳ sex litt. in S
erasae   9 εἰσιὼν S D F γρ.: ἀπιὼν F Q   10 ερητε S F   15 ὑπὲρ
F Q: περὶ S Y r D   16 ὡς] ὡς εὖ F Q, sed cf. Aeschin. ii 48
21 ἀνόητοι] ἀναίσχυντοι D γρ.   22 post ἐπιδείκνυτε add. ταύταις
F γρ. Q γρ. Y γρ. D   26 γενομένου Wolf: γενόμενον codd., Funk-
haenel coll. Aeschin. iii 230   27 ἤδη om. S r D   παντελῶς
del. Schaefer, coll. Hesych. κομιδῇ· παντελῶς. cf. παντελῶς ἤδη § 113

εἶναι· καὶ οἱ μὲν νόμοι ἄκυροι ὑμῖν ἔσονται, οἱ δὲ τρόποι
τῶν ἑταιρῶν κύριοι ὅ τι ἂν βούλωνται διαπράττεσθαι.
ὥστε καὶ ὑπὲρ τῶν πολιτίδων σκοπεῖτε, τοῦ μὴ ἀνεκδότους
113 γενέσθαι τὰς τῶν πενήτων θυγατέρας. νῦν μὲν γάρ, κἂν
ἀπορηθῇ τις, ἱκανὴν προῖκ᾽ αὐτῇ ὁ νόμος συμβάλλεται, ἂν 5
καὶ ὁπωστιοῦν μετρίαν ἡ φύσις ὄψιν ἀποδῷ· προπηλακι-
σθέντος δὲ τοῦ νόμου ὑφ᾽ ὑμῶν ἀποφυγούσης ταύτης, καὶ
[1384] ἀκύρου γενομένου, παντελῶς ἤδη ἡ μὲν τῶν πορνῶν ἐργασία
ἥξει εἰς τὰς τῶν πολιτῶν θυγατέρας, δι᾽ ἀπορίαν ὅσαι ἂν
μὴ δύνωνται ἐκδοθῆναι, τὸ δὲ τῶν ἐλευθέρων γυναικῶν 10
ἀξίωμα εἰς τὰς ἑταίρας, ἂν ἄδειαν λάβωσι τοῦ ἐξεῖναι
αὐταῖς παιδοποιεῖσθαι ὡς ἂν βούλωνται καὶ τελετῶν καὶ
114 ἱερῶν καὶ τιμῶν μετέχειν τῶν ἐν τῇ πόλει. ὥστε εἰς ἕκα-
στος ὑμῶν νομιζέτω, ὁ μὲν ὑπὲρ γυναικός, ὁ δ᾽ ὑπὲρ θυγα-
τρός, ὁ δ᾽ ὑπὲρ μητρός, ὁ δ᾽ ὑπὲρ τῆς πόλεως καὶ τῶν 15
νόμων καὶ τῶν ἱερῶν τὴν ψῆφον φέρειν, τοῦ μὴ ἐξ ἴσου
φανῆναι ἐκείνας τιμωμένας ταύτῃ τῇ πόρνῃ, μηδὲ τὰς μετὰ
πολλῆς καὶ καλῆς σωφροσύνης καὶ ἐπιμελείας τραφείσας
ὑπὸ τῶν προσηκόντων καὶ ἐκδοθείσας κατὰ τοὺς νόμους,
ταύτας ἐν τῷ ἴσῳ φαίνεσθαι μετεχούσας τῇ μετὰ πολλῶν 20
καὶ ἀσελγῶν τρόπων πολλάκις πολλοῖς ἑκάστης ἡμέρας
115 συγγεγενημένῃ, ὡς ἕκαστος ἐβούλετο. ἡγεῖσθε δὲ μήτ᾽
ἐμὲ τὸν λέγοντα εἶναι Ἀπολλόδωρον μήτε τοὺς ἀπολογησο-
μένους καὶ συνεροῦντας πολίτας, ἀλλὰ τοὺς νόμους καὶ
Νέαιραν ταυτηνὶ περὶ τῶν πεπραγμένων αὐτῇ πρὸς ἀλλήλους 25
δικάζεσθαι. καὶ ὅταν μὲν ἐπὶ τῆς κατηγορίας γένησθε, τῶν
νόμων αὐτῶν ἀκούετε, δι᾽ ὧν οἰκεῖται ἡ πόλις καὶ καθ᾽ οὓς
ὀμωμόκατε δικάσειν, τί κελεύουσι καὶ τί παραβεβήκασιν·
ὅταν δὲ ἐπὶ τῆς ἀπολογίας ἦτε, μνημονεύοντες τὴν τῶν

2 ἑτέρων S¹   4 γίνεσθαι F Q   6 ἐπιδῷ Reiske, non inlepide
8 παντελῶς γενομένου Γ   9 πολιτῶν Reiske : πολιτίδων codd.
12 ὡς] οἷς D   15 post πόλεως tres litterae in S erasae   18 τραφείσας]
τραφῆναι S¹ : τραφῆσας S corr.   20 ἐν τῷ ἴσῳ] τῶν ἴσων Schaefer post
φαίνεσθαι add. τῶν ἐν τῇ πόλει Hude   23 εἶναι Ἀπολλόδωρον del. Her-
werden   26 διαδικάζεσθαι F Q   28 παραβεβήκασιν ⟨οὗτοι⟩ Jurinus

νόμων κατηγορίαν καὶ τὸν ἔλεγχον τὸν τῶν εἰρημένων, τήν
τε ὄψιν αὐτῆς ἰδόντες, ἐνθυμεῖσθε τοῦτο μόνον, εἰ Νέαιρα
οὖσα ταῦτα διαπέπρακται.

Ἄξιον δὲ κἀκεῖνο ἐνθυμηθῆναι, ὦ ἄνδρες Ἀθηναῖοι, ὅτι 116
5 Ἀρχίαν τὸν ἱεροφάντην γενόμενον, ἐξελεγχθέντα ἐν τῷ
δικαστηρίῳ ἀσεβεῖν θύοντα παρὰ τὰ πάτρια τὰς θυσίας,
ἐκολάσατε ὑμεῖς, καὶ ἄλλα τε κατηγορήθη αὐτοῦ καὶ ὅτι [1385]
Σινώπῃ τῇ ἑταίρᾳ Ἁλῴοις ἐπὶ τῆς ἐσχάρας τῆς ἐν τῇ αὐλῇ
Ἐλευσῖνι προσαγούσῃ ἱερεῖον θύσειεν, οὐ νομίμου ὄντος ἐν
10 ταύτῃ τῇ ἡμέρᾳ ἱερεῖα θύειν, οὐδ' ἐκείνου οὔσης τῆς θυσίας
ἀλλὰ τῆς ἱερείας. οὔκουν δεινὸν τὸν μὲν καὶ ἐκ γένους 117
ὄντα τοῦ Εὐμολπιδῶν καὶ προγόνων καλῶν κἀγαθῶν καὶ
πολίτην τῆς πόλεως, ὅτι ἐδόκει τι παραβῆναι τῶν νομίμων,
δοῦναι δίκην (καὶ οὔθ' ἡ τῶν συγγενῶν οὔθ' ἡ τῶν φίλων
15 ἐξαίτησις ὠφέλησεν αὐτόν, οὔθ' αἱ λῃτουργίαι ἃς ἐλῃτούρ-
γησε τῇ πόλει αὐτὸς καὶ οἱ πρόγονοι αὐτοῦ, οὔτε τὸ ἱερο-
φάντην εἶναι, ἀλλ' ἐκολάσατε δόξαντα ἀδικεῖν)· Νέαιραν
δὲ ταυτηνὶ εἴς τε τὸν αὐτὸν θεὸν τοῦτον ἠσεβηκυῖαν καὶ
τοὺς νόμους, καὶ αὐτὴν καὶ τὴν θυγατέρα αὐτῆς, οὐ τιμω-
20 ρήσεσθε;

Θαυμάζω δ' ἔγωγε τί ποτε καὶ ἐροῦσι πρὸς ὑμᾶς ἐν τῇ 118
ἀπολογίᾳ. πότερον ὡς ἀστή ἐστιν Νέαιρα αὑτηὶ καὶ κατὰ
τοὺς νόμους συνοικεῖ αὐτῷ; ἀλλὰ μεμαρτύρηται ἑταίρα
οὖσα καὶ δούλη Νικαρέτης γεγενημένη. ἀλλ' οὐ γυναῖκα
25 εἶναι αὐτοῦ, ἀλλὰ παλλακὴν ἔχειν ἔνδον; ἀλλ' οἱ παῖδες
ταύτης ὄντες καὶ εἰσηγμένοι εἰς τοὺς φράτερας ὑπὸ Στεφά-
νου καὶ ἡ θυγάτηρ ἀνδρὶ Ἀθηναίῳ ἐκδοθεῖσα περιφανῶς
αὐτὴν ἀποφαίνουσι γυναῖκα ἔχοντα. ὡς μὲν τοίνυν οὐκ 119
ἀληθῆ ἐστιν τὰ κατηγορημένα καὶ μεμαρτυρημένα, οὔτ'
30 αὐτὸν Στέφανον οὔτ' ἄλλον ὑπὲρ τούτου οἶμαι ἐπιδείξειν,

1 τὸν τῶν Bekker : τῶν τῶν Q : τῶν cett.   2 εἰ] ἢ S¹   6 ἀσεβεῖν
θύοντα codd. : ὡς ἀσεβοῦντα καὶ θύοντα Athenaeus xiii 594 A, unde
ἀσεβοῦντα καὶ θύοντα Blass ; sed ἀσεβεῖν infinitivum satis tuentur §§ 53,
91   8 ἐσχάρας] αισχρας S¹   10 ἐκείνου D, Athen. l.c. : ἐκείνης cett.
13 νομίμων] νόμων F   22 αὑτη codd.   28 ἔχοντα.] huc transp.
Hude τὸ . . . ἔχειν § 122

ὡς ἔστιν ἀστὴ Νέαιρα αὐτηί· ἀκούω δὲ αὐτὸν τοιοῦτόν τι
μέλλειν ἀπολογεῖσθαι, ὡς οὐ γυναῖκα ἔχει αὐτὴν ἀλλ'
ἑταίραν, καὶ οἱ παῖδες οὐκ εἰσὶν ταύτης ἀλλ' ἐξ ἑτέρας
120 γυναικὸς αὐτῷ ἀστῆς, ἣν φήσει πρότερον γῆμαι συγγενῆ
[1386] αὑτοῦ. πρὸς δὴ τὴν ἀναίδειαν αὐτοῦ τοῦ λόγου καὶ τὴν
παρασκευὴν τῆς ἀπολογίας καὶ τῶν μαρτυρεῖν αὐτῷ παρε-
σκευασμένων πρόκλησιν αὐτὸν προὐκαλεσάμην ἀκριβῆ καὶ
δικαίαν, δι' ἧς ἐξῆν ὑμῖν πάντα τἀληθῆ εἰδέναι, παραδοῦναι τὰς
θεραπαίνας τὰς Νεαίρᾳ τότε προσκαρτερούσας ὅτ' ἦλθεν ὡς
Στέφανον ἐκ Μεγάρων, Θρᾶτταν καὶ Κοκκαλίνην, καὶ ἃς
ὕστερον παρὰ τούτῳ οὖσα ἐκτήσατο, Ξεννίδα καὶ Δροσίδα·
121 αἳ ἴσασιν ἀκριβῶς Πρόξενόν τε τὸν τελευτήσαντα καὶ
Ἀρίστωνα τὸν νῦν ὄντα καὶ Ἀντιδωρίδην τὸν σταδιοδρο-
μοῦντα καὶ Φανὼ τὴν Στρυβήλην καλουμένην, ἣ Θεογένει
τῷ βασιλεύσαντι συνῴκησεν, Νεαίρας ὄντας. καὶ ἐὰν
φαίνηται ἐκ τῆς βασάνου γήμας Στέφανος οὑτοσὶ ἀστὴν
γυναῖκα καὶ ὄντες αὐτῷ οἱ παῖδες οὗτοι ἐξ ἑτέρας γυναικὸς
ἀστῆς καὶ μὴ Νεαίρας, ἤθελον ἀφίστασθαι τοῦ ἀγῶνος καὶ
122 μὴ εἰσιέναι τὴν γραφὴν ταύτην. τὸ γὰρ συνοικεῖν τοῦτ'
ἔστιν, ὃς ἂν παιδοποιῆται καὶ εἰσάγῃ εἴς τε τοὺς φράτερας
καὶ δημότας τοὺς υἱεῖς, καὶ τὰς θυγατέρας ἐκδιδῷ ὡς αὑτοῦ
οὔσας τοῖς ἀνδράσιν. τὰς μὲν γὰρ ἑταίρας ἡδονῆς ἕνεκ'
ἔχομεν, τὰς δὲ παλλακὰς τῆς καθ' ἡμέραν θεραπείας τοῦ
σώματος, τὰς δὲ γυναῖκας τοῦ παιδοποιεῖσθαι γνησίως καὶ
τῶν ἔνδον φύλακα πιστὴν ἔχειν. ὥστ' εἰ πρότερον ἔγημεν
γυναῖκα ἀστὴν καὶ εἰσὶν οὗτοι οἱ παῖδες ἐξ ἐκείνης καὶ μὴ
Νεαίρας, ἐξῆν αὐτῷ ἐκ τῆς ἀκριβεστάτης μαρτυρίας ἐπι-
123 δεῖξαι, παραδόντι τὰς θεραπαίνας ταύτας. ὡς δὲ προὐκαλε-
σάμην, τούτων ὑμῖν τήν τε μαρτυρίαν καὶ τὴν πρόκλησιν
ἀναγνώσεται. λέγε τὴν μαρτυρίαν, ἔπειτα τὴν πρόκλησιν.

1 ὡς . . . αὐτηί del. Herwerden αὕτη codd 2 ἔχειν S : ἔχειν r D 3 ἐξ om. r 4 φήσει Blass : φησιν codd. 10 θρέτταν S 13 σταδιαδρομοῦντα S, sed cf. Aeschin. i 157, Plat. Legg. 833 A, Pollux iii 146, Dittenberger^3 1076 n 14 Θεογενη S 19 sqq. τὸ γὰρ . . . πιστὴν ἔχειν del. Naber; at cf. Athen. 573 B 23 τὰς παλλακὰς δὲ Stob. Flor. lxvii 19

ΜΑΡΤΥΡΙΑ.   [1387]

Ἱπποκράτης Ἱπποκράτους Προβαλίσιος, Δημοσθένης Δη-
μοσθένους Παιανιεύς, Διοφάνης Διοφάνους Ἀλωπεκῆθεν, Δεινο-
μένης Ἀρχελάου Κυδαθηναιεύς, Δεινίας Φόρμου Κυδαντίδης.
5 Λυσίμαχος Λυσίππου Αἰγιλιεύς μαρτυροῦσι παρεῖναι ἐν ἀγορᾷ
ὅτ᾽ Ἀπολλόδωρος προὐκαλεῖτο Στέφανον, ἀξιῶν παραδοῦναι εἰς
βάσανον τὰς θεραπαίνας περὶ ὧν ᾐτιᾶτο Ἀπολλόδωρος Στέφανον
περὶ Νεαίρας· Στέφανον δ᾽ οὐκ ἐθελῆσαι παραδοῦναι τὰς θερα-
παίνας· τὴν δὲ πρόκλησιν εἶναι ἣν παρέχεται Ἀπολλόδωρος.

10   Λέγε δὴ αὐτὴν τὴν πρόκλησιν, ἣν προὐκαλούμην ἐγὼ 124
Στέφανον τουτονί.

ΠΡΟΚΛΗΣΙΣ.

Τάδε προὐκαλεῖτο Ἀπολλόδωρος Στέφανον περὶ ὧν τὴν γρα-
φὴν γέγραπται Νέαιραν, ξένην οὖσαν ἀστῷ συνοικεῖν, ἕτοιμος
15 ὢν τὰς θεραπαίνας παραλαμβάνειν τὰς Νεαίρας, ἃς ἐκ Μεγάρων
ἔχουσα ἦλθεν, Θρᾷτταν καὶ Κοκκαλίνην, καὶ ἃς ὕστερον παρὰ
Στεφάνῳ ἐκτήσατο, Ξεννίδα καὶ Δροσίδα, τὰς εἰδυίας ἀκριβῶς
περὶ τῶν παίδων τῶν ὄντων Νεαίρᾳ, ὅτι ⟨οὐκ⟩ ἐκ Στεφάνου εἰσίν,
Πρόξενός τε ὁ τελευτήσας καὶ Ἀρίστων ὁ νῦν ὢν καὶ Ἀντιδωρίδης
20 ὁ σταδιοδρομῶν καὶ Φανώ, ἐφ᾽ ᾧ τε βασανίσαι αὐτάς. καὶ εἰ μὲν
ὁμολογοῖεν [ἐκ Στεφάνου] εἶναι [καὶ] Νεαίρας τούτους τοὺς παῖδας,
πεπρᾶσθαι Νέαιραν κατὰ τοὺς νόμους καὶ τοὺς παῖδας ξένους
εἶναι· εἰ δὲ μὴ ὁμολογοῖεν ἐκ ταύτης εἶναι αὐτοὺς ἀλλ᾽ ἐξ ἑτέρας
γυναικὸς ἀστῆς, ἀφίστασθαι τοῦ ἀγῶνος ἤθελον τοῦ Νεαίρας, καὶ
25 εἴ τι ἐκ τῶν βασάνων βλαφθείησαν αἱ ἄνθρωποι, ἀποτίνειν ὅ τι
βλαβείησαν.

[1388]
Ταῦτα προκαλεσαμένου ἐμοῦ, ἄνδρες δικασταί, Στέφανον 125
τουτονί, οὐκ ἠθέλησεν δέξασθαι. οὔκουν ἤδη δοκεῖ ὑμῖν
δεδικάσθαι ὑπ᾽ αὐτοῦ Στεφάνου τουτονί, ὦ ἄνδρες δικασταί,
30 ὅτι ἔνοχός ἐστι τῇ γραφῇ Νέαιρα ἣν ἐγὼ αὐτὴν ἐγραψάμην,

2 Προβαλίσιος S : Προβαλείσιος vulg.   3 Δεινομένης Υ D,
Kirchner coll. C. I. A. ii 800 b, 24 : Διομένης vulg.   4 Φόρμου
Kirchner coll. C. I. A. ii 2250 : Φορμίδου codd.   5 Αἰγιλιεὺς
Palmer : Αἰγιαλεὺς codd.   8 ηθέλησε S¹   13 προὐκαλεῖτο F Q :
προκαλεῖται S Yr D   18 ὄντων Νεαίρᾳ F Q : Νεαίρας vulg.   οὐκ ante
ἐκ inseruit Voemel, Blass cf. §§ 38, 53   20 σταδιαδρομῶν S Y
21 ἐκ Στεφάνου secl. Blass. καὶ post εἶναι deleto. codicum lectionem
utrobique (18 et 21) tuetur Thalheim, Hermes 1921   28 ἠθέλησαν F

καὶ ὅτι ἐγὼ μὲν ἀληθῆ εἴρηκα πρὸς ὑμᾶς καὶ τὰς μαρτυρίας
παρεσχόμην ἀληθεῖς, οὑτοσὶ δ᾽ ὅ τι ἂν λέγῃ πάντα ψεύσε-
ται, καὶ ἐξελέγξει αὐτὸς αὑτὸν ὅτι οὐδὲν ὑγιὲς λέγει, οὐκ
ἐθελήσας παραδοῦναι εἰς βασάνους τὰς θεραπαίνας ἃς ἐγὼ
ἐξῄτουν αὐτόν;   5

126   Ἐγὼ μὲν οὖν, ὦ ἄνδρες δικασταί, καὶ τοῖς θεοῖς, εἰς οὓς
οὗτοι ἠσεβήκασιν, καὶ ἐμαυτῷ τιμωρῶν, κατέστησά τε
τουτουσὶ εἰς ἀγῶνα καὶ ὑπὸ τὴν ὑμετέραν ψῆφον ἤγαγον.
καὶ ὑμᾶς δὲ χρὴ νομίσαντας μὴ λήσειν τοὺς θεούς, εἰς οὓς
οὗτοι παρανενομήκασιν, ὅ τι ἂν ἕκαστος ὑμῶν ψηφίσηται,   10
ψηφίσασθαι τὰ δίκαια καὶ τιμωρεῖν μάλιστα μὲν τοῖς
θεοῖς, ἔπειτα δὲ καὶ ὑμῖν αὐτοῖς. καὶ ταῦτα ποιήσαντες
δόξετε πᾶσι καλῶς καὶ δικαίως δικάσαι ταύτην τὴν γραφήν,
ἣν Νέαιραν ἐγὼ ἐγραψάμην, ξένην οὖσαν ἀστῷ συνοικεῖν.

---

1 alterum καὶ F corr. : om. cett.   2 πάντα S r D : ἅπαντα F Q
ψεύσεται F¹ Q¹ : ψεύδεται S vulg.   4 ἃς ἐγὼ F Q : ἐγὼ δὲ S Y r D
9 λήσειν F γρ. Q γρ. : λαθεῖν cett.
In S subscriptum

ΚΑΤΑ ΝΕΑΙΡΑΣ
Χ Η̅ Η̅ Η̅ Η̅ 𝖯̅ Ι̅
(unum Η del. Drerup. Χ Η Η Η Δ Δ Δ Γ coni. Burger)

LX

ΕΠΙΤΑΦΙΟΣ

Ἐπειδὴ τοὺς ἐν τῷδε τῷ τάφῳ κειμένους, ἄνδρας ἀγα-
θοὺς ἐν τῷ πολέμῳ γεγονότας, ἔδοξεν τῇ πόλει δημοσίᾳ
θάπτειν καὶ προσέταξεν ἐμοὶ τὸν νομιζόμενον λόγον εἰπεῖν
5 ἐπ᾽ αὐτοῖς, ἐσκόπουν μὲν εὐθὺς ὅπως τοῦ προσήκοντος [1389]
ἐπαίνου τεύξονται, ἐξετάζων δὲ καὶ σκοπῶν ἀξίως εἰπεῖν τῶν
τετελευτηκότων ἔν τι τῶν ἀδυνάτων ηὕρισκον ὄν. οἱ γὰρ
τὴν ὑπάρχουσαν πᾶσιν ἔμφυτον τοῦ ζῆν ὑπερεῖδον ἐπι-
θυμίαν, καὶ τελευτῆσαι καλῶς μᾶλλον ἠβουλήθησαν ἢ
10 ζῶντες τὴν Ἑλλάδ᾽ ἰδεῖν ἀτυχοῦσαν, πῶς οὐκ ἀνυπέρβλητον
παντὶ λόγῳ τὴν αὐτῶν ἀρετὴν καταλελοίπασιν; ὁμοίως
μέντοι διαλεχθῆναι τοῖς πρότερόν ποτ᾽ εἰρηκόσιν ἐνθάδ᾽ εἶναι
μοι δοκεῖ. ὡς μὲν οὖν ἡ πόλις σπουδάζει περὶ τοὺς ἐν τῷ 2
πολέμῳ τελευτῶντας, ἔκ τε τῶν ἄλλων ἔστιν ἰδεῖν καὶ
15 μάλιστ᾽ ἐκ τοῦδε τοῦ νόμου, καθ᾽ ὃν αἱρεῖται τὸν ἐροῦντ᾽ ἐπὶ
ταῖς δημοσίαις ταφαῖς· εἰδυῖα γὰρ παρὰ τοῖς ἀγαθοῖς ἀν-
δράσιν τὰς μὲν τῶν χρημάτων κτήσεις καὶ τῶν κατὰ τὸν
βίον ἡδονῶν ἀπολαύσεις ὑπερεωραμένας, τῆς δ᾽ ἀρετῆς καὶ
τῶν ἐπαίνων πᾶσαν τὴν ἐπιθυμίαν οὖσαν, ἐξ ὧν ταῦτ᾽ ἂν
20 αὐτοῖς μάλιστα γένοιτο λόγων, τούτοις ᾠήθησαν δεῖν αὐτοὺς
τιμᾶν, ἵν᾽ ἣν ζῶντες ἐκτήσαντ᾽ εὐδοξίαν, αὕτη καὶ τετελευτη-
κόσιν αὐτοῖς ἀποδοθείη. εἰ μὲν οὖν τὴν ἀνδρείαν μόνον 3
αὐτοῖς τῶν εἰς ἀρετὴν ἀνηκόντων ὑπάρχουσαν ἑώρων,
ταύτην ἂν ἐπαινέσας ἀπηλλαττόμην τῶν λοιπῶν· ἐπειδὴ δὲ

3 τῷ F Q : τῷδε τῷ S r Y F γρ. Q γρ. Doxap. (Waltz ii 450)   γεγονό-
τας S Y r Γ γρ. : γεγενημένους F Q Y γρ. Doxap.   4 θάψαι Doxap.
5 εἰπεῖν ἐπ᾽ αὐτοῖς] ὑπὲρ αὐτῶν εἰπεῖν Doxap.   8 υπεριδον S
11 ὅμως F Q   12 ποτ᾽] τότε S   εἶναι] ἐνεῖναι cum Reiskio Blass ;
sed cf. Andoc. ii 10   16 ἀγαθοῖς S Y r : χρηστοῖς vulg.   20 ᾠήθη
Wolf   22 ἀνδρείαν S : ἀνδρίαν vulg.   24 λοιπῶν] λόγων Y r Schaefer,
sed. cf. Hyper. vi 9, locum quem noster fort. conlatum voluit ; cf.
etiam § 10 infra

335

καὶ γεγενῆσθαι καλῶς καὶ πεπαιδεῦσθαι σωφρόνως καὶ
βεβιωκέναι φιλοτίμως συμβέβηκεν αὐτοῖς, ἐξ ὧν εἰκότως
ἦσαν σπουδαῖοι, αἰσχυνοίμην ἂν εἴ τι τούτων φανείην
παραλιπών. ἄρξομαι δ' ἀπὸ τῆς τοῦ γένους αὐτῶν ἀρχῆς.

4   Ἡ γὰρ εὐγένεια τῶνδε τῶν ἀνδρῶν ἐκ πλείστου χρόνου 5
παρὰ πᾶσιν ἀνθρώποις ἀνωμολόγηται. οὐ γὰρ μόνον εἰς
πατέρ' αὐτοῖς καὶ τῶν ἄνω προγόνων κατ' ἄνδρ' ἀνενεγκεῖν
ἑκάστῳ τὴν φύσιν ἔστιν, ἀλλ' εἰς ὅλην κοινῇ τὴν ὑπάρχου-
σαν πατρίδα, ἧς αὐτόχθονες ὁμολογοῦνται εἶναι. μόνοι
γὰρ πάντων ἀνθρώπων, ἐξ ἧσπερ ἔφυσαν, ταύτην ᾤκησαν 10
καὶ τοῖς ἐξ αὐτῶν παρέδωκαν, ὥστε δικαίως ἄν τις ὑπολάβοι
τοὺς μὲν ἐπήλυδας ἐλθόντας εἰς τὰς πόλεις καὶ τούτων
πολίτας προσαγορευομένους ὁμοίους εἶναι τοῖς εἰσποιητοῖς
τῶν παίδων, τούτους δὲ γνησίους γόνῳ τῆς πατρίδος πολί-
5 τας εἶναι. δοκεῖ δέ μοι καὶ τὸ τοὺς καρπούς, οἷς ζῶσιν 15
ἄνθρωποι, παρ' ἡμῖν πρώτοις φανῆναι, χωρὶς τοῦ μεγίστου
εὐεργέτημ' εἰς πάντας γενέσθαι, ὁμολογούμενον σημεῖον
ὑπάρχειν τοῦ μητέρα τὴν χώραν εἶναι τῶν ἡμετέρων προ-
γόνων. πάντα γὰρ τὰ τίκτονθ' ἅμα καὶ τροφὴν τοῖς γιγνο-
μένοις ἀπ' αὐτῆς τῆς φύσεως φέρει· ὅπερ ἥδ' ἡ χώρα 20
πεποίηκεν.

6   Τὰ μὲν οὖν εἰς γένος ἀνήκοντα τοιαῦτα δι' αἰῶνος ὑπάρχει
τοῖς τῶνδε τῶν ἀνδρῶν προγόνοις. τὰ δ' εἰς ἀνδρείαν καὶ
τὴν ἄλλην ἀρετὴν πάντα μὲν κατοκνῶ λέγειν, φυλαττό-
μενος μὴ μῆκος ἄκαιρον ἐπιγένηται τῷ λόγῳ· ἃ δὲ καὶ τοῖς 25
εἰδόσιν χρήσιμ' ἀναμνησθῆναι καὶ τοῖς ἀπείροις κάλλιστ'
ἀκοῦσαι, καὶ ζῆλον ἔχει πολὺν καὶ μῆκος λόγου ἄλυπον,
7 ταῦτ' ἐπὶ κεφαλαίων εἰπεῖν πειράσομαι. οἱ γὰρ τῆς κατὰ

---

4 παραλείπων S   12 εἰς τὰς (τοὺς S) ante ἐπήλυδας codd. : huc
transp. Wolf   14 γνησίους S¹ vulg. : γνησίῳ S corr. : del. Cobet,
recte fort., cf. xliv 49   πολίτας del. Dobree coll. ix 30   15 τὸ
om. S¹ Y¹   16 ἄνθρωποι Bekker : ἄνθρωποι codd.   18 post
προγόνων iterat εἶναι Y, εἶ in S erasum   23 τοῖς τῶνδε τῶν Cod.
Paris. 3007 (teste Drerup) : τοῖσδε τῶν cett.   25 ἐπιγένηται scripsi,
cf. lxi 27 : ἐγγένηται (ἐνγ. S) codd.   27 λόγων F¹   post
ἄλυπον add. ἔχοντα codd. : del. Dindorf : contra ἔχει del. Schaefer

τὸν παρόντα χρόνον γενεᾶς πρόγονοι, καὶ πατέρες καὶ
τούτων ἐπάνω τὰς προσηγορίας ἔχοντες, αἷς ὑπὸ τῶν ἐν
γένει γνωρίζονται, ἠδίκησαν μὲν οὐδένα πώποτ᾽ οὔθ᾽ Ἕλλην᾽
οὔτε βάρβαρον, ἀλλ᾽ ὑπῆρχεν αὐτοῖς πρὸς ἅπασι τοῖς ἄλλοις
5 καλοῖς κἀγαθοῖς καὶ δικαιοτάτοις εἶναι, ἀμυνόμενοι δὲ πολλὰ [139i]
καὶ καλὰ διεπράξαντο. καὶ γὰρ τὸν Ἀμαζόνων στρατὸν 8
ἐλθόντ᾽ ἐκράτησαν οὕτως ὥστ᾽ ἔξω Φάσιδος ἐκβαλεῖν, καὶ
τὸν Εὐμόλπου καὶ τῶν πολλῶν ἄλλων στόλον οὐ μόνον ἐκ
τῆς οἰκείας, ἀλλὰ καὶ ἐκ τῆς τῶν ἄλλων Ἑλλήνων χώρας
10 ἐξήλασαν, οὓς οἱ πρὸ ἡμῶν οἰκοῦντες πρὸς ἑσπέραν πάντες
οὔθ᾽ ὑπέμειναν οὔτ᾽ ἐδυνήθησαν κωλῦσαι. καὶ μὴν καὶ τῶν
Ἡρακλέους παίδων, ὃς τοὺς ἄλλους ἔσῳζεν, σωτῆρες ὠνο-
μάσθησαν, ἡνίκ᾽ ἦλθον εἰς τήνδε τὴν γῆν ἱκέται, φεύγοντες
Εὐρυσθέα. καὶ πρὸς πᾶσι τούτοις καὶ πολλοῖς ἄλλοις καὶ
15 καλοῖς ἔργοις τὰ τῶν κατοιχομένων νόμιμ᾽ οὐ περιεῖδον
ὑβριζόμενα, ὅτε τοὺς ἕπτ᾽ ἐπὶ Θήβας θάπτειν ἐκώλυεν
Κρέων. τῶν μὲν οὖν εἰς μύθους ἀνενηνεγμένων ἔργων 9
πολλὰ παραλιπὼν τούτων ἐπεμνήσθην, ὧν οὕτως ἕκαστον
εὐσχήμονας καὶ πολλοὺς ἔχει λόγους ὥστε καὶ τοὺς ἐν
20 μέτροις καὶ τοὺς τῶν ᾀδομένων ποιητὰς καὶ πολλοὺς τῶν
συγγραφέων ὑποθέσεις τἀκείνων ἔργα τῆς αὑτῶν μουσικῆς
πεποιῆσθαι· ἃ δὲ τῇ μὲν ἀξίᾳ τῶν ἔργων οὐδέν ἐστι τούτων
ἐλάττω, τῷ δ᾽ ὑπογυώτερ᾽ εἶναι τοῖς χρόνοις οὔπω μεμυθο-
λόγηται, οὐδ᾽ εἰς τὴν ἡρωϊκὴν ἐπανῆκται τάξιν, ταῦτ᾽ ἤδη
25 λέξω. ἐκεῖνοι τὸν ἐξ ἁπάσης τῆς Ἀσίας στόλον ἐλθόντα 10
μόνοι δὶς ἠμύναντο καὶ κατὰ γῆν καὶ κατὰ θάλατταν, καὶ
διὰ τῶν ἰδίων κινδύνων κοινῆς σωτηρίας πᾶσι τοῖς Ἕλλησιν

6 καλὰ S Y, cf. Lys. ii 20, Plat. Menex. 239 A : λαμπρὰ vulg. (Blass)
τὸν] τῶν S   8 post Εὐμόλπου καὶ add. Θρᾳκῶν καὶ Blass coll. Isocr.
iv 68   τῶν πολλῶν S : τὸν πολλῶν Y : πολλῶν vulg.   9 καὶ om.
F Q   10 πάντες] πα in iii litt. ras. in S   11 οὔθ᾽ Reiske :
οὐδὲ codd.   κωλῦσαι] καταλῦσαι S Y   17 ἀνηγμένων Schaefer
18 παραλιπὼν S¹ vulg. : παραλειπων S rec.   19—20 ἐν μέτροις Sykutris
coll. Isocr. ix 11 : ἐμμέτρους (μετρους in ras. S) codd. : τῶν ἐμμέτρων
coni. Blass   2 2 ἃ om. S¹   23 ὑπογυώτερα S corr. Y Q : ὑπογυωτέρω
S¹ : ὑπογυιότερα vulg.   24 τάξιν] φύσιν F corr. Y corr. Q

αἴτιοι κατέστησαν.   καὶ προείρηται μὲν ὃ μέλλω λέγειν ὑπ᾽
[1392] ἄλλων πρότερον, δεῖ δὲ μηδὲ νῦν τοῦ δικαίου καὶ καλῶς
ἔχοντος ἐπαίνου τοὺς ἄνδρας ἐκείνους στερηθῆναι· τοσούτῳ
γὰρ ἀμείνους τῶν ἐπὶ Τροίαν στρατευσαμένων νομίζοιντ᾽
ἂν εἰκότως, ὅσον οἱ μὲν ἐξ ἁπάσης τῆς Ἑλλάδος ὄντες   5
ἀριστεῖς δέκ᾽ ἔτη τῆς Ἀσίας ἐν χωρίον πολιορκοῦντες μόλις
11 εἷλον, οὗτοι δὲ τὸν ἐκ πάσης τῆς ἠπείρου στόλον ἐλθόντα
μόνοι, τἆλλα πάντα κατεστραμμένον, οὐ μόνον ἠμύναντο,
ἀλλὰ καὶ τιμωρίαν ὑπὲρ ὧν τοὺς ἄλλους ἠδίκουν ἐπέθηκαν.
ἔτι τοίνυν τὰς ἐν αὐτοῖς τοῖς Ἕλλησιν πλεονεξίας κωλύον- 10
τες πάντας ὅσους συνέβη γενέσθαι κινδύνους ὑπέμειναν,
ὅπου τὸ δίκαιον εἴη τεταγμένον, ἐνταῦθα προσνέμοντες
ἑαυτούς, ἕως εἰς τὴν νῦν ζῶσαν ἡλικίαν ὁ χρόνος προήγαγεν
ἡμᾶς.
12   Μηδεὶς δ᾽ ἡγείσθω μ᾽ ἀποροῦντα τί χρὴ περὶ τούτων 15
εἰπεῖν ἑκάστου, ταῦτα τὰ πραχθέντ᾽ ἀπηριθμηκέναι. εἰ γὰρ
ἁπάντων ἀμηχανώτατος ἦν ὅ τι χρὴ λέγειν πορίσασθαι, ἡ
᾽κείνων ἀρετὴ δείκνυσιν αὐτὴ ἃ καὶ πρόχειρα καὶ ῥᾴδι᾽
ἐπελθεῖν ἐστιν.   ἀλλὰ προαιροῦμαι τῆς εὐγενείας καὶ τῶν
παρὰ τοῖς προγόνοις μεγίστων μνησθεὶς ὡς τάχιστα συν- 20
άψαι τὸν λόγον πρὸς τὰ τοῖσδε πεπραγμένα, ἵνα, ὥσπερ τὰς
φύσεις ἦσαν συγγενεῖς, οὕτω τοὺς ἐπαίνους ἐπ᾽ αὐτῶν
κοινοὺς ποιήσωμαι, ὑπολαμβάνων ταῦτ᾽ ἂν εἶναι κεχαρι-
σμένα [κἀκείνοις] καὶ μάλιστ᾽ ἀμφοτέροις, εἰ τῆς ἀλλήλων
ἀρετῆς μὴ μόνον τῇ φύσει μετάσχοιεν, ἀλλὰ καὶ τοῖς 25
ἐπαίνοις.
13   Ἀνάγκη δ᾽ ἐν τῷ μεταξὺ διαλαβεῖν, καὶ πρὸ τοῦ τὰ
τοῖσδε πεπραγμένα τοῖς ἀνδράσιν δηλοῦν καὶ τοὺς ἔξω τοῦ
[1393] γένους πρὸς τὸν τάφον ἠκολουθηκότας πρὸς εὔνοιαν παρα-

5 ὅσῳ F corr.   οἱ . . . ἁπάσης om. S¹   post ὄντες vii vel viii
litterarum capax in S spatium   8 οὐ μόνον om. S¹   15 τί S Y : ὅ τι
vulg.   18 post ἀρετὴ add. πολλὰ καλὰ F Q : πολλὰ Y ; in S signum
adnotandi cui nihil respondet in margine   δείκνυσιν S Y : δίδωσιν
F Q   ἃ καὶ πρόχειρα καὶ ῥᾴδιον ἐπελθεῖν ἐστιν S Y : εἰπεῖν καὶ πρόχειρα,
ἃ ῥᾴδιον μέν ἐστι διελθεῖν vulg.   ῥᾴδι᾽ Blass   20 παρὰ τοῖς προγόνοις
om. S   24 κἀκείνοις seclusi ut ex καὶ epitatico male intellecto ortum

καλέσαι. καὶ γὰρ εἰ μὲν εἰς χρημάτων δαπάνην ἤ τιν'
ἄλλην θεωρίαν ἱππικῶν ἢ γυμνικῶν ἄθλων ἐτάχθην κοσμῆσαι
τὸν τάφον, ὅσῳπερ ἂν προθυμότερον καὶ ἀφειδέστερον
ταῦτα παρεσκευάσμην, τοσούτῳ μᾶλλον ἂν προσήκοντ' ἔδοξα
5 πεποιηκέναι· λόγῳ δ' ἐπαινέσαι τούτους τοὺς ἄνδρας αἱρε-
θείς, ἂν μὴ τοὺς ἀκούοντας συμβουλομένους λάβω, φοβοῦμαι
μὴ τῇ προθυμίᾳ τοὐναντίον οὗ δεῖ ποιήσω. ὁ μὲν γὰρ 14
πλοῦτος καὶ τὸ τάχος καὶ ἡ ἰσχὺς καὶ ὅσ' ἄλλα τούτοις
ὅμοια, αὐτάρκεις ἔχει τὰς ὀνήσεις τοῖς κεκτημένοις, καὶ
10 κρατοῦσιν ἐν αὐτοῖς, οἷς ἂν παρῇ, κἂν μηδεὶς τῶν ἄλλων
βούληται· ἡ δὲ τῶν λόγων πειθὼ τῆς τῶν ἀκουόντων εὐνοίας
προσδεῖται, καὶ μετὰ ταύτης μέν, κἂν μετρίως ῥηθῇ, δόξαν
ἤνεγκε καὶ χάριν προσποιεῖ, ἄνευ δὲ ταύτης, κἂν ὑπερβάλῃ
τῷ λέγειν καλῶς, προσέστη τοῖς ἀκούουσιν.
15 Πολλὰ τοίνυν ἔχων εἰπεῖν ὧν οἵδε πράξαντες δικαίως 15
ἐπαινεθήσονται, ἐπειδὴ πρὸς αὐτοῖς εἰμι τοῖς ἔργοις, ἀπορῶ
τί πρῶτον εἴπω· προσιστάμενα γάρ μοι πάντ' εἰς ἕνα
καιρὸν δύσκριτον καθίστησιν τὴν αἵρεσιν αὐτῶν. οὐ μὴν
ἀλλὰ πειράσομαι τὴν αὐτὴν ποιήσασθαι τοῦ λόγου τάξιν
20 ἥπερ ὑπῆρξεν τοῦ βίου τούτοις. οἵδε γὰρ ἐξ ἀρχῆς ἐν 16
πᾶσιν τοῖς παιδεύμασιν ἦσαν ἐπιφανεῖς, τὰ πρέποντα καθ'
ἡλικίαν ἀσκοῦντες ἑκάστην, καὶ πᾶσιν ἀρέσκοντες οἷς χρή,
γονεῦσιν, φίλοις, οἰκείοις. τοιγαροῦν ὥσπερ ἴχνη γνωρί-
ζουσα νῦν ἡ τῶν οἰκείων αὐτοῖς καὶ φίλων μνήμη πᾶσαν
25 ὥραν ἐπὶ τούτους φέρεται τῷ πόθῳ, πόλλ' ὑπομνήματα 17
λαμβάνουσα, ἐν οἷς συνῄδει τούτοις ἀρίστοις οὖσιν. ἐπειδὴ [1394]
δ' εἰς ἄνδρας ἀφίκοντο, οὐ μόνον τοῖς πολίταις γνώριμον
τὴν αὑτῶν φύσιν ἀλλὰ καὶ πᾶσιν ἀνθρώποις κατέστησαν.

1 εἰ in ras. S   3 ἂν om. Y   3–4 ἀκριβέστερον τοῦτο F Q   5 τού-
τους S Y, cf. §§ 15, 32, Lys. ii 1 : τούσδε vulg.   10 ἐν del. Schaefer,
sed cf. lxi 37, Prooem. xxiv   12 ταύτης μὲν S : μὲν ταύτης cett.
κἂν] ἂν κἂν S Y¹   14 προσεστι S   17 προσιστάμενα S Y, cf. Plat.
Symp. 175 D : προιστ. vulg. : possis παριστ. ob antecedens προσέστη
γάρ μοι S F : γὰρ vulg.   18 τὴν scripsi cum S : μοι τὴν legebatur
22 οἷς χρὴ om. S Y¹   24 οἰκείων αὐτοῖς] οἰκείων αὑτῆς S · αὐτοῖς οἰκείων Y

ἔστιν γάρ, ἔστιν ἁπάσης ἀρετῆς ἀρχὴ μὲν σύνεσις, πέρας
δ' ἀνδρεία· καὶ τῇ μὲν δοκιμάζεται τί πρακτέον ἐστί, τῇ δὲ
18 σῴζεται. ἐν τούτοις ἀμφοτέροις οἵδε πολὺ διήνεγκαν. καὶ
γὰρ εἴ τις ἐφύετο κοινὸς πᾶσιν κίνδυνος τοῖς Ἕλλησιν,
οὗτοι πρῶτοι προείδοντο καὶ πολλάκις εἰς σωτηρίαν ἅπαντας 5
παρεκάλεσαν, ὅπερ γνώμης ἀπόδειξίς ἐστιν εὖ φρονούσης·
καὶ τῆς παρὰ τοῖς Ἕλλησιν ἀγνοίας μεμειγμένης κακίᾳ, ὅτ'
ἐνῆν ταῦτα κωλύειν ἀσφαλῶς, τὰ μὲν οὐ προορώσης τὰ δ'
εἰρωνευομένης, ὅμως, ἡνίχ' ὑπήκουσαν καὶ τὰ δέοντα ποιεῖν
ἠθέλησαν, οὐκ ἐμνησικάκησαν, ἀλλὰ προστάντες καὶ 10
παρασχόντες ἅπαντα προθύμως, καὶ σώματα καὶ χρήματα
καὶ συμμάχους, εἰς πεῖραν ἦλθον ἀγῶνος, εἰς ὃν οὐδὲ τῆς
19 ψυχῆς ἐφείσαντο. ἐξ ἀνάγκης δὲ συμβαίνει, ὅταν μάχη
γίγνηται, τοῖς μὲν ἡττᾶσθαι, τοῖς δὲ νικᾶν· οὐκ ἂν ὀκνή-
σαιμι δ' εἰπεῖν ὅτι μοι δοκοῦσιν οἱ τελευτῶντες ἑκατέρων ἐν 15
τάξει τῆς μὲν ἥττης οὐ μετέχειν, νικᾶν δ' ὁμοίως ἀμφότεροι.
τὸ μὲν γὰρ κρατεῖν ἐν τοῖς ζῶσιν, ὡς ἂν ὁ δαίμων παραδῷ,
κρίνεται· ὃ δ' εἰς τοῦθ' ἕκαστον ἔδει παρασχέσθαι, πᾶς ὁ
μένων [ἐν τάξει] πεποίηκεν. εἰ δὲ θνητὸς ὢν τὴν εἱμαρμένην
ἔσχεν, τῇ τύχῃ πέπονθε τὸ συμβαῖνον, οὐχὶ τὴν ψυχὴν 20
20 ἥττηται τῶν ἐναντίων. νομίζω τοίνυν καὶ τοῦ τῆς χώρας
[1395] ἡμῶν μὴ ἐπιβῆναι τοὺς πολεμίους πρὸς τ̣ τῶν ἐναντίων
ἀγνωμοσύνῃ τὴν τούτων ἀρετὴν αἰτίαν γεγενῆσθαι· κατ'
ἄνδρα γὰρ πεῖραν εἰληφότες οἱ τότε συμμείξαντες ἐκεῖ, οὐκ
ἐβούλοντ' αὖθις εἰς ἀγῶνα καθίστασθαι τοῖς ἐκείνων οἰκείοις, 25
ὑπολαμβάνοντες ταῖς μὲν φύσεσιν ταῖς ὁμοίαις ἀπαντή-
σεσθαι, τύχην δ' οὐκ εὔπορον εἶναι τὴν ὁμοίαν λαβεῖν.
δηλοῖ δ' οὐχ ἥκισθ' ὅτι ταῦθ' οὕτως ἔχει καὶ τὰ τῆς γεγο-
νυίας εἰρήνης· οὐ γὰρ ἔνεστ' εἰπεῖν οὔτ' ἀληθεστέραν οὔτε
καλλίω πρόφασιν τοῦ τῆς τῶν τετελευτηκότων ἀγασθέντ' 30

2-3 τί . . . σῴζεται om. SY¹ 3 τούτοις (δ') Reiske 5 προεί-
λοντο S¹ 6 ἀπόδειξις om. Y¹ 7 τῆς] τοῖς S 8 οὖν] οὖν SFQ
17 ζῶσιν codd: ἀγῶσιν Weil. cf. xviii 289 19 ἐν τάξει om. S
24 ἐκεῖ codd. : ἐκείνοις mg. edit. Paris. (Crönert) 25 τοῖς . . . οἰκείοις
Yr : τοῖς . . . οἰκείους S¹ : τοὺς . . . οἰκείους S corr. FQ 30 τοῦ] οὔτε S r

340

ἀρετῆς τὸν τῶν ἐναντίων κύριον φίλον γενέσθαι τοῖς
ἐκείνων οἰκείοις βούλεσθαι μᾶλλον ἢ πάλιν τὸν ὑπὲρ τῶν
ὅλων κίνδυνον ἄρασθαι.   οἶμαι δ' ἄν, εἴ τις αὐτοὺς τοὺς 21
παραταξαμένους ἐρωτήσειεν πότερ' ἡγοῦνται ταῖς αὑτῶν
5 ἀρεταῖς ἢ τῇ παραδόξῳ καὶ χαλεπῇ τύχῃ κατωρθωκέναι καὶ
τῇ τοῦ προεστηκότος αὐτῶν ἐμπειρίᾳ καὶ τόλμῃ, οὐδέν' οὔτ'
ἀναίσχυντον οὔτε τολμηρὸν οὕτως εἶναι, ὅντιν' ἀντιποιή-
σεσθαι τῶν πεπραγμένων.   ἀλλὰ μὴν ὑπὲρ ὧν ὁ πάντων
κύριος δαίμων, ὡς ἐβούλετο, ἔνειμε τὸ τέλος, ἅπαντας
10 ἀφεῖσθαι κακίας ἀνάγκη τοὺς λοιπούς, ἀνθρώπους γ' ὄντας·
[περὶ ὧν δ' ὁ τῶν ἐναντίων ἡγεμὼν ὑπερῆρε τοὺς ἐπὶ τούτῳ
ταχθέντας, οὐχὶ τοὺς πολλοὺς οὔτ' ἐκείνων οὔθ' ἡμῶν
αἰτιάσαιτ' ἄν τις εἰκότως] εἰ δ' ἄρ' ἔστι τις ἀνθρώπων ὅτῳ 22
περὶ τούτων ἐγκαλέσαι προσήκει, τοῖς ἐπὶ τούτῳ ταχθεῖσιν
15 Θηβαίων, οὐχὶ τοῖς πολλοῖς οὔτ' ἐκείνων οὔθ' ἡμῶν ἐγκαλέ-
σειεν ἄν τις εἰκότως· οἳ δύναμιν λαβόντες ἔχουσαν θυμὸν [1396]
ἀήττητον καὶ ἀπροφάσιστον καὶ φιλοτιμίαν ἐφάμιλλον
οὐδενὶ τούτων ὀρθῶς ἐχρήσαντο.   καὶ τὰ μὲν ἄλλ' ἔστιν 23
τούτων ὡς ἕκαστος ἔχει γνώμης, οὕτως ὑπολαμβάνειν· ὃ δ'
20 ἅπασιν ὁμοίως τοῖς οὖσιν ἀνθρώποις γεγένηται φανερόν, ὅτι
ἡ πάσης τῆς Ἑλλάδος ἄρ' ἐλευθερία ἐν ταῖς τῶνδε τῶν
ἀνδρῶν ψυχαῖς διεσῴζετο· ἐπειδὴ γοῦν ἡ πεπρωμένη τούτους
ἀνεῖλεν, οὐδεὶς ἀντέστη τῶν λοιπῶν.   καὶ φθόνος μὲν
ἀπείη τοῦ λόγου, δοκεῖ δέ μοί τις ἂν εἰπὼν ὡς ἡ τῶνδε τῶν
25 ἀνδρῶν ἀρετὴ τῆς Ἑλλάδος ἦν ψυχὴ τἀληθὲς εἰπεῖν· ἅμα 24
γὰρ τά τε τούτων πνεύματ' ἀπηλλάγη τῶν οἰκείων σωμάτων,
καὶ τὸ τῆς Ἑλλάδος ἀξίωμ' ἀνῄρηται.   μεγάλην μὲν οὖν
ἴσως ὑπερβολὴν δόξομεν λέγειν, ῥητέον δ' ὅμως· ὥσπερ
γάρ, εἴ τις ἐκ τοῦ καθεστηκότος κόσμου τὸ φῶς ἐξέλοι,

2 ἐκείνων om. Υ¹ r   3 τοὺς om. S F Q   5–6 καὶ τῇ . . . τόλμῃ
post ἀρεταῖς transp. Reiske, Lentz : redarguunt ipsius apodosis verba
7 ἀντιποιήσασθαι S Υ r   11–13 περὶ . . . εἰκότως om. S r Q al., del.
Matthaei. antiquitus tamen interpolata   13 τις om. Q   15 ἐκείνων
οὔθ' ἡμῶν S r : ἡμῶν οὔτ' ἐκείνων cett.   19 ὡς om. S¹   21 ἡ πάσης Υ :
ἁπάσης r : ἡ πᾶσα S F Q   22 γοῦν Wolf : οὖν codd.   29 ἐξέλοιτο S Υ r

δυσχερὴς καὶ χαλεπὸς ἅπας ὁ λειπόμενος ἂν ἡμῖν βίος
γένοιτο, οὕτω τῶνδε τῶν ἀνδρῶν ἀναιρεθέντων ἐν σκότει
καὶ πολλῇ δυσκλείᾳ πᾶς ὁ πρὸ τοῦ ζῆλος τῶν Ἑλλήνων
γέγονεν.

25 Διὰ πολλὰ δ' εἰκότως ὄντες τοιοῦτοι, διὰ τὴν πολιτείαν 5
οὐχ ἥκιστ' ἦσαν σπουδαῖοι. αἱ μὲν γὰρ διὰ τῶν ὀλίγων
δυναστεῖαι δέος μὲν ἐνεργάζονται τοῖς πολίταις, αἰσχύνην δ'
οὐ παριστᾶσιν· ἡνίκ' ἂν οὖν ὁ ἀγὼν ἔλθῃ τοῦ πολέμου, πᾶς
τις εὐχερῶς ἑαυτὸν σῴζει, συνειδὼς ὅτι, ἐὰν τοὺς κυρίους ἢ
δώροις ἢ δι' ἄλλης ἡστινοσοῦν ὁμιλίας ἐξαρέσηται, κἂν τὰ 10
δεινότατ' ἀσχημονήσῃ, μικρὸν ὄνειδος τὸ λοιπὸν αὐτῷ κατα-
26 στήσεται· αἱ δὲ δημοκρατίαι πολλά τ' ἄλλα καὶ καλὰ καὶ
δίκαι' ἔχουσιν, ὧν τὸν εὖ φρονοῦντ' ἀντέχεσθαι δεῖ, καὶ τὴν
παρρησίαν ἐκ τῆς ἀληθείας ἠρτημένην οὐκ ἔστι τἀληθὲς
δηλοῦν ἀποτρέψαι. οὔτε γὰρ πάντας ἐξαρέσασθαι τοῖς 15
αἰσχρόν τι ποιήσασιν δυνατόν, οὔτε μόνος ὁ τἀληθὲς ὄνειδος
λέγων λυπεῖ· καὶ γὰρ οἱ μηδὲν ἂν εἰπόντες αὐτοὶ βλάσφη-
μον ἄλλου γε λέγοντος χαίρουσιν ἀκούοντες. ἃ φοβούμενοι
πάντες εἰκότως τῇ τῶν μετὰ ταῦτ' ὀνειδῶν αἰσχύνῃ τόν τε
προσιόντ' ἀπὸ τῶν ἐναντίων κίνδυνον εὐρώστως ὑπέμειναν, 20
καὶ θάνατον καλὸν εἵλοντο μᾶλλον ἢ βίον αἰσχρόν.

27 Ἃ μὲν οὖν κοινῇ πᾶσιν ὑπῆρχεν τοῖσδε τοῖς ἀνδράσιν
εἰς τὸ καλῶς ἐθέλειν ἀποθνήσκειν, εἴρηται, γένος, παιδεία,
χρηστῶν ἐπιτηδευμάτων συνήθεια, τῆς ὅλης πολιτείας
ὑπόθεσις· ἃ δὲ κατὰ φυλὰς παρεκάλεσεν ἑκάστους εὐρώστους 25
εἶναι, ταῦτ' ἤδη λέξω. ᾔδεσαν πάντες Ἐρεχθεῖδαι τὸν
ἐπώνυμον ⟨τὸν⟩ αὑτῶν Ἐρεχθέα, ἕνεκα τοῦ σῶσαι τὴν
χώραν τὰς αὑτοῦ παῖδας, ἃς Ὑακινθίδας καλοῦσιν, εἰς
πρόϋπτον θάνατον δόντ' ἀναλῶσαι. αἰσχρὸν οὖν ἡγοῦντο

1–2 ἂν . . . γένοιτο] βίος γένοιτ' ἂν F Q   3 τοῦ] τούτου S r   8 ἂν
οὖν Bekker : γοῦν codd.   14 ⟨τὴν⟩ ἐκ Blass   15 ἀποτρέψαι
post δηλοῦν S Y r : ante τἀληθὲς F Q   16 οὔτε μόνος ὁ Wolf : ὥσθ'
ὁ μόνος codd., Blass οὔτε γὰρ in οὐδὲ γὰρ mutato   25 παρεκάλεσεν]
παρεσκεύασεν F γρ. Q γρ.   26 ερεχθιδαι S r   27 ⟨τὸν⟩ add. Dyroff
28 αὑτοῦ ante χώραν add. S sed cum notis delendi

τὸν μὲν ἀπ' ἀθανάτων πεφυκότα πάντα ποιεῖν ἕνεκα
τοῦ τὴν πατρίδ' ἐλευθερῶσαι, αὐτοὶ δὲ φανῆναι θνητὸν
σῶμα ποιούμενοι περὶ πλείονος ἢ δόξαν ἀθάνατον. οὐκ 28
ἠγνόουν Αἰγεῖδαι Θησέα τὸν Αἰγέως πρῶτον ἰσηγορίαν
5 καταστησάμενον τῇ πόλει. δεινὸν οὖν ἡγοῦντο τὴν ἐκείνου
προδοῦναι προαίρεσιν, καὶ τεθνάναι μᾶλλον ᾑροῦνθ' ἢ
καταλυομένης ταύτης παρὰ τοῖς Ἕλλησιν ζῆν φιλοψυχή-
σαντες. παρειλήφεσαν Πανδιονίδαι Πρόκνην καὶ Φιλομή-
λαν τὰς Πανδίονος θυγατέρας, ὡς ἐτιμωρήσαντο Τηρέα διὰ
10 τὴν εἰς αὐτὰς ὕβριν. οὐ βιωτὸν οὖν ἐνόμιζον αὐτοῖς, εἰ μὴ [1398]
συγγενῆ φανήσονται τὸν θυμὸν ἔχοντες ἐκείναις, ἐφ' οἷς τὴν
Ἑλλάδ' ἑώρων ὑβριζομένην. ἠκηκόεσαν Λεωντίδαι μυ- 29
θολογουμένας τὰς Λεὼ κόρας, ὡς ἑαυτὰς ἔδοσαν σφάγιον
τοῖς πολίταις ὑπὲρ τῆς χώρας. ὅτε δὴ γυναῖκες ἐκεῖναι
15 τοιαύτην ἔσχον ἀνδρείαν, οὐ θεμιτὸν αὐτοῖς ὑπελάμβανον
χείροσιν ἀνδράσιν οὖσιν ἐκείνων φανῆναι. ἐμέμνηντ'
Ἀκαμαντίδαι τῶν ἐπῶν ἐν οἷς Ὅμηρος ἕνεκα τῆς μητρός
φησιν Αἴθρας Ἀκάμαντ' εἰς Τροίαν στεῖλαι. ὁ μὲν οὖν
παντὸς ἐπειρᾶτο κινδύνου τοῦ σῶσαι τὴν ἑαυτοῦ μητέρ'
20 ἕνεκα· οἱ δὲ τοὺς οἴκοι σύμπαντας γονέας πῶς οὐκ ἤμελλον
ὑπὲρ τοῦ σῶσαι πάντα κίνδυνον ὑπομένειν; οὐκ ἐλάνθανεν 30
Οἰνείδας ὅτι Κάδμου μὲν Σεμέλη, τῆς δ' ὃν οὐ πρέπον
ἐστὶν ὀνομάζειν ἐπὶ τοῦδε τοῦ τάφου, τοῦ δ' Οἰνεὺς γέγονεν,
ὃς ἀρχηγὸς αὐτῶν ἐκαλεῖτο. κοινοῦ δ' ὄντος ἀμφοτέραις
25 ταῖς πόλεσιν τοῦ παρόντος κινδύνου, ὑπὲρ ἀμφοτέρων ἅπα-
σαν ᾤοντο δεῖν ἀγωνίαν ἐκτεῖναι. ᾔδεσαν Κεκροπίδαι τὸν
ἑαυτῶν ἀρχηγὸν τὰ μὲν ὡς ἔστιν δράκων, τὰ δ' ὡς ἔστιν

---

1 εἵνεκα S corr.   4 Αιγιδαι S r   5–6 τὴν ἐκ. προδοῦναι F Q :
προδοῦναι τὴν ἐκ. S r   11 συγγενῆ φανήσονται τὸν θυμὸν ἔχοντες
ἐκείνοις F Q : συγγενεῖς ὄντες θυμὸν ἔχοντες ὁμοῖον ἐκείναις φανήσονται S
r   12 Λεοντίδαι S r   14 δὴ Blass : δ' οὖν codd.   18 Αἴθρας]
Φαίδρας F γρ. Q γρ. aut hoc aut τήθης . . . τήθην pro μητρὸς . . . μητέρ'
voluit Lentz, auctorem, non scribam castigans   20 γονέας F Q, cf.
x 41 : οἰκείους γονέας S Y F γρ. Q γρ. r ; del. Dindorf   ἕνεκα τοῦ σῶσαι
ante πῶς add. codd., del. Dindorf   21 ὑπὲρ τοῦ σῶσαι S Y r : om.
cett.   22 Οινιδας S r   τῆς δὲ Reiske : τῆς δὲ υἱὸν ὄντα codd.

ἄνθρωπος λεγόμενον, οὐκ ἄλλοθέν ποθεν ἢ τῷ τὴν σύνε-
σιν αὐτοῦ προσομοιοῦν ἀνθρώπῳ, τὴν ἀλκὴν δὲ δράκοντι.
ἄξια δὴ τούτων πράττειν ὑπελάμβανον αὐτοῖς προσήκειν.
31 ἐμέμνηνθ᾽ Ἱπποθωντίδαι τῶν Ἀλόπης γάμων, ἐξ ὧν Ἱπ-
ποθῶν ἔφυ, καὶ τὸν ἀρχηγὸν ᾔδεσαν· ὧν, τὸ πρέπον φυλάτ- 5
των ἐγὼ τῷδε τῷ καιρῷ, τὸ σαφὲς εἰπεῖν ὑπερβαίνω. ἄξια
[1399] δὴ τούτων ᾤοντο δεῖν ποιοῦντες ὀφθῆναι. οὐκ ἐλάνθανεν
Αἰαντίδας ὅτι τῶν ἀριστείων στερηθεὶς Αἴας ἀβίωτον
ἑαυτῷ ἡγήσατο τὸν βίον. ἡνίκ᾽ οὖν ὁ δαίμων ἄλλῳ
τἀριστεῖ᾽ ἐδίδου, τότε τοὺς ἐχθροὺς ἀμυνόμενοι τεθνάναι 10
δεῖν ᾤοντο, ὥστε μηδὲν ἀνάξιον αὑτῶν παθεῖν. οὐκ ἠμνη-
μόνουν Ἀντιοχίδαι Ἡρακλέους ὄντ᾽ Ἀντίοχον. δεῖν οὖν
ἡγήσαντ᾽ ἢ ζῆν ἀξίως τῶν ὑπαρχόντων ἢ τεθνάναι καλῶς.

32 Οἱ μὲν οὖν ζῶντες οἰκεῖοι τούτων ἐλεινοί, τοιούτων
ἀνδρῶν ἐστερημένοι καὶ συνηθείας πολλῆς καὶ φιλανθρώπου 15
διεζευγμένοι, καὶ τὰ τῆς πατρίδος πράγματ᾽ ἔρημα καὶ
δακρύων καὶ πένθους πλήρη· οἱ δ᾽ εὐδαίμονες τῷ δικαίῳ
λογισμῷ. πρῶτον μὲν ἀντὶ μικροῦ χρόνου πολὺν καὶ τὸν
ἅπαντ᾽ εὔκλειαν ἀγήρω καταλείπουσιν, ἐν ᾗ καὶ παῖδες οἱ
τούτων ὀνομαστοὶ τραφήσονται καὶ γονεῖς [οἱ τούτων] περί- 20
βλεπτοι γηροτροφήσονται, παραψυχὴν τῷ πένθει τὴν
33 τούτων εὔκλειαν ἔχοντες. ἔπειτα νόσων ἀπαθεῖς τὰ
σώματα καὶ λυπῶν ἄπειροι τὰς ψυχάς, ἃς ἐπὶ τοῖς συμβε-
βηκόσιν οἱ ζῶντες ἔχουσιν, ἐν μεγάλῃ τιμῇ καὶ πολλῷ ζήλῳ
τῶν νομιζομένων τυγχάνουσιν. οὓς γὰρ ἅπασα μὲν ἡ 25
πατρὶς θάπτει δημοσίᾳ, κοινῶν δ᾽ ἐπαίνων μόνοι τυγχάνου-
σιν, ποθοῦσι δ᾽ οὐ μόνοι συγγενεῖς καὶ πολῖται, ἀλλὰ πᾶσαν
ὅσην Ἑλλάδα χρὴ προσειπεῖν, συμπεπένθηκεν δὲ καὶ τῆς

1 λεγόμενον Wolf: λεγόμενος codd.   1–2 σύνεσιν ⟨μὲν⟩ Blass
4 Ἱπποθωντίδαι ... Ἱπποθῶν codd.   5 post ᾔδεσαν excidit fort.
aliquid   ὧν r: ὃν FQ: ὃν S   6 σαφῶς F corr. Q   7 δεῖν Schaefer:
δεῖν προσήκειν codd.   9 ἡγήσατο Wolf: ᾑρήσατο codd.   14 ἐλεινοὶ
codd.   17 δὲ δαίμονες codd., corr. Felicianus   18 ⟨οἱ⟩ πρῶτον
Dobree   20 οἱ τούτων secl. Albrecht   23 ἃς Υ γρ.: τὰς cett.
24 ἐν] ὧν S r   27 μόνοι S r: μόνον οἱ vulg.: μόνον Blass

οἰκουμένης τὸ πλεῖστον μέρος, πῶς οὐ χρὴ τούτους εὐδαί-
μονας νομίζεσθαι; οὓς παρέδρους εἰκότως ἄν τις φήσαι 34
τοῖς κάτω θεοῖς εἶναι, τὴν αὐτὴν τάξιν ἔχοντας τοῖς προ-
τέροις ἀγαθοῖς ἀνδράσιν ἐν μακάρων νήσοις.   οὐ γὰρ ἰδών [1400]
5 τις οὐδὲ περὶ ἐκείνων ταῦτ᾿ ἀπήγγελκεν, ἀλλ᾿ οὓς οἱ ζῶντες
ἀξίους ὑπειλήφαμεν τῶν ἄνω τιμῶν, τούτους τῇ δόξῃ
καταμαντευόμενοι κἀκεῖ τῶν αὐτῶν τιμῶν ἡγούμεθ᾿ αὐτοὺς
τυγχάνειν.   ἔστι μὲν οὖν ἴσως χαλεπὸν τὰς παρούσας 35
συμφορὰς λόγῳ κουφίσαι· δεῖ δ᾿ ὅμως πειρᾶσθαι καὶ πρὸς
10 τὰ παρηγοροῦντα τρέπειν τὴν ψυχήν, ὡς τοὺς τοιούτους
ἄνδρας γεγεννηκότας καὶ πεφυκότας αὐτοὺς ἐκ τοιούτων
ἑτέρων καλόν ἐστιν τὰ δείν᾿ εὐσχημονέστερον τῶν ἄλλων
φέροντας ὁρᾶσθαι καὶ πάσῃ τύχῃ χρωμένους ὁμοίους εἶναι.
καὶ γὰρ ἐκείνοις ταῦτ᾿ ἂν εἴη μάλιστ᾿ ἐν κόσμῳ καὶ τιμῇ, 36
15 καὶ πάσῃ τῇ πόλει καὶ τοῖς ζῶσιν ταῦτ᾿ ἂν ἐνέγκοι
πλείστην εὐδοξίαν.   χαλεπὸν πατρὶ καὶ μητρὶ παίδων
στερηθῆναι καὶ ἐρήμοις εἶναι τῶν οἰκειοτάτων γηροτρόφων·
σεμνὸν δέ γ᾿ ἀγήρως τιμὰς καὶ μνήμην ἀρετῆς δημοσίᾳ
κτησαμένους ἐπιδεῖν, καὶ θυσιῶν καὶ ἀγώνων ἠξιωμένους
20 ἀθανάτων.   λυπηρὸν παισὶν ὀρφανοῖς γεγενῆσθαι πατρός· 37
καλὸν δέ γε κληρονομεῖν πατρῴας εὐδοξίας.   καὶ τοῦ μὲν
λυπηροῦ τούτου τὸν δαίμον᾿ αἴτιον εὑρήσομεν ὄντα, ᾧ
φύντας ἀνθρώπους εἴκειν ἀνάγκη, τοῦ δὲ τιμίου καὶ καλοῦ
τὴν τῶν ἐθελησάντων καλῶς ἀποθνῄσκειν αἵρεσιν.
25   Ἐγὼ μὲν οὖν οὐχ ὅπως πολλὰ λέξω, τοῦτ᾿ ἐσκεψάμην,
ἀλλ᾿ ὅπως τἀληθῆ.   ὑμεῖς δ᾿ ἀποδυράμενοι καὶ τὰ προσ-
ήκονθ᾿ ὡς χρὴ καὶ νόμιμα ποιήσαντες ἄπιτε.

2 νομίζεσθαι F γρ. Q γρ. Y γρ. : om. S F Q Y r : εἶναι νομίζειν Gebauer
5 ἤγγελκεν Y¹ r   11 γεγεννηκότας mg. edit. Paris. (Dobree) : γεγονό-
τας codd.   12 καὶ ἑτέρων S (καὶ cum signis delendi)   16 χαλεπὸν]
οἰκτρὸν Alexand. (Waltz. viii 457)   18 τιμὰς ἀγήρως Pollux ii. 14
μνήην S¹   19 θυσιῶν] οὐσιῶν S¹   20 ἀθανάτων] ὡς ἀθανάτους coni.
Blass, recte fort., cf. Lys. ii 80   πᾶσιν F
   In S subscriptum

ΕΠΙΤΑΦΙΟΣ
ΗΗΗΗΙΙΙ

ΕΡΩΤΙΚΟΣ

Ἀλλ' ἐπειδήπερ ἀκούειν βούλει τοῦ λόγου, δείξω σοι καὶ [1401] ἀναγνώσομαι. δεῖ δέ σε τὴν προαίρεσιν αὐτοῦ πρῶτον εἰδέναι. βούλεται μὲν γὰρ ὁ τὸν λόγον ποιῶν ἐπαινεῖν Ἐπικράτην, ὃν ᾤετο πολλῶν καὶ καλῶν κἀγαθῶν ὄντων νέων ἐν τῇ πόλει χαριέστατον εἶναι, καὶ πλέον τῇ συνέσει 5 προέχειν ἢ τῷ κάλλει τῶν ἡλικιωτῶν. ὁρῶν δ' ὡς ἔπος εἰπεῖν τὰ πλεῖστα τῶν ἐρωτικῶν συνταγμάτων αἰσχύνην μᾶλλον ἢ τιμὴν περιάπτοντα τούτοις περὶ ὧν ἐστι γεγραμμένα, τοῦθ' ὅπως μὴ πείσεται πεφύλακται, καὶ ὅπερ καὶ πεπεῖσθαί φησιν τῇ γνώμῃ, τοῦτο καὶ γέγραφεν, ὡς δίκαιος 10 ἐραστὴς οὔτ' ἂν ποιήσειεν οὐδὲν αἰσχρὸν οὔτ' ἀξιώσειεν. ὁ 2 μὲν οὖν ὥσπερεὶ μάλιστ' ἂν ἐρωτικὸν λάβοις τοῦ λόγου, περὶ τοῦτ' ἔστιν· ὁ δ' ἄλλος λόγος τὰ μὲν αὐτὸν ἐπαινεῖ τὸν νεανίσκον, τὰ δ' αὐτῷ συμβουλεύει περὶ παιδείας τε καὶ προαιρέσεως τοῦ βίου. πάντα δὲ ταῦτα γέγραπται τὸν 15 τρόπον ὅν τις ἂν εἰς βιβλίον καταθεῖτο. τοῖς μὲν γὰρ λεκτικοῖς τῶν λόγων ἁπλῶς καὶ ὁμοίως οἷς ἂν ἐκ τοῦ παραχρῆμά τις εἴποι πρέπει γεγράφθαι, τοῖς δ' εἰς τὸν πλείω χρόνον τεθησομένοις ποιητικῶς καὶ περιττῶς ἁρμόττει συγκεῖσθαι· τοὺς μὲν γὰρ πιθανούς, τοὺς δ' ἐπιδεικτικοὺς 20 εἶναι προσήκει. ἵν' οὖν μὴ παρὰ τὸν λόγον σοι λέγω, μηδ' ἃ γιγνώσκω περὶ τούτων αὐτὸς διεξίω, πρόσεχ' ὡς αὐτοῦ [1402] τοῦ λόγου ἤδη ἀκουσόμενος, ἐπειδὴ καὶ αὐτὸς ἥκει, ὃν ἠβουλήθην ἀκούειν, Ἐπικράτης.

3–4 Ἐπικράτην ἐπαινεῖν r D   4 καὶ καλῶν om. S Y r   5 πλέον
Blass: πλεῖον codd.   6 προέχειν r D: προσέχειν S Y Q   11 ἐργά-
στης S   12 οὖν om. r   ὥσπερ in mg. a pr. m. S   17 λεκτικοῖς
S corr. Y D: δεκτικοῖς S¹ F Q   20 ἀποδεικτικοὺς S F¹   21 προσηκει
τοῦ βίου Y r D   22 ἃ γιγνώσκω Y r D: ἅπερ γιγν. Felicianus:
ἀπογιγν. S F Q   23 καὶ] δὲ καὶ S F Q Y r D   24 ἠβουλήθη Q,
Spengel, Crönert coll. εὐτύχει ad fin.

Ὁρῶν ἐνίους τῶν ἐρωμένων καὶ κάλλους μετεσχηκότων 3
οὐδετέρᾳ τῶν εὐτυχιῶν τούτων ὀρθῶς χρωμένους, ἀλλ' ἐπὶ
μὲν τῇ τῆς ὄψεως εὐπρεπείᾳ σεμνυνομένους, τὴν δὲ πρὸς τοὺς
ἐραστὰς ὁμιλίαν δυσχεραίνοντας, καὶ τοσοῦτον διημαρτη-
5 κότας τοῦ τὰ βέλτιστα κρίνειν ὥστε διὰ τοὺς λυμαινομένους
τῷ πράγματι καὶ πρὸς τοὺς μετὰ σωφροσύνης πλησιάζειν
ἀξιοῦντας δυσκόλως διακειμένους, ἡγησάμην τοὺς μὲν τοιού-
τους οὐ μόνον αὑτοῖς ἀλυσιτελῶς ἔχειν, ἀλλὰ καὶ τοῖς
ἄλλοις μοχθηρὰς συνηθείας ἐνεργάζεσθαι, τοῖς δὲ καλῶς 4
10 φρονοῦσιν οὐκ ἐπακολουθητέον εἶναι τῇ τούτων ἀπονοίᾳ,
μάλιστα μὲν ἐνθυμουμένοις ὅτι τῶν πραγμάτων οὔτε καλῶν
οὔτ' αἰσχρῶν ἀποτόμως ὄντων, ἀλλὰ παρὰ τοὺς χρωμένους
τὸ πλεῖστον διαλλαττόντων, ἄλογον μιᾷ γνώμῃ περὶ ἀμφο-
τέρων χρῆσθαι, ἔπειθ' ὅτι πάντων ἀτοπώτατόν ἐστιν ζηλοῦν
15 μὲν τοὺς πλείστους φίλους καὶ βεβαιοτάτους ἔχοντας, ἀπο-
δοκιμάζειν δὲ τοὺς ἐραστάς, ὃ μόνον ἴδιον ἔθνος οὐχ ἅπασιν
ἀλλὰ τοῖς καλοῖς καὶ σώφροσιν οἰκειοῦσθαι πέφυκεν. ἔτι 5
δὲ τοῖς μὲν μηδεμίαν πω τοιαύτην φιλίαν ἑορακόσιν καλῶς
ἀποβᾶσαν, ἢ σφόδρα κατεγνωκόσιν αὑτῶν ὡς οὐκ ἂν δυνη-
20 θεῖεν σωφρόνως τοῖς ἐντυγχάνουσιν ὁμιλεῖν, ἴσως οὐκ
ἄλογον ταύτην ἔχειν τὴν διάνοιαν· τοῖς δ' ὥσπερ σὺ δια-
κειμένοις, καὶ μήτε παντάπασιν ἀνηκόοις οὖσιν ὅσαι δὴ
χρεῖαι δι' ἔρωτος χωρὶς αἰσχύνης ηὐξήθησαν, καὶ μετὰ τῆς
ἀκριβεστάτης εὐλαβείας τὸν ἄλλον χρόνον βεβιωκόσιν, οὐδ' [1403]
25 ὑποψίαν ἔχειν εὔλογον ὡς ἄν τι πράξειαν αἰσχρόν. διὸ δὴ 6
καὶ μᾶλλον ἐπήρθην τοῦτον γράψαι τὸν λόγον, ἡγούμενος
δυοῖν τοῖν καλλίστοιν οὐ διαμαρτήσεσθαι. τὰ μὲν γὰρ
ὑπάρχοντά σοι ἀγαθὰ διελθὼν ἅμα σέ τε ζηλωτὸν καὶ
ἐμαυτὸν οὐκ ἀνόητον ἐπιδείξειν ἐλπίζω, εἴ σε τοιοῦτον ὄντ'

1 μετεσχηκότας S F¹ Y r D   2 οὐδετέρᾳ Schaefer: οὐδετέρα δὲ
codd.   4 ομειλιαν S   6 πρὸς F: om. cett.   8 αὑτοῖς
Wolf: αὐτοῖς Γ: αὐτὸς vulg.   10 ἀπονοίᾳ] ἀπηνείᾳ r D corr.
11 ἐνθυμουμένοις FQ: ἐνθυμουμένους S Y r D   12 ἀποτόμων S Y r D,
sed cf. Isocr. vi 50   16 δ . . . ἔθνος Reiske: δ . . . ἔθος codd.:
οἷς . . . ἔθος Felicianus   23 δι' om. S Y¹ r D   24 βεβιωκόσιν S
25 ἄλογον S¹   28 ἀγαθὰ secl. Blass

ἀγαπῶ· συμβουλεύσας δ' ἃ μάλιστα κατεπείγει, νομίζω τῆς
μὲν εὐνοίας τῆς ἐμῆς δεῖγμα, τῆς δὲ κοινῆς φιλίας ἀφορμὴν
7 ἀμφοτέροις εἰσοίσειν.   καίτοι μ' οὐ λέληθεν ὅτι χαλεπὸν
μέν ἐστιν καὶ τὴν σὴν φύσιν ἀξίως τῶν ὑπαρχόντων διελ-
θεῖν, ἔτι δ' ἐπικινδυνότερον τὸ συμβουλεύειν μέλλονθ'   5
αὐτὸν ὑπεύθυνον τῷ πεισθέντι καταστῆσαι.   ἀλλὰ νομίζω
τοῖς μὲν δικαίως ἐγκωμίων τυγχάνουσιν περιγενέσθαι τῆς
τῶν ἐπαινούντων δυνάμεως προσήκειν τῇ τῆς ἀληθείας
ὑπερβολῇ, τῆς δὲ συμβουλῆς οὐ διαμαρτήσεσθαι, συνειδὼς
ὅτι διὰ μὲν ἀνοήτων καὶ παντελῶς ὑπ' ἀκρασίας διεφθαρ-   10
μένων οὐδὲ τῶν καθ' ὑπερβολὴν ὀρθῶς βουλευθέντων οὐδὲν
ἂν καλῶς ἐξενεχθείη, διὰ δὲ τῶν σωφρόνως καὶ καθαρῶς
ζῆν αἱρουμένων οὐδὲ τὰ μετρίως ἐσκεμμένα διαμαρτάνεσθαι
8 πέφυκεν.   τὰς μὲν οὖν ἐλπίδας ἔχων τοιαύτας ἐγχειρῶ τῷ
λόγῳ· ἡγοῦμαι δὲ πάντας ἂν ὁμολογῆσαί μοι τοῖς τηλικού-   15
τοις μάλιστα κατεπείγειν κάλλος μὲν ἐπὶ τῆς ὄψεως,
σωφροσύνην δ' ἐπὶ τῆς ψυχῆς, ἀνδρείαν δ' ἐπ' ἀμφοτέρων
τούτων, χάριν δ' ἐπὶ τῶν λόγων διατελεῖν ἔχοντας.   ὧν τὰ
μὲν τῆς φύσεως οὕτω καλῶς ἡ τύχη σοι παραδέδωκεν ὥστε
[1404] περίβλεπτον καὶ θαυμαζόμενον διατελεῖν, τὰ δ' αὐτὸς παρὰ   20
τὴν ἐπιμέλειαν εἰς τοῦτο προαγαγὼν ἥκεις ὥστε μηδέν' ἂν
9 σοι τῶν εὖ φρονούντων ἐπιτιμῆσαι.   καίτοι τί χρὴ τὸν τῶν
μεγίστων ἐπαίνων ἄξιον; οὐχ ὑπὸ μὲν τῶν θεῶν ἠγαπη-
μένον φαίνεσθαι, παρὰ δὲ τοῖς ἀνθρώποις τὰ μὲν δι' αὐτόν,
τὰ δὲ διὰ τὴν τύχην θαυμάζεσθαι; καθ' ὅλου μὲν τοίνυν   25
τῶν ὑπαρχόντων σοι πρὸς ἀρετὴν ἴσως ὕστερον ἁρμόσει τὰ
πλείω διελθεῖν· ἃ δ' ἑκάστου τούτων ἐγκώμι' εἰπεῖν ἔχω,
ταῦτα δηλῶσαι πειράσομαι μετ' ἀληθείας.

10   Ἄρξομαι δὲ πρῶτον ἐπαινεῖν, ὅπερ πρῶτον ἰδοῦσιν

    3 εἰσοίσειν ἀμφοτέροις Y r D   12 σωφρόνων r D   17 ἀνδρείαν S D:
ἀνδρίαν vulg. : itidem infra   18 ἔχοντας codd. : ἔχουσιν Stob. Flor.
89. 3   19 οὕτω] ουτ' ουτως S: οὔθ' οὕτως r D   21 προάγων S Y r D
22 τί om. F ; sed. cf. Isocr. xvi 30   26 ἁρμόσει] ἁρμόσσει S corr. :
ἁρμόττει F corr. Q   28 ταῦτ' ἤδη δηλῶσαι Schaefer

ἅπασιν ἔστιν γνῶναί σου, τὸ κάλλος, καὶ τούτου τὸ χρῶμα,
δι' οὗ καὶ τὰ μέλη καὶ ὅλον τὸ σῶμα φαίνεται. ᾧ τίν'
ἁρμόττουσαν εἰκόν' ἐνέγκω σκοπῶν οὐχ ὁρῶ, ἀλλὰ παρίστα-
ταί μοι δεῖσθαι τῶν ἀναγνόντων τόνδε τὸν λόγον σὲ θεωρῆ-
5 σαι καὶ ἰδεῖν, ἵνα συγγνώμης τύχω μηδὲν ὅμοιον ἔχων
εἰπεῖν. τῷ γὰρ ⟨ἂν⟩ εἰκάσειέ τις, ὃ θνητὸν ὂν ἀθάνατον τοῖς   11
ἰδοῦσιν ἐνεργάζεται πόθον, καὶ ὁρώμενον οὐκ ἀποπληροῖ,
καὶ μεταστὰν μνημονεύεται, καὶ τὴν τῶν θεῶν ἀξίαν ἐπ'
ἀνθρώπου φύσιν ἔχει, πρὸς μὲν τὴν εὐπρέπειαν ἀνθηρόν,
10 πρὸς δὲ τὰς αἰτίας ἀνυπονόητον; ἀλλὰ μὴν οὐδὲ ταῦτ'
ἔστιν αἰτιάσασθαι [πρὸς] τὴν σὴν ὄψιν, ἃ πολλοῖς ἄλλοις
ἤδη συνέπεσεν τῶν κάλλους μετασχόντων. ἢ γὰρ δι'   12
ἀρρυθμίαν τοῦ σχήματος ἅπασαν συνετάραξαν τὴν ὑπάρ-
χουσαν εὐπρέπειαν, ἢ δι' ἀτύχημά τι καὶ τὰ καλῶς πεφυ-
15 κότα συνδιέβαλον αὐτῷ. ὧν οὐδενὶ τὴν σὴν ὄψιν εὕροιμεν
ἂν ἔνοχον γεγενημένην· οὕτω γὰρ σφόδρ' ἐφυλάξατο πάσας   [1405
τὰς τοιαύτας κῆρας ὅστις ποτ' ἦν θεῶν ὁ τῆς σῆς ὄψεως
προνοηθείς, ὥστε μηδὲν μέμψεως ἄξιον, τὰ δὲ πλεῖστα
περίβλεπτά σου καταστῆσαι. καὶ μὲν δὴ καὶ τῶν ὁρωμένων   13
20 ἐπιφανεστάτου μὲν ὄντος τοῦ προσώπου, τούτου δ' αὐτοῦ
τῶν ὀμμάτων, ἔτι μᾶλλον ἐν τούτοις ἐπεδείξατο τὴν εὔνοιαν
ἣν εἶχεν εἰς σὲ τὸ δαιμόνιον. οὐ γὰρ μόνον πρὸς τὸ τὰ
κατεπείγονθ' ὁρᾶν αὐτάρκη παρέσχηται, ἀλλ' ἐνίων οὐδ' ἐκ
τῶν πραττομένων γιγνωσκομένης τῆς ἀρετῆς, σοῦ διὰ τῶν
25 τῆς ὄψεως σημείων τὰ κάλλιστα τῶν ἠθῶν ἐνεφάνισεν,

---

1 τούτου codd. : τουτ(ο)ὶ Crönert   2 post δι'οὗ iterat τὸ κάλλος
S sed punctis deletum   μέλη F¹ : μέρη cett.   φαίνεται codd. :
φαιδρύνεται Crönert recte fort. cf. Eurip. Helen. 678   τίνα Bekker : τιν'
ἂν codd.   3 οὐχ ὁρῶ om. S   6 ἂν add. Bekker   ὃ θνητὸν ὂν Blass :
θνητὸν ὂν S vulg. : θνητῶν ὃ r D (Wolf)   7 ἐνεργάζεται Schaefer cf.
lx 25 : ἐργ. codd.   11 πρὸς secl. Blass   ἄλλοις om. F   12 ἢ]
ει S   13 ἀρρυθμίαν Wolf : ῥαθυμίαν codd.   σχήματος SF¹Y¹rD :
σώματος vulg.   συνέπραξαν SF corr. Qr¹   15 συνδιέβαλλον S
εὕροιμεν] ευρομ' S : εὕροιμ' YrD   16 οὕτω] οὔτε S   18 δὲ vulg. :
δὲ καὶ SYrD (καὶ ante παραβλεπτὰ transp. Spengel)   19 περίβλεπτά
σου] περιελθόντα του S : περίβλεπτά του r   20 ἐπιφανεστάτου]
σοιφανεστατου S   22 alterum τὸ om. SD

πρᾶον μὲν καὶ φιλάνθρωπον τοῖς ὁρῶσιν, μεγαλοπρεπῆ δὲ
καὶ σεμνὸν τοῖς ὁμιλοῦσιν, ἀνδρεῖον δὲ καὶ σώφρονα πᾶσιν
14 ἐπιδείξας. ὃ καὶ μάλιστ' ἄν τις θαυμάσειεν· τῶν γὰρ
ἄλλων ἐπὶ μὲν τῆς πραότητος ταπεινῶν, ἐπὶ δὲ τῆς σεμνό-
τητος αὐθαδῶν ὑπολαμβανομένων, καὶ διὰ μὲν τὴν ἀνδρείαν 5
θρασυτέρων, διὰ δὲ τὴν ἡσυχίαν ἀβελτέρων εἶναι δοκούντων,
τοσαύτας ὑπεναντιώσεις πρὸς ἄλληλα λαβοῦσ' ἡ τύχη πρὸς
τὸ δέον ἅπανθ' ὁμολογούμεν' ἀπέδωκεν, ὥσπερ εὐχὴν ἐπι-
τελοῦσ' ἢ παράδειγμα τοῖς ἄλλοις ὑποδεῖξαι βουληθεῖσα,
15 ἀλλ' οὐ θνητήν, ὡς εἴθιστο, φύσιν συνιστᾶσα. εἰ μὲν οὖν 10
οἷόν τ' ἦν ἐφικέσθαι τῷ λόγῳ τοῦ κάλλους τοῦ σοῦ, ἢ τοῦτ'
ἦν μόνον τῶν σῶν ἀξιέπαινον, οὐδὲν ἂν παραλιπεῖν ᾠόμεθα
δεῖν ἐπαινοῦντες τῶν προσόντων· νῦν δὲ δέδοικα μὴ πρός
⟨τε⟩ τὰ λοίπ' ἀπειρηκόσι χρησώμεθα τοῖς ἀκροαταῖς, καὶ
16 περὶ τούτου μάτην τερθρευώμεθα. πῶς γὰρ ἄν τις ὑπερ- 15
[1406] βάλοι τῷ λόγῳ τὴν σὴν ὄψιν, ἧς μηδ' ἃ τέχνη πεποίηται
τῶν ἔργων τοῖς ἀρίστοις δημιουργοῖς δύναται ὑπερτεῖναι;
καὶ θαυμαστὸν οὐδέν· τὰ μὲν γὰρ ἀκίνητον ἔχει τὴν θεωρίαν,
ὥστ' ἄδηλ' εἶναι τί ποτ' ἂν ψυχῆς μετασχόντα φανείη, σοῦ
δὲ τὸ τῆς γνώμης ἦθος ἐν πᾶσιν οἷς ποιεῖς μεγάλην εὐπρέ- 20
πειαν ἐπαυξάνει τῷ σώματι. περὶ μὲν οὖν τοῦ κάλλους
πολλὰ παραλιπών, τοσαῦτ' ἐπαινέσαι ἔχω.
17 Περὶ δὲ τῆς σωφροσύνης κάλλιστον μὲν τοῦτ' ἔχοιμ' ἂν
εἰπεῖν, ὅτι τῆς ἡλικίας τῆς τοιαύτης εὐδιαβόλως ἐχούσης,
σοὶ μᾶλλον ἐπαινεῖσθαι συμβέβηκεν. οὐ γὰρ μόνον οὐδὲν 25
ἐξαμαρτάνειν, ἀλλὰ καὶ φρονιμώτερον ἢ κατὰ τὴν ὥραν ζῆν
προῄρησαι. καὶ τούτου μέγιστον τεκμήριον ἡ πρὸς τοὺς

3 καὶ om. Y¹ r D   4 μὲν om. S   7 ⟨τὰ⟩ τοσαύτας ⟨ἔχονθ'⟩ Reiske
speciose   πρὸς ἄλληλα ante λαβοῦσα codd. : post ὁμολογούμενα
transp. Schaefer   9 ὑποδεῖξαι S Y r D : ἐπιδ. vulg.   10 ηθιστο
S : εἴθισται Wolf   συνιστᾶσα Wolf : ἱστᾶσα codd.   11 τῷ λόγῳ om. r
οἷός τε Y¹ r D   12 παραλειπεῖν S   13 post προσόντων add. σοί vulg. :
om. S Y¹ r D   14 τε add. Blass   χρησόμεθα S F Q   15 τούτου]
τουτω S : τοῦτο Y¹ r D   τερθρευόμεθα S F Q   ὑπερβάλοι S Y D :
ὑπερβάλλοι r : ὑποβάλοι vulg.   19 ἄδηλα S (me teste) Y r D : ἄδηλον
vulg.   22 παραλειπων S   25 οὐδὲν] δεν S¹   26 ἐξαμαρτάνειν
S Y r D : ἐξαμαρτάνεις mg. ed. Paris : -νει vulg.   27 τούτου Y r D :
τοῦτο S F corr. Q : τούτων F¹

ἀνθρώπους ὁμιλία· πολλῶν γὰρ ἐντυγχανόντων σοι καὶ παντο-
δαπὰς φύσεις ἐχόντων, ἔτι δὲ προσαγομένων ἁπάντων ἐπὶ
τὰς ἑαυτῶν συνηθείας, οὕτω καλῶς προέστης τῶν τοιούτων
ὥστε πάντας τὴν πρὸς σὲ φιλίαν ἠγαπηκότας ἔχειν.   ὃ 18
5 σημεῖον τῶν ἐνδόξως καὶ φιλανθρώπως ζῆν προαιρουμένων
ἐστίν.   καίτοι τινὲς ηὐδοκίμησαν ἤδη τῶν τε συμβουλευ-
σάντων ὡς οὐ χρὴ τὰς τῶν τυχόντων ὁμιλίας προσδέχεσθαι,
καὶ τῶν πεισθέντων τούτοις· ἢ γὰρ πρὸς χάριν ὁμιλοῦντα
τοῖς φαύλοις ἀναγκαῖον εἶναι διαβάλλεσθαι παρὰ τοῖς
10 πολλοῖς, ἢ διευλαβούμενον τὰς τοιαύτας ἐπιπλήξεις ὑπ᾽
αὐτῶν τῶν ἐντυγχανόντων δυσχεραίνεσθαι συμπίπτειν.   ἐγὼ 19
δὲ διὰ τοῦτο καὶ μᾶλλον οἶμαί σε δεῖν ἐγκωμιάζειν, ὅτι τῶν
ἄλλων ἕν τι τῶν ἀδυνάτων οἰομένων εἶναι τὸ τοῖς ἁπάντων
τρόποις ἀρέσκειν, σὺ τοσοῦτο τούτων διήνεγκας ὥστε τῶν [1407]
15 χαλεπῶν καὶ δυσκόλων ἁπάντων περιγεγενῆσθαι, τοῦ μὲν
συνεξαμαρτάνειν τισὶν οὐδ᾽ ὑποψίαν ἐνδοὺς τοῖς ἄλλοις, τῆς
δὲ πρὸς αὐτοὺς δυσχερείας τῇ τῶν τρόπων εὐαρμοστίᾳ
κρατήσας.   πρὸς τοίνυν τοὺς ἐραστάς, εἰ χρὴ καὶ περὶ 20
τούτων εἰπεῖν, οὕτω καλῶς μοι δοκεῖς καὶ σωφρόνως ὁμιλεῖν,
20 ὥστε τῶν πλείστων οὐδ᾽ ὃν ἂν προέλωνται μετρίως ἐνεγκεῖν
δυναμένων, σοὶ πᾶσιν καθ᾽ ὑπερβολὴν ἀρέσκειν συμβέβηκεν.
ὃ τῆς σῆς ἀρετῆς σημεῖον ἐναργέστατόν ἐστιν.   ὧν μὲν
γὰρ δίκαιον καὶ καλόν, οὐδεὶς ἄμοιρος αὐτῶν παρὰ σοῦ
καθέστηκεν· ἃ δ᾽ εἰς αἰσχύνην ἥκει, τούτων οὐδ᾽ εἰς ἐλπίδ᾽
25 οὐδεὶς ἔρχεται· τοσαύτην τοῖς μὲν τῶν βελτίστων ὀρεγομέ-
νοις ἐξουσίαν, τοῖς δ᾽ ἀποθρασύνεσθαι βουλομένοις ἀτολμίαν
ἡ σὴ σωφροσύνη παρεσκεύακεν.   ἔτι τοίνυν τῶν πλείστων 21
ἐκ τῆς σιωπῆς, ὅταν ὦσι νέοι, τὴν τῆς σωφροσύνης δόξαν
θηρωμένων, σὺ τοσοῦτον τῇ φύσει διενήνοχας, ὥστ᾽ ἐξ
30 ὧν λέγεις καὶ ὁμιλεῖς τοῖς ἐντυγχάνουσι μηδὲν ἐλάττω τὴν
περὶ σεαυτὸν εὐδοξίαν ἢ διὰ πάντα τὰ λοιπὰ πεποιῆσθαι·

6 τε om. SY¹rD   συμβουλευόντων FQ   11 συμπίπτειν Wolf:
συμπίπτει codd.   13 ἁπάντων Blass cf. Ep. iii. 27, Theogn. 24:
ἄλλων vulg.: ἄλλοις r: τῶν πολλῶν D (Wolf)   17 εὐαρμοστίᾳ cod.
coisl. 339 (v) corr.: συναρμοστίᾳ SQYrD v¹   20 ἂν om. SQ¹rD
21 σοὶ] σου S   31 σεαυτὸν Blass: σεαυτοῦ codd.

τοσαύτη πειθὼ καὶ χάρις καὶ ἐν οἷς σπουδάζεις ἐστί σοι
καὶ ἐν οἷς παίζεις. καὶ γὰρ εὐήθης ἀναμαρτήτως καὶ δεινὸς
οὐ κακοήθως καὶ φιλάνθρωπος ἐλευθερίως, καὶ τὸ σύνολον
τοιοῦτος εἶ, οἷος ἂν ἐξ Ἀρετῆς υἱὸς Ἔρωτι γένοιτο.

22   Τὴν τοίνυν ἀνδρείαν (οὐδὲ γὰρ τοῦτ' ἄξιόν ἐστι παρα-   5
λιπεῖν, οὐχ ὡς οὐ πολλὴν ἐπίδοσιν ἐχούσης ἔτι τῆς σῆς
φύσεως, καὶ τοῦ μέλλοντος χρόνου πλείους ἀφορμὰς παρα-
δώσοντος λόγων τοῖς ἐπαινεῖν σε βουλομένοις, ἀλλ' ὡς
[1408] καλλ.στων ὄντων τῶν μετὰ ταύτης τῆς ἡλικίας ἐπαίνων, ἐν
ᾗ τὸ μηδὲν ἐξαμαρτάνειν τοῖς ἄλλοις εὐκτόν ἐστι), σοῦ δ'   10
ἐπὶ πολλῶν μὲν ἄν τις καὶ ἑτέρων τὴν ἀνδρείαν διέλθοι,
μάλιστα δ' ἐπὶ τῆς ἀσκήσεως, ἧς καὶ πλεῖστοι γεγένηνται
23   μάρτυρες. ἀνάγκη δ' ἴσως πρῶτον εἰπεῖν, ταύτην τὴν
ἀγωνίαν ὡς καλῶς προείλου. τὸ γὰρ ὀρθῶς, ὅ τι πρακτέον
ἐστίν, νέον ὄντα δοκιμάσαι, καὶ ψυχῆς ἀγαθῆς καὶ γνώμης   15
φρονίμου κοινόν ἐστι σημεῖον· δι' ὧν οὐδέτερον παραλιπεῖν
ἄξιον τὸν τῆς προαιρέσεως ἔπαινον. συνειδὼς τοίνυν τῶν
μὲν ἄλλων ἀθλημάτων καὶ δούλους καὶ ξένους μετέχοντας,
τοῦ δ' ἀποβαίνειν μόνοις μὲν τοῖς πολίταις ἐξουσίαν οὖσαν,
ἐφιεμένους δὲ τοὺς βελτίστους, οὕτως ἐπὶ τοῦτον τὸν ἀγῶν'   20
24   ὥρμησας. ἔτι δὲ κρίνων τοὺς μὲν τὰ δρομικὰ γυμναζο-
μένους οὐδὲν πρὸς ἀνδρείαν οὐδ' εὐψυχίαν ἐπιδιδόναι, τοὺς
δὲ τὴν πυγμὴν καὶ τὰ τοιαῦτ' ἀσκήσαντας πρὸς τῷ σώματι
καὶ τὴν γνώμην διαφθείρεσθαι, τὸ σεμνότατον καὶ κάλλιστον
τῶν ἀγωνισμάτων καὶ μάλιστα πρὸς τὴν σεαυτοῦ φύσιν   25
ἁρμόττον ἐξελέξω, τῇ μὲν συνηθείᾳ τῶν ὅπλων καὶ τῇ τῶν
δρόμων φιλοπονίᾳ τοῖς ἐν τῷ πολέμῳ συμβαίνουσιν ὡμοιω-
μένον, τῇ δὲ μεγαλοπρεπείᾳ καὶ τῇ σεμνότητι τῆς παρα-
25   σκευῆς πρὸς τὴν τῶν θεῶν δύναμιν εἰκασμένον, πρὸς δὲ
τούτοις ἡδίστην μὲν θέαν ἔχον, ἐκ πλείστων δὲ καὶ παντο-   30

1 σοι F corr. : σου S F¹ Y   3 τὸ σύνολον] συνελόντι F γρ. Q γρ. Y γρ.
4 τοιοῦτος εἶ om. S¹; add. in mg. m. pr.   ἂν S Y r : ἄν τις vulg.
Ἔρωτι F γρ. Q γρ. : ἐρῶντι S F Q Y r   7 παραδώσοντας S r   9 μετὰ]
κατὰ Schaefer   10 σοῦ] οὐ S¹ D   13 ταύτην codd. : αὐτὴν Blass
23 τὴν om. r D   27 ὁμοιωμένον S   30 παντοδαπωτάτων Dindorf

δαπῶν συγκείμενον, μεγίστων δ᾽ ἄθλων ἠξιωμένον· πρὸς
γὰρ τοῖς τιθεμένοις τὸ γυμνασθῆναι καὶ μελετῆσαι τοιαῦτ᾽
οὐ μικρὸν ἆθλον προφανήσεται τοῖς καὶ μετρίως ἀρετῆς [1409]
ἐφιεμένοις. τεκμήριον δὲ μέγιστον ἄν τις ποιήσαιτο τὴν
5 Ὁμήρου ποίησιν, ἐν ᾗ καὶ τοὺς Ἕλληνας καὶ τοὺς βαρβά-
ρους μετὰ τοιαύτης παρασκευῆς πολεμήσαντας πεποίηκεν
ἀλλήλοις· ἔτι δὲ καὶ νῦν τῶν πόλεων τῶν Ἑλληνίδων οὐ
ταῖς ταπεινοτάταις, ἀλλὰ ταῖς μεγίσταις ἐν τοῖς ἀγῶσι
χρῆσθαι σύνηθές ἐστιν. ἡ μὲν οὖν προαίρεσις οὕτω καλὴ 26
10 καὶ παρὰ πᾶσιν ἀνθρώποις ἠγαπημένη· νομίζων δ᾽ οὐδὲν
εἶναι προὔργου τῶν σπουδαιοτάτων ἐπιθυμεῖν οὐδὲ καλῶς
πρὸς ἅπαντα πεφυκέναι τὸ σῶμα μὴ τῆς ψυχῆς φιλοτίμως
παρεσκευασμένης, τὴν μὲν φιλοπονίαν ἐν τοῖς γυμνασίοις
εὐθέως ἐπιδειξάμενος οὐδ᾽ ἐν τοῖς ἔργοις ἐψεύσω, τὴν δ᾽
15 ἄλλην ἐπιφάνειαν τῆς σαυτοῦ φύσεως καὶ τὴν τῆς ψυχῆς
ἀνδρείαν ἐν τοῖς ἀγῶσι μάλιστ᾽ ἐνεδείξω. περὶ ὧν ὀκνῶ 27
μὲν ἄρξασθαι λέγειν, μὴ λειφθῶ τῷ λόγῳ τῶν τότε γεγενη-
μένων, ὅμως δ᾽ οὐ παραλείψω· καὶ γὰρ αἰσχρὸν ἃ θεωροῦν-
τας ἡμᾶς εὐφραίνει, ταῦτ᾽ ἀπαγγεῖλαι μὴ ᾽θέλειν. ἅπαντας
20 μὲν οὖν εἰ διεξίοιην τοὺς ἀγῶνας, ἴσως ἂν ἄκαιρον μῆκος
ἡμῖν ἐπιγένοιτο τῷ λόγῳ· ἑνὸς δέ, ἐν ᾧ πολὺ διήνεγκας,
μνησθεὶς ταῦτά τε δηλώσω καὶ τῇ τῶν ἀκουόντων δυνάμει
συμμετρώτερον φανήσομαι χρώμενος. τῶν γὰρ ζευγῶν 28
ἀφεθέντων, καὶ τῶν μὲν προορμησάντων, τῶν δ᾽ ὑφηνιοχου-
25 μένων, ἀμφοτέρων περιγενόμενος ὡς ἑκατέρων προσῆκε, τὴν
νίκην ἔλαβες, τοιούτου στεφάνου τυχὼν ἐφ᾽ ᾧ, καίπερ καλοῦ
τοῦ νικᾶν ὄντος, κάλλιον ἐδόκει καὶ παραλογώτερον εἶναι τὸ
σωθῆναι. φερομένου γὰρ ἐναντίου μέν σοι τοῦ τῶν ἀντι- [1410]

2 ⟨αὐτὸ⟩ τὸ Reiske   10 δ᾽ om. S Y¹ r D   12 ἅπαντα vulg. :
add. ἀεὶ S r D (‘ i. e. ἃ δεῖ’ Blass)   14 εὐθέως hic S Y r D : ante
ἐν (l. 13) vulg.   17 γιγνομένων S r D   20 διεξιοίην r : διεξίοιην
S F Q : διεξῄειν D   22 ταῦτά τε] πάντας F   23 συμμετρώτερον S :
-ιώτερον F Q r D : συμμετρότερον mg. ed. Paris, cf. Bekk. Anecd. p. 1286
24 ἀφεθέντων S corr. Y corr. : ἀφαιρεθέντων S¹ Y¹ Q r D   25 ὡς
ἑκατέρων (cf. Isocr. iv 72)] ὥς s. v. in S, post ἑκατέρων F Q

πάλων ἅρματος, ἁπάντων δ' ἀνυπόστατον οἰομένων εἶναι
τὴν τῶν ἵππων δύναμιν, ὁρῶν αὐτῶν ἐνίους καὶ μηδενὸς
δεινοῦ παρόντος ὑπερηγωνιακότας, οὐχ ὅπως ἐξεπλάγης ἢ
κατεδειλίασας, ἀλλὰ τῇ μὲν ἀνδρείᾳ καὶ τῆς τοῦ ζεύγους
ὁρμῆς κρείττων ἐγένου, τῷ δὲ τάχει καὶ τοὺς διηυτυχηκότας 5
29 τῶν ἀνταγωνιστῶν παρῆλθες. καὶ γάρ τοι τοσοῦτον μετήλ-
λαξας τῶν ἀνθρώπων τὰς διανοίας ὥστε πολλῶν θρυλούντων
ὡς ἐν τοῖς ἱππικοῖς ἀγῶσιν ἡδίστην θέαν παρέχεται τὰ
ναυαγοῦντα, καὶ δοκούντων ἀληθῆ ταῦτα λέγειν, ἐπὶ σοῦ
τοὐναντίον τοὺς θεατὰς φοβεῖσθαι πάντας μή τι συμπέσῃ 10
τοιοῦτον περὶ σέ· τοσαύτην εὔνοιαν καὶ φιλοτιμίαν ἡ σὴ
φύσις αὐτοῖς παρέσχεν.

30   Εἰκότως· καλὸν μὲν γὰρ καὶ τὸ καθ' ἕν τι περίβλεπτον
γενέσθαι, πολὺ δὲ κάλλιον τὸ πάντα περιλαβεῖν ἐφ' οἷς ἄν
τις νοῦν ἔχων φιλοτιμηθείη. δῆλον δ' ἐκεῖθεν· εὑρήσομεν 15
γὰρ Αἰακὸν μὲν καὶ Ῥαδάμανθυν διὰ σωφροσύνην, Ἡρακλέα
δὲ καὶ Κάστορα καὶ Πολυδεύκην δι' ἀνδρείαν, Γανυμήδην δὲ
καὶ Ἄδωνιν καὶ ἄλλους τοιούτους διὰ κάλλος ὑπὸ θεῶν
ἀγαπηθέντας. ὥστ' ἔγωγ' οὐ θαυμάζω τῶν ἐπιθυμούντων
τῆς σῆς φιλίας, ἀλλὰ τῶν μὴ τοῦτον τὸν τρόπον διακει- 20
μένων· ὅπου γὰρ ἑνὸς ἑκάστου τῶν προειρημένων μετα-
σχόντες τινὲς τῆς τῶν θεῶν ὁμιλίας ἠξιώθησαν, ἦ που τοῦ γ'
ἁπάντων κυρίου καταστάντος εὐκτὸν θνητῷ φύντι φίλον
31 γενέσθαι. δίκαιον μὲν οὖν καὶ πατέρα καὶ μητέρα καὶ τοὺς
ἄλλους οἰκείους τοὺς σοὺς ζηλοῦσθαι, τοσοῦτον ὑπερέχοντος 25
[1411] σοῦ τῶν ἡλικιωτῶν ἀρετῇ, πολὺ δὲ μᾶλλον οὓς σὺ ὁ τῶν
τηλικούτων ἀγαθῶν ἠξιωμένος σαυτοῦ προκρίνας ἀξίους
εἶναι φίλους ἐξ ἁπάντων αἱρεῖ. τοὺς μὲν γὰρ ἢ τύχη σοι
μετόχους κατέστησεν, τοὺς δ' ἡ σφετέρα καλοκἀγαθία προσ-
32 συνέστησεν· οὓς οὐκ οἶδα πότερον ἐραστὰς ἢ μόνους ὀρθῶς 30

2 αὐτῶν om. r   4-5 τῆς . . . ὁρμῆς r (me teste), coni. Reiske :
τῇ . . . ὁρμῇ cett.   8 παρέχει Q γρ.   11 τοσαύτην Blass : τοιαύτην
codd.   φιλοτιμίαν vulg.: φιλονεικίαν S Y r D : φιλίαν Blass
12 παρεῖχεν D   20 τῶν μὴ] μὴ τῶν S Y r D   τοῦτον τὸν τρ. S Y r D :
τὸν τρ. τοῦτον vulg.   25 δηλοῦσθαι S F Y r D   26 ὁ om. Q γρ.

γιγνώσκοντας προσαγορεῦσαι χρή.   δοκεῖ γάρ μοι καὶ κατ᾽
ἀρχὰς ἡ τύχη, τῶν μὲν φαύλων καταφρονοῦσα, τὰς δὲ τῶν
σπουδαίων ἀνδρῶν διανοίας ἐρεθίσαι βουληθεῖσα, τὴν σὴν
φύσιν οὐ πρὸς ἡδονὴν ἐξαπατηθῆναι καλὴν ποιῆσαι, ἀλλὰ
5 πρὸς ἀρετὴν εὐδαιμονῆσαι χρήσιμον.

    Πολλὰ δ᾽ ἔχων ἔτι περὶ σοῦ διελθεῖν, αὐτοῦ καταλύσειν 33
μοι δοκῶ τὸν ἔπαινον, δεδιὼς μὴ καθ᾽ ὑπερβολὴν τῆς ἀνθρω-
πίνης φύσεως ὑπὲρ σοῦ διαλέγεσθαι δόξω· τοσοῦτον γὰρ
ὡς ἔοικεν ἡ τῶν λόγων δύναμις ἔλαττον ἔχει τῆς ὄψεως,
10 ὥστε τοῖς μὲν ὁρατοῖς οὐδεὶς ἀπιστεῖν ἀξιοῖ, τοὺς δὲ τούτων
ἐπαίνους οὐδ᾽ ἂν ἐλλείπωσιν ἀληθεῖς εἶναι νομίζουσιν.
παυσάμενος οὖν περὶ τούτων, ἤδη πειράσομαί σοι συμβου- 34
λεύειν ἐξ ὧν ἐντιμότερον ἔτι τὸν σαυτοῦ βίον καταστή-
σεις.   βουλοίμην δ᾽ ἂν σε μὴ πάρεργον ποιήσασθαι τὸ
15 προσέχειν τὸν νοῦν τοῖς μέλλουσιν ῥηθήσεσθαι, μηδ᾽ ὑπο-
λαμβάνειν τοῦθ᾽, ὡς ἄρ᾽ ἐγὼ τούτοις κέχρημαι τοῖς λόγοις
οὐ τῆς σῆς ὠφελίας ἕνεκα, ἀλλ᾽ ἐπιδείξεως ἐπιθυμῶν, ἵνα
μήτε διαμάρτῃς τῆς ἀληθείας, μήτ᾽ ἀντὶ τῶν βελτίστων τὰ
τυχόνθ᾽ ἑλόμενος χεῖρον περὶ σαυτοῦ βουλεύσῃ.   καὶ γὰρ 35
20 τοῖς μὲν ἀφανῆ καὶ ταπεινὴν τὴν φύσιν ἔχουσιν οὐδ᾽ ὅταν
μὴ καλῶς τι πράξωσιν ἐπιπλήττομεν, τοῖς δ᾽ ὥσπερ σὺ [1412]
περιβλέπτοις γεγενημένοις καὶ τὸ παραμελῆσαί τινος τῶν
καλλίστων αἰσχύνην φέρει.   ἔτι δ᾽ οἱ μὲν ἐπὶ τῶν ἄλλων
λόγων ψευσθέντες καθ᾽ ἑνὸς μόνου πράγματος οὐ τὰ
25 κράτιστ᾽ ἔγνωσαν· οἱ δὲ τῆς τῶν ἐπιτηδευμάτων συμβουλίας
διαμαρτόντες ἢ καταφρονήσαντες παρ᾽ ὅλον τὸν βίον τῆς
ἑαυτῶν ἀγνωσίας ὑπομνήματ᾽ ἔχουσιν.

    Τούτων μὲν οὐδὲν δεῖ σε παθεῖν, σκοπεῖσθαι δὲ τί τῶν 36
ἀνθρωπείων μεγίστην δύναμιν ἔχει, καὶ τίνος καλῶς μὲν

4 καλὴν Wolf : καλὸν codd. (add. σε Q γρ.)   5 ἐνευδαιμονῆσαι r
13 ὧν ἂν codd.; ἂν del. Schaefer   καταστήσεις S F Q : καταστήσῃς
vulg.   15 ὑπολαβεῖν r D   17 σῆς F Q Y γρ.: om. S Y r D   ὠφελίας
S¹ : ὠφελείας S corr. vulg.   18 μήτ᾽ ἀντί] μήτε τι S : μήτε r D
23 αἰσχύνην φέρει S F Q : καταγνῶσιν φ. r D : φ. καταγνῶσιν Y :
αἰσχύνην φέρειν εἴωθεν F γρ. Q γρ. Y γρ.   28 μὲν codd. : μὲν οὖν
index Lambini   29 ἀνθρωπίνων F Q

ἀποβάντος πλεῖστ᾽ ἂν κατορθοῖμεν, διαφθαρέντος δὲ μέγιστ᾽
ἂν βλαπτοίμεθα παρὰ τὸν βίον· οὐ γὰρ ἄδηλον ὅτι τούτου
καὶ μάλιστ᾽ ἐπιμέλειαν ποιητέον, ὃ μεγίστην ῥοπὴν ἐφ᾽
37 ἑκάτερον ἐργάζεσθαι πέφυκεν. τῶν μὲν τοίνυν ἐν ἀνθρώ-
ποις διάνοιαν ἁπάντων εὑρήσομεν ἡγεμονεύουσαν, ταύτην δὲ 5
φιλοσοφίαν μόνην παιδεῦσαί τ᾽ ὀρθῶς καὶ γυμνάσαι δυνα-
μένην. ἧς οἴομαι σε δεῖν μετασχεῖν, καὶ μὴ κατοκνῆσαι
μηδὲ φυγεῖν τὰς ἐνούσας ἐν αὐτῇ πραγματείας, ἐνθυμούμενον
ὅτι διὰ μὲν ἀργίας καὶ ῥαθυμίας καὶ τὰ παντελῶς ἐπιπολῆς
δυσχείρωτ᾽ ἐστί, διὰ δὲ καρτερίας καὶ φιλοπονίας οὐδὲν τῶν 10
38 ὄντων ἀγαθῶν ἀνάλωτον πέφυκε, καὶ διότι πάντων ἀλογώ-
τατόν ἐστι πρὸς μὲν χρηματισμὸν καὶ ῥώμην καὶ τὰ τοιαῦτα
φιλοτίμως ἔχειν καὶ πολλὰς ὑπομένειν κακοπαθίας, ἃ πάντα
θνήτ᾽ ἐστὶν καὶ τῇ διανοίᾳ δουλεύειν εἴωθεν, τὴν δ᾽ ἐπιστα-
τοῦσαν μὲν τῶν ἄλλων, συνδιατελοῦσαν δὲ τοῖς ἔχουσιν, 15
[1413] ὅλου δ᾽ ἡγεμονεύουσαν τοῦ βίου μὴ ζητεῖν ὅπως διακείσεται
39 βέλτιον. καίτοι καλὸν μὲν καὶ διὰ τύχην ἐν τοῖς σπου-
δαιοτάτοις θαυμάζεσθαι, πολὺ δὲ κάλλιον διὰ τὴν ἐπιμέλειαν
τὴν αὑτοῦ μηδενὸς τῶν ἐνδόξων ἄμοιρον γενέσθαι· τῆς μὲν
γὰρ ἐνίοτε καὶ τοῖς φαύλοις μετασχεῖν συνέβη, τῆς δ᾽ οὐκ 20
ἔστιν ἄλλοις μετουσία πλὴν τοῖς ἐν ἀνδραγαθίᾳ διαφέρουσιν.
40 ἀλλὰ μὴν περί γε τῆς φιλοσοφίας ἀκριβῶς μὲν ἕκαστα
διελθεῖν ἡγοῦμαι τὸν μέλλοντα χρόνον ἡμῖν ἐπιτηδειοτέρους
καιροὺς παραδώσειν· συντόμως δ᾽ εἰπεῖν οὐδὲ νῦν οὐδὲν
κωλύσει περὶ αὐτῆς. ἐν οὖν πρῶτον ἐκεῖνό σε δεῖ κατα- 25
μαθεῖν ἀκριβῶς, ὅτι πᾶσα μὲν παιδεία δι᾽ ἐπιστήμης καὶ
μελέτης τινὸς συνέστηκεν, ἡ δὲ φιλοσοφία καὶ μᾶλλον τῶν
ἄλλων· ὅσῳ γὰρ φρονιμωτέρους ἔχει τοὺς ἐφεστῶτας,
41 τοσούτῳ κάλλιον αὐτὴν συγκεῖσθαι προσήκει. καίτοι τί

2 βλαπτόμεθα S¹   4 ἑκάτερον Reiske : ἑκατέρων codd.   ἐργά-
ζεσθαι vulg. : ἐνεργ. S Q r   τῶν D (Sauppe) : τὴν cett.   5 διάνοιαν
om. S   9 ἐπιπολῆς om. S   13 κακοπαθίας S, cf. Crönert-Mem.
Herc. p. 32 : κακοπαθείας vulg.   14 post θνητὰ add. τε Blass
17 διὰ S vulg. : παρὰ Q γρ. recte fort., sed cf. § 9, Isocr. xii 32
21 ἐν] ἐπ᾽ D (Wolf), sed cf. lx 14, Prooem. xxiv   28 φρονιμωτέρους
F γρ. Q γρ. Y γρ. : ἀκριβεστέρους S vulg.

ποτ' ἂν βουληθείημεν, τῆς μὲν διανοίας ἐπὶ τοῦ λέγειν καὶ
βουλεύεσθαι τεταγμένης, τῆς δὲ φιλοσοφίας ἑκατέρου τού-
των ἐμπειρίαν παραδιδούσης, μὴ ταύτην κατασχεῖν τὴν
πραγματείαν, δι' ἧς ἀμφοτέρων τούτων ἐγκρατῶς ἕξομεν;
5 τότε γὰρ εἰκὸς καὶ τὸν βίον ἡμῶν μεγίστην ἐπίδοσιν λαβεῖν,
ὅταν τῶν κρατίστων ὀρεγόμενοι τὰ μὲν διδακτὰ τέχνῃ, τὰ
δὲ λοιπὰ γυμνασίᾳ καὶ συνηθείᾳ κατασχεῖν δυνηθῶμεν. οὐ 42
γὰρ δήπου τοῦτό γ' ἔστιν εἰπεῖν, ὡς οὐδὲν πρὸς τὸ φρονεῖν
εὖ παρὰ τὴν ἐπιστήμην διαφέρομεν ἀλλήλων· ὅλως μὲν γὰρ
10 ἅπασα φύσις βελτίων γίγνεται παιδείαν προσλαβοῦσα τὴν
προσήκουσαν, πολὺ δὲ μάλισθ' ὅσαις ἐξ ἀρχῆς εὐφυέστερον [1414]
τῶν ἄλλων ἔχειν ὑπῆρξεν· ταῖς μὲν γὰρ αὐτῶν μόνον βελτίοσιν
γίγνεσθαι, ταῖς δὲ καὶ τῶν ἄλλων συμβαίνει διενεγκεῖν. εὖ δ' 43
ἴσθι τὴν μὲν ἐκ τῶν πράξεων ἐμπειρίαν γιγνομένην σφα-
15 λερὰν οὖσαν καὶ πρὸς τὸν λοιπὸν βίον ἀχρήστως ἔχουσαν,
τὴν δ' ἐκ τοῦ φιλοσοφεῖν παιδείαν πρὸς ἅπαντα ταῦτ'
εὐκαίρως συγκεκραμένην. καίτοι τινὲς ἤδη καὶ δι' εὐτυχίαν
πραγμάτων γυμνασθέντες ἐθαυμάσθησαν· σοὶ δὲ προσήκει
τούτων μὲν καταφρονεῖν, σαυτοῦ δ' ἐπιμέλειαν ἔχειν· οὐ
20 γὰρ αὐτοσχεδιάζειν, ἀλλ' ἐπίστασθαί σε δεῖ περὶ τῶν
μεγίστων, οὐδ' ἐπὶ τῶν καιρῶν μελετᾶν, ἀλλ' ἀγωνίζεσθαι
καλῶς ἐπίστασθαι. νόμιζε δὲ πᾶσαν μὲν τὴν φιλοσοφίαν 44
μεγάλα τοὺς χρωμένους ὠφελεῖν, πολὺ δὲ μάλιστα τὴν
περὶ τὰς πράξεις καὶ τοὺς πολιτικοὺς λόγους ἐπιστήμην.
25 τῆς γὰρ γεωμετρίας καὶ τῆς ἄλλης τῆς τοιαύτης παιδείας
ἀπείρως μὲν ἔχειν αἰσχρόν, ἄκρον δ' ἀγωνιστὴν γενέσθαι
ταπεινότερον τῆς σῆς ἀξίας· ἐν ἐκείνῃ δὲ τὸ μὲν διενεγκεῖν
ζηλωτόν, τὸ δ' ἄμοιρον γενέσθαι παντελῶς καταγέλαστον.
γνοίης δ' ἂν ἐξ ἄλλων τε πολλῶν, καὶ παραθεωρήσας τοὺς 45

1–2 βουλεύεσθαι καὶ λέγειν r, cf. ii 30   7 γυμνασίᾳ S Y r D : add.
τινὶ vulg.   9 ὅλως] ὅλον S   12–13 ταῖς . . . ταῖς codex Coisl. 339 :
τοῖς . . . ταῖς S (me teste) D : τοῖς . . . τοῖς cett.   14 ἴσθι F Q D : ἴσθ'
ὅτι S Y r   τα post γιγνομένην add. S idque ex το mutatum   16 ταῦτ'
abesse malit Blass   17 εὐτυχίαν] συντυχίαν Q γρ. Y γρ. unde συντυχίᾳ
Schaefer, δι' deleto   18 num ⟨περὶ τὴν ἐμπειρίαν τῶν⟩ πραγμάτων ?
cf. Isocr. x 5, xiii 14 : πραγμάτων ⟨ἐμπειρίᾳ⟩ Richards

πρὸ σαυτοῦ γεγενημένους ἐνδόξους ἄνδρας. τοῦτο μὲν γὰρ
Περικλέα τὸν συνέσει πλεῖστον τῶν καθ' αὑτὸν διενεγκεῖν
δόξαντα πάντων, ἀκούσει πλησιάσαντ' Ἀναξαγόρᾳ τῷ Κλα-
ζομενίῳ καὶ μαθητὴν ἐκείνου γενόμενον ταύτης τῆς δυνάμεως
μετασχόντα· τοῦτο δ' Ἀλκιβιάδην εὑρήσεις φύσει μὲν πρὸς 5
ἀρετὴν πολλῷ χεῖρον διακείμενον, καὶ τὰ μὲν ὑπερηφάνως,
[1415] τὰ δὲ ταπεινῶς, τὰ δ' ὑπερακρατῶς ζῆν προῃρημένον, ἀπὸ
δὲ τῆς Σωκράτους ὁμιλίας πολλὰ μὲν ἐπανορθωθέντα τοῦ
βίου, τὰ δὲ λοιπὰ τῷ μεγέθει τῶν ἄλλων ἔργων ἐπικρυψά-
46 μενον. εἰ δὲ δεῖ μὴ παλαιὰ λέγοντας διατρίβειν, ἔχοντας 10
ὑπογνωτέροις παραδείγμασιν χρῆσθαι, τοῦτο μὲν Τιμόθεον
οὐκ ἐξ ὧν νεώτερος ὢν ἐπετήδευσεν, ἀλλ' ἐξ ὧν Ἰσοκράτει
συνδιατρίψας ἔπραξεν, μεγίστης δόξης καὶ πλείστων τιμῶν
εὑρήσεις ἀξιωθέντα· τοῦτο δ' Ἀρχύταν τὴν Ταραντίνων
πόλιν οὕτω καλῶς καὶ φιλανθρώπως διοικήσαντα κύριον 15
αὐτῆς καταστάντα, ὥστ' εἰς ἅπαντας τὴν ἐκείνου μνήμην
διενεγκεῖν· ὃς ἐν ἀρχῇ καταφρονούμενος, ἐκ τοῦ Πλάτωνι
47 πλησιάσαι τοσαύτην ἔλαβεν ἐπίδοσιν. καὶ τούτων οὐδὲν
ἀλόγως ἀποβέβηκεν· πολὺ γὰρ ⟨ἂν⟩ ἦν ἀτοπώτερον, εἰ τὰ
μὲν μικρὰ δι' ἐπιστήμης καὶ μελέτης ἠναγκαζόμεθ' ἐπιτελεῖν, 20
τὰ δὲ μέγιστ' ἄνευ ταύτης τῆς πραγματείας ἠδυνάμεθα πράτ-
τειν. περὶ μὲν οὖν τούτων οὐκ οἶδ' ὅ τι δεῖ πλείω λέγειν· οὐδὲ
γὰρ ἐξ ἀρχῆς ὡς παντελῶς ἀπείρως ἔχοντός σου περὶ αὐτῶν
ἐμνήσθην, ἀλλ' ἡγούμενος τὰς τοιαύτας παρακλήσεις τοὺς μὲν
48 ἀγνοοῦντας προτρέπειν, τοὺς δ' εἰδότας παροξύνειν. μηδὲν δ' 25
ὑπολάβῃς τοιοῦτον, ὡς ἄρ' ἐγὼ ταῦτ' εἴρηκα διδάξειν αὐτὸς
ἐπαγγελλόμενός σέ τι τούτων· οὐ γὰρ ἂν αἰσχυνθείην
εἰπὼν ὅτι πολλὰ μαθεῖν αὐτὸς ἔτι δέομαι, καὶ μᾶλλον ἀγω-
νιστὴς προῄρημαι τῶν πολιτικῶν ἢ διδάσκαλος εἶναι τῶν

1 γὰρ addidi ex S r D   3 ἀκούσῃ Y corr. : ἀκούσειν S F¹ Q :
ἀκούσεις F corr.   7 τὰ δὲ ταπεινῶς om. D   ὑπερακρατῶς D γρ.
(Blass) : ὑπερακρατῶς F γρ. Q γρ. : ὑπεράκρως vulg.   10 λέγοντα
S F¹ Q   15 κύριον Wolf : καὶ κύριον codd.   19 ἀποβέβηκεν D :
ἀποβέβληκεν codd. plerique. etiam S (me teste)   ἂν add. Blass
27 σέ] εἴ S Q   28 εἰπεῖν Stahl   29 πολιτικῶν F γρ. Q γρ. D γρ.
Y γρ. cf. § 44 : πολλῶν S vulg. : πόνων F

ἄλλων. οὐχ ὡς ἀναινόμενος δὲ ταῦτα διορθοῦμαι τὴν τῶν
σοφιστεύειν ἑλομένων δόξαν, ἀλλ᾽ ὅτι τἀληθὲς τοῦτον ἔχον
τυγχάνει τὸν τρόπον· ἐπεὶ σύνοιδά γε πολλοὺς μὲν ἐξ 49
ἀδόξων καὶ ταπεινῶν ἐπιφανεῖς διὰ τῆς πραγματείας ταύτης [1416]
5 γεγενημένους, Σόλωνα δὲ καὶ ζῶντα καὶ τελευτήσαντα
μεγίστης δόξης ἠξιωμένον· ὃς οὐκ ἀπεληλαμένος τῶν
ἄλλων τιμῶν, ἀλλὰ τῆς μὲν ἀνδρείας τὸ πρὸς Μεγαρέας
τρόπαιον ὑπόμνημα καταλιπών, τῆς δ᾽ εὐβουλίας τὴν Σαλα-
μῖνος κομιδήν, τῆς δ᾽ ἄλλης συνέσεως τοὺς νόμους, οἷς ἔτι 50
10 καὶ νῦν οἱ πλεῖστοι τῶν Ἑλλήνων χρώμενοι διατελοῦσιν,
ὅμως τοσούτων αὐτῷ καλῶν ὑπαρχόντων, ἐπ᾽ οὐδενὶ μᾶλλον
ἐσπούδασεν ἢ τῶν ἑπτὰ σοφιστῶν ὅπως γένηται, νομίζων
τὴν φιλοσοφίαν οὐκ ὄνειδος, ἀλλὰ τιμὴν τοῖς χρωμένοις
φέρειν, καλῶς ἐγνωκὼς αὐτὸ τοῦτ᾽ οὐχ ἧττον ἢ καὶ τἄλλ᾽
15 ἐφ᾽ οἷς διήνεγκεν.

Ἐγὼ μὲν οὖν οὔτ᾽ αὐτὸς ἄλλως γιγνώσκω, σοί τε 51
παραινῶ φιλοσοφεῖν, μεμνημένῳ τῶν ἐξ ἀρχῆς ὑπαρξάντων
σαυτῷ· τούτου γὰρ ἕνεκα διῆλθον ἐν ἀρχῇ τοῦ λόγου κἀγὼ
περὶ αὐτῶν, οὐχ ὡς ἐκ τοῦ τὴν σὴν φύσιν ἐπαινεῖν ἀνακτή-
20 σεσθαί σε προσδοκῶν, ἀλλ᾽ ἵνα μᾶλλον προτρέψω σε πρὸς
τὴν φιλοσοφίαν, ἐὰν μὴ παρὰ μικρὸν ποιήσῃ, μηδ᾽ ἐπὶ τοῖς
ὑπάρχουσιν ἀγαθοῖς μέγα φρονήσας τῶν μελλόντων ὀλιγω-
ρήσῃς. μηδ᾽ εἰ τῶν ἐντυγχανόντων κρείττων εἶ, μηδὲν 52
τῶν ἄλλων ζήτει διενεγκεῖν, ἀλλ᾽ ἡγοῦ κράτιστον μὲν εἶναι
25 τὸ πρωτεύειν ἐν ἅπασι, τούτου δ᾽ ὀρεγόμενον ὀφθῆναι
μᾶλλον συμφέρειν ἢ προέχοντ᾽ ἐν τοῖς τυχοῦσιν. καὶ μὴ
καταισχύνῃς τὴν φύσιν, μηδὲ ψευσθῆναι ποιήσῃς τῶν ἐλπί-
δων τοὺς ἐπὶ σοὶ μέγα φρονοῦντας, ἀλλ᾽ ὑπερβάλλεσθαι
πειρῶ τῇ σαυτοῦ δυνάμει τὴν τῶν εὐνουστάτων ἐπιθυμίαν. [1417]
30 καὶ νόμιζε τοὺς μὲν ἄλλους λόγους, ὅταν ἐπιεικῶς ἔχωσιν, 53
τοῖς εἰποῦσιν δόξαν περιτιθέναι, τὰς δὲ συμβουλίας τοῖς

---

1 διορθοῦμαι Q γρ. D γρ. : διαιροῦμαι S vulg.   16 ἐγὼ . . .
γιγνώσκω F γρ. Q γρ. D γρ. Y γρ. : ὑφ᾽ ὧν οὖν S vulg.   18 διήλθομεν
S F Q : διῆλθον μὲν Γ   26 προσέχοντα S Q   28 ὑπερβαλέσθαι
cod. Coisl. 339

πεισθεῖσιν ὠφέλειαν καὶ τιμὴν προσάπτειν· καὶ τὰς μὲν
περὶ τῶν ἄλλων κρίσεις τὴν αἴσθησιν ἣν ἔχομεν δηλοῦν,
τὰς δὲ τῶν ἐπιτηδευμάτων αἰρέσεις τὴν ὅλην φύσιν ἡμῶν
δοκιμάζειν. ἐν οἷς ἅμα κρίνων αὐτὸς κριθήσεσθαι προσ-
δόκα παρὰ πᾶσιν, κἀμὲ τὸν οὕτως ἐγκωμιάσαντά σ᾽ ἑτοίμως 5
54 ἐν ἀγῶνι γενήσεσθαι τῆς σῆς δοκιμασίας. δι᾽ ἃ δεῖ σε τῶν
ἐπαίνων ἄξιον εἶναι δόξαντα καὶ ἐμὲ τῆς σῆς φιλίας ἀνεπι-
τίμητον ἀφεῖναι. οὐχ οὕτως δ᾽ ἄν σε προθύμως ἐπὶ τὴν
φιλοσοφίαν παρεκάλουν, εἰ μὴ τῆς μὲν εὐνοίας τῆς ἐμῆς
τοῦτον ἄν σοι κάλλιστον ἔρανον εἰσενεγκεῖν ᾤμην, τὴν δὲ 10
πόλιν ἑώρων διὰ μὲν ἀπορίαν τῶν καλῶν κἀγαθῶν ἀνδρῶν
τοῖς τυχοῦσιν πολλάκις χρωμένην, διὰ δὲ τὰς τούτων
ἁμαρτίας αὐτὴν ταῖς μεγίσταις ἀτυχίαις περιπίπτουσαν.
55 ἵν᾽ οὖν ἡ μὲν τῆς σῆς ἀρετῆς, σὺ δὲ τῶν παρὰ ταύτης
τιμῶν ἀπολαύσῃς, προθυμότερόν σοι παρεκελευσάμην. καὶ 15
γὰρ οὐδ᾽ ἐπὶ σοὶ νομίζω γενήσεσθαι ζῆν ὡς ἔτυχεν, ἀλλὰ
προστάξειν σοι τὴν πόλιν τῶν αὑτῆς τι διοικεῖν, καὶ ὅσῳ
τὴν φύσιν ἐπιφανεστέραν ἔχεις, τοσούτῳ μειζόνων ἀξιώσειν
καὶ θᾶττον βουλήσεσθαι πεῖράν σου λαμβάνειν. καλὸν
οὖν παρεσκευάσθαι τὴν γνώμην, ἵνα μὴ τότε πλημμελῇς. 20
56 Τοῦτο μὲν οὖν ἐμὸν ἦν ἔργον, εἰπεῖν ἅ σοι συμφέρειν
ἡγοῦμαι πεπρᾶχθαι, σὸν δὲ βουλεύσασθαι περὶ αὐτῶν.
προσήκει δὲ καὶ τοὺς ἄλλους τοὺς ζητοῦντας οἰκείως πρὸς σὲ
[1418] διακεῖσθαι μὴ τὰς ἐπιπολαίους ἡδονὰς καὶ διατριβὰς ἀγαπᾶν,
μηδ᾽ ἐπὶ ταύτας προκαλεῖσθαι, ἀλλὰ φιλοπονεῖν καὶ σκοπεῖν 25
ὅπως τὸν σὸν βίον ὡς λαμπρότατον καταστήσουσιν· αὐτοί
τε γὰρ οὕτως ἂν μάλιστ᾽ ἐπαινοῖντο καὶ σοὶ πλείστων ἀγαθῶν
57 αἴτιοι γένοιντο. μέμφομαι μὲν οὖν οὐδὲ νῦν οὐδένα τῶν
σοὶ πλησιαζόντων· καὶ γάρ μοι δοκεῖ τῆς ἄλλης εὐτυχίας

3 δὲ in S erasum   6 δι᾽ ἃ S Q r: διὸ vulg.   σε S Y¹ r: σέ τε
vulg.   7 εἶναι om. r   8 ἀφεῖναι scripsi : εἶναι codd. : ποιεῖν Blass
9 παρεκαλοῦμεν S F Q   13 ἁμαρτίας] ἀδοξίας D γρ.   19 σου om.
Y¹ r D   20 παρεσκευάσθαι καὶ γεγυμνάσθαι τὴν D   21 τοῦτο μὲν
scripsi, cf. Prooem. viii 1 : τὸ μὲν codd.: ὃ μὲν et mox πέπρακται Blass
22 σὸν] οσον S   24 μὴ om. S¹   27 τε om. S¹

τῆς σῆς καὶ τοῦθ᾽ ἓν εἶναι, τὸ μηδενὸς φαύλου τυχεῖν ἐρα-
στοῦ, ἀλλ᾽ οὓς ἄν τις ἕλοιτο βουλόμενος φίλους ἐκ τῶν
ἡλικιωτῶν ἐκλέγεσθαι· παραινῶ μέντοι σοι φιλοφρονεῖσθαι
μὲν πρὸς ἅπαντας τούτους καὶ ἔχειν ἡδέως, πείθεσθαι δὲ
5 τοῖς πλεῖστον νοῦν ἔχουσιν αὐτῶν, ἵνα καὶ τούτοις αὐτοῖς
ἔτι σπουδαιότερος δοκῇς εἶναι καὶ τοῖς ἄλλοις πολίταις.
εὐτύχει.

1 τὸ F corr. r : τοῦ S F¹ Q	6 δοκεῖς S
In S subscriptum

ΕΡΩΤΙΚΟΣ
Ḥ Ḥ Δ̄ Δ̄
(Ḥ Ṃ̄ Δ̄ Δ̄ corr. Burger ex cod. Y)

ΠΡΟΟΙΜΙΑ ΔΗΜΗΓΟΡΙΚΑ

Α

Εἰ μὲν περὶ καινοῦ τινος πράγματος προὐτίθετ', ὦ ἄνδρες
Ἀθηναῖοι, λέγειν, ἐπισχὼν ἂν ἕως οἱ πλεῖστοι τῶν εἰωθό-
των γνώμην ἀπεφήναντο, εἰ μὲν ἤρεσκέ τί μοι τῶν ῥηθέντων,
ἡσυχίαν ἂν ἦγον, εἰ δὲ μή, τότ' ἂν καὶ αὐτὸς ἐπειρώμην ἃ 5
γιγνώσκω λέγειν· ἐπειδὴ δ' ὑπὲρ ὧν πολλάκις εἰρήκασιν
οὗτοι πρότερον, περὶ τούτων νυνὶ σκοπεῖτε, ἡγοῦμαι καὶ
2 πρῶτος ἀναστὰς εἰκότως ἂν μετὰ τούτους δοκεῖν λέγειν. εἰ
μὲν οὖν εἶχεν καλῶς τὰ πράγματα, οὐδὲν ἂν ἔδει συμβου-
[1419] λεύειν· ἐπειδὴ δ' ὅσην ἅπαντες ὁρᾶτ' ἔχει δυσκολίαν, ὡς ἐκ 10
τοιούτων πειράσομαι συμβουλεύειν ἃ κράτιστ' εἶναι νομίζω.
πρῶτον μὲν οὖν ὑμᾶς ἐκεῖν' ἐγνωκέναι δεῖ, ὡς οὐδὲν ὧν
ἐποιεῖτ' ἐπὶ τοῦ πολεμεῖν ὄντες τοῦ λοιποῦ πρακτέον ἐστίν,
ἀλλὰ πάντα τἀναντία· εἰ γὰρ ἐκεῖνα φαῦλα πεποίηκε τὰ
3 πράγματα, τἀναντί' εἰκὸς βελτίω ποιῆσαι. ἔπειτα νομιστέον 15
οὐχ ὃς ἂν ὑμῖν ἢ μηδὲν ἢ μικρὰ προστάττῃ, τοῦτον ὀρθῶς
λέγειν (ὁρᾶτε γὰρ ὡς ἐκ τῶν τοιούτων ἐλπίδων καὶ λόγων
εἰς πᾶν προελήλυθε μοχθηρίας τὰ παρόντα), ἀλλ' ὃς ἂν τὸ
χαρίζεσθαι παρείς, ἃ δεῖ καὶ δι' ὧν παυσαίμεθ' ⟨ἂν⟩ αἰσχύ-
νην ὀφλισκάνοντες καὶ ζημιούμενοι, ταῦτα λέγῃ. καὶ γὰρ 20
ὡς ἀληθῶς, εἰ μέν, ὅσ' ἂν τῷ λόγῳ τις ὑπερβῇ λυπῆσαι μὴ
βουλόμενος, καὶ τὰ πράγμαθ' ὑπερβήσεται, δεῖ πρὸς ἡδονὴν
δημηγορεῖν· εἰ δ' ἡ τῶν λόγων χάρις, ἂν ᾖ μὴ προσήκουσα,

Titulus: δημηγορικά vulg., Harpocr.: συμβουλευτικά Pollux vi 143:
om. S F

3 εἰωθοτωνει S sed εἰ punctis lineolisque deletum   4 τῶν] τῶν
ὑπὸ τούτων r, cf. iv 1   5 ἂν post ἡσυχίαν om. S, sed cf. iv 1, xx 143
8 εἰκότως ἂν συγγνώμης τυγχάνειν iv 1   λέγειν secl. Blass   εἰ]
hic numerus B¹ adscriptus in S F   9 συμβουλεύειν] βουλεύεσθαι iv 1,
adscivit Blass   10 ὅσην (vel ἥν) ἅπαντες Dobree, cf. iii 27, Prooem.
xv 1: ὡς ἅπαντες codd.   14 φλαῦρα Blass, sed cf. ii 26, xix 270
19 ἂν add. Bekker   21 sqq., cf. iv 38

ἔργῳ ζημία γίγνεται, αἰσχρόν ἐστιν φενακίζειν ἑαυτοὺς καὶ
μετὰ τῆς ἐσχάτης ἀνάγκης πρᾶξαι ταῦθ' ἃ πάλαι 'θελοντὰς
προσῆκεν ποιεῖν.

B

5   Οὐχὶ ταῦτα γιγνώσκειν, ὦ ἄνδρες 'Αθηναῖοι, παρίσταταί
μοι, ὅταν τε τὸ τῆς πολιτείας ὄνομ' ὑμῶν ἀκούσω, καὶ ὅταν
τὸν τρόπον ὃν προσφέρονταί τινες ὑμῶν τοῖς ὑπὲρ ταύτης
λέγουσιν ἴδω.   τὴν μὲν γὰρ πολιτείαν δημοκρατίαν, ὥσπερ
ἅπαντες ἴστε, ὀνομάζετε, τῶν δὲ τἀναντία ταύτῃ λεγόντων
10   ἐνίους ἥδιον ἀκούοντας ὁρῶ.   ὃ καὶ θαυμάζω τίς ποθ' ἡ 2
πρόφασις.   πότερον προῖκα λέγειν ταῦτ' αὐτοὺς οἴεσθε;
ἀλλ' οἱ τῶν ὀλιγαρχιῶν, ὑπὲρ ὧν οὗτοι λέγουσιν, κύριοι καὶ [1420]
πλείω σιωπῆς μᾶλλον ἂν δοῖεν.   ἀλλὰ βελτίω ταῦτ' εἶναι
τῶν ἑτέρων ὑπειλήφατε; βελτίων ἄρ' ὑμῖν ὀλιγαρχία δημο-
15   κρατίας φαίνεται.   ἀλλ' αὐτοὺς εἶναι βελτίους ἡγεῖσθε; καὶ
τίς ἂν ὑφ' ὑμῶν χρηστὸς νομίζοιτ' εἰκότως, ἐναντία τῇ
καθεστώσῃ πολιτείᾳ δημηγορῶν; οὐκοῦν λοιπὸν ἁμαρτάνειν
ὑμᾶς, ὅταν οὕτως ἔχητε τὴν γνώμην.   τοῦτο τοίνυν φυλάτ-
τεσθε μὴ πάσχειν, ὦ ἄνδρες 'Αθηναῖοι, ὅπως μή ποτε τοῖς
20   ἐπιβουλεύουσιν λαβὴν δώσετε, εἶτα τότ' αἰσθήσεσθ' ἡμαρτη-
κότες, ἡνίκ' οὐδ' ὁτιοῦν ὑμῖν πλέον ἔσται.

β

Τὸ μὲν [οὖν], ὦ ἄνδρες 'Αθηναῖοι, μὴ πάνθ' ὡς ἂν ἡμεῖς 3
βουλοίμεθ' ἔχειν μήτε παρ' αὐτοῖς ἡμῖν μήτε παρὰ τοῖς
25   συμμάχοις, ἴσως οὐδέν ἐστι θαυμαστόν· πολλῶν γὰρ τὸ τῆς
τύχης αὐτόματον κρατεῖ, καὶ πολλαὶ προφάσεις τοῦ μὴ πάντα

2 ἐθελοντὰς Wolf, cf. Isocr. xi 1 : θέλοντας S Y¹ r : ἐθέλοντας vulg.
4 B] Γ exhibent S F   6 τε τὸ Blass coll. iii 1 : τό τε codd.
10 ἥδειον S   ἀκούοντας S vulg. F γρ. : ἀκούσαντας F Q   11 πρότερον
S   ταῦτ' om. r   13 σιωπῆς Nitsche : σιωπῇ codd. (σιωπῆσαι r) :
σιωπῶσι Wolf   14 ἑτέρων S vulg. : ἡμετέρων r   16 εναντιαι S
23 τὸ μὲν] Δ' hic adscriptum in S F   οὖν del. Wolf ut novum hic
incipiat exordium   26 τοῦ] εἰς τὸ Y γρ. Q γρ.

κατὰ γνώμην συμβαίνειν ἀνθρώποις οὖσιν. τὸ δὲ μηδ'
ὁτιοῦν μεταλαμβάνειν τὸν δῆμον, ἀλλὰ τοὺς ἀντιπράττοντας
περιεῖναι, τοῦτο καὶ θαυμαστόν, ὦ ἄνδρες Ἀθηναῖοι, καὶ
φοβερὸν τοῖς εὖ φρονοῦσιν, ὡς ἐγὼ κρίνω. ἡ μὲν οὖν
ἀρχὴ παντός ἐστιν αὕτη μοι τοῦ λόγου.   5

Γ

Ἀντὶ πολλῶν ἄν, ὦ ἄνδρες Ἀθηναῖοι, χρημάτων τὸ μέλλον
συνοίσειν ὑμῖν περὶ ὧν νυνὶ τυγχάνετε σκοποῦντες, οἶμαι
πάντας ἂν ὑμᾶς ἑλέσθαι. ὅτε τοίνυν τοῦθ' οὕτως ἔχει,
προσήκει παρέχειν ἐθέλοντας ἀκούειν ὑμᾶς αὐτοὺς τῶν   10
βουλομένων συμβουλεύειν· οὐ γὰρ μόνον εἴ τι χρήσιμον
ἐσκεμμένος ἥκει τις, τοῦτ' ἂν ἀκούσαντες λάβοιτε, ἀλλὰ
καὶ τῆς ὑμετέρας τύχης ὑπολαμβάνω πολλὰ τῶν δεόντων ἐκ
[1421] τοῦ παραχρῆμ' ἐνίοις ἐπελθεῖν ἂν εἰπεῖν, ὥστ' ἐξ ἁπάντων
ῥᾳδίαν τὴν τοῦ συμφέροντος ὑμῖν αἵρεσιν γενέσθαι.   15

Δ

Ἔστιν, ὦ ἄνδρες Ἀθηναῖοι, δίκαιον, ἐπειδὴ ἐφ' ὑμῖν
ἐστιν ἑλέσθαι τῶν ῥηθέντων ὅ τι ἂν βούλησθε, ἁπάντων
ἀκοῦσαι. καὶ γὰρ πολλάκις συμβαίνει τὸν αὐτὸν ἄνθρωπον
τοῦτο μὲν μὴ λέγειν ὀρθῶς, ἕτερον δέ τι· ἐκ μὲν οὖν τοῦ   20
θορυβεῖν τάχ' ἂν δυσχεράναντες πολλῶν χρησίμων ἀποστερη-
θείητε, ἐκ δὲ τοῦ μετὰ κόσμου καὶ σιγῆς ἀκοῦσαι καὶ τὰ
καλῶς ἔχονθ' ἅπαντα ποιήσετε, κἂν δοκῇ τις [παρα]ληρεῖν,
παραλείψετε. ἐγὼ μὲν οὖν οὔτ' εἴωθα μακρολογεῖν, οὔτ'

4 ἐγὼ S Y Q : καὶ ἐγὼ F : ἔγωγε r   6 Γ] E' exhibent S F
7 ἂν om. F Q   post χρημάτων add. εἰ φάνερον γένοιτο r F et i i
omnes : om. hic S Y Q   8 ὑμῖν S Y r D Q γρ. : om. F Q : τῇ πόλει i i
νυνὶ om. F Q¹   9 ἂν S Y r : om. cett.   10 παρέχειν Y : προσέχειν r :
ἔχειν cett.   14 ἂν ἐπελθεῖν D et i i omnes   15 γενέσθαι r F
(me teste) et i i omnes : γίγνεσθαι vulg.   16 Δ om. S F   17 ἔστι
δὲ codd., δὲ del. Wolf   21 δυσχαιράναντες S   23 δοκῇ τις]
δοκήσῃ Q γρ.   ληρεῖν Q γρ. (Dobree) : παραληρεῖν cett., verbum
nusquam apud Demosthenem usurpatum   24 ἐγὼ] ϛ¹ hic adscr. S

ἄν, εἰ τὸν ἄλλον εἰώθειν χρόνον, νῦν ἐχρησάμην τούτῳ,
ἀλλ' ἃ συμφέρειν ὑμῖν νομίζω, ταῦθ' ὡς ἂν δύνωμαι διὰ
βραχυτάτων ἐρῶ πρὸς ὑμᾶς.

Ε

5 Ὁρῶ μέν, ὦ ἄνδρες Ἀθηναῖοι, παντάπασι πρόδηλον ὂν
οὓς τ' ἂν ἀκούσαιτε λόγους ἡδέως καὶ πρὸς οὓς οὐκ οἰκείως
ἔχετε· οὐ μὴν ἀλλὰ τὸ μὲν λέγειν ἅ τις οἴεται χαριεῖσθαι
τῶν παρακρούσασθαί τι βουλομένων εἶναι νομίζω, τὸ δ'
ὑφίστασθαι, περὶ ὧν πέπεικεν ἑαυτὸν συμφέρειν τῇ πόλει,
10 καὶ θορυβηθῆναι κἂν ἄλλο τι βούλησθ' ὑμεῖς, εὔνου καὶ
δικαίου τοῦτο πολίτου κρίνω. βουλοίμην δ' ἂν ὑμᾶς, εἰ 2
καὶ μηδὲ δι' ἓν τῶν ἄλλων, δι' ἐκεῖν' ὑπομεῖναι τοὺς λόγους
ἀμφοτέρων, ἵν' ἐὰν μὲν ὀρθότερον φανῇ τις λέγων ὧν ὑμεῖς
ὡρμήκατε, χρήσησθε τούτῳ, ἂν δ' ἀπολειφθῇ καὶ μὴ δύνηται
15 διδάξαι, δι' αὑτόν, ἀλλὰ μὴ δι' ὑμᾶς οὐκ ἐθέλοντας ἀκούειν
τοῦτο πεπονθέναι δοκῇ. ἔτι δ' οὐδὲ πάθοιτ' ἂν ἀηδὲς οὐδὲν
τοσοῦτον, εἰ πολλά τινος ληροῦντος ἀκούσαιτε, ὅσον εἰ τῶν
δεόντων τι λέγειν ἔχοντός τινος εἰπεῖν κωλύσαιτε. ἡ μὲν   [1422]
οὖν ἀρχὴ τοῦ δοκιμάζειν ὀρθῶς ἅπαντ' ἐστὶν μηδὲν οἴεσθαι   3
20 πρότερον γιγνώσκειν πρὶν μαθεῖν, ἄλλως τε καὶ συνειδότας
πολλάκις ἤδη πολλοὺς μετεγνωκότας. ἂν τοίνυν ὑμεῖς
ταῦθ' ὑπάρξητε νῦν πεπεισμένοι, οἶμαι μετὰ βραχέων λόγων
καὶ αὐτὸς ἀντιλέγειν εἰκότως δόξειν καὶ ὑμῖν τὰ βέλτιστα
φανεῖσθαι λέγων.

1 ante χρόνον tres litterae in S erasae   νῦν] νῦν ἂν D   4 Ε om.
S, novum tamen versum ab ὁρῶ incipiens   6 ἀκούσαιτε Schaefer :
ἀκούσητε codd.   10 καὶ ante θορυβηθῆναι S¹ Y¹ : κἂν S corr. vulg.
11 τοῦτο πολίτου S Y r : πολίτου τοῦτο vulg.   12 καὶ μὴ Q r
14 χρῆσθε Y D C   17 τοσοῦτον S Y r : τοιοῦτον vulg.   ἀκούσετε
codd., corr. Reiske   ὅσον Q γρ. Y mg. (hic θ' ὅσον) : ἢ S corr., F Q :
om. S¹ Y r C   18 ἔχοντός τινος S F¹ Y¹ r : ἔχοντά τινα F corr.
κωλύσαιτε F corr. Y : κωλύσετε cett.   19 οἴεσθε S F¹ Y D   20 πρὶν
μαθεῖν om. S Y¹ D C   21 ἤδη πολλάκις r   23 ἀντιλέγειν F (me
teste), Schaefer : ἄν τι λέγειν cett.   δόξειν vulg. F corr. : δόξαι
F¹ S corr. : δοξε S¹   24 φανεῖσθαι Schaefer : φαίνεσθαι codd.

ϛ

Πολλῶν, ὦ ἄνδρες Ἀθηναῖοι, λόγων εἰρημένων παρὰ
πάντων τῶν συμβεβουλευκότων, οὐδὲν ὑμᾶς νῦν ὁρῶ ὄντας
ἐγγυτέρω τοῦ τί πρακτέον ηὑρῆσθαι ἢ πρὶν εἰς τὴν ἐκκλη-
σίαν ἀναβῆναι. αἴτιον δὲ τούτου ταῦθ᾽ ὅπερ οἶμαι τοῦ 5
κακῶς ἔχειν τὰ ὅλα· οὐ γὰρ παραινοῦσιν ὑμῖν ὑπὲρ τῶν
παρόντων οἱ λέγοντες, ἀλλ᾽ ἑαυτῶν κατηγοροῦσι καὶ λοιδο-
ροῦνται, ὡς μὲν ἐγὼ κρίνω, συνεθίζοντες ὑμᾶς ἄνευ κρίσεως,
ὅσων εἰσὶν αἴτιοι κακῶν, ἀκούειν, ἵν᾽ ἄν ποτ᾽ ἄρ᾽ εἰς ἀγῶνα
καθιστῶνται, μηδὲν ἡγούμενοι καινὸν ἀκούειν, ἀλλ᾽ ὑπὲρ ὧν 10
ὠργίσθε πολλάκις, πραότεροι δικασταὶ καὶ κριταὶ γίγνησθε
2 τῶν πεπραγμένων αὐτοῖς. τὴν μὲν οὖν αἰτίαν δι᾽ ἣν ταῦτα
ποιοῦσιν, ἴσως ἀνόητον ἀκριβῶς ζητεῖν [εἴη ἄν] ἐν τῷ παρόντι·
ὅτι δ᾽ ὑμῖν οὐχὶ συμφέρει, διὰ τοῦτ᾽ ἐπιτιμῶ. ἐγὼ δ᾽ οὔτε
κατηγορήσω τήμερον οὐδενός, οὔθ᾽ ὑποσχήσομαι τοιοῦτ᾽ 15
οὐδὲν ὃ μὴ παραχρῆμ᾽ ἐπιδείξω, οὐδ᾽ ὅλως τῶν αὐτῶν τούτοις
οὐδὲν ποιήσω· ἀλλ᾽ ἃ βέλτιστα μὲν τοῖς πράγμασιν, συμφέ-
ροντα δὲ τοῖς βουλευομένοις ὑμῖν ἡγοῦμαι, ταῦθ᾽ ὡς ἂν
δύνωμαι διὰ βραχυτάτων εἰπὼν καταβήσομαι.

Z   20

Οἱ μὲν ἐπαινοῦντες, ὦ ἄνδρες Ἀθηναῖοι, τοὺς προγόνους
ὑμῶν λόγον εἰπεῖν μοι δοκοῦσι προαιρεῖσθαι κεχαρισμένον,
οὐ μὴν συμφέροντά γ᾽ ἐκείνοις οὓς ἐγκωμιάζουσιν ποιεῖν.
περὶ γὰρ πραγμάτων ἐγχειροῦντες ⟨λέγειν⟩ ὧν οὐδ᾽ ἂν εἷς
ἀξίως ἐφικέσθαι δύναιτο τῷ λόγῳ, αὐτοὶ μὲν τοῦ δύνασθαι 25
λέγειν δόξαν ἐκφέρονται, τὴν δ᾽ ἐκείνων ἀρετὴν ἐλάττω τῆς
ὑπειλημμένης παρὰ τοῖς ἀκούουσιν φαίνεσθαι ποιοῦσιν.

1 ϛ΄] Z΄ exhibent S F et similiter deinceps usque ad κβ΄   2 πολλῶν
δὲ F Y rec.   3 τῶν om. S   10 καὶ καθιστῶται F   καινὸν] κακὸν
Q γρ. Y γρ.   13 εἴη ἄν secl. Blass   24 λέγειν post ἐγχειροῦντες
add. xiv 1: num ⟨εἰπεῖν⟩ ἐγχειροῦντες potius hic scribendum?
25 δύναιτο τῷ λόγῳ codd. et xiv 1 A F Y: τῷ λόγῳ δύναιτο xiv 1 S

ἐγὼ δὲ τῆς μὲν ἐκείνων ἀρετῆς μέγιστον ἔπαινον ἡγοῦμαι
τὸν χρόνον, οὗ πολλοῦ γεγενημένου μείζω τῶν ὑπ' ἐκείνων
πραχθέντων οὐδένες ἄλλοι παραδείξασθαι δεδύνηνται· αὐτὸς 2
δὲ πειράσομαι τὸν τρόπον εἰπεῖν ὃν ἄν μοι δοκεῖτε μάλιστα
5 δύνασθαι παρασκευάσασθαι.   καὶ γὰρ οὕτως ἔχει· εἰ μὲν
ἡμεῖς ἅπαντες οἱ λέγοντες δεινοὶ φανείημεν, οὐδὲν ἂν τὰ
ὑμέτερ' εὖ οἶδ' ὅτι βέλτιον σχοίη· εἰ δὲ παρελθὼν ⟨εἷς⟩ ὁστισ-
οῦν δύναιτο διδάξαι καὶ πεῖσαι, τίς παρασκευὴ καὶ πόση καὶ
πόθεν πορισθεῖσα χρήσιμος ἔσται τῇ πόλει, πᾶς ὁ παρὼν
10 λέλυται φόβος.   ἐγὼ δὲ τοῦτο, ἂν ἄρ' οἷός τ' ὦ, πειράσομαι
ποιῆσαι, μικρὰ προειπὼν ὑμῖν ὡς ἔχω γνώμης περὶ τῶν
πρὸς τὸν βασιλέα.

Η

Ἀμφότεροί μοι δοκοῦσιν ἁμαρτάνειν, ὦ ἄνδρες Ἀθηναῖοι,
15 καὶ οἱ τοῖς Ἀρκάσιν καὶ οἱ τοῖς Λακεδαιμονίοις συνειρη-
κότες· ὥσπερ γὰρ ἀφ' ἑκατέρων ἥκοντες, οὐχ ὑμῶν ὄντες,
πρὸς οὓς ἀμφότεροι πρεσβεύονται, κατηγοροῦσιν καὶ δια-
βάλλουσιν ἀλλήλους.   ἦν δὲ τοῦτο μὲν τῶν ἀφιγμένων
ἔργον, τὸ δὲ κοινῶς ὑπὲρ τῶν πραγμάτων λέγειν καὶ τὰ
20 βέλτισθ' ὑπὲρ ὑμῶν σκοπεῖν ἄνευ φιλονικίας τῶν ἐνθάδε 2
συμβουλεύειν ἀξιούντων.   νῦν δ' ἔγωγε, εἴ τις αὐτῶν [1424]
ἀφέλοι τὸ γιγνώσκεσθαι καὶ τὸ τῇ φωνῇ λέγειν ἀττικιστί,
πολλοὺς ἂν οἶμαι τοὺς μὲν Ἀρκάδας, τοὺς δὲ Λάκωνας
αὐτῶν εἶναι νομίσαι.   ἐγὼ δ' οἶδα μὲν ὡς χαλεπὸν τὸ τὰ
25 βέλτιστα λέγειν ἐστίν· συνεξηπατημένων γὰρ ὑμῶν, καὶ τῶν

1-2 τῆς . . . χρόνον] ἐκείνων μὲν ἔπαινον τὸν χρ. ἡγ. μέγιστον xiv 1
adscivit Blass   3 παραδείξασθαι S: παραδέξασθαι vulg. et xiv 1
omnes   4 ὃν ἂν S mg. F D : ὃν δὴ S¹ Q Y γρ. : ὃν ἂν δὴ Y C   δοκεῖτε
S F Y C : δοκῆτε vulg.   6 οἱ λέγοντες (i. e. oratores) codd. ; malim
οἱ λέγειν μέλλ⟩οντες, cf. xiv 2 οἱ μέλλοντες λέγειν   7 εἷς ex xiv 2
add. Blass   8 post δύναιτο add. τι Y D, τις cett. : om. xiv 2 : del.
Schaefer   πεῖσαι S F Q et xiv 2 : δεῖξαι S γρ. Q γρ. Y D C   10 λέλυται
codd. hic et xiv 2 S rec. F Y : λελύσεται xiv 2 S¹   16 ὄντες πολῖται
xvi 1   22 ἀφέλοι τὸ xvi 1 : ἀφέλοιτο τὸ hic S vulg. : ἀφείλετο Q γρ.
24 οἶδα μὲν] οἶμαι F γρ. Q γρ. : ὁρῶ μὲν xvi 2   τὸ om. xvi 2, sed
cf. xv 1   25 ἐξηπατημένων xvi 2 A et Aristeid. Rh. Gr. ix 379

μὲν ταυτί, τῶν δὲ ταυτὶ βουλομένων, ἐὰν τὰ μεταξύ τις
ἐγχειρῇ λέγειν κᾆθ' ὑμεῖς μὴ περιμένητε μαθεῖν, χαριεῖται
μὲν οὐδετέροις, διαβεβλήσεται δὲ πρὸς ἀμφοτέρους· οὐ μὴν
3 ἀλλ' αἱρήσομαι μᾶλλον αὐτός, ἐὰν ἄρα τοῦτο πάθω, δοκεῖν
φλυαρεῖν ἢ παρ' ἃ βέλτιστα νομίζω τῇ πόλει, προέσθαι τισὶν 5
ὑμᾶς ἐξαπατῆσαι. τὰ μὲν οὖν ἄλλ' ὕστερον, ἐὰν ὑμῖν βου-
λομένοις ᾖ, λέξω· ἐκ δὲ τῶν ὁμολογουμένων ὑφ' ἁπάντων
ἄρξομαι ἃ κράτιστα νομίζω, διδάσκειν.

Θ

Οὐχὶ ταὐτὰ γιγνώσκων ἐνίοις τῶν εἰρηκότων ἀνέστηκ', ὦ 10
ἄνδρες Ἀθηναῖοι. οὐ μὴν οὐδὲ τούτους αἰτιάσομαι κακίᾳ
τἀναντία τοῖς βελτίστοις εἰρηκέναι, ἀλλ' ὅτι πολλοὶ τοῦ τὰ
πράγματα κρίνειν ἀμελήσαντες τοὺς λόγους σκοπεῖν οὓς
ἐροῦσιν εἰώθασιν, κἂν τούτοις ἀφθόνοις ἐντύχωσιν, ἑτοίμως
δημηγορεῖν, οὐκ ὀρθῶς ἐγνωκότες, οὐδὲ λογιζόμενοι παρ' 15
ἑαυτοῖς ὅτι πολλῶν πράξεων ἐν πολλῷ χρόνῳ πᾶσι πεπραγ-
μένων καὶ διὰ τοὺς καιροὺς ἐνίων ὑπεναντίων αὐταῖς, ἂν
τὰς ἑτέρας τις ὑπερβαίνων τὰς ἑτέρας λέγῃ, λήσει τὸ
2 ῥᾷστον τῶν ἔργων ποιῶν, αὐτὸν ἐξαπατῶν. οἱ μὲν οὖν
οὕτω χρώμενοι τῷ συμβουλεύειν δοκοῦσί μοι τὴν ἀπὸ τῶν 20
ῥηθέντων τοῦ δύνασθαι λέγειν δόξαν γιγνομένην αὐτοῖς
[1425] ἱκανὴν φιλοτιμίαν ἡγεῖσθαι· ἐγὼ δὲ νομίζω χρῆναι τὸν πόλει
περὶ πραγμάτων ἐπιχειροῦντα συμβουλεύειν μᾶλλον ὅπως τὰ
δόξαντα συνοίσει σκοπεῖν, ἢ πῶς οἱ παραχρῆμα λόγοι χάριν
ἕξουσι. δεῖ γὰρ τοῖς ἐπὶ τῶν λόγων εὐδοκιμοῦσι συμφέ- 25
ροντός τινος ἔργου πρᾶξιν προσεῖναι, ἵνα μὴ νῦν μόνον, ἀλλ'
ἀεὶ τὰ ῥηθέντα καλῶς ἔχῃ.

1 τὰ F corr. : om. S vulg., cf. xvi 2 τὰ vulg. : τι S   2 κᾆτα
Bekker : κατα S : καθ' ἃ C : καθὰ Aristeid. l. c. : καὶ ταῦτα vulg.
περιμένητε S Y¹ Q D C Aristeid. : περιμείνητε F Y corr.   5 ἢ παρ' xvi 3
S Y Aristeid. : ἥπερ hic codd.   τῇ πόλει om. Aristeid.   7 ὑφ'
ἁπάντων xvi 3, Cobet : ὑπ' αὐτῶν hic codd.   14 ἀφθόνοις Y C, cf.
Prooem. xxxiii 2 : ἀφθόνως cett.   18 ἑτέρας S γρ. Q γρ. : προτέρας
S vulg. ἑτέρας Γ (Blass) : ὑστέρας cett.   21 αὐτοῖς Y : αὑτοῖς cett.
(sine spiritu S)   24 συνοίσει Vindob. 4 (Felicianus) : συνοίσειν
cett.   πῶς S¹ Y¹ C : ὅπως vulg.   26 μόνον νῦν Γ

I

Εἰ μὲν ἐγνώκατ᾽, ὦ ἄνδρες Ἀθηναῖοι, τί βέλτιστον ὂν
τυγχάνει πρᾶξαι περὶ τῶν παρόντων, ἁμάρτημα τὸ συμβου-
λεύειν προτιθέναι· ἃ γὰρ αὐτοὶ πρὶν ἀκοῦσαι δοκιμάζετε
5 συμφέρειν, τί δεῖ ταῦτ᾽ ἀκούοντας μάτην ἐνοχλεῖσθαι; εἰ δὲ
σκοπεῖτε καὶ βουλεύεσθ᾽ ὡς ἐκ τῶν ῥηθησομένων δοκιμάσαι
δέον, οὐκ ὀρθῶς ἔχει τὸ κωλύειν τοὺς βουλομένους λέγειν.
παρὰ μὲν γὰρ τῶν ὅλως ἀποστερεῖσθ᾽ ἐκ τοῦ τοῦτο ποιεῖν,
εἴ τι χρήσιμον ἐντεθύμηνται· τοὺς δ᾽ ἀφέντας ἃ τυγχάνουσιν
10 ἐγνωκότες, ὧν ὑμᾶς ἐπιθυμεῖν οἴονται, ταῦτα ποιεῖτε συμ-
βουλεύειν.   ἔστιν δ᾽ ἁμαρτάνειν μὲν βουλομένων τὸ συνα- 2
ναγκάζειν τὸν παριόνθ᾽ ἃ βούλεσθε λέγειν, βουλευομένων δ᾽
ἀκούσαντας ἃ γιγνώσκει σκοπεῖν, κἄν τι καλῶς ἔχῃ, χρῆσθαι.
λέγω δὲ ταῦτ᾽ οὐκ ἐναντία τοῖς ὑμῖν ἀρέσκουσιν μέλλων
15 παραινεῖν, ἀλλ᾽ ἐκεῖν᾽ εἰδώς, ὅτι ἂν μὲν μὴ ᾽θελήσητε τῶν
ἀντιλεγόντων ἀκοῦσαι, ἐξηπατῆσθαι φήσουσιν ὑμᾶς, ἂν δ᾽
ἀκούσαντες μὴ πεισθῆτε, ἐξεληλεγμένοι παραχρῆμ᾽ ἔσονται
τὰ χείρω παραινοῦντες.

ΙΑ

20 Οἶμαι πάντας ὑμᾶς, ὦ ἄνδρες Ἀθηναῖοι, γιγνώσκειν ὅτι
οὐ κρινοῦντες ἥκετε τήμερον οὐδένα τῶν ἀδικούντων, ἀλλὰ [1426]
βουλευσόμενοι περὶ τῶν παρόντων.   δεῖ τοίνυν τὰς μὲν
κατηγορίας ὑπερθέσθαι πάσας, καὶ τότ᾽ ἐν ὑμῖν λέγειν καθ᾽
ὅτου πέπεικεν ἕκαστος ἑαυτόν, ὅταν τινὰ κρίνωμεν· εἰ δέ
25 τίς τι χρήσιμον ἢ συμφέρον εἰπεῖν ἔχει, τοῦτο νῦν ἀποφαί-
νεσθαι.   τὸ μὲν γὰρ κατηγορεῖν τοῖς πεπραγμένοις ἐγκα-

2 ὂν om. r   5 τί δὴ . . . ἀκούοντες . . . ἐνοχλεῖσθε r D   8 γὰρ
om. FY corr.   τοῦ τοῦτο] τούτου τὸ FQ et Schol. p. 817. 12
12 βουλεσθαὶ SFY   δ᾽] δὲ τὸ r   14 ἡμῖν SFQ   20 πάντας
ὑμᾶς] πάντ᾽ Y¹   γιγνώσκειν post ὑμᾶς ponit r   23 ὑπερθέσθαι F γρ.
Q γρ. Y γρ. Coisl. 339 : προέσθαι S vulg.   25 ἔχει mg. edit. Paris.,
cf. ix 76 : ἔχοι codd.   ἀποφαίνεσθαι SF¹Y¹ r C : -έσθω vulg.
26 τῶν πεπραγμένων r S γρ. F γρ. Q γρ.

λούντων ἐστίν, τὸ δὲ συμβουλεύειν περὶ τῶν παρόντων καὶ
γενησομένων προτίθεται. οὐκοῦν οὐ λοιδορίας οὐδὲ μέμψεως
ὁ παρὼν καιρός, ἀλλὰ συμβουλῆς εἶναί μοι δοκεῖ. διὸ
πειράσομαι μὲν φυλάξασθαι, ὃ τούτοις ἐπιτιμῶ, μὴ παθεῖν
αὐτός, συμβουλεῦσαι δ᾽ ἃ κράτιστα νομίζω περὶ τῶν παρόν- 5
των.

IB

Οὐδέν᾽ ⟨ἂν⟩ ἀντειπεῖν, ὦ ἄνδρες Ἀθηναῖοι, νομίζω, ὡς οὐ
κακοῦ πολίτου καὶ φαύλου τὴν γνώμην ἀνδρός ἐστιν οὕτω
τινὰ μισεῖν ἢ φιλεῖν τῶν ἐπὶ τὰ κοινὰ προσιόντων ὥστε τοῦ 10
τῇ πόλει βελτίστου μηδὲν φροντίζειν, ἀλλὰ τὰ μὲν πρὸς
ἐπήρειαν, τὰ δὲ πρὸς φιλίαν δημηγορεῖν· ἃ ποιοῦσιν ἔνιοι
τῶν δευρὶ παριόντων. ἐγὼ δὲ τούτοις μὲν τοσοῦτον ἂν
εἴποιμι, ὅτι μοι δοκοῦσιν οὐδ᾽ εἴ τι πεποιήκασιν τοιοῦτον
μέγισθ᾽ ἡμαρτηκέναι, ἀλλ᾽ ὅτι δηλοῦσιν οὐδέποτ᾽ οὐδὲ 15
2 παύσασθαι παρεσκευασμένοι. ὑμῖν δὲ παραινῶ μὴ προϊε-
μένους ὑμᾶς αὐτοὺς ἱκανὸν τοῦτο νομίζειν, δίκην, ὅταν ὑμῖν
δόξῃ, παρὰ τούτων λαβεῖν, ἀλλὰ καὶ τούτους, ὅσον ἐστὶν ἐν
ὑμῖν, κωλύειν, καὶ αὐτούς, ὥσπερ ὑπὲρ πόλεως προσήκει
βουλευομένους, τὰς ἰδίας ἀνελόντας φιλονικίας τὸ κοινῇ 20
βέλτιστον σκοπεῖσθαι, ἐνθυμουμένους ὅτι οὐδείς, οὐδ᾽ ἅμα
[1427] πάντες οἱ πολιτευόμενοι, τῶν νόμων, ἐφ᾽ οἷς ὑμεῖς ἐστε,
ἀξιόχρεῳ εἰσι διαφθαρέντων δίκην δοῦναι.

ΙΓ

Ἴσως ἐπίφθονον ἄν τισιν, ὦ ἄνδρες Ἀθηναῖοι, δόξειεν 25
εἶναι, εἴ τις ὢν ἰδιώτης καὶ τῶν πολλῶν ὑμῶν εἷς, ἑτέρων
συμβεβουλευκότων, οἳ καὶ τῷ πάλαι πολιτεύεσθαι καὶ τῷ

5 συμβουλεύσω D   8 ἂν Vindob. 4 (Baiter) : om.cett.   10 φιλεῖν
ἢ μισεῖν r   12 φιλίαν Schaefer : φιλονεικίαν codd.   14 οὐχ ὅτι π.
τοῦτο r   16 παύσεσθαι S F Y Q   19 ὥσπερ] ὡς r   21 num (οὔθ᾽ εἷς)
οὐδεὶς οὔθ᾽ ἅμα?   22 νόμων S vulg. : ὅλων r   23 ἀξιόχρεῳ Y C Vindob.
4 : ἀξιόχρεώς S vulg.   εἰσι S F¹ Y C Vindob. 4 : ἐστι F corr. vulg.

370

παρ' ὑμῖν δόξαν ἔχειν προέχουσιν, παρελθὼν εἴποι, ὅτι οὐ
μόνον αὐτῷ δοκοῦσιν οὐκ ὀρθῶς λέγειν, ἀλλ' οὐδ' ἐγγὺς
εἶναι τοῦ τὰ δέοντα γιγνώσκειν. οὐ μὴν ἀλλ' ἔγωγ' οὕτω
σφόδρ' οἶμαι μᾶλλον ὑμῖν συμφέροντ' ἐρεῖν τούτων, ὥστ'
5 οὐκ ὀκνήσω πάνθ' ἃ τυγχάνουσιν εἰρηκότες, ἄξια μηδενὸς
εἶναι φῆσαι. νομίζω δὲ καὶ ὑμᾶς ὀρθῶς ἂν ποιεῖν, εἰ μὴ
τὸν λέγοντα, ἀλλὰ τὰ συμβουλευόμενα σκοποῖτε. δεῖ γάρ,
ὦ ἄνδρες Ἀθηναῖοι, τὴν παρ' ὑμῶν εὔνοιαν μή τισιν,
ὥσπερ ἐκ γένους, ἀλλὰ τοῖς τὰ βέλτιστ' ἀεὶ λέγουσιν
10 ὑπάρχειν.

ΙΔ

Βουλοίμην ἂν ὑμᾶς, ὦ ἄνδρες Ἀθηναῖοι, προσέχοντας, ἃ
μέλλω λέγειν, ἀκοῦσαι· καὶ γάρ ἐστιν οὐ μικρά. ἐγὼ
θαυμάζω τί δή ποτε, πρὶν μὲν εἰς τὴν ἐκκλησίαν ἀναβῆναι,
15 ὅτῳ τις ἂν ὑμῶν ἐντύχῃ, οὗτος εὐπόρως εἰπεῖν ἔχει δι' ὧν
ἂν τὰ παρόντα πράγματα βελτίω γένοιτο· καὶ πάλιν αὐτίκα
δὴ μάλ' ἐὰν ἀπέλθητε, ὁμοίως ἕκαστος ἐρεῖ τὰ δέοντα· ἐν
δὲ τῷ περὶ τούτων σκοπεῖν ὄντες καὶ συνειλεγμένοι πάντα
μᾶλλον ἢ ταῦτα λεγόντων τινῶν ἀκούετε. ἆρά γ', ὦ ἄνδρες 2
20 Ἀθηναῖοι, γνῶναι μὲν ἔστιν ἑκάστῳ τὰ δέονθ' ὑμῶν καὶ
κατὰ τῶν ἄλλων εἰπεῖν ἐπίσταται, ποιῶν δ' αὐτὸς ἕκαστος
οὐ χαίρει, εἶτ' ἰδίᾳ μέν, ὡς ἄρ' αὐτὸς ἑτοίμως τὰ βέλτιστ'
⟨ἂν⟩ πράττειν δόξων, τοῖς ἄλλοις ἐπιτιμᾷ, κοινῇ δ' εὐλαβεῖσθε [1428]
τὰ τοιαῦτα ψηφίζεσθαι δι' ὧν ἐν τῷ λῃτουργεῖν τι τῶν
25 καθηκόντων ἅπαντες ἔσεσθε; εἰ μὲν τοίνυν μηδένα καιρὸν 3
οἴεσθ' ἥξειν ὃς εἴσω τῆς εἰρωνείας ἀφίξεται ταύτης, καλῶς
ἂν ἔχοι τοῦτον τὸν τρόπον διάγειν· εἰ δὲ τὰ πράγμαθ' ὁρᾶτ'

---

1 ᾱρελθων S   12 ante ἂν add. τοίνυν S F Q Y mg. : om. Y¹ D
13 καὶ ... μικρά] οὐ ... μακρά r D   15 οὕτως r F corr. Q   17 ἐὰν
codd. : ὅταν vel ἐπὰν Dobree   18 καὶ om. r   20–21 καὶ κατὰ
r : καὶ τὰ S vulg.   22 χαίρει (Seager) εἶτα Blass : χίραι εἶτα r :
χαριεῖται cett.   ἕτοιμος F   23 ἂν post βέλτιστα add. Blass
ἐπιτιμᾷ Felicianus : ἐπιτιμᾶν codd.   εὐλαβεῖσθε Blass : εὐλαβεῖσθαι
codd. : εὐλαβεῖται Felicianus   26 ἀφείξεται S¹

ἐγγυτέρω προσάγοντα, δεῖ σκοπεῖσθαι ὅπως μὴ πλησίον
αὐτοῖς μαχεῖσθε, ἃ πόρρωθεν ἔξεστι φυλάξασθαι, καὶ τοὺς
νῦν περιοφθέντας ἐφηδομένους ὕστερον ἔξεθ᾿ οἷς ἂν πά-
σχητε.

IE   5

Περὶ μὲν τῶν παρόντων, ὦ ἄνδρες Ἀθηναῖοι, πραγμάτων
τῇ πόλει, καίπερ οὐκ ἐχόντων ὡς δεῖ, οὐ πάνυ μοὶ δοκεῖ
τῶν χαλεπῶν εἶναι ζητῆσαι τί ἄν τις πράξας βελτίω
ποιήσειεν. ὅντινα μέντοι χρὴ τρόπον πρὸς ὑμᾶς εἰπεῖν
περὶ αὐτῶν, τοῦτο παμπόλλην δυσκολίαν ἔχειν νομίζω, οὐχ ὡς   10
οὐ συνησόντων ὅ τι ἄν τις λέγῃ, ἀλλ᾿ οὕτω πολλὰ καὶ ψευδῆ
καὶ πάντα μᾶλλον ἢ τὰ βέλτιστα τοῖς πράγμασιν συνειθίσθαι
μοι δοκεῖτ᾿ ἀκούειν, ὥστε δέδοικα μὴ τῷ νῦν τὰ βέλτιστ᾿
εἰπόντι, ἢν τοῖς ἐξηπατηκόσιν προσῆκεν ἀπέχθειαν ὑπάρχειν
2 παρ᾿ ὑμῶν, ταύτην ἀπενέγκασθαι συμβῇ. ὁρῶ γὰρ ὑμᾶς   15
πολλάκις οὐ τοὺς αἰτίους τῶν πραγμάτων μισοῦντας, ἀλλὰ
τοὺς ὑστάτους περὶ αὐτῶν εἰπόντας τι πρὸς ὑμᾶς. οὐ μὴν
ἀλλὰ καίπερ οὕτως ἀκριβῶς ταῦτα λογιζόμενος, ὅμως οἶμαι
δεῖν πάντα παρεὶς τἄλλα περὶ αὐτῶν τῶν παρόντων ἃ κρά-
τιστα νομίζω λέγειν.   20

IϚ

Ἐβουλόμην ἂν ὑμᾶς, ὦ ἄνδρες Ἀθηναῖοι, ᾗ πρὸς τοὺς
ἄλλους ἅπαντας εἰώθατε προσφέρεσθαι φιλανθρωπίᾳ, ταύτῃ
καὶ πρὸς ὑμᾶς αὐτοὺς χρῆσθαι· νυνὶ δ᾿ ἀμείνους ἐστὲ τὰ
[1429] τῶν ἄλλων δεῖν᾿ ἐπανορθοῦν ἢ τῶν ὑμῖν αὐτοῖς συμβαινόν-   25
των φροντίζειν. ἴσως μὲν οὖν αὐτὸ τοῦτό τις ἂν φήσειε

---

1 προσάγοντα iure suspectum   2 μαχεῖσθε Schaefer: μάχησθε
codd.   3 ἔξετε r (Schaefer): εξητε S γρ. Q γρ.: ἔχητε S vulg.
7 δεῖ] ἔδει Y C (Blass) sed cf. i 10   9 μέντοι] μοι r: μὲν τοίνυν Q γρ.
10 ἔχειν δυσκ. r.   11 ὅ τι ἂν S Y Q C: ὅταν F   12 συνηθισθαι S
13 νῦν τὰ Blass coll. iii 13: τὰ νῦν codd.   14 τοῖς] τοῖς τότ᾿ r
18 καίπερ] περ S¹ Y¹: και per compendium sscr. in S   οἶμαι δεῖν r,
cf. Prooem. xxiii: οἶμαι cett.; mox δεῖ ante λέγειν add. Y C soli

μέγιστον ἔπαινον φέρειν τῇ πόλει, τὸ μηδενὸς ἔνεκα κέρδους
ἰδίου πολλοὺς κινδύνους ὑπὲρ αὐτοῦ τοῦ δικαίου προῃρῆσθαι.
ἐγὼ δὲ ταύτην τ' ἀληθῆ τὴν δόξαν εἶναι νομίζω κατὰ τῆς
πόλεως καὶ βούλομαι, κἀκεῖνο δ' ὑπολαμβάνω σωφρόνων
5 ἀνθρώπων ἔργον εἶναι, ἴσην πρόνοιαν τῶν αὐτοῖς οἰκείων
ὅσηνπερ τῶν ἀλλοτρίων ποιεῖσθαι, ἵνα μὴ φιλάνθρωποι
μόνον, ἀλλὰ καὶ νοῦν ἔχοντες φαίνησθε.

ΙΖ

Ἴσως, ὦ ἄνδρες Ἀθηναῖοι, προσήκει τῷ βουλομένῳ τι
10 παραινεῖν ὑμῖν οὕτω πειρᾶσθαι λέγειν ὡς καὶ δυνήσεσθ'
ὑπομεῖναι· εἰ δὲ μὴ τοῦτο, ἀφέντα τοὺς ἄλλους ἅπαντας
λόγους, περὶ αὐτῶν ὧν σκοπεῖτε συμβουλεύειν, καὶ ταῦθ'
ὡς διὰ βραχυτάτων. οὐ γὰρ ἐνδείᾳ μοι δοκεῖτε λόγων οὐδὲ
νῦν ὁρᾶν τὰ πράγματα πάντα λελυμασμένα, ἀλλὰ τῷ τοὺς
15 μὲν ἑαυτῶν ἔνεκα δημηγορεῖν καὶ πολιτεύεσθαι, τοὺς δὲ
μήπω τούτου δεδωκότας πεῖραν μᾶλλον ὅπως εὖ δόξουσι
λέγειν σπουδάζειν, ἢ πῶς ἔργον ἐξ ὧν λέγουσί τι συμφέρον
πραχθήσεται. ἐγὼ δ' ἵνα μὴ λάθω τοὐναντίον οὗ φημὶ δεῖν
αὐτὸς ποιῶν, καὶ πλείω περὶ τῶν ἄλλων ἢ περὶ ὧν ἀνέστην
20 λέγων, ἀφεὶς τἆλλα πάντα, ἃ παραινῶ καὶ δὴ πειράσομαι
πρὸς ὑμᾶς εἰπεῖν.

ΙΗ

Δοκεῖτέ μοι δικαίως ἄν, ὦ ἄνδρες Ἀθηναῖοι, προσέχειν
τὸν νοῦν, εἴ τις ὑπόσχοιθ' ὑμῖν ταῦτα δίκαια καὶ συμφέροντα [1430]
25 δείξειν ὄνθ' ὑπὲρ ὧν βουλευόμεθα. ἐγὼ τοίνυν οἶμαι τοῦτο
ποιήσειν οὐ χαλεπῶς, ἂν ὑμεῖς βραχύ τί μοι πεισθῆτε πάνυ.
μὴ πάντα, ὡς ἕκαστος ἔχει γνώμης ὑμῶν περὶ τῶν παρόντων,

---

4 ὑπολαμβάνω secl. Blass   6 ὅσην περὶ τῶν F   10 περαίνειν S F Y
11 εἰ δὲ μὴ] ἔστι δὲ r   ἀφέντα Wolf: ἀφέντας codd.   12 λόγους
om. S Y C   17 ἢ ὅπως r D   19–20 ἢ περὶ ὧν ἀνέστην λέγων r,
cf. Procem. lii : λέγων (λέγω F) ἢ περὶ ὧν ἀνέστην ἐρῶν cett.   20 ἃ]
περὶ αὐτῶν ἃ r   23 ἂν om. F   24 ταὐτὰ S¹: ταῦτα vulg.
26 τί μοι Paulina: μοι codd. : τι Ald.   27 ἔχῃ S Q

ὀρθῶς ἐγνωκέναι πεπείσθω, ἀλλ᾽ ἐὰν παρὰ ταῦτά τι συμ-
βαίνῃ λέγεσθαι, σκοπείτω πάνθ᾽ ὑπομείνας ἀκοῦσαι, εἶτ᾽ ἂν
ὀρθῶς εἰρῆσθαί τι δοκῇ, χρήσθω. οὐ γὰρ ἧττον ὑμέτερον
ἔσται τῶν χρησαμένων τὸ κατορθωθὲν ⟨ἢ⟩ τοῦ πρὸς ὑμᾶς
εἰπόντος. ἡ μὲν οὖν ἀρχὴ τοῦ σκοπεῖν ὀρθῶς ἐστιν μὴ 5
βεβουλεῦσθαι πρὶν ἐξ ὧν δεῖ βουλεύσασθαι ἀκοῦσαι. οὐ
γὰρ αὐτὸς οὔτε καιρὸς οὔτε τρόπος τοῦ τ᾽ ἐπικυρῶσαι τὰ
δοκοῦντα καὶ τοῦ σκέψασθαι τί πρῶτον δοκεῖ συμφέρειν.

ΙΘ

Μεθ᾽ ὑμῶν, ὦ ἄνδρες Ἀθηναῖοι, παρελήλυθα βουλευσό- 10
μενος, πότερον χρή με λέγειν ἢ μή. διὸ δ᾽ αὐτὸς τοῦτ᾽
ἀπορῶ κρῖναι, φράσω πρὸς ὑμᾶς. ἀναγκαῖον εἶναί μοι δοκεῖ
τῷ μήθ᾽ αὐτῷ μήτε τισὶν χαρίσασθαι βουλομένῳ, ἀλλ᾽ ὑπὲρ
ὑμῶν εἰπεῖν ἃ πέπεικεν ἑαυτὸν μάλιστα συμφέρειν, καὶ συνει-
πεῖν ἃ καλῶς λέγουσιν ἀμφότεροι, καὶ τοὐναντίον ἀντειπεῖν 15
ὅσα μὴ δίκαι᾽ ἀξιοῦσιν. εἰ μὲν οὖν ὑμεῖς ὑπομείναιτ᾽ ἀκοῦσαι
ταῦτ᾽ ἀμφότερα διὰ βραχέων, πολλῷ βέλτιον ἂν περὶ τῶν
λοιπῶν βουλεύσαισθε· εἰ δὲ πρὶν μαθεῖν ἀποσταίητε, γένοιτ᾽
ἂν ἐμοὶ μηδετέρους ἀδικοῦντι πρὸς ἀμφοτέρους διαβεβλῆσθαι.
τοῦτο δ᾽ οὐχὶ δίκαιός εἰμι παθεῖν. ἐὰν μὲν οὖν κελεύητε, 20
ἕτοιμός εἰμι λέγειν· εἰ δὲ μή, καὶ σιωπᾶν ἔχει μοι καλῶς.

Κ

Καὶ δίκαιον, ὦ ἄνδρες Ἀθηναῖοι, καὶ συμφέρον ὑμῖν
ἡγοῦμαι τὰς μὲν αἰτίας καὶ τὰς κατηγορίας, ὅταν βου-
λεύεσθαι δέῃ, παραλείπειν, περὶ τῶν παρόντων δὲ λέγειν ὅ 25
τι βέλτιστον ἕκαστος ἡγεῖται. ὅτι μὲν γάρ τινων αἰτίων
ὄντων κακῶς τὰ πράγματ᾽ ἔχει, πάντες ἐπιστάμεθα· ἐξ ὅτου

---

1 ἐγνωκέναι usque ad τε λόγους Prooem. xxv om. Y   συμβαίνει S
3 ὑμέτερον om. r   4 ἔσται τῶν χρησομένων (sic) S vulg.: τῶν
χρησαμένων ἔσται r (Blass)   ἢ add. Wolf   5 μὴ] τοῦ μὴ S
7 αὐτὸς S¹: ὁ αὐτὸς r: αὐτὸς cett.   τ᾽ om. r   16 ὑπομείναιτ᾽ r C
(Wolf): ὑπομείνετ᾽ cett.   19 μηδ᾽ ἑτέρους S   21 εἰ δὲ μή γε Q γρ.,
cf. xiv. 32   25 παραλιπεῖν r C

δὲ τρόπου βελτίω δύναιτ' ἂν γενέσθαι, τοῦτο τοῦ συμβου-
λεύοντος ἔργον εἰπεῖν. ἔπειτ' ἔγωγε νομίζω καὶ κατηγόρους 2
εἶναι τῶν ἀδικούντων χαλεποὺς οὐ τοὺς ἐν τοιούτοις καιροῖς
ἐξετάζοντας τὰ πεπραγμένα, ὅτ' οὐδεμίαν δώσουσι δίκην,
5 ἀλλὰ τοὺς τοιοῦτό τι συμβουλεῦσαι δυνηθέντας ἀφ' οὗ
βελτίω τὰ παρόντα γένοιτ' ἄν· διὰ γὰρ τούτους ἐφ' ἡσυχίας
καὶ παρ' ἐκείνων ἐγγένοιτ' ἂν ὑμῖν δίκην λαβεῖν. τοὺς μὲν 3
οὖν ἄλλους λόγους πάντας περιέργους ἡγοῦμαι, ἃ δ' ἂν οἶμαι
συνενεγκεῖν περὶ ὧν νυνὶ σκοπεῖτε, ταῦτ' εἰπεῖν πειράσομαι,
10 τοσοῦτον ἀξιώσας μόνον· ἂν ἄρα του μεμνῶμαι τῶν πεπραγ-
μένων, μὴ κατηγορίας μ' ἕνεχ' ἡγεῖσθε λέγειν, ἀλλ' ἵνα δείξας
ἃ τόθ' ἡμάρτετε, νῦν ἀποτρέψω ταῦτὰ παθεῖν.

KA

Εἰ καὶ τὸν ἄλλον χρόνον, ὦ ἄνδρες Ἀθηναῖοι, μηδενὶ
15 συμπολιτευόμενοι τοσαύτην ἤγομεν ἡσυχίαν ὅσηνπερ ἐν τῷ
παρόντι, οὔτε τὰ νῦν ἂν γεγενημένα συμβῆναι νομίζω, τῶν
τ' ἄλλων οἶμαι πολλὰ βέλτιον ἂν ἡμῖν ἔχειν. νῦν δ' ὑπὸ
τῆς ἐνίων ἀσελγείας οὔτε παρελθεῖν οὔτ' εἰπεῖν οὔθ' ὅλως
λόγου τυχεῖν ἔστιν. ὅθεν συμβαίνει πολλὰ καὶ οὐκ ἐπιτή- 2
20 δει' ἴσως. εἰ μὲν οὖν ἀεὶ ταὐτά, πυνθάνεσθαι, καὶ σκοπεῖν
ὅ τι χρὴ ποιῆσαι, καὶ πάσχειν οἷάπερ νυνὶ βούλεσθε,
ψηφιεῖσθ' ἅπερ ἐκ τῶν παρεληλυθότων χρόνων, καθέλκειν [1432]
τριήρεις, ἐμβαίνειν, εἰσφέρειν, πάντα ταῦτ' ἤδη· ἃ τριῶν
ἡμερῶν ἢ πέντε, ἂν σιωπηθῇ τὰ παρὰ τῶν πολεμίων καὶ
25 σχῶσιν ἡσυχίαν ἐκεῖνοι, πάλιν οὐκέτι καιρὸν εἶναι πράττειν
ὑπολήψεσθε. ὅπερ, ἡνίκ' ἐν Ἑλλησπόντῳ Φίλιππον ἠκού-
σαμεν, συνέβη, καὶ πάλιν ἡνίκ' εἰς Μαραθῶνα τριήρεις αἱ

1 τοῦ om. r   6 καθ' ἡσυχίαν r   11 ἡγεῖσθαι S F Q r, sed cf. iv 13, 14
12 ταῦτα F Q D   14 ἄλλον] ἄλλον ἅπαντα r   17 ἡμῖν
Schaefer: ὑμῖν codd.   18 οὔτ' εἰπεῖν om. r   20 δεῖ S D C
Vindob. 4: δεῖ vulg.: αὐτοὶ r   ταῦτά Dobree: ταῦτα codd.   πυνθά-
νεσθε S r   21 νῦν r   βούλεσθε] βούλεσθαι F corr. Q: βουλεύεσθε r
22 ψηφιεῖσθε r Vindob. 4ᵇ (Felicianus): ψηφιεῖσθαι S vulg.   23 ἤδη
ἃ] διὰ r D C   24 ἂν] ἂν δὲ r   27 αἱ om. r

3 ληστρίδες προσέσχον. ὡς γὰρ ἂν χρήσαιτό τις, ὦ ἄνδρες
Ἀθηναῖοι, καλῶς δυνάμει παρεσκευασμένη, οὕτως ὑμεῖς εἰώ-
θατε τῷ βουλεύεσθαι χρῆσθαι, ὀξέως. δεῖ δὲ βουλεύεσθαι
μὲν ἐφ' ἡσυχίας, ποιεῖν δὲ τὰ δόξαντα μετὰ σπουδῆς, καὶ
λογίσασθαι τοῦθ' ὅτι εἰ μὴ καὶ τροφὴν ἱκανὴν ποριεῖτε καὶ 5
στρατηγόν τινα τοῦ πολέμου νοῦν ἔχοντα προστήσεσθε καὶ
μένειν ἐπὶ τῶν οὕτω δοξάντων ἐθελήσετε, ψηφίσμαθ' ὑμῖν
περιέσται, καὶ παραναλώσετε μὲν πάνθ' ὅσ' ἂν δαπανήσητε,
βελτίω δ' οὐδ' ὁτιοῦν τὰ πράγματ' ἔσται, κρινεῖτε δ' ὃν ἂν
βούλησθ' ὀργισθέντες. ἐγὼ δὲ βούλομαι τοὺς ἐχθροὺς ὑμᾶς 10
ἀμυνομένους ὀφθῆναι πρότερον ἢ τοὺς πολίτας κρίνοντας· οὐ
γὰρ ἡμῖν αὐτοῖς πολεμεῖν μᾶλλον ἢ 'κείνοις ἐσμὲν δίκαιοι.
4 ἵν' οὖν μή, τὸ ῥᾷστον ἁπάντων, ἐπιτιμήσω μόνον, ὃν τρόπον
ἄν μοι δοκεῖτε ταῦτα ποιῆσαι διδάξω, δεηθεὶς ὑμῶν μὴ θορυ-
βῆσαι μηδ' ἀναβάλλειν νομίσαι με καὶ χρόνον ἐμποιεῖν. οὐ 15
γὰρ οἱ 'ταχὺ' καὶ 'τήμερον' εἰπόντες μάλιστ' εἰς [τὸ] δέον
λέγουσιν (οὐ γὰρ ἂν τά γ' ἤδη γεγενημένα κωλῦσαι δυνη-
θεῖμεν τῇ νυνὶ βοηθείᾳ), ἀλλ' ὃς ἂν δείξῃ τίς πορισθεῖσα
παρασκευὴ διαμεῖναι δυνήσεται, τέως ἂν ἢ περιγενώμεθα τῶν
[1433] ἐχθρῶν ἢ πεισθέντες διαλυσώμεθα τὸν πόλεμον· οὕτω γὰρ 20
οὐκέτι τοῦ λοιποῦ πάσχοιμεν ἂν κακῶς.

ΚΒ

Οἶμαι πάντας ἂν ὑμᾶς, ὦ ἄνδρες Ἀθηναῖοι, ὁμολογῆσαι,
ὅτι δεῖ τὴν πόλιν ἡμῶν, ὅταν μὲν περὶ τῶν ἰδίων τινὸς τῶν
αὑτῆς βουλεύηται, ἴσην πρόνοιαν ἔχειν τοῦ συμφέροντος 25
ὅσηπερ τοῦ δικαίου, ὅταν δ' ὑπὲρ τῶν συμμαχικῶν ἢ τῶν
κοινῶν, οἷον καὶ τὸ νυνὶ παρόν, μηδενὸς οὕτως ὡς τοῦ δικαίου
φροντίζειν. ἐν μὲν γὰρ ἐκείνοις τὸ λυσιτελὲς ἐξαρκεῖ, ἐν

---

5 εἰ καὶ μὴ r D C   9 κρινεῖτε δ' ὃν r Vindob. 4 (Wolf) : κρίνετε
δ' ἂν S corr., C : κρίνετε δ' ἂν S¹ vulg.   10–11 ἀμυνομένους ὑμᾶς r
15 ἀναβάλλειν Q mg. C et iv 14 : ἀναβαλεῖν S vulg. : ἀναλαβεῖν F Q
16 τὸ om. D, cf. iv 14, xx 26, 41, Prooem. l, liv   18 νυνὶ ante βοηθείᾳ
r et iv 14 : ante διαμεῖναι S vulg.: del. Focke   19 τέως] ἕως r Vindob.
4; cf. iv 14   21 πάσχοιμεν r C Vindob. 4 et iv 15 : σχοῖμεν S vulg.
26 ὅσην ὑπὲρ S F D, sed cf. Prooem. xvi   28 λυσιτελοῦν r D C

δὲ τοῖς τοιούτοις καὶ τὸ καλὸν προσεῖναι δεῖ. τῶν μὲν γὰρ 2
πράξεων, εἰς οὓς ἂν ἥκωσι, κύριοι καθίστανται· τῆς δ' ὑπὲρ
τούτων δόξης οὐδεὶς τηλικοῦτός ἐσθ' ὅστις ἔσται κύριος,
ἀλλ' ὁποίαν τιν' ἂν τὰ πραχθέντ' ἔχῃ δόξαν, τοιαύτην οἱ
5 πολλοὶ περὶ τῶν πραξάντων διήγγειλαν. διὸ δεῖ σκοπεῖν
καὶ προσέχειν ὅπως δίκαια φανεῖται. χρῆν μὲν οὖν οὕτως 3
ἅπαντας ἔχειν τὴν διάνοιαν περὶ τῶν ἀδικουμένων ὥσπερ
ἄν, εἴ τι γένοιτο, ὃ μὴ συμβαίη, τοὺς ἄλλους ἀξιώσειε πρὸς
αὐτὸν ἕκαστος ἔχειν. ἐπειδὴ δὲ καὶ παρὰ τὴν αὐτῶν γνώ-
10 μην ἐναντιοῦνταί τινες, μικρὰ πρὸς τούτους εἰπών, ἃ βέλτισθ'
ὑμῖν ὑπολαμβάνω, ταῦτ' ἤδη συμβουλεύσω.

ΚΓ

Οὐ μικρὰν ἄν μοι δοκεῖτ', ὦ ἄνδρες Ἀθηναῖοι, ζημίαν
νομίσαι, εἴ τις ἀηδὴς δόξα καὶ μὴ προσήκουσα τῇ πόλει
15 παρὰ τοῖς πολλοῖς περιγίγνοιτο. τοῦτο τοίνυν οὕτω καλῶς
ἐγνωκότες οὐκ ἀκόλουθα ποιεῖτε τὰ λοιπά, ἀλλ' ὑπάγεσθ'
ἑκάστοτε πράττειν ἔνια, ἃ οὐδ' ἂν αὐτοὶ φήσαιτε καλῶς ἔχειν.
ἐγὼ δ' οἶδα μὲν τοῦθ' ὅτι τοὺς ἐπαινοῦντας ἥδιον προσδέ-
χονται πάντες τῶν ἐπιτιμώντων· οὐ μὴν οἴομαι δεῖν, ταύτην
20 τὴν φιλανθρωπίαν διώκων, λέγειν παρ' ἃ συμφέρειν ὑμῖν [1434]
ἡγοῦμαι.

κγ

Τὴν μὲν [οὖν] ἀρχὴν εἰ καλῶς ἐγιγνώσκετε, οὐδὲν δεῖν
κοινῇ ποιεῖν ὑποληπτέον ἦν ὧν ἰδίᾳ μέμφεσθε, ἵνα μὴ συνέ-
25 βαινεν ὅπερ νυνὶ γίγνεται· περιιὼν μὲν ἕκαστος 'ὡς αἰσχρὰ
καὶ δεινά' λέγει καὶ 'μέχρι τοῦ προβήσεται τὰ πράγματα;'

1 τοῖς τοιούτοις S r F C : τοῖς κοινοῖς Q γρ. : τοιούτοις vulg.   4 τιν'
ἂν Uhle : ἄν τινα codd.   6 χρῆν Blass : χρὴ codd. ; hic κδ' adscr.
S F   12 ΚΓ] κε' S F   13 νομίσαι ζημίαν D   17 φήσετε S F
18 ἥδιον S   22 κγ] κϛ' S F   οὖν secl. Blass   23–24 δεῖν...
ἦν Sauppe : ἔδει... εἶναι codd. : ἔδει servat Wolf, ὑποληπτέον εἶναι
deleto   25 ἅπερ Γ   περιιὼν S, cf. lvii 33 : περὶ ὧν vulg., corr. Blass.

συγκαθεζόμενος δ' αὐτὸς ἕκαστός ἐστι τῶν τὰ τοιαῦτα ποι-
ούντων. ἐγὼ μὲν οὖν ἐβουλόμην ἄν, ὥσπερ ὅτι ὑμῖν συμ-
φέρει τοῦ τὰ βέλτιστα λέγοντος ἀκούειν οἶδα, οὕτως εἰδέναι
συνοῖσον καὶ τῷ τὰ βέλτιστ' εἰπόντι· πολλῷ γὰρ ἂν ἥδιον
εἶχον. νῦν δὲ φοβοῦμαι μέν, ὅμως δ' ἅ γε πιστεύω χρηστὰ 5
φανεῖσθαι, κἂν ὑμεῖς μὴ πεισθῆτε, οὐκ ἀποτρέψομαι λέγειν.

ΚΔ

Εἰ καὶ μηδὲν ἄλλο τις, ὦ ἄνδρες Ἀθηναῖοι, πρότερον
παρ' ὑμῖν εἰρηκὼς εἴη, νῦν γε λέγων περὶ ὧν οὐκ ὀρθῶς
ἐγκαλοῦσιν οἱ πρέσβεις τῇ πόλει, παρὰ πάντων ἄν μοι 10
δοκεῖ δικαίως συγγνώμης τυχεῖν. καὶ γὰρ ἐν ἄλλοις μέν
τισιν ἡττᾶσθαι τῶν ἐναντίων οὐχ οὕτως ὄνειδος ὡς ἀτύχημ'
ἂν φανείη· καὶ γὰρ τῇ τύχῃ καὶ τοῖς ἐφεστηκόσι καὶ πολλοῖς
μέτεστι τοῦ καλῶς ἢ μὴ ἀγωνίσασθαι· ἐν δὲ τῷ τὰ δίκαι'
ὑπὲρ αὑτῶν μὴ ἔχειν ἀξίως τῶν ὑπαρχόντων εἰπεῖν αὐτῆς 15
τῆς γνώμης τῆς τῶν τοῦτο παθόντων τὸ ὄνειδος εὑρήσομεν.
2 εἰ μὲν οὖν ἕτεροί τινες ἦσαν ἐν οἷς ἐγίγνονθ' οἱ λόγοι περὶ
ὑμῶν, οὔτε τούτους ἂν οἶμαι ῥᾳδίως οὕτω ψεύδεσθαι, οὔτε
τοὺς ἀκούοντας πολλὰ τῶν εἰρημένων ἀνασχέσθαι. νῦν δὲ
τἄλλα τ' οἶμαι τῆς ὑμετέρας πλεονεκτοῦσιν εὐηθείας ἅπαντες, 20
καὶ δὴ καὶ τοῦτο νῦν οὗτοι· ἀκροαταῖς γὰρ ἐχρήσαντο καθ'
[1435] ὑμῶν ὑμῖν οἵοις οὐδέσιν ἂν τῶν ἄλλων, ἀκριβῶς οἶδα τοῦτ'
3 ἐγώ. ἄξιον δ' εἶναί μοι δοκεῖ διὰ ταῦτα τοῖς θεοῖς χάριν
ὑμᾶς ἔχειν, ὦ ἄνδρες Ἀθηναῖοι, καὶ τούτους μισεῖν. τὸ μὲν
γὰρ ὁρᾶν τούτους τὸν Ῥοδίων δῆμον, τὸν πολὺ τούτων ποτ' 25

---

1 συγκαθιζόμενος S r F Q al.   ἐστι om. S C   2 ἐγὼ] hic κζ'
adscr. S F   4 συνοῖσον r et iv 51 : τὸ συνοῖσον S vulg.   εἰπόντι
S γρ. r et iv 51 : ἔχοντι cett. : λέγοντι Reiske   ἥδιον r D C Vindob. 4 :
πλεῖον vulg.   5 εἶχον iv 51 S, cf. Isocr. xii 201 : εἶπον r hic et iv
51 S γρ. A recte fort.: εἶχεν hic S vulg.   7 ΚΔ] Κη' S F   9 γε
Wolf : δὲ codd.   καὶ ante περὶ add. S r C : om. cett.   13 φανείη F γρ.
Q γρ. Coisl. 339 : φαίη S vulg.   πολλοῖς ἄλλοις r D   14 ἀγωνί-
σασθαι mg. edit. Paris : πρότερον ἀγωνίσασθαι S vulg.   15 εἰπεῖν
r D Vindob. 4 : om. cett. (λέγειν post ἔχειν add. app. edit. Paris)
20 τἄλλα] ἄλλα r   εὐηθείας] εὐνοίας r C   22 οὐδέσιν] οὐδεὶς Q γρ.
D : οὐδ' ἔστιν F   23 ταὐτὰ Dobree

ἀσελγεστέρους λόγους λέγοντα πρὸς ὑμᾶς, ἱκέτην ὑμέτερον
γεγενημένον εὐτύχημ' εἶναι νομίζω τῆς πόλεως· τὸ δὲ τοὺς
ἀνοήτους τούτους μήτε τοῦτο λογίζεσθαι, παρὸν οὕτως ἐναργὲς
ἰδεῖν, μήθ' ὅτι πολλάκις καθ' ἕν' αὐτῶν ἕκαστον ὑμεῖς
5 σεσώκατε, καὶ πλείω πράγματ' ἐσχήκατε τὴν τούτων θρασύ-
τητα καὶ κακοδαιμονίαν ἐπανορθοῦντες, ἐπειδὰν δι' ἑαυτοὺς
ἀνέλωνται πόλεμον, ἢ τὰ ὑμέτερ' αὐτῶν πράττοντες, τοῦτο
παμπόλλην ὑμῖν ὀργὴν εἰκότως ἂν παραστῆσαί μοι δοκεῖ.
οὐ μὴν ἀλλ' ἴσως τούτοις μὲν εἵμαρται μηδέποτ' εὖ πράτ- 4
10 τουσιν εὖ φρονῆσαι· ἡμῖν δὲ προσήκει καὶ δι' ἡμᾶς αὐτοὺς
καὶ διὰ τἄλλ' ἃ πέπρακται τῇ πόλει, σπουδάσαι δεῖξαι πᾶσιν
ἀνθρώποις ὅτι καὶ πρότερον καὶ νῦν καὶ ἀεὶ ἡμεῖς μὲν τὰ
δίκαια προαιρούμεθα πράττειν, ἕτεροι δέ τινες καταδουλοῦσθαι
βουλόμενοι τοὺς αὑτῶν πολίτας διαβάλλουσιν πρὸς ἡμᾶς.

15 ## ΚΕ

Εἰ μετὰ τῆς αὐτῆς γνώμης, ὦ ἄνδρες Ἀθηναῖοι, τούς τε
λόγους ἠκούετε τῶν συμβουλευόντων καὶ τὰ πράγματ' ἐκρί-
νετε, πάντων ἀσφαλέστατον ἦν ἂν τὸ συμβουλεύειν. καὶ
γὰρ εὐτυχῶς καὶ ἄλλως πράξασι (λέγειν γὰρ εὐφήμως πάντα
20 δεῖ) κοίν' ἂν ἦν τὰ τῆς αἰτίας ὑμῖν καὶ τῷ πείσαντι. νῦν
δ' ἀκούετε μὲν τῶν ἃ βούλεσθε λεγόντων ἥδιστα, αἰτιᾶσθε
δὲ πολλάκις ἐξαπατᾶν ὑμᾶς αὐτούς, ἐὰν μὴ πάνθ' ὃν ἂν
ὑμεῖς τρόπον βούλησθε γένηται, οὐ λογιζόμενοι τοῦθ' ὅτι [1436]
τοῦ μὲν ζητῆσαι καὶ λογίσασθαι τὰ βέλτιστα, ὡς ἄνθρωπος,
25 καὶ πρὸς ὑμᾶς εἰπεῖν αὐτὸς ἕκαστός ἐστιν κύριος, τοῦ δὲ
πραχθῆναι ταῦτα καὶ συνενεγκεῖν ἐν τῇ τύχῃ τὸ πλεῖστον
μέρος γίγνεται. ἔστιν δ' ἄνθρωπον ὄντ' ἀγαπητὸν τῆς
αὑτοῦ διανοίας λόγον ὑπέχειν· τῆς δὲ τύχης πρὸς ὑποσχεῖν

---

3 ἐναργὲς] ἐναργῶς Swoboda, cf. Prooem. xlvii 3   8 ἂν ὑμῖν
εἰκότως ὀργὴν r   12 καὶ post ὅτι om. S in fine paginae   14 πρὸς
del. Wolf   ἡμᾶς αὐτούς r : αὐτοὺς ἡμᾶς D C   15 ΚΕ] κθʹ S F   18 ἂν
om. F   19 ἄλλως Dobree : καλῶς codd.   20 ἦν post ὑμῖν ponit r
24 ὡς ἄνθρωπος SY : ὡς ἂν ἄνθρωπος r : ὡς ἀνθρώποις vulg.   28 λόγον
ὑμῖν ὑπέχειν r   πρὸς ὑποσχεῖν divisim scripsi cum S

3 ἔν τι τῶν ἀδυνάτων. εἰ μὲν οὖν ηὑρημένον ἦν πῶς ἄν τις
ἀσφαλῶς ἄνευ κινδύνου δημηγοροίη, μανία παραλείπειν
τοῦτον (ἂν) ἦν τὸν τρόπον· ἐπεὶ δ' ἀνάγκη τὸν περὶ τῶν μελ-
λόντων πραγμάτων γνώμην ἀποφαινόμενον [κοινωνεῖν τοῖς
ἀπ' αὐτῶν γενομένοις] καὶ μετέχειν τῆς ἀπὸ τούτων αἰτίας, 5
αἰσχρὸν ἡγοῦμαι λέγειν μὲν ὡς εὔνους, μὴ ὑπομένειν δέ, εἴ
τις ἐκ τούτου κίνδυνος ἔσται. εὔχομαι δὲ τοῖς θεοῖς, ἃ καὶ
τῇ πόλει κἀμοὶ συμφέρειν μέλλει, ταῦτ' ἐμοί τ' εἰπεῖν ἐλθεῖν
ἐπὶ νοῦν καὶ ὑμῖν ἑλέσθαι. τὸ γὰρ πάντα τρόπον ζητεῖν
νικῆσαι, δυοῖν θάτερον, ἢ μανίας ἢ κέρδους ἕνεκ' ἐσπουδα- 10
κότος φήσαιμ' ἂν εἶναι.

ΚϚ

Εἴη μέν, ὦ ἄνδρες Ἀθηναῖοι, καὶ περὶ ὧν νυνὶ τυγχάνετ'
ἐκκλησιάζοντες καὶ περὶ τῶν ἄλλων ἁπάντων ταὐτὰ καὶ
δοκοῦντα βέλτισθ' ὑμῖν εἶναι καὶ ὄνθ' ὡς ἀληθῶς. δεῖ μέν- 15
τοι περὶ πραγμάτων μεγάλων βουλευομένους καὶ κοινῶν,
ἁπάντων ἐθέλειν ἀκούειν τῶν συμβουλευόντων, ὡς ἐμοὶ
δοκεῖ, ἐνθυμουμένους ὅτι αἰσχρόν ἐστιν, ὦ ἄνδρες Ἀθηναῖοι,
νῦν μὲν βουλομένων τι παραινεῖν ἐνίων θορυβεῖν, ὕστερον
δὲ κατηγορούντων τῶν αὐτῶν τούτων τῶν πεπραγμένων ἡδέως 20
2 ἀκούειν. ἐγὼ γὰρ οἶδα, νομίζω δὲ καὶ ὑμᾶς, ὅτι νῦν μὲν
ἀρέσκουσι μάλισθ' ὑμῖν οἱ ταῦθ' οἷς ὑμεῖς βούλεσθε λέ-
γοντες· ἂν δέ τι συμβῇ παρ' ἃ νῦν οἴεσθε, ὃ μὴ συμβαίη,
τούτους μὲν ἐξηπατηκέναι νομιεῖθ' ὑμᾶς, ὧν δὲ νῦν οὐκ ἀνέ-

2 μανίαν C, unde μανί' ἂν May   παραλιπεῖν r C   3 ἂν post τοῦ-
τον add. Blass coll. Liban. i 485. 10 R   ἀνάγκη τὸν] αγαπητ' αν S¹
4–5 κοινωνεῖν . . . γενομένοις secl. Blass, recte puto. et redundat aliquid
et verbum κοινωνεῖν non rite usurpatur   8 κἀμοὶ] καιμοι S F¹ Q Y :
καὶ ἐμοὶ F corr. Y corr.   12 ΚϚ] λ' S   14 ταὐτὰ Vindob. 4 (Bekker) :
ταῦτα cett.   15 ὄνθ' ὡς r Vindob. 4 : ὄντως S vulg.   16 ab -λων
incipit Oxy. Pap. i 26   κοινῶν r Pap. (Wolf) : κοινῶς cett.   17 ἐμοὶ
S vulg. Pap. : ἔμοιγε r   19 μὲν βουλομένων codd. : βεβουλευμένων
Pap.   20 τῶν ante αὐτῶν in Pap. punctis deletum   τῶν ante
πεπραγμένων add. Vindob. 4, Pap. (Wolf) : om. S vulg.   22 ταῦθ'
οἷς Schaefer : ΤΑΥΤΑ ΟΙΣ Pap., ταῦθ' οἷς Q : ταῦτα οἷα S vulg. : τοιαῦτα
οἷα r   ἂν ὑμεῖς βούλησθε r

χεσθε, τότ' ὀρθῶς δόξουσι λέγειν. ἔστι δὲ τοῖς μάλιστα
πεπεικόσιν ὑμᾶς ταῦτ' ἐφ' ὧν νῦν ἐστε, τούτοις καὶ μάλιστα
συμφέρον τὸ λόγου τυχεῖν τοὺς ἀντιλέγοντας. ἂν μὲν γὰρ 3
διδάξαι δυνηθῶσιν ὡς οὐκ ἔστιν ἄρισθ' ἃ τούτοις δοκεῖ, ὅτ'
5 οὐδὲν ἡμάρτηταί πω, τοῦτο πράξαντες ἀθώους τοῦ κινδύνου
ποιήσουσιν αὐτούς. ἐὰν δὲ μὴ δυνηθῶσιν, οὔκουν ὕστερόν
γ' ἐπιτιμᾶν ἕξουσιν, ἀλλ' ὅσ' ἀνθρώπων ἦν ἔργον, ἀκοῦσαι,
τούτων τετυχηκότες, ἂν ἡττῶνται δικαίως στέρξουσιν, καὶ μεθ'
ἁπάντων τῶν ἀποβαινόντων, ὁποῖ' ἄττ' ἂν ᾖ, κοινωνήσουσιν.

10   ΚΖ

Οἶμαι δεῖν ὑμᾶς, ὦ ἄνδρες Ἀθηναῖοι, περὶ τηλικούτων
βουλευομένους διδόναι παρρησίαν ἑκάστῳ τῶν συμβουλευ-
όντων. ἐγὼ δ' οὐδεπώποθ' ἡγησάμην χαλεπὸν τὸ διδάξαι
τὰ βέλτισθ' ὑμᾶς (ὡς γὰρ ἁπλῶς εἰπεῖν, πάντες ὑπάρχειν
15 ἐγνωκότες ἔμοιγε δοκεῖτε), ἀλλὰ τὸ πεῖσαι πράττειν ταῦτα·
ἐπειδὰν γάρ τι δόξῃ καὶ ψηφισθῇ, τότ' ἴσον τοῦ πραχθῆναι
ἀπέχει ὅσονπερ πρὶν δόξαι. ἔστι μὲν οὖν ὧν ἐγὼ νομίζω 2
χάριν ὑμᾶς τοῖς θεοῖς ὀφείλειν, τὸ τοὺς διὰ τὴν αὑτῶν ὕβριν
ὑμῖν πολεμήσαντας (οὐ) πάλαι, νῦν ἐν ὑμῖν μόνοις τῆς αὑτῶν
20 σωτηρίας ἔχειν τὰς ἐλπίδας. ἄξιον δ' ἡσθῆναι τῷ παρόντι
καιρῷ· συμβήσεται γὰρ ὑμῖν, ἂν ἃ χρὴ βουλεύσησθ' ὑπὲρ
αὐτοῦ, τὰς παρὰ τῶν διαβαλλόντων τὴν πόλιν ἡμῶν βλα-
σφημίας ἔργῳ μετὰ δόξης καλῆς ἀπολύσασθαι.   [1438]

2 ἐστε vulg. Pap. : ἔσται S Y F¹ C   4 ὅτε] ὅτι Pap.   5 ἡμάρτη-
ται S vulg. Pap. : ἡμάρτετε r   5–6 τοῦ κινδύνου π. ἑαυτούς r
(τοῦ ... αὑτούς coni. Dobree)   τοὺς κινδύνους π. αὐτοῖς S vulg. Pap.
7 ἦν ἔργον] ἔργα ἦν r   ἀκοῦσαι] ἀκοῦσαι συν (hic deficit) Pap. :
ἀκοῦσαι συνειπεῖν Y D (συνειπεῖν in Y punctis deletum) ; add. ἀντειπεῖν r
10 ΚΖ] λα´ S   12 ἑκά]στῳ incipit iterum Pap.   14 εἰπεῖν ἁπλῶς xv 1
15 ἔμοιγε codd., Pap. : μοι xv 1   16 τότ' ἴσον S vulg., Pap. : τοῦτ'
ἴσον Pap. mg. : τοσοῦτον r   17 πρὶν codd., Pap. : τοῦ πρὶν Pap. mg.
ἔστιν] hic λβ´ adscr. S, dehinc non adscripti in S numeri   ὧν xv
2 (ubi ἐν ὧν S F Y, ἐξ ὧν A) : ὡς hic codd. Pap.   18 τὸ τοὺς Vindob.
4, xv 2 : τοῦ τοὺς vel τούτους hic S vulg.   19 ὑμῖν S¹ : ἡμῖν S corr.
F Q Y r   οὐ add. Schaefer ex xv 2   21 ὑμῖν omnes hic et xv 2
A F Y : om. xv 2 S   22 διαβαλόντων Pap.

ΚΗ

Αἱ μὲν ἐλπίδες, ὦ ἄνδρες Ἀθηναῖοι, μεγάλαι καὶ καλαὶ
τῶν προειρημένων, πρὸς ἃς οἴομαι τοὺς πολλοὺς ἄνευ λο-
γισμοῦ τι πεπονθέναι. ἐγὼ δ' οὐδεπώποτ' ἔγνων ἕνεκα τοῦ
παραχρῆμ' ἀρέσαι λέγειν τι πρὸς ὑμᾶς, ὅ τι ἂν μὴ καὶ μετὰ 5
ταῦτα συνοίσειν ἡγῶμαι. ἔστι μὲν οὖν τὸ κοινὸν ἔθος τῶν
πλείστων τοὺς μὲν συνεπαινοῦντας ἑαυτοῖς ὅ τι ἂν πράττωσι
φιλεῖν, πρὸς δὲ τοὺς ἐπιτιμῶντας ἀηδῶς ἔχειν. οὐ μὴν
ἀλλὰ δεῖ τὸν εὖ φρονοῦντα τὸν λογισμὸν ἀεὶ τῶν ἐπιθυμιῶν
2 κρείττω πειρᾶσθαι ποιεῖν. ἐγὼ δ' ἡδέως μὲν ἂν ἑώρων, ἃ 10
καὶ συνοίσειν ἔμελλε, ταῦτ' ἐν ἡδονῇ πράττειν ὄνθ' ὑμῖν,
ἵνα καὶ χαριζόμενος καὶ χρηστὰ λέγων ἐφαινόμην. ἐπειδὴ
δὲ τἀναντί' ὁρῶ τούτων ἐπιχειροῦντας ὑμᾶς, οἴομαι δεῖν
ἀντειπεῖν, εἰ καί τισιν μέλλω ἀπεχθήσεσθαι. ἂν μὲν οὖν
μηδ' ὑπομείνητ' ἀκοῦσαι μηδὲ ἕν, οὐ τῷ δοκιμάζοντες διαμαρ- 15
τεῖν, ἀλλὰ τῷ φύσει πονήρ' ἐπιθυμεῖν πράττειν τοιαῦτα
προαιρεῖσθαι δόξετε. ἐὰν δ' ἀκούσητε, τυχὸν μὲν ἴσως κἂν
μεταπεισθείητε, ὃ μάλιστ' ἐγὼ νομίζω συνενεγκεῖν ἂν ὑμῖν·
εἰ δὲ μή, οἱ μὲν ἀγνοεῖν τὸ συμφέρον, οἱ δὲ——ὅ τι ἄν τις 20
βούληται, τοῦτ' ἐρεῖ.

ΚΘ

Πρῶτον μὲν οὐδέν ἐστιν καινόν, ὦ ἄνδρες Ἀθηναῖοι, τοῖς
δόξασιν παρ' ὑμῖν εἶναί τινας οἵτινες ἀντεροῦσιν, ἐπειδὰν
πράττειν τι δέῃ. εἰ μὲν οὖν ἀποδόντων ὑμῶν λόγον αὐτοῖς,
ὅτ' ἐβουλεύεσθε, τοῦτ' ἐποίουν, τούτων ἂν ἦν ἄξιον κατη- 25
[1439] γορεῖν, εἰ περὶ ὧν ἥττηντ' ἐβιάζοντο πάλιν λέγειν· νῦν δὲ
τούτους μὲν οὐδέν ἐστ' ἄτοπον εἰπεῖν βουληθῆναι ταῦθ' ἃ
2 τότ' οὐχ ὑπεμείνατ' ἀκοῦσαι, ὑμῖν δ' ἄν τις εἰκότως ἐπιτι-

---

4 οὐδέποτε Pap.   ἕνεκα codd., Pap. : εἵνεκα Blass   10 ἡδέως
μὲν ἂν r (Bekker) : ἡδέως cett. (ἂν addiderat Dobree) : silet Pap.
15 μηδὲν r   17 κἂν Y C : καὶ cett. : silet Pap.   19 τις] τις ἕκαστος
D   20 ἐρεῖν r   24 εἰ . . . ἀποδον om. S in fine columnae : in
mg. hab. Y   ὑμῶν om. r. habet Pap.   25 τοῦτ' codd. : τότ' Pap.

μήσειεν, ἄνδρες Ἀθηναῖοι, ὅτι ὁπόταν περὶ του βουλεύησθε,
οὐκ ἐᾶτε λέγειν ἕκαστον ἃ γιγνώσκει, ἀλλ' ἂν ἕτεροι τῷ
λόγῳ προλάβωσιν ὑμᾶς, οὐδὲν ἂν τῶν ἑτέρων ἀκούσαιτε.
ἐκ δὲ τούτου συμβαίνει πρᾶγμ' ἀηδὲς ὑμῖν. οἷς γὰρ πρὶν
5 ἁμαρτεῖν ὑμῖν ἐξῆν συμβουλεύουσιν πείθεσθαι, τούτους ὕστε-
ρον κατηγοροῦντας ἐπαινεῖτε. ταὐτὸ δὴ τοῦτό μοι πάλιν 3
δοκεῖτε πείσεσθαι, εἰ μὴ παρασχόντες ἴσους ἀκροατὰς πάν-
των ὑμᾶς αὐτοὺς ἐν τῷ παρόντι, καὶ τοῦτον τὸν πόνον
ὑπομείναντες, ἑλόμενοι τὰ κράτιστα τοὺς ὁτιοῦν τούτοις ἐπι-
10 τιμῶντας φαύλους νομιεῖτε. ἐγὼ μὲν δὴ δίκαιον ὑπείληφα
πρῶτον ἁπάντων αὐτὸς εἰπεῖν, τί μοι δοκεῖ περὶ ὧν σκο-
πεῖσθε, ἵνα, ἂν μὲν ὑμῖν ἀρέσκῃ, καὶ τὰ λοιπὰ διδάσκω, εἰ
δὲ μή, μήθ' ὑμῖν ἐνοχλῶ μήτ' ἐμαυτὸν κόπτω.

Λ

15 Ἔδει μέν, ὦ ἄνδρες Ἀθηναῖοι, πρὸ τοῦ πολεμεῖν ἐσκέφθαι
τίς ὑπάρξει παρασκευὴ τῷ γενησομένῳ πολέμῳ· εἰ δ' ἄρα
μὴ πρόδηλος ἦν, ὅτε πρῶτον ἐβουλεύεσθ' ὑπὲρ αὐτοῦ φανε-
ροῦ γενομένου, τότε καὶ περὶ τῆς παρασκευῆς ἐσκέφθαι. εἰ
δὲ φήσετε πολλὰς ἐγκεχειρικέναι δυνάμεις, ἃς λελυμάνθαι
20 τοὺς ἐπιστάντας, οὐκ ἀποδέξεται τοῦθ' ὑμῶν οὐδείς· οὐ γάρ
ἐστι τῶν αὐτῶν τούς ⟨τ'⟩ ἐπὶ τῶν πραγμάτων ἀπολύειν, καὶ
λέγειν ὡς διὰ τούτους κακῶς ταῦτ' ἔχει. ἐπειδὴ δὲ τὰ μὲν 2
παρεληλυθότ' οὐκ ἂν ἄλλως ἔχοι, δεῖ δ' ἐκ τῶν παρόντων
ἐπαμῦναι τοῖς πράγμασιν, τοῦ μὲν κατηγορεῖν οὐδένα καιρὸν [1440]
25 ὁρῶ, πειράσομαι δ' ἃ κράτιστα νομίζω, συμβουλεῦσαι. πρῶ-
τον μὲν οὖν ὑμᾶς ἐκεῖν' ἐγνωκέναι δεῖ, ὅτι τὴν ἴσην ὑπερ-

---

1 ἄνδρες S Y C : ὦ ἄ. vulg.   2 ἃ ἕκαστος r   3 οὐδὲν S F Y r D C. :
οὐδενὸς Bekker   ἀκούσαιτε Y D : ἀκούσετε S vulg. : ἔτι ἀκούσητε r
5 ὑμῖν ἐξῆν vulg. Pap. : ἐξῆν ὑμῖν r   6 κατηγοροῦντας] εἰπόντας D γρ.
ταὐτὸ δὴ r Vindob. 4ᵃ, Pap. : τοῦτο δὴ cett.   9 ὁτιοῦν] ἐπὶ Vindob.
4ᵃ : ἔτι Pap.   10 νομιεῖτε codd., Pap.¹ : νομίζετε Pap. corr. : νομί-
ζοιτε Vindob. 4ᵃ   11 πρῶτον cett. , cf. Prooem. xxxvii 2 : πρῶτος r
αὐτὸς r (Wolf) : αὐτοῖς cett.   τί] ὅ τι r   19 ἐγκεχειρηκέναι S al.
ἃς] αἷς r   21 τ' add. Blass   26 ἐκεῖνο ὑμᾶς r

βολὴν τῆς σπουδῆς καὶ φιλονικίας ἐπὶ τοῖς πράγμασι πάντ'
ἄνδρα παρασχέσθαι δεῖ, ὅσηνπερ ἐκ τῶν ἄνωθεν χρόνων
ἀμελείας· μόλις γὰρ οὕτως ἐλπὶς ἐκ πολλοῦ διώκοντας τὰ
3 προειμέν' ἑλεῖν δυνηθῆναι. ἔπειτ' οὐκ ἀθυμητέον τοῖς γεγε-
νημένοις· ὃ γάρ ἐστιν τῶν παρεληλυθότων χείριστον, τοῦτο 5
πρὸς τὰ μέλλοντα βέλτιστον ὑπάρχει. τί οὖν τοῦτ' ἔστιν
[ὦ ἄνδρες Ἀθηναῖοι]; ὅτι οὐδὲν ὑμῶν τῶν δεόντων ποιούν-
των κακῶς ἔχει τὰ πράγματα· ἐπεὶ εἴ γε πάνθ' ἃ προσῆκε
πραττόντων οὕτως εἶχεν, οὐδ' ἂν ἐλπὶς ἦν αὐτὰ γενέσθαι
βελτίω.

ΛΑ

Οὐδέν ἐστιν, ὦ ἄνδρες Ἀθηναῖοι, χαλεπώτερον ἢ τοῖς
αὐτοῖς ἔθεσιν ἐπιτιμᾶν τε καὶ χρῆσθαι τοὺς δημηγοροῦντας.
τὸ γὰρ στασιάζειν πρὸς αὑτοὺς καὶ κατηγορεῖν ἀλλήλων
ἄνευ κρίσεως, οὐδείς ἐστιν οὕτως ἀγνώμων ὅστις οὐ φήσειεν 15
ἂν βλάβην εἶναι τοῖς πράγμασιν. ἐγὼ δ' οἴομαι τούτους
μὲν ἂν εἶναι βελτίους, εἰ τὴν πρὸς αὑτοὺς φιλονικίαν ἐπὶ
τοὺς τῆς πόλεως ἐχθροὺς τρέψαντες ἐδημηγόρουν· ὑμῖν δὲ
παραινῶ μὴ συστασιάζειν μηδετέροις τούτων, μηδ' ὅπως
ἅτεροι κρατήσουσι σκοπεῖν, ἀλλ' ὅπως ὑμεῖς ἅπαντες τῶν 20
2 ἐχθρῶν περιέσεσθε. εὔχομαι δὲ τοῖς θεοῖς τοὺς ἢ φιλονι-
κίας ἢ ἐπηρείας ἤ τινος ἄλλης ἕνεκ' αἰτίας ἄλλο τι, πλὴν ἃ
ποθ' ἡγοῦνται συμφέρειν, λέγοντας παύσασθαι· τὸ γὰρ κατα-
[1441] ρᾶσθαι συμβουλεύοντ' ἴσως ἔστ' ἄτοπον. αἰτιασαίμην μὲν
οὖν ἔγωγ' ἂν οὐδέν', ὦ ἄνδρες Ἀθηναῖοι, τοῦ κακῶς τὰ 25
πράγματ' ἔχειν ἀλλ' ἢ πάντας τούτους· οἴομαι δὲ δεῖν παρὰ

---

1 ἐπὶ S Y r C: ἐν vulg.   3 ἀμελίας S¹   μόλις] an μόνως? sed cf.
Isocr. viii 27, Lys. xxii 20   4 προειρημένα Y¹ F γρ. Q γρ.   7 ὦ ἄ.
'A. post ὅτι ponit Q γρ.: post οὐδὲν r sicut iv 2: seclusi coll. ix 5
7–8 τῶν δεόντων π. ὑμῶν r et iv 2, ix 5   8 προσήκει r Q γρ.; sed cf.
ix 5   9 γενήσεσθαι r   12 ἢ τὸ τοῖς r Q γρ., sed cf. lv 1   13 αὑτοῖς]
αὑτῶν r   16 τοῖς] τοῖς λοιποῖς r   19 συστασιάζειν S Y r C: στασιάζειν
vulg.   20 ἅτεροι Y C: ἃ ἕτεροι S F Q: ἕτεροι r   21 δὲ] δὴ Q
23 καταρᾶσθαι S Y¹ r C: καταράσασθαι F Q Y corr.   24 συμβουλεύοντ'
Vindob. 4 (Schaefer): συμβουλεύονθ' S r: συμβουλεύοντι vulg.

μὲν τούτων ἐφ᾽ ἡσυχίας λόγον ὑμᾶς λαβεῖν, νῦν δ᾽ ὑπὲρ
τῶν παρόντων, ὅπως ἔσται βελτίω, σκοπεῖν.

ΛΒ

Ἐβουλόμην ἄν, ὦ ἄνδρες Ἀθηναῖοι, τὴν ἴσην σπουδὴν
5 ἐνίους τῶν λεγόντων ποιεῖσθαι ὅπως τὰ βέλτιστ᾽ ἐροῦσιν,
ὅσηνπερ ὅπως εὖ δόξουσι λέγειν, ἵν᾽ οὗτοι μὲν ἀντὶ τοῦ
δεινοὶ λέγειν ἐπιεικεῖς ἐνομίζοντ᾽ εἶναι, τὰ δ᾽ ὑμέτερα, ὥσπερ
ἐστὶν προσῆκον, βέλτιον εἶχεν. νῦν δ᾽ ἔνιοί μοι δοκοῦσι
παντάπασι τὴν ἀπὸ τοῦ λόγου δόξαν ἠγαπηκότες τῶν μετὰ
10 ταῦτα συμβησομένων ὑμῖν μηδὲν φροντίζειν. καὶ δῆτα θαυ- 2
μάζω, πότερά ποθ᾽ οἱ τοιοῦτοι λόγοι τὸν λέγονθ᾽ ὁμοίως
πεφύκασιν ἐξαπατᾶν ὥσπερ πρὸς οὓς ἂν λέγωνται, ἢ συνι-
έντες οὗτοι τἀναντία τοῖς δοκοῦσιν ἑαυτοῖς εἶναι βελτίστοις
δημηγοροῦσιν. εἰ μὲν γὰρ ἀγνοοῦσιν ὅτι τὸν μέλλοντα
15 πράξειν τὰ δέοντα οὐκ ἐπὶ τῶν λόγων θρασύν, ἀλλ᾽ ἐπὶ τῆς
παρασκευῆς ἰσχυρὸν εἶναι δεῖ, οὐδ᾽ ἐπὶ τῷ τοὺς ἐχθροὺς μὴ
δυνήσεσθαι θαρρεῖν, ἀλλ᾽ ἐπὶ τῷ κἂν δύνωνται κρατήσειν,
τὰ τῶν λόγων ἀστεῖ᾽ ὡς ἔοικεν τοῦ τὰ μέγιστ᾽ αἰσθάνεσθαι
κεκώλυκεν αὐτούς. εἰ δὲ ταῦτα μὲν μηδ᾽ ἂν φήσαιεν ἀγνοεῖν,
20 πρόφασις δ᾽ ἄλλη τις ὕπεστι δι᾽ ἣν ταῦτα προαιροῦνται, πῶς
οὐ χρὴ φαύλην ταύτην ὑπολαμβάνειν, ἥτις ποτ᾽ ἐστίν; ἐγὼ 3
δ᾽ οὐκ ἀποτρέψομαι λέγειν ἃ δοκεῖ μοι, καίπερ ⟨οὕτως⟩ ὁρῶν
ἠγμένους ὑμᾶς· καὶ γὰρ εὔηθες, λόγῳ ψυχαγωγηθέντων ὑμῶν [1442]
οὐκ ὀρθῶς, λόγον αὖ τὸν μέλλοντα βελτίω λέγειν καὶ μᾶλ-
25 λον συμφέρονθ᾽ ὑμῖν καταδεῖσαι. ἀξιῶ δὲ καὶ ὑμᾶς ὑπομεῖναι,
ἐνθυμηθέντας ὅτι οὐδὲ τὰ νῦν δοκοῦντ᾽ ἔδοξεν ἂν ὑμῖν, εἰ μὴ
τοὺς λόγους ἠκούσατ᾽ ἐξ ὧν ἐπείσθητε. ὥσπερ ἂν τοίνυν, 4
εἰ νόμισμ᾽ ἐκρίνεθ᾽ ὁποῖόν τί ποτ᾽ ἐστίν, δοκιμάσαι δεῖν ἂν

---

4 ἂν] μὲν Γ   7 δεινῶς Γ   10 μηδὲν codd. : οὐδὲν Aldina   11 πό-
τερα codd. (πότε Q) : πότερον Blass   16 μὴ] μηδὲν Richards,
sed cf. xxi 91   17 δυνήσεσθαι F Y corr. : δυνῆσθαι S Y¹ : δύνασθαι Γ
D C   κρατήσειν Blass : κρατῆσαι codd.   22 οὕτως (vel φαύλως)
add. Dobree coll. xiii 15, cf. xviii 9   25 συμφέρον S Y¹ C   ὑμῖν
ἔχοντα δεῖξαι καταδεῖσαι Γ   26 τὰ νῦν] νῦν τὰ Γ

ᾠήθητε, οὕτω καὶ τὸν λόγον ἀξιῶ τὸν εἰρημένον ἐξ ὧν
ἀντειπεῖν ἡμεῖς ἔχομεν σκεψαμένους, ἐὰν μὲν συμφέρονθ'
εὕρητε, ἀγαθῇ τύχῃ πείθεσθαι, ἂν δ' ἄρ' ἕκαστα λογιζομένοις
ἀλλοιότερος φανῇ, πρὶν ἁμαρτεῖν μεταβουλευσαμένους, τοῖς
ὀρθῶς ἔχουσιν χρήσασθαι.   5

ΛΓ

Μάλιστα μέν, ὦ ἄνδρες Ἀθηναῖοι, βουλοίμην ἂν ὑμᾶς ἃ
μέλλω λέγειν πεισθῆναι· εἰ δ' ἄρα τοῦτ' ἄλλῃ πῃ συμβαίνοι,
ἐμαυτῷ γ' ἂν εἰρῆσθαι πρὸ παντὸς αὐτὰ δεξαίμην. ἔστι δ'
οὐ μόνον, ὡς δοκεῖ, τὸ πρὸς ὑμᾶς εἰπεῖν χαλεπὸν τὰ δέοντα, 10
ἀλλὰ καὶ καθ' αὑτὸν σκοπούμενον εὑρεῖν. γνοίη δ' ἄν τις,
εἰ μὴ τὸν λόγον ὑμᾶς, ἀλλὰ τὰ πράγματ' ἐφ' ὧν ἐστε
σκέψεσθαι νομίσαι, καὶ πλείω σπουδὴν τοῦ δοκεῖν ἐπιεικὴς
2 εἶναι ἢ τοῦ δεινὸς εἰπεῖν φανῆναι ποιοῖτο. ἐγὼ γοῦν (οὕτω
τί μοι ἀγαθὸν γένοιτο) ἐπειδὴ περὶ τῶν παρόντων ἐπῄει μοι 15
σκοπεῖν, λόγοις μὲν καὶ μάλ' ἀφθόνοις, οὓς οὐκ ἂν ἀηδῶς
ἠκούεθ' ὑμεῖς, ἐνετύγχανον. καὶ γὰρ ὡς δικαιότατοι τῶν
Ἑλλήνων ἐστέ, πολλ' ⟨ὄντ'⟩ εἰπεῖν καὶ ἑώρων καὶ ὁρῶ, καὶ
ὡς ἀρίστων προγόνων, καὶ πολλὰ τοιαῦτα. ἀλλὰ ταῦτα μὲν
τὸν χρόνον ἡσθῆναι ποιήσανθ' ὅσον ἂν ῥηθῇ, μετὰ ταῦτ' 20
3 οἴχεται· δεῖ δὲ πράξεώς τινος τὸν λέγοντα φανῆναι σύμ-
βουλον, δι' ἣν καὶ μετὰ ταῦτ' ἀγαθοῦ τινος ὑμῖν ἔσται
παρουσία. τοῦτο δ' ἤδη καὶ σπάνιον καὶ χαλεπὸν πεπειρα-
μένος οἶδ' ὂν εὑρεῖν. οὐδὲ γὰρ αὔταρκες τὸ ἰδεῖν ἐστι τὰ
τοιαῦτα, ἂν μὴ καὶ πεῖσαί τις τοὺς συναρουμένους ὑμᾶς δυ- 25
νηθῇ. οὐ μὴν ἀλλ' ἐμὸν μὲν ἔργον εἰπεῖν ἴσως ἃ πέπεικ'
ἐμαυτὸν συμφέρειν, ὑμέτερον δ' ἀκούσαντας κρῖναι, κἂν
ἀρέσκῃ, χρήσασθαι.

---

2 ἔξομεν F corr. Wolf : ἔστι codd.   9 αὐτὰ r (Blass) : αὐτὸ cett.   12 ἐστε
Wolf : ἔστι codd.   13 σκέψεσθαι r (Blass) : σκέψασθαι cett.
βούλοιτο νομίσαι r   14 δεινῶς S corr. F corr. Q   15 τί μοι ante
ἀγαθὸν S vulg : post ἀγαθὸν r   17 ἠκούσατε r   18 ⟨ὄντα⟩ addidi,
cf. Lys. xii 95   20 μετὰ r Vindob. 4 (Schaefer) : μετὰ δὲ cett.
22 ἡμῖν S r F Y D C   23 δ' ἤδη S vulg., cf. xix 19, Ar. Ach. 315 :
δὴ r   25 συναρουμένους Reiske : συναιρομένους S vulg. : συναιρουμέ-
νους F¹ Coisl. 339   28 χρήσασθαι Blass

ΛΔ

Οὐκ ἄδηλον ἦν, ὦ ἄνδρες Ἀθηναῖοι, πρώην, ὅτε τῶν
ἀντιλέγειν βουλομένων οἷς ὁ δεῖν᾽ ἔλεγεν οὐκ ᾤεσθ᾽ ἀκούειν
χρῆναι, ὅτι συμβήσεται τοῦθ᾽ ὃ νυνὶ γίγνεται, ὅτι οἱ τότε
5 κωλυθέντες ἐροῖεν εἰς ἑτέραν ἐκκλησίαν. ἂν τοίνυν ταῦθ᾽
ἅπερ πρότερον ποιήσητε, καὶ τῶν τοῖς τότε δόξασι συνειπεῖν
βουλομένων μὴ ᾽θελήσητ᾽ ἀκοῦσαι, πάλιν ταῦτ᾽ εἰς τὴν ἑτέραν
ἐκκλησίαν οὗτοι λαβόντες τούτων κατηγορήσουσιν. οὐδαμῶς, 2
ὦ ἄνδρες Ἀθηναῖοι, οὔτε τὰ πράγματα χείρω γένοιτ᾽ ἄν, οὔθ᾽
10 ὑμεῖς ἀτοπώτεροι φανείητε, ἢ εἰ μήτε τῶν δοξάντων ὑμῖν
πέρας μηδὲν ἔχειν δοκοίη, μήτ᾽ ἀφέντες ἃ μὴ συμφέρει, τῶν
πρὸ ὁδοῦ τι περαίνοιτε, εἴητε δ᾽ ὥσπερ τὰ θέατρα τῶν προ-
καταλαμβανόντων. μηδαμῶς, ὦ ἄνδρες Ἀθηναῖοι, ἀλλὰ
πονήσαντες τὸν πόνον τοῦτον καὶ παρασχόντες ἴσους ἀκροατὰς
15 ἀμφοτέροις ὑμᾶς αὐτοὺς πρῶτον μὲν ἔλεσθ᾽ ὅ τι καὶ ποιήσετε,
ἔπειθ᾽ ὑπολαμβάνετε, ἐάν τις ἐναντιῶται τοῖς ἅπαξ οὕτω δοκι-
μασθεῖσι, πονηρὸν καὶ κακόνουν ὑμῖν. τὸ μὲν γὰρ λόγου 3
μὴ τυχόντα πεπεῖσθαι βέλτιον τῶν ὑμῖν δοκούντων αὐτὸν
ἐντεθυμῆσθαι συγγνώμη· τὸ δ᾽ ἀκουσάντων ὑμῶν καὶ διακρι- [1444]
20 νάντων ἔτ᾽ ἀναισχυντεῖν, καὶ μὴ συγχωρεῖν ἐνδόντα τῇ τῶν
πλειόνων γνώμῃ, ἄλλην τιν᾽ ⟨ἂν⟩ ὑποψίαν οὐχὶ δικαίαν
ἔχειν φανείη. ἐγὼ μὲν δὴ σιωπᾶν ⟨ἂν⟩ ᾤμην δεῖν ἐν τῷ
παρόντι, εἰ μένοντας ὑμᾶς ἑώρων ἐφ᾽ ὧν ἔδοξεν· εἰμὶ γὰρ
τῶν ἐκεῖνα πεπεισμένων συμφέρειν ὑμῖν· ἐπειδὴ δ᾽ ὑπὸ τῶν
25 παρὰ τούτων λόγων μεταβεβλῆσθαί μοί τινες δοκοῦσιν, ὡς
οὔτ᾽ ἀληθῆ λέγουσιν οὔθ᾽ ὑμῖν συμφέροντα, ἴσως μὲν εἰδότας,
οὐ μὴν ἀλλ᾽ εἰ καὶ τυγχάνετ᾽ ἀγνοοῦντες, διδάξω.

---

5 εἰς τὴν ἑτέραν Y sicut infra   8 οὗτοι λαβόντες codd. : ἀναβα-
λόντες οὗτοι Richards, ἀναλαβόντες malim   9 ἂν post πράγματα add.
Schaefer : δ᾽ ἂν post οὐδαμῶς Dobree : om. codd. praeter r qui γένοιτ᾽
ἂν exhibet. cf. Prooem. xx 2   10 ἢ εἰ Seager ex app. edit. Paris. :
εἰ codd., Blass coll. x 36   11 μήτ᾽ ἀφ. r (Bekker) : μηδ᾽ ἀφ. S vulg.
μὴ r (Seager) : om. cett.   12 τὰ θέατρα τῶν Blass : τῶν τὰ θέατρα
codd.   προκαταλαμβανόντων S Y r C : καταλ. F Q   18 βελτίω D et
(post δοκούντων) r   21 ἂν add. Meutzner ; post δικαίαν malit Blass
22 ἂν add. Schaefer   25 παρὰ τούτων] τοιούτων Y F γρ.

ΛΕ

Ἔδει μέν, ὦ ἄνδρες Ἀθηναῖοι, καὶ δίκαιον ἦν τότε πεί-
θειν ὑμᾶς ὅ τι ἄριστον ἕκαστος ἡγεῖτο, ὅτ' ἐβουλεύεσθε τὸ
πρῶτον περὶ τούτων, ἵνα μὴ συνέβαινεν ἃ δὴ δύο πάντων
ἐστὶν ἀλυσιτελέστατα τῇ πόλει, μήτε πέρας μηδὲν εἶχεν τῶν 5
ὑμῖν δόξαντων, παρανοίας θ' ὑμεῖς κατεγιγνώσκεθ' ὑμῶν
αὐτῶν μεταβουλευόμενοι. ἐπειδὴ δὲ σιωπήσαντες τότε νῦν
2 ἐπιτιμῶσί τινες, βούλομαι μικρὰ πρὸς αὐτοὺς εἰπεῖν. ἐγὼ
γὰρ θαυμάζω τὸν τρόπον τῆς πολιτείας τῆς τούτων, μᾶλλον
δ' ἡγοῦμαι φαῦλον. εἰ γὰρ ἐξὸν παραινεῖν ὅταν σκοπῆτε, 10
βεβουλευμένων κατηγορεῖν αἱροῦνται, συκοφαντῶν ἔργον,
οὐχ, ὡς φασίν, εὔνων ποιοῦσιν ἀνθρώπων. ἡδέως δ' ἂν ἐροί-
μην αὐτούς (καὶ μηδεμιᾶς λοιδορίας ὃ μέλλω λέγειν ἀρχὴ
γενέσθω) τί δὴ τἄλλ' ἐπαινοῦντες Λακεδαιμονίους, ὃ μάλιστ'
ἄξιόν ἐστιν τῶν παρ' ἐκείνοις ἄγασθαι, τοῦτ' οὐ μιμοῦνται, 15
3 μᾶλλον δ' αὐτὸ τοὐναντίον ποιοῦσιν; φασὶ γάρ, ὦ ἄνδρες
Ἀθηναῖοι, παρ' ἐκείνοις μέχρι μὲν τοῦ δόξαι γνώμην, ἣν ἂν
[1445] ἕκαστος ἔχῃ, λέγειν, ἐπειδὰν δ' ἐπικυρωθῇ, ταῦθ' ἅπαντας
ἐπαινεῖν καὶ συμπράττειν, καὶ τοὺς ἀντειπόντας. τοιγάρτοι
πολλῶν μὲν ὄντες οὐ πολλοὶ περιγίγνονται, λαμβάνουσι δέ, 20
ὅσ' ἂν μὴ τῷ πολέμῳ δύνωνται, τοῖς καιροῖς, οὐδεὶς δ' αὐ-
τοὺς ἐκφεύγει χρόνος οὐδὲ τρόπος τοῦ τὰ συμφέρονθ' ἑαυτοῖς
περαίνειν, οὐ μὰ Δί' οὐχ ὥσπερ ἡμεῖς καὶ διὰ τούτους καὶ
τοὺς ὁμοίους τούτοις, ἀλλήλων περιγιγνόμενοι καὶ οὐχὶ τῶν
4 ἐχθρῶν, πάντ' ἀνηλώκαμεν τὸν χρόνον, κἂν μὲν εἰρήνην τις 25
ἐκ πολέμου ποιήσῃ, τοῦτον μισοῦντες, ἂν δ' ἐξ εἰρήνης πόλε-
μόν τις λέγῃ, τούτῳ μαχόμενοι, ἂν δ' ἔχειν ἡσυχίαν τις
παραινῇ καὶ τὰ ἡμέτερ' αὐτῶν πράττειν, οὐδὲ τοῦτον ὀρθῶς
λέγειν φάσκοντες, ὅλως δ' αἰτιῶν καὶ κενῶν ἐλπίδων ὄντες

5 εἶχεν mg. edit. Paris. : ἔχειν codd., quod tuetur Uhle coll. Soph.
O. C. 1020   6 παράνοιαν Blass ; sed cf. xxv 67, Lys. xiii 65, Lyc.
§ 144   12 εὐνόων S F¹ Q, cf. Ep. iii 33   16 αὐτὸ Reiske :
αὐτοὶ F¹ : αὐτῷ F corr. vulg.   17 δόξαι ⟨τι⟩ Seager   20 πολλῶν
F corr. Y corr. : πολλοὶ S vulg.   23 περαίνειν Y¹ C : παραινεῖν cett.
25 κἂν μὲν codd. : ἂν μὲν Schaefer   27 τις post ἡσυχίαν om. Y¹ C

πλήρεις. 'τί οὖν', ἄν τις εἴποι, 'σὺ παραινεῖς, ἐπειδὴ ταῦτ'
ἐπιτιμᾷς'; ἐγὼ νὴ Δί' ἐρῶ.

ΛϚ

Πρῶτον μέν, ὦ ἄνδρες Ἀθηναῖοι, οὐ πάνυ μοι δοκεῖ τις
5 ἂν εἰκότως περὶ ὑμῶν δεῖσαι, μὴ παρὰ τὸ τῶν συμβου-
λευόντων οὐκ ἐθέλειν ἀκούειν χεῖρον βουλεύσησθε. πρῶτον
μὲν γὰρ ἡ τύχη, καλῶς ποιοῦσα, πολλὰ τῶν πραγμάτων
ὑμῖν αὐτόματα, ὡς ἂν εὔξαισθε, παρίστησιν, ἐπεὶ τῇ γε
τῶν προεστηκότων προνοίᾳ βραχέ' αὐτῶν εἶχεν ἂν καλῶς.
10 ἔπειθ' ὑμεῖς οὐ μόνον τοὺς λόγους οὓς ἂν ἕκαστος εἴποι
πρόϊστε, ἀλλὰ καὶ ὧν ἕνεκ' αὐτῶν ἕκαστος δημηγορεῖ, εἰ δὲ μὴ
φιλαπέχθημον ἦν, εἶπον ἂν καὶ πόσου. τὸν δὴ τοῦ φενακίζε- 2
σθαι χρόνον ὡς εἰς μικρότατον συνάγοντες σωφρονεῖν ἔμοιγε
δοκεῖτε. εἰ μὲν δή τι τῶν αὐτῶν ἔμελλον τοῖς ἄλλοις ἐρεῖν,
15 οὐκ ἂν ᾤμην δεῖν λέγων ἐνοχλεῖν. νῦν δὲ συμφέροντα μὲν
ὑμῖν ἀκοῦσαι, παντάπασι δ' ἀφεστηκότα τῶν ὑπὸ τῶν πολ- [1446]
λῶν προσδοκωμένων οἶμαι λόγον ἐρεῖν. βραχὺς δ' ἔσται.
σκέψασθε δ' ἀκούσαντες, κἂν ὑμῖν ἀρέσκῃ, χρήσασθε.

ΛΖ

20 Καὶ βραχεῖαν, ὦ ἄνδρες Ἀθηναῖοι, καὶ δικαίαν ποιήσο-
μαι τὴν ἀρχὴν τοῦ λόγου· καὶ οὕτω δὲ τὰ πάντ' ἐρῶ.
ἡγοῦμαι γὰρ ἐξαπατᾶν μὲν εἶναι βουλομένου σκοπεῖν ὄντιν'
ὑμᾶς τρόπον τοὺς ἀκούοντας τὰ τοῦ πράγματος δυσχερῆ τῷ
λόγῳ συγκρύψεται, ἁπλῶς δὲ πεπεικότος αὐτὸν ὑμῖν προσφέ-
25 ρεσθαι τοῦτο πρῶτον εἶναι, εἰπεῖν πότερ' ἐγνωκὼς παρελή-

6 χεῖρον Y r C : χείρων S : χείρω vulg. : χεῖρόν τι Q γρ.   7 μὲν
om. r   9 ἔχειν S F Y D   11 φιλαπέχθημον Y corr. : φιλαπεχθήμων
cett.   12 ἦν] εἰ F   13 σμικρότατον S F Y D C   15 δεῖν] περὶ ὧν
ἴστε δεῖν r   17 ἐρεῖν r : ἔχειν cett.   δ'] δ' ἄρ' r   post ἔσται
add. ὁ λόγος r ; χρόνος S vulg. : delevi   18 χρῆσθε r   21 οὕτω
δὲ scripsi : οὐδὲ codd. ; notum illud οὐ pro οὕτω compendium post
ἐρῶ add. πολλά r solus   22 βουλομένου F corr. Y corr. : βουλομένους
S vulg.   23 ὑμᾶς Wolf : ὑμεῖς codd.   τὰ Schaefer : καὶ τὰ codd.
24 συγκρύψεται r (Schaefer) : συγκρύψητε S vulg.

2 λυθεν, ἵν' ἐὰν μὲν ἀκούσαντες τοῦτο τοὺς μετὰ ταῦτα
λόγους βούλησθ' ἀκούειν, καὶ διδάσκῃ καὶ φράζῃ τὰ βέλτισθ'
αὑτῷ δοκοῦντα, ἂν δ' ἀποδοκιμάσητε, ἀπηλλαγμένος ᾖ καὶ
μήθ' ὑμῖν ἐνοχλῇ μήθ' αὑτὸν κόπτῃ. ἐγὼ δὴ τοῦτο πρῶτον
ἐρῶ. ἐμοὶ δοκεῖ Μυτιληναίων ὁ δῆμος ἠδικῆσθαι, καὶ 5
δίκην ὑμῖν ὑπὲρ αὑτοῦ προσήκειν λαβεῖν. καὶ ὅπως λή-
ψεσθ' ἔχω λέγειν, ἐπειδὰν ὡς ἠδίκηται καὶ ὑμῖν προσήκει
βοηθεῖν ἐπιδείξω.

ΛΗ

Πρῶτον μὲν οὐ πάνυ θαυμαστόν ἐστιν, ὦ ἄνδρες Ἀθη- 10
ναῖοι, τὸ μὴ ῥᾳδίους τοῖς συμβουλεύειν βουλομένοις εἶναι
τοὺς λόγους· ὅταν γὰρ τὰ πράγματ' ἔχῃ φαύλως περὶ ὧν
δεῖ σκοπεῖν, δυσχερεῖς ἀνάγκη περὶ αὐτῶν εἶναι καὶ τὰς
συμβουλίας. εἰ μὲν οὖν ἐκ τοῦ μὴ 'θέλειν ἀκούειν ἐλπὶς
ταῦτα γενέσθαι βελτίω, τοῦτο χρὴ πράττειν· εἰ δὲ χείρω 15
μὲν ἅπαντα, βέλτιον δ' οὐδὲν ἐκ τούτου γενήσεται, τί δεῖ,
πρὸς τὸ φαυλότατον ἐλθεῖν ἐάσαντας, ἐκ πλείονος ἢ νῦν
[1447] καὶ χαλεπωτέρως σῴζειν πειρᾶσθαι, ἐξὸν ἐκ τῶν παρόντων
ἔτι καὶ νῦν ἐπανορθώσασθαι καὶ προαγαγεῖν ἐπὶ τὸ βέλτιον;
2 τὸ μὲν οὖν ὀργίλως ὑμᾶς ἔχειν εἰκός ἐστιν ταῦτα πάσχον- 20
τας· τὸ δὲ μὴ τοῖς αἰτίοις, ἀλλὰ πᾶσιν ἐφεξῆς ὀργίζεσθαι,
τοῦτ' οὐκέτ' εἰκὸς οὐδ' ὀρθῶς ἔχον ἐστίν. οἱ γὰρ μηδενὸς
μὲν αἴτιοι τῶν παρεληλυθότων, τὰ δὲ λοιπὰ πῶς ἔσται βελτίω
λέγειν ἔχοντες, χάριν, οὐκ ἀπέχθειαν κομίσαιντ' ἂν δικαίως
παρ' ὑμῶν· οὕς, ἐὰν ἀκαίρως δυσκολαίνητε, ὀκνεῖν ἀνίστα- 25
3 σθαι ποιήσετε. καίτοι ἔγωγ' οὐκ ἀγνοῶ, ὅτι πολλάκις οὐ
τοῖς αἰτίοις, ἀλλὰ τοῖς ἐμποδὼν οὖσι τοῖς ὀργιζομένοις
ἀηδές τι παθεῖν συνέβη· ὅμως δ' ἀνέστην συμβουλεύσων·
πιστεύω γὰρ ἔγωγ', ὦ ἄνδρες Ἀθηναῖοι, φλαύρου μὲν μηδε-

4 δὴ Schaefer: δὲ codd.   πρῶτον αἴτιον ἐρῶ r   10 οὖν οὐ S
11 ῥᾳδίους mg. edit. Paris.: ῥᾳδίως S F Q   14 συμβουλάς r   18 χαλε-
πωτέρως Wolf: χαλεπωτέρου S al : -ους F Q   18 ἐκ τῶν παρόντων
om. r   20 οὖν om. r   ταῦτα] τοιαῦτα r   24 δικαίως κομίσαιντ' ἂν r.

νὸς αἴτιος ὢν εὑρεθήσεσθαι, βελτίω δ' ἑτέρων ὑμῖν ἔχειν
συμβουλεῦσαι.

ΛΘ

Τὰ μὲν γεγενημέν', ὦ ἄνδρες Ἀθηναῖοι, τοιαῦθ' οἷα
5 πάντες ἀκηκόατε· δεῖ δ' ὑμᾶς μηδὲν ἐκπεπληγμένως διακεῖ-
σθαι, λογιζομένους ὅτι πρὸς μὲν τὰ παρόντ' ἀθύμως ἔχειν
οὔτε τοῖς πράγμασι συμφέρον οὔθ' ὑμῶν ἄξιόν ἐστιν, τὸ δὲ
ταῦτ' ἐπανορθοῦν αὐτοῖς ἡγεῖσθαι προσῆκον [καὶ] τῆς ὑμετέ-
ρας δόξης ἄξιον ἂν φανείη. χρὴ δὲ τοὺς ὄντας οἷοι φήσαιτ'
10 ἂν ὑμεῖς εἶναι, ἐν τοῖς δεινοῖς ἑτέρων διαφέροντας φαίνε-
σθαι. ἐγὼ δ' οὐδαμῶς μὲν ἂν ἐβουλόμην ταῦτα συμβῆναι 2
τῇ πόλει, οὐδ' ἀτυχεῖν ὑμᾶς οὐδέν· εἰ δ' ἄρ' ἔδει γενέσθαι
καί τι δαιμόνιον τοῦτ' ἀπέκειτο, ὥσπερ πέπρακται τὰ γεγε-
νημένα, λυσιτελεῖν οἴομαι. τὰ μὲν γὰρ τῆς τύχης ὀξείας
15 ἔχει τὰς μεταβολὰς καὶ κοινὰς ἀμφοτέροις τὰς παρουσίας· [1448]
ἃ δ' ἂν δι' ἀνδρῶν κακίαν πραχθῇ, βεβαίους ποιεῖ τὰς
ἥττας. οἴομαι μὲν οὖν οὐδὲ τοὺς κεκρατηκότας ἀγνοεῖν ὅτι 3
βουληθέντων ὑμῶν καὶ παροξυνθέντων τῷ γεγενημένῳ, οὐ
πάνυ πω δῆλον πότερον εὐτύχημ' ἢ καὶ τοὐναντίον αὐτοῖς
20 ἐστιν τὸ πεπραγμένον· εἰ δ' ἄρ' ἐπῆρκε τὸ πρᾶγμ' αὐτοὺς
θρασύνεσθαι, κἂν τοῦτο πρὸς ὑμῶν ἤδη γίγνοιτο. ὅσῳ γὰρ
ἂν μᾶλλον καταφρονήσωσι, τοσούτῳ θᾶττον ἁμαρτήσονται.

Μ

Οὔ μοι δοκεῖτ', ὦ ἄνδρες Ἀθηναῖοι, περὶ ἧς οἴεσθε πό-
25 λεως νυνὶ μόνον βουλεύεσθαι, ἀλλ' ὑπὲρ πασῶν τῶν συμ-
μαχίδων. ὅπως γὰρ ἂν περὶ ταύτης γνῶτε, πρὸς ταῦτ'

---

1 ὢν αἴτιος Y C   5 ἐκπεπληγμένως Vindob. 4 (Reiske) : ἐκπε-
πληγμένους S vulg.   7 συμφέρειν F   8 αὐτοῖς Reiske : αὐτοὺς
S Y : αὐτοὺς vulg.   καὶ del. Wolf : καὶ ⟨λυσιτελὲς καὶ⟩ voluit Dobree
16 κακίας Γ   ποιεῖ τὰς Y Γ Q γρ. : ποιεῖται S F D Y mg.   17 οὐδὲ]
μηδὲ D   20 ἐπῆρκε] ἐπαίροι Q γρ.   21 κἂν τοῦτο Wolf : ἐὰν τ.
S F Q : ἐν ἂν τ. Γ : τοῦτο Y D C : om. Q γρ.   πρὸς ὑμῶν] προθύμως
S γρ.   25 post βουλεύεσθαι add. ἐγὼ δὲ οὐδαμῶς S sed cum signis
delendi   ὑπὲρ om. F Q¹, sed cf. xv 13

εἰκὸς ἀποβλέποντας τοὺς ἄλλους καὶ αὐτοὺς τῶν αὐτῶν
τεύξεσθαι νομίζειν. ὥστε δεῖ καὶ τοῦ βελτίστου καὶ τῆς
ὑμετέρας αὐτῶν ἕνεκα δόξης σπουδάσαι, ὅπως ἅμα καὶ
2 συμφέροντα καὶ δίκαια φανήσεσθε βουλευόμενοι. ἡ μὲν
οὖν ἀρχὴ τῶν τοιούτων πραγμάτων ἀπάντων ἐστὶν τῶν 5
στρατηγῶν· ὧν οἱ πλεῖστοι τῶν παρ' ὑμῶν ἐκπλεόντων οὐ
τοὺς ὑμετέρους φίλους, οὓς διὰ παντὸς τοῦ χρόνου τῶν
αὐτῶν κινδύνων μετεσχηκότας παρειλήφασιν, τούτους θερα-
πεύειν οἴονται δεῖν, ἀλλ' ἰδίους φίλους ἕκαστος ἑαυτῷ κατα-
σκευάσας ὑμᾶς ἀξιοῖ τοὺς αὐτῶν κόλακας καὶ ὑμετέρους 10
3 ἡγεῖσθαι φίλους· οὗ πᾶν ἐστι τοὐναντίον. οὔτε γὰρ ἐχθρο-
τέρους οὔτ' ἀναγκαίους μᾶλλον ἐχθροὺς ἂν τούτων εὕροιτε.
ὅσῳ γὰρ πλείω παρακρουόμενοι πλεονεκτοῦσιν, τοσούτῳ
πλειόνων ὀφείλειν ἡγοῦνται δίκην δοῦναι· οὐδεὶς δ' ἂν
[1449] γένοιτ' εὔνους τούτοις ὑφ' ὧν ἄν τι κακὸν πείσεσθαι 15
προσδοκᾷ. τοῦ μὲν οὖν κατηγορεῖν ἴσως οὐχ ὁ παρὼν
καιρός· ἃ δ' ἡγοῦμαι συμφέρειν ὑμῖν, ταῦτα συμβουλεύσω.

ΜΑ

Οὐδέν', ὦ ἄνδρες Ἀθηναῖοι, τῶν πάντων ὑμῶν οὕτως
οἴομαι κακόνουν εἶναι τῇ πόλει ὥστε μὴ χαλεπῶς φέρειν 20
μηδὲ λυπεῖσθαι τοῖς γεγενημένοις. εἰ μὲν τοίνυν ἀγανα-
κτοῦντας ἦν ἄπρακτόν τι ποιῆσαι τούτων, τοῦτ' ἂν ἔγωγε
παρήνουν ὑμῖν ἅπασιν· ἐπειδὴ δὲ ταῦτα μὲν οὐκ ἂν ἄλλως
ἔχοι, δεῖ δ' ὑπὲρ τῶν λοιπῶν προνοηθῆναι ὅπως μὴ ταὐτὰ
πείσεσθε, ὥσπερ, ὦ ἄνδρες Ἀθηναῖοι, νῦν γεγενημένων 25
ἀγανακτεῖτε, οὕτω χρὴ σπουδάσαι ὑπὲρ τοῦ μὴ πάλιν ταῦτα
συμβῆναι, καὶ νομίζειν μηδέν' ἔχειν λόγον εἰπεῖν τῶν

1 τοὺς ἄλλους S vulg.: τῶν ἄλλων r   καὶ αὐτοὺς Wolf: καὶ τοὺς
S vulg.: καὶ ἑκάστους Q γρ.: ἑκάστους r   2 τοῦ S vulg.: τοῦ τούτοις
r; vel τούτοις vel κοινῇ desidero   8 τούτους θεραπεύειν r (Dobree):
θεραπεύειν τούτους cett.   9 ἀλλὰ καὶ codd.: καὶ del. Turr.
14 πλειόνων Dindorf: πλεόνων Y C: πλέον cett.   ὄφλειν codd., corr.
Schaefer   24 et 26 ταὐτὰ S: ταῦτα vulg.   25 νῦν] περὶ τῶν
νῦν r D F γρ. Q γρ., cf. Plat. Ep. vii 349 D   27 νομίζειν om. r

συμβουλευόντων τοιοῦτον, ὃς δυνήσεται σῶσαι τὰ παρόντα
μηδενὸς ὑμῶν μηδὲν συναραμένου· οὐ γὰρ ἂν λόγος, ἀλλὰ
θεός τις ὁ τοιοῦτος εἴη. ἡ μὲν οὖν ἀρχὴ τοῦ ταῦθ' οὕτως 2
ἔχειν ἐκεῖθεν ἤρτηται, ἐκ τοῦ τῆς παραχρῆμα πρὸς ὑμᾶς
5 ἕνεκα χάριτος ἐνίους τῶν λεγόντων ἐνταυθοῖ δημηγορεῖν, ὡς
οὔτ' εἰσφέρειν οὔτε στρατεύεσθαι δεῖ, πάντα δ' αὐτόματ'
ἔσται. ἔδει μὲν οὖν ταῦθ' ὑπ' ἄλλου τινὸς ἐξελέγχεσθαι
μετὰ τοῦ λυσιτελοῦντος [ἐλέγχου] τῇ πόλει· δοκεῖ δέ μοι
τρόπον τινὰ καὶ νῦν ἀμείνων ἡ τύχη περὶ ὑμᾶς τῶν ἐφεστη-
10 κότων εἶναι. τὸ μὲν γὰρ ἕκαστ' ἀπόλλυσθαι τῆς τῶν ἐπι- 3
μελουμένων κακίας σημεῖον προσήκει ποιεῖσθαι· τὸ δὲ μὴ
πάλαι πάντ' ἀπολωλέναι τῆς ὑμετέρας τύχης εὐεργέτημ'
ἔγωγε κρίνω. ἐν ᾧ τοίνυν ἡ τύχη διαλείπει καὶ τοὺς
ἐχθροὺς ἀνέχει, τῶν λοιπῶν ἐπιμελήθητε. εἰ δὲ μή, σκο- [1450]
15 πεῖθ' ὅπως μὴ ἅμα τούς τ' ἐφεστῶτας ἑκάστοις ὑμεῖς κρι-
νεῖτε, καὶ τὰ πράγμαθ' ὑμῶν, ὦ ἄνδρες Ἀθηναῖοι, κλινεῖ.
οὐ γὰρ ἔσθ' ὅπως ταῦτ' ἄνευ μεγάλου τινὸς ⟨κακοῦ⟩ στήσε-
ται, μηδενὸς ἀντιλαμβανομένου.

ΜΒ

20   Οὐδέν ἐστιν, ὦ ἄνδρες Ἀθηναῖοι, τοῦτ' ἄλογον, τοὺς ἀεὶ
καὶ συνεχῶς ὑπὲρ τῶν ὀλιγαρχιῶν πολιτευομένους καὶ νῦν
ταῦτα ποιοῦντας ἐξελέγχεσθαι. ἀλλ' ἐκεῖνο μᾶλλον ἄν τις
εἰκότως θαυμάσαι, τὸ τοὺς εἰδότας ὑμᾶς ταῦτα πολλάκις
ἥδιον τούτων ἀκούειν ἢ τῶν ὑπὲρ ὑμῶν λεγόντων. ἴσως
25 μὲν οὖν ὥσπερ οὐδ' ἰδίᾳ ῥᾴδιόν ἐστιν ἅπαντ' ὀρθῶς πράτ-
τειν, οὕτως οὐδὲ κοινῇ· ἀλλ' οὐ δὴ τὰ μέγιστά γε χρὴ παρο- 2
ρᾶν. τὰ μὲν οὖν ἄλλα πάντ' ἐστὶν ἐλάττω· ὅταν δ' ὑπὲρ
πολιτείας καὶ σφαγῶν καὶ δήμου καταλύσεως εὐχερῶς

3 θεός τις Yr CF γρ. Q γρ. : θεὸς S F Q   4 ὑμᾶς S r F C : ἡμᾶς
vulg.   7 ἐπ' ἄλλου Sauppe   8 ἐλέγχου del. Dobree   9 ἡμᾶς
S F Y D   13 ⟨μὴ⟩ διαλείπει Swoboda   15 τ'] τότ' r : om. D
ἑκάστοις S F¹ r : ἑκάστους F corr. vulg.   κρινεῖτε app. edit. Paris. :
κρίνετε S¹ al. : κρίνητε S corr. F r C   17 τινὸς ⟨κακοῦ⟩ Schaefer
coll. x 36 ; suffragatur D etiam τινὸς omisso   20 τὸ τοὺς r
αἰεὶ S r C   28 δήμων Y¹ D C

ἀκούητε, πῶς οὐκ ἔξω χρὴ τοῦ φρονεῖν ὑμᾶς [αὐτοὺς] ἡγεῖσθαι; οἱ μὲν γὰρ ἄλλοι πάντες ἄνθρωποι τοῖς ἑτέρων παραδείγμασι χρώμενοι μᾶλλον εὐλαβεῖς αὐτοὶ γίγνονται· ὑμεῖς δ' οὐδὲ τὰ τοῖς ἄλλοις συμβαίνοντ' ἀκούοντες φοβηθῆναι δύνασθε, ἀλλ' ἃ τοὺς ἰδίᾳ περιμένοντας ἀβελτέρους νομίζετε, 5 ταῦτ' αὐτοὶ δημοσίᾳ μοι δοκεῖτ' ἀναμένειν παθόντες αἰσθέσθαι.

ΜΓ

Οὐδεὶς πώποτ' ἴσως ὑμῶν ἐζήτησεν, ὦ ἄνδρες Ἀθηναῖοι, τί δήποθ' οἱ κακῶς πράττοντες ἄμεινον περὶ τῶν πραγμάτων 10 τῶν εὖ πραττόντων βουλεύονται. ἔστι δ' οὐχ ἑτέρωθέν ποθεν τοῦτο γιγνόμενον, ἀλλ' ὅτι συμβαίνει τοῖς μὲν μήτε φοβεῖσθαι μηδὲν μήθ' ἄν τις λέγοι δεινὰ προσήκονθ' αὐτοῖς ἡγεῖσθαι, τοὺς δὲ πλησίον ὄντας τῶν ἁμαρτη-
[1451] μάτων, ὅταν εἰς τὸ κακῶς πράττειν ἀφίκωνται, σώφρονας 15
2 πρὸς τὰ λοιπὰ καὶ μετρίους ὑπάρχειν. σπουδαίων τοίνυν ἐστὶν ἀνθρώπων, ὅταν βελτίστῃ τῇ παρούσῃ τύχῃ χρῶνται, τότε πλείω τὴν σπουδὴν πρὸς τὸ σωφρονεῖν ἔχειν· οὐδὲν γὰρ οὔτε φυλαττομένοις οὕτω δεινὸν ὥστ' ἀφύλακτον εἶναι, οὔτ' ὀλιγωροῦσιν ἀπροσδόκητον παθεῖν. λέγω δὲ ταῦτ' οὐχ 20 ἵνα τὴν ἄλλως ὑμᾶς δεδίττωμαι, ἀλλ' ἵνα μὴ διὰ τὴν παροῦσαν εὐπραξίαν, ἃ γένοιτ' ἄν, εἰ μὴ προνοήσεσθε τῶν πραγμάτων, δείν' ἀκούοντες καταφρονῆτε, ἀλλ' ἄνευ τοῦ παθεῖν, ὥσπερ ἐστὶν προσῆκον φάσκοντάς γε μηδένων ἀπολείπεσθαι τῷ σωφρονεῖν, φυλάξησθε.   25

ΜΔ

Οὐχὶ τὸν αὐτὸν εἶναι καιρὸν ὑπείληφ', ὦ ἄνδρες Ἀθηναῖοι, τοῦ τε χαρίζεσθαι καὶ τοῦ τὰ δοκοῦντά μοι βέλτιστα

1 αὐτοὺς secl. Blass   5–6 ἃ . . . ταῦτ'] ἃ . . . τοῦτ' Blass
5 περιμένοντας παθεῖν ἀβ. r   6 μοι om. S¹; et ante et post δημοσίᾳ
hab. Y   εσθεσθαι S¹   13 μήθ'] μηδ' S F Q r   ἄν τις scripsi :
ἄν τις ἂν S¹ : ἄ τις ἂν S corr., vulg. : ἄ τις D C   16 ὑπάρχειν r :
παρέχει S vulg.   18 πλείω τὴν codd. : πλείστην Blass   24 μηδενὸς D
25 τῷ φρονεῖν r D   28 τοῦ τε r; coni. Blass : τοῦ cett.

394

παραινεῖν. πολλάκις γὰρ ὁρῶ τὸ χαρίζεσθαί τι παρὰ γνώ-
μην πλεῖον᾽ ἀπέχθειαν ἐνεγκὸν τοῦ τὸ πρῶτον ἐναντιωθῆναι.
εἰ μὲν οὖν ἅπαντες ἐγιγνώσκετε ταῦτα, οὔτ᾽ ἄν, εἴ μοι τὰ
δέοντ᾽ ἐδοκεῖτε προαιρεῖσθαι, παρῆλθον, περίεργον ἡγούμενος
5 τοῖς ἀφ᾽ αὑτῶν ἃ χρὴ ποιοῦσι λέγειν, οὔτ᾽ ἂν εἰ τοὐναντίον·
μᾶλλον γὰρ ἂν ἡγησάμην ἕν᾽ ὄντ᾽ ἐμαυτὸν ἀγνοεῖν τὰ κρά-
τιστ᾽ ἢ πάντας ὑμᾶς. ἐπειδὴ δ᾽ ὁρῶ τινὰς ὑμῶν ταῦτὰ μὲν 2
γιγνώσκοντας ἐμοί, τἀναντία δ᾽ ἄλλοις, πειράσομαι μετὰ
τούτων τοὺς ἑτέρους πεῖσαι. εἰ μὲν οὖν οἰήσεσθε δεῖν μὴ
10 ᾽θέλειν ἀκούειν, οὐκ ὀρθῶς ποιήσετε· ἂν δ᾽ ἀκούσητε σιωπῇ
καὶ τοῦθ᾽ ὑπομείνητε, δυοῖν ἀγαθοῖν θάτερον ὑμῖν ὑπάρξει·
ἢ γὰρ πεισθήσεσθε, ἄν τι δοκῶμεν λέγειν συμφέρον, ἢ βε-
βαιότερον περὶ ὧν ἐγνώκατ᾽ ἔσεσθε πεπεισμένοι. ἂν γάρ, [1452]
οἷς τι διαμαρτάνειν οἰόμεθ᾽ ἡμεῖς ὑμᾶς, ταῦτα μηδενὸς ἄξια
15 φανῇ, μετ᾽ ἐλέγχου τὰ δεδογμένα νῦν ὑμεῖς ἔσεσθ᾽ ᾑρημένοι.

ΜΕ

Βουλοίμην ἄν, ὦ ἄνδρες Ἀθηναῖοι, περὶ ὧν ηὐδοκίμηκε
λέγων παρ᾽ ὑμῖν ὁ δεῖνα, ἐπὶ τῶν ἔργων πραττομένων ἴσον
αὐτῷ τὸν ἔπαινον γενέσθαι· οὔτε γὰρ τούτῳ κακόνους εἰμὶ
20 μὰ τοὺς θεοὺς ὑμῖν τ᾽ ἀγαθὸν ἄν τι γίγνεσθαι βουλοίμην.
ἀλλ᾽ ὁρᾶτ᾽, ὦ ἄνδρες Ἀθηναῖοι, μὴ κεχωρισμένον ᾖ λόγον
εἰπεῖν εὖ καὶ προελέσθαι πράγματα συμφέροντα, καὶ τὸ μὲν
ῥήτορος ἔργον ᾖ, τὸ δὲ νοῦν ἔχοντος ἀνθρώπου. ὑμεῖς 2
τοίνυν οἱ πολλοί, καὶ μάλισθ᾽ οἱ πρεσβύτατοι, λέγειν μὲν
25 οὐκ ὀφείλεθ᾽ ὁμοίως δύνασθαι τοῖς δεινοτάτοις· τῶν γὰρ
εἰθισμένων τοῦτο τὸ πρᾶγμα· νοῦν δ᾽ ἔχειν ὀφείλεθ᾽ ὁμοίως
καὶ μᾶλλον τούτων· αἱ γὰρ ἐμπειρίαι καὶ τὸ πόλλ᾽ ἑορακέναι

---

3 εἴ μοι Dobree: ἐμοὶ codd.   4 δοκεῖτε S   4–5 παρῆλθον . . .
οὔτ᾽ ἂν εἰ Schaefer, Dobree: οὔτ᾽ ἂν παρῆλθον . . . ὅταν (ὅ τι ἂν S r D) ᾖ
codd.   6 ἕν᾽ ὄντ᾽] ἐνδοντ S C   12 συμφέρον λέγειν Υ r C   13 ἂν]
ἃ S   15 νῦν ὑμεῖς] ὑμῖν Q γρ.   18 ἔργων Vindob. 4 (Dobree):
ἔργων τῶν S vulg.: ἔργων καὶ τῶν Blass coll. xxi 78   20 ἄν τι
γίγνεσθαι βουλοίμην r: βουλοίμην ἂν γενέσθαι D (Wolf): βούλομαι ἂν
γενέσθαι S vulg.   24 πρεσβύτεροι Υ¹ C   25 δεινοῖς r   26 τὸ
πρᾶγμα τοῦτο Υ C   27 ἑορακέναι S F¹: ἑωρ. F corr. vulg.

τοῦτ' ἐμποιοῦσι.　μὴ τοίνυν, ὦ ἄνδρες Ἀθηναῖοι, φανῆτ'
ἀγνοοῦντες ἐν τῷ παρόντι νῦν ὅτι αἱ διὰ τῶν λόγων ἀνδρεῖαι
καὶ θρασύτητες, ἐὰν μὴ μεθ' ὑπαρχούσης ὦσι παρασκευῆς
καὶ ῥώμης, ἀκοῦσαι μέν εἰσιν ἡδεῖαι, πράττειν δ' ἐπικίνδυνοι.
3 αὐτίκα γὰρ τὸ μὴ 'πιτρέπειν τοῖς ἀδικοῦσιν, ὁρᾶθ' ὡς καλὸν 5
τὸ ῥῆμα.　ἀποβλέψατε δὴ πρῶτον πρὸς τὸ ἔργον αὐτό.
δεῖ κρατῆσαι μαχομένους τῶν ἐχθρῶν τοὺς τὴν τοῦ ῥήματος
τούτου σεμνότητ' ἔργῳ ληψομένους.　εἰπεῖν μὲν γάρ, ὦ
ἄνδρες Ἀθηναῖοι, πάντα πέφυκε ῥᾴδιον, πρᾶξαι δ' οὐχ
ἅπαντα.　οὐ γὰρ ἴσος πόνος καὶ ἱδρὼς πρό τε τοῦ λέ- 10
4 γειν καὶ πρὸ τοῦ πράττειν ἐστίν.　ἐγὼ δ' οὐ χείρους
ὑμᾶς ἡγοῦμαι φύσει Θηβαίων (καὶ γὰρ ἂν μαινοίμην), ἀλλ'
ἀπαρασκευοτέρους.　φημὶ δὴ δεῖν τοῦ παρασκευάζεσθαι
νῦν ποιεῖσθαι τὴν ἀρχήν, ἐπειδὴ τέως ἠμελεῖτε, οὐ τοῦ
διαγωνίζεσθαι.　οὐ γὰρ ἀντιλέγω τὸ ὅλον, ἀλλ' ὑπὲρ τοῦ 15
τρόπου τῆς ἐγχειρήσεως ἐναντιοῦμαι.

Μϛ

Ὅσην μέν, ὦ ἄνδρες Ἀθηναῖοι, πεποίηνται σπουδὴν οἱ
πρέσβεις κατηγορῆσαι τῆς πόλεως ἡμῶν, ἅπαντες ἑοράκατε·
πλὴν γὰρ οὐκ ἔχω τίνος εἴπω, τἄλλα πάνθ' ὑμῖν ἀναθεῖναι 20
πεπείρανται.　εἰ μὲν οὖν ἦσαν αὐτῶν ἀληθεῖς αἱ κατηγορίαι,
χάριν γ' εἴχετ' εἰκότως ἄν, εἰ πρὸς ὑμᾶς οὕτως ὑμῶν κατη-
2 γόρουν καὶ μὴ πρὸς ἄλλους.　ἐπειδὴ δὲ διαστρέψαντες
τἀληθῆ, καὶ τὰ μὲν παραβαίνοντες, ἀφ' ὧν ἂν μεγάλους
ἐπαίνους κομίσαισθε δικαίως, τὰ δ' αἰτιασάμενοι ψευδῆ καὶ 25
οὐ προσήκονθ' ὑμῖν, κέχρηνται τῷ λόγῳ, πονηροὺς δίκαιον
αὐτούς, ἐπειδὰν ἐξελεγχθῶσι ταῦτα πεποιηκότες, νομίζειν.
εἰ γὰρ ῥήτορες δεινοὶ μᾶλλον εἶναι δοκεῖν ἢ μετ' ἀληθείας

2 ἀνδρεῖαι S (sine accentu) Y F : ἀνδρίαι vulg.　　5 μὴ om. Y¹ r,
οὐ ante καλὸν inserto　7 δεῖ] δὴ S Q Y γρ.　14 οὐ τοῦ Blass
coll. ix 51 : μὴ τοῦ r : τοῦ S vulg.　19 ἑοράκατε S F¹ : ἑωρ. F corr.
21 ἀληθεῖς αὐτῶν r　22 γε edit. Paris. : τε S F : om. Y r D
εἴχετ' Y D : εχειτε S : ἔχετε F Q : αὐτοῖς εἴχετ' r　24 παραβάντες r
25 κομίσεσθε S F¹ Y r C　27 εξελεχθωσι S

ἐπιεικεῖς ἄνθρωποι νομίζεσθαι προείλοντο, οὐδ' αὐτοὶ καλο-
κἀγαθίας ἂν ὡς ἔοικεν ἀμφισβητοῖεν. ἔστι μὲν οὖν χαλε- 3
πὸν τὸ παρ' ὑμῖν ὑπὲρ ὑμῶν ἐροῦντ' ἀνεστηκέναι, ὥσπερ
ῥᾴδιον τὸ καθ' ὑμῶν. ἐγὼ γὰρ μὰ τὴν Ἀθηνᾶν οὐδένας ἂν
5 τῶν ἄλλων ἀνθρώπων οὕτως οἶμαι τὰ προσόνθ' αὐτοῖς ἀκοῦ-
σαι νουθετουμένους, ὡς ὑμεῖς τὰ μὴ προσήκοντα κακῶς
ἀκούοντες. οὐ μὴν οὐδὲ τούτους θρασέως ἂν οὕτως ἡγοῦμαι
ψεύδεσθαι, εἰ μὴ συνῄδεσαν ταῦτα, καὶ πρόδηλον ἦν ὅτι
δεινότατοι πάντων ὑμεῖς ἐστ' ἀκούειν ὅ τι ἄν τις καθ' ὑμῶν 4
10 λέγῃ. εἰ μὲν οὖν ταύτης τῆς εὐηθείας δίκην ὑμᾶς δεῖ διδό- [1454]
ναι, λόγους οὐ προσήκοντας κατὰ τῆς πόλεως ἀκούειν τοῦτ'
ἂν εἴη. εἰ δ' ὑπὲρ τῶν ἀληθῶν εἴ τι δίκαιον ῥητέον, ἐπὶ
τοῦτ' ἐγὼ παρελήλυθα, πιστεύων οὐκ αὐτὸς ἀξίως τῶν ὑμῖν
πεπραγμένων εἰπεῖν δυνήσεσθαι, ἀλλὰ τὰ πράγματα, ὅπως
15 ἂν τις εἴπῃ, δίκαια φανεῖσθαι. βουλοίμην δ' ἂν ὑμᾶς, ὦ 5
ἄνδρες Ἀθηναῖοι, ἴσους ἀκροατὰς ὑπὲρ ὑμῶν αὐτῶν γενέσθαι,
καὶ μὴ τῷ προῆχθαι τοὺς λόγους ἐπαινέσαι τοὺς τούτων
φιλονικεῖν. οὐ γὰρ ἂν ὑμετέραν κακίαν οὐδεὶς ἔτι κρίναι,
εἰ λέγοντός τινος εὖ παρεκρούσθητε, ἀλλὰ τῶν ἐπὶ τούτῳ
20 σπουδὴν ποιησαμένων, ὅπως ὑμᾶς ἐξαπατήσουσιν.

ΜΖ

Οἶμαι πάντας ἂν ὑμᾶς, ὦ ἄνδρες Ἀθηναῖοι, φῆσαι, ἃ
βέλτισθ' ἕκαστος ἡγεῖται τῇ πόλει, βούλεσθαι ταῦτα πρα-
χθῆναι. συμβαίνει δέ γε μὴ κατὰ ταὐτὸ κεκρίσθαι παρὰ
25 πᾶσι τὸ βέλτιστον· οὐ γὰρ ἂν ὑμῶν οἱ μὲν λέγειν, οἱ δὲ
μὴ λέγειν ἐκέλευον. πρὸς μὲν τοίνυν τοὺς ὑπειληφότας
ταῦτα συμφέρειν οὐδενὸς δεῖ λόγου τῷ μέλλοντι λέγειν·
πεπεισμένοι γὰρ ὑπάρχουσι· πρὸς δὲ τοὺς τἀναντία συμφέ-

---

2 ἂν post οὐδ' ponit r, recte fort. 4 ἂν r Q γρ. Υ γρ.: om. cett.
5 οὕτως S vulg.: οὕτως ἡδέως r Q γρ. Υ γρ. 6 προσήκοντα r F γρ.
Q γρ. Υ γρ.: προσόντα S vulg. 7 ἂν om. S 12 εἴ τι] ἤ τι
S¹ D C: ἅ ἐστι Q γρ. Υ γρ. 17 προῆχθαι S Q Y r C: προσῆχθαι F
19 εὖ om. Q γρ. 20 ἐξαπατήσωσιν codd., corr. Schaefer 24 κατὰ
ταὐτὸ r Vindob. 4 (Wolf), cf. v 1: κατ' αὐτὸ cett. 25-6 οἱ μὲν
μὴ λέγειν, οἱ δὲ λέγειν r 27 ταῦτα r C (Schaefer): ταὐτὰ vulg.

2 ρεω ἡγουμένους βραχέ' εἰπεῖν βούλομαι.   μὴ 'θέλουσι μὲν
οὖν ἀκούειν οὐκ ἔνι δήπου μαθεῖν, οὐδὲν μᾶλλον ἢ σιωπῶσιν
μηδενὸς λέγοντος· ἀκούσασιν δὲ δυοῖν ἀγαθοῖν οὐκ ἔνι θατέ-
ρου διαμαρτεῖν.   ἢ γὰρ πεισθέντες πάντες καὶ ταῦτ' ἐγνω-
κότες κοινότερον βουλεύσεσθε, οὗ μεῖζον εἰς τὰ παρόντ' 5
οὐδὲν ἂν γένοιτ' ἀγαθόν, ἢ μὴ δυνηθέντος τοῦ λέγοντος
3 διδάξαι βεβαιότερον τοῖς ἐγνωσμένοις πιστεύσετε.   χωρὶς
δὲ τούτων οὐδὲ καλὴν ὑποψίαν ἔχει ἥκειν μὲν εἰς τὴν ἐκκλη-
σίαν ὡς ἐκ τῶν ῥηθησομένων τὸ κράτιστον ἑλέσθαι δέον,
[1455] φανῆναι δέ, πρὶν ἐκ τῶν λόγων δοκιμάσαι, παρ' ὑμῖν αὐτοῖς 10
τι πεπεισμένους, καὶ τοῦθ' οὕτως ἰσχυρὸν ὥστε μηδ' ἐθέλειν
παρὰ ταῦτ' ἀκούειν.

ΜΗ

Ἴσως ὀχληρός, ὦ ἄνδρες Ἀθηναῖοι, τισὶν ὑμῶν εἶναι
δοκῶ, πολλάκις λέγων περὶ τῶν αὐτῶν ἀεί.   ἀλλ' ἐὰν 15
ὀρθῶς σκοπῆτε, οὐκ ἐγὼ φανήσομαι τούτου δίκαιος ὢν ἔχειν
τὴν αἰτίαν, ἀλλ' οἱ μὴ πειθόμενοι τοῖς ὑμετέροις ψηφίσμα-
σιν.   εἰ γὰρ ἐκεῖνοι τὸ πρῶτον ἐποίησαν ἃ ὑμεῖς προσετά-
ξατε, οὐδὲν ἂν τὸ δεύτερον ἡμᾶς ἔδει λέγειν, οὐδ' εἰ τὸ
δεύτερον, αὖθις.   νῦν δ' ὅσῳ πλεονάκις τὰ προσήκονθ' [ὑμῖν] 20
ὑμεῖς ἐψηφίσασθε, τοσούτῳ μοι δοκοῦσιν ἧττον ἐκεῖνοι
2 παρεσκευάσθαι ποιεῖν.   πρότερον μὲν οὖν ἔγωγε μὰ τοὺς
θεοὺς οὐκ ᾔδειν πρὸς τί ποτ' εἴη τοῦτ' εἰρημένον 'ἀρχὴ
ἄνδρα δείκνυσιν·' νῦν δὲ κἂν ἄλλον μοι δοκῶ διδάξαι.   οἱ
γὰρ ἄρχοντες ἢ τινὲς αὐτῶν, ἵνα μὴ πάντας λέγω, τῶν μὲν 25
ὑμετέρων ψηφισμάτων ἀλλ' οὐδὲ τὸ μικρότατον φροντίζου-
σιν, ὅπως δὲ λήψονται.   εἰ μὲν οὖν ἐνῆν δοῦναι, δικαίως ἂν
αὐτὸ τοῦτό μοί τις ἐπέπληξεν, εἰ διὰ μικρὸν ἀνάλωμ' ἐνο-
χλεῖν ὑμῖν ἠρούμην· νῦν δ' οὐκ ἔνι, καθάπερ οὐδὲ τούτους

1 ἡγουμένους] οἰομένους r   4 καὶ F corr. : om. cett.   5 βου-
λεύεσθε S F¹ Q Y C   6 δυνηθέντες S¹   11 ἰσχυρὸς Swoboda,
cf. Prooem xxiv 3   16 τούτου φανήσομαι r   19 οὐδ' ἂν Y γρ.
Q γρ.   ὑμᾶς S¹ Q γρ.   20 ὑμῖν del. Wolf   24 ἄλλον τινα r
25 τινές γ' r   26 σμικρότατον r F   27 δέ τι λ. r   28 εἰ] ἢ S¹ Y¹

λέληθεν. εἰ δ' ὑπὲρ ὧν ὑμῖν λῃτουργεῖν δεῖ, προσθήσειν 3
αὐτοῖς οἴονταί με, ληροῦσιν. καὶ ταῦτ' ἴσως βούλονται καὶ
προσδοκῶσιν· ἐγὼ δ' οὐ ποιήσω ταῦτα, ἀλλ' ἐὰν μὲν δῶσι,
καθέλξω τὴν ναῦν καὶ τὰ προσήκοντα ποιήσω, εἰ δὲ μή,
5 τοὺς αἰτίους ὑμῖν ἀποφανῶ.

ΜΘ

Οὐδέν' ἂν εὖ φρονοῦντ' ἀντειπεῖν, ὦ ἄνδρες Ἀθηναῖοι,
νομίζω, ὡς οὐχ ἁπάντων ἄριστόν ἐστιν τῇ πόλει μάλιστα [1456]
μὲν ἐξ ἀρχῆς μηδὲν ἀσύμφορον πράττειν, εἰ δὲ μή, παρεῖναι
10 εὐθὺς τοὺς ἐναντιωσομένους. δεῖ μέντοι τούτῳ προσεῖναι
ἐθέλοντας ἀκούειν ὑμᾶς καὶ διδάσκεσθαι· οὐδὲν γὰρ πλέον
εἶναι τὸν ἐροῦντα τὰ βέλτιστα, ἂν μὴ τοὺς ἀκουσομένους
ἔχῃ. οὐ μὴν οὐδ' ἐκεῖν' ἀλυσιτελὲς μετὰ ταῦτ' ἂν φανείη, 2
ὅσ' ἄν τις ὑμᾶς ἢ διὰ καιρὸν ἢ δι' ὥραν ἡμέρας ἢ δι' ἄλλην
15 τιν' αἰτίαν παρακρούσηται, ταῦθ' ὅταν ποτὲ βούλησθ' ὑμῶν
αὐτῶν ὄντες ἀκούειν, εἶναι τὸν ἐξετάσοντα πάλιν, ἵν' ἐὰν
μὲν οἷά φασιν οἱ τότε πείσαντες φανῇ, προθυμότερον
πράττηθ' ὡς ἔλεγχον δεδωκότα, ἐὰν δ' ἄρα μὴ τοιαῦθ' εὑ-
ρεθῇ, πρὶν πορρωτέρω προελθεῖν ἐπίσχητε. καὶ γὰρ ἂν
20 δεινὸν εἴη, εἰ τοῖς τοῦ κρατίστου διαμαρτοῦσι τὸ χείριστον
ἀνάγκη πράττειν εἴη, καὶ μή, τὸ δεύτερον ἐκ τῶν λόγων,
ἐξείη μεταβουλεύσασθαι. τοὺς μὲν οὖν ἄλλους ἅπαντας 3
ἔγωγ' ὁρῶ τὴν ἀειλογίαν προτεινομένους, ὅταν τι πιστεύωσι
δικαίως αὐτοῖς πεπρᾶχθαι· οὗτοι δ' αὖ τοὐναντίον ἐγκα-
25 λοῦσιν, εἰ περὶ ὧν ἡμάρτετε νῦν ἀναθέσθαι βούλεσθε, τὴν
ἀπάτην κυριωτέραν οἰόμενοι δεῖν εἶναι τῆς μετὰ τοῦ χρόνου
βασάνου. τὴν μὲν οὖν τούτων σπουδὴν οὐδ' ὑμῶν ἴσως ἀγνο-

1 ὑπὲρ] χωρὶς Dobree   2 βούλονται καὶ r Y γρ. : βούλονται ἃ καὶ
cett.   3 δῶσι codd. : ἐῶσι Blass   10 τούτῳ] τοῦθ' ὑμῖν r qui
ἀκούειν et καὶ om.   προσθεῖναι ut vid. S¹   13 ἐκεῖνο] τοῦτ' r
ἀλυσιτελὲς r : λυσιτελὲς S F Q Y C   17 οἷα r Q : ὡς cett.   21 εἴη
r Y : ἢ εἰ S F Q   λόγων r : λοιπῶν S vulg.   24 αὖ S vulg. :
αὐτὸ r (Blass)   25 μεταθέσθαι r   25-6 τὴν ἅπαξ ἀπάτην r

οὖσιν οἱ πολλοί· δεῖ δ' ὑπὲρ τῶν πραγμάτων, ἐπειδήπερ
γέγονε λόγου τυχεῖν, ἅ τις ἡγεῖται κράτιστα, λέγειν.

N

"Ο τι μὲν μέλλει συνοίσειν πάσῃ τῇ πόλει, τοῦτο καὶ
λέγειν εὔχομαι πάντας, ὦ ἄνδρες Ἀθηναῖοι, καὶ ὑμᾶς ἐλέ- 5
σθαι. ἐγὼ δ' οὖν, ἃ πεπεικὼς ἐμαυτὸν τυγχάνω μάλιστα
[1457] συμφέρειν ὑμῖν, ταῦτ' ἐρῶ, δεηθεὶς ὑμῶν τοσοῦτον, μήτε
τοὺς ἐξιέναι κελεύοντας ὑμᾶς διὰ τοῦτο νομίζειν ἀνδρείους,
μήτε τοὺς ἀντιλέγειν ἐπιχειροῦντας διὰ τοῦτο κακούς. οὐ
γὰρ ὁ αὐτὸς ἔλεγχος, ὦ ἄνδρες Ἀθηναῖοι, τῶν τε λόγων 10
καὶ τῶν πραγμάτων ἐστίν, ἀλλὰ δεῖ νῦν εὖ βεβουλευμένους
ἡμᾶς φανῆναι, τότε δέ, ἂν ἄρα ταῦτα δοκῇ, τὰ τῆς ἀνδρείας
2 ἀποδείξασθαι. ἡ μὲν οὖν ὑμετέρα προθυμία παντὸς ἀξία
καὶ τοιαύτη πάρεστιν οἵαν ἄν τις εὔξαιτ' εὔνους ὢν τῇ
πόλει· νῦν δ' ὅσῳ τυγχάνει σπουδαιοτέρα, τοσούτῳ δεῖ 15
μᾶλλον προϊδεῖν ὅπως εἰς δέον καταχρήσεσθ' αὐτῇ. οὐδε-
νὸς γὰρ εὐδοκιμεῖ πράγματος ἡ προαίρεσις, ἂν μὴ καὶ τὸ
τέλος συμφέρον καὶ καλὸν λάβῃ. ἐγὼ δ' οἶδά ποτ', ὦ
ἄνδρες Ἀθηναῖοι, παρ' ὑμῖν ἀκούσας ἀνδρὸς οὔτ' ἀνοήτου
3 δοκοῦντος εἶναι οὔτ' ἀπείρου πολέμου, Ἰφικράτους λέγω, ὃς 20
ἔφη δεῖν οὕτω προαιρεῖσθαι κινδυνεύειν τὸν στρατηγὸν
ὅπως μὴ τὰ ἢ τὰ γενήσεται, ἀλλ' ὅπως τά· οὕτως γὰρ εἶπε
τῷ ῥήματι. ἢν δὴ τοῦτο γνώριμον, ὅτι ὅπως καλῶς ἀγω-
νιεῖται ἔλεγεν. ἐπειδὰν μὲν τοίνυν ἐξέλθητε, ὃς ἂν ἡγῆται,
κύριος ὑμῶν ἐστι· νῦν δ' ἕκαστος ὑμῶν αὐτῶν στρατηγεῖ. 25
δεῖ δὴ τοιαῦτα φανῆναι βεβουλευμένους δι' ὧν πανταχῶς
συνοίσει τῇ πόλει καὶ μὴ μελλουσῶν ἔνεκ' ἐλπίδων τῆς
παρούσης εὐδαιμονίας χεῖρόν τι ποιήσετε.

4 μέλλοι SYDC   τῇ πόλει πάσῃ Γ   11 νῦν ⟨μὲν⟩ Blass
12 δοκῇ ταῦτα ΓC: δοκῇ D   13 ἀποδείξασθε F¹   οὖν om. S   14 εὔνους
ὢν] εὐνοῶν Q γρ. Υ γρ.   15 ὅσῳ] ὅσον SQ   16 καταχρήσησθε
SF corr. YDC: -ασθαι F¹   18 ποτε post ὑμῖν ponit Γ   20 πο-
λέμων Γ   εἰφικρατους S¹   23 δὴ] δὲ F corr.   25 αὐτῶν S
vulg: αὑτῷ Γ (Reiske): αὐτὸς Blass   26 τὰ τοιαῦτα F   βεβου-
λευμένους S vulg. D γρ.: βούλευομένους Γ D   27 μὴ] μὴ τῶν Γ

NA

Οὐδέν' ἂν ᾠόμην, ὦ ἄνδρες Ἀθηναῖοι, πιστεύοντα τοῖς
πεπραγμένοις ἐγκαλέσαι τοῖς καθιστᾶσιν εἰς λόγον ταῦτα·
ὅσῳ γὰρ ἂν πλεονάκις ἐξετάζῃ τις αὐτά, ἀνάγκη τοὺς τού-
5 των αἰτίους εὐδοκιμεῖν.   οὐ μὴν ἀλλά μοι δοκοῦσιν αὐτοὶ [1458]
φανερὸν καθιστάναι οὐκ ἐπί ⟨τῳ⟩ τῶν τῇ πόλει συμφερόντων
πράξαντες.   ὡς γοῦν ἐξελέγχεσθαι μέλλοντες, ἂν πάλιν εἰς
λόγον ἔλθωσι, φεύγουσι καὶ δεινὰ ποιεῖν ἡμᾶς φασιν.
καίτοι ὅταν τοὺς ἐξελέγχειν βουλομένους δεινὰ ποιεῖν αἰτιᾶ-
10 σθε, τί ἡμεῖς τοὺς ἡμᾶς αὐτοὺς ἐξηπατηκότας τηνικαῦτα
λέγωμεν;

NB

Ἦν μὲν δίκαιον, ὦ ἄνδρες Ἀθηναῖοι, τὴν ἴσην ὑπάρχειν
παρ' ὑμῶν ὀργὴν τοῖς ἐπιχειροῦσιν ὅσηνπερ τοῖς δυνηθεῖσιν
15 ἐξαπατῆσαι.   ὁ μὲν γὰρ ἦν ἐπὶ τούτοις, πεποίηται καὶ
προήγαγον ὑμᾶς· τοῦ δὲ μὴ τέλος ταῦτ' ἔχειν ἡ τύχη καὶ
τὸ βέλτιον νῦν ὑμᾶς φρονεῖν ἢ ὅτ' ἐξήχθηθ' ὑπὸ τούτων,
γέγονεν αἴτια.   οὐ μὴν ἀλλ' ἔγωγ' οὕτω πόρρω νομίζω τὴν
πόλιν εἶναι τοῦ δίκην παρὰ τῶν ἀδικούντων λαμβάνειν
20 ὥστ' ἀγαπητὸν εἶναί μοι δοκεῖ, ἂν ὅπως μὴ πείσεσθε κακῶς
δύνησθε φυλάττεσθαι· τοσαῦται τέχναι καὶ γοητεῖαι καὶ
ὅλως ὑπηρεσίαι τινές εἰσιν ἐφ' ὑμᾶς κατεσκευασμέναι.   τῆς
μὲν οὖν τούτων κακίας οὐκ ἂν ἐν τῷ παρόντι τις ἐν δέοντι
μάλιστα κατηγορήσειεν· βούλομαι δ' ὑπὲρ ὧν ἀνέστην,
25 ἃ νομίζω συμφέροντ' εἰπεῖν.

2 οὐδὲν ἂν S   4 τοσούτῳ μᾶλλον ante ἀνάγκη desiderat Reiske,
recte fort. ; sed cf. Kühner-Gerth II. 2. 497 n.   τουτωι S   6 τῳ
add. Schaefer   7 ὡς Bekker: οἱ codd.   10 τί Γ D Q γρ. Υ γρ. :
ἣ S F Q Y   τί ἡμεῖς ὑμᾶς τοὺς ἐξηπατηκότας τὴν πόλιν Γ   13 μὲν
οὖν codd., οὖν del. Wolf   ὑπάρχειν Wolf: ἔχειν codd.   15 πε-
ποίηνται codd., corr. Dobree   16 προηγάγονθ' Γ D C   μὴ Q D : μηδὲ
S F : μηδὲν Blass   17 παρήχθηθ' Swoboda   18 αἴτια index edit.
Paris. : αἰτία codd.   ἔγωγ' οὕτω] εγωτουτω S : ἐγὼ τούτῳ D : ἐγὼ
τοσοῦτον Γ   20 ὥστ'] ὡς F   21 δύνησθε Υ γρ. : δυνήσεσθε cett.

ΝΓ

Ἡ μὲν εἰωθυῖα πάντα τὸν χρόνον βλάπτειν, ὦ ἄνδρες
Ἀθηναῖοι, τὴν πόλιν λοιδορία καὶ ταραχὴ καὶ νυνὶ γέγονε
παρὰ τῶν αὐτῶν ὧνπερ ἀεί. ἄξιον δ' οὐχ οὕτω τούτοις
ἐπιτιμῆσαι (ἴσως γὰρ ὀργῇ καὶ φιλονικίᾳ ταῦτα πράττουσι, 5
καὶ τὸ μέγιστον ἁπάντων, ὅτι συμφέρει ταῦτα ποιεῖν αὐτοῖς)
ἀλλ' ὑμῖν, εἰ περὶ κοινῶν, ὦ ἄνδρες Ἀθηναῖοι, πραγμάτων
[1459] καὶ μεγάλων συνειλεγμένοι τὰς ἰδίας λοιδορίας ἀκροώμενοι
κάθησθε, καὶ οὐ δύνασθε πρὸς ὑμᾶς αὐτοὺς λογίσασθαι
τοῦθ', ὅτι αἱ τῶν ῥητόρων ἁπάντων ἄνευ κρίσεως πρὸς ἀλλή- 10
λους λοιδορίαι, ὧν ἂν ἀλλήλους ἐξελέγξωσιν, ὑμᾶς τὰς
2 εὐθύνας διδόναι ποιοῦσιν. πλὴν γὰρ ὀλίγων ἴσως, ἵνα μὴ
πάντας εἴπω, οὐδεὶς αὐτῶν ἅτερος θατέρῳ λοιδορεῖται, ἵνα
βέλτιόν τι τῶν ὑμετέρων γίγνηται (πολλοῦ γε καὶ δεῖ), ἀλλ'
ἵνα, ἃ τὸν δεῖνά φησι ποιοῦντα [ἂν δέῃ] δεινότατ' ἀνθρώπων 15
ποιεῖν, ταῦτ' αὐτὸς μετὰ πλείονος ἡσυχίας διαπράττηται.
3 ὅτι δ' οὕτω ταῦτ' ἔχει, μὴ ἐμοὶ πιστεύσητε, ἀλλ' ἐν βραχεῖ
λογίσασθε. ἔστιν ὅπου τις ἀναστὰς εἶπεν παρ' ὑμῖν πώ-
ποτε 'βουλόμενός τι λαβεῖν τῶν ὑμετέρων παρελήλυθ', ὦ
ἄνδρες Ἀθηναῖοι, οὐχ ὑπὲρ ὑμῶν;' οὐδεὶς δήπου, ἀλλ' ὑπὲρ 20
ὑμῶν καὶ δι' ὑμᾶς, καὶ τοιαύτας προφάσεις λέγουσιν. φέρε
δὴ σκέψασθε, τί δή ποτ', ὦ ἄνδρες Ἀθηναῖοι, ὑπὲρ ὧν
ἅπαντες λέγουσιν, οὐδὲν βέλτιον τοῖς ὅλοις νῦν ἢ πρότερον
πράττετε, οὗτοι δ' οἱ πάνθ' ὑπὲρ ὑμῶν, ὑπὲρ αὑτῶν δ' οὐδεὶς
οὐδὲν πώποτ' εἰρηκώς, ἐκ πτωχῶν πλούσιοι γεγόνασιν; 25
ὅτι φασὶν μέν, ὦ ἄνδρες Ἀθηναῖοι, φιλεῖν ὑμᾶς, φιλοῦσι
4 δ' οὐχ ὑμᾶς ἀλλ' αὑτούς. καὶ γελάσαι καὶ θορυβῆσαι

---

3 τὴν πόλιν om. F.   7 καὶ μεγάλων πραγμάτων r   11 ὧν D
(Bekker): ὡς cett.   13 ἅτερος Y D C: ἕτερος r: θάτερος cett.
15 ἂ om. Q γρ. Y γρ. D, post δεῖνα ponit r   φησι Vindob. 4 (Schaefer):
φασι cett.   ποιοῦνται S F corr. Q γρ. D   post ποιοῦντα add. ἂν δέῃ
S F Q; ἂν ἂν δέῃ Y r D C: del. mg. edit. Paris.   19 προεελήλυθα S F
soli   20 οὐ δήπου D   21 τοιαύτας r (Sauppe): ταύτας S C: ταύτας
τὰς vulg.   23 νῦν om. Q   27 τοῦ μὲν ante γελάσαι add. Richards

καί ποτ' ἐλπίσαι μετέδωκαν ὑμῖν, λαβεῖν δ' ἢ κτήσασθαι
τῇ πόλει κυρίως ἀγαθὸν οὐδὲν ἂν βούλοιτο. ἦ γὰρ ἂν
ἡμέρᾳ τῆς λίαν ἀρρωστίας ἀπαλλαγῆτε, ταύτῃ τούτους οὐδ'
ὁρῶντες ἀνέξεσθε. νῦν δὲ δραχμῇ καὶ χοῖ καὶ τέτταρσιν
5 ὀβολοῖς ὥσπερ ἀσθενοῦντα τὸν δῆμον διάγουσιν, ὁμοιόται', [1460]
ὦ ἄνδρες Ἀθηναῖοι, τοῖς παρὰ τῶν ἰατρῶν σιτίοις διδόντες
ὑμῖν. καὶ γὰρ ἐκεῖν' οὔτ' ἰσχὺν ἐντίθησιν οὔτ' ἀποθνῄσκειν
ἐᾷ, καὶ ταῦτ' οὔτ' ἀπογνόντας ἄλλο τι μεῖζον πράττειν ἐᾷ,
οὔτ' αὔτ' ἐξαρκεῖν δύναται.

10   ΝΔ

Καὶ δίκαιον, ὦ ἄνδρες Ἀθηναῖοι, καὶ καλὸν καὶ σπου-
δαῖον, ὅπερ ὑμεῖς εἰώθατε, καὶ ἡμᾶς προνοεῖν, ὅπως τὰ πρὸς
τοὺς θεοὺς εὐσεβῶς ἕξει. ἡ μὲν οὖν ἡμετέρα γέγονεν
ἐπιμέλει' ὑμῖν εἰς δέον· καὶ γὰρ ἐθύσαμεν τῷ Διὶ τῷ σωτῆρι
15 καὶ τῇ Ἀθηνᾷ καὶ τῇ Νίκῃ, καὶ γέγονεν καλὰ καὶ σωτήρια
ταῦθ' ὑμῖν τὰ ἱερά. ἐθύσαμεν δὲ καὶ τῇ Πειθοῖ καὶ τῇ Μητρὶ
τῶν θεῶν καὶ τῷ Ἀπόλλωνι, καὶ ἐκαλλιεροῦμεν καὶ ταῦτα.
ἦν δ' ὑμῖν καὶ τὰ τοῖς ἄλλοις θεοῖς τυθένθ' ἱέρ' ἀσφαλῆ
καὶ βέβαια καὶ καλὰ καὶ σωτήρια. δέχεσθ' οὖν παρὰ τῶν
20 θεῶν διδόντων τἀγαθά.

                    ΝΕ

Ἦν τις, ὡς ἔοικεν, χρόνος παρ' ὑμῖν, ὦ ἄνδρες Ἀθηναῖοι,
ὅτ' ἐπηνάγκαζεν ὁ δῆμος, ὃν ἄνθρωπον ἴδοι σώφρονα καὶ
χρηστόν, πράττειν τὰ κοινὰ καὶ ἄρχειν, οὐ σπάνει τῶν
25 τοῦτο βουλομένων ποιεῖν (πάντα γὰρ τἄλλ' εὐτυχῆ τὴν
πόλιν κρίνων, ἐν οὐδέποτ' εὐτυχῆσαι τοῦτο νομίζω, ἐπιλεί-
πειν αὐτὴν τοὺς τὰ κοινὰ καρποῦσθαι βουλομένους), ἀλλ'

3 ἀρρωστίας S F Q : ὀρρωδίας Y r D C Vindob. 4, quod vocabulum nunc
quidem nusquam in Prooemiis comparet ; inde tamen laudat Harpocr.
s. v. ὀρρωδεῖν   11 καὶ ante δίκαιον om. Q   16 δὲ om. Y¹ r C
17 tertium καὶ om. Q   18 ἱερεῖα Y D C   23 ὃν (ὅντιν' r) ἂν codd.,
etiam F : ἂν om. B teste Reiskio   26 οὐδεπώποτε r (Richards)

ὅραμα τοῦτ' ἐποιεῖθ' ὁ δῆμος αὐτοῦ καλόν, ὦ ἄνδρες Ἀθη-
2 ναῖοι, καὶ λυσιτελὲς τῇ πόλει. οἵ τε γὰρ συνεχεῖς οἶδε
[1461] παραζευγνυμένων σφίσιν ἐξ ἰδιωτῶν σπουδαίων καὶ δικαίων
ἀνδρῶν, εὐλαβεστέρους αὐτοὺς παρεῖχον, οἵ τε χρηστοὶ
μὲν ὑμῶν καὶ δικαίως ⟨ἂν⟩ ἄρχοντες, μὴ πάνυ δ' οἷοί τ' 5
ἐνοχλεῖν καὶ παραγγέλλειν, οὐκ ἀπηλαύνοντο τῶν τιμῶν.
νῦν δὲ παντάπασι τὸν αὐτὸν τρόπον, ὦ ἄνδρες Ἀθηναῖοι,
ὅνπερ τοὺς ἱερεῖς, οὕτως καθίστατε καὶ τοὺς ἄρχοντας.
εἶτα θαυμάζετε, ἐπειδὰν ὁ δεῖν' εὐδαίμων καὶ ὁ δεῖν' ὑμῖν
ᾖ συνεχῶς πολλὰ λαμβάνων, οἱ δ' ἄλλοι περιίητε τὰ τού- 10
3 των ἀγαθὰ ζηλοῦντες. δεινότατοι γάρ ἐστ' ἀφελέσθαι μὲν
ὅσ' ὑμῖν ὑπάρχει, καὶ νόμους περὶ τούτων θεῖναι, ἄν τις
ἀστυνομήσῃ δὶς ἢ τὰ τοιαῦτα, στρατηγεῖν δ' ἀεὶ τοὺς
αὐτοὺς ἐᾶν. καὶ τὸ μὲν τοὺς ἐπὶ τῶν πράξεων ὄντας ἴσως
ἔχει πρόφασιν· τὸ δὲ τοὺς ἄλλους, οἳ ποιοῦσι μὲν οὐδέν, 15
χώραν δ' ἀτέλεστον ἔχουσιν αὐτοὶ τετελεσμένοι, μωρία.
ἀλλὰ καὶ ὑμῶν αὐτῶν (εἰσὶ δ' οὐκ ὀλίγοι) προσάγειν χρή.
ἂν γὰρ ὡσπερεὶ ζυγῷ ἱστῆτε, πρόεισιν ὃς ἂν ἄξιος ᾖ του
μετὰ ταῦτ' αὐτός.

Νϛ

Τὸ μέν, ὦ ἄνδρες Ἀθηναῖοι, πεπεικόθ' ἑαυτὸν ἔχειν τι
συμφέρον εἰπεῖν ἀνίστασθαι καὶ καλὸν καὶ προσῆκον εἶναί
μοι δοκεῖ, τὸ δὲ μὴ βουλομένους ἀκούειν βιάζεσθαι παν-
τελῶς ἔγωγ' αἰσχρὸν ἡγοῦμαι [εἶναι]. οἴομαι δέ, ἐὰν ἐθε-
λήσητέ μοι πείθεσθαι τήμερον, καὶ τὰ βέλτιστα μᾶλλον 25
ὑμᾶς ἐλέσθαι δυνήσεσθαι καὶ τοὺς τῶν ἀναβαινόντων λόγους
2 βραχεῖς ποιήσειν. τί οὖν συμβουλεύω; πρῶτον μέν, ὦ

---

3 παραζευγνυμένων Sauppe : παραζευγνύμενοι codd.   ἰδιωτῶν Γ
(Schaefer) : ἰδίων cett.   δικ. καὶ σπουδ. Γ   5 ἂν add. Dobree
10 περιίητε C : περιῆτε codd. plerique   12 ὅσ' ἂν ὑμῖν ὑπάρχῃ Γ
16 κατέχουσιν Γ   μωρίαι S F Y   18 ὡσπερεὶ ζυγῷ scripsi ; cf. Lys. x 18 :
ὥσπερ εἰ ζυγὸν S vulg. : ὥσπερ εἰς ζυγὸν D (Blass)   πρόσεισ' Blass
24 εἶναι secl. Blass   οἴομαι S F corr. Q D : οἶμαι F¹   25 πείθεσθαι Γ
(Wolf) : πείσεσθαι cett.   27 συμβουλεύσω S¹

ἄνδρες Ἀθηναῖοι, περὶ αὐτῶν ὧν σκοπεῖτε τὸν παριόντα
λέγειν ἀξιοῦν. πολλὰ γὰρ ἄλλα τις ἂν περιέλθοι τῷ λόγῳ
καὶ πόλλ᾽ ἂν ἀστεῖ᾽ εἴποι, ἄλλως τε καὶ ὥσπερ τούτων [1462]
ἔνιοι δεινῶν ὄντων. ἀλλ᾽ εἰ μὲν ῥημάτων ἥκετ᾽ ἀκουσό-
5 μενοι, ταῦτα λέγειν καὶ ἀκούειν χρή· εἰ δ᾽ ὑπὲρ πραγμάτων
αἱρέσεως βουλευσόμενοι, αὐτὰ καθ᾽ ἑαυτὰ παραινῶ τὰ πράγ-
μαθ᾽ ὡς μάλιστα κρίνειν, ἀφελόντας ὅσοι λόγοι πεφύκασιν
ἐξαπατᾶν. ἓν μὲν οὖν τοῦτο λέγω, δεύτερον δέ, ὅ τισιν ἴσως 3
παράδοξον ἔσται πρὸς τὸ τοὺς λόγους ἐλάττους εἶναι, σιω-
10 πῶντας ἀκούειν. περὶ μὲν γὰρ τοῦ ταῦτ᾽ ἢ ᾽κεῖνα συμφέ-
ρειν, καὶ πότερ᾽ ἂν δικαιότερον προέλοιθ᾽ ἡ πόλις, οὔτ᾽ εἰσὶ
λόγοι πολλοὶ μὴ βουλομένοις μάτην ἀδολεσχεῖν, οὔτε πᾶς
τις ἂν αὐτοὺς εἰπεῖν ἔχοι· ὡς δὲ καὶ δίκαιον ἀκούειν καὶ
πρὸς τὸν θόρυβον ἀποκρίνασθαι καὶ λόγον ἐκ λόγου λέγειν,
15 οὐδεὶς ὅστις οὐχὶ δύναιτ᾽ ἄν. ἐκ δὴ τοῦ θορυβεῖν οὐκ
ἀπαλλάττεσθε λόγων, ἀλλὰ καὶ περὶ τῶν οὐδὲν εἰς χρείαν
ἐπαναγκάζεσθ᾽ ἀκούειν. ἡ μὲν οὖν ἐμὴ γνώμη περὶ ὧν
βουλεύεσθε, ἥδ᾽ ἐστίν.

1 περὶ] περὶ τῶν r   3 post πόλλ᾽ ἂν add. ἕτερός τις r
4 ἔνιοι S vulg.: ἐνίων r   5 λέγειν καὶ ἀκούειν Felicianus: λέγειν ἀκούειν
S F Q Y γρ.: ἀκούειν Y D r C   8 ᾗ D (Reiske): ὅτι cett.   11 πότερ᾽
ἂν δικαιότερον Blass: πότερα δικαιότερ᾽ ἂν codd.   προελθοιθ᾽ S   12 αἰδο-
λεσχειν S, cf. Crönert-Mem. Herc. p. 48   πᾶς r D: πάλιν cett.:
πάλιν τις ἂν ⟨τοὺς⟩ αὐτοὺς coni. Auger, Dobree   14 θόρυβον codd.:
θορυβοῦντ᾽ Blass   ἀποκρίνασθαι S F Q D Y r: ἀποκρίνεσθαι Reiske
15 οὐδεὶς] οὐκ ἔσθ᾽ r   δὴ Sauppe: δὲ codd.   16 ἀπαλλάττεσθαι Y r¹ D
ἀλλ᾽ ἀεὶ καί r   post χρείαν add. ἡκόντων r   18 post ἐστίν add. ἅ φημί
μοι δοκεῖν r, φημί μοι δοκεῖν Q γρ.: om. cett.
In S subscriptum

ΠΡΟΟΙΜΙΑ
X̄ H̄ H H 🏛 Δ̄ Δ

ΔΗΜΟΣΘΕΝΟΥΣ
ΕΠΙΣΤΟΛΑΙ

Α

ΠΕΡΙ ΤΗΣ ΟΜΟΝΟΙΑΣ

Παντὸς ἀρχομένῳ σπουδαίου καὶ λογου καὶ ἔργου ἀπὸ 5
τῶν θεῶν ὑπολαμβάνω προσήκειν πρῶτον ἄρχεσθαι. εὔχο-
μαι δὴ τοῖς θεοῖς πᾶσι καὶ πάσαις, ὅ τι τῷ δήμῳ τῷ Ἀθη-
[1463] ναίων ἄριστόν ἐστι καὶ τοῖς εὐνοοῦσι τῷ δήμῳ καὶ νῦν καὶ
εἰς τὸν ἔπειτα χρόνον, τοῦτ' ἐμοὶ μὲν ἐπὶ νοῦν ἐλθεῖν
γράψαι, τοῖς δ' ἐκκλησιάσασιν Ἀθηναίων ἐλέσθαι. εὐξά- 10
μενος δὲ ταῦτα, τῆς ἀγαθῆς ἐπινοίας ἐλπίδ' ἔχων παρὰ τῶν
θεῶν, τάδ' ἐπιστέλλω.

2 Δημοσθένης τῇ βουλῇ καὶ τῷ δήμῳ χαίρειν. περὶ μὲν
τῆς ἐμῆς οἴκαδ' ἀφίξεως ἀεὶ νομίζω πᾶσιν ὑμῖν ἔσεσθαι
βουλεύσασθαι, διόπερ νῦν οὐδὲν περὶ αὐτῆς γέγραφα· τὸν 15
δὲ παρόντα καιρὸν ὁρῶν ἑλομένων μὲν ὑμῶν τὰ δέοντα ἅμα
δόξαν καὶ σωτηρίαν καὶ ἐλευθερίαν δυνάμενον κτήσασθαι οὐ
μόνον ὑμῖν ἀλλὰ καὶ τοῖς ἄλλοις ἅπασιν Ἕλλησιν, ἀγνοη-
σάντων δ' ἢ παρακρουσθέντων οὐ ῥᾴδιον αὖθις τὸν αὐτὸν
ἀναλαβεῖν, ᾠήθην χρῆναι τὴν ἐμαυτοῦ γνώμην ὡς ἔχω περὶ 20
3 τούτων εἰς μέσον θεῖναι. ἔστι μὲν οὖν ἔργον ἐξ ἐπιστολῆς
ἐμμεῖναι συμβουλῇ· πολλοῖς γὰρ εἰώθατ' ἀπαντᾶν ὑμεῖς
πρὸ τοῦ περιμεῖναι μαθεῖν. λέγοντι μὲν οὖν ἔστιν αἰσθέ-
σθαι τί βούλεσθε καὶ διορθώσασθαι τἀγνοούμενα ῥᾴδιον· τὸ
δὲ βιβλίον οὐδεμίαν ἔχει βοήθειαν τοιαύτην πρὸς τοὺς θορυ- 25

Titulus : ἐν ἄλλῳ περὶ παρασκευῆς S mg. ab alia manu   10 ἐκκλη-
σιάσουσιν Schaefer   13 μὲν FQ : δὲ S   14 ⟨ἐπιμελὲς⟩ ἔσεσθαι
Nitsche   19 ῥᾴδιον ⟨ὃν⟩ Schaefer   21 post θεῖναι dimidii versus
spatium in S vacuum relictum   22 ἐμμεῖναι συμβουλῇ vix sanum.
num ἐπαμῦναι συμβουλῇ scribendum ? cf. Isocr Ep. i 3, Plat. Phaedr.
275 E et βοήθειαν infra   23 παραμεῖναι S¹

βοῦντας. οὐ μὴν ἀλλ' ἐὰν ἐθελήσητ' ἀκοῦσαι σιγῇ καὶ
περιμείνητε πάντα μαθεῖν, οἶμαι, ὡς σὺν θεοῖς εἰρῆσθαι,
καίπερ βραχέων τῶν γεγραμμένων ὄντων, αὐτός τε φανή-
σεσθαι μετὰ πάσης εὐνοίας τὰ δέονθ' ὑπὲρ ὑμῶν πράττων
5 καὶ τὰ συμφέρονθ' ὑμῖν ἐμφανῆ δείξειν. οὐχ ὡς ἀπορούν- 4
των δ' ὑμῶν ῥητόρων, οὐδὲ τῶν ἄνευ λογισμοῦ ῥᾳδίως ὅ τι
ἂν τύχωσιν ἐρούντων, ἔδοξέ μοι τὴν ἐπιστολὴν πέμπειν·
ἀλλ' ὅσα τυγχάνω δι' ἐμπειρίαν καὶ τὸ παρηκολουθηκέναι
τοῖς πράγμασιν εἰδώς, ταῦτ' ἐβουλήθην τοῖς μὲν προαιρου- [1464]
10 μένοις λέγειν ἐμφανῆ ποιήσας ἀφθόνους ἀφορμὰς ὧν ὑπο-
λαμβάνω συμφέρειν ὑμῖν δοῦναι, τοῖς δὲ πολλοῖς ῥᾳδίαν τὴν
τῶν βελτίστων αἵρεσιν καταστῆσαι. ὧν μὲν οὖν ἕνεκ'
ἐπῆλθέ μοι τὴν ἐπιστολὴν γράφειν, ταῦτ' ἐστίν.

Δεῖ δ' ὑμᾶς, ὦ ἄνδρες Ἀθηναῖοι, πρῶτον μὲν ἁπάντων 5
15 πρὸς ὑμᾶς αὐτοὺς ὁμόνοιαν εἰς τὸ κοινῇ συμφέρον τῇ πόλει
παρασχέσθαι καὶ τὰς ἐκ τῶν προτέρων ἐκκλησιῶν ἀμφισβη-
τήσεις ἐᾶσαι, δεύτερον δὲ πάντας ἐκ μιᾶς γνώμης τοῖς
δόξασι προθύμως συναγωνίζεσθαι· ὡς τὸ μήθ' ἓν μήθ'
ἁπλῶς πράττειν οὐ μόνον ἐστὶν ἀνάξιον ὑμῶν καὶ ἀγεννές,
20 ἀλλὰ καὶ τοὺς μεγίστους κινδύνους ἔχει. δεῖ δὲ μηδὲ ταῦτα 6
λαθεῖν ὑμᾶς, ἃ καθ' αὑτὰ μὲν οὐκ ἔστιν αὐτάρκη κατασχεῖν
πράγματα, προστεθέντα δὲ ταῖς δυνάμεσι πολλῷ πάντ'
εὐκατεργαστότερ' ὑμῖν ποιήσει. τίν' οὖν ἐστιν ταῦτα;
μήτε πόλει μηδεμιᾷ μήτε τῶν ⟨ἐν⟩ ἑκάστῃ τῶν πόλεων
25 συνηγωνισμένων τοῖς καθεστηκόσι ⟨μηδενὶ⟩ μήτε πικραίνε-
σθαι μήτε μνησικακεῖν. ὁ γὰρ τοιοῦτος φόβος τοὺς συνει- 7
δότας αὐτοῖς, ὡς ἀναγκαίοις τοῖς καθεστηκόσι καὶ κίνδυνον
ἔχουσι πρόδηλον προθύμους συναγωνιστὰς ποιεῖ· ἀφεθέντες

2 ὡς σὺν Schaefer : καὶ σὺν codd. : σὺν Wolf   4 ὑπὲρ Blass :
περὶ codd.   6 δ' F corr., cf. Ep. iii 20 : om. S F¹ Q   10 ἀφθο-
νοῦσα S   12 τῶν μὲν S (τ puncto deletum)   15 κοινῇ κοινὸν ut
vid. S¹   16 προτέρων Blass : πρότερον codd.   18 μήθ' ἓν μήθ'
ἁπλῶς Blass : μηδὲ ἓν μηδ' ἁπλῶς codd. : μηδὲ ἓν ἁπλῶς Turr.
23 ποιήσει Aldina : ποιήσειν S F Q   24-5 ἐν et μηδενὶ add. Wolf
27 καθεστηκόσι Blass : συνεστηκόσι codd.   καὶ om. F

407

δὲ τοῦ δέους τούτου πάντες ἠπιώτεροι γενήσονται. τοῦτο
δ' οὐ μικρὰν ὠφέλειαν ἔχει. κατὰ μὲν δὴ πόλεις τὰ τοιαῦτ'
εὔηθες προλέγειν, μᾶλλον δ' οὐδ' ἐν δυνατῷ· ὡς δ' ἂν ὑμῖν
αὐτοῖς ὀφθῆτε χρώμενοι, τοιαύτην καὶ κατὰ τῶν ἄλλων
8 προσδοκίαν παραστήσεθ' ἑκάστοις. φημὶ δὴ χρῆναι μήτε 5
στρατηγῷ μήτε ῥήτορι μήτ' ἰδιώτῃ μηδενὶ τῶν τὰ πρὸ τοῦ
[1465] γε δοκούντων συνηγωνίσθαι τοῖς καθεστηκόσι μήτε μέμ-
φεσθαι μήτ' ἐπιτιμᾶν μηδένα μηδὲν ὅλως, ἀλλὰ συγχω-
ρῆσαι πᾶσιν τοῖς ἐν τῇ πόλει πεπολιτεῦσθαι τὰ δέοντα,
ἐπειδήπερ οἱ θεοί, καλῶς ποιοῦντες, σώσαντες τὴν πόλιν 10
ἀποδεδώκασιν ὑμῖν ὅ τι ἂν βούλησθ' ἐξ ἀρχῆς βουλεύσα-
σθαι, καὶ νομίζειν, ὥσπερ ἂν ἐν πλοίῳ τῶν μὲν ἱστίῳ, τῶν
δὲ κώπαις ἀποφαινομένων κομίζεσθαι, λέγεσθαι μὲν ὑπ'
ἀμφοτέρων ἅπαντ' ἐπὶ σωτηρίᾳ, γεγενῆσθαι δὲ τὴν χρείαν
9 πρὸς τὰ συμβάντ' ἀπὸ τῶν θεῶν. ἐὰν τοῦτον τὸν τρόπον 15
περὶ τῶν παρεληλυθότων ἐγνωκότες ἦτε, καὶ πιστοὶ πᾶσι
γενήσεσθε, καὶ καλῶν κἀγαθῶν ἀνδρῶν ἔργα πράξετε, καὶ
τὰ πράγματ' ὠφελήσετ' οὐ μικρά, καὶ τοὺς ἐναντιωθέντας
ἐν ταῖς πόλεσιν ἢ μεταγνῶναι ποιήσετε πάντας ἢ κομιδῇ
ὀλίγους τινὰς αὐτοὺς τοὺς αἰτίους καταλειφθῆναι. μεγα- 20
λοψύχως τοίνυν καὶ πολιτικῶς τὰ κοινῇ συμφέροντα πράτ-
10 τετε, καὶ τῶν ἰδίων ⟨μὴ⟩ μέμνησθε. παρακαλῶ δ' εἰς ταῦτ'
οὐ τυχὼν αὐτὸς τῆς τοιαύτης φιλανθρωπίας παρ' ἐνίων,
ἀλλ' ἀδίκως καὶ στασιαστικῶς εἰς τὴν ἑτέρων χάριν προ-
ποθείς. ἀλλ' οὔτε τὴν ἰδίαν ὀργὴν ἀποπληρῶν τὸ κοινῇ 25
συμφέρον οἶμαι δεῖν βλάπτειν, οὔτε μείγνυμι τῆς ἰδίας
ἔχθρας εἰς τὰ κοινῇ συμφέροντ' οὐδέν, ἀλλ' ἐφ' ἃ τοὺς
ἄλλους παρακαλῶ, ταῦτ' αὐτὸς οἶμαι δεῖν πρῶτος ποιεῖν.
11   Αἱ μὲν οὖν παρασκευαὶ καὶ ἃ δεῖ φυλάξασθαι, καὶ ἃ

5 δὴ Schaefer : δὲ codd.   μήτε πόλει ante μήτε στρατηγῷ exhibent
codd. : del. Turr.   6–7 τοῦ γε] τοῦδε F corr.   12 τῶν μὲν] τῷ μὲν S F
(me teste)   τῶν δὲ Aldina : τῷ δὲ S F Q   20 ὀλίγους post κομιδῇ
add. Reiske, ante κομιδῇ Blass   τινὰς om. Q   22 μὴ add. Reiske
25 οὔτε Bekker : οὐδὲ codd.   ἀποπληρῶν Dobree : ἀναπληρῶν codd.

πράττων τις ἂν κατ' ἀνθρώπινον λογισμὸν μάλιστα κατορ-
θοίη, σχεδὸν εἴρηταί μοι· τοῖς δὲ καθ' ἡμέραν ἐπιστατῆσαι,
καὶ τοῖς ἐκ τοῦ παραχρῆμα συμβαίνουσιν ὀρθῶς χρῆσθαι,
καὶ γνῶναι τὸν ἑκάστου καιρόν, καὶ κρῖναι τί τῶν πραγμά- 12 [1466]
5 των ἐξ ὁμιλίας δυνατὸν προσαγαγέσθαι καὶ τί βίας προσ-
δεῖται, τῶν ἐφεστηκότων [στρατηγῶν] ἔργον ἐστίν. διὸ καὶ
χαλεπωτάτην τάξιν ἔχει τὸ συμβουλεύειν· τὰ γὰρ ὀρθῶς
βουλευθέντα καὶ δοκιμασθέντα σὺν πολλῇ σπουδῇ καὶ πόνῳ
πολλάκις τῷ τοὺς ἐπιστάντας ἄλλως χρήσασθαι διελυμάνθη.
10 νῦν μέντοι πάνθ' ἕξειν καλῶς ἐλπίζω. καὶ γὰρ εἴ τις ὑπεί- 13
ληφεν εὐτυχῆ τὸν Ἀλέξανδρον τῷ πάντα κατορθοῦν, ἐκεῖνο
λογισάσθω, ὅτι πράττων καὶ πονῶν καὶ τολμῶν, οὐχὶ καθή-
μενος ηὐτύχει. νῦν τοίνυν τεθνεῶτος ἐκείνου ζητεῖ τινας ἡ
τύχη μεθ' ὧν ἔσται. τούτους δ' ὑμᾶς δεῖ γενέσθαι. τοὺς 14
15 θ' ἡγεμόνας, δι' ὧν ἀνάγκη τὰ πράγματα πράττεσθαι, ὡς
εὐνουστάτους ἐπὶ τὰς δυνάμεις ἐφίστατε· καὶ ὅ τι ποιεῖν
αὐτὸς ἕκαστος ὑμῶν δυνήσεται καὶ βουλήσεται, τοῦτο πρὸς
αὐτὸν εἰπάτω καὶ ὑποσχέσθω. καὶ τοῦθ' ὅπως μὴ ψεύσε-
ται, μηδ' ἐξηπατῆσθαι μηδὲ πεισθῆναι παρακρουσθεὶς φήσας
20 ἀναδύσεται. ὡς τὴν ἔκδειαν ὧν ἂν ἐλλίπηθ' ὑμεῖς, οὐχ 15
εὑρήσετε τοὺς ἀναπληρώσοντας· οὐδὲ τὸν αὐτὸν ἔχει κίνδυ-
νον, περὶ ὧν ἐφ' ὑμῖν ἐστιν ὅπως ἂν βούλησθε πρᾶξαι
μεταβουλεύεσθαι πολλάκις, καὶ περὶ ὧν ἂν ἐνστῇ πόλεμος·
ἀλλ' ἢ περὶ τούτων μετάγνωσις ἧττα τῆς προαιρέσεως γίγ-
25 νεται. μὴ δὴ ποιήσητε τοιοῦτο μηδέν, ἀλλ' ὅ τι πράξετε
γενναίως καὶ ἑτοίμως ταῖς ψυχαῖς, τοῦτο χειροτονεῖτε, κἂν 16
ἅπαξ ψηφίσησθε, τὸν Δία τὸν Δωδωναῖον καὶ τοὺς ἄλλους
θεούς, οἳ πολλὰς καὶ καλὰς κἀγαθὰς καὶ ἀληθεῖς ὑμῖν
μαντείας ἀνῃρήκασιν, ἡγεμόνας ποιησάμενοι καὶ παρακαλέ-

2 εἴρηται Wolf, cf. xxvii 28 : εἴρηνται codd.   4 τίνα μὲν πράγ-
ματα . . . δύναται Bekk. Anecd. 110. 5   6 στρατηγῶν del. Schaefer,
recte puto, cf. ii 28, 29   15 τε codd. : δὴ mg. edit. Paris. : τε δὴ
Sauppe   17 ὑμῶν S : ἡμῶν F Q   20 ἔκδειαν S F¹ cf. xxxii. 30 :
ἔνδειαν F corr. Q   ἐλλείπηθ' F   23 μεταβουλεύεσθαι F : -εσθε S Q

[1467] σαντες, καὶ κατὰ τῶν νικητηρίων ἅπασιν αὐτοῖς εὐξάμενοι,
μετὰ τῆς ἀγαθῆς τύχης ἐλευθεροῦτε τοὺς Ἕλληνας. εὐτυ-
χεῖτε.

In S subscriptum

ΠΕΡΙ ΤΗΣ ΟΜΟΝΟΙΑΣ

Ν̄ Δ̄ Δ̄ Δ̄ Π̄

(Ν vitiose pro Η scriptum. corr. Sauppe)

B

ΠΕΡΙ ΤΗΣ ΙΔΙΑΣ ΚΑΘΟΔΟΥ

Δημοσθένης τῇ βουλῇ καὶ τῷ δημῷ χαίρειν. ἐνόμιζον
μὲν ἀφ' ὧν ἐπολιτευόμην, οὐχ ὅπως μηδὲν ὑμᾶς ἀδικῶν
5 τοιαῦτα πείσεσθαι, ἀλλὰ καὶ μέτρι' ἐξαμαρτὼν συγγνώμης
τεύξεσθαι. ἐπειδὴ δ' οὕτως γέγονεν, ἕως μὲν ἑώρων ὑμᾶς,
οὐδεμιᾶς ἀποδείξεως φανερᾶς οὐδ' ἐλέγχου γιγνομένου παρὰ
τῆς βουλῆς, πρὸς τὰ ταύτης ἀπόρρητα καταψηφιζομένους
ἁπάντων, οὐδὲν ἐλαττόνων παραχωρεῖν ὑμᾶς ἡγούμενος ἢ
10 ἐμαυτὸν ἀποστερεῖσθαι, στέργειν ᾑρούμην· τὸ γὰρ οἷς ἂν
ἡ βουλὴ φήσῃ τοὺς ὀμωμοκότας δικαστὰς προστίθεσθαι
μηδεμιᾶς ἀποδείξεως ῥηθείσης, τῆς πολιτείας παραχωρεῖν
ἦν. ἐπειδὴ δὲ καλῶς ποιοῦντες ᾔσθησθε τὴν δυναστείαν ἥν 2
τινες τῶν ἐν τῇ βουλῇ κατεσκεύαζονθ' ἑαυτοῖς, καὶ πρὸς τὰς
15 ἀποδείξεις τοὺς ἀγῶνας κρίνετε, τὰ δ' ἀπόρρητα ⟨τὰ⟩ τούτων
ἐπιτιμήσεως ἄξι' ηὑρήκατε, οἶμαι δεῖν, ἐὰν καὶ ὑμῖν βουλο-
μένοις ᾖ, τῆς ὁμοίας τυχεῖν σωτηρίας τοῖς τῶν ὁμοίων
αἰτιῶν τετυχηκόσιν, καὶ μὴ μόνος δι' αἰτίαν ψευδῆ τῆς
πατρίδος καὶ τῶν ὄντων καὶ τῆς τῶν οἰκειοτάτων συνηθείας
20 ἀποστερηθῆναι.

Εἰκότως δ' ἂν ὑμῖν, ὦ ἄνδρες Ἀθηναῖοι, μέλοι τῆς ἐμῆς 3
σωτηρίας οὐ μόνον κατὰ τοῦθ' ὅτι οὐδὲν ὑμᾶς ἀδικῶν δεινὰ [1468]
πέπονθα, ἀλλὰ καὶ τῆς παρὰ τοῖς ἄλλοις ἀνθρώποις ἕνεκ'
εὐδοξίας. μὴ γάρ, εἰ μηδεὶς ὑμᾶς ἀναμιμνήσκει τοὺς
25 χρόνους μηδὲ τοὺς καιροὺς ἐν οἷς τὰ μέγιστ' ἐγὼ χρήσιμος
ἦν τῇ πόλει, τοὺς ἄλλους Ἕλληνας ἀγνοεῖν νομίζετε, μηδ' 4

TITULUS: ἰδίας codd., Hermog. p. 364 (Rabe) : ἑαυτοῦ Harpocr. s.v.
καλαύρεια   5 καὶ μέτρι' ἂν codd. : κἂν μέτρι' Blass : ἂν ego delevi
9 ἐλαττόνων Blass commate post ἁπάντων reposito : ἔλαττον codd.
10 ᾑρούμην F corr. (me teste), coniecerat Schaefer : ἡγούμην cett. :
δεῖν ἡγούμην Wolf   11 φήσῃ Q : φησι(ν) S F¹ φῆσαι F corr.
15 τὰ addidi   26 ἢ S¹

ἐπιλελῆσθαι τῶν ἐμοὶ πεπραγμένων ὑπὲρ ὑμῶν, ἃ ἐγὼ δυοῖν
ἕνεκα νῦν ὀκνῶ γράφειν καθ' ἕκαστον, ἑνὸς μέν, τὸν φθόνον
δεδιώς, πρὸς ὃν οὐδέν ἐστιν προὔργου τἀληθῆ λέγειν, ἑτέρου
δέ, ὅτι πολλὰ καὶ ἀνάξι' ἐκείνων διὰ τὴν τῶν ἄλλων Ἑλ-
5 λήνων κακίαν νῦν πράττειν ἀναγκαζόμεθα. ἐν κεφαλαίῳ 5
δὲ τοιαῦτ' ἐστὶν ἐφ' οἷς ἐξηταζόμην ὑπὲρ ὑμῶν ἐγώ, ὥσθ'
ὑμᾶς μὲν ἐπ' αὐτοῖς ὑπὸ πάντων ζηλοῦσθαι, ἐμοὶ δ' ἐλπίδα
τῶν μεγίστων δωρεῶν προσδοκᾶσθαι παρ' ὑμῶν. τῆς δ'
ἀναγκαίας μέν, ἀγνώμονος δὲ τύχης οὐχ ὡς δίκαιον ἦν, ἀλλ'
ὡς ἐβούλετο, κρινάσης τὸν ὑπὲρ τῆς τῶν Ἑλλήνων ἐλευ- 10
6 θερίας ἀγῶνα, ὃν ὑμεῖς ἠγωνίσασθε, οὐδ' ἐν τοῖς μετὰ
ταῦτα χρόνοις ἀπέστην τῆς εἰς ὑμᾶς εὐνοίας, οὐδ' ἀντηλ-
λαξάμην ἀντὶ ταύτης οὐδέν, οὐ χάριν, οὐκ ἐλπίδας, οὐ
πλοῦτον, οὐ δυναστείαν, οὐκ ἀσφάλειαν. καίτοι πάντα
ταῦθ' ἑώρων ὑπάρχοντα τοῖς καθ' ὑμῶν βουλομένοις πολι- 15
7 τεύεσθαι. ὃ δέ, πολλῶν ὄντων καὶ μεγάλων ἐφ' οἷς
εἰκότως ἐπέρχεταί μοι παρρησιάζεσθαι, μέγιστον ἡγοῦμαι,
οὐκ ὀκνήσω γράψαι πρὸς ὑμᾶς, ὅτι ἐν ἅπαντι τῷ αἰῶνι τῶν
μνημονευομένων ἀνθρώπων δεινοτάτου γεγενημένου Φιλίπ-
που καὶ δι' ὁμιλίας πεῖσαι προσέχειν αὐτῷ τὸν νοῦν ὡς 20
βούλοιτο, καὶ διαφθεῖραι χρήμασι τοὺς ἐν ἑκάστῃ τῶν
Ἑλληνίδων πόλεων γνωρίμους, ἐγὼ μόνος οὐδετέρου τούτων
8 ἡττήθην, ὃ κοινὴν ὑμῖν φιλοτιμίαν φέρει, πολλὰ μὲν ἐντυχὼν
[1469] Φιλίππῳ καὶ διαλεχθεὶς ἐφ' οἷς ὑμεῖς ἐπέμπετε πρεσ-
βεύοντά με, πολλῶν δ' ἀποσχόμενος χρημάτων διδόντος 25
ἐκείνου, ἃ τῶν συνειδότων ἔτι πολλοὶ ζῶσιν. οὓς τίνα
γνώμην ἔχειν περὶ ὑμῶν εἰκός, λογίσασθε· τὸ γὰρ τῷ
τοιούτῳ τοῦτον κεχρῆσθαι τὸν τρόπον ἐμοὶ μὲν ἂν εὖ οἶδ'
ὅτι συμφορὰ φανείη, κακία δ' οὐδεμία, ὑμετέρα δ' ἀγνω-

---

12 ἐνηλλαξάμην Priscian. xviii 187   16 καὶ μεγάλων ὄντων S sed cum
notis transponendi   17 ἡγοῦμαι Schaefer : ἡγούμην codd.   20 ὡς] οὓς
Richards   23 κοινὴν SQ : καὶ νῦν F   ἡμῖν S¹   27 ἔχειν περὶ ὑμῶν F γρ.
Q γρ. : om. S F Q   λογίζεσθαι F γρ   28 κεχρῆσθαι τὸν τρόπον Hermo-
genes p. 256 (Rabe) : τὸν τρόπον κεχρῆσθαι codd.   ἐμοὶ codd., Hermog. :
ἐμὴ Schaefer   29 συμφορὰ φανείη Hermog. : φανείη συμφορὰ codd.

μοσύνη· ἦν τῷ μεταγνῶναι λύσαιτε. πάντα τοίνυν τὰ 9
προειρημέν' ἐλάττω νομίζω τῆς συνεχοῦς καὶ καθ' ἡμέραν
πολιτείας, ἐν ᾗ παρεῖχον ἐμαυτὸν ἐγὼ πολιτευόμενον, οὐδε-
μιᾶς ὀργῆς οὐδὲ δυσμενείας οὐδ' ἀδίκου πλεονεξίας οὔτε
5 κοινῆς οὔτ' ἰδίας προϊστάμενος, οὐδὲ συκοφαντήσας οὐδένα
πώποτ' οὔτε πολίτην οὔτε ξένον, οὐδὲ καθ' ὑμῶν ἰδίᾳ δεινὸς
ὤν, ἀλλ' ὑπὲρ ὑμῶν, εἴ τι δεήσειεν, ἐξεταζόμενος δημοσίᾳ.
εἰδεῖεν δ' ἂν οἱ πρεσβύτεροι, καὶ λέγειν τοῖς νεωτέροις ἐστὲ 10
δίκαιοι τὴν πρὸς Πύθωνα τὸν Βυζάντιον ἐκκλησίαν, ὅτε τοὺς
10 ἀπὸ τῶν Ἑλλήνων ἦλθε πρέσβεις ἔχων ὡς ἀδικοῦσαν
δείξων τὴν πόλιν, ἀπῆλθε δὲ τἀναντία τούτων παθών,
μόνου τῶν τότε ῥητόρων ἐξετάσαντος ἐμοῦ τὰ ὑπὲρ ὑμῶν
δίκαια. καὶ ἐῶ πρεσβείας ὅσας ὑπὲρ ὑμῶν ἐπρέσβευσα,
ἐν αἷς οὐδὲν ἠλαττώθητε πώποτ' οὐδὲ καθ' ἕν. ἐπολιτευό- 11
15 μην γάρ, ὦ ἄνδρες Ἀθηναῖοι, οὐχ ὅπως ἀλλήλων ὑμεῖς
περιγενήσεσθε σκοπῶν, οὐδ' ἐφ' ἑαυτὴν ἀκονῶν τὴν πόλιν,
ἀλλ' ἀφ' ὧν δόξαν καὶ μεγαλοψυχίαν ὑμῖν ὑπάρξειν ἐνόμιζον.
ἐφ' οἷς ἅπασι μέν, μάλιστα δὲ τοῖς νέοις, ἄγασθαι προσή-
κει, καὶ σκοπεῖν μὴ μόνον τὸν διακονήσοντα πρὸς χάριν [1470]
20 πάντ' ἐν τῇ πολιτείᾳ (τούτου μὲν γὰρ οὐδέποτ' ἔστ' ἀπορῆ-
σαι), ἀλλὰ καὶ τὸν ἐπ' εὐνοίᾳ περὶ ὧν ἂν ἀγνοῆτ' ἐπιτιμή-
σοντα. ἔτι τοίνυν παραλείπω πολλά, ἐφ' οἷς ἕτερος καὶ 12
μηδὲν ἄλλο χρήσιμος γεγονὼς δικαίως ἂν ἠξίου τυγχάνειν
σωτηρίας, χορηγίας καὶ τριηραρχίας καὶ χρημάτων ἐπι-
25 δόσεις ἐν πᾶσι τοῖς καιροῖς· ἐν οἷς ἐγὼ φανήσομαι οὐ
μόνον αὐτὸς ἐξητασμένος πρῶτος, ἀλλὰ καὶ τοὺς ἄλλους
παρακεκληκώς. ὧν ἕκαστον, ὦ ἄνδρες Ἀθηναῖοι, λογίσασθε,
ὡς ἀνάξιόν ἐστι τῆς περιεστηκυίας νῦν ἐμοὶ συμφορᾶς.
ἀφθόνων δ' ὄντων, ἀπορῶ τί πρῶτον ὀδύρωμαι τῶν παρόν- 13
30 των κακῶν. πότερον τὴν ἡλικίαν ἐν ᾗ φυγῆς ἐπικινδύνου

---

1 λύσαιτε Hermogenis potior lectio : λύσετε codd., Hermogenis
cod. A c : λύσᾱτε Hermog. B a   12 μόνου F γρ. : μόνον οὐ S (οὐ
deleto), F Q   16 περιγενήσεσθε Schaefer : περιγένησθε codd.
20 πάντ' F γρ. Q γρ. : ταῦτ' S F Q

πειρᾶσθαι παρ' ἔθος καὶ παρὰ τὴν ἀξίαν ἀναγκάζομαι; ἢ
τὴν αἰσχύνην ἐφ' ᾗ κατ' οὐδέν' ἔλεγχον οὐδ' ἀπόδειξιν
ἁλοὺς ἀπόλωλα; ἢ τὰς ἐλπίδας ὧν διαμαρτών, ὧν ἑτέροις
14 προσῆκε κεκληρονόμηκα κακῶν; οὔτ' ἐφ' οἷς ἐπολιτεύθην
πρότερον δίκην ὀφείλων δοῦναι, οὔτε τῶν ἐφ' οἷς ἐκρινόμην 5
ἐξελεγχθέντων· οὔτε γὰρ ἔγωγε τῶν Ἁρπάλου φίλων φανή-
σομαι γεγονώς, τῶν τε γραφέντων περὶ Ἁρπάλου μόνα
τὰ ἐμοὶ πεπραγμέν' ἀνέγκλητον πεποίηκε τὴν πόλιν. ἐξ
ὧν πάντων δῆλόν ἐστιν ὅτι καιρῷ τινὶ ληφθεὶς καὶ οὐκ
ἀδικήματι, τῇ πρὸς ἅπαντας τοὺς ἐν ταῖς αἰτίαις ὀργῇ περι- 10
15 πέπτωκ' ἀδίκως τῷ πρῶτος εἰσιέναι. ἐπεὶ τί τῶν δικαίων
οὐκ εἶπον ἐγὼ τῶν σεσωκότων τοὺς ὕστερον κρινομένους;
ἢ τίν' ἔλεγχον εἶπεν ἡ βουλὴ κατ' ἐμοῦ; ἢ τίνα νῦν ἂν
[1471] εἰπεῖν ἔχοι; οὐ γὰρ ἔστιν οὐδείς· τὰ γὰρ μὴ γενόμεν' οὐκ
ἔστι ποιῆσαι γεγενῆσθαι. ἀλλὰ περὶ μὲν τούτων παύομαι, 15
πόλλ' ⟨ἂν⟩ γράφειν ἔχων· τὸ γὰρ μηδὲν ἐμαυτῷ συνειδέναι
πεῖράν μοι δέδωκεν εἰς μὲν ὠφέλειαν ἀσθενὲς ὄν, εἰς δὲ τὸ
16 μᾶλλον λυπεῖσθαι πάντων ὀδυνηρότατον. ἐπειδὴ δὲ καλῶς
ποιοῦντες πᾶσι τοῖς ἐν ταῖς αἰτίαις διήλλαχθε, κἀμοὶ διαλ-
λάγητ', ὦ ἄνδρες Ἀθηναῖοι· οὔτε γὰρ ἠδίκηχ' ὑμᾶς οὐδέν, 20
ὡς ἴστωσαν οἱ θεοὶ καὶ ἥρωες (μαρτυρεῖ δέ μοι πᾶς ὁ
πρόσθεν παρεληλυθὼς χρόνος, ὃς δικαιότερον ἂν πιστεύοιθ'
ὑφ' ὑμῶν τῆς ἀνελέγκτου νῦν ἐπενεχθείσης αἰτίας), οὔτ'
ἐγὼ χείριστος οὐδ' ἀπιστότατος φανήσομαι τῶν διαβλη-
θέντων.   25

17   Καὶ μὴν τό γ' ἀπελθεῖν οὐκ ἂν εἰκότως ὀργὴν πρός με
ποιήσειεν· οὐ γὰρ ἀπεγνωκὼς ὑμᾶς οὐδ' ἑτέρωσε βλέπων
οὐδαμοῖ μετέστην, ἀλλὰ πρῶτον μὲν τοὔνειδος τῆς εἰρκτῆς

---

4 προσήκει F γρ. Q γρ.   6 οὔτε γὰρ . . . γεγονώς huc transtulit
Sauppe: post κακῶν § 13 exhibent codd.   7 γραφέντων περὶ
(παρὰ S¹) Ἁρπάλου codd.: num πραχθέντων περὶ Ἅρπαλον scribendum?
11 τῷ] τὸ S F Q   13 ἢ τίν' ἔλεγχον . . . ἐμοῦ om. F   16 ἂν add. Blass
19 καὶ ἐμοὶ F corr.: καί μοι S F¹ Q   20 οὐδένα Wolf: οὐδένα codd.
22 πρόσθεν παρεληλυθὼς] alterutrum fortasse delendum; cf. Hyper.
Lykophr. § 14   24 οὐδ' Turr.: οὔτ' codd.   26 τό γ' Blass: τὸ
codd.   28 οὐδαμοῦ codd.. corr. Reiske

χαλεπῶς τῷ λογισμῷ φέρων, εἶτα διὰ τὴν ἡλικίαν οὐκ ἂν
οἷός τ' ὢν τῷ σώματι τὴν κακοπαθίαν ὑπενεγκεῖν. ἔτι δ'
οὐδ' ὑμᾶς ἐνόμιζον ἀβουλεῖν ἔξω με προπηλακισμοῦ γενέ-
σθαι, ὃς οὐδὲν ὑμᾶς ὠφελῶν ἔμ' ἀπώλλυεν. ἐπεὶ ὅτι γ' 18
5 ὑμῖν προσεῖχον τὸν νοῦν καὶ οὐδέσιν ἄλλοις, πόλλ' ἂν
ἴδοιτε σημεῖα. εἴς τε γὰρ πόλιν ἦλθον, οὐκ ἐν ᾗ μέγιστα
πράξειν αὐτὸς ἔμελλον, ἀλλ' εἰς ἣν καὶ τοὺς προγόνους
ἐλθόντας ᾔδειν, ὅθ' ὁ πρὸς τὸν Πέρσην κατελάμβανεν
αὐτοὺς κίνδυνος, καὶ παρ' ᾗ πλείστην εὔνοιαν ὑπάρχουσαν
10 ὑμῖν ἠπιστάμην (ἔστι δ' ἡ Τροζηνίων αὕτη, ᾗ μάλιστα 19
μὲν οἱ θεοὶ καὶ τῆς πρὸς ὑμᾶς εὐνοίας ἕνεκα καὶ τῆς εἰς ἔμ' [1472]
εὐεργεσίας εὖνοι πάντες εἴησαν, εἶτα κἀγὼ σωθεὶς ὑφ' ὑμῶν
δυνηθείην ἀποδοῦναι χάριτας)· ἔν τε ταύτῃ τινῶν, ὡς ἐμοὶ
χαριζομένων, ἐπιτιμᾶν ὑμῖν τι πειρωμένων τῇ κατ' ἔμ'
15 ἀγνοίᾳ, ἐγὼ πᾶσαν εὐφημίαν, ὥσπερ ἐμοὶ προσῆκε, παρει-
χόμην· ἐξ ὧν καὶ μάλιστα νομίζω πάντας ἀγασθέντας μου
δημοσίᾳ τιμῆσαι. ὁρῶν δὲ τὴν μὲν εὔνοιαν τῶν ἀνδρῶν 20
μεγάλην, τὴν δ' εἰς τὸ παρὸν δύναμιν καταδεεστέραν, μετ-
ελθὼν εἰς τὸ τοῦ Ποσειδῶνος ἱερὸν ἐν Καλαυρείᾳ κάθημαι,
20 οὐ μόνον τῆς ἀσφαλείας ἕνεκα, ἣν διὰ τὸν θεὸν ἐλπίζω μοι
ὑπάρχειν (οὐ γὰρ εὖ οἶδά γε· ἃ γὰρ ἐφ' ἑτέροις ἐστὶν ὡς
ἂν βούλωνται πρᾶξαι, λεπτὴν καὶ ἄδηλον ἔχει τῷ κινδυ-
νεύοντι τὴν ἀσφάλειαν), ἀλλ' ὅτι καὶ τὴν πατρίδ' ἐντεῦθεν
ἑκάστης ἡμέρας ἀφορῶ, εἰς ἣν τοσαύτην εὔνοιαν ἐμαυτῷ
25 σύνοιδα, ὅσης παρ' ὑμῶν εὔχομαι τυχεῖν.

Ὅπως οὖν, ὦ ἄνδρες Ἀθηναῖοι, μηκέτι πλείω χρόνον 21
τοῖς παροῦσι κακοῖς συνέχωμαι, ψηφίσασθέ μοι ταῦθ' ἃ
καὶ ἄλλοις τισὶν ἤδη, ἵνα μήτ' ἀνάξιον ὑμῶν μηδέν μοι
συμβῇ, μήθ' ἱκέτης ἑτέρων ἀναγκασθῶ γενέσθαι· οὐδὲ γὰρ

---

2 κακοπάθειαν S F ; sed cf. lxi 38   4 ὀφελῶν S   ἐπεὶ Bekker :
ἔπειθ' codd.   9 πλείστην ... ὑμῖν (ἡμῖν S) S F Q : μέγιστα πρὸς
ὑμᾶς ὑπάρχοντ' εὐεργετήματα F γρ. Q γρ.   10 Τροιζηνίων codd.; corr.
Blass   13 malim ⟨τὰς⟩ χάριτας   14 τι del. Schaefer, recte fort. cf.
Ep. iii 1, 7   16 μάλιστ' ⟨ἂν⟩ Turr. perperam   μου S : με F Q
17 ὁρῶν δὲ] ὁρῶν μὲν S¹   19 Καλαυρίᾳ codd., corr. Dindorf

415

ὑμῖν τοῦτο γένοιτ' ἂν καλόν. ἐπεὶ εἴ γέ μοι τὰ πρὸς ὑμᾶς
22 ἀδιάλλακτα ὑπάρχει, τεθνάναι μοι κρεῖττον ἦν. εἰκότως δ'
ἄν μοι πιστεύοιτε ταύτην τὴν διάνοιαν ἔχειν καὶ μὴ νῦν
μάτην θρασύνεσθαι· καὶ γὰρ ἐμαυτοῦ κυρίους ὑμᾶς ἐποίησα
καὶ οὐκ ἔφυγον τὸν ἀγῶνα, ἵνα μήτε προδῶ τὴν ἀλήθειαν 5
[1473] μήτ' ἄκυρος ὑμῶν ἐμοῦ μηδεὶς γένηται, ἀλλ' ὅ τι βούλοισθε,
τοῦτο χρήσαισθε· παρ' ὧν γὰρ ἁπάντων καλῶν κἀγαθῶν
ἔτυχον, τούτους ᾠόμην δεῖν ἔχειν καὶ ἁμαρτεῖν, εἰ βού-
23 λοιντο, εἰς ἐμέ. ἐπειδὴ δὲ καλῶς ποιοῦσ' ἡ δικαία τύχη
τῆς ἀδίκου κρατήσασα δὶς περὶ τῶν αὐτῶν ἀπέδωκεν ὑμῖν 10
βουλεύσασθαι τῷ μηδὲν ἀνήκεστον ἐψηφίσθαι περὶ ἐμοῦ,
σώσατέ μ', ὦ ἄνδρες Ἀθηναῖοι, καὶ ψηφίσασθε καὶ ὑμῶν
24 αὐτῶν ἄξια καὶ ἐμοῦ. ἐπ' οὐδενὶ γὰρ τῶν πεπραγμένων
ἠδικηκότα μ' εὑρήσετε, οὐδ' ἐπιτήδειον ἄτιμον εἶναι οὐδ'
ἀπολωλέναι, ἀλλὰ καὶ εὔνουν τῷ πλήθει τῷ ὑμετέρῳ τοῖς 15
μάλισθ' ὁμοίως, ἵνα μηδὲν ἐπίφθονον γράψω, καὶ πλεῖστα
πεπραγματευμένον τῶν νυνὶ ζώντων ὑπὲρ ὑμῶν, καὶ μέγισθ'
ὑπάρχοντά μοι κατ' ἐμαυτὸν σύμβολ' εὐνοίας πρὸς ὑμᾶς.
25 Μηδεὶς δ' ὑμῶν ἡγείσθω μ', ὦ ἄνδρες Ἀθηναῖοι, μήτ'
ἀνανδρίᾳ μήτ' ἄλλῃ προφάσει φαύλῃ μηδεμιᾷ παρ' ὅλην τὴν 20
ἐπιστολὴν ὀδύρεσθαι. ἀλλὰ τοῖς παροῦσιν ἕκαστος ἀφθόνως
χρῆται, ἐμοὶ δὲ ταῦτα νῦν πάρεστιν, ὡς μήποτ' ὤφελεν,
λῦπαι καὶ δάκρυα καὶ τῆς πατρίδος καὶ ὑμῶν πόθος καὶ ὧν
πέπονθα λογισμός, ἃ πάντα ποιεῖ μ' ὀδύρεσθαι· ἃ ἐπισκο-
ποῦντες δικαίως, ⟨ὡς⟩ ἐν οὐδενὶ τῶν πεπολιτευμένων· ὑπὲρ 25
ὑμῶν, οὔτε μαλακίαν οὔτ' ἀνανδρίαν προσοῦσαν εὑρήσετέ μοι.
26 Πρὸς μὲν δὴ πάντας ὑμᾶς τοσαῦτα· ἰδίᾳ δὲ τοῖς ἐμοὶ
προσκρούουσιν ἐναντίον ὑμῶν βούλομαι διαλεχθῆναι. ὅσα
μὲν γὰρ τοῖς ὑφ' ὑμῶν ἀγνοηθεῖσιν ὑπηρετοῦντες ἐποίουν,

1–2 ἐπεὶ ... ἦν] εὖ δ' ἴστε, ὦ Ἀθ., εἴ μοι τὰ παρ' ὑμῶν ἀδιάλλακτα
ὑπάρχει, τεθνάναι βουλοίμην ἄν F γρ. Q γρ.   2 μοι κρεῖττον S F : με
κρ. vulg.   3 ἄν μοι S F : ἂν Q   μάτην νῦν S cum notis trans-
ponendi   6 ἡμῶν S F (me teste)   7 χρήσαισθε F corr. Q :
χρήσεσθε S F¹   8 ᾠόμην S : ᾤμην vulg.   18 κατ' codd. : τῶν
κατ' Blass   25 ως post δικαίως add. Nitsche coll. xviii 245

ἔστω δι' ὑμᾶς αὐτοῖς πεπρᾶχθαι, καὶ οὐδὲν ἐγκαλῶ. ἐπειδὴ [1474]
δ' ἐγνώκαθ' ὑμεῖς οἷα ταῦτ' ἐστίν, ἐὰν μέν, ὥσπερ ὑπὲρ τῶν
λοιπῶν ἐῶσι, καὶ ἐμοὶ συγχωρήσωσι, καλῶς ποιήσουσιν·
ἐὰν δ' ἐπηρεάζειν ἐγχειρῶσιν, ὑμᾶς ἀξιῶ μοι βοηθεῖν
5 ἅπαντας, καὶ μὴ κυριωτέραν τὴν τούτων ἔχθραν τῆς παρ'
ὑμῶν χάριτός μοι γενέσθαι.   εὐτυχεῖτε.

3 ποιήσωσιν S
In S subscriptum

ΠΕΡΙ ΤΗΣ ΙΔΙΑΣ ΚΑΘΟΔΟΥ
H̄ H̄ Ā Π̄ Ī Ī

Γ

ΠΕΡΙ ΤΩΝ ΛΥΚΟΥΡΓΟΥ ΠΑΙΔΩΝ

Δημοσθένης τῇ βουλῇ καὶ τῷ δήμῳ χαίρειν. περὶ μὲν
τῶν κατ' ἐμαυτόν, ἅ μοι παρ' ὑμῶν ἐνόμιζον δίκαιον εἶναι
γενέσθαι, τὴν προτέραν ἐπιστολὴν ἔπεμψα πρὸς ὑμᾶς· ⁵
ὑπὲρ ὧν, ὅταν ὑμῖν δοκῇ, τότε συγχωρήσετε. περὶ δ' ὧν
νῦν ἐπέσταλκα, βουλοίμην ἂν ὑμᾶς μὴ παριδεῖν, μηδὲ πρὸς
φιλονικίαν, ἀλλὰ πρὸς τὸ δίκαιον ἀκοῦσαι. συμβαίνει γάρ
μοι, καίπερ ἐκποδὼν διατρίβοντι, πολλῶν ἀκούειν ἐπιτι-
μώντων ὑμῖν τοῖς περὶ τοὺς Λυκούργου παῖδας γιγνομένοις. ¹⁰
2 ἐπέστειλα μὲν οὖν ἂν τὴν ἐπιστολὴν καὶ τῶν ἐκείνῳ ζῶντι
πεπραγμένων ἕνεκα, ὧν ὁμοίως ἐμοὶ πάντες ἂν αὐτῷ δικαίως
ἔχοιτε χάριν, εἰ τὰ προσήκοντα βούλοισθε ποιεῖν. ἐκεῖνος
γὰρ αὑτὸν ἐν τῷ περὶ τὴν διοίκησιν μέρει τάξας τῆς πολι-
τείας τὸ κατ' ἀρχάς, καὶ περὶ τῶν Ἑλληνικῶν καὶ συμμα- ¹⁵
χικῶν οὐδὲν εἰωθὼς γράφειν, ὅτε καὶ τῶν δημοτικῶν εἶναι
προσποιουμένων οἱ πολλοὶ κατέλειπον ὑμᾶς, τότε ταῖς τοῦ
[1475] δήμου προαιρέσεσιν προσένειμεν ἑαυτόν, οὐχ ὅτι δωρεὰς καὶ
3 προσόδους ἐκ τούτων ὑπῆρχε λαμβάνειν (ἀπὸ γὰρ τῶν
ἐναντίων πάντα τὰ τοιαῦτ' ἐγίγνετο), οὐδ' ὅτι ταύτην ἀσφα- ²⁰
λεστέραν τὴν προαίρεσιν οὖσαν ἑώρα (πολλοὺς γὰρ καὶ
προδήλους εἶχε κινδύνους, οὓς ἀναγκαῖον ἦν ὑπομεῖναι τὸν
ὑπὲρ τοῦ δήμου λέγειν προαιρούμενον), ἀλλ' ὅτι δημοτικὸς

---

4 ἅ μοι codd. : ὧν ἐμοὶ Pap. Brit. Mus. cxxxiii   5 ἐπιστολὴν
Q F mg., Pap. : om. SF¹, ob insequens ἔπεμψα puto   ἔπεμψα codd. :
ἔγραψα Pap., at cf. πέμψαι § 5   6 ὑμεῖν Pap. ubique   8 φιλονεικίαν
codd., Pap.   9 ἐκποδὼν codd. : οὐκ ἐντοδ́ων Pap.   10 γιγνομένοις
codd., Pap : γεγενημένοις Blass   11 οὖν ἂν SF : οὖν Q Pap., cf. § 5
ζῶντι om. Pap. ; cf. xxxix. 21   13 ποιεῖν βούλοισθε Pap.   17 κατέ-
λειπον S Pap. : κατέλιπον F Q   18 δωρεὰς codd., Pap. : δωρειὰς
Blass   20 τὰ om. S   23 λέγειν S F Pap. : λέγειν καὶ πράττειν
vulg.   προαιρουμένων codd. : αἱρουμένων Pap.

418

καὶ φύσει χρηστὸς ἀνὴρ ἦν. καίτοι παρὼν ἑώρα τοὺς μὲν 4
βοηθήσαντας ἂν τῷ δήμῳ ἀσθενεῖς ἐπὶ τοῖς συμβεβηκόσιν
ὄντας, τοὺς δὲ τἀναντία πράττοντας κατὰ πάντ᾽ ἐρρωμένους.
ἀλλ᾽ ὅμως οὐδὲν ἧττον ἐκεῖνος εἵλεθ᾽ ἃ συμφέρειν ἡγεῖτο τῷ
5 δήμῳ, καὶ μετὰ ταῦτ᾽ ἀόκνως καὶ λέγων καὶ πράττων ἃ
προσῆκεν ἦν φανερός, ἐφ᾽ οἷς εὐθὺς ἐξῃτεῖτο, ὡς ἅπαντες
ἴσασιν.

Ἐπέστειλα μὲν οὖν ἄν, ὥσπερ εἶπον ἐν ἀρχῇ, καὶ διὰ τὴν 5
ἐκείνου χάριν· οὐ μὴν ἀλλὰ καὶ ὑμῖν νομίζων συμφέρειν τὰς
10 παρὰ τοῖς ἔξω γιγνομένας ἐπιτιμήσεις εἰδέναι, πολλῷ προ-
θυμότερον πρὸς τὸ πέμψαι τὴν ἐπιστολὴν ἔσχον. παραι-
τοῦμαι δὲ τοὺς ἰδίᾳ πρὸς ἐκεῖνον ἔχοντας δυσκόλως, ὑπομεῖναι
τἀληθῆ καὶ τὰ δίκαι᾽ ἀκούειν ὑπὲρ αὐτοῦ. εὖ γὰρ ἴστ᾽, ὦ
ἄνδρες Ἀθηναῖοι, ὅτι νῦν ἐκ τῶν περὶ τοὺς παῖδας αὐτοῦ
15 γεγενημένων φαύλην δόξαν ἡ πόλις λαμβάνει. οὐδεὶς γὰρ 6
τῶν Ἑλλήνων ἀγνοεῖ ὅτι ζῶντα Λυκοῦργον ἐτιμᾶθ᾽ ὑμεῖς
εἰς ὑπερβολήν, καὶ πολλῶν αἰτιῶν ἐπενεχθεισῶν ὑπὸ τῶν
φθονούντων αὐτῷ οὐδεμίαν πώποθ᾽ ηὕρετ᾽ ἀληθῆ, οὕτω δ᾽
ἐπιστεύετ᾽ αὐτῷ καὶ δημοτικὸν παρὰ πάντας ἡγεῖσθε, ὥστε
20 πολλὰ τῶν δικαίων ἐν τῷ φῆσαι Λυκοῦργον ἐκρίνετε καὶ [1476]
τοῦθ᾽ ὑμῖν ἐξήρκει· οὐ γὰρ ἂν ἦν τοιοῦτον μὴ δοκοῦν ὑμῖν.
νῦν τοίνυν ἅπαντες ἀκούοντες τοὺς υἱεῖς αὐτοῦ δεδέσθαι τὸν 7
μὲν τεθνεῶτ᾽ ἐλεοῦσιν, τοῖς παισὶν δ᾽ ὡς ἀνάξια πάσχουσιν
συνάχθονται, ὑμῖν δ᾽ ἐπιτιμῶσιν πικρῶς, ὡς οὐκ ἂν τολμή-
25 σαιμι γράφειν ἐγώ· ἃ γὰρ ἄχθομαι τοῖς λέγουσι καὶ ἀντιλέγω
καθ᾽ ὅσον δύναμαι βοηθῶν ὑμῖν, ταῦτ᾽ ἄχρι μὲν τοῦ δῆλον
ὑμῖν ποιῆσαι ὅτι πολλοὶ μέμφονται, συμφέρειν ὑμῖν νομίζων
εἰδέναι, γέγραφα, ἀκριβῶς δὲ διεξιέναι δυσχερὲς κρίνω.

2 βοηθήσαντας ἂν codd. (ἂν del. Schaefer): βοηθήσοντας Pap.
δήμῳ codd. cf. § 27: πλήθει Pap.   4 εἵλετο Pap.: εἴχετο τούτων
codd.   ἡγεῖτο codd.: ᾤετο Pap.   6 ἦν φανερος codd.. φάνερος ἦν
Pap.   πάντες Pap.   8 οὖν ἂν codd.: οὖν Pap.   19 παρὰ πάντας
ἡγεῖσθε codd.: κατὰ πάντ᾽ ἐνομίζετε Pap.   20 ἐκρείνατε Pap.
21 ἂν ἦν Q Pap. ut vid.: ἂν καὶ F: ἦν S   post ἦν lacunam statuit
Dindorf, redarguit Pap.   22 υἱεῖς Pap.   25 ἐγώ· ἃ γάρ] ἐγὼ γὰρ Pap.

8 ὅσα μέντοι λοιδορίας χωρίς ἐστιν ὧν λέγουσίν τινες, καὶ
ἀκηκοέναι συμφέρειν ὑμῖν ἡγοῦμαι, ταῦτα δηλώσω. οὐδεὶς
γὰρ ὑπείληφεν ὡς ἄρ' ἠγνοήκατε καὶ διεψεύσθητε τῆς ἀλη-
θείας περὶ αὐτοῦ Λυκούργου. τό τε γὰρ τοῦ χρόνου πλῆθος,
ὃν ἐξεταζόμενος οὐδὲν πώποθ' ηὑρέθη περὶ ὑμᾶς οὔτε φρονῶν 5
οὔτε ποιῶν ἄδικον, καὶ τὸ μηδέν' ἀνθρώπων εἰς μηδὲν τῶν
ἄλλων ἀναισθησίαν ὑμῶν καταγνῶναι, εἰκότως ἀναιρεῖ τὴν
9 ὑπὲρ τῆς ἀγνοίας σκῆψιν. λείπεται τοίνυν ὃ πάντες ἂν
εἶναι φαύλων ἀνθρώπων [ἔργον] φήσαιεν, ὅσον ἂν χρῆσθε
χρόνον, τοσοῦτον ἑκάστου φροντίζειν δοκεῖν, μετὰ ταῦτα δὲ 10
μηδέν' ἔχειν λόγον. εἰς τί γὰρ τῶν ἄλλων χρὴ προσδοκᾶν
τῷ τετελευτηκότι τὴν παρ' ὑμῶν ἔσεσθαι χάριν, ὅταν εἰς
τοὺς παῖδας καὶ τὴν εὐδοξίαν τἀναντί' ὁρᾷ τις γιγνόμενα,
10 ὧν μόνων καὶ τελευτῶσι πᾶσιν ὅπως ἕξει καλῶς μέλει; καὶ
μὴν οὐδὲ χρημάτων ποιεῖν ἕνεκα ταῦτα δοκεῖν τῶν καλῶν 15
[1477] [κἀγαθῶν] ἐστιν. οὔτε γὰρ τῆς μεγαλοψυχίας οὔτε τῆς ἄλλης
προαιρέσεως τῆς ὑμετέρας ἀκόλουθον ἂν φανείη. εἰ γὰρ
ὑμᾶς λύσασθαι παρ' ἑτέρων ἔδει δόντας ἐκ τῶν προσιόντων
τὰ χρήματα ταῦτα, πάντας ἂν ἡγοῦμαι προθύμους εἶναι·
τίμημα δ' ὁρῶν ὀκνοῦντας ἀφεῖναι, ὃ λόγῳ καὶ φθόνῳ γέ- 20
γονεν, οὐκ ἔχω τί καταγνῶ, εἰ μὴ ὅλως πικρῶς καὶ ταρα-
χωδῶς ἔχειν πρὸς τοὺς δημοτικοὺς ὡρμήκατε. εἰ δὲ τοῦτ'
ἔστιν, οὔτ' ὀρθῶς οὔτε συμφερόντως [βουλεύεσθαι] ἐγνώκατε.
11 Θαυμάζω δ' εἰ μηδεὶς ὑμῶν ἐννοεῖ, ὅτι τῶν αἰσχρῶν
ἐστιν τὸν δῆμον τὸν Ἀθηναίων, συνέσει καὶ παιδείᾳ πάντων 25
προέχειν δοκοῦντα, ὃς καὶ τοῖς ἀτυχήσασιν ἀεὶ κοινὴν ἔχει

---

2 ὑμῖν om. Q, del. Blass : habet Pap. cum S F   3 ἠγνοήσατε Pap.
4 Λυκούργου αὐτοῦ Pap.   πλῆθος codd., cf. xx. 130, Isocr. xii 180 :
μῆκος Pap.   7 ὑμῶν codd., Pap. : ἂν ὑμῶν Blass   9 ἔργον om. Pap. ;
seclusi : alioqui post φαύλων exspectes. cf. xvi. 16, xxiii. 123   ὅσον Pap.
(Blass) : τὸ ὅσον codd   ἂν om. Pap.   11 τῶν ἄλλων codd. : ἄλλο
Pap.   13 τις om. Pap.   14 ὧν] ὃν S¹   15 ποιεῖν ἕνεκα ταῦτα
codd. : ἕνεκα ταῦτα ποιεῖν Pap.   16 κἀγαθῶν om. Pap. ; cf. xx. 16,
65, 135 et τῶν αἰσχρῶν infra   18 προτέρωσιοντων S   20 δὲ ὁρῶν
Q mg. Pap. : δῶρον S F Q¹   23 βουλεύεσθαι ἐγνώκατε codd. :
βουλεύεσθε Pap. : ἐγνώκατε Blass, recte puto, cf. § 45   25 τὸν alterum
S Pap. : τῶν vulg.   πάντας Pap.   26 ὃς om. Pap. ἀτυχήμασιν F

καταφυγήν, ἀγνωμονέστερον φαίνεσθαι Φιλίππου, ὃς ἀνου-
θέτητος ὢν εἰκότως, τραφείς γ' ἐν ἐξουσίᾳ, ὅμως ᾤετο δεῖν, 12
ἡνίκ' ηὐτύχησεν μάλιστα, τότ' ἀνθρωπινώτατα πράττων
φαίνεσθαι, καὶ τοὺς παραταξαμένους, πρὸς οὓς περὶ τῶν
5 ὅλων διεκινδύνευσεν, οὐκ ἐτόλμησεν δῆσαι τὸ τίνων καὶ
τίνες εἰσὶν ἐξετάσας· οὐ γὰρ ὡς ἔοικεν ὁμοίως τῶν παρ'
ὑμῖν ῥητόρων ἐνίοις οὔτε δίκαι' ἂν εἶναι πρὸς ἅπαντας ταῦτ'
οὔτε κάλ' ἡγεῖτο, ἀλλὰ τὴν τῆς ἀξίας προσθήκην συλλογι-
ζόμενος τὰ τοιαῦτ' ἐπέκρινεν. ὑμεῖς δέ, ὄντες Ἀθηναῖοι καὶ 13
10 ἐν παρρησίᾳ ζῶντες ἢ καὶ τοὺς ἀναισθήτους ἀνεκτοὺς ποιεῖν
δοκεῖ δύνασθαι, πρῶτον μέν, ὃ πάντων ἀγνωμονέστατόν
ἐστιν, ὑπὲρ ὧν τὸν πατέρ' αἰτιῶνταί τινες, τοὺς υἱεῖς δεδέ-
κατε, εἶτα τὸ ταῦτα ποιεῖν ἴσον εἶναί φατε, ὥσπερ ὑπὲρ
σταθμῶν ἢ μέτρων τὸ ἴσον σκοπούμενοι, ἀλλ' οὐχ ὑπὲρ   [1478]
15 ἀνδρῶν προαιρέσεως καὶ πολιτείας βουλευόμενοι, ἐν οἷς   14
ἐξεταζομένοις εἰ μὲν χρηστὰ καὶ δημοτικὰ καὶ ἐπ' εὐνοίᾳ τὰ
Λυκούργῳ πεπραγμένα φαίνεται, μηδενὸς κακοῦ ἀλλὰ καὶ
πάντων τῶν ἀγαθῶν τοὺς παῖδας αὐτοῦ δίκαιόν ἐστι τυγχά-
νειν παρ' ὑμῶν· εἰ δὲ τἀναντία τούτων, ἐκεῖνον, ὅτ' ἔζη,
20 ἔδει δίκην διδόναι, τούτους δὲ μηδ' οὕτως, ἐφ' οἷς ἐκείνῳ
τις ἐγκαλεῖ, τυγχάνειν ὀργῆς· πᾶσι γὰρ πάντων τῶν ἁμαρτη-
μάτων ὅρος ἐστὶ τελευτή. ἐπεὶ εἴ γ' οὕτως ἕξετε, ὥσθ' οἱ 15
μὲν ἀχθεσθέντες τι τοῖς ὑπὲρ τοῦ δήμου πολιτευομένοις
μηδὲ πρὸς τελευτήσαντας διαλλαγήσονται, ἀλλὰ καὶ τοῖς
25 παισὶ τὴν ἔχθραν διαφυλάξουσιν, ὁ δὲ δῆμος, ᾧ συναγωνί-
ζεται τῶν δημοτικῶν ἕκαστος, μέχρι τοῦ παρόντι χρῆσθαι

---

2 γ' Schaefer : τ' codd., Pap.   3 ἀνθρωπινώτατα Pap. : τἀνθρώ-
πινα S F Q   5 ἐκινδύνευσεν Pap.   ἐτόλμησαν S¹   δῆσαι
S Pap.: δηλῶσαι vulg.   6 γὰρ codd. : γὰρ ἦν Pap.   7 ἂν
εἶναι om. Pap.   9 ὄντες Ἀθηναῖοι καὶ om. Pap., sed cf. xv 23,
xviii 68 al.   10 ἐν παρρησίᾳ ζῶντες Pap., cf. Isocr. ii 3, 4 : παιδείας
μετέχοντες codd.   ποεῖν Pap. hic et infra   12 ὑπὲρ Pap. : περὶ
codd.   υἱεῖς Pap.   δεδέκατε mg. edit. Paris., Pap. : δεδέχατε S F Q
13 εἶναι om. F   17 ἀλλὰ om. Pap.   20 ἔδει om. Pap.
25 παισὶ] πᾶσι S¹   φυλάξουσι Pap.   26 παρόντι Pap. (Wolf) :
παρόντος codd.

μνημονεύσει τὰς χάριτας, μετὰ ταῦτα δὲ μηδὲν φροντιεῖ,
οὐδὲν ἀθλιώτερον ἔσται τοῦ τὴν ὑπὲρ τοῦ δήμου τάξιν
αἱρεῖσθαι.

16   Εἰ δὲ Μοιροκλῆς ἀποκρίνεται ταῦτα μὲν σοφώτερ' ἢ καθ'
ἑαυτὸν εἶναι, ἵνα δὲ μὴ ἀποδρῶσιν, αὐτὸς αὐτοὺς δῆσαι, 5
ἐρωτήσατ' αὐτόν, ἡνίκα Ταυρέας καὶ Πάταικος καὶ Ἀριστο-
γείτων καὶ αὐτὸς εἰς τὸ δεσμωτήριον παραδοθέντες οὐ μόνον
οὐκ ἐδέδεντο, ἀλλὰ καὶ ἐδημηγόρουν, τί δήποτ' οὐχ ἑώρα τὰ
17 δίκαια ταῦτα.   εἰ δὲ μὴ φήσει τότ' ἄρχειν, οὐδὲ λέγειν ἔκ
γε τῶν νόμων αὐτῷ προσῆκεν.   ὥστε πῶς ἴσον ἐστὶν τοὺς 10
μὲν ἄρχειν, οἷς μηδὲ λέγειν ἔξεστιν, τοὺς δὲ δεδέσθαι, ὧν
πολλὰ χρήσιμος ἦν ὑμῖν ὁ πατήρ; ἐγὼ μὲν οὐκ ἔχω συλλο-
18 γίσασθαι, εἰ μὴ τοῦτο δεῖξαι δημοσίᾳ βούλεσθε, ὅτι βδελυρία
καὶ ἀναίδεια καὶ προαίρεσις πονηρίας ἐν τῇ πόλει ἰσχύει καὶ
διασωθῆναι πλείω προσδοκίαν ἔχει, κἄν τι συμβῇ χαλεπὸν 15
[1479] τοῖς τοιούτοις, ἀπόλυσις γίγνεται, ἐν δὲ προαιρέσει χρηστῇ
καὶ βίῳ σώφρονι καὶ δημοτικῷ προελέσθαι ζῆν σφαλερόν,
κἄν τι γένηται πταῖσμα, ἄφυκτον ἔσται.

19   Ἔτι τοίνυν τὸ μὲν μὴ δίκαιον εἶναι τὴν ἐναντίαν δόξαν
ἔχειν ἧς περὶ ζῶντος εἶχετ' ἐκείνου, καὶ τὸ τῶν τετελευτη- 20
κότων ἢ τῶν παρόντων πλείω ποιεῖσθαι λόγον δίκαιον εἶναι,
καὶ πάντα τὰ τοιαῦτα, ἐάσω· παρὰ γὰρ πᾶσιν ὁμολογεῖσθαι
ταῦθ' ὑπείληφα· ὅσοις μέντοι πατρικὰς εὐεργεσίας ἀπε-
μνημονεύσατε τῶν ἄλλων, ἡδέως ἂν ἴδοιμ' ὑμᾶς ἀναμνη-
σθέντας, οἷον τοῖς Ἀριστείδου καὶ τοῖς Θρασυβούλου καὶ τοῖς 25

4 ἀποκρίνεται codd.: ἀποκρείναιτ' ἂν Pap.: ἀποκρινεῖται mg. edit. Paris.
5 ἀποδρῶσιν] ἀμελῶσιν F γρ. Q γρ.   7 δεσμωτήριον] δικαστήριον
Dobree   9 μὴ om. Pap.   οὐδὲ λέγειν codd.: οὐδὲ νῦν Pap.
10 γε mg. edit. Paris., Pap.: τε S F Q   προσῆκεν Pap.: προσήκει
codd.   τοὺς μὲν ἄρχειν S F Q: ἄρχειν Q γρ.: ἄρχειν μὲν Pap.   11 οἷς]
ηενοις Pap.   μηδὲ λέγειν] μὴ Q γρ.   τοὺς (ους S¹) δὲ δεδέσθαι S F Q
(etiam Q γρ.): τούτους δὲ δεδέσθαι S corr.: δεδέσθαι Q γρ.   12 μὲν ἀὸν
οὐκ·S   14 πόλει ἰσχύει codd.: πολιτείᾳ Pap.   15 χαλεπὸν τοῖς τοιούτοις
codd.: τῶν τοιούτων Pap.   20 ἧς περὶ Pap.: ἧσπερ F corr.:
ἥνπερ S F¹ Q   23 ταῦτα codd.: add. τε Pap.¹, γε Pap. corr.
ὅσοις] οἷς Pap.   24 sqq. ἀναμνησθέντας . . . Ἀρχίνου om. F
25 οἷον om. Pap.   ante Θρασυβούλου add. τοῖς Pap.: om. S Q

Ἀρχίνου καὶ πολλῶν ἑτέρων ἀπογόνοις. οὐχ ὡς ἐπιτιμῶν 20
δὲ ταῦτα παρήνεγκα. τοσούτου γὰρ δέω τοῦτο ποιεῖν ὥστε
συμφέρειν μάλιστα τῇ πόλει τὰ τοιαῦτα κρίνω· προκαλεῖσθε
γὰρ πάντας ἐκ τούτων δημοτικοὺς εἶναι, ὁρῶντας ὅτι κἂν ἐν
5 τῷ καθ᾽ ἑαυτοὺς βίῳ ταῖς προσηκούσαις αὐτῶν τιμαῖς ὁ
φθόνος ἀντιστῇ, τοῖς γε παισὶν ὑπάρξει τὰ προσήκοντα παρ᾽
ὑμῶν κομίσασθαι. πῶς οὖν οὐκ ἄτοπον, μᾶλλον δὲ καὶ 21
αἰσχρόν, τῶν μὲν ἄλλων τισί, καὶ παλαιῶν ὄντων τῶν χρό-
νων καθ᾽ οὓς ἐγένοντο χρήσιμοι, καὶ δι᾽ ὧν ἀκούετε τὰς
10 εὐεργεσίας, οὐκ ἐξ ὧν ἑοράκαθ᾽ ὑπειληφότας, ὅμως τὴν
δικαίαν εὔνοιαν διασῴζειν, Λυκούργῳ δ᾽ οὕτως ὑπογύου καὶ
τῆς πολιτείας καὶ τῆς τελευτῆς γεγονυίας, μηδ᾽ εἰς ἃ καὶ
τοῖς ἀγνῶσιν καὶ ὑφ᾽ ὧν ἀδικοῖσθ᾽ ἕτοιμοι τὸν ἄλλον ἦτε
χρόνον, εἰς ἔλεον καὶ φιλανθρωπίαν, μηδ᾽ εἰς ταῦθ᾽ ὑμᾶς 22
15 αὐτοὺς ὁμοίους παρέχειν, καὶ ταῦτ᾽ εἰς τοὺς παῖδας αὐτοῦ
γιγνομένης τῆς τιμωρίας, οὓς κἂν ἐχθρός, εἴπερ μέτριος εἴη
καὶ λογισμὸν ἔχων, ἐλεήσαι;

Θαυμάζω τοίνυν καὶ τοῦτ᾽ εἴ τις ὑμῶν ἀγνοεῖ, ὡς οὐδὲ [1480]
τοῦτο συμφέρει τῇ πολιτείᾳ φανερὸν γιγνόμενον, ὅτι τοῖς μὲν 23
20 ἄλλην τινὰ κτησαμένοις φιλίαν καὶ κατορθοῦσιν ἐν πᾶσιν
πλεονεκτεῖν ὑπάρχει, κἂν ἀτυχήσωσίν τι, ῥᾳδίους εἶναι τὰς
λύσεις, τοῖς δ᾽ εἰς τὸν δῆμον ἀναρτήσασιν ἑαυτούς οὐ μόνον
κατὰ τἄλλ᾽ ἔλαττον ἔχειν ὑπάρξει, ἀλλὰ καὶ τὰς συμφορὰς
βεβαίους τούτοις μόνοις τῶν ἄλλων μένειν. ἀλλὰ μὴν ὅτι
25 τοῦθ᾽ οὕτως γίγνεται ῥᾴδιον δεῖξαι. τίς γὰρ οὐκ οἶδεν ὑμῶν 24
Λάχητι τῷ Μελανώπου ἁλῶναι μὲν ὁμοίως ἐν δικαστηρίῳ
συμβὰν ὡς καὶ νῦν τοῖς Λυκούργου παισίν, ἀφεθῆναι δὲ πᾶν

1 Ἀρχείνου hic et infra S   3 μάλιστα συμφέρειν Pap.   προ-
καλεῖσθαι S¹   6 παισὶν] πᾶσιν S¹ F   10 ἑοράκατε F¹ Pap. :
ἑορ. S F corr.   ὅμως] ὁμοίως Pap.   11 διασῷσαι Pap.   Λυκούργου S¹
13 ἀγνῶσι Pap. (Dobree) cf. § 27 : ἀγνώμοσιν codd.   ἀδικοῖσθε Pap.
(Sauppe) : ἀδικεῖσθαι codd.   14 ἔλεον] ελαιον S   15 παρασχεῖν
Pap.   20 ἄλλην] ἄλλοις F   21 τι om. Pap.   ῥᾳδίους Pap., cf. Crö-
nert, Mem. Herc. 187 n. 9, Plat. Polit. 278 D : ῥᾳδίας codd.   23 ἔλατ-
τον ἔχειν codd. : ἐλαττοῦσθαι Pap.   24 ὅτι τοῦθ᾽ codd. : τοῦθ᾽ ὅτι Pap.

τὸ ὄφλημ' ἐπιστείλαντος Ἀλεξάνδρου; καὶ πάλιν Μνησι-
βούλῳ τῷ Ἀχαρνεῖ ἁλῶναι μὲν ὁμοίως καταγνόντος αὐτοῦ
τοῦ δικαστηρίου ὥσπερ καὶ τῶν Λυκούργου παίδων, ἀφεῖ-
25 σθαι δὲ καλῶς ποιοῦντι; ἄξιος γὰρ ἀνήρ. καὶ οὐδεὶς ἐπὶ
τούτοις τοὺς νόμους ἔφη καταλύεσθαι τῶν νῦν βοώντων. 5
εἰκότως· οὐδὲ γὰρ κατελύοντο, εἴπερ ἅπαντες οἱ νόμοι τῶν
δικαίων εἵνεκα καὶ σωτηρίας τῶν χρηστῶν ἀνθρώπων τίθεν-
ται, καὶ μήτ' ἀιδίους τοῖς ἀτυχήσασι καθιστάναι τὰς συμ-
26 φορὰς συμφέρει, μήτ' ἀχαρίστους ὄντας φαίνεσθαι. ἀλλὰ
μὴν εἴ γε ταῦθ' οὕτως, ὥσπερ ἂν φήσαιμεν, ἔχειν συμφέρει, 10
οὐ μόνον τοὺς νόμους οὐ κατελύετε, ἡνίκ' ἐκείνους ἀφίετε,
ἀλλὰ καὶ τοὺς λογισμοὺς ἐσῴζετε τῶν τοὺς νόμους θεμένων
ἀνθρώπων, Λάχητα μὲν πρὸς χάριν δεηθέντος Ἀλεξάνδρου
ἀφέντες, Μνησίβουλον δὲ τῇ τοῦ βίου σωφροσύνῃ σῴσαντες.
27 μὴ τοίνυν τὸ κτήσασθαί τιν' ἔξωθεν φιλίαν λυσιτελέστερον 15
[1481] δείκνυτ' ἢ τὸ τῷ δήμῳ παρακαταθέσθαι ἑαυτόν, μηδὲ τὸ τῶν
ἀγνώτων εἶναι κρεῖττον ἢ τοῖς πολλοῖς ὑμῖν τὰ συμφέροντα
πολιτευόμενον γιγνώσκεσθαι. τὸ μὲν γὰρ πᾶσιν ἀρέσκειν
τὸν συμβουλεύοντα καὶ τὰ κοινὰ πράττοντ' ἀδύνατον· ἐὰν δ'
ἐπ' εὐνοίᾳ ταὐτὰ τῷ δήμῳ τις φρονῇ, δίκαιός ἐστιν σῴζεσθαι. 20
εἰ δὲ μή, καὶ θεραπεύειν ἑτέρους μᾶλλον ἢ τὸν δῆμον ἅπαν-
τας διδάξετε, καὶ φεύγειν τὸ τῶν ὑμῖν συμφερόντων ποιοῦντά
28 τι γνωσθῆναι. ὅλως δὲ κοινόν ἐστιν ὄνειδος ἁπάντων,
ἄνδρες Ἀθηναῖοι, καὶ ὅλης τῆς πόλεως συμφορά, τὸν φθόνον
δοκεῖν μεῖζον ἰσχύειν παρ' ὑμῖν ἢ τὰς τῶν εὐεργεσιῶν χάριτας, 25

2–3 verba ὁμοίως, καί, Λυκούργου om. Pap.   4 ποιοῦντι codd.:
ποιῶν Pap.   ἀνήρ Bekker : ἀνήρ codd. (sine spiritu S)   οὐδεὶς
Pap. (Sauppe) : οὐδεὶς ἂν codd.   5 ἔφη τοὺς νόμους Pap.
6 οὐδὲ F γρ. Q γρ. Pap.: οὐ SF Q   7 εἵνεκα Pap. (Blass) : ἕνεκα codd.
χρηστῶν codd. : καλῶν Pap. ex sequiorum usu   τίθενται S F Pap. :
κείονται F γρ. Q   8 ἀιδίους] διὰ τοὺς Pap.   9 συνφέρειν Pap.   10 εἴ
γε codd. : εἰ Pap.   συμφέρει codd.: προσήκει Pap.   11 μόνον codd. :
μόνον τότε Pap.   ἀφίετε Pap.: ἠφίετε codd.   12 λογισμοὺς Nitsche,
coll. Plat. Legg. 644 D : βίους codd. Pap.   13 Ἀλεξάνδρου a Blassio se-
clusum, habet Pap.   14 δὲ] μὲν S¹, corr. ead. m.   15 τιν' Pap.
(Blass): τὴν codd.   16 ἑαυτόν codd. : ἀστόν Pap.   18 πολιτευομένων
Pap.   19 ἂν Pap.   20 δίκαιον Pap.   22 τι ποιοῦντα Pap.   24 ἄνδρες
S F Pap. : ὦ ἄ. vulg.   συνφοραί Pap.   25 μεῖζον codd.: μᾶλλον Pap.

καὶ ταῦτα τοῦ μὲν νοσήματος ὄντος, τῶν δ' ἐν τοῖς θεοῖς ἀποδεδειγμένων.

Καὶ μὴν οὐδὲ τὸν Πυθέαν παραλείψω τὸν μέχρι τῆς 29 παρόδου δημοτικόν, μετὰ ταῦτα δ' ἕτοιμον εἰς τὰ καθ' ὑμῶν
5 πάντα. τίς γὰρ οὐκ οἶδεν τοῦτον, ὅτε μὲν τὴν ὑπὲρ ὑμῶν τάξιν ἔχων εἰς τὸ πολιτεύεσθαι παρήει, ὡς δοῦλον ἐλαυνό-μενον καὶ γραφὴν ξενίας φεύγοντα καὶ μικροῦ πραθένθ' ὑπὸ τούτων οἷς νῦν ὑπηρετῶν τοὺς κατ' ἐμοῦ λόγους ἔγραφεν, ἐπειδὴ δ' ἃ κατηγόρει τότε τῶν ἄλλων, νῦν αὐτὸς πράττει, 30
10 εὐποροῦντα μὲν οὕτως ὥστε δύ' ἔχειν ἑταίρας, αἳ μέχρι φθόης καλῶς ποιοῦσαι προπεπόμφασιν αὐτόν, πέντε τάλαντα δ' ὀφλόντα ῥᾶον ἐκτεῖσαι ἢ πέντε δραχμὰς ἂν ἔδειξε πρότερον, πρὸς δὲ τούτοις παρ' ὑμῶν, τοῦ δήμου, οὐ μόνον τῆς πολι-τείας μετειληφότα, ὃ κοινὸν ὄνειδός ἐστιν ἅπασιν, ἀλλὰ καὶ
15 θύονθ' ὑπὲρ ὑμῶν τὰς πατρίους θυσίας ἐν Δελφοῖς; ὅταν 31 οὖν τοιαῦτα καὶ τηλικαῦτα πᾶσιν ἰδεῖν ᾖ παραδείγματα, ἀφ' ὧν ἃ λυσιτελεῖ προελέσθαι πᾶς τις ἂν κρίναι, φοβοῦμαι [1482] μήποτ' ἔρημοι τῶν ὑπὲρ ὑμῶν ἐρούντων γένησθε, ἄλλως τε καὶ ὅταν τῶν δημοτικῶν τοὺς μὲν ἡ καθήκουσα μοῖρα καὶ ἡ
20 τύχη καὶ ὁ χρόνος παραιρῆται, οἷον Ναυσικλέα καὶ Χάρητα καὶ Διότιμον καὶ Μενεσθέα καὶ Εὔδοξον, ἔτι δ' Εὐθύδικον καὶ Ἐφιάλτην καὶ Λυκοῦργον, τοὺς δ' ὑμεῖς προῆσθε, ὥσπερ Χαρίδημον καὶ Φιλοκλέα καὶ ἐμέ. ὧν ἑτέρους εὐνουστέρους 32 οὐδ' αὐτοὶ νομίζετε· εἰ δ' ὁμοίους τινάς, οὐ φθονῶ, βουλοί-
25 μην δ' ἄν, εἴπερ ὑμεῖς δικαίως αὐτοῖς προσοίσεσθε καὶ μὴ ταῦθ' ἅπερ ἡμεῖς πείσονται, ὡς πλείστους αὐτοὺς γενέσθαι.

---

1 δ' ἐν Pap. (Reiske) : δὲ codd.   3 τὸν ante Πυθέαν codd. : om. Pap.
5 ὑπὲρ codd. : περὶ (ex καθ') Pap.   9 ἐπειδὴ] ἐπεὶ Pap.   τῶν ἄλλων
om. Pap.   10 οὕτως ὥστε] τως ὡς Pap.   ἑταίρας] ἑτέρας S¹ (corr.
m. rec.), F¹   φθόης S F Q, Harpocr. : φθῆς F γρ. Q γρ. : Φυλῆς Pap.
12 ῥᾶον mg edit. Paris., Pap. : ῥᾴδιον S F Q   ἐκτεῖσαι S¹ : ἐκτῖσαι vulg.
ἂν ἔδειξε Pap. : ἀνέξεσθε codd. : ἀνέχεσθαι Reiske   15 πατρίους Pap.
(Wolf) : πατρῴους codd.   16 τηλικαῦτα καὶ τοιαῦτα Pap.   17 ἃ
λυσιτελεῖ προελέσθαι Pap. : ἀλυσιτελὲς προελέσθαι τὰ τοῦ δήμου codd.
19 καὶ ὅταν codd. : ὅταν Pap.   21 Εὐθύδικον Pap. (Schmidt ad
Dein. i 33) : Εὔδικον codd.   24 ὁμοίους S F Q Pap. : ὁμοίως mg.
edit. Paris.   26 γενέσθαι Pap. (Fuhr) : γενήσεσθαι codd.

ἀλλ᾽ ὅταν γε τοιαῦθ᾽ οἷα τὰ νῦν, παραδείγματ᾽ ἐκφέρητε,
τίς ἔστιν ὅστις εἰς ταύτην τὴν τάξιν ἑαυτὸν γνησίως ὑμῖν
33 ἐθελήσει δοῦναι; ἀλλὰ μὴν τῶν γε προσποιησομένων οὐκ
ἀπορήσετε· οὐδὲ γὰρ πρότερον. μὴ γένοιτο δ᾽ ἰδεῖν ἐξε-
λεγχθέντας αὐτοὺς ὁμοίως ἐκείνοις, οἳ φανερῶς ἃ τότ᾽ 5
ἠρνοῦντο νῦν πολιτευόμενοι οὐδέν᾽ ὑμῶν οὔτε δεδοίκασιν
οὔτ᾽ αἰσχύνονται. ἃ χρὴ λογιζομένους, ὦ ἄνδρες Ἀθηναῖοι,
μήτε τῶν εὔνων ὀλιγωρεῖν μήτε τοῖς προάγουσιν εἰς πικρίαν
34 καὶ ὠμότητα τὴν πόλιν πείθεσθαι. πολὺ γὰρ μᾶλλον
εὐνοίας καὶ φιλανθρωπίας τὰ παρόντα πράγματα δεῖται ἢ 10
ταραχῆς καὶ δυσμενείας, ὧν ὑπερβολῇ χρώμενοί τινες ἐργο-
λαβοῦσι καθ᾽ ὑμῶν εἰς ὑποδοχὴν πραγμάτων, ὧν διαψεύσειεν
αὐτοὺς ὁ λογισμός. εἰ δέ τις ὑμῶν διασύρει ταῦτα, πολλῆς
ἔστιν εὐηθείας μεστός. εἰ γάρ, ἃ μηδεὶς ἂν ἤλπισεν, ὁρῶν
γεγενημένα, ἃ καὶ πρότερον γέγονε τοῦ δήμου πρὸς τοὺς 15
[1483] ὑπὲρ αὐτοῦ λέγοντας ὑπ᾽ ἀνθρώπων ἐγκαθέτων διαβληθέντος,
νῦν μὴ ἂν οἴεται γενέσθαι, πῶς οὐ τετύφωται;

35 Ταῦτ᾽ εἰ μὲν παρῆν, λέγων ἂν ὑμᾶς ἐδίδασκον· ἐπειδὴ δ᾽
ἐν τοιούτοις εἰμὶ ἐν οἷς, εἴ τις ἐμοῦ κατέψευσται ἐφ᾽ οἷς
ἀπόλωλα, γένοιτο, γράψας ἐπέσταλκα, πρῶτον μὲν καὶ 20
πλεῖστον λόγον ποιούμενος τοῦ καλοῦ καὶ τοῦ συμφέροντος
ὑμῖν, δεύτερον δ᾽ ὅτι τὴν αὐτὴν εὔνοιαν ἣν πρὸς ζῶντα
Λυκοῦργον εἶχον, δίκαιον εἶναι νομίζω καὶ πρὸς τοὺς παῖδας
36 αὐτοῦ φαίνεσθαι ἔχων. εἰ δέ τῳ παρέστηκεν ὡς πολύ μοι
περίεστιν τῶν ἐμαυτοῦ πραγμάτων, οὐκ ἂν ὀκνήσαιμι πρὸς 25
τοῦτον εἰπεῖν ὅτι τῶν συμφερόντων ὑμῖν καὶ τοῦ μηδένα τῶν
φίλων ἐγκαταλείπειν ὁμοίως ὥσπερ τῆς ἐμαυτοῦ σωτηρίας

1 οἷα] οἷον Pap.   ἐκφέρηται S F   2 εἰς . . . ὑμῖν] γνησίως εἰς
ταύτην τὴν τάξιν ὑμεῖν ἑαυτὸν Pap.   3 γε mg. edit. Paris., Pap. :
τε S F Q   6 νῦν codd. : ὕστερον Pap.   δεδοίκασιν οὔτε αἰσχύνονται
codd. : ἐδεδοίκεσαν οὔτε ᾐσχύνοντο Pap.   7 ὦ om. Pap.   8 εὔνων
F corr. : εὐνόων S F¹ Q : εὐνοούντων Pap.   11 καὶ] ἢ Pap.   ὧν]
ἣν Pap.   12 διαψεύσειεν codd. : διέψευσεν Pap. : διαψευσθεῖεν Suid. s.v.
ἐργολάβος (αὐτοὺς ὁ λογισμός omisso)   αὐτὸς S¹   14 ἔστιν εὐηθείας
(-θίας S) μεστός codd. : εὐηθείας ἐστὶν πλήρης Pap.   18 ταῦτα Pap. :
ταῦτα δὲ codd.   ὑμᾶς ἂν Pap.   19 εἰμὶ ἐν οἷς] ἐσμὲν οἷς Pap.
20 πρώτου Pap., cf. xix 25 : πρῶτον codd.   27 ἐγκαταλιπεῖν F

φροντίζω. οὔκουν ἐκ τοῦ περιόντος ταῦτα ποιῶ, ἀλλ' ἀπὸ
τῆς αὐτῆς σπουδῆς καὶ προαιρέσεως καὶ ταῦτα κἀκεῖνα μιᾷ
γνώμῃ πραγματεύομαι. περίεστιν δέ μοι τοιαῦτα, οἷα τοῖς
κακόν τι νοοῦσιν ὑμῖν περιγένοιτο. καὶ περὶ μὲν τούτων
5 ἱκανά.

   Ἡδέως δ' ἂν ὑμῖν ἐπ' εὐνοίᾳ καὶ φιλίᾳ μέμψιν ποιησαί- 37
μην νῦν μὲν ἐν κεφαλαίῳ, μικρὸν δ' ὕστερον δι' ἐπιστολῆς
μακρᾶς, ἣν ἐάνπερ ἐγὼ ζῶ προσδοκᾶτε, ἂν μὴ τὰ δίκαια
γένηται μοι παρ' ὑμῶν πρότερον· οἵτινες, ὦ (τί ἂν εἰπὼν μὴθ'
10 ἁμαρτεῖν δοκοίην μήτε ψευσαίμην;) λίαν ὀλίγωροι, οὔτε τοὺς
ἄλλους οὔθ' ὑμᾶς αὐτοὺς αἰσχύνεσθε, ἐφ' οἷς Ἀριστογείτον'
ἀφείκατε, ἐπὶ τούτοις Δημοσθένην ἐκβεβληκότες, καὶ ἃ τοῖς 38
τολμῶσιν μηδὲν ὑμῶν φροντίζειν μηδὲ λαβοῦσι παρ' ὑμῶν
ἔξεστιν ἔχειν, ταῦτ' οὐ διδόντες ἐμοί, ἵνα, ἂν οἷός τ' ὦ, τά [1484]
15 τ' ὀφειλόμεν' εἰσπράξας καὶ τοὺς φίλους ἐρανίσας τὰ πρὸς
ὑμᾶς διοικήσω, καὶ μὴ γῆρας καὶ φυγὴν ἐπίχειρα τῶν ὑπὲρ
ὑμῶν πεπονημένων ἔχων, κοινὸν ὄνειδος τῶν ἀδικησάντων,
ἐπὶ ξένης περιιὼν ὁρῶμαι. βουλομένου δέ μου ἐν μὲν ὑμε- 39
τέρας χάριτος καὶ μεγαλοψυχίας τάξει τὴν οἴκαδέ μοι ἄφιξιν
20 γενέσθαι, ἐμαυτῷ δὲ λύσιν τῆς γεγονυίας οὐ δικαίως βλα-
σφημίας πορίσασθαι, καὶ μόνον αἰτοῦντος ἄδειαν ὅσονπερ
χρόνον τὴν ἔκτεισιν δεδώκατε, ταῦτα μὲν οὐ συγχωρεῖτε,
ἐρωτᾶτε δέ, ὡς ἀπαγγέλλεται πρὸς ἐμέ, "τίς οὖν αὐτὸν κωλύει
παρεῖναι καὶ ταῦτα πράττειν;" τὸ ἐπίστασθαι αἰσχύνεσθαι, 40
25 ὦ ἄνδρες Ἀθηναῖοι, καὶ τὸ ἀναξίως τῶν ὑπὲρ ὑμῶν πεπολι-
τευμένων πράττειν, καὶ τὸ τὰ ὄντ' ἀπολωλεκέναι διὰ τούτους
⟨οἷς⟩, ἵνα μὴ διπλᾶ καταθῶνται ἃ οὐκ ἠδύνανθ' ἁπλᾶ, ἐπεί-
σθην ὑπογράψασθαι ⟨πρὸς⟩ τὴν ἀρχὴν τὰς καταβολάς· παρ'

---

3 τοιαῦτα S corr. Q Pap.: ταῦτα S¹ F   6 ἐπ' Pap.: τὴν ἐπ'
codd.   9 γένηται Pap.: γίγνηται (γιν. S) codd.   10 ἁμαρ-
τάνειν Hermog. p. 256 (Rabe)   12 ἀφήκατε codd., Pap., Hermog.
ἐκβεβλήκατε Pap.   13 μηδὲ S (δὲ in mg.), Pap.: μὴ vulg.
14 ἔχειν om. Pap.   ἵν' ἂν Bekker: ἵνα ἐὰν Pap.: ἵνα codd.
τά τ'] hic desinit Pap.   18 περιιὼν Aldina: περιιὼν codd.   22 οὐ] οὖν
S¹   23 ἀπαγγέλλετε F   27 οἷς add. Schaefer   28 πρὸς add. Blass

427

ὧν μετὰ μὲν τῆς ὑμετέρας εὐνοίας ἀφικόμενος μέρος, εἰ καὶ
μὴ πάντα, ἴσως ἂν κομισαίμην, ὥστε μηδὲν ἀσχημονεῖν τὸ
λοιπὸν τοῦ βίου, ἂν δ᾽ ὡς οἱ ταῦτα λέγοντες ἀξιοῦσί μ᾽
41 ἔλθω, ἅμ᾽ ἀδοξίᾳ καὶ ἀπορίᾳ καὶ φόβῳ συνέξομαι. ὧν οὐ-
δὲν ὑμεῖς συλλογίζεσθε, ἀλλὰ ῥημάτων μοι καὶ φιλανθρω- 5
πίας φθονοῦντες, ἂν οὕτω τύχῃ, δι᾽ ὑμᾶς περιόψεσθ᾽ ἀπο-
λόμενον· οὐ γὰρ ἂν δεηθείην ἄλλων ἢ ὑμῶν. καὶ τότε
φήσετε δεινὰ πεπονθέναι με, ἀκριβῶς οἶδα, ὅτ᾽ οὔτ᾽ ἐμοὶ
[1485] πλέον οὐδὲν οὔθ᾽ ὑμῖν ἔσται. οὐ γὰρ δὴ χρήματά γ᾽ εἶναι
μοι προσδοκᾶτ᾽ ἔξω τῶν φανερῶν, ὧν ἀφίσταμαι. καὶ τὰ 10
λοιπὰ βούλομαι συναγαγεῖν, ἐάν μοι μὴ φιλονίκως, ἀλλ᾽
42 ἀνθρωπίνως δῶτε τὸ πρὸς τούτοις ἀσφαλῶς εἶναι. οὐ μὴν
οὐδὲ παρ᾽ Ἁρπάλου με λαβόντα δείξετε· οὔτε γὰρ ἠλέγχθην
οὔτ᾽ ἔλαβον. εἰ δὲ τὸ περιφανὲς ἀξίωμα τῆς βουλῆς [ἢ τὸν
Ἄρειον πάγον] προσβλέπετε, τῆς Ἀριστογείτονος κρίσεως 15
ἀναμνησθέντες ἐγκαλύψασθε· οὐ γὰρ ἔχω τούτου πραότερον
43 πρόσταγμα τοῖς τοιαῦτ᾽ ἐξημαρτηκόσιν εἰς ἐμέ. οὐ γὰρ
δήπου τοῖς αὐτοῖς γε λόγοις ὑπὸ τῆς αὐτῆς βουλῆς ἀπο-
φανθέντ᾽ ἐκεῖνον μὲν ἀφεῖσθαι δίκαιον εἶναι φήσετε, ἐμὲ δ᾽
ἀπολωλέναι· οὐχ οὕτως ὑμεῖς ἀλογίστως ἔχετε. οὔτε γὰρ 20
ἄξιος οὔτ᾽ ἐπιτήδειος οὔτε χείρων, ἀτυχὴς μέντοι δι᾽ ὑμᾶς,
ὁμολογῶ· πῶς γὰρ οὐκ ἀτυχής, ᾧ πρὸς τοῖς ἄλλοις κακοῖς
καὶ πρὸς Ἀριστογείτον᾽ ἐμαυτὸν ἐξετάζειν συμβαίνει, καὶ
ταῦτ᾽ ἀπολωλότι πρὸς σωτηρίας τετυχηκότα;
44 Καὶ μή μ᾽ ὑπολαμβάνετ᾽ ὀργίζεσθαι τοῖς λόγοις τούτοις· 25
οὐ γὰρ ἂν πάθοιμι τοῦτο πρὸς ὑμᾶς ἐγώ· ἀλλ᾽ ἔχει τινὰ
τοῖς ἀδικουμένοις ῥᾳστώνην τὸ λέγειν ἃ πάσχουσιν, ὥσπερ
τοῖς ἀλγοῦσι τὸ στένειν, ἐπεὶ τῇ γ᾽ εὐνοίᾳ οὕτως ἔχω πρὸς

2 ἂν κομισαίμην Reiske : ἀνακομισαίμην codd.   4 αδοξα καὶ
απορα S, littera ι post απορα erasa   6 ἀπολόμενον Schaefer : ἀπολού-
μενον codd.   11 μὴ om. S¹   φιλονείκως codd.   14 τὸ περιφανὲς
Hermog. 256. 4 (Rabe), Aristeid. ix 360 (Waltz): τάφανὲς codd.
14–15 ἢ τὸν Ἄρειον πάγον codd., Hermog., Aristeid. : del. Reiske
16 τούτου om. Aristeid.   17 πρόσταγμα codd. : πρόσφθεγμα Aristeid.
τοιαῦτ᾽ om. Aristeid. ἐμὲ αὐτὸν εἰπεῖν Aristeid.   24 τετυχηκότα
Aldina : τετυχηκότι S F Q   28 τῇ εὐνοίᾳ γ᾽ Blass

ὑμᾶς ὡς ὑμᾶς ἂν εὐξαίμην πρὸς ἐμέ.   καὶ τοῦτ᾽ ἐν πᾶσιν
πεποίηκα καὶ ποιησω φανερόν. ἔγνωκα γὰρ ἐξ ἀρχῆς παντὶ 45
τῷ πολιτευομένῳ προσήκειν, ἄνπερ ᾗ δίκαιος πολίτης, ὥσπερ
οἱ παῖδες πρὸς τοὺς γονέας, οὕτως πρὸς ἅπαντας τοὺς πολί- [1486]
5 τας ἔχειν, εὔχεσθαι μὲν ὡς εὐγνωμονεστάτων τυγχάνειν,
φέρειν δὲ τοὺς ὄντας εὐμενῶς· ἡ γὰρ ἐν τοῖς τοιούτοις ἧττα
καλὴ καὶ προσήκουσα νίκη παρὰ τοῖς εὖ φρονοῦσι κρίνεται.
εὐτυχεῖτε.

2 πεποίηκα S F Q : καὶ πεποίηκα Q γρ.   7 κρίνεται F γρ. Q γρ.,
Aristeid. i 792 (Dindorf) : γίνεται SFQ
In S subscriptum

ΠΕΡΙ ΚΑΤΑ ΤΩΝ ΛΥΚΟΥΡΓΟΥ
ΠΑΙΔΩΝ
H̅ H̅ H̅ H̅ Δ̅ Δ̅

(H̅ del. Blass)

Δ

ΠΕΡΙ ΤΗΣ ΘΗΡΑΜΕΝΟΥΣ
ΒΛΑΣΦΗΜΙΑΣ

Δημοσθένης τῇ βουλῇ καὶ τῷ δημῷ χαίρειν. ἀκούω
περὶ ἐμοῦ Θηραμένην ἄλλους τε λόγους βλασφήμους εἰρη- 5
κέναι καὶ δυστυχίαν προφέρειν. τὸ μὲν οὖν τοῦτον ἀγνοεῖν
ὅτι λοιδορίας, ἢ μηδεμίαν κακίαν, καθ' ὅτου λέγεται, δείκνυ-
σιν, οὐδέν ἐστ' ὄφελος παρ' εὖ φρονοῦσιν ἀνθρώποις, οὐχὶ
θαυμάζω· τὸν γὰρ θρασὺν μὲν τῷ βίῳ, μὴ πολίτην δὲ τὴν
φύσιν, ἐν ἐργαστηρίῳ δὲ τεθραμμένον ἐκ παιδός, αἰσθάνε- 10
2 σθαί τι τῶν τοιούτων ἀλογώτερον ἦν ἢ μὴ συνιέναι. τούτῳ
μὲν οὖν, ἐὰν ἀφίκωμαί ποτε καὶ σωθῶ, πειράσομαι διαλε-
χθῆναι περὶ ὧν εἰς ἐμὲ καὶ περὶ ὧν εἰς ὑμᾶς παροινεῖ,
καὶ νομίζω, καίπερ οὐδὲν μετέχοντα τοῦ αἰσχύνεσθαι, μετριώ-
τερον αὐτὸν ποιήσειν· ὑμῖν δὲ τοῦ κοινῇ συμφέροντος ἔνεκα 15
βούλομαι δι' ἐπιστολῆς, οὓς περὶ τούτων ἔχω λόγους, δη-
λῶσαι. οἷς πάνυ τὸν νοῦν προσέχοντες ἀκούσατε· οἴομαι
γὰρ αὐτοὺς οὐκ ἀκοῆς μόνον, ἀλλὰ καὶ μνήμης ἀξίους εἶναι.

3 Ἐγὼ τὴν πόλιν τὴν ὑμετέραν εὐτυχεστάτην πασῶν πόλεων
[1487] ὑπολαμβάνω καὶ θεοφιλεστάτην, καὶ ταῦτ' οἶδα καὶ τὸν Δία 20
τὸν Δωδωναῖον καὶ τὴν Διώνην καὶ τὸν Ἀπόλλω τὸν Πύ-
θιον ἀεὶ λέγοντας ἐν ταῖς μαντείαις καὶ προσεπισφραγιζο-
μένους τὴν ἀγαθὴν τύχην ἐν τῇ πόλει εἶναι παρ' ὑμῖν. ὅσα
τοίνυν περὶ τῶν ἐπιόντων δηλοῦσιν οἱ θεοί, δῆλον ὡς προ-
λέγουσιν· τὰς δ' ἀπὸ τῶν παρεληλυθότων προσηγορίας ἐπὶ 25
4 ταῖς γεγονυίαις πράξεσι τίθενται. ἃ τοίνυν ἐγὼ πεπολί-

TITULUS: περὶ τῆς S: πρὸς τὰς vulg. et S in subscriptione
6 προφέρειν F corr. : προσφερειν S F¹ Q   9 τὸν S: τὸ F Q
10 τεθρεμμενον S   11 ἀλογώτερον S: εὐλογώτερον F Q   22 πρὸς
ἐπισφ. S   24 τοίνυν codd. : μὲν τοίνυν Blass   ἐπιόντων] εἰπόντων S
25 προεληλυθότων Dindorf nescio an typothetae errore

430

τευμαι παρ' ὑμῖν, τῶν ἤδη γεγενημένων ἐστίν, ἀφ' ὧν εὐτυ-
χεῖς ὑμᾶς προσηγορεύκασιν οἱ θεοί. πῶς οὖν δίκαιον τοὺς
μὲν πεισθέντας εὐτυχεῖς ὀνομάζεσθαι, τὸν δὲ πείσαντα τῆς
ἐναντίας προσηγορίας τυγχάνειν; πλὴν εἰ τοῦτό τις εἴποι,
5 τὴν μὲν κοινὴν εὐτυχίαν, ἧς ἐγὼ σύμβουλος, θεοὺς τοὺς
λέγοντας εἶναι, οἷς οὐ θέμις ψεύδεσθαι, τὴν δ' ἰδίαν βλα-
σφημίαν, ᾗ κατ' ἐμοῦ κέχρηται Θηραμένης, θρασὺν καὶ ἀναιδῆ
καὶ οὐδὲ νοῦν ἔχοντ' ἄνθρωπον εἰρηκέναι.

Οὐ τοίνυν μόνον ταῖς παρὰ τῶν θεῶν μαντείαις ἀγαθὴν 5
10 οὖσαν εὑρήσεθ' ᾗ κέχρησθε τύχῃ, ἀλλὰ καὶ ἐξ αὐτῶν τῶν
ἔργων θεωροῦντες, ἂν ἐξετάζητ' ὀρθῶς. ὑμεῖς γὰρ εἰ μὲν
ὡς ἄνθρωποι τὰ πράγματα βούλεσθε θεωρεῖν, εὐτυχεστάτην
εὑρήσετ' ἀφ' ὧν ἐγὼ συνεβούλευσα τὴν πόλιν γεγονυῖαν· εἰ
δ' ἃ τοῖς θεοῖς ἐξαίρεθ' ὑπάρχει μόνοις, τούτων ἀξιώσετε
15 τυγχάνειν, ἀδυνάτων ἐφίεσθε. τί οὖν ἐστι θεοῖς ἐξαίρετον, 6
ἀνθρώποις δ' οὐ δυνατόν; ἁπάντων τῶν ἀγαθῶν ἐγκρατεῖς
ὄντας κυρίους εἶναι καὶ αὐτοὺς ἔχειν καὶ δοῦναι τοῖς ἄλλοις,
φλαῦρον δὲ μηδὲν μηδέποτ' ἐν παντὶ τῷ αἰῶνι μήτε παθεῖν [1488]
μήτε μελλῆσαι. καὶ μὴν ὑποκειμένων τούτων, ὥσπερ
20 προσήκει, σκοπεῖτε τὰ ὑμέτερ' αὐτῶν πρὸς τὰ τῶν ἄλλων
ἀνθρώπων. οὐδεὶς γὰρ οὕτως ἐστὶν ἀγνώμων, ὅστις ἂν ἢ 7
τὰ Λακεδαιμονίοις συμβεβηκότα, οἷς οὐκ ἐγὼ συνεβούλευον,
ἢ τὰ Πέρσαις, πρὸς οὓς οὐδ' ἀφικόμην πώποτε, αἱρετώτερα
φήσειεν εἶναι τῶν ὑμῖν παρόντων. καὶ ἐῶ Καππαδόκας καὶ
25 Σύρους καὶ τοὺς τὴν Ἰνδικὴν χώραν κατοικοῦντας ἀνθρώ-
πους ἐπ' ἔσχατα γῆς· οἷς ἅπασι συμβέβηκε πολλὰ καὶ δεινὰ
πεπονθέναι καὶ χαλεπά. ἀλλὰ νὴ Δία τούτων μὲν ἄμεινον 8
ὑμᾶς πράττειν ἅπαντες ὁμολογήσουσι, Θετταλῶν δὲ καὶ
Ἀργείων καὶ Ἀρκάδων χεῖρον, ἤ τινων ἄλλων, οἷς ἐν συμ-
30 μαχίᾳ συνέβη γενέσθαι Φιλίππῳ. ἀλλὰ τούτων καὶ πολὺ
βέλτιον ἀπηλλάχατε, οὐ μόνον τῷ μὴ δεδουλευκέναι (καίτοι

---

2 ἡμᾶς F   7 κέχρηται] χρῆται F et (sine accentu) S   18 μηδέποτ'
ἐν mg. edit. Paris. : μηδέποτε codd.   20 προσήκεν S¹   26 ἔσχατα
SQ : ἐσχάτων F   31 δεδουλωκέναι F

τί τηλικοῦθ᾽ ἕτερον;), ἀλλὰ καὶ τῷ τοὺς μὲν πάντας αἰτίους
εἶναι δοκεῖν τῶν τοῖς Ἕλλησι κακῶν συμβεβηκότων διὰ
9 Φιλίππου καὶ τῆς δουλείας, ἐξ ὧν εἰκότως μισοῦνται, ὑμᾶς
δ᾽ ὁρᾶσθαι ὑπὲρ τῶν Ἑλλήνων καὶ σώμασι καὶ χρήμασι καὶ
πόλει καὶ χώρᾳ καὶ πᾶσιν ἠγωνισμένους, ἀνθ᾽ ὧν εὔκλειαν 5
εἰκὸς ὑπάρχειν καὶ χάριν ἀθάνατον παρὰ τῶν τὰ δίκαια
βουλομένων ποιεῖν. οὐκοῦν ἀφ᾽ ὧν ἐγὼ συνεβούλευσα,
τῶν μὲν ἀντιστάντων ἄριστα πράττειν τῇ πόλει συμβέβηκεν,
τῶν δὲ συνηγωνισμένων ἐνδοξοτέραν εἶναι περίεστιν.

10   Τοιγαροῦν ἐπὶ τούτοις οἱ θεοὶ τὰς μὲν μαντείας τὰς 10
ἀγαθὰς ὑμῖν διδόασι, τὴν δ᾽ ἄδικον βλασφημίαν εἰς κεφαλὴν
[1489] τῷ λέγοντι τρέπουσιν. γνοίη δ᾽ ἄν τις, εἰ προέλοιτ᾽ ἐξε-
11 τάσαι τὰ ἐπιτηδεύματ᾽ ἐν οἷς ζῇ. ἃ γὰρ ἂν καταράσαιτό
τις αὐτῷ, ταῦτ᾽ ἐκ προαιρέσεως ποιεῖ. ἐχθρὸς μέν ἐστι
τοῖς γονεῦσι, φίλος δὲ Παυσανίᾳ τῷ πόρνῳ· καὶ θρασύνεται 15
μὲν ὡς ἀνήρ, πάσχει δ᾽ ὡς γυνή· καὶ τοῦ μὲν πατρός ἐστι
κρείττων, τῶν δ᾽ αἰσχρῶν ἥττων· οἷς δ᾽ ὑπὸ πάντων δυσ-
χεραίνεται, τούτοις τὴν διάνοιαν ἀγάλλεται, αἰσχρορρημο-
σύνῃ καὶ τῷ διηγεῖσθαι ταῦτ᾽ ἐφ᾽ οἷς ἀλγοῦσιν οἱ ἀκούοντες·
ὁ δ᾽, ὡς ἀφελὴς καὶ παρρησίας μεστός, οὐ παύεται. καὶ ταῦτ᾽ 20
οὐκ ἂν ἔγραψα, εἰ μὴ κινῆσαι τὴν ἐν ὑμῖν μνήμην τῶν
προσόντων αὐτῷ κακῶν ἠβουλόμην. ἃ γὰρ εἰπεῖν ἄν τις
ὀκνήσαι καὶ γράψαι φυλάξαιτ᾽ ἄν, οἶμαι δὲ κἂν ἀκούσαντα
δυσχερᾶναι, ταῦτ᾽ ἀπὸ τούτων μνησθεὶς οἶδεν ἕκαστος ὑμῶν
πολλὰ καὶ δεινὰ καὶ αἰσχρὰ τούτῳ προσόντα, ὥστ᾽ ἐμοί τε 25
μηδὲν ἀναιδὲς εἰρῆσθαι, καὶ τοῦτον ὑπόμνημα τῶν ἑαυτοῦ
κακῶν ὀφθέντα πᾶσιν εἶναι. εὐτυχεῖτε.

5 ἠγωνισμένοις F   12 προελθοιτο S¹   19–20 ὁ δ᾽ ὡς F : ὅλως SQ
22 γὰρ ἂν εἰπεῖν ἂν F   23 οἶμαι S F : οἴομαι vulg.   25 ἐμοί τε S :
ἔμοιγε vulg.

In S subscriptum

ΠΡΟΣ ΤΑΣ ΘΗΡΑΜΕΝΟΥΣ
ΒΛΑΣΦΗΜΙΑΣ
Η Ι

E

ΠΡΟΣ ΗΡΑΚΛΕΟΔΩΡΟΝ

Δημοσθένης Ἡρακλεοδώρῳ εὖ πράττειν. οὔθ᾽ ὅπως χρὴ
πιστεύειν οἷς ἀπήγγελλέ μοι Μενεκράτης οὔθ᾽ ὅπως ἀπιστεῖν,
5 ἔχω. ἔφη γὰρ Ἐπίτιμον ἐνδεδεῖχθαι μὲν καὶ ἀπῆχθαι ὑπ᾽
Ἀράτου, σὲ δ᾽ ἀγωνίζεσθαι καὶ ἁπάντων αὐτῷ χαλεπώτατον [1490]
εἶναι. δέομαι δή σου πρὸς Διὸς ξενίου καὶ πάντων τῶν
θεῶν, μή με καταστήσῃς ἀηδεῖ καὶ δεινῷ μηδενὶ περιπετῆ.
εὖ γὰρ ἴσθι, χωρὶς τοῦ μέλειν μοι τῆς Ἐπιτίμου σωτηρίας 2
10 καὶ νομίσαι μεγάλην ἂν συμφοράν, εἴ τι πάθοι καὶ τούτου
σὺ συναίτιος εἴης, αἰσχύνομαι τοὺς συνειδότας μοι τοὺς
λόγους οὓς ἐγὼ περὶ σοῦ πρὸς ἅπαντας ἀνθρώπους ἔλεγον,
πεπεικὼς ἐμαυτὸν ἀληθῆ λέγειν, οὐκ ἐκ τοῦ πεπλησιακέναι
σοι πεῖραν ἔχων, ἀλλ᾽ ὁρῶν ὅτι δόξης ἐπιτυγχάνων καὶ 3
15 παιδείαν ἀπεδέχου, καὶ ταῦτα τὴν ἀπὸ τῆς Πλάτωνος δια-
τριβῆς, ἥπερ ἐστὶν ὡς ἀληθῶς τῶν μὲν πλεονεκτημάτων καὶ
τῶν περὶ ταῦτα σοφισμάτων ἔξω, τοῦ βελτίστου δὲ καὶ τοῦ
δικαιοτάτου πάνθ᾽ ἕνεκ᾽ ἐξητασμένη· ἧς μὰ τοὺς θεοὺς τῷ
μετασχόντι μὴ οὐχὶ ἀψευδεῖν καὶ πρὸς ἅπαντας ἀγαθῷ εἶναι
20 οὐχ ὅσιον ἡγοῦμαι. γένοιτο δ᾽ ἄν μοι κἀκεῖνο τῶν χαλεπω 4
τάτων, εἰ παρωρμηκὼς ἐμαυτὸν εὐνοϊκῶς ἔχειν σοι τὴν
ἐναντίαν γνώμην μεταλαβεῖν ἀναγκασθείην, οἷα δὴ ὑπο-
λαμβάνων παρεωρᾶσθαι καὶ πεφενακίσθαι. κἂν μὴ φῶ,
νόμιζέ μ᾽ οὕτως ἕξειν. εἰ δ᾽ ἡμῶν καταπεφρόνηκας ὅτι 5

3 χρὴ] τί F γρ. Q γρ.   6 ἀνταγωνίζεσθαι Reiske   15 τὴν
ἀπὸ Wolf : τῆς ἀπὸ codd. : ἀπὸ mg. edit. Paris.   19 μετασχεῖν τι S¹
ἅπαντας codd., cf. xx. 25, 164 : ἅπαντ᾽ Blass   21 παρωρμηκὼς Blass :
γὰρ ὡρμηκὼς codd.   ἐμαυτὸν codd. : κατ᾽ ἐμαυτὸν mg. edit. Paris.   22
οἷα δὴ Schaefer : ἃ δὴ codd. : ἅτε δὴ mg. edit. Paris. : ἂν δὲ Blass   ὑπο-
λαμβάνων S : ὑπολαμβάνω vulg. (Blass)   23 ante κἂν plene dis-
tinxi, cf. § 5   24 νόμιζέ με S (me teste) : νόμιζε legebatur

τῶν πρώτων οὐκ ἐσμέν πω, λόγισαι ὅτι καὶ σύ ποτ' ἦσθα
νέος καὶ τὴν ἡλικίαν εἶχες ἣν ἡμεῖς νῦν, ἐκ δὲ τοῦ συμβου-
λεύειν καὶ πράττειν γεγένησαι τηλικοῦτος. κἂν ἡμῖν τοῦτο
συμβαίη. τὸ μὲν γὰρ εὖ βουλεύεσθαι πάρεστιν, τῆς δὲ
τύχης συλλαμβανούσης καὶ τοὔργον γένοιτ' ἄν. καλὸς οὖν 5
ἔρανος χάρις δικαία· ἣν καὶ σὺ ποίησαι πρὸς ἐμέ. καὶ μηδ'
ὑφ' ἑνὸς τῶν σοῦ φρονούντων χεῖρον ἄγου μηδ' ἥττω, ἀλλ'
ἐκείνους ἄγ' ἐπὶ τὰ σοὶ δοκοῦντα· καὶ πρᾶττε οὕτως ὅπως
μηδενὸς τῶν ὁμολογηθέντων στερηθῶμεν, ἀλλ' Ἐπιτίμῳ
γένηται σωτηρία τις καὶ ἀπαλλαγὴ τῶν κινδύνων. παρέ- 10
σομαι δ' εἰς τὸν χρόνον κἀγώ, καθ' ὃν ⟨ἂν⟩ σὺ φῇς καιρὸν
εἶναι. γράψας δέ μοι πέμψον, ἢ καὶ ὡς φίλῳ ἐπίστελλε.
εὐτύχει.

3 κἂν S : καὶ vulg.   5 γένοιτ' S corr. F Q : γεγονότ' S¹   7 αγουν S
11 ἂν post ὃν add. Blass   12 ἢ secl. Blass   13 εὐτύχει om. S
In S subscriptum

ΠΡΟΣ ἩΡΑΚΛΕΟΔΩΡΟΝ

Δ̄ Δ̄ Δ̄

(ῙῙῙ add. Burger)

ΠΡΟΣ ΤΗΝ ΒΟΥΛΗΝ ΚΑΙ ΤΟΝ
ΔΗΜΟΝ ΤΟΝ ΑΘΗΝΑΙΩΝ

Δημοσθένης τῇ βουλῇ καὶ τῷ δήμῳ χαίρειν. ἦλθεν
5 ἐπιστολὴ παρ' Ἀντιφίλου πρὸς τοὺς τῶν συμμάχων συνέ-
δρους, τοῖς μὲν βουλομένοις ἀγαθὰ προσδοκᾶν ἱκανῶς γεγραμ-
μένη, τοῖς δ' ὑπηρετοῦσιν Ἀντιπάτρῳ πολλοὺς καὶ δυσ-
χερεῖς ἀπολείπουσα λόγους, οἳ παραλαβόντες τὰ παρ'
Ἀντιπάτρου γράμματα πρὸς Δείναρχον εἰς Κόρινθον ἐλθόντα,
10 ἁπάσας τὰς ἐν Πελοποννήσῳ πόλεις τοιούτων λόγων ἔπλη-
σαν οἵων εἰς κεφαλὴν αὐτοῖς τρέψειαν οἱ θεοί. ἀφικομένου 2
δὲ τοῦ νῦν ἥκοντος μετὰ τοῦ παρ' ἐμοῦ φέροντος γράμματα
παρὰ Πολεμαίστου πρὸς τὸν ἀδελφὸν Ἐπίνικον, ἄνδρ' ὑμῖν [1492]
εὔνουν καὶ ἐμοὶ φίλον, κἀκείνου πρὸς ἔμ' ἀγαγόντος, ἀκού-
15 σαντί μοι ἃ ἔλεγεν ἐδόκει πρὸς ὑμᾶς αὐτὸν ἀποστεῖλαι,
ὅπως πάντα σαφῶς ἀκούσαντες τὰ ἐν τῷ στρατοπέδῳ γεγο-
νότα τοῦ περὶ τὴν μάχην παραγεγενημένου τό τ' εἰς τὸ παρὸν
θαρρῆτε, καὶ τὰ λοιπὰ τῶν θεῶν θελόντων ὡς βούλεσθ' ἕξειν
ὑπολαμβάνητε. εὐτυχεῖτε.

Sextam hanc epistolam om. S
Titulus : τῶν Ἀθηναίων codd., corr. Dindorf   5 συνέδρους] cf.
I. G. II². 467, Foucart, Journal des Savants, 1912   11 αὐτοῖς
scripsi : αὐτῶν codd.   τρέψειαν Q : προστρέψειαν F¹ (σ del. F corr.)
12 ⟨τὰ⟩ γράμματα Schaefer   16 τῷ om. Q   17 παρὰ τὴν
Schaefer   τό τε Blass : τότε legebatur   18 ὡς mg. edit. Paris. :
ἃ codd.   ἕξειν Reiske : ἔχειν codd.
In F subscriptum
ΠΡΟΣ ΤΗΝ ΒΟΥΛΗΝ ΚΑΙ ΤΟΝ ΔΗΜΟΝ ΤΩΝ
ΑΘΗΝΑΙΩΝ ΕΠΙΣΤΟΛΑΙ